販書偶記

（附續編）

上

孫殿起　撰

中國歷代書目題跋叢書

上海古籍出版社

圖書在版編目(CIP)數據

販書偶記：附續編 / 孫殿起撰. —上海：上海古籍出版社，2020.9
(中國歷代書目題跋叢書)
ISBN 978-7-5325-9746-8

Ⅰ. ①販… Ⅱ. ①孫… Ⅲ. ①古籍—圖書目録—中國 Ⅳ. ①Z838

中國版本圖書館 CIP 數據核字(2020)第 170324 號

中國歷代書目題跋叢書
販書偶記(附續編)
(全三册)
孫殿起 撰
上海古籍出版社出版發行
(上海瑞金二路 272 號 郵政編碼 200020)
(1) 網址：www.guji.com.cn
(2) e-mail：guji1@guji.com.cn
(3) 易文網網址：www.ewen.co
蘇州越洋印刷有限公司印刷
開本 850×1168 1/32 印張 44.75 插頁 15 字數 1,203,000
2020 年 9 月第 1 版 2020 年 9 月第 1 次印刷
印數：1—1,500
ISBN 978-7-5325-9746-8
Z·458 定價：278.00 元
如有質量問題，請與承印公司聯繫

《中國歷代書目題跋叢書》出版説明

漢代劉向、劉歆父子編撰《别録》《七略》，目録之學自此濫觴，在傳統學術中發揮了重要作用。歷代典籍浩繁龐雜，官私藏書目録依類編次，繩貫珠聯，所謂"類例既分，學術自明"(《通志・校讎略》)，學者自可"即類求書，因書究學"(《校讎通義・互著》)，實爲讀書治學之門户。而我國典籍屢經流散之厄，許多圖書真容難睹，甚至天壤不存，書目題跋所録書名、撰者、卷數、版本、内容即爲訪書求古的重要綫索。至於藏書家於題跋中校訂版本異同、考述版本淵源、判定版本優劣、追述藏弆流傳，更是不乏真知灼見，足以津逮後學。

我社素重書目題跋著作的出版，早在二十世紀五十年代，我社就出版了歷代書目題跋著作二十二種，後彙編爲《中國歷代書目題跋叢書》第一輯。此後，我社又與學界通力合作，精選歷代有代表性和影響較大的書目題跋著作，約請專家學者點校整理。至二〇一五年，先後推出《中國歷代書目題跋叢書》第二至四輯，共收書目題跋著作四十六種，加上第一輯的二十二種，計六十八種，極大地普及了版本目録之學。面對廣大讀者的需求，我社將該叢書陸續重版，並擇要選入新品種，對原版進行訂補，以饗讀者。

上海古籍出版社

二〇一八年八月

出版説明

《販書偶記》及《販書偶記續編》，孫殿起先生編撰。

孫殿起（一八九四——一九五八），字耀卿，號貿翁，河北冀縣人。世業農。一九〇八年至北京，從學徒做起，先後入琉璃廠宏京堂、寶鴻閣、會文齋等書肆。一九一九年受倫明委託，經營通學齋書店，從事古籍書業凡數十年。孫氏勤勉自學，又結識繆荃孫、葉德輝、陳垣、倫明等著名學者、藏書家，終成一代版本目録學家。其所編著另有《琉璃廠小志》《清代禁書知見録》等。

孫氏在長期從事古籍收售業務的同時，一直孜孜不倦，對目睹經手的書册做了詳細的記録：

> 先生（孫殿起）用力於書目，始前清末造，得暇必繕録，以圖强記書名及著者。至略識板本，涉檢各家目録，方知明代以上之書多已著録，而清代名人撰著則寂寂焉。如是限以清代之書，隨見隨録，亦不問著作何如、罕見與否，謹記書名及撰人姓名籍貫而已。時有繆荃孫（字筱珊）、陳田（字松山）、葉德輝（字焕彬）諸人知好，嘗謂先生曰：遇叢書全集之書，其朱記榮《彙刻書目》所不載者，盡可寫之，補其不備。先生效法數年，積稿至數百種，將欲編次，而上虞羅氏《續彙刻書目》刊佈，檢其著録，與先生所記大半相同，所以置之未果也。後識倫明（字哲如）、徐鴻寶（字森玉）、張鴻來（字卲

> 園)、陳垣(字援庵)、孫人和(字蜀丞)諸先生,謂先生曰:輯書須有原委,使覽者若飲河流而知昆侖星宿所出,殊無漢漫窮搜之苦爲可尚也。又曰:關於實用之書,均可寫記,不必限以叢書一類也。於是更效其法。(雷夢水《記目録學家孫耀卿》)

至一九三六年,撰成《販書偶記》(原名《見書餘聞録》,後改今名)一書,著録圖書九千多條,由琉璃廠借閒居排印出版。此後,又積得資料六千餘條,由他的助手雷夢水先生對這些資料進行了整理,於一九八〇年以《販書偶記續編》的名義由上海古籍出版社出版。

《販書偶記》及《續編》各二十卷,按經史子集四部分類。所著録以清代以來的圖書爲主,共計一萬五千餘條,一般包括書名、卷數、作者姓名及籍貫、刻板年代等項目,如果卷數和版刻與他本有異同,作者姓氏需要考訂或者書籍内容有待於説明的,也偶有備注。著録的體例有兩項規定和特點:

(一) 凡見於《四庫全書總目》者一概不録;收録者則必卷數、版本有不同。因此它就成爲補充《四庫》著録的一部版本目録學專著。本書的著録,絶大部分是有清一代的著述,兼及辛亥革命以後迄抗戰以前(約止於一九三五年)的有關古代文化的著述。其間也著録了少數明代人的著作,也大多是《四庫》所失收的。

(二) 非單刻本不録;間有在叢書中者,必係初刊的單行本或是抽印本。因此本書雖不具有"叢書子目索引"的作用,但是恰可擔負起"叢書子目索引"所欠缺的一種功能。

本書既以著録清代以來著述爲主,但對於經眼的舊刻名抄亦稍有著録。如元本《新編孔子家語章句》、小倦游閣寫本《北溪字義》等,皆有版本著録。又如高郵王氏父子、茆泮林、王仁俊等家的許多稿本,吕留良《晚村詩文集》舊鈔本等等，也有著録。從這一方面説，本書具有著録近代稿本、鈔本的作用，成爲本書的另一特點。

一九五八年，我社的前身中華書局上海編輯所依據借閒居本《販書偶記》重新排版印刷，校正了個别誤字，並編製了四角號碼書名、撰著者名綜合索引。一九八二年重版時，除了挖改紙型外，又請雷夢水先生做了校補，附於卷末。至一九九九年，我社將一九八二年新一版《販書偶記》、一九八〇年第一版《販書偶記續編》合二爲一，以《販書偶記（附續編）》的形式出版。本次出版，即據一九九九年版《販書偶記（附續編）》重新排版，訂正原書排版、句讀錯誤，並加新式標點。雷夢水先生的《〈販書偶記〉正誤及補遺》原附於《販書偶記》書後，現將這部分内容調整到正文相應位置，並作如下處理：凡雷氏以爲誤者，均在原字下加點，並於〔　〕中標出正字；所補遺的内容亦以〔　〕標出；所删内容則以下劃線標識。不過，雷夢水先生的訂補也有偶誤者，如卷十七“霞蔭堂文集無卷數詩集二卷自撰年譜二卷”條，雷氏將撰者“康基田”誤改爲“康基淵”，讀者需加注意。此外，亦有其他學者針對本書的疏誤進行糾謬補遺，本次將其中涉及糾正書名、人名、版刻時代等錯誤的信息予以吸收，以校記的形式附於書後，標出其來源出處。凡書名、撰者有訂補者，一併另出索引條目。原《販書偶記》《續編》索引分别另出，此次予以合併，以便檢索。

上海古籍出版社

二〇二〇年四月

總 目 録

贩 書 偶 記

略　　例

一、涉目所及，隨筆記之，積久成帙。自明以上，《四庫全書總目》搜羅略備，故未之及。

二、非單行本不録；間有在叢書中者，必係初刊單行之本，或是抽印之本，非汎及也。

三、凡見於《四庫全書總目》者概不録，有之必卷數互異者。

四、書中著作者籍貫刊刻年代，俱詳註本書下，以備忻慕鄉哲者之甄擇。

五、一書有見於前而仍見於後者，必係卷數不同，或有他較異之處。

六、編次悤悤，其間分類部居，或有不甚妥善者，又或間有不知而誤複者，俟再版時再爲訂正。

販書偶記總目

冀縣孫殿起耀卿録

經部

史部

子部

集部

販書偶記卷一

冀縣孫殿起耀卿録

經　部

易　類

易經以俟録無卷數 明江漢瞿九思撰。無刻書年月。約萬曆間平陽史學遷刊。案原編次作五卷。

易經生生篇七卷 明温陵蘇濬撰。萬曆丙午刊。上經二卷，下經二卷，繫辭二卷，説卦一卷。《四庫存目》載《易經兒説》四卷、《周易冥冥篇》四卷。

易同異解二卷 明石城謝廷相撰。崇禎戊寅刊。

周易家訓四卷 明湘潭王命宣撰。乾隆十四年玄孫恪重刊溪上藏板。

易學集成内外篇無卷數 明建業彭文煒撰。順治間〔甲午〕刊。内篇《圖書羲卦》《周易象占》，外篇《啓蒙纂註》《太極外解》《皇極外解》《律吕約書》等類。

周易大象解一卷周易稗疏一卷 明衡陽王夫之撰。無刻書年月，約雍正間湘西草堂精刊。《四庫》著録《稗疏》四卷。

周易本義正解二十二卷首一卷 丹陽丁鼎時、吴瑞麟同撰。康熙癸酉賜書堂刊。又名《易經正解》。

易經引事四卷 竇應朱約撰，康熙間刊。約，澤澐之父。

易窮三昧無卷數 雲間陳明達撰。底稿本。首有沈荃、金是瀛諸序。據序稱，明達四齡而盲于痘，六書之點畫不辨。且其先君早世，過庭之訓未聞。乃析理剖義,渺論微言,得之耳食,非天慧夙具,何能爾爾也。

周易説宗上經六卷下經五卷繫辭五卷 宛平閻鋅撰,甬上萬經定。康熙四十三年辨志堂刊。

周易内傳十二卷 清江金士升撰。道光間退思堂刊。

易經勺解三卷 晉江林欲楫撰。同治六年叢蘭館刊。

易經卦變解八宫説一卷 蓬萊吴脈鬯撰。道光庚子柏柳堂刊。

古易匯詮無卷數 寧化劉文龍撰。雍正甲寅刊。宣統二年鉛字排印本。原目録作四册。

周易補註十一卷易圖解一卷 宗室德沛撰。乾隆六年精刊。

周易審鵠要解四卷 漳浦林錫齡撰。乾隆十年刊。

周易象理淺言十卷 三韓張圻撰。乾隆三十三年永譽堂精刊。

周易象繹十卷首一卷 南豐杜文亮撰。乾隆戊申實田堂刊。

易聞十二卷 海虞歸起先撰。乾隆間刊。

周易經翼通解十八卷釋例一卷 日本伊藤善韶撰。安永甲午古義堂刊,即乾隆三十九年。善韶,伊藤維楨之孫。

周易象意三十卷 廬陵王世業撰。乾隆間刊。

易註十二卷附洪範傳一卷 曲沃崔致遠撰。乾隆癸亥絳雲樓刊。

易經一説無卷數 鼓山王淑撰。乾隆十六年繫籍堂刊。

序卦圖説一卷 陽湖惲庭森撰。乾隆間刊。

周易顯指四卷 高密單鐸撰。乾隆庚午刊。

理象解原四卷 宗室肫圖撰。乾隆丁卯紫竹齋刊。

讀易隨筆六卷續編四卷 會稽張元灝撰。乾隆間刊巾箱本。

易旨四卷 寶應朱澤澐撰。道光四年刊。

觀象居易傳箋十二卷 錢塘汪師韓撰。乾隆間刊。

易經揆一十四卷易學啓蒙補二卷 介休梁錫璵撰。乾隆十六年精刊。

碩松堂讀易記十六卷 滋陽邱仰文撰。乾隆戊子本堂刊。

讀易管見一卷 上元程廷祚撰。無刻書年月。約乾隆間三近堂精刊。

復堂易貫四卷 古瀛于大鯤撰。乾隆癸巳聽雨山房刊。

周易清明四卷易心存古二卷卜式一卷 曲沃張六圖撰。乾隆辛巳清瑞軒刊。

易義闡四卷易學啓蒙一卷附録一卷 奉賢韓松撰。乾隆五十四年刊。

易研八卷圖一卷首一卷 豫章胡翹元撰。乾隆五十七年刊。

讀易一隅二卷 陽湖管榦珍撰。乾隆間大觀樓刊。又名《松厓文鈔》。

周易圖説六卷 黄岡萬年茂撰。乾隆癸未愛日堂刊。

李氏易解賸義三卷 嘉興李富孫撰。乾隆六十年種學齋刊。

漢宋易學解無卷數 王希尹撰。光緒癸未秋九月刊。原編次分元亨利貞四册，即註三卷，圖一卷。按貢德孝後敍稱，希尹，浙江人。

易卦私箋二卷 金壇蔣衡撰。嘉慶元年重刊。原刻本僅有上卷。

爻象釋四卷説象一卷 内邱田五柱撰。嘉慶二年其子田聯科抄本。

周易闡象四卷 温陵蔡首乾撰。嘉慶二年刊。

周易衷翼集解二十卷凡例一卷筮儀一卷 浮梁汪泩撰。嘉慶間倉陽刊。板心有“穫經堂”三字。

易道入門四卷附録一卷 古婁女史歸褚氏張屯撰。嘉慶甲子刊。

讀易傳心十二卷附圖説三卷 丹徒韓怡撰。嘉慶戊辰精刊。

易大義一卷 元和惠楝撰。嘉慶二十五年刊。

山木先生周易注十二卷 新城魯九皋撰。嘉慶十五年石竹山房刊。又名《周易讀本》。

俞氏讀易舉例三十五卷 江都俞大謨撰。嘉慶十年可儀堂刊。首三卷，上經十五卷，下經十七卷。

周易引經通釋十卷 黄岡李鈞簡撰。嘉慶甲戌鶴陰書屋刊。

周易介五卷 高密單維撰。嘉慶丙子半山亭刊。

讀易偶存六卷 大興邵大業撰。嘉慶十一年刊。

周易集注八卷 歙吴定撰。嘉慶間刊。

周易通義二十二卷首一卷 南清河蘇秉國撰。嘉慶丙子刊。嘉慶戊寅蘇氏重校定本。

讀易集説無卷數 靖江朱勳撰。嘉慶丁丑資善堂刊。

易守三十二卷 歸安葉佩蓀撰。嘉慶十五年庚午慎餘齋刊。

易見本義發蒙四卷 丹陽貢渭濱撰。嘉慶乙亥刊。

退思易話八卷 安康王玉樹撰。道光庚寅芳梫堂刊。

讀易瑣記三卷 長洲吴邦選撰。嘉慶丙子刊。

周易大義圖説二卷紀夢一卷張之桂賦得河圖八卦評附 南滎鄭鳳儀撰。嘉慶丙寅刊。

周易虞氏義箋九卷 南海曾釗撰。嘉慶己卯刊。

周易意十二卷圖一卷 金谿陳晝撰。無刻書年月,約嘉慶間義門家塾刊。

周易本義闡旨八卷 新會胡方撰。嘉慶十七年壬申刊。

周易訓義七卷首一卷 寧鄉喻遜撰。嘉慶十八年月桂軒刊。

周易觀象七卷圖一卷讀易危言一卷 青縣蔣紹宗撰。嘉慶乙丑刊。

周易擬像六卷 東汝黎署〔曙〕寅撰。道光庚寅重刊。

周易質實講義四卷 許昌劉鳳翰撰。嘉慶癸亥儉避齋精刊。

周易讀翼揆方十卷舉要一卷 常熟孫夢逵撰。無刻書年月,約嘉慶間宗古堂刊。

周易述補五卷 甘泉江藩撰。嘉慶二十五年刊。此補惠棟所未竟,即卷七、卷八、卷十、卷十四、卷二十等卷。

周易後傳八卷冬夜講易録一卷易互卦圖一卷 鹽官朱兆熊撰。無刻書年月，約嘉慶間刊。

易經詮義十四卷 婺源汪烜撰。同治間曲水書局刊木活字本。

易經如話十二卷首一卷 婺源汪烜撰。同治間曲水書局刊木活字本。

周易索詁十二卷首一卷 象山倪象占撰。嘉慶辛酉順受堂刊。

河上易注八卷圖説二卷 羅山黎世序撰。道光元年謙豫齋刊。

易學〔學易〕五種十四卷 毘陵王甗撰。道光二年壬午刊。即《周易半古本義》八卷、《象纂》一卷、《圖賸》二卷、《辯占》一卷、《校字》二卷。

易義原則六卷附篇四卷 平江張瓚昭撰。道光丁亥本署刊。又名《經笥質疑》。

易拇十五卷 華容萬年淳撰。道光四年本衙刊。《圖説》卷四分上下卷。

李氏集解校異二卷 嘉興李富孫撰。道光十年校經廎刊。

周易實義六卷卦變圖一卷 秀水唐棿撰。道光十年樂壽堂重刊。

易確二十卷首一卷 海州許桂林撰。道光甲午刊。

易門十二卷附義略一卷圖説一卷 蛟川樂涵撰。道光戊子息亭精刊。

易卦圖説六卷 武進胡嗣超撰。道光丁酉香雪齋刊。

周易集解纂疏三十六卷首一卷 安陸李道平撰。道光壬寅有獲齋刊，光緒間〔十七年〕思賢講舍重刊。

鄭氏爻辰補六卷凡例圖一卷 丹徒戴棠撰。道光己酉燕山書屋刊巾箱本。

周易虞氏略例一卷 元和李鋭撰。光緒乙未獨山莫氏銅井寄廬刊。

大易觀玩録四卷 涇胡澤順撰。道光壬寅刊。

讀易例言圖解一卷 平度孫廷芝撰。道光壬辰年刊。

周易解三卷首一卷 樂陵賈聲槐撰。道光甲午刊。

稼墨軒易學一卷 桐城光聰諧撰。無刻書年月，約道光間刊。即《方圖卦序》。

伯山易録七卷 桐城桃〔姚〕柬之撰。道光戊申刊。

周易遵述無卷數 毘陵蔣本撰。道光十年信芳閣刊木活字本。上下經、繫辭上下傳、説卦傳、序卦傳、雜卦傳、筮儀、占法、占驗、圖説、賸義等類。

讀易慎疑十卷 建寧李祥賡撰。道光六年朱亨檜校刊。祥賡之學,陳壽祺頗推重。

讀易匯参十五卷首一卷 泰安和瑛撰。道光間刊。

岑構堂易解十二卷 襄平胡積善撰。道光十三年刊。

湘薌漫録五卷 北平査彬撰。道光己亥有懷堂刊。《六十四卦經史彙参》四卷,《易經集説》一卷。

周易述傳十卷 濰陽丁裕彦撰。道光二十二年刊。

周易本義引蒙十二卷首一卷 萊濰姚章撰。道光間重刊。

師白山房講易六卷 湘陰張學尹撰。道光己巳[一]刊。

周易通義十六卷 任邱邊廷英撰。道光十六年刊。

周易姚氏學十六卷周易通論月令二卷 旌德姚配中撰。道光間門人汪守成校刊木活字本,光緒三年湖北崇文書局重刊。

蒙泉山館周易本義補説六卷 蘄水蔡紹江撰。道光癸巳修吉堂刊。

周易用初四卷 福山杜宗嶽撰。道光壬寅寶穚堂刊。每卷皆分上下册。

周易指三十八卷例一卷圖五卷斷辭一卷往來卦一篇八卦世位一篇卦侯一篇六日七分六十卦一篇逸象一篇 青田端木國瑚撰。道光間刊。

周易豁解六卷首一卷 蘄江陳誼撰。道光壬辰阜南書屋刊。

方氏易學五書五卷 儀徵方申撰。道光乙巳青溪舊屋刊。即《諸家易象别録》《虞氏易象彙編》《周易卦象集證》《周易互體詳述》《周易卦變舉要》等。

周易繹傳十一卷。宜興汪景望撰。道光甲申西文盛堂精刊。《讀易危言》一卷、《傳例》一卷、《上經》二卷、《下經》二卷、《繫辭》二卷、《説卦》一卷、《序卦》一卷、《雜卦》一卷。

周易述翼五卷 番禺黄應麒撰。道光間山陰宋澤元刊。

周易詮疑八卷 無爲夏應銓撰。道光庚寅桂香書屋刊。

周易大象傳解一卷 溧陽芮城撰。道光戊戌惇敘堂刊。

虞氏易變表二卷 歙江承之撰。道光十二年刊。

周易詳説十五卷首一卷 楚澧鄧尚譓撰。道光壬午魁宿堂刊。

漢儒易義針度四卷 仁和朱昌壽撰。道光二十三年精刊巾箱本。

周易輯義初編四卷續編四卷 湘南盧兆鼇撰。道光甲午正文堂刊。

易義無忘録三卷 姚江蔣珣撰。道光五年刊。

周易輯説五卷圖一卷 武林徐通久撰。道光七年刊。

周易通解三卷釋義一卷 歸安卞斌撰。道光十九年刊。

周易圖一卷續編一卷 上元王肇宗撰。道光己丑金陵王氏精刊。

讀易備忘四卷圖説一卷 内鄉王滌心撰。道光己酉慎修堂刊。

易庸四卷 桐鄉周斡撰。道光庚戌硯華堂刊。

易經圖説一卷 葉縣趙青選撰。咸豐元年刊。

周易説十四卷 南豐吴嘉賓撰。咸豐間刊。

周易屬辭十二卷通説二卷通例五卷 遵義蕭光遠撰。咸豐三年癸丑吉修堂刊。

易經兒説四卷 温陵蘇濬撰。咸豐間刊。

易象闡微五卷大易圖解一卷 善化蕭寅顯撰。咸豐壬子門人長沙丁取忠刊。

周易三極圖貫八卷 元亨利貞四集,每集二卷。**附易經爻辰貫二卷衆星名數位置考一卷** 東臺馮道立撰。咸豐戊午刊。

周易平説二卷 共城郭程先撰,其男珠熉補註。咸豐五年刊。

周易象義集成無卷數 星沙陳洪冠撰。咸豐戊午羣玉書屋刊。

周易廓二十四卷 皖江陳世鎔撰。咸豐辛亥獨秀山莊刊。

易釋四卷 定海黄式三撰。光緒戊子黄氏家塾刊。

芸窗易草四卷 平干閻斌撰。同治癸酉刊,版藏廣郡城内。

周易舊注十二卷 六合徐鼒撰。光緒十二年於日本精刊。

卦氣表 附**卦氣證一卷** 固始蔣湘南撰。光緒戊子秋九月於湘南臬署重刊。

讀易初稿八卷 長沙丁敍忠撰。同治二年癸亥白芙堂刊木活字本。

讀易通解十二卷 長沙丁敍忠撰。同治十年白芙堂刊。

易義輯聞二卷 天津沈兆澐撰。同治二年刊。

讀易録十八卷 文安陳克緒撰。同治三年霸州孝友堂刊。

周易漢讀考三卷序一卷 蘄水郭階撰。同治七年刊。

易説旁通十卷 鶴山吴岳輯。同治辛未刊。

周易卦變圖説一卷 長洲宋祖駿撰。同治間刊。

周易擇言六卷 瑞安鮑作雨撰。同治三年清慎堂刊。

易解經傳證五卷易理尋源三卷 益陽張步騫撰。同治十年刊。

問心録周易解二十二卷義例一卷附大學解一卷 開平鄧子賓撰。同治甲戌乃則堂刊。

周易研幾一卷 三韓豫師撰。同治間〔己巳〕精刊。

黎氏學易五卷首一卷 瀏陽黎定攀撰。同治甲子刊木活字本。首卷分上中下篇。

三易三統辨證二卷周易從周述正一卷 莆田郭籛齡撰。同治九年精刊。

周易從周十卷 莆田郭籛齡撰。光緒十三年刊。

槎溪學易三卷 溧陽陳鼐撰。同治十三年保定蓮花池刊。

周易史證四卷 平水彭作邦撰。同治乙丑刊。

易學史鏡八卷 南海曹爲霖撰。同治十二年刊。

讀易叢記二卷 漢陽葉名灃撰。同治五年丙寅刊。

易象集解十卷 即墨黄守平撰。同治甲戌湫芳園刊。

易義備考五卷圖説一卷 南海劉壽康撰。底稿本。

大衍制用圖説四卷 黄梅宛名昌撰。同治十二年長沙荷花池刊。

慎獨齋讀〔周〕易省心録無卷數 江寧楊長年撰。無刻書年月，約同治間刊。

周易爻徵廣義六卷首一卷末一卷 壽陽閻汝弼撰。光緒元年刊。

周易函書補義八卷 燕山李源春[二]撰。光緒元年大梁李氏所慎齋刊。

易學一得録三卷附猶賢編一卷 益陽胡澤漳撰。光緒四年刊。

易義來源四卷 武進金士麒撰。光緒間刻鵠齋刊。

殘本周易繁露五卷 丹徒莊忠棫撰。底稿本。乘墉上第十二僅有半頁，以下闕佚。

周易通義十六卷 丹徒莊忠棫撰。光緒庚辰冶城山館刊。

自得齋易學十卷 貴陽丁澤安撰。光緒元年刊。《易學節解》五卷，《易學三編》三卷，《易學附圖》一卷，《易學彙説》一卷。澤安，陳田、陳榘之師。

讀易淺説十卷 中州李步瀛撰。光緒二年忠恕堂刊。

六十四卦經解一卷 元和朱駿聲撰。傳抄本。

淮南子周易古義二卷補佚一卷 長沙胡兆鸞撰。傳抄本。

陳氏易説四卷附録一卷 吴江陳壽熊撰。光緒乙未刊木活字本。

讀易漢學私記無卷數 吴江陳壽熊撰。傳抄本。後有光緒甲申長洲諸福坤跋。

周易筮法全解八卷 蘄水王紹奎撰。光緒二年張氏刊。

周易究四卷 嘉善徐梅撰。光緒三年精刊。

易經解注傳義辨正四十六卷圖説辨正二卷 長沙彭申甫撰。光緒丙申刊。

鄭易馬氏學一卷 會稽陶方琦撰。傳抄本。首有自序。

周易變通解六卷首一卷末一卷 黄岡萬裕澐撰。光緒元年四川重慶刊。

周易卦象六卷 附 **占易秘解一卷** 萊陽張丙喜撰。光緒丙申保陽刊。

知非齋易注六卷易釋三卷 閩縣陳懋侯撰。光緒戊子刊。

西樓易説十八卷 懷寧楊家洙撰。光緒十四年戊子刊木活字本。

增補高島易斷四卷 日本横濱高島嘉右衛門撰，寧波王治本補正。明治三十四年鉛字排印本，即光緒二十七年印本。原分元亨利貞四字。

易漢學考二卷敘目二卷師承表一卷漢置五經博士考一卷易彖傳大義述二卷易爻例一卷 陽湖吴翊寅撰。光緒癸巳至乙未於廣雅書局刊。

易經指掌四卷 臨淄相永清撰。光緒丙子桂香齋刊。

讀易一班四卷 丹徒吴麗生撰。光緒丙申刊。

周易學統九卷十翼遺文一卷附三表説三卷 歙汪宗沂撰。光緒間刊。

殘本周易訓故大誼四卷 湘潭羅汝槐撰。底稿本。有卷一、卷三、卷四、卷五等卷。

周易述聞一卷 侯官林慶炳撰。光緒壬午刊。

周易集解補箋四卷 侯官林慶炳撰。光緒己丑刊。

易釋五卷附易表一卷 龍陽易順豫撰。光緒間刊。

古本易鏡十二卷圖説一卷學易管窺二卷 鐵嶺何毓福撰。光緒壬午刊。又名《周易鏡》。

讀易質疑二卷 鹽城金谷春撰。光緒己亥刊。

易理淵源一貫三卷 星沙胡楚善撰。光緒二十六年刊。分天地人三部。

周易憶〔臆〕解四卷圖説二卷 金匱楊以迴撰。光緒十年本宅刊。

心易溯原二十四卷首一卷 龍巖謝若潮撰。光緒甲午夢蕉堂刊。

易古訓三卷 江夏張長撰。傳抄本。長字損菴，光緒時人。

需時眇言十卷 桐鄉沈善登撰。光緒二十八年豫恕堂刊。

周易補註四十一卷易例表十卷 衡陽段復昌撰。光緒間〔十五年〕東洲船山書院刊。

周易大象應大學説一卷 寧河高賡恩撰。光緒二十三年刊。

易説二卷總論一卷 蕭德驊撰。無印書年月,約光緒間鉛字排印本。

費氏古易訂詁十一卷 新城王樹枏撰。光緒辛卯刊。

易學宗翼二十九卷首一卷 天門默希老圃撰。光緒三年刊。

周易費氏學八卷叙録一卷 桐城馬其昶撰。光緒甲辰集虚草堂刊。

易説二卷 沐陽周詔音撰。宣統二年重刊。

易象闡微無卷數 古穰張之鋭撰。宣統庚戌鉛字排印本。

周易述禮三卷首一卷 鞏□撰。又題《存幾堂述》。無刻書年月,約宣統間刊。

周易學七卷十四經學開宗一卷 吴縣曹元弼撰。宣統間刊。

周易集解補釋十七卷條例一卷序釋一卷易學源流辨一卷 吴縣曹元弼撰。民國丁卯刊。

周易鄭氏注箋釋十六卷正誤一卷叙録一卷旁徵一卷 吴縣曹元弼撰。民國丙寅刊。

周易故訓訂一卷附周易注疏賸本一卷 定海黄以周撰。無刻書年月,約民國刊。

讀易劄記無卷數 漢陽關棠撰。宣統[三]乙卯以古宋字排印本。

勞謙室易説四卷 懷寧胡遠濬撰。民國甲辰石印本。《讀易通釋》《周易偶識》《周易微》《易述》。

周易人事疏證正編八卷續四卷 望江章世臣撰。宣統庚戌同文書館鉛字排印本。續編每卷皆分上下。

漢儒傳易源流一卷 烏程紀磊撰。民國癸亥吴興劉氏嘉業堂刊。

周易消息十四卷 烏程紀磊撰。民國甲子吴興劉氏嘉業堂刊。

虞氏逸象考正一卷續纂一卷九家逸象辨證一卷虞氏易義補注一卷附録一卷 烏程紀磊撰。民國癸亥吴興劉氏嘉業堂刊。

睿川易義正編十卷副編六卷續編二卷 泰州徐天璋撰。民國十三年鉛字排印本。

周易古筮考十卷 行唐尚秉和撰。民國十五年刊。

易説求源無卷數 樂亭武春芳撰。民國七年鉛字排印本。

易學〔學易〕筆談初集四卷二集四卷易楔六卷易數偶得二卷讀易雜識一卷愚一録易説訂二卷沈氏改正揲蓍法一卷 海寧杭辛齋撰。《揲蓍法》桐鄉沈善登撰。民國壬戌研幾學社鉛字排印本。又名《杭辛齋易學》。

易通例一卷易通釋二卷 泰州陳啓彤撰。民國十二年刊。又名《陳筦侯易學》。

讀易記言二卷 河南潢川胡煥宗撰。民國甲子石印暨鉛字排印本。

周易大義二卷 桐城吴闓生撰。民國癸亥文學社刊。

邵村學易二十卷 東莞張其淦撰。民國丙寅鉛字排印本。

易原窺餘四卷 遼東王永江撰。民國甲子鉛字排印本。

周易質八卷首一卷末一卷 桂東鄧櫱撰。民國十四年鉛字排印本。

易學探原經傳解三卷易學入門一卷 無錫黄元炳撰。民國壬申黄氏觀蝶樓鉛字排印本。

周易話解四卷 鹽山劉思白撰。民國二十四年鉛字排印本。

讀易隨記一卷 全州李建昌撰。民國七年鉛字排印本。

三墳金玉三卷墳易一貫表集説一卷 金匱錢鉞撰。乾隆六十年刊。

書　類

尚書副墨六卷 明金沙楊肇芳撰,其男胤奇删補。崇禎辛未集虚齋精刊。

書經正解十二卷圖一卷禹貢正解一卷 丹陽吴荃撰。康熙二十九年深柳堂刊。

尚書離句六卷 仁和錢在培撰。雍正間刊。

尚書釋天六卷 秀水盛百二撰。乾隆十八年秀水李氏精刊，乾隆甲午濟寧劉氏刊盛氏重定本。

尚書後案三十卷後辨附一卷 東吴王鳴盛撰。乾隆庚子禮堂刊。

尚書未定稿二卷 會稽茹敦和撰。乾隆間刊。

尚書私説二卷 樂亭倪上述撰。原稿本。有乾隆丙戌自序。

晚書訂疑三卷 新安程廷祚撰。無刻書年月，約乾隆間三餘書屋刊。

書經一隅二卷 陽湖管斡珍撰。乾隆間錫福樓刊。又名《松厓文鈔》。

古文尚書考二卷 東吴惠棟撰。乾隆五十七年刊。

書考辨二卷 三原劉紹攽撰。無刻書年月，約道光間〔乾隆十六年〕劉氏傳經堂刊。

書經批六卷 平定董懋極撰。乾隆丙戌秋夢花堂刊。

書傳鹽梅二十卷 上海黄文蓮撰。乾隆丁未刊。

尚書集注音疏十二卷尚書經師系表一卷 吴縣江聲撰。乾隆五十八年刊篆字本。卷一第二頁十三行"發公羊墨守，箴左氏膏肓，起穀梁廢疾，以難何休"等十九字後印本移在前十一行，錯亂不堪，印工亦劣。

古文尚書冤詞補正一卷 海寧周春撰。底稿本。首有乾隆六十年吴騫序。乾隆五十九年自序，時年六十有六。最後有其姪廣業跋。有"玉蓉堂"硃印一方。

尚書涉傳四卷 上元戴祖啓撰。嘉慶元年資敬堂刊。

尚書協異二卷 上元戴祖啓撰。嘉慶元年資敬堂刊。

尚書辨僞五卷 星沙唐焕撰。嘉慶壬申果克山房刊。焕，仲冕之父。

尚書古文證疑四卷 高郵孫喬年撰。嘉慶庚午天心閣刊。

尚書讀法五卷 無錫安高發原編，孫男安吉纂輯。嘉慶甲戌崇本堂刊。

古文尚書撰異三十二卷 金壇段玉裁撰。嘉慶間七葉衍祥堂刊。卷一分上下。

書經述六卷 德清許祖京撰。嘉慶壬申陔華堂刊，同治十三年重刊。

古文尚書條辨五卷 長樂梁上國撰。傳抄本。

尚書隸古定釋文八卷 嘉興李遇孫撰。嘉慶甲子寧儉堂刊。

尚書考辨四卷 安邑宋鑒撰。嘉慶四年刊。

尚書今古文集解三十卷 武進劉逢禄撰。傳抄本。墨格版邊綫外刻有“藝風鈔藏”四字。

尚書今古文注疏三十卷 陽湖孫星衍撰。嘉慶乙亥冶城山館刊。

書經詮義十二卷首二卷 婺源汪烜撰。光緒七年紫陽書院刊。

尚書蔡傳正訛六卷 桐城左眉撰。無刻書年月,約道光間刊。光緒間鉛字排印本。

尚書證義二十八卷 平湖周用錫撰。無刻書年月,約道光間友伏齋刊。

尚書今文二十八篇解無卷數 招遠楊鍾泰撰。道光戊戌載德堂刊。

尚書講稿思問録二卷 石谿官獻瑶撰。道光壬午依園精刊。

尚書周誥考辨二卷 銅陵章謙存撰。道光十年庚寅刊。又名《强恕齋經賸》。

尚書纂義四卷 仁和關涵輯。道光戊申刊。

召告日名考一卷 元和李鋭撰。光緒間思賢講舍刊。

古文尚書私議三卷 丹徒張崇蘭撰。咸豐間悔廬刊。每卷俱分上下。光緒丁酉重刊。

求自得之室讀書説五卷 南豐吴嘉賓撰。咸豐十一年刊木活字本。

尚書後案駁正二卷 巴郡王劼撰。咸豐辛酉巴縣王氏晚晴樓刊。

尚書補闕一卷 天津華長卿撰。咸豐元年刊。

書傳補商十七卷 桐城戴鈞衡撰。無刻書年月,約咸豐間刊。

書傳疑纂八卷 桐城戴鈞衡撰。底稿本。

尚書沿革表一卷 錢塘戴熙撰。同治九年刊。

尚書札記四卷 濟寧許鴻磐撰。同治庚午學海堂刊。此書原附《皇清經解》之後,即卷一千四百零九至一千四百十二。因其最後刊入,故多單行印本。

尚書逸湯誓考六卷 鄞徐時棟撰。同治壬申城西草堂刊。

尚書學四卷 元和朱駿聲撰。傳抄本。

尚書古注便讀四卷 元和朱駿聲撰,其孫師轍校。民國二十四年鉛字排印本。第四卷分上中下。

尚書通義殘卷二卷 仁和邵懿辰撰。光緒間刻鵠齋刊。即第六第七兩卷。

尚書傳授同異考無卷數 仁和邵懿辰撰。民國己巳邵氏刊。

欽定書經圖説五十卷 壽州孫家鼐等奉敕撰。光緒三十一年武英殿石印本。

古文尚書辨八卷 丹徒謝庭蘭撰。光緒壬辰刊。

讀尚書隅見十卷 丹徒謝庭蘭撰。光緒甲午刊。

古文尚書正辭三十三卷。江夏吴光耀撰。光緒癸巳刊。卷一卷二卷四皆分上下卷。

古文尚書一卷 桐城吴汝綸撰。光緒十三年精刊。

書序答問一卷書序考異一卷 黄巖王詠霓撰。無刻書年月,約光緒間刊。

尚書讀法二卷 武陟王汝謙撰。光緒甲午周南書院刊。

尚書啓幪五卷 定海黄式三撰。光緒戊子黄氏家塾刊。

枕葄齋書經問答八卷附補習科七卷 績溪胡嗣運撰。光緒戊申鵬南書屋刊木活字本。

尚書古文辨惑二十二卷 陜州張諧之撰。光緒甲辰爲己精舍刊。

古文尚書辨惑十八卷釋難二卷析疑一卷商是一卷 黄岡洪良品撰。光緒丁亥至戊子鉛字排印本。又名《龍岡山人古文尚書四種》。

古文尚書賸言一卷 黄岡洪良品撰。底稿本。紅格,口中有“龍岡山房製”五字。

尚書古文疏證辨正一卷尚書古文考實一卷 善化皮錫瑞撰。光緒間思賢講舍刊。

今文尚書考證三十卷 善化皮錫瑞撰。光緒丁酉師伏堂刊。

尚書誼略二十八卷叙録一卷 桐城姚永樸撰。光緒間集虚草堂刊。

尚書集注述疏三十二卷首一卷末二卷附讀書堂答問一卷 順德簡朝亮撰。光緒三十三年刊。

尚書孔傳參正三十六卷序例一卷異同表一卷 長沙王先謙撰。光緒三十年虚受堂刊。

尚書大義二卷 桐城吴闓生撰。民國壬戌於都門刊。

尚書覈詁四卷 常德楊筠如撰。民國甲戌鉛字排印本。

今文尚書正譌無卷數 陽原李泰棻撰。民國二十年刊。原編次作九卷。

表章先正正論一卷 寧河王小航撰。民國戊辰春刊。又名《衛經社水東稿》。

禹貢備遺增註二卷首一卷或問一卷 明桐城胡瓚撰,其曾孫宗緒增註。乾隆四年萬卷樓重刊。

禹貢纂註一卷 長洲周天階撰。康熙戊寅刊。

禹貢便讀一卷 横山崔□□樹周撰。乾隆辛卯海昌沈維基刊。

禹貢圖説一卷附節讀一卷 石門馬俊良撰。乾隆五十四年端溪書院精刊。

禹貢彙覽四卷 高郵夏之芳撰。乾隆丁卯積翠軒精刊。

二渠九河圖考一卷 承德孫彤撰。無刻書年月,約嘉慶間承德孫氏刊。

禹貢全圖考正一卷 雲陽趙庭策撰。嘉慶庚辰集益堂刊。

禹貢分箋七卷 海鹽方溶撰。嘉慶己卯銀花藤館刊。

禹貢精義新參二卷 毘陵張鉞撰。道光己亥刊。

禹貢示掌一卷 元和尤逢辰撰。道光乙未棣萼山房刊。

禹貢釋詁一卷 高郵孫喬年輯。道光乙酉天心閣刊。《補大學傳》《讀南北史》附後。

禹貢易解一卷 懷玉鄭大邦撰。道光丙午梅花書屋刊木活字本。

禹貢今釋二卷 當塗芮日松撰。道光戊子求是齋刊。

禹貢輯注一卷 婺源余宗英撰。無刻書年月，約咸豐間一經堂刊。

禹貢錐指節要一卷 長洲汪獻玗撰。咸豐癸丑恩暉堂精刊，同治九年羣玉齋刊木活字本。附《夏小正》。

禹貢古今注通釋六卷 金匱侯楨撰。咸豐辛亥古杼秋館刊。光緒間重刊木活字本。

禹貢正詮四卷 歸安姚彥渠撰。同治庚午[四]刊。

禹貢圖説四卷 江寧周之翰撰。同治四年鐵筆齋精刊。

禹貢説二卷 邵陽魏源撰。同治六年於廣州刊。

禹貢新圖説二卷叙録一卷 嘉應楊懋建撰。同治六年碧璗瓏館於廣州刊。

禹貢水道便覽一卷 漢陽張先振撰。同治六年張氏家塾刊。

禹貢水道考異南條五卷北條五卷首一卷 東陵方堃撰。光緒三年刊。

漆沮通考一卷 鳳翔鄭士範撰。光緒乙未周正誼堂刊。

禹貢易知編十二卷 丹徒李慎儒撰。光緒二十五年刊。

禹貢正解一卷圖表一卷 華亭朱鎮撰。光緒甲辰知止軒刊。

禹貢九州今地考二卷 邵陽曾廉撰。光緒三十二年刊。

禹貢因一卷 溧陽沈練撰。光緒十八年溧陽沈氏刊。

禹貢班義述三卷附漢糜水入尚龍谿考一卷 寶應成蓉鏡撰。光緒庚辰刊。

九河故道考一卷 侯官張亨嘉撰。光緒壬午於東河節署刊。

禹貢匯解六卷攷辨略一卷 黄岡洪兆雲撰。光緒壬寅夏四月刊。

禹貢本義一卷 宜都楊守敬撰。光緒丙午于鄂城刊。

禹貢今註一卷 易水閻寶森撰。宣統三年鉛字排印本。

禹貢注解一卷 上海姚明煇撰。民國丙辰鉛字排印本。

禹貢通釋十三卷 洋縣童顔舒撰。民國十二年刊。

洪範大義三卷 太倉唐文治撰。民國壬戌刊。

尚書大傳四卷補遺一卷 漢伏生撰,鄭玄注。**攷異一卷續補遺一卷** 仁和盧文弨撰。嘉慶庚申春愛日艸廬刊。

尚書大傳攷纂三卷補遺一卷備攷一卷附録一卷源委一卷 吴興董豐垣撰。乾隆間槐古齋刊。

尚書大傳疏證七卷 善化皮錫瑞撰。光緒丙申師伏堂刊。

詩　　類

詩集傳音釋二十卷圖一卷綱領一卷詩序辨説一卷附校勘札記一卷 明廬陵羅復撰。咸豐五年至七年海昌蔣氏衍芬艸堂校刊,光緒己丑江南書局刊。

詩經捷渡四卷 明古臨徐奮鵬撰。天啓乙丑金陵王鳳翔刊硃墨套印本。

詩經古韻六卷首一卷 諸暨陳祖範撰。康熙辛卯勤學樓刊。

詩經喈鳳詳解八卷圖説一卷 新昌陳抒孝撰,星源汪基增訂。雍正癸丑刊。

朱子詩義補正八卷 桐城方苞撰。門人單作哲編。無刻書年月,約乾隆間刊。

毛詩訂詁八卷附録二卷 錫山顧棟高撰。光緒丙申江蘇書局刊。

毛詩説六卷詩藴二卷 武進莊有可撰。民國二十三年〔上海商務印書館〕影印原稿本。

毛詩明辨録十卷 秀水沈青崖撰。乾隆庚午精刊。

毛詩通説三十卷序録一卷略説一卷補遺一卷 武原任兆麟撰。乾隆間經笥堂刊。

詩經傳註八卷 蠡吾李塨撰。道光甲辰靜穆堂刊。

詩學女爲二十六卷 歙汪梧鳳撰。乾隆三十七年不踈園刊。

讀詩一隅四卷 陽湖管斡珍撰。乾隆間大觀樓刊。又名《松厓文鈔》。

詩經比義述八卷 金匱王千仞撰。乾隆壬子嘉德堂刊。

詩貫十四卷首三卷 婁江張敍撰。乾隆丙子續艸堂刊。

讀詩識小録十卷 燕南陳震撰。舊抄本。首有乾隆癸卯三月朔日自序。

凝園讀詩管見十四卷 羅典撰。無刻書年月,約乾隆間精刊。

詩攷補二卷 武進胡文英撰。乾隆四十九年留芝堂刊。

詩疑義釋二卷 武進胡文英撰。乾隆四十九年留芝堂刊。

毛詩通義六卷 武進胡文英撰。乾隆間〔五十三年〕刊。

詩經逢源十卷 武進胡文英撰。乾隆五十一年刊。

詩疏補遺五卷 武進胡文英撰。乾隆五十三年刊。

詩益二十卷 金壇劉始興撰。乾隆五年刊。内分《詩本傳》八卷,《詩次問補言》三卷,《詩表》二卷,《雜辨》七卷。另著有《尚書古文語録》《左氏春秋傳志》《楚辭新義》《史記指意》諸書,未見。

毛詩名物圖説九卷 吴中徐鼎撰。乾隆辛卯刊。

毛詩品物圖攷七卷 日本岡元鳳撰。天明五年〔大阪積玉圃〕刊,即乾隆五十年刊。

詩攷異補二卷 東吴嚴蔚撰。乾隆四十九年二酉齋刊。

讀詩辨字略三卷 丹徒韓怡撰。嘉慶間直之堂精刊。

讀詩傳譌三十卷 丹徒韓怡撰。嘉慶十六年木存堂精刊。

詩毛鄭異同辨二卷 南海曾釗撰。嘉慶間面城樓刊。

詩攷異字箋餘十四卷 奉新周邵蓮撰。嘉慶十四年刊。

詩經言志二十六卷 歙汪灼撰。嘉慶甲戌不疎園刊。

毛詩周韻誦法十卷 歙汪灼撰。嘉慶甲戌不疎園刊。灼,梧鳳之子。

嚴氏詩輯補義八卷 鎮海劉燦撰。嘉慶辛未劉氏墨莊刊。

詩志八卷 滋陽牛運震撰。嘉慶戊寅空山堂刊。

詩序闡真八卷 暨陽楊有慶撰。嘉慶間刊。

毛鄭異同攷十卷 歙程晉芳撰。傳抄本。有凡例，無序跋。

多識攷六卷 上虞何震撰。嘉慶十五年刊。

詩經詮義十二卷末二卷 婺源汪烜撰。光緒間紫陽書院刊。

毛詩證讀無卷數 太平戚學標撰。嘉慶十年刊，約光緒間精專閣重刊。

詩義輯解十卷 上元胡本淵撰。嘉慶己卯春暉堂刊。本淵，鄧廷楨之師也。

詩音十五卷 光澤高澍然撰。嘉慶十七年壬申刊木活字本。

讀詩知柄二卷 青縣蔣紹宗撰。嘉慶丙寅刊。

毛詩名物略四卷 浯村朱桓撰。嘉慶壬戌蔚齋刊。

詩附記四卷 大興翁方綱撰。光緒間定州王氏刊。

詩經精義四卷首一卷傳序一卷 武林黄淦撰。嘉慶七年壬戌刊。

許氏詩譜鈔一卷 海寧吴騫輯。嘉慶丙寅拜經樓刊。

詩叶攷八卷 清河陳天道撰。嘉慶十一年貽穀堂刊。

毛詩説三十卷 平湖孫燾撰。嘉慶二十年世德堂孫氏刊。

毛詩故訓傳定本三十卷 金壇段玉裁撰。嘉慶丙子七葉衍祥堂刊。

詩經小學三十卷 金壇段玉裁撰。道光乙酉抱經堂刊。

三百篇原聲七卷 高郵夏味堂撰。嘉慶丁卯棣華書屋刊。

詩疑筆記七卷後説一卷 高郵夏味堂撰。嘉慶甲戌棣華書屋刊。

詩經廣詁三十卷 桐城徐璈撰。道光十年刊。第二十三卷分上下。

毛詩質疑二十四卷 棲霞牟應震撰。道光間〔道光二十九年己酉歷城朱畹補〕刊。《詩問》六卷，《名物考》七卷，《古韻雜論》一卷，《古韻考》五卷，《奇句韻考》四卷，《韻譜》一卷。

詩經通論十八卷論旨一卷 新安姚際恒撰。道光丁酉鐵琴山館刊。

詩故攷異三十二卷 東吴徐華嶽撰。道光十二年壬辰〔子寶琳〕思聞齋刊。

毛詩後箋三十卷 涇胡承珙撰。道光丁酉孟冬求是堂刊，光緒十六年廣雅書局刊。

詩學識要五卷 春陵楊登訓撰。道光元年袖雲山房刊。

毛詩異義四卷詩譜叙一卷 歙汪龍撰。道光乙酉絜齋鮑氏精刊。

毛詩申成十卷 歙汪龍撰。底稿本。

毛詩序説三十二卷 仁和龔鑑撰。無刻書年月,約道光間錢塘龔氏刊。

毛詩紬義二十四卷 嘉應李黼平撰。道光丁亥箸花庵刊。

毛詩辨韻五卷 東牟趙似祖撰。道光壬寅刊。

毛詩補禮六卷 歙朱濂撰。道光己亥孟夏刊,光緒三年其外孫吴玉煇補刊。

讀詩釋物二十一卷 武寧方𤊟撰。道光四年刊。

詩經音韻譜五卷序説一卷 即例言、韻圖、讀法、論略等。**附章句觸解一卷** 汝上甄士林撰。道光五年種松書屋刊。

詩雙聲疊均譜三卷 江寧鄧廷楨撰。道光十八年精刊。

詩經申義十卷 武進吴士模撰。道光乙未澤古齋刊,光緒十六年其曾孫佑孫重刊。

詩經蠹簡四卷 高密李詒經撰。無刻書年月,約道光間慎思堂刊。

多識録九卷 吴縣石韞玉撰。道光戊子本衙精刊。

説詩循序一卷 日照許致和撰。道光庚戌刊。

毛詩禮徵十卷 涇包世榮撰。道光七年小倦游閣刊。

詩緯集證四卷 福州陳喬樅撰。道光丙午小嫏嬛館刊。

毛詩音韻考四卷略言一卷 渭南程以恬撰。道光甲申研經堂刊〔木活字印本〕。卷一分上下。

爾雅堂家藏詩説一卷 武陵顧起元撰,門人遲文兆等輯。傳抄本。

毛詩傳箋通釋三十二卷 桐城馬瑞辰撰。道光乙未中夏學古堂刊,光緒十四年廣雅書局刊。

讀詩考字二卷補編一卷 南清河程大鏞撰。道光乙巳叢桂軒刊。

鄭莆田淫奔詩辨二卷 珠湖王益齋輯。道光甲辰松勁書屋刊。又名《毛詩經説》。

毛詩通録十卷 河間劉溎撰。舊抄本。溎字世波,道光時人。

推小雅十月辛卯詳疏二卷 江都焦循撰。光緒癸巳半畝園李氏抄本。首有半畝園印一方,江都李氏選樓藏書印一方。

學詩毛鄭異同籤二十二卷附一卷 武寧張汝霖撰。道光元年刊,木活字本。

古邠詩義無卷數 桐城許畹撰。道光十二年刊。同治丁卯重刊本,題許宗寅撰。

詩緒餘録八卷 番禺黄位清撰。道光己亥南海葉氏貯月樓刊。

詩異文録三卷 番禺黄位清撰。道光己亥松風閣刊。

詩誦五卷 鄞陳僅撰。光緒乙酉四明文則樓刊木活字本。

三百篇鳥獸草木記二卷 錢塘徐士俊撰,涇潘錫恩釋。底稿本。案原書面字題云:此册係再稿,凡初稿增删改正者,俱照繕而又略修改。上卷記鳥,下卷記獸記魚。

詩説考略十二卷 海門成僎撰。道光十年王氏信芳閣刊木活字本。

詩古微二卷 邵陽魏源撰。無刻書年月,約道光間修吉堂精刊。

詩古微十六卷 邵陽魏源輯。道光二十年自刊。首一卷,上編三卷,中編十卷,下編二卷。光緒間宜都楊氏重刊。

毛詩傳箋異義解十六卷 震澤沈鎬撰。無刻書年月,約咸豐間棣鄂堂刊。

辨尹畹階毛詩名物辨一卷 日照許瀚撰。無刻書年月,約咸豐間刊。此《齊魯課士録》抽印本。

詩説七卷 南豐吴嘉賓撰。咸豐十一年刊木活字本。即《求自得之室讀書説》之卷二十二至二十八。

詩義旁通十二卷 文登李允升撰。咸豐壬子易簡堂刊。

詩箋禮注異義考一卷 南海桂文燦撰。咸豐七年刊。

毛詩讀三十卷 巴郡王劼撰。咸豐己未精刊。

毛詩序傳定本三十卷 巴郡王劼撰。同治間晚晴樓精刊。

毛詩注疏長編無卷數 寶應劉寶楠撰。底稿本。計十四册。

詩經原始十八卷首二卷 寶寧方玉潤撰。同治辛未冬隴東分署刊,版心刊"鴻濛室叢書三十六種之三"等字。民國三年雲南圖書館重刊。

詩玉尺二卷 侯官林昌彝撰。同治己巳廣州刊。

詩經説鈴十二卷 夏津潘克溥撰。同治壬戌刊。

毛詩多識録十六卷 新安董桂新撰。同治間刊。

詩義鈔八卷 湘陰張學尹撰。同治庚午師白山房重刊。

詩經繹參四卷 南海鄧翔撰。同治丁卯孔氏刊硃墨套印本。

讀詩一得無卷數 盱眙吴棠撰。同治三年刊。

毛詩異同四卷附一卷 遵義蕭光遠撰。同治六年刊。卷三分上下。

詩小學三十卷補一卷 保山吴樹聲撰。同治七年刊。

詩古音繹一卷 長沙胡錫燕撰。無刻書年月,約同治間刊。錫燕之長子元儀,次元常、元直、元玉,皆有著書,已見。

毛詩國風繹一卷 安溪陳遷鶴撰。同治十三年晉江黄氏梅石山房精刊木活字本。

詩管見七卷 永新尹繼美撰。同治癸酉鼎吉堂刊。

詩地理考略二卷圖一卷 永新尹繼美撰。同治甲子刊。

詩名物考略二卷 永新尹繼美撰。光緒庚辰刊。

山中學詩記五卷 鄞徐時棟撰。光緒戊寅西河别墅葉氏刊。

讀風臆補二卷 鎮海陳繼撰。光緒庚辰拜經館刊。

學詩詳説三十卷正詁五卷 平湖顧廣譽撰。光緒三年刊。

毛詩古音述一卷聲音轉迻略一卷 金匱顧淳撰。光緒二十五年刊木活字本。又名《枕漁韻學兩種》。

詩達詁首卷二卷 新化彭焯南撰。光緒丁酉二玉山館刊。全部三十二卷,先刻首二卷,餘俟續刻。

詩句今韻譜五卷 海虞張守誠撰。光緒庚子於皖江刊。

枕葄齋詩經問答十四卷 績溪胡嗣運撰。光緒戊申鵬南書屋刊木活字本。

參校詩傳說存二卷 上海倪紹經、王萃龢等輯。光緒十五年守經堂刊。

詩譜講義無卷數 不著撰人姓名。光緒間江蘇存古學堂鉛字排印本。

毛詩均譜二卷凡例一卷 永新郭師古撰。光緒十年玉屏山房刊。

毛詩補箋二十卷 湘潭王闓運撰。光緒乙巳江西官書局刊木活字本。

讀詩日録十三卷 棗强劉士毅撰。光緒六年刊。

詩韻字聲通證七卷毛詩韻表一卷 常寧李次山撰。光緒癸巳百果山房刊。首有百果山房十種總目,此其一也。尚有《字弗》三十二卷,《韻字歸母》二卷,《同治州縣釋名類編》十卷,《竊學記》十四卷,《通俗三字文》二卷,《百果山房文稿》二卷,《詩稿》二卷,《四書義存》二卷,《八韻詩存》二卷等九種,未見。

毛詩補正二十五卷 永新龍起濤撰。光緒己亥刻鵠軒刊。

毛詩述正二十八卷 長沙張其焕撰。光緒間刊。

毛詩復古録十二卷首一卷 吴川吴懋清撰。光緒甲午廣州刊。

詩義擇從四卷 龍陽易佩紳撰。光緒十四年刊。

羣經引詩大旨六卷 蘄州黄雲鵠撰。光緒甲午刊。

毛詩興體説六卷 嘉應黄應嵩撰。底稿本。無序跋,約光緒間抄本。

毛詩注疏校勘札記二十卷 咸陽劉光蕡撰。光緒十九年陜甘味經書院刊。

讀書商齋讀詩商二十八卷 龍陽陳保真撰。光緒丁酉於永興捕署刊。

尚詩徵名二卷 正定王蔭祜撰。光緒三十四年刊。

毛鄭詩斠義一卷 上虞羅振玉撰。光緒間〔以〕古宋字排印本。

學詩堂經解二十卷 皖穎李宗棠撰。宣統辛亥鉛字排印本。即《詩經》。

毛詩多識二卷 長白多隆阿撰。無印書年月,約宣統間奉天作新印刷局鉛字排印本。民國壬戌南林劉氏求恕齋刊。

讀詩識名證義八卷 鹽城金谷春〔又名式陶〕撰。民國八年鉛字排印本。

詩經集解辨正二十卷 泰州徐天璋撰。民國十二年鉛字排印本。

毛詩學三十卷 桐城馬其昶撰。民國丙辰京師第一監獄鉛字排印本,民國七年以古宋字重排印巾箱本。

木齋詩説存稿六卷 高安褚汝文撰。民國十二年癸亥刊。

毛詩翼叙二卷 真州柳承元撰。民國十二年鉛字排印本。

毛詩正韻四卷韻例一卷 日照丁以此撰。民國甲子日照留餘堂刊。

詩經通解二十六卷詩音韻通説一卷 閩縣林義光撰。民國己巳衣好軒鉛字排印本。

詩義會通四卷 桐城吴闓生撰。民國十六年文學社刊。

毛詩古音諧讀五卷 嘉應楊恭桓撰。民國戊辰鉛字排印本。

變雅一卷 順德黄節撰。近鉛字排印本〔民國廿一年北京大學出版組鉛印〕。

詩旨纂辭二卷 順德黄節撰。近北京大學鉛字排印本。僅第四第五兩卷〔最後印本作六卷〕。

詩序非衛宏所作説一卷 順德黄節撰。近鉛字排印本。

三家詩異文疏證六卷補遺三卷 嘉興馮登府撰。道光庚寅刊。

三家詩異文釋三卷〔續補遺附〕補遺附 嘉興馮登府撰,李富孫校讀。底稿本。

詩三家義集疏二十八卷首一卷 長沙王先謙撰。民國乙卯仲夏虚受堂刊。

齊詩翼氏學四卷 吴江迮鶴壽撰。嘉慶壬申春蓬萊山房刊。

韓詩内傳徵四卷補遺一卷疑義一卷叙録二卷 高郵宋綿初撰。乾隆乙卯志學堂刊。

韓詩内傳并薛君章句考四卷附録一卷筆談一卷叙録一卷 上虞錢玫撰,其姪孫世叙編。傳抄本。最後有道光元年自跋。

韓詩故二卷 長洲沈清瑞撰。道光間刊,光緒五年重刊。

韓詩遺説續考四卷 山陽顧震福撰。光緒癸巳刊。

韓詩外傳校注十卷 新安周廷寀撰 **拾遺一卷** 周宗杭撰。乾隆辛亥營道堂刊。宗杭,廷寀之姪。

韓詩外傳十卷補逸一卷 漢燕人韓嬰撰,武進趙懷玉校補。乾隆五十五年亦有生齋刊。

韓詩外傳疏證十卷 蘄水陳士珂撰。嘉慶二十三年刊。

販書偶記卷二

冀縣孫殿起耀卿録

周 禮 類

非周禮辨一卷 明東吴王應電撰。嘉靖間刊。

周禮軍賦説四卷 中吴王鳴盛撰。乾隆間頤志堂精刊。

周禮會通六卷 豫章胡翹元撰。乾隆五十二年凝暉閣刊。

周禮漢讀考六卷 金壇段玉裁撰。嘉慶元年經韻樓刊。

周官禮經注正誤一卷 甘泉張宗泰撰。嘉慶二年石梁學署刊。

周官心解二十八卷 諸暨蔣載康撰。嘉慶丙寅經箧堂刊。

周官圖説六卷 静樂李錫書撰。嘉慶六年刊。

周禮經注節鈔七卷 儀徵許珩撰。嘉慶辛未刊。每卷第一葉首行下刊"守研齋訂本"五字。

周禮注疏獻疑七卷 儀徵許珩撰。嘉慶十六年辛未〔儀徵許氏〕刊。

周禮故書疏證六卷 臨海宋世犖撰。無刻書年月,約嘉慶間刊。光緒六年補刊。

舒恬齋周禮讀本六卷 吴江龐佑清撰。道光戊申龐氏精刊。

周官指掌五卷 武進莊有可撰。道光九年十月刊。

石谿讀周官六卷 安谿官獻瑶撰。道光乙巳本衙刊。

周禮補注六卷 旌德吕飛鵬撰。道光二十九年旌德吕氏立誠軒刊。

周官參證二卷 太倉王寶仁撰。道光丙申刊,同治甲戌舊香居重刊。

讀周禮隨筆六卷 仁和龔鑑撰。無刻書年月,約咸豐間刊。

周官鄭注訂譌十二卷 吴川吴懋清撰。傳抄本,紅格,板心刊"橫塘遺書"四字。

周官譯義無卷數 丹徒尹恭保撰。底稿本。首有光緒辛丑年自序。内分天、地、春、夏、秋、冬凡六官。

周禮地官冬官徵一卷 錢塘唐詠裳撰。光緒二十五年刊。

周禮正義八十六卷 瑞安孫詒讓撰。光緒乙巳鉛字排印本,民國〔二十年〕辛未〔四月〕湖北箝湖精舍〔靈炳夏補校〕刊。

周禮政要二卷 瑞安孫詒讓撰。光緒壬寅瑞安普通學堂刊。

周禮三家佚注一卷 瑞安孫詒讓撰。光緒甲午自刊。

九旗古義述一卷 瑞安孫詒讓撰。光緒二十八年籀廎刊。

周禮古學考十一卷 長壽李滋然撰。宣統元年鉛字排印本。

周官講義無卷數 陳新佐撰。無印書年月,約宣統間石印本。

周禮淺說六卷 濰縣張日昌撰。民國壬子石印本。

周禮講義六卷總説一卷 丹徒李步青撰。民國甲寅刊。

井田圖解無卷數四册 定陽徐興霖撰。道光九年乃賡書屋刊。

井田圖考二卷 會稽朱克已撰。光緒庚寅山東書局刊。

天子肆獻祼饋食禮通纂三卷 義興任啓運撰。乾隆癸巳清芬堂刊。

考工車制圖解二卷 儀徵阮元撰。乾隆五十七年七録書館刊。

車制考誤一卷 婺源李承超撰。同治己巳振儒社刊。

輪輿私箋二卷附録一卷 遵義鄭珍撰。同治七年獨山莫氏於金陵刊。

鳧氏爲鍾圖説一卷 遵義鄭珍撰。光緒二十年貴筑高氏刊。

考工記論文二卷首一卷 歸安章震福撰。光緒間〔卅三年〕鉛字排印本。

考工記辨正三卷 侯官陳衍撰。無刻書年月,約光緒間石遺室刊。

儀 禮 類

儀禮集編十七卷首一卷附録一卷 秀水盛世佐撰。嘉慶十年貯雲居刊。卷首《綱領篇第》，卷八《聘禮》分二卷，卷十一《喪服》分四卷，附録《監本正誤》《石經誤字》。案《四庫》著録四十卷，因在刊本之前，據稿本未改定也。

儀禮石經校勘記四卷 儀徵阮元撰。乾隆乙卯七略書閣刊。

儀禮探本十三卷 博陵尹嘉銓撰。無刻書年月，約乾隆間〔世德堂精〕刊。

儀禮大要二卷 震澤任文田撰。乾隆辛丑同川書院刊。

儀禮注疏詳校十七卷 餘姚盧文弨撰。乾隆乙卯抱經堂刊。

儀禮經注正譌十七卷 嘉定金日追撰。乾隆戊申〔嘉定張式慎肅齋家塾〕刊，咸豐甲寅宜稼堂重刊。

儀禮紃解十七卷 安溪王士讓撰。乾隆戊辰晉水鑑湖培植堂刊，道光間志經堂刊。

儀禮彙説十七卷 金山焦以恕撰。乾隆間研雨齋刊。

儀禮釋官九卷首一卷 績溪胡匡衷撰。嘉慶丙子〔績溪胡氏研六閣〕刊，同治己巳研六閣重刊。〔卷首即《鄭氏儀禮目録校正》。〕

儀禮蒙求一卷 長沙唐仲冕撰。**喪服子夏傳一卷** 仁和王述曾撰。嘉慶間果居山房刊。

儀禮圖六卷 陽湖張惠言撰。嘉慶十年揚州阮氏刊。

禮經釋例十三卷首一卷 歙凌廷堪撰。嘉慶十四年揚州文選樓阮氏刊。

凌次仲復禮三篇一卷 歙縣凌廷堪撰。無刻書年月，約咸豐間海源閣刊。

儀禮古今文疏證二卷 臨海宋世犖撰。無刻書年月，約嘉慶間刊。光緒六年徐士鑾補刊。

儀禮韻言二卷 望江檀萃撰。嘉慶己未嘉樹堂重刊，嘉慶辛酉金谷園重刊。

儀禮蠡測十七卷 蕪湖韋協夢撰。道光乙巳帶草軒刊。

儀禮古今文疏義十七卷 涇縣胡承珙撰。道光乙酉求是堂刊。

儀禮問津一卷 太谷孟先穎撰。道光乙未恩遇堂刊。

儀禮瑣辨一卷 泰州常增撰。道光十六年刊。

儀禮先易六卷 吴縣吕仁杰撰。道光丙午師敖書屋刊。

參補禮經精要無卷數 蘭水莊中偉撰。傳抄本。

儀禮正義四十卷 績溪胡培翬撰。咸豐壬子木犀香館刊。

禮經通論一卷 仁和邵懿辰撰。同治三年夏六月望三益齋刊。僅上卷。

儀禮私箋八卷 遵義鄭珍撰。同治五年秋成山唐氏刊。

禮經校釋二十二卷附禮經纂疏序一卷 吴縣曹元弼撰。光緒壬辰刊。

禮經學七卷 吴縣曹元弼撰。宣統元年刊。卷二卷五均分上下。

儀禮漢讀考十七卷 金壇段玉裁原撰,酉陽陳光煦續撰。宣統元年石印本。此段氏未竟之作,陳氏繼撰成書。

弁服釋例八卷表一卷 興化任大椿撰。嘉慶元年丙辰〔蕭山王宗炎〕望賢家塾刊。

律服考古録二卷 益都楊峒撰。光緒間武進李氏聖譯樓刊。

喪服答問紀實一卷 江都汪喜孫撰。光緒十九年癸巳趙逵儀刊。

五服釋例二十卷 當塗夏燮撰。同治七年刊。

喪服會通説四卷 南豐吴嘉賓撰。同治六年丁卯刊。

喪服今制表一卷 長沙張華理輯。同治甲戌長沙荷華沱刊。

喪服經傳補疏二卷 閩縣葉大莊撰。光緒間玉屏山莊刊。

喪服鄭氏學十六卷圖附 婁縣張錫恭撰。民國戊午南林劉氏求恕齋刊。

儀禮喪服會通淺釋一卷 資中駱成駫撰。近四川成都刊。

喪服經傳彙編考證四卷 鄂城曹林撰。民國壬戌春鉛字排印本。

禮 記 類

禮記鄭注二十卷 漢鄭玄撰。**釋文一卷** 唐陸德明撰。**考異二卷** 陽城張敦仁撰。嘉慶丙寅陽城張氏摹宋撫州本精刊。

續禮記集説一百卷 仁和杭世駿撰。光緒乙未至甲辰浙江書局刊。

禮記章句十卷或問八卷 婺源汪烜撰。同治間刊木活字本。

禮記附記六卷 大興翁方綱撰。光緒間定州王氏刊。

禮記訓纂四十九卷 寳應朱彬撰。咸豐元年宜禄堂刊。

禮記注疏長編無卷數 寳應劉寳楠撰。底稿本。

禮記集解六十一卷尚書顧命解一卷 瑞安孫希旦撰。咸豐庚申至同治甲子年〔瑞安孫氏〕盤谷草堂刊。

禮記盧注佚文疏證一卷盧尚書年表一卷 常熟蔣元慶撰。傳抄本。

禮記諸家引經異字同聲考一卷 山陽丁顯撰。光緒十六年刊。又見丁顯著有《十三經諸家引經異字同聲考》底稿本藏於家。

禮記審議二卷 閩縣葉大莊撰。光緒間玉屏山莊刊。

禮記質疑四十九卷 湘陰郭嵩燾撰。光緒十六年思賢講舍刊。

禮記淺説二卷 善化皮錫瑞撰。光緒己亥刊。

禮記箋十七卷 湘潭王闓運撰。光緒丙申東洲講舍刊。

子思子輯解七卷 定海黄以周撰。無刻書年月，約宣統間江陰南菁書院刊。

禮記子思子言鄭註補正三卷附録一卷 順德簡朝亮撰。無刻書年月，約民國紀元門人於讀書堂刊。

禮記經注校證二卷 鎮洋王祖畬撰。民國辛酉唐氏刊。

禮記正義校勘記二卷 南海潘宗周撰。民國十七年精刊。

檀弓問四卷 歙張習孔撰。康熙間詒清堂刊。

蔡氏月令二卷 元和蔡雲撰。道光甲申〔吴趨〕王氏刊。《明堂月令論》《月令章句》《月令問答》,附《月令集證》。

月令七十二候贊一卷 漢陽葉志詵撰。道光三十年粤東撫署刊。

蔡氏明堂月令章句一卷論一卷問答一卷 仁和陸堯春撰。嘉慶間刊。版心刊"小蓬山館輯古遺書之二"等字。

月令七十二候詩自注四卷 歷城馬國翰撰。光緒十五年繡江李氏重校刊。

七十二候表一卷 錢唐羅以智撰。光緒壬午海昌羊氏刊。

明堂圖説一卷附録一卷 豐城熊羅宿撰。宣統二年刊。

孔氏三出辨一卷 歸安沈樹德畏堂撰。光緒二年天津周氏刊。

禮運注一卷 南海康有爲撰。光緒間鉛字排印本。版心有"演孔叢書"四字。

王制通論一卷王制義案三卷附古今僞書考書後一卷 桂平程大璋撰。民國十八年至十九年於廣州刊。

大戴禮記補注十三卷叙録一卷 闕里孔廣森撰。乾隆甲寅刊。

汪氏大戴禮注補十三卷目録一卷附録一卷 嘉定汪照撰。嘉慶九年秋〔嘉定金元鈺、錢侗〕刊。

大戴禮管箋十三卷首一卷 海康丁宗洛撰。道光十六年刊。

大戴禮記解詁十三卷叙録一卷 南城王聘珍撰。咸豐元年刊,光緒癸巳盱江書院刊。

大戴禮記審議二卷 閩縣葉大莊撰。光緒間玉屏山莊刊。

大戴禮記集注十三卷叙録一卷 玉環戴禮撰。宣統三年温州石印本。

大戴禮記斠補三卷 瑞安孫詒讓撰。民國甲寅石印本。

曾子注釋四卷叙録一卷 揚州阮元撰。嘉慶三年揚州阮氏擎經室刊。

夏小正一卷 濟陽張爾岐輯,北平黄叔琳增訂。乾隆間愛蓮書屋刊。

夏小正集解無卷數 仁和孫之騄撰。無刻書年月,約乾隆間精刊。

夏小正集解四卷 高郵顧問撰。乾隆壬子敬業堂刊。

夏小正傳箋四卷附大戴禮公符篇考一卷 金谿王謨撰。嘉慶癸酉刊。

夏小正注四卷 海鹽李聿求撰。無刻書年月,約嘉慶間虎溪山房刊。

夏小正疏義四卷釋音一卷異字記一卷天象圖附 臨海洪震煊撰。嘉慶庚辰孟秋刊。

夏小正分箋四卷異義二卷 錢唐黄模撰。無刻書年月,約嘉慶間刊。

夏小正輯注四卷 會稽范家相撰。嘉慶庚午古趣亭刊。

夏小正經傳考釋十卷夏時等例説一卷 武進莊述祖撰。光緒癸未劉翊宸校刊。

夏小正經傳集解四卷 長洲顧鳳藻撰。道光紀元士禮居刊。

夏小正經傳考二卷本義四卷 通州雷學淇撰。道光癸未亦囂囂齋刊。

夏小正詩自注十二卷 歷城馬國翰撰。道光二十二年刊。

夏小正通釋一卷 福州梁章鉅撰。光緒丁亥浙江書局刊。

夏小正注一卷 台州黄濬撰。道光間刊。

夏小正訓解四卷考異一卷通論一卷 太倉王寶仁撰。道光乙未于六安學署刊,同治甲戌重刊。

夏小正校注四卷 侯官魏本唐撰。咸豐元年刊。

夏小正集説四卷存説二卷集説補一卷 黟程鴻詔撰。同治四年於金陵刊。《集説》卷一分上下。

夏小正箋疏四卷 皖江馬徵慶〔麐〕撰。同治間思古書堂刊。

夏小正小箋四卷 婺源王貞撰。同治壬申刊,光緒戊子海陽韓氏重刊。

夏小正釋義一卷 濰縣宋書升撰。傳抄本。

夏小正傳箋一卷 歸安沈秉成撰。民國丁卯精刊。

夏時考六卷 無錫安吉撰。嘉慶甲戌刊。

三禮總義類

韓氏三禮圖説二卷 元寧德韓信同撰。嘉慶十八年王氏麟後山房刊。

閻紅螺説禮三十三卷 明古揚閻有章撰。崇禎九年刊。

禮箋三卷 歙金榜撰。乾隆五十九年〔歙方起泰、胡國輔刊〕游文齋刊〔藏板〕。

問禮一隅六卷 陽湖管幹珍撰。乾隆間錫福樓刊。又名《松厓文鈔》。

三禮陳數求義三十卷 侯官林喬蔭撰。嘉慶癸亥誦芬堂刊。

古經服緯三卷釋問附 通州雷鐏撰,其子學淇釋。道光九年亦囂囂齋刊。

讀禮條考二十卷 婺源王曜南撰。道光二十九年刊。

求古録禮説十六卷 臨海金鶚撰。道光庚戌嘉平木犀香館刊。光緒二年丙子重刊本多補遺一卷、黄巖王士駿《校勘記》三卷。

三禮通釋二百八十卷首一卷 侯官林昌彝撰。同治三年甲子〔歷城毛鴻賓〕於廣州刊。

禮書通故五十卷 定海黄以周撰。光緒癸巳黄氏試館刊。

禮表一卷 鳳翔鄭士範撰。光緒間周正誼堂刊。

四禮要規一卷 明新安程策撰。崇禎六年刊。

孔氏家儀十四卷答問四卷 闕里孔繼汾撰。乾隆間刊。又名《家儀答問》。繼汾,廣林之父。

闕里儀注三卷勴儀糾謬集三卷 闕里孔繼汾撰。乾隆己丑自刊。一名《闕里祭儀録》。

香祖習説三卷 宜興謝芳連撰,吴興張克和注。乾隆戊辰刊。

祭法記疑二卷 嘉興王元啓撰。無刻書年月,約嘉慶間刊。

禮書附録十二卷 涇上陳寶泉輯。嘉慶庚辰含暉閣刊。

禘祫辨誤二卷 上元程廷祚撰。道光乙酉〔曾孫大經等〕東山草堂精刊。

四禘通釋三卷 歸安崔適撰。光緒甲午刊。

傳恭堂祭儀未定稿二卷 山陽潘德輿撰。光緒間鉛字排印本。

四禮從宜四卷 桐城蘇惇元撰。同治十年刊。

六典通考二百卷 湖西閻鎮珩撰。光緒癸卯刊。

禮器釋名十八卷 宛平桑宣撰。光緒二十二年刊。

親屬記二卷 遵義鄭珍撰。**補一卷** 貴陽陳矩撰。光緒間貴陽陳氏刊。

親屬記一卷 遵義鄭珍撰，貴陽陳榘補。光緒丙戌貴陽陳氏刊。據陳氏跋稱，下卷已補綴成書矣，付之鈔胥，不慎於火，爲熒惑下取。數月心力，滅没于烟焰中，惜之。

樂　類

律悟一卷 金匱吴熙撰。雍正辛亥精刊。

欽定文廟樂譜一卷舞譜一卷附録一卷 闕里孔繼汾輯。乾隆三十年刊。

黄鐘通韻二卷補遺一卷 長白都四德撰。乾隆癸酉三餘堂刊。《四庫》著録二卷。

律吕古誼六卷 嘉定錢塘撰。無刻書年月，約嘉慶間刊。

燕樂考原六卷 歙凌廷堪撰。嘉慶間〔十六年張其錦〕刊。

律話三卷 休寧戴長庚撰。道光十三年刊。

律音譜五卷 楚冶陳亮撰。道光間刊巾箱本。

吹豳録五十卷 仁和吴穎芳撰。底稿本。

樂經律吕通解五卷附樂府外集琴譜四卷首一卷 婺源汪烜撰。光緒九年癸未紫陽書院刊。《琴譜》卷一、卷三分二卷，卷四分四卷。

律吕臆言三卷 吴趨蔣文勳撰。道光癸巳梅華菴刊。

變徵定位考二卷 桐鄉馮水撰。舊抄本。

聲律通考十卷 番禺陳澧撰。咸豐十年自刊。

律吕通今圖説一卷律易一卷《原音瑣辨》《名義算數辨》《同治甲子未上書》附。

音調定程一卷弦徽宣秘一卷 蕪湖繆闐撰。同治間蕪湖繆氏刊。又名《庚癸元音》。

律音彙考八卷 瀏陽邱之稑撰。**琴旨申邱一卷** 瀏陽劉人熙撰。光緒間刊。

律吕新書淺釋一卷 固安文藻翔撰。光緒丁酉文氏刊。

音分古義二卷附一卷 錢塘戴煦撰。光緒丙戌新陽趙氏刊。煦,戴熙之弟。

春秋左傳類

左求二卷 明梅里錢栴撰。崇禎辛未刊。

左氏條貫十八卷 長洲曹基編次。康熙壬辰刊。

春秋左傳杜注三十卷首一卷 華亭姚培謙撰。乾隆十一年精刊。

左鑑十卷附録一卷 梁谿楊潮觀撰。乾隆壬辰刊。

春秋左傳意解十卷首一卷 嶺南信宜陸樹芝撰。乾隆五十三年刊。

左傳日知録八卷 燕南陳震撰。底稿本。首有乾隆癸巳自序。

春秋左傳補注三卷 桐城馬宗槤撰。乾隆五十九年刊。

規左一隅三卷 陽湖管幹珍撰。乾隆間錫福樓刊。又名《松厓文鈔》。

于埜左氏録二卷 武寧盛大謨撰。同治五年重刊。

左氏春秋聚十八卷左辨隨劄一卷表四卷定稿存原二卷 嶧陽張蘭坡撰。嘉慶間精刊。

春秋左傳釋人十二卷世系一卷年表一卷附録一卷 河内范照藜撰。嘉慶七年如不及齋刊。

劉炫規杜持平六卷 餘姚邵瑛撰。嘉慶丁丑桂隱書屋刊。

左傳釋地三卷 寶應范士齡撰。道光六年刊。

讀左管窺二卷 涇縣趙青藜撰。嘉慶間精刊。

左傳杜註辨證六卷 桐城張聰咸撰。底稿本。

左通補釋三十二卷 錢塘梁履繩撰。道光六年刊。

左傳舊疏考正八卷 儀徵劉文淇撰。道光戊戌青溪舊屋刊。

讀左小記二卷 暨陽薛承宣撰。道光間刊。首有俞正燮序。

規過三卷 隋劉炫撰,江陰薛承宣輯補。道光庚寅刊。

左腴三卷 會稽潘希淦撰。道光戊申藝蘭書屋刊。

左傳人名備考無卷數 錢塘趙宗侃撰。道光己酉鳳樵書屋刊。

左傳通釋十二卷 高郵李惇撰。道光間刊。卷五至卷十,又卷十二,共七卷原闕。此版後歸其地王氏,王氏將其第十一卷抽出,並將李氏著書之名剷去,易以王士濂之名,至每卷首尾兩版版心增刊"鶴壽堂叢書"五字。

春秋左傳服注存二卷 蕭山沈豫輯。道光丁未蛾術堂刊。又一部多續一卷補遺一卷。

左傳札記七卷 元和錢綺撰。咸豐丁巳鈍研廬刊。第六卷附《石經札記補遺》。

春秋左傳辯章題解六卷篇目一卷左傳摘鈔目録一卷 棲霞牟昌衡撰。咸豐己未日三省齋刊。

左傳輯釋二十五卷 日本日南安井衡撰。明治三年刊,即同治九年刊。

讀左漫筆十六卷 祥符常茂徠撰。同治六年刊木活字本。

春秋左氏傳賈服注輯述二十卷 嘉興李貽德撰。同治丙寅〔餘姚朱蘭〕刊,光緒壬午江蘇書局重刊。

聽園讀左隨筆二十卷説文異字附 長沙李藝元撰。同治癸酉長沙李一經堂刊。卷首至八《測義》,卷九至二十《音釋》。

春秋規過考信九卷 義烏陳熙晉撰。光緒十五年廣雅書局刊。

春秋述義拾遺八卷 義烏陳熙晉撰。光緒十五年廣雅書局刊。

左傳淺説二卷 善化皮錫瑞撰。光緒己亥刊。

左氏會箋三十卷 日本竹添光鴻撰。明治三十六年井井書屋鉛字排印本,即光緒間印本。

左傳質疑三卷 秀水趙銘撰。底稿本。緑墨格紙,版心刊有"遯菴存稿"四字。

字湖軒左緯三卷 天門劉霽先撰。光緒癸巳岳口李綽裕堂精刊。

五硯齋困知經説一卷 江都梁恩霖撰。無刻書年月,約光緒間刊。

左傳口義三卷 羊城馬貞榆撰。光緒間兩湖書院刊。

左氏春秋杜註集解辨正二卷 井研廖平撰。光緒三十三年丁未四益館鉛字排印本。

讀左質疑四卷首一卷 鎮洋王祖畬撰。民國戊午茹經室唐氏刊。

左傳五十凡例二卷 資中駱成駫撰。近〔民國十六年〕四川成都刊。

左傳微十二卷 桐城吴闓生撰。民國癸亥文學社刊。

左傳禮説十卷 東莞張其淦撰。民國丙寅鉛字排印本。

春秋公羊傳類

春秋公羊經何氏釋例十卷後録六卷 武進劉逢禄撰。嘉慶間養一齋刊。

春秋公羊禮疏十一卷 江都凌曙撰。嘉慶己卯夏蜚雲閣刊。

春秋公羊禮説一卷禮論略鈔一卷 江都凌曙撰。嘉慶己卯至道光丙戌蜚雲閣刊。

春秋公羊答問二卷 江都凌曙撰。道光辛巳夏蜚雲閣刊。

公羊臆三卷讀公羊注記疑三卷 平湖張憲和撰。光緒間刊。

公羊方言箋疏一卷 黄縣淳于鴻恩撰。光緒間濟南刊。

春秋公羊注疏質疑二卷 番禺何若瑶撰。光緒八年刊,光緒二十年廣雅書局刊。

何氏公羊解詁三十論一卷附尊卑表一卷 井研廖平撰。光緒丙戌刊巾箱本。

春秋穀梁傳類

春秋穀梁傳時月日書法釋例四卷 海州許桂林撰。道光二十五年刊。

春秋穀梁經傳補注〔首一卷〕二十四卷附律句一卷 嘉善鍾文烝撰。光緒二年〔鍾氏〕信美室刊。

穀梁大義述補闕無卷數 吴江張慰祖撰。紅格紙傳抄本。述日月例、述禮、述師説、述長編，凡四類。

穀梁古義疏十一卷 井研廖平撰。光緒庚子〔冬月日新書局〕成都刊。〔一名《穀梁春秋古義疏》。〕

重訂穀梁春秋經傳古義疏十一卷外篇叙目一卷釋范一卷起廢疾一卷 井研廖平撰，其孫宗澤補疏。近渭南嚴氏孝義家塾刊。

春秋穀梁傳注十五卷 膠西柯劭忞撰。民國丁卯鉛字排印本。

春秋總義類

麟指嚴四卷 吴興金兆清授，其男金盤參訂。無刻書年月，約崇禎間刊。

春秋志在十二卷 蕭山來集之撰。順治壬辰倘湖小築刊。

春秋通論十五卷附論旨一卷無例詳考一卷 新安姚際恒撰。舊抄本。首有康熙四十六年丁亥秋七月自序。此書卷十一至卷十三闕。

春秋增註八卷 睢州湯斌撰，邑後學陳繼修編。民國十二年賢良祠刊。

春秋集義五十八卷首一卷末二卷 浦陽吴鳳來撰。乾隆五十四年小草廬刊。

春秋困學録十二卷 柏鄉楊宏聲撰。乾隆三十一年刊。

春秋本義十二卷 新安吕公滋撰。乾隆辛亥孟冬望柏堂刊。

春秋貫無卷數 古瀛于大鯤撰。乾隆癸巳聽雨山房刊。

春秋取義測十二卷 膠州法坤宏撰。乾隆甲寅迂齋精刊。

春秋内傳古注輯存三卷 東吴嚴蔚撰。乾隆丁未二酉齋刊,光緒己丑味義根齋重刊巾箱本。

春秋事義合註十二卷 高密單鐸撰。乾隆庚午〔研經堂〕刊。

春秋集傳十六卷首一卷末一卷春秋年譜一卷 婺源汪紱撰。乾隆間西碧山房刊。

春秋五測三卷 上元戴祖啓撰。嘉慶元年資敬堂刊。

春秋經傳通釋十二卷 常寧陳聖清撰。嘉慶間刊。

公羊穀梁異同合評四卷 仁和沈赤然撰。嘉慶丁卯刊。

春秋氏族圖考二卷 吴興沈澄本撰。嘉慶甲戌刊。

春秋箋例三十卷首一卷 奉新趙儀吉撰。嘉慶二十二年刊。

春秋至朔通考二卷春秋初年歲星行表一卷春秋日食星度表一卷春秋日表一卷 邵武張冕撰。嘉慶間刊。

春秋講義柬一二卷 儀徵團維墉輯。嘉慶壬申刊。

推春秋日食法一卷末一卷春秋朔閏表發覆四卷首一卷 崇明施彦士撰。道光壬辰求己堂刊。

春秋七國統表六卷 蕭山魏翼龍輯。道光十三年蕭山存問堂刊。卷一世次,卷二年表,卷三至卷六攷證。

春秋經朔表四卷 暨陽薛約撰。無刻書年月,約道光間刊。

三家經文同異考二卷 福鼎王錫聆撰。道光十五年仲秋太姥山麓蚤閒齋刊。

春秋求故四卷 婺源余煌撰。道光庚寅年刊。

春秋釋經十二卷 光澤高澍然撰。道光七年刊。

春秋咫聞鈔十二卷 番禺凌揚藻撰。同治間刊。

春秋書法比義十一卷 鹽山劉增璇撰。道光十九年蓮窗書屋刊。

春秋世族輯略二卷春秋列國輯略一卷 丹徒王文源撰。道光乙巳陳氏敏求軒刊。

增訂春秋世族源流圖考六卷女譜一卷 祥符常茂徠撰。道光三十年怡古堂刊。

三傳經文辨異四卷 江都焦廷琥撰。傳抄本。

春秋希通一卷 〔吴縣〕程庭桂撰。咸豐十一年刊。

春秋朔閏日食考二卷 雲間宋慶雲撰。同治十二年刊。

春秋疑義録二卷 棗强劉士毅撰。光緒六年重刊。

春秋三傳義求二十六卷 巴陵吴敏樹撰。底稿本。

春秋屬辭辨例編六十卷首二卷 錢唐張應昌撰。同治癸酉江蘇書局刊。

春秋諸家解十二卷 静海毛士撰。同治壬申深澤王氏刊。

春秋三子傳六卷傳前答問一卷 静海毛士撰。同治壬申深澤王氏刊。

春秋三傳駁語八卷 静海毛士撰。同治壬申深澤王氏刊。

春秋經傳日月考一卷 南海鄒伯奇撰。光緒辛丑兩湖書院刊。

春秋内外傳筮辭考證三卷 婁縣章來撰。光緒九年刊。

魯史権二卷 烏程楊兆鋆撰。光緒戊戌湯明林刊〔木活字本〕。

春秋四傳詁經十五卷 興國萬斛泉撰。光緒間刊。

春秋質疑二卷 古鄞彭遷道撰。光緒丙子刊。

春秋朔閏至日考三卷日食辨正一卷朔至表一卷 長洲王韜撰。光緒己丑鉛字排印本。

師伏堂春秋講義二卷 善化皮錫瑞撰。宣統元年鴻飛印刷局鉛字排印本。

發墨守疏證一卷箴膏肓疏證一卷釋廢疾疏證一卷 善化皮錫瑞撰。光緒己亥〔善化皮氏〕刊。

春秋例表無卷數 湘潭王代豐撰。光緒七年四川尊經書院刊。光緒三十四年戊申於東州重刊。

春秋楚地疆域表一卷 新化彭焯南撰。光緒丁酉刊。

春秋釋四卷 定海黄式三撰。光緒戊子黄氏家塾刊。

春秋講義一卷 常熟潘任撰。無序跋,亦無刻書年月,約光緒間鉛字排印本。

春秋測義三十五卷 溧陽强汝詢撰。光緒己丑冬流芳閣刊木活字本。

春秋諸傳參説二卷 武寧夏容撰。光緒十六年慎自愛軒重刊。

春秋逸傳十四卷 石首傅上瀛撰。光緒丙申典學樓刊。

春秋比事參義十六卷 石埭桂含章輯。光緒壬午務本堂刊。

春秋經傳解詁十一卷 湘潭王闓運撰。光緒乙酉成都尊經書局刊。又名《公羊箋》。

春秋内傳古注補輯三卷 慈谿馮明貞撰。光緒己丑味義根齋刊巾箱本。

麐史秝準四卷 餘姚黄炳垕撰。光緒甲午留書種閣刊。

春秋疑年録一卷 附 **辨名小記一卷** 海寧錢保塘撰。光緒乙未清風室刊。

枕葄齋春秋問答十六卷 績溪胡嗣運撰。光緒戊申鵬南書屋刊木活字本。

春秋公法比義發微六卷 資陽藍光策撰。宣統辛亥鉛字排印本。

春秋緯史集傳四十卷 天台陳省欽撰。民國甲子夏五月鉛字排印本。

春秋筆削大義微言考十一卷發凡一卷 南海康有爲撰。民國丁巳萬木草堂刊。

春秋復始三十八卷 吴興崔適撰。民國七年北京大學鉛字排印本。

春秋國名考釋三卷 丹徒鮑鼎撰。民國〔庚午〕石印本。

春秋繁露箋注十七卷附録一卷 崇安董天工撰。乾隆辛巳精刊。

春秋繁露注十七卷 江都凌曙撰。嘉慶乙亥蜚雲閣刊。

春秋繁露斠補三卷 儀徵劉師培撰。傳鈔本。

春秋繁露義證十七卷年表一卷考證一卷 平江蘇輿撰。宣統庚戌長沙刊。

春秋董氏學八卷附傳一卷 南海康有爲撰。光緒間上海大同譯書局刊。卷六分上下。

春秋繁露求雨止雨篇彙考無卷數 海昌李友洙撰。乾隆戊戌夏刊。

春秋繁露斠補三卷 儀徵劉師培撰。傳抄本，近寧武南氏鉛字排印本〔多補遺一卷，并校勘記一卷〕。

販書偶記卷三

冀縣孫殿起耀卿録

論　語　類

縮臨古本論語集解十卷 魏何晏撰。日本天保八年精刊，即道光十七年刊。

論語古義十卷 日本洛陽伊藤維楨撰。正德二年壬辰其子伊藤長胤刊，即康熙五十一年刊。文政十二年己丑古義堂再刊，即道光九年刊。

論語徵十卷 日本江都物茂卿撰。無刻書年月，約享保間精刊，即雍正間刊。

非徵二十卷 日本大阪中井積善子慶撰。舊抄本。與物茂卿爭論門户之書，聞人言尚有《非物》一種，未見。

論語古訓十卷 日本信陽太宰純撰。元文四年己未江都書肆嵩山房刊，即乾隆四年刊。

論語古訓外傳二十卷附録一卷 日本信陽太宰純德夫撰。延享元年精刊，即乾隆九年刊。太宰純，物茂卿之高弟。

論語漢注考殘本二卷 日本海保元備撰。舊抄本。存卷第二《爲政》，卷第九《子罕》。

論語古訓十卷 海寧陳鱣撰。乾隆六十年至嘉慶元年簡莊刊，光緒九年浙江書局重刊。

論語鄭注二卷 長洲宋翔鳳撰。嘉慶四年刊。

論語發微一卷 長洲宋翔鳳撰。嘉慶間浮谿艸堂刊。

論語廣註二卷 太倉畢憲曾撰。嘉慶癸亥培遠堂刊。憲曾，秋帆之從子。

古三疾齋論語直旨四卷 山陰何綸錦撰。嘉慶丙子刊。

正平本論語札記一卷 日本江户市野光彦撰。文化十年刊,即嘉慶十八年刊。

皇本論語疏考異一卷 不著撰人姓名。舊抄本。淡緑色墨格,版心有“清芬閣”三字。

論語隨筆二十卷 滋陽牛運震撰。嘉慶四年空山堂刊。第二十卷原闕。

論語注二十卷 滋陽牛運震撰。底稿本。首有“平階”二字印一方。《爲政篇》後附其次男鈞跋稱:數年前付梓之《論語隨筆》,内闕《鄉黨》《微子》及《堯曰》三篇,以倉猝間未及詳察,故度爲欲作《鄉黨考》而未逮。及歲暮解館,未終講也。兹於遺篋中獲得此編,詳細校對。前編所有者,此編間亦缺之。而此編所有者,前編多所未有,如章註考證等是。由是知前編係初稿,此編乃後所改正者,故有《鄉黨》等三篇。惜當時未能尋出,與他稿一併付梓,誠憾事也。嘉慶九年歲次甲子六月。下端鈐有“牛鈞之印”一方。

論語異文考證十卷 嘉興馮登府撰。道光甲午春粤東學海堂刊。

論語説四卷 新安程廷祚撰。道光丁酉東山草堂刊。又見一部,約乾嘉間抄本,名《魯論説》。

論語孔注辨僞二卷 嘉興沈濤撰。道光辛巳刊。

論語旁證二十卷 長樂梁章鉅撰。同治癸酉刊。

論語集注序説二卷 商城楊京元輯。道光庚寅研經堂刊。

論語考文二卷 日本近江豬飼彦博撰。天保壬辰精刊,即道光十二年刊。彦博精校勘之學。

論語補解十卷 魏何晏集解,日本山本惟孝補解。天保十年刊,即道光十九年刊。

論語後案二十卷 定海黄式三撰。道光癸卯魯岐峯刊木活字本,光緒九年浙江書局重刊。

讀〔論〕語質疑一卷 東吴石韞玉撰。道光戊子精刊。

論語十卷附録一卷 日照丁見善[五]篆書。咸豐七年刊木活字本。自序稱:《論語》漢石經有之,但一體隸書,有殘斷不完,莫可據依。已就《正義》本以篆文書之,從漢唐石經、《經典釋文》校其字句,分其篇章。篆文從《説文解字》,參用古籀。或體及假籍,壹以《正義》本今字爲準。稿成,家子楙五博采諸家異同,作考證附於後。時許印林夫子校書海豐,詳爲審定,題其卷曰:抱殘守缺,拾遺補菽,不泥古,不驚俗,求實是,曉羣疑,斯得之矣。見善[六]承奉師説,重如是正,付之剞劂,以活字集印。謹述其顛末如是。書凡二十篇,萬六千百五十字。

論語附録一卷 日照許瀚撰。咸豐八年〔丁艮善〕刊。

論語雅言十卷 歸安董增齡撰。傳抄本。

讀論語日記一卷 番禺陳宗誼撰。無刻書年月,約同治間刊。

讀論語日記一卷 番禺陳朞年撰。無刻書年月,約同治間刊。朞年,澧之子。

論語集説六卷 日本日南安井衡撰。明治壬申刊,即同治十一年刊。

論語皇疏考證十卷 南海桂文燦撰。傳抄本,此即《經學叢書》卷二十起至卷二十九止。

戴氏注論語二十卷釋文二卷 德清戴望撰。同治十年太歲在辛未三月刊。此書仿漢鄭玄之體例,不著撰人之名,首有自序,讀其序方知其名。凡他處刊有戴望名者,皆屬改竄本也。《釋文》二卷未梓。

論語正義二十四卷 寶應劉寶楠撰。同治丙寅刊。又〔光緒十八年〕黄岡范氏〔嘯園覆〕刊。

論語注無卷數 寶應劉寶楠撰。底稿本。計二十册。

論語注疏長編無卷數 寶應劉寶楠撰。底藁本。計十册。

何休注訓論語述一卷 寶應劉恭冕撰。同治間劉氏家刊。

論語贅解二卷 壽陽秦東來撰。同治六年刊。

論語評八卷 吴曮吴莊撰。舊抄本。

論語衍義十卷 益陽姚紹崇撰。同治壬申墨君軒刊。

論語淺解四卷 塗水喬松年撰。光緒三年强恕堂刊。

論語發疑四卷 武進顧成章撰。光緒間〔壬辰仲冬〕刊木活字本。

論語校異殘本第三卷 湖州姚元凱撰。底稿本。又名《校議》。

論語古注集箋十卷附考一卷 吴縣潘維城撰。光緒七年江蘇書局刊。

論語事實録一卷附三毫考一卷 宜都楊守敬撰。光緒間精刊。

論語經正録二十卷 深澤王肇晉撰。光緒二十年仲春刊。

朱子論語集注訓詁考二卷 南海潘衍桐撰。光緒十七年浙江書局刊。

論語章數字數表二卷 湘鄉謝崧岱謝崧岷同撰。光緒戊子季春肇經榭刊。

論語集注補正述疏十卷首一卷附讀書堂答問一卷 順德簡朝亮撰。無刻書年月,約宣統間讀書堂刊[七]。

論語稽二十卷孔子世家稽一卷 遵義宦懋庸撰。民國二年鉛字排印本。

論語註解辨訂二十一卷首一卷 臨桂劉名譽撰。民國七年桂林鉛字排印本。

論語注二十卷 南海康有爲撰。光緒間上海大同譯書局刊。民國丁巳萬木草堂刊。

論語分類二十六卷附録一卷 濟南張文林撰。民國八年鉛字排印本。

論語足徵記二卷 吴興崔適撰。民國十年北京大學鉛字排印本。

論語實測二十卷 泰州徐天璋撰。民國甲子鉛字排印本。

論語要略一卷 無錫許珏撰。民國壬戌許氏刊。

論語傳四卷 桐城方鑄撰。民國庚申二月刊。

論語述義十卷叙録一卷 桐城姚永樸撰。民國庚申鉛字排印本。

論語古註集説平義二十卷 長沙辜天祐撰。民國十九年鉛字排印本。

鄉黨考無卷數 閩嵩山黄守僊撰。乾隆丁酉漱經堂刊。

鄉黨義考七卷 蘄州胡薰撰。乾隆乙卯中林書屋刊。

鄉黨經傳通解二卷 巽川程光國撰。嘉慶十年友益堂刊。

鄉黨典義一卷 衡陽魏晉撰。道光丙午觀德堂刊。

論語鄉黨篇訂疑四卷 南海霍禮運撰。道光辛丑刊,又咸豐丙辰春月刊。

鄉黨正義十四卷 吴縣王塗撰。道光辛丑藝海堂刊。

鄉黨備考二卷 通州成傒撰。無刻書年月,約道光間信芳閣刊木活字本。

鄉黨類纂三卷 涪州譚孝達輯。咸豐元年盋園刊。

鄉黨圖考補正六卷 黄縣王鴻漸撰。**附札記一卷** 張庭詩撰。光緒戊申丁氏海隅山館刊。

學 庸 類

大學章句困知録一卷 泰山趙國麟撰。道光己丑刊。

大學直解二卷 關中王建常撰。同治戊辰劉傳經堂刊。

大學偶言一卷 蕭山張文檒撰。乾隆九年壬申二銘軒刊。

大學注一卷 滋陽牛運震撰。底稿本。首有空山遺像。

古本大學集説三卷附古本大學一卷 涂陽王訢撰。嘉慶辛未澹雪齋刊。

大學古本説故一卷 南海勞光泰撰。咸豐元年刊。

大學臆説二卷 鄢陵蘇源生撰。咸豐辛酉明德堂刊。

大學古本薈參一卷續一卷 高郵胡泉撰。咸豐八年刊。

古本大學解一卷 德慶温颺撰。傳抄本。有同治甲戌李光廷跋。

大學緯注一卷 鍾穎陽撰。光緒丁酉鍊雪山房于羊城刊。

大學還舊二卷 廬陵王廷植撰。無刻書年月,約光緒間刊。

大學講義一卷 溧陽芮城撰。光緒七年平陵書院刊。

大學古微一卷 龍陽易順豫撰。無印書年月,約宣統間鉛字排印本。

古本大學分科詳釋十卷 印江廖襲華撰。民國五年鉛字排印本。

大學臆説一卷 蓬萊慕昌濂撰。民國十年鉛字排印本。

大學通義一卷 吴縣曹元弼撰。近刊本。

朱子大學章句釋疑一卷 順德簡岸讀書堂同人萃編。民國辛未刊。

大學述義一卷附録一卷讀法一卷 番禺徐紹楨撰。民國十年以古宋字排印袖珍本。

古本大學述義一卷 古弦陳全三撰。民國壬申鉛字排印本。

大學申義三卷 湘陰左欽敏撰。民國戊午敬義山房刊。

中庸注一卷 滋陽牛運震撰。底稿本。

中庸述義二卷 甘泉黄錫慶撰。無刻書年月,約嘉慶間精刊。

中庸時習録二卷 介休馬鑾宇撰。光緒二十年刊。

中庸鄭朱異同説無卷數 新城王樹枏撰。光緒間刊木活字本。

中庸本解二卷提要一卷 晉州楊亶驊撰。光緒壬辰刊。

中庸注一卷 南海康有爲撰。民國丙辰鉛字排印本。

學庸真旨三卷 明雲間薛士容輯。無刻書年月,約天啓間刊。

顧涇陽學庸意三卷 古燕張純修編較。康熙間刊。

大學章句解三卷中庸章句解八卷 虞山郭學淮撰。康熙乙未九行堂刊。又名《朱子啓鑰》。

學庸思辨録十四卷 崑山朱鼎謙撰。乾隆十四年卓觀堂刊。《大學》五卷,《中庸》九卷。

學庸囈語二卷 襄山耿埰口授。受業門人輯録。雍正十三年屏山堂刊。

大學原本説略讀法二卷中庸總説讀法二卷 天津王又樸撰。乾隆十二年詩禮堂刊。

大學臆古一卷〔附證一卷〕中庸臆測二卷 真定王定柱撰。嘉慶己卯滇南文錦齋刊。

學庸説文十二卷 鄞江李凱撰。嘉慶間刊。

學庸圖説二卷 梁溪侯連城撰。嘉慶癸酉墨花書屋精刊。

大學示掌一卷中庸示掌一卷 昆陵湯自銘撰。嘉慶乙亥刊。

大學意讀一卷中庸意讀一卷 昭萍蕭光浩撰。嘉慶甲子知言堂精刊。

鄭本大學中庸説二卷附一卷 涇包汝翼撰。道光間刊。有其族弟包世臣序。《大學説》二篇計一卷,《中庸説》二篇計一卷,附《宋縣學設教諭考》一篇,《宋時縣學設教授皆命於朝攷》一篇,計一卷。

學庸總義一卷 日照許致和撰。道光庚戌刊。

學庸明鏡一卷 江陰鳳應韶撰。道光間明恕堂刊。

大學指掌一卷中庸指掌二卷 甘泉汪□□瑞堂撰,黔筑周際華增訂。道光辛丑家塾刊。

學庸困知録四卷 陽城莊詠撰。道光癸卯清和堂刊。《大學》一卷,《中庸》三卷。

古本大學説一卷大學改本考一卷中庸説二卷 任邱邊廷英撰。道光辛丑詩境軒刊。

大學指掌一卷中庸指掌三卷 闕里孔昭辰[八]撰。道光丙戌闕里刊巾箱本。

大學中庸章圖一卷 太平杜炳撰。道光丁亥刊。

大學質疑一卷中庸質疑二卷 湘陰郭嵩燾撰。光緒間刊。

大學輯要一卷中庸輯要三卷 楚陂蕭開運撰。光緒三年善成堂刊。

學庸補釋二卷附臆解二卷 桐城張承華撰。光緒丙戌常熟張氏重刊。

大學闡要一卷中庸闡要一卷 慈元張恩霨撰。光緒九年刊。

大學原文集解一卷中庸原文集解一卷 襄邑胡清瑞撰。光緒丁酉梁垣文潤齋刊。

學庸訓蒙瑣言三卷 乳山山人撰。光緒壬午問經堂刊。

大學俗話五卷中庸俗話八卷 江原查體仁撰。光緒壬辰春刊。

大學參證二卷中庸參證二卷中庸心悟一卷 福州沈輝宗撰。光緒戊寅致遠堂刊。

孟子類

孟子音義二卷 唐[九]孫奭撰。**札記一卷** 江陰繆荃孫撰。光緒乙亥成都刊。

孟子古義七卷 日本洛陽伊藤維楨撰。享保五年庚子古義堂新刊,即康熙五十九年刊。

孟子讀法附記十四卷 天津周人麒撰。乾隆甲辰保積堂刊。

孟子文評一卷 安州趙承謨撰。乾隆三十五年貽燕堂精刊。

孟子私淑録三卷 休寧戴震撰。舊抄本。

孟子字義疏證三卷 休寧戴震撰。乾隆間微波榭刊,近雙流劉咸炘刊本多《附録》。

孟子四考四卷 海寧周廣業撰。乾隆乙卯省吾廬刊。卷一《逸文考》,卷二《異本考》,卷三《古注考》,卷四《出處時地考》。

讀孟質疑三卷 崇明施彦士撰。嘉慶間〔己卯〕求己堂刊。

孟子疏證正經界六卷班爵禄十六卷 吴江汪鶴壽撰。傳抄本。

孟子時事考徵四卷 涇上陳寶泉撰。嘉慶間稡經堂刊。

孟子篇叙七卷年表一卷 華亭姜兆翀撰。嘉慶七年刊。

孟子章指復編一卷附論一卷 福州薩玉衡撰。宣統三年莳花吟館刊。

孟子章句考年五卷首一卷 無爲蔣一鑑輯。道光丁酉謙吉堂刊。

孟子正義三十卷 江都焦循撰。道光五年乙酉半九書塾刊。

孟子集注指要二卷 雲間董錫嘏撰。無刻書年月,約道光間刊。

孟子述義二卷 高密單爲鏓撰。無刻書年月,約同治間刊。

孟子校異四卷 湖州姚凱元撰。底稿本。又名《孟子校議》。

孟子釋疑一卷 古歙汪宗沂撰。光緒間刊。

孟子説七卷 武昌姜郁嵩撰。光緒丁未主敬堂刊。

孟子弟子考補正一卷 貴陽陳矩撰。光緒丁酉刊。

孟子劄記内篇二卷外篇二卷 武岡翟師彝撰。宣統間湖南刊。

孟子微八卷 南海康有爲撰。民國丙辰萬木草堂鉛字排印本。

孟子發微二卷孟子年略一卷 龍陽易順豫撰。民國十四年山西宗孟學社鉛字排印本。

讀孟隨筆二卷 鎮洋王祖畬撰。民國壬戌刊。

四書類

四書章句集注二十六卷 宋朱熹撰。**定本辨一卷家塾讀本句讀一卷** 璜川吴英撰。**附考四卷** 璜川吴志忠撰。嘉慶十六年真意堂精刊。

四書箋義十二卷補遺一卷續遺一卷 元豫章趙悳撰。嘉慶間錢唐何元錫翻元刊巾箱本。《大學》三卷,《中庸》三卷,《論語》三卷,《孟子》三卷,《補遺》一卷,《續遺》一卷。此書《四庫》未收,阮元撫浙時以抄本進呈。

四書淺説十三卷 明晉江陳琛撰。萬曆己酉刊。《學》《庸》二卷,《論語》四卷,《孟子》七卷。

四書集註直解説約二十七卷 明江陵張居正、吴郡顧夢麟等撰輯。康熙丁巳徐乾學刊,光緒間八旗經正書院刊。

四書考一卷 明星源戴文仲輯,戴應陽註。萬曆己亥約里程氏培桂館刊。

四書古今道脈四十五卷 明臨川徐奮鵬撰。萬曆戊午書林奎壁堂刊。《大學》三卷,《中庸》八卷,《上論》十卷,《下論》十卷,《上孟》六卷,《下孟》八卷。

空山擊碎六卷 明吴興陸鴻漸撰。泰昌元年庚申刊。

四書注疏大全合纂三十七卷 明婁東張溥撰。崇禎九年刊。《大學》一卷,《中庸》二卷,《論語》二十卷,《孟子》十四卷。

四書約説六卷題説二卷 明山左孫肇興撰。崇禎六年刊硃墨套印本。

四書湖南講十一卷 明錢塘葛寅亮撰。崇禎間刊。《大學詁》一卷,《中庸詁》一卷,次《大學》一卷,《中庸》一卷,《論語》四卷,《孟子》三卷。《四庫存目》載九卷本,不足。

四書引經節解圖考十七卷 明新安吴繼仕撰。崇禎九年刊。

增補四書聚考二十二卷圖一卷 明竟陵鍾惺撰,長洲汪武曾桂林陳宏謀等增定。乾隆戊申一鶴軒精刊巾箱本。

四書訓義三十六卷 明衡陽王夫之撰。道光二十二年王氏守遺經書屋刊。卷二分上中下。光緒十三年啖柘山房重刊。

四書稗疏二卷附考異一卷 明衡陽王夫之撰。道光二十二年王氏守遺經書屋刊。

四書箋解十一卷 衡陽王夫之撰。光緒二十年鄂藩官廨刊。

四書改錯二十二卷附録一卷 蕭山毛奇齡撰。嘉慶辛未金氏刊。

成均四書講録十卷 武陵胡統虞撰。順治八年績學堂刊。又名《胡此庵講録》。

四書正義二十卷 萊陽宋繼澄撰。康熙庚戌夢鼎堂刊。

四書明儒大全精義三十八卷 長洲湯傳榘輯。康熙四十四年刊。

晚年批定四書近指十七卷 容城孫奇逢撰。同治間刊。

四書朱子語類摘鈔三十八卷 桐鄉張履祥、禦兒吕留良同撰。康熙辛巳南陽講習堂刊。

四書緒言四十四卷 新安孫琊撰。康熙丙寅樹德堂刊。《大學》四卷,《中庸》六卷,《論語》二十卷,《孟子》十四卷。琊著有《周易緒言》《春秋緒言》。

天蓋樓四書語録四十六卷 石門吕留良撰,大梁周在延編。康熙甲子刊。

四書講義四十三卷 石門吕留良撰,門人陳鏦編次。康熙丙寅天蓋樓刊。

四書直音一卷 寶應王式丹撰。康熙間蔭蕚堂刊。

四書玩註詳説三十六卷 牟陽冉覲祖輯。康熙二十八年寄願堂刊。

四書辨訛六卷 星江汪陛[一〇]撰。康熙三十四年學誨堂刊。

論孟字義二卷 日本洛陽伊藤維楨撰。寶永二年門人林景范刊,即康熙四十四年刊。

四書通典備考十二卷 古吴唐光夔撰。康熙丙寅刊。

四書朱註發明十九卷 太倉王掞手訂,受業仁和錢廷獻、廣德夏澍同訂。康熙五十八年潮濟堂刊。

駁吕留良四書講義八卷 高安朱軾等奉敕撰。雍正九年刊。

大學傳註一卷中庸傳註一卷論語傳註問二卷大學傳註問一卷中庸傳註問一卷 蠡吾李塨撰。無刻書年月,約道光間刊。

四書典制彙編八卷 武進胡掄撰。雍正十年藜照軒刊。

四書讀註提耳十八卷 襄城耿埰撰。乾隆元年屏山堂刊。

四書大全學知録二十三卷字畫辨訛一卷 江寧許泰交纂輯。乾隆七年同人堂刊。

四書翼註論文三十八卷 福清張甄陶撰。乾隆丁未浙湖竹下書堂刊。

四書自課録三十卷 長洲任時懋撰。乾隆己未璜川書屋刊。

四書古人典林十二卷 婺源江永撰。乾隆甲午集道堂刊。

四書左國彙纂四卷 南豐高其名、南昌鄭師成同撰。乾隆三十五年精刊。又名《增補四書左國輯要》。

四書引左彙解十卷 古牟蕭榕年撰。乾隆甲午謙牧堂刊。

四書凝道録十九卷 三原劉紹攽撰。光緒二十年文在堂刊。

四書尋真二十卷 洄陽劉所説撰。乾隆十四年肄業堂刊。

四書考異七十二卷 仁和翟灝撰。乾隆間無不宜齋刊。《總考》三十六卷,《條考》三十六卷。

四書左國輯要二卷 山陽周龍官撰。乾隆戊寅精刊,乾隆三十五年百尺樓精刊,乾隆甲午兩衡堂刊重訂四卷本。

四書講義日孜録十二卷 山陰李求齡撰。乾隆甲辰豫順堂刊。

四書集説五卷 江都李道南撰。乾隆間刊。

集虚齋四書口義十卷 淳安方楘如撰。乾隆五十三年務本堂刊。

四書襯無卷數 吴興駱培撰。無刻書年月,約乾隆間坦吉堂刊。

四書圖説六卷 濟南新城王道然撰。乾隆乙卯清輝堂刊。

論語附記二卷孟子附記二卷 大興翁方綱撰。光緒間定州王氏刊。

四書典制類聯音註三十三卷 六安閻其淵編輯。嘉慶元年丙辰蕭山縣署刊巾箱本。

四書類考三十卷 蘄州陳愚谷撰。嘉慶辛酉蘄州陳氏家塾刊。

四書是訓十五卷 武進劉逢禄撰。嘉慶八年刊,又嘉慶間刊巾箱本。

四書古人紀年四卷 六安徐杏林撰。嘉慶十年刊。

四書注説參證七卷 績溪胡清焣撰。嘉慶間受經堂刊。

四書經典通考無卷數 山陰陸文籀撰。嘉慶丁卯秋鑄吾軒刊木活字本。《大學》《中庸》《孟子》嗣出。

四書類考二十卷 永濟崔曼亭撰。嘉慶間刊。

四書注疏摘讀四卷 山陰蔣恒煜輯。嘉慶辛未刊。

四書辨證十卷 蘄州張椿撰。嘉慶癸酉刊。原分十集。

四書質疑五卷 客星山人陳梓撰。無刻書年月,約嘉慶間刊。梓,餘姚人。

四書補義七卷四書續考四卷 廣濟陶起庠撰。嘉慶辛未至丙子謙益堂刊。

四書教子尊經求通録四卷 津門楊一昆撰。無刻書年月,約光緒間刊。

四書求是十六卷 古腄王餘英輯。嘉慶癸酉古香書屋刊。

四書典故辨正二十卷附録一卷 溧陽周炳中撰。嘉慶甲辰敬儀堂刊,光緒庚寅春習靜齋重刊巾箱本。

四書典故辯正續編五卷 溧陽周柄中撰。嘉慶間敬儀堂刊。

四書解疑二十卷 餘姚黄梅峯撰。嘉慶癸酉奎照樓刊。

四書摭餘説七卷 蕭山曹之升撰。嘉慶三年刊。

四書摭餘説續編十卷 蕭山曹之升撰。嘉慶間刊。

四書補考二卷 江陰鳳韶撰。嘉慶間〔受業周惠牧校〕刊。

四書經注集證十九卷 吴趨吴昌宗撰。嘉慶間江都汪氏刊。《大學》一卷,《中庸》一卷,《論語》十卷,《孟子》七卷。

四書古今訓釋十九卷 長洲宋翔鳳撰。嘉慶十八年浮谿艸堂刊。《大學》一卷,《中庸》一卷,《論語》十卷,《孟子》七卷。

四書釋地辨證二卷附一篇 長洲宋翔鳳撰。無刻書年月,約嘉慶間刊。

四書纂言三十七卷 長洲宋翔鳳撰。道光丙午浮谿宋氏刊。《大學》一卷,《中庸》二卷,《論語》二十卷,《孟子》十四卷。此《學》《庸》二書。又名《注疏集證》。光緒壬午古吴峕𦧇山房重刊木活字本作四十卷,《大學》二卷,《中庸》四卷。

校正四書釋地八卷孟子生卒年月考一卷 太原閻若璩原撰,高郵顧問重編。嘉慶癸亥桐陰書屋刊。

論語論仁論一卷孟子論仁論一卷 儀徵阮元撰。無刻書年月,約嘉慶間刊。

孟子文説七卷附學庸文説二卷 部陽康濬撰。嘉慶丁卯刊巾箱本。

四書答問二十四卷附一卷 婺源戴大昌撰。嘉慶間補餘堂刊。

駁四書改錯二十一卷 婺源戴大昌撰。道光壬午補餘堂刊。

四書釋地補一卷續補一卷又續補一卷三續補一卷 山陰樊廷枚撰。嘉慶二十一年海涵堂刊。

四書字義説略二卷 濟南朱曾武撰。嘉慶丁卯緑玉堂刊。

四書偶談内篇一卷外篇一卷 太平戚學標撰。嘉慶乙丑刊。

四書偶談續編内篇二卷外篇一卷 太平戚學標撰。嘉慶間刊。

四書續談内編二卷補一卷外編二卷補一卷 太平戚學標撰。嘉慶己卯四明青照樓刊。

四書求是五卷 南清河蘇秉國撰。道光二年刊。

四書參證三十卷首一卷 金谿王佶撰。道光己酉寶田齋刊。佶,王謨之子。

四書拾遺〔義〕五卷 績谿胡紹勳撰。道光甲午吟經樓刊。

朱子不廢古訓説十六卷朱注引用文獻考略四卷 嘉應李中培撰。道光癸卯四謙堂刊。

四書記聞二卷附校記 上元管同撰,同里甘元焕校。光緒辛卯江寧翁氏心清平軒刊。

四書地理考十五卷 東洞庭王瑬撰。道光乙未刊。

四書證疑八卷論語補遺二卷 文登李允升撰。道光甲申易簡堂刊。

四書圖考十三卷 太平杜炳撰。道光丁亥刊。

四書説苑十一卷首一卷補遺一卷續補一卷 高郵孫應科撰。道光四年自刊,道光戊申補刊。初刊本《補遺》二卷闕。

四書地記六卷 旌陽汪在中輯。道光十年得心齋刊巾箱本。

四書因論二卷 海州許桂林撰。道光乙未石室刊。

四書緯四卷 泰州常增撰。道光十六年丙申刊,光緒乙酉〔沈戟門〕重刊。

四書蠹簡六卷 高密李詒經撰。道光庚寅慎思堂刊。

四書集疏附正二十二卷附論語緒言一卷 北徼張秉直撰。道光乙未刊。

四書質疑四十卷 溧陽狄子奇撰。道光丁酉安雅齋刊。又名《經學質疑》。道光戊申海陽方德肇刊,改名《四書傳註辨疑》。

四書詮義三十八卷 婺源汪烜撰。道光間一經堂刊。

四書遵朱會通一卷 蓬萊楊廷芝撰。道光丙午清遠堂刊。

四書集注管窺二卷 涇縣趙大鏞撰。道光乙酉面湖草堂刊。

論孟考證輯要二卷 涇縣趙大鏞撰。道光乙酉面湖草堂刊。

思辨録十四卷 樂陵賈聲槐撰。道光丁亥刊。

四書解瑣言四卷補編一卷 青浦方祖範撰。道光元年刊。

四書經義考辨瀋存十六卷首一卷 孝昌姚道煇撰。道光丙午味根堂刊。

四書説略四卷 安邱王筠撰。道光庚戌刊。

四書講義參真十九卷 武功党瀛撰。道光己亥遷善堂党氏刊。

四書經史摘證七卷 萬載宋繼穜撰。道光甲辰雕龍書屋刊,光緒元年芝隱室重刊。

四書蠡言七卷 吴縣譚光烈撰。咸豐二年嘉禾寄生齋刊。

求自得之室讀四書説六卷 南豐吴嘉賓撰。咸豐二年孟秋刊。《學》《庸》各一卷,《論》《孟》各二卷。

三訂四書辨疑二十二卷補一卷 張江撰。咸豐三年高忠厚堂刊。

三訂四書辨疑二十二卷補一卷緒餘録二十卷補一卷識小録十卷武備編四卷樂器編五卷拾遺五卷 張江撰。光緒丁亥上海大文書局鉛字排印本。

四書典故考辨無卷數 儀徵戴清撰。咸豐間刊。

四書訓解參證十二卷補遺四卷續補編四卷 常熟張定鋆撰。咸豐二年壬子刊。

四書異同商無卷數 新化黄鶴撰。咸豐十年寧鄉學署刊。案原編次作六卷。光緒甲午澹雅書局刊小字本,多《增訂》六卷。

鐵禪四書説賸一卷 丹陽黄之晉撰。同治元年虔州刊。

四書紀疑録六卷 番禺凌揚藻撰。同治甲子刊。

篔墅説書十九卷 文安陳震撰。同治三年刊。

四書一得録二卷孔顔曾孟生卒年月表一卷孟子年譜一卷 涇胡澤順撰。同治二年愛日樓刊。

四書條辨六卷 武進袁秉亮輯。同治己巳臥雪草廬刊。

四書記悟十四卷 附 **孟子論文二卷** 安昌王汝謙撰，河内李棠階評。同治辛未槐蔭書屋刊。

音韻合註四書二卷 梁溪鄒岳輯。同治七年刊。

四書虚字講義一卷 日照丁守存撰。同治十年退補齋刊。又一部附《科名捷訣》一卷。

四書評本十九卷 德清俞廷鑣撰。同治十一年刊。

畊餘瑣録十二卷 壺川馮世瀛撰。同治十二年刊巾箱本。又名《四書集解》。

四書述義五卷續四卷 高密單爲鏓撰。同治丁卯刊。

四書箋疑疏證八卷 泰州徐天璋箋，其男浚仁疏。光緒丙申中一堂刊。

四書通疑似一卷叙次一卷 浦口胡垣撰。光緒甲午刊。

四書疑言十卷 廬陵王廷植撰。光緒八年長沙退思齋刊。

劉氏家塾四書解二十卷 三韓豫師撰。光緒丙子本塾刊。《學》《庸》《孟子》嗣刊。

四書註解撮要二卷 侯官林慶炳撰。光緒乙酉小石渠閣刊。

四書論一卷 虞山王伊輯。光緒戊戌刊。

四書改錯平十四卷 江右新城楊希閔撰。光緒乙亥于福州刊。

四書劄記九卷 臨潼王巡泰撰。光緒癸未刊。《大學》一卷，《中庸》一卷，《上論》二卷，《下論》二卷，《上孟》一卷，《下孟》二卷。

四書徵引録無卷數 甘泉葉秉純撰。光緒辛巳刊。按此書原分五卷。

四書益智録二十卷 石埭桂含章輯。光緒壬午務本堂刊。

四書朱子集注古義箋六卷 長壽李滋然撰。光緒間鉛字排印本。

四書體味録殘稿論語一卷 會稽宗稷辰撰。光緒十四年躬恥齋刊。

論孟書法二卷附讀四書四卷 常熟張瑛撰。光緒十年江蘇刊。

四書質疑八卷 東陽吴國濂撰。光緒乙酉舊可軒刊木活字本。

四書講義四卷 秦安安維峻撰。宣統辛亥樂善書局刊。

四書評點四卷 桐城吴汝綸撰。民國戊午都門印書局鉛字排印本。

山公四書集注補四卷 鄂城曹林撰。民國庚申鉛字排印本。

孝　經　類

孝經訂注一卷 明高邑趙南星撰。天啓丙寅刊。

孝經集注一卷 明臨海陳選撰。同治辛未刊。

孝經注疏大全一卷 禾郡葉鈖撰。康熙壬戌事天閣刊。

孝經箋註初訂無卷數 上郡馬世英輯。康熙己巳錦襄尊經閣刊。内分《孝經通考》《孔曾論孝》《孝經序存》《歷代表章諸儒》《闡發附誌》《古今孝行遺聞》《孝經輯註》《問業初訂》等八種。此以登封耿逸庵介、錫山張秋紹夏二家爲定本,復裒諸家之説成書。

孝經合解二卷 嵩陽耿介註,牟陽冉覲祖講。**附闡發一卷叢説一卷** 山陰陳治安輯。康熙四十年刊。

孝經易知一卷 登封耿介撰。同治壬申邗江王氏重刊。

孝經精義一卷後録一卷或問一卷原孝一卷餘論一卷 鎮洋張敍撰。乾隆三年潞河書院刊。

孝經鄭注一卷六藝論一卷 鹽官陳鱣輯。乾隆四十七年裕德堂刊。

孝經彙纂無卷數 毘陵孫念劬撰。嘉慶四年强恕堂刊。(卷首)《孝經源流》《孝經標旨》《歷代表章》。(正編)《孝經註説》《經注補遺》《孔曾論孝》《曾子孝行》。

(附録)《孝經或問》《孝經翼》《孝經廣義》。

孝經鄭氏解一卷附六藝論逸文 武進臧鏞堂、臧禮堂同撰。民國十三年吴縣曹元弼刊。

孝經鄭氏解一卷 臨海洪頤煊補證,日本上總東條弘增考。文化甲戌刊,即嘉慶十九年刊。

孝經章句一卷或問一卷 婺源汪烜撰。嘉慶二十一年莘野書室刊,同治間曲水書局重刊木活字本,光緒乙未刊。

校正今文孝經一卷二十四孝攷一卷 嘉定瞿中溶撰。道光間愛吾鼎齋精刊。原簽仍題《弈載堂集》。

大唐開元天寶聖文神武皇帝注孝經一卷 唐玄宗注。**附校譌一卷** 日本狩谷望之撰。文政九年求古樓重刻宋本,即道光六年刊。

孝經章句一卷 容城胡具慶撰。道光辛丑求實書院重刊。

孝經義疏補九卷首一卷 揚州阮福撰。道光九年春喜齋刊。

李氏孝經注輯本一卷附曾子大孝編注一卷 仁和邵懿辰撰。民國丁巳刊。

孝經輯注一卷 善化賀長齡撰。道光癸酉精刊。

古文孝經集註考訂一卷 休寧程炎集註,無錫侯楨考訂。民國六年吴禮讓堂刊。

孝經集解一卷 南海桂文燦撰。咸豐四年刊。

孝經集註一卷 山陽丁晏輯。咸豐七年刊。

孝經啓蒙新解一卷 王澤厚撰。無刻書年月,約同治間刊。

孝經述二卷 附 **黄忠端孝經辯義一卷** 貴筑傅壽彤撰。同治二年刊,光緒丙子於大梁重刊。

孝經古今文傳注輯論一卷 沅陵吴大廷撰。同治癸酉於金陵重刊。

古文孝經集解一卷首一卷末一卷 淮寧曹若枏撰。光緒二十年刊。

孝經闡要一卷 慈元張恩霨撰。光緒癸未刊。

孝經學七卷 吴縣曹元弼撰。光緒戊申江蘇存古學堂刊木活字本,近重刊本。

孝經六藝大道録一卷 吴縣曹元弼撰。光緒二十四年兩湖書院刊。

孝經十八章輯傳一卷 歙縣汪宗沂撰。光緒間〔二十四年〕刊。

孝經集注一卷孝經講義三卷 虞山潘任撰。光緒間〔丁未夏〕江南高等學堂刊木活字本。

古文孝經薈解八卷 黄岡洪良品撰。光緒辛卯〔門人寧津王裕宸〕鉛字排印本。卷一至四《古文孝經》二十二章,卷五《孝經古今文章句增減異同》《古文孝經章段大意》《孫本古文孝經説》《毛奇齡孝經問》,卷六《孝經古今文考述》,卷七《古文孝經條辨》,卷八《歷代表章孝經》《歷代傳習孝經》。卷五以下又名《别録》。

孝經鄭注疏二卷 善化皮錫瑞撰。光緒乙未師伏堂刊。

孝經旁訓一卷 甬上孫傳澂撰。無刻書年月,約光緒間芸居樓刊。

孝經古敚三卷附繕敚讀本一卷 羅田葉繩翥撰。光緒三十四年刊木活字本。

孝經集注述疏一卷附讀書堂答問一卷 順德簡朝亮撰。無刻書年月,約宣統間刊。

孝經説三卷 東莞陳伯陶撰。民國丁卯香港奇雅鉛字排印本。

孝經淺釋四卷 姚江張栩撰。民國十六年丁卯鉛字排印本。

孝經直解一卷 雙流劉沅撰。無印書年月,約宣統間北平道德學社鉛字排印本。

爾雅類

爾雅正義二十卷 餘姚邵晉涵撰。**附釋文三卷** 唐陸德明撰。乾隆戊申面水層軒刊。

爾雅郭註補正三卷 戴鎣撰。乾隆間刊。每卷皆分三卷,合計九卷。光緒二十一年[一一]重刊。

爾雅補郭二卷 仁和翟灝撰。無刻書年月，約乾隆間刊。

爾雅補註四卷 海寧周春撰。乾隆間刊。

爾雅注疏本正誤五卷 甘泉張宗泰撰。嘉慶二年石梁學署刊。

爾雅匡名二十卷 歸安嚴元照撰。嘉慶二十五年唐西勞氏刊。

孫氏爾雅正義拾遺一卷 海寧吳騫輯。嘉慶丙寅拜經樓刊。

讀雅筆記三卷 南通州李雰撰。嘉慶甲子賜錦堂精刊。

爾雅古義二卷 涇縣胡承珙撰。道光丁酉求是堂刊。

爾雅義疏二十卷 棲霞郝懿行撰。道光庚戌陸氏木犀香館刊，咸豐六年聊城楊以增、仁和胡珽同校刊足本〔上分四卷，中分八卷，下分七卷。首宋翔鳳序稱是書較《經解》本及陸本多四分之一〕，同治四年郝氏刊，光緒甲申榮縣蜀南閣刊，光緒十三年崇文書局刊。

爾雅古義十二卷 甘泉黄奭輯。道光二十八年刊。計十二家。

爾雅考略一卷 寶應朱士端撰。底稿本。

爾雅啓冡十二卷 歸安姚承輿撰。咸豐壬子刊。據題簽作"啓蒙"。

爾雅音注無卷數 不著撰人姓名。同治辛未新刊亦園藏板。

爾雅經注三卷音釋一卷集證三卷 臨桂龍啓瑞撰。光緒七年其子繼棟於京師刊。

爾雅古注斠三卷附蘭如詩鈔一卷 甘泉女史葉蕙心撰。光緒二年刊。蕙心，李祖望之室。

袚心堂讀疋孔見三卷外篇一卷 衡易王時亨撰。傳抄本。

爾雅舊注考證二卷 長壽李曾白撰，其子滋然補攷。光緒間刊。

爾雅正郭三卷 南海潘衍桐撰。光緒辛卯九月刊。

爾雅補注殘本一卷 寶應劉玉麐撰。光緒十二年丙戌刊。

爾雅學無卷數 吳縣王仁俊撰。底稿本。

爾雅釋草釋木統箋二卷後案一卷 吴縣王仁俊撰。底稿本。即第十三、十四等卷。有光緒十四年自序。紅格,版心下刊"青芸閣"三字。

爾雅郭注佚存補訂二十卷 新城王樹枏撰。光緒壬辰於資陽刊。

爾雅説詩二十二卷 新城王樹枏撰。民國乙亥惲公孚劉千里刊。

爾雅義證二卷 常寧尹桐陽撰。無印書年月,約宣統間石印本。

爾雅釋例五卷 鹽城陳玉澍撰。民國十年南京鉛字排印本。

爾雅穀名考六卷首一卷末一卷 固安高潤生撰。民國乙卯〔固安高氏〕笠園鉛字排印本。

爾雅例説一卷 資中饒炯撰。民國十五年成都刊。

釋服二卷 高郵宋綿初撰。嘉慶戊寅書種堂刊。

釋拜一卷 金壇段玉裁撰。無刻書年月,約乾隆間刊〔嘉慶丁卯陽城張敦仁精〕。

釋親廣義二十五卷 常熟吴卓信撰。傳抄本。

釋穀四卷 寶應劉寶楠撰。咸豐五年乙卯劉氏家刊。

緯 書 類

七緯三十八卷附補遺 侯官趙在翰撰。嘉慶九年至十四年小積石山房刊。

緯攟十四卷 塗水喬松年撰。光緒三年强恕堂刊。

緯學源流興廢考三卷 吴縣蔣清翊撰。光緒丁酉蔣氏雙唐碑館刊。

諸經總義類

鄭志三卷 魏鄭小同撰。乾隆間聚珍本。淮南劉玉麐批校,用硃筆墨筆二色。最後題云:此册從雲溪丁孝廉小山借曲阜孔氏名廣林本校勘。辛丑正月之十日,淮南劉玉麐識。

經傳正譌一卷 明吴人王應電撰。嘉靖間刊。

助字辨略五卷 確山劉淇撰。康熙五十九年海城盧氏刊，乾隆四十四年己亥福源堂精刊，咸豐五年至六年海源閣刊。

五經類編二十八卷 婁東周世樟撰。嘉慶戊午刊。

易堂問目四卷 無錫吴鼎輯。乾隆壬辰刊。

古宫室圖一卷古冠服圖一卷 吕宣曾撰。乾隆丁巳精刊。

説經二十六卷説莊三卷説騷一卷説文一卷 蕭山韓泰青撰。乾隆間刊。

饒雙峯經義十六卷 萬年王朝渠撰。乾隆間〔辛亥〕石洞書院刊。

辛未保舉經學録一卷 梁錫璵恭記。底稿本。紀乾隆十六年保薦者。

北海經學七録八卷 曲阜孔廣林撰。乾隆甲午古俊樓精刊。即《易》《書》《詩》《三禮》《春秋》，附《雜問》。

稡擷諸經百種十二卷 武義楊世英輯。嘉慶丁丑精刊。

經義述聞無卷數 高郵王引之撰。嘉慶二年刊。並無目録。首有自序云：引之學識黯淺，無能研綜，旦夕趨庭，聞大人講授經義，退則録之，終然成帙，命曰《經義述聞》。"述聞"者，述所聞於父也。其或往復緒言，觸類而長。檮昧之見，聞疑載疑，輒附篇中，以竢明哲。比物醜類，胥出義方之教，故不復自爲書云。

經義述聞十五卷 高郵王引之撰。嘉慶二十二年刊。此書封面間刊有"嘉慶丙子阮元著"等字，蓋出坊間訛造無疑。

經義述聞三十二卷 高郵王引之撰。道光七年十二月於京師西江米巷壽藤書屋刊。

經傳釋詞十卷 高郵王引之撰。嘉慶二十四年刊。道光丁未錢熙祚刊。

經書算學天文考無卷數。上元陳懋齡撰。嘉慶二年〔錢塘姜遂登〕刊。

經書互解四卷 鎬京范士增撰。嘉慶己巳體恕堂刊。

書堂雜著七卷 長沙劉工詢撰。嘉慶五年留研堂刊。《春秋十二公論》《周禮總論》《禹貢註解》《聘禮譜》《儀禮大射儀》，附《王大射考并圖》等。

經學質疑四卷 黟縣朱霈撰。嘉慶辛酉望嶽樓刊木活字本。此係《周易》《尚書》《毛詩》《春秋》等四種,則《三禮質疑》嗣出。

鳳氏經説三卷 江陰鳳韶撰。嘉慶二十五年刊。

經義圖説八卷 桐城吴寶謨輯。嘉慶己卯江都陳氏裛露軒刊巾箱本。每卷皆分上下卷。

經義質疑八卷 餘姚陳梓撰。嘉慶乙亥刊。

七經異文釋三十卷 嘉興李富孫撰。嘉慶十六年刊。《易經》六卷,《書經》八卷,《詩經》十六卷。至其《春秋》三傳十二卷、《禮記》八卷,另刊。

經義雜記三十卷叙録一卷 武進臧琳撰。嘉慶己未拜經堂刊。

經傳繹義五十卷圖附 慈谿陳煒撰。嘉慶甲子校字齋刊。

經解指要十八卷 廣濟陶大眉彙輯。嘉慶二十五年其子起庠刊,聚秀堂藏板。

讀經求義四卷 番禺張維屏撰。嘉慶二十一年聽松廬刊。

羣經宫室圖考三卷 臨清王顯文撰。底稿本。顯文,字右亭,嘉慶時人。

浙士解經録二卷 儀徵阮元手訂。無刻書年月,約嘉慶間再到亭刊。

岫雲經説無卷數雜著無卷數 不著撰人姓名。無刻書年月,約嘉慶間刊。案《經説》首篇《肅拜考與家孝嬰萊》,案萊姓汪氏;而《雜著》中《與凌次仲書》,附載次仲本吾歙人,生長於淮之海州。據此爲歙人汪姓撰無疑。至其書中所載,與金榜、程瑶田、胡賡善、姚鼐、許宗彦、丁杰、張惠言諸人友善。

讀相臺五經隨筆四卷 海寧周廣業撰。底稿本。卷一卷二缺,僅存《春秋》《禮記》各一卷。

然後知齋四書五經答問二十卷 宣城梅沖撰。嘉慶丙子承學堂刊。

皇朝經解無卷數 武進臧庸撰。嘉慶壬申養一齋校刊。無目録,有自序,次《上錢辛楣書》一通、《孔子年表》《七十子表》《孟子先見梁惠王考》《齊宣王取燕十城考》三條、《孟子編年略》,附《年表》。

經句説十二卷 吴邑吴英撰。嘉慶戊寅有竹石軒刊,道光間續刊本二十四卷。

七經偶記十二卷 懷寧汪德鉞撰,武進臧庸編。道光間誠意堂家塾刊。《周易》《尚書》《毛詩》《周官》《禮經》《禮記》《春秋》《論語》《大學》。又一部無刻書年月,約光緒間其玄孫孔峻重刊木活字本。

讀書記八卷 棲霞郝懿行輯。光緒三十四年湖南洪江分州署刊,曬書堂藏板。卷一至卷三《韓詩》,卷四鄭氏《周易》,卷五《尚書大傳》,卷六《石經攷》,卷七《經義》即《易》《書》《詩》《禮》,卷八《經義》即《春秋》《論語》《孟子》《孟子外傳》《孝經》《爾雅》《帝王遺書》,附諸子、古傳記、古逸語。此係輯古佚書。

厚岡經學二十一卷 萬載李榮陛撰。嘉慶間亘古齋刊。《周易篇第》三卷首一卷,《易考》二卷《續考》二卷,《尚書考定今古文篇第》一卷,《尚書篇第》一卷,《書經補篇》一卷,《尚書考》六卷,《四書解細論》四卷。

經傳考證八卷 寶應朱彬撰。道光二年遊道堂精刊。道光十六年宜禄堂精刊。

説緯六卷 浪穹王崧撰。道光戊子吉祐堂重刊。近雲南圖書館重刊本《樂山集》《説緯》各二卷。

娱親雅言六卷 歸安嚴元照撰。嘉慶十四年刊。光緒乙酉弢園王氏校刊木活字巾箱本。

鄂拊堂經解十二卷 旌德吕偉山、吕偉岸、吕偉岫、吕偉崤同撰。道光四年聽松書舍刊巾箱本。

稽古軒經解存藁八卷 涇縣趙逵儀撰。道光四年皆山書屋刊巾箱本。

孫氏七經讀法無卷數 高郵孫喬年撰。道光五年天心閣刊。《易》《書》《詩》《春秋》《禮記》。

經圖彙考三卷 夏縣毛應觀撰。道光己亥小園刊。《天文袪異》《地理徵今》《井田計畝》。

雜説通解一卷外集四卷 武清張坦撰。道光十八年刊。

正訛初稿一卷附雜文一卷 秋浦王麟趾撰。道光九年嶺南刊。

詩書古訓六卷 儀徵阮元撰。道光二十一年〔儀徵阮氏〕刊。卷二卷三皆分上下。

邃雅堂學古録七卷 歸安姚文田撰。道光七年刊。第五卷分上下。

吴氏遺著五卷附録一卷 嘉定吴凌雲撰。道光二十六年五百卷閣刊。

隸經文四卷續隸經文一卷 甘泉江藩撰。道光癸未〔南海曾釗、嘉應吴蘭修於廣州校〕刊,較他刻本多續一卷。

周秦名字解故附録一卷 昌平王萱齡撰。道光間刊。

經義未詳説五十二卷 休寧徐卓撰。道光七年讀未見書齋刊。

梅瑞軒求是偶鈔一卷 高郵茆泮林撰。底稿本。首自序云:《十三經注疏》人間行世已久,自來捃摭其中者不少,故説經諸家,咸見取資焉。泮林於經義絶無研究,然時一涉獵,竊歎百密一疎,通儒不免。或徵引止據專經,而指駁竟無復起。或繁浩未能卒讀,而標箸漫慨無存。或先籍淪亡,而牽就經文以求合。或古義各出,而依附詁訓以折衷。兹特略舉一二,參校而互考之,庶幾期於一是云爾。道光乙巳上元日,雪後録成。茆泮林識。此書中有劉文淇手筆批校,皆以籤紙貼於諸篇之眉端。

九經集解九卷 通州雷學淇撰。道光癸未通郡雷氏刊。又名《介庵經説》。

古經天象考十二卷圖説一卷 通州雷學淇撰。道光十九年刊。

經解斠十二卷 長沙唐仲冕鑒定,南通州楊□□述臣、王□□鳳沼、徐□□沂舫等輯。道光辛巳精刊巾箱本。

經學質疑録二十卷 漢川秦篤輝撰。道光間〔丙戌〕墨〔緣〕館刊。

經笥質疑十三卷 平江張瓚昭撰。道光丁亥刊。〔《易義原則》六卷附篇四卷首一卷,《書義原古》一卷,《三五本紀補》一卷。〕

羣經質二卷 鄞陳僅撰。光緒間文則樓刊木活字本。

諸經緒説八卷 朝邑李元春撰。道光間守樸堂刊。

穆齋經詁四卷 四明任均撰。道光二十年庚子刊。

經解入門八卷 甘泉江藩撰。光緒戊子鴻寶齋石印袖珍本。

困學蒙證六卷 歸安宋□□月樵撰。道光間〔十年〕刊。是書兹取其〔《困學紀聞》〕説經爲之疏證。

實事求是之齋經義二卷 古婁朱大韶撰。道光間刊。

靜修齋經解無卷數 甘泉仇景崙撰。底稿本。《易》八册,《書》四册,《詩》六册。

經學提要十五卷 江州蔡孔炘撰。道光乙酉刊。

説經囈語一卷 丹徒左寶森撰。道光庚子刊。又見一部丹徒左焱森撰。〔道光庚子刊作左焱森,道光癸卯重刊作左寶森。〕

經解鯖四卷 吴縣王塗撰。道光辛丑藝海堂刊。

六九軒〔齋〕饌述稿五卷附試草一卷 嘉定陳瑑撰。無刻書年月,約道光間刊。卷五以下係抄本。

羣經釋地無卷數 儀徵戴清撰。咸豐間刊。

惕齋經説四卷 惠安孫經世撰。道光癸卯至咸豐九年刊。

經傳釋詞續編二卷 惠安孫經世撰。道光癸卯刊。

讀經校語二卷 惠安孫經世撰。道光癸卯刊。

七經紀聞四卷附治河書一卷 上元管同撰,桐城方損之增訂。道光己亥刊,近〔民國間〕上海石印袖珍本。

巢經巢經説一卷 遵義鄭珍撰。無刻書年月,約咸豐間精刊。

經學博采録十二卷 南海桂文燦撰。底稿本。首有咸豐五年八月自序。

一粟齋雜著四卷 京山易本烺撰。咸豐十年刊木活字本。

戉廬隨筆一卷 程庭桂撰。咸豐十一年刊。

經義旁通無卷數 寶應劉寶楠撰。底稿本。

鄭氏釋經例無卷數 寶應劉寶楠撰。底稿本。

讀周易記六卷附讀中庸記一卷讀尚書記一卷 新津童棫撰。同治間刊。

讀經劄記四卷 高密單爲鏓撰。同治丁卯刊。即《春秋》三傳、《小戴記》各二卷。

斁經筆記一卷 元和陳倬撰。無刻書年月,約同治間刊。

雪樵經解三十三卷 壺川馮世瀛撰。同治己巳西蜀馮氏味無味齋刊,光緒乙酉慈水馮祖憲鉛字排印本。

篤志堂經解五卷 南皮張應譽撰。同治十年南皮張氏刊。《周易》三卷,《春秋》二卷。

漢人經解輯存序目一卷 即删定《玉函山房輯佚書》。**漢儒傳經記一卷** 滎成孫葆田撰。同治十二年刊木活字袖珍本。一名《歲餘偶録》。

愚一録十二卷 象州鄭獻甫撰。光緒二年黔南刊。

漢碑徵經一卷 寶應朱百度撰。光緒十五年廣雅書局刊〔僅《周易》一卷〕。

温經日記六卷 侯官林昌彝撰。光緒十六年庚寅孟秋小石渠閣刊。

經義尋中十二卷 武陵楊珙〔琪〕光撰。光緒十一年刊。

羣經地釋十六卷 湘潭周翼高撰。光緒癸巳於静諳草堂刊巾箱本。

經説二卷 錢塘丁午撰。光緒辛巳刊。

虚字闡義三卷讀書説約二卷末一卷 來陽謝鼎卿撰。光緒元年京都琉璃廠善成堂刊。

存古學堂叢刻經學六卷 吴縣王仁俊撰。底稿本。《易》一卷,《書》二卷,《周禮》一卷,《禮記》一卷,《論語》《孝經》《爾雅》一卷。此王氏經説,凡六册,有目録,無卷數。

漢碑徵經補無卷數 吴縣王仁俊撰。底稿本。

讀經隨筆三十卷 朝邑楊樹椿撰。光緒乙未李氏家塾刊。又名《楊損齋遺書》。

漢碑經義輯略二卷 黄縣淳于鴻恩撰。光緒壬寅秋於濟南刊。

韋菴經説一卷 太倉周象明撰。無刻書年月,約光緒間刊。

讀書拾遺六卷象數蠡測内外篇四卷 甕安傅玉書撰。光緒戊戌刊。

新學僞經考十四卷 南海康祖詒撰。光緒十七年廣州刊。卷三卷十二皆分上下。

漢碑引經考六卷附引緯考一卷 善化皮錫瑞撰。光緒甲辰仲春刊。

素行室經説二卷 錢塘楊譽龍撰。光緒二十三年刊。

鄭氏佚書二十二卷 附 **鄭君紀年一卷** 鄞袁鈞撰。光緒戊子浙江書局刊。

經詞衍釋十卷補遺一卷 南豐吴昌瑩撰。光緒丁丑得一齋吴氏刊,近上海古書流通處以原刊影印本。

經窺十六卷 諸暨蔡啓盛撰。光緒十七年刊。

經窺續八卷 諸暨蔡啓盛撰。光緒二十九年癸卯〔長沙〕刊。

皇清經解依經分訂 《易經》百四十卷,《書經》百五十九卷,《詩經》百二十卷,《周禮》五十三卷,《儀禮》四十七卷,《大戴記》二十六卷,《禮記》十四卷,《春秋》百十卷,《左傳》《國語》附九十七卷,《公羊傳》二十八卷,《穀梁傳》六卷,《論語》四十四卷,《孝經》三卷,《爾雅》五十四卷,《孟子》四十九卷,羣籍各種百二十卷,凡十六部一千零七十卷。光緒庚寅船山書局刊。便於檢查。

經秋新畬無卷數 山陰□□□輯。光緒乙亥上海申報館排印巾箱本。分《易》《詩》《書》《禮》《春秋》等類。

齋中讀書一卷 績溪胡肇昕撰。光緒己亥世澤樓刊。此書初學治經之津逮。

古經疑言七卷 廬陵王廷植撰。無刻書年月,約光緒間刊。《易》《書》《詩》《春秋》等類。

會輔堂問答紀略二卷 三韓亦畸編輯。光緒庚子刊。

匏瓜録十卷 瀨北芮長恤撰。光緒甲申刊。

論學無卷數 義烏朱一新撰。光緒間廣東刊。與康長素辨僞經攷之作。

駁五經異義疏證十卷 善化皮錫瑞撰。〔光緒己亥原刊。〕民國甲戌河間李氏古鑑齋重刊。

經訓書院自課文三卷 善化皮錫瑞撰。光緒癸巳師伏堂刊。

京師大學堂經學講義二卷 黄巖王舟瑶撰。光緒間鉛字排印本。一編一卷,二編一卷。

西厓經説四卷 武進顧成章撰。光緒間刊木活字本。

朋壽室經説六卷附策問一卷 海昌鄒壽祺撰。光緒間刊。

經傳正誤一卷 泰和郭孔太撰。光緒七年冠朝三樂堂刊。

讀俞氏經説隨筆十卷 丹徒謝庭蘭撰。無刻書年月,約光緒間刊。辨證之作。

經説叢鈔四卷 丹徒謝庭蘭撰。光緒癸未刊。

今古學考二卷 井研廖平撰。光緒丙戌成都刊巾箱本。

鏡珠膏雜課七卷 長沙胡元玉撰。光緒甲申長沙益智書局刊。《春秋名字解詁》一卷,《雅學考》一卷,《漢音鉤沈》一卷,《敍例》一卷,《附記》一卷,《鄭許字義異同評》二卷。又名《鏡珠精舍雜課》。

皇朝五經彙解二百七十卷 抉經心室主人輯。光緒十四年鴻文書局石印本。因《皇清經解》正續編二書,學者每苦貫串爲難。此仿阮文達《經郛》之意,先列經文爲標目,然後取諸家解説,條分於下,以時代分先後,集成一書,並續搜者所采書凡一百四十一家二百八十七種。原稿名《羣經彙解》。卷帙浩繁,鳩工不易,先取其五經付印。惟此字極小,易致損目,讀者鮮矣。

經誼雜識一卷 海寧許克勤撰。光緒二十一年海寧許氏刊。

羣經釋疑六卷 嘉應黄維清撰。底稿本。首有光緒癸巳年自序。

僞經考答問一卷 順德譚濟騫輯。光緒戊戌上海大同譯書局石印本。

羣經綱紀考十六卷 長壽李滋然撰。宣統間於日本鉛字排印本。

讀經志疑一卷 濰縣韓晉昌撰。宣統元年孤松齋刊。

經學文抄十五卷首三卷 番禺梁鼎芬、吴縣曹元弼同輯。宣統間江蘇存古學堂刊木活字本。卷首上《羣經綱領》,卷首中《經學大義》,卷首下《經師緒論》,卷一《周易》,卷二《尚書》,卷三《毛詩》,卷四《周禮》,卷五《禮經》,卷六《禮記》,卷七《大戴禮記》,卷八《春秋》,卷九《左傳》,卷十《公羊傳》,卷十一《穀梁傳》,卷十二《孝經》,卷十三《論語》,卷十四《孟子》,卷十五小學。

隸經雜著甲編二卷乙編二卷 山陽顧震福撰。光緒壬辰冬季刊。

聖門名字纂詁二卷補遺一卷 桐城洪恩波撰。光緒丁酉刊。

香草校書六十卷 南匯于鬯撰。近刊本。卷一至四《易》,卷五至八《書》,卷九至十《周書》,卷十一至十八《詩》,卷十九至二十五《周禮》,卷二十六至二十八《儀禮》,卷二十九至三十三《禮記》,卷三十四至三十六《大戴禮記》,卷三十七至四十三《左傳》,卷四十四至四十六《國語》,卷四十七至四十八《穀梁傳》,卷四十九至五十《公羊傳》,卷五十一《孝經》,卷五十二《論語》,卷五十三《論語》《孟子》,卷五十四《孟子》,卷五十五至五十六《爾雅》,卷五十七至六十《説文》。

三經誼詁三卷 桐城馬其昶撰。民國癸亥刊。《孝經》《大學》《中庸》。

山公經説辨疑七卷 鄂城曹林撰。近鉛字排印本。

十三經策案二十二卷〔首一卷〕 金谿王謨輯〔受業南昌喻祥麟編次〕。乾隆丁酉實田齋刊。

十三經拾遺十六卷 附 **唐石經考正一卷** 萬年王朝渠撰。乾隆庚戌至嘉慶五年刊。

十三經注疏校勘記並釋文校勘記二百四十五卷 揚州阮元恭撰。嘉慶戊辰揚州阮氏文選樓刊。首有段玉裁序。《十三經注疏附校勘記》,嘉慶二十一年南昌盧氏用文選樓本刊,俗稱阮氏原刊本。

十三經心畬二十二卷 廣濟陶起庠撰。嘉慶間聚秀堂刊。

十三經斷句考十三卷 嘉定錢繹撰。傳抄本。

十三經證異七十九卷首一卷 黄岡萬希槐撰。民國癸亥鉛字排印本。

十三經音義故總例一卷凡例一卷 歸安孫葆璜撰。無刻書年月,約咸豐間〔道光二十六年〕己學齋刊。

十三經注疏校勘記識語四卷 黟縣汪文臺撰。光緒三年江西書局刊。

十三經提綱十三卷 太倉唐文治撰。民國甲子施氏醒園刊。

諸經目録之屬

經義考補正十二卷 大興翁方綱撰。乾隆五十七年刊。

皇清經解檢目八卷通用表一卷 諸暨蔡啓盛撰。光緒十二年刊。

皇清經解續編目録十七卷 上海蜚英館編。光緒丙申上海蜚英書局石印本。

通志堂經解提要四卷首一卷附録一卷 瀋陽闞文瑛撰。民國甲戌鉛字排印本。

諸經授受源流之屬

西漢儒林傳經表二卷 新安周廷寀撰。乾隆辛亥營道堂刊。與《韓詩外傳校注》合刊者。

漢儒傳經記二卷歷朝崇經記一卷 休寧趙繼序撰。嘉慶甲子刊。

兩漢五經博士考三卷 昭文張金吾撰。道光六年愛日精廬刊。

國朝漢學師承記八卷經師經義目録一卷國朝宋學淵源記二卷附一卷 甘泉江藩撰。道光丁亥〔秋曲阜東野隆吉敬修校〕刊。

傳經表補正十三卷經傳建立博士表一卷 錢唐汪大鈞撰。光緒癸巳愈妄闕齋刊。

諸經文字音義之屬

經典釋文三十卷 唐陸德明撰。**考證三十卷** 餘姚盧文弨撰。乾隆辛亥抱經堂刊。《考證》常州龍城書院刊。同治八年湖北崇文書局刊。

四書五經字考十一卷首一卷 吴江毛錫續輯。康熙二十五年刊。

四書五經字辨五卷 南通州陳鶴齡撰。雍正十年崇川存誠堂刊。

十三經字辨八卷 南通州陳鶴齡撰。道光庚寅豫章安定草堂刊。

經典文字辨證五卷 鎮洋畢沅撰。乾隆甲辰經訓堂刊。

五經文字偏旁考三卷 毘陵蔣騏昌撰。乾隆五十九年列岫山房刊。

經典文字考異三卷 嘉定錢大昕撰,嘉定錢侗參訂。傳抄本。

九經通借字攷七卷 嘉定錢坫撰。舊抄本。有鎮洋邵伯揚藏印。

十經文字通正書十四卷 嘉定錢坫撰。嘉慶丁巳文章大吉樓刊。此書凡兩次刊本,年代仍相同,一四圍墨綫較寬者佳。

經籍籑詁並補遺一百六卷 儀徵阮元撰。嘉慶十七年揚州阮氏琅嬛仙館刊,同治癸酉淮南書局補刊。

羣經字考十卷 海鹽吴東發撰。嘉慶二十一年刊。

羣經字類二卷 高郵王念孫撰。近上虞羅氏以原稿影印本。

十三經音略十二卷附書五首 海寧周春撰。嘉慶七年刊。

經書字音辨要九卷 慎南楊名颺撰。道光丁未〔會德堂〕刊。

四書字詁七十八卷檢字一卷羣經字詁七十二卷檢字一卷 黔陽段諤廷原稿,寧鄉黄本驥訂。道光己酉黔陽楊氏〔于長沙〕刊。

羣經字考四卷 南城曾廷枚撰。無刻書年月,約咸豐間刊巾箱本。

羣經讀爲讀若音義無卷數 不著撰人姓名。底稿本。《毛詩箋》《周禮注》《儀禮注》《禮記注》《周禮注》《儀禮注》《禮記注》。此高郵王氏藏物,著作人不出王氏父子之手,唯未竟之作爲憾。

經字異同四十八卷 番禺張維屏撰。光緒間〔五年五月清泉精舍〕刊。

經字正蒙八卷分畫便查一卷 吴川李文沂撰。光緒乙酉博文軒刊。

經典通用攷十四卷 歸安嚴章福撰。民國丁巳劉氏嘉業堂刊。

易書詩禮四經正字考四卷 長興鍾廖撰。民國乙卯吴興劉氏嘉業堂刊。

經籍舊音一卷 歙吴承仕撰。民國十年刊。

經籍舊音序録一卷 歙吴承仕撰。民國十年刊。

經籍舊音辨證七卷 歙吴承仕撰。民國十二年鉛字排印本。

經典釋文序録疏證無卷數 歙吴承仕撰。民國二十二年鉛字排印本。

石 經 類

石經考文提要十三卷 南昌彭元瑞撰。嘉慶間許氏刊。

唐石經校文十卷 宛平嚴可均撰。嘉慶甲子于香山書院刊。

歷代石經略二卷 曲阜桂馥撰。光緒九年癸未吴重熹于陳州郡齋刊。

熹平石經殘字一卷 江寧陳宗彝輯。道光三年精刊。

蜀石經殘字一卷 江寧陳宗彝摹。道光六年三山陳氏獨抱廬精刊。《毛詩》《左傳》。

石經補攷十二卷 嘉興馮登府撰。道光元年至八年刊，道光二十八年續刊。

漢石經殘字證異二卷 曲阜孔廣牧撰。傳抄本。首有光緒三年冬十二月姻後學儀徵劉壽曾序。

石經攷一卷 武進李兆洛撰。傳抄本。咸豐癸丑高氏校刊。附《養一文集》後。

北宋汴學篆隸二體石經記一卷 山陽丁晏撰。咸豐丁巳刊。

漢魏石經攷三卷 漢陽劉傳瑩撰。光緒十二年沌城黄氏精刊。

續補三體石經時代辨誤一卷 寧河王小航撰。民國丁卯臘月刊。

增訂三體石經時代辨誤二卷 寧河王小航撰。近鉛字排印本。

漢熹平石經殘字集録初編一卷補一卷續編一卷補一卷三編一卷補一卷四編一卷補一卷又補一卷 上虞羅振玉撰。民國己巳至庚午石印本。

漢熹平石經殘字集録補遺一卷 上虞羅振玉撰。民國辛未石印本。

歷代石經考無卷數 蒲圻張國淦撰。民國十九年燕京大學國學研究所鉛字排印本。漢、魏、唐、蜀、北宋、南宋、清，《歷代石經一覽表》《七朝以外石經附》。

販書偶記卷四

冀縣孫殿起耀卿録

小　學　類

説　文　之　屬

説文字原集注十六卷説文字原表一卷表説一卷 無錫蔣和撰。乾隆戊申本衙精刊。

説文字原表一卷説一卷 錫山蔣和撰。乾隆間寓齋精刊。

何義門校説文一卷 長洲何焯撰。約道光間過録海昌許珊林藏抄本。

説文字原考略六卷 南城吴照撰。乾隆五十七年壬子吴氏於南昌寓館精刊。

説文偏旁考二卷 南城吴照撰。乾隆間聽雨樓[一二]刊。

説文解字通正十四卷 吴郡潘奕雋撰。乾隆間刊。後改名"蠡箋",又名"蠡測"。

説文蠡箋〔説文解字通正〕十四卷 吴郡潘奕雋撰。嘉慶七年吴縣潘氏三松堂刊,同治十三年三松堂重刊。

説文辨異二卷首一卷 陽湖管榦珍撰。乾隆間刊。卷首《説文字原》。此書又名《松厓文鈔》。

説文理董後編六卷 仁和吴穎芳撰。民國己巳江蘇第一圖書館以稿本石印。

説文統釋自叙注一卷 古疁錢大昭撰,古吴王亮生訂。**節録一卷** 同里王宗悚音釋,古吴江元文繕寫。乾隆間藝海堂刊。

説文引經考二卷 山陽吴玉搢撰。道光元年儀徵程贊詠刊。

説文引經考無卷數 長洲程際盛撰。嘉慶乙丑刊。《周易》一百十五條,《尚書》一百九十九條,《逸周書》十七條,《詩經》四百六十八條,《周禮》一百八十四條,《儀禮》十八條,《禮記》七十八條,《左傳》二百五十九條,《國語》三十二條,《公羊》五條,《穀梁》二條,《孝經》五條,《論語》五十六條,《逸論語》十九條,《孟子》十八條,《爾雅》一千零四條,《老子》三條,《莊子》四條,《楚辭》十五條,《山海經》九十二條,共計二千五百九十三條。

説文解字羣經正字二十八卷 餘姚邵瑛撰。嘉慶丙子桂隱書屋刊。

説文解字注三十卷部目分韻一卷六書音均表五卷 金壇段玉裁撰。嘉慶十三年[一三]經韻樓刊,同治七年蘇州重刊,光緒辛巳蘇州查氏刊巾箱本,光緒間崇文書局重刊附《汲古閣説文訂》。

段氏説文補正無卷數校正水經學古編附 金壇段玉裁撰。底稿本。

汲古閣説文訂一卷 金壇段玉裁撰。嘉慶二年〔袁氏〕五硯樓刊。

説文疑疑二卷附一卷 江陰孔廣居撰。嘉慶壬戌詩禮堂刊。

説文辨字正俗八卷 嘉興李富孫撰。嘉慶戊寅〔嘉興李氏〕校經廎刊。

説文拈字七卷補遺三卷 安康王玉樹撰。嘉慶八年仲秋芳梫堂刊。

段氏説文簽記一卷 高郵王念孫撰。底稿本。

説文字原韻表二卷 錢塘胡重撰。嘉慶間秀水金氏月香書屋刊。〔《藕圃十種》之第七。〕

説文凝錦録一卷 秀水萬光泰撰。嘉慶丁巳澤經堂刊。

説文古籀疏證六卷原目一卷 武進莊述祖撰。光緒甲午刊。

説文解字斠詮十四卷 嘉定錢坫撰。嘉慶丁卯吉金樂石齋刊,光緒九年淮南書局重刊。

説文檢字二卷 歸安毛謨撰。嘉慶二十一年於四川督學使署刊。

説文新坿考六卷續考一卷 吴縣鈕樹玉撰。嘉慶辛酉非石居刊,同治五年〔吴縣金藝〕碧螺山館補刊。

段氏説文注訂八卷 吴縣鈕樹玉撰。道光四年精刊,同治五年碧螺山館補刊。

説文解字校録十五卷 吴縣鈕樹玉撰。光緒乙酉江蘇書局刊。

説文校議十五卷 烏程嚴可均、歸安姚文田同撰。嘉慶戊寅中秋于冶城山館精刊。每卷皆分上下。同治十三年歸安姚氏重刊。

説文聲類二卷 烏程嚴可均撰。嘉慶癸亥於廣州豐山書院刊。

説文五翼八卷 上虞王煦撰。嘉慶戊辰孟夏〔上虞王氏淮澤堂〕芮鞠山莊刊,光緒八年觀海樓重刊。

説文聲系十四卷 歸安姚文田撰。嘉慶甲子刊。

説文測義四卷二徐説文同異附考一卷 安康董紹撰。道光二年壬午仲秋于羊城刊。卷一至卷三皆分上下。案原目録作七卷。道光四年甲申受業謝玉珩校刊本。

説文答問疏證六卷 甘泉薛傳均撰。道光戊戌〔寶應劉寶楠等〕刊,光緒壬午紫薇山館刊巾箱本,即東來軒校本。

説文假借引申義略七卷首一卷 古歙朱祖振撰。底稿本。

説文便檢無卷數 苕溪丁源撰。道光七年精刊。

説文引經考證七卷互異説一卷 嘉定陳瑑撰。光緒甲申三益廬刊巾箱本。

説文字通十四卷 吴縣高翔麟撰。道光十八年〔海昌查元偁〕精刊。

説文經典異字釋一卷 吴縣高翔麟撰。道光十五年精刊。以上二種合刻。

説文假借義證二十八卷首一卷 涇縣朱珔撰〔其孫之塝補〕。光緒十九年其孫之塝〔嘉樹山房〕刊。

説文解字述誼二卷説文新附通誼二卷 寶山毛際盛撰。道光二十四年門下同郡王宗涑刊。

説文古本考十四卷 嘉興沈濤撰。光緒甲申吴縣潘氏滂喜齋刊。每卷皆分上下,合計二十八卷,至書内卷十一下第十一、十二兩頁原闕。

説文通訓定聲十八卷 各卷皆有附録。**分部柬韻一卷説雅一卷古今韻準一卷** 元和朱駿聲撰。道光二十八年本衙刊,咸豐元年臨嘯閣刊同治九年補刊。

説文引經異字三卷 歙吴雲蒸撰。道光間山海棠軒精刊。卷上卷中各分二卷,卷下分六卷。

説文解字雙聲疊韻譜無卷數 江寧鄧廷楨撰。道光己亥精刊,光緒辛巳後知不足齋刊。

説文引詩字輯一卷 不著撰人姓名。底稿本。首有"許翰之印"四字陰文硃印一方,"瀾滄"二字陽文硃印一方,"丁少山"三字陰文硃印一方,並無序跋。疑此許翰所著,尚無確證,待考。

説文辨疑一卷 元和顧廣圻撰。光緒三年三月〔湖北〕崇文書局刊。

説文聲訂二十八卷 河間苗夔撰。道光辛丑漢專亭刊。案此書首有祁寯藻序,祁序後刻有助資姓名者。爲初刻本也,則通行本無之。

説文句讀三十卷 安邱王筠撰。道光庚戌[一四]刊,光緒八年四川尊經書局重刊。

説文釋例二十卷補正附 安邱王筠撰。道光丁酉刊〔家刻本〕,光緒間蓮池書院重刊,光緒癸未成都御風樓重刊。

説文繫傳校録三十卷 安邱王筠撰。咸豐七年其男彦侗刊。

説文韻譜校五卷 安邱王筠撰。光緒庚寅濰縣劉氏刊。

説文解字義證五十卷 曲阜桂馥撰。道光三十年至咸豐二年連筠簃刊,版心有"連筠簃叢書靈石楊氏栞"十字。同治九年湖北崇文書局刊。

説文二徐定本互校辨譌十五卷 每卷皆分上下。**附提要一卷** 侯官林昌彝撰。底稿本。

説文孳乳録十二卷 不著撰人姓名。底稿本。每卷皆分上下,最後糸部至劦部一卷,金部至自部一卷,阜部至亥部一卷。此三卷卷之第數原未寫出,蓋係第十三至十五等卷無疑。

説文逸字二卷附録二卷 遵義鄭珍撰,附録其子知同撰。咸豐戊午望山堂精刊,光緒戊寅刊巾箱本,光緒間福山王氏天壤閣刊。

説文新坿考六卷 遵義鄭珍撰。光緒戊寅刊巾箱本。光緒間歸安姚氏咫進齋刊,光緒間高郵王氏鶴壽堂刊。

説文形聲疏證十四卷 寶應朱士端撰。原稿本。

説文引經證例二十四卷 江陰承培元撰。光緒二十一年廣雅書局刊。

廣説文答問八卷 江陰承培元撰。光緒間〔二十一年〕廣雅書局刊。

説文雜注長編無卷數 寶應劉寶楠撰。底稿本。

説文通檢十四卷首一卷末一卷 番禺黎永椿撰。同治十二年刊,光緒二年崇文書局重刊。

説文廣義校訂三卷末一卷 鎮海吴善述撰。同治十三年刊。

説文管見三卷 績溪胡秉虔撰。同治癸酉世澤樓刊,光緒七年望益山房重刊。

説文解字段注考正十五卷 吴縣馮桂芬撰。民國十六年〔曾孫澤涵〕以手稿影印本。

唐説交解字木部箋異一卷 獨山莫友芝撰。同治三年甲子刊。

説文字辨十四卷 侯官林慶炳撰。同治四年刊。

説文外編十六卷 吴縣雷浚撰。光緒二年刊。

説文古籀補十四卷補遺一卷附録一卷 吴縣吴大澂撰。光緒七年〔吴縣吴氏〕精刊。

説文發疑七卷 安吉張行孚撰。光緒九年歲在鶉首邗上寓廬刊。此書較通行本多一卷。

説文審音十六卷 安吉張行孚撰。光緒十六年漸西村舍刊。〔光緒二十四年桐廬袁昶芳郭里通隱堂刊。〕原缺四卷。

説文揭原二卷 安吉張行孚撰。光緒甲申後知不足齋刊。光緒乙酉懷寧余澍刊。

説文逸字辨證二卷 善化李楨撰。光緒間畹蘭室刊。

説文字原引一卷 山陽何其傑撰。光緒十八年刊。

説文解字注匡謬八卷 元和徐承慶撰。光緒間歸安姚氏咫進齋刊。

説文佚字輯説四卷 震澤王廷鼎撰。光緒己丑刊。又名《紫薇花館小學編之一》。

説文本經答問二卷 遵義鄭知同撰。光緒己丑廣雅書局刊。

説文經斠十三卷補遺一卷説文正俗一卷 善化楊廷瑞撰。光緒辛卯楊氏澂園刊。又名《澂園叢書》。

説文分韻易知録十卷 華亭許巽行撰。光緒五年刊。

説文染指二卷 酉陽吴楚撰。光緒戊子寄硯山房刊。又名《説文一臠》。

説文段注撰要九卷 當塗馬壽齡撰。光緒九年金陵胡氏愚園刊。

説文古語考補正二卷 德清傅雲龍撰。光緒十一年秋七月紅餘籀室刊巾箱本。

説文段注訂補十四卷 蕭山王紹蘭撰。光緒十四年同里胡燏棻刊,卷十一分上下。民國甲寅吴興劉氏嘉業堂刊,闕圖。

讀説文雜識一卷 陽湖許棫撰。光緒七年刊。

説文經字正誼四卷 湘陰郭慶藩撰。光緒二十年郭氏於維揚刊。

説文經字考辨證四卷 湘陰郭慶藩撰。光緒乙未孟冬岵瞻堂郭氏於維揚刊。

説文解字注箋二十八卷 番禺徐灝撰。**附檢字三卷重文檢字篇一卷疑難檢字篇一卷今文檢字篇一卷** 番禺徐樾撰。〔光緒二十年番禺徐氏于桂林刊。〕光緒甲午刊〔民國三年〕甲寅於京師補刊。第十一上分二卷。

説文徐氏未詳説一卷 海寧許溎祥輯。光緒十六年許氏古均閣刊。

説文要旨明例一卷 吴縣王仁俊撰。底稿本。

説文引漢律令考二卷附録二卷 吴縣王仁俊撰。光緒丁未籀鄦誃刊。

説文提要一卷 三山陳建侯撰。光緒紀元湖北崇文書局刊。

説文佚字考四卷 嘉興張鳴珂撰。光緒十三年丁亥刊。

説文部首歌一卷 吴縣馮桂芬編韻,華陽劉銘鼎篆。**附説文用功次第説一卷** 華陽劉銘鼎撰。無刻書年月,約光緒間蒲圻但氏刊。

説文廣纂一卷 黄岡周繪藻撰。光緒乙巳石印本。

説文今釋一卷 不著撰人姓名。無印書年月,約光緒間鉛字排印本。此書最後之一行題"書中篆文者,友黄仲唐也",并鈐有"雨麓"二字硃印。首有"壽田"二字硃印。

説文二徐箋異二十八卷 荆州田吴炤撰。宣統二年於日本以手稿影印本。

説文重文管見一卷 侯官女史簫道管撰。民國元年壬子簫閒堂刊。

説文校議議三十卷 歸安嚴章福撰。民國戊午吴興劉氏嘉業堂刊。

説文易檢十四卷末二卷 武進史恩綿撰。民國六年涵芬樓石印巾箱本。

説文讀若字考七卷附一卷 南陽葉德輝撰。民國癸亥刊。

説文籀文考證一卷説籀一卷補遺一卷 南陽葉德輝撰。民國庚午葉氏刊。

説文舉例七卷 侯官陳衍撰。民國八年己未於上海刊。

説文解字辨證十四卷 侯官陳衍撰。民國八年己未於上海刊。

説文體例四卷 桐城何容心撰。民國庚申石印本。

無暇逸齋説文四種無卷數 〔閩縣〕王元穉撰。民國六年鉛字排印本。《證墨》《訂鈕》《匡徐》《補俞》等四篇。

新訂説文部首六書例讀一卷 資中饒焖撰。**附表説一卷** 滎縣柴玉培撰。民國戊午成都志古堂刊。

説文聞載二卷 南康謝彦華撰。民國甲寅石印本。

説文匡鄦一卷叙恉一卷 石廣權撰。近石印本。

説文古籀補補十四卷附録一卷 黄縣丁佛言撰。民國甲子石印本。

説文解字部首箋正十四卷附同文略例小篆通古文舉要一卷附録一卷 富

順宋育仁撰。民國甲子於成都刊。

説文部首啓幪一卷 鹽瀆金式陶撰。民國丙寅石印本。

説文蒙求六卷 南豐劉庠撰。民國丁巳南昌退廬刊。

説文部首略注二卷 雙流李天根撰。民國庚午念劬堂刊。

説文部首韻語一卷 雙流李天根撰。民國癸酉李氏念劬堂刊。

説文舉例四卷 桐鄉馮汝玠撰。近民國大學鉛字排印本。又名《文字學》。

説文部首述義八卷 附 **六書辨一卷** 番禺徐紹楨撰。民國十七年學壽堂石印本。

説文解字研究法一卷 杭縣馬叙倫撰。民國十八年石印本。

説文闕義箋一卷 丁山撰。民國十八年國立中央研究院〔歷史語言研究所〕石印本。

説文定聲四十一卷 武昌張長撰。民國二十年石印本。

説文解字詁林十五卷前編三卷後編一卷補編一卷附編一卷通檢一卷 無錫丁福保輯。民國十七年上海醫學書局鉛字排印本。

説文解字詁林補遺十五卷前編三卷後編一卷補遺續無卷數通檢一卷 無錫丁福保輯。民國二十一年〔上海醫學書局〕鉛字排印本。

説文目録一卷 附 **説文解字詁林序纂例一卷** 無錫丁福保撰。民國甲子鉛字排印本。

説文轉注考四卷 榮成姜忠奎撰。民國二十二年以原稿影印本。

説文新附考通正四卷 電白邵雝祥撰。民國二十三年鉛字排印本。

説文解字均隸十二卷 日照丁楙五撰。民國二十三年裛殷堂石印本。

六書本義十二卷 明餘姚趙古則撰。萬曆庚戌刊。

六書會原十卷首一卷 餘姚潘肇豐撰。嘉慶六年〔鳴鳳堂〕精刊。

釋大八卷 高郵王念孫撰。近〔民國十四年上虞羅氏〕鉛字排印本。

漢學諧聲二十四卷説文補考一卷又考一卷 太平戚學標撰。嘉慶九年陟縣官署刊。

小學考五十卷 南康謝啓昆撰。嘉慶丙子〔南康謝氏〕樹經堂刊,咸豐壬子〔其孫質卿〕樹經堂〔重〕刊。

文字蒙求四卷 安邱王筠撰。道光丙申自刊,光緒丁亥梁谿浦氏刊。

象形文釋四卷 番禺徐灝撰。底稿本。首有道光二十六年丙午自序。

六書轉注録十卷 陽湖洪亮吉撰。道光二十六年刊,光緒四年授經堂重刊。

文字偏旁舉略一卷 歸安姚文田撰。咸豐己未舊月軒重刊。

書契原恉十四卷〔二集十八卷〕 會稽陳致熯撰。咸豐五年刊。

字學辨正集成四卷 安福姚心舜編輯。咸豐六年求達書齋刊。

古今字詁疏證一卷 日照許瀚撰。民國二十三年瑞安陳氏裛殷堂以古宋字排印本。

字辨證篆十七卷 京山易本烺撰。**附字孿補二卷** 京山易鏡清輯,易本烺補。同治九年京山易氏刊。

六書原始十五卷 賀崧齡輯。同治甲子於劍州刊。

古今文字通釋十四卷 同安吕世宜撰。光緒己卯龍溪林維源刊。

六書假借經徵四卷 元和朱駿聲撰。光緒壬辰〔其子孔彰〕金陵刊。

千字文説文解字 附 **録別解一卷** 虎門林荃撰。光緒丁亥粤東刊。

同文一隅二卷 江陰承培元撰。光緒甲午季夏暨陽書院精刊。

六書約言二卷 鎮海吴善述撰。無刻書年月,約光緒間精刊。

重文二卷補遺一卷 錢塘丁午撰。光緒壬午刊。

六書管見二十卷 臨桂況祥麟撰。光緒丙子登善堂刊。

重文例説一卷 但祖夔撰。底稿本。

文字存真十五卷 資州饒炯撰。光緒甲辰〔資州饒氏〕達古軒刊。《六書例説》一卷,《説文解字部首訂》十四卷。

許書發凡類參一卷 資中饒炯撰。近四川成都刊。

字説一卷 吴縣吴大澂撰。光緒間精刊,光緒癸巳思賢講舍重刊。

六書例説一卷 湘鄉謝崧梁撰。光緒甲午玺經榭刊。

文字通釋略四卷 長沙鍾祖綬撰。光緒三十四年刊。案自序稱著有《説文引經通釋》四卷,未見傳本。

六書類纂八卷讀篆臆存雜説一卷字學尋原三卷 興山吴錦章撰。光緒甲午至丁酉刊。

許學羣書辨正四卷 嘉應黎雙懋撰。底稿本。首有光緒甲午年自序。

轉注本義攷上下篇一卷 巴縣王金城撰。光緒二十一年精刊。又名《逸園叢書初稿》。

六書辨一卷 番禺徐紹楨撰。光緒丁未精刊。

古籀拾遺三卷附宋政和禮器文字考一卷 瑞安孫詒讓撰。光緒庚寅〔瑞安孫氏〕精刊。

名原二卷 瑞安孫詒讓撰。光緒間刊。

文字蒙求廣義四卷 合肥蒯光典撰。光緒辛丑江楚書局刊。卷四分二卷。

鄦書微五卷 餘干張抹撰。無印書年月,約宣統間鉛字排印本,卷三以下石印。

王氏六書存攷八卷 湘潭王闓運原定,衡陽喻謙撰。民國丙辰東州刊。

分類偏旁字義四卷 西邑白瓊瑨撰。民國四年刊。

小學駢枝八卷 泰州田寶臣撰。民國五年鉛字排印本。

文始九卷 餘杭章炳麟撰。民國癸丑浙江圖書館以原稿石印本。

文字學形義篇一卷 朱宗萊撰。民國七年北京大學鉛字排印本。

文源十二卷六書通義一卷古音略説一卷附録二卷 閩縣林義光撰。民國九年石印本。

文字源流考一卷 井研廖平撰。**附六變記一卷** 柏毓東撰。民國辛酉成都鉛字排印本。

同聲假借字考二卷 南陽葉德輝撰。民國癸亥葉氏觀古堂刊。

許學考二十六卷 江州黎經誥撰。民國癸亥鉛字排印本。

文字通詮八卷 杭縣楊譽龍撰。民國十二年中華書局石印本。

字學一卷 中州龐緡撰。民國十三年開封石印本。

小學定律二卷 常寧尹桐陽撰。民國十三年鉛字排印本。

小學初告六卷 湘潭孫文昱撰。民國丙寅孫氏家塾刊。

中國文字來源及變遷一卷 雙流李天根撰。民國乙丑念劬堂刊。

六書釋義二卷 雙流李天根撰。民國乙丑念劬堂刊。

六書微一卷 泰縣陳啓彤撰。民國十五年中國大學鉛字排印本。

許書義要一卷 資中周大昕撰。民國十五年成都刊。

戴東原轉語釋補四卷首一卷 江陵曾廣源撰。民國十八年鉛字排印本。

六書條例二卷 歙吳承仕撰。近〔民國二十二年〕北平中國學院影印本。

中國文字學形篇二卷 東莞容庚撰。民國二十一年石印本。

篆隸字書各體之屬

石鼓讀七卷 海鹽吳東發撰。嘉慶間刊。即《釋文考異》《章句》《辨》《鑑》《釋文考異或問》《爾雅》《叙鼓》各一卷。

石鼓釋存一卷補注一卷 海鹽張燕昌撰。光緒壬寅劉世珩精刊。

石鼓文匯六卷 諸城尹彭壽撰。光緒間〔十九年諸城尹氏〕斠經室刊。即《模本》《音訓集證》《考略》《題辭録要》《傳本目》《校勘記》各一卷。〔《斠經室所著書》之五。〕

汗簡箋正八卷 遵義鄭珍撰。光緒己丑廣雅書局刊,光緒庚寅黎庶昌以日本紙石印本。

字林七卷首一卷 晉呂忱撰，興化任大椿考逸，南海曾釗增訂。嘉慶間刊。

方校注字鑑五卷 東甌方成珪撰。民國二十一年石印本。

篆隸心畫二卷首一卷 明金谿王世茂撰。無刻書年月，約天啓間梅墅石渠閣刊。

漢隸韻要五卷 明吴苑文徵明集，祝允明校，苕上潘振訂。無刻書年月，約崇禎間刊。

古今字考六卷 明琅邪吕一奏撰。崇禎元年刊。

海篇朝宗十二卷 明長洲陳仁錫輯，景陵譚元春訂。無刻書年月，約崇禎間奇字齋刊。

篆文辨訣一卷 明章句應在止撰，虎林莫可易增次，鹽官孫爾振篆正。順治辛卯刊。

隸法彙纂十卷 古歙項懷〔述〕編。乾隆間刊。

漢隸異體舉要一卷 錫山蔣和撰。乾隆辛丑寓齋刊。

識字略二卷 元和宋宗元撰。乾隆三十三年網師園精刊。

文字辨譌一卷 南匯吴省蘭撰。乾隆己酉刊。

字學海珠一卷 嘉定錢王炯撰。道光二十五年乙巳玄孫師璟刊。内分方俗常用字、小説詭造字、碑刻别體字、避諱減筆字、傳寫譌謬字、試卷編號字六類。附程晉芳撰墓表、州志小傳、錢大昕撰家傳逸事。王炯，大昕之祖父。

繆篆分韻五卷補一卷 曲阜桂馥撰。嘉慶元年刊〔板藏王葑町太僕處〕。

選集漢印分韻二卷續集二卷 南海謝景卿輯。嘉慶二年至八年漱藝堂刊。

藝文備覽一百二十卷檢字一卷〔補詳字義十四篇〕 嘉興沙木集注。嘉慶丙寅二月至丁卯八月〔粵東督権使者長白阿克當阿〕本衙刊。以地支等字編次，每字十卷。〔又見一部作《藝文通覽》。〕

宜略識字二卷 閩中林春溥撰。嘉慶丁丑竹柏山房刊。

積古齋鐘鼎彝器款識十卷 揚州阮元編録。嘉慶九年自刊。

積古齋鐘鼎彝器款識補遺一卷 吴縣王仁俊撰。底稿本。

字林古今正俗異同通考四卷六書辨異二卷補遺一卷 甬江湯容煟撰。嘉慶間四明滋德堂精刊。

譌字彙考一卷補遺一卷 古單父時梠村撰。嘉慶庚申刊。

辨譌一得二十卷 廣濟吴巨禮輯,其孫男占魁占春同注。道光七年刊。

字典校字録無卷數 高郵王引之撰。道光七年刊巾箱本。

字典考證無卷數 高郵王引之撰。道光十一年刊。以地支等字編次。

正字略一卷 安邱王筠撰。道光癸巳刊。

書學彙編四種四卷 廬陵王贈芳撰。道光十五年刊。《正形》《書形辨似》《審聲》《書聲辨異》。

篆訣歌一卷 絳州趙師尹撰。無刻書年月,約道光間小小齋精刊。又名《篆訣分韻》。

隸篇十五卷續十五卷再續十五卷 東萊翟云升撰。道光十七年至十九年〔東萊翟氏五經歲徧齋〕精刊。

正字簡四卷 淄川馮繼照撰。道光二十八年柳波館刊。

通俗字林辨證五卷 檇李唐壎撰,咸豐六年錫山丁紹儀校刊,民國五年丙辰於保陽石印本。

古文原始一卷 仁和曹金籀撰。咸豐間武林曹金氏靈蘭室刊。

楷體蒙求八卷 桂林劉廷玉撰。同治十年刊。

字雅選文六卷 蓋平高佳英浩養吾輯。底稿本。以地支等字分次,最後自題:輯書自同治九年至光緒十六年,共計二十一年,方成一稿本,何如是之難也。

楷法溯原十四卷帖目一卷古碑目一卷 文昌潘存孺輯,宜都楊守敬編。光緒三年至四年刊。

字典校録卷首一卷 長白英浩選。光緒癸巳刊。

漢隸今存録一卷 清河王琛撰。傳抄本。

古文審八卷 嘉魚劉心源撰。光緒十七年劉氏龍江樓精刊。

娛萊軒字釋一卷附録一卷俗書證誤訂一卷識字最易法一卷 歸安章震福撰。光緒甲午鉛字排印本。

隸通二卷 嘉定錢慶曾撰。光緒間刊。

代字訣一卷 江陵田廷俊撰。光緒二十七年刊。

隸有六卷拾遺一卷隸通一卷 泉塘趙疃輯。光緒己丑石印本。

檢字一貫三十二卷末一卷 三家村學究編。光緒間石印巾箱本。此書便於檢察,檢得一字,便知《説文段注》在某篇,《經籍籑詁》在某韻,《説文定聲》在某部。

增訂合聲簡字譜一卷重訂合聲簡字譜一卷簡字叢録一卷簡字全譜一卷京音簡字述略一卷讀音簡字通譜一卷 桐鄉勞乃宣撰。光緒丙午至民國己未刊。

趙氏字學舉隅二卷 丹徒趙曾望撰。民國三年石印本。

辭源十二卷附録一卷 陸爾奎、武進方毅等編。民國四年上海商務印書館鉛字排印本。以地支字分次。附録即《世界大事表》等。

辭源續編十二卷附録一卷 武進方毅、傅運森等編。民國二十二年上海商務館鉛字排印本。以地支等字分次,附録即《行政區域表》《全國商埠表》等。

字學淺詁部首一卷 長沙陳朝爵撰。民國丙辰安慶石印本。

中文古籀篆隸通六卷附一卷 彭縣羅時憲撰。民國八年求是軒刊。

秦書八體原委無卷數 天津華學涑撰。民國十年天津博物院石印本。

董理文字之我見一卷 天津華學涑撰。近石印本。

幽求室字説一卷 慈谿胡吉宣撰。民國甲戌以原稿影印本。又名《字原》。

中國文字學一卷 武進顧實撰。民國十五年石印本。

文字學要義話解二卷 雙流李天根撰。民國丁卯念劬堂刊。

文字源流一卷 附 **論文要略一卷** 長沙胡棣華撰。民國癸丑湖南官書報局鉛字排印本。

契文舉例二卷 瑞安孫詒讓撰。民國丁卯上海蟫隱廬石印本。

字體發明四卷 壽縣靳銘新撰。民國十七年石印本。

蒼石山房文字談無卷數 石廣權撰。民國十七年石印本。又名《六書淺説》。

篆法辨訣一卷 江陰承培元撰,江陰張之純注。民國癸丑刊。

古籀彙編十四卷附檢字一卷 臨海徐文鏡編。民國二十三年石印巾箱本。每卷均分上下。

音韻之屬

集韻考正十卷 瑞安方成珪撰。光緒己卯瑞安孫氏詒善祠塾刊。

字學大全三十二卷 明盩厔王三聘編。嘉靖四十三年刊。是書主韓氏《五音篇韻》,終以《切韻貫珠》。

古韻釋要五卷 明雲間潘雲杰撰。萬曆乙巳刊。

切韻指南一卷 明古淄高舉輯。萬曆癸丑刊。即《古今韻撮之一》。

三鱣堂篆韻正義四卷 明嶺南楊昌文撰,番禺黎遂球編。崇禎十三年刊。

字音正譌正編一卷次編一卷補編一卷 明寧都張位撰,寧都丁湘錦補訂。乾隆間刊。原名《問奇集》。

音韻須知二卷問奇一覽二卷 廣陵李書雲撰。康熙間〔庚午祕園〕刊。

字彙數求聲無卷數 宣城梅膺祚、錢塘虞德升同撰。康熙十六年展園刊。以地支等字分次。

音義集略一卷補遺一卷四聲字譜一卷 新安汪臥松撰。康熙間刊。

書學慎餘二卷 隱山李子金撰。康熙間刊。板心列“隱山鄙事”四字。

韻切指歸二卷 海陽吳心遠撰。康熙間〔庚寅〕刊。

古今韻考一卷 富平李因篤撰。**附記一卷** 陽湖楊傳第撰。咸豐九年漢陽葉氏刊。

音韻歸無卷數 新安方兆曾撰。康熙間蕪湖春風閣刊。

慎貽堂訓蒙日纂二卷 闕里顏光敏撰。無刻書年月，約康熙間刊。文釋、音正二類。

新定重較問奇一覽二卷 不著撰人姓名。無刻書年月，約康熙間停雲室刊。

切韻考四卷 廣陵李鄴撰。無刻書年月，約雍正間〔其門人沈灝〕精刊。

字學音韻辨一卷 桐城胡宗緒撰。乾隆丙辰萬卷樓精刊。

本韻一得二十卷 巴郡龍爲霖撰。乾隆十六年蔭松堂精刊。

等音新集前編一卷後編一卷 宣城梅建口授，高邑璩萬鑑編。乾隆二十五年述聖齋刊。

問奇一覽二卷 廣陵李書雲撰。乾隆間孝經堂刊。

北窗偶談二卷 德清胡彥穎撰。無刻書年月，約乾隆間精刊。

歧疑韻辨五卷口音辨訛一卷韻字旁通一卷轉音撮要一卷字形彙考一卷 南豐杜蕙撰。乾隆壬子省過堂刊袖珍本。

字音正謬二卷 祁陽伍澤梁撰。乾隆間刊。

方音正誤無卷數 左伯溪撰。乾隆壬子刊。原編次作五卷。

古今音會無卷數 震澤吳汝舟輯。底稿本。首有乾隆戊辰幁塘顧蒼如序。

易詩叶韻二卷 益都唐世大撰。乾隆二十年本齋刊。

學韻紀要二卷 三原劉紹攽撰。乾隆五年劉傳經堂刊。

等韻精要無卷數 河東賈存仁撰。乾隆乙未刊。內分述原、總論、圖説、別傳、備考等五類。

六聲字母集二卷凡例一卷 錢塘包鑑撰。乾隆三十三年貽德堂精刊。又名《六聲譜》。

詩聲類十二卷分例一卷 闕里孔廣森撰。乾隆五十七年儀鄭堂刊。

聲類表十卷 休寧戴震撰。乾隆己亥刊。

聲韻考四卷 休寧戴震撰。乾隆丁酉刊。

書聲韻考後一卷 大興朱錫庚撰。乾隆五十九年甲寅刊。版心刊有"璞存山房初稿"六字。

建州八音字義便覽一卷 建州林端材撰。乾隆六十年刊。

切字圖訣無卷數 湘鄉羅愚撰。嘉慶己未養拙軒刊。

音切譜二十卷 京山李元撰。嘉慶二年刊。

四聲易知録四卷 歸安姚文田撰。嘉慶壬申刊。

韻書音義考五卷 廬江李光瓊撰。嘉慶四年慎詒堂刊。

李氏音鑑六卷 大興李汝珍撰。嘉慶庚午寶善堂刊,同治戊辰木樨山房重刊。〔附清洪棣元撰書目一卷。〕

諧聲補逸十四卷 高郵宋保撰。嘉慶癸亥志學堂刊。保,緜初之子。

韻學入門二卷 蒲城劉鼎梅撰。嘉慶癸亥澹寧齋刊。

音韻同異辨八卷 高密單可琪撰。嘉慶癸亥師古堂刊。

叶韻考正十六卷 海鹽朱履中輯。嘉慶甲子精刊巾箱本。又名《音韻寶鑑》。

六書韻徵十六卷 錫山安吉撰。嘉慶丁卯孟春親仁堂刊。

古韻溯原八卷 錫山安念祖、梁谿華湛恩同撰。道光己亥孟春親仁堂刊。

佩文韻纂六卷 仁和張家慶撰。嘉慶丁巳澤經堂刊。

五音韻譜一卷 上元朱照廉撰。嘉慶辛未小雲谷刊。

增註雅俗通十五音八卷 東宛謝秀嵐撰。嘉慶間刊。

詩聲衍無卷數 武進劉逢禄撰,泰興陳潮補注。光緒間思賢講舍刊。

許氏説音四卷 海州許桂林撰。傳抄本〔民國間北平松筠閣鉛印本〕。卷一《音譜》,卷二《音譜叢説》,卷三《説古音説》《方音説》《叶音》,卷四《説切音》。

分韻指南二卷 晴川史佩瑲撰。道光己酉永平府署刊。

聲韻合表一卷説一卷附射字法一卷 休寧徐卓撰。道光五年讀未見書齋刊。

諧聲譜五十卷附二卷 武進張成孫撰。民國甲戌武林葉景葵以原稿石印本。

古韻發明無卷數 凡分八韻。**切字肆考無卷數** 滕陽張畊撰。道光六年芸心堂刊。

音韻逢源四卷 長白裕恩撰。道光間刊。

射聲小譜一卷 昭文程定謨編。道光己亥詒陶閣刊,光緒戊寅補刊本。

隨鄉讀韻無卷數 漢阜倪玉華原本,琅槐李步衢校讀。道光丙戌刊。案書實作三卷。玉華,山左人。

音學秘書四卷 奉新涂謙撰。道光己丑六吉居精刊。

古音諧八卷首一卷 歸安姚文田撰。道光丙午刊。

聲韻易知四卷首一卷 莒邑莊瑶撰。道光二十三年〔癸卯孟秋留有餘齋〕刊,光緒十五年蓮池書院重刊。

韻學指南五卷 長樂王溱撰。道光戊申足雨宧刊巾箱本。

韻字急就篇十卷 吴江迮鶴壽、沈懋悳同撰。咸豐元年辛亥刊。

翻切簡可篇二卷 含山張燮承撰。咸豐間四宜草堂刊,同治十一年重刊。

韻辨一隅八卷補遺一卷續補一卷 嘉定諸玉衡撰。咸豐乙卯古楂溪郁氏宜稼堂刊。

述均十卷 當塗夏燮撰。咸豐乙卯仲秋于番陽官廨精刊。

韻學辨中備五卷 古艾張亨釪撰。咸豐十年廣東刊三色墨套印本。

伸古音表分配入聲之説一卷 京山易本烺撰。同治己巳重刊。

正音通俗表摘要無卷數 閩縣潘逢禧撰。同治庚午逸香齋刊。

韻學説隅無卷數 平階鄭昌時撰。底稿本。版心刊有“冠蓬山房”四字。

古韻通説二十卷 臨桂龍啓瑞撰。同治六年刊,光緒癸未四川尊經書局重刊。

歌麻古韻考四卷 保山吴樹聲撰。同治八年〔保山吴氏〕刊。

切韻圖説二卷字音分類二卷字類分部二卷 錢塘汪廉善撰。底稿本。廉善,字積堂,同治光緒時人。

韻辨附文五卷 錢塘沈兆霖撰。同治癸酉刊。

音學偶存二卷補編一卷 玉屏山山人〔玉屏山人〕撰。同治癸酉刊。又名《韻學》。玉屏山人者,郭師古之别號也。

形聲類篇二卷餘論一卷 武進丁履恒撰。**校勘一卷** 常熟龐大堃撰。光緒丙申佞漢齋刊。〔民國廿五年北京大學影印大亭山館刊本作五卷。〕

古音類表九卷 貴筑傅壽彤撰。同治二年〔宛南郡署〕刊,光緒二年大梁重刊本改用篆文。

初學審音二卷 金陵葉庭鑾輯。光緒三年於武林刊。

古韻論三卷 績溪胡秉虔撰。光緒丙子世澤樓刊。

二十三母土音表一卷 鎮海吴善述撰。光緒四年四明黄氏補不足齋刊。

切韻考六卷外篇三卷 番禺陳澧撰。光緒壬午刊。

四聲正誤無卷數 東嘉謝恩澤撰。光緒間刊。

韻目表一卷 歸安錢學嘉撰。光緒七年歸安錢氏刊。民國元年壬子歸安錢氏於杭州再刊,更題錢恂撰。

韻學原〔源〕流一卷 獨山莫友芝撰。民國七年鉛字排印本,民國十八年鉛字排印本。

韻考略五卷 丹徒謝庭蘭撰。光緒癸未繆氏刊。卷一《周頌》,卷二《易》,卷三《尚書》,卷四《四書》,卷五《韻論》,附《張悔廬與友人論唐韻正書》。

韻學蠡言舉要五卷 山陽丁顯撰。光緒二十六年刊。卷一《丁氏聲鑑》,卷二《諧聲譜》,卷三《切字捷徑説》,卷四《音韻指迷》,卷五《雙聲詩選》。

諧聲譜二卷 山陽丁顯撰。光緒三十年刊。

形聲通五卷 滇南楊瓊、李文治同撰。光緒乙巳鉛字排印本。

正音新纂二卷 江寧馬鳴鶴撰。光緒間刊木活字本。

四聲韻譜九卷表一卷 寒白退士撰。光緒十六年梁氏家塾刊。案寒白退士姓梁氏，名生，字僧寶，約廣東人。

切韻求蒙無卷數 梁生撰。光緒十六年梁氏家塾刊。

韻詁 并**補遺無卷數** 定遠方濬頤輯。光緒四年淮南書局刊。

切韻表一卷 公安鄒美中撰。光緒甲申二分竹屋刊。

韻籟四卷 天津華長忠撰。光緒十五年精刊。

韻字同異一卷 天津殷秉鏞撰。光緒乙酉富順考雋堂刊。

四聲切韻表補正三卷首一卷末一卷 烏程汪曰楨撰。光緒丁丑刊，近四川重刊。

千字文彙纂音義四卷補正四卷 星沙魏瑞斗魏傳徵同撰。光緒間刊。

大同天籟一卷 番禺王恩榮、博羅陳希伋、新會劉惺萬等撰。光緒二十三年刊。

切音蒙引一卷 補勤氏撰。光緒癸未夏八杉齋重校刊。補勤氏者，山陰陳錦之別號也。

切音捷訣一卷切音便讀一卷 諸暨酈珩撰。光緒庚辰摭古堂精刊。

韻義便考六卷 粵東徐紹楨、滇南龔嘉相同編。光緒甲申龔氏刊。

古今中外音均通例無卷數 浦口胡垣撰。光緒戊子刊。

聲譜二卷聲説二卷 單父時庸勱撰。光緒十八年河南大梁刊。一名《聽古廬聲均十書》，尚有《聲部》《聲正》《聲表》《均析》《均通》《均衷》《均匯》《均賸》等八種未刊。

古韻求是無卷數 單父時庸勱撰。原稿本。首有丙戌冬至前六日於大梁旅次自序。

拼音識字表一卷 曲阜孔繁社〔祉〕撰。光緒間刊。

拼音字譜一卷 東莞王炳耀撰。光緒二十三年刊。

拼音分韻一卷 東莞王炳耀撰。光緒二十五年刊。

音學質疑六卷 新化彭焯南撰。光緒二十三年刊。《通韻説》《古韻表》《入聲表》《書後説辨》等類。

漢字母音釋二卷 楊敦頤撰,其子錫驥編,歸安李培鍔加釋。光緒甲辰石印本。

儒林音字貫通五卷首一卷 南海吴達邦撰。光緒三十二年丙午刊。

等韻一得内外篇二卷補篇一卷 桐鄉勞乃宣撰。光緒戊戌至癸丑[一五]刊,民國壬申雙流李天根重刊。附《校勘記》一卷,惟闕《補篇》。

等音聲位合彙二卷凡例一卷 姚安高奣映撰。近雲南圖書館刊。

切韻正音經緯圖一卷 昆明釋宗常撰。民國甲寅雲南圖書館刊。

文字學音篇一卷 歸安錢玄同撰。民國七年北京大學鉛字排印本。

國音沿革一卷 歸安錢玄同撰。近鉛字排印本。

張氏音括一卷 濟陽張文煒撰。民國十年鉛字排印本。

一日通韻一卷 梅縣楊恭垣撰。民國十四年自刊。

合音例證二卷 常寧尹桐陽撰。民國十六年鉛字排印本。

音韻學通論八卷 衡陽馬宗霍撰。民國二十年鉛字排印本。

戴東原轉語釋補四卷首一卷 江陵曾廣源撰。民國十八年鉛字排印本。

説音一卷 江謙撰。近鉛字排印本。

反切釋例一卷 江陵曾廣源撰。近石印本。

古音系研究無卷數 魏建功撰。近北京大學鉛字排印本。

漢魏六朝韻譜無卷數 滑縣于海晏撰。民國二十五年鉛字排印本。

詩韻輯略五卷 宋湯修年撰。無刻書年月,約明萬曆間刊。

詩韻釋略五卷 明關中梁應圻訂。康熙戊午刊。

押韻便覽五卷首一卷 新安黄生撰，黄沂音釋。康熙間刊。

今韻箋略五卷 天都汪立名撰。康熙庚辰精刊袖珍本。

讀詩韻新訣二卷附録一卷 青霞徐鐘郎撰。雍正五年奎映堂刊。

詩賦題典雅六卷 南園邱大猷撰。嘉慶七年刊木活字本。

韻府萃音十二卷 長洲龍柏撰。嘉慶間渤海松筠閣刊硃墨套印本。

韻雅六卷附古蹟詩鈔一卷 涇縣吴采撰。嘉慶戊寅居業廬刊。

韻對屑玉箋註二卷 順德歐達徹撰，東官鍾映雪、古岡唐祖澤合註。**附增訂切字捷法一卷** 古岡唐祖澤撰。嘉慶二十二年丁丑刊。

養默山房詩韻六卷 松滋謝元淮撰。道光間〔己酉仲秋本衙〕刊。光緒丙子〔衡陽魏家重〕刊本改名《詩韻審音》。

今韻三辨七卷 仁和孫同元撰。道光己亥刊。訓辨、字辨、詩辨凡三類。

詩韻通考略無卷數 漢陽張超撰。咸豐七年退一步山房精刊。

集韻編雅十卷 洪洞董文渙撰。同治癸酉刊。

風雅蒙求一卷 山陽阮葵生撰。光緒十五年刊。

訓詁之屬

倉頡篇三卷 陽湖孫星衍撰。乾隆五十年乙巳於大梁撫署刊。

倉頡篇校證三卷補遺一卷 福州梁章鉅撰。光緒間精〔五年其子恭辰寫〕刊。

倉頡篇補輯二卷 會稽陶方琦撰。**續補一卷** 錢塘諸可寶撰。光緒十二年刊。

倉頡篇輯補斠證三卷 吴縣王仁俊撰。光緒丙午籀鄦誃刊。

倉頡論九卷 古蜀中江劉立夫撰。民國八年鉛字排印本。

通俗文一卷叙録一卷 漢服虔撰，武進臧鏞堂輯校。嘉慶間刊。

聲類四卷 嘉定錢大昕撰。道光五年受業汪恩刊，道光二十九年己酉江寧陳士安重刊。

小學鈎沈十九卷 興化任大椿撰,高郵王念孫校正。嘉慶二十二年〔丁丑本衙〕刊。

小學鈎沈續編八卷 山陽顧震福撰。光緒壬辰盩厔路侀署刊。

小爾雅疏八卷 覺羅王煦撰。嘉慶庚申鑿翠山莊刊。

小爾雅訓纂六卷 長洲宋翔鳳撰。無刻書年月,約道光間刊。

小爾雅義證十三卷 涇縣胡承珙撰。道光間求是堂刊。

小爾雅疏證五卷 嘉定葛其仁撰。道光己亥于歙學署刊,光緒間思進齋重刊。

小爾雅補義一卷 婺源王貞撰。光緒戊子〔仲春〕刊〔海陽韓氏藏板〕。

博雅備考二十七卷 彭城張彦琦撰。雍正間〔四年〕刊。

廣雅疏義二十卷 嘉定錢大昭撰。傳抄本。

廣雅疏證十卷 高郵王念孫撰。嘉慶元年刊,光緒五年淮南書局重刊。

廣雅疏證增删定本十卷 高郵王念孫撰。底稿本。首有題字云:《廣雅疏證》增删本二册,第一卷已校,夾簽十二條,餘未對閲,想其中不免訛誤。然原本失去,無從得矣,奈何奈何。甲寅正月十三日,恩澤謹記。每卷皆分上下。

廣雅疏證補正一卷 襄平黄海長編。光緒庚子黄氏借竹宧刊。

續廣雅三卷 鎮海劉燦撰。嘉慶己卯精刊,道光乙巳重刊。

駢雅訓纂十六卷序目一卷補遺附 龍巖魏茂林撰。道光二十五年〔河南固始祝氏〕有不爲齋刊,咸豐元年補刊,光緒辛巳成都爚雅齋重刊。

鈴雅十六卷 京山譚之琥撰。乾隆元年其男又旦刊。

拾雅六卷 高郵夏味堂撰。嘉慶己卯〔高郵夏氏遂園〕精刊。

拾雅注二十卷 高郵夏味堂撰。道光壬午高郵夏氏遂園刊。

西域爾雅無卷數 東吴王初桐撰。近江南圖書館以原稿影印本。

羼雅四卷 八閩鰲江陳肇波撰。道光十六年刊。

支雅二卷 鎮海劉燦撰。道光丙戌精刊。

疊雅十三卷 附 **雙名録一卷** 樂亭史夢蘭撰。同治甲子刊。

湖雅九卷湖蠶述四卷 烏程汪曰楨輯。光緒庚辰刊。

肆雅釋詞二卷 鄧賧楊瓊撰。光緒二十三年聲龢堂刊。

幼雅八卷 新會陳榮衮撰。光緒間羊城崇蘭僊館刊。

新爾雅一卷 元和汪榮寶撰。光緒三十二年於日本鉛字排印本。

續方言二卷 休寧戴震撰。民國二十一年中央研究院影印原稿本。

續方言疏證二卷 江都沈齡撰。光緒丙戌刊。

方言箋疏十三卷 嘉定錢繹撰。光緒庚寅紅蝠山房刊。

廣續方言四卷 江寧程先甲撰。光緒二十三年刊木活字本。

廣續方言拾遺一卷 江寧程先甲撰。近刊木活字本。

吴下方言考十二卷 武進胡文英撰。乾隆四十八年留芝堂刊。

古歙鄉音集證二卷 不著撰人姓名。無刻書年月,約嘉慶間刊袖珍本。

鄉音正訛無卷數 上元張汝南撰。光緒丙戌八月刊。

方言釋字一卷部首一卷連用字一卷 淮陰汪汲撰。同治二年刊。

新方言十一卷附領外三州語一卷 餘杭章炳麟撰。光緒丁亥於日本鉛字排印本。

廣新方言無卷數〔二卷〕 泰縣陳啓彤撰。民國戊辰於北平鉛字排印本。

越諺三卷賸語二卷 會稽范寅撰。光緒壬午谷應山房刊。

里語徵實三卷 常寧唐訓方輯。光緒辛卯刊。卷中分上下。

南通方言疏證四卷 崇川孫錦標編輯。民國二年石印本。

釋名疏證八卷補遺一卷續釋名一卷 吴縣江聲撰。乾隆己酉至庚戌靈巖山館刊篆書本并正書本。

釋名疏證補八卷續一卷補遺一卷補附一卷 長沙王先謙撰。光緒丙申思賢書局刊。

廣釋名二卷 昭文張金吾撰。嘉慶間〔丙子愛日精廬〕刊。

虚字説一卷 三原袁仁林撰。無刻書年月,約咸豐間邑後學李錫齡刊。版心下有“惜陰軒叢書”五字。

巵言無卷數 錢塘李驊撰。底稿本。首有乾隆六年季春正月朔日自序。

虚字注釋一卷 古絳張文炳撰。約乾隆間抄本。

字詁一卷 歙黄生撰。**附字説一卷** 其族從孫承吉撰。道光壬寅刊。《四庫》著録闕《字説》一卷。

祁大夫字説一卷 壽陽祁寯藻編。道光二十七年𩞄飢亭刊。

惕齋經説小學類無卷數 惠安孫經世撰。無刻書年月,約道光間刊。即《説文解字假借攷》《易釋文引説文五十餘條》《辯顔氏》《虙羲虙子賤俗誤爲宓之説》《諸經裒字説》。

唐釋湛然輔行記四十卷 江都張心泰輯。光緒十一年於潮郡官舍刊袖珍本。〔《夢華仙館叢書》之一。〕

虚字闡義三卷 耒陽謝鼎卿撰。光緒元年京都善成堂刊。

倭名類聚鈔二十卷 日本番陽那波道圓撰。貞享五年戊辰重刊,即康熙二十七年刊。

和名類聚鈔十卷 日本源順撰。光緒丁酉攸縣龍氏刊。

箋註倭名類聚抄十卷 日本掖齋狩谷望之撰。明治十六年鉛字排印本。望之箋註。在中土當與王、段抗行。

販書偶記卷五

冀縣孫殿起耀卿録

史　　部

正　史　類

史記志疑三十六卷 仁和梁玉繩撰。乾隆五十二年丁未刊，光緒戊子餘姚朱氏重校刊。

史記釋疑三卷 嘉定錢唐撰。乾隆丁未四益齋刊。

史記正譌三卷 嘉興王元啓撰。乾隆乙未刊。先刊《律》《曆》《天官》三書。

史表功比説附候第表無卷數 儀徵張錫瑜撰。底稿本。

史記辨證十卷 南昌尚鎔撰。道光庚寅刊。同治間重刊。

史記札記五卷 南匯張文虎撰。同治壬申金陵書局刊。

史記校勘札記一百三十卷論例一卷補一卷 咸陽劉光蕡等撰。光緒乙未陝甘味經書院刊。

史記私箋一卷 定興鹿興世撰。光緒二十八年山西高平縣刊。

史記探源八卷 歸安崔適撰。宣統二年庚戌觶廬刊。

史記訂補八卷 瑞安李笠撰。民國甲子瑞安李氏横經室刊。

楚漢諸侯疆域志三卷 儀徵劉文淇撰。光緒丙子仲夏其孫壽曾于金陵刊。

史記扁鵲倉公傳補註三卷 雙流張驥撰。民國癸酉成都張氏刊。

漢書補注一百卷 長沙王先謙撰。光緒庚子虛受堂刊。

漢書正譌二卷 嘉興王元啓撰。乾隆乙未刊。先刊《律曆志》。

漢書地理志稽疑六卷 鄞全祖望撰。嘉慶九年歙南朱文翰刊。每卷首有"漸江得諼草堂栞本"八字。

新斠注地理志十六卷目敘一卷 嘉定錢坫撰。嘉慶二年岑陽官舍刊。

新斠注地理志集釋十六卷 大興徐松撰。同治十三年會稽章貞〔據咫進齋藏本校〕刊。

漢書地理志校本二卷 錢塘汪遠孫撰。道光戊申振綺堂精刊。

漢書地理志補注一百三卷 常熟吴卓信撰。道光二十八年〔涇包慎言〕刊。採取諸家之説成書。

漢書地理志校注二卷識語一卷 蕭山王紹蘭撰。光緒二十二年陳氏遺經樓刊。

漢志水道考〔疏〕證四卷 臨海洪頤煊撰。嘉慶九年承德孫氏刊。

漢書西域傳補注二卷 大興徐松撰。無刻書年月,約嘉慶間刊。

漢書校證二十四卷 溧陽史學海撰。底稿本。卷六至卷十三,卷二十二至卷二十四佚。

漢書注校補五十六卷 長沙周壽昌撰。光緒十年九月思益堂刊。

漢書補注七卷 鎮海王榮商撰。無刻書年月,約光緒間刊。

漢書引經異文録證六卷 江陰繆祐孫撰。光緒十一年刊。

漢書古義考一卷 侯業撰。底稿本,有光緒甲午自序。

漢書管見四卷 義烏朱一新撰。光緒間葆真堂刊。

漢書地理志補校二卷 宜都楊守敬撰。光緒二十五年刊。

讀漢書劄記一卷 海陽陳錦堂撰。底稿本。

前漢書校勘札記一百卷 不著撰人姓名。光緒二十三年陝甘味經書院刊。

漢書藝文志校補十卷 吴縣王仁俊撰。底稿本。

漢書藝文志舉例一卷 元和孫德謙撰。民國丙辰四益宧刊。

漢書地理志水道圖説補正二卷 錢塘吴承志撰。民國辛酉南林劉氏求恕齋刊。

漢書律歷志補注訂誤一卷 湘陰周正權撰。近〔民國九年四月〕周氏楚風樓鉛字排印本。

漢書札記七卷 會稽李慈銘撰。近北平圖書館鉛字排印本。

漢書補注補正六卷 長沙楊樹達撰。民國十四年〔上海商務印書館〕鉛字排印本。

後漢書集解九十卷續志集解三十卷 長沙王先謙撰。民國乙卯長沙王氏虚受堂刊。

後漢書補注二十四卷 元和惠棟撰。嘉慶九年〔桐鄉馮集梧〕德裕堂刊。

後漢書儒林傳補二卷 海鹽李聿求撰。無刻書年月，約嘉慶間虎溪山房刊。

後漢書注又補一卷 嘉興沈銘彝撰。道光十七年〔外孫唐寶銜〕愛敬堂刊。

後漢書注補正八卷 長沙周壽昌撰。光緒十年思益堂刊。

後漢書大秦國傳補注一卷 善化陳運溶撰。光緒二十六年麓山精舍刊。

補後漢書藝文志四卷 番禺侯康撰。無刻書年月，約光緒間刊。據封面背後題"菉香室叢書第四集之三則"，版心刊有"訓纂堂叢書貴筑楊氏栞"十字。

後漢書朔閏考五卷 番禺徐紹楨撰。光緒辛卯刊。

補後漢書藝文志一卷考十卷 常熟曾樸撰。光緒乙未刊木活字本。

補後漢藝文志四卷 山陰姚振宗撰。近海鹽張氏適園刊。

後漢書札記七卷附三國志札記一卷 會稽李慈銘撰。近北平圖書館鉛字排印本。

漢書辨疑二十二卷後漢書辨疑十一卷續後漢書辨疑九卷 嘉定錢大昭撰。無刻書年月，約道光間槜李沈氏銅熨斗齋刊，光緒十四年廣雅書局刊。

漢書疏證三十六卷後漢書疏證三十卷 吴縣沈欽韓撰。光緒二十六年浙江書局刊。

漢書校語無卷數後漢書校語無卷數附拾遺 閩中林茂春撰。底稿本。

前後漢書注考證二卷 番禺何若瑶撰。光緒八年刊。

三史拾遺五卷 嘉定錢大昕撰。嘉慶十一年刊。《史記》《兩漢》三史。光緒辛卯廣雅書局刊。

史漢辨疑三卷 黄梅洪基撰。光緒十六年慎自愛軒重刊。《史記》《前漢》《後漢》各一卷。

三國志注補六十五卷 仁和趙一清撰。光緒間廣雅書局刊。《廣雅叢書》多無此書。

三國志辨疑三卷 嘉定錢大昭撰。道光甲辰嘉定錢氏〔得自怡齋〕刊。

三國志辨微二卷續三卷三國志雜詠一卷 南昌尚鎔撰。嘉慶戊寅瑶湖草堂刊。

三國志考證八卷附月日考舊序 吴江潘眉撰。嘉慶十五年〔吴江潘氏〕小遂初堂刊,光緒十五年廣雅書局重刊。

三國志旁證三十卷 福州梁章鉅撰。道光三十年〔其子逢辰〕致曲山館刊。

三國志證聞二卷 嘉興錢儀吉撰。光緒乙酉江蘇書局刊。

三國志補義十三卷 泰州康發祥撰。咸豐庚申刊。《蜀書》二卷《補遺》一卷,《魏書》五卷《補遺》一卷,《吴書》三卷。

三國志裴注述二卷 番禺林國贊撰。光緒間學海堂刊。

三國志注證遺四卷附補 長沙周壽昌撰。光緒八年思益堂刊。

三國疆域志補注十九卷 武進謝鍾英撰。光緒戊戌於湘中刊。

補三國藝文志四卷 番禺侯康撰。無刻書年月,約光緒間刊。據封面背後題"菜香室叢書第四集之四則",版心刊有"訓纂堂叢書貴筑楊氏栞"十字。另有錢儀吉《補晉兵志》一卷。

三國志質疑六卷 番禺徐紹楨撰。光緒間〔丙戌夏於羊城〕刊。

四史發伏十卷 陽湖洪亮吉撰。光緒壬午〔常熟顧氏〕小石山房刊。《史記》二卷,

《漢書》四卷,《後漢書》二卷,《三國志》二卷。

晉書斠注一百三十卷 錢塘吴士鑑、烏程劉承幹同撰。民國戊辰劉氏嘉業堂刊。

東晉疆域志四卷 陽湖洪亮吉撰。乾隆五十四年刊,光緒辛卯廣雅書局刊。

晉書校勘記三卷 仁和勞格撰。光緒間廣雅書局刊。

晉書校勘記五卷 海門周家禄撰。光緒間廣雅書局刊。

晉書校文五卷補晉書藝文志四卷附録一卷補遺一卷刊誤一卷 常熟丁國鈞撰,其子辰注。光緒甲午錫山文苑閣刊木活字本。一名《常熟丁氏叢書》。

補晉書經籍志四卷 錢塘吴士鑑撰。光緒二十一年刊。

補晉書藝文志六卷 萍鄉文廷式撰。宣統元年長沙鉛字排印本。

補晉書藝文志四卷 善化黄逢元撰。民國丙寅悟廬鉛字排印本。

補晉書藝文志四卷 上海秦榮光撰。**附年譜一卷** 其子錫田撰。民國十九年〔其孫之銜〕鉛字排印本。

晉書札記五卷 會稽李慈銘撰。近北平圖書館鉛字排印本。

宋瑣語無卷數補宋書刑法志一卷食貨志一卷晉宋書故一卷 棲霞郝懿行撰。嘉慶丙子季夏曬書堂刊。

補宋書藝文志一卷 餘杭褚德儀撰,吴縣王仁俊補。底稿本。

南北朝僑置州郡考八卷 江夏胡孔福撰。民國元年鉛字排印本。

補梁疆域志四卷 陽湖洪齮孫撰。道光乙未刊,光緒辛卯十二月廣雅書局刊。

補梁書藝文志無卷數 餘杭褚德儀撰,吴縣王仁俊補。底稿本。

魏書地形志校異三卷附録一卷 烏程温曰鑑撰。道光十六年拾香草堂刊巾箱本。

魏延昌地形志殘本三卷 平定張穆撰,光澤何秋濤編。底稿本。案原目二十卷,僅有卷一至卷三。

魏書官氏志疏證一卷 湘鄉陳毅撰。光緒二十三年刊。

魏書校勘記一卷 會稽李慈銘等撰,長沙王先謙録。光緒癸未仲春長沙王氏刊。

魏書宗室傳注十二卷世系表一卷 上虞羅振玉撰。民國甲子鉛字排印本。

隋書經籍志考證十三卷 會稽章宗源撰。光緒三年崇文書局刊。

隋書地理志考證九卷補遺一卷 宜都楊守敬撰。光緒丙申鄰蘇園刊。

隋書經籍志補二卷 富平張鵬一撰。光緒間鉛字排印本。

五史斠議五卷 上虞羅振玉撰。光緒癸卯刊。即梁、陳、北齊、周、隋。

宋書札記一卷梁書札記一卷魏書札記一卷隋書札記一卷 會稽李慈銘撰。近北平圖書館鉛字排印本。

南北史合註一百九十一卷 興化李清撰,益都馮溥、江都汪懋麟同參。光緒間木犀軒抄本,藍色墨格。〔原無目録,首有自序,次凡例。李氏原簽題爲一百八十六卷。惟《北史》一百卷,現殘存四十七卷。《南史》八十六卷。現皮藏故宫博物院圖書館。〕

南史校正八十卷北史校正一百卷 不著撰人姓名。底稿本。無序跋。約嘉慶間人所撰。

南北史補志十四卷贊一卷 江寧汪士鐸撰。光緒四年淮南書局刊。

舊唐書校勘記六十六卷 甘泉羅士琳、句容陳立、儀徵劉文淇、劉毓崧等撰。

逸文十二卷 甘泉岑建功輯。道光癸卯至丙午懼盈齋刊。

新舊唐書互證二十卷 涇縣趙紹祖撰。嘉慶癸酉古墨齋刊。

唐書魏鄭公傳注一卷 長沙王先謙撰。光緒癸未仲秋長沙王氏刊。

唐書西域傳注無卷數 華亭沈惟賢撰。光緒間刊。按書作四卷。

舊五代史箋注一百五十卷 餘姚邵晉涵撰。民國辛酉吴興劉氏嘉業堂刊。

舊五代史考異五卷 餘姚邵晉涵撰。底稿本。無序跋。藍墨格,版心單魚尾,上有"舊五代史考異"六字,下有"面水層軒"四字。

五代史記注七十四卷 南昌彭元瑞撰,受業劉鳳誥排次。道光八年刊。

五代史記纂誤補四卷 歸安吴蘭庭撰。嘉慶八年刊。

五代史續補二卷附廢朱梁論一卷 大興牛坤撰。道光間刊。坤字次原，彭元瑞之高弟。

補五代史藝文志一卷 長洲宋祖駿撰。同治間刊。

五代史記纂誤續補六卷 江夏吴光耀撰。光緒十四年刊。

五代史纂誤補續一卷 長沙周壽昌撰。光緒八年思益堂刊。

五代史校勘札記七十四卷 不著撰人姓名。光緒十七年陝甘味經書院刊。有附原書後者。

宋史翼四十卷 歸安陸心源撰。光緒丙午刊。

遼史拾遺補五卷 震澤楊復吉撰。道光壬子振綺堂刊。

遼史地理志考五卷 丹徒李慎儒撰。光緒二十八年刊。

金史詳校十卷史論五答一卷 烏程施國祁撰。光緒庚辰會稽章氏刊。卷三卷八皆分上下。

金源劄記二卷又札一卷史論五答一卷吉貝居暇唱一卷 烏程施國祁撰。嘉慶壬申吉貝居刊。

元史本證五十卷 蕭山汪輝祖撰〔子繼培補〕。嘉慶七年壬戌刊。《證誤》二十三卷，《證遺》十三卷，《證名》十四卷。

元史藝文志四卷元史氏族表三卷 嘉定錢大昕撰，嘉慶丙寅吴縣黄丕烈校刊。此本後入《潛研堂全集》。

元史新編九十五卷 邵陽魏源撰。光緒乙巳邵陽魏慎微堂刊。

元史譯文證補三十卷 吴縣洪鈞撰。光緒丁酉元和陸潤庠刊。〔原缺卷七至八，卷十三，卷十六至十七，卷十九至二十一，卷二十五，二十八。〕

元史地名考無卷數 順德李文田撰。傳抄本。

元史考訂四卷 邵陽曾廉撰。光緒間刊。

元書一百二卷 邵陽曾廉撰。宣統三年層漪堂刊。

新元史二百五十七卷正誤表一卷 膠州柯劭忞撰。光緒間鉛字排印本,近天津徐氏退耕堂刊。

新元史攷證五十八卷 膠州柯劭忞撰。近國立北京大學以古宋字排印本。

遼金元三史國語解四十六卷 乾隆間奉敕撰。道光四年内府刊。《遼史語解》十卷,《金史語解》十二卷,《元史語解》二十四卷。光緒戊寅江蘇書局重刊。

宋遼金元四史朔閏考二卷 嘉定錢大昕撰,其姪侗增補。嘉慶二十五年揚州阮福刊。

明史四百一十六卷 不著撰人姓名。舊抄本。本紀二十六,志一百一十一,表十二,列傳二百六十七。此書較張氏本紀多二卷,志多三十六卷,表少一卷,列傳多四十七卷。

明史志三十六卷 陽湖管斡珍撰。乾隆間錫福樓刊。

明史考證攟逸四十二卷〔補遺一卷〕 長洲王頌蔚撰。民國丙辰吴興劉氏嘉業堂刊。

明史例案九卷 吴興劉承幹撰。民國乙卯嘉業堂刊。

清史稿五百三十四卷 漢軍趙爾巽等撰。民國十六年清史館鉛字排印本。

清史藝文志稿四卷 吴縣朱師轍撰。近鉛字排印本。即《清史稿》抽印本。

諸史夷語音義四卷 明應城陳士元撰。無刻書年月,約萬曆間刊。

廿二史考異一百卷 嘉定錢大昕撰。乾隆庚子潛研堂錢氏刊。

十七史商榷一百卷 東吴王鳴盛撰。乾隆丁未洞涇艸堂刊。

諸史拾遺五卷 嘉定錢大昕撰。嘉慶十一年刊。

多識録四卷 連平練恕撰。道光十八年上海刊。卷一後《漢公卿表》,卷二《後漢書注枲誤》《西秦百官表》《北周公卿表》,卷三《五代地理考》《明謚法攷》,卷四《雜文》。

表譜之屬

補後漢書年表十卷 宋熊方撰。**附録一卷** 杭東里人盧文弨撰。乾隆四十七年刊。卷九卷十均分上下。《四庫》著録闕《附録》。

熊氏後漢書年表校補五卷補遺一卷 錢塘諸以敦撰。嘉慶十七年刊。又名《艮麓叢稿》。

校漢書八表八卷 當塗夏燮撰。光緒庚寅孟夏於江城公所刊。卷三、卷七各分上下卷。

前漢匈奴表三卷附録一卷 華亭沈維賢撰。光緒癸巳刊。

三國職官表三卷附史目表一卷 陽湖洪飴孫撰。道光二年李兆洛刊。

三國郡縣表八卷 盱眙吴曾僅撰。光緒二十一年刊木活字本。

三國郡縣表補正八卷 宜都楊守敬撰。光緒丁未〔宜都楊氏鄂城〕刊。

晉書補表二十五卷 侯官趙在翰撰。底稿本。淡緑墨格，版心刊"晉書補表卷　小積石山房"十字。每册首有柯逢時印一方，最後有"息園"二字印一方。

東晉南北朝輿地表二十八卷 嘉定徐文範撰。光緒戊戌廣雅書局刊。《年表》十卷，首一卷，末一卷，《州郡表》四卷，《郡縣表》十二卷。據原封面作二十七卷。

南北史表七卷 錢塘周嘉猷撰。乾隆癸卯刊。《年表》一卷，《帝王世系表》一卷，《世系表》五卷。

歷代帝王統系二卷 明高郵夏洪基撰。崇禎癸未刊。

歷代史表五十九卷 四明萬斯同撰。嘉慶元年留香閣刊，康熙三十一年刊本五十三卷不足。《四庫》著録即初刻不足本。

〔歷代〕紀元彙攷五卷 鄞萬斯同撰。康熙乙未其姪經刊，乾隆庚午吴之黼重刊雙清閣藏板，光緒丁酉李氏重刊。

歷代紀元部表二卷 不著撰人姓名。乾隆間刊。

紀年經緯八卷 張學誠實齋撰。嘉慶間唐氏〔金陵憩書樓〕刊。即《三元甲子》一卷,《紀元年表》一卷,《紀元韻覽表》一卷,《歷代紀元韻覽》五卷。首有唐仲冕序,次乾隆五十七年自序,惟撰人籍貫未載。案此書與會稽章學誠同名字,并且同時,可見章誤張字無疑。

廿四史三表二十卷 偃師段長基輯。嘉慶丁丑小酉山房刊。《歷代統紀表》十三卷,《歷代疆域表》三卷,《圖》一卷,《歷代沿革表》三卷。光緒元年曾氏味古山房重刊。

廿一史四譜五十四卷 歸安沈炳震撰。無刻書年月,約嘉慶間刊。同治辛未武林吴氏清來堂補刊。

列代建元表十卷建元類聚攷二卷 嘉定錢東垣撰。道光間〔七年〕嘉定錢氏刊。

歷代帝王年表十三卷 天台齊召南撰。**明年表一卷** 揚州阮福撰。道光四年冬小琅嬛仙館刊。

歷代帝王廟謚年諱譜一卷 桐鄉陸費墀撰。道光四年揚州阮福刊。

紀元通考十二卷 秀水葉維庚撰。道光戊子鍾秀山房刊,同治十年〔秀水葉氏〕重刊。

歷代紀年備考二十卷 武林武文斌編輯。道光癸卯刊。

歷代世系紀年編一卷建元重號一卷 歸安姚文田撰。道光二年刊。

建元記二卷 涇縣趙紹祖編。道光庚寅古墨齋刊。

紀元編三卷補一卷 武進李兆洛撰。道光辛卯輩學齋刊。

歷代甲子紀元表一卷 仁和董醇撰。咸豐乙卯東皋書堂刊。

僭僞参輯一卷外番一卷 張承恩輯。無刻書年月,約咸豐間刊。此書補《紀元要略》所未備。

四裔編年表四卷 美國林樂知、吴縣嚴良勳同譯,崇明李鳳苞彙編。同治間刊。

歷代政要表二卷 湘鄉胡子清編。光緒二十九年癸卯長沙刊。

史目表一卷 歸安錢恂撰。民國元年壬子歸安錢氏于杭州刊。

清帝系后妃皇子皇女四考附年表一卷 仁和吴昌綬輯。民國六年丁巳鉛字排印本。

清皇室四譜四卷 丹陽唐邦治輯。民國癸亥上海以古宋字排印本。

二十史朔閏表一卷附日曜表一卷 新會陳垣撰。民國十四年勵耘書屋石印本。

陳氏中西回史日曆二十卷 新會陳垣撰。民國十五年勵耘書屋鉛字排印本。

編　年　類

資治通鑑補二百九十四卷 明吴郡嚴衍撰。咸豐間童氏刊木活字本，光緒二年丙子盛氏思補樓重刊木活字本。

通鑑補正略三卷 陽城張敦仁撰[一六]。道光間陳氏獨抱廬精刊。

通鑑刊本識誤三卷 陽城張敦仁撰。道光間〔七年〕陳氏獨抱廬精刊。

通鑑注商十八卷 涇縣趙紹祖撰。嘉慶己卯古墨齋刊。

資治通鑑宋本校勘記五卷元本校勘記二卷 常熟張瑛撰。光緒八年江蘇書局精刊。

資治通鑑後編校勘記十五卷 武陽夏震武撰。光緒二十四年刊。

胡刻資治通鑑校字記四卷 豐城熊羅宿撰。民國己未〔豐城熊氏〕刊。

胡刻通鑑正文校宋〔字〕記三十卷附録三卷 長洲章鈺撰。民國二十年〔長洲章氏〕刊。

讀通鑑綱目條記二十卷首一卷 武進李述來撰。嘉慶壬戌刊。

綱目議二卷續議二卷 江左朱直撰。同治十年胡承志堂重刊。

讀通鑑綱目劄記二十卷 銅陵章邦元撰。光緒庚寅章氏刊。

通鑑綱目前編辨誤二卷正編正誤補三卷 興國萬斛泉撰。光緒間刊。

綱目志疑一卷〔續一卷〕 金匱華湛恩撰。光緒間鉛字排印本。

續資治通鑑三百二十卷 鎮洋畢沅撰。嘉慶二年德裕堂刊。同治間江蘇書局補刊。

皇明政要二十卷 明儲巏撰。嘉靖五年刊。

明政統宗三十卷附一卷 明豫章涂山編輯。萬曆乙卯刊。

皇明從信録四十卷 明東莞陳建撰〔沈國元續〕。萬曆間〔天啓七年〕刊。

皇明通紀法傳録二十八卷 明東莞陳建撰,雲間吴楨增補。**嘉隆兩朝續紀六卷神宗迄熹宗三朝續紀十六卷** 明西湖高汝栻輯。崇禎丙子刊。

兩朝從信録三十五卷 明秀水沈國元撰。無刻書年月,約崇禎間刊。泰昌元年至天啓七年。

通紀會纂四卷 明餘姚諸燮撰,景陵鍾惺定。無刻書年月,約崇禎間刊。

皇明世法録九十二卷 明長洲陳仁錫撰。崇禎間刊。

通紀會纂十卷 明竟陵鍾惺撰。順治間刊。又名《明紀編年》。

國榷一百卷 明鹽官談遷撰。傳抄本。

明紀編遺六卷 禾郡葉鈐撰。無刻書年月,約順治間刊。前五卷補《明紀編年》之闕遺,第六卷訂《編年》之舛謬。

綱鑑會編九十八卷歷代統系表三卷郡國考略三卷官制考略二卷 崑山葉澐撰。康熙壬午本衙刊。

欽定明鑑二十四卷 仁和胡敬,新城陳用光等纂。嘉慶二十三年精刊。

明鑑前紀二卷 天台齊召南編輯。光緒十五年己丑金峨山館刊。

明紀六十卷 元和陳鶴撰〔其孫克家補〕。同治十年江蘇書局刊。

明通鑑一百卷首一卷 當塗夏燮撰。同治癸酉于宜黄官廨刊。《前編》四卷,《正編》九十卷,《附編》六卷。光緒二十三年湖北書局重刊。

東華録三十二卷 湘源蔣良騏撰。同治壬申聚錦堂刊。

乾隆東華續録一百二十卷 附 **嘉慶東華續録五十卷** 長沙王先謙編。光緒五年刊。

道光東華續録六十卷 長沙王先謙編。光緒十四年刊。

咸豐東華續録一百卷 長沙王先謙編。光緒十五年至十六年秋九月會稽籀三倉室刊。

同治東華續録一百卷 長沙王先謙編。光緒間湖南刊。

光緒東華續録二百二十卷 上海朱壽朋輯。宣統元年鉛字排印本。

大清宣統政紀四十三卷 金毓黻等編。民國甲戌奉天遼海書社鉛字排印本。

紀事本末類

遼史紀事本末四十卷金史紀事本末五十二卷 萍鄉李有棠撰。光緒癸巳李栘鄂樓刊,光緒二十七年廣雅書局刊。

明史紀事本末詳節六卷 閩縣林紓編。光緒壬寅五成學堂鉛字排印本。

續明紀事本末十八卷 江都倪在田撰。光緒癸卯育英學社鉛字排印本。

昭代武功編十卷 明武橋范景文撰。崇禎戊寅刊。

粤滇紀略十卷 九峯居士編。舊抄本。載永曆元年至十五年之事,即順治三年至十八年也。所述雖欠雅勁,而叙事極詳明。

平定浙東紀略一卷 會稽□自遠撰,其子易百續編。康熙間〔戊辰〕精刊。

靖海記一卷 晉江施琅撰。無刻書年月,約康熙間刊木活字本。後有其男世綸跋。計一百二十三頁。嘉慶二年丁巳衣德堂重刊本作二卷。記康熙間定臺灣事。

靖海記二卷 晉江施琅撰。**附小倉山房文集證誣一卷** 其曾孫弈學輯。無刻書年月,約嘉慶間刊。

西征紀略二卷 鞏昌會寧王萬祥撰。雍正十年采韻堂精刊。

平海紀略一卷 温承志撰。嘉慶間〔十五年〕精刊。

欽定平苗紀略五十二卷首四卷 鄂輝等奉敕撰。嘉慶間武英殿聚珍本。

臺灣外記三十卷 九閩珠浦江日昇撰。無刻書年月,約道光癸巳求無不獲齋刊木活字本。

戡靖教匪述編十二卷 石香居士編。**附平猺述略二卷** 周存義撰。道光間刊巾箱本。

聖武記十四卷 邵陽魏源撰。道光二十二年古微堂刊,道光二十六年第三次重訂本。

中西紀事二十四卷 江上蹇叟撰。光緒甲申江上草堂刊木活字本。江上蹇叟者,當塗夏燮之别號也。

靖逆記六卷 蘭簃外史撰。無刻書年月,約咸豐間刊。

平苗紀略一卷 巴陵方顯撰。同治間刊。

閩師進勦紀略無卷數 朱穎白撰。底稿本。緑墨格,版心刊"知白草堂"四字。

吴中平寇記八卷 無錫錢勖撰。同治間刊。

鮑爵軍門戰功紀略一卷 奉節鮑超。金國均、夏廷榘同輯。同治丁卯漢鎮小西山房刊。

豫軍紀略十二卷 尹耕雲等纂。同治十一年刊。

劉制軍武功紀略一卷 桂嶺林肇元撰。同治間精刊。

粤東勦匪紀略五卷 侯官鄭洪洮輯。同治辛未刊。

粤氛紀事十三卷 謝山居士撰。同治八年刊。

江南北大營紀事本末二卷 秀水杜文瀾撰。同治八年上海鉛字排印本。

平定粤匪紀略十八卷附記四卷 秀水杜文瀾撰。同治八年〔羣玉齋〕刊木活字本,同治十年京都聚珍齋刊,光緒元年詒穀堂刊。

山東軍興紀略二十二卷 不著編輯姓名。無刻書年月,約同治間刊。

軍興本末紀略四卷 武進謝蘭生撰。同治十一年刊木活字本。

國朝柔遠記二十卷 王之春輯。光緒十六年庚寅刊。卷十九二十又名《附編》。

西夏紀事本末三十六卷年表一卷 烏程張鑑撰。光緒甲申江蘇書局刊,光緒乙酉於金陵刊。

征南輯略八卷 都啓模編。光緒甲申刊。

金陵兵事彙略四卷 江寧李圭撰。光緒十三年於甬上刊。

秦隴回務紀略八卷 山陰余澍撰。光緒庚辰刊。

平回志八卷 東湖楊毓秀撰。光緒乙丑劍南王氏紅杏山房刊。

東方兵事紀略五卷 丹徒姚錫光撰。光緒丁酉刊。

湘軍記二十卷 東湖王定安撰。光緒己丑江南書局刊。

湘軍志十六卷 不著撰人姓名。光緒十二年丙戌成都墨香書屋刊。

金陵省難紀略一卷 上元張汝南撰。光緒庚寅上海著易堂書局鉛字排印本。

蒙寇志略一卷 愚溪山人胡壽昌撰。光緒十六年成都刊。

鄧將軍戰功紀略一卷 石阡鄧□□止侯。黔南杜輝編。光緒丙申於武昌刊。止侯,自號蓄鋭山人。

戡定新疆記八卷 邵陽魏光燾撰。光緒己亥鉛字排印本。

前蒙古紀事本末二卷後蒙古紀事本末二卷 丹陽韓善徵輯。光緒乙巳上海春記石印本。

蕩平髮逆記二十二卷圖一卷 古瀛蓼花洲主人編。光緒戊子漱六山莊石印〔巾箱〕本。

拳匪紀事六卷 日本佐原篤介、浙西漚隱同輯。光緒二十七年鉛字排印〔巾箱〕本。

籌辦夷務始末道光八十卷咸豐八十卷同治一百卷 不著編輯姓名。民國十九年故宫博物院以内府鈔影印巾箱本。

古 史 類

周書解義十卷 仁和潘振撰,石門徐珩訂。嘉慶十年月林堂刊。

逸周書王會解一卷 晉孔晁註,餘姚胡啓俊〔胡啓〕釋。嘉慶間刊。

逸周書補注二十二卷首一卷末一卷 江都陳逢衡撰。道光乙酉修梅山館刊。

周書年表一卷周書年月考二卷 桐城馬肇元撰。道光甲午汲修堂刊。

周書集訓校釋十卷逸文一卷 嘉定朱右曾撰。道光丙午歸硯齋刊。

汲冢紀年存真二卷附周年表一卷 嘉定朱右曾撰。道光丙午歸硯齋刊。

逸周書管箋十卷疏證一卷提要一卷集説一卷摭訂三卷 海康丁宗洛撰。道光庚寅迂園刊。《逸周書》凡七十篇,《程寤解》《秦陰解》《九政解》《九開解》《劉法解》《文開解》《保開解》《八繁解》《箕子解》《耆德解》等十篇原闕。《疏證》凡六篇,即《書傳不關汲冢證》《得書亦自冢中證》《卷篇存闕多寡證》《周書證》《逸周書證》《汲冢周書證》,附《總箋》。《提要》凡四篇,《考原》《辨誣》《論體裁》《論義旨》。《集説》自唐至清止,參録朱氏《經義考》,盧氏抱經堂本及陳氏《紀年集證》。《摭訂》上卷訂逸句,中卷訂商周之際,下卷訂地、訂事、訂官、訂人、訂物等類。

王會篇箋釋三卷 光澤何秋濤撰。光緒辛卯江蘇書局刊。

周書斠補四卷 瑞安孫詒讓撰。光緒庚子籀廎精刊。

周代年表三卷附周代王侯世系記三卷 長蘆王儀型撰。傳抄本。

周書補正六卷附略説一卷 儀徵劉師培撰。民國二年刊。

周書王會篇補釋一卷穆天子傳補釋一卷 儀徵劉師培撰。傳抄本。近寧武南氏鉛字排印本。

國語補韋四卷 錢唐黄模撰。無刻書年月,約嘉慶間刊。

國語三君注輯存四卷發正二十一卷考異四卷 錢塘汪遠孫撰。道光丙午振綺堂汪氏精刊。又名《國語校注本三種》。

國語正義二十一卷 歸安董增齡撰。光緒庚辰冬會稽章氏式訓堂刊。

國語翼解六卷 嘉定陳瑑撰。光緒壬辰廣雅書局刊。

國語箋無卷數 遵義鄭知同撰。底稿本。

國語韋解補正二十一卷 閩侯吴曾祺撰。民國四年鉛字排印本。

國語集解二十一卷 吉水徐元誥撰。民國十九年〔上海中華書局〕以古宋字排印本。

國策異同四卷 明華亭宋存標評輯。無刻書年月,約順治間刊。

戰國策通考八卷附録註解正誤一卷 日本常陽碕允明哲夫撰。安永丁酉絳雪館精刊,即乾隆四十二年刊。

國策地名考二十卷 歙程恩澤、溧陽狄子奇同撰。道光辛卯狄氏刊。

戰國策釋地二卷 陽湖張琦撰。道光間宛鄰書屋刊。

國策編年一卷 金山顧觀光撰。光緒間刊。

戰國策補釋六卷 貴陽金正煒撰。民國甲子九秋金氏十梅館刊。

戰國策補注三十三卷 閩侯吴曾祺撰。民國十三年鉛字排印本。

春秋戰國年表一卷 新安程景沂輯。無刻書年月,約嘉慶間松筠閣高氏刊。

山海經新校正十八卷篇目考一卷 鎮洋畢沅撰。乾隆癸卯經訓堂刊。

山海經箋疏十八卷圖讚一卷訂僞一卷叙録一卷 棲霞郝懿行撰。嘉慶十四年揚州阮氏瑯嬛僊館刊。

山海經彙説八卷 江都陳逢衡撰。道光乙巳刊。

山海經存九卷 婺源汪紱撰。光緒二十一年石印本。

山海經地理今釋六卷 錢塘吴承志撰。民國壬戌南林劉氏求恕齋刊。

竹書紀年校補二卷 甘泉張宗泰撰。嘉慶二年石梁學署刊,又道光二十五年刊。

竹書紀年辨正四卷 丹徒韓怡撰。嘉慶丁卯木存堂刊。

竹書紀年集證五十卷集説一卷叙略一卷 江都陳逢衡撰。嘉慶癸酉裛露軒刊。

竹書紀年辨證二卷補遺一卷諸家總論一卷 吴興董豐垣撰。民國壬戌吴興劉氏嘉業堂刊。

竹書紀年集注二卷 蘄州陳詩撰。嘉慶六年道生堂刊。

校補竹書紀年二卷原委一卷 涇川趙紹祖撰。無刻書年月,約嘉慶間古墨齋刊。

亦囂囂齋考訂竹書紀年十四卷 通州雷學淇撰。無刻書年月,約嘉慶間刊。《紀年》六卷,《辨誤》一卷,《考證》一卷,《年表》二卷,《曆法天象圖》一卷,《地形都邑圖》一卷,《世繫名號圖》二卷。光緒癸未潤身草堂補刊本。又一部無刻書年月,約道光間亦囂囂齋重刊本,每卷第一頁第一行刊有"通州雷學淇重校訂本"九字,較他本注文增多。

竹書紀年義證四十卷補遺一卷 通州雷學淇撰。底稿本。《五帝紀》六卷,《夏后紀》四卷,《殷商紀》六卷,《周紀》十卷,《晉紀》八卷,《魏紀》六卷,《補遺》一卷。

竹書紀年校正十四卷 棲霞郝懿行撰。光緒五年刊。

穆天子傳註疏六卷首一卷末一卷 望江檀萃撰。無刻書年月,約乾隆間石渠閣刊。

竹書穆天子傳六卷 晉郭璞注,臨海洪頤煊校。嘉慶丙子〔九年臨海洪氏〕鄂不館刊〔金饚山房藏板〕。

穆天子傳注補正六卷 江都陳逢衡撰。道光癸卯刊。

穆天子傳補註六卷 棲霞郝懿行撰。光緒戊申五月潛廬精刊。

世本輯補四卷 江都秦嘉謨撰。嘉慶戊寅〔江都秦氏〕琳瑯仙館刊。案封面及目録皆作十卷,查書中實四卷,非細檢則不知其全也。曩聞人言,此係陽湖洪飴孫所著,終未敢深信。近攷此書非秦氏撰,明證有四:武進李兆洛刊《三國職官表》

序稱洪氏著有《世本輯補》,以其稿請質于孫伯淵,遂留其齋中。孫後以其稿付江都秦氏刻之,遂冒秦名。于原書前後不易一字,但分卷不依原目。又于序中竄入數語,以附其名耳。其明證一也。吴縣鈕樹玉匪石遺文載洪孟慈《世本輯補跋》云釐爲十卷,甚詳言之。其明證二也。鄱陽陳方海計有《餘齋文集》載《洪孟慈傳》云著有《世本輯補》十卷。其明證三也。瑞安黄體芳《江蘇採進書目》載洪飴孫著有《世本輯補》十卷。其明證四也。

校輯世本二卷 通州雷學淇撰。道光間亦囂囂齋刊。

晏子春秋集校七卷 平江蘇輿撰。光緒壬辰思賢講舍刊。

晏子春秋校補一卷 儀徵劉師培撰。傳抄本。僅有上卷,其下卷有否待考。

三五紀略二卷附録一卷 明荆山楊時秀撰。無刻書年月,約萬曆間刊。

三五類編三卷 毘陵陳廣衡輯。嘉慶戊寅汲古齋刊。

别史類

續後漢書四十二卷音義四卷 宋廬陵蕭常撰,永新尹繼美注。**補十七卷** 永新尹繼美撰。光緒乙酉鼎吉堂刊。

季漢書辨異一卷 張廉通撰。道光戊子刊。

七家後漢書二十一卷 黟汪文臺撰。光緒八年刊。

晉略六十五卷序目一卷 荆谿周濟撰。道光己亥味雋齋刊,光緒二年〔子佐臣味雋齋〕重刊。

晉書輯本四十三卷晉紀輯本七卷晉陽秋輯本五卷漢晉春秋輯本四卷三十國春秋輯本十八卷 黟湯球撰。無刻書年月,約光緒間廣雅書局刊。

西魏書二十四卷附録一卷 南康謝啓昆撰。乾隆乙卯樹經堂刊。

魏略輯本二十五卷 富平張鵬一撰。民國甲子陝西文獻徵輯處刊。

周季編略九卷 定海黄式三撰。同治十二年浙江書局刊。

續唐書七十卷 海昌陳鱣撰。道光四年〔外孫祝恂〕士鄉堂刊。

五代春秋志疑一卷 金匱華湛恩撰。光緒間鉛字排印本。

弘簡録二百五十四卷 明仁和邵經邦撰。康熙戊辰其四世孫遠平刊。經邦著有《弘藝録》。

元朝秘史十卷續二卷 元忙豁倫鈕察托察安撰。光緒戊申長沙葉氏觀古堂刊。

元秘史注十五卷 順德李文田撰。光緒間漸西邨刊。

元秘史李注補正十五卷 秀水高寶銓撰。光緒壬寅年刊。

元秘史山川地名攷十二卷 會稽施世杰撰。光緒丁酉許鄭學廬刊。

蒙韃備録校注一卷 東吴曹元忠撰。光緒辛丑箋經室刊。

元氏略三卷 秀水萬光泰撰。約康熙間抄本。首有南沙蔣氏珍藏印一方,"朱十彝尊錫鬯"六字印一方。卷一首行注云:《元氏略》見于《輟耕録》,以史考之,音之轉訛甚多。

蒙兀兒史記一百六十卷 武進屠寄撰。民國二十三年結一宧刊。卷十八、卷三十、卷三十九、卷六十七、卷七十、卷七十二、卷七十三、卷一百三十二、卷一百三十八、卷一百三十九、卷一百四十、卷一百四十二、卷一百五十八、卷一百五十九等卷原闕。

皇明史竊一百五卷 明東莞尹守衡撰。崇禎間刊。卷八至卷十、卷十四共四卷原闕。

擬明史稿二十卷 睢州湯斌撰。同里田蘭芳評。康熙戊辰刊。

明史稿三百十卷 雲間王鴻緒撰。雍正元年至四年敬慎堂刊。

雜 史 類

帝王世紀集校十卷附録一卷補遺一卷 長洲宋翔鳳撰。嘉慶間刊。

帝王世紀地名衍四卷 吴江连鶴壽撰。傳抄本。

西園聞見録一百六卷 明嶺南張萱撰。雲間張蓋臣訂。舊抄本。

弇州史料前集三十卷後集七十卷 明瑯琊王世貞撰。萬曆間〔四十二年楊修齡〕精刊。《四庫存目》載《前集》一種。

三朝要典二十四卷原始一卷 明顧秉謙、徐紹言等撰。天啓六年精刊，又明末刊小字本。

傃菴野抄十卷召對鈔一卷 明古吴蔡士順撰。無刻書年月，約崇禎間刊。

憲章外史續編十四卷 明許重熙編。崇禎間刊。

頌天臚筆二十四卷 明吴門金日升撰。崇禎間刊。

馭交紀十二卷 明張鏡心、如皋冒起宗同撰。光緒間冒氏刊，每卷首行下刊"冒氏叢書"四字，惟叢書中並未載。

禦冦〔寇〕詳文一卷 明王瑋撰。崇禎間刊。即崇禎十三年十二月至十五年五月之事。

餘生録一卷塘報稿附 任邱邊大綬撰。順治十一年甲午精刊。

明季遺聞四卷 江左鄒漪撰。順治間刊。

孑遺録一卷 桐城戴名世撰。無刻書年月，約乾隆間精刊。

三朝野紀七卷 江上遺民李遜之輯。道光甲申李兆洛刊木活字本。自泰昌庚申至崇禎甲申。

水西紀略一卷 琅邪王鉞撰，新城王阮亭評。康熙壬戌刊。

書事七則一卷山陽録一卷秋園雜佩一卷 宜興陳貞慧撰。康熙戊辰彊善堂患立堂刊。紀甲申南中事居多，可補史書之闕。

灩澦囊五卷 通江李馥榮編。**歐陽氏遺書一卷** 廣安歐陽直公衛記。光緒六年梅花書屋刊。又名《獻匪紀略》。

四朝大政録二卷 寶應劉心學撰。道光十一年世德堂刊。萬曆至崇禎等朝。

海陽紀録二卷 西鏞廖騰煃撰。康熙間刊。

明季北略二十四卷南略十八卷 錫山計六奇輯。無刻書年月,約道光間都城琉璃廠半松居士刊木排字本,光緒十三年上海圖書集成印書局鉛字排印本。

熹朝奄黨禍國録一卷 江右遺民撰。舊抄本,版心下刊"小清儀閣寫本"六字。首有"小清儀閣校藏"印一方,最後有"海昌張光第渭漁之"印一方。

南疆繹史勘本五十八卷 烏程温睿臨原本,吴郡李瑶勘定。道光十年七寶轉輪藏本仿宋膠泥版印活字本。首二卷,《紀略》六卷,《列傳》二十四卷,《卹謚考》八卷,《摭遺》十八卷。

野獲編三十卷補遺四卷 秀水沈德符撰。道光辛亥錢塘姚氏扶荔山房刊。

甲申朝事小紀十卷續編八卷 之江抱陽生輯。舊抄本。紀崇禎、弘光兩朝忠節諸公及朝野闕失,若事已入史傳者,兹不更贅。

遺事瑣談六卷附紀一卷 八十老人沈頤僊撰。舊抄本。又名《破夢閒談》。紀明崇禎朝事案。頤僊即沈壽世之號。

蛤仔難紀略一卷 侯官謝金鑾撰。嘉慶戊辰刊。紀臺灣事。

明黨禍始末記二卷 不著撰人姓名,海寧吴騫校訂。約光緒間鈔本,版心刊"小清儀閣寫本"六字。首有"小清儀閣校藏"印一方。

甲申傳信録十卷 彭城錢䵚撰。道光庚子刊巾箱本。

廉洋平賊記一卷 利津趙長齡撰。道光間精刊。

三案始末一卷 涇縣包世臣撰。傳抄本。

明季五藩實録八卷 南沙三餘氏輯。無刻書年月,約道光間於京師琉璃廠刊木活字本。《福藩》二卷,《唐藩》二卷,《唐王聿鍥》一卷,《魯藩》一卷,《桂藩》二卷。又名《明末五小史》。

金陵癸甲紀略一卷粤逆名目略附 姑蘇謝介鶴撰。咸豐丁巳竹籟軒刊巾箱本。

岡城枕戈記二卷 新會陳殿蘭撰。咸豐五年乙卯槐屋刊。

摩盾餘譚無卷數 朱穎白撰。底稿本。緑墨格，版心刊“知白草堂”四字。即東江紀略、守龍川、復武平、收永定等類。

東瀛載筆一卷三忠合傳附 大興馬克惇撰。咸豐間刊。即臺、鳳、嘉三縣靖逆紀略。

校正元親征録一卷 光澤何秋濤撰。咸豐癸丑刊。

禹州用兵紀略一卷附乙卯兩河于役紀事一卷 遼東朱光宇撰。咸豐丙辰刊。

武昌紀事二卷附録一卷遺詩一卷 劍川陳徽言撰。咸豐七年章門重刊。

金陵癸甲摭談一卷 不著撰人姓名。咸豐七年映雪書屋刊。

蜀龜鑑七卷首一卷 内江劉景伯撰。咸豐戊午刊。

盾鼻隨聞録八卷 樗園退叟〔清蘇州汪堃〕撰。咸豐間刊〔光緒元年不懼無悶齋刻本〕。〔係汪氏六十九歲時自刻。封面題篆文“盾鼻録”。是書本名《辛壬癸甲録》，因所記盡四年内事，及何桂清禁止流傳，書商易名《鈔報隨聞録》。〕

小腆紀年附考二十卷 六合徐鼒撰。咸豐間刊。光緒丙戌于扶桑鉛字排印本佳。

福寧紀事二卷福寧從政紀略一卷泉州從政紀略一卷 婺源程榮春撰。同治丙寅吟雨樓刊。

逆黨禍蜀記一卷 不著撰人姓名〔清蘇州汪堃〕。同治間〔丙寅冬月不懼無悶齋〕刊。

道光撫夷紀略一卷 寧陽黄恩彤編。底稿本。紀英夷入粤事實凡七篇。

觸藩始末三卷 琴閣主人撰。無刻書年月，約同治間刊。紀廣東咸同間英夷事。

守蒙紀略一卷 黄平賀緒蕃撰。同治甲子七月刊。

欽定英傑歸真一卷 欽命文衡正總裁開朝精忠軍師干王洪製。舊抄本〔太平天國辛酉十一年刻本〕。即太平天國洪秀全之事。

歷任實記一卷 蒙古勒□□怡田撰。同治間刊。

湖南陽秋十六卷 常寧王萬澍撰。**續編十三卷** 常寧王國牧撰。光緒辛丑黄甲草廬刊。

廣西昭忠録八卷平桂紀略四卷股匪總録三卷堂匪總録十二卷廣西道里表一卷 貴筑蘇鳳文撰。光緒己丑刊。

談浙二卷 善化許瑶光撰。光緒十四年刊。紀咸豐同治間事。

鴉片事略二卷 江寧李圭撰。光緒二十一年於海寧州刊。

思痛記二卷 江寧李圭撰。光緒六年師一齋刊。

慶防紀略二卷 安化惠登甲撰。光緒戊戌刊。

戎疆瑣記一卷 長白德印撰。光緒丙戌刊。

征西紀略四卷 湘鄉曾毓瑜撰。光緒甲午京師官書局鉛字排印本。

義和拳教門源流考一卷 桐鄉勞乃宣撰。光緒間刊。

拳匪紀略一卷 定興艾聲撰。光緒間鉛字排印本。

東方兵事紀略五卷 丹徒姚錫光撰。光緒丁酉武昌刊。

庚子西行紀事一卷 率賓唐晏撰。民國己未南林劉氏求恕齋刊。紀義和團之事實。

闢邪録四卷歌一卷首一卷諭旨附 清河王錫祺輯。光緒間南清河王氏小方壺齋鉛字排印本。紀義和團事。

庚子國變記一卷 湘鄉李希聖撰。光緒間刊。

庚子日記四卷 雙雨樓編。光緒甲辰七月鉛字排印本。

中興别記六十一卷自叙一卷 上元李濱撰。宣統二年鉛字排印本。

辛亥光復戰紀一卷附編一卷 粤西藤縣蘇榮編。原稿本。又名《百二十五日大事記》。記民國元年事。

驢背集四卷 新昌胡思敬撰。民國二年癸丑問影樓刊。

戊戌履霜録四卷 新昌胡思敬撰。民國二年問影樓刊。

辛壬春秋四十八卷 行唐尚秉和輯。民國甲子辛壬歷史編輯社刊。卷一、卷三十二至三十四等卷分上下。紀辛亥革命事。

宣德别録十卷 江寧吴廷燮撰。民國六年鉛字排印本。

蒙古源流箋證八卷 嘉興沈曾植撰，錢唐張爾田校補。民國壬申刊。

載記類

鄴中記一卷 後趙陸翽撰，湘鄉陳毅校輯。**鄴城故事一卷** 湘鄉陳毅校輯。**鄴都故事一卷** 北齊楊楞伽撰，湘鄉陳毅輯。**鄴縣圖經附** 湘鄉陳毅校輯。無刻書年月，約宣統間湘鄉陳氏闕慎室刊。

南唐書注十八卷唐年世總釋一卷州軍總音釋一卷 青浦湯運泰撰。道光間绿籤山房刊。

南唐書注十八卷音釋一卷補注十八卷 宋陸游撰，大梁周在浚注，吴興劉承幹補注。民國乙卯劉氏嘉業堂刊。

西夏書事四十二卷 青浦吴廣成撰。道光乙酉刊。唐僖宗中和元年起，宋理宗紹定五年止。

西夏志略四卷載記二卷 不著撰人姓名。舊抄本。後有何元錫印、夢華館藏書印各一方。

南漢書十八卷考異十八卷文字略四卷叢録二卷 順德梁廷枏撰。道光己丑刊。

南漢紀五卷南漢金石志二卷南漢地理志一卷 嘉應吴蘭修撰。道光十四年鄭氏淳一堂刊。

七國地理考七卷 金山顧觀光撰。光緒五年己卯刊。

十六國春秋輯補一百卷纂録校本十卷校勘記一卷 黟湯球撰。光緒二十年廣雅書局刊。

十六國興亡表三卷世系圖一卷 山陽丁壽徵撰。底稿本。壽徵,丁晏之子。

苻秦疆域志補正一卷 富平張鵬一撰。民國己未在山草堂鉛字排印本。

西夏記〔紀〕二十八卷 開縣戴錫章撰。民國甲子京華印書局鉛字排印本。

渤海國志四卷 率賓唐晏撰。民國己未南林劉氏求恕齋刊。

渤海國記三卷 崇仁黄維翰撰。民國乙亥舊京文華齋刊。

渤海國志長編二十卷補遺一卷附録二卷目録一卷 遼陽金毓黻撰。民國甲戌千華山館鉛字排印本。附圖二幅〔并附王中立撰《通檢》一卷〕。

史鈔類

南北史据華八卷 錢塘周嘉猷輯。乾隆己巳刊巾箱本,同治乙丑鑑止水齋重刊巾箱本,同治壬申南園寄社刊木活字本。

新舊唐書合鈔二百六十卷宰相世系表訂譌十二卷 歸安沈炳震撰。**補正六卷** 檇李丁子復撰。嘉慶癸酉海昌查世倓刊,同治辛未吴氏清來堂補刊。

鑑撮四卷 衡山曠敏本撰。無刻書年月,約道光間刊。

販書偶記卷六

冀縣孫殿起耀卿録

傳　記　類

名　賢　之　屬

闕里文獻考一百卷末一卷 闕里孔繼汾撰。乾隆二十七年刊,光緒十七年湘陰李氏重刊。

孔子編年五卷 宋績溪胡仔撰,裔孫培翬注。嘉慶戊寅耘經軒刊。

孔子年譜輯注一卷 龍州黄定宜撰。道光丁未萍鄉文氏刊。

聖蹟編年一卷 浦陽費崇朱撰。光緒間刊。

年譜二卷 四明包大爟撰,豐城甘紱校訂。無刻書年月,約嘉慶間刊。即孔孟年譜。

孔子編年四卷孟子編年四卷 溧陽狄子奇撰。道光庚寅〔溧陽狄氏安雅齋〕刊〔江寧府藏板〕。又名《孔孟編年》。

孔孟志略三卷 太湖張承燮撰。光緒十七年東聽雨堂刊。

孟子年譜二卷 蕭山曹之升撰。嘉慶丙寅刊巾箱本,道光九年安康張氏來鹿堂刊。

孟志編略六卷 滎成孫葆田撰。光緒戊子刊木活字巾箱本,光緒庚寅刊。

宗聖志二十卷 東湖王定安編輯。光緒十六年於金陵刊。

名　人　之　屬

太史公年譜一卷 附 **祠墓文録一卷** 富平張鵬一撰。民國癸酉初秋在山草堂刊。

鄭司農年譜一卷 陽湖孫星衍撰。嘉慶間刊。司農諱玄,字康成。

鄭學録四卷 遵義鄭珍撰。同治乙丑〔貴州唐鄂生四川綏定〕刊。

北海三攷三卷 長沙胡元儀撰。底稿本。首有光緒二年丙子五月自序。

關帝事蹟徵信編三十卷補遺一卷 海寧周廣業、海鹽崔應榴同撰。乾隆癸巳參和堂刊。

漢關侯事蹟彙編八卷附録四卷 荆溪萬之蘅、武進吴寶謨[一七]同輯。無刻書年月,約咸豐間刊。

關聖帝君全書六卷 長洲彭紹升輯。乾隆壬辰挹蘭堂刊。

漢漢壽亭侯關神武世家一卷 武進鄭環撰。嘉慶癸亥刊。

漢關聖世系續集合刻無卷數 昭陽李枏、豫章蕭光浩等編。道光二年知言山房刊。又名《武安王集附録》。

右軍年譜一卷 山陽魯一同撰。咸豐五年刊。

玉谿生年譜會箋四卷首一卷 錢塘張采田撰。民國丁巳求恕齋刊。

米海岳年譜一卷 大興翁方綱撰。嘉慶戊寅刊。

曾南豐年譜一卷 南通王焕鑣撰。近〔民國間公孚印書局〕鉛字排印本

司馬文正公年譜八卷後一卷遺事一卷 錫山顧棟高撰。民國丁巳南林劉氏求恕齋刊。

宋孫莘老年譜一卷 高郵茆泮林撰。道光間甘雨亭刊。

胡少師年譜二卷 績溪胡培翬原輯,胡培系補。光緒十年刊。

紫陽朱夫子年譜二卷 其十五世孫朱烈編。**行狀一卷** 其門人黄榦撰。康熙癸卯刊。

朱子年譜前録二卷後録二卷 宋朱熹。裔孫朱烈編,十七世孫朱欽紳補。乾隆辛酉刊。

元遺山年譜一卷 大興翁方綱撰。乾隆間刊。又一部多墓圖一卷。

廣元遺山年譜二卷 番禺李光廷撰。同治丙寅刊。

倪高士年譜一卷 元倪瓚。番禺沈世良編。宣統元年重刊。

宋文憲公年譜二卷 明宋濂。浦江朱興悌、戴殿江同撰。同治庚午刊木活字本。

邱文莊公年譜一卷 明邱濬。瓊山王國棟輯。光緒二十四年擘經書院刊。

明李文正公年譜五卷 明茶陵李東陽。蒙古法式善纂,鄉後學唐仲冕增補。嘉慶八年冬樗園刊。

何大復年譜一卷附録四卷 明信陽何景明。同里後學劉海涵編。民國壬戌十二月龍潭精舍刊。

何伯子年譜一卷 明扶溝何出圖自撰。無刻書年月,約天啓間刊。

唐一庵年譜一卷 明歸安唐樞。後學許正綬輯。咸豐甲寅湖州府學刊。

左忠毅公年譜定本二卷 明左光斗。桐城馬其昶撰。民國乙丑于京師刊。

廓園自訂年譜一卷 明嘉善魏大中撰。傳抄本。

戚少保年譜耆編十二卷 明戚繼光。其子祚國撰。道光丁未仙遊崇勳祠重刊,光緒丙寅補刊。

太常公年譜一卷 明鹽官錢薇。其八世孫泰吉輯。光緒甲辰正月〔嘉興錢志澄〕刊。

段容思年譜紀略一卷 明陽曲段堅。長沙門人彭澤編輯。同治六年十三世孫維翰刊。

天山自敘年譜一卷 明鄭鄤撰。傳抄本。後有盛宣懷跋。

鄭峚陽辨誣録六卷 吴縣王仁俊輯。底稿本。

吴忠節公年譜一卷 明海鹽吴麟徵。其子蕃昌撰。無刻書年月,約順治間刊。

憨山老人年譜自敘實録二卷附後因一卷 明釋德清。東海侍者福善記録,吴越弟子福徵述疏。順治八年刊,光緒辛卯紅螺山刊。

孫文正公年譜五卷 明高陽孫承宗。其男銓編輯。乾隆間玄孫爾然精刊,師儉堂藏板。

金正希年譜一卷 明金聲。嘉魚金承鈺撰。光緒丁酉兩湖書院刊木活字本。

金正希年譜一卷附録一卷 休寧程錫穎撰。民國戊辰思貽堂刊。

鹿忠節公年譜二卷 定興鹿善繼。涿郡門人陳鋐編輯。康熙間尋樂堂刊。

黄子年譜一卷 門人龍溪洪思撰。道光甲辰刊。又名《黄石齋年譜》。

馬閣老洗冤録二卷 安順姚大榮撰。民國二十三年鉛字排印本。馬閣老者,即明季馬世英也。

洪文襄公年譜一卷 南安洪承疇。蒙古法式善撰。傳抄本。

王船山年譜二卷 儀徵劉毓崧撰。光緒丙戌江南書局刊。

船山學譜六卷年譜一卷傳記録一卷 榆次王永祥撰。民國甲戌鉛字排印本。

劉忠介公年譜二卷 明山陰劉宗周。其子汋撰。乾隆丙申證人堂刊。

顧亭林年譜一卷 其撫子衍生原本,同里吴映奎重輯,上元車持謙增撰。道光己亥上元車氏秋舲刊。

顧亭林年譜一卷閻潛邱年譜一卷 平定張穆撰。道光二十七年壽陽祁氏𨱅(?)䫉亭刊。

顧亭林祠會祭題名一卷 不著編輯姓名。宣統間石印本。此書皆屬道咸同三朝諸名家真蹟。

孫徵君年譜二卷 容城孫奇逢。門人睢陽湯斌、上谷魏一鰲等編次,桐城方苞訂。乾隆元年刊。

安道公年譜二卷 太倉陳瑚。其孫溥撰。**附世系一卷** 同里繆朝荃補纂。光緒十八年壬辰冬東倉書庫刊。

徐俟齋年譜一卷附録一卷 吴縣徐枋。上虞羅振玉撰。民國己未〔上虞羅氏〕以古宋字排印本。

萬年少年譜一卷附録一卷補正一卷 附 **隰西草堂集拾遺一卷續拾一卷** 上虞羅振玉輯。民國己未〔上虞羅氏〕以古宋字排印本。

海康陳清端公年譜二卷 同里後學丁宗洛編。道光丙戌不負齋刊。

錢飲光年譜一卷 桐城錢澄之。其子撝禄撰。宣統二年〔八世孫品三〕刊木活字本。又名《田間年譜》。

陳恪勤公年譜三卷 湘潭陳鵬年。同邑後學唐祖价撰。道光二十五年刊。

敬亭自記年譜一卷 新城王祖肅撰。康熙間精刊。

吴梅村年譜四卷世系一卷 太倉顧師軾撰。光緒三年重刊。

王煙客年譜四卷 太倉王時敏。太倉王寶仁撰。道光間刊。

張文貞公年譜一卷 丹徒張玉書。鄉後學丁傳靖編。光緒間刊木活字本。

重編張楊園年譜一卷附録一卷 桐城蘇惇元撰。道光癸卯儀宋堂刊。

陸稼書年譜定本二卷附録一卷 平湖陸隴其。後學吴光酉重輯。雍正三年清風堂精刊。

陸清獻年譜一卷 金山後學楊開基訂定。嘉慶二十五年其曾姪孫光宗刊。

李文襄公年譜一卷 武定李之芳。杭州受業程光袥撰。康熙四十一年刊。

寒松老人年譜一卷 蔚州魏象樞口授,其子學誠録。乾隆六年寒松堂精刊。

于公年譜二卷 永寧于成龍。受業宋犖撰。道光十八年重刊。

永宇溪莊識略六卷續識略一卷 嘉善曹庭棟撰。乾隆間刊。

寒村年譜一卷附家書一卷 慈谿鄭梁。玄孫鄭勳撰。嘉慶戊辰刊。

介山自訂年譜一卷 天津王又樸自撰。近天津金鉞刊。

應潛齋年譜一卷 錢唐羅以智撰。底稿本。

張清恪年譜二卷 儀封張伯行。其子師栻、師載同撰。乾隆四年精刊。

竹垞小志五卷 嘉興楊蟠編。嘉慶三年七録書閣刊。

查他山年譜一卷 海寧查慎行。海寧陳敬璋撰。民國癸丑吴興劉氏嘉業堂刊。

澄懷主人自訂年譜六卷 桐城張廷玉撰。光緒六年庚辰重刊。

黃山年略一卷 膠州法若真自撰。乾隆辛未又敬堂刊。

夏檢討年譜一卷 高郵夏之蓉。其孫男味堂恭輯。無刻書年月,約乾隆間精刊。

陳文肅公年譜一卷 祁陽陳大受。其子輝祖等輯。乾隆十七年刊。

楊忠武公年譜一卷 崇慶州楊遇春。其子國楨撰。道光二十年刊。

襄勤伯鄂文端公年譜一卷 滿洲鑲藍旗鄂爾泰。其子容安等編。舊抄本。

華鳳超年譜二卷首一卷末一卷 無錫華允誠。其從子衷黄撰〔孫男王澄補編〕。乾隆四十一年〔五世孫坤重〕刊。〔光緒八年壬午其族孫鴻模刊木活字本,易名《節愍華公年譜》。〕

是仲明年譜一卷 不著撰人姓名。**雜著一卷** 武進是鏡撰,嘉興金吴瀾編。光緒丁亥刊木活字巾箱本。

鐵庵年譜一卷 常熟翁叔元自撰。無刻書年月,約嘉慶間刊。

邵二雲年譜一卷 餘姚黄雲眉編。民國二十一年金陵大學〔中國文化研究所〕鉛字排印本。

焦南浦年譜一卷附録一卷增附一卷 雲間焦袁熹。其子以敬以恕等編。光緒二十三年刊木活字本。《增附》即此《木軒全集總目》。

姚惜抱先生年譜一卷 桐城鄭福昭撰。同治戊辰刊。

孫文靖公年譜一卷 無錫孫爾準。其子慧惇等撰。光緒壬寅刊木活字本。

時庵自撰年譜一卷 長洲蔣元益自撰。乾隆間刊。

青城山人年譜一卷 仁和關槐。其受業李鈞簡等編。嘉慶戊辰刊。

覺生自訂年譜四卷 歙鮑桂星撰。嘉慶庚辰刊。

弇山畢公年譜一卷 鎮洋畢沅。吴江門人史善長撰。同治間刊。

錢文端公年譜三卷 嘉興錢陳羣。其曾孫儀吉撰,來孫志澄增訂。光緒二十年甲午三月刊。

露桐先生年譜前編四卷續編二卷 高陽李殿圖。陽湖受業錢景星編。嘉慶八年精刊。

雲谷年譜一卷 隆昌張邦伸自撰。嘉慶九年刊。

一西自記年譜一卷 菱湖張師誠自撰。道光間刊,同治八年其子應昌刊本多《附述》一卷。

王石臞年譜一卷王伯申年譜一卷 揚州閔爾昌撰。民國二十年刊。一名《高郵王氏父子年譜》。

朱笥河年譜一卷 大興朱筠。上虞羅繼祖撰。民國二十年鉛字排印本。

慶誕記二卷 廣漢張邦伸撰,其男懷洵補註。道光戊申敦彝堂刊。

存圃手訂年譜一卷 天津沈峻撰,其子兆澐輯注。道光十五年刊。

盧文肅公年譜一卷 德州盧陰溥自撰。道光己亥刊。又名《禧壽堂自訂年譜》。

瞿木夫自訂年譜一卷 嘉定瞿中溶撰。民國癸丑吴興劉氏嘉業堂刊。

繩柑齋年譜二卷 滿城蔣攸之自撰,其子霨遠附注。道光十五年刊。

吴荷屋年譜一卷 南海吴榮光自訂。道光間刊。

葉健菴年譜二卷 上元葉世倬。受業端木從恒編次。道光間刊。

茂園自撰年譜二卷 合河康基田自撰。道光七年刊。

顧千里年譜一卷 崑山趙詒琛編輯。民國十九年金山姚復廬鉛字排印本。

振威將軍葛壯節公年譜一卷 山陰葛雲飛。其子以簡編。道光間刊。

石谷禪師年譜一卷 其門人真淨編。道光癸未刊。即方聚成禪師,安徽鳳陽府古壽春人。

恩福堂年譜一卷 吉林英和自訂。道光間刊。

校經叟自訂年譜一卷 嘉興李富孫自撰。道光二十四年刊。

容甫先生年譜一卷 甘泉汪中。其子汪喜孫撰。道光間精刊。

汪氏學行記六卷 甘泉汪喜孫撰。道光六年精刊。

孤兒編三卷 甘泉汪喜孫編。道光二十年精刊。

雷塘庵主弟子記七卷 儀徵阮元。烏程張鑑撰〔清阮常生、阮福、阮孔厚、柳興恩續〕。道光二十一年刊。

雷塘庵主弟子記八卷 烏程張鑑撰。咸豐間琅環仙館刊。

李申耆年譜三卷附小德録一卷 陽湖蔣彤撰。道光二十二年洗心玩易之室刊木活字本,光緒十三年嘉興金氏重刊木活字巾箱本。

黄蕘圃年譜二卷 長洲黄丕烈。元和江標撰。光緒丁酉于長沙使院刊。

昇勤直公年譜二卷 鑲黄旗昇寅。其子寶琳撰。道光間刊。

吴菘圃年譜一卷 錢塘吴璥自撰。道光間刊。

翁氏家事略記一卷 大興翁方綱撰,吉林英和校訂。道光間刊。即《翁覃谿年譜》。

楊海梁自叙年譜一卷 崇慶楊國楨自撰。道光三十年刊。

年譜一卷 元和韓對自撰。道光間刊。

言舊録一卷 昭文張金吾撰。民國癸丑南林劉氏嘉業堂刊。

楊蓉裳年譜一卷 金匱楊芳燦自撰。光緒五年己卯上饒盧氏刊。

寄圃老人自記年譜一卷 濟寧孫玉庭自撰。道光間刊。

自紀年譜一卷 端隣居士撰。道光間刊。端隣居士者,湖北蔣祥墀之别號也。

沈鼎甫年譜一卷 嘉興沈維鐈。其子宗函〔涵〕撰。道光三十年刊。

潘文恭公自訂年譜一卷 吴縣潘世恩撰。同治癸亥刊。

吴文節公年譜一卷 儀徵吴文鎔。其子養原撰。咸豐間刊。

知所止齋自訂年譜一卷 江寧何汝霖撰。咸豐間刊。

王壯節公年譜一卷 玉屏王文雄。其子開雲撰。咸豐四年重刊。

葉石農自編年譜一卷 聊城葉葆撰。咸豐五年十二月以高均儒寫本精刊。又名《跛溪年譜》。

湯文端公自訂年譜一卷 蕭山湯金釗撰。咸豐六年刊。

小浮山人年譜一卷 吴縣潘曾沂自撰。咸豐間刊。

杜文端公自訂年譜一卷 濱州杜堮撰。咸豐間刊。

知非録一卷 闕里孔昭杰[一八]撰,其子憲彝等注。咸豐壬子刊。

杜芝農年譜一卷 濱州杜受田。其子翰翻等撰。咸豐間刊。

徐恭勤公年譜四卷 静海徐澤醇。其子彬桐等輯。咸豐九年刊。

龔文恭公年譜一卷 錢塘龔守正自撰。咸豐間刊。又名《季思手定年譜》。

丹魁堂自訂年譜一卷 江陰季芝昌自撰。咸豐十一年刊,同治三年重刊附《感遇録》一卷。

徐壽臧年譜一卷 嘉興徐同柏,初名大椿。其子士燕撰。民國癸丑吴興劉氏嘉業堂刊。

鮑公年譜一卷 蒲蘄鮑超。李叔璠編。同治癸酉刊。

江子屏年譜一卷 揚州閔爾昌撰。民國十六年刊。

張温和公年譜一卷 婁張祥河。其子茂辰撰。同治間刊。

思補過齋主人自叙年譜一卷 長白基溥撰。同治間刊。

勿齋自訂年譜一卷 陳士枚自撰,其子藎章續録。同治間刊。

黄勤敏公年譜 當塗黄鉞。其子富民撰。同治丙寅刊。

龔定盦年譜一卷 仁和吴昌綬撰。光緒間刊。

周穉圭年譜一卷 祥符周之琦。其子汝筠汝策撰。同治間刊。

駱公年譜一卷 花縣駱秉章自撰。同治六年精刊,光緒乙未重刊《駱文忠公年譜》二卷。

斯未信齋自訂年譜一卷 通州徐宗幹撰。同治間刊。

胡文忠公年譜三卷 寧鄉梅英杰撰。民國己巳梅氏抱冰堂刊。

潘紱庭年譜一卷 吴縣潘曾綬。其子祖蔭等撰。光緒九年刊。

蘭史自訂年譜一卷 山陰王錫九撰。同治六年刊。

沈文忠公自訂年譜一卷 錢塘沈兆霖撰。同治間刊。

敝帚齋主人年譜一卷補一卷 六合徐鼒。同里諸子編輯,其子承禧等注。同治十三年福州邸舍刊,光緒間於日本鉛字排印本。

吴竹如年譜一卷 霍山吴廷棟。桐城方宗誠撰。光緒四年畿輔志局刊。

曾文正公年譜十二卷 遵義黎庶昌輯。光緒二年傳忠書局刊。

岑襄勤公年譜十卷 西林岑毓英。其門人劍川趙藩編。光緒己亥刊。

王篠泉年譜一卷 深澤王用誥。其子孝箴等撰。光緒間刊。

劉象久年譜一卷 沂水劉恒泰。其子劉策先等編。光緒二年刊。

裴光禄年譜四卷 阜寧裴蔭森。山陽徐嘉編。光緒己亥十二月刊。

余孝惠年譜一卷 無錫余治。無錫吴師澄編。光緒元年刊。

鑑園主人年譜一卷 吴縣林希祖。其子履莊編。光緒十一年大梁刊。又名《至山年譜》。

曾忠襄公年譜四卷附榮哀録二卷 湘鄉曾國荃。東湖王定安撰,長沙蕭榮爵增訂。光緒二十九年癸卯刊。

稀齡追憶録四卷續一卷 寧陽黄恩彤自撰。光緒間刊。又名《知止堂年譜》。

王壯武公年譜二卷 湘鄉王鑫。湘潭羅正鈞撰。光緒間刊。

小酉腴山館自著年譜二卷 沅陵吴大廷自撰。無刻書年月,約光緒間刊。

羅文恪公年譜一卷 順德羅惇衍。其子棨等撰。光緒間刊。

王祭酒年譜三卷 長沙王先謙自撰。光緒戊申〔長沙王氏〕刊。

潘文勤公年譜一卷 吴縣潘祖蔭。其弟祖年撰。光緒十七年刊。

羅壯勇公年譜二卷 東鄉羅思舉自撰。無刻書年月,約光緒間振綺堂刊。

桐溪達叟自編年譜一卷 附 **輯志圖記一卷** 桐鄉嚴辰自撰。光緒間刊。

左文襄公年譜十卷 湘陰左宗棠。湘潭羅正鈞撰。光緒丁酉刊。

孤忠録二卷 甘肅吴可讀。錢塘袁祖志編輯。光緒丙戌上海還讀樓重刊。

張制軍年譜二卷 銅山張亮基。閩縣林紹年輯。光緒三十一年乙巳刊。

楊中儀〔議〕公自訂年譜八卷 附 **吹蘆小草一卷** 歸安楊炳堃譔。光緒乙酉刊。

知非録一卷 常熟龐鍾璐自撰。光緒間刊。又名《龐文恪公年譜》。

馬端敏公年譜一卷 荷澤馬新貽。其弟新祐撰。光緒三年刊。

雪泥鴻爪前編一卷後編一卷閏編一卷 常熟邵亨豫自撰。**附末編一卷** 其子松年撰。光緒間刊。〔一名《邵汴生自訂年譜》。〕

栗恭勤公年譜二卷 渾源州栗毓英。磁州張壬林編輯。光緒庚寅刊。

鄧尚書年譜一卷 江寧鄧廷楨。其曾孫女邦康編。宣統元年江浦陳氏刊。

成山老人自撰年譜六卷附録一卷 遵義唐炯撰。《附録》其子堅撰。宣統二年鉛字排印本。

含嘉室自訂年譜一卷 錢塘吴士鑑撰。宣統間鉛字排印本。

殷譜經侍郎自定年譜二卷 吴江殷兆鏞撰。宣統間〔二年其孫柏齡、杞齡〕鉛字排印本。

王湘綺年譜六卷 湘潭王代功撰。民國十二年長沙刊。代功,湘綺之子。

王蘊山傳記一卷 觀城王珩謙。其子王澤澄編輯。民國戊午於京師鉛字排印本。

夏侍郎年譜一卷 仁和夏同善。其子庚復撰。民國九年以古宋字排印本。

陸文慎公年譜二卷 太倉陸寶忠自撰,受業江陰陳宗彝續。民國癸亥刊。

石遺先生年譜七卷 侯官陳衍。其子聲暨編,門人女史王真續編。近〔民國間〕刊本。

韌盦老人自訂年譜一卷 桐鄉勞乃宣自撰。民國壬戌以古宋字排印本。

藝風老人年譜一卷 江陰繆荃孫自訂。民國丙子〔北平文禄堂〕刊。

周公年表一卷 棲霞牟庭撰。同治十年九月重校刊。

宋丞相韓忠獻公家傳十二卷 明武進鄭鄤評點。萬曆甲寅刊。卷一至卷十《君臣相遇傳》無名氏撰,卷十一《别録》宋王巖叟撰,卷十二《遺事》宋强至撰。

李見羅行略一卷 明李材。其次子穎撰。民國癸亥刊。

趙忠毅公行述一卷鐵如意考附 明高邑趙南星。其子清衡撰。道光庚子刊,光緒二十五年補刊《奏議》一篇。

畢少保公傳一卷 華亭蔣平階撰。**墓碑一卷** 孫廷銓撰。康熙間刊。

明蘇爵輔事略一卷 明東莞蘇觀生。其族孫澤東輯録。民國己未祖坡吟館刊。

三蘭倪公名宦鄉賢録一卷 不著編輯人姓名。崇禎間刊。三蘭倪公諱元珙,即倪元璐之兄也。

海天旭日硯一卷 附 **劉宗周傳一卷** 山陰劉瀚編。光緒庚寅刊。

鄞張公神道碑銘一卷 鄞全祖望撰。錢塘梁同書書。道光間刊。

阮亭行述一卷 新城王士禎。其子啓涑等撰。康熙辛卯刊藍墨印本。

郝復陽行實略一卷 定州郝浴。其子郝相等撰。康熙二十三年刊。

王公行狀一卷 寶應王懋竑。其子箴傳撰。乾隆間精刊。

朱止泉行狀一卷 寶應朱澤澐。其門人寶應王箴傳撰。乾隆間刊。

荔巖行述一卷 海豐張映衡。其子浵沅等撰。嘉慶間刊。

茂園行述一卷 興縣康基田。其子亮鈞撰。嘉慶間刊。

錢竹汀行述一卷 其子東壁東塾撰。民國二十一年金山姚氏復廬鉛字排印本。

王文僖公行述一卷 豐城王懿修。其子王宗誠撰。嘉慶間刊。

曹文正公行述一卷 歙曹振鏞。其子恩濙撰。嘉慶間刊。

劉世譽行述一卷 寶應劉台拱撰。嘉慶間刊。台拱,世譽子。

臧孝節行狀二卷 武進臧和貴。武進臧庸撰輯。嘉慶乙丑臧庸於都門刊。和貴,字禮堂,臧庸弟。又名《節孝録》。

栗樸園行述一卷 繁峙栗毓美。其子烜撰。道光間刊。

見亭行述一卷 長白麟慶。其子崇實撰。道光丙午刊。

何文安公行述一卷 道州何凌漢。其子紹基等撰。道光二十年刊。《祭文》《輓聯》附後。

張中丞事實集録三卷首一卷 唐蒲州張巡。光山王德茂編。道光二十三年刊。

曦亭行述一卷 海豐張映斗。其子洵等撰。道光間刊。

藝齋行述一卷 常熟王家相。其子憲正等撰。道光間刊。

周吾堂行略一卷 海寧周璟。**夏儒人行述一卷附遺事四則** 其子周廣業撰。底稿本。

樸園行述一卷 霑化蘇兆登。其子敬衔、敬衡同撰。道光三十年刊。

陳仲雲行略一卷 儀徵陳嘉樹。其子子輅撰。道光間精刊。

汪孟慈行述一卷 甘泉汪喜荀。其子保和等撰。道光間精刊。

會稽莫公事略一卷 平定張穆撰。道光間刊。莫公名晉,張穆之舅父。

張泗洲事輯一卷 平定張穆撰。**附王宜人李宜人合葬碑銘一卷** 同里任質淳撰。道光間刊。泗洲,名佩芳,張穆之祖父。

申敬亭行述一卷 延津申啓賢。其子申承祖撰。道光間刊。

夏澹人行略一卷 〔高郵夏味堂。〕高郵夏齊林、夏雲林同撰。道光間精刊。齊林,澹人之子。

周存齋行略一卷 海寧周大業。其弟廣業撰。底稿本。

徐辛庵行述一卷 平湖徐士芬。其子元錫等撰。道光間刊。

我園行述一卷 海豐張求。其子張衔重等撰。咸豐間刊。

悼亡録一卷 陽湖張曜孫編。無刻書年月,約咸豐間謹言慎好之居刊。

耕厓先生傳一卷 海寧吴騫撰。**附題辭一卷** 海寧周廣業。其子□□編。底稿本。版心刊有"種松書塾鈔本"六字。

金剛愍公傳略一卷 天津金光筯。當塗夏燮撰。同治間刊。

繆公事狀一卷 溧陽繆梓。會稽趙之謙撰。同治三年刊。即《二金蜨堂文》。

張勇烈公行狀一卷附列傳一卷 合肥張樹珊。太倉錢鼎銘撰。同治間刊。

崇祀鄉賢録一卷 保安州楊福五。同治七年刊。

子靜行述一卷 海豐張衍壽。其子張守虔撰。同治間刊。

衡陽彭剛直行狀一卷 衡陽彭玉麟。湘潭王闓運撰。同治間退省盦精刊。

廉琴舫傳略一卷 寧河廉兆綸。蒲城王琭撰。同治間刊。

朱士恭行狀一卷附喬太夫人行述一卷陳夫人行略一卷 寶應朱百遂撰。同治間刊。百遂,士恭之子。

馮景亭行狀一卷 吴縣馮桂芬。其子芳植撰。同治間刊。

尚溪行述一卷 海豐張汝璜。其子張守岐撰。同治間刊。

洪張伯行述一卷 錢塘洪昌燕。其子洪衍慶撰。同治間刊。

雲楣行述一卷 樂陵王榮第。其子王承誥撰。同治間刊。

莫郘亭行述一卷 獨山莫祥芝撰。同治間刊。祥芝,郘亭弟。

翁文端公行述一卷 常熟翁心存。其子同龢等撰。同治間刊。

龍公崇祀名宦傳一卷 桂林龍啓瑞。劉坤一等編。同治十一年刊。

繼園行述一卷 濱州杜翰。其子杜庭璞等撰。同治間刊。

黄琴塢行略一卷 貴筑黄輔辰。其子彭年撰。同治間刊。

周幼盦行略一卷 永明周畧奎。其子銑詒撰。同治間刊。

沈菁士行狀一卷 歸安沈丙瑩。錢塘譚廷獻撰。同治間刊。

奉山行述一卷 海豐張守岱。其子張樹楨等撰。同治間刊。

穆堂行述一卷 和州鮑源深。**附陳夫人行述一卷** 其子鮑孝光撰。光緒間刊。

邵陽魏府君事略一卷 邵陽魏源。其子耆謹述。無刻書年月,約光緒間刊。

曾文正公事略四卷 東湖王定安撰。光緒元年于都門刊。

曾太傅毅勇侯傳略一卷 遵義黎庶昌撰。光緒間刊。

竹朋行述一卷 利津李佐賢。其孫李澤涵撰。光緒三年刊。

岑襄勤公行狀一卷 西林岑毓英。其子春煊等撰。光緒間刊。

黄明經言行略一卷 定海黄式三。其子以周撰。光緒間刊。

翁同龢列傳一卷 不著撰人姓名。抄本。

王文敏公家傳一卷 福山王懿榮。宜賓陳代卿撰。光緒間刊。版心下刊"慎節齋文存"五字。

陶方之行述一卷 秀水陶模。其子葆廉撰。光緒間刊。

吴平齋行述一卷 歸安吴雲。其子承潞撰。光緒間刊。

鄭春園行述一卷 江陵鄭機。其子世燧等撰。光緒十年刊。

鮑子年行述一卷 歙鮑康。其孫鮑惟鐈撰。光緒四年刊。

方柏堂事實考略五卷 桐城方宗誠。受業陳澹然等撰。光緒間刊木活字本。

羅逢元行狀一卷 湘潭羅正鈞撰。正鈞,逢元之從子。**列傳一卷** 孫宗穀撰。**别傳一卷** 平江李元度撰。**墓表一卷** 武岡鄧繹撰。**墓誌銘一卷** 善化李楨撰。**雜文一卷** 羅正鈞、曾國藩等撰。光緒間刊。

秦鹿笙行述一卷 吴縣秦簧。其子炳直撰。光緒十七年刊。

悔翁行狀一卷 江寧汪士鐸。江寧甘元焕撰。光緒間刊。

海寧許公名宦鄉賢録一卷 不著編輯姓名。**軼事一卷** 海寧許槤。都國樑撰。光緒間刊。

梁彦臣行述一卷 孟縣梁俊。其子梁振炎撰。光緒二十五年精刊。

陳右銘行狀一卷 義寧陳寶箴。其子三立撰。光緒二十六年刊。

鄭徵君行述一卷 遵義鄭珍。其子知同撰。宣統元年鉛字排印本。

陳雋丞行述一卷 桂陽陳士杰。其男兆葵撰。光緒十九年刊。

太常袁公事略一卷 桐廬袁昶。其子袁允橚等編。光緒乙巳石印本。

任筱沅行述一卷 宜興任道鎔。其子之驊等撰。光緒三十三年刊。

黄武靖公行述一卷碑銘墓表書事附 長沙黄翼升。其子宗炎編輯。光緒二十一年刊。

枚卿行述一卷 利津李貽良。其子李澤涵撰。光緒間刊。

南海張公事狀一卷 南海張蔭桓。蔡乃煌撰。光緒間石印本。

食舊德齋集附録一卷 寶應劉嶽雲。太倉唐文治、金壇馮煦、海寧章梫等撰。宣統間刊。即碑銘、家傳、挽詩。

吴先生傳狀一卷 桐城吴汝綸。其子闓生、門人賀濤等撰。光緒間刊。

童薇研行述一卷 鄞縣童華。其子德厚、秉厚等撰。光緒十五年刊。

李文誠公行狀一卷 順德李文田。其子淵碩撰。民國戊午以古宋字排印本。

无補老人哀輓録無卷數 正藍旗漢軍趙爾巽。其表姪奭良編。近鉛字排印本。

古餘事略一卷 上元李濱。其子李遂賢撰。民國五年丙辰鉛字排印本。

嚴君墓誌銘一卷 侯官嚴復。閩縣陳寶琛撰。民國十一年以鄭孝胥寫本石印。

周慤慎公行狀一卷 建德周馥。其子周學熙撰。民國十年辛酉鉛字排印本。

樾村趙府君行述一卷 劍川趙藩。其子趙宗瀚等撰。民國丁卯鉛字排印本。

薇孫行狀一卷 大興惲毓鼎。其子惲寶惠撰。民國戊午刊。

楊公行狀一卷 蒙自楊增新。其門生導河金樹仁撰。民國十九年鉛字排印本。

南海康先生傳一卷 南海康有爲。門人東莞張伯楨撰。民國戊辰刊。

南海先生傳正編一卷所著書目附 南海康有爲。弟子陸乃翔、陸敦騤同編。民國己巳萬木草堂於滬上鉛字排印本。

雜録之屬

東坡事類二十二卷 順德梁廷枏撰。道光庚寅刊。

水西紀事二卷 不著撰人姓名。約乾隆間抄本。淡緑墨格,每册首有“清奉買書手自校”硃印一方,“貴陽趙氏壽花軒藏”硃印一方,最後有“味滄手校”硃印一方。紀明季貴州水西宣慰司安國亨、子疆臣等事實。

日譜録存三十六卷 容城孫奇逢撰，十世孫金桂等編，後學江西陳賓箴校訂。光緒十七年兼山堂刊。

惠獻貝子忠定録八卷跋一卷頌言一卷 長白福喇塔。其嗣孫德普編。乾隆六年精刊。内分《捷報録》《日記》《雜録》，凡三種。

惠獻貝子功績録六卷 永福黄任、陳繩同恭輯。乾隆六年刊。紀福喇塔攻吴三桂、尚可喜、耿靖忠三人事實。

燕遊日記五卷 蒲城雷國楫撰。乾隆三十六年味經堂刊。

泛槎圖六卷 白下張寶撰。嘉慶己卯至道光辛卯於羊城精刊。分六集，每集一卷。

黔軺記行集〔詩〕一卷 襄平蔣攸銛撰。道光庚戌重刊。

冬集紀程一卷附詩一卷 海昌周廣業撰。道光庚子春仲種松書塾刊。

使滇紀程一卷使滇吟草一卷 六安楊懌曾撰。道光十一年刊。

花甲閒談十六卷 番禺張維屏撰。南海葉夢草繪。道光己亥刊。内附三十二圖。

桂遊日記三卷 番禺張維屏撰。道光丁酉七月〔聽松廬〕刊。

湘煙小録三卷 錢塘陳斐之撰。道光甲申閏秋刊。《紫姬小傳》《香畹樓憶語》《夢玉詞》各一卷。

鴻雪因緣圖記六卷 長白麟慶撰。道光二十九年精刊。分三集，每集二卷。光緒六年點石齋石印本。

磨盾餘談二卷 錢塘張炳撰。咸豐甲寅刊巾箱本。記潞河白尚書軼事。

日鋤日記四卷續一卷 宛平張琛撰。底稿本。

獲送越南貢使日記一卷再送越南貢使日記一卷 大荔馬先登編。同治己巳壬申敦倫堂刊。

粤遊記程一卷使滇紀程一卷西江軺程記一卷 儀徵晏端書撰。光緒丁亥刊。一名《紀程三種》。

敖公紀述二卷 大冶敖天印。陳翼亮撰。光緒二十一年至二十六年刊。

使秦紀程集二卷 臨桂況澄撰。光緒間刊。

蘇溪漁隱讀書譜四卷 靈石耿文光撰。光緒十五年刊。以年譜體記每年所讀之書。

奉使朝鮮日記一卷 瀋陽崇禮撰。光緒十九年鉛字排印本。

俄程日記二卷 成都楊宜治撰。光緒二十二年鉛字排印本。

丁亥入都紀程二卷 遵義黎庶昌撰。光緒庚子刊。

江漢浮槎記二卷 貴筑高銘紳撰。底稿本。有光緒乙未自跋。版心刊有"擁離閣鈔本蓉子製"等八字。

請纓日記十卷 灌陽唐景崧撰。光緒癸巳於臺灣布政使署刊。

撫新記程三卷附壬子回程記一卷 渦陽袁大化撰。宣統間鉛字排印本。

蟫香館使黔日記九卷 天津嚴修撰。民國二十四年以手稿影印本。

曾文正公日記無卷數 湘鄉曾國藩撰。宣統元年中國圖書公司以手稿石印本。計四十册。

越縵堂日記無卷數 會稽李慈銘撰。民國庚申〔上海商務印書館〕以原稿影印本。計五十一册。

毗邪台山散人日記無卷數 桐廬袁昶撰。底稿本。自丁卯年起,至丁酉年止。

翁文恭公日記無卷數 常熟翁同龢撰。民國乙丑〔上海商務印書館涵芬樓〕以原稿影印本。

湘綺樓日記無卷數 湘潭王闓運撰。民國十六年〔上海商務印書館〕鉛字排印本。

雄白日記一卷 南皮張宗瑛撰。民國十九年刊。

緣督廬日記抄十六卷 長洲葉昌熾撰〔王季烈輯〕。民國二十二年蟫隱廬石印巾箱本。

總録之屬

古列女傳八卷 漢劉向撰。**考證一卷** 吴縣顧廣圻撰。嘉慶丙辰〔元和顧之逵〕小讀書堆〔據宋建安余氏勤有堂本〕刊。

列女傳補注八卷叙録一卷校正一卷 福山女史王照圓撰。嘉慶壬申春棲霞郝氏曬書堂刊。

列女傳校注八卷 錢塘女史梁端撰。道光間振綺堂刊，同治十三年其從子曾本補刊，光緒十七年陝西咸寧趙劉氏重刊。

列女傳集注十卷 侯官女史蕭道管撰。光緒戊申刊。又名《集解》。

高士傳三卷 晉皇甫謐撰，山陰任熊繪像。咸豐間王氏養和堂刊。

四洪年譜四卷 鄱陽洪汝奎編輯。宣統元年晦木齋刊。宋洪忠宣皓、洪文惠适、洪文安遵、洪文敏邁。《涇舟老人年譜》附。

二妙年譜二卷 金稷山段克己、段成己。元和孫德謙撰。民國乙卯求恕齋刊。

奇士類編五卷 明延陵吴孝思撰。天啓丁卯刊。

石匱書後集六十三卷 張岱撰。傳抄本。卷十二、卷二十六、卷二十七、卷三十、卷三十一、卷四十三、卷四十四、卷五十四、卷五十五凡九卷原闕，最後附《别傳》闕。

明高士傳二卷 掖縣侯岸登撰。傳抄本。岸登，字穆止，道光間人。〔首有道光乙巳秋八月大興王鎮序，次自序。〕

拊膝録四卷 玉海子楊琳撰，魏塘錢士升訂。傳抄本。

從亡隨筆一卷黄陳冤報録附 朝邑程濟撰，魏塘錢士升訂。傳抄本。

闡義十卷 宣城吴肅公撰，南陵劉楷訂。康熙間慕園刊。卷一《義民》(凡農漁樵賈皆入民部)，卷二《義客》，卷三《義屬》，卷四《義弟子》，卷五《義童》，卷六《義工》《義娼》，卷七《義卒》，卷八《義道士》，卷九《義僧》，卷十《義女》。其所撰始列國，止明季。

闡義二十二卷 宣城吴肅公撰,南陵劉楷訂。康熙間慕園刊。

李氏三忠事蹟考證無卷數 明宜興李用楫、李來、李頎。其玄孫慶來兄弟等編輯。無刻書年月,約嘉慶間刊。光緒十年甲申五世孫榦重刊。

甘州明季成仁録四卷 績溪胡秉虔輯。道光間胡氏受經堂刊。

明季南都殉難記無卷數 番禺屈大均撰。傳抄本,光緒間鉛字排印本。

皇明四朝成仁録無卷數 南海遺民屈大均撰。傳抄本。

列朝詩集小傳十卷 虞山錢謙益撰。康熙三十七年誦芬堂刊。《乾集》二卷,《甲集》二卷,《乙集》一卷,《丙集》一卷,《丁集》三卷,《閏集》一卷。

歷代不知姓名録十四卷 昭陽李清編。舊抄本。卷一孝子三十九條,忠臣七十條,烈士(婦女附)二十三條;卷二義士(婦女附)八十一條,義激八條,直臣四十八條;卷三智士(婦女附)一百二十九條,能吏十條;卷四學人十二條,文人(婦女附)二十九條,策士四十五條,説客二十五條;卷五睠舊九條,好生八條,執者五條,達者十七條,端人(婦女附)二十八條,長者十一條;卷六俠客二十條,力者二十二條,神人四十八條;卷七異人七十二條;卷八術士一百九條;卷九快人二十三條,規諷十八條,滑稽二十三條,友民十條,報恩十四條,啣冤十一條,韻人十四條,巧人十八條;卷十伎藝三十條,耆壽九條,隱者三十九條,女丈夫六條,奇僕十八條,方外五十一條;卷十一奇僻五十二條,間諜六條,倖獲五條,自新十五條,戇人二十條,庸流二十一條;卷十二憸人四十一條,讒人十九條,媚子十一條,貪夫九條,淫人八條,忍人十二條;卷十三妖妄十九條,夷人十六條,鬼物十二條,叛賊五條,逆賊二十二條;卷十四補遺十四條。此書每册之首鈐有"曾在王鹿鳴處"六字硃印一方,後有"雪苑王瓊宴家藏書"八字硃印一方。

歷代不知姓名録十卷 明昭陽李清撰。傳抄本。分類凡五十有四,惟卷數與前書互異,且原闕卷九十兩卷,即奇僻、間諜、倖獲、自新、戇人、庸流、憸人、讒人、媢子、貪夫、淫人、忍人、妖妄、夷人、鬼物、叛賊、逆賊等十七類，并補遺十四條。

明季東莞五忠傳二卷 東莞九龍真逸撰。民國癸亥養和書局鉛字排印本。袁崇焕、陳策、蘇觀生、張家玉、陳象明等五人。

明名臣言行録九十五卷 崑山徐開任撰。康熙辛酉采山堂刊。

述祖彙略一卷 苕上嚴我斯輯。康熙丁未刊。

殷頑録六卷 青浦楊陸榮撰。康熙間刊。

小學人物考十二卷附縣志列傳録十篇 海鹽錢景朗撰。康熙間刊。

郝氏世祀鄉賢録一卷 定州郝大鈁、郝浴。康熙間刊。

東林同難録無卷數 江陰繆敬持撰。雍正間江陰耕學艸堂精刊，道光五年補刊。即《表忠録》《同難諸人履歷》《列傳》《附傳》等類。

南天痕二十六卷附録一卷 四明西亭凌雪撰。宣統庚戌復古社鉛字排印本。

棠樾鮑氏世孝録一卷 裔孫孟英編。乾隆辛丑誦芬書屋精刊。

南湖舊話六卷 雲間李延昰撰。嘉慶丁丑書三味樓刊。

南吴舊話録二十四卷 上海李延昰撰。民國四年乙卯鉛字排印本。

前明忠義别傳三十二卷 無爲汪有典撰。無刻書年月，約嘉慶間刊木活字本。與史外同類。

貳臣傳六卷 分甲乙兩字，每字上中下卷。**逆臣傳四卷** 不著撰人姓名〔國史館纂〕。無刻書年月，約道光間刊木活字本。

貳臣傳十二卷逆臣傳四卷 不著撰人姓名〔國史館纂〕。無刻書年月，約道光間都城琉璃廠半松居士刊。

國史儒林傳二卷文苑傳二卷循吏傳一卷賢良傳二卷 揚州阮元撰。無刻書年月，約同治間刊。

疇人傳四十六卷 儀徵阮元撰。**續六卷** 甘泉羅士琳撰。道光壬寅揚州阮氏琅環僊館刊，光緒八年海鹽張氏常惺齋重刊。

二十二史言行録四十二卷 長洲過元旼輯。嘉慶己未刊。

藝林彙譜一卷續補一卷 大興翁方綱輯。傳抄本。紀載始于蘇文忠公生,終于陸清獻公歿,計六百五十七年。

人壽金鑑二十二卷 安東程得齡輯。嘉慶二十五年精刊。

史傳事略一卷 嘉應宋湘、香山黄培芳等撰。嘉慶二十年羊城富文齋刊。又名《廣東儒林文苑採進稿》。

粤東名儒言行録二十四卷 東莞鄧淳編。道光辛卯養拙山房刊。

從政觀法録三十卷 海鹽朱方增輯。道光庚寅刊。

師友集十卷 福州梁章鉅撰。道光乙巳北東園刊。

蘭閨寶録六卷 毘陵女史惲珠輯。道光辛卯紅香館刊巾箱本。

壬寅乍浦殉難録一卷補遺一卷乍浦人物備采一卷乳水流芳録一卷瑶池冰雪編一卷 里人沈筠輯。道光甲辰至咸豐四年刊,光緒十三年其子沈煒重刊。

國朝學案小識十五卷首一卷末一卷 長沙唐鑑撰。道光二十六年四砭齋刊。光緒十年重刊。鑑,仲冕之子。

良吏述補一卷 嘉興錢儀吉撰。道光間衎石齋刊,光緒三年廣州重刊。又名《續良吏述》。

家傳徵引書籍詩文目録一卷先君家傳一卷 集語 **靈表一卷遺書跋一卷壽母小記一卷** 附 **喜孫年譜一卷** 江都汪喜孫撰。底稿本。《喜孫年譜》至道光元年三十六歲,未完。

尚友記無卷數 江都汪喜荀撰。底稿本。並無目録序跋。首有咸豐某年汪保和延熙校記。延熙,孟慈之子。原裝二册,書面題卷一卷二兩卷。兹記目録於下:卷一鄭虎文、丁杰、臧禮堂、孫星衍、程晉芳、焦循、趙懷玉、劉台拱、李惇、任大椿、盧文弨、汪萊、李因篤、馮廷丞諸人家傳。卷二黄儀、張惠言、段玉裁、孔廣森、張爾岐、莊述祖、汪肇瀧、汪梧鳳、武億、施閏章、姚鏡塘諸人家傳。

李氏家傳一卷 諸城李宜芳、李宜蕃、李林、李梃。震澤張履撰。道光間精刊。

練川名人畫象四卷附二卷續編三卷 嘉定程祖慶輯。道光己卯至庚戌程氏陔南草堂刊。

猶存集四卷 高郵孫全轍、孫應科等輯。道光十四年刊。

哭廟記略一卷 不著撰人姓名。道光丁酉精刊袖珍本。

江震人物續志十卷 吴江趙蘭佩輯。道光二十年刊。

初月樓聞見録十卷續〔聞見〕録十卷 宜興吴德旋撰。道光四年刊。

琅邪詩人小傳一卷僑寓傳一卷 不著撰人姓名。底稿本。書面題有“道光庚寅著”五字。

戴氏先德傳二卷附一卷 桐城戴鈞衡撰。道光二十三年刊。

皇朝儒行所知録六卷首一卷 華亭范臺輯。道光戊申三賢祠刊。

復社姓氏録一卷南都防亂公揭一卷 吴江吴翻輯。**復社姓氏傳略十卷** 震澤吴山嘉撰。道光十一年〔吴江吴氏〕南陔堂刊。

自靖録考略八卷外編一卷 嘉興高承埏撰，其男佑釲補。咸豐戊午竹里王氏刊。

江人事四卷首一卷末一卷 南昌萬鵾輯。咸豐二年乙藜齋刊。

揚城殉難録四卷附録一卷補遺一卷 不著編輯人姓名。咸豐間刊。

於越先賢像傳贊二卷 蕭山王齡撰，山陰任熊繪像。咸豐丙辰八月蕭山王氏養和堂刊。

高郵王氏家傳無卷數 不著編輯姓名。咸豐間刊。自王式耜起，至王彦和止。

文獻徵存録十卷 仁和錢林撰。咸豐八年有嘉樹軒精刊。

台學源流七卷 臨海金賁亨撰。同治己巳刊。

廣州鄉賢傳四卷首一卷 番禺潘楳元撰。**續傳二卷** 南海譚瑩撰。同治壬戌刊巾箱本。

松陵文獻十五卷 吴江潘檉章輯。康熙間〔三十二年〕遂初堂刊。

吴江沈氏家傳一卷 吴江沈桂芬輯。同治六年刊。

國朝先正事略六十卷 平江李元度撰。同治丙寅冬循陔草堂刊。

理學宗傳辨正十六卷 永城劉廷詔撰。同治十一年六安求我齋刊。

鵑碧録四卷 仁壽陳韶湘撰。同治間留有餘齋刊。

梓里表忠録四卷首一卷 瑪佳恒柃撰。同治己巳避熱窩刊。

學案備忘録一卷 寶應成蓉鏡撰。底稿本。

明季國初進士履歷跋後一卷 仁和邵懿辰撰。民國丁巳刊。

餘師録前集十四卷後集十卷續集八卷 江右新城楊希閔撰。光緒四年福州刊。

東軒吟社畫像無卷數 烏程費丹旭繪,錢唐黄士珣記,錢塘諸可寶撰傳。光緒二年錢唐汪氏振綺堂刊。

中興將帥别傳三十卷 長洲朱孔彰撰。光緒丁酉江寧刊。〔《續編》六卷,第六卷分上下。〕

廣列女傳二十卷 桐城劉開撰。光緒十年甲申刊。

國朝天台耆舊傳八卷 里人金文田輯。光緒壬寅齊品亨堂刊木活字本。卷四分上下。

師友淵源記一卷 長洲陳奂撰。光緒十二年錢唐汪氏函雅堂刊。

碑傳集一百六十卷 嘉興錢儀吉纂録。光緒十九年江蘇書局刊。自國初至嘉慶止。

小腆記傳六十五卷補遺六卷 六合徐鼒撰。光緒丁亥夏于金陵刊。

福建通志稿列傳一卷 仁和陳善撰。無刻書年月,約光緒間刊。恐非全書。

國朝名臣言行録十六卷 元和王炳燮撰。光緒乙酉津河廣仁堂刊。

鴛湖求舊録四卷求舊續録四卷 嘉興朱福清撰。光緒己未至癸亥刊。

海寧鄉賢録一卷附録一卷 海寧許淮祥撰。光緒間刊。自南齊顧歡起,至清許楗止,凡四十九人。

孔子門人考一卷補遺一卷存疑一卷 浦陽費崇朱撰。光緒間刊。

國朝耆獻類徵初編七百二十卷總目二十卷賢媛類徵初編十二卷 湘陰李桓輯。光緒十年至十六年刊。

湖北詩徵傳略四十卷 孝感丁宿章輯。光緒辛巳孝感丁氏涇北艸堂刊。

船山師友記十七卷〔首一卷〕 湘潭羅正鈞撰。光緒丁未〔會稽吴汝楫校〕刊。

坊表録十六卷 鬱林蘇宗經輯。光緒十六年本宅刊。

全閩明詩傳五十五卷 侯官郭柏蒼録。光緒己丑侯官郭氏閔山沁泉山館刊。

碧血録二卷附録一卷 〔明平遥黄煜編〕大興傅以禮重編。光緒丙申中冬七林書堂刊。

江表忠略二十卷 桐城陳澹然撰。光緒庚子於長沙刊。

金陵通傳四十五卷補遺四卷韻編一卷續傳一卷補傳一卷 附**金陵通紀十卷續四卷** 江寧陳作霖撰。光緒甲辰至丁未瑞華館刊。

桐城耆舊傳十二卷 桐城馬其昶撰。宣統三年刊。

續碑傳集八十六卷 江陰繆荃孫纂録。宣統間〔二年庚戌〕江楚編譯書局刊。自道光至光緒止。

辛亥殉節録六卷 湘潭羅正鈞撰。民國九年羅氏養正齋刊。

台學統一百卷 黄巖王棻撰。民國戊午吴興劉氏嘉業堂刊。

顔李師承記九卷附習齋語要二卷恕谷語要二卷 天津徐世昌撰。無刻書年月,約民國初年刊。

中國人名大辭典 并**補遺附録無卷數** 武進臧勵龢、胡君復等編。民國十年上海商務書館鉛字排印本。《附録》即《姓氏考略》《異名表》《紀元表》等書。

辛亥殉難記六卷首一卷附職官兵丁表三卷 吴自修撰,長白果泆補。民國辛酉鉛字排印本。

黑水先民傳二十四卷 崇仁黄維翰撰。民國壬戌至癸亥刊。

濰縣鄉賢傳四卷 邑人丁錫田輯。民國十五年十笏園石印本。

光宣列傳四十卷前編二卷附編一卷 漢軍趙爾巽等撰。民國二十二年以清史稿影印本。

兩漢三國學案十一卷 涉江唐晏撰。近〔民國三年甲寅〕潮陽鄭氏龍溪精舍刊。

碑傳集補六十卷末一卷 江都閔爾昌輯。民國十二年燕京大學國學研究所鉛字排印本。

商丘宋氏家乘十四卷 七世孫宋犖編。康熙乙酉精刊。

黄氏家録一卷 姚江黄宗羲撰。**續録六卷** 姚江黄炳輯。康熙間〔四十二年癸未竹橋裔孫寓雲間炳校〕刊。

濠梁萬氏宗譜内集十四卷 明寧波萬全修,十三世孫斯大增修,十四世孫經再增。乾隆壬辰辨志堂刊。

商邱宋氏續修家乘十二卷 商邱宋齊唐等修。嘉慶十一年精刊。又名《商邱宋氏續乘》。

海豐張氏家乘十卷 海豐張映房等編。嘉慶丁巳敬身堂刊。又名《海豐張氏族譜》。

寶應朱氏家乘無卷數 不著編輯名氏。傳抄本。

婁關蔣氏本支録右編十二卷首一卷末一卷 十二世孫蔣錫寶等輯。道光丙午刊。

胡氏世典十一卷附録一卷 長沙胡元儀撰。光緒十四年刊。

寧鄉黄氏族譜釋例二卷 寧鄉黄培英輯。光緒十四年敦倫堂刊。

國朝歷科題名碑録初集無卷數 蔚州李周望録,宗室德沛校補。乾隆丙寅刊。起順治丙戌,止乾隆庚子,并明洪武至崇禎各科附。又名《太學進士題名碑録》。是書陸續補刻,有至光緒朝者。

歷代名賢齒譜九卷女齒譜三卷 湘鄉易宗涒輯。雍正三年刊,乾隆乙卯補刊。

年華録四卷 甬上全祖望撰。嘉慶二十年日新堂刊。

詞科掌録十七卷餘話七卷 仁和杭世駿輯。乾隆間道古堂刊。

乙〔已〕未詞科録十二卷 無錫秦瀛撰。嘉慶間世恩堂刊。

鶴徵録八卷〔首一卷〕 嘉興李集撰。**後録十二卷〔首一卷〕** 嘉興李富孫〔從孫、超孫、富孫、遇孫同續〕撰。嘉慶十六年〔嘉興李氏〕漾葭老屋刊。

國朝山右館選題名録一卷御史題名録一卷補遺附 靈石梁中靖輯。道光四年精刊。

歷代名人年譜十卷存疑一卷 南海吴榮光撰。光緒元年南海念初思滿齋刊，光緒間寶經書坊刊。

國朝兩浙科名録無卷數 黄□□倩園輯。咸豐七年於京師刊。

國朝湖州府科第表無卷數 烏程戴璐原輯，烏程沈鋐補輯。同治壬申刊。進士、舉人、拔貢等類。又名《吴興科第表》。

毘陵科第考八卷 毘陵趙熙鴻原編，錢人麟續編。同治七年刊。

蘇州長元吴三邑科第譜四卷 元和陸懋修輯，其子潤庠補編。光緒丙午刊。

四史疑年録七卷 女史阮劉文如撰。嘉慶間刊〔宣統元年元和許增重刊本〕。文如，阮元之室。即《漢書》一卷，《後漢》一卷，《三國》三卷，《晉書》二卷。

疑年録四卷 嘉定錢大昕撰。**續四卷** 海鹽吴修撰。嘉慶戊寅自刊〔二十三年補録本〕。

補疑年録四卷 平湖錢椒編。道光十八年刊，光緒六年吴興陸氏刊。

三續疑年録十卷 歸安陸心源撰。光緒己卯刊。

五續疑年録五卷附録二卷 江都閔爾昌撰。民國十二年〔江都閔氏〕刊。

疑年録彙編十六卷補録一卷分韻人表一卷 武進張惟驤輯。民國十四年小雙寂庵刊。

國朝館選録二卷附特授改補館職一卷 仁和沈廷芳輯。乾隆至光緒陸續刊。起順治三年，止光緒十六年。

乾隆辛酉山東鄉試録一卷 萬年茂、周煌等編。乾隆六年刊。

乾隆丁酉河南鄉試録一卷 戚蓼生、項家達同編。乾隆四十二年刊。

乾隆己亥恩科各省鄉試〔同年〕齒録一卷 蒙古法式善録。傳抄本。十五省。

道光元年辛巳各省同年全録無卷數 史致蕃編。道光十年刊。

道光己丑齒録無卷數 洪守愚録。道光丙申平湖錢福昌等校刊。

道光甲午直省同年録無卷數 宛平徐有孚編。道光庚子〔仲夏〕刊。

道光壬辰科直省同年全録無卷數 陳□□酉峯編。道光丙午刊。

道光乙未科會試同年齒録二卷首一卷 張雲藻、徐有孚等編。道光二十二年刊。

咸豐己未恩科河南鄉試同年齒録一卷 不著編輯姓名。咸豐間刊。

咸豐乙卯直省鄉試同年齒録無卷數 長洲彭祖賢等編。同治己巳北京精華齋刊。

河南鄉試録一卷 甘泉曹煒編。光緒五年己卯刊。

光緒壬午科十八省鄉試同年録無卷數 漢軍徐桐等編。光緒八年鉛字排印本。

順天文鄉試録一卷 滿洲徐桐、錢塘孫詒經等編。光緒十五年刊。

光緒庚寅恩科會試録一卷進士登科録一卷 孫毓汶編。光緒十六年刊。

光緒甲午恩科會試同年齒録無卷數 不著編輯姓名。光緒甲午刊。

清代獻徵類編二十九卷 無錫嚴懋功撰。民國二十年鉛字排印本。

詞林輯略十一卷姓氏韻編一卷 清遠朱汝珍輯。近北平中央刻經院鉛字排印本。順治至宣統。

姓 名 類

元和姓纂十卷 唐林寶撰,陽湖孫星衍、歙洪瑩同補。嘉慶七年洪氏刊。

新安大族志二卷 元郡人陳櫟編。無刻書年月。約元末明初間刊。

新安名族志二卷 元郡人陳櫟編,明鄭佐、洪垣、程尚寬等增輯。嘉靖辛亥刊。

史姓韻編六十四卷 蕭山汪輝祖撰。乾隆庚戌雙節堂刊,同治庚午金陵重刊木活字本。

九史同姓名略七十二卷補遺四卷增補一卷 蕭山汪輝祖録。乾隆辛亥雙節堂刊。

三史同姓名録四十卷 蕭山汪輝祖撰。嘉慶戊午雙節堂刊。《遼史》五卷,《金史》十卷,《元史》二十卷,《總録》二卷,《附録》二卷,《叙録》一卷。

經史避名彙考四十六卷 海寧周廣業撰。光緒丁酉其玄孫紹基録抄本。

姓氏尋源四十五卷姓氏辨誤三十卷 武威張澍撰。道光戊戌棗花書屋刊。

姓韻一百卷 武威張澍撰。底稿本。墨格,版心刊"養素堂"三字。又見殘本,無卷數,屬張氏手稿,有上平、下平二卷。

姓氏書目考證無卷數 武威張澍撰。底稿本。藍色墨格,版心刊"養素堂"三字。

歷代同姓名録二十三卷 崇川劉長華撰。同治丙寅刊。

姓氏族譜合編十卷 皖江李魁第輯。光緒五年醉月軒刊木活字本。以百家姓編次。

詔令奏議類

聖諭廣訓一卷 世宗御撰。雍正二年内府刊。

聖諭廣訓直解一卷 内府官撰。道光三十年刊。

大義覺迷録四卷 世宗憲皇帝御撰。雍正間内府刊。記吕留良、嚴鴻逵、曾靜、阿其那、塞黑、允禩、允禵、大阿哥、二阿哥、年羹堯、鄂倫岱等案事。

南宫疏略八卷 明袁郡嚴嵩撰。嘉靖戊申刊。

鄭端簡公奏議十四卷 明海鹽鄭曉撰。隆慶庚午至辛未嘉禾項氏萬卷堂刊。

張文忠公奏對稿二卷 明張居正撰,李卓吾評選。無刻書年月,約天啓間刊。

張侍御疏艸無卷數 明樂陵張瀫撰。天啓甲子刊。《浙江道疏》《巡按河東疏》《掌河南道疏》《太僕寺卿疏》《巡撫河南疏》《庚申紀事》《山西生祠記》《曲周生祠記》《歷任事實》《請恤疏》。此庚申紀事以下,係其孫男之晉補刊。

疏草二卷 明東莞李覺斯撰。崇禎癸未刊。

柴庵疏集二十卷憶記四卷寤言二卷 明淮南吴甡撰。崇禎弘光間刊。

政略無卷數 寶應朱克簡撰。無刻書年月,約康熙間刊。巡按福建之作,凡十二門類。

趙襄忠公奏疏存稿六卷 關中趙良棟撰。康熙間〔五十一年〕刊。

鄂少保公奏疏一卷 滿洲鄂爾泰撰。雍正十年刊。又名《平蠻奏疏》。

孫文定公奏疏十卷 興縣孫嘉淦撰。乾隆間〔敦和堂〕精刊。

黎襄勤公奏議六卷 羅山黎世序撰。道光丁亥本衙刊。皆河道事。

陶雲汀奏議五十二卷 安化陶澍撰。道光戊子刊。

黄少司寇奏議二十卷 宜黄黄爵滋撰。底稿本。

己庚編二卷 壽陽祁韻士撰。道光二十八年筠淥山房刊。

平番奏議四卷輿圖一卷 那清安撰。咸豐三年蘭垣阿公祠刊。

吕文節公奏疏二卷 旌德吕賢基撰。咸豐間惇福堂刊。

斯未信齋奏疏二卷 南通州徐宗幹撰。咸豐乙卯刊。又名《斯未信齋文編官臺灣事》。

張文毅公奏稿八卷首一卷 涇陽張芾撰。光緒二年刊。

林文忠公政書三十七卷滇軺紀程一卷荷戈紀程一卷政書蒐遺一卷畿輔水利議一卷 侯官林則徐撰。光緒丙子至己卯刊。

耐菴奏議存稿十二卷首一卷公牘存稿四卷 善化賀長齡撰。光緒壬午刊。

錢敏肅公奏疏七卷 太倉錢鼎銘撰。光緒六年存素堂刊。

陳侍郎奏稿八卷 桂陽陳士杰撰。光緒丙午衡陽刊。

吴官保公奏議六卷 固始吴其濬撰。光緒七年江蘇節署鉛字排印本。

駱文忠公奏議二十八卷附録一卷 花縣駱秉章撰。光緒戊寅刊。

劉中丞奏議二十卷 湘鄉劉蓉撰。光緒十一年思賢講舍刊。

滇黔奏議十卷 湘鄉劉嶽昭撰。光緒間刊。

沈文肅公政書七卷首一卷 侯官沈葆楨撰。光緒庚辰吴門節署刊。

郭侍郎奏疏十二卷 湘陰郭嵩燾撰。光緒壬辰刊。

黎文肅公奏議十六卷 湘潭黎培敬撰。光緒間刊。

卞制軍奏議十二卷 儀徵卞寶第撰。光緒二十年刊。

馬端敏公奏議八卷 荷澤馬新貽撰。光緒甲午閩浙督署刊。

左恪靖侯奏稿初編三十八卷續編七十六卷 湘陰左宗棠撰。光緒間刊巾箱本。

彭剛直公奏稿八卷 衡陽彭玉麟撰。光緒間〔十七年吴下〕刊。

丁文誠公奏稿二十六卷首一卷 平遠丁寶楨撰。光緒十九年京都刊。

竹坡侍郎奏議二卷 宗室寶廷撰。光緒辛丑刊。

喬勤恪公奏議十六卷 塗水喬松年撰。光緒間强恕堂刊。

楊勇慤公奏議十六卷首一卷 善化楊岳斌撰。光緒二十一年間竹軒刊。

岑襄勤公奏稿三十卷傳狀碑銘一卷首一卷 西林岑毓英撰。光緒二十三年武昌督糧官署刊。

李肅毅伯奏議十三卷 合肥李鴻章撰。光緒間石印本。

張靖達公奏議八卷 合肥張樹聲撰。光緒間刊。

袁爽秋京卿請勦拳匪疏稿一卷 桐廬袁昶撰。光緒庚子刊木活字本。

李勤恪公政書十卷首一卷 合肥李瀚章撰，惲毓嘉等輯。光緒三十二年石印本。

劉文莊公奏議八卷 廬江劉秉章撰。光緒戊申家刊。

劉壯肅公奏議十卷首一卷 合肥劉銘傳撰。光緒三十二年鉛字排印本。

籌贍疏稿三卷 定興鹿傳霖撰。光緒庚子刊。

庸盦奏議十六卷 貴陽陳夔龍撰。宣統間鉛字排印本。

王侍郎奏議十卷 歙縣王茂蔭撰。光緒二十五年刊。

林文直公奏議七卷 閩縣林紹年撰。宣統丁卯於京師刊。

徐制軍奏疏遺集六卷 鹿邑徐廣縉撰。民國辛酉仲秋徐氏鉛字排印本。

澗于集奏議六卷 豐潤張佩綸撰。民國丙寅豐潤澗于草堂張氏精刊。

端忠敏公奏稿十六卷 滿洲正白旗端方撰。民國戊午鉛字排印本。

退廬疏稿四卷補遺附 新昌胡思敬撰。民國癸丑問影樓刊。

江侍御奏議二卷 莆田江春霖撰。民國丁卯以古宋字排印本。

望嵓堂奏稿十二卷 閩縣陳璧撰。**附年譜一卷** 受業侯官陳宗蕃撰。民國二十一年鉛字排印本。

禎朝詔疏九卷 明錢塘朱東觀恭輯。**小兒事疏一卷**〔明〕張復撰〔程羽文疏〕。崇禎癸未刊。

明臣奏議十二卷 綿州孫桐生輯。光緒辛卯〔仲春四影閣〕刊。自洪武盡崇禎弘光。

崇禎存實疏抄八卷 不著編輯人姓名。民國二十三年北平大學研究院影印本。

皇朝文典七十四卷 武進李兆洛編。嘉慶二十年刊。

內閣撰擬文字二卷 歙鮑康輯。**二編二卷三編一卷** 津門徐士鑾輯。同治七年至十三年刊。

船政奏議彙編五十〔四〕卷 不著編輯姓名。光緒戊子本衙門〔陸續〕刊。

道咸同光奏議六十四卷 秀水王延熙、王樹敏同輯。光緒壬寅上海久敬齋石印本。

時　令　類

節品出典五卷 錢塘王復禮撰。無刻書朝代,約康熙壬午杭城尊行齋刊。

奥衍新書三卷 潛山張必剛撰。雍正十一年觀物堂刊。

濬元六卷 潛山張必剛撰。乾隆六年金陵懷德堂精刊。

帝京歲時紀勝一卷 大興潘榮陛撰。乾隆間刊。

月日紀古十二卷 龍城蕭智漢撰。乾隆五十九年聽濤山房刊〔道光十四年星潭蕭氏增刊〕。

月令粹編二十四卷圖説一卷 江都秦嘉謨撰。嘉慶十七年琳琅仙館刊。

節序日攷四卷 休寧徐卓撰。嘉慶戊寅海棠書巢刊。

卜歲恒言二卷 邗江吴鵠輯。道光元年抱青閣刊。

時節氣候抄六卷首一卷 南昌喻端士撰。道光元年密香庵刊。

清嘉録十二卷 吴縣顧禄撰。道光庚寅〔吴縣顧氏〕刊。

燕京歲時記一卷 長白富察敦崇撰。光緒丙午仲秋〔北京文德齋〕刊。

閏八月考三卷 南清河龔穉推步,王錫祺編。光緒間小方壺齋鉛字排印本。

販書偶記卷七

冀縣孫殿起耀卿録

地　理　類

總　志　之　屬

元和郡縣補志九卷 江寧嚴觀輯。乾隆四十年蒲盧〔廬〕學舍刊。

補元和郡縣志四十七鎮圖説一卷 常熟龐鴻書撰。光緒乙巳學務處鉛字排印本。

太平寰宇記二百卷 宋樂史撰。**補闕八卷** 桂林陳蘭森編。**紀元表一卷** 南昌萬廷蘭編。乾隆五十八年癸丑南昌萬氏刊。

輿地紀勝二百卷 宋王象之撰。**校勘記五十二卷** 儀徵劉文淇撰。**補闕十卷** 甘泉岑建功輯。道光二十九年〔甘泉岑氏〕懼盈齋〔據文選樓影宋鈔本〕刊。

輿圖備考全書十八卷 明關中潘光祖輯。崇禎間刊。

地圖綜要内篇一卷外篇一卷 明天都吴學儼撰。無刻書年月,約崇禎間刊。

地理綜要無卷數 明錢塘朱國達等輯。無刻書年月,約崇禎間刊。

今古輿地圖三卷 明山陰吴國輔撰。崇禎間刊硃墨套印本。

王會新編無卷數 古越茹鉉撰。康熙間可園刊。案封面題"兩京十四省計一百五十八卷"。

廣輿記補十六卷 明錢塘陸敏樹撰。底稿本。

方輿紀要州域形勢説五卷 吴中顧祖禹撰。康熙間職思堂刊。

讀史方輿紀要一百三十卷 崑山顧祖禹撰。嘉慶十七年敷文閣刊。

方輿考證總部六卷 濟寧許鴻磐撰。嘉慶間刊。卷一輿圖序略、歷代建置上,卷二歷代建置下,卷三歷代分合形勢,卷四山脈、黄河、大江,卷五黑龍江、盤江、漕運、海防,卷六歷代邊城、歷代都邑。

方輿考證一百卷 濟寧許鴻磐撰。民國戊午至壬申濟寧潘氏華鑑閣刊。

一統志按説十六卷 崑山顧亭林原本,崑山徐乾學撰。道光丁亥清芬閣刊木活字本。

職方志六卷 陽湖管榦珍撰。乾隆五十九年大觀樓精刊。又名《松厓文鈔》。

大清一統志表無卷數 桂林陳蘭森撰。乾隆癸丑刊。

今古地理述十八卷首三卷末一卷 武寧王子音撰。嘉慶十二年丁卯湖上半畝園於京師刊。

歷代地理沿革表四十七卷 上虞陳芳績撰。道光癸巳清河張氏萬卷樓刊。

歷代地理韻編今釋二十卷附皇朝輿地韻編二卷 武進李兆洛撰。道光十七年輩學齋刊木活字本,光緒元年羊城馬氏集益堂重刊本。最後有《歷代地理韻編今釋校勘記》一卷,《皇朝輿地韻編校勘記》一卷,《地志韻編唐志補闕正誤考異》一卷,《漢志標誤》一卷。順德馬貞榆撰。

方輿纂要十五卷首一卷 南豐鄒均纂。道光辛卯刊。

輿地沿革表四十卷 武陵楊丕復撰。光緒十四年其孫男琪光刊。

攷古録十卷 太平孫璧文撰。光緒戊子刊巾箱本。

崑輿考略一卷續編一卷 興山吴錦章撰。原稿本。紅格,版心刊"崇雅精舍"四字。

五洲地理志略三十六卷首一卷 長沙王先謙撰。宣統二年湖南學務公所刊。

皇朝一統輿地全圖 陽湖董祐誠以康熙、乾隆兩朝内府輿圖仿繪。道光十二年陽湖李氏辨志書塾刊。以八音等字分作八册。道光辛丑六嚴縮摹重刊本。

李氏歷代輿地沿革圖校勘記無卷數 毘陵惲毓嘉、惲毓鼎同撰。光緒十四年刊。起《禹貢地圖校勘記》,止《明地理志圖校勘記》,凡十六卷。

歷代輿地沿革險要圖一卷 宜都楊守敬、東湖饒敦秩同撰。光緒五年東湖饒氏刊。以藍墨、硃墨兩色印本。

都會郡縣之屬

雲南通志十七卷 明李元陽纂。隆慶間刊。

閩都記三十三卷圖一卷 明閩王應山撰。道光間求放心齋刊。

河南通志五十卷 華亭沈荃等纂。順治十七年刊。

湖廣通志八十卷圖一卷 泰州宫夢仁、烏程姚淳燾同纂。康熙二十三年刊。

廣東通志三十卷圖一卷 番禺莫慶元等輯。康熙間刊。

廣東通志三百三十四卷 揚州阮元、海康陳昌齊等纂。道光二年刊,同治甲子重刊。

四川通志二百四卷首二十二卷 金匱楊芳燦等纂。嘉慶二十一年刊。

滇繫無卷數 趙州師範纂。嘉慶戊辰刊,光緒丁亥雲南通志局刊。原目作四十册,圖表附。

雲南通志稿二百十六卷 揚州阮元等纂。道光乙未刊。

黔南識略三十二卷 長白愛必達撰。道光丁未安化羅繞典刊。

福建通志二百七十八卷圖一卷首六卷附一卷 侯官陳壽祺、光澤高澍然等纂。同治戊辰正誼書院刊。

廣東圖説九十二卷 南海桂文燦撰。無刻書年月,約同治間刊。

安徽通志三百五十卷補遺十卷 道州何紹基、壽州孫家鼐等纂。光緒三年至四年刊。

江西通志一百八十卷首五卷 會稽趙之謙等纂。光緒六年至七年刊。

畿輔通志三百卷 貴筑黄彭年等纂。光緒十年古蓮華池刊，宣統二年北洋官報局石印本。

湖南通志二百八十八卷首八卷末十九卷 湘鄉曾國荃。湘潭羅汝懷等纂。光緒十一年府學宫尊經閣刊。

吉林通志一百二十二卷圖一卷 李桂林等纂。光緒十七年刊，圖石印本。

廣西通志輯要十五卷 鬱林蘇宗經輯，羊復禮增輯。**續刻二卷** 新建夏敬頤輯。光緒己丑庚寅刊。

山西通志一百八十四卷 洪澗王軒等纂。光緒十八年刊。

江西全省輿圖十四卷〔首一卷〕〔劉坤一等撰〕朱兆麟校。〔同治七年刊〕光緒丙申孟冬石印本。

甘肅新通志一百卷首五卷 安維峻等纂。宣統元年刊，内圖石印本。

新疆山脈圖志六卷新疆國界圖志八卷 新城王樹枏撰。宣統元年〔新城王氏陶廬〕刊。

新疆建置志四卷 醴泉宋伯魯撰。民國二年鉛字排印本。

山東通志二百卷首一卷附録一卷 滎成孫葆田等纂。民國乙卯至戊午山東印刷公司鉛字排印本。

湖北通志一百七十二卷首一卷末一卷 江夏張仲炘等纂。民國十年湖北省長公署刊。

新疆圖志一百十六卷 新城王樹枏等纂〔清袁大化修。㨿《新疆全省輿地圖》一册，《新疆實業鹽産郵政電綫道里圖》一册〕。民國十二年東方學會〔據宣統元年本校本增補〕鉛字排印本。

察哈爾省通志二十八卷首一卷 大城梁建章纂。民國二十四年鉛字排印本。

嘉定鎮江志二十二卷首一卷附録一卷 宋盧憲撰。**校勘記二卷** 儀徵劉文淇及其子毓崧同撰。**至順鎮江志二十一卷首一卷附録一卷** 不著撰人姓名。**校勘記二卷** 儀徵劉文淇及其子毓崧同撰。**附輿地紀勝卷七鎮江府一卷** 宋王象之撰。道光壬寅仲夏丹徒包氏刊,宣統庚申焦山重刊。

淮安府志十三卷首一卷 劉光業等纂。康熙二十四年刊。

臺灣府志十卷 榆林高拱乾纂。康熙丙子刊。

常州府志三十八卷首一卷 邑人陳玉璂纂。康熙三十四年刊。

紹興府志八十卷 山陰平恕、金匱錢泳等纂。乾隆五十七年刊。

西寧府新志四十卷 遼海楊應琚纂。乾隆十二年丁卯刊。

西安府志八十卷首一卷 鎮洋畢沅、江寧嚴長明等纂。乾隆已亥刊。

東昌府志五十卷圖考一卷首一卷 歷城周永年纂。乾隆四十二年刊。

寧國府志三十六卷首一卷末一卷 陽湖洪亮吉、歙凌廷堪同纂。嘉慶丁卯刊。

漢南續修郡志三十二卷 關左滕天綬輯,楚南嚴如熤重輯。嘉慶十九年本衙刊。〔又名《漢南續修府志》。〕

松江府志八十四卷圖説一卷首二卷 會稽莫晉、陽湖孫星衍等纂。嘉慶二十二年府學明倫堂刊。

江寧府志五十六卷 桐城姚鼐纂。嘉慶辛未刊。

慶遠府志二十卷 唐仁編纂。道光八年至九年刊。

遵義府志四十八卷 里人鄭珍、獨山莫友芝同纂。道光二十一年辛丑刊。

同州府志三十四卷文徵録三卷首一卷 固始蔣湘南纂。咸豐壬子刊。

徽州府志辨證一卷 歙黄崇惺撰。同治間刊木活字本。訂道光志之疎漏。

壽昌乘一卷 不著編輯姓名。光緒丁未武昌柯氏息園刊。

光緒鳳陽府志二十一卷 金壇馮煦等纂。光緒三十四年刊木活字本。

朔方道志三十一卷 王之臣等纂。民國十五年天津華泰印書館鉛字排印本。

廣德州志五十卷首一卷 海寧周廣業纂。乾隆五十七年刊。

台州外書二十卷 郡人戚學標輯。嘉慶已未夏南墅刊。

嘉慶海州直隸州志三十二卷首編一卷 善化唐仲冕、歙凌廷堪等纂。嘉慶十六年刊。

禹州志二十六卷 婁縣姚椿、陽湖洪符孫同纂。道光十五年刊。

邳州志二十卷 山陽魯一同纂。咸豐辛亥刊。

象州志二卷 象州鄭獻甫纂。同治辛未州署刊。

深州風土記二十二卷表五卷 桐城吴汝綸撰。光緒二十六年文瑞書院刊。

武功縣志三卷 明武功康海纂。**勘證一卷** 陽湖方楷撰。**朝邑縣志二卷** 明朝邑韓邦靖纂。**勘證一卷** 陽湖方楷撰。同治十三年甲戌彭城刊。

吴江縣志二十八卷 明邑人徐師曾纂。嘉靖四十年刊。

大興縣志六卷常京圖略一卷 厚丘張茂節纂。康熙甲子刊。卷五分上下。

鐵嶺縣志二卷 邑人董國祥纂。康熙丁巳刊。

海豐縣志十二卷首一卷 邑人張克家張元醇等纂。康熙辛亥刊。

南匯縣志原本十六卷 雲間顧成天撰。雍正〔十二年〕甲寅刊。

瀲水志林二十六卷 吴江張尚瑗纂。無刻書年月,約道光間重刊木活字本。

歙縣志二十卷附黄山志二卷 桐城劉大櫆纂。乾隆辛卯刊。

江都縣志三十二卷輿圖一卷 程夢星等纂。乾隆七年重修八年刊。

當塗縣志三十三卷 當塗徐文靖纂。乾隆十五年刊。

永清縣志二十五篇文徵五卷 會稽章學誠纂。乾隆己亥縣署刊〔嘉慶十八年補刊〕。

洛陽縣志二十四卷圖考一卷 武進龔崧林纂。乾隆十年刊。

洛陽縣志六十卷 陽湖陸繼輅等纂。嘉慶癸酉刊。

鄞縣志三十卷 武進錢維喬等纂。乾隆間〔五十三年戊申〕刊。

偃師縣志三十卷圖一卷 陽湖孫星衍等纂。乾隆戊申刊。卷二十七卷二十八《金石録》,縣人武億撰。

澄城縣志二十卷 陽湖洪亮吉、孫星衍同纂。乾隆甲辰本衙刊。

三水縣志十一卷 陽湖孫星衍纂。乾隆乙巳本衙刊。

長武縣志十二卷續刻一卷 陽湖洪亮吉纂。乾隆四十八年刊。

登封縣志二十四卷 陽湖洪亮吉纂。乾隆丁未本衙刊。

青浦縣志四十卷 邑人王昶纂。乾隆戊申尊經閣刊。

震澤縣志三十八卷首一卷 吴江沈彤纂。乾隆丙寅刊。

孟縣志十卷 欽州馮敏昌纂。乾隆庚戌刊。卷一、卷四、卷六、卷十等卷分上下。

朝邑縣志十一卷首一卷 嘉定錢坫纂。乾隆四十五年刊。

韓城縣志十六卷首一卷 汝南傅應奎、嘉定錢坫同纂。乾隆甲辰刊。

醴泉縣志十四卷圖一卷 知縣蔣騏昌、陽湖孫星衍同纂。乾隆癸卯刊。

婁縣志三十卷 上海陸錫熊纂。乾隆五十三年精刊。

大名縣志四十卷 張維祺、邑人崔述等纂。乾隆五十五年庚戌刊。

寶豐縣志二十四卷 偃師武億、吴縣陸蓉同纂。嘉慶二年刊。

鳳臺縣志十二卷 武進李兆洛纂。嘉慶甲戌本衙刊。卷一《輿地》,卷二《食貨》,卷三《營建》,卷四《溝洫》,卷五《官師》,卷六《選舉》,卷七《藝文載籍金石詞賦》,卷八《人物》,卷九《列女》,卷十《古蹟》,卷十一《圖説》,卷十二《附録》。

江陰縣志二十八卷首一卷 陽湖李兆洛等纂。道光庚子〔本衙〕刊。

山陰縣志三十卷首一卷 歙朱文翰纂。嘉慶八年本衙刊。

合肥縣志三十六卷 陽湖左輔纂。嘉慶八年至九年廣益局刊。

咸寧縣志二十六卷 武進陸耀遹、陽湖董祐誠同纂。嘉慶戊寅孟夏刊。

涇縣志三十二卷首一卷 陽湖洪亮吉纂。嘉慶十一年刊。

長安縣志三十六卷 陽湖董曾臣纂。嘉慶乙亥學署刊。曾臣後改名祐誠。

東臺縣志四十卷 吴縣蔡復午等纂。嘉慶二十二年本署刊。

陽春縣志十四卷首一卷 番禺劉彬華纂。道光元年刊。

寧志餘聞八卷 海寧周廣業輯。底稿本。

香山縣志八卷附録一卷 邑人黄培芳等纂。道光七年刊。

歙縣志十卷首一卷 德清沈伯棠纂。道光八年刊。此書分門計五十四。

新會縣志十四卷 香山黄培芳〔南海曾釗同〕纂。道光二十年刊。

道光鄢陵縣志十八卷 陽湖洪符孫纂。道光十二年刊。

象山縣志二十二卷圖一卷 嘉興馮登府等纂。道光十四年刊。

新寧縣志十卷 南海曾釗纂。道光十九年刊。

江陵縣志刊誤六卷 邑人劉士璋撰。道光十九年沙市劉氏家刊。

修武縣志十卷首一卷 淄川馮繼照、魯山張宗泰等纂。道光己亥本衙刊。

海昌備志五十二卷附録二卷 嘉興錢泰吉編輯。道光二十六年刊。

掖乘十六卷 掖侯岸登撰。底稿本。有道光丁亥六月自序。

龍門縣志十六卷 番禺張維屏纂。咸豐元年刊。

重修寶應縣志辨一卷 邑人劉贊勳撰。咸豐元年刊木活字本。

清河縣志二十四卷 山陽魯一同纂。咸豐四年尊經閣刊。

順德縣志三十二卷 順德梁廷柟纂。咸豐癸丑刊。

鄢陵文獻志四十卷 鄢陵蘇源生纂。同治元年二月至二年九月刊。

同治僊居縣志稿十六册 婺源余麗元、陽湖楊晉藩等纂。底稿本。第七册分上中下。

山陽縣志二十一卷淮安藝文志十卷 道州何紹基、邑人丁晏等纂。同治十二年癸酉刊。

烏程縣志三十六卷 邑人汪曰楨纂。光緒間刊。

昆明縣志十卷 邑人戴絅孫纂。光緒二十七年刊。

巴陵縣志六十卷附録十八卷 邑人杜貴墀纂。光緒十七年刊。

寶應圖經六卷圖一卷首一卷 寶應劉寶楠撰。光緒九年淮南書局刊。

貴池縣志四十四卷 松陵陸延齡纂。光緒九年刊木活字本。

湘潭縣志十二卷 邑人王闓運纂。光緒十五年刊。

石門縣志六卷 邑人閻鎮珩纂。光緒戊子刊。

海寧縣志略無卷數 邑人范驤撰。光緒間清風室刊。

盱眙縣志稿十七卷圖一卷 山陽高延第、盱眙王錫元等纂。光緒辛卯刊。

湘陰縣圖志三十四卷首一卷末一卷 邑人郭嵩燾纂。光緒六年刊。

南匯縣志二十卷 邑人張文虎纂。光緒五年刊。

武陽志餘十二卷 陽湖莊毓鋐、陸鼎翰同纂。**附團練紀實二卷** 陽湖莊毓鋐輯。光緒十三年刊木活字本。

長興縣志拾遺二卷輿圖一卷 華亭朱鎮撰。光緒丙申刊。

錫金識小録十二卷 邑人黄邛纂。光緒丙申刊木活字本。

琴川三志補記十卷續八卷 常熟黄廷鑑輯。光緒二十四年刊木活字本。

望都縣鄉土圖説無卷數 東吴陸是奎輯。光緒乙巳鉛字排印本。

渦陽風土記十六卷 葉縣黄佩蘭等纂。民國甲子刊。

遼陽縣志四十卷 白永貞等纂。民國十六年鉛字排印本。

歸綏縣志無卷數 桂林鄭裕孚纂。民國二十三年至二十四年以古宋字排印本。案原編次十四卷圖一卷補遺附。

梅里志四卷圖一卷 里人韓〔吴〕存禮纂。雍正二年〔襄平〕蔡名烜〔蘇州〕刊。

口北三廳志十六卷首一卷 閩漳黄可潤等纂。乾隆二十三年刊。

南澳志十二卷圖一卷 婺源齊翀撰。乾隆四十八年刊。

黎里志十六卷首一卷 里人徐達原纂。嘉慶乙丑刊。

梅里志十六卷 里人楊謙纂,李富孫補。道光三年校經廎刊。

乍浦備志三十六卷 里人鄒璟纂輯。道光七年刊。

吴門補乘九卷 吴縣錢思元輯。**續編一卷** 吴縣錢士錡輯。道光間刊。士錡,思元之子。

連山綏猺廳志無卷數 桐城姚柬之纂。道光十六年刊。

廈門志十六卷 富陽周凱纂。道光己亥秋玉屏書院刊。

河套圖考一卷 榆林楊江撰。咸豐七年刊。

噶瑪蘭廳志八卷 晉江陳淑均纂。咸豐壬子仰山書院刊。卷二卷四各分上下。

淡水廳志十五卷 高要陳培桂纂。同治十年刊。

黎里續志十六卷首一卷 里人蔡丙圻纂。光緒戊戌〔禊湖書院〕刊。

河套圖志六卷圖一卷 富平張鵬一撰。民國六年在山草堂鉛字排印本。

河渠水利之屬

水經注箋四十卷 明南州朱謀㙔撰。萬曆乙卯〔西楚李長庚〕刊〔崇禎二年景陵譚元春刊本。又晏湖張氏勵志書屋據天都黃氏本重校刊,東壁園藏板〕。

水經注無卷數 休寧戴震撰。乾隆壬辰刊。

全校水經注四十卷補遺一卷附録二卷正誤一卷 鄞全祖望撰〔清王梓材輯〕。光緒十四年無錫薛福成刊〔板藏寧波崇實書院〕。

水經注釋地四十卷補遺二卷水道直指一卷 新安張匡學撰。嘉慶丁巳上池書屋精刊。

水經注匯校四十卷附録二卷 江右新城楊希閔撰〔附録二卷,清趙一清撰〕。光緒辛巳福州刊。

水經注圖一卷附録一卷 江寧汪士鐸撰。咸豐十一年〔益陽胡林翼〕刊。

合校水經注四十卷〔首一卷〕 長沙王先謙撰〔附録二卷,清趙一清撰〕。光緒壬辰思賢講舍刊。

讀水經注小識四卷 常熟龐鴻書撰。光緒甲辰石印本。

水經注疏要删四十卷補遺一卷 宜都楊守敬撰。光緒乙巳觀海堂刊。

水經注疏要删補遺四十卷 宜都楊守敬撰。宣統元年刊。

水經注圖四十卷補一卷 宜都楊守敬撰。光緒乙巳觀海堂刊硃墨套印本。

水經注正誤舉例五卷 仁和丁謙撰。民國己未南林劉氏求恕齋刊。

今水經注要覽三卷 黄錫齡撰。嘉慶二年春暉閣刊袖珍本。

今水經注四卷 錢塘吴承志撰。民國壬戌南林劉氏求恕齋刊。

對河決問一卷 桐城胡宗緒撰。乾隆丙辰萬卷樓精刊。

京省水道考六卷 樂平汪日暐撰。乾隆乙未刊。

山東運河備覽十二卷圖一卷 吴江陸燿纂。乾隆四十一年切問齋刊。

問水漫録四卷 秀水盛百二撰。乾隆四十三年刊。

蜀水經十二卷 京山李元撰。乾隆甲寅刊。

湖北安襄鄖水道集案二卷 東武王概撰。乾隆間刊。

河源紀略承修稿五卷圖説一卷 南匯吴省蘭撰。嘉慶十二年刊。

畿輔安瀾志五十六卷 王履泰撰。嘉慶十四年武英殿聚珍本。

懷慶府八縣水道圖説一卷 不著撰人姓名。無刻書年月,約嘉慶間刊。

歷代河防統纂二十八卷 秀水陳璜撰。光緒戊子鴻寶齋石印袖珍本。

關中水道記四卷 承德孫馮翼撰。嘉慶庚午九月承德孫氏刊。

豫省擬定成規二卷續增一卷碎石方價一卷稭麻幫價一卷 官撰。道光間刊。一名《河工則例》。

六河總圖説一卷 滿洲鄂爾泰等纂。道光十五年刊。

三吴水利條議一卷 吴縣錢中諧撰。道光三年其族孫泳刊。

浙西水利備考無卷數 婺源王鳳生撰。道光甲申江聲帆影閣刊,光緒四年浙江書局刊。

河北采風録四卷 婺源王鳳生撰。道光六年刊。

歷代河防類要六卷 桐城徐璈輯。道光辛巳臥雲書屋刊。

李渠志六卷 北京程國觀撰。道光間刊。

水利摘要補註一卷 古潯陽羅仲玉撰。道光己丑敬恕堂刊。

東南水利略六卷 烏程凌介禧撰。道光十三年蕊珠仙館刊。又名《蕊珠仙館水利集》。

河干問答一卷 黔中安平陳法撰。道光戊子陳氏刊。

迴瀾紀要二卷安瀾記要二卷 德清徐端撰。道光二十二年刊,光緒乙酉重刊。

下河水利新編一卷 高郵孫應科撰。道光間刊。

漕運河道圖考一卷附録一卷海運議一卷 蘄水蔡紹江撰。道光間刊。

蜀水考四卷 閬中陳登龍撰,同里朱錫穀補注。道光乙酉刊。

揚州水道記四卷圖一卷 儀徵劉文淇撰。道光乙巳〔江西撫署〕欲寡過齋刊。

續行水金鑑一百五十六卷圖一卷 黟俞正燮、武進董士錫同纂。道光壬辰河庫道署刊。

楚北江漢宣防備覽二卷 婺源王鳳生撰。道光十二年刊。

重濬江南水利全書無卷數 江夏陳鑾纂輯。道光二十一年刊。案書凡四十種,計八十四卷,圖一卷。

黄運河口古今圖説一卷 長白麟慶撰。道光辛丑刊。

河工器具圖説四卷 長白麟慶輯。道光丙申南河節署刊。

甬上水利志六卷 里人周道遵撰。道光二十八年刊木活字本。

汴城籌防備覽四卷 貴筑傅壽彤撰。咸豐十年大梁刊。

溝洫水利輯説八卷 番禺陳仲良撰。咸豐辛亥南雪齋刊。

楚北水利提防紀略二卷 北平俞昌烈撰。同治四年湖北藩署刊。

惠濟河輯説四卷首一卷 祥符王儒行纂。同治庚午汲古堂刊。

復淮故道圖説一卷 山陽丁顯撰。同治八年集韻書屋刊。

長江圖十二卷首一卷 皖江馬徵麟撰。同治九年金陵提署刊。卷首分上下,至卷一卷二兩卷俟刊。同治十年湖北崇文書局刊。

河防芻議一卷 丹徒劉成忠撰。同治甲戌精刊。

莆陽水利志八卷 莆田陳池養編。光緒乙亥仲秋刊。

横橋偃水利記一卷 海鹽徐用福編。光緒二十四年刊。

淡災蠡述一卷 武昌范鳴龢撰。光緒己卯刊。

續纂江蘇水利全案四十卷圖一卷表二卷 湘鄉曾國荃、蔣師轍等纂。光緒十五年二月刊木活字本。卷五卷二十八分上中下,卷十六卷十七分上下。

豫南水利巵言一卷 元和徐壽兹撰。光緒辛丑大梁刊。

淮陽水利論附圖説無卷數 東臺馮道立撰。光緒間刊。

治河管見一卷 臨海董毓琦撰。光緒十六年庚寅刊。

東南水利論三卷 嘉定張崇傃撰。光緒間刊。

皇朝輿地水道源流五卷 楚南胡宣慶撰。光緒十七年長沙胡氏刊。

濬河事例一卷 秀水盛沅撰。光緒十九年刊。

治河五説一卷續説附 丹徒劉鶚撰。無刻書年月,約光緒間刊。

歷代黄河變遷圖考四卷 丹徒劉鶚撰。光緒癸巳袖海山房石印本。

吴江水考增輯五卷附編二卷 吴江黄宗曦撰〔明沈啓撰,清吴江黄宗曦、黄象曦增輯〕。光緒甲午〔吴江黄氏〕刊。

江蘇水利圖説無卷數 監利李慶雲輯。宣統庚戌刊。

兩湖水利條陳無卷數 武岡李國棟撰。民國四年鉛字排印本。

民國江南水利志十卷圖一卷末一卷 歸安沈佺等編。民國壬戌刊木活字本。

豫河志二十八卷 黎士安等撰。民國十二年河南河務局鉛字排印本。

豫河續志二十卷附黄沁河圖變遷考一卷 信陽陳善同等纂。民國十五年河南河務局刊。

治水工程節要四卷 漢川李澍撰。民國十四年鉛字排印本。

歷代治黄河史六卷首一卷 徐振聲輯。民國十五年以古宋字排印本。

邊 防 之 屬

靖邊一經二卷 明閩惠安李慎撰。萬曆間刊。卷上卷下各分二卷。

海防纂要十三卷圖一卷 明黎陽王在晉撰。萬曆癸丑刊。

全邊略記十二卷 明桐城方孔炤撰。崇禎間刊。

防海備覽十卷 江陰薛傳源撰。嘉慶辛未望山堂刊。

防海輯要十八卷首一卷 宛平俞昌會撰。道光壬寅百甓山房刊。

籌海初集四卷 淮陰關天培撰。道光丙申本衙刊。

朔方備乘六十八卷首十二卷附圖 光澤何秋濤撰。光緒七年〔畿輔通志局〕刊。

雲南初勘緬界記一卷 上海姚文棟撰。無刻書年月,約光緒間刊。

雲南勘界籌邊記二卷 上海姚文棟撰。光緒壬辰刊。

偵探記一卷 上海姚文棟編。光緒壬辰刊。

延吉邊務報告無卷數 吴禄貞等纂。光緒戊申奉天學務公所鉛字排印本。分甲乙丙丁四册。

集思廣益編二卷 廣東陳還、騰越王家賓同撰。光緒間刊。

中俄界約斠注七卷 歸安錢恂撰。光緒二十年上海醉六堂刊。

西北邊界圖地名譯漢考證二卷例言一卷 嘉興許景澄撰。光緒二十二年刊。光緒壬寅上海藻文書局石印巾箱本。

中俄界記二卷首編一卷 新化鄒代鈞撰,同里門人曾寅校訂補圖。宣統三年鉛字排印本。附《中俄交界全圖》十六幅。

山 川 之 屬

海内奇觀十卷 明錢唐楊爾曾撰。萬曆間〔三十八年庚戌夷白堂〕刊。書中繪圖精工。

名山記選二十卷 明王微編。無刻書年月,約崇禎間刊。

雲嶺志六卷〔首一卷〕 僧普職等纂〔雲嶺住持僧際蒼輯〕。康熙戊戌刊。

鼎湖山志八卷圖一卷 釋成鷲纂。康熙間〔五十六年丁酉〕刊。

靈巖志六卷 銀城李興祖編。康熙間刊。

黄山賦一卷 沙門海岳撰。康熙間精刊。

虎邱山志五卷圖一卷首一卷 太倉顧湄重修。康熙間吴門懷嵩堂刊。

臥象山志一卷 琅邪張侗撰。康熙己未刊。

鼓山志十四卷首一卷 永福黄任纂。乾隆二十六年刊。

浯溪新志十四卷 成都宋溶輯。乾隆三十五年庚寅本衙精刊。

龍虎山志五〔十六〕卷 妙正真人婁近垣纂。乾隆間〔五年庚申〕精刊。

雲臺山志八卷首一卷末一卷 楚鄂崔應階纂。乾隆三十七年研露樓精刊。

泰山圖志八卷圖一卷 東海朱孝純纂。乾隆三十九年刊。卷一至卷五、卷七等卷皆分上下。

湖山便覽十二卷圖附 仁和翟灝、翟瀚同輯。乾隆乙酉刊巾箱本,光緒元年夏六月槐蔭堂王氏重刊。

廣雁蕩山志二十八卷首一卷末一卷 永嘉曾唯纂。乾隆五十五年刊巾箱本。

泰山述記十卷 長洲宋思仁纂。乾隆五十五年庚戌泰安縣署刊。

北湖小志六卷首一卷 江都焦循撰。嘉慶十三年戊辰刊。

九華紀勝二十三卷 青陽陳蔚撰。道光辛巳梅緣書屋刊。

黄山紀勝四卷 桐城徐璈撰。無刻書年月,約道光間刊。

洞庭湖志十四卷 安化陶澍等纂。道光五年刊。

北湖續志六卷 甘泉阮光撰。道光間刊。

焦山志二十六卷首一卷 歸安吴雲纂。同治乙丑刊。

焦山續志八卷 宜興陳任暘纂。光緒三十一年刊。

古蹟之屬

洛陽伽藍記五卷 魏楊衒之撰。**集證一卷** 錢塘吴若準撰。道光甲午〔錢塘吴氏〕刊〔民國間上海中國書店影印吴氏校刊本〕,光緒癸卯〔二十九年義川李葆恂〕李氏説劍齋重校刊。

金山龍遊禪寺志略四卷 釋鐵舟輯,門人超智編。康熙二十年刊。

日下舊聞四十二卷補遺附 秀水朱彝尊撰〔《補遺》子崑田撰〕。康熙丁卯至戊辰〔崑山徐氏刊,秀水朱氏〕六峯閣刊〔藏板〕。

南宋古蹟考二卷 錢塘朱彭輯。嘉慶己卯刊,光緒七年武林丁氏重刊。

日下述聞五卷二編五卷 不著撰人姓名。無刻書年月,約道光間刊巾箱本。

日下尊聞録五卷 不著撰人姓名。咸豐壬子安和軒刊。

平山堂圖志十卷圖一卷 寧夏趙之壁纂。乾隆間精刊。

平山攬勝志十卷 新安汪應庚編。乾隆七年刊。

宸垣識略十六卷 仁和吴長元撰。乾隆戊申池北草堂刊巾箱本。

北隅掌録二卷 錢塘黄士珣撰。道光乙巳冬月錢唐汪氏振綺堂刊。

北隅綴録二卷續録二卷 錢唐丁丙撰。光緒己亥刊。

洛陽龍門志無卷數 畢節路朝霖撰。光緒丁亥於萬縣刊松埜家藏板。

南朝寺考六卷 貴池劉世珩撰。光緒丁未〔貴池劉氏〕精刊。

歷代陵寢備考五十卷歷代宗廟附考八卷 上海朱孔陽撰。光緒丁丑上海申報館鉛字排印巾箱本。

京師坊巷志十卷附考正一卷 義烏朱一新、江陰繆荃孫同撰[一九]。民國戊午吴興劉氏求恕齋刊。

南朝佛寺志二卷 上元孫文川葺述,江寧陳作霖編纂。無刻書年月,約宣統間刊。

奉天古蹟考一卷 滿洲金梁輯。民國乙卯鉛字排印本。

雜 記 之 屬

六朝事迹編類十四卷 宋新安張敦頤撰。**附識一卷** 金陵朱緒曾撰。道光庚子夏五月金陵張氏校刊宋本。

粤劍編四卷 明吴郡王臨亨撰。無刻書年月,約崇禎間刊。

閩小記四卷 櫟下周亮工撰。康熙間賴古堂刊。

廣東新語二十八卷 番禺屈大均撰。康熙庚辰木天閣刊。

遊覽志一卷 釋界源巨海撰。康熙丁酉刊孤山藏本。又名《錢塘遊覽志》。

臺海見聞録四卷 崇安董天工撰。乾隆十八年精刊。

楚庭稗珠録六卷 高平檀萃撰。乾隆三十八年九曜山房刊巾箱本。

黔省開闢考一卷黔省功德名臣考一卷全黔苗猓種類風俗考一卷 潘文芮撰。約乾隆間抄本。内有後學芸菴李爲批評。

雪泥鴻爪録四卷 雲中鮑鈖撰。雍正乙卯前度軒刊。

桐葉偶言八卷 秀水俞縣撰。乾隆乙卯歲寒書屋刊。

潞城考古録三卷 里人劉錫信撰。乾隆四十三年刊巾箱本。

蜀蹟辨一卷 丹陽陸炳撰。無刻書年月,約乾隆間藜軒精刊。

粤東筆記十六卷 綿州李調元撰。乾隆甲午萃精堂刊巾箱本。

海東札記四卷 武陵朱景英撰。乾隆癸巳精刊。

州乘餘聞一卷 德州宋弼撰。光緒戊子〔德州馬洪慶〕養知堂刊。

三晉見聞録一卷 婺源齊翀撰。光緒六年重刊。

錫金考乘十四卷 勾吴周有壬撰。嘉慶間刊木活字本。

鳳城瑣録一卷 蒙古博明撰。嘉慶間刊。

廣陵事略七卷 歸安姚文田撰。嘉慶壬申開封節院刊。

續黔書八卷 武威張澍撰。嘉慶九年刊，光緒十五年貴陽熊氏重刊。

休寧碎事十二卷 休寧徐卓輯。嘉慶辛未海棠書巢刊。

句餘土音三卷甬上族望表二卷 鄞全祖望撰。嘉慶甲戌刊。

句餘土音補注六卷 鄞陳銘海撰。民國壬戌吳興劉氏嘉業堂刊。

合河紀聞十卷 合河康基田撰。嘉慶戊午〔仲夏霞蔭堂〕刊。

晉乘蒐略三十二卷 合河康基田輯。嘉慶辛未刊。

揚州畫舫録十八卷 儀徵李斗撰。嘉慶間自然庵刊。

海昌勝覽二十卷 海寧周春撰，州人管庭芬批訂。舊抄本。版心下刊"小清儀閣寫本"六字。管庭芬批，係以硃筆書於眉端。

海曲拾遺補六卷 紫琅金榜撰。嘉慶間芸暉閣刊。

般上舊聞六卷 德平葛周玉撰。嘉慶七年樹滋堂刊。

三省山内風土雜識無卷數 溆浦嚴如熤撰。嘉慶間刊。

羊城古鈔八卷首一卷 順德仇池石撰。嘉慶十一年文畬堂刊。

分湖小識六卷 里人柳樹芳撰。道光丁未勝谿草堂刊。

漢口叢談六卷 烏程范鍇撰。道光壬午刊。

蜀典十二卷 武威張澍撰。道光甲午〔武威張氏懷安堂〕刊，光緒丙子四川尊經書院重刊。

廬秀録四卷 番禺張維屏撰。道光十六年刊。

新安景物約編五卷補遺一卷 古歙江忠儔、江正心同撰。道光庚寅刊。

四明談助四十六卷 小江徐兆昺撰。道光八年〔戊子夏皖江數學半齋〕刊木活字本。

鴻泥雜志四卷 雪漁氏編。道光丙戌刊。雪漁氏者，隰沃馬毓林之别號也。記滇省酈郡之事居多。

廣陵通典十卷 江都汪中撰。道光三年癸未精刊，同治乙巳[二〇]揚州書局重刊。

泗洲考古録一卷 濟寧許鴻磐撰。底稿本。

竹鎮紀略二卷 退菴李敬撰。道光辛卯邑後學戴文燦假賀氏四明山房藏本手録本。

黔南職方紀略九卷 安化羅繞典撰。道光丁未刊。

漢上叢談四卷 江陵劉士璋撰。道光十九年江陵劉氏家刊。

谿上遺聞集録十卷別録二卷 邑人尹元煒輯。道光戊申抱珠樓刊。

暨陽風俗賦一卷 浣溪石昭炳撰。道光癸卯鐵蕉吟館刊木活字本。

毘陵聞見録八卷 武進湯健業撰。無刻書年月,約道光間刊。

潁上風物紀三卷 邑人高澤生撰。道光六年元和陳氏刊。

嶺南叢述六十卷 東莞鄧淳輯。道光乙未刊。

嶺海賸四卷 南海林輝撰〔番禺趙古農輯〕。道光四年甲申刊。

江城舊事十六卷附録一卷 高安朱欒撰。道光二十五年乙巳刊。

崇川咫聞録十二卷 郡人徐縉、楊廷撰同輯。道光庚寅徐氏芸暉閣刊。

韓江聞見録十卷 海陽鄭昌時撰。道光甲申精刊。

銜石録一卷 鄱陽周彥撰。道光十五年刊。官臺灣之公牘。

黔語二卷 錢塘吴振棫撰。咸豐四年刊。

昭陽述舊三卷 興化李福祚撰。咸豐間刊。

治臺必告録八卷 皖懷丁日健[二一]輯。同治丁卯春知足知止園刊。

陝西南山谷口攷一卷 甘泉毛鳳枝撰。同治七年寓意於物齋刊。

閩遊紀略一卷 永新尹繼美撰。同治甲戌仁山白鷺書院刊。

豫乘識小録二卷 永清朱雲錦撰。同治癸酉文耀齋重刊。

東甌百詠一卷甌江小記一卷 江都郭鍾岳撰。同治十一年至光緒四年和天倪齋刊。

東瀛識略八卷 無錫丁紹儀撰。同治十二年癸酉福州刊。記臺灣事。

瀛壖雜志六卷 長洲王韜撰。光緒元年刊。

金陵待徵録十卷 江寧金鰲撰。光緒二年重刊。

雷波瑣記一卷 毘陵劉文蔚撰。光緒二年初日樓重刊。

黔記四卷 山陽李宗昉撰。光緒十五年貴陽熊氏刊。

粵西筆述一卷 華亭張祥河輯。光緒二十二年刊巾箱本。

新門散記一卷 錢塘羅以智撰。光緒七年丁氏刊。

西征述一卷後西征述一卷 固始蔣湘南撰。光緒戊子秋九月於湘南臬署刊。

黔史四卷 雍川猶法賢撰。光緒十五年貴陽熊氏刊。

湘城訪古録十七卷首一卷 善化陳運溶撰。光緒二十年刊。

陪京雜述一卷瀋陽雜詠一卷 瀋陽繆東霖撰。光緒四年本宅刊巾箱本。

啓東録六卷 閩縣林壽圖撰。光緒二十九年刊。

臨汀彙考四卷 長汀楊瀾撰。光緒間刊。

東遊紀略一卷詩聯一卷 嶺南李鳳翎撰。光緒十一年刊。記臺灣事。

覆瓿叢談二卷 太倉吴曾英撰。光緒十二年刊。

永嘉聞見録二卷 仁和孫同元撰。光緒戊子刊。

東原考古録一卷 東平蔣作錦撰。光緒壬辰刊。

朝市叢載八卷 大梁李虹若撰。光緒丙戌京都松竹齋刊袖珍本。又名《增補都門紀略》。

滬游雜記四卷 武林葛元煦撰。光緒二年刊巾箱本。

牂牁客談七卷 邵陽曾廉撰。光緒間刊。

臺灣雜記一卷 湘陰黄逢昶撰。光緒乙酉仲春刊。

臺灣生熟番紀事一卷 湘陰黄逢昶撰。光緒十一年刊巾箱本。

粵遊小志八卷 江都張心泰撰。光緒甲申鉛字排印本,光緒庚子夢楳仙館刊。

芍陂紀事二卷 容川夏尚忠輯。光緒丁丑刊。

荆南高山大川圖考無卷數 渌江榮錫勳撰。光緒戊申刊。内分《禹貢九江三江攷》《史漢五嶺脈絡攷》《尚書南嶽形勝攷》《南幹形勢辨惑論》《吴中丞賑荒德政》,(附)《六秩壽序》《重修赤松亭小記》《撼龍疑龍經考證》《淥江殷氏墓圖説》等九篇。

天咫偶聞十卷 曼殊震鈞撰。光緒丁未於甘棠轉舍刊巾箱本。

蒙園紀聞一卷寶昌雜録一卷 江都董玉書撰。民國壬戌拙修草堂鉛字排印本。

黑龍江墾殖説略四章附録二卷 丹徒何煜編。民國四年鉛字排印本。

遼東文獻徵略八卷 遼陽金毓黻撰。民國丁卯鉛字排印本。

渡海輿記一卷 不著撰人姓名。雍正十年壬子于鏞州刊。

衛藏圖識五卷 江右魯華祝、鐵嶺周藹同撰。乾隆間刊巾箱本。即《圖考》二卷,《識略》二卷,《蠻語》一卷。

琉球國志略十六卷首一卷 涪陵周煌撰。乾隆間武英殿聚珍本,道光間福建重刊。

番社采風圖考無卷數 白麓六十七撰。乾隆十一年精刊。

小琉球漫誌十卷 邵武朱仕玠撰。乾隆間松谷刊。卷一《泛海紀程》,卷二卷三《海東紀勝》,卷四卷五《瀛涯漁唱》,卷六至卷八《海東賸語》,卷九《海東月令》,卷十《下淡水社寄語》。仕玠爲仕琇之兄。

新疆外藩紀略二卷附西域輿圖 椿園氏撰。乾隆間刊。卷上《外藩紀略》《新疆紀略》,卷下《新疆道里表》《投誠紀略》《回疆風土記》《叛亡紀略》。

進藏紀程一卷 濟南王世睿撰。乾隆間刊。

西藏見聞録二卷 峽江蕭騰麟撰。乾隆三十九年賜硯堂刊。

使琉球記六卷 綿州李鼎元撰。嘉慶間師竹齋精刊。

三州輯略九卷 蒙古和寧撰。舊抄本。嘉慶十年刊。

續琉球國志略五卷首一卷 侯官齊鯤等纂。嘉慶間内府刊聚珍本。

海島逸誌六卷附刻一卷 柳谷王大海撰。嘉慶丙寅漳園刊巾箱本。附刻黄毅軒《吕宋紀略》。

四塞紀略賦一卷 萍鄉文守元撰。嘉慶間刊。

西域地名今釋一卷 漢川于澤潤撰。近鉛字排印本。

游蒙日記一卷 津門李廷玉撰。民國乙卯冬財政部印刷局鉛字排印本。

蒙古山脈志三卷 神池谷思慎撰。近鉛字排印本。

西征紀略一卷 尹昌衡撰。民國六年鉛字排印本。紀西藏事。

蒙古游牧記十六卷 平定張穆撰，光澤何秋濤補。同治六年壽陽祁氏刊。

異域瑣談四卷 七十一撰。嘉慶二十三年巴西周氏强恕堂刊。又名《西域總志》。

遊臺記一卷 錢塘徐廷烺撰。無刻書年月，約嘉慶間刊。

金川瑣記六卷 上海李心衡撰。嘉慶戊午初夏本衙刊巾箱本。

海録二卷 嘉應楊炳南撰。嘉慶庚辰刊巾箱本。

西招圖略一卷西招紀行詩一卷秋閲吟一卷西藏圖説一卷路程一卷綏服紀略一卷 松筠撰。道光三年精刊。一名《鎮撫事宜》。

西招圖略一卷圖説一卷 附 **路程二卷** 松筠撰，吴門陸爲柄重校訂。道光二十七年王師道精刊。

薄海番域録十二卷 武定邵大緯撰。道光九年邵氏家刊巾箱本。

琉球入學見聞録四卷圖一卷 安鄉潘相撰。道光庚子刊。

皇朝藩部要略十八卷表四卷 壽陽祁韻士撰。道光丙午春筠渌山房刊，光緒十年浙江書局重刊。

西陲總統事略十二卷 松筠纂定，壽陽祁韻士編。**竹枝詞一卷** 祁韻士撰。**綏服紀略圖詩一卷** 松筠撰。嘉慶十四年程振甲刊。

蒙古諸部述略一卷 江寧鄧廷楨撰。無刻書年月，約道光間刊。

盾墨四卷 善化湯彝撰。道光間刊。卷一《壬辰征猺記》《八排兵事考》，卷二《壬辰征臺記》《臺灣内附考》，卷三《粤海捕盜記》《海寇考》《越南内訌防邊記》，附《越南檄文》《越南建置疆域考》，附《表文》《越南元號録》，卷四《暎咭唎兵船記》《市舶考》,附《西洋通市諸國》《西洋至中國海道》《澳門西蕃》《絶嘆夷互市論》。

定邊紀略二卷 宗室奕湘等纂。道光乙巳刊。記蒙古烏里雅蘇臺之事實。

海國四説十四卷 順德梁廷枏撰。道光丙午刊。《耶蘇教難入中國説》一卷,《合省國説》三卷,《蘭崙偶説》四卷,《粤道貢國説》六卷等四種。

西域考古録十八卷 海鹽俞浩撰。道光二十七年刊。

海國圖志五十卷附圖一卷 邵陽魏源撰。道光二十二年刊木活字本。

海國圖志六十卷 邵陽魏源撰。道光己酉魏氏古微堂重訂刊本,光緒二年平慶重刊本作一百卷。

西陲要略四卷西域釋地一卷 壽陽祁韻士撰。道光十七年筠淥山房刊。

海南雜著無卷數 澎湖蔡廷蘭撰。道光十六年刊。

康輶紀行十六卷 桐城姚瑩撰。同治六年刊。

北徼彙編六卷 光澤何秋濤編。同治四年京都龍威閣刊巾箱本。

皇越地輿誌二卷 不著撰人姓名。約同治壬申粤東佛山金玉樓刊。

四夷風土記四卷 長沙李文詔輯。同治十年刊巾箱本。

漢西域圖考七卷圖一卷 番禺李光廷撰。同治庚午刊,光緒壬午陽湖趙氏壽諼草堂刊木活字本。

海録二卷附中外輿地全圖一卷 粤東謝清高撰。同治庚午重刊。

西藏圖考八卷首一卷 楚南黄沛翹撰。光緒十二年滇南李培榮刊。

琉球小志并補遺一卷説略一卷 日本官撰,上海姚文棟譯。光緒間精刊。

西域輿地三種彙刻三卷 長沙徐崇立撰。光緒丙午徐氏刊。即《喀什噶爾至墨克道里記》《帕米爾山水道里記》《新疆勘界公牘彙鈔》。

西征紀程四卷 新化鄒代鈞撰。光緒十七年鉛字排印巾箱本。

籌洋芻議一卷 無錫薛福成撰。光緒乙未鉛字排印本。

河海崑崙録四卷 霍邱裴景福撰。光緒三十二年鉛字排印本。

鑪藏道里最新考一卷圖附 祥符張其勤撰。光緒三十三年鉛字排印本。

籌藏芻議一卷 丹徒姚錫光撰。光緒戊申於京師鉛字排印本。

籌蒙芻議二卷 丹徒姚錫光撰。光緒戊申於京師刊。

新疆大記二卷別記二卷 合肥闞鳳樓撰。光緒三十四年戊申其次孫鐸鉛字排印本。

西康建省記無卷數 古藺傅嵩炑撰。民國元年十一月成都鉛字排印本,民國元年九月四川官印刷局鉛字排印本(不足)。

遊記之屬

東還紀程一卷贈言一卷 華亭許續曾撰。康熙十二年癸丑刊。

南遊記一卷 興縣孫嘉淦撰。嘉慶乙丑守意龕精刊,道光甲辰覆刊。

稗海紀遊無卷數僞鄭逸事番境補遺海上紀略附 武林郁永河撰。道光乙未棗花軒刊巾箱本。

萬里行程記一卷 壽陽祁韻士撰。道光間刊。

竺國紀遊四卷 金山周藹聯撰。道光壬辰頌詩堂刊。

南越遊記三卷 劍山陳徽言撰。咸豐七年章門重刊。

廬山紀遊一卷 固始蔣湘南撰。光緒戊子秋九月於湘南臬署刊。

漁舟紀談二卷續談一卷雲南紀事詩一卷緬甸地輿圖一卷緬述一卷 江夏彭崧毓撰。**附緬甸風土詩一卷** 武昌王家璧撰。同治間刊。

宦海浮沈録二卷 江都張心泰撰。光緒丙午夢梅仙館刊。

辛卯侍行記六卷 秀水陶保廉撰。光緒丁酉養樹山房刊。

適可齋記言四卷記行六卷 南徐馬建忠撰。光緒二十二年刊。

流民記四卷 福山王庸撰。光緒乙酉刊巾箱本。

燕楚游驂録甲編二十卷 京漢鐵路管理局輯。無印書年月,約民國五年鉛印。

外紀之屬

元寇紀略二卷 日本大槁順周道甫撰。舊抄本無目録序跋,上卷第一頁最後之一行僅有"符充國信使禮"六字,餘皆闕佚。

越南紀略一卷 長白賨清撰。道光二十二年刊巾箱本。

越南輯略二卷 沙邱徐延旭撰。光緒三年梧州郡署刊。

日本國志四十卷《中東年表》一卷 嘉應黄遵憲撰。光緒十六年羊城富文齋刊。光緒二十四年上海圖書集成書局鉛字排印本。

越事備考十二卷 桂林劉名譽編輯。光緒二十一年桂林刊。首一卷,《奏議》三卷,《芻言》六卷,《案略》二卷。

西洋雜志八卷 遵義黎庶昌撰。光緒庚子刊。

日本源流考二十二卷 長沙王先謙撰。光緒間刊。

越南地輿圖説六卷圖一卷 永新盛慶紱輯。光緒九年求忠堂刊。

三洲日記八卷 南海張蔭桓撰。光緒丙申夏五於京都刊。

海國輿地釋名十卷 湘鄉陳士芑撰。光緒壬寅連道清芬堂刊。

出使美日秘國日記十六卷 □□因撰。光緒甲午鉛字排印本。

西行日記二卷 閩縣池仲祐撰。光緒戊申鉛字排印本。

東南海島圖經三卷澳大利亞洲志擬稿二卷 甬上張美翊撰。光緒丁酉南清河王氏小方壺齋鉛字排印本。

游歷日本圖經三十卷 德清傅雲龍撰。光緒十五年傅氏于日本鉛字排印本。

客韓筆記一卷 上元許寅輝撰。光緒丙午長沙刊。

使西紀程二卷 湘蔭郭嵩燾撰。光緒間刊袖珍本。

販書偶記卷八

冀縣孫殿起耀卿録

職　官　類

官　制　之　屬

清秘述聞十六卷槐廳載筆二十卷 蒙古法式善撰。嘉慶四年己未刊。

季漢官爵考二卷 海寧周廣業撰。底稿本。

唐折衝府考四卷 仁和勞經原撰。道光辛丑丹鉛精舍刊。

唐尚書省郎官石柱題名考二十六卷附録一卷 仁和勞格、趙鉞同撰。光緒六年苕溪丁氏月河精舍刊。

潁上職官表一卷 武進張成孫撰。底稿本。

樞垣紀略十六卷 福州梁章鉅撰。道光癸未刊。

樞垣紀略二十八卷 長樂梁章鉅撰，朱智補撰。光緒元年鉛字排印本。

樞垣題名四卷 武進吴孝銘輯。道光戊戌刊，光緒甲申重修本。《軍機大臣》二卷，《軍機章京》二卷。

國朝六科漢給事中題名録一卷 烏程戴璐原輯，常熟王家相重訂。道光四年刊，光緒三年補刊。

國朝御史題名録無卷數 北平黄玉圃輯。**滿洲蒙古御史題名録一卷** 瓜爾佳蘇芳阿等輯。道光丁酉京畿道刊，同治八年補刊。順治元年起，至同治八年止。

内閣漢票簽中書舍人題名一卷補遺一卷 歙鮑康輯。**續編一卷** 古蓼丁士彬輯。咸豐辛酉至光緒十一年刊。

兩浙令長考三卷 鄞董沛撰。光緒七年〔鄞董氏〕刊。

唐方鎮年表考證二卷 江寧吴廷燮撰。近鉛字排印本。

侯度録三卷通侯雜述一卷 安化黄鳳岐撰。光緒乙未京都刊。

北宋經撫年表二卷 江寧吴廷燮撰。民國辛亥鉛字排印本。

南宋制撫年表二卷 江寧吴廷燮撰。民國戊午鉛字排印本。

明督撫年表五卷 江寧吴廷燮撰。民國戊午鉛字排印本。

最新清國文武官制表二卷 不著撰人姓名。光緒間石印本。

奉使金鑑六十卷續編四十卷 東萊吕海寰輯。宣統紀元五錫福壽堂刊。

官箴之屬

吏學指南八卷 元吴郡徐元瑞撰。無刻書年月,約元朝刊本。每頁二十二行,行二十四字,四圍雙欄,版心上下黑口。每卷首有"福山王氏正孺藏書"印一方,"王懿榮"印一方。

實政録九卷 明寧陵吕坤撰。萬曆戊戌刊。《明職》一卷,《民務》三卷,《鄉甲約》一卷,《風憲約》一卷,《獄政》一卷,《督撫約》二卷。

受宜堂居官説三卷 納蘭常安撰。雍正十一年刊。

新編吏治懸鏡八卷 豐城徐文弼輯。乾隆乙酉刊。

作吏要言一卷 順昌葉鎮撰。舊抄本。最後有乾隆二十九年正月吴郡張玉穀跋。

嘗試語一卷 深澤王植撰。乾隆壬午刊。

居官自警編一卷引義一卷 白琅方汝謙撰。舊抄本。

牧令書二十三卷保甲書四卷 安肅徐棟輯。道光二十八年興國李氏刊。

政書類

通制之屬

大明官制五卷 明無名氏，江西廬陵葉時用增補。萬曆辛丑刊。

皇明制書二十卷 明胡維新編。萬曆七年刊。

欽頒磨勘簡明條例二卷 世宗御撰。乾隆間刊木活字本。順治起，至乾隆二十五年止。

三國會要二十二卷 黄巖楊晨撰。光緒庚子秋日江蘇書局刊。

明會要八十卷 永新龍文彬撰。光緒丁亥永懷堂刊。

皇朝續文獻通考三百二十卷 烏程劉錦藻撰。光緒乙巳堅匏盦鉛字排印本。自乾隆五十一年，至光緒三十年止。

沈刻元典章校補十卷 新會陳垣撰。民國二十年國立北京大學〔國學門研究所〕精刊。即札記、闕文、表格。

欽定大清會典一百卷事例一千二百二十卷圖二百七十卷 吴樹梅等纂。光緒二十五年外交部石印本，光緒戊申十一月商務印書館縮印本〔闕圖〕。

中國古今法制表十六卷 富順孫榮編。光緒間四川刊。卷五分上中下。原名《九通政要表》。

康熙政要二十四卷 寧海章梫撰。宣統二年鉛字排印本。

典禮之屬

大清通禮五十卷 乾隆二十一年奉敕撰。嘉慶二十三年内府刊，道光間刊本五十四卷。

國朝宫史續編一百卷 嘉慶二十一年奉敕撰。民國二十一年故宫博物院鉛字排印本。

西巡盛典二十四卷首一卷 董誥等奉敕撰。嘉慶十七年武英殿聚珍本。

鬱宫禮樂圖譜二卷 苕溪錢崑秀輯。道光癸卯刊。

丁祭禮樂備考三卷 瀏陽邱之稑撰。道光間刊。

吾學録初編二十四卷 南海吴榮光撰。道光二十九年刊,同治間江蘇書局重刊。

國朝謚法考六卷官制沿革表一卷會典謚法一卷凡例附 仁和趙鉞纂。道光辛卯世美堂刊。順治二年起,道光十年止,每朝各一卷。

臨水尊經閣祀典録一卷 秀水金衍宗輯。咸豐三年刊。

皇朝謚法考五卷 歙鮑康輯。**續附** 臨桂王鵬運輯。同治三年至光緒十七年刊。

皇朝謚法彙考五卷續編五卷 崇川劉長華輯。光緒間刊。

歷代服制考原二卷圖一卷 江夏蔡子嘉撰。光緒十四年〔戊子秋七月〕石印本。

武廟祀典考無卷數 吴縣王仁俊撰。底稿本。

清謚法考六卷 渭南雷延壽撰。民國甲子鉛字排印本。

歷代大禮辨誤無卷數 日照丁立鈞撰。底稿本。

禮議二卷 東吴曹元忠撰。民國丙辰南林劉氏求恕齋刊。

邦 計 之 屬

程賦統會十八卷 南州劉斯樞輯,盱江梁份較。康熙丁酉依仁堂精刊。

兩浙鹽法志三十卷首二卷 馮培等纂。嘉慶六年刊。

長蘆鹽法志二十卷附編十卷 黄章綸等纂。嘉慶十年刊。

兩淮鹽法志五十六卷首四卷 單渠等纂。嘉慶十一年刊。

山東鹽法志二十二卷附編〔援證〕十卷 宋湘〔烏程嚴可均〕等纂。嘉慶十四年刊。

兩廣鹽法志三十五卷 伍長華纂。道光十六年刊。

淮北票鹽志略十五卷 童濂纂。道光二十五年刊,同治七年八月重刊。

鈔幣芻言一卷 吴縣王瑬撰。**附新疆私議一卷** 烏程沈堯撰。道光戊子仲秋壄舟園刊巾箱本,道光辛卯孟冬壄舟園刊巾箱本。

鈔幣論一卷 海昌許楣撰。道光二十六年七月〔海昌許氏〕古均閣刊,光緒間重刊。

捕蝗彙編四卷 鄞陳僅輯。道光間刊。

淮北票鹽續略十二卷 許寶書編。同治九年八月刊。

治蝗書一卷 侯官陳崇砥撰。同治間〔十三年蓮池書院〕刊。

淮南鹽法紀略十卷 定遠方濬頤纂。同治間刊。

兩浙鹽法續纂備考十二卷 楊昌濬纂。同治十三年刊。

河東鹽法備覽八卷首一卷 張元鼎等纂。光緒八年本衙刊。

治蝗全法四卷附録一卷 金匱顧彦輯。光緒戊子猶白雪齋刊。

變通圜法條議一卷 劉慶汾撰。光緒乙巳仲秋金陵刊。

四川鹽法志四十卷首一卷 平遠丁寶楨、羅文彬等纂。光緒八年刊。

兩廣鹽法志五十五卷首一卷 何兆瀛等纂。光緒十年刊。卷五十四、卷五十五《鐵志》原闕。

四川官運鹽案類編二十八卷續編十五卷 唐炯編。光緒辛巳於成都總局刊。

兩淮鹽法志一百六十卷 東湖王定安纂。光緒三十一年二月於金陵刊。

東三省鹽法志十四卷 陳爲鎰等纂。民國三年十月鉛字排印本。

墾政輯覽十卷目録一卷圖一卷 察哈爾墾務總局編。民國六年鉛字排印本。

甘肅鹽法志略十卷 沈敬銘等纂。民國庚午孟春鉛字排印本。

鹽法通志一百卷 烏程周慶雲纂。民國戊午〔夢坡室〕鉛字排印巾箱本。

清鹽法志三百卷附勘誤表一卷 吴縣張茂炯等纂。民國九年鹽務署鉛字排印本。

軍政之屬

欽定八旗則例十二卷 西成、吴珽等纂。乾隆七年武英殿刊。分忠孝廉節四字。

欽定八旗通志三百四十二卷首十二卷 内府官撰。嘉慶間刊。

駐粤八旗志二十四卷 長白長善撰。光緒五年刊。

荆州駐防八旗志十六卷首一卷 蒙古恩澤等纂。光緒五年荆州軍署刊。

杭州八旗駐防營志略二十五卷 仁和張大昌輯。光緒十九年浙江書局刊。

法令之屬

宋律十二卷音義一卷 宋孫奭等撰。約乾隆間影宋抄本。最後末二行有"天聖七年四月□日准勑送崇文院雕造"等字,首有"馬玉堂"硃印一方,"笏□"硃印一方,"□陵王氏實宋閣攷藏之印"一方。又名《律文》。

重詳定刑統三十卷 宋燕山竇儀等撰。民國七年國務院法制局以天一閣抄本校刊。又名《宋刑統》。

重詳定刑統三十卷 宋燕山竇儀等撰。**附録一卷校勘記一卷** 吴興劉承幹撰。**跋一篇** 嘉興沈曾植撰。民國辛酉吴興劉氏嘉業堂刊。

大明律例附解十六卷 明嘉靖二十九年官撰。隆慶二年象山書舍重刊。

大清律集解附例三十卷首二卷 馮溥等撰。康熙四十五年聽松樓刊硃墨套印本。又名《大清律例硃註廣彙全書》。

本朝題駁公案十一卷 江右金邑李珍輯。康熙五十九年榮錦堂刊。

定例全編五十卷續刊六卷 江右李珍編。康熙五十四年榮錦堂刊。

欽定大清律集解附例三十卷圖一卷總類六卷 高安朱軾、常鼐等撰。雍正三年武英殿刊。

新例成案無卷數一續無卷數二續無卷數三續無卷數四續無卷數 不著編

輯姓名。雍正元年至十二年刊。

新例要覽無卷數 不著編輯姓名。雍正十年石室堂刊。以吏户禮兵刑工六部分次,後附處分,户刑俱分上下。

定律續編十二卷增補六卷名例一卷 高安梁懋修纂。乾隆十年榮錦堂刊。

律例圖説掌珍無卷數 武林魯廷禮、嚴濬同編。乾隆辛巳忍濟堂精刊。又名《刑錢掌珍》。

蒙古律例十二卷 不著撰人姓名。乾隆間内府刊。

律例圖説辨譌十卷附荒政瑣言一卷 練塘萬維翰撰。乾隆辛卯至癸未芸暉堂精刊。

刑部比照加減成案三十二卷 杭州許槤安、陸熊莪同訂。道光十四年刊袖珍本。

刑部比照加減成案續編三十二卷 杭州許槤訂。道光二十三年刊袖珍本。

律綱一卷 海豐張映璣輯。無刻書年月,約道光間衣德堂刊。

大清律例根源三十卷奏疏一卷原圖一卷諸圖一卷督捕則例二卷 光澤何秋濤等編。道光二十七年刊木活字本。

大清律例按語根源一百零四卷 東魯黄恩彤纂。咸豐辛亥海山仙館刊。

大清律例根源一百二十四卷 新建吴坤修編。同治辛未安徽敷文書局刊木活字本。

定律彙編□卷 不著編輯姓名。光緒間江西刊。起乾隆十八年,止光緒二十年。

元刑法志四卷 侯恪、謝德溥同補修。光緒間法律館鉛字排印本。

古刑法質疑一卷 歸安章振福撰。光緒間鉛字排印本。

讀例存疑五十四卷 長安薛允升纂。光緒乙巳於京師刊。

大清律例總類無卷數 不著編輯姓名。**附例限彙編二卷** 雁門郎汝琳輯。無刻書年月,約光緒間貴州刊。

漢律輯證六卷 巴陵杜貴墀撰。光緒乙亥刊,光緒間法律館鉛字排印本。

提牢備考四卷 長安趙舒翹撰。光緒乙酉刊。

遵議滿漢通行刑律一卷 歸安沈家本、俞廉三同撰。光緒丁未法律館鉛字排印本。

欽定大清刑律四卷奏疏附 歸安沈家本輯。宣統三年刊。

漢律考七卷 閩侯程樹德撰。民國己未〔仲春〕於京師刊。

唐明律合編三十卷 長安薛允升輯。民國壬戌天津徐氏退耕堂刊。

考工之屬

天工開物三卷 明分宜宋應星撰。無刻書年月,約天啓間書林楊素卿刊。

乘輿儀丈做法二卷 不著撰人姓名。無刻書年月,約康熙間內府刊。

工程做法七十四卷內庭工程做法八卷附簡明做法二卷 果親王允禮、莊親王允禄等編。雍正十二年內府刊。《內庭工程做法》乃係各匠工料。

欽定物料價值則例十二卷 陳宏謀等撰。乾隆三十三年刊。此僅山東全省。

工程備要十二卷 滿洲載垣等編。同治間抄本。

掌故之屬

拙政編一卷 秀水盛萬年撰。雍正九年寶綸堂刊。

皇朝瑣屑録四十四卷 嘉州鍾琦撰。光緒二十三年丁酉孟春刊。

養吉齋叢録二十六卷餘録十卷 錢塘吴振棫撰。光緒間刊。

嘯亭雜録八卷續録二卷 汲修主人撰。光緒六年刊巾箱本。汲修主人者,禮親王諱昭槤之别號也。宣統元年中國圖書公司鉛字排印本《雜録》十卷《續録》三卷最善。

郎潛紀聞十四卷二筆十六卷〔即《燕下鄉脞録》〕**三筆十二卷**〔即《壬癸藏札

記》〕鄞陳康祺撰。光緒六年至十一年刊〔《初筆》光緒六年琴川刊，八年重校；《二筆》七年暨陽刊；《三筆》十一年吳下刊〕。

伊江筆録上編一卷下編一卷首一卷春明雜録一卷葑溪雜録一卷 昭文吳熊光撰。光緒間廣雅書局刊。

庸盦筆記六卷 無錫薛福成撰。光緒丁酉遺經樓刊巾箱本。

夢蕉亭雜記二卷 庸庵居士撰。民國十四年乙丑刊。庸庵居士者，貴陽陳夔龍之别號也。

中俄國際約注五卷 歸安施紹常撰。光緒間〔三十一年〕鉛字排印本。

各國立約始末記三十卷 仁和陸元鼎編。光緒三十二年鉛字排印本。

奏定出使章程二卷 官撰。光緒二十九年鉛字排印本。

光緒丁未年交涉要覽上編二卷下編三卷 仁和王克敏編。宣統二年北洋官報局鉛字排印本。

書　目　類

七録二卷 梁阮孝緒撰。武進臧鏞堂輯。底稿本。

也是園藏書目四卷 虞山錢曾編。舊抄本。

好古堂書目無卷數 仁和姚際恒編。民國十八年中社以舊抄石印巾箱本。分經史子集四部。

古今僞書考一卷 新安姚際恒撰。光緒辛巳晉石庵校刊。

浙江採輯遺書總録十一卷閏集一卷 平湖沈初等編。乾隆三十九年刊。

孝慈堂書目無卷數四册 蓮經王聞遠編。舊抄本。

關右經籍考十一卷 階州邢澍撰。無刻書年月，約乾隆間刊。〔有洪亮吉序。〕

海寧經籍志備考一卷 兔床山人吳騫撰。舊抄本。首有嘉慶五年自序，後有周廣業跋。

彙刻書目初編十册 桐川顧修輯。嘉慶己未〔桐川顧氏〕刊。

天一閣書目十卷〔清阮元撰。〕**附碑目一卷**〔清范懋敏撰。〕**續增一卷** 鄞范懋柱輯。嘉慶十三年戊辰揚州阮氏文選樓刊。

孫氏祠堂書目内編四卷外編三卷 陽湖孫星衍撰。嘉慶庚午金陵祠屋刊。

愛日精廬藏書志三十六卷續志四卷 昭文張金吾撰。嘉慶庚辰刊木活字本,道光丁亥自刊,光緒十三年吴縣靈芬閣徐氏刊木活字本。

百宋一廛賦注一卷 元和顧廣圻撰,吴縣黄丕烈注。嘉慶乙丑秋九月吴郡黄氏士禮居刊。

嘉定錢氏藝文識略一卷先德述聞一卷庭獻家修一卷 又名《詔舉孝廉方正録》。**對牀風雨圖一卷** 嘉定錢師璟編。道光甲辰本宅刊。師璟,大昭之孫。著書源流甚詳,每一書皆有評語,或用序跋,或用自題,摘其緊要數語,註於本書下。

四庫未收書提要五卷 儀徵阮元撰。道光二年刊。又名《揅經室外集》。

文選樓藏書記六卷 儀徵阮保定撰,會稽李慈銘校訂。越縵堂抄本。

江上雲林閣藏書目四卷 望江倪模輯。道光癸卯本衙刊。

石屋書目一卷 仁和曹金籀撰。咸豐間武林曹金氏靈蘭室刊。

振綺堂書目無卷數二册 不著編輯姓名。傳抄本。首有"翰生鈔藏善本"六字硃印一方。

振綺堂書目四卷 錢塘汪憲輯。民國十六年上虞羅氏鉛字排印本。

持静齋書目四卷續增一卷 豐順丁日昌編。同治九年刊。又一部附《藏書紀要》二卷,獨山莫友芝撰。

持静齋藏書紀要二卷 獨山莫友芝撰。近〔民國十三年〕蘇州文學山房刊木活字本。

四庫書目略二十卷附録一卷 滿洲費莫文良編。同治庚午本宅刊。

書目答問四卷叢書目别録姓名略附 南皮張之洞撰。光緒二年四川精刊，光緒五年湘鄉成邦幹重刊，光緒五年貴陽重刊本，後附四川尊經書院記。光緒乙未仲夏上海蜚英館石印本。

彙刻書目初編十册 桐川顧修輯。**續編二册** 元和陳光照輯。光緒元年二月長洲無夢園陳氏刊〔并附補、續、新編各一卷〕。

士禮居藏書題跋記六卷 吴縣黄丕烈撰。光緒十年潘氏滂喜齋刊。

蕘圃藏書題識十卷補遺一卷附刻書題識一卷補遺一卷〔即《刻書記補遺》一頁〕吴縣黄丕烈撰，江陰繆荃孫等輯。民國己未江陰繆氏刊。

蕘圃藏書題識續録四卷 附 **蕘圃雜著一卷** 吴縣黄丕烈撰，秀水王大隆輯。民國二十二年學禮齋刊。

開有益齋讀書志六卷續志一卷附金石文字記一卷 上元朱緒曾撰。光緒六年金陵翁氏茹古閣刊。

續彙刻書目十二卷補遺一卷 德清傅雲龍輯。光緒間刊。

萬卷樓藏書總目四卷 貴筑黄彭年編。光緒八年刊。

皕宋樓藏書志一百二十卷續志四卷 歸安陸心源撰。光緒壬午至壬辰〔歸安陸氏十萬卷樓〕刊。

彙刻書目二十册 仁和朱氏增訂重編。光緒十五年夏四月刊。

共讀樓書目十卷 吉林國英編輯。光緒庚辰索綽絡氏家塾刊巾箱本。

東西學書録二卷附中國人輯著書一卷東西人舊譯著書一卷 徐□□輯〔清會稽徐維則撰〕。光緒二十五年石印本。

留真譜初編無卷數二編無卷數 宜都楊守敬輯。光緒二十七年至民國丁巳觀海堂刊。

日本訪書志十六卷 宜都楊守敬撰。光緒丁酉鄰蘇園刊。

目録學九卷 靈石耿文光撰。光緒間刊。

楚寶目録一卷 瀏陽劉人熙撰。光緒十四年刊。

金山錢氏家刻書目十卷 金山錢培蓀輯。光緒四年〔金山錢氏〕刊。

五桂樓書目四卷 姚江黄澄量編〔其孫承乙重修〕。光緒乙未〔姚江黄氏〕刊。

楹書隅録五卷續編四卷 聊城楊紹和撰。光緒二十年海源閣刊。民國壬子武進董氏補刊。

世德堂書目無卷數 施再盛撰。傳抄本。

鐵琴銅劍樓藏書目録二十四卷 常熟瞿鏞撰。光緒二十三年武進董氏誦芬室刊。光緒二十四年常熟瞿氏罟里家塾刊。

西學書目表三卷附一卷讀西學書法一卷 新會梁啓超撰。光緒二十三年刊。

善本書室藏書志四十卷附録一卷 錢塘丁丙撰。光緒三十四年〔錢塘丁氏〕刊。

武林藏書録三卷首一卷末一卷 錢塘丁申撰。光緒庚子嘉惠堂刊。

清吟閣書目四卷 仁和瞿世瑛編。光緒間石印本。

經籍訪古志六卷補遺一卷 日本澁江全善、森立之同編。明治十八年乙酉鉛字排印本,即光緒十一年印本。民國五年丙辰鉛字重排印本。

傳書堂善本書目十二卷 烏程蔣汝藻編。傳抄本。

南學書目札記八卷 湘鄉謝崧岱撰。光緒間研經榭刊。

鄭堂讀書記七十一卷 烏程周中孚撰。民國甲子吴興劉氏嘉業堂刊。

書目答問箋補四卷 漢川江人度撰。光緒三十年仲秋漢川江氏刊。

藏書紀事詩七卷 長洲葉昌熾撰。宣統二年葉氏刊。

全上古三代秦漢三國晉南北朝文編目一百三卷 烏程蔣壑編。光緒己卯仲冬刊。

古文舊書考四卷 日本島田翰撰。**附古今書刻上編一卷** 古黄周弘祖輯。明治甲辰民友社鉛字排印本,即光緒三十年印本。

江蘇採訪書目無卷數 瑞安黄體芳撰。光緒九年刊。

廣雅書院藏書目録七卷 南海廖廷相編。光緒辛丑春刊。

申報館書目一卷續編一卷 尊聞閣主人編。光緒間〔三年至五年〕上海申報館鉛字排印巾箱本。

皕宋樓藏書源流考一卷 日本島田翰撰。光緒丁未武進董氏于京都精刊。

海虞藝文志六卷 常熟姚福均輯。光緒丁酉姚氏慕程齋刊。

杭州藝文志十卷 錢塘吴慶坻撰。光緒三十四年於長沙刊。

儀顧堂題跋十六卷續跋十六卷 歸安陸心源撰。光緒二十四年刊。

績溪金紫胡氏所著書目二卷 績溪胡培系編輯。光緒甲申世澤樓刊。

藝風堂藏書記八卷續記八卷 江陰繆荃孫撰。光緒庚子至癸丑刊。

天一閣見存書目四卷末一卷 無錫薛福成編。光緒己丑刊。

郘亭知見傳本書目十六卷 獨山莫友芝撰。宣統元年日本田中氏於北京鉛字排印本。

測海樓藏書目録十二卷 揚州吴引孫編。宣統二年自刊。

徵訪明季遺書目一卷 劉世瑗蘧六撰。宣統庚戌鉛字排印本。

華延年室題跋三卷 大興傅以禮撰〔《邁盧題跋》，其子栻撰〕。宣統元年〔外孫餘杭俞人蔚〕鉛字排印本。卷三《殘明大統歷》《宰輔表》。

羣碧樓書目初編九卷附書衣雜識一卷 江寧鄧邦述編。宣統三年〔江寧鄧氏〕鉛字排印本。

羣碧樓善本書録六卷寒瘦山房鬻存善本書目七卷 江寧鄧邦述撰。民國十八年〔江寧鄧氏〕刊。

静嘉堂秘籍志五十卷 日本河田羆撰。大正六年鉛字排印本。卷一至卷十二皕宋樓舊藏，卷十三至卷五十十萬卷樓舊藏。

續彙刻書目十卷閏集一卷 上虞羅振玉輯。宣統六年連平范氏雙魚室刊。

四庫簡明目録標注二十卷〔補一卷〕附録一卷〔附録補一卷〕 仁和邵懿辰撰。宣統辛亥邵氏〔其孫章〕精刊。

宋遺民類集序例總目一卷 侯官黄允中撰。宣統庚戌鉛字排印本。

書林清話十卷 長沙葉德輝撰。宣統庚申[二二]觀古堂刊。

觀古堂藏書目四卷 長沙葉德輝編。民國丙辰葉氏觀古堂鉛字排印本。

書林餘話二卷 南陽葉德輝撰。民國戊辰於滬上澹園鉛字排印本。

郎園讀書志十六卷 南陽葉德輝撰。民國戊辰〔從子啓勳等〕上海澹園鉛字排印本。

叢書舉要六十卷勘誤記一卷末一卷 宜都楊守敬、南城李之鼎同編。民國三年甲寅宜秋館鉛字排印本。

增訂叢書舉要八十卷 附 **徵刻宋人集小啓一卷** 宜都楊守敬原編,南城李之鼎補。民國戊午宜秋館鉛字排印本。

石廬金石書志二十二卷 侯官林鈞撰。民國十二年〔侯官林氏寶岱閣南昌〕家刊。

四庫全書書目表四卷附未收書目表一卷 長壽李滋然編。近京華印書局鉛字排印本。

鐵琴銅劍樓宋金元本書影無卷數識語四卷 常熟瞿啓甲輯。民國壬戌瞿氏石印本。

外交部藏書目録七卷首一卷 上海曹汝霖、許同莘等編。民國五年鉛字排印本。

山東圖書館書目九卷 南通袁紹昂編。民國六年石印本。

江蘇第一圖書館覆校善本書目四卷 伊通齊耀琳等編。民國戊午鉛字排印本。

雪堂校刊羣書叙録二卷 上虞羅振玉撰。民國戊午以古宋字排印本。

温州經籍志三十六卷首一卷 瑞安孫詒讓編。民國十年浙江公立圖書館刊。

趙氏圖書館藏書目録五卷補遺一卷新鈔書目一卷〔峭帆樓〕善本書目一卷 崑山趙詒琛編。民國丙寅〔崑山趙氏義莊〕鉛字排印本。

南洋中學校藏書目無卷數 海寧陳乃乾編。民國八年鉛字排印本。

測海樓舊本書目四卷附録一卷 海寧陳乃乾校録。民國二十一年慎初堂鉛字排印本。

滂喜齋藏書記三卷附宋元本書目一卷 吴縣潘祖蔭撰。民國甲子海寧陳氏慎初堂鉛字排印本。

抱經樓藏書志六十四卷 慈谿沈德壽撰。民國甲子鉛字排印本。

金華經籍志二十七卷 永康胡宗楙編。民國乙丑〔永康胡氏〕夢選樓刊。

賁園書庫目録輯略一卷 合州張森楷撰。民國乙丑渭南嚴氏孝義家塾刊。

南京圖書局書目二編五卷 不著編輯姓名。近鉛字排印本。

浙江公立圖書館通常類書目五卷 附 **保存類書目〔四卷〕補遺一卷** 不著編輯姓名。民國十四年鉛字排印本。

雙鑑樓藏書續記二卷 江安傅增湘撰。民國庚午藏園刊。

雙鑑樓善本書目四卷 江安傅增湘撰。民國己巳八月〔江安傅氏藏園〕刊。

士禮居藏書題跋補録一卷 吴縣黄丕烈撰，大興李文裿輯。民國己巳〔大興李氏〕冷雲盦鉛字排印本。

嘉業堂善本書影五卷 吴興劉承幹輯。民國十八年〔吴興劉氏〕滬上石印本。

福建版本志八卷 不著撰人姓名。近刊本。

書目長編二卷 淳安邵瑞彭等輯。民國戊辰鉛字排印本。

日本訪書志補一卷 高陽王重民輯。民國十九年鉛字排印巾箱本。

海源閣宋元秘本書目四卷 聊城楊保彝編。民國二十年山東省立圖書館鉛字排印本。

故宫方志目一卷附録一卷索引一卷 長汀江瀚編。民國二十年故宫博物院圖書館鉛字排印本。

觀海堂書目四卷 故宫博物院圖書館編。民國二十一年鉛字排印本。

晚明史籍考二十卷 安陽謝國楨輯。民國二十一年國立北平圖書館鉛字排印本。

梁氏飲冰室藏書目録無卷數〔附録二卷補遺一卷索引一卷〕 國立北平圖書館編。民國二十二年鉛字排印本。

通志堂經解提要四卷首一卷附録一卷 瀋陽闞文瑛撰。民國甲戌鉛字排印本。

韓氏讀有用書齋書目一卷 婁縣韓應陛藏,華亭封文權編。民國二十三年〔瑞安陳氏襃殷堂〕以古宋字排印本。

故宫普通書目六卷 長汀江瀚編。民國二十三年故宫博物院圖書館鉛字排印本。

安徽通志藝文考無卷數 安徽志館編。民國二十三年八月石印本。分經部十四、史部十四、子部十七、集部楚辭一、别集漢魏至五代一、宋至明一、清至民國一、總集一、詩文評一、詞曲一。此書搜輯可謂最富,然則不無遺漏。如休寧徐卓撰《經義未詳説》《聲韻合表》《節序日考》《休寧碎事》等書,皆所未載。

國立北京大學圖書館善本書目四卷 不著編輯姓名。近以古宋字排印本。

書髓樓藏書目八卷附一卷 水竹邨人編。民國乙亥以古宋字排印本。水竹邨人者,天津徐世昌之别號也。

瞿氏補書堂寄藏書目録無卷數 國立北平圖書館編。民國二十四年鉛字排印巾箱本。

崇雅堂書録十五卷碑録五卷碑補録四卷 潛江甘鵬雲編。民國乙亥鉛字排印本。

金 石 類

嘯堂集古録二卷 宋王俅撰。**考異二卷** 嘉興張蓉鏡撰。嘉慶辛未秋至壬申春鴛湖張氏刊。版心有"醉經堂校本"五字。

寧壽鑑古十六卷 乾隆間敕撰。民國癸丑上海涵芬樓〔以寧壽宫寫本影印〕石印本。

金石契無卷數 海鹽張燕昌撰。乾隆四十三年重定精刊。

金塗銅塔考一卷 金匱錢泳録。乾隆甲寅七月表忠觀刊。

十六長樂堂古器欵識考四卷 嘉定錢坫撰。嘉慶元年刊。

求古精舍金石圖四卷 烏程陳經輯。嘉慶戊寅〔烏程陳氏説劍樓〕精刊。

金石莂無卷數 雲間馮承輝撰。嘉慶二十三年〔雲間馮氏〕精刊。

筠清館金石文字五卷 南海吴榮光撰。道光壬寅南海吴氏刊。

齊侯罍銘通釋二卷 晉江陳慶鏞撰。道光丙午閏月一鐙書舍刊。

建昭雁足鐙考二卷 上海徐渭仁録。道光十七年丁酉十二月刊。

焦山鼎銘考一卷 大興翁方綱撰。咸豐壬子漢陽葉志詵重刊。

宜禄堂收藏金石記六十卷 寶應朱士端撰。底稿本。版心下刊"吉金樂石山房"六字。

張叔未所藏金石文字無卷數 四會嚴荄編。光緒間〔十一年〕鶴緣齋影印本。

攀古屢彝器欵識二卷 吴縣潘祖蔭撰。同治十一年滂喜齋〔依王懿榮手寫本〕精刊。附《沙南侯獲刻石釋文》。

長安獲古編二卷補一卷 東武劉喜海輯。同治間〔歙鮑康〕精刊。

恒軒所見吉金録無卷數 吴縣吴大澂輯。同治十一年精刊。

毛公鼎釋文一卷 吴縣吴大澂撰。光緒十三年上海同文書局石印本。又名《周吉遺文》。版心有"愙齋集古録"五字。

愙齋集古録二十六卷釋文賸稿二卷 吴縣吴大澂撰。民國七年涵芬樓石印本。

盤亭小録一卷〔合肥劉銘傳撰〕歸安吴雲撰輯。同治癸酉春季〔邗江舟次〕刊。

二百蘭亭齋金石記三卷 歸安吴雲撰。同治五年歸安吴氏二百蘭亭齋刊。〔後删去石刻五種,增爲《兩罍軒器圖釋》。〕

兩罍軒彝器圖釋十二卷 歸安吴雲撰。同治十一年刊〔自刻本〕。

漢建安弩機一卷 歸安吴雲輯。光緒六年庚辰自刊。

攈古録金文九卷 海豐吴式芬撰。光緒二十一年其子重熹刊,民國二年西泠印社重刊。

荆南萃古編無卷數 錢塘周懋琦〔山陰劉瀚同〕輯。光緒二十二年〔二十年錢塘周氏鴻寶署齋〕刊。

敬吾心室彝器欵識無卷數 平湖朱善旂輯。光緒戊申〔其姪之臻〕石印本。

從古堂欵識學十六卷 嘉興徐同柏撰〔男士燕槵録〕。光緒三十二年〔蒙學報館〕石印本。

盂鼎集釋一卷克鼎集釋一卷 吴縣王仁俊撰。底稿本。

壺公師考釋金文稿一卷 南皮張之洞述,門人王仁俊輯。底稿本。題面左邊有"受業王仁俊謹署"七字,下有"仁俊手校"硃印一方。至其背面題云:從攀古廔潘氏、恒軒吴氏、天壤閣王氏臧器款識輯師説都二十事,一字不敢增損焉。辛丑秋寫第二本等字。

奇觚室吉金文述二十卷 嘉魚劉心源撰。光緒二十八年石印本,民國十五年覆石印本。

陶齋吉金録八卷續録二卷〔續録補遺一卷〕 浭陽端方撰。光緒戊申至宣統間有正書局石印本。

九鐘精舍金石跋尾甲編一卷乙編一卷 錢塘吴士鑑撰。宣統己酉刊。

鼎堂金石録二卷 保山吴樹聲撰。近雲南石印本。

讀雪齋金文目無卷數 大興孫汝梅編。民國丁巳以原稿石印本。

周金文存六卷補遺附 杭州鄒安(原名壽祺)輯。民國丙辰至辛酉廣倉學宭影印本。

新鄭出土古器圖志初編一卷續編一卷附編一卷 任城靳雲鶚等編。民國癸亥影印本。

金文編十四卷附録二卷通檢一卷〔器目一卷〕 東莞容庚集。民國乙丑貽安堂石印本。

尊古齋古鉢集林第一集六卷 江夏黄濬輯。民國十七年影印本。

雙劍誃吉金文選二卷附録一卷 海城于省吾輯。民國二十二年於北平石印本。

雙劍誃吉金圖録二卷考釋二卷 海城于省吾撰。民國甲戌〔北平來薰閣〕影印本。

尊古齋所見吉金圖初集四卷 江夏黄濬集。民國二十五年〔江夏黄氏尊古齋于北平以珂羅版印本〕影印本。

關中金石記八卷 鎮洋畢沅撰。乾隆辛丑經訓堂刊。

中州金石記八卷 鎮洋畢沅撰。乾隆丁未刊。

粤東金石略九卷首一卷附二卷 大興翁方綱撰。乾隆三十六年石洲草堂精刊。

偃師金石記四卷 偃師武億撰。乾隆五十三年刊。

偃師金石遺文記二卷 縣人武億撰。乾隆五十三年小石山房刊。

張氏吉金貞石録五卷 吴郡張塤撰。乾隆間刊自定底稿本。卷一《興平志稿》,卷二三《扶風志稿》,卷四五《郿志稿》。首有乾隆四十二年丁酉自序,則序目皆爲張氏親筆所書,其餘用縣志版印者並無卷數。書中删削之字,皆已點出增補之文,書於眉端,或注於各條之下。此乃張氏擬付梨棗而未果也。

山左金石志二十四卷 鎮洋畢沅、儀徵阮元同撰。嘉慶二年儀徵阮氏小琅嬛僊館刊。

粵西金石略十六卷 南康謝啓昆撰。嘉慶辛酉銅鼓亭刊。

湖北金石存佚考二十二卷 蘄州陳詩撰。嘉慶間〔二十四年江漢書院〕刊。

江寧金石記八卷附待訪録二卷 江寧嚴觀輯。嘉慶九年賜書堂刊。

濬縣金石録二卷 潛山熊象階輯。無刻書年月,約嘉慶間刊。

兩浙金石志十八卷補遺一卷 儀徵阮元撰〔《補遺》其子福撰〕。道光四年浙江撫署刊。

濟州金石志八卷 南通徐宗幹輯。道光乙巳刊〔閩中自刻本〕。

越中金石記十卷目二卷 山陰杜春生撰。道光庚寅詹波館刊。

閩中金石志十四卷總目一卷 嘉興馮登府撰。民國丙寅吴興劉氏希古樓刊。

浙江磚録四卷圖一卷 嘉興馮登府輯。道光十六年刊。

常山貞石志二十四卷 嘉興沈濤撰。道光壬寅孟夏刊,光緒二十三年重刊〔柯逢時校正翻刻本〕。

至聖林廟碑目六卷 闕里孔昭薰率姪憲庚編。道光十八年刊。

唐昭陵石蹟考略五卷 閩中林侗編。道光甲申二月廣州喜聞過齋精刊。

關中漢唐存碑跋一卷 少華王志沂撰。道光丁亥刊。

栝蒼金石志十二卷續四卷 嘉興李遇孫輯。同治甲戌浙江處州府署刊。

濟南金石志四卷 大興王鎮、崇川馮雲鵷同撰。道光二十年庚子郡齋刊。

吴郡金石目一卷 嘉定程祖慶撰。咸豐元年嘉定程氏見古閣仿漢竹册本刊。

山右金石録一卷跋尾一卷 高郵夏寶晉撰。咸豐元年刊。

高要金石略四卷 高要彭來泰撰。咸豐間刊。

昭陵碑考十二卷 當湖孫三錫撰。咸豐八年戊午秋仲刊。

潮州金石略無卷數 海陽陳寶瑛輯。底稿本。

海東金石苑八卷 東武劉喜海撰。**補遺六卷附録二卷** 吴興劉承幹撰。民國壬戌吴興劉氏嘉業堂刊。

趙州石刻全録三卷 山陰陳鍾祥編，桐鄉蔡壽臻、宛平查輅同輯。同治元年刊。

濰縣金石志八卷 濰縣郭麟輯。原稿本。有同治十年歲次辛未十月自序。墨格版心上刊"濰縣金石志"五字，下刊"聽漪亭"三字。起周朝，止元朝。

山右石刻叢編四十卷 天門胡聘之輯。光緒己亥至辛丑刊。

山右金石記十卷 張煦纂。光緒乙丑刊山西通志抽印本。

關中金石文字存逸考十二卷 甘泉毛鳳枝撰。光緒辛丑仲夏會稽顧氏〔江西萍鄉縣署〕刊。

句容金石記十卷附録一卷 邑人楊世沅撰。光緒間〔戊申〕鉛字排印本。

東甌金石志十二卷 嘉善戴咸弼撰，瑞安孫詒讓補。光緒癸未刊。

莆陽金石初編二卷 興化劉尚文編。光緒庚子于福州刊。

贛石録三卷 餘姚邵啓賢撰。民國九年石印本。

台州金石録十三卷台州甎録五卷闕訪四卷 臨海黄瑞輯。民國丙辰吴興劉氏嘉業堂刊。

江蘇金石志二十四卷待訪目二卷 不著撰人姓名。民國十六年江蘇通志局石印本。

曲阜碑碣考四卷 闕里孔祥霖輯。民國甲寅鉛字排印本。

畿輔碑目二卷 附 **待訪目二卷** 天津樊彬輯。民國二十四年河北博物院鉛字排印本。

鄴中片羽二卷 江夏黄濬輯。民國二十四年北平尊古齋影印本。

菉竹堂碑目六卷 明崑山葉盛撰，日照許瀚校補。咸豐八年五月刊。

瘞鶴銘考二卷 長沙陳鵬年輯。康熙癸巳精刊。

禹碑五釋一卷 琅邪王澍輯。雍正十年精刊。

漢唐石刻目録一卷 檇李吴文溥輯。乾隆間南野堂刊巾箱本。

兩漢金石記二十二卷 大興翁方綱撰。乾隆五十四年于南昌使院精刊。

孔子廟堂碑一卷 即唐本存字**孔子廟堂碑考一卷** 大興翁方綱撰。嘉慶十二年精刊。

金石文鈔八卷續鈔二卷 涇縣趙紹祖撰。嘉慶七年〔自〕刊,光緒二年〔趙集成〕重刊。

金石粹編一百六十卷 青浦王昶輯。嘉慶乙丑經訓堂刊。

金石後録八卷 嘉定錢坫撰。傳抄本。

金石文字辨異十二卷 階州邢澍撰。嘉慶十五年刊。

漢延熹西嶽華山碑考四卷 揚州阮元編。嘉慶癸酉文選樓刊。

金石存十五卷 山陽吴玉搢撰。嘉慶二十四年山陽李氏聞妙香室精刊。

寰宇訪碑録十二卷 陽湖孫星衍、階州邢澍同撰。嘉慶壬戌刊。

小蓬萊閣金石文字無卷數 錢塘黄易撰。道光甲午刊。

鳴野山房彙刻帖目四卷 山陰沈復粲輯。鴿峯草堂鈔本,内有蕭山蔡名衡手校。分元亨利貞四集。墨格,版心刊有篆書"鴿峯草堂"四字。版左邊綫外刻有"常熟周左季家寫本"八字。首有上虞羅振玉序。序首有"虞山周氏鴿峯草堂寫本"硃印一方,又每册首有"常熟周左季家鈔本書"硃印一方。

金石一隅録無卷數 偃師段嘉謨撰。道光二年如見齋刊。

古泉山館金石文編殘稿四卷 嘉定瞿中溶撰。近〔民國丙辰〕張氏適園刊。〔又名《古泉山館金石跋》。〕

漢武梁祠堂石刻畫像考六卷圖一卷 嘉定瞿中溶撰。民國丙寅吴興劉氏希古樓刊。

大瓢偶筆八卷鐵函齋書跋四卷 山陰楊賓撰。道光丁未秋粤東糧道署刊。版心有"筠石山房"四字。

金石索十二卷 崇川馮雲鵬〔馮雲鵷同〕輯。道光元年〔崇川馮氏〕滋陽縣署〔邃古齋〕刊。《金索》六卷,《石索》六卷。

金石苑無卷數 東武劉喜海撰。道光戊申劉氏來鳳堂精刊,近武進陶氏以原刊影印本。

漢碑録文四卷 魚臺馬邦玉輯。道光六〔二十七〕年靈石楊氏連筠簃刊。

周無專鼎銘考一卷 甘泉羅士琳撰。道光壬寅阮元刊。

隨軒金石文字無卷數 上海徐渭仁撰。道光二十三年癸卯刊。

女直字碑考一卷 附 **續考** 劉師陸撰。道光癸巳精刊。

小瑯環叢記二卷 揚州阮福撰。道光間刊。即《文筆考》一卷,《滇南金石録》一卷。

青芙蓉室藏碑目十三卷吉金文字目一卷秦漢瓦當文目一卷漢晉古甎文目一卷 當湖孫三錫編。底稿本。

退庵所藏金石書畫題跋二十卷 福州梁章鉅撰。道光乙巳刊。

南邨帖考無卷數 嘉善程文榮撰。無刻書年月,約咸豐間刊。首有道光二十五年張廷濟書一通。約宣統間印鑄局鉛字排印本。

趙書天冠山詩帖一卷 元趙孟頫書,朱鈞摹。咸豐七年師卯敦室朱氏精刊雙鉤本。

梅花溪居士縮臨唐碑題跋一卷 金匱錢泳撰,當湖孫三錫訂。咸豐十年庚申刊巾箱本。又名《琳琅集腋》。

枕經堂金石書畫題跋三卷 懷寧方朔撰。同治三年〔濟南寓次〕刊。

補寰宇訪碑録五卷 會稽趙之謙撰。同治三年刊〔失編一卷〕。

金石聚十六卷 衢州張德容撰。同治十一年二銘草堂刊。

西嶽華山廟碑長垣本一卷 歸安吴雲輯。同治六年兩罍軒刊。

清儀閣題跋無卷數 嘉興張廷濟撰。無刻書年月,約光緒間刊。

十二硯齋金石過眼録十八卷 儀徵汪鋆撰。底稿本。卷一之首頁有"硯山手稿”陰文硃印一方。

十二硯齋金石過眼録十八卷續録六卷 儀徵汪鋆撰。光緒元年刊。

十二硯齋補瘞鶴銘考二卷 儀徵汪鋆編。光緒九年自刊。

古均閣寶刻録無卷數 海寧許槤撰。光緒間〔二十年秀水王氏重〕刊。〔一名《夏承碑攷》。〕

金石續編二十一卷 武進陸耀遹撰〔清陸徵祥校訂〕。同治十三年〔毘陵陸氏〕雙白燕堂刊〔後板歸上虞羅氏〕。

金石粹編補略二卷 仁和王言撰。光緒八年刊。

墨妙亭碑目考二卷附考一卷 烏程張鑑撰。光緒甲申江蘇書局刊。

愛吾廬題跋一卷 同安吕世宜撰。光緒五年門人龍溪林維源精刊。

金石屑無卷數 嘉興鮑昌熙撰。光緒二年十月〔嘉興鮑氏〕刊。〔作四册附編一册〕

攈古録二十卷 海豐吴式芬輯。無刻書年月,約光緒間刊。

高麗國永樂好太王碑釋文纂考一卷 高密鄭文焯撰。光緒庚子平湖朱氏經注齋刊。

景教碑文紀事考正三卷 嶺南楊榮誌撰,順德區逢時參訂。光緒二十一年楊大本堂刊,光緒辛丑思賢書局刊本一卷。

金石續編補跋四卷 吴縣王仁俊撰。底稿本。

碑版叢録無卷數 吴縣王仁俊撰。底稿本。

金石簿録無卷數 吴縣王仁俊撰。底稿本。

籀鄦誃讀碑記一卷 吴縣王仁俊撰。底稿本。

金石題跋無卷數 吴縣王仁俊撰。底稿本。

金石通考無卷數 吴縣王仁俊撰。底稿本。

思古齋雙鈎漢碑篆額三卷 山陰何澂輯。光緒癸未〔山陰何氏〕精刊。

中郎遺矩無卷數 日照丁艮善編。光緒十四年戊子刊。

移林館金石文字一卷 日照丁□□〔麟年〕編。光緒丙申刊。即《故闕特勤之碑》釋并跋，宗室盛昱撰。

十篆齋金石文跋尾四卷 曼殊震鈞撰。底稿本。

金石古文考四篇 長沙鄭業斆撰。光緒丁酉石印本。

獨笑齋金石考略四卷 長沙鄭業斆撰。光緒丁亥刊。

獨笑齋金石文考第一集五卷 長沙鄭業斆撰。民國丁卯石印本。

猶〔獨〕笑齋金石文考第二集八卷 長沙鄭業斆撰。民國甲寅石印本。

藝風堂金石文字目十八卷 江陰繆荃孫輯。光緒丙午刊。

碑别字五卷 上虞羅振鋆輯。光緒甲午孟夏刊。

碑别字補五卷 上虞羅振玉輯。光緒辛丑刊。

敦煌石室真蹟録六卷附一卷 吴縣王仁俊輯。宣統元年國粹堂石印本。分甲乙丙丁戊己六字，甲分上下。

陶齋藏石記四十四卷藏塼記二卷 浭陽端方撰。宣統元年石印本。

校碑隨筆無卷數補遺僞刻附 定海方若撰。宣統二年於天津中東石印局石印本。

金石文字辨異補編五卷 瑞安楊紹廉撰。民國甲子石印本。

八瓊室金石補正一百三十卷札記四卷祛僞一卷元金石偶存一卷 太倉陸增祥撰。民國甲子吴興劉氏希古樓刊。

寰宇訪碑録校勘記二卷補寰宇訪碑録校勘記一卷 南海李宗顥集，萍鄉文素松補。民國十五年蘧廬精刊。

衡齋金石識小録二卷 江夏黄濬輯。民國二十四年北平尊古齋影印本。

韡華閣集古録跋尾十五卷金文分域編二十一卷 膠西柯昌濟撰。民國二十四年鉛字排印本。又名《餘園叢刻》。

河朔金石目十卷待訪目一卷河朔訪古新録十四卷 會稽顧燮光撰。民國十九年鉛字排印本。

鐵雲藏龜無卷數藏陶無卷數 附 **泥封一卷** 丹徒劉鶚編。光緒甲辰抱殘守闕齋石印本。《藏龜》二百七十二頁,《藏陶》一百四十二頁,《泥封》四十三頁。

龜甲獸骨文字抄釋二卷 日本林泰輔輯。大正六年擁古齋石印本。

殷虚文字類編十四卷檢字一卷 上虞羅振玉考釋,番禺商承祚類次。**待問録十三卷** 番禺商承祚撰。**殷虚書契考釋一卷** 上虞羅振玉撰。民國癸亥〔番禺商氏〕刊。

殷虚書契前編八卷 上虞羅振玉輯。民國壬子〔上虞羅氏〕影印本。

殷虚書契續編六卷 上虞羅振玉輯。民國二十二年影印本。

金石綜例四卷 嘉興馮登府撰。道光七年刊。

碑版廣例[二三]**十卷** 長洲王芑孫撰。道光二十一年辛丑精刊。

金石學録四卷〔補一卷附金石原起説攷補一卷北宋石經補攷一卷〕 嘉興李遇孫撰。道光四年芝省齋刊。

漢石例六卷 寶應劉寶楠撰。同治八年湖州丁彦臣於山東濟南府刊。

金石學録補三卷 歸安陸心源撰。光緒五年刊。

語石十卷 長洲葉昌熾撰。宣統己酉〔長洲葉氏〕刊。

金石學録續補二卷附録一卷拾遺一卷 餘杭褚德彝撰。民國己未餘杭褚氏石畫樓以古宋字排印本。

夢碧簃石言初集六卷 會稽顧燮光撰。民國丁巳〔初版石印,民國八年再版〕石印本,民國乙丑〔上海科學儀器館三版增訂〕以古宋字排印本。

史 評 類

史尚四卷 明梅里錢栴撰。無刻書年月,約崇禎間刊。

史貫十二卷 古燕陽周士儀撰。康熙間刊。

史略詞話正誤二卷 廣陵李清、宫偉鏐同撰。無刻書年月，約康熙間刊。

讀書論世十六卷 宣城吴肅公撰。康熙戊寅詒清堂刊。

一艸亭讀史漫筆二卷 貴池吴孟堅撰。康熙庚午一艸亭刊。

余子説史十卷 江表余懷撰。舊抄本。

蘄史三十卷 海陽查應光撰。康熙間刊。

讀史稗語十一卷 長洲徐昉撰。咸豐間刊。

四史勦説十六卷 鄱陽史珥撰。乾隆二十五年精刊。

柹子讀史記無卷數 山陰葉驥撰。乾隆間愛日堂刊木活字本。

讀史提要録十二卷 高沙夏之蓉撰。乾隆壬辰精刊。

讀史隨筆一卷 廬陵黄文成撰。無刻書年月，約乾隆間刊。

石溪史話八卷補遺四卷 濉江劉風〔鳳〕起撰。乾隆間刊。

史記評註十二卷 滋陽牛運震撰。乾隆五十八年空山堂刊。

讀史糾繆十五卷 滋陽牛運震撰。無刻書年月，約嘉慶間空山堂刊。

三芝山房讀史隨筆二卷 武寧盧浙撰。嘉慶丁丑刊木活字本。

史林測義三十八卷 鄱陽計大受撰。嘉慶十九年楓溪别墅刊。

月川未是稿一卷 景東程含章撰。無刻書年月，約嘉慶間刊。即《讀鑑辨正》。

通鑑綱目摘議四卷 歸安王標撰。道光二年閒燕齋刊。

史眴一卷 鎮平黄釗撰。道光五年廣州刊。

讀史大略六十卷 江陰沙張白撰。**附小沙子史略一卷** 山陰沙晉撰。道光乙巳刊。

讀鑑繹義三十二卷 張鵬展撰。道光六年丙戌刊。

史闕十五卷 古劍張岱撰。道光間〔四年〕刊。

讀史任子自鏡録二十二卷 光州胡季堂編輯。道光元年培蔭軒刊。

漢書餘論無卷數附漢書續録一卷 山陽丁晏撰。底稿本。版心刊有"頤志齋"三字。

史餘二十卷補録一卷附録一卷 黄岡陳堯松撰,其子慶颺註。同治甲子竹平安齋刊。

讀史鏡古編三十二卷 吴縣潘世恩撰。同治甲戌刊。

讀史管見八卷 鬱林蘇宗經撰。光緒癸巳本宅刊。

乙部隨筆四卷 儀徵吴養原撰。光緒甲申刊。

歸方評點史記合筆六卷附例意一卷劉海峯論文偶記一卷 馬平王拯纂。光緒紀元望三益齋於錦城節署刊。

讀史臆説五卷 武陵楊琪光撰。光緒間刊。

朱九江論史口説二卷 南海朱次琦撰,閬中邱煒萲編。光緒二十六年邱氏刊。

讀史賸言四卷 漢川秦篤輝撰。光緒間刊。

鑑古堂日記四卷 靖安陳紹箕撰,善化皮錫瑞評。光緒二十八年長沙刊。

史漢求是五十五卷附尚書文義一卷 武陵楊琪光撰,光緒間刊。

鑑評别録六十卷附兩漢史斷六卷三國書法十卷 寧陽黄恩彤撰。光緒三十一年刊。

史微内篇八卷 錢塘張采田撰。民國元年壬子孱守齋刊。

太史公書義法二卷 元和孫德謙撰。民國丁卯四益宧刊。

販書偶記卷九

冀縣孫殿起耀卿録

子　　部

儒　家　類

議論經濟之屬

新編孔子家語章句十卷 魏王肅註。元劉祥卿刊。首有原序,次目録,卷一首頁第二行題"並依王肅註詳義爲註解"等字。每半頁十行,行十八十九字不等,小字雙行。兩截樓版式。上列評語音義。版心上下墨口。惟原序半頁十二行行二十一字。至書中有兩處半頁九行者。較覆宋刊本頗多不同。此原序中"荀卿"二字,他本作孫卿。又第九卷七十二弟子,他本上多"孔子"二字。其編次較他本殊異。如此書在卷五,他本在卷六。至原文小註,亦多寡不一。其字多用俗體,如覺作竟,國作囯等類是也。卷五之尾刊有"清泉劉祥卿家丁未春新刊行"十二字木記。首有"孔子七十一世孫□"印一方,"南洲"印一方。

孔子家語增注十卷 日本信陽太宰純撰。寬保二年嵩山房刊,即乾隆七年刊。

家語證僞十一卷 會稽范家相撰。光緒十五年會稽徐氏鑄學齋刊。

家語疏證六卷 仁和孫志祖撰。嘉慶間〔仁和孫氏〕刊。

孔子家語疏證十卷 蘄水陳士珂撰。嘉慶二十三年刊。

孔子集語補遺一卷 吴縣王仁俊撰。光緒丙午王氏正學堂刊。

孟子外書四卷 熙時子注,大興金紹綸校注。嘉慶二十三年星帶草堂刊。

孟子外書補注四卷 貴陽陳矩撰。光緒辛卯靈峯草堂刊。

曾子家語六卷 東湖王定安輯。光緒十六年於金陵精刊。

荀子二十卷附校勘補遺一卷 唐楊倞注,嘉善謝墉輯校。乾隆丙午嘉善謝氏安雅堂刊。

刪註荀子二卷 明江都王訥諫註。萬曆壬子刊。

讀荀子四卷 日本江都物茂卿撰,門人南總宇惠子迪考訂。寶曆間〔十四年夏五月京師水玉堂〕精刊,即乾隆間〔二十九年〕刊。

荀子考無卷數 日本岡本保孝撰。傳抄本。首列中日宋明清先儒所刻諸本目録及序目之異同,至書中采取物茂卿《讀荀子》居多。

荀子集解二十卷考證一卷 長沙王先謙撰。光緒辛卯刊。

荀子性善證六卷 榮成姜忠奎撰。民國丙寅春鉛字排印本。

賈子次詁十六卷 正定王耕心撰。光緒間〔二十九年〕龍樹精舍刊。

鹽鐵論十卷 漢桓寬撰。**考證一卷** 陽城張敦仁撰。嘉慶丁卯精刊。

楊子法言校補一卷校勘記一卷 儀徵劉師培撰。傳抄本。近寧武南氏鉛字排印本。

法言疏證十三卷校補一卷勘誤一卷 元和汪榮寶撰。宣統辛亥金薤琳瑯齋鉛字排印本。

法言義疏二十卷 吴汪榮寶撰。民國癸酉鉛字排印本。

傅子二卷傳一卷附録一卷物理論一卷 晉傅玄撰,海寧錢保塘輯。光緒間清風室刊。

急覽類編十卷 明閩施澤深撰。無刻書年月,約天啓間奎壁堂刊。

古今治平略三十三卷 明豫章朱健撰。崇禎己卯刊。

經國雄略四十八卷 明温陵鄭大郁撰。順治二年觀社刊。《天經考》三卷,《畿甸考》五卷,《省藩考》四卷,《河防考》四卷,《海防考》三卷,《江防考》三卷,《賦徭考》二卷,《賦税考》二卷,《屯政考》二卷,《邊塞考》六卷,《四夷考》二卷,《奇門考》三卷,《武備考》九卷。

明夷待訪録一卷 餘姚黄宗羲撰。光緒甲辰甘肅文學堂刊,光緒戊戌豐城余氏寶墨齋刊。

明夷待訪録糾繆一卷 長壽李滋然撰。宣統間鉛字排印本。

呰窳子三卷越俎卮言二卷呰窳子集證五卷 旌德江順詒撰。無刻書年月,約同治間刊。

校邠廬抗議二卷 吴縣馮桂芬撰。光緒十年豫章刊。

勸學篇二卷 南皮張之洞撰。光緒戊戌廣雅書局刊,光緒二十四年小長蘆館重刊。

蒿言一卷 呰窳道人撰。光緒癸未刊。呰窳道人者,寶應劉嶽雲之别號也。

劍華堂救世要策萬言書二卷 涇縣吴廣霈撰。光緒二十四年著易堂鉛字排印本。

起黄二卷質顧一卷廣王二卷 江夏吴光耀撰。宣統間刊。

理 學 之 屬

正蒙集説十七卷 武進楊方達撰。乾隆五年復初堂精刊。

北溪字義二卷 宋陳淳撰。小倦游閣抄本,藍格版心刊有"小倦游閣"四字。書中題目之字,以篆體書於各條之眉,并加釋文於下。至其體勢,與抄原書字體殊異,或不出包世臣之手筆也。

史子朴語十卷 宋史□□朴夫撰。乾隆辛丑八行堂刊。卷四至六原闕。

近思録補註十四卷 蘄水陳沆撰。無刻書年月,約光緒間刊。

小學義疏六卷 博陵尹嘉銓撰。乾隆四十年刊袖珍本。嘉銓,會一之子。

朱文公語録類要述十八卷 明新安范涞撰。萬曆間〔壬子〕刊。

陽明朱子晚年定論辨一卷 寶應朱澤澐撰。道光四年刊。

陽明要書傳習録二卷 明嘉善陳龍正纂。崇禎壬申刊。

王陽明先生書疏證四卷經説拾餘一卷經説弟子記四卷 高郵胡泉撰。咸豐八年刊。

學範輯覽八卷 明滇臨安馮桂芳輯。隆慶壬申夏邑忠愛堂刊。

桃岡日録一卷 明武陵蔣道林撰。萬曆間刊。

皇明寶善類編二卷 明晉江蘇茂相輯。無刻書年月,約天啓間刊。

理學宗傳辨正十六卷 永城劉廷詔撰。同治十一年六安求我齋刊。

庸言一卷 蔚州魏象樞撰。康熙戊子其男學誠精刊。

可人集三卷 槜李孫鍾瑞撰。康熙壬戌留畊堂刊。鍾瑞著有《聖學大成》,見《四庫存目》。

冷語二卷 安邱劉源渌撰,霍山吴廷楝、竇墷同補注。光緒十七年六安求我齋刊。

三魚堂日記十卷 平湖陸隴其撰。光緒十六年海昌許仁杰刊。

習是編上下卷 古虞屈成霖編輯。乾隆戊辰精刊。上卷分十四卷,下卷分六卷。

辨道一卷辨名二卷 日本江都物茂卿撰。寬政元年精刊,即乾隆五十四年刊。

辨道考注一卷 日本南總宇惠撰。寬政十二年刊,即嘉慶五年刊。

徂徠學則一卷附録一卷 日本江都物茂卿撰,門人平義質子彬、滕元啓維迪同校。享保十二年嵩山房刊,即雍正五年刊。

古學指要二卷 日本京兆伊藤長胤撰。享保己亥平安玉樹堂刊,即康熙五十八年刊。

明儒語要四卷困知私記一卷 金匱秦道然撰。乾隆間味經窩精刊。

安溪四種書注五卷 歸安宋懿修撰。道光間刊。卷一《觀瀾録》,卷二《經書筆記》,卷三《讀書筆録》,卷四《中庸餘論》,卷五《景行摘篇》《附記》。

開知録十四卷 北黴張秉直撰。光緒元年傳經堂刊。

實踐録一卷 宗室德沛撰。乾隆間精刊。

吕子節録補遺二卷 桂林陳弘謀評輯。乾隆三年精刊。

衛道編二卷 三原劉紹攽撰。乾隆間〔廿九年甲申〕帶經堂刊。

原善二卷緒言三卷 休寧戴震撰。無刻書年月，約嘉慶間刊。

宗朱子要法一卷 寶應朱澤澐撰。光緒二十五年華亭封文權刊。

士鑑録四卷女鑑録四卷 博陵尹會一輯。乾隆十三年刊。

自恥録一卷 閩汀雷鋐撰，秀水門人朱坤編。乾隆二十七年星湖精刊。

明辨録一卷 安平陳法撰。乾隆庚寅務滋堂精刊。

恥言二卷 華亭徐禎稷撰。光緒丙午南扶山房刊。又名《餘齋恥言》。

宋元學案一百卷 鄞全祖望撰。道光二十五年至二十六年道州何紹基刊。

四砭齋省身日課十四卷 長沙唐鑑撰。光緒十二年刊。鑑，仲冕之子。

志學録四卷 安康王玉樹撰。道光間芳梫堂刊。

容山教事録一卷 震澤張履撰。道光戊戌華陽精舍刊。

理學逢源十二卷 婺源汪烜撰。道光間敬業堂刊，光緒間刊。

暨陽答問四卷 武進李兆洛口授，陽湖蔣彤録。道光二十二年洗心玩易之室刊木活字本。

主一齋隨筆十二卷 東莞鄧淳撰。道光二十七年水雲山房刊。

家範輯略二十卷 東莞鄧淳撰。咸豐五年乙卯水雲山房刊。

頌軒悟言二卷附問答一卷 涇縣趙大鏞撰。道光丁酉面湖草堂刊。

資鏡録二卷 天津沈峻撰。道光丙申刊。

漢學商兑三卷 桐城方東樹撰。道光辛卯冬刊，中卷分上下。同治十年望三益齋刊，又六安求我齋刊，光緒十年寧鄉成氏重刊巾箱本。

漢學商兑贅言四卷附識一卷 三韓豫師撰。《附識》襄平徐桐撰。光緒戊子會輔堂刊。

續近思録十四卷 歙鮑桂星、南州何鴻器同輯。道光甲午金陵何流春堂刊。

幼基一卷 偃師段嘉謨輯,其男圻録注。道光七年如見齋刊。

漢儒通義七卷 番禺陳澧撰。咸豐戊午番禺陳氏刊。

過庭筆記一卷附録一卷 四明童□□甬川口授,其子槐編。咸豐六年刊。

下學指南一卷 烏程周思誠纂。同治癸亥湖州趙敬義堂刊。

母教録一卷 遵義鄭珍撰。民國九年庚申石印本。

黄氏塾課三卷 定海儆居子編。同治癸亥刊。

遜敏録四卷 桐城蘇惇元撰。同治六年丁卯儀宋堂刊。

正學編八卷 吴縣潘世恩輯,其男曾瑋疏解。同治六年刊。

顔氏學記十卷 德清戴望撰。同治十年冶城山館刊,光緒二十年龍山白巖書院刊,光緒間蜕廬朱氏鉛字排印大字本,近《國學叢書》石印本。

蠡書三卷 禾川蠡測子撰。同治甲戌刊。蠡測子者,永新尹繼美之別號也。

朱子講學輯要十卷 新繁龍炳垣撰。同治丁卯刊。

詒謀隨筆二卷 貴陽但明倫撰。光緒四年但氏家刊。

學廬自鏡語一卷附幼學録 山陰陳錦撰。光緒己卯刊。

雲臥山莊家訓二卷 湘陰郭崑燾撰。光緒乙酉岵瞻堂刊。

小學弦歌八卷 平江李元度撰。光緒五年刊。

輶軒語無卷數 南皮張之洞撰。光緒二年四川精刊,光緒二年永康胡鳳丹於鄂垣重刊,光緒五年湘鄉成邦幹重刊,光緒五年貴陽重刊。

時習編六卷 山陰周炳琦撰。光緒十六年詒經堂刊。

讀書舉要二卷 新城楊希閔撰。光緒間刊。

讀書記疑四卷 陝州張諧之撰。光緒間爲己精舍刊。

太上感應篇集傳四卷 元和惠棟箋,德清俞樾纘義,歸安姚學塽注,新城于覺世贅言。光緒二十五年正定王氏刊。

雲山讀書記内學四卷外治四卷 武岡鄧繹撰。光緒十四年刊。《内學》：聖尼善著《春秋》《樂記》諸篇；《外治》：江河、西京、天下、九州諸篇。

教士邇言三卷 績溪胡培系撰。光緒辛巳世澤樓刊。

新學商兑一卷 元和孫德謙辨正，錢塘張采田申義。光緒三十四年多伽羅香館刊木活字本。闢駁康、梁改革之作。

道學平議十卷 江夏吴光耀撰。民國元年壬子巴縣宗虞堂胡氏刊。

兵　家　類

握機經傳一卷 明姑蘇王應電撰。嘉靖間刊。首有"小椽山村"硃印一方，"中憲大夫"硃印一方，"劉氏惟喆珍藏"硃印一方，餘印四方字文難辨。

孫子集解十三卷 武進顧福棠原名成章撰。光緒庚子刊木活字本。

孫子十三篇直講一卷 宜興陳任暘撰。光緒三十一年月圓人壽室刊。

司馬法輯注五卷逸文一卷 階州邢澍撰。無刻書年月，約嘉慶間刊。

軍禮司馬法攷徵二卷 定海黄以周撰。光緒十八年〔定海黄氏試館〕自刊。

司馬法三卷音義一卷 東吴曹元忠輯。光緒二十年箋經室精刊。

司馬法注一卷 安福伍學愈撰。近培根堂刊。

武備志二百四十卷 明歸安茅元儀撰。天啓間刊，道光間刊木活字本。

救時八議一卷 明太原任萬民撰。崇禎間刊。一勸施濟以救時艱，二預積貯以濟兵荒，三練鄉兵以資守禦，四嚴保甲以詰奸宄，五謹城守以飭門禁，六飭武備以壯軍威，七公賞罰以勵忠勇，八集僉謀以圖實效。

經略間奇四卷 明海陽趙時用撰。無刻書年月，約崇禎間刊。

古方略四十五卷續編六卷 明婺源余懋衡輯，袁州張自烈定。崇禎間本衙刊。《征部》六卷，《謀部》十二卷，《機部》六卷，《備部》五卷，《守部》三卷，《律部》十卷，《奇部》二卷，《間部》一卷，以上正編。

廣名將傳二十卷 明古閩黄道周撰。崇禎癸未本衙刊。又名《廣百將傳》。

師貞備覽一卷 檇李吴文溥輯。乾隆間南野堂刊。

戊笈談兵十卷 婺源汪紱撰。光緒二十年刊。第十卷原闕,卷二三五等卷皆分上下。

演礮圖説輯要四卷後編二卷 晉江丁星南撰。道光間刊。

戎政芻言一卷 泗州陳階平輯。嘉慶二十六年辛巳精刊。

巡防備覽十卷 東武朱鳳檉輯。咸豐癸丑廣元縣署刊。

守城集成十六卷 旌德朱璐編。咸豐四年凫山又一村精刊。

讀史兵略四十六卷 益陽胡林翼撰。咸豐十一年春武昌節署刊,光緒間重刊巾箱本。

讀史兵略續編十卷 益陽胡林翼撰。光緒壬寅湘省學堂刊。光緒二十六年上海圖書集成印書局鉛字排印本。

戰車練砲圖説輯要三卷 婺源程榮春輯。同治戊辰吟雨樓刊。

普法戰紀十四卷 南海張宗良譯,吴郡王韜撰。同治十二年中華印務總局鉛字排印本。

草茅一得三卷續得一卷 桐城戴鈞衡撰。底稿本。

見聞輯要一卷 扎庫木他塔拉氏剛毅撰。光緒庚辰冬于廣東惠潮嘉道署刊。

兵學新書十六卷 無錫徐建寅輯。光緒二十四年刊。

兵法史略學二卷 丹徒陳慶年撰。光緒二十五年兩湖書院正學堂刊。

德國陸軍紀略四卷 嘉興許景澄撰。光緒三十一年乙巳精衛庵刊。

法　家　類

管子補正二卷 日本近江豬飼彦博撰。寬政十年精刊,即嘉慶三年刊。

管子校正二十四卷 德清戴望撰。同治壬申刊。

管子纂詁二十四卷附纂詁考譌一卷 日本日南安井衡撰。慶應間精刊,即同治六年刊。按衡字仲平,號息軒。博學多識,著書甚夥,尤長於《管子》一書。考證精洽,德清戴氏《管子校正》多出此書。近見一部,多《補正》一卷,明治間刊。

管子寄言二卷 永川宋楷撰。光緒十一年蜀東宋氏刊木活字本。

管子地員篇注四卷 蕭山王紹蘭撰。光緒十七年〔蕭山寄虹山館〕刊。

管子學八十五篇 豐潤張佩綸撰。宣統間以原稿影印本。第二十一、第二十五、第三十四、第五十九至第六十七、第八十二諸篇原闕,第五十八分二篇。

管子編注六卷 長沙黄鞏撰。民國三年鉛字排印本。

管子新釋二十四卷 常寧尹桐陽撰。民國十二年鉛字排印本。

管子補注疏義一卷〔附輕重餘義一卷〕 常熟龐樹典撰。民國辛未〔常熟開文社〕鉛字排印本。

讀管子札記一卷 鹽城陶鴻慶撰。近文字同盟社鉛字排印本,即《讀諸子札記》之一。

管子校義二卷 漢陽李哲明撰。民國辛未鉛字排印本。

弟子職注一卷 仁和孫同元撰。嘉慶六年梅東書屋刊。同元,志祖之子。

弟子職集解一卷 武進莊述祖撰。**句讀一卷考證一卷補音一卷** 貴筑黄彭年撰。光緒十四年江蘇書局刊。

弟子職音誼無卷數 漢軍鍾廣撰。光緒十六年冬十月校補刊。

弟子職章句訓纂一卷 大興邵承照撰。光緒間刊。

商君書表微無卷數 吴縣王仁俊撰。底稿本。

商君書斠詮五卷首一卷附録一卷 長沙王時潤撰。民國四年鉛字排印本。

商君書新釋五卷雜録一卷 常寧尹桐陽撰。民國七年鉛字排印本。

商君書解詁五卷附録二卷 吴縣朱師轍撰。民國十年鉛字排印本。

韓非子二十卷 周韓非撰。**識誤三卷** 元和顧廣圻撰。嘉慶戊寅全椒吴鼒精刊

〔四世學士祠堂用夏邑李氏藏宋乾道本影刊〕。

讀韓非子無卷數 日本江都物茂卿撰。日本舊抄本。

韓非子集解二十卷考證佚文一卷 長沙王先慎撰。光緒二十二年丙申刊。

韓子新釋二十卷 常寧尹桐陽撰。民國八年鉛字排印本。

讀韓非子札記二卷 鹽城陶鴻慶撰。近文字同盟社鉛字排印本,即《讀諸子札記》之一。

平冤録一卷 不著撰人姓名。無刻書年月,約明萬曆間金陵書坊王慎吾重刊。

洗冤録解一卷 襄平姚德豫撰。道光壬辰秋蘇州姚壽春堂刊。

洗冤録詳義四卷首一卷摭遺二卷補一卷 海寧許槤撰。咸豐間刊,光緒間〔十二年山東書局〕重刊。

式敬編五卷 常熟楊景仁輯。道光壬午詒研齋刊。

折獄龜鑑補六卷 肅州胡文炳輯。光緒四年蘭石齋刊。

寶鑑編補註二卷 蒙古升泰撰。光緒甲申最靜書屋重刊。

經義亭疑三卷 荆門蔣楷撰。宣統三年〔荆門蔣氏濟南〕刊。

農 家 類

農圃六書四卷 明茂苑周之璵纂。順治甲午吴郡寧止堂精刊。又名《增删致富奇書》。

農圃便覽無卷數 西石梁丁宜曾撰。乾隆乙亥强善齋刊。

蠶政摘要一卷 興平楊屾撰。乾隆丙子刊。道光乙未扶風縣重刊。

農雅六卷 青浦倪倬撰。嘉慶甲戌我我書屋刊。卷一分上下。

蠶桑寶要四卷 諸暨周春溶撰。嘉慶二十三年刊,同治十一年川東保甲局刊。

蠶桑事宜一卷 吴縣鄒祖堂撰。道光丙午刊。

開墾水田圖説一卷 崇明施彦士、平湖倪承弼同撰。**附營田四局摘要一卷**

平湖倪承弼撰。道光十八年精刊。此施彦士著者係《溝洫圖説》。

西吴蠶略二卷 道場山人星甫撰。無刻書年月,約道光間刊。

試行蠶桑説一卷 漳州高其垣輯。道光間〔癸卯〕刊。

樗繭譜一卷 遵義鄭珍撰,獨山莫友芝註。道光十七年丁酉秋七月于遵義刊,光緒辛巳遵義華氏於瀘州重刊。

蠶桑輯要二卷 吴興高銓輯。道光十一年遵義王青蓮刊。

山左蠶桑攷十二卷 不著撰人姓名。**蠶桑問答一卷** 溧陽狄繼善撰。**課桑事宜一卷** 不著撰人姓名。無刻書年月,約咸豐間刊。

馬首農言一卷 壽陽祁寯藻撰。咸豐五年夏刊。此書可與《齊民要術》同觀。

區田編加註一卷 友益書屋撰。咸豐七年刊。

沂水桑麻話一卷 保山吴樹聲撰。咸豐間刊,光緒九年吴縣潘祖蔭輯刊《滂喜齋叢書》,將此書誤入《劉貴陽經説》後。

營田輯要内篇三卷外篇一卷首一卷 貴筑黄輔辰撰。同治三年刊。

棉書一卷 不著撰人姓名。同治十三年刊。

廣蠶桑説輯補二卷 平陵沈練撰,其子琪補。同治元年刊。

蠶桑實濟六卷 浙江屠立咸撰。光緒辛巳重刊。

蠶桑備覽一卷 毘陵惲□畹香撰。光緒三年刊。

蠶桑説一卷 平陵沈練撰。光緒十六年溧陽沈氏刊。

蠶桑摘要一卷 海昌羊復禮撰。光緒間刊。

蠶桑輯要無卷數 歸安沈秉成編。光緒戊寅刊。即《規條》《雜説》《圖説》《樂府》等類。

中外農學合編十二卷 長沙楊鞏輯。光緒戊申刊。

蠶桑輯要無卷數 茶陵譚鍾麟撰。無刻書年月,約光緒間刊。即《雜説》《圖説》《法則》《章程》等類。

豐豫莊本書無卷數 吴縣潘曾沂撰。光緒間潘氏重刊。

蠶桑述要一卷 吴興俞墉撰。無刻書年月，約光緒間刊。

河南蠶桑職務紀略一卷 衡陽魏綸先撰。光緒七年刊。

山蠶易簡一卷 貴筑茹朝政編。光緒甲申刊。

蠶桑輯要三卷 歸安沈秉成撰。**廣蠶桑説一卷** 溧陽沈練撰。光緒丙申江西書局刊。

廣蠶桑説輯補二卷 淳安仲昂庭[二四]撰。光緒丁酉重刊。

蠶桑提要二卷 巴陵方大湜。光緒己丑刊，光緒庚子金陵刊，光緒壬午都門重刊。

樹桑養蠶要略一卷 不著撰人姓名。光緒十四年蓮池書局刊。

蠶桑簡明輯説一卷補遺諸圖附後 錢塘黄世本撰。光緒十四年冬刊。

蠶桑簡要録一卷 東湖饒敦秩輯。光緒壬寅南溪官舍刊，即東湖饒氏古歡齋刊。

植棉纂要一卷 東湖饒敦秩撰。光緒三十四年石印本。

蠶桑質説二卷 附 **種樟簡明法十二條** 東湖饒敦秩撰。光緒三十四年石印本。

蠶桑説一卷 太平趙敬如撰。光緒二十二年刊木活字本。

蠶桑萃編十五卷首一卷 衛杰纂。光緒二十四年刊。

意大利蠶書一卷圖附 意國丹吐魯撰，六合汪振聲筆述。光緒二十四年江南製造局刊。

農事私議二卷墾荒裕國策一卷 上虞羅振玉撰。光緒庚子刊。

桑麻水利族學四卷 萍鄉李有棻撰。光緒丁亥武昌府署刊。

養蠶新法一卷 西洋巴士德原撰，拔維晏譯述。光緒二十八年江浙官書局刊。

蠶桑譜二卷 南海陳啓沅撰。光緒二十九年刊。

撫郡農産攷略二卷 郡人黄維翰等撰。**附種田雜説一卷** 江召棠撰。光緒丁未蘇省刷印局鉛字排印本。

蠶桑答問二卷續編一卷 如皋朱祖榮編輯。光緒間北洋官報局鉛字排印本，光緒二十七年諸暨陳謌刊。

最新養蠶學八卷 日本針塚長太郎譯，仁和邵章校。光緒甲辰浙江官書局鉛字排印本。

野蠶録四卷 寧海王元綎撰。宣統元年鉛字排印本。

柞蠶彙誌一卷 董元亮輯。宣統二年浙江官紙局刊木活字本。

棉業圖説八卷 農工商部官纂。宣統三年京師農工商部印刷科鉛字排印本。

柞蠶簡法補遺一卷 徐瀾編輯。宣統庚戌鉛字排印本。

歷代勸農事略二卷補一卷 固安高潤生覽定，其子高樹枚、高樹桓同編。民國乙卯笠園鉛字排印本。

醫家類

新刊黄帝内經素問二十四卷附亡篇一卷 唐王冰註。無刻書朝代，約元至正癸未讀書堂刊。首有王冰序，次□□歲癸未中和節書于讀書堂行書序，次林億序，次總目。總目後有長方木記"讀書堂刊"四字。每頁二十行，行十八字，小字雙行，上下單欄，口中雙魚尾，上有字數，黑綫口。惟卷一第二十四頁每行十九字。此本較明影宋刊本小字注文增多。

黄帝素問直解九卷 錢塘高世栻撰。康熙乙亥侶山堂刊。

黄帝内經素問校義一卷 績溪胡澍撰。**附事狀一卷** 績溪胡培系撰。光緒乙卯[二五]世澤樓刊。

素問病機氣宜保命集三卷 金河間劉完素守真撰。大定丙午精刊。每頁二十四行，行二十二字，四圍雙欄，口中雙魚尾，上下黑口。

上醫本草四卷 明高邑趙南星輯。泰昌元年庚申門人梁志等校刊。

本草彙言二十卷附圖 明錢塘倪朱謨選集。天啓甲子刊，順治乙酉重刊。

本草蒙筌十二卷 明新安陳嘉謨撰，金壇王肯堂校。無刻書年月，約崇禎間刊。

本草彙箋十卷總略一卷芥説一卷圖一卷 毘陵顧元交撰。順治庚子龍耕堂刊。

本草匯十八卷補遺一卷 吴閶郭佩蘭撰。康熙丙午梅花嶼刊。

本草經解要四卷附餘〔攷證〕一卷 古吴葉桂撰。雍正甲辰稽古山房刊。

握靈本草十卷補遺一卷 嘉定王翃撰。乾隆五年刊。

本草從新十八卷 澉水吴儀洛撰。道光丁未瓶花書屋刊。

本草綱目拾遺十卷 錢塘趙學敏撰。乾隆間刊。卷九分上下。同治間吉心堂刊,光緒十一年合肥張氏味古齋重校刊,附《本草綱目》後。

本草備要八卷 休寧汪昂撰。道光丁未瓶花書屋刊。

食物本草會纂十卷圖附 西湖沈李龍撰。乾隆癸卯金閶書業堂重刊。

本草述三十二卷 潛江劉若金撰。康熙三十九年忠救堂刊,嘉慶庚午還讀山房刊,光緒丙子姑蘇來青閣刊。

本草述鈎元三十二卷 武進楊時泰撰。道光壬寅涵雅堂刊。

本草經疏輯要十卷 海虞吴世鎧纂。嘉慶己巳書帶艸堂刊。

本經疏證十二卷續疏六卷疏要八卷 武進鄒澍撰。道光己酉刊。

神農本草經贊三卷 漢陽葉志詵撰。道光三十年粤東撫署刊。

本草原始十二卷 雍邱李中立撰。光緒間善成堂刊。

本草崇原集説三卷附録一卷 錢塘張志聰註釋,同邑高世栻纂集,同邑仲學輅集説。宣統二年仲氏刊。

神農本草經註四卷 秦安高峻崧撰。民國九年鉛字排印本。

傷寒補亡論二十卷 宋河南郭雍撰。宣統三年武昌醫館重校心太平軒本於長沙刊。第十六卷原闕。

譔集傷寒世驗精法八卷首一卷 附 **辨舌世驗精法一卷** 明古芮張吾仁撰,其孫男張于喬録。康熙丙午刊。

傷寒補天石二卷續二卷 明吴中戈維城撰。嘉慶十六年朱陶性校刊木活字本。

傷寒大白四卷總論一卷 雲間秦景明從孫之楨撰。康熙五十三年其順堂刊，光緒十年還讀樓重刊。

傷寒論翼二卷 慈谿柯琴撰。康熙五十五年刊。

傷寒正宗八卷 江都史以申[二六]撰。康熙庚申刊。

傷寒眉詮二卷 休寧張方泌撰。底稿本。

傷寒來蘇集四卷傷寒附翼二卷 慈谿柯琴撰。乾隆丙戌刊。

辨證録十四卷脈訣闡微一卷 山陰陳士鐸撰。乾隆戊辰喻義堂刊。

傷寒六書纂要辯疑四卷 閩中童養學撰。嘉慶二年樂道堂重刊。

傷寒論貫珠集八卷 吴門尤怡撰。嘉慶庚午刊〔白鹿山房木活字本〕。

傷寒撮要四卷 蒲城王夢祖輯并註。咸豐辛亥瑞鶴堂精刊。

傷寒論崇正編八卷 順德黎天祐撰。民國十四年鉛字排印本。

金匱翼八卷 吴門尤怡撰。嘉慶癸酉心太平軒刊。

千金翼方三十卷 唐孫思邈撰。乾隆癸未保元堂刊。

聖濟總録二百卷 宋政和中〔中甫等〕奉敕撰。日本文化間刊木活字本，即嘉慶間刊。乾隆五十四年震澤汪氏刊本不足。

備全總効方四十卷 宋李朝正撰。紹興二十四年精刊。首有"乾學"二字印一方，"徐健庵"三字印一方，"季振宜"印一方，"滄葦"二字印一方。每頁二十行，行十六字，四圍單欄，口中單魚尾，下有刻工姓名。書中至宋諱字皆闕筆。

活幼心書三卷附校記 元衡陽曾世榮編次〔翟鳳翔、蕭延平同校〕。宣統二年武昌醫館以〔藝風堂藏〕至元本重刊。

産寶百問五卷 元金華朱震亨撰。

嬰童百問十卷 明魯伯嗣撰，王肯堂訂。無刻書年月，約天啓間〔吴門德馨堂〕刊。

醫學綱目四十卷 明樓英撰。嘉靖間刊。

醫説續編十八卷 明崑山周恭輯。嘉靖間刊。

陳氏小兒痘疹方論一卷 明吴郡薛己校註。嘉靖庚戌刊。

訂補古今醫鑑十六卷 明金谿龔信輯,金壇王肯堂訂補。萬曆己丑刊。

明目良方二卷圖説一卷 不著撰人姓名。無刻書年月,約明萬曆間刊。

保赤全書二卷 明管橓編,李時中增補。萬曆乙酉沈氏〔嘉禾沈堯中〕陽春堂刊。

醫方考六卷 明歙邑吴崑撰。萬曆乙酉刊。

幼幼集四卷 明孟繼孔撰輯。萬曆癸巳繡谷履素居書坊刊。《孟氏治痘詳説》《孟氏雜症良方》《錢氏經驗良方》《上用方》等四種。

外科啓玄十二卷 明申拱辰撰。萬曆三十二年刊。

重訂外科正宗十二卷 明崇川陳實功撰,海寧許楣訂。咸豐十年許氏自刊。

雪潭居醫約八卷 明陳澈撰。崇禎間刊。

温疫論二卷 明延陵吴有性撰。崇禎壬午刊。

丹臺玉案六卷 明新安孫文胤撰。崇禎丙子刊。

審視瑶函六卷首一卷 明秣陵傅仁宇撰,其男傅維藩編。崇禎甲申醉畊堂刊。又名《眼科大全》。

活幼心法大全九卷 明清江聶尚恒撰。康熙十五年向山堂刊。

痘疹心法十二卷碎金賦一卷附痘疹玉髓摘要二卷 明羅田萬全撰。康熙二十六年夏邑彭瑞吾重刊。又名《痘疹心法全書》。康熙五十六年兩淮運庫刊。

經驗痘疹不求人方論一卷 明丹陽朱棟隆、朱德隆同撰。無刻書年月,約嘉慶間刊。

救偏瑣言十卷 吴興費啓泰撰。康熙二十七年惠迪堂刊。

證治彙補八卷 申江李用粹撰。康熙辛未刊,光緒癸未萬卷樓刊。

醫徵三十八卷 檇李沈明宗撰。康熙間以寧堂刊。《金匱要略編注》二十四卷,《温熱病論》二卷,《傷寒六經纂註》八卷,《虚勞内傷》二卷,《女科附翼》一卷,《客窗偶談》一卷。

醫驗録初集二卷 附 **蘭叢十戒一卷** 歙吴楚撰。康熙甲子其族弟元度刊。

古今名醫方論四卷補遺附 新安羅美評定。康熙乙卯金閶步月樓刊。

女科經論八卷 檇李蕭壎撰。康熙間〔二十三年甲子遺經樓〕刊。

傅氏男科二卷補遺一卷 陽曲傅山撰。光緒七年江都郭鍾岳校刊。

女科二卷産後編二卷女科續一卷 陽曲傅山撰。**附葉氏眼科方一卷** 吴縣葉桂撰。光緒癸巳閩浙督署精刊。

印機草一卷 吴門馬俶撰。康熙間刊。

種痘全集秘録十五卷 海鹽馮兆張纂輯。康熙四十一年刊。

症因脈治四卷論一卷 雲間秦昌遇撰。康熙四十七年攸寧堂刊。

醫方捷效三卷 漁陽曹鼎望輯。康熙間刊。

醫學心鏡録十一卷首一卷 古吴金邑唐見撰。雍正二年益生堂刊。

難經經釋二卷 吴江徐大椿撰。雍正五年精刊。

醫學心悟五卷 附 **外科症治藥方一卷外科十法一卷** 天都程國彭撰。雍正十年刊。

會篇十四卷 古閩林開燧撰。乾隆四年精刊。

外科大成四卷 燕越祁坤撰。乾隆癸亥古雪堂刊,乾隆乙卯金閶函三堂刊。

增補醫方一盤珠全集十卷 金川洪金鼎撰。乾隆十四年三讓堂刊。

痢症匯參十卷 海虞吴道源撰,同里劉文思參訂。乾隆癸巳敦厚堂刊。

外科心法十卷附選要二卷 崑山唐黌輯。乾隆丙申貽經堂精刊。

痘疹定論四卷 新建朱純嘏編輯。乾隆三十四年維揚文盛堂刊,道光辛巳英華堂重刊,道光九年信芳閣刊木活字本。

方症會要四卷 古歙吴邁編。乾隆丙子刊。

醫方集解二十一卷 附 **急就良方一卷勿藥元銓一卷** 休寧汪昂撰。道光二十七年瓶花書屋刊。

回生集二卷〔續二卷〕 古北陳杰撰。乾隆己酉刊〔道光二十五年黔省刊〕。
沈氏尊生十六卷首二卷 沈金鰲撰。乾隆三十九年刊。
痘學指南八卷附痧論痧賦 梁溪葉大椿撰。乾隆壬寅衛生堂刊。
廣瘟疫論四卷 上元戴天章撰。乾隆四十七年賜書堂刊。
醫林適用二卷 江寧程家珏撰。乾隆五十二年刊。
壽世保元十卷 金谿龔廷賢編。乾隆五十三年文盛堂刊。
瘟疫明辨四卷附方一卷 歙鄭奠一撰。乾隆壬申精刊,嘉慶丁丑晉祁書業堂刊。
瘟疫論類編五卷附松峯説疫備用良方一卷 諸城劉奎撰,其子劉秉錦補釋。嘉慶四年本衙刊咸豐乙卯敦厚堂刊。
古今名醫彙粹八卷 新安羅〔東〕美撰。嘉慶辛酉五柳居刊,道光三年本衙刊。
千金方衍義三十卷 長洲張璐撰。嘉慶辛酉掃葉山房刊。
古方彙精五卷 京江尊仁堂輯。嘉慶九年精刊。
聊復集五卷 新安汪必昌撰。嘉慶庚午刊。
温病條辨六卷首一卷 淮陰吴瑭撰。嘉慶癸酉問心堂刊。
紅爐點雪四卷 〔明〕金谿龔居中撰。嘉慶癸酉吴中白鹿山房校刊,道光庚子平遠樓刊。
本事方釋義十卷 長洲葉桂撰。嘉慶十九年眉壽堂精刊。
琅嬛青囊要四卷 會稽陳太初編。嘉慶癸亥抱蘭軒刊木活字本。
脩事指南無卷數 張叡撰。無刻書年月,約嘉慶間刊木活字本,本衙藏板。
喉科杓指四卷 邗東包永泰撰。嘉慶二十年精刊。
痘證寶筏六卷 上海强健撰。嘉慶二十三年刊。
醫徹四卷 雲間懷遠撰。嘉慶戊辰〔雲間鄭文萃堂〕刊,道光庚寅讀味齋重刊。
醫學輯要四卷 東越吴燡撰。道光五年刊。
内經知要二卷 雲間李念莪輯。道光五年存心堂刊,光緒乙酉蘇州緑慎堂王氏刊。

產科秘書一卷 不著撰人姓名。道光間信芳閣刊木活字本。

醫學匯海三十六卷首一卷 湮陽孫德潤撰輯。道光六年刊。

軒轅逸典十四卷 不著撰人姓名。道光六年邗江劉耀奎校刊。

荔琴堂重訂痘修正宗六卷 發千宋麟祥撰。道光己丑刊。

增訂外科樞要一卷 程國彭鐘齡、釋普明同撰。道光壬辰浚儀佳日山房刊。

景岳新方詩括註解四卷首一卷 晉安林霔、陳念祖同撰。道光甲辰寶仁堂刊。

景岳全書發揮四卷 長洲葉桂撰。道光甲辰十月吴郡葉眉壽堂刊。

外科證治全書五卷 和州許克昌、畢法同輯。道光辛卯刊。

引痘略一卷 南海邱熹輯。道光九年刊。

醫林改錯二卷 玉田王清任撰。道光戊申刊,光緒五年掃葉山房重刊。

痘疹會通五卷 南城曾鼎撰。道光十年刊。

補註瘟疫論四卷 鴛湖洪天錫撰。道光壬寅江陵鄧氏刊。

痧症全書三卷 閩中林森撰、昆陵王凱編輯。道光壬午刊袖珍本,咸豐己未重刊。

鍼灸逢源六卷 吴縣李學川輯。道光壬午刊,同治十年補刊。

筆花醫鏡四卷 歸安江涵暾撰。道光十四年刊。

產孕集二卷 陽湖張曜孫撰。道光丙午刊,同治乙丑楊氏重刊木活字本。

外科全生五卷 洞庭王洪緒撰。道光丁未瓶花書屋刊。

活幼心法八卷 不著撰人姓名。道光丁未天門蔣元溥刊。

天花八陣編三卷 晉陽王廷魁撰。道光二十七年書業德刊。

平易方四卷 附 **經驗痧喉論** 武林葉香侶輯。道光壬辰來鹿堂重刊。

服氣祛病圖說一卷 不著撰人姓名。道光二十八年瓶花書屋刊。

實命真詮四卷 附 **前賢醫案一卷** 歙澄塘吴□□畹庵撰。咸豐元年家塾刊。

第四分上下。

問齋醫案五卷 京口蔣寶素撰。無刻書年月,約咸豐間快志堂刊。

醫方易簡新編六卷 仁和龔自璋輯。咸豐元年刊,同治丙寅重刊。

王氏醫案二卷續編八卷霍亂論二卷 杭州王士雄撰。咸豐元年辛亥吟香書屋刊。

醫原二卷 安東石壽棠撰。咸豐辛酉留耕書屋刊。

醫原三卷 安東石壽棠撰。**醫學舉要六卷** 南匯徐鏞輯。光緒十七年鉛字排印本。

歸硯録四卷 海昌王士雄撰。同治元年歸硯草堂刊。

活人方七卷 長樂林開燧輯,錢塘張濤校正。同治己巳刊。

醫學集成四卷 雙流劉仕廉輯。同治癸酉刊。

脈學歸源五卷 劍門姚克諧輯。光緒元年刊。

幼科鐵鏡六卷 貴池夏鼎禹〔夏鼎〕撰。光緒三年西征糧臺刊。

集選奇效簡便良方四卷 會稽丁堯臣輯。光緒六年精刊。

怪疾奇方一卷 武進費伯雄編。光緒十年刊。

眼科秘書二卷 西蜀僧月潭撰集。光緒丙申湘陰李輔燿刊。

黴瘡秘録二卷 海寧陳司成撰。光緒乙酉刊。

增補痘疹金鏡録二卷首一卷 信州翁仲仁撰,雲間陸道元補遺,錢塘仇澐訂,番禺周定霖參訂。光緒十七年刊。

醫述十六卷附醫案輯録一卷 新安程文囿撰。光緒十七年〔季秋于漢上重〕刊。

醫悟十二卷 孟河馬冠羣撰。光緒十九年癸巳刊木活字本。

華洋臟象約纂三卷首一卷 南海朱沛文輯。光緒癸巳佛山刊。

古今醫案按十卷 嘉善俞震撰,吴江李齡壽重校輯。光緒癸未〔吴江李氏重〕刊。

集驗簡易良方四卷 長白懷庭輯。光緒戊申於武昌肇杏書屋刊。

温病指南二卷 山陰婁杰輯。光緒癸卯仲春聽虚館刊。

補註瘟疫論四卷 鴛湖洪天錫撰。光緒癸卯天津寶森堂刊〔江寧鄧傳馨重刊〕。

歐蠱燃犀録一卷論蠱一卷 燃犀道人撰。光緒癸巳寶鏡山房刊。

中西骨格辨正六卷圖一卷 慈谿劉廷楨輯。光緒二十九年上海廣學會鉛字排印本。

白喉證治通考一卷 錢塘張采田撰。光緒癸卯刊。

温病條辨症方歌括一卷 錢文驥編輯。光緒甲辰春月於皖垣刊。

中國醫學史無卷數 丹徒陳邦賢撰。民國九年無錫丁氏鉛字排印本。

元亨療馬集六卷 附 **水黄牛經二卷駞經一卷** 六安喻本元撰。乾隆間文玉堂刊,嘉慶二年刊。又名《牛馬經》。

天文算學類

天文大象賦二卷 隋李播撰,唐苗爲注,仁和孫之騄補。咸豐六年江陰六嚴刊。

緝古算經一卷 唐王孝通撰,烏程陳杰校正。**細草一卷圖解三卷音義一卷** 烏程陳杰撰。道光三年敷文閣刊。

緝古算經考注二卷 鍾祥李潢撰。道光壬辰〔婿程晴峰廣州〕刊。

天文集要二卷 明四明陸侹撰。嘉靖間刊。此書與《地理輯要》合刊。

天元曆理全書十二卷 嘉興徐發撰。無刻書年月,約康熙間刊。原理六卷,《考古》四卷,《定法》二卷。

康熙永年曆書四卷 極西南懷仁撰。康熙間刊。即《交食表》。

曆學假如二卷 姚江黄宗羲、姜希轍同撰。康熙癸亥西爽堂刊。《西曆假如》《授時假如》各一卷。案原封面題附《句股矩測解》,原未見。

太歲考二卷 高郵王引之撰。初刻稿本。首有題字云:丙子六月,元和李鋭尚之、仁和龔麗正暘谷、龔自珍瑟人同讀一過,尚之籤出如干條。

里堂學算記十六卷 江都焦循撰。嘉慶己未刊。

衡齋算學七卷 歙汪萊撰。嘉慶間自刊,咸豐甲寅門人夏燮校刊本附《衡齋遺書》九卷,光緒壬辰聞梅書塾精刊。

北極高度表一卷 旌德劉茂吉撰。道光甲申精刊。

廣象徹微二卷 古虔任田氏馬德撰。道光八年本衙刊。

天文分野圖説一卷 古羅妄人撰。無刻書年月,約道光間蘭明書屋刊。

開方補記六卷 陽城張敦仁撰。道光十四年刊。

宣西通三卷 海州許桂林撰。無刻書年月,約道光間刊。卷一《述宣夜遺文》《述西法大要》,卷二《内篇》,卷三《外篇》。

比例匯通四卷 甘泉羅士琳撰。嘉慶二十三年戊寅刊,約光緒間重刊。

演元九式一卷附句股容三事拾遺首一卷 甘泉羅士琳撰。道光八年精刊。

四元玉鑑細草二十四卷 甘泉羅士琳撰。道光丙申精刊。

渾蓋通銓附簡平儀一卷中星儀説一卷 全椒江臨泰撰。道光壬寅金陵甘熙精刊,津逮樓藏板。

弧矢算術細草圖解一卷 吴縣馮桂芬撰。道光丁未鍾文于粤海権署刊。

星土釋三卷首一卷 上海李林松撰。無刻書年月,約道光間刊。

西算新法直解八卷 吴縣馮桂芬、江寧陳瑒同撰。同治四年刊。

顧尚之重學無卷數 金山顧觀光撰。傳抄本。凡分四篇,一《静重學記》,二《動重學記》,三《流質重學記》,四《天重學記》。

歷代長術輯要十卷附古今推步諸術考二卷 烏程汪曰楨撰。同治六年刊。

求一術指一卷 嘉定時曰醇撰。同治十二年長沙荷花池刊。

赤水遺珍一卷操縵卮言一卷 宣城梅瑴成撰。光緒二年刊。

算學啓蒙述義三卷總括一卷 儀徵王鑒撰。光緒十年刊。

籌算淺説一卷 鄂諾瑞諧撰。光緒乙未六有齋刊。

衍元筆算今式二卷 宜賓汪香祖撰。光緒丁酉刊。

直方大齋數學十三卷答數一卷 番禺曹汝英撰。光緒甲辰於武昌刊。

古籌算考釋六卷續編八卷分法淺釋一卷蒙課一卷垛積籌法二卷 桐鄉勞乃宣撰。光緒間勞氏自刊。

句股形邊角相求術圖解一卷 黄梅石振堦撰。光緒丙午皖垣節署刊。

測繪儀器考一卷 湘鄉羅長裿輯。光緒二十二年刊。

容圓七術三卷 附 **曲面容方一卷** 新化黄宗憲撰。光緒二十二年梅城知足堂刊。

學計韻言一卷 元和江衡撰。光緒戊子一概齋刊。

佛山書院算課草十一卷 安陸劉國光編，番禺潘應祺等勘校。光緒二十四年戊戌於廣州刊。

天元句股細草二卷弧角三術二卷首一卷 丹徒劉鶚撰。無刻書年月，約光緒間刊。

經算雜説一卷 番禺潘應祺撰。**算學雜識十卷** 番禺曹汝英撰。光緒戊戌廣州刊。

測地膚言無卷數 秀水陶保廉撰。光緒庚寅守拙軒刊。

天元代數句股草二卷代數闡微衍草一卷中西算學啓蒙五卷 湘西張鼎祐撰。光緒壬辰孟秋於白下刊，種竹書屋藏板。

測圜海鏡通釋四卷算學叢話一卷喻利算法一卷 寶應劉嶽雲撰。光緒丙申四川尊經書院刊。

五經算術疏義二卷 寶應劉嶽雲撰。光緒己亥鉛字排印本。

三角和較術圖解二卷 江都張毓瑗撰。光緒壬寅刊。

象數一原七卷 錢唐項名達撰。光緒戊子於上海刊。

談天條辨二卷 湘鄉周廣詢撰。光緒二十九年刊。

天文算法纂要二十卷〔附國朝萬年書二卷推測易知四卷〕 永新陳松撰。

光緒丁亥刊。

垛積衍術四卷 溧陽强汝詢撰。民國戊午南林劉氏求恕齋刊。

回回曆法釋無卷數 不著撰人姓名。舊抄本。首有"杠左文言"硃印一方。

御定萬年書一卷歷代三元甲子編年一卷 奉敕撰。光緒間刊。天命九年甲子起,光緒二百年甲午止。

販書偶記卷十

冀縣孫殿起耀卿録

術　數　類

數　學　之　屬

太玄經集注四卷 宋司馬光撰，岷陽孫澍補注。道光辛卯青棠書屋刊。

洪範九疇數三卷 宋蔡沈撰。熊宗立解，古絳張文炳校。雍正元年刊。

洪範圖説四卷 黄岡嚴承夏撰。乾隆丁酉柏蔭堂精刊。

洪範論一卷 容城胡具慶撰。道光壬寅刊。

皇極經世易知八卷〔首一卷〕 南海何夢瑶撰。道光間滚雪樓刊。

筮吉肘後經二卷 涵虚子臞仙撰，林泉散人重訂。康熙壬戌刊，同治五年知足老人重刊。

河洛精蘊九卷 婺源江永撰。乾隆甲午蘊真書屋刊。

焦氏易詁十卷補遺一卷 行唐尚秉和撰。近刊本〔民國二十四年刻于北京〕。

相宅相墓之屬

郭景純葬經注一卷地學仁孝淵源録五卷 王達琮撰。咸豐十年刊。

雪心賦正解四卷 唐卜應天撰，宛陵孟浩註。**辨論篇一卷** 宛陵孟浩撰。康熙庚申雲林四美堂刊。

撼龍經注一卷 五代後唐楊筠松撰，順德李文田注。光緒間知服齋刊。

秘傳夾竹梅花院纂三卷 宋吴景鸞撰。明萬曆間金陵唐謙刊。

地理鈎玄論一卷 明閩州郝鎔量撰。萬曆間刊。

地理紫囊書八卷 明北海趙祜撰。萬曆間刊。

新評仁夫張希堯海陽三龍記無卷數 明張紹林撰。舊抄本。計圖七十二。最後有乾隆庚辰季夏汪文禧跋。又名《遊南龍記》。

赤松後裔傳家袖珍地理玄機無卷數 明張亘撰。舊抄本。藍格版心刊"承本堂"三字。計圖四十五。

先賢留題記無卷數 明祁門張亘撰。舊抄本。計圖二百八十六。最後有(洪憲元年)汪立敷跋。

名師留題歙縣記無卷數 明祁門張亘撰。舊抄本。計圖二百八十八。

張亘地記無卷數 明祁門張亘撰。舊抄本。計圖二十五。

地理全書五卷 明張亘撰。康熙間〔乙亥匡廬周乾惕〕刊。

陽宅易簡無卷數 明北海馮起震撰。天啓間刊。

陽宅真傳秘訣六卷 明徽婺李邦祥撰。無刻書年月,約天啓間刊。原分上下册。

地學犀精二卷 遂安方成郊撰。康熙辛酉刊。

羅經指南撥霧集二卷 古婺葉泰撰。康熙間學山堂刊。

潛齋批定葬書八種八卷 武進秦宫璧撰。雍正間刊。《青烏經》《錦囊經》《發微論》《青囊經》《青囊叙》《青囊奥語》《天玉内傳》《天玉外編》。此書前三種一名《崇正集》,後五種一名《發譎集》。

地理原本説四卷 西昌曹安峯撰。乾隆二年文德堂刊。

地理水法宗旨二卷 海陽程永芳撰。乾隆間刊。

地學臆解三卷指迷篇二卷 山陰金六吉撰。乾隆丁酉嘉德堂刊。

地理元宗圖説二卷 金匱秦蕙田撰。道光元年金閶世德堂刊,咸豐元年漢陽葉氏於廣東撫署刊。

地學形勢集八卷 龍眠倪化南撰。乾隆間〔甲午强恕堂〕刊。

地理薪傳十六卷 池東汪思迴撰。乾隆庚寅刊。

阡厝要訣一卷 董德彰撰,嚴州張秉鍾註。乾隆六十年惠迪堂刊。

地理裘腋集五卷 新安江元林撰。乾隆間刊。第四卷江永撰。元林,永之弟。

地學答問二卷 荆鄉青江子撰。乾隆九年精刊。

青囊解惑四卷 錢塘汪沆撰。乾隆二十九年刊。

地理述八卷發明一卷附增貴陽省城移向説一卷 海昌陳詵撰,陳應麟發明。乾隆間信學齋刊。卷一至三《天玉經解内傳》,卷四《評註青囊序》《評註青囊奥語》,卷五《闢繆二十四則》,卷六至七《地理要指》,卷八《羅經簡要》。

地理卜兆真機六卷 古歙吴楚撰。乾隆六十年敬慎堂刊。每卷均分上下。又名《輔孝兩書》。

相宅新編二卷 不著撰人姓名,江都焦循編。嘉慶間刊。

堪輿洩秘六卷 新建熊起磻編輯。嘉慶四年刊。

地理方外别傳三卷 釋晴峯撰。嘉慶癸亥年刊。〔釋晴峰字煦齋,本姓羅氏,楚南星沙人。〕

風水本義一卷 蘄春袁培松撰。嘉慶十五年竹隱園精刊。

陽宅愛衆四卷 信都張覺正撰。嘉慶五年刊。

天機貫旨紅囊經四卷 宜豐李三素撰。無刻書年月,約嘉慶間文光堂刊巾箱本。内附《尋龍經》。

地理録要四卷 杜陵蔣平階撰。嘉慶間精刊。

陽宅吾説篇六卷 瀋陽史易撰。嘉慶丙辰靜安堂刊。

地理青囊粹編近見録一卷用事表二卷神煞表白附 嘉興高雲龍輯。道光四年步月樓刊。

地學綱目六卷地理支隴乘氣論四卷 新化羅金鑑撰。道光己亥廣勤堂刊。

羅經心解五卷疑龍補註三卷辨龍歌圖説一卷 東武王增傑撰。道光十八年紹德堂刊。

陽宅正宗二卷 歸安姚承輿撰,暨陽季芝昌、豐潤吴廷溥同評註。道光庚戌刊。

陰陽指正四卷 歸安姚承輿撰。咸豐元年刊。

修元大道三卷 歙方奇撰。道光七年醉經精舍刊。

地理元文註四卷辨正圖説一卷周易葬説一卷 青田端木國瑚撰,上虞徐迪惠參定。道光乙酉刊。

三元透易無卷數 銅仁楊芳撰。道光戊戌刊。

陰宅易知録一卷陽宅易知録一卷 冀州張際盛輯。**補遺一卷** 信都方臨沂輯。道光二十三年精刊。

地理辨正疏五卷附叢説 海鹽張心言撰。道光己丑〔培杏書屋〕刊。

地理集解無卷數 休西朱世臣撰。舊抄本。

堪輿演易前集五卷後集四卷 桐城許揚芬撰。光緒六年瞑牛山莊刊木活字本。

占卜之屬

六壬兵帳直指鈐十卷 不著撰人姓名。明萬曆間刊。以天干等字編次。

甘氏奇門一得二卷 明甘□□〔霖〕撰。無刻書年月,約崇禎間刊。

斷易黄金策九卷 明劉基撰,吴門姚際隆删補。無刻書年月,約康熙間刊。

六壬眎斯四卷 嶺南葉□□悔亭撰。乾隆乙未刊巾箱本。

六壬指南五卷 新安程起鷺撰,廣陵陳良謨增註。順治壬辰刊,嘉慶庚申重刊。

六壬管輅神書後集一卷 不著撰人姓名,後學朱長卿録藏。約乾隆間抄本。

六壬類聚四卷 臨川紀大奎撰。無刻書年月,約嘉慶間刊。

奇門心悟三卷 項城王茂松撰。底稿本。有嘉慶二十年自序。

奇門闡秘前編六卷行軍方便便方三卷 新化羅世瑶編。咸豐元年至二年生白虚齋刊。

後漢管公明六壬神數秘訣無卷數 松鶴道人撰。道光壬午抄原稿本。

奇門旨歸三十八卷 興國朱浩文撰。光緒乙未湖北刊。

奇門遁甲元靈經二十四卷 隱溪居士撰。光緒癸未甬東朱海門刊巾箱本。

風角書無卷數 濟陽張爾岐撰。道光甲午重刊。

增删卜易六卷 野鶴老人撰。乾隆乙巳刊。

命書相書之屬

命理正宗六卷 明臨川張楠撰。無刻書年月,約乾隆間刊。又名《神峯闢謬》。

造命宗鏡十二卷 明吴國仕撰。崇禎庚午搜玄齋刊。

三命通會十二卷 育吾山人撰。雍正乙卯金陵李氏刊。

命度盤説二卷數表一卷 金陵陶淑宇撰。道光間〔三年姑蘇心遠草堂〕刊。

神相全編十二卷首一卷 宋陳搏撰,明袁忠徹訂正。乾隆五十一年寶翰樓刊。

神相鐵關刀四卷 山陰梧岡山人訂。光緒丁丑大經堂刊巾箱本。據序稱宋陳搏撰。

乾元秘旨一卷餘論一卷 錢塘舒繼英撰。無刻書年月,約乾隆間精刊。

燕山集五卷 暨陽石楷撰。康熙辛丑刊。

子平真詮一卷 山陰沈燡燔撰。光緒乙未報暉草堂精刊。

神相彙編四卷行相訣一卷續集一卷 雲間高鼎玉輯。道光癸卯刊。

相理衡真十卷首一卷 義寧陳釗撰。道光十三年〔英德堂精〕刊。

春樹齋叢説一卷附録天步真原中卷一卷 上元温葆深撰。光緒己卯自刊。

神相金較剪無卷數 羅浮棲霞山人授。光緒十八年羊城鑑心齋刊。

命理探原八卷補遺一卷 江都袁阜撰。民國八年己未刊。

選擇之屬

董公選要覽一卷論略一卷附録一卷 明德興董潛撰。首有嘉慶二十二年序。無刻書年月,約光緒間浙江官書局刊。

長曆選吉備覽一卷 明德興董潛撰。道光十四年蘇城東白塔里潘氏刊。又名《董銀峯祕傳走馬曆日》,又名《綈裘寶書》,又名《長曆鈎玄》。

選擇天鏡三卷 溧陽任端書輯。乾隆十三年梁溪文寶堂刊。

選擇約編六卷 樂城楊翰輯。道光丁酉通州掄秀堂刊。

擇吉會要四卷 歸安姚承輿撰。道光三十年刊。

雜技之屬

字觸六卷 大梁周亮工撰。康熙六年賴古堂刊。

夢書一卷 福山女史王照圓撰。嘉慶壬申曬書堂刊,附列女傳補注後。

字觸補六卷 桑靈直撰。光緒辛卯小瑯嬛書庫刊。

格致古微五卷表一卷 吴縣王仁俊撰。光緒二十二年刊。

格物中法二十四卷 寶應劉嶽雲撰。光緒間刊。已刻氣水火土金木等六部,氣水火三部各一卷,土部三卷,金部二卷,木部六卷,合計十四卷,餘者未刊。

藝術類

書畫之屬

圖繪寶鑑八卷補遺一卷 前五卷元夏文彦撰,第六卷明毛大倫撰,後二卷錢塘藍瑛、武林謝彬同撰,《補遺》一卷,吴興夏士良撰。康熙癸亥武林傳經堂刊。板心下有"借緑草堂"四字。

御製草韻辨體五卷 明郭諶輯，萬曆十二年摹，崇禎癸酉閔齊伋重摹。閔夢得校刊以硃墨藍墨套印本。

顧氏畫譜一卷 明武林顧炳編。萬曆間精刊。採摹名畫，自唐止明，計六十六頁，每頁後附諸家題識。

圖繪宗彝八卷 明武林楊爾曾撰。無刻書年月，約萬曆間刊。

唐解元倣古今畫譜八卷 明吴郡唐寅輯。萬曆庚申至天啓元年清繪齋、集雅齋刊。又名《唐詩畫譜》《六如畫譜》一卷，《張白雲選名公扇譜》一卷，《六言唐詩畫譜》一卷，《梅竹蘭菊四譜》一卷，《七言唐詩畫譜》一卷，《五言唐詩畫譜》一卷，《草木花詩譜》一卷，《木本花鳥譜》一卷。

古今法書苑七十六卷 明吴郡王世貞撰。無刻書年月，約天啓間刊。

書畫傳習録四卷 明九龍山人王紱輯。**續録一卷梁溪書畫徵一卷** 錫山稽承咸輯。嘉慶十九年層雲閣刊。以天干十字編次者，内中《書事叢談》《畫事叢談》，各分六門。

十竹齋畫譜無卷數 明海陽胡正言輯。崇禎癸未刊。

芥子園畫傳初集五卷 繡水王安節摹。康熙十八年湖上李漁刊本銜藏板〔即芥子園甥館原刻彩色套印本〕，乾隆壬寅金閶書業堂〔彩色套印〕重刊。

芥子園畫傳二集八卷 繡水王安節、王宓草、王司直同摹。康熙辛巳刊蘭竹梅菊四部，每部二卷。乾隆壬寅金閶書業堂重刊。

芥子園畫傳三集四卷 繡水王安節、王宓草、王司直同摹。〔康熙二十六年芥子園甥館原刊彩色套印本〕康熙辛巳刊。《艸虫花卉譜》《翎毛花卉譜》各二卷。

畫學心法問答二卷 嘯山布顔圖撰，受業門人戴德乾録。乾隆十一年松風堂精刊。

蘭亭志十一卷首一卷 檇李吴高增輯。乾隆十七年凝秀堂刊。

蔣氏游藝秘録二卷 金壇蔣衡[二七]撰。乾隆甲寅年精刊。上卷《書法論》《雜論》

《續書法論》《九宫新式》《讀畫紀聞》《傳神祕旨》。下卷《説文字原表表説》《漢碑隸體舉要》《學書雜論》《學畫雜論》。

題畫瑣存一卷 海鹽俞琨撰。乾隆乙未精刊。

國朝畫徵録三卷續録二卷明人附録一卷圖畫精義識一卷附畫論一卷 秀水張庚撰。乾隆四年自刊。《四庫》附存目,《明人附録》以下闕。

墨緣彙觀四卷 松泉老人撰。光緒間刊。原分《法書》上下卷,《名畫》上下卷,則《名畫》上卷原闕五條,已經他人精楷寫補,仍有用鉛字排印補入者。案,安順姚大榮輯《墨緣彙觀撰人考》云:松泉老人姓安氏,諱歧,字儀周,號麓村。天津人。顏所居曰沽水草堂。學問宏通,極精鑒賞,收藏之富,甲於海内。著有《墨緣彙觀》。亦一時博雅好古士也。安歧,朝鮮人,後入旗籍。

草字彙無卷數 石梁集。乾隆戊申敬義齋刊。

天瓶齋書畫題跋二卷 雲間張照撰。乾隆癸巳刊。

國朝畫識十七卷墨香居畫識十卷 南匯馮金伯撰。乾隆辛亥墨香居刊巾箱本。

湘管齋寓賞編六卷 烏程陳焯撰。乾隆壬寅本衙刊巾箱本。

書法正宗無卷數 金匱蔣和輯。乾隆辛丑精刊。原目分作四册。

方石書話一卷 于令淓撰,頤園初彭齡閲。無刻書年月,約嘉慶間刊。

畫史彙傳七十二卷附録二卷 長洲彭蘊璨編。道光乙酉吴門尚志堂彭氏刊。日本明治十五年佚存書坊刊木活字本,即光緒八年刊。光緒壬午掃葉山房刊巾箱本。

論畫脞説一卷 附 **梅隱草堂題畫詩一卷** 仁和葉以照撰。嘉慶五年精刊。

蘇米齋蘭亭考八卷 大興翁方綱撰。嘉慶八年刊。

藝林一隅二卷增編一卷後集一卷 暨陽章本烈撰。嘉慶戊寅蘭芬書屋刊。

鳴野山房書畫記三卷 山陰沈復粲撰。鴒峯草堂鈔本。内有蕭山蔡名衡手校。

墨格，版心刊有篆書“鴝峯草堂”四字，版左邊綫外刊有“常熟周左季家寫本”八字。每册首有“常熟周左季家鈔本書”硃印一方。

繪事雕蟲十卷 吴江迮朗撰。嘉慶十四年池陽文德堂刊。

墨蘭譜一卷 青溪陳旭撰。嘉慶戊午讀書齋刊。

吴越所見書畫録六卷附書畫説鈴一卷 婁東陸時化編。光緒丙申懷烟閣刊木活字本。

鴻雪齋題畫小品六卷 穎川汪卓（初名文焕）撰。無刻書年月，約嘉慶間餘古堂刊。

畫林新詠三卷補遺一卷閨閣補遺一卷雜畫補遺一卷 頤道居士撰。道光丁亥秋西湖翠渌園刊。頤道居士者，錢唐陳文述之别號也。

筆嘯軒書畫録二卷 古黟胡積堂撰。道光間刊。

歷代畫家姓氏便覽六卷 桐鄉馮津編。道光六年德聚堂刊。

聽颿樓書畫記五卷續編二卷 番禺潘正煒撰。道光二十九年刊。

豁山臥游録四卷 鎮洋盛大士撰。道光甲午刊，光緒壬辰東倉書庫重刊。

書學南鍼六卷 會稽錢湘撰。道光間〔元年冬〕刊。

宋元以來畫人姓氏録三十六卷首一卷 會稽魯駿輯。道光十年刊。

自怡悦齋書畫録三十卷 昭文張鹿樵撰。道光壬辰刊。

畫耕偶録四卷 吴興邵梅臣撰。無刻書年月，約道光間刊。

李躍門百蝶圖四卷 南海李國龍繪。道光間〔甲申〕刊。

辛丑消夏記五卷 南海吴榮光撰。道光間南海吴氏刊，光緒乙巳夏五郎園重刊。

玉臺畫史五卷 錢塘女史湯漱玉輯。道光丁卯[二八]錢塘汪氏振綺堂精刊，附《别録》一卷，錢塘汪遠孫輯。

過雲樓書畫記十卷 元和顧文彬撰。光緒八年刊。書四卷畫六卷。

習苦齋畫絮十卷 錢塘戴熙撰。光緒十九年癸巳〔杭州鹺署〕刊。

藝舟雙楫無卷數 安吴包世臣撰。道光十年六月刊,光緒癸酉資州刊。

篛盦畫塵二卷 嘉定程庭鷺撰。民國十六年紫萸香館鉛字排印本。

𥈤𥈤齋書畫記四卷 會稽謝誠鈞撰。咸豐元年刊。

懷古田舍梅統十三卷 漢軍徐榮撰。咸豐二年刊。

字畫指南八卷 古牛山樵撰。咸豐乙卯夢飲流霞之室刊。

墨緣小録一卷 吴縣潘曾瑩撰。咸豐間刊。

列仙酒牌一卷 山陰任熊繪。咸豐間刊。

書畫鑑影二十四卷 利津李佐賢撰。同治十年辛未李氏刊。

寒松閣談藝璅録六卷 嘉興張鳴珂撰。底稿本。此補蔣霞竹《墨林今話》之未采者,凡一百五十餘家。民國十二年上海文明書局以古宋字排印本。

關隴輿中偶憶編一卷 華亭張祥河撰。無刻書年月,約同治間刊。

桐陰論畫二卷首一卷附録一卷畫訣一卷論畫小傳一卷 梁溪秦祖永評輯。同治三年刊硃墨套印本。

畫學心印八卷 梁溪秦祖永評輯。光緒四年戊寅刊硃墨套印本。

臨池管見一卷 仁和周星蓮撰。同治十二年刊。

夢園書畫録二十五卷 定遠方濬頤撰。光緒三年〔定遠方氏錦城柏署〕刊。

歸石軒畫談十卷 北平楊翰撰。同治癸酉刊。

拳石山房畫説一卷 楚黄黄潤撰。光緒三年松竹堂刊。

古芬閣書畫記十八卷 太谷杜瑞聯撰。光緒七年太谷杜氏刊。

明清書畫欵譜一編二卷二編二卷 日本栗原彝三輯,西田春耕摹。明治間刊,即光緒間刊。

紅豆樹館書畫記八卷 長洲陶樑撰。光緒八年吴趨潘氏韡園刊。

韜廬隸譜二卷 歙浦汪宗沂撰。光緒丙申刊。

揚州畫苑録四卷 儀徵汪鋆撰。光緒間刊。

清湘老人題記一卷苦瓜和尚畫語録一卷附録一卷 儀徵汪鋆録。光緒九年儀徵汪氏刊。

聾道人七十二候畫譜一卷 西蜀劉錫玲撰。光緒丁酉榮寶齋刊硃墨印本。即《詩箋》。

小鷗波館畫識三卷畫寄一卷 吴縣潘曾瑩撰。光緒十四年戊子悦止齋刊木活字本。

穰梨館過眼録四十卷續十六卷 歸安陸心源撰。光緒十七年吴興陸氏家塾刊。

嶽雪樓書畫録五卷 南海孔廣鏞、廣陶同編。光緒己丑三十有三萬卷堂精刊。

醉蘇齋畫訣一卷 錢塘戴以恒撰。光緒辛卯刊。

眼福編初集十四卷二集十五卷三集七卷 長沙楊恩壽撰。光緒間刊。

左庵一得初録一卷續録一卷 長白李佳繼昌撰。光緒戊申鉛字排印本。

古緣萃録十八卷 古虞邵松年撰。光緒甲辰澄蘭室石印本。

國朝書人輯略十一卷首一卷 曼殊震鈞撰。光緒戊申于金陵刊巾箱本。

海王村游記一卷 江浦陳孝威撰。光緒丙午鉛字排印本。孝威後改名陳瀏。

虚齋名畫録十六卷〔續録四卷附續一卷〕 烏程龐元濟撰。宣統己酉烏程龐氏於申江刊。

愛日吟廬書畫録四卷 當湖葛金烺撰。**補録一卷續録八卷别録四卷** 其子嗣澎撰。宣統二年庚戌至癸丑平湖葛氏於滬上刊。

艸説十五卷 上元李濱撰。**附艸書編〔類〕一卷** 李薛撰。宣統三年石印本。

玉煙堂帖本急就章艸法考九卷附偏旁表二卷 上元李濱撰。民國三年石印本。

名畫編目一卷畫録識餘一卷畫話一卷 上虞羅振鏞撰。民國庚申自刊。

中國藝術家徵略五卷 義州李天放〔李放〕撰。民國三年〔義州李氏于〕天津鉛字

排印本。〔又名《中國美術史》。〕

墨緣彙觀撰人考一卷 安順姚大榮撰。民國八年己未鉛字排印本。

選學齋書畫寓目筆記三卷 長白崇彝撰。民國辛酉刊。

清代畫史補録四卷 貴溪江銘忠編。民國十一年鉛字排印本。

中國繪畫史一卷 義寧陳衡恪撰。民國十四年鉛字排印本。

畫法要録六卷首一卷 龍游余紹宋撰。民國十五年於北京鉛字排印本。

清畫家詩史二十卷 寧津李濬之輯。民國庚午刊。以天干十字編次,每字二卷。

補訂急就章偏旁歌一卷 卓定謀撰。民國十九年自青榭刊。

箬溪藝人徵略三卷 長興王修輯。近自刊巾箱本。

春覺齋論畫一卷 閩縣林紓撰。近〔民國二十四年十月〕燕京大學國學研究所鉛字排印本。

曝畫紀餘十二卷 梁溪秦潛聲撰。民國己巳梁溪秦氏以古宋字排印本。

琴譜之屬

太古正音琴經十四卷 明建溪張右袞輯。無刻書年月,約萬曆間刊。

絲桐内外編二卷 明壽光劉珠撰。萬曆己丑刊。

徽言秘旨無卷數 剡溪尹曄輯。順治壬辰聽月樓刊。以五音分編次。

徽言秘旨訂無卷數 山陰尹爾韜輯,夏峯孫淦訂。康熙三十一年壬申刊。

德音堂琴譜十卷 新安汪天榮撰。康熙辛丑有文堂刊。

澄鑒堂琴譜無卷數附指法二卷 廣陵徐常遇選。康熙五十七年〔廣寧年希堯澄鑒堂〕刊。

琴譜析微六卷指法二卷 鑑湖魯鼒撰。康熙壬申自適軒刊。

琴學正聲六卷 上元沈琯撰。康熙間刊。

青山琴譜六卷琴況一卷 婁江徐祺撰，吴門夏溥校。康熙癸丑大還閣刊。又名《大還閣琴譜》。

誠一堂琴譜六卷琴談二卷 新安程允基撰。康熙乙酉紅雲齋刊。

光裕堂琴譜八卷 天都黄蔚南撰。雍正間刊。

五知齋琴譜八卷 燕山周魯封撰。乾隆二年刊。

穎陽琴譜四卷 溦川李郊撰。乾隆癸酉述德堂精刊。

琴學練要五卷 長安王善輯。乾隆九年治心齋刊。

春草堂琴譜六卷〔首一卷〕 武林曹尚絅、蘇璟、戴源等撰。乾隆九年甲子精刊，同治間雙清館刊。

蓼懷堂琴譜無卷數 瓊海雲志高撰。無刻書年月，約乾隆間刊。

琴香堂琴譜無卷數 邗江馬任、馬倩同撰。乾隆庚辰刊。以五音編次。

研露樓琴譜四卷首一卷 環川王如熙撰，楚鄂崔應階手訂。乾隆三十一年華亭張松孫精刊。

琴音標準四卷首一卷 婺源戴大昌撰。嘉慶間補餘堂刊。

琴旨補正一卷 清河孫長源撰。嘉慶丙子浙江學院刊。分上中下三篇。又名《孫氏琴學》。

自遠堂琴譜十二卷 廣陵吴灴撰。嘉慶六年〔自遠堂〕刊。

琴譜諧聲六卷 金谿周顯祖撰。嘉慶庚辰至道光元年聽真軒刊。

二香〔亭〕琴譜十卷首一卷 吴縣蔣文勳撰。道光十三年梅華庵刊。

峯抱樓琴譜無卷數 桐鄉沈浩撰〔西湖沈學善參訂〕。道光丙戌刊。

樂府外集琴言四卷首一卷 婺源汪烜撰。光緒九年刊。卷一卷三各分二卷，卷四分四卷。

立雪齋琴譜二卷首一卷 婺源汪紱撰。光緒癸未刊。

一經廬琴學二卷琴操題解一卷 旌德姚配中撰。道光間刊木活字本。

與古齋琴譜四卷補義一卷指法字母簡明表説一卷商集曲譜一卷角集曲譜一卷羽集曲譜一卷 浦城祝鳳喈撰。咸豐五年〔三月浦城祝氏〕刊。

蕉庵琴譜四卷 廣陵秦維瀚撰。光緒三年刊。

天聞閣琴譜集成十六卷首三卷參考書目一卷琴式一卷琴況一卷紀事一卷 邠州唐彝銘輯。光緒二年成都葉氏刊。

琴旨申邱一卷 瀏陽劉人熙撰。光緒已丑刊。

枯木禪琴譜八卷 釋空塵撰。光緒間〔十九年癸巳九月〕刊。

琴律一得二卷 南海劉沃森撰。光緒二十三年刊。

琴律指掌一卷 山陰婁啓衍撰。光緒二十四年聽虚館刊。

山門新語五種五卷 宛陵周贇撰。光緒丁未刊。經學、史學、天學、字學即首一卷,琴律、切音四卷。

琴書存目六卷别録五卷 烏程周慶雲撰。民國甲寅夢坡室刊。

琴史補二卷續八卷 烏程周慶雲撰。民國已未夢坡室刊。

晨風廬琴會紀録二卷 烏程周慶雲撰。民國壬戌刊。

琴均調絃一卷 桐鄉馮水撰。民國乙丑刊。

篆刻之屬

秦漢印範六卷 明雲間潘雲杰輯,甬東楊當時摹。萬曆間刊藍墨印本。

蘇氏印略四卷 明大鄣蘇宣篆。萬曆丁巳印本。

秦漢印統八卷 明鄣郡羅王常編,新都吴元維校。萬曆乙亥吴氏樹滋堂刊硃墨印本。

古今印則四卷 明梁溪程遠摹選。無刻書年月,約萬曆項氏宛委堂刊。

明臣印譜二卷 明新都詹荷負篆。無刻書年月,約萬曆間印藍墨格本。自明興以訖嘉隆。

印史五卷 明古吴何通撰。天啓癸亥印本。

演露堂印賞二卷 明延陵夏樹芳鑒定，雲間陳繼儒同參。崇禎癸酉印本。

學山堂印譜八卷 明古吴張灝纂，其壻葛十鼎參攷。崇禎間印本。

閩中賴氏印譜無卷數 長汀賴熙朝纂。無印書年月，約康熙間印本。

賴古堂印譜四卷 櫟下老人珍賞，大梁周在浚編定。康熙丁未印本。

四本堂印史一卷 彭城羅文質纂。康熙辛亥印本。

立雪齋印譜四卷 長洲程大年摹。康熙壬午印本。

拾翠一卷 平邱謝敷遠摹。無印書年月，約康熙間印本。

謙齋印譜一卷 江陰沈鳳纂。雍正戊申印本。原裝二册。

趙凡夫先生印譜無卷數 古吴章宗閔藏。乾隆十年沖規艸堂印本。原裝十二册，即十二卷。

古印譜一卷 南阜山人輯。無印書年月，約乾隆間印本。南阜山人者，膠州高鳳瀚之别號也。

四時讀書樂印譜一卷 山陰祁□□匠石纂。乾隆十六年干雲書屋印本。

嘉顯堂圖書會要無卷數 香山何劍湖撰。乾隆丁酉精刊。

多野齋印説一卷 山陰董洵撰。乾隆癸卯刊。

墨花禪印稿四卷 青溪釋續行德原纂。乾隆乙酉印本。

芸齋印譜一卷 鄞邑刁□□峻岩摹。乾隆乙酉忠恕堂印本。又名《孝經集篆》。

地山印稿五卷 山陰金鏐纂。乾隆二十八年印本。

西京職官印録二卷 吴郡徐堅集。乾隆壬申襄新館精刊。

存幾希齋印存四卷 海昌陳兆恕纂。乾隆間印〔四十三年雙清館鈐印巾箱〕本。

半齋篆草一卷 介山趙世雍纂。乾隆庚寅印本。

黄門篆説義二卷 陽湖管斡珍撰。乾隆間錫福樓刊。又名《松厓文鈔》。

集古印存三十二卷 歙汪啓淑輯。乾隆戊寅印本。每印之後有小傳者佳。金農書簽。

退齋印類十卷 新安汪啓淑摹。乾隆三十二年刊。

飛鴻堂印譜初集八卷二集八卷三集八卷四集八卷五集八卷 古歙汪啓淑摹。乾隆丁卯印本。

漢銅印原十六卷 歙汪啓淑輯。乾隆間印巾箱本。翁方綱書簽。

漢銅印叢十二卷 歙汪啓淑輯。乾隆壬申印巾箱本。

靜樂居印娛四卷 新安汪啓淑摹。乾隆四十三年印本。

松筠桐蔭館印譜四卷 濰邑郭偉勣輯。乾隆四十二年印本。自製及家藏舊印。

師古堂印譜五卷説印一卷 撫州李宜開篆。乾隆四十六年印本。

四本堂印譜四卷 海陽陳森年輯。乾隆四十七年印本。當代名人所刻者。

醉愛居印賞二卷 王睿章篆,徐逵照考訂。乾隆辛酉刊。并附考篆文刀法,箋釋字義,結構精嚴。

朱修能印章要論一卷 附 **程彦明印旨諸家篆法金陵蔡小癡正墨管見** 不著編輯姓名。舊抄本。《蔡小癡正墨管見》首行注有“乾隆庚辰孟冬”等字。

松園印譜二卷 晉太賈永摹。乾隆四十八年福壽堂印本。

松雪堂印萃無卷數 濰水郭啓翼篆。乾隆五十年印本。原裝四册,即四卷。

吴墨治印譜一卷讀一卷 乍浦吴元臣篆。乾隆五十二年印本。

四知堂印譜一卷 江陰楊德敷篆,同邑錢廷棟摹。乾隆戊戌印袖珍本。

墨妙樓鐭筆三卷附一卷 吴興温純篆。嘉慶元年丙辰印本。

縮摹秦漢瓦當文字印一卷 羊城梁他山摹,大興翁方綱集選。無印書年月,約嘉慶間印本。

選集漢印分韻五卷 南海謝蘭生摹。**續五卷** 南海謝景卿摹。嘉慶二年至八年漱藝堂刊。

緝齋印稿無卷數 江陰陳繼德篆。嘉慶四年印本。原裝兩册。

撫賴古堂印譜無卷數 丹徒張秉銳篆。嘉慶八年印本。原裝二册。案自序稱撫得閒印一百二十餘方,分爲二卷,中爲其弟鏡堂所鐫者十之二三。

印賞二卷 侯官林霔篆。嘉慶八年印本。

松崖書屋藏印八卷 錢塘金棫輯。嘉慶丙子印本。

問奇亭印譜四卷 笠澤陸廷槐輯。嘉慶己巳印本。

隨園詩話印識一卷 長洲談炎衡摹。無印書年月,約嘉慶間印本。

文亭印草四卷二集四卷 山左文登畢以繡篆。嘉慶癸酉至乙亥印袖珍本。

紺雪齋集印譜四卷 甫里陳梾淦輯。嘉慶戊寅印本。

雲峯書屋集印譜無卷數 雍陽趙錫綬篆。嘉慶甲子德潤堂印本。〔原裝十二册。〕

印學辨體一卷 杭郡汪一檠撰。嘉慶戊辰刊袖珍本。

銅鼓書堂藏印無卷數 宛平查禮鑑定。嘉慶四年印本。

對山印稿八卷 成都楊燮篆。道光六年印本。

寶墨齋印略二卷 古歙張淦摹。道光戊子印本。

延古堂印譜四卷 古閩黄家積篆。**續二卷附印文合璧一卷** 古閩黄鵷篆。道光十三年印本。

小石山房印譜四卷别集一卷附集一卷 海虞顧湘、顧浩同輯。道光戊子印巾箱本。

歷朝史印十卷 如皋黄學圯篆,真州吴叔元釋。道光己丑楚橋書屋印本,民國壬戌影印本。

東皋印人傳二卷 邑人黄學圯輯。道光十七年丁酉楚橋書屋刊。

秦漢三十體印證二卷 順德李陽輯。道光二十年庚子寶籀齋刊。

養正樓印存六卷 祁縣孟介臣篆。道光二十一年太谷孫阜昌印本。又名《孫氏印存》。

蟫藻閣摹印四册 不著撰人姓名。并無序跋。緑色墨格,夔龍花邊綫。約道光間刊。

緑苔艸舍印存一卷 鼓城劉會和摹。**古印一卷** 晉州劉會和輯。道光戊申印巾箱本。

印文詳解無卷數 山左渤海劉維坊篆。道光二十六年丙午印本。

鶼霞館印譜無卷數 婁江張尚禮摹。道光丁亥印本。原裝六册。

寶善堂印譜二卷 歙縣程得壽摹篆。道光間刊。又名《感應篇印譜》。

通介堂印箋一卷 山陰徐學幹篆。道光丙戌印本。

陶峯小課一卷 蛇邱朱□□陶峯篆。道光丁亥印本。

伊蔚齋印譜二卷 古歙項懷述篆。道光二十七年芸香閣印本。

摹古印譜六卷 江夏胡之森摹。道光壬寅青琅玕館印袖珍本。

紅杏書屋印稿三卷 下蔡鄭修爵篆。咸豐紀元印本。又名《阿蒙石蓺》。

聽秋山館印譜無卷數 東越張澐篆。咸豐二年印本。

簠齋印集無卷數 濰縣陳介祺輯。咸豐二年刊本。

慎思堂印譜二卷 古閩黄鵷篆。咸豐五年印本。又名《朱子格言》。

墨癡生印存無卷數 析津王光祖篆。無印書年月,約咸豐間印巾箱本。原裝二册。

澹靜齋印存一卷 靈石楊尚文墨林藏。無印書年月,約咸豐間印本。

二百蘭亭齋古銅印存十二卷 歸安吴雲輯。同治元年印本。

集古官印考證十三卷 嘉定瞿中溶輯,同治間其子樹鎬校刊。卷三以下有攷無印,因此印多屬假友人藏者,至其付梓,則原印已不能一一假來,故從闕如。〔原目録作十七卷,附《虎符魚符》一卷,第十四卷以下原闕。〕

二百蘭亭齋古印考藏六卷 歸安吴雲撰。同治三年印本。〔卷六尾刊"烏程沈錫堂仿宋武林李星垣刻本"。〕

金貞祐銅印題詞一卷 蒙古兀魯特錫縝編。無刻書年月，約同治間刊。

待月山房印存無卷數 古閩馮鍰篆。同治三年印本。

樂石齋印譜一卷 高要何昆玉篆。同治五年印巾箱本。又名《何昆玉印稿》。

松霜閣印集四卷 文安王璐篆。同治七年印本。

十鐘山房印舉無卷數 海濱病叟輯。同治壬申印本。版心下刊"濰水陳氏臧"五字。海濱病叟者，濰縣陳介祺之别號也。

吉金齋古銅印譜六卷續一卷 高要何昆玉輯。同治八年印本。

百舉齋印譜十二卷 高要何昆玉篆。光緒間印本。

齊魯古印攈四卷 濰縣高慶齡輯。**續一卷** 濰縣高鴻裁輯。光緒十一年印本。

漢印偶存一卷姚氏印存一卷 歸安姚覲元輯。光緒元年印本。

梅石庵印鑒一卷 謝庸摹。光緒癸巳印本。又名《梅石臨百二古銅印譜》。

半舫印存一卷 温州葉墨卿、通州丁二仲同篆，雪苑王琛訂定。光緒戊戌印本。

介如盦摹印存無卷數 湘潭張忠亮摹。無印書年月，約光緒間印本。原裝四册。

鄭庵所藏泥封一卷 吴縣潘祖蔭藏。光緒癸卯上虞羅振玉景印本。又名《陸厝脅古録》。

印郵無卷數 濰縣高文翰輯。光緒十一年印本。

封泥考略十卷 海豐吴式芬、濰縣陳介祺同輯。光緒甲辰於滬上石印本。

行素草堂集古印存無卷數 元和朱記榮輯。光緒癸未印巾箱本。原作二册。

雙虞壺齋印存八卷 海豐吴式芬考藏。光緒間印本。

百將百美合璧印譜無卷數 武進趙仲穆篆。光緒丁酉印巾箱本。又名《古高士傳印譜》。原裝八册。

五香書室印譜無卷數 長沙柳筱華篆。光緒丙戌印本。

兩罍軒印考漫存九卷 歸安吴雲輯。光緒七年辛巳印〔歸安吴氏摹刊〕本。皆秦漢印。

古印偶存無卷數 濰縣高鴻裁等輯。光緒十六年印本。

古印偶存無卷數 懷寧張新輯。光緒間金粟盦印本。

續齊魯古印攈十六卷 濰縣郭裕之申堂輯。光緒壬辰濰縣郭氏印本。

學古退齋印存二卷 敬業居士集古,吴縣朱記榮定。光緒九年印巾箱本。敬業居士,姓孟氏,字超然。

求是於古齋印存六卷 如皋祝堯齡輯。光緒庚子印本。

雙桐艸堂印存無卷數 不著編輯姓名。光緒癸巳印巾箱本。原裝四册。有山陽項文彦題簽。

十六金符齋印存無卷數秦漢名人印輯一卷續百家姓印譜一卷 吴縣吴大澂輯。光緒甲午印本。

饋石齋印譜一卷 沅陵丁可鈞篆。**鐵耕齋印譜** 善化雷悦篆,長沙葉德輝編輯。光緒甲辰長沙葉氏印本。

擷華齋古印譜六卷 濟南劉□□仲山藏,諸城尹彭壽鑒定。光緒二十一年印本。

稽庵古印箋四卷 益都孫文楷編。宣統間保鑄山房印本。又名《齊魯古印箋》。此書箋注並未付刻,因原稿未竟也。近見一部,附釋文箋注,係其後裔以稿本録入者。惟此中有釋文無箋注二十七方,無釋文箋注三方,像形九方,押四方,餘者俱有釋注。

意園古今官印勼八卷 東婁侯汝承編輯。民國癸亥刊。内附考釋。

契齋古印存無卷數 番禺商承祚輯。民國二十三年印本。原裝八册。

士一居印存無卷數 新河張樾丞篆。民國二十四年影印本。原裝二册。

雜技之屬

玄玄棋經十三篇無卷數 宋張擬撰。無刻書年月,約明萬曆間翻元至正九年刊本。分禮樂射御書數六字。又名《坐隱齋棋譜》。

弈藪無卷數 明蘇之軾撰。無刻書年月,約天啓間程明宗刊。三色墨套印本。

仙機武庫無卷數 明吴趨陸玄宇輯。崇禎二年刊。分金石絲竹匏土革木八字。

弈時初編四卷 明新安周冕、汪一廉同撰,建業成於樂編。無刻書年月,約崇禎間刊。起手全圖,殘局侵分四類。

石室仙機五卷諸家集説一卷 上元許穀輯。無刻書年月,約康熙間暎旭齋刊硃墨套印本。

官子譜三卷 會稽陶□□〔式玉〕存齋輯。無刻書年月,約康熙間本衙刊〔又康熙庚午惠直堂刊〕。

圍碁新譜六卷〔卷首棋經一卷〕 西湖沈賦撰。康熙間〔五十五年〕居易堂刊。

圍棋近譜無卷數 徐星友黄月天等撰,梅里金楙志輯。康熙丙申刊。

不古編一卷 新安吴瑞徵撰。康熙間刊。

兼山堂奕譜一卷 武林徐□□星友撰。康熙五十八年刊。

奕妙一卷二編一卷 錫山吴峻輯。乾隆二十九年刊。

弈譜奇觀一卷奕妙一卷 范□□西屏撰。乾隆間刊。

弈理指歸圖三卷 雲間錢長澤撰。乾隆三十六年笙雅堂刊。

過伯齡四子譜二卷 錫山過文年撰,山陽陸求可訂。乾隆五十一年金閶書業堂刊。

桃花泉弈譜二卷 海寧范世勳撰。乾隆乙酉高氏刊,嘉慶丙子錫山浦開宗刊巾箱本,道光元年掃葉山房刊,同治癸酉敦仁堂刊,光緒戊寅如臯義林堂刊,又兩儀堂刊。

受子譜選二卷 大興李汝珍輯。嘉慶丁丑刊。

弈程二卷 江南張雅博撰。嘉慶己未退一步山房刊。

弈萃一卷官子一卷 邗江卞文恒撰。嘉慶二十一年味書齋刊。〔蘇州坊刻通行

本,此本最善。〕

古碁樞機四卷 日本本因坊元丈撰。文政五年刊,即道光二年刊。

尊天爵齋弈存一卷奕録一卷 韓山傅延燾選訂。道光辛丑刊。

怡怡堂弈譜三卷 萬載唐滏撰。道光間刊。

弈筌二卷 日本井上安節撰。文政戊子刊,即道光八年刊。

師竹齋鐃子譜一卷 武林徐□□星友撰〔清嘉興盛新甫訂〕。道光乙未刊。

對勢碁經四卷 日本白田中哲齋撰。天保十四年刊,即道光二十三年刊。

周嬾予圍棋譜一卷 周嘉錫撰。同治癸酉刊〔嘉慶丙寅觀妙齋重刊〕。

餐菊齋棋評一卷 江都周鼎撰。同治十一年無弦琴室刊。

晥〔皖〕遊弈萃一卷 江都周鼎等撰。光緒丙子〔劉文柟〕刊。

寄青霞館弈選八卷續八卷 仁和王存善編。光緒乙未刊。

弈理金鍼一卷 丹陽劉福山撰。光緒間刊。

蜀山草堂奕存一卷 江都周鼎等撰。光緒間方氏刊。

潘景齋奕譜約選一卷 楚桐隱、章芝楣合評。無刻書年月,約光緒間刊。最後有"板存琉璃廠東門外皈子廟會文齋"十四字。

簡選摘星譜一卷 涇川胡陶軒輯。光緒間刊。

子仙百局一卷 海寧陳□□子仙撰,白下常棣華編。光緒十八年刊。

揪抨雅集二卷 古滇龔嘉相輯。光緒乙未刊。有説無圖。

晚香亭弈譜一卷 東軒老人高岱輯。光緒丁亥刊。

適情雅趣九卷 金陵徐芝選,會稽陳學禮校正。無刻書年月。約康熙間敦化齋[二九]刊。

射藝詳説一卷 正定崔起潛撰,棗陽史策先註。咸豐四年甲寅四月刊。

射藝津梁二卷 邗江史□□德威撰。同治戊辰願體堂重刊。

存素堂絲繡録一卷 紫江朱啓鈐撰。民國十八年己巳鉛字排印本。

譜　録　類

器 物 之 屬

唐賜鐵券考無卷數 吴越錢泳録。乾隆甲寅七月〔杭州〕表忠觀刊。

玉書三卷 陽湖管榦珍撰。乾隆間錫福樓刊。又名《松厓文鈔》。

古玉圖攷無卷數 吴縣吴大澂撰。光緒十五年己丑吴氏〔濟寧節署〕精刊，光緒己丑上海同文書局石印本。

玉紀一卷 江陰陳性撰。光緒己亥海天旭日硯齋刊。

摘金仙館玉紀補一卷 旌陽吕美璟撰。民國丙辰刊。

陶齋古玉圖無卷數 浭陽端方撰，吴縣王大隆編。民國二十五年影印本。

衡齋藏見古玉圖二卷 江夏黄濬輯。民國二十四年以彩華珂羅版影印本。

浣花拜石軒鏡銘集録二卷 嘉定錢坫撰。嘉慶間刊。

藤花亭鏡譜八卷 順德梁廷枏撰。道光二十五年乙巳刊。

集古虎符魚符攷一卷 嘉定瞿中溶撰。無刻書年月，約咸豐間其男樹鎬刊。

增訂歷代符牌圖録二卷〔補遺一卷〕 上虞羅振玉輯。民國乙丑東方學會石印本。

錢神志七卷 寧化李世熊撰。同治十年三月刊木活字本。光緒六年於汀州郡署刊。

泉文無卷數 乾隆甲寅七月錢塘黄易藏。拓本。首有歙鮑康序云：廉生農部好古多聞，素所心折，收藏亦甚富，一日持示所得黄小松泉拓四册。余于近代藏泉家，無不相識，即未獲締交者，亦往往得其墨本，獨于小松所藏無所見。是册雖佳者已爲人選去，無甚新奇之品，然乾隆朝所拓，紙墨殊舊，可珍也。標識間有誤處，爲正之。同治十一年十二月，歙鮑康識。并有“鮑康之印”一方，“臆園野人"印一方,首册第一頁鈐有"鮑康讀過"印一方。自三代秦漢止嘉慶朝。

吉金所見録十六卷首一卷末一卷 萊陽初尚齡撰。嘉慶二十四年渭園刊,道光丁亥渭園刊。

癖談六卷 元和蔡雲撰。道光丁亥精刊。後附《清白士集校補》一卷。

論泉絶句二卷 東武劉喜海撰。道光戊戌嘉蔭簃精刊。

錢志新編二十卷 雲間張崇懿撰。道光十年古婁尹氏酌春堂刊。

泉史十六卷 鎮洋盛大士撰。道光甲午金陵鄧文進齋於淮安舊城刊。

選青小箋十卷 昭文許元愷撰。道光二十四年甲辰蒻雨樓刊。

泉幣彙考十六卷首一卷制錢通考四卷 山陰唐與崑纂輯。咸豐元年至三年紅藥山房唐氏刊。

吉金志存四卷 寶坻李光庭撰。咸豐九年刊。

紅藕花軒泉品八卷 歷城馬國翰撰。無刻書年月,約同治間刊。自卷二起,至卷九止,其餘各卷疑原闕。

古泉叢話三卷附〔藏泉記〕一卷 錢塘戴熙撰。同治壬申滂喜齋精刊〔吴大澂手寫本無圖〕。

古泉匯首集四卷元集十四卷亨集十四卷利集十八卷貞集十四卷 〔利津李佐賢撰。〕**續泉匯元集三卷亨集三卷利集三卷貞集五卷** 〔利津李佐賢〕歙鮑康〔同〕撰。同治甲子至光緒元年刊。

篤雲螭室論泉詩無卷數 嘉定周文禾撰。底稿本。硃墨格,版心刊"居易書屋"四字。

觀古閣叢稿二卷 歙鮑康撰。同治癸酉刊。

觀古閣泉説一卷 歙鮑康撰。同治十二年癸酉精刊。

續泉説一卷 利津李佐賢、濰縣陳介祺同撰。**續叢稿一卷** 歙鮑康撰。同治十三年刊。

觀古閣叢稿三編二卷 歙鮑康撰。光緒二年刊。

古今錢略三十二卷首一卷末一卷 望江倪模輯。光緒五年兩疆勉齋刊。

巽齋所藏錢録十二卷 海陵費錫申編輯。光緒十六年春月刊。

虞夏贖金釋文 洪洞劉師陸撰,山陰劉瀚校補。光緒己亥海天旭日硯齋刊。

癖泉臆説六卷 嘉興高焕文撰。光緒三十四年戊申高氏泉壽山房石印本。

泰西各國金幣拓本一卷 浭陽端方輯。光緒丙午拓本。首有題字云:光緒丙午匋齋制軍得自泰西各國,共十七國之幣製,金銀銅鍠皆備。

言錢别録二卷 定海方若撰。民國戊辰鉛字排印本。

浙江塼録四卷圖一卷 嘉興馮登府撰。道光十六年刊。

慕陶軒古塼圖録十卷 桐城吴廷康輯。無刻書年月,約道光間刊。又見無名《古塼圖》一册,計五十八頁,無卷數,不著編輯姓名,並無序跋。約嘉慶道光間刊,版心皆係墨丁。首有"慕陶軒藏專"印一方,"吴廷康"印一方,即慕陶軒之初刻本無疑。

千甓亭古塼圖釋二十卷 歸安陸心源撰。光緒辛卯秋仲吴興陸氏以泰西法石印本。

秦漢瓦當文字二卷續一卷 歙縣程敦輯。乾隆丁未横渠書院刊拓印本,光緒間石印本。

秦漢瓦圖記四卷補遺一卷 附 **詩四十韻** 錢塘朱楓撰。乾隆丁亥精刊。

豐宫瓦當文考一卷 嘉定錢東垣撰。光緒壬辰刊。

上陶室甎瓦文攈五卷 濰縣高翰生編。光緒甲午濰縣高氏以原器拓本。一《秦頌辭甎》,二《秦吉語甎》,三《漢紀年甎》,四《漢姓名甎》,五《漢吉語甎》。

唐風樓秦漢瓦當文字五卷 上虞羅振玉輯。民國甲寅〔上虞羅氏〕石印本。

歙硯輯考一卷 渠陽徐毅撰。乾隆庚申刊。

端溪研志三卷首一卷 錢塘吴繩年撰。乾隆丁丑寧遠堂精刊,道光乙巳武林清芬堂精刊。

硯小史四卷 金山朱棟編。嘉慶二年樓外樓刊,民國二十四年高氏寒隱草堂補刊。

端溪硯説一卷 越王惟新撰。道光丙午秋其孫錫振于廣州刊。

壽石齋硯譜一卷 江左汪暘撰。道光間刊。

端溪研坑記一卷 武進李兆洛撰。傳抄本。咸豐三年高氏校刊附《養一文集》後。

寶硯堂硯辨一卷 高要何傳瑶撰。道光丁酉本堂刊。

端溪硯考二卷 湘西曾興仁撰。道光丁酉瓣香書屋刊。

硯考二卷 湘西曾興仁撰。道光丁酉瓣香書屋刊。

王子若摹刻硯史手牘一卷 太倉王曰申撰。**附高南阜硯史年譜一卷** 鍾吾錢侍辰輯。咸豐二年王相刊。

端石擬三卷附藜閣十硯銘一卷 海鹽陳齡撰。同治癸酉精刊。

閱微草堂硯譜一卷 河間紀昀藏。民國丙辰石印本。

馮氏金文硯譜無卷數 大興馮恕編。民國十九年庚午以原器拓本。凡二十一類。

文房肆考八卷 練水唐秉鈞撰。乾隆四十三年竹暎山莊精刊。

骨董志十二卷 羅江李調元撰。乾隆間精刊。

鑑古齋墨藪無卷數 新安汪近聖撰。嘉慶五年至七年壬戌精刊。首有明晟、趙青藜、程景伊、張佩芳、江蘭、峻亮、丁淑鑑、劉瑎、王家璟、法式善、李懿曾諸序,次墨贊一百八十九葉,分裝四册。次墨圖一百三十九葉,題辭并後跋四十七葉,分裝四册。全部共八册。

青煙録八卷附嘯岩吟草六卷詩餘一卷 涂陽王訢撰。嘉慶乙丑至丙寅百尺樓刊。

景德鎮陶録十卷 南昌藍浦撰。嘉慶二十年翼經堂刊。

琵琶譜三卷 直隸王君錫、浙江陳牧夫同撰。無刻書年月，約同治間刊袖珍本。

禮塔龕考古偶編一卷 長洲張金鑑撰。光緒三年孟冬刊。

機器録二卷 溧陽彭湘撰。光緒五年適龕刊巾箱本。

瓷世界一卷 江浦陳孝威撰。光緒丙午鉛字排印本。孝威後改名陳瀏。

今文房四譜一卷 湘鄉謝崧梁撰。光緒庚寅孳經榭刊。

南學製墨劄記一卷 湘鄉謝崧岱撰。光緒甲申孳經榭刊。

十六家墨説二卷附録一卷 仁和吴昌綬輯。民國壬戌仁和吴氏刊。

權衡度量實驗考一卷 吴縣吴大澂撰。光緒間精刊。民國乙卯上虞羅氏石印本。

中西度量權衡表一卷 不著撰人姓名。光緒乙未沈敦和刊。

論墨絶句詩一卷 湘鄉謝崧岱撰。光緒癸巳研經榭刊。

瓷史二卷 祁陽黄裔編。近刊本。

骨董瑣記八卷 江寧鄧之誠輯。民國十五年鉛字排印本。

骨董續記四卷 江寧鄧之誠輯。民國癸酉鉛字排印本。

飲 饌 之 屬

茶經四卷 唐竟陵陸羽撰，第四卷諸名家撰。明萬曆戊子竹素園刊。

茶經六卷 唐陸羽撰，竟陵王淇增輯。雍正七年儀鴻堂刊。

茶史二卷 山陽劉源長撰，山陽陸求可訂。**補一卷** 莆陽余懷撰，山陽劉謙吉訂。雍正六年墨韻堂刊。

飲食須知無卷數 古歙朱本中撰。無刻書年月，約乾隆間刊。

調疾飲食辨六卷諸方鍼線一卷 鄱陽章穆撰。道光癸未經國堂刊巾箱本。卷一卷六分上下。

隨息居飲食譜一卷 海昌王士雄撰。同治元年刊。

粥譜一卷廣粥譜一卷 蘄洲黄雲鵠撰。光緒七年刊。

勇廬閒話一卷 會稽趙之謙撰。光緒間無錫圖書館刊木活字本。

士那補釋一卷 武岡張義澍撰。光緒十八年於金陵刊。

草木蟲魚之屬

稻品一卷芋經一卷菊譜二卷 明吴郡黄省曾撰,嘉禾周履靖校。明抄本。藍色墨格,版心有"快社"二字。

花鏡六卷圖一卷 西湖陳淏輯。康熙戊辰金閶書業堂刊。

采芳隨筆二十四卷 北京查彬撰。嘉慶甲戌精刊。

水蜜桃譜一卷 上海褚華撰。嘉慶間〔丙子〕刊。

烟草譜八卷 青浦陳琮撰。嘉慶間刊。

植物名實圖考三十八卷長編二十二卷 固始吴其濬撰。道光二十八年〔蒙自陸應穀〕刊。

動植小志六卷 海寧周廣業輯。底稿本。卷一闕。

檇李譜一卷 嘉興王逢辰撰。咸豐丁巳刊巾箱本。

桂考一卷 楚南張光裕撰。光緒辛卯湘霞仙館刊。

菊譜二卷 葉天培撰。乾隆丁酉精刊。

東籬中正一卷 吴縣許兆熊撰。**池上菊賦一卷** 吴縣沈欽韓撰。**池上菊賦注一卷** 徐保撰。**渡花居東籬集一卷** 檇李屠承爔撰。光緒間精刊。

東籬纂要十卷 大興邵承照撰。光緒十五年刊。

菊譜一卷 秋明主人〔寧郡王〕撰。〔乾隆丁丑春暉堂精刊〕光緒十五年樂椒軒重刊。〔又名《東園菊譜》。〕

蘭言述略四卷 吴門袁世俊輯。光緒丙子刊。

貓乘八卷 嘉定王初桐撰。嘉慶己未刊。

貓苑二卷 永嘉黄漢撰。咸豐壬子甕雲草堂刊。

蠕範八卷 京山李元撰。乾隆辛亥本衙刊,同治甲戌傳經堂刊。説虫魚之作。

虷孫鑑三卷 霞瀛朱從延撰。乾隆間刊巾箱本。

蟲薈五卷 睦州方旭撰。光緒十六年刊。

小演雅一卷續録一卷别録一卷附録一卷 矦官觀頪道人撰。光緒戊寅冠悔堂刊巾箱本,光緒己卯誦芬堂刊木活字本。摭百禽言之作。觀頪道人者,楊浚之别號也。

棠湖埧譜一卷 古胡蘇亭吴潯源撰。民國十年石印本。

販書偶記卷十一

冀縣孫殿起耀卿録

雜　家　類

雜 學 之 屬

墨子經説解二卷 陽湖張惠言撰。宣統元年己酉國學保存會以原稿石印本。

墨子刊誤二卷 古藤蘇時學撰。同治丁卯仲夏羊城客寓校刊。

墨子閒詁十五卷目録一卷附録一卷後語二卷 瑞安孫詒讓撰。光緒二十一年蘇州毛上珍刊木活字本,成都昌福公司鉛字排印本,近刊本。

墨子經説疏一卷 吴縣王仁俊撰。底稿本。又名《墨子經注》。

墨子箋十五卷 長沙曹耀湘撰。光緒三十二年丙午湖南官書報局鉛字排印本。

墨子拾補二卷 儀徵劉師培撰。傳抄本。

墨商三卷補遺一卷 永嘉王景羲撰。宣統庚戌刊。

墨子尚書古義二卷 長沙胡兆鸞撰。無印書年月,約宣統間湖南官書報局鉛字排印本。

墨子新釋三卷佚文一卷 常寧尹桐陽撰。民國八年鉛字排印本。

新考正墨經注無卷數 臨瑞張之鋭撰。近〔民國十年〕河南官印刷局鉛字排印本。

墨經新釋無卷數 陽明鄧高鏡撰。近鉛字排印本。

墨經校釋無卷數 新會梁啓超撰。民國十一年商務印書館鉛字排印本。

墨子閒詁箋無卷數附録一卷 漢陽張純一撰。民國十一年鉛字排印本。

墨經通解四卷首一卷大取篇校注一卷 桂林張其鍠撰。民國二十年鉛字排印本。

墨經詁義二卷 杭縣葉瀚撰。近〔民國九年〕鉛字排印本。

墨子札記一卷 鹽城陶鴻慶撰。傳抄本。

尹文子校録二卷 長沙王時潤撰。民國四年鉛字排印本。

鶡冠子閒詁三卷 吴縣王仁俊撰。底稿本。

鶡冠子吴注三卷 鹽城吴世拱撰。民國十八年鉛字排印本。

公孫龍子三卷 趙人公孫龍撰，烏程嚴可均輯校。近〔上海〕中國書店以〔嚴可均校道藏本〕古宋字排印本。

公孫龍子注一卷校勘記一卷篇目考一卷附録一卷 番禺陳澧撰。民國乙丑閏四月汪氏微尚齋刊。

於陵子注一卷 常寧尹桐陽撰。民國十七年鉛字排印本。

淮南子正誤十二卷 海康陳昌齊撰。嘉慶間刊。

淮南天文訓補注二卷 嘉定錢塘撰。道光八年〔安漢淡春臺校刊〕嘉定縣刊〔署藏板〕。

淮南許註異同詁四卷補遺一卷續補一卷 會稽陶方琦撰。光緒七年至十年〔會稽陶氏〕刊。〔《漢孳室著書》第六種。〕

淮南子許注異同三詁九卷 吴縣王仁俊撰。底稿本。此書後三卷編次未竟。

淮南許注考證無卷數 吴縣王仁俊撰。底稿本。

淮南子揚権一卷 吴縣王仁俊撰。底稿本。

淮南子萬畢術輯證一卷 吴縣王仁俊撰。光緒丁未鉛字排印本。

淮南子周易古義二卷補佚一卷 長沙胡兆鸞撰。傳抄本。

淮南鴻烈閒詁二卷 長沙葉德輝輯。光緒乙未長沙葉氏郎園刊。

淮南鴻烈集解二十一卷附録一卷 合肥劉文典撰。民國十二年十月商務印書館鉛字排印本。此《附録》即《淮南天文訓補注》,嘉定錢塘撰。

淮南子斠補一卷 九江吕傳元撰。民國丙寅春鉛字排印本。

淮南舊注校理三卷校理之餘一卷 歙吴承仕撰。民國甲子冬〔歙吴氏〕刊。

淮南子集證二十一卷 北平劉家本[三〇]撰。民國甲子中華書局鉛字排印本。

讀淮南子札記二卷 鹽城陶鴻慶撰。近文字同盟社鉛字排印本。即《讀諸子札記》之一。

鬼谷子新釋三卷 常寧尹桐陽撰。民國二十年鉛字排印本。

吕氏春秋二十六卷附考一卷 鎮洋畢沅校正。乾隆五十三年靈巖山館刊。

吕子校補二卷 錢塘梁玉繩撰。道光丁亥刊,光緒四年會稽章氏重刊。

吕氏春秋集釋二十六卷 滎成許維遹撰。民國二十四年以古宋字排印本。

顔氏家訓七卷 北齊顔之推撰,江陰趙曦明注,餘姚盧文弨補。**補校注一卷** 渭南嚴式誨編。近渭南嚴氏孝義家塾刊。

顔氏家訓校記一卷 棲霞郝懿行撰,陽城田九德編。民國辛酉山西圖書館鉛字排印本。

讀書説四卷附年譜一卷 竟陵胡承諾撰。道光乙巳胡氏家刊。

顔瘤子二卷 顔瘤子撰,無刻書年月,約乾隆間刊。

采真子衡論一卷或問一卷 太倉畢華珍撰。無刻書年月,約光緒間刊。

重輯不得已輯要一卷附一卷 歙縣楊光先撰,荆楚挽狂子輯。光緒十五年刊。

雜考之屬

白虎通疏證十二卷 句容陳立撰。光緒元年春淮南書局刊。

白虎通義集校四卷 吴縣王仁俊撰。底稿本。

白虎通德論補釋一卷 儀徵劉師培撰。傳抄本,近寧武南氏鉛字排印本。

白虎通義定本三卷 儀徵劉師培撰。傳抄本，近寧武南氏鉛字排印本。

崔豹古今注校正三卷 山陽顧震福撰。光緒甲午刊。

困學紀聞集證二十卷首一卷末一卷 黄岡萬希槐撰。嘉慶癸亥聚秀堂刊。

困學紀聞注二十卷 餘姚翁元圻撰。道光乙酉翁氏守福堂刊。

譚誤四卷 明大荔馬朴撰。同治庚午敦倫堂刊。

豐草菴雜著十卷別集六卷 吴興董説撰。無刻書年月，約康熙間刊。《昭陽夢史》《非烟香法》《柳谷編》《河圖卦版》《文字障》《分野發》《詩律表》《漢繞歌發》《樂緯》《掃葉録》各一卷（以上雜著）。《雲漢編》《易隱編》《地易編》《九宫編》《詩緯編》《太初編》各一卷（以上別集）。《四庫存目》著録《漢繞歌發》一卷。

隙光亭雜識六卷 長白揆叙撰。康熙間謙牧堂精刊。

藝林彙考四十卷 吴江沈自南撰。康熙間刊。此書凡五篇，一《棟宇篇》十卷，二《服飾篇》十卷，三《飲食篇》七卷，四《稱號篇》十二卷，五《植物篇》一卷。《四庫》著録二十四卷。

通雅刊誤補遺一卷 桐城方密之原本，後學張裕葉補校。乾隆間刊。

日知録之餘四卷 崑山顧炎武撰。無刻書年月，約乾隆間刊巾箱本。

日知録集釋三十二卷栞誤二卷續栞誤二卷 嘉定黄汝成撰。道光十四年至十八年黄氏西谿草廬刊。

日知録校正一卷 山陽丁晏撰。傳抄本。

黄嬭餘話八卷 吴興陳錫璐撰。乾隆三十七年芸香窩刊。

蛾術編八十二卷 嘉定王鳴盛撰，吴江迮鶴壽参校。道光二十二年[三一]世楷堂沈楙德刊。卷一至十四《説録》，卷十五至三十六《説字》，卷三十七至五十《説地》，卷五十一至六十《説人》，卷六十一至六十二《説物》，卷六十三至七十四《説制》，卷七十五至八十《説集》，卷八十一至八十二《説通》。此書原本九十五卷，尚有《説刻》十卷，大半王蘭泉載入《金石粹編》。《説系》三卷，備列先世舊聞，宜入王氏家譜,故刻八十二卷。

螺江日記八卷續編四卷 蕭山張文鰲撰。乾隆間刊,光緒間會稽徐氏融經館刊巾箱本。《四庫》附存目無續編。

慕良雜纂四卷 武進莊有可撰。民國十九年鉛字排印本。

陔餘叢考四十三卷 陽湖趙翼撰。乾隆庚戌湛貽堂刊。

韓門綴學五卷續編一卷談書録一卷 錢塘汪師韓撰。乾隆間刊。

讀書記疑十六卷 寶應王懋竑撰。同治壬申〔族玄孫凱泰〕福建撫署刊。又名《白田草堂續集》。卷一《周易》,卷二《尚書》《毛詩》,卷三《禮記》,卷四《禮記》《左傳》《論語》《孟子》,卷五《音韻考》,卷六《七史》,卷八《南史》,卷九十《北史》,卷十一《國語存校》《莊子存校》《荀子存校》,卷十二《後漢書存校》,卷十三《南史存校》,卷十四十五《北史存校》,卷十六《讀諸家集》。

羣書疑辨十二卷 四明萬斯同撰。嘉慶丙子〔甬上水氏〕供石亭刊。

道古堂外集二十六卷 仁和杭世駿撰。乾隆戊申補史亭刊。卷一至三《鴻詞所業》,卷四《經進講義》,卷五六《石經攷異》,卷七至十三《史記考證》,卷十四《禮經質疑》,卷十五《經史質疑》,卷十六《諸史然疑》,卷十七至二十二《三國志補注》,卷二十三《晉書補傳贊》,卷二十四至二十六《榕城詩話》。

訂譌類編六卷續編二卷 仁和杭世駿撰。近吴興劉氏嘉業堂以漢陽葉氏敦夙好齋鈔本刊。

證疑備覽六卷 孝昌夏力恕撰。光緒乙酉菜根堂重刊。

邇言六卷 嘉定錢大昭撰。咸豐元年刊巾箱本。

羣書拾補無卷數 餘姚盧文弨撰。乾隆庚戌抱經堂刊。分經史子集四類。光緒丁亥上海蜚英館石印巾箱本。

抑末録四卷 上元黄之紀撰。無刻書年月,約乾隆間編録堂刊。

香墅漫鈔四卷續四卷又續六卷 南城曾廷枚撰。乾隆丁未至嘉慶庚申南城曾氏家塾精刊。

經史攷略三十卷 湘鄉張眉大撰。嘉慶元年寶芸堂刊。

南窓叢記八卷 寧化伊朝棟撰。嘉慶五年刊。

二初齋讀書記十卷首一卷 華亭倪思寬撰。嘉慶癸亥涵和堂重刊。

小瑯嬛叢記四卷 儀徵阮福撰。嘉慶三年刊。

猶賢録十二卷 句無傅學沆撰。嘉慶間一經堂刊。《經籍》《史籍》《雜籍》《類籍》等四類各三卷。

霧海隨筆十四卷 錢塘袁子才原本,義寧胡濬源增撰。嘉慶二十五年務本堂刊巾箱本。

通藝録四十二卷 歙程瑶田撰。嘉慶八年刊。此書最初印本,刊有"造分天地,化成萬物"八字者,乃初刊本也。

讀書脞録七卷續編四卷 仁和孫志祖撰。嘉慶乙未[三二]至壬戌〔仁和孫氏〕刊。

三餘偶筆十六卷續筆十二卷 涇縣左暄撰。嘉慶間桂林書屋刊巾箱本。

札樸十卷 曲阜桂馥撰。嘉慶癸酉山陰小李山房刊。

南江札記四卷 餘姚邵晉涵撰。嘉慶癸亥冬面水層軒刊。

潛研堂答問十二卷 嘉定錢大昕撰。無刻書年月,約乾隆間刊。此書版心及每卷首行皆刻"潛研堂文集卷"等字,則卷數頁數間俱係墨丁。至其書名見每卷首頁第三行,刻有"答問第數"等字。

竹汀日記鈔二卷 嘉定錢大昕撰,錢唐何元錫編。嘉慶十年刊。

十駕齋養新録二十卷餘録三卷 嘉定錢大昕撰。嘉慶九年甲子至十一年丙寅刊。

經史析疑二十四卷 潮陽陳蕃撰。嘉慶間刊。卷一至十八經,卷十九至尾史。

恒言録六卷 嘉定錢大昕撰。嘉慶十年揚州阮常生刊。

寄璈軒讀書隨筆十卷續筆六卷三筆六卷 仁和沈赤然撰。嘉慶十年乙丑至丁卯刊。

經史管窺六卷 太倉蕭曇撰。嘉慶間讀五千卷齋刊。卷一至三經部,卷四至六史部。

攷厓考古録四卷 甘泉鍾褭撰。嘉慶十三年儀徵阮元刊。

拜經日記十二卷 武進臧庸撰。嘉慶己卯拜經堂刊。

艾學閒談二十卷〔附需次燕語一卷〕 萬年王朝渠撰。嘉慶間刊。分《談經》《談史》《談羣書》凡三類。

經史質疑録一卷 桐城張聰咸撰。嘉慶戊寅刊。

濼源問答十二卷 嘉興沈可培撰。嘉慶乙亥〔子銘彝〕雪浪齋刊。

經籍録〔要〕十二卷 華亭倪思寬撰。嘉慶戊寅書三味樓刊。

秋槎雜記一卷附義迹山房詩稿一卷 寶應劉履恂撰。道光元年興讓堂刊。後有劉寶楠撰行略一卷。履恂,寶楠之父。

松心十録無卷數 番禺張維屏撰。道光庚子刊。

讀書叢録二十四卷 臨海洪頤煊撰。道光二年廣東富文齋刊。

清芬樓質疑一卷館課一卷雜著一卷 荆溪任泰撰。道光間刊。此《雜著》即《任啓運傳稿》。

癡學八卷 寧鄉黄本驥撰。道光六年三長物齋刊。

讀書雜志八十二卷餘編二卷 高郵王念孫撰。道光十二年其子引之刊,同治庚午金陵書局重刊。

經史論存四卷補四卷 吴縣吴成佐撰。道光五年真意堂刊。

牖景録六卷 桐城徐璈撰。道光丙申刊。

管見舉隅二卷讀書緒論二卷 淄川王培荀撰。道光戊申至己酉榮梨官廨刊。

經史雜記八卷 安康王玉樹撰。道光十年庚寅芳梫堂刊。

松崖筆記三卷 東吴惠棟撰。道光二年春吴門〔徐氏〕玉照堂刊。

援鶉堂筆記五十卷 桐城姚範撰。道光十五年乙未其曾孫瑩刊〔淮南監掣官署重編刻〕。

癸巳類稿十五卷 黟俞正燮撰。道光十三年〔南通州王藻〕求日益齋刊，光緒五年會稽章氏刊巾箱本。

癸巳存稿十五卷 黟縣俞正燮撰。道光二十九年靈石楊氏連筠簃刊，光緒十年甲申黟縣李氏〔宗煝〕重刊。

四寸學六卷 錢塘張雲璈撰。道光辛卯簡松草堂刊。

識學録無卷數 桐城胡虔撰。無刻書年月，約道光間刊。

曉讀書齋雜録八卷 陽湖洪亮吉撰。道光壬寅姑蘇刊。分初二三四録，各上下卷。

合肥學舍札記十二卷 陽湖陸繼輅撰。道光十六年刊。

書林揚觶無卷數 桐城方東樹撰。道光辛卯冬儀衛軒刊。同治十年望三益齋重刊本二卷，近刊《刊誤補義》一卷。

袖海樓雜著十二卷 嘉定黄汝成撰。道光十八年九月望日嘉定西谿草廬刊。《文録》六卷，《古今歲實考校補》一卷，《古今朔實考校補》一卷，《日知録刊誤合刻》四卷。

讀書證疑六卷 嘉定陳詩庭撰。傳抄本。

質疑删存三卷 甘泉張宗泰撰。道光十九年刊。

讀書偶記八卷 涇縣趙紹祖撰。道光甲申古墨齋刊。

管蠡集四卷 睢寧朱之承輯。光緒十二年丙戌刊。

過庭録十六卷 長洲宋翔鳳撰。咸豐三年浮谿精舍刊，光緒七年會稽章氏重刊。

瑟榭叢談二卷 嘉興沈濤撰。道光二十五年乙巳刊。

交翠軒筆記四卷 嘉興沈濤撰。道光戊申刊。

雙硯齋筆記五卷 江寧鄧廷楨撰。光緒丙申刊，近刊本作六卷。

攀古小廬雜著十二卷 日照許瀚撰。無刻書年月,約光緒間刊。《經傳説》三卷附雜考,《小學説》二卷,《金石説》五卷附考三篇,《題跋》二卷附書後三篇。此書第二卷又名《韓詩外傳校議》。

讀書雜釋十四卷 六合徐鼒撰。咸豐辛酉刊,光緒丙戌於日本鉛字排印本。

愈愚録六卷 寶應劉寶楠撰。光緒間〔十四年〕廣雅書局刊。

愈愚續録無卷數 寶應劉寶楠撰。底稿本。

懷小編二十卷 秀水沈濂撰。咸豐四年刊。

銅熨斗齋隨筆八卷 嘉興沈濤撰。咸豐七年丁巳檇李沈氏刊,版心刊"檇李沈氏銅熨斗齋叢書"十字。

三冬識餘二卷 山陽劉希向撰。咸豐八年刊。希向,丁晏之外祖也。

菉友肊説一卷 安邱王筠撰。道光丙申其侄彦佶於武陽學署刊。

菉友蛾術編二卷 安邱王筠撰。咸豐庚申秋宋官疃刊。

讀書雜志增註補遺無卷數 不著撰人姓名。底稿本。案高郵王氏《六葉傳狀碑誌集》載王壽同著有《雜志拾遺》,疑即此書。

證俗文十九卷 棲霞郝懿行撰。光緒十年東路廳署刊。

小坡識小録四卷 大荔馬騰蛟編,其子先登栞述。同治甲戌刊。分經史子集四類。

爻山筆話十四卷 古藤蘇時學撰。同治間〔甲子季夏于五羊城〕刊。此書校訂《晏子春秋》《新序》《説苑》之作爲最。

蘿藦亭札記八卷 徐溝喬松年撰。同治癸酉刊。

東塾讀書記二十五卷〔佚稿一卷〕 番禺陳澧撰。光緒間廣州刊。内有十卷未刊。

斠補隅録十四卷 海昌蔣光煦撰。咸豐元年别下齋刊。

硯桂緒録十六卷 侯官林昌彝撰。同治五年秋八月〔定遠方濬頤〕於廣州刊。

潄六山房讀書記一卷 清河吴昆田撰。傳抄本。

闢毛先聲四卷附録一卷 乍浦蔣元撰。傳抄本。論毛西河所著書。

徐飴盦先生遺書無卷數 德清徐養原撰。原稿本。《字説》計四十五葉,《字説外篇》計五十七葉,《明堂説》附圖計三十一葉,《井田議》附圖計二十九葉,《黑水考》附《程同文跋》計十六葉,《朝鮮疆域考》附《孔子生年月日考》《孟蜀石經考》《校淮南子》《書鬻子後》《擬注五代史記例》六篇、《御説陽關三疊》計十六葉,《荀勗笛律圖注》計十七葉,《管邑考》計二十四葉,《律吕》計七十六葉。案《律吕》一種,較正覺樓刊《律吕臆説》多文十餘篇。

識小録八卷 桐城姚瑩撰。同治丁卯刊。

丁氏遺著殘稿一卷 山陽丁壽徵撰。傳抄本。

南苑一知集論詩二卷叢談二卷 大荔馬魯撰。同治癸酉敦倫堂刊。

南漘楛語八卷 江都蔣超伯撰。同治辛未兩廣山房刊。

窺豹集二卷 江都蔣超伯撰。同治丁卯刊。

吹網録六卷鷗陂漁話六卷 吴縣葉廷琯撰。同治八年至九年刊。一名《葉調生遺書》。

星烈日記彙要四十卷首二卷末一卷 寶寧方玉潤撰。同治癸酉至光緒紀元於隴東分署刊巾箱本。内分《志道》《經義》《史論》《諸子》《經濟》《文學》《游藝》《涉歷》等類。卷首《年表》二卷,卷末《紀夢》一卷。又名《鴻濛室叢書》。版心刊"鴻濛室叢書第三十六種"十字。惟年表下卷原闕。

覺非盦筆記八卷 丹徒顧堃撰。光緒八年〔仁和葛氏〕刊巾箱本。

尻學讀經史并雜記略三卷 桐城楊澄鑑撰。無刻書年月,約光緒間刊。

霞外攟屑十卷 山陰平步青撰。光緒壬午刊。分《掌故》《時事》《格言》《里事》《雜觚》《斠書》《論文詩話》《説稗》《釋諺》等十種。每卷首行下刊"香雪崦叢書丙集"七字。卷七卷八分上下。此書句句可實。

羣書斠識無卷數 汝南常庸撰。光緒丙子葛園刊。《越中園亭記》《陶庵夢憶》《三不朽名賢圖贊》《南雷文約》《鮚埼亭集》《笥河文集》《湖海文傳》《左傳詁》《制藝叢話》《顧亭林年譜》《閻潛邱年譜》,凡十一種,計十一卷。每種首行下刊"香雪崦叢書丙集"七字。案常庸即山陰平步青也。曾見《霞外攟屑》,平步青譔,則用"庸按"等字,可見絶非兩人。惟其先後未辨,以俟再考。

羣書校補一百卷 歸安陸心源撰。光緒間刊。

百子辨正二卷 武陵楊琪光撰。無刻書年月,約光緒間刊。

目耕堂筆記二卷 鹿邑王嗣邵撰。光緒甲午仲冬刊。

經史答問四卷 元和朱駿聲撰。光緒甲午於金陵刊。

古書疑義舉例七卷 德清俞樾撰。無刻書年月,約光緒間宏達堂覆刊。

古書疑義舉例七卷 德清俞樾撰。**補一卷** 儀徵劉師培撰。**續補二卷** 長沙楊樹達撰。**校録一卷** 杭縣馬叙倫撰。民國甲子長沙鼎文書社刊。

無邪堂答問五卷 義烏朱一新撰。光緒二十二年朱氏家刊。

食舊德齋雜著無卷數 寶應劉嶽雲撰。光緒壬午自刊,光緒丙申四川尊經書院重刊本。

吳門銷夏記三卷 長汀江瀚撰。光緒乙未刊。

孔子改制考二十一卷 南海康有爲撰。光緒二十四年上海大同譯書局精刊,又光緒間石印本。

存古學堂叢刻經史詞章學無卷數 吳縣王仁俊撰。光緒丁未鉛字排印本。計文八十四篇。

顧氏羣書集説補正二卷 吳縣王仁俊撰。底稿本。

羣書校文輯佚無卷數 吳縣王仁俊撰。底稿本。

札迻十二卷 瑞安孫詒讓撰。光緒二十年〔瑞安孫氏〕籀廎刊。

西雲札記四卷 福安李枝青撰。光緒間刊。枝青,譚廷獻、楊峴、張鳴珂諸人之師。

榕陰日課十卷 江西新城楊希閔撰。光緒丙子福州刊。

桑榆夕照録四卷 湘潭蕭震萬撰。光緒丙戌湘潭蕭氏刊。

退學録二卷 閩縣葉大莊撰。光緒間刊。又名《偕寒堂校書記》。

嫺藝軒雜著三卷 定海黄家岱撰。光緒乙未刊。

左盦雜著無卷數 儀徵劉師培撰。民國三年四川存古書局刊。《古本字考》《古重文考》《周書略説卷三》《繁露佚文輯補》《定命論》《今文尚書無序説卷七》《非古虚篇》《校讎通義箴言》《國學學校論文五則卷十》《西漢周官師説考》卷上、卷中等書。

煙嶼樓讀書志十六卷筆記八卷 鄞徐時棟撰。民國戊辰〔方來〕蘧學齋鉛字排印本。

諸子考略二卷 桐城姚永樸撰。光緒乙巳鉛字排印本。

眼學偶得一卷 上虞羅振玉撰。光緒辛卯刊。

諸子通考三卷 元和孫德謙撰。宣統庚戌江蘇存古學堂鉛字排印本。每卷首頁第一行下有"四益宧叢書"五字。案自序稱：以總論者入《内篇》，專論者入《外篇》。惟此僅有《内篇》三卷，其《外篇》或未付印，待考。

黄學廬雜述三卷 湘鄉陳士芑撰。宣統元年鉛字排印本。

儉德堂讀書隨筆二卷 南豐劉庠撰。宣統庚戌鉛字排印本。

横陽札記十卷 錢塘吴承志撰。民國辛酉南林劉氏求恕齋刊。

蕉廊脞録八卷 錢塘吴慶坻撰。民國戊辰南林劉氏求恕齋刊。

錢蘇齋述學一卷 元和錢文霈撰。民國甲子蘇州錢氏家刊。

劉向校讎學纂微一卷 元和孫德謙撰。民國癸亥四益宧刊。

雜説之屬

芝園説林二十四卷 明明州張時徹撰。嘉靖二十一年刊。又名《芝園外集》。第十七卷以下又名《續説林》。

文長雜記二卷 明山陰徐渭撰。無刻書年月,約萬曆間會稽商濬校刊。

沈氏弋説六卷 明武林沈長卿撰。萬曆間刊。

賢博編一卷 明休寧葉權撰。萬曆間黄應台精刊。

大雅堂雜著十卷 明晉江李贄撰。無刻書年月,約萬曆間刊。即《精騎録史》《筤窗筆記》《賢奕選》《文字禪》《異史博識》《尊重口養生醍醐理談》《騷壇千金訣》,附《吟壇》。

圭竇存知六十卷 明楚興寧陳叔子撰。萬曆壬子刊。

五雜俎十六卷 明陳留謝肇淛撰。天啓間刊。分天地人物事五部。

三戌叢譚十三卷 明歸安茅元儀撰。天啓間刊。

暇老齋雜記四卷 明歸安茅元儀撰。無刻書年月,約崇禎間刊。

珊瑚林二卷 明公安袁宏道撰。無刻書年月,約天啓間刊。

吹景集十四卷 明烏程董斯張撰。崇禎間刊。

偶記十卷 明信州鄭仲夔撰。無刻書年月,約崇禎間刊。

隲言十八卷 明信安徐日久撰。崇禎間刊。

同書四卷 大梁周亮工撰。順治己丑刊,樓林藏板。

書影十卷 大梁周亮工撰。康熙六年丁未因樹屋刊,賴古堂藏板。

拯世略説一卷 古越朱宗元撰。無刻書年月,約順治間刊。

東山談苑八卷 下邳余懷撰。舊抄本。

四蓮華齋雜録八卷 下邳余懷輯。舊抄本。

丹崖四種筆記四卷 古雄州趙鳳翔撰。康熙丁卯刊。《廣言》《觀物》《聽音》《紀異》凡四類。

山志六卷附大明世系一卷 華山王弘撰撰。無刻書年月,約康熙間刊。《四庫附存目》闕《大明世系》。

山志初集六卷二集四卷 華山王弘撰撰。乾隆間紹衣堂刊。《二集》卷數仍與《初集》相連，共十卷。

龍溪密諦一卷 含山李衷燦撰。舊抄本。衷燦，康熙時人。

讀書雜述十卷 山陽李鎧撰。康熙間精刊，道光丁酉敦睦堂重刊本八卷。

仁恕堂筆記一卷 長汀黎士弘撰。道光丙申東武劉喜海于金沙刊木活字本。

拾籜餘閒無卷數 闕里孔毓埏撰。康熙庚子精刊。

談助一卷 宛平王崇簡撰。舊抄本。

閒中偶録二卷 石憲居士撰。無刻書年月，約康熙間刊。

繹志十九卷 竟陵胡承諾撰。道光十七年顧氏謏聞書屋刊，同治十一年浙江書局重刊。

耳夢録四卷 安丘張貞撰。康熙間刊。

四論奇賞四卷 麻城李中黄撰。康熙間刊。又名《逸樓偶著》。《論史》《論詩》《論文》《論禪》凡四類。

天方性理五卷首一卷 金陵劉智撰。康熙五十一年壬辰刊，乾隆二十五年京江談氏重刊。

三岡識略十卷補遺十卷續略二卷續補遺一卷 華亭董含撰。舊抄本。

霏屑集八卷 長洲朱載颺撰。雍正三年墨山莊精刊。

原李耳載二卷 太原李鳳石撰。乾隆間刊。

柳南隨筆六卷 虞山王應奎撰。乾隆庚申精刊。

畣庵隨筆六卷末一卷 吴江陸文衡撰。光緒丁酉裔孫同壽刊木活字本。

阮氏筆訓六卷 山陽阮應韶撰。乾隆四十七年其孫葵生重刊。

稗販八卷 仁和曹斯棟撰。乾隆甲寅刊巾箱本。

柚堂筆談四卷 秀水盛百二撰。乾隆三十四年己丑刊。

此木軒雜著八卷 雲間焦袁熹撰。光緒八年掃葉山房刊。

巢林筆談六卷續編二卷 崑山龔煒撰。乾隆乙酉蓼懷閣刊。

匯東手談三十二卷 鄱陽史珥撰。乾隆間刊。

半舫齋偶存四卷 高沙夏之蓉撰。乾隆癸巳刊。

亞谷叢書四卷稗勺一卷 雲中鮑鉁撰。乾隆間十步齋刊。分甲乙丙丁四字。

秋舫日記三卷 寶應朱克生撰。底稿本。首有"朱克生印"一方,"秋崖"二字印一方,"宗海私印"一方。

水曹清暇録十六卷 古歙汪啓淑撰。乾隆間〔五十七年〕飛鴻堂刊。日本文久二年重刊,即同治元年刊。

焠掌録二卷 古歙汪啓淑撰。無刻書年月,約嘉慶間開萬樓精刊巾箱本。

南野堂筆記十二卷 檇李吴文溥撰。嘉慶元年味蘭居刊巾箱本。

聞見瓣香録四卷 曲沃秦武域撰。嘉慶八年郁文堂刊。

雲泉札記二卷附録一卷 香山黄培芳撰。嘉慶間刊。

陶廬雜録六卷 蒙古法式善撰。嘉慶丁丑刊。

備忘録一卷 蒙古法式善撰。傳抄本。

一齋雜著六卷 客星山人陳梓撰。嘉慶丙子刊。梓,餘姚人。

靜學齋偶誌四卷 陽羨史承謙撰。嘉慶壬戌刊。

明齋小識六卷 青浦諸聯晦撰。嘉慶十八年癸酉刊。

披芸漫筆十八卷 歙江紹蓮撰。嘉慶辛酉古歙培荆堂刊。

庭立紀聞四卷 仁和梁玉繩撰,其子學昌輯。嘉慶壬申刊。

瀛舟筆談十二卷 揚州阮亨撰。嘉慶庚辰刊。

午風堂叢談八卷 無錫鄒炳泰撰。嘉慶庚申精刊。又名《午風堂集》。

人海叢談無卷數 吴侍曾撰。嘉慶辛未刊。

聽雨軒雜紀一卷續紀一卷餘紀一卷贅紀一卷 西吴清涼道人撰。嘉慶丙寅研雲樓精刊。

古三疾齋雜著六卷 山陰何綸錦撰。嘉慶丙子刊。

寒夜叢談三卷 仁和沈赤然撰。嘉慶丁卯刊。

佔畢叢談六卷附勸學危言一卷時文蠡測一卷 豐城袁守定撰。嘉慶甲戌本宅刊,光緒丙戌重校刊。

土風録十八卷 太倉顧張思撰。嘉慶戊午刊巾箱本。

蠹言四卷 高密李詒經撰。嘉慶己卯信芳閣刊木活字本。

榆巢雜識二卷 篴樓居士慎畛撰。光緒間浙江官紙總局鉛字排印本。

聞見晚録二卷 績溪邵棠撰。嘉慶間〔十九年〕刊。

西齋偶得三卷附録一卷 蒙古博明撰。光緒庚子留垞叢刊重刊。

酌史岩摭譚一卷 嘉興馮登府撰。傳抄本。

一味禪一卷 楊柳官撰。傳抄本。楊柳官者,嘉興馮登府之別號也。

孟廬札記八卷 嘉興沈銘彝撰。道光間刊。銘彝,可培子。

浪跡叢談十一卷續談八卷 福州梁章鉅撰。道光丁未至戊申亦東園刊。

借園隨筆八卷 庶侯氏撰。道光間刊巾箱本。記滇省事居多。

禮耕堂叢説一卷附史論五答一卷吉貝居暇唱一卷 烏程施國祁撰。道光間刊。

柳隱叢談四卷 秀水于源撰。道光間刊。

考辨隨筆二卷 龍州黄定宜撰。道光丁未萍鄉文氏刊。

遣睡雜言八卷 嘉善黄凱鈞撰。道光間刊。

野語九卷西吴蠶略二卷西吴菊略一卷 道場山人星甫輯。道光壬辰初刊乙巳廛隱廬增刊巾箱本。

恩福堂筆記二卷 吉林英和撰。道光十七年刊。

鵝湖客話四卷 崇仁謝蘭生撰。道光間〔丙申八月觀我堂〕刊。

聽雨樓隨筆十卷 濟南王培荀撰。道光乙巳刊。

續同書八卷 長白福申禹門輯。道光丁亥本衙刊。

重論文齋筆録十二卷 蕭山王端履撰。道光丙午受宜堂刊。

履園叢話二十四卷 勾吴錢泳輯。道光十八年述德堂刊。

一班〔斑〕録五卷附編三卷雜述六卷 琴川鄭光祖撰。道光十八年青玉山房刊。

樸學齋筆記八卷 鎮洋盛大士撰。民國庚申吴興劉氏嘉業堂刊。

鈍硯巵言無卷數 元和錢綺撰。道光庚戌刊。天文之作居多。

梅瑞軒蠡説漫録一卷 高郵茆泮林撰。底稿本。自序曰:泮林學識孤陋,無當淵深,繙檢之餘,時矜一得,葺而存之,是猶以蠡測海也,故名《蠡説》。道光乙巳人日,蚤起自識。書中有王敬之手筆校字,最後有"寬甫讀"三字印一方。

讀書疑甲編四卷 朝陽劉家龍撰。道光丙午迷花堂刊。

花笑廎雜筆六卷 烏程范鍇撰。道光二十五年乙巳刊。

鄉園憶舊録八卷 濟南王培荀撰。道光二十五年刊。

印雪軒隨筆四卷 三硬蘆圩耕叟撰。道光間〔丁未〕刊。

思補齋日録一卷 婺源齊翀撰。道光三十年仲夏刊。

捫燭脞存十二卷 鄞陳僅撰。無刻書年月,約光緒間〔民國甲寅初秋〕繼雅堂刊木活字本。

東望望閣隨筆六卷 丙塘居士撰。無刻書年月,約道光間刊。

冷廬雜識八卷 桐鄉陸以湉撰。咸豐六年刊巾箱本。

蓉城偶筆六卷 德化蔡壽祺撰。咸豐十一年刊巾箱本。即日記。

曼陀羅華閣瑣記二卷 秀水采香舟主人撰。咸豐間刊。采香舟主人者,秀水杜文瀾之别號也。

海隱雜記二卷 武進胡嗣超撰。底稿本。

止止樓隨筆十卷 山陽許焕撰。咸豐丁巳刊巾箱本。

三餘雜志八卷辨誣二卷 常熟張定鋆撰。咸豐元年補拙山房刊。

晚翠軒筆記一卷 彝山張丙㷆撰。咸豐三年刊。

游藝録三卷 固始蔣湘南撰。咸豐二年刊,光緒戊子秋九月於湘南臬署之會心閣重刊。

籜廊瑣記九卷 固始王濟宏撰。咸豐甲寅〔賫文齋〕刊。

宜略識字齋雜著九卷 高郵王敬之撰。咸豐間刊。此編年之作,自丁未,止乙卯。

思補齋筆記八卷 吴縣潘世恩撰。無刻書年月,約咸豐間刊。

雨韭盦筆記四卷 山陰汪鼎撰。咸豐間刊。

大意尊聞三卷附録一卷 桐城方東樹撰。同治戊辰刊。

淮南雜識四卷 鎮洋聞益撰。同治間刊。

十二硯齋隨録四卷 儀徵汪鋆撰。同治壬申刊。

桐陰清話八卷 臨桂倪鴻撰。同治甲戌重刊巾箱本。

坦室雜著一卷 利津李文桂撰。同治甲戌利津李氏刊。

嶺雲軒瑣記四卷 不著撰人姓名。同治五年丙寅桐城姚氏刊。案方東樹跋稱,即龍溪李威撰。

麗濾薈録十四卷爽鳩要録二卷 江都蔣超伯撰。同治丁卯刊。

榕堂續録四卷 江都蔣超伯撰。同治丁卯刊。

海天琴思録八卷 侯官林昌彝撰。同治三年甲子於廣州刊。

海天琴思續録八卷 侯官林昌彝撰。同治八年己巳孟冬於廣州刊。

浮邱子十二卷 益陽湯鵬撰。同治乙丑刊。

讀書偶筆二十卷 新安董桂新撰。同治丙寅賜硯堂刊。

亦若是齋隨筆十二卷 長沙鄭敦曜撰。同治壬申刊。

聞見一隅録三卷 當塗夏炘撰。同治丁卯景紫堂刊。即《過庭録》《日下録》《宦遊録》各一卷。

藝概六卷 興化劉熙載撰。同治癸酉刊。

塵談四卷附研辨一卷 仁和許善長撰。光緒戊寅碧聲吟館刊。

課餘偶録四卷續録五卷 長樂謝章鋌撰。光緒戊戌刊。又名《賭棋山莊筆記合刻》。

亦園脞牘八卷 閩龔顯曾撰。光緒四年誦芬堂刊木活字本。

竹葉亭雜記八卷 桐城姚元之撰。光緒癸巳刊。

麟洲雜著四卷 金匱錢贊黄撰。光緒戊戌孟秋刊木活字本。

臨嘯閣筆記無卷數 元和朱駿聲撰。傳抄本。

鑄鼎餘聞四卷 常熟姚福均輯。光緒己亥常熟劉氏達經堂刊。

有不爲齋隨筆十卷 桐城光聰諧撰。光緒十四年刊。

日知堂筆記三卷 蕲水郭沛霖撰,其子階録。光緒戊子刊。

燕窗閒話二卷 江陰鄭經撰。光緒辛卯刊。

東山草堂邇言六卷 閩西邱嘉穗撰。光緒七年辛巳漢陽耕餘堂邱家刊巾箱本。

吾盧筆談八卷 利津李佐賢撰。光緒乙亥李氏刊。

守愚齋筆存二卷 興山吴錦章撰。光緒間刊巾箱本。説易之作居多。

復堂日記八卷 仁和譚獻撰。光緒十三年丁亥自刊。

粟香室隨筆八卷二筆八卷三筆八卷四筆八卷五筆八卷 江陰金武祥撰。光緒七年至二十四年刊巾箱本。

懷舊雜記三卷楹聯偶記一卷 南匯張文虎撰。光緒癸巳刊。

冷齋録一卷 黟黄德華撰。底稿本。

五百石洞天揮麈十二卷 海澄邱煒萲撰。光緒二十五年閩漳邱氏於粤垣刊。

荷廊筆記四卷 海昌俞洵慶撰。光緒乙酉刊。

寄廬雜記四卷〔無卷數〕 江都錢國珍撰。無刻書年月,約光緒間刊。

桔茮瑣言二卷 東湖饒敦秩撰。光緒壬寅鉛字排印本。

師竹齋讀書隨筆彙編十三卷 江陵鄭機撰。光緒壬寅七松堂刊。

邱園隨筆一卷 順德邱誥桐撰。光緒甲午刊。

媿生叢録二卷 興化李詳撰。宣統元年江寧刊。

舊學庵筆記一卷 義州李葆恂撰。宣統間刊。

懺盦隨筆八卷 番禺沈澤棠撰。宣統二年冬刊。

論衡舉正四卷 鹽城孫人和撰。民國甲子〔仁和孫氏〕鉛字排印本。

壽藻堂雜存二卷 江寧陳作霖撰。民國丙辰鉛字排印本。即《瞽説》《可園外稿》。

雜品之屬

廣古奇器録二卷 明東海徐象梅撰。無刻書朝代,約萬曆戊午光碧堂刊。

墨娥小録無卷數 明無名氏撰。乾隆丁亥重刊袖珍本。文府、博古、藝術、曆法、種植、養禽、香譜、牙牌、飲饍、湯茗、醫法、悟真篇、丹房、方術,凡十四類。

清閒供八卷 練江程羽文撰。無刻書年月,約崇禎間刊。

陶情百友譜無卷數 渠陽王澤博撰。原稿本。有雍正元年歲在癸卯自序。又名《王疎村别集》。

紫雪軒飛觴疊韻一卷 附 **快樂天久一卷** 柳橋居士選訂。嘉慶丙子精刊袖珍本。

臙脂録四卷補遺一卷 青浦洪樸撰。嘉慶丁卯刊。

小慧集十二卷 貯香主人輯。道光紀元精刊袖珍本。

雜纂之屬

意林周注訂五卷補逸一卷 吴縣王仁俊撰。底稿本。

青蓮露六牋六卷 明闕里葉華撰。萬曆壬子刊。内分《金粟園麈揮清語》《心經詮註石點頭》《古今逸賢清史》《太平清調迦陵音》《澹齋羣英霏玉附圖》《修齊至寶養生主》,凡六種。

千一疏二十二卷 明〔新都〕程涓撰。萬曆間刊。

麗事館余氏辨林五卷附字學辨略一卷 明海昌余懋學輯。萬曆癸丑刊。起一集,至五集。

昨非庵日纂二十卷二集二十卷三集二十卷 明閩中鄭瑄撰。崇禎間刊。《四庫附存目》闕《二集》《三集》。

咫聞録四卷 明永嘉邵建章撰。無刻書年月,約崇禎間刊。

琴餘雜俎十六卷 吴興錢庚撰。康熙五十八年刊。

吕晚邨家訓真蹟五卷 石門吕留良撰。康熙癸未精刊。

羣言瀝液八卷 古宜梁顯祖編。康熙甲戌本衙刊。

霏屑集八卷 長洲朱載颺鈔。雍正三年刊。

巾經纂二十卷 元和宋宗元撰。乾隆辛未網師園刊,道光二十七年達觀樓重刊,咸豐五年孟秋嘉孚堂重刊,同治十年重刊。

閒居偶録十二卷 濉江徐時作撰。乾隆四十年崇本山堂精刊。

妥先類纂十九卷 婁東毛濟美撰。乾隆五十九年香祖廬刊。

消夏録二卷 永福黄任撰。無刻書年月,約嘉慶間刊。

茗餘隨録四卷 會稽龐淵輯。嘉慶壬申鹿門山房刊。

海南日抄三十卷 湘鄉張眉大撰。嘉慶元年刊。

課餘隨録三卷 趙州師範輯。嘉慶庚申刊。

安舟雜鈔三十六卷附安舟遺稿二卷 順德蘇珥撰。嘉慶甲戌種德堂刊。

循陔纂聞二卷 海寧周廣業撰。傳抄本。有嘉慶二十五年趙懷玉序。

事友録五卷 安鄉潘相撰。嘉慶間刊。

經典集林三十二卷 臨海洪頤煊撰集,承德孫彤校訂。嘉慶辛未刊。

消暑録一卷 涇川趙紹祖撰。道光元年古墨齋刊。

樾亭雜纂一卷 侯官林喬蔭撰。傳抄〔原稿〕本。〔首有雍正壬子自序。原編作三卷。〕

讀古偶志一卷 闕里孔傳鐸撰。道光十一年刊。

退庵隨筆二十卷 福州梁章鉅撰。道光十六年丙申受業安陸李廷錫于陝西刊。

退庵隨筆二十二卷 福州梁章鉅撰。道光十九年桂林重刊,即阮芸臺增删本,較他刻本官常、政事二類各增一卷,餘者或删或增,甚多不同。

古格言十二卷 長樂梁章鉅輯。無刻書年月,約道光間刊。

潛園集録十六卷 蘇州彭希涑輯。道光壬午夏本衙刊。《金剛經鳩異》一卷,唐段成式撰。《二十二史感應録》二卷,彭希涑撰。《竹窗隨筆附崇行録》一卷,明釋袾宏撰。《見聞録》一卷,嘉善徐岳撰。《冥報録》二卷,錢塘陸圻撰。《現果隨録》一卷,靈隱晦山樵戒顯撰。《果報聞見録》一卷,古鄮楊式傳撰。《閱微草堂筆記》六卷,河間紀昀撰。《病榻瑣談》一卷,錢塘屠倬撰。

北埜閒抄四卷 南昌婁謙撰。道光十年庚寅刊。

紫藤館雜録十六卷 順德梁九圖撰。道光二十五年八月梁氏紫藤館刊巾箱本。

閒居雜録二卷 觀我道人編。咸豐甲寅竹柏山房刊。

陔餘叢録十六卷 順德胡斯錞撰。咸豐壬子刊。此書爲其生平閲歷之作,共三十二圖,各系以詩,併海内師友投贈篇章亦略附焉。

蓬窗隨録十四卷附録二卷續録二卷 天津沈兆澐輯。咸豐七年刊。

藴奇録八卷 漢陽葉志詵撰。同治四年乙丑八月刊。

歸田録六卷 黟黄德華撰。底稿本。

記問邇言四卷 山陰陳惟本撰。同治六年鋤月館刊巾箱本。

寸陰叢録四卷 桐城姚瑩撰。同治丁卯刊。

東國聞道録三卷 不著編輯姓名。德清戴氏長留閣抄本。藍墨格,版心刊"長留閣正本德清戴氏"九字。《仁齋日記》一卷,日本伊藤維楨撰。《東涯漫筆》一卷,日本伊藤長胤撰。《論語徵》一卷,日本物茂卿撰。

島居隨録十卷續録十卷三録十卷 温陵楊浚撰。光緒丁亥養雲書屋刊。

校邠廬逸箋四卷 吴縣馮桂芬撰,其孫世澂補釋。光緒十一年上海點石齋石印巾箱本。《説文部首歌》一卷,《周禮職官分屬歌》一卷,《山海經表》二卷。

山齋雜録九卷 蘇完瓜爾佳景林撰。光緒間抄本。

耐庵類稿十卷 諸暨陳偉撰。光緒間刊。《愚慮録五》卷,《誨爾録》二卷,《食古録》一卷,《待質録》一卷,《居求録》一卷。

丁巳燼餘二十七卷 安仁陳偉撰。光緒十六年刊。

陶樓雜著四卷 貴筑黄彭年撰輯。光緒己丑陶樓刊。《明范文忠公畫像宦蹟圖題詞》一卷,《明五忠手蹟考存》一卷,《黄忠端公明誠堂十四札疏證》一卷,《紫泥日記》一卷。

類　書　類

臆見彙考五卷 明豐城游日陞撰。萬曆四十年壬子刊。

吕涇野校正事類中秘元本二十卷 明浚水任廣德編。無刻書年月,約萬曆間刊。

博物典彙二十卷 明漳浦黄道周撰。崇禎間刊。

名物通十卷 不著撰人姓名。無刻書年月,約崇禎間王氏鼇萬館刊。

讀書紀數略五十四卷 宫夢仁撰。康熙四十八年[三三]刊。

博雅備考二十七卷 彭城張彦琦撰。雍正四年刊。

事物紀原補十卷 長白納蘭永壽撰。雍正戊申謙牧堂刊。

穀玉類編五十卷 休寧汪兆舒撰。乾隆二十二年資履堂刊。

事物異名録四十卷 慈谿厲荃輯,仁和關槐增補。乾隆四十一年四明刊〔孫士毅古歡堂刻于江南望江縣署〕,乾隆戊申粤東刊。

通俗編三十八卷 仁和翟灝撰。乾隆十六年無不宜齋刊。

清河偶鈔四卷 長洲程際盛撰。嘉慶元年刊。

識小類編八卷 湘潭夏大觀撰。嘉慶己未巴陵李大珩刊。

干支集錦二十四卷 江都秦嘉謨輯。嘉慶乙亥琳琅仙館刊巾箱本。

數紀典故補上集三卷中集四卷下集三卷又一卷外録二卷 朝邑李元春撰。道光間刊。

鄉言解頤五卷 古泉州林亭年撰。道光二十九年刊巾箱本。

鏡源遺照集二十卷 須江張均撰。道光乙酉春上邨草堂刊巾箱本。

壹是紀始二十二卷補遺一卷 新化魏崧撰。道光間刊巾箱本。

巧對録八卷 福州梁章鉅撰。道光己酉甌城文華堂刊。

稱謂録三十二卷 長樂梁章鉅撰。光緒〔乙亥至〕甲申刊。

角山樓增補類腋六十七卷 雲間姚培謙撰,丹徒趙克宜增輯。咸豐間刊。《天部》八卷,《地部》二十四卷,《人部》十五卷,《物部》二十卷。

人鏡集五十四卷 章邱孟雲峯撰。咸豐辛亥鶴山堂刊。

小知録十二卷 吴門陸鳳藻輯。同治癸酉淮南書局刊。

古學記問録十五卷 涇陽吴蔚文輯。同治乙丑文瑞堂刊。

奇耦典彙三十六卷 石門梅自馨撰,安福蔣錫瑞續編。同治十二年敦厚堂刊。

異號類編二十卷 樂亭史夢蘭撰。光緒間刊。

新義録一百卷 太平孫壁文撰。光緒壬午漱石山房刊。光緒辛丑兩湖譯書學堂刊本,改名《六藝通考》。

蠹存二卷 建德方旭撰。光緒戊戌刊。

世守拙齋識小編十卷 山陰范濂輯。光緒丙申刊。

辨名小記一卷 海寧錢保塘撰。光緒乙未清風室刊。

藤香館小品二卷 醉歌叟撰。光緒三年刊巾箱本。醉歌叟者,全椒薛時雨之别號也。楹聯。

爭坐位集字聯二卷 嘉應李載熙、永康胡鳳丹等輯。咸豐乙卯刊。又名《楹聯集錦二編》。

楹聯彙編八卷 蛟川王榮商輯。光緒十九年石印袖珍本。

販書偶記卷十二

冀縣孫殿起耀卿録

小說家類

雜事之屬

世說箋本二十卷 日本尾張秦士鉉撰，其嗣無疆補。天保乙未岡田羣玉堂刊，即道光十五年刊。

精忠傳八卷附圖 不著撰人姓名。無刻書年月，約順治間刊，有明萬曆間序。

虞初新志二十卷 新安張潮輯。乾隆庚辰詒清堂重刊袖珍本。

廣虞初新志二十卷 新安黃承增輯。嘉慶癸亥寄鷗閒舫刊巾箱本。

漁磯漫鈔十卷 雲間雷琳、汪琇瑩、莫劍光同撰〔鈔〕。乾隆五十九年甲寅刊巾箱本。

諧鐸十二卷 吴門沈起鳳撰。乾隆壬子刊巾箱本。

蛸蛣雜記十二卷 竹勿山石道人撰。乾隆癸丑刊木活字巾箱本。

柳崖外編八卷 平陽徐昆撰。乾隆癸丑刊巾箱本。

質直談耳八卷 嘉定錢兆鼇撰。乾隆甲寅刊巾箱本。

青溪風雨録二卷 雪樵居士撰。嘉慶己卯夏一枝山房刊巾箱本。下卷内有《牡蠣園傳奇》計四齣。

吹影編四卷 南翔垣赤道人撰。嘉慶二年酉山堂刊巾箱本。

兩晉清談十二卷 華亭沈□□杲之撰。嘉慶庚申王如金刊巾箱本，盍簪堂藏版。

閱微草堂筆記二十四卷 河間紀昀撰。嘉慶五年北平盛氏刊。案此書版心上有“嘉慶五年校刊”,下有“北平盛氏藏板”等十二字者,爲原刊本也。嘉慶丙子北平盛氏重刊,道光癸巳羊城重刊。

息影偶録八卷 仁和張埏輯。嘉慶九年刊巾箱本,光緒壬午翠筠山房刊。

梦厂雜著十卷 山陰俞蛟撰。嘉慶十六年刊巾箱本,道光八年敬義堂刊巾箱本。

豈有此理四卷更豈有此理四卷 不著撰人姓名。嘉慶己未絳雪草廬刊巾箱本。

鏡花水月八卷 婁東羽衣客撰。嘉慶辛酉春刊巾箱本。

近事叢殘四卷 吴江沈瓚撰。無刻書年月,約嘉慶間刊巾箱本。

春泉聞見録四卷 渠陽劉壽昌撰。嘉慶庚申迎暉軒刊巾箱本。

山居閒談五卷 上湘蕭智漢輯,其男秉信註。嘉慶癸亥涉園刊巾箱本。

昔柳摭談八卷 平湖梓華樓馮氏編。嘉慶二十年馮氏刊巾箱本。

續太平廣記八卷 古吴陸壽名輯。嘉慶五年懷德堂刊巾箱本。

皆大歡喜四卷 不著撰人姓名〔獵微居士撰〕。道光元年香葉樓刊巾箱本。

耳食録十二卷二編八卷 臨川樂鈞撰。道光元年青芝山館重刊巾箱本。

談徵五卷 外方山人〔偃師段長基〕撰。道光三年春上苑堂刊巾箱本。内分名、言、事、物四部,各部分上下。

證諦山人雜志十二卷 越州葉騰驤編。道光間刊木活字本。

雨般秋雨盦隨筆八卷 錢唐梁紹壬撰。道光十七年汪氏振綺堂刊巾箱本,光緒十年重刊。

常談叢録九卷 金谿李元復撰。道光二十八年〔敦仁堂〕刊巾箱本。

耐冷譚十六卷 仁和宋咸熙撰。道光間刊巾箱本。

粤屑八卷 陽春劉世馨撰。道光十年刊巾箱本。

賓存四卷 上海胡式鈺撰。道光二十一年刊。

塗説四卷 武林繆〔楊〕艮撰。道光戊子如此草堂刊巾箱本。

天涯聞見録四卷 新化魏祝亭輯。咸豐二年刊。

茶餘客話二十二卷 山陽阮葵生撰。光緒戊子刊活字本。

蕉軒摭録十二卷 山陰俞夢蕉撰。咸豐壬子雙桂樓刊巾箱本。

客窗偶筆四卷 江陰金捧閶撰。咸豐己未三槐堂刊巾箱本。

遺珠貫索八卷 秀水張純照撰。同治甲子刊巾箱本。

對山書屋墨餘録十六卷 上海毛祥麟撰。同治庚午湖州醉六堂吴氏刊袖珍本。

蕉軒隨録十二卷續録二卷 定遠方濬師撰。同治十一年退一步齋刊。

見聞隨筆二十六卷 婺源齊學裘撰。同治十年天空海闊之居刊巾箱本。

見聞續筆二十四卷 婺源齊學裘撰。光緒二年天空海闊之居刊巾箱本。

耕餘瑣聞八卷 陽湖龔泩撰。同治十三年刊巾箱本。分天干八字。

靜娱亭筆記十二卷 賀縣張培仁撰。無刻書年月,約同治間刊巾箱本。

隨園軼事六卷 寶山蔣敦復撰。傳抄本。

夢園叢説内篇八卷外篇八卷 定遠方濬頤撰。同治十三年至光緒間於揚州刊。

蘭苕館外史十卷 桐城許叔平撰。光緒己卯抱芳閣刊巾箱本。

滄海遺珠録二卷 小藍田懺情侍者撰。光緒丙戌刊巾箱本。

斯陶説林十二卷 深澤王用臣輯。光緒壬辰深澤王氏刊巾箱本。

屑玉叢談初集六卷二集六卷三集六卷四集六卷 烏程錢徵、上海蔡爾康同輯。光緒間申報館鉛字排印本。

甕牖餘談八卷 吴郡王韜撰。光緒元年上海申報館鉛字排印巾箱本。

珊瑚舌雕談初筆八卷 長洲許起撰,甫里王韜校。光緒乙酉弢園刊木活字本。

遯窟讕言十二卷 長洲王韜撰。光緒庚辰鉛字排印本。

嗚呼易順鼎一卷哭庵碎語一卷 漢壽易順鼎撰。宣統間琴志樓鉛字排印本。

異聞之屬

劍俠傳二卷 唐無名氏撰。**圖像二卷** 蕭山任熊繪。咸豐間王氏養和堂刊。

茅亭客話十卷 宋黄休復撰。**校勘記一卷** 仁和胡珽撰。咸豐間胡氏以宋本刊木活字本。

聊齋志異十六卷 淄川蒲松齡撰。乾隆間青柯亭刊,即俗稱鮑廷博刊本。此本有依樣翻刻者,字劣。道光壬寅廣順但氏刊,硃墨套印本,有但明倫新評。道光癸卯花木長榮之館刊,兩截樓版,有江寧何垠註釋。

聊齋志異遺稿四卷附録一卷 淄川蒲松齡撰,鬲津劉瀛珍編。道光甲申碧紗待月疏刊巾箱本。

廣新聞四卷 無悶居士編。乾隆壬子刊巾箱本。

墨餘書異八卷 鉛山蔣知白撰。嘉慶間刊袖珍本。

異談可信録二十三卷 南城鄧晅輯。嘉慶元年碧山樓刊巾箱本。

詅癡符二卷 不著撰人姓名。嘉慶間吴趨耕石農者編刊巾箱本。

松筠閣鈔異十二卷 渤海高承勳輯。道光戊子刊。

西湖拾遺四十八卷 錢塘陳樹基輯。道光丁未刊巾箱本。

醉茶誌怪四卷 津門李慶辰撰。光緒壬辰刊。

瑣語之屬

女世説四卷補遺一卷 明昭陽李清撰。道光乙酉三月經義齋刊巾箱本。

稗傳彙編八卷附餘二卷 玉峯自寬居士編次。無刻書年月,約順治間刊袖珍本。

國色天香十卷 撫金吴敬所輯。無刻書年月,約康熙間敬業堂刊。

西清散記四卷 金壇史震林撰。乾隆三年戊午刊。

重訂西清散記八卷 金壇史震林撰。嘉慶乙丑醉墨樓刊。

歷朝美人綱目百韻全書四卷 白沙王大樞撰。乾隆己卯刊巾箱本。

玉荷隱語二卷羣珠集二卷 苕南費源撰輯。乾隆庚子精刊袖珍本。

奩史一百卷拾遺一卷 嘉定王初桐輯。嘉慶二年古香堂刊。

羣芳外譜二卷 壺隱癡人撰。嘉慶二年問花樓刊。

春夢十三痕一卷 海州許桂林撰。嘉慶甲戌冬味無味齋刊巾箱本。

廣陵香影録一卷酬贈三卷 徐鳳采撰。無刻書年月,約嘉慶間刊巾箱本。

燈謎偶存一卷 又一邨居士編。嘉慶二十三年易農草堂精刊。

夢花雜志五卷 江都李澄撰。道光六年刊巾箱本。

梁園花影二卷附録一卷 海陵宫癯仙撰。道光丙午春雨草堂刊巾箱本。

菊部羣英一卷 邗江小游仙客撰。同治癸酉刊巾箱本。

隅園隱語四卷 盱眙王錫元撰。宣統元年盱眙王氏紫藤花館刊。

十五家妙契同岑集謎選無卷數 西山主人選。光緒二年京都琉璃廠西山堂刊巾箱本。

文虎二卷 鳳篁嘯隱選。光緒庚辰刊木活字巾箱本。

隱書一卷 德清俞樾撰。光緒庚辰梅華館刊袖珍本。

三十家燈謎大成無卷數 吴興周學濬輯。光緒十八年刊袖珍本。

廿四家隱語無卷數 大興沈錫三輯。光緒壬午京都琉璃廠登瀛閣刊巾箱本。

寄傲山房隱語一卷 上虞東芳氏撰。**續選一卷** 翠岩笑筠氏選。**增選一卷** 甘泉子選。光緒壬午刊巾箱本。

作嫁衣裳齋隱語一卷 崿谷楊小湄撰。**聽雪書屋廋詞一卷** 灌陽唐毅齋撰。光緒癸巳刊。一名《圍壚新話》。

十洲春語二卷 蛟川二石生撰。**竹西花事小録一卷** 芬陀利行者偶編。光緒四年玉魫生校定於弢園鉛字排印本。

海上冶遊備覽四卷 指迷生輯。光緒九年寄月軒刊巾箱本。

海陬冶遊録三卷附録三卷 淞北玉魫生撰。光緒戊寅眉珠小盦鉛字排印本。玉魫生者,長洲王韜之别號也。

淞濱瑣話十二卷 長洲王韜撰。光緒丁亥淞隱廬鉛字排印本。

宋豔十二卷 天津徐士鑾輯。光緒間〔辛卯冬十月〕碟園刊巾箱本。

吴門百豔圖五卷 司香舊尉評花,花下解人寫豔。光緒庚辰雪禄軒刊巾箱本。

鞠部叢談校補一卷 順德羅□□[三四]癭庵撰,閩縣李宣倜校補。民國丙寅精刊。

演義之屬

海剛峯居官公案四卷 明晉人李春芳編。萬曆丙午金陵萬春樓精刊。凡七十一回。

水滸全傳一百二十回〔附精圖一卷〕 明李卓吾評。無刻書年月,約天啓間刊。

新編目蓮救母勸善戲文三卷 明新安鄭之珍撰。萬曆間精刊。

開闢衍繹通俗志傳六卷 明五岳山人周游集,靖竹居士王黌釋。崇禎間古吴麟瑞堂刊。凡八十回。

東西晉演義十二卷圖一卷 明夷□堂主人修,泰和堂主人訂。無刻書年月,約崇禎間刊。有雉衡山人序,據序稱弇州氏撰。

拍案驚奇三十六卷圖一卷 明□□龍子猷撰。無刻書年月,約崇禎間消閒居刊。

英雄譜二十七回 不著撰人姓名。舊抄本。

漁樵話無卷數 錫山張夏編。舊抄本。

八才子詞話十卷 不著撰人姓名。順治乙酉精刊。計一百回,論《金瓶梅》之作。

十二樓十二卷 覺世稗官編,睡鄉祭酒評。無刻書年月,約雍正間消閒居刊。又名《覺世名言》。凡十二種,每種一卷,附圖像十二頁。

醒世姻緣傳一百回 西周生輯著,然藜子較訂。〔首有辛丑年序,約康熙辛丑省軒刊〕無刻書年月，首序題戊子清和望，約乾隆三十三年戊子刊。同治庚午重刊，首序題曰辛丑清和望。

濟顛全傳二十回 天花藏主人編。乾隆四十三年金閶書業堂刊。又名《醉菩提全傳》。

紅樓夢一百二十回圖像一卷 曹霑撰，鐵嶺高鶚、程偉元同删定。乾隆間刊巾箱本，嘉慶間重刊。道光壬辰刊洞庭王希廉評本，多《論贊》一卷、《大觀園圖説》一卷。

琤琈山房紅樓夢詞一卷 山陰何鏞撰。光緒十一年刊木活字本。

紅樓夢偶説二卷 晶三蘆月草舍原本。光緒丙子簣覆山房刊。

紅樓夢抉微一卷 合肥闞鐸撰。民國十四年無冰閣鉛字排印本。

野叟曝言二十卷 江陰夏敬渠撰。光緒辛巳毘陵彙珍樓刊木活字本，内分一百五十二回，版心上刊"第一奇書"四字。光緒間上海申報館鉛字排印巾箱本。

儒林外史五十六回 全椒吴敬梓撰。嘉慶丙子藝古堂刊巾箱本，同治己巳羣玉齋刊木活字本。

緑野仙踪八十回 不著撰人姓名。道光乙巳刊巾箱本。案序稱百川撰。

兒女英雄傳四十回附圖 燕北閒人撰，還讀我書室主人評。光緒壬辰刊巾箱本。案序稱，燕北閒人者，文康之别號也。

結水滸全傳十五卷 山陰俞萬春撰。咸豐元年刊木活字本。又名《蕩寇志》。起第七十一回，止第八十五回。

品花寶鑑六十回 石函氏撰。無刻書年月，約光緒間〔道光戊甲十月至己酉六月〕刊巾箱本。石函氏者，江寧張星之别號也。著有《玉燕堂傳奇六種》。[三五]

釋　家　類

金剛經石註一卷 揚州石成金撰。乾隆四十九年刊。

金剛般若波羅蜜經述義一卷多心經述義一卷 天津陳萬勝撰。乾隆六十年精刊。

金剛經隨説一卷心經證義一卷曇花記聞附 鑑湖逸客驤雲撰。道光二十四年精刊。

金剛般若波羅蜜經次詁一卷 桐城馬其昶撰。民國十一年刊。

一切經音義一百卷 唐釋慧琳撰。**續十卷** 遼釋希麟撰。日本延享二年刊,即乾隆十年刊。

一切經音義二十六卷 唐釋玄應撰。舊抄本。首册之前、末册之尾俱鈐有"文肅公四世孫文簡公孫"十字硃印各一方,"名宦鄉賢之後"六字硃印各一方。此書與武進莊氏校刊本種類相同,惟卷數互異。每卷著作人名上端題"唐大慈恩寺",他刊本無唐字。至於書中某字某某切,刊本切字皆作反,其餘異字甚多。内中匡、玄諸字闕筆。大抵康熙間影宋抄本。

一切經音義二十五卷 唐釋玄應撰。武進莊炘、嘉定錢坫、陽湖孫星衍同校。乾隆丙午〔武進莊氏咸寧縣署〕刊。

一切經音義二十五卷 唐釋玄應撰。武進莊炘、嘉定錢坫、陽湖孫星衍同校正。〔**補訂新譯大方廣佛**〕**華嚴經音義二卷** 唐釋慧苑撰,〔清臧庸節録〕仁和曹籀校正。〔**刻華嚴經音義校勘記一卷** 清曹籀撰。〕同治八年刊〔仁和曹氏重刻本,板藏昭慶經房〕。

華嚴經音義二卷 唐釋慧苑撰。道光戊子獨抱廬精刊。

華嚴經音義二卷 唐釋慧苑撰,泰興陳潮訂正,歙徐寶善增校。道光乙未〔歙徐寶善校〕刊。

一切經音義引説文箋十四卷 江陵田潛撰。民國甲子鼎楚室刊。

慧琳一切經音義反切考七卷 南通黄淬伯撰。民國二十年鉛字排印本。

妙法蓮華經大成九卷 金臺釋大義撰。**音義九卷懸談音義一卷** 河東釋淨昇撰。康熙甲申刊。《音義》根據經史。

成唯識論直指一卷 明蜀東釋普真貴撰。崇禎二年門人如朏刊。

斷際禪師傳心法要一卷 唐裴休集。康熙六年嘉興楞嚴寺般若堂重刊。

永明智覺禪師唯心訣一卷 宋闕名。明萬曆己酉徑山寂照庵刊。

高峯大師語録一卷 元釋原妙撰。萬曆戊申徑山寂照庵刊。原妙,俗姓徐,蘇之吴江人。康熙丁未嘉興府楞嚴寺般若堂刊。

禪宗決疑集一卷 元西蜀釋野衲智徹撰。康熙間嘉興楞嚴寺般若堂刊。

楚石禪師語録二十卷 元明州釋梵琦撰,小師比丘祖光等編。明萬曆庚寅嘉興天寧寺刊。

道餘録一卷 明逃虚子姚廣孝撰,卓吾李贄閲。萬曆己未海虞錢謙益刊。

無幻禪師語録二卷 明釋性沖撰,門人慧廣編集。無刻書年月,約萬曆間寶夢堂刊。性沖,號古湛,禾郡秀水張氏子。

大慧普覺禪師宗門武庫一卷雪堂行和尚拾遺録一卷 明釋道謙編。無刻書年月,約萬曆間嘉興包檉芳等施刊。

大明高僧傳八卷 明天台釋如惺撰。萬曆丁巳嘉興楞嚴之般若堂刊。卷一《譯經篇》元,《解義篇》南宋。卷二至卷四《解義篇》元、明、明北直。卷五至卷八《習禪篇》南宋。

止之禪師語録三卷 明釋□□撰,侍者照勝録。無刻書年月,約萬曆間文水羅伯緯刊。

憨山諸言一卷答問一卷 明釋德清撰。萬曆丁亥刊。德清,金陵蔡氏子。

東苑晦臺禪師語録一卷 明釋元鏡撰,嗣法門人道盛集。**附忠公傳一卷** 杭州徑山嗣法曹孫道盛撰。崇禎丙子刊。元鏡,號湛靈,閩建陽馮氏子。

宗門警悟一卷 明釋□□編。崇禎庚午真寂寺後學苾芻廣印、淨戒弟子程文濟等刊。

即念禪師語録四卷 書記淨癡録,門人本致輯。崇禎甲申斷拂子石雨刊。

匡廬圓通覺浪大師尊正規二卷 明匡山釋道盛撰,門人大遠録。崇禎庚辰刊。

壽昌語録二卷 明釋慧經撰,門人元來集。崇禎十年徑山寂照菴刊。慧經號無明,撫州崇仁裴氏子。

笑巖集四卷 明釋□□笑巖撰,門人曇芝編,侍者真景録。光緒十八年刊。又名《笑祖語録》。

西方合論十卷 明公安袁宏道撰,蕅益沙門智旭評。順治辛卯刊。

石雨禪師瀍壇二十卷 明嘉善釋上明下方撰,嗣瀍小師淨柱編。順治己丑鼾關道人刊。首有小像。

瑞白禪師語録十八卷 明桐城釋明雪撰,嗣法門人寂蘊編。順治己丑刊。首有小像。

雪關語録六卷 明上饒釋智誾撰。順治十三年丙申刊。

萬如禪師語録十卷 明釋通微撰,嗣法門人行猷等編。順治丁酉至戊戌於龍池禹門寺刊,遂送入嘉興府楞嚴寺藏經坊。通微,浙之禾郡秀水張氏子。

永覺和尚廣録三十卷首一卷 明釋元賢撰,嗣法弟子道霈重編。順治丁酉刊。元賢,建陽蔡氏子。俗名懋德,字闇修,邑諸生。

古瓶山牧道者究心録二卷 釋謙撰,後學機峻等録。順治己亥刊。謙字牧公,秀水人。

憨予禪師語録四卷 明釋□□撰,侍者方明録。順治間刊。

五峯禪師語録一卷 附 **大潙四記一卷** 明臨潼釋如學撰。順治壬辰刊。

靈峯宗論三十七卷首一卷 明釋蕅益智旭撰,古歙門人成時編。康熙二年癸卯刊。

破山禪師語録二十卷附年譜一卷 明果州釋海明撰,門人印正編。康熙庚申嘉禾楞嚴寺般若坊刊。海明,蜀北果州人,先籍渝州,蹇氏忠定公裔。

喬松禪師語録二卷 明釋玄億撰,書記燈洪録。康熙九年刊。玄億,蜀之隣水馮氏子。

雜毒海四卷 明龍山仲猷禪師原編,〔京都沙門〕釋性音重編。無刻書年月,約康熙間刊。宋元至明清宿師碩德偈頌佛事之作。

淨土指歸集二卷 明吴郡釋大佑集。康熙十年嘉興楞嚴寺般若堂刊。

法璽印禪師語録十二卷 嗣法門人性圓旋璣等編次。康熙十五年楞嚴藏經坊刊。法璽禪師者,明同安余斗所方伯之法號也。

佛祖宗派世譜八卷 古吴比丘悟進編輯。順治甲午刊。

重訂人天眼目二卷 古廬陵釋淨符編。順治間杭州瑪瑙寺仰山房刊。

山翁忞禪師青州録三卷 侍者性月録。無刻書年月,約順治間刊。

山茨和尚語録十卷 闕名,嗣法門人達尊編。無刻書年月,約順治間吉水石霜寺刊。

林野禪師語録八卷 釋□奇撰,嗣法門人行謐等編。順治戊子刊。

靈瑞禪師嵒雪集五卷 釋揆符撰,學人振澂等記。康熙庚戌刊。

靈瑞禪師語録五卷 釋揆符撰,學人師炤等記。無刻書年月,約康熙間刊。又名《揆符禪師妙湛録》。

列祖提綱録四十二卷 婁東釋行悦集。康熙丙午雄州微笑堂刊。

達變權禪師語録十卷 侍者海澂記録。康熙間刊。

百愚禪師語録二十卷 南陽釋淨斯撰,薊州盤山門人智朴編。康熙乙巳刊。

慧覺禪師語録三卷 綦江釋照衣撰。無刻書年月,約康熙間刊。

别庵統禪師語録四十一卷 夔州釋闕名、嗣法門人空必等編。康熙庚辰刊。

先覺集二卷 陶明濳、雲居和尚同撰。康熙丁卯刊。

朝宗禪師語録一卷 侍者煦明記。無刻書年月,約康熙間刊。

蕉庵範禪師語録三十卷 吴江釋淨範撰。康熙己酉刊。

養拙禪師語録一卷 蒲坂釋正明撰。無刻書年月,約康熙間刊。

雨山和尚語録二十卷 釋闕名、嗣法門人□□記。康熙壬戌刊。雨山與澹歸和尚友好。

尺木禪師銅鞮語録一卷海天剩語一卷順世語一卷 太原釋性休撰。康熙癸巳沁州永慶寺刊。

不磷堅禪師語録三卷 釋□□撰,參學小師紗聖等記録。康熙癸丑嘉興楞嚴寺經坊刊。不磷堅,野竹慧公之嫡子。

晦岳旭禪師語録三卷 侍者全琳記録。康熙癸未刊。

聖可禪師語録五卷百頌録一卷 釋德玉撰,門人光佛普明等編。康熙甲子嘉興府楞嚴經坊刊。

柏山楷禪師語録五卷行實附 賨興釋德楷撰,嗣法門人行悟等編。康熙癸未刊。

玉林禪師天目語録二卷 釋普濟撰,門人行淳等編。康熙己酉刊。

無虚界禪師語録三卷 玉田釋□□撰,門人實定等編。康熙辛巳刊。

虚舟省禪師語録四卷詩集二卷筏喻初學一卷 慈谿釋行省撰。康熙間刊。

白松豐禪師語録七卷 嗣法門人超忍等編。無刻書年月,約康熙間刊。

宗門寶積録九十三卷 西蜀枳里釋本晳輯。康熙癸亥天童大鑑堂刊。

寶持總禪師語録二卷 嘉禾釋玄總撰。康熙丁巳刊。

玉泉其白禪師語録三卷 釋德富撰,嗣法門人圓頂等編。**附融徹頂禪師語録一卷** 釋圓頂撰,嗣法門人明盛等編。康熙乙亥嘉禾楞嚴寺般若坊刊。德富,蜀南眉州龔氏子。

靈隱文禪師語録三卷 貴筑東山嗣法門人福度復編。康熙戊寅嘉興楞嚴經坊刊。

鐵壁禪師語録三卷 釋慧機撰,嗣法門人燈來編。康熙間刊。慧機,蜀北營山羅氏子。

古林禪師語録四卷 釋機如撰,侍者全威等記録。康熙十九年刊板,存楞嚴藏流通。機如,上海縣潘氏子。

介爲舟禪師語録十卷 釋行舟撰,門人海鹽等編。康熙辛亥刊。行舟别號扣寂,沔陽州趙氏子。卷七《萍吟集詩》,卷八《禹門影堂集》,卷九《松陵雜録》,卷十《吴門雜録》等集。

密印禪師語録十二卷 釋真傳撰,門人如暐等編。康熙二十一年刊,板存嘉興府楞嚴寺般若坊,附藏流通。真傳俗姓李氏,原籍四川叙州府,寓以貴筑之安順。

佛敏訥禪師語録二卷 釋寂訥撰,嗣法門人性通等編。康熙丁卯嘉興楞嚴般若堂刊。寂訥,秦州天水蒼平頭人,俗姓姜氏。

石璞禪師語録二卷 釋□質撰,嗣法門人明嵩等編。康熙二十二年刊。

侶巖荷禪師語録七卷附天一禪師頌古一卷大藏關鑰一卷遵本録一卷 釋元荷撰,侍者成純、成信、成聞等記録。康熙甲戌刊。

幻住明禪師語録二卷 釋□明撰,嗣法門人清尚等編。康熙甲戌嘉興楞嚴寺經坊刊。

雙林文穆念禪師語録五卷 嗣法門人真慧等編。康熙二十三年莊瑀刊。禪師,南楚祁陽蔣氏之季子。

衡山炳禪師語録一卷 釋□炳撰,法孫宗位編。康熙丙子刊。炳初號沖谷,蜀南道瀘州合江縣馮氏子。

性空禪師語録六卷 釋行臻撰,嗣法門人超曉等編。康熙丁丑刊。行臻,代州人,姓邊氏。

楚林禪師語録六卷 釋上睿撰,小師照琮等記録。康熙二十五年刊,板存嘉興府楞嚴寺。

東巖禪師語録二卷 侍者機琇、照務等記録。康熙間江西百福寺住持解空刊。

禪師俗姓鮑氏,新安人。

終南蟠龍子肅禪師語録一卷 釋超遠撰,法弟性明編。**附三壇傳戒法儀三卷** 明釋法藏撰集,超遠檢録。康熙二十七年刊,板存嘉興,入藏。超遠,無爲州人,俗姓趙氏。

雲峩喜禪師語録十卷 釋行喜撰,嗣法門人如乾等編。康熙丁巳門人海福等刊。行喜〔字雲峩,俗姓陳氏〕,蜀之資陽人。

敏樹禪師語録十卷 嗣法門人道崇等編。康熙戊辰嘉興府楞嚴寺刊。禪師,潼川州王氏子。

啓真和尚語録四卷 釋□誠撰,書記振聞編録。康熙二十八年嘉興楞嚴經坊刊。□誠,荆門里閈許氏子。

三塔主峯禪師語録一卷 侍者覺海録。無刻書年月,約康熙間刊。

天笠珍禪師語録十四卷 上海釋行珍撰,嗣法門人超格編。康熙三十三年杭州南澗刊。

長慶宗寶語録二卷 釋道獨撰,丹霞法孫今釋重編。康熙間刊。道獨,南海陸氏子。又名《空隱獨和尚語録》。

子雍如禪師語録四卷 釋成如撰,侍者祖圓記録。康熙辛巳刊。成如,荆門周氏子。

笑堂和尚語録一卷 侍者超源等録。康熙乙未刊。笑堂,武塘居氏仲子。

靈機觀禪師語録六卷尾一卷 釋行觀撰,嗣法門人寂方等編。康熙三十四年重刊。行觀,閩之龍溪周氏子。

普光坦菴禪師語録一卷 釋□峻撰,侍者全弘記録。康熙庚戌刊。

斷愚禪師語録二卷 釋□智撰,嗣法門人機輪等編。康熙庚戌當湖弟子屠行符刊。

純備德禪師語録二卷 釋廣德撰,嗣法門人智遠等編。康熙庚戌刊。板存嘉興府楞嚴寺經坊。廣德,古渝豐都李氏子。

水鑑海和尚六會録十卷 釋慧海撰,嗣法門人原澂等編。康熙丙辰李士楨捐刊送楞嚴寺經坊流行。慧海又稱沙翁,鄂之富川涌泉謝氏子。

通天逸叟禪師語録一卷 釋行高撰,門人超原録。**附通天澹崖原禪師語録二卷** 釋超原撰,門人明德等編。康熙間刊。行高,閩興化仙遊陳氏子。超原,興化莆田張氏子。

遠菴僼禪師語録十六卷 釋本僼撰,嗣法門人元視等編。康熙甲子刊。本僼,崑山陸氏子。

何一禪師語録二卷 釋□自撰,嗣法門人明修等編。康熙三十六年京師崇寧庵刊。□自,河南杞縣王氏子。

起宗真禪師語録二卷 釋□真撰,記室力能録。康熙間刊。□真,江北真州胡氏子。

即非禪師全録二十五卷 釋如一撰,門人明洞等編。康熙壬子嘉興楞嚴寺經坊刊。如一,福建福清林氏子。

方融璽禪師語録三卷附淨土詩一卷 釋大璽撰,門人興林等編。無刻書年月,約康熙間劉興孝捐資刊。大璽,陝西西安府涇陽縣任姓子。

斌雅禪師語録二卷 侍者海岳、源清等録。康熙間刊。

雲溪俍亭禪師語録十八卷 釋□挺撰,侍者智淙等編録。康熙己酉刊。卷一分二卷。□挺,俗字世臣,號逸亭居士,錢塘徐氏子。

還初禪師語録二卷 釋□佛撰,門人通量等編。康熙戊辰嘉郡楞嚴寺般若坊刊。

雲腹智禪師語録二卷 釋道智撰,侍者嶽賢等記録。康熙庚申刊。道智,西蜀順慶渠縣李氏子。

三宜盂禪師語録十一卷 釋明盂撰,門人淨範編。康熙戊子刊。又名《愚菴和尚語録》。明盂,號愚菴,錢唐丁氏子。

允庵禪師語録一卷 玉峯釋明果撰。康熙四十四年寧夏刊。

野竹禪師後録八卷 長壽釋慧□撰,門人洪希編。康熙癸丑嘉興楞嚴寺經坊刊。

案序稱《前録》十四卷已刊行。

碧源録一卷 關中釋行悟撰,門人福滕録。康熙四十七年刊。

攖寧静禪師語録六卷 吴江釋智静撰,門人德亮等編。無刻書年月,約康熙間姑蘇刊。

卧雲童真和尚語録三卷附宗統頌一卷 釋至善撰,侍者德林記。康熙丁未刊。

至善,西江太守海籌公之少子。

紫琈岠禪師語録十二卷 楚襄釋仁岠撰,嗣法門人行可等編。康熙六十一年刊。

德實信禪師語録四卷 平遥釋明信撰,嗣法門人實明編。雍正戊申刊。

竺書瑄禪師語録四卷 嗣法弟子際照等編。乾隆甲戌刊。

寶華朝宗禪師語録無卷數 侍者行白等集。約乾隆間抄本。案原編次作五卷。

佛爾雅八卷 海昌周春撰。乾隆辛亥刊。

居士傳五十六卷附二林唱和詩一卷體仁要術一卷 知歸子撰。乾隆四十一年精刊。知歸子者,長洲彭紹升之法號也。

淨土聖賢録九卷 長洲彭際清撰。乾隆四十八年二林居刊。

一行居集八卷附一卷 長洲彭紹升撰。道光乙酉葆素堂彭氏刊。

省庵法師語録二卷西方發願文注一卷東海若解一卷 虞山釋實賢撰,淨業學人長洲彭際清訂。乾隆五十一年元和文星閣刊。又名《省庵法師遺書》。實賢,常熟時氏子。

夢東禪師遺集二卷 豐潤釋際醒撰。嘉慶庚子門人了亮等較刊。

淨業染香集二卷附信女一卷 雲間比丘悟靈輯。道光十七年刊。

新續高僧傳四集六十五卷 衡陽喻謙編輯。民國癸亥北洋印刷局鉛字排印本。

道　家　類

陰符經解一卷 明古臨章世純撰。崇禎乙亥刊。

陰符經口義一卷 如皋姜任修撰。乾隆甲子精刊。

太上黄庭内景玉經一卷外景玉經一卷 梁丘子註，侯契陽訂要。**附内景五臟六腑圖説一卷** 唐胡悟撰。乾隆間一經居刊。又名《黄庭經註解》。

太上黄庭内景玉經童注二卷 仁和邵穆生撰。嘉慶間海寧陳維申刊。首有《黄庭要旨》，次《内景童注圖説》一卷。最後有道光六年丙戌夏吴興紫霞山人邢俊手跋，並爰録諸家論三則，列於跋前。鈐有"紫霞道人"硃印一方。

黄庭經童注二卷圖説一卷要旨一卷附陰符經竊注二卷圖説一卷叙論一卷 仁和邵穆生撰。無刻書年月，約嘉慶間海寧陳氏刊。

道德真經注疏八卷 齊吴郡顧歡撰。近〔民國八年〕吴興劉氏嘉業堂刊。

老子臆二卷 明武城王道撰。嘉靖丙寅錫山安氏〔如山〕刊。

老子集解二卷考異一卷 明苦縣薛蕙撰。無刻書年月，約隆慶間刊。

道德經測二卷 明新安洪應紹撰。萬曆戊午〔畢熙志〕刊。

老解二卷 明豫章郭子章撰。無刻書年月，約萬曆間精刊。

老子疏略二卷 明鄣郡吴汝紀撰。萬曆癸卯刊。

道德經薈解二卷 明莆中郭良翰撰。無刻書年月，約萬曆間刊。

老子解二卷 明〔東海〕徐學謨撰。無刻書年月，約萬曆間刊。

道德經釋辭二卷 明體物子王一清撰。萬曆辛丑刊。

道德經疏略二卷 明不二居士龔錫爵撰。萬曆間刊。

老子元翼二卷考異一卷附録一卷 明北海焦竑原輯，山陽郭乾泗重較。乾隆庚申三多齋刊。

道德經註解二卷 愚谷叟撰。無刻書年月，約順治間刊。案自序，愚谷叟，字長孺氏,此爲吴江朱鶴齡撰無疑。

道德經順硃二卷 蜀渝華岩德玉撰。康熙癸亥嘉禾楞嚴寺般若堂刊。

老子道德經註二卷 吴興董漢策撰。無刻書年月,約康熙間泌園刊。又名《老子註》。

老子宗指四卷 貴池吴世尚撰。無刻書年月,約雍正間精刊。

道德經注二卷 楚漢陽徐永祐集註。乾隆三年刊。

老子注二卷 青溪唐琯撰。乾隆七年刊。

王注老子道德經考訂二卷 日本南總宇惠撰。明和七年刊,即乾隆三十五年刊。

道德經訂注二卷 上海黄文蓮撰。乾隆丁未刊。

道德經編註二卷 黟陽胡與高胡與宗同撰。乾隆戊辰刊芝秀庭藏板。

老子本義二卷 武進鄭環撰。嘉慶壬戌甘泉尋樂堂刊。

道德經輯注二卷讀老雜録一卷 南城鄧暄撰。嘉慶丁卯南城遇安居刊。

道德經注三卷 新安汪光緒撰。嘉慶間刊。

老子臆注二卷 真定王定柱撰。嘉慶庚午金泉山精刊。

老子參註四卷求雨篇參註一卷 雲間倪元坦撰。**求雨咒解一卷** 明吴廷舉撰。嘉慶丙子至道光間畬香書屋刊。

老子河上公注二卷 高沙王時行註未竟,茆泮林續撰,王用之校。道光乙巳竹山堂刊。

讀老札記二卷補遺一卷淮南許注鈎沈一卷 龍陽易順鼎撰。光緒間刊。

老子證義二卷 山陽高延第撰。光緒丙戌涌翠山房刊。

老子本義二卷 邵陽魏源撰。光緒間漸西邨〔舍〕刊。

道德經陳氏注二卷 義寧陳三立撰。光緒辛巳秋河北分守道署刊。

太上道德經述義一卷經問一卷 清陽子撰。光緒六年精刊。

道德經證二卷 德園子撰。無刻書年月，約光緒間刊。

老子道德經注二卷 晉王弼注，侯官嚴復評點。光緒三十一年於日本鉛字排印硃墨套本。

老子斠補一卷 儀徵劉師培撰。傳抄本。

道德經述義二卷 番禺徐紹楨撰。民國九年以古宋字排印袖珍本。

老子故二卷 桐城馬其昶撰。民國庚申秋浦周氏刊。

老子衍二卷 漢陽李哲明撰。民國癸亥刊。

老子新解一卷 麟符撰。民國十年天津協成印刷局鉛字排印本。

老子解一卷附題一卷 沔陽黄福撰。民國十一年鉛字排印本。

老子覈詁四卷考一卷老子一卷引用書目一卷 杭縣馬叙倫撰。民國十三年鉛字排印本。

老子集解二卷 當塗奚侗撰。民國十四年〔當塗奚氏〕以古宋字排印本。

老子約無卷數 羅浮邵村撰。近鉛字排印本。

讀老札記一卷 鹽城陶鴻慶撰。傳抄本。即《讀諸子札記》之一。近待曉廬鉛字排印本。

老子道德經箋注一卷附道德經書目考一卷 無錫丁福保撰。民國十六年鉛字排印本。

老子古注二卷 瑞安李翹撰。民國十八年芬薰館鉛字排印本。

老子姚本集注二卷 開縣李大防撰。民國十七年石印本。

關尹子文始真經九卷附出世紀一卷 宋抱一子陳顯微註。明萬曆間環翠堂刊。

南華真經本義十六卷附録八卷 明〔會稽〕陳治安輯。崇禎間刊。道光乙未紅蘭山房重刊。

南華經合註吹影三十三卷 武林胡文蔚撰。順治丙申本衙刊。

莊子因六卷 三山林雲銘撰。康熙癸卯刊。

莊子解十二卷 貴池吴世尚註評。雍正丙午易老莊書屋刊。

文章練要莊子評六卷 大興王源撰。無刻書年月,約雍正間精刊。由第十五卷起,至卷二十止。

莊子獨見無卷數 武進胡文英撰。乾隆間聚文堂精刊。

莊子雪三卷 信宜陸樹芝撰。嘉慶四年刊。

莊子辯正六卷 新會胡方撰。嘉慶甲戌鴻桷堂刊。

莊子章義五卷 桐城姚鼐撰。嘉慶辛未題襟館刊。

南華真經正義内篇一卷外篇二卷雜篇一卷識餘三卷 宛平陳壽昌撰。光緒十九年仲春怡顏齋刊。

莊子集釋十卷 湘陰郭慶藩撰。光緒甲午思賢講舍刊。

莊子故八卷 桐城馬其昶撰。光緒二十七年蕭山陳氏遺經樓刊。

莊子集解八卷 長沙王先謙撰。宣統己酉思賢書局刊。

莊子約解四卷 眉山劉鴻典撰。無刻書年月,約宣統間北京道德學社鉛字排印本。

莊子補註四卷 當塗奚侗撰。民國六年〔當塗奚氏〕鉛字排印本。

莊子校補一卷 儀徵劉師培撰。傳抄本。

莊子詮詁無卷數 懷寧胡遠濬撰。民國丁巳鉛字排印本。

讀莊札記一卷 鹽城陶鴻慶撰。傳抄本。即《讀諸子札記》之一。近待曉廬鉛字排印本。

二經精解九卷 明秀水陳懿典撰。無刻書年月,約天啓間刊。《老子》一卷,《莊子》八卷。

列仙傳校正本二卷叙讚一卷 福山女史王照圓撰。嘉慶間雙蓮書屋刊。

古注參同契分釋三卷 不著撰人姓名。無刻書年月,約天啓間刊。

周易參同契註釋二卷三相類註一卷圖一卷考證一卷 東漢魏伯陽撰，羅山黎世序釋。道光三年癸未謙豫齋刊。

新校本抱朴子内篇二十卷外篇五十卷 晉葛洪撰。**校勘記一卷内篇佚文一卷外篇佚文一卷養生論一篇神仙金汋經三卷大丹問答一篇别旨一篇** 長白繼昌輯。嘉慶間長白繼昌校刊。

抱朴子内篇擷要無卷數 涇潘錫恩輯。底稿本。有道光二十年歲次庚子仲春既望自序。

真詮三卷遇真記一卷 明邗上玄同子撰。**問道篇一卷** 明葆真子斗野陽道生撰。隆慶間刊。玄同子者，桑喬之别號也。江都人。《四庫存目》作二卷。

道貫四卷 東莞魯史劉貞遠輯。順治間然藜閣刊。卷一《陰符經》附《玉訣道德經》，卷二《清淨經》《心印經》《黄庭經》，卷三《性理玄歌四百字註》《還源篇》《復命篇》《翠虚篇》《大成篇》《金液瓊丹篇》，卷四《妙用大要須知大要中和集致一篇》。

中原仙彙十卷 燕山李子端、姑蘇吴東同撰。康熙己卯刊。

廣雲集精思工訣一卷 梁溪王璣撰。無刻書年月，約雍正間精刊。

白雲仙表一卷 完顏崇實輯。道光戊申刊白雲觀藏板。

梵雅十二卷 不著撰人姓名[三六]。舊抄本。

明道易經十二卷 堃圃敦厚老人敬註。無刻書朝代，約嘉慶丙子刊。以地支等字編次。

修元大道三章三卷 古歙方奇撰。道光七年白沙醉經精舍刊。

通一齋四種四卷附一卷 南昌方内散人撰。光緒癸卯尊德堂刊。

象言破疑二卷 棲雲山劉一明撰。光緒庚辰刊。

中黄道經四卷 慈元張恩霨撰。光緒十年刊。每卷俱分上下。

易行録無卷數 因覺生編輯。民國元年鉛字排印本。

毅一子三卷外篇一卷 滇南楊覲東撰。民國辛酉刊。

鬼谷子天髓靈文二卷 不著撰人姓名。舊抄本。

太上通玄靈印經一卷 不著撰人姓名。舊抄本。俱係符咒,各符下注有用法。

太上洞神玄妙白猿真經無卷數 不著撰人姓名。舊抄本。

太上六壬明鑑陰符經四卷 不著撰人姓名。舊抄本。皆屬符咒,各符下注有用法。

梵音斗科二卷 妙正真人婁近垣撰。康熙間刊綠硃墨三色印本。

販書偶記卷十三

冀縣孫殿起耀卿録

集　部

楚　辭　類

離騷經訂註一卷 明高邑趙南星撰。萬曆癸丑刊。

楚辭疏七卷 明檇李陸時雍撰。無刻書年月，約天啓間刊。

楚辭權八卷 檇李陸時雍叙疏，吴興金兆清參評。無刻書年月，約天啓間刊。

楚辭八卷辨證二卷後語八卷 明檇李蔣之翹撰輯。天啓間〔忠雅堂〕刊。

楚辭述註五卷 明蕭山來欽之撰。崇禎間刊。

楚辭疏十九卷讀楚辭語一卷雜論一卷 明檇李陸時雍撰。康熙乙酉有文堂刊。又名《七十二家評註楚辭》。

楚辭通釋無卷數 南嶽王夫之撰。道光二十八年桂東郭孔嵐補刊。

離騷辯無卷數 吴門朱冀撰。康熙間緑筠堂精刊。

離騷節解一卷 古郯張德純撰。康熙間讀書松桂林精刊，乾隆乙巳重刊硃墨套印本。

屈辭洗髓五卷簡明音釋附 荆溪徐焕龍撰。康熙戊寅刊。

飲騷無卷數 丹陽賀寬撰。無刻書年月，約康熙間刊。又名《山響齋别集》，又名《離騷箋釋》。原分二卷，前卷《離騷》《九歌》《天問》，後卷《九章》《遠游》《卜居》《大招》《招魂》《九辨》。

屈子雜文無卷數 錫山王邦采撰。康熙六十一年精刊。《九歌》《天問》《九章》《遠遊》《卜居》《漁父》,凡六篇。

離騷彙訂無卷數 錫山王邦采撰。康熙六十一年精刊。

楚辭疏八卷 貴池吴世尚撰。雍正丁未尚友堂刊。又名《楚辭注疏》。

楚辭詳解五卷 楚黄奚禄詒撰。乾隆九年知津堂精刊。

屈騷指掌四卷 武進胡文英撰。乾隆間刊。

屈原賦注七卷通釋二卷 休寧戴震撰。**音義三卷** 歙汪梧鳳撰。乾隆庚辰刊。

楚辭訂註四卷 閩漳許清奇撰。乾隆乙亥刊。

楚辭評註十卷 竟陵王萌撰。乾隆二年丁巳鱸香居士刊。

楚辭韻解八卷 滋陽邱仰文撰。乾隆間〔滋陽丘氏〕碩松堂刊。仰文著有《碩松堂讀易記》。

楚辭節註六卷附叶音一卷 華亭姚培謙撰。乾隆辛酉鱸香居士精刊。

楚辭述芳二卷附雜記三篇 棲霞牟庭撰。乾隆乙卯棲霞牟氏俗園刊。封面刻有"雪泥書屋全書"六字。

屈子貫五卷 嘉定張詩撰,受業楊夢熊、男吉同編。嘉慶戊午嘐城萬春堂重刊。

楚辭新註求確十卷 分寧胡濬源撰。嘉慶間刊。

楚辭達一卷總論一卷 雷川魯筆撰。嘉慶甲子趙州師範校刊。

九歌解一卷 萬載辛紹業撰。嘉慶癸酉篤慶堂刊。

屈子正音三卷 桐城方績撰,江寧鄧廷楨及方東樹同訂補。道光七年鄧廷楨精刊。東樹,績子。光緒六年八月网舊聞齋重刊袖珍本。

離騷經一卷 不著撰人姓氏。咸豐九年吴門刊。後有詩樵自跋。按封面左邊刊有"古汲郡三益齋賀氏讀本"十字。

楚辭七卷 楚屈原撰。**屈子生卒年月考一卷** 江寧陳瑒撰。**離騷啓蒙一卷** 江寧端木埰撰。光緒丙子黎陽端木氏刊巾箱本。

離騷一卷 田硯池撰。光緒戊戌夢鷗鴣樓刊。

離騷分段約説一卷 寧陽黄恩彤撰。光緒間刊。

離騷九歌釋一卷附音韻 善化畢大琛撰。光緒十八年補學齋刊。

楚辭釋十一卷 湘潭王闓運撰。光緒乙未儀徵李氏刊。

離騷注一卷 新城王樹枏撰。無刻書年月，約光緒間文莫室刊。

楚辭考四卷 日本甕谷岡松辰撰。明治庚戌東京刊，即宣統二年刊。

讀騷大例一卷 湘陰郭焯瑩撰。民國二十年文字同盟社鉛字排印本。

别　集　類 漢魏六朝至明

諸葛忠武侯文集四卷年譜一卷附録二卷故事五卷 蜀琅邪陽都諸葛亮撰，武威張澍編輯。嘉慶十七年刊。

曹集詮〔銓〕評十卷逸文一卷年譜一卷附録一卷 山陽丁晏撰輯。同治十一年金陵書局刊。

曹集考異十二卷 上元朱緒曾撰。傳抄本，民國丙辰蔣氏金陵叢書鉛字排印本。

曹子建詩箋二卷 梅縣古直撰。民國十七年中華書局以古宋字排印本。

曹子建詩註二卷附曹孟德詩註一卷 順德黄節撰。民國十九年〔上海商務印書館〕以古宋字排印本，版心有"蒹葭樓叢書"五字。

傅鶉觚集五卷 晉傅玄撰，定遠方濬師集校。**補遺一卷校勘記一卷** 定遠方濬師輯。光緒二年〔定遠方氏退一步齋廣州書局〕刊。

陸士衡詩註四卷集説一卷 鹽城郝立權撰。民國二十一年鉛字排印本。

陶淵明集注十卷 晉陶潛撰，明郴何孟春注。正德間緜眇閣刊。

陶淵明集八卷 晉陶潛撰，明張自烈評。**和陶詩一卷** 宋蘇軾撰，張自烈評。**律陶一卷** 明會稽王思任撰。**律陶纂一卷** 明閩黄槐開撰。崇禎間刊。

陶詩選評四卷 錦邨董廢翁撰。無刻書年月，約康熙間刊。

柳村集陶三卷 崑山顧易撰。雍正間刊。《律陶》《譜陶》《讀陶》各一卷。其《譜陶》《讀陶》可補淵明本傳之闕略。

陶公詩評注初學讀本二卷首一卷 浙水孫人龍撰。乾隆戊辰精刊。

讀陶小注一卷 夏邑李樹穀撰。乾隆間刊。

靖節集十卷首一卷諸本評陶彙集一卷年譜考異二卷 晉陶潛撰,安化陶澍注。道光庚子秋刊。

陶靖節紀事詩四卷 贛縣鍾秀撰。同治間刊。

鮑參軍詩註四卷附一卷 歸安錢振倫注,順德黄節集説。民國癸亥鉛字排印本。

謝康樂詩四卷補遺一卷 順德黄節撰。民國乙丑鉛字排印本。

江文通集彙註十卷 明胡之〔人〕驥撰。萬曆間刊。

阮嗣宗詠懷詩注四卷叙録一卷 仁和蔣師爚撰。嘉慶四年敦艮堂刊。

阮步兵詩註一卷 順德黄節撰。民國丙寅鉛字排印本。

庾開府哀江南賦注一卷 崑山徐樹穀、徐炯同撰。康熙間精刊。炯,樹穀之姪。

王子安集注二十卷〔首末各一卷〕 唐王勃撰,吴縣蔣清翊注。光緒間〔吴縣蔣氏〕雙唐碑館刊。

駱侍御全集四卷攷異一卷 唐義烏駱賓王撰,明宛上顔文原[三七]註,邑後學陳坡節删。道光己酉滋德堂刊。

駱臨海集箋註十卷首一卷末一卷 唐駱賓王撰,義烏陳熙晉註。咸豐癸丑松林宗祠刊。

李詩選註十三卷辯疑二卷 明温州朱諫撰,隆慶壬申重刊。

李詩直解六卷 涇上沈寅、朱崑同補輯。乾隆乙未鳳樓精刊巾箱本。

杜律一得二卷 明關中温純解。萬曆甲辰刊。

杜詩分類集註二十三卷 明錫山邵寶集註,同邑過棟箋。萬曆壬辰三吴周子文精刊,康熙五十八年刊本七卷。

杜詩胥鈔十五卷餘論一卷 明德州盧世㴶撰。崇禎七年尊水園精刊。

讀杜私言一卷 明德州盧世㴶撰。崇禎四年精刊。

杜詩編年十八卷 明古夔李長祥、昆陵楊大鯤同撰。無刻書年月，約崇禎間梧桐閣刊。

杜律註例四卷 濟南張篤行撰。順治己亥刊。

杜工部集箋註二十卷年譜一卷附録一卷 虞山錢謙益撰〔併撰年譜〕。康熙六年刊〔泰興季振宜刊本，靜思堂藏板〕。

問齋杜意二十卷温述一卷 桐山陳式撰。康熙間刊。

辟疆園杜詩註解十七卷 梁谿顧宸撰。康熙癸卯吴門書林刊。五言律十二卷，七言律五卷。

杜詩説略一卷 景陵盧震撰。無刻書年月，約康熙間刊。内分正派、變法、淵源、元氣、胎骨、體裁、品格、章法、聲律、詩眼、詩情、詩典、詩史、詩病、淺深、虚實、生熟、平奇、雅俗、大家、掃除、遊涉、參悟、神化，共二十四則。

杜詩義法二卷 竇應喬億撰。乾隆間精刊。

杜詩譜釋二卷 太倉毛張健撰。無刻書年月，約乾隆庚寅精刊。

杜詩提要十四卷 歙吴瞻泰撰。乾隆間精刊。

杜詩直解六卷 涇上沈寅、朱崑同補輯。乾隆乙未鳳樓精刊巾箱本。與《李詩直解》合刻。

杜詩鏡銓二十卷附録一卷年譜一卷 陽湖楊倫撰。乾隆壬子九柏山房刊。

杜詩本義二卷 婺源齊翀撰。乾隆間刊。

杜律啓蒙十二卷 任邱邊連寶撰。乾隆丁酉刊。

杜詩附記二卷 大興翁方綱撰。原稿本。後有道光三年癸未秋日門人梁章鉅跋。

杜詩説二十八卷 平湖盧生甫撰。約嘉慶間抄本。墨格，版心有"詒穀堂"三字。

杜詩説膚四卷 豫章萬俊撰。嘉慶乙卯瘦竹山房刊木活字本。

青城説杜無卷數 晉陵吴馮栻撰。道光癸巳寶荆堂刊。

杜詩淺説二卷 城陽莊詠撰。道光甲辰清和堂刊。

杜詩瑣證二卷 溧陽史炳撰。道光五年句儉山房刊。

毘陵集二十卷補遺一卷附録一卷補正一卷 唐獨孤及撰,武進趙懷玉校。乾隆五十年亦有生齋刊。《四庫》著録二十卷。

陸宣公翰苑集注二十四卷 山右張佩芳撰。乾隆戊子希音堂刊。

昌黎詩集注十一卷年譜一卷 長洲顧嗣立删補。康熙三十八年秀野草堂精刊。

昌黎詩集編年箋注十二卷 桐城方世舉考訂。乾隆戊寅雅雨堂精刊。

讀韓記疑十卷 嘉興王元啓撰。嘉慶二十二年秋〔嘉興鍾洪重〕刊。

昌黎詩集注十一卷年譜一卷 長洲顧嗣立删補,秀水朱彝尊、長洲何焯評。道光十六年膺德堂刊硃墨套印本。

韓文故十三卷首一卷 光澤高澍然撰。道光丙申抑快軒刊。卷五卷六皆分上下。宣統庚戌雲南學務公所重刊。

昌黎詩增注証訛十一卷年譜一卷 當塗黄鉞撰。道光二十八年〔子中民二客軒〕精刊。

高密李氏評選孟詩一卷 高密李憲喬撰。**附李選孟詩補遺一卷** 洪洞董文渙訂。同治戊辰刊。

李習之文讀十卷 光澤高澍然撰。同治十年閩縣劉存仁刊。

昌谷集四卷 明會稽曾益釋。無刻書年月,約崇禎間刊。

昌谷集句解定本四卷 姚佺箋,丘象隨辯註。無刻書年月,約順治間刊。

昌谷集註四卷 龍眠姚文燮撰。康熙五年丙午建陽同文書院刊。

李長吉集四卷外集一卷 嘉定黄陶菴評本,順德黎二樵批點。光緒十八年葉衍蘭寫本,於羊城精刊。

協律鈎元四卷外集一卷 江都陳本禮撰。嘉慶戊辰裛露軒刊。

樊川詩集注四卷外集一卷别集一卷補遺一卷 桐鄉馮集梧撰。嘉慶辛酉德裕堂刊。

玉溪生詩意八卷 蒲城屈復撰。乾隆四年揚州藝古堂精刊。又名《李義山詩箋註》。

樊南文集詳註八卷玉谿生詩詳註三卷年譜附 桐鄉馮浩撰。乾隆丁亥德聚堂刊,乾隆四十五年德聚堂重校刊。

樊南文集補編十二卷年譜訂誤一卷 歸安錢振倫、錢振常同撰。同治五年〔盱眙吴氏〕望三益齋刊。

丁卯集箋註八卷 唐雲陽許渾撰,金壇許培榮箋註。乾隆丙子精刊。

香籢集發微一卷韓承旨年譜一卷 滿洲震鈞撰。宣統辛亥刊巾箱本。

羅江東外紀拾殘一卷 泰順林用霖録。咸豐十一年本衙刊。

王荆公文集注八卷 吴縣沈欽韓撰。無刻書年月,約宣統間刊。此版後歸劉氏嘉業堂,增刊《王荆公詩集李壁注勘誤補正》四卷。

蘇詩補註八卷 大興翁方綱撰。乾隆辛丑刊。

蘇東坡上神宗皇帝書注一卷 錫山蔡焯撰。乾隆丙寅中秋蔡氏精刊。

蘇文忠公詩合註五十卷〔首一卷〕 桐鄉馮應榴撰。嘉慶二十四年〔桐鄉馮氏〕踵息齋刊。

蘇文忠公詩編註集成編年總案四十五卷編年古今體詩四十五卷帖子口號詞一卷 即第四十六卷 **諸家弁言一卷王施註諸家姓氏考一卷墓誌銘註一卷本傳註一卷恭録御評一卷詩目一卷真像考一卷兩宋雜綴一卷蘇海識餘四卷附牋詩圖一卷** 仁和王文誥撰。嘉慶二十四年韻山堂刊,光緒十四年浙江書局重刊。〔**附韻山堂詩集七卷補遺一卷** 清王文誥撰。〕

眉山詩案廣證六卷 烏程張鑑撰。光緒甲申江蘇書局刊。

具茨集一卷 宋晁冲之撰。明嘉靖甲寅晁氏寶文堂刊,板心上刊"晁氏寶文堂"五字。

朱子文集注鈔録一百卷 不著撰人姓名。底稿本。此書用編年體,以武進鄒光濤之書爲規模。首有凡例九條,第九條曰:鄙見有存疑者,簽記于上,加案字備參。他日擬另作文集注,考并附于各卷後。案《高郵州志》卷十之上《孫仝轍傳》載,此書其外祖王懋竑撰。

朱子分類文選九卷 寶應朱澤澐輯。咸豐三年刊。

深寧文鈔八卷 宋鄞王應麟撰。**附年譜一卷** 同里後學陳僅〔張恕同〕撰。道光己丑〔鄞葉氏紫藤花館〕刊。前五卷名《四明文獻集》,卷六至卷八名《摭餘編》。《四庫》著録五卷。

元遺山詩集箋註十四卷首一卷末一卷 烏程施國祁撰。道光二年〔南潯〕蔣氏瑞松堂刊。國祁著有《金史詳校》《禮耕堂叢説》。

吴淵穎集箋注十二卷 錫山王邦采撰。康熙辛丑〔錫山王氏裕昆堂〕精刊。邦采著有《屈子雜文》《離騷彙訂》。

高青邱詩集輯註十八卷扣舷集一卷遺詩一卷鳧藻集五卷 明高啓撰,桐鄉金檀注。雍正間文瑞樓精刊。

拘虚集五卷後集三卷詩談一卷游名山録四卷 明鄞陳沂撰。嘉靖間刊。

東岱山房詩録八卷 明濮陽李先芳撰。嘉靖戊午刊。以八音等字編次,金竹匏土革五字各分上下卷。《四庫存目》載《李氏山房詩選》六卷。

鄮溪存稿無卷數 明甬上李循義撰。無刻書年月,約崇禎間刊。循義字時行,嘉靖間御史李鄴嗣之高祖也。

王襄毅公集二十卷附録一卷 明宜陽王邦瑞撰。隆慶五年刊。

公餘漫稿五卷 明河中王崇古撰。隆慶間刊。

樸庵文集八卷 明蘭溪章拯撰。隆慶間刊。

弇州山人四部稿一百八十卷 明吴郡王世貞撰。萬曆間世經堂刊,較《四庫》著録多《燕語》三卷、《野史家乘考誤》三卷。世貞著有《弇州史料》《弇山堂别集》凡十餘種,《四庫》已著録。

弇州山人續稿二百七卷 明吴郡王世貞撰。無刻書年月,約天啓間刊。

紫園草詩十卷文十二卷 明衡郡曾朝節撰。萬曆間刊。

井丹集十八卷首一卷 明潮陽林大春撰。萬曆間刊。

歸太僕公文定四卷 明崑山歸有光撰,燕南崔徵麟評選。無刻書年月,約康熙間刊。又名《歸文定》。

江州餘草四卷 明金壇于孔兼撰。萬曆癸卯刊。

問次齋稿三十一卷 明東蒙公鼐撰。萬曆間刊。

歇菴集二十卷 明會稽陶望齡撰。萬曆辛亥刊。望齡著有《解莊》,已見《四庫存目》。

惕若齋集四卷 明吴婁管志道撰。萬曆丙申刊。志道著有《孟子訂測》《覺迷蠡測》《問辨牘》等,已見《四庫存目》。

白榆集詩八卷文二十卷 明東海屠隆撰。萬曆庚子龔堯惠校刊。《四庫存目》載二十卷。

松石齋集文三十卷詩六卷 明海虞趙用賢撰。萬曆戊午刊。

陳孟常學士初集三十六卷 明秀水陳懿典撰。萬曆庚申刊。又名《吏隱齋集》。版心有"吏隱齋"三字。懿典著有《老莊二經精解》,餘者《讀左漫筆》《讀史漫筆》已見《四庫存目》。

藿園集八卷 明檇李李應儀撰。萬曆間刊。

元芝館詩集四卷 明梅田江禹奠撰。康熙戊戌孟秋玄孫紳精刊。

懸榻齋集八卷 明嶺南陳履撰。萬曆癸巳刊。

内方文集五卷 明沔陽童承敘撰。萬曆間刊。

雪濤閣集十四卷 明西楚江盈科撰。萬曆庚子刊。盈科著有《明十六種小傳》,已見《四庫存目》。

珂雪齋集二十四卷外集十五卷 明公安袁中道撰。萬曆間刊。

瀟碧堂集二十卷 明公安袁宏道撰。萬曆戊申精刊。宏道著有《袁石公九種》。

瓶花齋集十卷 明公安袁宏道撰。萬曆戊申勾吴袁氏書種堂精刊。

澹園集四十九卷 明瑯邪焦竑撰。萬曆間刊。卷一至三十五文,卷三十六至四十九詩。案《附録》載竑著有《焦氏類林》八卷、《老莊翼》十一卷、《陰符解》一卷、《焦氏筆乘》六卷、《續筆乘》八卷、《養正圖解》二卷、《經籍志》六卷、《京學志》八卷、《遜國忠節録》四卷,業行於世;又《東宫講義》六卷、《獻徵録》一百二十卷、《詞林歷官表》三卷、《詞林嘉話》六卷、《明世説》八卷、《筆乘别集》六卷,尚藏於家。

自娱集十卷詩餘一卷 明長洲俞琬綸撰。萬曆戊午刊。

四留堂稿三十卷 明南海盧龍雲撰。萬曆壬子刊。

睡庵文集二十五卷 明宣城湯賓尹撰。萬曆辛亥刊。

睡庵文集二十五卷詩集十一卷視草十六卷 明宣城湯賓尹撰。崇禎間刊。

弗告堂集二十六卷 明東海于若瀛撰。萬曆癸卯刊。

李氏焚書六卷 明温陵李贄撰。無刻書年月,約萬曆間蘇州刊。贄著有《李氏叢書》《枕中十書》,餘者《藏書》《續藏書》《初潭集》,已見《四庫存目》。

李氏續焚書五卷李温陵外紀五卷 明晉江李贄撰。萬曆戊午新安汪氏虹玉齋刊。

竹簡編二卷 明太原王穉登撰。萬曆庚辰刊。穉登著有《吴郡丹青志》《弈史》《吴社編》等三種,已見《四庫存目》,餘者十餘種《四庫》未著録。

南有堂詩集十卷 明太原王穉登撰。崇禎九年刊。

承菴文集十六卷 明烏程姚舜牧撰。天啓丙寅其男祚端等校刊。後附《自叙曆年》。舜牧著有《五經疑問》《四書疑問》,已見《四庫存目》。

蘧廬稿無卷數 明五羊韓上桂撰,同里黄聖年選。天啓丁卯刊。賦、古騷、頌、五古、五惜、倣騷、七古、五律、七律詩、引、序文、祭文。

亦玉堂續稿八卷 明歸德沈鯉撰。無刻書年月,約天啓間〔王象乾〕刊。鯉著有《亦玉堂稿》,《四庫》已著録。

岱宗小稿十六卷 明濟南楊夢衮撰。無刻書年月,約天啓間刊。又名《橄欖山房副墨》。

螢芝集六卷 明金壇張明弼撰。天啓乙丑刊。

趙忠毅公詩集六卷文集二十四卷 明鄗上趙南星撰。崇禎戊寅刊。

四六雕蟲十卷 明大荔馬朴撰。同治壬申敦倫堂刊。朴著有《譚誤》。

蓬蒿園詩集八卷附録一卷 明海鹽吴接侯撰。崇禎間刊。

劉子威全集五十二卷 明長洲劉鳳撰。無刻書年月,約天啓間刊。《正集》三十二卷;《續集》又名《太霞草》二十卷,卷數與正集相接連;第四十三卷分二卷。《四庫存目》闕《續集》。

寓林文集三十二卷詩集六卷 明武林黄汝亨撰。天啓間刊。汝亨著有《廉吏傳》《天目游記》《古奏議》,已見《四庫存目》。

鹿裘石室全集六十五卷 明宣城梅鼎祚撰。天啓癸亥玄白堂刊。《詩集》二十五卷,《文集》二十五卷,《書牘》十五卷。《四庫存目》載《梅禹金集》二十卷。鼎祚輯有《歷朝文紀》《書記洞銓》《漢魏詩乘》《宛雅》,《四庫》已著録。

駢枝别集二十卷 明臨漳黄道周撰。無刻書年月,約天啓間刊。道周著有《石齋經義四種》《博物典彙》;餘者《黄石齋九種》《榕壇問業》,《四庫》已著録。

黄漳浦集五十卷 明漳浦黄道周撰,福州陳壽祺編。**年譜二卷** 鄴上莊起儔編。道光戊子至庚寅刊。

蘇愚山洞續稿三十卷 明蒲城李應策撰。無刻書年月,約天啓間刊。

黎縝之遊稿無卷數贈言附 明番禺黎密撰。天啓乙丑刊。

梁比部詩集三卷 明南海梁有譽撰。康熙間刊。

何心隱爨桐集四卷 明梁汝元撰。天啓間何怙園刊。案汝元因避難,改名何心隱。

鏡山庵集二十五卷 明海上高出撰。天啓間刊。〔首有天啓丙寅自序〕卷一至六《初刪稿》,卷七至八《槎亭稿》,卷九《山中識遺稿》,卷十至十五《廬隱稿》,卷十六至二十一《郎潛稿》,卷二十二至二十五《拘幽稿》。

靜嘯齋存草十二卷輓詩言行略附靜歗齋遺文四卷 明西吴董斯張撰。崇禎己巳刊。斯張著有《吹景集》。

舊業堂集十卷 明吴陵凌儒撰。無刻書年月,約崇禎間刊。卷一至五詩,卷六至十文。

陳禮部存稿八卷 明南海陳子壯撰。崇禎間刊。

惺窩集十二卷 日本藤原爲經撰。無刻書年月,約寬永間刊,即天啓崇禎間刊。

小柴桑喃喃吟二卷 明會稽陶奭齡撰。崇禎乙亥今是堂刊。

汲古堂集二十八卷 明東甌何白撰。乾隆二十九年刊。

李映碧公餘録二卷 明昭陽李清撰,門人陸雲龍訂。崇禎丁丑刊。即《讀史隨筆》《理署偶筆》。清著有《南北史合註》《歷代不知姓名録》《女世説》。

耳鳴集無卷數 明南海王邦畿撰。無刻書年月,約崇禎間古厚堂刊。案原編次作十七卷。

響玉集十卷餘一卷 明吴郡姚希孟撰。崇禎間絳趺堂刊。希孟著有《循滄集》,已見《四庫存目》。

公槐集六卷 明吴郡姚希孟撰。崇禎間大隱堂刊。又名《姚現聞文集》。

文遠集二十八卷補遺一卷 明吴郡姚希孟撰。無刻書年月,約崇禎間刊。

七録齋初集文六卷論一卷 明婁東張溥撰。無刻書年月,約天啓間金陵傅少山刊。内有周鍾、張采批評。溥著有《詩經合纂》《春秋三書》《歷代史論》，已見《四庫存目》；輯有《漢魏六朝百三家集》，《四庫》已著録。

七録齋集十三卷 明婁東張溥撰。無刻書年月，約崇禎間刊。

七録齋集十六卷 明婁東張溥撰。無刻書年月，約崇禎間刊。《古文近稿》六卷，《古文存稿》五卷，《詩稿》三卷，《館課》一卷，《論略》一卷。

隱秀軒集無卷數 明竟陵鍾惺撰。天啓間刊。分“天地玄黄，宇宙洪荒，日月盈昃，辰宿列張，寒來暑往，秋收冬藏，閏餘成歲，律吕調陽，雲”，凡三十三集。又一部作八卷，印工較晚，則非足本。惺著書多種，已見《四庫存目》。

鴻寶應本十七卷 明上虞倪元璐撰。順治間刊。元璐著有《兒易内儀以》凡數種，《四庫》已著録。

倪文正公遺稿二卷 明上虞倪元璐撰，會稽門人唐九經評。順治八年辛卯刊。

王季重文集十三卷 明山陰王思任撰。崇禎間刊。思任著有《王季重九種》。

疑雨集二卷 明金壇王彦泓撰。康熙間侯氏亦園刊。

楊文弱集五十七卷 明武陵楊嗣昌撰。崇禎間刊。載遼東事居多。

張待軒遺集十二卷 明海昌張次仲撰。康熙丙子其孫詡校刊。次仲著有《周易玩辭》《困學記》《待軒詩記》，《四庫》已著録。

梧岡集十二卷 昆陵楊昌言撰。無刻書朝代，約崇禎甲申心遠堂刊。

慎修堂集二十卷 明河汾亢思謙撰。康熙間精刊。

無夢園集三十四卷 明古吴陳仁錫撰。崇禎間刊。《豈集》一卷，《有集》一卷，《文集》一卷，《章集》一卷，《驚集》一卷，《海集》三卷，《内集》二卷，《漫集》二卷，《勞集》四卷，《車集》三卷，《馬集》四卷，《駐集》四卷，《江集》三卷，《干集》四卷，以上一名《初集》。仁錫著書多種，已見《四庫存目》。

楊大洪集二卷 明楊漣撰。康熙間正誼堂刊。《正誼堂全書》重刊本無此書。

河村集四卷 明歷陽戴重撰。舊抄本。

紡授堂詩集八卷文集八卷二集十卷 明閩曾異撰。崇禎間益友齋刊,康熙戊戌嫡孫天采刊。

鼇峯集八卷 明閩郡徐𤊹撰。無刻書年月,約崇禎間刊。

李元輔集十八卷 明天台李良翰撰。無刻書年月,約崇禎間刊。内分《楚暈録》《太乙稿》《熟仁編》《俗人語》《苜蓿齋》,凡五種。

詠懷堂詩集四卷外集二卷 明石巢阮大鋮撰。崇禎間刊。

恬致堂集四十卷 明嘉禾李日華撰。順治間刊。日華著有《李君實雜著》凡數種,《四庫》已著録。輯有《四六類編》。

李忠肅公集六卷 明吉水李邦華撰。同治四年正氣堂刊木活字本。卷一《西臺疏草》,卷二《按浙政略》,卷三《撫津茶言》,卷四《詰戎辜府》,卷五《晉樞奏草》,卷六《請纓疏草》《總憲奏議》。又名《留丹集》。

炳獨齋文集一卷續刻一卷隨筆一卷 明海虞顧大韶撰。康熙十年刊。

誠所文集八卷 明霍丘馬經綸撰。康熙甲申其曾孫騏刊。又名《馬公文集》。

菉居文集二卷 明河北張縉彦撰,閩中黄文焕選。崇禎間刊。

姑射山人吟稿二卷 明河汾王體復撰。乾隆乙未趙熟典精刊。

太乙山房文集十五卷 明臨川陳際泰撰。無刻書年月,約崇禎間刊。

已吾集十四卷 明臨川陳際泰撰。康熙壬辰刊。

樸巢詩選無卷數文選四卷附亡妾紀略一卷 明雉皋冒襄撰,金沙張明弼、樊上杜濬同評選。崇禎間精刊。襄輯有《同人集》,已見《四庫存目》。

幾亭外書九卷 明嘉善陳龍正撰。崇禎間刊。卷四分上下。

幾亭文録三卷 每卷皆分二卷 **續文録八卷** 明嘉善陳龍正撰。崇禎間刊。

幾亭全書六十四卷 明嘉善陳龍正撰。康熙間〔雲書閣〕刊。〔計《學言》二十卷,《政書》二十卷,《文録》二十卷,《雜著》二卷,《家傳》二卷。〕

擬山園文選集二十二卷 明孟津王鐸撰。順治戊戌其子无咎刊。

蘭雪集八卷 明吴郡王心一撰。無刻書年月,約順治間刊。

申端愍公詩集八卷文集一卷外集一卷旌忠録二卷輓章二卷 廣平申佳允撰。康熙間刊道光間補刊。《四庫》著録《詩集》六卷。

瑯嬛文集四卷 明山陰張岱撰。光緒間刊。岱著有《石匱書後集》,見傳抄本。

邁吟一卷南行句記一卷杭游雜詠一卷西湖賦一卷秋感十二詠一卷附和詩一卷 明衡陽周士儀撰。康熙辛未刊。最後有王夫之撰墓誌銘,據稱著有《碎琴集》,未見。

石臼前集九卷後集七卷 明高淳邢昉撰。無刻書年月,約順治間精刊。

十願齋集六卷文集無卷數易説一卷易箋二卷 明毘陵吴鍾巒撰。康熙間刊。卷一《大學衍註》,卷二至卷六《忠告集》。案《文集》類次分三卷,則版心皆屬墨丁。《四庫存目》載《易説》《易箋》各一卷。

天傭子集二十卷首一卷末一卷 明東鄉艾南英撰。康熙二十七年海陵張符驤刊。南英著有《禹貢圖注》,已見《四庫存目》。

樓山堂集二十五卷 明貴池吴應箕撰。崇禎十二年刊。内分論七卷,傳記一卷,辨一卷,序三卷,議一卷,〔書三卷〕策三卷,雜著一卷,詩五卷。應箕著有《兩朝剥復録》《留都見聞録》《熹朝忠節死臣傳》《東林本末》。

樓山堂集二十七卷 明貴池吴應箕撰。康熙間刊小字本。又一部無刻書年月,約嘉慶間逢原閣刊木活字本。

徐忠烈公集四卷 明海鹽徐從治撰。乾隆丁丑五世孫超刊。

初學集一百十卷 明虞山錢謙益撰。崇禎間精刊。謙益著有《杜工部詩集箋註》《列朝詩集小傳》,輯有《列朝詩集》。

牧齋有學集五十卷 明虞山錢謙益撰。康熙間刊。康熙乙丑金匱山房刊五十一卷本,内有删節。

牧齋初學集箋註二十卷 卷二十分上下 **有學集箋註十四卷** 明虞山錢曾撰。

無刻書年月,約康熙間玉詔堂刊。又約乾隆間春暉堂刊,日本明治十六年擁書城刊木活字本。

吴吏部集九卷 明虎林吴本泰撰。順治戊子刊。即《海粟堂詩》二卷、《東瞻集》一卷、《西征集》一卷、《南還草》二卷、《北游集》一卷、《白嶽游》一卷、《秋舫箋》一卷等七種。

芑山文集三十二卷 明豫章張自烈撰,門人王治洽等較。無刻書年月,約崇禎間金閶葉瞻泉刊。雜序卷之第五、雜著卷之第四,凡二卷原闕。自烈著有《陶淵明集評》,餘書多種,未見傳本。

芑山先生文集二十四卷 明豫章張自烈撰。康熙間本衙刊。

樵山堂詩集九卷 明涇陽張恂撰。無刻書年月,約順治間刊。即《寓草》一卷、《尊聞篇》一卷、《灰餘苦言》一卷、《濤聲存稿》一卷、《種竹編》一卷、《爲舟草》二卷、《祝鷄稿》二卷,凡七種。無總目,全否不可考。

白門草二卷 明吴郡丁肇亨撰。順治丁酉刊。

春浮園詩集一卷文集二卷附録一卷 庚午辛未 **偶録二卷** 明西昌蕭士瑋撰。無刻書年月,約康熙間刊。

匪棘堂集十二卷 明碣石范士楫撰。順治壬辰刊。《四庫存目》載《橘洲詩集》六卷。

葉文莊全集三十卷 明崑山葉盛撰。無刻書年月,約康熙間賜書樓刊。《水東稿》八卷、《開封紀行稿》五卷、《菉竹堂稿》八卷、《涇東小稿》八卷、《和山東勝覽詩》一卷,凡五種。《四庫存目》載《菉竹堂稿》八卷。

保閒堂集二十六卷 明虞山趙士春撰。光緒癸未常熟趙氏刊木活字本。第二十六卷原闕。

蜕疣集二卷紅牙集一卷 附 **詞筌一卷** 明江左賀裳撰。崇禎甲申鴦欒閣刊。裳著有《史折》,已見《四庫存目》。

嶠雅無卷數 明福洞鄺露撰。無刻書年月,約順治間海雪堂精刊。原編次作十卷,附文一卷。

鄺海雪集箋十二卷 明南海鄺露撰,其族孫廷瑶註。咸豐元年綺錯樓刊。

古調堂初集六卷 明雄縣馬之驦撰。順治壬辰刊。又名《馬旻徠詩集》。

販書偶記卷十四

冀縣孫殿起耀卿録

別　集　類 順治至康熙

息齋全集十卷疏草五卷 松陵金之俊撰。順治十六年至康熙六年刊。全集卷一至卷六文，卷七《珥筆閒吟》，卷八《山居候鳴》，卷九《外集》，卷十《續外集》，皆學禪所爲詩文。疏草卷一《佐樞疏草》附《佐銓疏草》，卷二《總憲疏草》，卷三《中銓疏草》，卷四《綸扉疏草》，卷五《山中奏草》。

金文通文集二十卷詩集六卷 吴江金之俊撰。康熙十五年懷天堂重刊。《四庫存目》有文無詩。

望古齋集十二卷 鄴下李繼白撰。順治間刊。卷一至八詩，卷九至十二文。

復園文集六卷 烏程聞京[三八]撰。順治丁酉完璞堂刊。

菊有齋文集四卷 河北杜芳撰。順治己亥刊。

真冷堂詩稿一卷 江左紀映鍾撰。順治己丑刊。此與《戇叟詩鈔》多不同。

删定賴古堂時集四卷 大梁周亮工撰。無刻書年月，約順治間精刊。亮工著有《閩小記》《因樹屋書影》《字觿》《賴古堂印譜》《印人傳》，輯有《賴古堂文選》等書。

偶遂堂近詩一卷 大梁周亮工撰，豫章陳允衡〔黄山汪楫同〕選。無刻書年月，約康熙間刊。

通慬集一卷 濰令大梁周亮工撰。底稿本。

賴古堂文集二十四卷附録一卷 浚水周亮工撰。康熙十四年乙卯刊。

于園集五卷 古曹朱虚撰。順治間刊。即《自韻》《衡艸》《秦聲》《燕奏》《越音》各一卷。

茘裳集文一卷詩一卷 萊陽宋琬撰。順治庚寅宣城門人儲日升校刊，本衙藏板，版心下有"安雅堂"三字。

安雅堂文集二卷詩無卷數 萊陽宋琬撰。順治庚子刊。《四庫存目》闕文集。

安雅堂文集二卷書啓一卷重刻文集二卷詩無卷數二鄉亭詞三卷祭皋陶一卷未刻稿八卷入蜀集二卷 萊陽宋琬撰。順治庚子至康熙己卯乾隆丙戌陸續刊。

柳潭遺集六卷 會稽王自超撰。無刻書年月，約順治間刊。

耻廬近稿二卷 新建熊文舉撰。順治辛丑刊。此晚年詩，自乙未訖丁酉。

雪堂集選七卷 新建熊文舉撰，門人楊昌齡訂。順治甲午刊。

雪堂文集二十八卷 新建熊文舉撰。無刻書年月，約順治間刊。又名《全集》。

偶存艸二卷 雲間彭賓撰。無刻書年月，約順治間刊。

陸舫紀年詩五卷補遺一卷 諸城丁耀亢撰。順治戊戌刊。戊子起，癸巳止。

丁野鶴集十九卷 諸城丁耀亢撰。康熙間刊。《陸舫詩草》五卷，《椒邱詩》二卷，《江干草》一卷，《歸山草》一卷，《聽山亭草》一卷，《逍遥游》二卷，《家政須知》一卷，(以下曲)《表忠記》二卷，《赤松遊》三卷，《化人遊》一卷。《四庫存目》載十卷。

澹寧居詩集三卷 梁谿馬世奇撰。順治甲午蒨園刊。

澹寧居文集十卷詩集三卷 梁谿馬世奇撰。**附山香集一卷** 馬壬玉撰。**蝶園詩集一卷** 梁谿馬翀撰。雍正壬子含清堂刊。乾隆二十一年丙子補刊。

蝶園甲寅詩一卷未學草一卷 梁谿馬翀撰。無刻書年月，約康熙間刊。

蕪巢拾藁一卷悲風草一卷 茂苑周之玠撰。無刻書年月，約順治間刊。

懷古堂詩選十二卷 長洲楊炤撰。順治壬辰精刊。

關隴集四卷 武林姜圖南撰。順治癸巳刊。即《奏議》二卷，《公移》一卷，《書啓》

一卷,凡三種。

蓼齋集四十七卷後集五卷 雲間李雯撰。順治丁酉刊。雯長於詩,與田雯、吴雯推稱三雯。

墨井詩鈔二卷三巴集一卷墨井題跋一卷 虞山吴歷撰,受業陸道淮編。無刻書朝代,約康熙己亥飛霞閣精刊。歷兼工畫,與王翬齊名。

墨井集五卷 常熟吴歷撰,李杕編。宣統元年鉛字排印本。

逋齋詩選四卷 安丘劉正宗撰。順治間刊。正宗與王覺斯、丁野鶴、李梅公等相契。

愚谷詩藁四卷 南州徐開任撰。順治庚子刊。〔一名《愚谷詩集》。〕

芝瑞堂古文一卷詩稿一卷 古吴陸壽名撰。無刻書年月,約順治間刊。古文又名《鳳鳴集》。

抱真堂詩稿八卷 雲間宋徵璧撰,古婁吴偉業選。順治九年刊。第八卷《詩話》。徵璧著有《左氏兵法測要》,已見《四庫存目》。

拙存堂逸稿六卷附紀事一卷 嵩少山人〔如皋〕冒起宗撰。順治壬辰刊。〔又名《詩概》。〕起宗著有《拙存堂經質》《史括》,已見《四庫存目》。

爲可堂初集文十卷詩十六卷 海寧朱一是撰。順治丁酉刊。又一部四十二卷,康熙六年刊。

瀨園文集二十卷談史六卷 華容嚴首昇撰。無刻書年月,約順治間刊。

陋軒詩八卷 海陵吴嘉紀撰,大梁周亮工選訂。康熙元年賴古堂精刊,大業堂藏板。《四庫存目》載四卷。

陋軒詩六卷 泰州吴嘉紀撰。康熙戊申玉蘭堂刊。嘉慶甲戌繆中重刊本十二卷,一艸亭藏板。

陋軒詩十二卷續二卷 泰州吴嘉紀撰。無刻書年月,約道光間,鄉後學夏嘉謨[三九]刊。

頤中堂詩文集十卷 南和楊繼芳撰。康熙二年本衙刊。

獨漉堂稿賦一卷詩六卷 羅浮陳恭尹撰。康熙十三年甲寅刊。《詩》第四卷，分上下。

獨漉堂詩集十五卷文集十五卷 羅浮陳恭尹撰，其男贛編次。康熙戊戌晚成堂刊。《詩集》原目二十卷，最後五卷未刻。《文集》第九卷原闕。又名《獨漉子詩文全集》。道光五年重刊本，多《奏疏雜文》一卷。民國己未順德温肅撰《年譜》一卷附後。

張蒼水集二卷附北征録一卷 張煌言撰。光緒二十七年辛丑章炳麟鉛字排印本。

十峯詩選七卷 錫山錢肅潤撰。無刻書年月，約康熙元年壬寅刊。肅潤著有《尚書體要》，道南正學編，已見《四庫存目》。

夏峯集十四卷補遺二卷 容城孫奇逢撰。道光乙巳大梁書院重刊。奇逢著有《日譜録存》，餘者多種《四庫》已著録。

馮氏小集三卷鈍吟集三卷别集一卷餘集一卷遊仙詩一卷集外詩一卷外集一卷文稿一卷雜録十卷 上黨馮班撰。康熙戊申至己未汲古閣刊。又名《馮定遠集》。《四庫存目》載十一卷。

曾青藜初集詩一卷文一卷 寧都曾燦撰。無刻書年月，約康熙間刊。燦輯有《過日集》。

壬癸集一卷甲子詩一卷三度嶺南詩一卷 寧都曾燦撰。舊抄本。有顧祖禹、徐柯等序。

嵞山前集十二卷續集四卷再續集五卷 皖桐方文撰。康熙己酉古櫰堂刊。據總目，一名《嵞山編年全集》。《前集》自戊寅至丙申，《續集》自丁酉至辛丑（即《北游草》《徐杭游草》《魯游草》《西江游草》各一卷），《再續集》自壬寅至己酉，書名仍刻《續集》。此封面間鈐有"後編遺稿"四字硃印一方。

凝玉堂詩三卷 星源李卓撰。康熙丙子刊。即《瓻遺草》《西庵雜存》《後存草》等三種。

硯廬詩一卷峪園近草一卷排青樓詩一卷賦一卷歸田尺牘二卷 汾陽朱之俊撰。康熙癸卯刊。之俊著有《周易纂註》《春秋纂》,已見《四庫存目》。

浮山文集前編十卷 桐城方以智撰,其子中履等編。康熙間此藏軒刊。卷一《稽古堂初集》,卷二、三《稽古堂二集》,卷四至六《曼寓草》,首六葉名《激楚》,卷七至九《嶺外稿》,卷十《猺峒廢稿》。光緒十四年裔孫昌翰輯刊《方氏七代遺書》,僅獲其《稽古堂》初、二集一卷。以智著有《通雅》《物理小識》,《四庫》已著録。

西崖藏稿十卷 閩漳高維檜撰。康熙間刊。即《東離存艸》二卷,《稗乘新語》四卷,《漳賢列傳》四卷,凡三種。

雙泉堂文集四十一卷附志圃唱和詩一卷 吴郡繆彤撰。康熙間刊。卷一至卷三十七文,卷三十八至卷四十一詩。按此書卷五以下未刻卷數,卷數間俱屬墨丁。

梅花書屋詩二卷 附 **武林遊記一卷** 石城胥庭清撰,萊陽宋琬評。康熙庚戌鍾山草堂刊。

亭林文集六卷餘集一卷 崑山顧炎武撰。光緒甲辰會稽董氏山隱居校刊巾箱本。

亭林詩集五卷 崑山顧炎武撰。光緒二年湖南書局刊。

亭林詩稿六卷 崑山顧炎武撰。無印書年月,約光緒間幽光閣以戴子高家藏潘次耕手抄鉛字排印本,較他本多不同。

顧亭林詩箋註十七卷校補一卷首一卷 山陽徐嘉撰[四〇]。光緒丁酉味靜齋刊。

萬卷山房詩集九卷 曲林王輅撰,莆陽余懷等評。康熙戊辰刊。第九卷詩餘。

水明樓詩六卷 曲阜顏光猷撰。康熙戊寅刊。

南山集偶抄無卷數 桐城戴名世撰。康熙間寶翰樓刊。此編年文起戊午，止庚申。又名《戴田有古文偶抄》。

南山全集十六卷 桐城戴潛虚撰〔按此書原題“宋潛虚”，實係戴名世之僞名〕。道光庚戌秀野軒刊木活字本。

田間集十卷 江上錢澄之撰，姚文燮編。康熙壬寅樂易堂刊。即近詩。澄之著有《田間易學》《田間詩學》《莊屈合詁》，《四庫》已著録。

田間詩集二十八卷 桐城錢澄之撰。康熙間斟雉堂刊。

田間文集三十卷 桐城錢澄之撰。無刻書年月，約康熙間斟雉堂刊。宣統二年錢氏振風學舍刊木活字本，附《年譜》一卷。

顧侍御集十卷 晴川顧如華撰。康熙甲辰刊。又名《顧西巘合稿》。

崑崙草一卷 武鄉程康莊撰。無刻書年月，約康熙間刊。又名《程崑崙詩草》。

吕晚村文集八卷附行略一卷續集四卷 石門吕留良撰。無刻書年月，約雍正間〔乙巳南陽講習堂〕刊。《文集》卷一至四書，卷五序、論文，卷六論、辨、記、題跋，卷七墓誌銘、祭文，卷八雜著，附行略。《續集》卷一至二《宋詩鈔列傳》，卷三《質亡集小序》，卷四《保甲事宜》。留良著有《四書語録》《四書講義》《論文偶鈔》《家訓》《天蓋樓偶評》《慚書》。

吕晚村詩集二卷文集八卷附行略一卷 石門吕留良撰。高麗人舊抄本。目録第一頁首行書名下有“崇禎紀元後乙巳天蓋樓鐫”十一字。文集卷一至四答復各書，皆注明與某姓某名號及某年某月日所作，至書中凡他刊本屬墨釘未辨某字者，皆一一寫出。後有曾孫爲景題識，並附高麗人補詩一首云：矮矮茅簷可隱居，乾坤城郭非吾廬。天和日暖鋤春畝，夜靜風恬讀古書。囊裏無錢可當酒，山中有客只烹蔬。世事悠悠忘我老，看花隨竹數游魚。《晚村詩集》不載此詩，而浙江漂海人到我境，傳誦此詩，曰此晚村詩云。故録之。

愛吾廬詩稿無卷數 吴江吴兆寬撰。無刻書年月，約康熙間其男燾刊。

鸞嘯堂詩集八卷文集無卷數 廣陵李沂撰。無刻書年月,約康熙間其從子驎刊。

餘廉堂集八卷 金壇吴履中撰。康熙元年刊。

四部藁文鈔無卷數今詩部無卷數 南昌李明睿撰。**附百韻詩藁一卷** 廬陵趙嶷撰,桐城方文釋。康熙間刊。明睿,吴偉業之師。

黄湄詩選十卷 郃陽王又旦撰,新城王士禎選。康熙庚申刊。

簡齋詩選十一卷 曲周劉榮嗣撰。康熙元年刊。

陪集十七卷 桐城方中通撰。**附文閣詩選一卷** 溧陽女史陳舜英撰。康熙間繼聲堂刊。《陪古》三卷,《陪詩》七卷,《陪詞》一卷,《陪時》一卷,《陪印》一卷,《續陪》四卷。中通,以智之子,著有《數度衍》,《四庫》已著録。

蹇愚集四卷首一卷 連城璧撰。無刻書年月,約雍正間刊木活字本。奏疏居多,皆隆武間事。

栩莊詩集六卷 江左洪鉽撰。康熙丙子刊。

鴻逸堂稿無卷數 歙王煒撰。無刻書年月,約康熙間刊。原裝四册,卷數頁數間墨丁。《四庫存目》作王艮撰,誤。

寤言堂詩四卷 毘陵莊天錦撰。康熙間刊。有朱彝尊、錢陸燦諸序。

石園全集三十卷 吉水李元鼎撰。康熙四十二年香雪堂精刊。《四庫存目》載《灌研齋集》四卷。

耕釣草堂詩六卷 黄山程義撰。無刻書年月,約康熙間刊。

柯亭吹竹集七卷二集七卷 會稽沈檩元撰。康熙癸亥精刊。

寶綸堂集十卷拾遺一卷 暨陽陳洪綬撰。光緒間會稽董氏取斯堂刊木活字本。

至樂堂詩鈔無卷數 義烏駱復旦撰。康熙四年刊。〔原編次作七卷。〕

清止閣集九卷 籠水趙進美撰。康熙間刊。《燕市草》一卷,《西征草》一卷,《清止閣》詩二卷,《白鷺草》一卷,《二集》一卷,《詩餘》一卷,《楚役草》一卷,《江粤二歲草》一卷。

木厓集二十七卷 桐城潘江撰。康熙十五年丙辰刊。第二十七卷詞。江輯有《龍眠風雅》。

木厓續集二十四卷 龍眠潘江撰。康熙間刊。

倚晴閣詩鈔無卷數 武塘魏坤撰。無刻書年月，約康熙間〔古音堂〕刊。案原編次作七卷。

變雅堂文集無卷數附推枕吟一卷杜陵七歌一卷 黄岡杜濬撰。康熙間刊。首封面間鈐有"刻未成書文不編次"硃印一方，"因事立言"硃印一方，并無總目。版心卷數葉數間皆屬墨丁。凡記八篇，碑記二篇，紀事二篇，序十七篇，壽序三篇，送序四篇，書五篇，啓一篇，觴詞一篇，題跋六篇，題辭四篇，像贊一篇，傳三篇，銘二篇，墓誌銘三篇，祭文五篇，《推枕吟引》一篇。《推枕吟》，乙丑年作，計二十八首。此係當代諸名家批點本，較新刊本多異同。

杜茶村詩鈔八卷 黄岡杜濬撰，漢陽彭湘懷、黄岡陳師晉同輯。乾隆癸亥精刊。

思硯堂近草二卷 淝水許孫荃撰，華陰王弘撰、富平李因篤同評。康熙間刊。又名《華嶽集》。無總目，全否不可考。

金門稿六卷 雲間錢芳標撰。康熙間刊。芳標著有《湘瑟詞》。

姑山遺集三十卷昔者詩一卷謚議一卷附祭文四篇 宣城沈壽民撰。康熙間有本堂刊。

十咏堂稿七卷 古莆林九棘撰。康熙己酉精刊。《江城雜興》附《二集》，《西湖紀遊》《東遊紀艸》《秦淮春泛》《漢宫秋詠》《苫廬艸》，各一卷。

履村詩集六卷 吴興袁士達撰。康熙庚寅刊。

歲星堂文集六卷詩二集三卷 山陰徐緘撰。康熙間刊。《詩二集》又名《旅中三體詩》。

天延閣删後詩十六卷附贈言集二卷 宣城梅清撰。康熙辛亥刊。第十六卷以下原闕。《四庫存目》載《天延閣詩前集》十六卷，《後集》十三卷，附《花果會唱和詩》一卷,《贈言集》四卷,《瞿山詩略》三十三卷。

江辰六文集十八卷 貴陽江闓撰。康熙間政在堂刊。卷一至八文,卷九至十三詩,卷十四詞,卷十五十六雜記,卷十七諸體文,卷十八諸體詩。

古雪堂詩集十六卷 長洲金露撰。康熙間嘉蔭堂精刊。

寶雲堂詩集七卷 漏霜南潛撰。康熙己巳其猶子董漢策刊。即《晝石編》《西荒編》《洗藥池編》《積雨編》《夕香編》《挂瓢編》《拂烟編》各一卷。漏霜南潛者,吴興董説之别號也。説著有《豐草庵雜著》,餘者《七國考》,《四庫》已著録。

過嶺集無卷數 淝水龔鼎孳撰,宛上徐泰時評點。康熙間三十二芙蓉齋刊。

龔芝麓先生集四十卷 淮南龔鼎孳撰。康熙間刊。有詩無文。

定山堂詩集四十三卷詩餘四卷龔端毅公奏疏八卷附一卷 淮南龔鼎孳撰。康熙癸丑至丙辰澤存堂刊。

定山堂古文小品二卷續集一卷雜序一卷龔端毅公奏議八卷附一卷浠川政譜一卷露澣園稿四卷 合肥龔鼎孳撰。道光甲午其玄孫永孚刊,慶餘堂藏版。

定山堂詩集四十三卷詩餘四卷 淮南龔鼎孳撰。光緒癸未聖彝書屋刊。

黄僊裳七言律詩分韻無卷數 泰州黄雲撰,新城王阮亭選。康熙間刊此書以韻母三十字定爲三十卷。又名《桐引樓詩》。

采飲集十卷 侯官藍漣撰。康熙癸巳刊。並無卷數,以原分葉數,似作十卷。

知還堂集四卷 洺州李芳蘊撰。康熙三十一年刊。

鳳嘯軒落花詩一卷無題倡和詩一卷 雲間孫鋐撰。康熙戊辰刊。又名《蘇門山房雜稿》。鋐著有《爲政第一編》,輯有《皇清詩選》,已見《四庫存目》。

南雷文案十卷外卷一卷續四卷撰杖集一卷子劉子行狀二卷南雷詩曆三卷 姚江黄宗羲撰。康熙間〔西爽堂〕刊。《續文案》又名《吾悔集》,《撰杖集》又名《文案三刻》。

織簾居詩四卷 太倉顧夢麐撰，常熟毛晉閱。無刻書年月，約康熙間刊。

日觀集九卷首一卷 海寧朱邇邁撰，其姪思贊編。無刻書年月，約康熙間清遠堂刊。又名《日觀詩鈔》，亦名《南國二家詩》。案此書尚有《屈翁山詩》，未見。

蘭雪齋詩稿無卷數 雲間王廣心撰。康熙壬申精刊。原編次作七卷。道光丁未五世孫承淮重精刊。

中江紀年詩二卷黄山紀遊詩一卷 宣城袁啓旭撰。康熙丁卯刊。

無異堂文集十二卷 桐城姚文燮撰。康熙間刊。有李長祥序。文燮著有《李昌谷集註》。

霜紅龕集十二卷附録一卷 陽曲傅山撰。**我詩集六卷** 陽曲傅眉撰。乾隆十二年生生堂刊。山著有《傅氏男女科産後編》。

霜紅龕集四十卷附録三卷年譜一卷 陽曲傅山撰，山陽丁寶銓編。宣統三年刊。此本最善。

往深齋詩集八卷 錫山顧彩撰，闕里孔傳鐸、傳鋕同選。康熙丁亥刊。

六瑩堂集九卷二集八卷 南海梁佩蘭撰。康熙乙酉至戊子刊。

夏爲堂别集無卷數 鍾山黄周星撰，其男楠輯。康熙二十七年刊。（文目）《評序》《仙乩紀略》《九煙小影》《將就園圖》《將就園記》，附《園銘》《小引》《衡嶽遊記》，附《詩葦窗記》《皋嘯序》《責皋伯通文》，附《告石兔文》《詰天公文》《補張崔合傳》，附《樸橄女子傳》《八字情郵録》《神像贊題》《友人爭西湖詩》《驅病魔檄》《祈夢疏》，附《乞開喉音疏》《苑天説》《酒社芻言》《秋波六義墓誌銘》，附《解蜕吟杜炌跋》《選夢略刻弁言》《選夢略刻》，計一百五十九葉；（詩目）《小引》《薇咢集》，《小引》《西湖三戰詩》，《閒情雜詠》《詠物詩》《楚女詩》《芻狗齋詩集》《八百字歌》《仙乩雜詠》《鬱單越頌》《讀書樂》《唱和集》《八景詩》，計一百零二葉。統計二百六十餘葉。周星輯有《唐詩快》。

黄九煙先生三字經一卷 鍾山黄周星撰。無刻書年月，約康熙間精刊大字本。

九煙先生遺集六卷 鍾山周星撰。道光間〔己酉孟秋〕周氏〔揚州寓館〕刊。

周九烟集三卷外集三卷 湘潭周星撰。咸豐三年唐昭儉編刊。

異香集二卷 八寶王巖撰。康熙癸亥映雪齋刊。

蒹葭書屋詩無卷數 白田喬崇烈撰。康熙癸酉刊。

得月軒詩一卷 西神黄大蘇撰。無刻書年月,約康熙間刊。

未菴初集四卷 江陰曹禾撰。康熙間刊。此係文稿,卷二以下無卷數,版心皆屬墨丁。較原目佚《亦園記》《小草山房十友贊》二篇,多《重修江陰縣督學察院記》一篇。

未菴初集詩稿四卷 江上峨眉山人曹禾撰。康熙丙辰漫園刊。

未菴詩鈔一卷 江陰曹禾撰。舊抄本。

敦好堂旅草一卷 石城馬迅撰。康熙壬申刊。

扶荔堂文集選十二卷詩集十二卷扶荔詞四卷 仁和丁澎撰。康熙丙申文芸館刊。

街南文集二十卷補無卷數 宣城吴肅公撰。康熙己巳刊。肅公著有《讀書論世闡義》。

街南續集七卷 宣城吴肅公撰。傳抄本。

林茂之詩選二卷 福清林古度撰,濟南王士禎選。康熙庚寅歙程哲〔七略書堂〕精刊。

華瑄山房詩集四卷 平原董訥撰。康熙三十一年刊。《四庫存目》載有《柳村詩集》十二卷。

調運齋文集二卷文鈔一卷詩五卷圓沙和陶詩一卷再生録一卷 虞山錢陸燦撰。無刻書年月,約康熙間刊。此詩原分《壬申除夕》一卷,雜詩一卷,五言近體前後各一卷,七言近體一卷,至其文集書記序一卷,傳墓誌銘贊祭文一卷。

書帶草堂文選二卷 慈谿鄭溱撰,其子梁録。無刻書年月,約康熙間刊。

甫里集初編六卷 吴會計東撰。康熙五年汪琬刊。〔一名《甫里初集》。〕東著有《改亭詩文集》,已見《四庫存目》。

玉紅草堂〔詩文〕集十六卷附龍氏家譜一卷 天津龍震撰。康熙壬辰至癸巳刊。〔又名《龍東溟稿》。〕

雨蕉齋詩選七卷 睢陽吴淇撰。康熙十二年刊。淇著有《粤風續九》,已見《四庫存目》。

吴詩集覽二十卷補註二十卷談藪二卷 黎城靳榮藩撰。乾隆四十年凌雲亭刊。

吴梅村家藏稿五十八卷補一卷年譜四卷附樂府三種四卷 太倉吴偉業撰。〔《年譜》里人顧師軾撰。計詩前集八卷,後集十二卷,詩餘二卷,文集卅五卷,詩話一卷,補遺一卷。〕宣統三年武進董氏誦芬室刊。

逸山文集十三卷 歸安嚴書開撰。康熙間刊。卷一至十一文,卷十二家傳未刊,卷十三詩。

北遊草一卷偶遊日記一卷 泰和梁機撰。康熙丙子刊。機著有《三華集》,已見《四庫存目》。

匏野文集二十卷 晉江張汝瑚撰。康熙間視古堂刊。又名《匏野二集》。

尺五樓詩集九卷 雲間杜登春撰。康熙庚申刊。卷二分上下。

河上集二卷 澤州陳廷敬撰。無刻書年月,約康熙間精刊。

尊聞閣集[四一]**八十卷** 澤州陳廷敬撰。康熙間刊。有姜宸英諸序。

午亭集八十卷 澤州陳廷敬撰。康熙間精刊。《四庫存目》載五十五卷。

午亭山人第二集三卷 澤州陳廷敬撰。乾隆壬戌精刊。

受祜堂集十二卷 析城張泰交撰。康熙間刊。

野航詩集二卷 武水王丹林撰。康熙癸巳精刊。

之溪老生集八卷附勸影堂詞三卷 瀘州先著撰。康熙間玉淵堂精刊。著字蠲齋,又字染庵,晚號盍旦子。

溉堂前集九卷後集六卷續集六卷文集五卷詩餘二卷 三原孫枝蔚撰。康熙甲子刊。《四庫存目》闕《文集》。

稽古堂集八卷 孟津梁琦撰。康熙戊午刊。

桂林破愁集四卷 渤海胡文華撰,晉江黄中通、南陽彭而述同評。康熙壬寅刊。

吴赤溟文集無卷數 吴江吴炎撰。舊抄本。

巢青閣集十卷詩餘一卷付雪詞三集一卷 餘杭陸進撰。**附學言六卷** 西陵陸曾禹撰。康熙庚辰刊。進輯有《西陵詞選》。

西江草一卷 金州喻成龍撰。康熙戊辰刊。

楝亭詩鈔六卷詞鈔一卷 千山曹寅撰。康熙己丑精刊。有王朝瓛序。據序稱,楝亭詩集千首,自删存什之六。廣陵諸同志以詩請益者,既手抄付梓矣。既而楝亭重加精採,又去三分之一,並詩餘一卷。命小胥録置案頭,聊共吟玩。真州吴尚中力請以歸,别于東園開雕。此詩鈔所以有兩刻也。《四庫存目》載詩五卷,詞一卷。寅輯有《楝亭十二種》,刊有《韻書五種》《隸續》。

楝亭詩鈔八卷詞鈔一卷文鈔一卷 千山曹寅撰。康熙間精刊。

楝亭詩鈔八卷别集四卷 千山曹寅撰。康熙間精刊。

楝亭詩鈔八卷詩别集四卷詞鈔一卷詞鈔别集一卷文鈔一卷 千山曹寅撰。康熙間受業郭振基精刊。

松鶴山房詩集九卷 侯官陳夢雷撰。康熙癸巳刊木活字本。夢雷著有《周易淺述》,《四庫》已著録。

金臺集二卷 廣陵許承宣撰。康熙間永德堂刊。

東江詩鈔十二卷 太倉唐孫華撰。康熙丁酉精刊。

瀑音四卷碧濤笈逸存一卷 晉東苗蕃撰。康熙乙巳精刊。

碩園詩稿三十卷 琅邪王昊撰。康熙己亥精刊。

虬峯文集二十卷 淮南李驎撰。康熙庚辰刊。自述二十五則，卷一賦，卷二樂府，卷三至卷十三各體詩，卷十四史論，卷十五至卷二十雜文。

横雲山人集二十七卷附颺言集五卷 雲間王鴻緒撰。康熙間精刊。鴻緒，廣心之子。著有《明史稿》。

江止菴遺集八卷 歙江天一撰。無刻書年月，約康熙間祭書艸堂刊。

南疑詩集十一卷 東魯王奪標撰。康熙十二年辛亥本衙刊。

咀蔗居詩集八卷附文一卷 揚州魏嘉琬撰。康熙丁卯刊。

姑射山人集二卷 洪厓韓象起撰。康熙己卯刊。即《汎舟草》《道上吟》。

歲寒堂初集五卷 錢唐林璐撰。康熙己未刊。

歲寒堂存稿十二卷 錢唐林璐撰。康熙丙寅崇道堂刊。《四庫存目》載一卷。

爰始樓詩删八卷 東濱陸弘定撰。康熙間刊。即擬古樂府、五古、七古、五律、五排律、七律、五絶、七絶各一卷。

悔齋集六卷 白嶽汪楫撰。康熙五年丙午精刊。五古、七古、五律、七律、五絶句、七絶句。楫著有《中山沿革志》，已見《四庫存目》。

山聞詩一卷山聞續集一卷 白嶽汪楫撰。康熙癸丑至丁巳刊。

京華詩一卷經進詩文無卷數册封疏鈔一卷觀海集一卷使琉球雜録五卷 附 **中山詩文一卷** 休寧汪楫。康熙丙寅至雍正癸丑刊。

嘉遇堂詩五卷 吴興沈廣輿撰。康熙間刊。即五古、七古、五律、七律、五排律各一卷。又名《瑶田詩草》。廣輿與吴之振、澹歸和尚相契。

靜園僅稿無卷數 新建萬任撰 **附未學齋稿一卷** 新建萬象厚撰。康熙三十年刊。

東漪草堂詩曆無卷數 江上汪穎撰。無刻書年月，約康熙戊寅刊。即五古、七古、五律、七律、五絶、六絶、七絶各一卷。

受祺堂文集四卷續集四卷 富平李因篤撰。道光十年刊。因篤著有《古今均考》,餘者《受祺堂詩集》《漢詩音注》,已見《四庫存目》。

藥圃詩七卷 興化李柟撰。康熙四十九年晴好雨奇之閣刊。《燕臺詩》三卷,《漁陽紀遊》一卷,《上元祈年詩》一卷,《扈蹕吟》一卷,《幼學集》一卷,凡五種。

漸細齋詩集十卷 長垣王維坤撰。康熙辛未刊。

霞舉堂集三十五卷 仁和王晫撰。康熙十九年文沾堂刊。《南聰文略》八卷,《松溪漫興》十卷,《峽流詞》三卷,《尺牘偶存》二卷,《雜著》十卷,《木庵外編》二卷。《四庫存目》載《雜著》十卷。晫著有《牆東類稿》,輯有《千秋雅調》。

詠莊集一卷 皖上程從大撰。康熙間培風堂刊。按目録分内外雜三篇。

秋明詩草四卷 長水王庭撰。無刻書年月,約康熙間刊。庭著有《理學辨》《漫餘草》,已見《四庫存目》。

珠山集二十卷 山陰平一貫撰。康熙間刊。

恪齋詩集四卷 廣陵楊文鐸撰。康熙間精刊。

棲賢山房文集無卷數 長興臧眉錫撰。康熙間刊。此編年集,甲子年詩一卷,乙丑年詩一卷,乙丑年詞一卷,二集文庚申以後稿一卷,三集文乙丑以後稿一卷。

一笑堂詩集四卷 四明謝三賓撰。康熙丁巳刊。

懸榻編六卷 盱江徐芳撰。無刻書年月,約康熙間刊。

茗齋百花詩二卷 海鹽彭孫貽撰。無刻書年月,約康熙間刊。

茗齋集二十三卷附明詩鈔九卷 海鹽彭孫貽撰。近上海涵芬樓以稿本刊本寫本影印本。

曹司馬集六卷 大梁曹煒撰。**附曹孝廉文稿一卷** 古歙曹應鶴撰。康熙癸酉刊。

杜谿文稿四卷附白柴古文稿一卷 宿松朱書撰。乾隆元年梨雲閣刊。案《白柴古文稿》,朱書又名朱曙。

朱子緑古文鈔三卷 宿松朱書撰。嘉慶間刊。

杜溪先生文集十二卷 宿松朱書撰。道光間重刊。

杜溪集七卷遊歷記存一卷 宿松朱書撰。光緒癸巳〔蔭六山莊〕重刊。

樵貴谷詩四卷 新安吴麐撰。康熙三十一年刊。

張秦亭文集八卷 錢塘張丹撰。康熙間從野堂刊。丹原名綱孫。

青巖詩文集十二卷 新安許楚撰。康熙乙未〔族孫士佐白華堂〕刊。

翁山詩外十八卷 番禺屈大均撰,門人陳阿平編。無刻書年月,約康熙間刊。第十六卷至第十八卷詞,惟第十八卷原闕。大均著有《廣東新語》《明季南都殉難記》,輯有《廣東文選》,餘未刊者。《皇明四朝成仁録》,見傳抄本。

道援堂集十卷 番禺屈大均撰,錢唐沈用濟選。無刻書年月,約康熙間刊。

屈翁山詩集八卷詞一卷 番禺屈大均撰,鴛水徐肇元選。無刻書年月,約康熙間研露齋刊。

翁山文鈔十卷 番禺屈大均撰,常熟薛熙評。康熙間刊。此翁山晚年所爲之文,與《翁山文外》不同。每卷之首"翁山文鈔"四字書名,并"番禺屈大均撰"六字,印書時俱已剷去矣。

道援堂詩集十二卷詞一卷 番禺屈大均撰。道光間刊。

翁山文外十八卷 番禺屈大均撰。舊抄本。第六卷原闕。民國庚申吴興劉氏嘉業堂刊。

憶雪樓詩集二卷 寶坻王煐撰。康熙三十六年貞久堂刊。

壯悔堂文集十卷 商邱侯方域撰,同里徐作肅選。康熙壬辰刊,乾隆二十三年重刊〔附遺稿一卷,詩集六卷〕。

四憶堂詩集六卷遺稿一卷 睢陽侯方域撰,同里徐作肅、宋犖等選註。康熙間刊,乾隆間其玄孫必昌重刊,同治甲戌重刊。

晴鶴堂詩鈔十六卷 燕山周體觀撰。康熙己未〔晴鶴山房〕刊。〔又名《周伯衡詩鈔》。〕

見山亭詩集二卷 武林章昞撰。康熙戊戌精刊。

繡虎軒尺牘八卷二集八卷三集八卷 金壇曹煜撰。康熙間傳萬堂刊。煜著有《東溪蔓語》,見《四庫存目》。

壺山集三卷 臨川陳孝威撰。康熙丙申刊。孝威,際泰子。

三芝堂詩集四卷 吴趨黄昌淳撰。康熙辛巳精刊。

清吟堂集九卷神功聖德詩一卷恭奏漠北蕩平凱歌一卷經進文稿六卷苑西集十二卷扈從西巡日録一卷扈從東巡日録二卷附録一卷歸田集十四卷獨旦集八卷隨輦集十卷續集一卷城北集八卷竹窗詞一卷蔬香詞一卷 錢塘高士奇撰。康熙三十七年戊寅至三十九年庚辰朗潤堂刊。

西亭詩無卷數 嘉定吴屯候撰。康熙丁卯刊。

青緗堂詩六卷 長洲陸淹撰。康熙四十九年庚寅精刊。

依歸草十卷首一卷自長吟十二卷 揚州張符驤撰。無刻書年月,約康熙間刊。

依歸草一刻二卷 海陵張符驤撰。康熙丙子刊。

振雅堂文稿一卷詩稿六卷詞二卷 嘉善柯崇樸撰。康熙丙寅刊。

白耷山人詩集十卷 古沛閻爾梅撰。無刻書年月,約康熙間刊。卷六分上下。

煙舫集四卷 太倉張衍懿撰。康熙甲午精刊。

研莊遺稿二卷 吴郡吕種玉撰。康熙壬辰精刊。種玉著有《言鯖》,已見《四庫存目》。

幽草軒詩集七卷 黄澥范良撰。康熙丁亥刊。良著有《詩苑天聲》,已見《四庫存目》。

蓄齋〔文〕集十六卷 吴門黄中堅撰。康熙辛卯刊。

種書堂遺稿三卷題畫詩二卷 海陽查士標撰。康熙甲申精刊。又名《梅壑詩稿》。

北海集一卷續集一卷 盛京鄂貌圖撰。康熙壬戌刊。

容庵詩集十卷辛卯集一卷文集二卷 語溪孫爽撰。康熙壬申刊。《四庫存目》闕《文集》。

迦陵文集六卷儷體文集十卷詩集八卷詞全集三十卷 宜興陳維崧撰。康熙二十八年患立堂刊,彊善堂本衙藏板。

湖海樓詩藁十卷 宜興陳維崧撰。康熙六十年其男履端刊。又一部約道光間重刊本。闕陳廷會、蔣平階、徐繼恩三序,並前後參閲姓名。

湖海詩集十二卷補遺一卷詞集二十卷文集六卷儷體文集十二卷 宜興陳維崧撰。乾隆乙卯浩然堂刊。

海日堂詩集五卷文集二卷 南海程可則撰。康熙己巳刊。

心孺詩選二十四卷 山陰傅仲辰撰。康熙丙午精刊。

友鷗堂集八卷 閩縣黄鷟來撰。無刻書年月。約康熙間精刊。

石樵詩稿十二卷 歸安嚴允肇撰。康熙癸亥刊。

餘生詩稿十一卷 歷陽戴本孝撰。康熙乙巳守硯庵刊。

匡菴文集十二卷詩前集六卷京稿詩集六卷 溧陽馬世俊撰。康熙二十八年其子容校刊。

吹劍集一卷 吴都吴士玉撰。康熙壬午精刊。

北墅山人詩十卷 新安吴苑撰。康熙壬午〔其子瞻泰等〕精刊。

臨野堂詩集十三卷詩餘二卷文集十卷粤游日記一卷尺牘四卷 吴江鈕琇撰。康熙二十九年庚午至癸酉刊。《四庫存目》載《文集》十卷。

章江集二卷 灊江朱載震撰。康熙辛未精刊。

選選樓遺詩五卷 南海岑徵撰。康熙甲申精刊。

話山詩藁十二卷文藁十七卷别録七卷 平湖陸洽原撰。康熙四十一年志遠堂精刊。一名《當湖陸話山先生詩文類稿》。此《别録》七卷疑不全。

綿津山人詩集三十一卷楓香詞一卷漫堂説詩一卷 商丘宋犖撰。康熙二十七年精刊。《四庫存目》載《詩集》十八卷。

蠖堂藁無卷數 寶應劉家珍撰。無刻書年月,約康熙間刊。

藕花書屋詩集三卷 寶應劉家珍撰。康熙戊寅刊。起丙子,止戊寅。

式古堂集無卷數 關中張雲翼撰。康熙壬申刊。案原編次詩六卷,文三卷,尺牘二卷。

白鹿山房詩集十五卷 桐城方中發撰。康熙壬申雲松閣精刊。

林屋詩集四卷 洞庭鄧旭撰。康熙二十四年精刊。

漫興集一卷 宣城梅庚撰。康熙乙未精刊。

閔離草無卷數 雲間董含撰。無刻書年月,約康熙間刊。又名《藝葵草堂詩稿》。含著有《三岡識略》,餘者《閒居草》,已見《四庫存目》。

楚遊雜詠一卷 興化李棟撰。康熙己卯刊。

遊白嶽詩一卷遊黄山詩一卷附圖一卷 陽山李棟撰。康熙間刊。

桑乾草一卷響山樓稿一卷餐雲書屋稿一卷雪舫吟一卷 大梁周在都撰。康熙戊子精刊。

楞伽山人詩集八卷 長洲顧嗣協撰。康熙二十八年其弟嗣立精刊。即《依園集》二卷,《妙巖遊稿》三卷,《冷齋集》一卷,《玉臺集》二卷,凡四種。

秋水集十卷 勾吴嚴繩孫撰。無刻書年月,約康熙間〔勾吴嚴氏〕雨青草堂〔佚亭〕刊。

後甲集二卷 山陰章大來撰。康熙丁酉百可堂精刊。又名《躍雷館日記》。

獵微閣近詩無卷數 廣陵許承家撰。康熙戊午刊。

隰西草堂詩集五卷文集三卷 附 **遯渚唱和集一卷** 徐州萬壽祺撰,邑後學孫連錦輯。道光甲申王敬之校刊。

梅莊文集無卷數 蕭山張遠撰。康熙己卯刊。〔原編次作七卷。〕

南崖集四卷 常熟陶元淳撰。無刻書年月,約康熙間貽清堂精刊。

崑崙山房明季百一詩二卷 淄川張篤慶撰，新城王漁洋評。傳抄本，後有道光十八年華亭龔廷煌跋。

又來館詩集六卷 寶應劉中柱撰。無刻書年月，約康熙間刊。此編年詩，起戊寅，至癸未。

囊雲文集二卷 鄞周齊曾撰。康熙甲寅刊。

一木堂詩稿十二卷 天都黄生撰。康熙間刊。第十二卷詩餘。生著有《唐詩摘鈔》《押韻便覽》，餘者《字詁》《義府》《杜詩説》《葉書》，《四庫》已著録。

磊園留草二卷續一卷 高都王道直撰。康熙間養性堂刊。

擒藻堂詩稿一卷續稿五卷 休陽汪文柏撰。康熙丙子刊。

古香樓吟稿三卷詞稿一卷 休陽汪文柏撰。康熙辛巳精刊。

柯庭文藪無卷數 休陽汪文柏撰。康熙辛巳精刊。

西山紀遊詩一卷 休陽汪文柏撰。康熙辛巳精刊。

柯庭餘習十二卷 休陽汪文柏撰。乾隆辛酉古香樓精刊。

梅岡集四卷 古岡蘇楫汝撰。康熙壬申刊。

谿翁詩草無卷數 萊陽宋永清撰。康熙庚寅刊。

谿翁詩草無卷數 萊陽宋永清撰，張錫三評點。康熙丙戌刊。

山暉稿詩無卷數 雲間王度撰。康熙間刊。案原目作八卷。

栗亭詩集六卷 阮溪汪士鋐撰。無刻書年月，約康熙間刊。

菜根堂詩集選四卷 大興趙吉徵撰，王士禎批點。康熙間刊。

裘杼樓詩稿六卷 休寧汪森撰。康熙間刊。

小方壺存稿十八卷 休陽汪森撰。康熙丁亥精刊。

榮木堂文集十二卷 長沙陶汝鼐撰。康熙間桐岡刊。又名《陶密菴集》。

擷芙蓉集三卷 莆田周韓瑞撰，丹霞釋今釋閲。無刻書年月，約康熙間刊。

阮亭詩選十七卷 新城王士禎撰。康熙間精刊。首有諸名家序文多篇。

帶經堂全集九十二卷 新城王士禎撰,歙門人程哲校編。康熙庚寅秋至辛卯冬七略書堂精刊。

漁洋山人集外詩二卷 新城王士禎撰。乾隆丁酉精刊。

精華録訓纂補十卷 東吴惠棟撰。乾隆丁丑精刊。

漁洋秋柳詩箋注析解一卷 曲阜鄭鴻撰。同治十一年刊。

漁洋秋柳詩釋一卷 山左高丙謀撰。光緒十四年古費王氏刊。

學箕初稿二卷 姚江黄百家撰。康熙間箭山鐵鐙軒刊。百家著有《句股矩測解原》凡四種,《四庫》已著録。

黄竹農家耳逆艸無卷數 姚江黄百家撰。無刻書年月,約康熙間刊。又名《學箕三稿》。版心刊有甲乙丙丁戊己編。

萬山樓詩鈔二卷 崑山許虬撰。康熙間刊。古體一卷,今體一卷。

孝友堂遺草二卷 古莆劉芳蔭撰。康熙間刊。

王崑繩文集無卷數文集次刻六卷 北平王源撰。康熙間信芳齋刊。正集傳、墓誌銘、引、行狀、論、書、序、記、書後、跋諸類。源著有《莊子評》《文章練要》。

銀州詩艸一卷 雍丘羅繼謨撰。原稿本。首有康熙庚戌清明前二日自序。

抱耒堂集六卷 江都汪耀麟撰。康熙丙申刊。

四照堂文集五卷詩集二卷 南昌王猷定撰。康熙二十三年刊。

王于一遺稿二卷 豫章王猷定撰,同里康范生選,虎林胡介、秣陵高阜同訂。無刻書年月,約康熙間〔賴古堂〕刊。凡傳十六篇,記八篇,書三篇,祭文三篇。

甌香館集十二卷補遺詩一卷補遺畫跋一卷附録一卷 武進惲格撰,海昌蔣光煦輯。道光二十六年丙午六月海昌蔣氏宜年堂刊,版心下有"别下齋校本"五字。

題畫詩一卷 毘陵惲格撰。無刻書年月,約嘉慶間刊。

亦山草堂遺稿六卷遺詞二卷附崇祀鄉賢録一卷 宜興陳維嵋撰。康熙間彊善堂刊。維嵋,維崧之弟。

掣鯨堂詩集十三卷 成都費錫璜撰。無刻書年月,約康熙間精刊。樂府三卷,五古三卷,七古一卷,五律二卷,七律一卷,五絶一卷,排律一卷,七絶一卷,七排律一卷,惟七排律一卷未見。錫璜著有《漢詩説》,已見《四庫存目》。

道貫堂文集四卷 成都費錫璜撰。無刻書年月,約康熙間刊。

羅帬草五卷 華亭高不騫撰。康熙間精刊。

靜觀堂詩集三十卷 石門勞之辨撰。康熙四十一年精刊。又見一部二十六卷。

冰壺遊草二卷 柘湖張鑑撰。無刻書年月,約康熙間刊。

蕁香堂詩稿八卷 雲間王九齡撰。康熙辛巳精刊。九齡,鴻緒弟。

蒼峴山人集五卷詩餘一卷 勾吴秦松齡撰。康熙戊戌尊賢堂精刊。松齡著有《毛詩日箋》,已見《四庫存目》。

南郵詩集二十二卷文二卷 金壇潘高撰。康熙間鶴江草堂刊。

悔齋詩一卷 閩漳李贊元撰。康熙辛酉刊。

谷口山房詩集三十二卷文集六卷 涇陽李念慈撰。康熙間刊。《四庫存目》載詩集十卷。

居東吟一卷 涇陽李念慈撰。康熙間刊。

徵緯堂詩二卷 無錫顧貞觀撰。舊抄本。又名《楚頌亭詩》。貞觀著有《彈指詞》,輯有《今詞初集》,餘者《宋詩删》,已見《四庫存目》。

寶拙堂集六卷 晉陵劉維禎撰。康熙丙午刊。

燕行小草一卷 甬江徐文駒撰。無刻書年月,約康熙間刊。有文無詩。文駒著有《師經堂集》,輯有《明文遠》,已見《四庫存目》。

癡山集六卷 臨川陳孝逸撰。康熙丙申刊。孝逸,際泰子。

研谿先生全集十一卷 東吴惠周惕撰,小門生王薛岐謹録。無刻書年月,約康熙間紅豆齋精刊。《北征集》一卷,《岼嶸集》二卷,《東中集》一卷,《紅豆集》一卷,

《囈語集》一卷,《謫居集》一卷,《文集》一卷,《詩説》三卷,凡八種。

硯谿遺稿二卷 東吴惠周惕撰,其孫男棟編。底稿本。並無序目,首有"劉喜海印"一方,"二百蘭亭齋藏書之印"一方。上卷詩八十一首,下卷文序四篇,書後二篇,論文十則,贊一篇,書二十六篇,家書一篇,附其子士奇述行狀一篇,孫男棟譔遺事六條。每頁二十行。墨格,四圍雙欄,上下墨口。此格左邊綫外刊有"紅豆齋藏書鈔本"七字。

郢雪齋纂稿前集二卷後集四卷 西岑高熊徵撰。康熙四十五年精刊。記粤西掌故之文居多。

櫻亭詩稿十二卷 雲間董俞撰。無刻書年月,約康熙間刊。

飲水詩集二卷飲水詞集三卷 長白性德撰,錫山顧貞觀定。康熙間刊道光間張祥河校刊本。詩詞各一卷。性德著有《大易集義粹言》《陳氏禮記集説補正》二種,《四庫》已著録。刊有《通志堂經解》。

雙清堂詩二卷别集三卷 金壇潘玠撰。康熙間刊。

娱老吟二卷 汾水郁楊勛撰。康熙間精刊。

微泉閣文集十六卷詩集十四卷 武進董文驥撰。康熙丙寅刊。

春藹堂集十八卷 海寧陳奕禧撰。康熙丁亥秋吴門精刊。卷一至十二詩,卷十三至十八文。

柳溪遺詩一卷 桐城戴燕永撰,其玄孫戴鈞衡編録。道光十八年香月山房刊。

思復堂文集十卷附録一卷末一卷 餘姚邵廷采撰。光緒十九年會稽徐氏鑄學齋刊。廷采著有《西南紀事》《東南紀事》。

經起堂詩集十卷鶴亭詞二卷 文安劉德昌撰。康熙癸未精刊。

翫劍樓詩稿八卷别集一卷外集一卷詞一卷文稿一卷 雲間廖鳳徵撰。康熙間刊。

才治樓詩一卷 揚州史伸撰。康熙丙寅刊。伸後改名申義。

過江集四卷過江二集四卷附遺稿一卷蕪城集三卷使滇集三卷 江都史申義撰。康熙壬辰至乾隆戊午刊。《四庫存目》載《過江集》四卷。

天愚先生詩集六卷别集四卷 定海謝泰宗撰。無刻書年月,約康熙間精刊。《别集》應制、論、表、策、《南征志載》等文,惟第三卷原闕。

天愚先生詩鈔八卷文鈔八卷附録一卷 定海謝泰宗撰。康熙乙未精刊。

謝天愚詩集六卷文集八卷詩鈔八卷文鈔八卷附録一卷别集四卷 定海謝泰宗撰。康熙五十五年致遠堂精刊。

秋影園詩七卷 不著撰人姓名。無刻書年月,約康熙間刊。

蓼園詩草五卷 東莞鄧廷喆撰。康熙間精刊。

槐墅詩鈔四卷 江都許迎年撰。康熙庚寅精刊。

雲溪草堂詩三卷 毘陵徐永宣撰。康熙戊寅精刊。

荼坪詩鈔十卷 武進徐永宣撰。康熙間精刊。有李馥、張大受、錢名世諸序。

霽軒詩鈔五卷 東明袁佑撰。康熙間精刊。

晢次齋稿十二卷附贈什一卷尺牘一卷 鄢陵梁熙撰。康熙戊申刊。

樸村文集二十四卷詩集十三卷 嘉定張雲章撰。康熙五十三年精刊。《詩集》卷第十二《橘社唱和》别見。

詩甲集八卷詩乙集八卷詩丙集六卷烟舫集四卷 太倉張衍懿撰。康熙間精刊。

虚直堂文集二十四卷 商丘劉榛撰。康熙戊辰刊。

曉庵文集三卷詩集二卷 吴江王錫闡撰。道光辛巳晚香堂刊。錫闡著有《曉庵曆法》《大統曆法啓蒙》。

榴龕居士集十六卷 吴興董漢策撰。康熙間刊。《渭雲堂詩集》一卷,《烟艇吟》一卷,《天目放歌》一卷,《自在吟》一卷,《蓮閣詩草》一卷,《蓮漪集》一卷,《怡顔集》一卷,《四載詩存》一卷,《薌水遊詩》一卷,《遊龍虎山記》一卷,《寓菴詩》一卷,《醉漚吟》一卷,《和美人十二咏》一卷,《雪香譜》一卷,《董詞》一卷,《二集》一卷。漢策,説之子,著有《老子道德經注》。

醉白堂文集無卷數 清湘謝良琦撰。康熙間刊。

逃葊詩草十卷 海鹽徐豫貞撰。無刻書年月,約康熙間思誠堂刊。又名《滄浮子詩鈔》。編年詩,不分體。

青桐軒詩集六卷坡山集一卷秋風集一卷片雲集一卷西小[四二]爽氣集三卷 虞山蔣廷錫撰。康熙壬午精刊。廷錫著有《禹貢地理今釋》,《四庫》已著録。

牡丹百詠一卷 虞山蔣廷錫撰。嘉慶庚午刊。同治甲戌重刊。

秋蛩吟一卷 薊州盤谷處士李孔照撰。康熙乙丑刊,乾隆辛未重刊。

逸德軒文集三卷文稿四卷閏一稿一卷遺稿三卷偶次一卷詩集三卷丁卯至壬申詩無卷數遺詩二卷 睢州田蘭芳撰。康熙間刊。

蓉洲詩稿七卷文稿四卷三國史論一卷 梁溪季麒光撰。康熙三十三年刊。載臺灣事居多。

嘯竹堂集十六卷 仁和王錫撰。康熙丙子刊。第十六卷詞。

空明子詩前集十卷詩後集八卷詩續集八卷詩餘一卷文前集二卷文後集二卷文續集六卷雜録一卷雜録續一卷茸城賦注一卷崇川節孝録一卷贈言一卷 華亭張榮撰。康熙間精刊。

緑雪堂詩略一卷 江都夏九叙撰。康熙丙寅刊。

渠亭山人半部稿四卷 安丘張貞撰。康熙癸酉至戊子刊。《渠亭文稿》《或語集》《濳州集》《娱老集》各一卷。貞著有《耳夢録》《安丘鄉賢小傳》《全城紀略》,餘者《杞紀》,已見《四庫存目》。

杞田集十四卷遺稿一卷 安丘張貞撰。康熙庚寅重九春岑閣刊。即《半部》《或語》《濳州》《娱老》四集類編。

皆山堂詩草十卷 滇雲段昕撰，閩漳陳箴輯。康熙庚寅刊。第十一卷至二十卷續出。

謹齋詩稿二十卷 淮海許志進撰。康熙間資敬堂精刊。《虚槎集》一卷，其餘者編年詩，起戊子稿，止己亥稿，凡十九卷。

養素堂文集八卷奏稿一卷 福山王隲撰。**年譜一卷** 毘陵周清原編。嘉慶乙亥福德堂刊。

橫山詩初集十六卷胡二齋評選文初集無卷數文鈔無卷數易皆軒文二集六卷 附 **明翠湖亭四韻事傳奇四卷** 慈水裘璉撰。康熙辛未絳雲居刊。

直廬集無卷數使粤集一卷使粤日記一卷 白田喬萊撰。康熙癸亥刊。萊著有《耆英會記傳奇》，餘者《易俟》，《四庫》已著録。

沙盱江遺稿四卷附黔滇解餉紀略一卷 雉皋沙鼎撰。康熙間刊。

南州草堂集三十卷首一卷楓江漁父圖題詞一卷青門集一卷續集四卷菊莊詞甲集一卷二集一卷 吴江徐釚撰。康熙間菊莊刊。釚著有《詞苑叢談》，《四庫》已著録。

静中吟一卷雜著一卷 古宜梁顯祖撰。康熙辛未刊。顯祖著有《羣言灑液》。

石帆軒詩集十一卷 崑山徐駿撰。康熙庚寅精刊。

七峯艸堂詩稿六卷 歙洪鈜[四三]撰。無刻書年月，約康熙間刊。

聊齋文集三卷詞一卷 淄川蒲松齡撰。宣統己酉鉛字排印本。松齡著有《聊齋志異》。

儲遯庵文集十二卷 宜興儲方慶撰。康熙壬午刊。

清風堂文集二十三卷附録一卷 秀水曾王孫撰。康熙丙戌刊。王孫輯有《國朝百名家詞鈔》。

鶴亭詩存四卷詩餘一卷 虞山孫芝田撰。康熙辛卯雲外軒精刊。即《長鳴集》《越遊集》《蓉江小草》《練塘草》等四種。

菱谿詩集四卷 雍丘何彝光撰。康熙間刊。

世德〔經〕堂初集三十卷 錢唐徐旭旦撰。康熙己丑名山藏刊。

滄湄詩稿二十卷別稿二卷 長洲尤珍撰。康熙庚午精刊。《別稿》即《靜嘯詞》。珍,尤侗之子。

偶吟集四卷 長洲尤珍撰。康熙庚午刊。此編年詩起壬戌,止己巳。

滄湄續稿三卷 長洲尤珍撰。康熙間精刊。

望舒樓詩集十卷文集無卷數 山陰錢霍撰。康熙壬戌刊。

暘谷集十五卷文集無卷數別集六卷 温陵傅爲霖撰。康熙十年刊。

西齋集無卷數 興化王仲儒撰。康熙間夢華山房刊。此編年詩,按總目起辛丑,至丁丑,以某年至某年凡詩如干首作一卷,合計十八卷。

南齋詩集無卷數 山陽丘象升撰。康熙丙子〔仲春其子迥〕精刊。

亦有集二卷 虞山張文鑌撰。康熙庚辰精刊。

覿菴詩鈔六卷 常熟陸典撰。雍正元年精刊。

花韻軒集二卷 太倉吴暄撰。無刻書年月,約康熙間精刊。暄,偉業之子。

半溪詩草十二卷 武進錢二白撰。無刻書年月,約康熙間精刊。

花間堂詩鈔一卷 慎郡王允禧撰。無刻書年月,約康熙間精刊。

紫瓊巖詩鈔三卷續刻一卷 慎郡王允禧撰。乾隆二十三年刊。

澹園詩集六卷詞一卷文集二卷 甬上徐懋昭撰。**附青來堂詩一卷** 甬上徐承烈撰。康熙乙卯刊。

休那遺稿十二卷詩集一卷貨殖傳評一卷外集三卷 桐城姚康撰。光緒己丑姚氏五桂山房刊木活字本。康著有《太白劍》。

篴步集一卷詩餘一卷 徐時盛撰。無刻書年月,約康熙間刊。

葦間詩集五卷 慈谿姜宸英撰。康熙五十二年唐氏精刊,道光四年同邑葉元塏刊木活字本。

姜西溟文鈔四卷 慈谿姜宸英撰。乾隆四年南蘭匪懈堂趙氏精刊。

湛園詩稿三卷 慈谿姜宸英撰。嘉慶戊寅歲寒堂刊。

姜西溟全集三十二卷 慈谿姜宸英撰。光緒間刊。

與袁堂詩集五卷 海寧陳殿淮[四四]撰。康熙丁亥其姪男陳元龍精刊。無總目，全否不可考。

前川樓文集二卷詩集一卷 上蔡張沐撰。無刻書年月，約康熙間刊。

董文友文選無卷數 常州董以寧撰。康熙間刊。又名《皇清文起》。

正誼堂文選無卷數 案原編次作十三卷 **詩集二十卷蓉渡詞三卷** 常州董以寧撰。康熙庚辰刊。又名《董文友全集》。

騰笑集八卷 秀水朱彝尊撰。康熙間刊。彝尊著有《日下舊聞》，餘者《經義考》凡七種，《四庫》已著録。

南車草一卷 秀水朱彝尊撰。嘉慶戊寅海寧蔣氏重刊。内多《曝書亭集》未見之詩。

曝書亭集詩注二十二卷年譜一卷 嘉興楊謙撰。乾隆間木山閣刊。

曝書亭詩〔録〕箋註十二卷 嘉興江浩然撰。乾隆己卯精刊。

曝書亭集箋註二十二卷 嘉善孫銀槎撰。嘉慶五年三有堂刊。

風懷鏡四卷 山陰俞國琛纂。嘉慶丁丑本家刊。分齊意心耦四字。即《曝書亭風懷詩註》也。

曝書亭集外稿八卷 秀水朱彝尊撰，嘉興馮登府、其五世孫朱墨林等輯。嘉慶丁丑〔朱氏〕潛采堂刊，道光二年刊。

管邨文稿六卷 鄞萬言撰，同里李鄴嗣選。無刻書年月，約康熙間刊。卷一書，卷二序，卷三記，卷四傳，卷五墓文，卷六祭文。此編年文也。

香山草堂文集六卷詩集一卷南園雜詠一卷 楚攸水劉友光（原名自燁）撰。康熙間刊。

寒支初集十卷二集六卷歲紀一卷 寧化李世熊撰。康熙甲申檀河精舍刊。道光八年重刊木活字本。同治甲戌重刊。世熊著有《錢神志》。

甓湖草堂文集六卷賦一卷近詩二卷近集四卷 高沙吴世杰撰。康熙間刊。《文集》内有崇禎四十九閣臣傳。《近集》即《麟里頌言》《西山紀遊草》《南歸集》《庚申雜詩》凡四種。

雲川閣詩集六卷詞一卷 無錫杜詔撰。康熙庚寅精刊。《四庫存目》載殘本九卷。詔輯有《唐詩叩彈集》,已見《四庫存目》。

雲川閣詩集六卷詞七卷 無錫杜詔撰。康熙癸巳精刊。

雲川閣詩集十四卷詞七卷 無錫杜詔撰。雍正辛亥精刊。

白蒲書屋詩三卷 如皋姜畊撰。康熙辛卯精刊。無目録,全否不可攷。

水雲集四卷 餘杭王舟瑶撰。康熙壬辰刊。

步陵詩鈔九卷 蕭山沈堡撰。康熙癸未刊。

沙羅草堂詩五卷 天都吴菘撰。康熙戊寅精刊。即《白華集》二卷,《四明集》二卷,《黄山唱和集》一卷,凡三種。菘著有《箋卉》,已見《四庫存目》。

閑存堂詩集六卷 雲間張永銓撰。無刻書年月,約康熙間刊。

西山紀遊文一卷 雲間張永銓撰。康熙癸亥刊。又名《閑存堂文集》。

居業齋詩集二十二卷 廣濟金德嘉撰。康熙間精刊。德嘉著有《文集》,已見《四庫存目》。

留素堂文集十卷詩集十八卷外集一卷 浙西蔣薰撰。康熙乙卯刊。詩集細目列下:《始紀》一卷,《廓吟》一卷,《天際草》四卷,《西征》一卷,《塞翁編》五卷,《汾遊》一卷,《西莊集》四卷,《偶然稿》一卷,凡八種。

留素堂文集十卷詩集二十七卷外集五卷 浙西蔣薰撰。康熙間刊。

南疑集九卷 當湖沈季友撰。康熙丁巳刊。季友著有《學古堂詩集》,已見《四庫存目》。輯有《檇李詩繫》,《四庫》已著録。

稧亭詩選二卷 廣川張衡撰。康熙五十年精刊。又名《聽雲閣集》。

似山亭詩四卷 平原董訪撰。康熙間精刊。

忠裕堂詩集十卷文集三卷鷗盟已史一卷 廣平申涵盻撰。道光間刊。又名《鷗盟集》。

環溪堂集十卷 寶應朱約撰。嘉慶間刊。約著有《易經引事》。

理詠堂集五卷 廣陵喬寅撰。無刻書年月,約康熙間刊。

安序堂文鈔三十卷黔遊日記一卷 遂安毛際可撰。康熙己巳本衙刊。《四庫存目》載二十卷。

玉照堂集無卷數 蘭陵孫蕡撰。康熙間刊。

四本堂偶吟一卷 西河朱紫撰。**附和韻詩一卷** 諸友人同撰。康熙間刊。

華鄂堂詩藁十一卷 雲間周彝撰。康熙四十一年精刊。《四庫存目》載二卷。

益戒堂詩集八卷後集八卷文鈔二卷 長白揆敘撰。康熙間謙牧堂精刊。揆敘著有《隙光亭雜識》,輯有《歷朝閨雅》。

雞肋集一卷 長白揆敘撰。康熙間謙牧堂精刊。

水香園遺詩無卷數 阮溪汪沆撰。康熙間刊。

孫宇台集三十九卷附載一卷 仁和孫治撰。無刻書年月,約康熙間刊。

味外軒詩一卷 華亭駱壽朋撰。無刻書年月,約康熙間刊。又名《入都詠懷詩》。

海桐書屋詩鈔四卷 湯陰岳夢淵撰。無刻書年月,約康熙間精刊。

息廬詩六卷 江東汪洪度撰。無刻書年月,約康熙間刊。

淮人詠淮詩二卷 山陽張鴻烈撰。康熙間刊。又名《淮南詩鈔》。

志壑堂詩集十二卷 此卷七卷八版心刊文集,因係《吴越同遊日記》。**文集十二卷詩後集五卷文後集三卷辛酉同遊倡和詩餘後集二卷阮亭選志壑堂詩十五卷** 淄川唐夢賚撰。康熙間刊。《四庫存目》載《志壑堂詩》十五卷。

息遊堂詩集十卷 燕越胡兆龍撰。康熙甲戌精刊。

谷園詩集八卷天中詠古詩一卷 燕越胡介祉撰。康熙甲戌精刊。介祉,兆龍之子。

榆墩集選詩二卷選文三卷榆溪詩鈔二卷逸詩二卷逸稿八卷 新建徐世溥撰。康熙間至嘉慶十七年刊。《四庫存目》載《榆墩集選文》九卷,《選詩》二卷。

采菽堂詩集二十卷 武水陳祚明撰。無刻書年月,約康熙間刊。又名《敝帚集》。《四庫存目》載《稽留山人集》未審同否。祚明著有《采菽堂古詩選》。

朱止泉外集五卷 寶應朱澤澐撰。道光三年刊。澤澐著有《易旨》《宗朱要法》《陽明朱子晚年定論辨》《朱子分類文選》,餘者《朱子聖學攷略》《止泉文集》二種,已見《四庫存目》。

倘湖近詩七言絕句一卷 倘湖樵人來集之撰。康熙間刊。集之著有《倘湖樵書》凡五種,已見《四庫存目》。

樹廬文鈔十卷 南昌彭士望撰。道光四年裔孫玉雯刊。

桂留堂文集十卷詩集八卷詩二集四卷 雲門吳之騄撰。康熙間刊。

蓀谿集十三卷首一卷 海陽姚炳撰。康熙丙戌聽秋樓刊。卷十二卷十三詞。炳著有《詩識名解》,《四庫》已著録。

查浦詩鈔十二卷 海寧查嗣瑮撰。康熙壬寅其伯兄慎行精刊。

存菴詩集六卷 西吴嚴我斯撰。康熙丙辰年刊。我斯著有《述祖彙略》。

尺五堂詩删六卷附近刻四卷 苕上嚴我斯撰。康熙二十七年刊。《四庫存目》闕《近刻》四卷。

鶡鳴草偶録二卷 京江韓嘉言撰。康熙間寒碧齋精刊。

乙未亭詩集六卷 長洲徐昂發撰。康熙間桂森堂精刊。昂發著有《畏壘山人筆記》《畏壘山人詩集》,已見《四庫存目》。

畏壘山人文集四卷 長洲徐昂發撰。傳鈔本〔常熟周氏鴿峰草堂鈔本〕。

萊園詩稿八卷詩餘一卷遇陶一卷 一名《二懷堂詩草》 **萊園文稿無卷數** 湖

州韓棐撰。無刻書年月，約康熙間刊。

一鶴庵詩五卷 揚州郭元釪撰。康熙辛巳〔吴郡鄧明璣〕精刊。

使豫草一卷 虞山蔣漣撰。康熙間精刊。

真山人集四卷後集四卷 漢陽李昌祚撰。康熙間此心堂刊。

古學文集六卷 日本洛陽伊藤維楨撰。享保二年刊，即康熙五十六年刊。維楨治中國古學，與物茂卿齊名。著有《論語古義》《孟子古義》《大學辨僞》《中庸發揮》《論孟字義》。

載石堂詩稿二卷 溧陽宋之繩撰。無刻書年月，約康熙間刊。

肆雅堂詩選十卷 皖桐孫臨撰。康熙間精刊。有王士禎、張實居諸序。

姚端恪公文集十八卷詩集十二卷外集十八卷末一卷 桐城姚文然撰。康熙乙丑虛直軒刊。

潛齋先生集十卷 仁和應撝謙撰。咸豐四年刊。撝謙著有《性理大中》凡六種，已見《四庫存目》。

珂雪集一卷 北海曹貞吉撰，同里王士禎評。康熙己酉刊。《四庫存目》載《珂雪詩》無卷數。

珂雪二集一卷 北海曹貞吉撰。康熙壬子刊。

朝天集一卷鴻爪集一卷黄山紀遊詩一卷 北海曹貞吉撰。康熙丁卯刊。

近青堂詩一卷 江都卓爾堪撰。康熙間精刊。爾堪輯有《遺民詩》《曹陶謝三家詩》。

授研齋詩一卷 商丘宋犖金撰。康熙乙酉精刊。

望溪文集十八卷集外文十卷集外文補遺二卷 桐城方苞撰，邑後學戴鈞衡編。**年譜一卷附録一卷** 邑後學蘇惇元撰。咸豐元年至二年刊。《四庫著録》八卷。

甲戌入吴詩一卷燕堂詩鈔二卷 一《秋懷詩》一《座右詩》 **友梅集一卷** 寶應

朱經撰。康熙間精刊。

安遠堂詩一卷 平原張完臣撰。底稿本。有許之漸序。

澹餘詩集四卷南行日記一卷 北海曹申吉撰。康熙庚子刊,乾隆三十五年曾孫益厚補刊。

盤隱山樵詩八卷 合肥李孚青撰。康熙間精刊。孚青著有《香野亭詩集》,已見《四庫存目》。

百尺梧桐閣遺稿十卷 江都汪懋麟撰。康熙間瞻岜堂刊。懋麟著有《錦瑟詞》,餘者《百尺梧桐閣集》,已見《四庫存目》。

茂山堂詩草一卷二集一卷 江門梁迪撰。康熙間精刊。

豫章遊稿三集四卷 雲間吴懋謙撰。康熙間刊。

申椒集二卷 闕里孔傳鐸撰。康熙丙戌刊。傳鐸著有《紅萼軒詞》[四五],輯有《紅萼軒詞牌》。

補閒集二卷 闕里孔傳鋕撰。康熙丙戌刊。

匪我堂文集五卷 江浦劉巖撰。光緒丙子〔江浦劉氏復廬〕刊。

二十四泉草堂詩[四六]十二卷 歷城王苹撰。康熙丁酉刊。苹著有《蓼村集》,已見《四庫存目》。

閭丘詩集六十卷附味蔗詩集三卷 長洲顧嗣立撰。康熙間精刊。卷三十八至卷四十八、卷五十七至卷六十,凡十五卷原闕。卷四十九至卷五十六,即《桂林集》。首有自序,至《閭丘集》之卷數間,皆屬墨丁。嗣立著有《昌黎詩集注》,輯有《元詩選》。

秀野草堂詩集六十五卷寒廳詩話自訂年譜一卷 長洲顧嗣立撰。道光戊申刊。

聽園詩草無卷數 古淮朱維城撰。無刻書年月,約康熙間刊。五古、七古、五律、七律、五絶、七絶各一卷。

海峯文集無卷數詩集古體五卷今體六卷 桐城劉大櫆撰。康熙間縹碧軒刊。大櫆纂有《歙縣志》。

海峯文集八卷 桐城劉大櫆撰。無刻書年月，約乾隆間醒園精刊。

小稱集一卷 桐城劉大櫆撰。雍正間精刊。

梅東草堂詩九卷 虎林顧永年撰。康熙四十七年澡雪軒刊。

潭西詩集二十一卷 青浦楊陸榮撰。康熙六十一年刊。陸榮著有《殷頑録》，其餘者《三藩紀事本末》《五代史志疑》《禹貢臆參》《易互》，已見《四庫存目》。

江泠閣文集四卷文續集二卷詩集十二卷首一卷詞一卷緒風吟三卷 每卷分上下。京江冷士嵋撰。**附焚餘稿三卷** 廣陵宗元豫撰。康熙間刊。又名《宗冷合刻文稿》。

焚後書四卷尚書外傳二卷 程作舟撰。康熙辛巳〔芟園〕刊。此《尚書外傳》蓋摘二十一史中有合《尚書》之意類集而成者也。

墨香閣集十三卷首一卷末一卷 茶陵彭維新撰。道光二年彭氏刊。

中山文鈔二卷詩鈔二卷史論二卷奏議四卷見聖多言稿一卷粵西封事一卷 定州郝浴撰。無刻書年月，約康熙間本衙精刊。一名《中山全集》。

瀧江集詩選七卷 錦石山樵林之枚撰。康熙癸亥攬秀堂刊。

秋聲閣尺牘二卷 錢江奚學孔撰 **附古照堂詩稿一卷** 錢江奚大武撰。康熙戊子刊。

動忍齋詩稿二卷米山堂詩稿一卷 古虞馬元錫撰。康熙戊子精刊。

半軒詩選初集九卷 梁溪胡道隆撰。無刻書年月，約康熙間半軒刊。又名《石門詩選》。

鳳池園文集八卷詩集八卷 長洲顧汧撰。康熙五十一年精刊。

丘邦士文集十八卷 寧都丘維屏撰。康熙五十八年己亥易堂刊。第十八卷雜劇俟刊。

後圃編年稿十六卷續稿十四卷題像詩一卷詞稿二卷 盱眙李嶟瑞撰。康熙己巳至乾隆四年己未刊。《四庫存目》載《後圃編年稿》十六卷。

谷口集五卷 附 **唫壇辨體一卷** 河東王含光撰。無刻書年月,約康熙間刊。

桐野詩集無卷數 貴陽周起渭撰。康熙五十五年丙申精刊。

高陽山人文集十二卷詩集二十卷補遺一卷 襄城劉青藜撰。康熙庚寅傳經堂刊。青藜著有《金石續録》,已見《四庫存目》。

梧岡餘稿四卷文鈔一卷 桐鄉金集撰。康熙庚子半亭書屋精刊。

張亟齋遺集一卷 山陽張弨撰。同治四年望三益齋刊。〔《濟州學碑釋文》一卷,《瘞鶴銘辨》一卷,《唐昭陵六駿贊辨》一卷,《棧行圖詩》一卷,《漢隸字源校本》一卷,附録一卷。〕

湘帆堂集二十六卷 臨川傅占衡撰。康熙六十一年刊[四七]。

賞雨茆屋小稿一卷 錢塘符曾撰。康熙壬寅精刊。

春鳧小稿十二卷 錢塘符曾撰。無刻書年月,約乾隆間精刊。此編年詩,起壬戌,止癸酉。

南畇詩藁十卷詩續藁十七卷文藁十二卷 長洲彭定求撰。康熙己丑至雍正丙午精刊。《詩藁》編年體,自乙亥訖甲申。《詩續藁》自乙酉集起,至乙未集止。《文藁》十二卷,已見《四庫存目》。定求著有《南畇遺書》。

竹深處集無卷數 錢唐章藻功撰。康熙乙丑刊。

思綺堂文集十卷 錢塘章藻功撰註。康熙壬寅凌雲書屋刊。

鳴鶴堂詩集十一卷 荆溪任元祥撰。康熙庚午刊。

鳴鶴堂文集十卷 陽羡任元祥撰。乾隆十一年丙寅本衙刊。又名《任王谷集》。光緒己丑重刊。

販書偶記卷十五

冀縣孫殿起耀卿録

别　集　類 雍正至乾隆

南堂詩鈔十二卷附詞賦一卷 晉江施世綸撰。雍正間精刊。世綸即《施公案》之施公也。

信心齋疏稿二卷兩淮奏議一卷文稿一卷詩稿一卷 觀陽李贊元撰。道光癸未重刊本。

撫雲集九卷 虞山錢良擇撰。雍正庚戌精刊。〔原作十卷，惟第十卷《詠史詩》原闕。〕

蕙庵遺集二卷 檇李沈擎撰。雍正十一年精刊。又名《沈隱士集》。

鄧尉山房稿無卷數 東吴李鍼撰。雍正丙午刊。

涼隅堂二集無卷數 江門何樗撰。雍正戊申精刊。

式馨堂文集十五卷詩集十二卷詩後集十六卷詩餘偶存一卷蜕窩集一卷〔補遺一卷〕 三南魯之裕撰。康熙甲戌至雍正間精刊。之裕著有《書法穀訂》《救荒一得》。

師善堂詩集十卷 梁溪稽曾筠[四八]撰。雍正乙卯精刊。

曆園詩前集五卷後集五卷續集二卷 乍浦李天植撰。雍正癸丑刊，嘉慶十七年補刊。

龍湫集五卷 乍浦李天植撰。**附乍浦諸前輩遺詩一卷** 里人宋景關輯。**明史彈詞一卷** 乍浦宋景濂撰。乾隆壬申十二蕉亭精刊。

鬲津草堂詩三卷 德州田雯撰。雍正丁未精刊。絶句詩一卷,七十以後詩二卷。《四庫存目》無卷數。

學振〔耨〕堂詩稿九卷詩餘二卷 鶴潭王崇炳撰。雍正間刊。

舒嘯閣詩集十二卷 高邑李兆齡撰。無刻書年月,約雍正間刊。

芙航詩襭二十九卷 武進楊士凝撰。雍正元年至乾隆丙申精刊。

詩未二卷 江寧田林撰。雍正己酉精刊。此編年詩起丁卯止己酉。

春和堂紀恩詩一卷恩賜彙紀一卷詩集一卷靜遠齋詩集無卷數 起戊戌止乙未計十卷 **奉使紀行詩二卷自得園文鈔無卷數** 和碩果親王允禮撰。雍正十三年刊。

雪牕雜詠一卷 經畬主人撰。乾隆戊寅精刊。經畬主人者,果親王之别號也。

木田詩鈔七卷文鈔一卷 古延張丕揚撰。雍正四年精刊。

伊蔚堂文選無卷數 不著撰人姓名。無刻書年月,約雍正間刊。又名《典缶》。考訂之文。

閑軒詩集六卷詞一卷 桐汭洪交泰撰。雍正乙卯刊。

東湖詩鈔二卷 黟山汪士通撰。雍正間刊。

拙圃詩草十卷 楚鄂崔應階撰。雍正間精刊。應階著有《情中幻》《雙仙記傳奇》《雲臺山志》。

受宜堂集四十卷 納蘭常安撰。雍正甲寅至十三年乙卯精刊。

玉巢詩草四卷 建德徐紫芝撰。雍正甲寅精刊。

舟車集二十卷後集十卷附集唐一卷 寶應陶季撰。**爨響一卷餘響一卷詞鈔一卷摘句一卷天地合德圖贊一卷** 以下四種一名《惡木子雜者》**雜題一卷廣禽言一卷蟲箋一卷** 寶應陶蔚撰。康熙己卯至雍正間刊。一名《問天樓全集》。《四庫存目》載《舟車集》二十卷。

南谿北遊詩一卷自叙一卷 南谿子撰。無刻書年月,約雍正間刊。南谿子者,慈谿鄭性之别號也。

南谿偶刊五卷 慈谿鄭性撰。乾隆甲子精刊。《南谿夢寱》一卷,《南谿寤歌》二卷,《南谿不文》一卷,《台遊日記》一卷,凡四種。

紫幢軒詩集三十二卷 宗室文昭撰。雍正間精刊。《古瓻集》三卷,《松風塵餘集》二卷,《蟄吟》一卷,《東屯集》一卷,《在告集》一卷,《交春集》一卷,《古瓻續集》二卷,《龍鐘集》一卷,《臺溪集》一卷,《石盂集》一卷,《盤山紀遊草》一卷,《瓢居艸》一卷,《病榻吟》一卷,《畫屏齋稿》一卷,《槐次吟》一卷,《艾集》二卷,《飛騰集》二卷,《知田集》一卷,《雍正集》二卷,《松風支集》四卷,《檜棲草》二卷,凡二十一種。又名《薌嬰居士詩集》。文昭,王士禛之高弟,端岳[四九]之姪孫也。

了庵詩集二十卷像贊一卷文集十五卷 湘潭王岱撰。乾隆丁卯刊。《四庫存目》載《文集》九卷。

義門先生集十二卷附録一卷 長洲何焯撰,元和韓崇、歸安吴雲、吴江翁大年等同輯。道光庚戌刊。焯著有《義門讀書記》,《四庫》已著録。餘未刻者。《何義門校説文》,見傳抄本。

義門小集一卷 長洲何焯撰。道光間精刊。

何義門集十二卷附録一卷家書四卷 長洲何焯撰。宣統紀元己酉平江吴氏於廣州刊本。

在山堂集三十卷 應城程大中撰。道光乙未刊。卷一至十文,卷十一、十二詩,卷十三、十四《周禮外義》,卷十五、十六《讀史》,卷十七、十八《測言》,卷十九《蝨書》,卷二十至二十五《四書逸箋》,卷二十六至二十九《舊事考遺》,卷三十《四書》《時文》。《四書逸箋》六卷,《四庫》已著録。

海門詩鈔八卷外集四卷 南徐鮑皋撰。無刻書年月,約乾隆間刊。

海門初集十卷首一卷 南徐鮑皋撰,博陵尹嘉銓選。乾隆戊辰健餘堂刊。

太古園詩集一卷 膠東王倜撰。乾隆元年刊。

春及堂初集一卷二集一卷三集一卷四集一卷附蘭叢詩話一卷 桐城方世

舉撰。乾隆間精刊。

賜書堂文稿六卷詩稿四卷 海陽翁照撰。乾隆間精刊。

燕遊草一卷宦遊草一卷 華亭趙駿烈撰。乾隆間精刊。並無目録,全否待考。駿烈刊有《陳後山集》。

環隅集九卷 桐城胡宗緒撰。乾隆二年萬卷樓精刊。賦一卷,詩四卷,古文四卷。宗緒著書凡四十餘種,計百數十卷,多未梓行。

菉村文集六卷詩集六卷 吴江計默撰。乾隆間刊。默,計東之子。

朱文端公文集四卷 高安朱軾撰。乾隆間刊。軾著有《朱高安十三種》。

天益山堂遺集十卷續刊一卷 慈谿馮元仲撰。乾隆三年貽安廬精刊。

産鶴亭詩十稿十卷 嘉善曹庭棟撰。乾隆間刊。此紀年詩也。三稿《魏塘紀勝》,七稿《續魏塘紀勝》,十稿《題畫蘭百詠》。《四庫存目》載七卷。庭棟著有《永宇溪莊識略》《昏禮通考》《孝經通釋》,輯有《宋百家詩存》。

集虚齋古文[五〇]**十卷附離騷經解略** 還淳方楘如撰。乾隆甲戌佩古齋[五一]刊。

松溪文集無卷數 新安汪梧鳳撰。無刻書年月,約乾隆間不疎園刊。梧鳳,灼之父。同治癸酉金陵重刊。梧鳳著有《詩學女爲》《屈原賦音義》。

硯北詩草一卷半緣詞一卷 海寧查學撰。乾隆五年精刊。學,嗣瑮次子。

退庵文集無卷數 常熟陶貞一撰。無刻書年月,約乾隆間貽清堂〔其子承宏等編〕刊。考訂之文。

穆堂初稿五十卷 臨川李紱撰。乾隆庚申無怨軒刊。紱著有《陸子學譜》《陸象山年譜》《朱子晚年定論》,已見《四庫存目》。

穆堂别稿五十卷 臨川李紱撰。乾隆丁卯奉國堂刊。

穆堂詩文鈔十一卷 臨川李紱撰。道光間李氏容軒刊。

槐江詩鈔四卷 休寧程瑞祊撰。乾隆二年〔精〕刊。

謙谷集六卷 秀水汪筠撰。乾隆癸亥精刊。

力本文集十三卷 江都馬榮祖撰。乾隆十七年精刊。又名《石蓮堂集》。

寶閑堂集四卷 臨潼張四科撰。乾隆間精刊。

斯友堂集八卷 會稽蔣嶟撰。乾隆甲子刊。

來山堂文鈔一卷詩鈔八卷 香河程可式撰。乾隆十三年精刊。

練江詩鈔八卷 歙程之鵕撰。乾隆癸酉精刊。

黄山紀遊詩一卷白嶽紀遊詩一卷 練江程之鵕撰。乾隆六年精刊。

弱水集二十二卷 蒲城屈復撰。乾隆壬戌刊。後著有《南華通》《玉谿生詩意》《唐詩成法》。

百硯銘一卷弱水集對聯一卷王漁洋秋柳詩四首解一卷附徵刻國朝詩啓 關中屈復撰。乾隆甲子刊。

敬亭文稿四卷詩草八卷 太倉沈起元撰。乾隆甲戌刊。起元著有《周易孔義集説》,《四庫》已著録。又見《桂軒詩草》二卷,康熙壬辰精刊。

遠秀堂集八卷 闕里孔毓埏撰。乾隆八〔四十八〕年精刊。

米堆山人詩鈔八卷 嘉定張揆方撰。乾隆十年精刊。

復古文五卷 貴池吴銘道撰。乾隆二十九年刊。銘道,應箕之孫。

復古詩十四卷 貴池吴銘道撰。乾隆二十九年刊。内分《京雒塵集》一卷,《滇海集》六卷,《布颿集》二卷,《萬回集》一卷,《槎頭集》一卷,《杉青集》一卷,《金陀集》一卷,《秋樹集》一卷。

對峯偶存集十二卷 洎陽鄭儒撰。乾隆十八年精刊。

石函集十卷 秀水俞緜撰。乾隆乙卯秋歲寒書屋刊。

東山草堂賦集六卷 南城潘安禮撰,廖理註。乾隆四年刊。

野客齋詩集八卷 吴中毛曙撰。乾隆二十二年敦厚堂精刊。後四卷乾隆四十一年刊。

尋古齋集六卷 衡南李繼聖撰。乾隆間刊。

硯思集六卷 濟南田同之撰。乾隆壬戌刊。同之著有《西圃叢辨》,已見《四庫存目》。

㑭浦詩鈔二卷 海鹽馬世榮撰。乾隆戊午其孫男維翰精刊。

南皐山人斆文存稿十四卷 膠州高鳳瀚撰。底稿本。卷一至卷七《雜文》,卷八

《賑荒八議》,卷九《修城條議》,卷十《江行日記》,卷十一《南行日記》,卷十二《皖江紀行》,附《肅揭淳化帖十跋》,卷十三賦,卷十四尺牘。鳳瀚著有《南阜詩集》,已見《四庫存目》,餘者輯有《古印譜》。

碧山堂詩鈔十六卷黔苗竹枝詞一卷 玉屏田榕撰。乾隆十八年精刊。

願學齋文集四十卷 婁東黄與堅撰。傳抄本。

嚴白雲集二十七卷 虞山嚴熊撰。乾隆甲戌繩武堂刊。又名《嚴武伯詩集》。

看蠶詞一卷 桐城方觀承撰。乾隆己巳精刊。觀承著有《海塘通志》,餘者《薇香集》,輯有《述本堂詩集》,已見《四庫存目》。

西湖十景詩二卷詞一卷 休寧汪芳藻撰。無刻書年月,約乾隆間春暉樓精刊。

西林遺稿六卷 滿洲鄂爾泰撰。乾隆甲午葆真堂刊。又名《鄂文端公遺稿》。爾泰著有《鄂少保公奏議》。

連理山人詩鈔十七卷 桐城方正瑗撰,其子方張盤等編次。乾隆乙丑至戊辰刊。《金石集》四卷,《江淮集》三卷,《京華集》二卷,《關河集》五卷,《瀟灑集》三卷,凡五種。

松露堂詩稿四卷補遺一卷 高陽王筠撰。乾隆丁未精刊。

阮齋文鈔四卷詩鈔六卷 南海勞孝輿撰。乾隆癸未刊。孝輿著有《春秋詩話》,已見《四庫存目》。

雅雨山人出塞集一卷 德州盧見曾撰。乾隆十一年精刊。見曾刊有《雅雨堂叢書》,輯有《國朝山左詩鈔》。

雅雨堂詩集二卷文集四卷 德州盧見曾撰。道光二十年〔其曾孫樞清雅堂〕刊。

白蒲子詩編鋤經集六卷三以集六卷鴻干集五卷 如皋姜任脩撰。乾隆十年精刊。

辟疆園遺集十卷 梁溪顧敏恒撰。乾隆乙卯刊。

介石堂文集十卷詩集十卷 閩縣郭起元撰。乾隆癸酉精刊。起元著有《水鑑》,

已見《四庫存目》。

白雪集十七卷 錢唐張賁撰。乾隆壬申不惑堂刊。

强恕齋文鈔五卷詩鈔四卷 秀水張庚撰。乾隆二十一年至二十二年丁丑。《四庫存目》闕《詩鈔》。庚著有《圖畫精義識》,附《國朝畫徵録》後。餘者《綱目釋地糾繆》,已見《四庫存目》。

耜業齋詩稿一卷 秀水朱麟應撰。乾隆九年精刊。即《續鴛鴦湖櫂歌》。

棕亭古文鈔十卷駢體文鈔八卷詩鈔十八卷詞鈔七卷 全椒金兆燕撰。道光丙申贈雲軒刊。兆燕著有《旗亭記》。

雪莊漁唱一卷 海寧許承祖撰。乾隆丙寅精刊。

王文肅公遺文一卷 高郵王安國撰。其孫敬之編。咸豐丙辰刊。

鶴洲殘稿詩一卷詞一卷 秀水朱彝爵撰,錢唐桑調元定。乾隆十三年脩汲堂刊。彝爵,彝尊之從弟。

補瓢存稿六卷 雲東韓騏撰。乾隆戊寅南蔭書屋精刊。

止園詩集六卷詩餘一卷 古郫秦濟撰。乾隆十六年刊。

東望望閣詩鈔十六卷 嘉善查奕照撰。乾隆己酉葆初堂精刊。

澹園詩删十卷 潘州王緯撰。乾隆癸酉精刊。

子雲詩集十卷 歙縣方正澍撰。乾隆丙午刊。

徂徠集三十卷 日本江都物茂卿撰。元文元年刊,即乾隆元年刊。卷一至七詩,卷八至三十文。茂卿在日本爲治中國古學者宗,著有《論語徵》《辨道》《辨名》《讀荀子》《讀韓非子》《徂徠學則》。

南莊類稿四卷 廣昌黄永年撰。乾隆十八年集思堂刊。

青圃文鈔四卷 閩中林枝春撰。乾隆三十八年刊。

嶺南林睡廬詩選二卷 平遠林良銓撰。乾隆乙亥詠春堂精刊。

南香草堂集四卷 仁和梁啓心撰。乾隆二十四年刊。

金東山文集十二卷 江都金門詔撰。乾隆丙申精刊。又名《金太史全集》。卷一《明史經籍志》,卷二《明史傳總論》,卷三《補三史藝文志》,卷四《讀史自娱》,卷五表,卷六詔疏策論序,卷七記跋,卷八賦,卷九議傳誌書啓祭文,卷十《覃恩焚黄文》,卷十一《江都鄉賢傳》,卷十二《蘭亭序跋》。《經籍志目録》。

鳳城集二卷嘉陵集一卷 新安江權撰,同學諸子評點。乾隆癸巳刊。

東臯集一卷瞻雲集一卷可復集一卷叢蘭詩草一卷 新安江權撰。乾隆庚寅刊。

正頤堂文集六卷 新安江權撰。乾隆三十九年甲午刊。

懶庵偶存稿四卷續稿二卷又續二卷三續二卷 吴縣吴成佐撰。乾隆間刊。

筑間籟一卷 無錫鄒士桂撰。無刻書年月,約乾隆間精刊。

愛日堂吟稿十五卷 仁和趙昱撰。乾隆十二年其子一清刊。昱著有《南宋雜事詩》。

一瓢齋詩存六卷詩話一卷 河津薛雲撰。乾隆甲寅掃葉村莊精刊。

舊雨齋詩集八卷 錢塘施安撰。乾隆癸酉刊。

自怡軒詩十二卷 雲間許寶善撰。乾隆己酉刊。

蒙泉學詩草八卷 德州宋弼撰。無刻書年月,約乾隆間刊。弼輯有《山左明詩鈔》,已見《四庫存目》。

尊道堂詩鈔八卷别集六卷 黄岡王材任撰。乾隆間玉照亭精刊。

丁辛老屋集十二卷 秀水王又曾撰。乾隆丁未刊。卷首至卷十詩,卷十一十二詞。

丁辛老屋集二十卷 秀水王又曾撰。乾隆四十年新安曹氏刊。卷首至卷十七詩,卷十八至卷二十詞。

蘭陔詩集三卷 莆田鄭王臣撰。乾隆二十二年精刊。即《香艸草》《蘗蘭唱和詩》《燕中懷古詩》等三種。王臣著有《莆風清籟集》,已見《四庫存目》。

紅豆齋時術録一卷南中集一卷採蓴集一卷 東吴惠士奇撰。無刻書年月,約乾隆間精刊。《時術録》即誌文,凡十二篇,其餘者詩。士奇,周惕子,著有《易説》《禮説》《春秋説》,《四庫》已著録。

莜歙齋稿四卷 仁和陸飛撰。乾隆丙申刊。

愛日堂文集八卷詩集二卷外集一卷年譜一卷 高郵孫宗彝撰。乾隆三十五年刊。《年譜》,其子弓安撰。宗彝著有《易宗集註》,已見《四庫存目》。

石桴詩鈔二卷 休寧戴勝徵撰。乾隆辛未精刊。又名《河干草堂集》。

詠歸亭詩鈔八卷 長洲李果撰。乾隆十七年養雲亭精刊。果著有《在亭叢稿》,已見《四庫存目》。

存研樓文集十六卷二集二十五卷 宜興儲大文撰,受業張耀先張冕等編。乾隆九年至十九年本樓刊。《四庫》著録闕《二集》。

石民集二卷 濰縣楊青藜撰。乾隆壬申〔十八年癸酉安邱劉氏〕精刊。

拙存堂文集無卷數 金壇蔣衡撰。無刻書年月,約乾隆間刊。《説詩别裁》一卷,《古樂府》一卷,《古詩十九首箋》一卷,《杜詩紀聞》一卷,《尺牘》一卷,《貢卷》一卷,凡六種。衡兼工書法,手寫《十三經》全部。

拙存堂文初集八卷 金壇蔣衡撰。乾隆辛酉刊。卷一《中庸説》《易卦私箋》,卷二《讀詩疑》,卷三至六《雜文》,卷七《尺牘》《説詩别裁》《古樂府》《古詩十九首》《杜詩紀聞》,卷八《學詩偶存》等類。

恒齋文集十二卷 星沙李文炤撰。乾隆間四爲堂刊。文炤著有《近思録集解》凡六種,已見《四庫存目》。

南廓文集初編十卷二編十卷三編十卷 日本平安服元喬撰。元文二年精刊,即乾隆二年刊。服元喬,物茂卿之高弟。

霧隱山房詩二卷 新安汪淳修撰。乾隆三十四年精刊。

南廓草二卷北征草四卷 承水孫謂撰。乾隆間望雲樓精刊。一名《在原詩集》。

青立軒詩稿八卷 商丘宋華金撰。乾隆間精刊。

瘦暈山房詩鈔六卷 順德羅天尺撰。無刻書年月,約乾隆初年精刊。卷一五律,卷二五古,卷三七律(原刻作卷四誤),卷四七古,卷五七絶,卷六排律(原刻作卷五誤)。天尺著有《五山志林》。

瘦暈山房詩删十三卷續編一卷 順德羅天尺撰。乾隆庚辰石湖精刊。

畫聲二卷 會稽商盤撰。乾隆間刊。此題畫詩也，每卷首行仍刻《質園詩集》，然《質園詩集》中並無此書。盤著有《質園詩集》，已見《四庫存目》。餘者輯有《越風初二編》。

質園尺牘二卷 會稽商盤撰。道光壬寅刊。

秋泉居士集十七卷 長洲汪士鋐撰。乾隆十三年刊。士鋐著有《瘞鶴銘考》。

移晴堂四六二卷 新建曹秀先撰。乾隆間精刊。

看雲樓集二十二卷 羅江李調元撰。乾隆間精刊。調元著有《粵東筆記》《雨村詩話》，撰輯有《函海》。

遲删集八卷附文一卷 番禺吕堅撰。乾隆間滋樹堂刊。又初次印本六卷附文一卷。

釀蜜集四卷 金匱浦起龍撰。光緒二十七年靜寄東軒刊。起龍著有《讀杜心解》《史通通釋》，已見《四庫存目》。

東潛文稿二卷 仁和趙一清撰。乾隆甲寅小山堂刊。一清著有《三國志注補》，其餘者《水經注釋》，《四庫》已著録。

九畹古文十卷 三原劉紹攽撰。乾隆間〔劉氏傳經堂〕刊。紹攽著有《書考辨》《四書凝道録》《衛道編》《學韻紀要》。

九畹續集二卷 三原劉紹攽撰。乾隆間劉傳經堂刊。

石帆詩鈔十卷 桐鄉嚴光禄撰。乾隆甲寅精刊。

蘭玉堂文集二十卷詩集十二卷詩續集十一卷 平湖張雲錦撰。乾隆乙酉刊。

陳亦韓雜著無卷數附雀躍集詩一卷 常熟陳祖范撰。傳抄本。祖范著有《陳司業全集》，已見《四庫存目》。

鮚埼亭集三十八卷年譜一卷世譜一卷經史問答十卷 鄞全祖望撰。嘉慶甲子姚江借樹山房刊。此《年譜》其高弟蔣學鏞、董秉純同撰。祖望著有《宋元學案》《句餘土音》《年華録》，輯有《續甬上耆舊詩》。

鮚埼亭集外編五十卷 鄞全祖望撰。嘉慶辛未七月刊。

鮚埼亭詩集十卷 甬上全祖望撰。道光十四年箋經閣刊。光緒間童氏大鄮山館重刊。

洗桐軒文集九卷抱桐軒文集三卷 鎮洋顧陳垿撰。乾隆間淡成堂精刊。又名《顧賓易集》。陳垿著有《八矢注字圖説》《鍾律陳數》,已見《四庫存目》。

玉屏山樵吟五卷驗封礦洞記略一卷 歸安陸師撰。乾隆八年刊。又名《采碧山堂詩》。

上湖分類文編無卷數 錢塘汪師韓撰。乾隆間刊。師韓著有《觀象居易傳箋》《韓門綴學》《文選理學權輿》。

上湖紀歲詩編四卷續編一卷 錢塘汪師韓撰。乾隆二十三年刊。

東莊遺集四卷 吴縣陳黄中撰。乾隆三十二年大樹齋精刊。考訂之文。黄中,景雲之子。

曹學士遺集三十卷年譜一卷 嘉定曹仁虎撰,青浦王鴻逵編。嘉慶間次歐山館鈔本。

研堂詩集十卷贈言一卷續稿二卷贈言一卷晚稿二卷拾遺一卷贈言一卷花外散吟一卷 毘陵楊維坤撰。乾隆間精刊。

斗齋詩選二卷 祥符張文光撰。乾隆壬午刊。

廉立堂文集十二卷 郇陽衛既齊撰。乾隆乙未刊。

蔗塘未定稿八卷押簾詞一卷外集八卷 宛平查爲仁撰。乾隆間精刊。《花影庵集》二卷,《無題詩》二卷,《是夢集》一卷,《抱甕集》一卷,《竹邨花隖集》一卷,《山遊集》一卷(以上正集),《賞菊倡和詩》一卷,《花影庵雜記》二卷,《芸香閣賸稿》一卷(山陰女史金至元撰),《游盤日記》一卷,《蓮坡詩話》三卷(以上外集)。爲仁輯有《沽上題襟集》。

昨非齋草一卷 宛平查爲仁撰。乾隆戊戌精刊。又名《悵然吟》。

拗堂詩集八卷 仁和景星杓撰。乾隆七年蘭陔堂刊。

松桂讀書堂集賦頌二卷詩八卷讀經史七卷周甲録一卷 華亭姚培謙撰。乾隆間精刊。《四庫存目》載八卷。培謙著有《春秋左傳杜注》《楚辭節註》。

孟晉齋詩集二十四卷 錢唐陳章撰。乾隆己亥勤有堂刊。第二十三卷以下詞。

古雪齋詩八卷 上海曹錫寶撰。乾隆二十一年精刊。

嘉樹樓詩鈔四卷 古越余文儀撰。乾隆甲午刊。

白山氓鑄陶一卷 鐵嶺永寧撰。**廌青山人集杜一卷** 鐵嶺李鍇撰。乾隆間關中李日初精刊。鍇著有《尚史》,《四庫》已著録;《睫巢集後集》,已見《四庫存目》。

吹萬閣詩集七卷二如菴詞鈔一卷吹萬閣文鈔六卷緩堂文鈔四卷緩堂詩話二卷緩堂文述二卷 長洲顧詒禄撰。乾隆間精刊。

清華堂集四卷 儀徵石椿撰。乾隆己丑精刊。

雲溪草堂文鈔十四卷 溧陽彭光斗撰。乾隆間刊。内有《讀易臆説》《讀詩臆説》。

看山閣文集八卷今體詩十六卷古體詩八卷續集八卷詩餘四卷南曲四卷閒筆十六卷 峯泖黄圖珌撰。乾隆間精刊。

慕良雜著三卷附録一卷 武進莊有可撰。民國十九年其玄孫俞鉛字排印本。考訂之文。

夢樓詩集二十四卷 丹徒王文治撰。乾隆乙卯食舊堂刊。

得閒人集二卷 容城孫望雅撰。無刻書年月,約乾隆間刊。

峆嵼山人詩集四卷 福山謝乃實撰。無刻書年月,約乾隆間刊。

圖東學詩八卷 丹徒張學林撰。乾隆間精刊。

峋嶁集内編六卷外編三卷删餘詩草無卷數文草二卷仿古吟一卷雜著一卷韻語一卷韻箋五卷 衡山曠敏本撰。乾隆間澄滓山房定性山房精刊。敏本著有《鑑撮》。

龕山集四卷清淮集二卷清淮續集二卷帶津詩草二卷 太谷孟淦撰。乾隆癸卯精刊。

半舫齋詩集一卷 四明張錫璜撰。無刻書年月，約乾隆間精刊。

晝溪詩集十六卷論詩二十一則晝溪選詩四卷晝溪逸語七卷晝溪雜記七卷 桐城吴詢撰。無刻書年月，約乾隆間刊。

佛香閣詩存五卷 全椒郭肇鑕撰。乾隆丁亥精刊。

小樹軒詩集八卷 錢塘金虞撰。乾隆己酉今雨堂刊。

喬劍溪遺集十九卷 寶應喬億撰。乾隆間精刊。《小獨秀齋詩》二卷《補遺》一卷《附録》一卷，《窺園唫稿》二卷附《江上吟》一卷，《三晉遊草》一卷《附録》一卷，《夕秀軒遺草》一卷，《惜餘存稿》一卷，《劍溪外集》一卷，《劍溪文略》一卷，《燕石碎編》一卷，《杜詩義法》二卷，《劍溪説詩》二卷，又編一卷，凡十一種。

看雲吟稿一卷 震澤張棟撰。無刻書年月，約乾隆間精刊。又名《古今論畫詩》。

映日齋詩集六卷 古延王令樹撰。乾隆乙酉精刊。

緑溪初稿無卷數緑溪詩四卷緑溪語二卷詠史偶稿一卷緑溪詞一卷 黎城靳榮藩撰。乾隆丁酉刊。榮藩著有《吴詩輯覽》。

青溪文集十二卷續編八卷 新安程廷祚撰。道光戊戌其姪孫兆恒刊。廷祚著有《讀易管見》《易通》《大易擇言》《春秋識小録》《晚書訂疑》。

嘯村近體詩選三卷 懷寧李葂撰。乾隆丙子雅雨堂精刊。

戒亭詩草四卷 三原劉壬撰。乾隆庚子内省齋刊。

梅川文衍十二卷硯堂四六二卷栗山詩存十八卷唱詶紀勝一卷讀黄合志一卷青玉閣詞一卷 宛陵方學成撰。乾隆間松華堂精刊。《讀黄合志》與歙許起昆、吴開同撰。

歲寒亭畫句無卷數 宛江方學成撰。乾隆元年松華堂精刊。即詩詞。

學古偶録三卷 宛陵方學成撰。乾隆間松華堂精刊。内有《喪葬嚴禁侈靡條議》,此篇最巨。

懷岳堂詩集八卷附二卷 霍山張繼曾撰。乾隆辛巳精刊。分元亨利貞四集,每集上下卷。

鐵堂詩草二卷 閩中許珌撰,後學吴鎮楊芳燦同評選。舊抄本。

抱碧齋詩四卷詞一卷 宜興儲國鈞撰。乾隆壬辰刊。

螢照閣集十六卷 番禺車騰芳撰。乾隆間近溪山房刊。

晉起堂遺集十二卷 黄岡吕德芝撰。乾隆庚辰刊。

澹寧齋集十卷 山陰楊際昌撰。乾隆間刊。前九卷詩,末一卷筆記。又名《蘭室叢談》。

紫竹山房詩集十二卷文集二十卷年譜一卷 錢唐陳兆崙撰。《年譜》其姪玉繩編。乾隆間刊。

蘭堂詩集九卷 揚州羅本俅撰。乾隆甲辰刊。

鳴春小草七卷茶山詩鈔十一卷茶山文鈔十二卷 武進錢維城撰。乾隆丙申刊。一名《錢文敏公全集》。

紀行詩十卷 南昌熊爲霖撰。乾隆四十六年松心書屋刊。凡十種計十册。

皋廡集六卷獨持集十卷 漢陽彭湘懷撰。乾隆甲子刊。

思居堂集十三卷 猗氏喬于泂撰。乾隆二十一年精刊。

學愚文集八卷 考城梁賓撰,睢陽湯之暄評。乾隆乙亥敦庸堂刊。

類谷居近稿一卷 無錫諸洛撰。乾隆壬申精刊。

非我齋偶刻無卷數 南豐謝鳴謙撰。乾隆丙戌刊。

枝巢詩草四卷 漫圃圖鍩布撰。乾隆丁未刊。

木鳶集六卷賦稿一卷 吴門朱受新撰。無刻書年月,約乾隆間精刊。

焦山紀遊集一卷 錢唐厲鶚撰。乾隆戊辰刊。鶚著有《遼史拾遺》《宋詩紀事》凡數種,《四庫》已著録。

樊榭山房集外詩一卷 錢唐厲鶚撰。無刻書年月,約嘉慶間陳鴻壽刊。

樊榭山房文集八卷詩集十卷續集十卷 錢唐厲鶚撰。乾隆四十三年戊戌刊,光緒七年嶺南述軒重刊。《四庫》著録二十卷。

誠正堂稿八卷附詩餘一卷文一卷 禮親王永恩撰。乾隆間刊。

芸暉堂詩集七卷續稿一卷 蠡吾閻中寬撰。乾隆間刊。

北廬詩鈔二卷 太倉陸毅撰。無刻書年月,約乾隆間貴己堂精刊。

怡雲山人南溟集五卷 高密宫爾勸撰。乾隆間精刊。

青嶁遺稿二卷 古吴盛錦撰,長洲沈德潛評。乾隆辛巳精刊。

戴東原集十二卷札記一卷 休寧戴震撰。**年譜一卷** 弟子金壇段玉裁撰。乾隆五十七年壬子經韻樓刊。震著有《屈原賦注》《原善緒言》《水經注》《戴氏遺書》,餘未刊者《孟子私淑録》見傳抄本。

片石詩鈔六卷詩餘一卷 如皋江干撰。乾隆間精刊巾箱本。

畬經堂文集八卷詩集六卷詩續集四卷 武陵朱景英撰。乾隆甲申刊。

澄秋閣初集四卷二集四卷三集四卷 江都閔崋撰。乾隆壬申精刊。

亦樂堂詩六卷 晉陵陶自悦撰。乾隆癸未仁本堂刊。

望古集六卷 無爲汪有典撰。民國十六年刊木活字本。有典著有《史外》。

香草齋詩鈔六卷 永福黄任撰。乾隆戊寅刊。任著有《惠獻貝子功績録》《消夏録》。

香草齋詩註六卷 永福黄任撰,同邑陳應魁註。嘉慶甲戌精刊。

秋江集註六卷 永福黄任撰,長樂王元麟註。道光癸卯東山家塾刊。

楚聲一卷 臨汾周來謙撰。乾隆己巳溯濂堂精刊。

寶綸堂文鈔八卷詩鈔六卷 天台齊召南撰。嘉慶二年至十三年秦瀛戴殿海校刊。召南著有《水道提綱》《歷代帝王年表》。

和陶百詠一卷 天台齊召南撰。光緒十九年刊。

松厓詩鈔三十二卷續編二卷 陽湖管斡珍撰。乾隆間大觀樓精刊。又名《爨餘稿》。斡珍著有《職方志》《明史志》《讀易一隅》《誦詩一隅》《説文辨異》《玉書黄門篆説義》《書經一隅》《問禮一隅》《規左一隅》《毘陵食品拾遺》。

浣玉軒集四卷 江陰夏敬渠撰,曾姪孫子沐輯。光緒庚寅校刊。卷一《讀經餘論》,卷二《讀史餘論》、雜文,卷三雜文,卷四詩。敬渠著有《野叟曝言》。

六堂詩存四卷 三原萬經撰。乾隆己丑精刊。

迂齋學古編四卷 膠州法坤宏撰。乾隆三十九年海上廬精刊。坤宏著有《春秋取義測》。

求志山房文稿六卷附年譜一卷 容城胡具慶撰。民國九年鉛字排印本。具慶著有《孝經章句》。

玉亭集十四卷雜説一卷 檇李吴高增撰。乾隆乙酉刊。原目録十六卷,書實十五卷。

敬齋集詩十二卷文十二卷補編一卷 檇李吴高增撰。乾隆間凝秀堂刊。

槐塘詩稿十六卷文稿四卷 錢塘汪沆撰。乾隆五十一年刊。

葆璞堂文集四卷 光山胡煦撰。乾隆壬辰本堂精刊。煦著有《周易函書》。

南園倡和集一卷 臨汾劉檯撰,長洲沈歸愚批點。乾隆己卯百禄堂刊硃墨套印本。

青虚山房集十一卷 定興王太岳撰。光緒癸巳定興鹿氏刊。

柏巖文集四卷 東垣吕宣曾撰。乾隆乙巳刊。

婷雅堂詩集十二卷詩續集四卷娵隅集十卷别集六卷詞集四卷 上海趙文哲撰。乾隆己酉刊。

夢喜堂詩集六卷 謝山夢麟撰。乾隆間近文齋精刊。

大谷山堂集六卷 謝山夢麟撰，建業門人嚴長明編。乾隆間精刊。又一部，無刻書年月，約道光間刊木活字本。

晝亭詩草十八卷詞草一卷詞續二卷 江陰朱黼撰。乾隆戊戌太岳山房刊。

十誦齋詩集四卷詞一卷雜文一卷 錢唐周天度撰。乾隆癸卯刊。

止心樓詩二卷 江都鄭玉珩撰。乾隆庚辰精刊。

雲林小硯齋詩鈔二卷銕笛吟草二卷 長洲顧文鉷撰。乾隆四十一年刊。又名《蘆汀詩鈔》。

竹嘯軒詩鈔十八卷 長洲沈德潛撰。乾隆辛未精刊。

沈歸愚全集歸愚詩鈔二十卷詩餘一卷歸愚文鈔二十卷詩鈔餘集十卷文鈔餘集八卷浙江省通志圖說[五二]一卷說詩晬語二卷歸田集一卷附投贈一卷矢音集四卷九十壽詩一卷黃山遊草一卷台山遊草一卷南巡詩一卷自訂年譜一卷 長洲沈德潛撰。乾隆癸酉至丁亥教忠堂精刊。

傳經堂詩鈔十二卷 蕪湖韋謙恒撰。乾隆庚戌刊。

晚笑堂竹莊詩集一卷 長汀上官周撰。乾隆丁巳精刊。周兼工畫。

笏山詩集十卷 江都申甫撰。乾隆壬子刊。

西莊始存稿四十卷附一卷 東吴王鳴盛撰。乾隆三十一年精刊。卷一頌賦。卷二律賦、恭集詩、試帖詩，卷三至十七古今詩，卷十八長短句（按原目作古今詩誤），卷十九至二十《洪範後案》，卷二十一至二十三《周禮軍賦説》，卷二十四至三十九雜文，卷四十家傳，嗣刊。卷附長短句，嗣刊。封面刊“西莊居士始存稿”七字。鳴盛著有《十七史商榷》《尚書後案》《蛾術編》。

竹素園詩草三卷日下集一卷 嘉定王鳴盛撰。乾隆十四年己巳求野堂精刊。又名《曲臺叢稿》。

西莊始存稿三十卷附一卷 東吴王鳴盛撰。乾隆乙酉精刊。卷一至十四古今詩，卷十五至三十雜文，卷附長短句。按此書板式字體與前見絲毫不差，惟卷之第數互異,乃王氏删定本也。較前書少卷二律賦、恭集詩、試帖詩。卷十七古今詩,卷十九二十《洪範後案》,卷二十一至二十三《周禮軍賦説》,卷三十四制草、春帖子,凡八卷。封面刊"王西莊先生詩文集"七字。

西沚居士集二十四卷 東吴王鳴盛撰。道光三年嘉定李氏〔春自怡山房〕刊。

壽藤軒吟稿二卷冬榮館詩一卷杜詩識小一卷李詩臆説一卷 寶應朱宗大撰。乾隆間精刊。

省齋自存草十卷 滋陽邱仰文撰。乾隆間刊。仰文著有《讀周易記》《楚辭韻解》。

北田詩臆一卷江湖客詞一卷北田文略一卷叢殘小語一卷弱笑閒談一卷 槜李江浩然撰。乾隆壬午精刊。浩然著有《曝書亭詩箋註》。

薑畦詩集六卷 山陰邵廷鎬撰。無刻書年月,約乾隆間精刊。

真志堂詩集五卷 平山仝軌撰。乾隆丙寅尊經閣精刊。

浣桐詩鈔六卷 嘉善朱一蜚撰。乾隆間精刊。

西垣集二十卷次集八卷 崇州保培基撰。乾隆間井谷園精刊。詩八卷,詞四卷,文四卷,《羈魂夢語》二卷,《四鄉省記》二卷。《次集》詩六卷,詩餘一卷,雜著一卷。

爽籟山房集二卷 仁和程之章撰。乾隆己卯刊。

語山堂詩鈔無卷數 鳳山佘錫純撰。無刻書年月,約乾隆間精刊。

白松草堂詩鈔六卷 長洲朱玉蛟撰。乾隆間精刊。

補亭詩集十卷齊年堂駢體文集四卷 嘉定王畮撰。乾隆壬午爾雅堂刊。

勤思堂詩集五卷 平湖胡弈勳撰。乾隆己卯精刊。

大年堂詩鈔二卷 嘉定王楫汝撰。乾隆戊戌刊。無目録,全否不可考。

檜門詩存四卷觀劇絶句一卷 仁和金德瑛撰。乾隆三十三年戊子如心堂精刊。

一樓集二十卷 雲間黄達撰。乾隆壬午精刊。

羡門山人詩鈔十一卷 歸安孫霖撰。乾隆三十三年戊子刊。

玉禾山人詩集十卷 合肥田實發撰。無刻書年月，約乾隆間〔兩衡堂〕精刊。〔卷九即《緑楊亭詞》。〕

藹春齋初稿滄海集五卷 元和宋調元撰。乾隆丁亥精刊。

柚堂文存四卷 秀水盛百二撰。乾隆間〔夏寶綸堂〕刊。百二著有《尚書釋天》《柚堂筆談》《續筆談》。

皆山樓吟稿四卷 秀水盛百二撰。乾隆壬子寶綸堂刊。

守坡居士詩集十二卷 高密宫去矜撰。乾隆戊子頤志堂精刊。

漁山詩草二卷 任邱邊汝元撰。乾隆乙未精刊。

陶人心語五卷續選九卷附可姬傳一卷 瀋陽唐英撰。乾隆間古柏堂精刊。又一部原選五卷，續選五卷。英著有《古柏堂傳奇》《問奇典注》。

朱秋厓詩集四卷文集無卷數 寶應朱克生撰。同治四年刊。克生著有《秋舫日記》，見原稿本。

東里類稿八卷詩一卷 盱里涂瑞撰。乾隆間刊。考訂之文。

曉堂集七卷 桐城石文成撰。乾隆甲申刊。

子田初集四卷 興化任大椿撰。無刻書年月，約乾隆間刊。

瀛壖百詠一卷 錢塘張湄撰。乾隆壬戌精刊。湄著有《柳漁詩鈔》，已見《四庫存目》。

陳學士文集十八卷 文安陳儀撰。乾隆庚申蘭雪齋[五三]刊。

紫薇山人詩鈔八卷 海寧沈維基撰。乾隆四十三年精刊。

穆菴遺文一卷 始興林明倫撰，綏安朱仕琇評。乾隆四十二年刊。

健餘文集十卷别集尺牘**四卷奏議十卷詩草三卷讀書隨筆六卷劄記四卷語録四卷撫豫條教四卷年譜四卷** 博野尹會一撰。乾隆十四年至十六年敦崇堂刊。

響泉集二十八卷 金匱顧光旭撰。乾隆丙申刊。

怹題上方二山紀游集一卷 宛平查禮撰。乾隆丁卯精刊。禮輯有《銅鼓書堂印譜》。

銅鼓書堂遺稿三十二卷 宛平查禮撰。乾隆五十三年刊。

亦山小草六卷 鹽官陳寅撰。乾隆辛卯精刊。

香樹齋詩集十八卷續集十六卷 嘉興錢陳羣撰。乾隆辛未至己卯刊。

香樹齋詩集十八卷續集三十六卷文集二十八卷續集五卷 嘉興錢陳羣撰。乾隆辛未至甲申刊。

夏觀川詩十二卷 孝昌夏力恕撰。乾隆乙丑精刊。又名《菜根精舍詩草》。力恕著有《證疑備覽》,餘者《菜根堂劄記》,已見《四庫存目》。

繩庵内集十六卷外集八卷 武進劉綸撰。乾隆壬辰用拙堂刊。

鐵莊文集八卷〔疏快軒〕詩集二卷詩餘一卷 句吴陸楣撰。光緒乙未曹氏樂善堂刊木活字本。

雪溪詩草無卷數 臨汾賈澤洛撰。無刻書年月,約乾隆間〔緑雪書屋〕刊。

香山詩評一卷 海寧周文在撰,其子周春校輯。乾隆丙戌精刊。

鶴亭詩稿四卷 益都朱承煦撰。底稿本。有乾隆辛酉自序。首有乾隆乙丑茹綸常題識,時年七十有一。並有茹綸常批校。即《洛游集》《解渴吟》《望臺集》《望樓詩》等四種。

翼堂詩集二卷 山陽邱迥撰。乾隆戊戌精刊。

寶奎堂文集十二卷篁村詩集十二卷 上海陸錫熊撰。嘉慶庚午刊。道光己酉重刊。錫熊纂有《婁縣志》。

放鴨亭小稿一卷附環溪詞一卷 江都陸鍾輝撰。乾隆二十六年精刊。鍾輝刊有《笠澤叢書》《姜白石集》。

道腴堂詩編三十卷詩續十二卷雜著一卷續雜著一卷雜編八卷脞雜一卷浚逸亭新編一卷小簇園新編一卷續編二卷雪泥鴻爪録四卷 雲中鮑鈖撰。乾隆間陸續刊。此書字體不一律,《浚逸亭》以下三種精刊。

高梅溪遺集詩一卷附詞 如皋高繼祖撰。乾隆丙申精刊。

宛舫居文集十卷 莆陽林源撰。乾隆癸未精刊。

華陽散稿二卷 金沙史震林撰。乾隆丁亥松槐書屋刊,光緒癸未弢園老民重訂鉛字排印本。震林著有《西清〔青〕散記》。

半舫齋古文八卷 高沙夏之蓉撰,秣陵戴祖啓批點。乾隆辛卯精刊。之蓉著有《讀史提要録》《半舫齋偶輯》。

半舫齋編年詩二十卷 高沙夏之蓉撰。乾隆辛卯門弟子侯學詩精刊,光緒十一年其玄孫子猷刊。

容居堂詩鈔七卷詞鈔三卷 雲間周稚廉撰。無刻書年月,約乾隆間刊。

石冠堂文鈔一卷詩鈔四卷 桐城張尹撰。乾隆庚申精刊。

恩餘堂〔經進初〕稿十二卷續稿二十二卷三稿十一卷策問〔存稿〕二卷知聖道齋讀書跋尾二卷 南昌彭元瑞撰。無刻書年月,約乾隆間刊。元瑞著有《石經考文提要》《五代史記注》。

恩餘堂輯稿四卷 南昌彭元瑞撰,其孫男邦疇編校。道光丁亥刊。

飯顆山人詩五卷 仁和曹斯棟撰。乾隆甲寅刊。斯棟著有《稗販》。

述庵詩鈔十二卷 青浦王昶撰。乾隆庚戌刊。昶輯有《金石萃編》《湖海詩傳》《青浦詩傳》《青浦縣志》凡數種。

春融堂集六十八卷述庵年譜二卷〔附刻〕雜記八種 青浦王昶撰。嘉慶十二年丁卯至十三年青浦王氏塾南書舍刊。

曉亭詩鈔四卷 宗室塞爾赫撰。**附鶴鳴集一卷** 宗室伊都札撰。乾隆己巳精刊。

塞外橐中集四卷 杭靄山客夏之璜撰。乾隆甲戌精刊。

教經堂詩集十二卷文集六卷談藪六卷 武進徐書受撰。乾隆五十年乙巳刊。此編年詩起丁亥,止癸丑。

海珊詩鈔十一卷補遺二卷附明史雜詠四卷 烏程嚴遂成撰。乾隆間精刊。

東皋草堂文集十卷 番禺韓海撰。無刻書年月,約乾隆間刊。

紀文達公遺集文十六卷詩十六卷 河間紀昀撰。嘉慶十七年其孫樹馨刊。昀著有《閱微草堂筆記》。

水南灌叟遺稿六卷 吉水羅暹春撰。乾隆間二畝園刊。

紅櫚書屋詩集四卷 曲阜孔繼涵撰。乾隆間刊。繼涵著有《微波榭遺書》。

經稼堂詩六卷 上海徐長發撰。無刻書年月,約乾隆間刊。

黄瘦石稿十卷 東皋黄振撰。乾隆丁亥寄生草堂精刊。振著有《石榴記傳奇》。

長吟閣詩集十卷 吴中黄子雲撰。乾隆十八年刊。

竹葉菴文集三十三卷 吴縣張塤撰。乾隆五十一年刊。卷一至卷二十四詩,卷二十五至三十三詞。第二十四卷分上下,此下卷又分二卷,乃續刊者。塤著有《吉金貞石録》。

清綺軒初集賦一卷文一卷詩一卷詞一卷 華亭夏秉衡撰。乾隆間精刊。

竹巖詩草二卷 任邱邊中寶撰。乾隆乙未精刊。

抱經堂文集三十四卷 餘姚盧文弨撰。乾隆乙卯刊。

定性齋集一卷蓮坡遺集一卷 高密李憲暠撰。乾隆間刊。

雲豆樓集二卷 錫山楊度汪撰。乾隆丁亥容與堂刊。

學福齋詩集三十七卷首一卷 即賦 **文集二十卷** 雲間沈大成撰。乾隆三十六年辛卯至三十九年甲午刊。大成與戴震、惠棟、王鳴盛、杭世駿相契，詩古文名最著。

近遊詩鈔二卷 雲間沈大成撰。乾隆間有華書塾精刊。

秋巖詩鈔四卷 丹徒管兆桂撰。乾隆戊戌耕雲草堂精刊。

兩當軒詩鈔十四卷悔存詞鈔二卷 武進黄景仁撰。嘉慶四年〔長寧〕趙希璜〔於安陽縣署〕刊，書帶草堂藏板。

兩當軒詩集十六卷 武進黄景仁撰。海鹽吴修編。道光丁酉海昌蔣氏别下齋刊。

兩當軒集二十卷考異二卷附録六卷 武進黄景仁撰。咸豐八年家塾刊，同治十二年癸酉九月集珍齋刊木活字本，光緒二年家塾刊本。又名《全集》二十二卷《附録》四卷。

師華山房文集三卷 上元戴祖啓撰。乾隆間刊。祖啓著有《尚書協異》《尚書涉傳》《春秋五測》。

香雪文鈔十二卷 天都曹學詩撰。乾隆辛未本衙刊。

四百三十二峯草堂詩鈔三十卷 惠州趙希璜撰。乾隆癸丑于安陽縣署刊初印本十四卷。

研栰齋文集二卷 惠州趙希璜撰。嘉慶庚申于安陽縣署刊。

無不宜齋未定稿四卷 仁和翟灝撰。乾隆間刊。灝著有《通俗編》《四書考異》《爾雅補郭》《湖山便覽》。

露香書屋詩集十卷 仁和張映辰撰。乾隆間刊。映辰，雲璈之父。

罐埜山人詩集四卷詞四卷 嘉定王初桐撰。乾隆間刊。初桐著書甚富，著有《奩史》《貓乘》《古香堂十三種》《西域爾雅》，餘書多種未刊。

秋藥庵詩集八卷 仁和馬履泰撰。乾隆甲寅〔仁和馬氏〕刊。

抵掌八十一吟一卷 古杭馬履泰撰。無刻書年月，約嘉慶間刊。

切問齋集十六卷 吴江陸燿撰。乾隆壬子暉吉堂刊。

文史通義内外篇八卷校讎通義三卷 會稽章學誠撰。道光壬辰至癸巳春刊。

章氏遺書三十卷外編十八卷補遺一卷附録一卷校記一卷 會稽章學誠撰,吴興劉承幹編。民國壬戌吴興劉氏嘉業堂刊。

白華前稿六十卷 南匯吴省欽撰。乾隆四十八年刊。

白華後稿四十卷年譜一卷 南匯吴省欽撰。嘉慶十五年石經堂刊。卷一至卷二十六文,卷二十七至卷三十九詩,卷四十詩餘。附《年譜》,其子敬樞撰。

白華入蜀文鈔五卷 南匯吴省欽撰。無刻書年月,約乾隆間刊。

白華入蜀詩鈔十三卷 南匯吴省欽撰。無刻書年月,約嘉慶間刊。此編年詩,起癸巳,止丁酉。

祇平居士集三十卷附録一卷 嘉興王元啓撰。嘉慶壬申刊。卷一論,卷二説,卷三辨,卷四《解訓釋答問》,卷五考,卷六至七序,卷八序、贈送序,卷九至十二壽序,卷十三至二十書,卷二十一至二十二記,卷二十三書事、題跋,卷二十四墓誌銘,卷二十五墓誌銘、壙誌、權厝誌、世譜,卷二十六至二十八傳,卷二十九贊、引、疏、祭文,卷三十古今體詩,《附録》翁方綱撰墓誌銘祭文。元啓著有《惺齋雜著》。

夜識軒和陶詩四卷集陶詩一卷 涇縣朱森桂撰。乾隆戊戌精刊。

梅崖居士文集三十卷外集八卷 建寧朱仕琇撰。乾隆四十七年松谷刊。

雨峯詩鈔八卷 婺源齊翀撰。乾隆間刊。翀著有《杜詩本義》《三晉見聞録》《思補齋日録》。

耘圃詩鈔十二卷 長洲李繩撰。乾隆甲寅芸業齋刊。初刻十卷,元編一卷,玉編一卷。

排山小集八卷後集六卷續集十二卷 錢塘朱楓撰。**附遺詩鈔一卷** 趙止庵撰。**青岑遺稿一卷** 錢塘朱樟撰。乾隆己丑至丙申精刊。

南野堂詩集七卷首一卷 檇李吴文溥撰。乾隆五十九〔嘉慶元〕年味蘭居刊巾箱本。文溥著有《漢唐石刻目録》《師貞備覽》《南野堂筆記》。

芝庭文藁八卷詩藁十四卷 長洲彭啓豐撰。乾隆戊子至庚寅精刊。

芝庭集十八卷附録一卷 長洲彭啓豐撰。乾隆六十年其季子紹升編刊。

樂圃吟鈔八卷 吴縣張玉穀撰。乾隆六十年清暉樓刊。

訒葊詩存八卷 古歙汪啓淑撰。乾隆三十七年刊巾箱本。啓淑著有《水漕清暇録》《焠掌録》《飛鴻堂印譜》凡數種，輯有《擷芳集》。

香聞遺集四卷 長洲薛起鳳撰。乾隆三十九年精刊。

道古堂文集四十八卷詩集二十六卷 仁和杭世駿撰。乾隆四十一年丙申〔槐塘汪沆〕刊。光緒十四年汪氏〔曾唯〕振綺堂重刊〔檢理舊板校訂補刊〕，多集外詩一卷，集外文一卷，軼事一卷。世駿著有《續禮記集説》《道古堂外集》《杭氏七種》，輯有《禁林集》。

嶺南集八卷 仁和杭世駿撰。無刻書年月，約乾隆間刊。

孔堂初集二卷孔堂私學二卷孔堂文集一卷 長城王豫撰。乾隆己未刊。一名《王立父遺文》。考訂之文。

六義齋詩集四卷雲岫詞一卷 儀徵施朝榦撰。乾隆六十年刊。

一勺集一卷 儀徵施朝榦撰。嘉慶丁巳刊。道光二十六年補刊，附補遺一卷。

正聲集四卷詞一卷 儀徵施朝榦撰。嘉慶五年刊。

慶芝堂詩集十八卷 瀋陽戴亨通〔戴亨〕撰。乾隆戊寅刊。道光二十一年重刊本，附《耕烟草堂詩鈔》四卷，仁和戴梓文〔戴梓〕撰。

秋草文隨十卷 宣城袁穀芳撰。乾隆間湛華堂刊。

翠微山房文集二卷詩集四卷使蜀草一卷滇南集二卷萬里寄懷集一卷 汾陽曹錫齡撰。底稿本。首有法式善手書序。

伊蒿文集八卷 會稽甯錡撰。乾隆六十年乙卯伊蒿草堂精刊。《經解》二卷,《史論》二卷,《杜詩摘參》四卷,凡三種。

尊聞居士集八卷 瑞金羅有高撰。乾隆四十七年刊。道光十八年〔謙福堂〕陳氏據原稿刊本,多遺稿一卷。光緒七年寧都韓氏翻陳氏刊本。光緒間翻初刻本,後附諸家評二頁。

竹素園詩鈔八卷 東吴許廷鑅撰。乾隆間精刊。

澄碧齋詩鈔十二卷别集一卷 仁和錢琦撰。乾隆庚子刊。

白鶴堂文稿無卷數 丹稜彭端淑撰,山陰胡天游等評。乾隆辛卯刊。

所存集二卷 滬水胡紹鼎撰。乾隆四十一年汾陽曹學閔精刊。

小桐廬詩草十卷 震澤袁景輅撰。乾隆間愛唫齋精刊。景輅輯有《國朝松陵詩徵》。

南江文鈔十二卷詩鈔四卷札記四卷 餘姚邵晉涵撰。嘉慶道光間刊。目録文詩卷數接連,其書中仍分兩斷。晉涵著有《爾雅正義》《舊五代史箋注》,餘者《舊五代史考異》見底稿本。

山木居士外集四卷 盱黎魯仕驥撰。乾隆四十七年刊。仕驥後改名九皋,著有《周易注》。

山木居士全集無卷數 盱黎魯九皋撰。底稿本。紅格紙,每頁十八行,版心刊有"山木居士文集"六字。此書并無目録,首有乾隆五十九年自序,原分初二三續計四編,裝四册。(初編)策一、頌一、《性命》一、《氣質》一、《五常》一、《七日來復説》一、解一、《讀荀子禮論》篇一、《讀春秋繁露》一、《讀文中子》一、書後二十三、説二、《古硯録》一、書五十二、序二十、跋七、送序二十一,計一百三十六篇。(二編)壽序九、傳四、記六、行狀一、廟碑二、碑二、墓表六、墓誌銘三十六、墓誌一、哀辭四、祭文十,計八十一篇。(三編)論一、説七、跋二、書後五、書贈一、紀事一、書後四、題紀三、跋一、記一、傳一、《記筮》一、書二十、例言四、序十四、壽序二十，計八十三篇。（續編）祝文三十九、《北上書册》一、策問二、對策一、《備荒管見》一、告示二十二、《十家牌示》一、《一家牌條約》一、條規一、勸文一，計七十篇，附詩草，計七十四首。

山木居士集十二卷外集二卷 盱黎魯仕驥撰。**附魯賓之文鈔一卷** 魯績撰。**魯習之文鈔一卷** 魯嗣光撰。道光十一年陳用光精刊。用光，仕驥之甥。道光十四年桐華書屋重刊。

西湖雜詠一卷 曲沃秦武域撰。乾隆四十九年刊。又名《笑竹集》。武域著有《聞見瓣香録》。

觀樹堂詩集合刻十五卷 錢塘朱樟撰。乾隆間精刊。《叱馭集》一卷，《問絹集》一卷，《白舫集》二卷，《剡曲集》一卷，《冬秀亭集》四卷，《一半勾留集》二卷，《古廳集》三卷，《郎潛集》一卷，凡八種。《四庫存目》載十四卷。

于湘遺藁五卷 長洲樓錡撰。乾隆間刊。

稻孫詩集四卷 高郵賈田祖撰。乾隆四十九年刊。田祖與同邑王懷祖友好，江北講古學者諸君子爲之倶焉。

容瓠軒詩鈔四卷 高郵賈田祖撰。乾隆間刊。

獲經堂初藁八卷 浮梁汪泩撰。乾隆六十年刊。泩著有《周易衷義集解》。

歷代名媛雜咏三卷 山陰邵飃撰。乾隆壬子精刊。

夢餘詩鈔二卷 山陰邵飃撰。光緒三年刊。

玉井搴蓮集一卷 江寧嚴長明撰。乾隆間雲臺觀刊。

嚴東有詩集十卷 江寧嚴長明撰。民國元年壬子郎園刊。即《歸求草堂詩集》六卷，《秋山紀行集》二卷，《金闕攀松集》一卷，《玉井搴蓮集》一卷。

白蒓詩集十六卷附一卷 蒲圻張開東撰。乾隆五十三年秉存園精刊。

柳南文鈔六卷詩鈔十卷 虞山王應奎撰。無刻書年月，約乾隆間刊。應奎輯有《京江耆舊集》。

九宫山人詩選四卷 蔚州閻介年撰。乾隆戊寅精刊巾箱本。

脩吉詩鈔十二卷 南城曾廷枚撰。乾隆癸巳精刊。卷九以下係續刻。廷枚著有《羣經字考》《薌嶼裘書七種》《香墅漫鈔》。

瓣香山房詩集十二卷 南城曾廷枚撰。乾隆甲寅精刊。

海愚詩鈔十二卷 東海朱孝純撰。乾隆甲寅刊。孝純,劉大櫆之高弟。

梅莊雜著四卷 桂林謝濟世撰。道光五年其姪延祧刊。卷一《以學集》,卷二《續以學集》《史評》,卷三《纂言内外篇》《西北域記》,卷四《居業集》《一臠集》《離騷解》。光緒十年寄生草堂重刊本十二卷。

憶園詩鈔六卷 海陵陳燮撰。乾隆癸丑刊。

板橋詩鈔三卷詞鈔一卷小唱一卷題畫一卷家書一卷 興化鄭燮撰。乾隆己巳上元司徒文膏精刊。

卷施閣文甲集十卷乙集十卷詩集二十卷附鮚軒詩八卷更生齋文甲集四卷乙集四卷詩集八卷詩餘二卷年譜一卷 陽湖洪亮吉撰。乾隆乙卯至嘉慶間貴陽學署刊。亮吉著有《洪北江全集》,纂有《登封縣志》《長武縣志》《涇縣志》。

更生齋詩續集十卷文續集二卷文甲集補遺一卷文乙集續編一卷 陽湖洪亮吉撰。道光己酉刊。

玉麈集二卷 藕莊氏撰。光緒間刊。藕莊氏者,陽湖洪亮吉之别號也。

海山存稿二十卷 涪州周煌撰。乾隆五十八年刊。煌著有《琉球國志略》。

海東集二卷續一卷 涪州周煌撰。乾隆間〔漱潤堂精〕刊。

白萶集四卷 上元戴翼子撰。乾隆六十年義竹山房精刊。

李靜叔遺文一卷 益都李文淵撰,瑞金羅有高校。乾隆間刊。

蘇門山人詩鈔三卷 古徐張符升撰。乾隆五十六年精刊。

攆石齋詩集五十卷 秀水錢載撰。乾隆間刊。

蘀石齋文集二十五卷詞一卷 秀水錢載撰。無刻書年月，約乾隆間刊。

笥河文鈔二卷 大興朱筠撰。乾隆間其弟珪刊。

笥河文集十六卷首一卷詩集二十卷 大興朱筠撰。嘉慶二十年乙亥其孫錫庚刊，椒華唫舫藏板。

蘜怡詩鈔四卷 興化顧仙根撰。乾隆庚子刊。

小倉山房詩集二十六卷補遺一卷文集二十四卷附一卷外集六卷 錢塘袁枚撰。乾隆己丑刊。《補遺》係癸丑至癸巳删餘改剩之作。此《外集》係駢文。枚著有《隨園三十種》。

小倉山房文集三十五卷外集八卷詩集三十六卷詩續集二卷 錢塘袁枚撰，乾隆間隨園刊。

袁文箋正十六卷補注一卷 錢唐袁枚撰，東吴石韞玉箋。嘉慶壬申精刊。

袁文補注二卷續刻二卷三刻二卷 上饒余㟁撰。道光辛丑精刊。

隨園駢體文註十六卷 益陽黎光地撰。光緒己卯於長沙刊。

執虚詩鈔二卷詞鈔一卷 昭文吴蔚光撰。乾隆甲午刊。

素修堂詩集二十四卷後集六卷補遺一卷小湖田樂府十卷樂府續集三卷 昭文吴蔚光撰。嘉慶辛未古金石齊刊。

遠音集五卷 江寧顧鑒撰。乾隆庚戌刊。

茗柯齋詩集六卷 山陰盛唐撰。無刻書年月，約乾隆間精刊。

崇雅堂詩鈔五卷 華亭楊汝諧撰。乾隆辛巳精刊。

珠江集一卷 會稽陶元藻撰。乾隆庚辰刊。元藻著有《越畫見聞》《凫亭詩話》，輯有《全浙詩話》。

泊鷗山房集三十八卷 會稽陶元藻撰。嘉慶癸酉衡河草堂刊。

允吾詩草一卷金城詩草一卷歸田詩草一卷 山左牛運震撰。無刻書年月，約乾隆間空山堂刊。運震著有《空山堂全書》，餘未刻者《論語注》《學庸注》，見底稿本。

空山堂文集十二卷詩集六卷 滋陽牛運震撰。嘉慶八年刊。

容齋詩集二十八卷補遺一卷古香詞一卷文鈔十卷 綿上茹綸常撰。乾隆庚寅至嘉慶十三年刊。

蘭韻堂御覽詩六卷經進文稿二卷詩集十二卷續一卷文集五卷續一卷西清札〔筆〕記二卷 平湖沈初撰。乾隆甲寅至嘉慶庚辰刊。

松厓詩録二卷 臨洮吴鎮撰。乾隆壬子刊。

松花庵全集三十一卷 臨洮吴鎮撰。**附竹嶼詩草一卷文稿一卷** 臨洮文國幹撰。乾隆間刊。即《松花庵詩草》二卷,《松花道人遊草》一卷,《逸草》一卷,《詩餘》一卷,《蘭山詩草》一卷,《松花庵律古詩》一卷,《律古續稿》一卷,《集古古詩》一卷,《集古絶句》一卷,《松花庵集唐》一卷,《集唐絶句》一卷,《四書六韻詩》一卷,(以下三種一名《雜稿》)《沅州雜詠五律》一卷,《七律》一卷,《瀟湘八景集句》六卷,《韻史》一卷,《聲調譜》一卷,《八病説》一卷,《詩話》三卷,《稗珠》一卷,《松厓對聯》一卷,《松厓文稿》一卷,《次編》一卷。

寄庵詩鈔五卷 寧州劉大紳撰。乾隆六十年刊。《東遊草》《南歸草》《東遊續草》《北征草》《潭西草》,凡五種。

蒼篔存稿十二卷 南豐謝鳴篁撰。乾隆六十年刊。

清素堂詩集十卷 吴郡石鈞撰。乾隆六十年孟冬白雪書屋精刊。第十卷詞。

問字堂集六卷 陽湖孫星衍撰。乾隆甲寅蘭陵孫氏刊。光緒甲申四明是亦軒刊。星衍著有《三水縣志》《醴泉縣志》《京畿金石考》《孫氏祠堂書目》《平津館鑒藏書籍記》《廉石居藏書記》《晏子春秋音義》,餘書多種不及備載,撰輯《平津館叢書》《岱南閣叢書》《小岱南閣叢書》。

問字堂集六卷 附 **贈言一卷岱南閣集二卷平津館文稿二卷五松園文稿**

一卷嘉穀堂集一卷方茂山人詩録十卷 陽湖孫星衍撰。**長離閣集一卷** 毘陵女史王采薇撰。光緒甲申至乙酉吴縣朱氏槐廬家塾刊。

孫淵如外集五卷附駢文一卷 陽湖孫星衍撰。民國二十一年國立北平圖書館鉛字排印本。

販書偶記卷十六

冀縣孫殿起耀卿録

別　集　類 嘉慶

惜抱軒文集十六卷文後集十卷詩集十卷詩後集一卷 桐城姚鼐撰。嘉慶辛酉丁丑戊午丙子等年刊。鼐著有《惜抱軒全集》《惜抱軒遺書》三種，輯有《古文辭類纂》《江寧府志》。

惜抱軒尺牘八卷 桐城姚鼐撰，新城門人陳用光録。道光三年刊，咸豐五年九月海源閣精刊。

香葉草堂詩鈔無卷數 揚州羅聘撰。嘉慶元年刊巾箱本。

盂亭編年詩十卷 寶應王箴輿撰。嘉慶元年丙辰刊。

耜洲詩鈔九卷 平湖張誥撰。嘉慶元年精刊。

謙受堂集十五卷 大興邵大業撰。嘉慶二年刊。大業著有《讀易偶存》。

凝緒堂詩稿二卷 闕里孔憲培撰。嘉慶二年精刊。

灌沐莊初稿一卷 濬水孫馮翼撰。嘉慶二年刊。馮翼撰輯《問經堂叢書》。

與稽齋叢稿十八卷 長洲吴翌鳳撰。嘉慶七年壬戌刊。卷一至二《紀年詩删》，卷三《無雙樂府》，卷四《辛壬雜詩》，卷五《東齋餘稿》，卷六《東齋續稿》，卷七《登樓集》，卷八《見山樓集》，卷九《綺梧吟》，卷十《宋中遊草》，卷十一《盧雲小録》，卷十二《抽騸集》，卷十三至十四《湘春漫興》，卷十五至十六《清瀏雜詠》，卷十七至十八《曼香詞》。翌鳳輯有《遜志齋雜鈔》《國朝文徵》《懷舊集》《邛須集》《國朝詩》。

綴文六卷對策六卷 海寧陳鱣撰。嘉慶十二年〔海寧陳氏〕士鄉堂刊。又名《簡莊集》。鱣著有《論語古訓》〔《續唐書》〕《經籍跋文》。

簡莊文鈔四卷續編二卷河莊詩鈔一卷 海昌陳鱣撰。光緒間羊復禮於羊城刊。

靈巖山人詩集四十卷 鎮洋畢沅撰。**年譜一卷** 吴江門人史善長撰。嘉慶己未經訓堂刊。沅著有《關中勝蹟圖志》,《四庫》已著録。餘有《續資治通鑑》《山左金石志》《西安府志》多種,不及備載。撰輯《經訓堂叢書》。

悦親樓詩集三十卷外集二卷 海寧祝德麟撰。嘉慶二年刊。

桐岡存稿八卷 西華張遠覽撰。光緒十六年西華縣署刊。

楊書巘先生古文鈔二卷 益都楊峒撰。舊抄本。藍墨格,版心刊有"李氏聖譯樓筆述"七字。首有光緒庚寅嘉平月後學丁培基題識。峒與汪大紳、彭允初友善。著有《律服考古録》。

新城伯子文集八卷 歙胡賡善撰。嘉慶四年東井觀室刊。又名《胡心泉先生文集》。考訂之文。

月滿樓詩集四十卷首二卷别集八卷 《懷師友詩》二卷,《拾遺記詠事詩》一卷,《晉十六國詠史詩》一卷,《北齊詠史詩》一卷,《南都詠史詩》一卷,《南唐雜事詩》一卷,《悼亡詩》一卷。**文集十四卷首二卷** 元和顧宗泰撰。嘉慶八年瞻園刊。

斧木齋文稿無卷數 錢塘陳鑑撰。底稿本。内有杭世駿、顧廣譽諸評。

章北亭全集八卷 嘉善章愷撰。嘉慶庚申小春螺溪敦艮堂刊。

五百四峯堂詩鈔二十五卷 順德黎簡撰。嘉慶間衆香亭刊。

荻灘詩稿十二卷 雲間謝鴻撰。嘉慶五年春草堂刊。

鶴半巢詩存十卷 元和馮培撰。嘉慶三年刊。

清白士集二十八卷 錢唐梁玉繩撰。嘉慶五年刊。《人表考》九卷,《吕子校補》

二卷,《元號略》四卷,《誌銘廣例》二卷,《瞥記》七卷,《蜕稿》四卷,凡六種。玉繩著有《史記志疑》。

慊齋文録二卷 任城高如岱撰。嘉慶五年刊。

汪子文録十卷 吴縣汪縉撰。道光三年江沅刊,光緒八年重刊。

汪子詩録四卷 吴縣汪縉撰。嘉慶三年濟南方昂刊。

汪子二録二卷三録三卷 吴縣汪縉撰。嘉慶十年王芑孫刊。

寶日軒詩集四卷 錢唐王德溥撰 **附存詩四卷** 錢唐王筠撰。嘉慶四年刊。

海沂詩集二十卷 沂州宋之韓撰。嘉慶庚辰刊。附《緑窗詩草》一卷,宋母王恭人撰。

潛研堂文集五十卷詩集二十卷詩續集十卷 嘉定錢大昕撰。嘉慶丙寅刊。大昕著有《二十二史考異》《潛研堂全集》。

韓江櫂歌一卷 臨川樂宫譜撰。嘉慶六年刊。

菽原堂初集十卷 海寧查初揆撰。嘉慶八年刊。卷一至八詩,卷九至十文。

篔谷詩鈔二十卷文鈔十二卷 海昌查揆撰。道光乙未菽原堂刊。

讀書樓詩集六卷 孝豐吴應奎撰。嘉慶七年刊。

韞山堂文集八卷詩集十六卷 武進管世銘撰。嘉慶六年讀雪山房刊。

學古集四卷詩論一卷牧牛村舍外集四卷 仁和宋大樽撰。嘉慶九年甲子刊。

陶村詩選一卷 保山袁文典撰。嘉慶九年甲子刊。文典輯有《滇南詩略》。

春雨樓詩略七卷 上元孫韶撰。嘉慶九年刊。

二餘堂文稿二卷續文稿二卷 趙州師範撰。嘉慶癸亥刊。正續卷數相連。範著有《滇繫》,撰輯《二餘堂叢書》。

金華山樵詩前集八卷詩後集六卷 即《朝天集》二卷,《孤鳴集》一卷,《鷓鴣吟》一卷,《吴船臥餘録》一卷,《吾亦愛吾廬寤語》一卷。**嘉慶選人後集二卷汎舟吟摘鈔二卷泛舟集一卷春帆集一卷前懷人詩一卷後懷人詩一卷除夕**

紀懷詩一卷金華山樵詩内集一卷 滇西師範撰。**附大樹山堂詩鈔一卷** 趙州師箴撰。**鴻洲天愚集一卷** 趙州師道南撰。嘉慶甲子二餘堂刊。

師荔扉詩集二十七卷附録一卷 滇西師範撰。民國壬戌雲南圖書館刊。卷三、卷七、卷九、卷十二、卷二十一,凡五卷闕佚。較前書多三種列後。《嘉慶選人前集》上下卷(下卷佚),《二餘堂詩稿》三卷,《金華山樵詩外集》一卷。

抱瓮軒詩文彙稿二卷 滇西師範撰。嘉慶辛未春刊。詩文各一卷。

桐華館詩鈔三卷金屑詞一卷 平湖胡金題撰。嘉慶九年刊。

佛如室詩鈔五卷 鉛山蔣知廉撰。無刻書年月,約嘉慶間刊。

西齋詩輯遺三卷 蒙古博明撰。嘉慶五年刊。博明著有《鳳城瑣録》《西齋偶得》。

冬花庵燼餘集三卷 錢唐奚岡撰。嘉慶十年刊。

讀孟居文集六卷 陽湖蔣汾功撰。嘉慶庚辰十二硯齋刊。汾功,莊存與之師。喜讀《孟子》,故名其室。著有《孟子四編》九卷,未見。

滇南集古詩五卷律詩七卷壽譜圖一卷 望江檀萃撰,滇南門人王藩等標註。嘉慶元年石渠閣刊。又名《滇南詩前集》。萃著有〔《滇南草堂詩話》〕《儀禮韻言》《穆天子傳注疏》。

草堂外集十五卷 望江檀萃撰,天都吴並山原評,滇南蝶會諸老重批。嘉慶元年丙辰石渠閣刊,滇陽驛樓藏板。

東皋詩集三卷 諸城竇光鼐撰。嘉慶三年無錫秦氏刊。

頤菴詩集四卷 睢寧邱園卜撰。嘉慶五年鋤經堂刊。

石研齋集十二卷 江都秦贊撰。嘉慶辛未冬十二月於家塾精刊。

素餘堂集三十四卷 金壇于敏中撰。嘉慶十一年刊。敏中,段玉裁之師。

立厓詩鈔七卷 長洲蔣業晉撰。嘉慶戊午交翠堂刊。

憺忘齋稿四卷 荆溪黄中理撰。嘉慶癸亥刊。

塞垣吟草四卷東歸途詠一卷 宛平陳庭學撰。嘉慶乙丑刊。

賜硯齋詩鈔四卷 寧化伊朝棟撰。嘉慶十二年刊。朝棟,秉綬之父。

竹初文鈔六卷詩鈔十六卷鸜鵒媒二卷乞食圖二卷 武進錢維喬撰,其姪伯垌編。嘉慶十三年戊辰刊。

勁香䆲詩鈔四卷 震澤徐作梅撰。嘉慶丁卯刊。

經笥堂文鈔二卷 寧化雷鋐撰。嘉慶十六年刊。鋐著有《讀書偶記》。

水西閒館詩二十卷 天長程虞卿撰。嘉慶庚辰刊。

雲笈山房詩一卷詞一卷 丹徒高雲撰。**名花百詠一卷** 丹徒女史王素襟撰。嘉慶戊辰刊。素襟,高雲之妻也。又名《雲笈山房合刻》。

梅庵詩鈔五卷 長白鐵保撰。嘉慶乙丑刊。

重訂梅庵詩鈔五卷 長白鐵保撰。嘉慶二十年門人徐端校刊。

惟清齋文鈔六卷詩鈔五卷年譜一卷 長白鐵保撰。道光壬午刊。鐵保輯有《白山詩介》。

二娱小廬詩鈔五卷補編一卷詞鈔二卷 長洲尤維熊撰。嘉慶壬申刊。

虚船詩集二卷補遺一卷遺文一卷 歙西黄筏撰。嘉慶庚午刊。

溪邨詩鈔六卷 歙汪任撰。無刻書年月,約嘉慶間刊。

晚香堂詩鈔二卷續鈔二卷 震澤俞蘭臺撰。嘉慶十五年刊。

寄雲樓詩集四卷 甘泉吴本錫撰。嘉慶庚辰刊。

塊石山房詩鈔十四卷 華亭蔡春祺撰。嘉慶丁丑刊。又名《福堂詩鈔》。

點蒼山人詩鈔八卷 太和沙琛撰。嘉慶戊寅刊。

映珠堂詩鈔一卷 高郵孫仝銓撰。嘉慶戊寅春刊。

浮玉山人遺詩一卷 吴興潘焯撰。嘉慶戊辰刊。

華海堂詩八卷 上海張熙純撰。無刻書年月,約嘉慶間刊。

因樹山房詩鈔二卷晉遊草一卷令支遊覽集一卷 南皮張太復撰。嘉慶辛未刊。

鐵研山房稿無卷數 懷寧鄧石如撰。無刻書年月,約嘉慶間刊木活字本。

緑天書舍存草六卷 嘉興錢稽撰。嘉慶戊寅刊。

靈芬館詩初集四卷詩二集十卷詩三集四卷詞六卷 分三種各二卷 **江行日記一卷樗園消夏録三卷録金石例補二卷三國志蒙拾二卷雜著二卷雜**

著續編四卷雜著三編八卷爨餘叢話四卷詩四集四卷詩續集九卷詩話十二卷詩話續六卷爨餘集詩詞二卷 吴江郭麐撰。嘉慶十二年刊。

蘊真居詩集六卷詩餘一卷 太倉陸學欽撰。嘉慶丁卯刊，光緒丁亥從孫寶忠重刊。

和樂堂詩鈔五卷 天津殷希文撰。嘉慶丙子精刊。

校禮堂文集三十六卷詩集十四卷 歙凌廷堪撰。嘉慶十二年張其錦刊。廷堪著有《禮經釋例》《校禮堂全集》，纂有《海州直隸州志》。

蘭綺堂詩鈔九卷 華亭王鼎撰。嘉慶癸亥古訓堂刊。

有正味齋詩集十六卷外集五卷詞集八卷駢體文二十四卷 錢塘吴錫麒撰。嘉慶十三年刊。

有正味齋詩集十六卷詩續集八卷詩外集五卷駢體文集二十四卷駢文續集八卷詞集八卷詞續集二卷詞外集一卷 錢塘吴錫麒撰。嘉慶間刊。

有正味齋駢體文箋二十四卷 泰州王廣業撰。咸豐九年青箱塾精刊。

獨善堂文集八卷 東臺王大經撰。嘉慶丁丑春暉堂刊。

二亭詩鈔六卷 江都朱賓撰。嘉慶十三年戊辰刊。

心止居詩集四卷文集二卷 山陰楊夢符撰。嘉慶十四年刊。

吟秋樓詩鈔四卷 山陰鄔鶴舟撰。嘉慶壬申刊。

對雪亭文集十卷詩鈔二卷 武功張洲撰。嘉慶間刊。

留春草堂詩鈔七卷 寧化伊秉授撰。嘉慶十九年秋水園刊。

小謨觴館詩集八卷詩餘一卷文集四卷 鎮洋彭兆蓀撰。嘉慶十一年韓江寓舍刊。

小謨觴館詩集八卷詩餘一卷文集四卷詩續集二卷詩餘一卷文續集二卷 鎮洋彭兆蓀撰。嘉慶十一年韓江寓舍刊。

小謨觴館詩集注八卷詩餘注一卷文集注四卷詩續集注二卷續集詩餘注一卷文續集注二卷 錢唐孫元培仝姪長熙撰。道光五年刊。

古香樓遺稿十卷 歸安沈長春撰。嘉慶庚辰刊。

若汀自定吟草四卷 元和沈雲尊撰。嘉慶十八年刊。

大峯文集六卷 日本信州冢田虎子豹撰。享和三年雄風館精刊,即嘉慶八年刊。

悔庵學文八卷補遺一卷 歸安嚴元照撰。嘉慶十五年刊,光緒己卯重刊。元照著有《爾雅匡名》《娱親雅言》。

柯家山館遺詩六卷詞三卷〔詞補遺一卷〕 歸安嚴元照撰。嘉慶甲戌至丁丑德清徐球刊,光緒乙酉歸安陸氏刊。

靜厓詩稿十二卷後稿十二卷續稿六卷 鎮洋汪學金撰。嘉慶六年至七年井福堂精刊。

井福堂文稿十卷 鎮洋汪學金撰。嘉慶十年精刊。

景文堂詩集十三卷 太平戚學標撰,受業壻王期煋等注釋。嘉慶間刊。學標著有《四書偶談》《續編》《續談》《漢學諧聲》《台州外書》《三台詩録》《三台詩話》《景文堂五種》。

鶴泉文鈔二卷文鈔續選八卷四書解一卷 太平戚學標撰。嘉慶庚申至十八年癸酉本衙刊。

雙佩齋文集四卷駢體文一卷詩集八卷附補梅書屋遺詩一卷金陵雜詠一卷 婺源王友亮撰。《補梅書屋遺詩》,王麟生撰。嘉慶十年刊。

草亭文集四卷補遺一卷詩二卷 吴江周篆撰,後學翁廣平編輯。嘉慶庚辰晚香堂刊。

芙蓉山館詩鈔八卷詞鈔二卷文鈔一卷續鈔一卷 金匱楊芳燦撰。嘉慶乙丑至丁卯刊。

芙蓉山館詩鈔八卷補鈔一卷詞二卷詞附鈔一卷文鈔八卷 金匱楊芳燦撰。光緒辛卯刊木活字本。

半樹齋文四卷 元和戈襄撰。嘉慶間刊。内有錢大昕、顧廣圻諸評。襄著有《方輿志略》《十六國地理考》《五代地理考》《十國地理考》《大儒傳道録》《名儒傳經録》等書,未見。

半樹齋文十二卷 元和戈襄撰。道光七年刊。

聽雨齋詩集十四卷補遺一卷横浦集五卷别集一卷 南城吴照撰。嘉慶壬戌寒翠軒刊。照著有《説文偏旁考》。

西澨詩草四卷 澨山丁珠撰。嘉慶癸酉刊。

茗柯文初編一卷二編二卷三編一卷四編一卷補編二卷外編二卷 武進張惠言撰。道光十五年陳善刊。嘉慶十四年李生甫刊,無《補編》《外編》。花雨樓叢鈔本及他翻刻皆非足本。惠言著有《箋易詮全集》《儀禮圖》,輯有《七十家賦鈔》《詞選》。

雙梧桐館全集二十六卷 金匱楊揞撰。嘉慶癸酉刊。

桃花扇傳奇後序詳註四卷 北平吴穆撰,花庭閒客編。嘉慶丙子閏夏刊。

午風堂集六卷叢談八卷 無錫鄒炳泰撰。嘉慶庚申精刊。

菜香書屋詩草三卷 南城吴煊撰。嘉慶七年刊。

漁村詩集二十三卷 歙汪灼撰。嘉慶間不疎園刊。灼,汪梧鳳之子,著有《毛詩周韻誦法》《詩經言志》。

漁村文集八卷 歙汪灼撰。舊抄本。首有"武昌柯逢時所藏圖記"印一方。

桐華吟館詩稿八卷詞稿二卷 金匱楊揆撰。乾隆壬子刊嘉慶癸丑[五四]續刊。

桐華吟館詩稿十二卷詞稿二卷文鈔一卷 金匱楊揆撰。嘉慶丁卯刊。

二林居集二十四卷 長洲彭紹升撰。嘉慶四年味初堂刊。紹升著有《居士傳》《淨土聖賢録》《一行居集》。

測海集六卷 長洲彭紹升撰。嘉慶己卯本衙刊。

觀河集四卷 長洲彭紹升撰。道光癸未本衙刊。

近郪居詩鈔五卷 吴江張露撰。嘉慶丁丑刊。

白雲草堂文鈔七卷詩鈔三卷 武進吕星垣撰。嘉慶癸亥刊。

敦艮堂文集十一卷詩集八卷 仁和蔣師爚撰。嘉慶戊辰刊。師爚著有《阮嗣宗詠懷詩註》。

皆山草堂詩鈔十二卷 浦城祖之望撰。嘉慶壬申留香室刊。之望,梁章鉅之師。

寄閒堂詩集八卷 吉林明德撰。**附東溪先生詩一卷** 吉林富寧撰。**東村先生詩一卷** 吉林永寧撰,門下生法式善編。嘉慶間疆恕堂刊。

騰嘯軒詩鈔三十八卷 秀水陳熙撰。嘉慶戊辰刊。

於斯閣詩鈔六卷 海寧陸素生撰。嘉慶戊寅守約堂刊。

紫雲山房文鈔一卷詩鈔一卷汾陽曹氏誌傳合刻一卷 汾陽曹學閔撰。嘉慶十四年〔子錫齡〕刊。

如不及齋文鈔無卷數 桐城章甫撰。嘉慶十五年庚午刊。考訂之文。

聽鐘樓詩稿八卷 元和韓是升撰。嘉慶十五年自刊。

治隱園文鈔四卷 元和韓是升撰。道光二十八年寶鐵齋刊木活字本。

養泉遺詩六卷 涇朱鑅撰。嘉慶十八年刊。

半日閒齋詩存二卷 長白清安泰撰。嘉慶庚午于廣州刊。

芍園詩稿四卷 如皋徐邦殿撰。**附畫遠山樓吟稿一卷** 平山女史李華撰。嘉慶丙辰留香草堂刊。

硯芝書屋詩鈔五卷 震澤劉芝瑞撰。嘉慶戊寅培芸草堂刊。

寶書堂詩鈔八卷附水蜜桃譜一卷 上海褚華撰。嘉慶十六年〔同縣李筠嘉〕刊。

秋潭詩集十卷 長陽彭淑撰。嘉慶癸亥太乙葉舫刊。

頻羅庵遺集十六卷 錢塘梁同書撰。嘉慶二十二年刊。

雪杖山人詩集八卷 秀水鄭炎撰。嘉慶七年刊。

邗江三百唫十卷 甘泉林蘇門撰。嘉慶戊辰刊。蘇門，阮元之舅父。

漱芳居文鈔八卷二集八卷 涇縣趙青藜撰。嘉慶間精刊。又名《星閣文鈔》。青藜著有《讀左管窺》。

吞松閣集四十卷 秀水鄭虎文撰。嘉慶十三年戊辰至己巳刊。

願學齋文鈔十四卷 嘉興李集撰。嘉慶己卯萬善堂刊。考訂之文。集，富孫之父，著有《鶴徵録》。

九柏山房詩十六卷 陽湖楊倫撰。嘉慶十七年遂初堂刊。倫著有《杜詩鏡銓》。

挹青堂詩選七卷 霍邱竇國華撰。嘉慶庚辰留餘堂刊。

東岡詩賸十四卷 長沙周有聲撰。嘉慶乙亥夷白齋刊。

此木軒詩鈔八卷 雲間焦袁熹撰。嘉慶乙丑大中堂精刊。袁熹著有《春秋闕如篇》《此木軒四書説》《此木軒雜著》，已見《四庫存目》。

洗桐軒文集八卷詩集六卷 甘泉李周南撰。嘉慶二十五年刊。

孟亭居士文稿五卷經進稿一卷詩稿四卷 桐鄉馮浩撰。嘉慶六年至七年〔其子集梧〕刊。考訂之文。浩著有《李義山集注》。

嘯岩吟草六卷詩餘一卷 涂陽王訢撰。嘉慶乙丑百尺樓刊。

修竹廬詩三卷 平湖邵澍撰。嘉慶二十年刊。

述學内篇三卷外篇一卷 江都汪中撰。無刻書年月，約嘉慶間問經堂刊。中著有《大戴禮記正誤》《經義知新記》《春秋列國官名異同考》《國語校文》《舊學蓄疑》。

述學内篇三卷外篇一卷補遺一卷别録一卷 江都汪中撰。道光間其子喜孫精刊。首有嘉慶二十年王念孫序。同治間揚州書局重刊。

容甫遺詩五卷補遺一卷 江都汪中撰。道光間精刊,光緒乙酉〔年七月維揚述古堂〕刊木活字本,光緒二十六年刻鵠齋刊本七卷。

澹粹軒詩草二卷續一卷 少華王志瀜撰。嘉慶庚辰絳州守居刊。

白茆草堂詩鈔四卷 甘泉吴康撰。道光間刊。

樹經堂詩集十五卷續集八卷文集四卷 南康謝啓昆撰。嘉慶庚申至壬戌刊。啓昆著有《西魏書》《小學考》《粵西金石略》。

浙東小草一卷 南康謝啓昆撰。嘉慶二年丁巳刊。又名《樹經堂詩初集》。

蘇潭草三卷 南康謝啓昆撰。無刻書年月,約嘉慶間刊。

樹經堂遺文一卷 南康謝啓昆撰。咸豐十年庚申刊。

樹經堂詠史詩八卷 南康謝啓昆撰。道光乙酉刊。

復初齋詩集七十卷 大興翁方綱撰。嘉慶間刊。初刊本六十六卷,此後四卷侯官李彦章續刊,多單行。道光乙巳漢陽葉志詵重刊。方綱著有《論語附記》《孟子附記》《詩附記》《禮附記》《翁氏家事略記》《蘇齋叢書》,餘未刊者《藝林彙譜》《蘇齋筆記》《杜詩附記》,見傳抄本。

復初齋文集三十五卷 大興翁方綱撰。道光間其門人李彦章刊,光緒丁丑重校刊,戊寅五月復據手稿補正六十一條。

復初齋集外詩二十四卷集外文四卷 大興翁方綱撰。民國戊午吴興劉氏嘉業堂刊。

淵雅堂編年詩藁二十卷惕甫未定藁二十六卷詩外集二卷瑶想詞一卷讀賦巵言一卷文外集四卷文續藁一卷編年詩續藁一卷 長洲王芑孫撰。**附寫韻軒小稿二卷** 女史曹貞秀撰。**波餘遺稿一卷** 長洲王翼孫撰。嘉慶間〔甘泉汪榮光等編〕刊。芑孫著有《碑版廣例》《古賦識小録》。

小峴山人詩集二十八卷文集六卷文續集二卷補編一卷 無錫秦瀛撰。嘉慶丁丑城西草堂刊,道光間補刊。瀛著有《乙未詞科録》。

白湖詩集八卷 慈谿葉燕撰。嘉慶戊寅又次居刊。

巢雲閣詩鈔二卷 山陰何綸錦撰。嘉慶丁卯刊。綸錦著有《古三疾齋雜著》《論語直指》。

畊南詩鈔四卷補鈔一卷論孟詩二卷秋花四十詠一卷詩餘一卷宫閨詞二卷 如皋黄理撰。嘉慶壬申見谿書屋刊巾箱本。

秋塍書屋詩鈔八卷文鈔二卷 海寧王斯年撰。嘉慶壬申刊。

知足齋詩集二十卷文集六卷進呈文稿二卷詩續集四卷 大興朱珪撰。嘉慶十年刊。

秋鶚遺稿二卷 鹽官徐濬撰。嘉慶己卯刊。

飛香圃詩集四卷續編一卷 金匱安詩撰。嘉慶二十四年刊。

友漁齋詩集十卷 嘉善黄凱鈞撰。嘉慶乙丑刊。凱鈞著有《遣睡雜言》。

友漁齋詩續集六卷 嘉善黄凱鈞撰。無刻書年月,約嘉慶間刊。

詅癡閣詩鈔八卷 吴江顧我樂撰。嘉慶己卯刊。

舊言堂集四卷 烏程孫梅撰。嘉慶庚午于粤海榷廨刊。梅著有《四六叢話》。

晚學集八卷未谷詩集四卷 曲阜桂馥撰。嘉慶丙辰年刊。又名《桂氏遺書》。考訂之文。馥著有《説文義證》《札樸》《歷代石經略》《繆篆分韻》《續三十五舉》《後四聲猿》。

存吾文稿無卷數 長沙余廷燦撰。嘉慶辛酉雲香書屋刊。此書板心上刊"存吾文稿"四字。下屬墨口,刊有陰文號數,通計二百八十八葉。内有名家大傳數篇。

存吾文稿無卷數詒穀堂詩集一卷 長沙余廷燦撰。咸豐乙卯雲香書屋重刊。

樗菴存稿文五卷詩三卷 甬上蔣學鏞撰。嘉慶間刊。學鏞,全祖望之高弟。

清芬樓遺稿四卷 荆溪任啓運撰。嘉慶丁丑中冬刊。啓運著有《釣臺遺書》,餘者《周易洗心》凡數種,《四庫》已著録。

甚德堂文集四卷 寧化吴賢湘撰。嘉慶十九年刊。考訂之文〔論傳之文居多〕。

拜石山房詩鈔八卷詞鈔四卷 錫山顧翰撰。嘉慶庚午刊。

蓬廬文鈔八卷 海寧周廣業撰。舊抄本。首有張駿題辭,次嘉慶辛未夏四月兔牀弟吴騫序,次嘉慶壬戌季夏朔日松靄叔氏春序。按周春序稱,其未刻者尚有《讀相臺五經隨筆》《讀易纂略》《季漢官爵考》《古今避名彙考》《校注馬氏意林》《兩浙地志録》《寧志餘聞》《動植小志》《三餘摭録》《目治偶鈔》《四部寓眼録》,文集八卷,詩集二十六卷,並藏於家。考訂之文。廣業著有《孟子四考》《冬集記程》《關帝事蹟徵信編》,餘未刊者《讀相臺五經隨筆》《季漢官爵考》《古今避名彙考》《寧志餘聞》《動植小志》,已見稿本。

辛壬韓江唱酬集四卷 歙洪梧撰。嘉慶間刊。梧,洪榜之弟。

白華堂文集二卷詩集八卷詩外集二卷 嘉興王焯撰。嘉慶己巳刊。

有竹居集十六卷 震澤任兆麟撰。嘉慶己卯兩廣節署刊。《林屋詩稿》四卷,《心齋文稿》九卷,《聲韻表》一卷,《孟子時事略》一卷,《蒼頡篇補正》二卷,《三蒼補正》二卷。案原目,《聲韻表》以下一名《雜著》。兆麟著有《毛詩通説》《心齋十種》。

對山樓詩稿十六卷 四明王燾撰。無刻書年月,約嘉慶間刊。

貞蕤閣文集無卷數 朝鮮朴齊家撰。舊抄本。兹記篇數於下:序十六,記五,雜著即書後、説、論銘、箴、贊、頌、呈文計二十八,祭文十二,墓誌銘四,行狀二,傳三,題跋一,《朝參時所懷》一,書四十五,附答問二十條,賦一,《御考應令》一,雜題三十八,疏一,策六,議一,每篇均註明某年某歲所著。

無盡意齋詩鈔四卷 錢塘許乃椿撰。嘉慶丁丑刊。

心竹軒草十二卷補録一卷 零陵蔣濂撰。嘉慶庚午刊巾箱本。

忠雅堂文集十二卷詩集二十七卷補遺二卷銅絃詞二卷 鉛山蔣士銓撰。嘉慶丁丑桂林重刊,道光癸卯藏園刊。士銓著有《紅雪樓十二種曲》《西江祝嘏》。

吏隱集詩鈔四卷 襄平蔣紹年撰。嘉慶九年其男攸銛刊。

硯林詩集四卷 錢塘丁敬撰。**附金麴農遺集一卷** 仁和金淳撰。嘉慶丁卯刊。

求聞過齋詩集六卷文集四卷 海鹽朱方增撰。光緒間刊。方增著有《從政觀法録》。

思純堂集十四卷 江都程名世撰。嘉慶間刊。

船山詩草二十卷 遂寧張問陶撰。嘉慶乙亥刊，道光己酉刊多補遺六卷，同治甲戌重刊。

船山詩註二十卷 蜀東李岑註，江海清增註。同治九年席珍山館刊。

拜經樓詩集十二卷續編四卷附萬花漁唱一卷文存十四卷續編二卷補遺附 海寧吴騫撰。嘉慶間刊。近影印《拜經樓叢書》中《文存》《續編》及《補遺》闕。騫撰輯《拜經樓叢書》《愚谷叢書》《許氏詩譜鈔》《孫氏爾雅正義拾遺》，餘未刊者《皇氏論語義疏參訂》，見傳抄本。

愚谷文存十四卷 海寧吴騫撰。嘉慶十二年刊。題跋居多。

駝南詩草八卷 睢州王覲光撰。無刻書朝代，約嘉慶丙辰刊。《過庭草》《捧檄草》《若下草》《洋程小草》《越西草》《括山草》《黔行草》《秦陲遊草》等八種。

青芙蓉閣詩鈔三卷 桐鄉陸元鋐撰。無刻書年月，約嘉慶間刊。

莘民雜著一卷 山陽王廷佐撰。嘉慶十一年聰馴堂精刊。又名《王莘民遺稿》。考訂之文。

補餘堂文集二十四卷詩集六卷 婺源戴大昌撰。嘉慶丁丑刊。〔分讀經、讀史、雜著等類。〕大昌著有《四書答問駁》《四書改錯》《琴音標準》。

與竹居棄稿五十首一卷 武進湯荀業撰。嘉慶癸酉重刊。

蘭雪集八卷 慈谿柯振嶽撰。嘉慶戊寅藏修齋精刊。

經韻樓集十二卷 金壇段玉裁撰。嘉慶間七葉衍祥堂刊。考訂之文。玉裁著有

《經韻樓叢書》《詩經小學》《説文解字注》《六書音均表》。餘未刊者,《段氏説文補正》《附校正》,《水經》《學古編》,見稿本。

瘵飢草集十八卷 廬陵胡兆爵撰。嘉慶間讀書堂刊。

朱文定公詩集十卷解左一卷賦頌説二卷 寶應朱士彦撰。嘉慶間刊。

孟鄰堂文鈔十六卷 武進楊椿撰。嘉慶庚辰紅梅閣刊。考訂之文。

悔生文集八卷詩鈔六卷 附 **諸家評跋一卷** 桐城王灼撰。嘉慶十三年戊辰刊[五五]。

蕉雪山房詩鈔三卷詩餘一卷 松江張寶璵撰。嘉慶己卯書三味樓刊。

存素堂詩初集録存二十四卷詩稿一卷續一卷詩二集八卷續一卷 蒙古法式善撰。嘉慶丁卯刊。式善著有《陶廬雜録》《明李文正公年譜》《國學司成題名碑録》《清祕述聞》《槐廳載筆》《乾隆己亥恩科各省鄉試齒録》《同館試律彙鈔》《同館賦鈔》。餘未刊者,《備忘録》,見傳抄本。

存素堂文集四卷 蒙古法式善撰。嘉慶丁卯〔績溪程邦瑞揚州〕程氏精刊。

存素堂文續集二卷 蒙古法式善撰。嘉慶辛未程氏〔於揚州〕精刊。此編年文,戊辰己巳之作。

存素堂詩二集六卷 柏山法式善撰。嘉慶十七年壬申受業王墉校刊。

存素堂詩續集録存九卷附年譜一卷 蒙古法式善撰。嘉慶二十一年刊。

詩龕詠物詩二卷 蒙古法式善撰。嘉慶間刊。又名《存素堂詩稿》,正續各一卷。

豆花莊詩鈔十卷詩餘一卷首一卷 江寧馬士圖撰。嘉慶庚午刊。

劉端臨先生遺書三卷 寶應劉台拱撰。嘉慶間阮常生刊。卷一《論語騈枝》,卷二《荀子補注》,卷三《漢學拾遺》。阮常生,台拱之甥。

劉端臨先生遺書續刊四卷 寶應劉台拱撰。嘉慶戊辰阮常生刊。卷一至三《經傳小記》,卷四文集。

劉端臨遺書八卷附兩世鄉賢録一卷 寶應劉台拱撰。道光十四年其外孫阮恩海刊，世德堂藏板。

靜思堂初稿一卷續稿一卷 泰興季爾慶撰。嘉慶乙丑刊。

宧拾録十八卷 武寧王子音撰。嘉慶十一年刊。子音著有《今古地理述》。

鏤冰堂詩鈔[五六]**六卷** 易水單鈺撰。嘉慶壬戌刊。

淺山園詩集十七卷 錢塘李芝撰。嘉慶丙辰刊。

樗亭詩草五卷 桐城徐璈撰。無刻書年月，約嘉慶間刊。璈著有《詩經廣詁》《歷代河防類要》《黄山紀勝》《牖景録》，輯有《桐舊集》。

桂門自訂初稿十卷 元和陳鶴撰。嘉慶間刊。卷一至九文，卷十古今體詩。考訂之文。鶴著有《明紀》。

借秋山房[五七]**詩鈔八卷吹竹詞一卷** 秀水汪大經撰。嘉慶間刊。

遊大伾山記一卷 高郵顧問撰。無刻書年月，約嘉慶間刊。問著有《夏小正集解》《校正四書釋地》。

聽鶯居文鈔三十卷 吴江翁廣平撰。傳抄本。考訂之文。廣平著有《吾妻鏡補》，見原稿本。

勉哉遺集詩九卷文四卷 南豐趙鳴鸞撰。嘉慶十七年方石居精刊。

援鶉堂詩集七卷文集六卷 桐城姚範撰。嘉慶壬申至甲戌刊。範著有《援鶉堂筆記》。

韋廬初集一卷續集一卷近集一卷 臨川李秉禮撰，高密李憲喬選訂。嘉慶三年精刊。

韋廬浮湘草一卷 臨川李秉禮撰。嘉慶十四年刊。

韋廬賸稿一卷 臨川李秉禮撰。道光二年刊。

韋廬詩内集四卷詩外集四卷 臨川李秉禮撰。道光庚寅知稼堂刊。

删後文集十六卷詩存十卷 越江陳梓撰。嘉慶乙亥敬義堂重刊。梓著有《四書質疑》《一齋雜著》《經義質疑》。

百一山房詩集十二卷 仁和孫士毅撰。嘉慶二十一年精刊。

洛閒山人詩鈔十二卷文鈔二卷 雒南薛宁廷撰。嘉慶庚午樹德堂刊。

紅雪樓文稿一卷詩鈔一卷詞草一卷 昭文席世昌撰。嘉慶間刊。

東里生燼餘集三卷 仁和汪家禧撰。嘉慶庚辰〔門人武林許乃穀〕精刊。考訂之文。又一部附《木齋遺文》一卷,仁和王述曾撰。〔附録爲道光元年刊。〕光緒二年許庚身重刊。

拜經堂文集五卷 武進臧庸撰。民國庚午三月上元宗氏以漢陽葉氏抄影印本。考訂之文。庸著有《拜經日記》《通俗文》《毛詩馬王微》《韓詩遺説》《臧氏述録》《臧孝節行狀》。餘未刊者,《阮孝緒七録》,見稿本。

石笥山房文集六卷詩集四卷 山陰胡天游撰。嘉慶戊午刊。天游著有《春秋夏正》。

石笥山房文集六卷詩集十二卷 山陰胡天游撰。道光丙午〔玄孫學醇博平縣衙〕刊。

石笥山房文集六卷補遺一卷詩集十一卷詩餘一卷補遺二卷續補遺二卷年譜一卷 山陰胡天游撰。咸豐二年重刊,近鉛字排印本。

復齋文集二十一卷詩集四卷末一卷 泰順曾鏞撰。嘉慶二十二年至二十五年刊。經説居多。

芝省齋吟稿八卷 嘉興李遇孫撰。嘉慶間刊巾箱本。遇孫著有《金石學録》《栝蒼金石志》。

紫石泉山房文集十二卷詩鈔三卷 歙吴定撰。嘉慶庚午鮑氏刊,光緒丁亥黟縣李氏刊。定著有《周易集注》。

聞音室詩集四卷遺文一卷 金山王嘉曾撰。嘉慶二十一年刊。

春巢詩鈔七卷詞鈔四卷 仁和何承燕撰。嘉慶丁巳刊。

適園詩録一卷 長白阿林保撰。嘉慶丁卯守意龕精刊。

寧我齋稿賦二卷文二卷詩三卷詞三卷 白下林淳撰。嘉慶丁丑三山堂精刊。

春暉書屋詩鈔二卷 江陰趙金笏撰。嘉慶己卯倫叙堂刊。

勉行堂詩集二十四卷文集六卷 古歙程晉芳撰。嘉慶庚辰刊。晉芳著有《毛鄭異同考》。

石鼓硯齋文鈔二十卷直廬集八卷詩鈔三十二卷試帖二卷 新安曹文埴撰。嘉慶間刊。

五硯齋文鈔十一卷詩鈔十二卷 仁和沈赤然撰。嘉慶三年至十二年丁卯刊。案詩起丙戌,止甲寅。赤然著有《公羊穀梁異同合評》《寄璈軒讀書隨筆》《寒夜叢談》。

靜簾齋詩集二十四卷 仁和金甡撰。嘉慶二十五年刊。

連雲書屋存稿六卷 蓋州焦和生撰。嘉慶乙亥〔碧苔苑〕本衙刊。

少鶴内集十卷鶴再南飛集一卷龍城集一卷賓山續集一卷 高密李憲喬撰。無刻書年月,約嘉慶間刊。

一枝軒詩稿八卷 無錫施晉撰。嘉慶丁丑於皖郡署刊。

求當集十二卷續集二卷補遺一卷 江都張鏐撰。嘉慶乙亥刊。

永報堂詩集八卷艾堂樂府一卷奇酸記傳奇四卷歲星記傳奇二卷 儀徵李斗撰。嘉慶間自然葊刊。斗著有《揚州畫舫録》。

東海半人詩鈔二十四卷 海寧鍾大源撰。嘉慶間刊。

慎餘齋詩鈔四卷 歸安葉佩蓀撰。嘉慶戊辰榕城使院刊。佩蓀著有《易守》。

洞庭集詩十八卷文十二卷 華亭王慶麟撰。詩卷一卷二原闕,文卷七卷九原闕。**端居室集十二卷** 華亭王蔚宗撰。嘉慶二十一年家刊。

裘文達公文集六卷詩集十二卷奏議一卷 新建裘日修[五八]撰。嘉慶間刊。

小木子詩三刻六卷 秀水朱休度撰。嘉慶三年至六年辛未精刊。《梓廬舊稿》一卷,《壺山自吟稿》三卷,《俟寧居偶詠》二卷。

小信天巢詩集[五九]**十八卷詩續鈔一卷** 海鹽陳石麟撰。嘉慶丙寅至己巳刊。

簣山常詩鈔十六卷 東武王賡言撰。嘉慶十六年精刊。賡言輯有《東武詩存》。

缾水齋詩集十六卷詩別集二卷 大興舒位撰。嘉慶二十一年刊。案原目録正集作十六卷,書實十七卷。光緒丙戌定州王氏謙德堂重刊。

碧雲山房集三卷 荆溪陳經撰。嘉慶己巳刊。有詩無文。經著有《荆溪物産疏》。

墨莊雜著四卷書跋三卷文鈔一卷 荆溪陳經撰。嘉慶二十五年刊。又名《陳景辰遺書》。考訂之文。

春雨齋詩集十六卷桃花亭詞一卷 秀水蔣元龍撰。嘉慶丙寅延澤堂刊。

笙雅堂文集四卷詩集十四卷竹南賦略一卷易通一卷竹書紀年考證一卷 湘潭張九鐔撰。嘉慶壬申賜錦樓刊。

山礬書屋詩初集十卷 吴江郭鳳撰。無刻書年月,約嘉慶間刊。案原目作八卷,書實十卷。

石園文稿一卷二集二卷偶録二卷詩草二卷集句二卷集杜一卷詩話二卷 奉新余成教撰。嘉慶間刊。

海騷四卷 番禺陳曇撰。嘉慶十六年鄺齋刊。

稼門文鈔七卷詩鈔十卷奏議十二卷 皖江汪志伊撰。嘉慶乙亥戊寅鑑湖堂刊。

吉堂詩稿八卷 婁縣欽善撰。嘉慶庚辰刊。

聲玉山齋詩集十卷 吴陵鄒熊撰。嘉慶庚午刊。

春雨草堂賸稿四卷 鐵嶺高埰撰。嘉慶庚辰〔道光元年辛巳孟冬其子綸於和溪官署〕刊。

海雲堂詩鈔十四卷〔金粟香龕〕詞二卷文鈔二卷 丹徒嚴學淦撰。嘉慶丁丑刊。

香草堂詩略八卷 歷陽陳廷桂撰。嘉慶辛未精刊。

傅巖詩集四卷 桐城張聰咸撰。嘉慶戊寅刊。聰咸著有《左傳杜注辨證》《經史質疑録》。

宛谿集五卷 古鄣王光彦撰。嘉慶戊寅刊巾箱本。

大雲山房文稿初集四卷二集四卷 陽湖惲敬撰。嘉慶二十年至二十一年武寧盧旬宣、長洲宋揚光刊。

大雲山房言事二卷 陽湖惲敬撰。同治二年重刊。

大雲山房文稿補編一卷 陽湖惲敬撰。無刻書年月,約同治間無錫宣穎達校刊。

夢香居詩鈔初集五卷 新興陳在謙撰。嘉慶間刊。在謙輯有《國朝嶺南文鈔》。

七十二峯堂文勺四卷 新興陳在謙撰。同治甲戌刊。

編録堂文鈔三卷 白下黄之紀撰。無刻書年月,約嘉慶間刊。之紀長於考訂,著有《抑末録》《古詩刊誤》。

王光禄遺文集六卷 高郵王念孫撰。咸豐七年刊。又名《石臞遺文》。念孫,安國之子。著有《廣雅疏證》《讀書雜志》《釋大》。餘未刊者,《説文簽記》,見原稿本。

丁亥詩鈔一卷 高郵王念孫撰。無刻書年月,約道光間刊。

種竹軒古文初集五卷 丹徒王豫撰。嘉慶壬戌刊。豫輯有《羣雅集》并《二集》。

種竹軒詩選四卷續一卷 江都王豫撰。嘉慶間翠屏洲刊。

吴越游草一卷 丹徒王豫撰。道光壬午刊。

白雲文集五卷詩集二卷續集八卷 德清陳斌撰。嘉慶十二年至道光四年刊。

陰靜夫先生遺文二卷 寧化陰承方撰。嘉慶丁卯仲春月揚州郡齋刊。考訂之文。

碧城仙館詩鈔八卷 錢塘陳文述撰。嘉慶乙卯[六〇]刊。

頤道堂詩選十四卷 錢塘陳文述撰。嘉慶丁丑刊。

西泠懷古集十卷 錢塘陳文述撰。道光癸未於越中刊,道光庚寅漢上青鸞閣刊。

西泠仙詠三卷 錢塘陳文述撰。道光丁亥刊。

西泠閨詠十六卷 錢塘陳文述撰。道光丁亥刊。

秣陵集六卷圖考一卷附金陵歷代紀年事表一卷 錢塘陳文述撰。道光三年刊。

頤道堂文鈔四卷 錢塘陳文述撰。嘉慶丁丑刊。

頤道堂文鈔十三卷詩選三十卷外集十三卷戒後詩存十六卷補遺六卷 錢塘陳文述撰。道光戊子刊。

天真閣集五十四卷外集六卷 昭文孫原湘撰。**附長真閣集七卷〔詩餘一卷〕** 虞山女史席佩蘭撰。嘉慶五年陸續刊,光緒辛卯重刊。

借秋亭詩草五卷補遺一卷吴歈百絶一卷 元和蔡雲撰。道光間〔十年庚寅孟春蟫隱〕精刊,同治十一年壬申蘇氏刊《吴歈百絶》一卷。雲著有《癖談》《蔡氏月令》《清白士集校補》。

樸學齋文録三卷 長洲宋翔鳳撰。無刻書年月,約嘉慶間刊。並無序目,小題在上,大名在下。咸豐間刊本作四卷。翔鳳著有《四書釋地辨證》《論語發微》《四書古今訓釋》《四書纂言》《自治官書》《浮溪精舍叢書》。

憶山堂詩録八卷 長洲宋翔鳳撰。道光五年刊。

洞簫樓詩紀二十八卷附碧雲盦詞二卷 長洲宋翔鳳撰。道光十年至咸豐間刊。此編年詩,起丙子,至庚戌。

亥白詩草八卷 遂寧張問安撰。嘉慶二十一年刊。

梅花溪詩草四卷續一卷 金匱錢泳撰。**附蔗軒遺稿一卷** 金匱錢有穀撰。嘉慶二十四年履園精刊巾箱本。泳著有《履園叢話》《金塗銅塔考》,輯有《吴越錢氏傳芳集》。

玉山閣古文選四卷詩選八卷 金匱徐鑠慶撰。**附荔子丹房詩選一卷** 金匱徐濤撰。**梅墅詩選一卷** 金匱徐潢撰。嘉慶間刊。

授堂文鈔八卷 偃師武億撰。嘉慶六年刊。億著有《授堂遺書》《偃師金石記》。

授堂詩集八卷附録二卷 偃師武億撰。道光癸卯刊。

授堂文鈔十卷讀畫山房文鈔二卷 偃師武億撰。道光癸卯其孫男耒刊。第九第十兩卷又名《續集》。

亦有生齋文集二十卷詩集三十二卷〔雲溪〕樂府二卷詞五卷 武進趙懷玉撰。嘉慶二十年至道光元年〔武進趙氏〕刊。懷玉刊有《韓詩外傳》《毘陵志》《獨孤及毘陵集》《斜川集》。

小容齋詩鈔十卷 宜黄洪占銓撰。嘉慶二十三年刊。

亦政堂詩集十二卷 漢川劉珊撰。嘉慶二十三年精刊。

秪芳園遺詩四卷别集二卷補遺一卷 曲阜顔伯珣撰。嘉慶二十四年鋤月軒刊。

白鵠山房駢體文鈔二卷續鈔二卷徐雪廬詩鈔三卷風鷗集一卷詩選四卷挂笠吟一卷應試詩賦鈔二卷 武康徐熊飛撰。嘉慶二十五年刊。

小十誦寮詩存四卷 錢唐周南撰。嘉慶二十五年刊。分《海漚集》《學製集》《笳音集》《歸田集》,凡四種。

念宛齋詩集十卷文稿八卷文補無卷數書牘五卷官書八卷 陽湖左輔撰。嘉慶庚辰至道光元年裕德堂刊。輔著有《合肥縣志》。

頤綵堂文集十六卷劍舟律賦二卷 秀水沈叔埏撰。嘉慶九年刊。

頤綵堂文集十六卷詩鈔十卷劍舟律賦二卷經進文一卷駢體文鈔二卷 秀永沈叔埏撰。〔附《聖禾鄉農詩鈔》四卷,其弟珏撰。〕光緒九年刊。

硯山堂詩集八卷 長洲吴泰來撰。無刻書年月,約嘉慶間刊。

是程堂集十四卷二集四卷耶溪漁隱詞二卷 錢唐屠倬撰。嘉慶十九年至二十五年〔真州官舍〕精刊。

梅賓詩鈔六卷 古歙江紹蓮撰。嘉慶壬申刊。紹蓮著有《披芸漫筆》。

紅杏山房詩五卷 嘉應宋湘撰。嘉慶庚辰刊。即《燕臺賸瀋》《南行草》《滇蹄集》三種。

紅杏山房詩鈔十三卷 嘉應宋湘撰。道光間刊。即《燕臺賸瀋》《南行草》各一卷,《滇蹄集》三卷,《試詩初集》一卷,《試帖詩》一卷,《同館賦鈔》一卷,《豐湖漫草》一卷《續草》一卷,《不易居齋集》一卷,《漢書摘詠》一卷,《後漢書摘詠》一卷。

望雲樓詩初集七卷二集四卷西濛漁笛譜一卷 震澤徐喬林撰。嘉慶丙子復園刊。

鶴舫遺詩四卷 歙吴焜撰。嘉慶二十四年刊。

青芝山館詩集二十二卷斷水詞三卷駢體文二卷 臨川樂鈞撰。嘉慶二十二年刊。鈞著有《耳食録》。

秋鳴初集一卷 晉陵胡瑩撰。嘉慶二十四年於汀州刊。

笠人詩稿一卷 古黟孫學道撰。嘉慶壬申刊。

小春浮遺藁四卷 蕭山何其荍撰。嘉慶丙寅刊。

簃山草堂小藁四卷 青浦何其偉撰。嘉慶二十一年刊。其偉,王芑孫之高弟。

半吾堂文鈔一卷 高郵孫應科撰。道光癸卯小康書屋刊。應科著有《尚書古文證疑》《四書説苑》《七經讀法》《下河水利新編》。

天心閣詩鈔一卷 高郵孫應科撰。道光間刊。

壽藤齋詩集三十五卷 歙鮑倚雲撰。嘉慶戊辰精刊。

功甫小集十一卷 吴縣潘曾沂撰。嘉慶戊寅刊。

放猨集一卷桐江集一卷江山風月集一卷附船庵詞一卷 吴縣潘曾沂撰。咸豐間刊。一名《放猨桐江江山合刻》。

東津館文集三卷 吴縣潘曾沂撰。咸豐間刊。

閉門集六卷詞一卷 吴縣潘曾沂撰。光緒五年刊。

船菴集六卷 吴縣潘曾沂撰。光緒五年刊。

茗香堂集四卷外集八卷詩補遺四卷 常熟王家相撰。嘉慶壬申刊。

小羅浮草堂詩集四十卷 欽州馮敏昌撰。嘉慶十六年辛未刊。

何氏學四卷 東越何治運撰。嘉慶己卯瑞室刊。經説居多。

鐵橋詩悔一卷 宛平嚴可均撰。無刻書年月,約嘉慶間刊。可均著有《四録堂類集》,輯有《全上古三代六朝文》。

鐵橋漫稿十三卷 烏程嚴可均撰。道光戊戌冬十月四録堂刊。光緒乙酉蔣氏心矩齋重刊本,僅詩文八卷,其卷九至十二金石跋。光緒乙巳秀水王實瑩重刊,其卷十三制舉文未刻,蓋因子集分部不相雜廁也。

岑華居士蘭鯨録八卷 東吴吴慈鶴撰。嘉慶庚午刊。

鳳巢山樵求是録六卷二録四卷 東吴吴慈鶴撰。道光四年刊。

厚岡文集二十卷詩集四卷 萬載李榮陛撰。嘉慶間亘古齋刊。文集内考訂上古輿地之文居多。榮陛著有《厚岡經學》《萬載李氏遺書四種》。

芥生詩選六卷 桐城朱雅撰。無刻書年月,約嘉慶間刊。

壹齋集二十五卷賦一卷二十四畫品一卷 當塗黄鉞撰。嘉慶二十年刊。

壹齋詩集三十六卷賦一卷二十四畫品一卷畫友録一卷游黄山記一卷泛槳録二卷兩朝恩賚記一卷奏御集二卷 當塗黄鉞撰。道光十年續刊。

澹俱齋集十卷 仁和沈世煒撰。嘉慶戊辰養恬書屋刊。

簡松草堂詩集二十卷三影閣箏語四卷 錢唐張雲璈撰。嘉慶丁卯至己卯刊。雲璈著有《選學膠言》《四寸學》。

蠟味小稿五卷 錢唐張雲璈撰。嘉慶丁卯刊。

金牛湖漁唱一卷知還草五卷 錢唐張雲璈撰。嘉慶癸酉至己卯刊。

簡松草堂文集十二卷附録一卷 錢唐張雲璈撰。道光間刊。

密齋文集無卷數 桐鄉程同文撰。無刻書年月,約嘉慶間刊本。

陶山詩前録二卷詩録二十八卷露蟬吟詞鈔一卷續詞鈔一卷 善化唐仲冕撰。嘉慶辛未崇川酌民言堂精刊。

陶山文録十卷 善化唐仲冕撰。道光二年壬午刊。考訂之文。

嘉樹山房集二十卷外集二卷續集二卷 震澤張士元撰。嘉慶二十六年刊。

諸蕁香處詩集十三卷 吴江邱璋撰。嘉慶乙亥刊。

幼學堂詩稿十七卷文稿八卷 吴縣沈欽韓撰。嘉慶癸酉至道光間刊。此書凡兩次刊成者。其初次刊本,《詩稿》十卷,《文稿》四卷。第二次刊本,《詩稿》起卷十一至卷十七凡七卷,《文稿》起卷五至卷八凡四卷,其目録仍作兩段耳。予初見此書,僅有後半部,當時疑係殘本。嗣後又見初次刊本,恰湊成完善之一部,始知此書初印本多不完全,至其足本皆出後印矣。欽韓著有《漢書疏證》《王荆公詩文集注》《韓集補註》《蘇詩查註補正》《范石湖詩註》《春秋左傳補注附考異》。

覺生詩鈔十卷詠物詩鈔四卷詠史詩鈔三卷感舊詩鈔二卷 歙鮑桂星撰。嘉慶庚辰自刊。

覺生詩續鈔四卷自訂年譜一卷 歙鮑桂星撰。同治四年六月退一步齋刊。

南園詩存二卷 昆明錢灃撰。嘉慶壬戌師範刊。光緒辛巳其曾孫墉重刊本。一名《問楳堂詩文存合刻》。

南園文存一卷 昆明錢灃撰。道光乙未玉成書屋刊。

錢南園遺集五卷 昆明錢灃撰。同治壬申刊。

陶門弟子集十六卷 合肥蔡家琬撰。嘉慶丁丑刊。此編年詩,起乾隆戊戌,至嘉慶庚辰。

陶門續集四卷餘集二卷 合肥蔡家琬撰。道光壬辰至乙未刊。

歐可詩鈔十六卷文鈔六卷 南昌龔鉞〔鉽〕撰。**附嘯巖詩鈔一卷** 南昌龔炳撰。嘉慶壬申至道光丁亥刊。《詩鈔》原目三十六卷，第十五卷及第十七卷以下俱待梓。《文鈔》又名《歐可雜著》，一名《玉蔬軒集》。

崇百藥齋文集二十卷續集四卷三集十二卷合肥學舍札記十二卷 陽湖陸繼輅撰。**五真閣吟稿一卷** 女史陸錢惠尊撰。嘉慶二十五年至道光十六年刊。繼輅著有《洞庭緣傳奇》《洛陽縣志》。

重訂瓿餘集二卷 常熟李書吉撰，望江檀萃等評。嘉慶戊午儲菽齋精刊。

獨學廬初稿十三卷二稿十一卷三稿十一卷四稿九卷五稿二卷 東吴石韞玉撰。乾隆六十年至嘉慶間精刊。(初稿)《雲留舊草》一卷，《江湖集》三卷，《玉堂集》一卷，《劍浦歸槎録》一卷，《湘中吟》二卷，《雜文》三卷，《讀左卮言》一卷，《漢書刊誤》一卷。(二稿)《玉堂後集》一卷，《鵑聲集》一卷，《學易齋吟草》一卷，《花韻庵詩餘》一卷，《微波詞》三卷，《雜文》四卷。(三稿)《雜文》五卷，《晚香樓集》六卷。(四稿)《雜文》五卷，《池上集》四卷。(五稿)《燕居集》二卷。韞玉著有《袁文箋正》《古香林十種》。

獨學廬尺牘偶存二卷 吴縣石韞玉撰。道光三年刊。

陶園詩集二十四卷詩餘二卷文集八卷六如亭傳奇二卷 湘潭張九鉞撰。嘉慶戊寅至道光癸卯刊。

紫硯〔峴〕山人詩集二十六卷詩餘二卷文集十二卷六如亭傳奇二卷 湘潭張九鉞撰。光緒間重刊。

衡齋遺書九卷 歙汪萊撰，咸豐甲寅門人夏燮校刊。此與《衡齋算學》合刻。光緒壬辰聞梅舊塾精刊。

石甫文鈔二卷 桐城姚瑩撰。嘉慶戊寅刊。

介亭文集六卷外集六卷筆記六卷筆記存二卷居暇邇言二卷北上偶録三

卷臨安府志序言一卷于役迤南記二卷詩鈔一卷 皖江江濬源撰。嘉慶戊辰友善堂刊。

紅蕉山館詩鈔十卷詩續鈔二卷 黄梅喻文鏊撰。嘉慶甲戌至道光癸未刊。

販書偶記卷十七

冀縣孫殿起耀卿録

别　集　類 道光

揅經室一集十四卷二集八卷三集五卷四集十一卷續集九卷再續集六卷外集五卷 儀徵阮元撰。道光三年癸未文選樓刊。元著有《論語論仁論》《孟子論仁論》《詩書古訓》《經籍籑詁》《十三經注疏校勘記》《曾子注釋》《儀禮石經校勘記》《積古齋鐘鼎欵識》《華山碑考》《定香亭筆談》《石渠隨筆》《小滄浪筆談》《廣陵詩事》《山左金石志》《兩浙金石志》，輯有《詁經精舍文集》《兩浙輶軒録》《浙士解經録》《淮海英靈集》《八磚吟館刻燭集》《廣東通志》《雲南通志稿》。

文選樓詩存五卷 揚州阮元撰。嘉慶二十四年琅環仙館刊。

揅經室詩録五卷 儀徵阮元撰。道光癸巳琅環仙館精刊。

琅環僊館詩略八卷 揚州阮元撰。嘉慶十三年〔儀徵阮氏〕刊巾箱本。

揅經室訓子文筆二卷 儀徵阮福編。光緒元年刊。福著有《孝經義疏補》《小琅嬛叢記》。

大滌山房詩録八卷試帖一卷 吴縣張吉安撰。道光甲午刊。附《行狀》一卷，平湖受業林樸撰。

史山樵唱三卷 桐鄉朱英撰。道光庚寅其孫男爲弼刊。

養初堂詩集十二卷紅薑館詞鈔一卷 南滁馮震東撰。道光元年宜園刊。

使滀草三卷 桐城姚元之撰。道光二年刊。元之著有《竹葉亭雜記》。

東井文鈔二卷詩鈔四卷 四明黄定文撰。道光元年〔補不定齋〕刊。

遂雅堂集十卷續編一卷 歸安姚文田撰。道光元年〔至八年〕江陰學使者署刊。文田著有《説文聲系》《説文校議》《文字偏旁舉略》《古音諧》《四聲易知録》《邃雅堂學古録》。

九芝草堂詩存八卷 桂林朱依真撰。道光二年刊。

頤素堂詩鈔八卷 吴縣顧禄撰。道光六年精刊。禄著有《頤素堂叢書》《清嘉録》。

新羅山人離垢集五卷 杭州華嵒撰。道光乙未慎餘堂刊。

三湖漁人全集八卷 江陵劉士璋撰。道光二年劉氏家刊。士璋著有《江陵縣志刊誤》《漢上叢談》。

秋室學古録六卷憶漫菴賸稿一卷梁園歸櫂録一卷 錢塘余集撰。道光二年刊。

祝人齋集二卷 海昌祝詮撰。道光間新城陳用光精刊。詩文各一卷。又名《日新書屋稿》。

史梅叔詩選十二卷 山左史密撰、長白文康選。道光乙未刊。

得天居士集六卷 華亭張照撰。道光間其從孫張祥河刊巾箱本。照著有《天瓶齋書畫題跋》。

芝泉集概八卷 江寧凌霄撰,陽湖孫星衍選。無刻書年月,約道光間其姪鶴鳴刊。詩詞曲文凡八種各一卷。霄著有《快園詩話》。

正誼堂遺集文二十二卷詩十卷 安康董詔撰。道光三年癸未刊。詔著有《説文測義》。

靜娱室偶存稿二卷首一卷 臨川李宗瀚撰。道光丙申恩養堂刊。

紅杏軒詩鈔十六卷續一卷确山駢體文四卷 臨海宋世犖撰。道光間刊。世犖著有《周禮故書疏證》《儀禮古今文疏證》。

枕善齋集十三卷雜文一卷 浦江周爲漢撰。無刻書年月,約道光間刊。

柏香書屋詩鈔二十四卷 東吴張鳳孫撰。道光庚子廣州刊。

丙庵詩詞四種合編八卷 錢塘汪世雋撰。道光元年叢桂堂刊。《詠秋分類詩》一卷,《西湖櫂歌》一卷,《凭隱詩餘》三卷,《國朝詞綜偶評》三卷。

種瑶草堂詩鈔二卷 江都文元星撰。道光甲申秋精刊。

八銘堂詩稿四卷 海鹽吴懋政撰。道光戊子刊。

霞蔭堂文集無卷數詩集二卷自撰年譜二卷 合河康基田〔淵〕撰。道光丁亥其男亮鈞刊。

見山樓遺詩鈔四卷 震澤王銘撰。道光丁亥精刊。

澗東集三卷 長洲彭藴章撰。道光元年刊。

松風閣詩鈔二十六卷歸樸龕叢稿十二卷續編四卷自訂年譜一卷 長洲彭藴章撰。同治戊辰刊。又名《彭文敬公全集》。

校經草廬文集二卷 長洲顧曾撰。道光己亥刊。考訂之文。

二勿齋文集六卷首一卷 侯官謝金鑾撰。道光癸酉[六一]刊木活字本。

春熙堂詩稿二卷 寶坻李光里撰,番禺張維屏評選。道光辛卯刊。《秦隴紀行草》《湖山日記草》各一卷。

保甓齋文録二卷 仁和趙坦撰。道光七年冬十一月刊。坦著有《春秋異文箋》。

松風老屋詩稿十六卷詩餘二卷 嘉善錢清履撰。道光辛巳刊。

問亭文鈔六卷詩草七卷 桐城張鵠撰。道光丁亥刊。

培蔭軒文集二卷詩集四卷扈從木蘭行程日記一卷雜記一卷 光山胡季堂撰。道光壬午刊。

獨行堂詩存二卷 南通州朱瑋撰。道光四年刊。

曇雲閣詩集八卷附録一卷外集一卷詞鈔一卷音匏隨筆一卷 吴縣曹楙堅撰。道光癸卯刊。楙堅著有《河陽金石録》,未見傳本。

式訓集十六卷 安邱張柏恒撰。道光辛丑式訓堂刊。墓銘傳記之文居多。

易畫軒詩録八卷 崑山王學浩撰。道光甲午刊。

思茗齋集十二卷附題辭一卷 仁和宋咸熙撰。道光五年刊。咸熙著有《耐冷談》。

晚聞居士遺集九卷首一卷 蕭山王宗炎撰。道光庚寅〔其子端履等〕精刊。考訂之文。

歸硯齋存詩〔詩存〕四卷文存一卷 嘉定朱瑋撰。道光二十六年本齋刊。瑋,朱右曾之父。

染香盦文集二卷外集一卷補遺一卷詩録二卷詞鈔二卷 吳縣江沅撰。道光庚子染香精舍刊。沅,彭紹升之高弟,著有《説文音韻表》。

平園雜著内編十四卷 分宜林有席撰。道光丙戌刊。《外編》嗣出。經説居多。

存悔齋集二十八卷 萍鄉劉鳳誥撰。道光丁酉刊。

希音堂集六卷事輯一卷 平定張佩芳撰。道光二十七年〔其孫男穆〕刊。《事輯》即年譜,其孫穆撰。佩芳著有《陸宣公翰苑集注》。

碧琅玕館詩集四卷鷗香詞一卷 合肥徐漢蒼撰。道光三年刊。

埜栢先生類稿十六卷 安邑宋在詩撰。道光七年刊。《懷古堂偶存文稿》四卷,《詩稿》二卷,《見聞瑣録》三卷,《論語贅言》二卷,《説孟》一卷,《説左》一卷,《讀詩遵朱近思録》二卷,《憶往編》一卷,凡八種。

三紅唫館詩鈔四卷 平湖何慶熙撰。道光間刊。

四一居士文鈔六卷 懷寧汪德鉞撰。道光間誠意堂家塾刊。德鉞著有《七經偶記》。

齊物論齋文集六卷 武進董士錫撰。道光二十年江陰暨陽書院刊。士錫纂有《續行水金鑑》。

自春堂詩十二卷 丹徒楊鑄撰。道光九年石瓢仙館刊。

薌林草堂詩鈔八卷文鈔四卷 安康王玉樹撰。道光乙未至丁酉刊。玉樹著有《説文拈字》《退思易話》《經史雜記》《志學録》《存心淺説》。

尺雲軒詩集四卷秋窗疊韻詩一卷文集二卷文續編一卷尺牘一卷 六合朱實發撰。道光六年丙戌至十四年甲午刊。

秀谷詩鈔四卷 甘泉湯振宗撰。道光壬午玉茗山房刊。

心知堂詩稿十八卷 成都汪仲洋撰。道光六年丙戌精刊。

養素堂文集三十五卷詩集二十六卷 武威張澍撰。道光丁酉至壬寅棗華書屋刊。澍著有《姓氏尋源》《姓氏辨誤》《蜀典》《續黔書》,并輯《諸葛忠武侯集》。餘未刊者,《姓韻 》《姓氏書目考證》,見原稿本。

食味雜詠一卷 嘉善謝墉撰。道光壬辰揚州阮元刊。墉校輯《荀子》。

潛虛詩鈔三卷附崇祀録 常熟翁咸封撰。道光丁未其男心存刊。

鐵簫庵文集四卷詩鈔二卷 吴江朱春生撰。道光五年刊。

曼陀羅盦詩五卷 長洲孫晉灝撰。道光丙戌刊。

六亭文集十二卷 德化鄭兼才撰。道光庚子精刊。記臺灣事居多。

西河草堂詩臏六卷續六卷 泰州葉兆蘭撰。道光六年〔五年至七年芸香社〕刊。

味塵軒詩集十三卷詩餘二卷 宣城李文瀚撰。道光癸卯刊。文翰著有《鳳笛樓傳奇四種》。

味塵軒詩集十八卷詩餘一卷 宣城李文瀚撰。道光癸卯至庚戌刊。此編年詩,起甲申,至庚戌。第十八卷闕。

計樹園詩存紀年草一卷儷紫軒偶存一卷�陽遊草一卷棲槃草一卷依園草一卷計樹園賸稿一卷詩餘一卷 南昌萬廷蘭撰。**附南邨遺稿一卷** 南昌萬廷藩撰。**螺墩草一卷雲洲草一卷螺川草一卷瀘江草一卷** 南昌萬廷芮撰。**附一卷** 南昌萬廷莘撰。**計樹園古文一卷** 南昌萬廷蘭、萬延莘等撰。光緒己卯其孫萬青選刊。

杏村集八卷儷選四卷書經摘聯一卷賡刻文集二卷年譜一卷 涇縣胡貞幹撰。道光六年刊。

嘯雨草堂集十卷 太倉盛徵璵撰。道光六年夏五月刊。

尚絅堂詩集五十二卷詞集二卷駢體文二卷 陽湖劉嗣館撰。道光六年大樹園刊。同治間刊本多附録三卷。

理堂文集十卷外集一卷詩集四卷日記八卷 濰縣韓夢周撰。道光三年至四年靜恒書屋刊。

説文堂詩集八卷 甘泉許之翰撰。道光三年刊。

寄情草堂詩鈔三卷 天門熊莪撰,會稽宗稷辰、海昌許楗同選評。道光癸巳刊。

藿田集十三卷附詩餘填詞一卷 東皋范駒撰。道光六年刊。

古山文鈔十卷 建寧李祥賡撰。道光六年朱亨檜刊。祥賡與高澍然友善,著有《讀易慎疑》。

一拳石山房存稿三卷 吴下朱鑑撰。道光九年己丑五月刊。

桐葉山房詩草十六卷 湘潭石承藻撰。道光己丑刊。

榆西僊館初稿文鈔無卷數 仁和蔣詩撰。無刻書年月,約嘉慶間刊。卷數葉數間皆屬墨丁,蓋初刊本也。

榆西仙館初稿四十三卷首一卷 仁和蔣詩撰。道光間刊。即詩文集。

棗花樓詩略八卷 安東程得齡撰。道光十二年秋八月刊。

石蘿山房詩鈔八卷 江都張維楨撰。道光庚寅春刊。

秋舫詩存無卷數 婺源齊康撰。道光壬辰刊。

論山詩選十五卷 南徐鮑之鍾撰。道光壬辰詠真堂刊。

小重山房初稿詩十卷詞三卷賦二卷 華亭張祥河撰。**附霞閣小稿一卷** 華亭張昌緒撰。道光二年自刊。祥河著有《粤西筆述》《會典簡明録》《桂勝集》《續驂鸞録》《驂鸞吟稿》《關隴輿中偶憶編》。

詩舲詩録六卷詩外四卷 華亭張祥河撰,寶山毛嶽生、同里姚椿選定。道光戊戌松風草堂刊。

小重山房初稿詩十六卷詞三卷試帖一卷文二卷賦二卷 華亭張祥河撰。**霞閣小稿一卷** 華亭張昌緒撰。道光八年刊。

小重山房詩續録十二卷 華亭張祥河撰。光緒元年刊。

曬書堂文集十二卷外集二卷別集一卷附閨中文存一卷筆記二卷時文一卷筆録六卷詩鈔二卷試帖詩餘二卷和鳴集一卷 棲霞郝懿行撰。光緒十年東路廳署刊。懿行著有《讀書記》《顏氏家訓校記》《穆天子傳補注》《證俗文》《郝氏遺書》。

晞髮堂文集四卷詩集二卷 山陰楊賓撰，鐵嶺楊霈編。舊抄本。〔首有癸丑鐵嶺楊霈例言。〕賓著有《大瓢偶筆》《鐵函齋書跋》。

古梅谿館二集詩八卷 嘉興汪澍撰。道光九年刊。

春草堂四六一卷詞集二卷詩話八卷 甘泉謝堃撰。道光庚寅至辛卯秣陵王日華於揚州書局刊。

篴樓詩選一卷 李鎮撰。道光十五年刊。

小東山堂〔駢體〕文鈔十卷 永嘉張泰青撰。道光間刊。

味鐙書屋詩集八卷 高郵沈業富撰。**經餘書屋詩鈔八卷經解附** 高郵沈在廷撰。道光九年思貽堂刊。

寄鷗館賦鈔一卷試賦鈔一卷試帖鈔一卷 江都符葆森撰。道光十六年刊。葆森輯《國朝正雅集》。

靜存齋詩集八卷 錢塘錢師曾撰。道光間刊。

掃紅亭吟稿十四卷 崇川馮雲鵬撰。道光九年精刊。雲鵬著有《紅雪詞》，并輯《金石索》。

賞雨茅屋詩集二十二卷外集一卷 盱江曾燠撰。道光間刊，嘉慶甲子刊《詩集》八卷，嘉慶庚午刊《詩集》十一卷《外集》一卷，道光三年長洲王嘉禄刊《詩集》十八卷《外集》一卷。燠輯有《國朝駢體正宗》《朋舊遺詩合鈔》《江西詩徵》《邗上題襟集》。

緑雪館詩鈔六卷 華亭張鴻卓撰。道光間刊。

緑野齋文集四卷 濰縣劉鴻翱撰。道光七年丁亥冬同懷堂精刊。

緑野齋文集六卷附太湖詩草一卷 濰陽劉鴻翱撰。道光甲辰刊。一名《緑野齋前後合集》。

心鐵石齋存稿四十卷聯句詩一卷年譜一卷 奉新宋鳴琦撰。道光壬辰誦梅堂刊。

抑庵遺詩八卷 全椒吴鼒撰。同治庚午刊。鼒刊有《韓非子》《晏子春秋》。

吴學士文集四卷詩集四卷 全椒吴鼒撰。光緒壬午江寧藩署刊。

雪門詩集二卷 吴興程境撰。道光壬辰刊。

石林草堂詩存一卷 江都葉舟撰。道光間精刊。

弈載堂詩集金閶稿三卷練祁稿一卷楚遊吟三卷歸田園居鈔一卷古泉山館唱醻集一卷文集無卷數 嘉定瞿中溶撰。道光辛卯刊。同治間重刊本僅《詩集》。中溶,錢竹汀之壻。著有《校正今文孝經》《二十四孝考》《集古官印考證》《漢石經考異補正》《古泉山館金石文編》。

弈載堂文集無卷數 嘉定瞿中溶撰。道光間刊。計三十二篇。

古泉山館題跋一卷 嘉定瞿中溶撰。宣統庚戌繆荃孫刊。

頻廬存稿五卷 雍邱馬之驦撰。道光戊子師竹堂精刊。

玉函山房詩集四卷文集四卷 歷城馬國翰撰。道光八年刊。國翰著有《紅藕花軒泉品》《玉函山房全集》,輯有《玉函山房輯佚書》。

玉函山房文集五卷文續集五卷詩集九卷詩鈔八卷海棠百詠一卷百八唱和集一卷 歷城馬國翰撰。光緒十五年繡江李氏刊。

藏密廬文稿四卷 慈谿鄭喬遷撰,宜興吴德旋定。道光間刊。

熱河紀行詩註二卷 高麗柳得恭撰。底稿本。

以恬養智齋詩初集六卷 嘉定程庭鷺撰。道光九年碧城仙館刊。庭鷺著有《篛庵畫塵》。

小松圓閣雜著三卷 嘉定程庭鷺撰。同治二年其男祖慶精刊。題跋居多。

姚鏡塘全集十卷 歸安姚學塽撰。道光丁亥刊。古文三卷,時文三卷,古今體詩二卷,詩外集一卷,試帖詩一卷。又名《竹素齋遺稿》。

花農詩鈔六卷 宛平查林撰。道光壬辰雲南通志局刊。

青埵山人詩十卷 陽湖洪飴孫撰。光緒甲申閩縣陳氏〔西江使廨〕刊。飴孫著有《三國職官表》《史目表》《世本輯補》,餘者《梁書州郡表》未見。

孟塗前集十卷後集二十二卷文集十卷駢體文二卷 桐城劉開撰。道光六年同里姚氏檗山草堂刊。《後集》第八卷原缺。孟塗著有《廣列女傳》。

孟塗遺詩二卷 桐城劉開撰。光緒丙戌刊。

空桐子詩艸十卷 上虞王煦撰。道光九年上虞淮澤堂刊。煦著有《説文五翼》《小爾雅疏》。

劉禮部集十二卷 武進劉逢禄撰。道光十年思誤齋刊。卷一至十文,卷十一詩詞,并其子承寬譔行述,卷十二附録即《麟石文鈔》,係其次子承寵遺稿。逢禄著有《詩聲衍》《春秋公羊經何氏釋例》《尚書古今文集解》《書序述聞》。

陸次山集二卷 浙東陸璣撰。道光十四年刊。又一部作三卷,字體較劣。

養中之塾文集一卷 濟南朱曾喆撰。道光庚子刊。

拜石山巢詩鈔八卷 會稽陳光緒撰。道光間刊。

澄懷堂詩集十四卷夢玉詞一卷 錢唐陳裴之撰。道光己丑漢上題襟館刊。裴之著有《湘煙小録》。

澄懷堂詩外五卷文鈔一卷詩選一卷 錢塘陳裴之撰。嘉慶庚辰至道光三年家刊。

南廬詩鈔六卷 海寧查世官撰。道光己亥退學詩齋刊。

春水船詩鈔一卷補遺一卷文鈔一卷 平湖俞思源撰。道光庚戌秋精刊。

二竹齋詩鈔六卷文集二卷 膚施張井撰。道光乙未賜禮堂刊。

拜竹詩堪詩存六卷釣船笛譜一卷 嘉興馮登府撰。道光九年〔小長廬馮氏〕於閩中刊。登府著有《石經補考》《三家詩異文疏證》《論語異文疏證》《浙江磚録》《十三經詁答問》《閩中金石志》《金石綜例》《種芸仙館詞》。餘未刊者,《酌史岩摭譚》《一味禪》,見傳抄本。

石經閣文〔初〕集八卷 嘉興馮登府撰。道光間刊。

石經閣文集續編八卷 嘉興馮登府撰,海昌費寅輯録。傳抄本。

端虚勉一居文集三卷 武進張成孫撰。道光二十年江陰暨陽書院刊。考訂之文。成孫,惠言子,著有《説文諧聲譜》。

東墅文集鈔四卷 金谿蔡上翔撰。新城楊希閔鈔。底稿本。

雨窗文存一卷 高郵周叙撰。道光十七年刊。叙輯有《高郵耆舊詩存》。

雨窗遺文一卷 高郵周叙撰。咸豐壬子愛蓮堂刊。

鐵樹堂詩鈔三卷附鈔二卷 嘉應李光昭撰。道光三年刊。

鏡西閣詩選六卷 山陰邵無恙撰。道光庚寅碧城仙館刊。

許鄭學廬存稿八卷首一卷 蕭山王紹蘭撰。道光己酉刊。卷首奏摺、雅言,卷一賦、擬表、策對、經義,卷二考、疏證、釋、解,卷三序,卷四跋,卷五書後,卷六書,卷七記、書事,卷八傳、贊、銘、墓誌、祭文。此《擬江式求撰集古來文字表》《與王伯申書》等篇甚巨。紹蘭著有《説文段注訂補》《漢書地理志校注》《管子地員篇注》《周人經説》。

徐石渠文鈔四卷 太倉徐校撰。道光壬辰刊。傳誌居多。

休復居文集六卷元后妃公主列傳一卷詩集六卷 寶山毛嶽生撰。道光甲辰嘉定黄氏西谿草廬刊。嶽生著有《元史稿》,未刊。

水竹莊詩鈔四卷 元和蔣莘撰。無刻書年月,約道光間刊。

虹玉堂文集十八卷 涇川鄭相如撰。道光十二年刊。相如輯有《涇川文載》。

藤花吟館詩鈔十卷 長樂梁章鉅撰。道光乙酉刊。章鉅著有《文選旁證》《三國志旁證》《退庵書畫題跋》《樞垣紀略》《師友集》《稱謂録》《浪跡叢談》《夏小正通釋》《校補倉頡篇》《南浦詩話》《三管詩話》《制藝叢話》《楹聯叢話》《巧對録》《閩川閨秀詩話》《二思堂叢書》。

退菴詩存二十五卷 福州梁章鉅撰。道光十二年刊。

筠圃詩鈔一卷 海豐張映漢撰。光緒庚子其曾孫守謙刊。

存悔軒文存二卷 桐城張遇春撰。道光十八年刊。

錖舟園初稿無卷數 東洞庭王塗撰。道光甲午刊。有文無詩。塗著有《鄉黨正義》《四書地理考》《鈔幣芻言》，輯有《國朝文述》。

錖舟園初稿無卷數古文稿無卷數 東洞庭王塗撰。底稿本。内有張履、葉廷琯諸人手筆批評。

研北花南吟草四卷詞鈔一卷合璧詞一卷 興化徐鳴珂撰。道光間刊。

小安樂窩文集四卷詩存一卷南池唱和詩存一卷 吴江張海珊撰。道光十一年辛卯刊。

荃石居詩草七卷詞草一卷駢文一卷 上元吴頡鴻撰。道光間刊。

小雲廬詩稿删存五卷 平湖朱壬林撰。道光己亥刊。

小雲廬晚學文稿八卷 平湖朱壬林撰。咸豐六年刊。光緒庚子朱氏重刊。

欣遇齋詩集十六卷 天津沈峻撰。道光十一年其子兆澐刊。

稻香吟館詩文集七卷 嘉定李賡芸撰。道光四年刊。卷一至卷六詩，卷七文。賡芸，錢曉徵之高弟，著有《炳燭編》。

無盡藏齋詩鈔四卷 古潤章炳蘭撰。道光庚子刊。

恭壽堂僅存稿一卷 海陽方浩撰。道光十九年精刊。

樂園文鈔八卷 溆浦嚴如熤撰。道光間刊。如熤著有《三省邊防備覽》。

樂園詩稿六卷 溆江嚴如熤撰。無刻書年月，約道光間精刊。《漢南集》《感舊集》《詠史集》，以上各一卷，《蘇亭集》三卷。

待鶴樓詩鈔四卷 大竹王懷曾撰。道光丙午刊。

讀騷樓詩初集四卷二集四卷 江都陳逢衡撰。道光十三年刊。逢衡著有《竹書紀年集證》《逸周書補註》《穆天子傳註補正》《山海經彙説》。

竹生吟館詩草十六卷 會稽周師濂撰。道光己丑本宅刊。

海紅華館詩十卷詞二卷 吴江鄭璜撰。道光乙未刊。

在山草堂詩稿十七卷 石門吴文照撰。道光戊子刊。

知止堂文集八卷補遺一卷詩録十二卷詞録三卷 元和朱綬撰。道光庚子至辛丑刊。

挹秀山房詩集八卷西江一櫂集一卷 東武劉塄撰。道光十六年劉氏味經書屋精刊。

研六室文鈔十卷 績谿胡培翬撰。道光十七年涇川書院刊。考訂之文。光緒戊寅世澤樓重刊本,多補遺一卷。培翬著有《儀禮正義》《孔子編年》《胡少師年譜》。

儀歐閣詩遺稿無卷數 陽湖陸容撰。道光庚子長洲王子梅刊。

雪樵續集四卷 福山鹿林松撰。道光丁酉刊。

敬學軒文集十二卷 順德龍廷槐撰。道光甲午〔鳳城本宅〕刊。

計有餘齋文集無卷數 鄱陽陳方海撰。道光間刊。

萬善花室文稿七卷詩集四卷詞稿一卷 大興方履籛撰。道光十一年〔閩中寓館〕本宅刊。

萬善花室文稿六卷續編一卷附録一卷 大興方履籛撰。光緒丙戌溧陽繆氏小峄山館刊。

巢林集七卷 富谿汪士慎撰。道光十三年精刊。

脩凝齋集六卷 山陽阮鍾瑗撰。道光庚寅刊木活字本。

自知堂〔室〕文集四卷 婺源董桂敷撰。道光甲午刊。

思無邪室遺集六卷 吴縣顧蒓撰。道光己亥仁壽硯齋刊。題跋居多。

思無邪室詩集二卷 吴縣顧蒓撰。咸豐九年刊。

私艾軒文集六卷 吴江吴育撰 **附寧古塔紀略一卷** 吴江吴振臣撰。道光二十年江陰暨陽書院刊。考訂之文。

青墅詩稿十卷 河間李燧撰。道光癸巳河南府署刊。

岳麓文集八卷 全州蔣厲常[六二]撰。咸豐九年刊。

王文簡公遺集八卷 高郵王引之撰。咸豐丁巳刊。又名《王光禄遺集》。引之,念孫之子。著有《經義述聞》《經傳釋詞》《字典考證》。

王文簡公遺文無卷數 高郵王引之撰。底稿本。較羅氏排印本多文數十篇,詩若干首。

程侍郎遺集〔初編〕十卷 歙程恩澤撰。道光丙午春〔壽陽祁寯藻等刊,板存〕迓喜齋(刊)。恩澤著有《國策地名考》。

冬巢詩集四卷詞集四卷 儀徵汪潮生撰。道光十七年黄承吉刊。

思適齋集十八卷 元和顧千里(原名廣圻)撰。道光己酉上海徐氏刊。千里著有《説文辨疑》。

證諦山人詩稿十卷 越州葉騰驤撰。道光二十四年刊。第十卷詩餘。騰驤著有《證諦山人雜志》。

求是堂詩集二十二卷詩餘一卷 涇縣胡承珙撰。道光十三年癸巳刊。承珙著有《胡墨莊遺書》,又名《求是堂全書》。

求是堂文集六卷駢體文二卷 涇縣胡承珙撰。道光十七年本宅刊。

掃落葉齋詩稿六卷 嘉定時銘撰。道光丙午八月刊。

苕溪漁隱詩稿六卷詞二卷 烏程范鍇撰。道光乙未刊。鍇著有《漢口叢談》《聲山雜著》《花笑庼雜筆》《潯溪記事詩》《湖録紀事詩》《感逝吟》《蜀産吟》《幽華詩略》。

聽松廬詩鈔十六卷 番禺張維屏撰。道光乙酉刊。後五卷係續刊。維屏著有《國朝詩人徵略》《松心詩集》《廬秀録》《讀經求義》《松心十録》《桂遊日記》《經字異同》《海天霞唱》《玉香詞》《花甲閒談》。

松心文鈔十卷 番禺張維屏撰。咸豐丁巳刊。

聽松廬駢體文鈔四卷 番禺張維屏撰。道光癸卯刊。

一粟廬詩初稿四卷二稿四卷 秀水于源撰。道光二十五年刊。源著有《鐙窗瑣話》《柳隱叢談》。

養一齋集二十六卷 山陽潘德輿撰。道光二十九年刊。德輿著有《養一齋詩話》《李杜詩話》。

飲香讀畫齋詩集四卷 海昌朱有萊撰。道光十八年刊。

介存齋詩六卷 荆谿周濟撰。道光間刊。又道光三年刊本四卷不足。濟著有《晉略》《求志堂存稿》《彙編》《詞辨》。

止庵文一卷詩一卷詞一卷 荆谿周濟撰。傳抄本。

近月樓存稿三卷 曲阿東南薰撰。道光戊戌家刊。

借閒生詩三卷詞一卷 錢塘汪遠孫撰。道光庚子錢塘振綺堂精刊。遠孫著有《國語校注三種》。

茹古齋文鈔二卷補遺一卷詩鈔一卷 錢唐張復撰。道光癸卯刊。

琴士文鈔六卷詩鈔十二卷 涇縣趙紹祖撰。道光壬辰古墨齋刊。紹祖著有《通鑑注商》《金石文鈔》《新舊唐書互證》《建元記》《校補竹書紀年》《安徽金石略》《古墨齋金石跋》《涇川金石記》《讀書偶記》《消暑録》,輯有《趙氏淵源集》《涇川叢書》《蘭言集》。

丹棱文鈔四卷 陽湖蔣彤撰。道光辛丑〔壬寅孟冬洗心玩易之室〕刊木活字本。考訂之文。彤,李兆洛之高弟,著有《李申耆年譜》,輯有《暨陽答問》。餘者《史微》未見。

清惠堂文集二卷詩集六卷詞二卷 全椒金望欣撰。道光庚子廣陵黄氏精刊。

秋室詩録二卷遺文一卷 歸安楊鳳苞撰。無刻書年月,約嘉慶間刊。

秋室集十卷 歸安楊鳳苞撰。光緒癸未湖州陸氏刊。考訂之文,其中多記明季遺事。

晴雲山房文集十六卷尺牘一卷 涪陵馮鎮巒撰。道光間刊。

研秋齋詩略一卷文略一卷筆記二卷 寶應劉彦矩撰。道光戊戌五之堂刊。考訂之文。

括春軒駢體文集十卷 桐城房聚五撰。道光癸卯刊。

舍是集八卷 儀徵王翼鳳撰。道光辛丑刊,道光二十四年補刊本作十卷。

聲遠堂文鈔四卷 儀徵王翼鳳撰。咸豐壬子夏五月刊。

沈氏羣峰集五卷外集一卷 即《緑春詞》 **附韓詩故二卷** 長洲沈清瑞撰。光緒五年重刊。

碧虛齋吟草八卷 高郵宋茂初撰。道光十九年志道堂刊。

弇榆山房詩略十卷 海州許喬林撰。道光間刊。喬林輯有《朐海詩存》《海州文獻録》。

草草草堂詩選二卷詞稿一卷 儀徵黄純嘏撰。道光戊戌秋八月刊。

抱真書屋詩鈔九卷詩餘一卷 蒙自陸應穀撰。**附鄧虹橋孝廉遺詩一卷** 蒙自鄧學先撰。道光甲辰刊。

十三經閣詩録二卷 曲阜孔憲庚撰。道光丁酉刊。

紅豆詩人集十八卷詞一卷附録一卷 陽湖董潮撰。道光己亥刊。

思樹軒詩稿四卷 河間李棠撰。道光癸巳河南府署刊。

著花庵集八卷吴門集八卷南歸集四卷 嘉應李黼平撰。道光間刊。一名《李詩三集》。黼平著有《毛詩紬義》。

小樓詩集八卷 寶應王嵩高撰。道光丙申精刊。

瘦竹齋詩二卷 常熟周㮾撰。道光十九年刊。

澹靜齋文鈔六卷外集二卷詩鈔六卷祭儀考四卷説裸二卷邶風説二卷離騷箋二卷 閬中龔景瀚撰。道光六年丙戌其子式穀刊,恩錫堂藏板。同治八年其玄孫易圖重刊。

融谷詩草二卷補遺一卷附刻一卷 萍鄉文守元撰。道光[六三]己卯刊。

廉泉詩鈔四卷 保山范士〔仕〕義撰。道光壬寅精刊。

吾溪詩存一卷附一卷 高陽王棻撰。無刻書年月,約道光間精刊。

玉山草堂詩集十二卷 仁和錢林撰。道光丁酉其男廷烺刊。林著有《文獻徵存録》。

玉山草堂集三十卷 仁和錢林撰。道光十五年刊。

白鶴山房詩鈔二十卷詞鈔二卷 歸安葉紹本撰。道光丁亥於桂林使廨刊。

種榆仙館詩鈔二卷 錢塘陳鴻壽撰。道光甲辰精刊。

緑雪堂遺集二十卷 會稽王衍梅撰。道光二十年刊。

酉樵山房文集四卷 雍水猶法賢撰。道光乙未本衙刊木活字本。

古茶簃遺文一卷 高郵夏紀堂撰。道光間〔辛丑其子崑林〕刊。紀堂,崑林之父。

味經齋文集六卷 嘉定葛其仁撰。道光庚戌歙縣〔學署〕刊。其仁著有《小爾雅疏證》。

汪孟慈文集無卷數 江都汪喜荀撰。底稿本。此中以《王伯申行狀》爲最鉅。喜荀著有《孤兒編》《汪氏學行記》《容甫先生年譜》。餘未刊者,《尚友記》《家傳徵引書籍詩文目録》《先君家傳》《靈表遺書跋》《壽母小記》《喜孫年譜》,見原稿本。

從政録四卷 甘泉汪喜荀撰。道光二十一年精刊。

雲庵遺稿六卷 崑山顧森撰。道光庚戌三鱣堂刊。《回春夢傳奇》二卷,《雲庵遺詩》一卷《遺文》一卷,《燕京記》一卷,《雲庵自嘲》一卷。

怡卿[六四]**詩鈔二卷** 北平李明農撰。道光甲辰刊。

浩然堂詩集四卷詞稿一卷 廬江江開撰。道光己酉夏刊。

海秋詩集二十六卷 益陽湯鵬撰。道光戊戌刊。同治十二年其男壽銘補刊,多後集一卷。

吟古鏡齋詩集二十六卷 歙潘世鏞撰。道光庚子刊。

惕園初稿十六卷外稿一卷遺稿十卷 長樂陳庚焕撰。道光間有有齋刊。(遺稿)《書札僅存》二卷,《莊嶽談》二卷,《童子摭談》一卷,《謬言意言附識》一卷,《日記僅存》一卷,《故紙隨筆》一卷,《約語追憶》一卷,《補録》一卷。

秋君遺稿六卷 德清馮如璋撰。道光乙巳刊。第六卷詞。

聞妙香室文集十九卷詩集十二卷詞一卷 山陽李宗昉撰。道光乙未刊。宗昉著有《黔記》。

還珠堂詩鈔六卷 儀徵厲同勳撰。道光間精刊。《藕花小室詩鈔》二卷,《寄蠡詩鈔》一卷,《和陶百詩鈔》一卷,《斷梗吟》一卷,《栖塵集》一卷。又咸豐間重刊本多《幸存稿》《衡游草》各一卷。又名《重訂厲廉州詩集》。

袖雲山房文鈔二卷詩鈔十卷 春陵楊登訓撰。道光十五年刊。登訓皆有《詩學識要》。

心白日齋詩鈔四卷 元和蔣志凝撰。道光癸卯刊。

百藥山房詩初集十卷 嘉善黄若濟撰。道光九年刊。

春池文鈔十卷 桐城許鯉躍撰。道光間刊。

半園詩録八卷詞録一卷 甘泉經濟撰。道光間刊。

因寄軒文初集十卷二集六卷補遺一卷 上元管同撰。道光癸巳管氏刊。光緒己卯重刊本附《小異遺文》一卷,管嗣復撰。同著有《七經紀聞》《四書紀聞》。

榕園文鈔無卷數 侯官李彦章撰。道光十二年刊。彦章,翁方綱之高弟。著有

《榕園全集》。

林皐閒集古文六卷詩五卷常語二卷 會稽潘諮撰。道光十六年刊。

潘少白集古文八卷詩五卷常語二卷 會稽潘諮撰。道光甲辰瞻園刊。

雙池文集十卷 婺源汪紱撰。道光甲午一經堂刊。紱後改名烜,著有《汪雙池遺書》三十餘種。

闖游草一卷 甘泉薛傳均撰。道光丙午刊。傳均著有《文選古字通疏證》《説文答問疏證》。

南村草堂文鈔二十卷詩鈔二十四卷 新化鄧顯鶴撰。道光九年至咸豐元年刊。顯鶴輯有《資江耆舊集》《沅湘耆舊集》。

味經書屋詩稿十二卷 琴川張燮撰。道光辛卯奉勤堂精刊。

吕月滄集八卷首一卷 永福吕璜撰。道光二十一年桂林刊。卷首即《年譜》,受業陳應元撰。卷一至六文,卷七至八詩。

㻏齋文存一卷 查元偁撰。道光二十一年戊戌刊。經説居多。

經遺堂集二十六卷 江都韋佩金撰。道光辛丑孟冬刊。佩金長於史學,著書多未刊行。

栽物象齋詩鈔一卷湘雨齋詞草一卷 陽湖管貽葄撰。光緒二十一年孫男燠椧刊。

還讀齋詩稿二十卷續刻四卷 元和韓崶撰。道光七年精刊。

小萬卷齋文稿二十四卷 涇縣朱珔撰。道光壬寅刊,光緒十一年〔重孫臧成嘉樹山房〕重刊。珔著有《文選集釋》,輯有《國朝古文彙鈔》初、二編。

小萬卷齋經進稿四卷詩稿三十二卷續稿十二卷〔詩遺稿一卷〕 涇縣朱珔撰。道光六年至九年精刊,光緒十一年〔重孫臧成嘉樹山房〕重刊。

知守齋詩初集六卷二集四卷别集一卷 龍谿鄭開禧撰。道光丙戌刊。

閣注文鈔四卷 江都江漣撰。道光十六年刊。

慎獨齋吟賸四卷 山陰童鳳三撰。道光甲申含清堂刊。

稽庵詩集十卷文集二卷 江都梅植之撰。道光甲辰刊。《詩集》卷七以下《續集》。

澹園古文選二卷詩選八卷詩話一卷三百篇詩評一卷 濰縣于祉撰。道光癸丑至甲寅[六五]刊。

澹園續稿二卷 濰縣于祉撰。同治六年刊。

初月樓文鈔十卷詩鈔四卷 宜興吴德旋撰。**附程子香文鈔二卷** 婺源程德賚撰。道光癸未刊。德旋著有《初月樓聞見録》並《續録》。

初月樓文續鈔八卷 宜興吴德旋撰 **附程子香文續鈔四卷文補遺一卷** 婺源程德賚撰。道光丙申刊。

初月樓文鈔十卷文續鈔八卷遺編四卷 宜興吴德旋撰。道光癸未至丙申刊。

石村詩集二卷 榮成岳賡廷撰。道光甲辰刊。又名《燕來堂詩稿》。

夫椒山館詩二十一卷補遺一卷 陽湖周儀暐撰。道光丁未刊。民國戊午鉛字排印本。

第六弦谿文鈔四卷虞邑紀變略二篇詩鈔二卷 常熟黄廷鑑撰。道光庚子孟冬刊。考訂之文。廷鑑著有《琴川三志補記》。

竹庵詩鈔六卷此君園詩存二卷學詩臆説一卷 臨津吴名鳳撰。道光十五年衣德堂刊。

此君園文集三十卷 臨津吴名鳳撰。道光二十一年刊。經説居多。

鴻爪集初續一卷再續一卷三續一卷 象州鄭存紵撰。道光二十二年刊。

魯巖所學集十五卷補遺一卷交遊記一卷餘事稿二卷 魯山張宗泰撰。道光間刊。考訂之文,題跋居多。《交遊記》係當時友朋小傳。《餘事稿》詩民國二十年模憲堂重刊。

溪庫詩稿六卷 錢唐龔理身撰。道光丙戌桂隱山房刊。此編〔年〕詩,起甲午,止庚戌。

蘊素〔愫〕閣詩集十二卷文集六卷別集四卷 鎮洋盛大士撰。道光元年至五年六年刊。大士著有《谿山臥遊録》《樸學齋筆記》。

蘊素〔愫〕閣文集八卷詩集十二卷詩續集二卷別集四卷琴竹山莊樂府二卷 鎮洋盛大士撰。**附嘯雨草堂集十卷** 鎮洋盛澂璵撰。道光間陸續刊。

梅麓詩鈔十八卷文鈔八卷詞存一卷賦鈔二卷試帖二卷制藝六卷聯存一卷 婺源齊彦槐撰。道光乙巳刊。又名《雙溪草堂全集》。

紅椒山館詩選六卷詞選二卷 華亭張興鏞撰。道光戊戌松風草堂刊。

謙受堂全集三十卷 奉賢陳廷慶撰。道光庚寅壬辰一邱園刊。

紅蕉館詩鈔四卷 吴縣潘曾瑩撰。道光己丑刊。

小鷗波館詩鈔十卷補二卷詞一卷 吴縣潘曾瑩撰。道光乙巳〔吴縣潘氏〕刊。

雕菰樓集二十四卷 江都焦循撰。**蜜梅花館文録一卷詩録一卷** 江都焦廷琥撰。道光四年阮福于嶺南節署刊。循著有《雕菰樓叢書》《里堂學算記》《北湖小志》。餘未刊者,《推小雅十月辛卯詳疏》,見傳抄本。

柯亭子文集八卷駢體文集六卷 祥符周沐潤撰。道光己酉生香書屋刊。

幼樗吟稿偶存六卷 石門方廷瑚撰。道光間刊。

石雲山人文集五卷奏議六卷詩集二十三卷 第二十三卷詞 **詞選一卷詩選六卷** 南海吴榮光撰。道光二十一年筠清館刊。每卷後刊"道光某年筠清館刻本"木記。榮光著有《筠清館金石》《辛丑消夏記》《歷代名人年譜》。

郭大理遺稿八卷 莆田郭尚先撰。道光二十四年刊。尚先著有《堅芳館題跋》。

味雪齋詩鈔八卷文鈔甲集十卷文鈔乙集八卷 昆明戴絅孫撰。道光二十七年至二十九年于京師刊。

崇雅堂詩鈔十〔十二〕卷〔文鈔二卷〕詩删餘稿一卷定鄉雜著二卷駢體文鈔四卷應制存稿一卷 仁和胡敬撰。道光二十六年刊。敬著有《胡刻三種》。

内自訟齋文鈔四卷 富陽周凱撰。道光十五年刊。凱纂有《厦門志》《金門志》。

内自訟齋文集十卷〔自撰〕年譜一卷 富陽周凱撰。道光庚子愛吾廬刊。卷十分上下。

内自訟齋詩鈔二卷 即《春舟集》《均陽紀游詩》 **附種桑詩説一卷** 富陽周凱撰。道光間刊。

内自訟齋詩鈔四卷 富陽周凱撰。道光八年刊。又名《襄陽集》，癸未至乙酉所著。

内自訟齋詩鈔八卷 富陽周凱撰。道光間刊。又名《襄陽集》。

印心石屋文鈔三十五卷詩鈔初集四卷二集三卷撫吴草四卷蜀輶日記四卷試律四卷黄江古文存[六六] **四卷漕河禱冰圖詩録四卷** 安化陶澍撰。道光甲午刊。一名《陶文毅公集》。澍著有《陶雲汀奏議》。

陶文毅公集六十四卷〔首一卷〕附録一卷 安化陶澍撰。道光庚子淮南〔北士民公〕刊。〔卷一至三十奏疏，卷三十一至五十二文集，五十三至六十四詩集。〕

小松石齋集詩五卷 常熟趙允懷撰。道光癸卯刊。

小松石齋文集五卷 常熟趙允懷撰。光緒十五年重刊。

問樵詩續鈔五卷補遺一卷 江陰史有光撰。道光丙午太平院署刊。即《歸颿》《倦飛》《邗江》《萍寄》《巢雲》諸集。

恩福堂詩鈔十二卷試帖詩鈔二卷 吉林英和撰。無序跋，約道光間抄本。

海雅堂全集二十二卷 番禺凌揚藻撰。道光間狎鷗亭刊。一名《蘗洲花農詩文略》。揚藻著有《拄楣葹記》《四書紀疑録》《春秋偲聞鈔》《蠡勺編》，輯有《國朝嶺海詩鈔》。

友蓮詩稿二卷詩餘一卷 鎮洋黄景濂撰。道光丁亥刊。

弇山詩鈔二十二卷首末各二卷 山陰王霖撰。道光間刊。

訪粵集一卷續編一卷 錢塘戴熙撰。道光庚子廣州刊。

習苦齋詩集八卷古文四卷 錢塘戴熙撰。同治六年刊。民國庚申其從孫克敦用古宋鉛字排印本,較刊本多《集外詩》一卷、《筆記》一卷、《題跋》一卷、《雜考》一卷,少《古文》四卷。

槿花邨吟存四卷槿邨樵唱四卷 高郵夏崑林撰。道光戊戌刊。崑林輯有《高郵耆舊詩》。

睦堂文集六十卷詩集三十四卷 永豐徐湘潭撰。道光丙午刊。

敦艮齋遺書十七卷 五臺徐潤第撰。道光戊申刊。經説居多。

小西山房集一卷外集一卷 泰州常增撰。道光間刊。《外集》又名《七十二候詩》。增著有《四書緯》《儀禮瑣辨》。

一經廬文鈔無卷數 旌德姚配中撰。道光間汪守成刊木活字本。配中著有《周易姚氏學》《周易通論》《月令》《一經廬琴學書學拾遺》。

繼雅堂詩集三十四卷 鄞陳僅撰。道光丁未刊。僅著有《詩誦》《羣經質》《捫燭脞存》《讀選臆籤》《王深寧年譜》《文莫書屋詹詹言》《捕蝗彙編》《南山保甲書》《竹林答問》《濟荒必備》。

二南文集二卷文外集二卷 濟南周樂撰。道光二十二年枕湖書屋刊。

留餘堂詩鈔八卷二集八卷新安紀行草一卷 錢塘夏之盛撰。道光二十六年夏氏精刊。

沈四山人詩録六卷附録一卷 元和沈謹學撰。道光庚戌刊。

鐵山園詩集七卷 闕里孔慶鎔撰。道光庚寅刊。

味真閣詩鈔十二卷 儀徵張安保撰。道光丁未孟冬刊。

任午橋存稿三卷 宜興任朝楨撰。道光庚寅錦石書屋刊,同治八年重刊木活字本。

梨雲閣雜文二卷讀國風一卷 陽湖王甗撰。道光二十九年己酉刊。考訂之文。

鼐著有《易學五種》。

辛卯生詩四卷 仁和吴衡照撰。道光癸巳汪氏振綺堂刊。

詩娱室詩集二十四卷 嘉善黄安濤撰。道光甲午刊。

真有益齋文編十卷息耕齋詩集十六卷 嘉善黄安濤撰。道光癸卯至甲辰初夏刊。

弢塵館詩存四卷 儀徵卞維城撰。道光丁未揚州刊。

留春山房詩鈔初集二卷 黔南龔璁撰。道光壬寅刊。

薄游草八卷 上元侯雲松撰。道光甲辰刊。

蕉窗詩鈔十二卷 婺源齊學裘撰。道光間刊。學裘著有《見聞隨筆》《續筆》。

雙牖堂詩集一卷文集一卷外集一卷 江浦韓廷秀撰。道光乙巳至丙午刊。

守意龕詩集二十八卷 三韓百齡撰。**附南陔遺草一卷** 三韓扎拉芬撰。道光丙午讀書樂室刊。

桂馨堂集十三卷 嘉興張廷濟撰。道光十九年至二十八年刊。《清儀閣雜詠》一卷,《竹田樂府》一卷,《竹里畫者詩》一卷,《竹里耆舊詩》一卷,《感逝詩》一卷,《順安詩草》八卷。廷濟著有《清儀閣題跋》《張叔未藏金石文字》。

怡山館詩鈔二卷 侯官朱錫穀撰。無刻書年月,約道光間刊。

小瓊海集二十一卷 吴江陳赫撰。道光間刊。分初二三四等集〔詩初集三卷,二集六卷,三集八卷,四集四卷〕。

養一齋文集二十卷補遺一卷詩集八卷 武進李兆洛撰。道光二十三年維風堂刊木活字本。兆洛著有《李氏五種》,輯有《鳳臺縣志》《江陰縣志》《駢體文鈔》《舊言集》。

養一齋文集二十卷補遺一卷詩集八卷文集續編六卷校字一卷 武進李兆洛撰。道光二十四年甲辰其子慰望刊。

李養一先生文集二十四卷石經考一卷端溪硯坑記一卷 武進李兆洛撰,同邑後學高承鈺編次。咸豐元年至三年維風堂刊。

養一齋文集二十卷詩集四卷賦一卷詩餘一卷 武進李兆洛撰。光緒四年戊寅至八年重刊。

香蘇山館古體詩集十四卷今體詩集十四卷詞鈔一卷文集二卷石溪舫詩話二卷聽香館叢録六卷鵝湖書田志四卷表忠録一卷東鄉風土記一卷粤游日記一卷 附 **圖詠八種** 東鄉吴嵩梁撰。道光癸卯刊。

萬里吟一卷 隰沃馬毓林撰。道光戊子刊。毓林著有《鴻泥雜志》。

甘泉鄉人稿二十四卷 附 **可讀書齋校書譜一卷** 嘉興錢泰吉撰。咸豐四年讀舊書室刊。泰吉著有《海昌備志》。

甘泉鄉人稿二十四卷 第七卷至第九卷係《曝書雜記》 **餘稿二卷** 嘉興錢泰吉撰。**年譜一卷** 錢應溥撰。同治戊辰〔應溥重〕刊。光緒乙酉〔孫志澄續〕刊本，附錢友泗撰《四水遺著》一卷，錢炳森撰《郊農偶吟稿》一卷。

甘泉鄉人邇言二卷 嘉興錢泰吉撰。道光丁酉海昌可讀書齋刊。

泰雲堂文集二卷詩集十八卷駢文二卷詞三卷 金匱孫爾準撰。道光癸巳刊。

對嶽樓詩録二卷續録四卷韓齋文稿四卷 曲阜孔憲彝撰。道光咸豐間刊。憲彝輯有《孔氏詩鈔》《曲阜詩鈔》。

拏雲館詩草一卷 闕里孔憲彝撰。道光甲午刊。又名《還鄉草》。

妙華仙館詩二卷學讀書齋詩三卷裁雲館詞二卷 寶應喬載繇撰。道光二十六年子壻朱士恭校刊。載繇纂有《寶應縣志》。

來雨軒存稿四卷 會稽莫晉撰。道光丙午本宅刊。晉纂有《松江府志》，刊有《明儒學案》。

誠齋詩鈔三卷 長白達三撰。道光甲申刊。

端甫遺稿二卷 金匱張岳駿撰。道光二十七年刊。

偃屏書屋初集詩録十六卷詩後録二卷 宜黄黄爵滋撰。道光丙午精刊。爵滋著有《黄少司寇奏議》，見稿本。

己酉北行續艸一卷附咸齋續圖序一卷 宜黄黄爵滋撰。道光己酉刊。

僊屏書屋初集年紀三十一卷 宜黄黄爵滋撰。道光間刊。

種李園稿無卷數 曲阜顧崇槼撰。道光己酉刊。

摩墨亭稿無卷數 曲阜顔崇槼撰。道光己酉刊。

欽齋文稿無卷數詩稿四卷 桐城蘇惇元撰。道光十三年刊。惇元著有《張楊園年譜》《四禮從宜》《遜敏録》。

芑川合集十七卷 侯官劉家謀撰。道光咸豐間刊。《外丁卯橋居士初稿》八卷,《東洋小草》四卷,《斫劍詞》一卷,《觀海集》四卷。

守瓶堂稿八卷 番禺孔繼宣撰。道光三十年知守齋刊。卷六卷七原闕。

常惺惺齋文集十卷 嵊縣錢世瑞撰。道光庚戌刊。理學之文。

小羅浮館别録十卷 合肥趙對澂撰。道光丁亥刊。

抑快軒文集三十卷 光澤高澍然撰。原稿本。首有道光元年仲秋建寧張紳序,次總目。卷一賦,卷二論,卷三説,卷四辨,卷五至九序,卷十至十一記,卷十二至十四書,卷十五行狀,卷十六事略,卷十七至十八傳,卷十九至二十墓誌銘,卷二十一墓表,卷二十二碑,卷二十三書後,卷二十四題跋,卷二十五像贊,卷二十六誄,卷二十七哀辭,卷二十八至二十九祭文,卷三十雜著。目録後有道光十年春福州陳壽祺讀,並陳壽祺印一方,恭父印一方。次道光壬辰仲春侯官李彦彬彦章同讀,並金石蘭盟印一方。次道光十二年秋仁和陳善讀,並陳善私印一方,夫雅印一方。次道光十二年冬福州翁吉士讀,並吉士小印一方,觀天地生意齋印一方。次道光癸巳初夏全椒郭應辰讀。次同治己巳荷花生日侯官楊浚所得,中元節後裝補完善繙讀一過,並雪滄印一方,薇省侍書印一方。以上各家皆屬親筆題字。澍然善工唐文,於韓昌黎之文尤嗜。著有《韓文故》《李習之文讀》,已刊傳。

抑快軒文集乙編四十八卷丙編十三卷丁編四卷 光澤高澍然撰。底稿本。

雲巢詩鈔十卷 吴江沈璟撰。道光癸未藝英書屋刊。

小言集十二卷三十六湖漁唱三卷漁唱乙稿一卷宜略識字齋雜著九卷 附

家諱編一卷 高郵王敬之撰。道光二十八年至咸豐乙卯刊。(小言集)《愛日堂詩》《虚室詩》《小書巢詩》《所宜軒詩》《枕善居詩》《鴻贇偶存》《虚室詩賸》《小書巢詩賸》《所宜軒詩賸》《枕善居詩賸》《枕善居文》《枕善居雜説》各一卷。(雜著)起丁未,止乙卯。敬之輯有《高郵耆舊詩》《宋二孫奏議事略》《孫公談圃》《同岑唱和》。

夢陔堂文集十卷 江都黄承吉撰。道光癸卯刊。考訂之文。承吉善作長篇文章,著有《字詁》《義府合按》。餘者,《續文説》《經説》,未分篇;《丁字説》《縮字説》《怨字説》《中字説》等六種,未刊。

夢陔堂文説十一篇 江都黄承吉撰。道光辛丑刊。一篇三十九頁,二篇五十七頁,三篇十五頁,四篇六頁,五篇二十二頁,六篇三百七十一頁,七篇二十七頁,八篇二百五十一頁,九篇一百十八頁,十篇三百零三頁,十一篇一百六十一頁。案目録之首自題云:《文説》十數篇,凡百餘萬言,語積冗無從劃削。削則不周,劃則不貫,恐無當於是,抑必不能去。非同人欲觀,遂不計合否。考訂之文。

夢陔堂詩集五十卷 江都黄承吉撰。咸豐元年其子必慶刊。

潛虚文鈔四卷詩鈔三卷 常熟翁咸封撰。道光二十七年刊。

六觀樓文集無卷數 濟寧許鴻磐撰。底稿本。墨格,版心刊有"六觀樓"三字。首有自題云:戊寅宦寄中州,時有應酬之作。丁亥館於瑕邱,暇時發篋,檢視得文七十餘篇,删存十之三,附以近作,共文四十二篇,足訂一册,題曰《戊寅後存稿》。存諸篋,不敢示諸人也。嗣後或續存者,則以丁亥後稿別之。道光七年歲次丁亥重九日,六觀樓主人日記。並鈐有鴻磐印一方,雲嶠印一方。文集首頁有許鴻磐印一方,六觀樓印一方。鴻磐著有《方輿攷證》《尚書札記》《記吴逆始末》《六觀樓北曲六種》。

六觀樓文集拾遺一卷 濟寧許鴻磐撰。同治庚午〔濟寧李福泰〕粤東刊。

六觀樓文存一卷詩存一卷 濟寧許鴻磐撰。民國十三年鉛字排印本。

宛鄰文二卷詩二卷 陽湖張琦撰。**附蓬室偶吟一卷** 陽湖女史湯瑶卿撰。

行略一篇 張琦撰。**行述一篇** 其子曜孫撰。光緒間鉛字排印本。琦著有《戰國策釋地》《素問釋義》。

二思堂文集四卷詩集二卷 上元葉世倬撰。**附年譜二卷** 受業端木從恒、興安張鵬翂同編。道光甲午刊。

姚正父文集十卷 歸安姚承輿撰。無刻書年月,約道光間刊。此書每卷首尾皆不刻書名,其版心亦無書名,僅有姚正父自序列於書首。如無其序,則書名不可辨矣。承輿著有《爾雅啓蒙》《擇吉會要》《陽宅正宗》《陰陽指正》。

黄竹山房詩鈔十二卷 天津金玉岡撰。道光丙午恒素軒刊。

嵩南詩鈔十卷 光山胡禮箴撰。無刻書年月,約道光間紫蕓山房刊。此編年詩,起戊辰,止癸卯。

白華山人詩集十六卷詩説二卷 定海厲志撰。道光丙申慈溪葉元堦刊,光緒九年其男學潮刊。

柴辟亭詩集四卷 嘉興沈濤撰。道光壬寅刊。濤著有《論語孔注辨僞》《説文古本考》《常山貞石志》《銅熨斗齋隨筆》《瑟榭叢談》《交翠軒筆記》《匏盧詩話》。

十經齋文集四卷 嘉興沈濤撰。道光二十四年刊。考訂之文。

七經樓文鈔六卷 固始蔣湘南撰。道光二十七年〔門人劉元培、盧正烈〕刊。近西安鉛字排印本。考訂之文。湘南著有《春暉閣雜著四種》《同州府志》。

七經樓文鈔六卷春暉閣詩鈔選六卷 固始蔣湘南撰。同治八年馬氏家塾重刊。

小蓬海遺詩一卷附屑屑集一卷 吴江翁雒撰。道光二十九年别下齋刊。

稼墨軒文集一卷詩集九卷外集二卷 桐城光聰諧撰。道光間刊,光緒二年補刊。聰諧著有《稼墨軒易學》《有不爲齋隨筆》。

孫秋士詩存一卷 歸安孫憲儀撰。道光二十八年漢陽葉氏敦夙好齋刊。

小詩航詩鈔三卷雜著一卷退鷁居偶存初編一卷二編一卷三編一卷 蕭山蔡聘珍撰。道光二十八年刊。

行有恒堂初集二卷 定郡王撰。道光二十八年九月刊。

枕經堂詩集一卷 懷寧方朔撰。道光十八年戊戌桐城刊。朔著有《枕經堂題跋》。

金臺游學草二卷 懷寧方朔撰。道光戊申刊。即《枕經堂詩鈔》第七八兩卷。

枕經堂文鈔二卷駢體文三卷 懷寧方朔撰。同治壬申刊。

思詒堂詩稿十一卷詩餘一卷 秀水金衍宗撰。道光二十四年刊。

思詒堂文稿一卷 秀水金衍宗撰。同治五年刊。

甌隱芻言二卷 秀水金衍宗撰。咸豐五年刊。

娱景堂集三卷 寶應劉寶樹撰。道光二十年其弟寶楠刊。卷上《經義説略》,卷中《雜著偶存》,卷下《鶴汀詩鈔》。寶樹,履恂之從子。考訂之文。

寄春吟一卷詞一卷 陽湖劉汝謩撰。光緒三年刊。

太鶴山人集十三卷 青田端木國瑚撰。道光二十年瑞安洪氏刊。國瑚著有《周易指》《地理元文》。

觀我生室賸稿無卷數 甘泉羅士琳撰。道光己酉刊。文六十四頁,集句詩文三十五頁,《六十自嘲集唐六章》十一頁,《王太夫人六十壽文》六頁。士琳著有《觀我生室彙稿》。

蓉洲初集六卷 桐城戴鈞衡撰。道光十九年香月山房刊。有詩無文。鈞衡著有《書傳補商》《書傳疑纂》《草茅一得》《戴氏先德傳》。

味經山館詩鈔六卷文鈔四卷 桐城戴鈞衡撰。咸豐二年王祐蕃刊。

蓉洲詩鈔四卷 桐城戴鈞衡撰。無刻書年月,約咸豐間刊。

味經山館遺文一卷遺詩四卷俗聯便録一卷尺牘一卷 桐城戴鈞衡撰。光緒間刊木活字本。又名《味經山館遺書》。

茮聲館詩集十六卷 平湖朱爲弼撰。道光戊申鋤經堂刊。

蕉聲館文集八卷首一卷 平湖朱爲弼撰。咸豐二年刊。考訂之文。

東塾類稿無卷數 番禺陳澧撰。道光己酉刊。説、解、考、序、論、跋等類。澧著有《東塾讀書記》《東塾叢書》《東塾遺書》《公孫龍子注》《憶江南館詞》。

東塾集八卷 番禺陳澧撰。光緒十二年梁氏刊硃墨印本。首有梁鼎芬序。第六卷《申范》。其餘别卷較佗刊本多文五十餘篇。全部有梁鼎芬用墨筆校正。

東塾集六卷申范一卷 番禺陳澧撰。光緒壬辰菊坡精舍刊。

治經堂集二十卷續編三卷日次詩二卷外集四卷 海鹽朱錦琮撰。道光十八年至二十七年丁未刊。

衎石齋紀事稿十卷 嘉興錢儀吉撰。道光甲午刊。題跋居多。儀吉輯有《碑傳集》《經苑》。

衎石齋紀事續稿十卷 嘉興錢儀吉撰。咸豐四年海昌蔣光焴校刊。

衎石齋紀事稿十卷續稿十卷刻楮集四卷旅逸小稿二卷續良吏述一卷 嘉興錢儀吉撰。光緒六年其子彝甫重刊。

定廬集四卷 嘉興錢儀吉撰。民國乙卯刊。

衎石齋晚年詩稿五卷 嘉興錢儀吉撰。民國二十一年刊。

桐花館詩鈔十卷螺溗〔涌〕竹窗稿一卷歸吾廬吟草一卷北遊草五卷桐花館詞鈔一卷 番禺梁信芳撰。道光己酉至咸豐元年刊。〔又名《詒經堂集》。〕

石屋叢書二卷 仁和曹籀[六七]撰。道光二十年刊。每卷之首刊有"甲集"二字。考訂之文。籀著有《石屋文字》,校《華嚴經音義》。

籀書内外篇四卷續四卷 仁和曹金籀撰。同治九年刊。

木雞書屋文鈔四卷二集六卷三集八卷四集六卷五集六卷 平湖黄金臺撰。道光六年至咸豐元年心聰樓刊。

使蜀小草二卷 吴縣吴嘉〔淦〕撰。道光丁未刊。

儀宋堂詩集十卷詩外集一卷詞集二卷文外集二卷 吴縣吴嘉洤〔淦〕撰。咸豐元年刊。

儀宋堂文二集十卷 吴縣吴嘉洤〔淦〕撰。光緒五年己卯刊。

峨眉瓦屋游艸二卷去蜀入秦詩一卷 道州何紹基撰。咸豐五年刊。一名《東洲草堂詩鈔》。紹基刊有《宋元學案》。

東洲草堂詩鈔二十七卷詩餘一卷 道州何紹基撰。同治丁卯〔道洲何氏長沙無園〕刊。

東洲草堂文鈔二十卷 道州何紹基撰。**附眠琴閣遺文一卷詩二卷** 何慶涵撰。慶涵,紹基子。**浣月樓遺詩二卷** 湘陰女史李楣撰。光緒間刊。楣,李星沅女,何慶涵之室也。

悔廬文鈔五卷首一卷 丹徒張崇蘭撰。道光丁未刊。崇蘭著有《尚書私議》。

悔廬文補一卷 丹徒張崇蘭撰。光緒丁酉重刊。

悔廬詩鈔四卷夢溪棹謳二卷多暇日齋試帖一卷 丹徒張崇蘭撰。咸豐戊午蘭臺書屋刊巾箱本。

思補齋詩集六卷 吴縣潘世恩撰。道光二十九年刊。世恩著有《讀史鏡古編》《正學編》《思補齋筆記》。

有真意齋文集二卷 吴縣潘世恩撰。同治十二年〔其孫祖蔭〕刊。

松寥山人詩初集十卷 建寧張際亮撰。道光甲申晴雪山房刊。際亮著有《華胥大夫雜著》。

張亨甫文集六卷 建寧張際亮撰。同治丁卯刊。

思伯子堂詩集三十二卷 建寧張際亮撰。同治己巳桐城姚濬昌刊。

心嚮往齋用陶韻詩二卷壬癸詩録一卷于南詩録二卷 曲阜孔繼鑅撰。道光己酉至咸豐六年其男廣牧刊。

心鄉往齋詩集十七卷文集三卷 曲阜孔繼鑅撰。民國辛酉南林劉氏求恕齋刊。

雲中集六卷 天門劉淳撰。道光癸巳刊。分文、詩、詞三類。版心下刊"元亨利貞"四字。亨利各上下卷。光緒辛巳重刊。

舊香居文稿十卷 太倉王寶仁撰。道光辛丑刊。考訂之文。寶仁著有《周官參證》《夏小正訓解》。

花宜館甲乙稿二卷 錢塘吴振棫撰。道光乙巳刊。振棫著有《養吉齋叢録》《黔語》。

花宜館詩鈔十六卷續存一卷無腔村笛二卷 錢塘吴振棫撰。同治四年刊。

恩誦堂詩集十卷文集二卷文續集一卷詩續集一卷 朝鮮李尚迪撰。道光丁未至咸豐間刊。尚迪與孔憲彝、王鴻友善。

通藝閣文集六卷補編一卷 婁姚椿撰。道光二十年刊木活字本。椿輯有《國朝文録》《禹州志》。

通藝閣詩録八卷續録八卷三録八卷樗寮詩話三卷和陶集三卷晚學齋文集十二卷 婁姚椿撰。咸豐二年刊。一名《樗寮先生全集》。

冬青館甲集六卷乙集八卷 烏程張鑑撰。道光己亥至丙午刊,民國乙卯吴興劉氏嘉業堂重刊。鑑著有《西夏紀事本末》《雷塘庵主弟子記》《墨妙亭碑目考證》。

定盦文集三卷 仁和龔自珍撰。道光癸未六月刊。又名《定盦初集》。書中葉數多未刊出。自珍著有《太誓答問》。

定盦文集三卷續集四卷續録一卷古今體詩二卷雜詩一卷詞選一卷詞録一卷 仁和龔自珍撰。同治七年仁和曹籀刊。

定盦文集三卷續集四卷續録一卷古今體詩二卷雜詩一卷詞選一卷詞録一卷文集補編四卷 仁和龔自珍撰。〔龔孝珙手抄詞一卷文拾遺一卷仁和吴昌綬撰年譜一卷並附。〕光緒丁酉萬本書堂刊。宣統元年扶輪社鉛字排印本,有諸家評注。宣統己酉邃漢齋鉛字排印本〔分作十卷〕,有嘉定黄守恒撰《年譜》一卷。

南槎吟草一卷 臨桂龍啓瑞撰。道光二十四年廣州效文堂刊。啓瑞著有《爾雅經注集證》《古韻通説》《經籍舉要》。

經德堂文内集四卷文外集二卷文别集二卷浣月山房詩内集三卷詩外集一卷漢南春柳詞一卷 臨桂龍啓瑞撰。**附梅神吟館集一卷** 女史何慧生撰。光緒四年于京師刊。

雙白燕堂詩集八卷集唐詩二卷 武進陸耀遹撰。道光二十二年刊。

雙白燕堂文集二卷外集八卷 武進陸耀遹撰。光緒四年刊。

陔蘭書屋文集一卷 吴縣潘曾綬撰。道光十三年刊。

陔蘭書屋詩集六卷詩二集三卷補遺一卷睡香花室詩鈔一卷睡香花室詞一卷秋碧詞一卷同心室詞一卷憶佩居詞一卷蝶園詞一卷花好月圓室詞一卷 吴縣潘曾綬撰。道光至同治間刊。《睡香花室詩鈔》,吴縣女史汪紉蘭撰。

句溪雜著無卷數 句容陳立撰。道光癸卯刊。案原目作二卷。同治甲子刊本五卷,光緒十六年思賢講舍刊本四卷。立著有《白虎通疏證》。

句溪雜著六卷 句容陳立撰。同治間其子汝恭續刊。光緒十四年廣雅書局刊。

憩亭賦稿一卷使粤詩草二卷忘餘詩草一卷 東魯黄恩彤撰。道光戊申刊。恩彤著有《鑑評别録》《兩漢史斷》《三國書法》《自訂年譜》《離騷分段約説》。

知止堂集十三卷續集六卷外集六卷飛鴻集詩四卷餘集詩一卷秋聲詞一卷飛鴻集文一卷 寧陽黄恩彤撰。光緒六年刊。

小滄溟館初集六卷二集九卷三集十二卷 高安朱瀚撰。道光十三年十六年至咸豐元年刊。

讀書延年堂詩鈔三十卷詩餘一卷詩續鈔十二卷文鈔十卷賦存一卷駢體文存二卷補存文鈔一卷試帖輯註四卷 長沙熊少牧撰,同學胡中容註。道光辛丑至光緒三年洞泉艸堂刊。

同心之言集一卷絃外餘音集一卷云誰之思集一卷長言咏嘆集一卷 滇南

段永源撰。道光二十八年至咸豐十一年刊。

積石文稿十八卷詩存四卷南池唱和詩存一卷鱠餘編一卷 震澤張履撰。光緒甲午刊。考訂之文。履著有《容山教事録》。

販書偶記卷十八

冀縣孫殿起耀卿録

别　集　類 咸豐至民國

簡學齋詩存四卷詩删四卷 蕲水陳沆撰。咸豐壬子刊。沆著有《近思録補註》《詩比興箋》。

二瓦硯齋詩鈔十卷附一卷 蜀北金玉麟撰。咸豐元年刊。

太乙舟文集八卷詩集十三卷 新城陳用光撰。**附觀象居詩二卷** 新城陳蘭瑞撰。咸豐甲寅孝友堂刊。

琴鶴堂文集二卷詩集二卷 閩縣趙在田撰。咸豐元年辛亥本衙刊。

味某華館詩初集六卷 秀水陳鴻誥撰。咸豐元年刊。

齊雲山館詩集四卷 陽湖洪符孫撰。咸豐元年本衙刊。符孫纂有《鄢陵縣志》。

齊雲山人文集一卷 陽湖洪符孫撰。光緒九年雲自在龕刊。

遂園詩鈔六卷 高郵夏味堂撰。咸豐元年刊。味堂著有《詩三百篇原聲》《詩疑筆記》《拾雅》《拾雅注》。

小弇山堂詩草二卷 嶺南鶴山馮啓蓁撰。咸豐二年欣園刊。

四養齋詩集三卷 黟俞正燮撰。咸豐二年刊。正燮著有《癸巳類稿》《存稿》《續行水金鑑》。

寸心知室存稿六卷 蕭山湯金釗撰。咸豐元年刊。

王通議文集四卷 高郵王壽昌撰。咸豐六年刊。卷一《書説文示》，卷二《文簡公行狀》,卷三年譜,卷四詩詞。壽昌,引之長子。

藕航詩草十六卷 桐城張訓銘撰。咸豐癸丑本宅刊。

拜石山房詩集五卷 鏡湖陳登泰撰。咸豐壬子刊。

壯學齋文集十二卷 長沙周樹槐撰。咸豐二年刊。同治間補刻本。

夢柏山房詩草八卷 南昌張璲撰。底稿本。璲,道光時人。

感遇堂詩集八卷文集四卷 番禺陳曇撰。咸豐二年鄺齋刊。

月齋文集八卷詩集四卷 平定張穆撰。咸豐八年〔門人青陽吴履敬等〕刊。穆著有《蒙古遊牧記》。餘者《魏延昌地形志》,見稿本,不全。

織簾書屋詩鈔十二卷 天津沈兆澐撰。咸豐二年刊。兆澐輯有《蓬窗隨録》。

漱芳閣集十卷 平湖徐士芬撰。咸豐二年刊,同治壬申重刊。

九水山房文存二卷 文登畢亨撰。咸豐二年海源閣刊。

真息齋詩鈔四卷 桐鄉陸費瑔撰。咸豐二年福謙堂刊。同治間刊多續鈔一卷。

梅巢雜詩一卷 鎮洋畢華珍撰。咸豐二年刊。華珍著有《采珍子衡論》。

典三賸稿十二卷 順德周寅清撰。咸豐丁巳〔順德周氏崇禮堂〕刊。經説居多。

亦寄齋文存十二卷 宿松汪桂月撰。咸豐二年壬子培根堂刊。

柏梘山房文集十六卷文續集一卷詩集十卷詩續集二卷駢體文二卷 上元梅曾亮撰。咸豐六年三月刊。

道華堂詩略四卷 代州馮焯撰。咸豐間笠尉亭刊。

兩竿竹室集六卷 韓城王篤撰。咸豐丁巳鐵琴山館刊。

雪泥書屋雜志四卷 棲霞牟庭相撰。咸豐間〔道光戊申〕其子房刊。庭相著有《楚辭述芳》《周公年表》。餘未刊者,《國語評注》,見底稿本。

雪泥書屋雜志四卷遺文四卷雜文一卷 棲霞牟庭相撰。傳抄本。

雪泥書屋遺書目録一卷補遺一卷 棲霞牟庭相撰,其子房編次。近褒殷堂以古宋字排印本。

帚金集四卷 章邱吴連周撰。咸豐五年刊。

念樓集八卷 寶應劉寶楠撰。底稿本。卷一至四古今體詩,卷五至八雜文。又一部有《外集》二卷。寶楠著有《論語正義》《釋穀》《愈愚録》《漢石例》《勝朝殉揚録》《寶應圖經》《劉氏清芬集》。餘未刊者,《毛詩注疏長編》《禮記注疏長編》《論語注》《論語注疏長編》《經義旁通》《鄭氏釋經例》《愈愚續録》,見原稿本。

劉寶楠詩文無卷數 寶應劉寶楠撰。底稿本。目列於下:《題張覆輿書蜀道難詩卷》《題蕭尺木鍾山烟雨圖》《山行雜詩》《擬古宫詞二首》《鬭牛行》《在真定道中作》《冬日曉發》《山中夜行》《歲杪得孟瞻懷人詩賦答》《病中思歸》《里中詠詩絶句録少作》《秋日偕薛子韻(傳均)劉孟瞻(文淇)楊季子(亮)泛舟湖上有作》《秋日山行感懷》《秋夕懷家孟瞻》《潘善人傳》《修建元氏文廟碑》《清故附貢生兄子汝時墓碣》諸作。

秋聲館遺集八卷 湘潭歐陽勳撰。咸豐間刊。

雪煩山房詩集七卷雜著一卷曉風詞二卷 吴縣徐僖撰。咸豐三年刊木活字本。

通甫類稿四卷續編二卷詩存四卷詩存之餘二卷 山陽魯一同撰。咸豐己未刊。一同著有《右軍年譜》《邳州志》《清河縣志》。

觀心室詩存一卷古文一卷藥言一卷筆談一卷 泰州陳金詔撰。咸豐八年刊。《古文》以下一名《雜著》。

種玉堂集六卷 常熟張爾旦撰。**附冬心閣遺詩一卷** 常熟張翊興撰。咸豐五年鐵如意齋刊。

樂志堂文集十八卷續集二卷詩集十二卷 南海譚瑩撰。咸豐庚申春二月吏隱園刊。

夏仲子集六卷 當塗夏炯撰。咸豐乙卯刊。考訂之文。

紅豆樹館詩稿十四卷詞八卷補遺一卷 長洲陶樑撰。咸豐七年刊。樑著有《紅豆樹舘書畫記》，輯有《國朝畿輔詩傳》《詞綜補遺》。

醉月西廬古文二卷 嘉定諸玉衡撰。咸豐乙卯楂溪郁氏宜稼堂刊。考訂之文。玉衡著有《韻辨一隅》。

後湖草堂詩鈔三十一卷試帖詩鈔一卷賦鈔一卷 固始王守毅撰。咸豐甲寅刊。

蘭根草舍詩鈔二卷附客旋草一卷 滄州王國均撰。咸豐戊午刊。

耐菴文存六卷詩存三卷 善化賀長齡撰。咸豐十一年刊。長齡著有《耐菴奏議公牘》《孝經注》，輯有《皇朝經世文編》。

冬生草堂文録四卷詩録八卷詞録四卷山右金石録一卷跋尾一卷 高郵夏寶晉撰。咸豐元年至四年刊。

亦佳堂[六七]**文鈔四卷詩鈔四卷** 同安蘇廷玉撰。咸豐丙辰刊。

韞山詩稿六卷 桂林朱鳳森撰。咸豐七年丁巳其男琦重刊。鳳森著有《韞山六種曲》。

劍光樓詩鈔四卷詞一卷文鈔一卷 番禺儀克中撰。咸豐十年至光緒八年半畊草堂學海堂刊。

月沽詩草四卷 慶雲崔暘撰。咸豐四年刊。

岳麓文集八卷 全州蔣勵常撰。**十室遺語十二卷** 全州蔣勵常撰，其孫男琦齡編注。咸豐九年刊。

闇壇文集三卷 常寧李德騫撰。咸豐五年百果山房刊。考訂之文。

睫巢詩鈔四卷 平湖蔣澐撰。咸豐五年刊。又名《秋舫詩鈔》。

嶽雪樓詩存四卷 南海孔繼勳撰。咸豐十年庚申孟夏刊。

倚晴樓詩集十二卷續集四卷詩餘四卷帝女花傳奇二卷桃谿雪傳奇二卷 海鹽黃燮清撰。咸豐至同治間刊。燮清輯有《國朝詞綜續編》。

治書堂詩存五卷 善化孫繩武撰。咸豐七年曾孫鼎臣刊。

復莊駢體文権八卷二編八卷詩問三十四卷疏影樓詞五卷 鎮海姚燮撰。咸豐四年甲寅大梅山館刊。又名《大梅山館全集》。

養餘室雜著無卷數附製造車輪船式并道火箭法一卷吟草一卷十二銅鼓軒詞稿一卷試帖詩一卷 高郵王彦和撰。咸豐七年刊。彦和,王引之次子。

守默齋詩集十八卷 雲嶺俣家璋撰。咸豐辛亥刊。分《寄生草》六卷,《東州草》十二卷,凡二種。

願學堂詩鈔二十八卷 鄞王宗燿撰。咸豐庚申刊。

意園文録二卷 新建鄒昉撰。咸豐八年清溪書堂刊。

思賢閣詩集八卷詞草二卷文集四卷附水經注游水疏證一卷 武進丁履恒撰。咸豐四年其孫男紹基刊木活字本。履恒著有《形聲類編》。

求在我齋文存八卷示子弟帖一卷 湘鄉成毅撰。咸豐八年刊。

依隱齋詩鈔十二卷香草詞五卷鴻爪詞一卷哀絲豪竹詞一卷菊花詞一卷集牡丹亭詞一卷香草詞補遺一卷附録一卷夏雨軒雜文四卷岷江紀程一卷楹帖偶存一卷 山陰陳鍾祥撰。咸豐十年庚申刊。又名《趣園初集五種》。鍾祥輯有《趙州石刻全録》。

健脩堂詩集二十二卷空青館詞稿三卷 任邱奡浴禮撰。咸豐辛酉刊。

滑疑集八卷 青田韓錫胙撰。咸豐乙丑石門山房刊,同治甲戌重刊。錫胙著有《漁邨記》。

海隱書屋詩稿一卷 武進胡嗣超撰。底稿本。嗣超著有《易卦圖説》。

躬恥齋文鈔二十卷文鈔後編六卷 會稽宗稷辰撰。咸豐元年越峴山館刊。卷九卷十卷十八卷十九等卷分上下,《後編》卷四、五均分上下,最後印本多《詩鈔》十四卷,《詩鈔後編》七卷。稷辰著有《四書體味録殘稿》。

躬恥齋文鈔十四卷後編六卷詩鈔十四卷後編七卷 會稽宗稷辰撰。民國二年鉛字排印本。

詒翼堂文集一卷 桐城胡笴撰,方宗誠評。傳抄本。

攀古小廬文一卷 日照許瀚撰。咸豐丁巳〔高均儒〕刊〔昭和七年東京文求堂影印本〕。瀚著有《攀古小廬雜著》《古今字詁疏證》。

攀古小廬文一卷補遺一卷 日照許瀚撰。光緒元年楊氏函青閣重刊。金石小學之文居多。

伊蒿室文集六卷詩集二卷詩餘一卷 盱眙王效〔成〕撰。咸豐間望三益齋刊。

禐欨亭集三十二卷後集十二卷 壽陽祁寯藻撰。咸豐六年至七年〔壽陽祁氏〕刊。寯藻著有《馬首農言》,輯有《祁大夫字說》。

好雲樓初集二十八卷首一卷二集十六卷 臨川李聯琇撰。咸豐十一年恩養堂刊。《初集》卷十七《讀四子書》,卷十八《讀文選》。

有不爲齋文稿無卷數 龍巖魏茂林撰。殘底稿本。無目録。壽序四篇,祝文一篇,祭文一篇,書一篇,傳三篇,跋八篇,書後四篇,記四篇,識語十一篇,輓序五篇。茂林著有《駢雅訓纂》。

唐確慎公集十卷首一卷末一卷 善化唐鑑撰。光緒乙亥刊。鑑著有《國朝學案小識》《省身日課》。

吴文節公集八十一卷年譜一卷 儀徵吴文鎔撰。咸豐七年刊。

悔過齋未定稿七卷 平湖顧廣譽撰。咸豐七年刊。廣譽著有《學詩詳説》附《正詁》。

悔過齋文集七卷劄記一卷續集七卷補遺一卷 平湖顧廣譽撰。光緒三年刊。

巢經巢詩鈔九卷後集四卷 遵義鄭珍撰。光緒二十三年遵義黎氏刊。珍著有《説文逸字》《説文新附考》《汗簡箋正》《儀禮私箋》《鄭學録》《遵義府志》《樗繭譜》,輯有《播雅》。

巢經巢遺文五卷附鳧氏爲鍾圖説一卷 遵義鄭珍撰。光緒十九年至二十年貴筑高氏刊。

巢經巢遺稿四卷 遵義鄭珍撰。光緒三十年雲南礦務署刊。自壬子訖甲子之作。

龍壁山房詩草十二卷 馬平王拯撰。咸豐九年刊。拯原名錫振,著有《歸方史記合筆》。

龍壁山房詩草十七卷 馬平王拯撰。咸豐九年至同治間刊。

龍壁山房文集八卷 馬平王錫振撰。光緒辛巳秋九月河北分守道署刊。

龍壁山房文集五卷 馬平王拯撰。光緒癸未善化向氏刊。

鴻濛室詩鈔二十卷附贈言一卷 寶寧方玉潤撰。《前集》咸豐辛酉於星沙刊,《後集》同治甲戌於隴州刊。版心刊"鴻濛室叢書三十六種之二十七"等字。玉潤著有《詩經原始》《星烈日記》。

鴻濛室文鈔六卷二集二卷 寶寧方玉潤撰。同治間於隴州刊。即《太極叢説》一卷,《著述弁言》一卷,《中興論》一卷,《上時帥書》一卷,《當今名將傳》一卷,《鴻濛金石文》一卷,《平賊二十四策》二卷,凡七種。

補學軒文甲集四卷文乙集二卷詩集八卷 象州鄭獻甫撰。咸豐十一年采菽堂刊,獻甫著有《愚一録》《四書翼註論文》。

續刊補學軒詩集十二卷文集外編四卷 象州鄭獻甫撰。光緒五年至八年黔南節署刊。

伯山文集無卷數詩鈔癸巳集七卷甲辰集[六九]**一卷爱日集一卷望雲集七卷小海山房詩集一卷詩話後集四卷續集二卷再續集二卷三續集二卷四續集二卷** 泰州康發祥撰。咸豐同治間刊。發祥著有《三國志補義》。

滄粟庵詩鈔二卷 滄州葉圭書撰。無刻書年月,約咸豐間刊。

澤古齋文鈔三卷補遺一卷詩鈔一卷愧人警心録一卷四書文鈔四卷賸稿

一卷續編一卷 武進吴士模撰。光緒癸巳刊,道光四年刊本不足。士模著有《詩經申義》。

斯未信齋文編十七卷雜録六卷語録三卷 南通州徐宗幹撰。咸豐乙卯刊。《文編》奏疏二卷,官牘七卷,軍書四卷,藝文四卷,凡四種。

斯未信齋詩録十六卷 南通州徐宗幹撰。咸豐間刊。

雲臥山莊詩集八卷家訓二卷 湘陰郭崑燾撰。光緒間岵瞻堂刊。

雲臥山莊尺牘八卷 湘陰郭崑燾撰。咸豐丙辰清聞山館刊。

蒼莨詩集十卷文集六卷詞一卷賦一卷駢文二卷試帖一卷畚塘芻論三卷河防紀略四卷 善化孫鼎臣撰。咸豐十年刊。

餐花室詩稿十一卷三吴鐃吹集一卷萬里雪鴻集一卷詩餘二卷 桐鄉嚴錫康撰。咸豐十一年刊。

琴語堂文述二卷 江都李肇增撰。咸豐丁巳刊木活字本。

琴語堂雜體文續一卷 甘泉李肇增撰。同治甲子刊。

亂定草一卷 武陵楊彝珍撰。咸豐乙卯刊。

移芝室文集十三卷思舊集一卷詩集三卷芟餘草一卷外集一卷首一卷 武陵楊彝珍撰。光緒二十二年其孫世猷刊。

慎其餘齋文集二十卷續集四卷 廬陵王贈芳撰。咸豐甲寅至同治間留香書屋刊。

屺雲樓詩初集八卷詩二集四卷詩三集十二卷詞一卷詩話六卷勸學芻言四卷詩經口義二卷文鈔十二卷 閩縣劉存仁撰。咸豐三年至光緒間刊。存仁輯有《篤舊集》。

未灰齋文集八卷外集一卷年譜一卷 六合徐鼒撰。咸豐十一年至光緒間刊。鼒著有《周易舊注》《小腆紀傳》《小腆紀年》。

西雲文鈔二卷詩鈔四卷札記四卷 福安李枝青撰。咸豐辛亥至光緒間刊。考訂之文。光緒十二年續刊本多《札記》第五卷,《文字考異》一卷。

遐憩山房詩四卷閩南游草三卷 江西新城楊希閔撰。同治元年福州刊。希閔著有《四書改錯》《榕陰日課》《鄉詩摭談正續集》《十五家年譜》。

愢聞軒賸稿四卷詩艸十卷 奉新帥方蔚撰。同治元年刊。

樸學廬文鈔一卷詩鈔五卷外集鈔文一卷律陶一卷律杜一卷詩鈔一卷 長洲宋祖駿撰。同治間刊。祖駿著有《補五代史藝文志》。

蓬萊閣詩録四卷 元和陳克家撰。同治二年刊。

竹巖文集六卷 廣濟阮文茂撰。同治間刊。

伏敔堂詩録十五卷續録四卷 長洲江湜撰。同治元年二年刊。

耕煙草堂詩鈔二卷 山陰平疇撰。同治辛未安越堂重刊。

三松堂詩集二十卷續集六卷文集四卷年譜一卷 吴郡潘奕雋撰。同治壬申刊。奕雋著有《説文蠡箋》。

雲腴仙館遺稿三卷 歸安姚樟撰。無刻書年月,約同治間刊。

更生旅巢文賸三卷附鐵禪四書説賸一卷 丹陽黄之晉撰。同治元年刊。考訂之文。

含清堂詩存十卷 蕭山徐光第撰。同治三年於汴城寓所刊。

卓峯草堂詩鈔二十卷外編四卷 宜黄符兆綸撰。同治元年刊。《外編》又名《留夢草》。

羅以智古文無卷數 錢唐羅以智撰。傳抄本。以智著有《七十二候表》。

寄鴻堂文集四卷 桐城李宗傳撰。同治三年泲上重刊。

春雨樓詩集四卷文集三卷詞一卷 吴江殷壽彭撰。同治五年殷三省堂刊。

吉羊鐙室詩集五卷 嘉定瞿樹鎬撰。同治間刊。即《去鄉吟》《勞薪吟》《憂亂草》《息影草》《求伸集》各一卷。樹鎬,中溶之子,錢大昕之外孫也。

唐魯泉遺稿一卷 句容唐治撰，桐城門人甘紹盤輯。同治四年刊。

儀衛軒文集十二卷外集一卷附録一卷詩集五卷遺書三卷 桐城方東樹撰。同治戊辰刊。東樹著有《漢學商兑》《大義尊聞》《書林揚觶》《昭昧詹言》，餘多種不備載。

考槃集文録十二卷 桐城方東樹撰。光緒甲午刊。

問梅軒文草偶存五卷訓俗邇言一卷詩草偶存八卷 全州蔣啓敭撰。同治四年至九年東園草堂刊。

純甫古文鈔六卷 丹徒戴楫撰。同治庚午刊。

播川詩鈔五卷 桐梓趙旭撰。同治丁卯其子彝憑刊。

詩義堂集二卷後集六卷南雪草堂詩鈔三卷高要金石略四卷昨夢齋文集四卷 高要彭來泰[七〇]撰。同治四年刊。

廣英堂遺稿一卷 涇包慎言撰。同治己巳刊。考訂之文。

睦州存稿八卷臺垣疏稿一卷 山陽丁壽昌撰。同治丙寅〔其父晏〕刊。壽昌，丁晏之子。

中隱堂詩集八卷 皖江方炳奎撰。同治丙寅自刊。炳奎著有《中隱堂雜著》。

抱簫山道人遺稿二卷 嘉善陳鴻墀撰。同治癸酉刊。鴻墀著有《全唐文紀事》。

李文恭公遺集四十六卷 湘陰李星沅撰。同治間芋香山館刊。奏議二十二卷，詩集八卷，文集十六卷。

蒓齋文集無卷數 安福劉辰慶撰。同治六年敬恕齋刊。分甲乙丙丁戊等字。後附《論語瑣語》《論文雜録》。考訂之文。

西舍詩鈔十六卷 臨桂況澄撰。同治甲戌登善堂刊。

胡文忠公遺集八十六卷首一卷 益陽胡林翼撰。同治六年刊〔湖南翻刻黄鶴樓本〕。林翼著有《讀史兵略》并《續編》。

遊道堂集四卷 寶應朱彬撰。同治七年〔曾孫綬生等袁浦〕刊。彬著有《禮記訓纂》《經傳考證》,輯有《白田風雅》。

山對齋文詩存稿二卷 大荔馬魯撰。同治癸酉敦倫堂刊。魯著有《南苑一知集》。

大濳山房詩鈔一卷 合肥劉銘傳撰。同治七年刊。又名《行間餘事》。銘傳著有《劉壯肅公奏議》。

藤香館詩刪存四卷詞二卷 全椒薛時雨撰。同治七年刊。時雨著有《藤香館小品》。

藤香館詩鈔四卷續鈔二卷詞二卷 全椒薛時雨撰。同治十年刊。

籀經堂集十四卷補遺二卷 晉江陳慶鏞撰,門人何秋濤、龔顯曾同編。同治甲戌誦芬堂刊木活字本。考訂之文。

籀經堂類稿二十四卷附齊侯罍銘通釋二卷 晉江陳慶鏞撰。光緒癸未精刊。

二知軒詩鈔十四卷詩續鈔十八卷 定遠方濬頤撰。同治五年至八年己巳刊。

二知軒文存三十四卷 定遠方濬頤撰。光緒四年戊寅春刊。

養自然齋詩鈔三卷 仁和鍾駿聲撰。同治九年刊。駿聲著有《養自然齋詩話》。

小石渠閣文集五卷補遺一卷 侯官林昌彝撰。光緒丙寅[七一]孟冬於福州刊。昌彝著有《三禮通釋》《温經日記》《硯桂緒録》《射鷹樓詩話》《海天琴思録》《續録》。

衣讔山房詩集八卷詩外集一卷賦鈔一卷 侯官林昌彝撰。同治二年癸亥于廣州刊。

曾文正公詩集四卷文集四卷 湘鄉曾國藩撰。同治十三年傳忠書局刊。國藩著有《曾文正公日記》。

曾文正公全集一百六十四卷 湘鄉曾國藩撰,合肥李瀚章編。同治甲戌至光緒二年傳忠書局刊。卷首一卷,奏稿三十卷,《十八家詩鈔》二十八卷,《經史百家雜鈔》二十六卷,《經史百家簡編》二卷,《鳴原堂論文》二卷,詩集四卷,文集四卷，書札三十三卷，批牘六卷，雜著四卷，《求闕齋讀書録》十卷，《求闕齋日記類鈔》二卷，《年譜》十二卷，附《孟子要略》五卷。案《孟子要略》原目未載，其餘者原目作一百五十六卷，誤。

曾文正公家書十卷家訓二卷 湘鄉曾國藩撰。**大事記四卷** 東湖王定安撰。**榮哀録一卷** 湘鄉曾□□編。光緒間刊。光緒丁亥鴻文書局鉛字排印本。

示樸齋駢體文六卷 歸安錢振倫撰。同治六年袁浦崇實書院刊。

曼志堂遺稿二卷 會稽曹壽銘撰。同治九年甬上鐵耕齋刊。

澹菴文存二卷 無錫朱蔭培撰。無刻書年月，約同治間芸香閣刊。

裒遺草堂詩鈔十二卷息柯白箋八卷息柯雜著六卷粵西得碑記一卷 北平楊翰撰。同治辛未至癸酉於羊城九曜山房刊。一名《息柯居士集》。翰著有《歸石軒畫談》。

澹成居文鈔四卷喪禮經傳約一卷 常熟吴卓信撰。光緒十年虞山後知不足齋刊。考訂之文。卓信著有《漢書地理志補注》。餘未刊者，《釋親廣義》，見傳抄本。

西漚全集十卷外集八卷 墊江李惺撰。同治七年戊辰刊。

小酉腴山館文鈔九卷詩鈔二卷詩補録一卷詩續編二卷詩三編二卷詩四編二卷集外文四卷 沅陵吴大廷撰。同治甲子刊。大廷著有《讀易隨筆》《讀書隨筆》《孝經古今文傳注輯論》《福建票鹽志略》《自訂年譜》。

章圃文蜕七卷末一卷 南昌姜曾撰。同治甲子刊。考訂之文。

畫延年室詩稿八卷詞稿四卷 錢塘袁起撰。同治甲子刊。起，袁枚之孫。

詩禪室集二十八卷 海昌查冬榮撰。同治甲子刊。

玉芙蓉閣詩草六卷詞附 錢唐袁福海撰。同治間鈔底稿本。

寸心知室存稿六卷隨筆一卷續編二卷自訂年譜一卷 蕭山湯金釗撰。同治戊辰刊。

劍花軒詩鈔一卷 固始周春暄撰。原稿本。

更生閣詩鈔一卷 固始周日新撰。原稿本。

微尚齋詩初集四卷詩續集二卷適適齋文集二卷 代州馮志沂撰。咸豐十一年至同治八年洪洞董文渙刊。一名《西榆山房集》。同治甲子廬州重刊本單詩集。

微尚齋文集一卷 代州馮志沂撰。同治十三年李翰華于淮北刊。又名《微尚齋遺文》。

玉井山館文略五卷文續二卷附西行日記一卷詩十五卷詩餘一卷 上元許宗衡撰。同治四年至九年刊。宗衡著有《玉井山館筆記》。

怡志堂文初編六卷詩初編八卷 桂林朱琦撰。同治甲子〔桂林朱氏〕京師刊〔運甓軒藏板〕。咸豐己未仁和胡氏刊木活字本,單詩初編。

馬徵君遺集六卷 桐城馬三俊撰。同治間刊。經説居多。

竹瑞堂文鈔二卷 黟黄德華撰。底稿本。首有同治乙丑桐城方宗誠手筆題字,至書中均有方宗誠批評。

峴嶕山房詩集初編八卷續編二卷 洪洞董文渙撰。同治戊辰刊。文渙著有《集韻編雅》《聲調四譜》《圖説》。

秋懷八首一卷附諸同人和韻一卷續一卷 洪洞董文渙撰。同治間刊。

緑陰山館吟稿二卷 寶應喬守敬撰。同治十一年刊。

補拙山房詩鈔十卷 常熟張定鋆撰。同治間刊。定鋆著有《四書訓解参證》《三餘雜志》。

觀其自養齋燼餘録八卷 高郵王壽同撰。底稿本。卷一經釋,卷二子釋,卷三字釋、韻附,卷四碑釋,卷五雜著、書、序,卷六雜著、書後、論、志,卷七公牘,卷八詩、銘、贊等類。壽同,引之之子。

枕經堂雜著二卷 内江劉景伯撰。無刻書年月,約同治間刊。

奉萱草堂文鈔一卷文續集一卷詩集二卷 高密單爲鏓撰。同治丁卯刊。爲鏓著有《四書述義》《四書鄉音辨譌》《讀經剳記》。

求自得之室文鈔十二卷尚絅廬詩存二卷 南豐吴嘉賓撰。同治丙寅廣州刊。經説居多。嘉賓著有《求自得之室讀書説》《喪服會通説》。

石汸詩略十四卷 寧遠楊潛撰。同治癸亥甲子小潛園刊。

介軒詩鈔十卷文鈔八卷外集二卷 永嘉張振夔撰。同治庚午本家刊。

有恒心齋全集四十三卷 黟程鴻詔撰。同治間家刊。前集一卷,文集十一卷,詩集七卷,駢體文六卷,《夏小正集説》四卷,《存説》二卷,《集説補》一卷,詞二卷,曲一卷,外集二卷,《雞澤脞録》一卷,《迎靄筆記》二卷,《先德記》二卷,附一卷。

桐溪文集十卷 崞縣李徽撰。同治庚午刊。

彝壽軒詩鈔十二卷寄庵雜著二卷煙波漁唱四卷 錢唐張應昌撰。**附聞妙香室詞一卷** 元和女史陸珊撰。**青藜精舍詩鈔一卷** 張應鼎撰。**話雨齋詩鈔一卷** 張興仁撰。同治癸亥於西昌旅舍刊。興仁,應昌之姪。應昌著有《春秋屬辭辨例編》,輯有《國朝詩鐸》。

麻山遺集二卷 桐城孫學顔撰。同治甲戌刊。

啖蔗軒詩存二卷年譜一卷東歸日記一卷蔗餘偶筆一卷 定遠方士淦撰。同治壬申刊。

孟晉齋文集五卷周烈士傳一卷 會稽顧壽楨撰。同治丙寅見素抱樸齋刊。

守默齋詩稿一卷詩初稿一卷雜著三卷 善化何應祺撰。同治辛未刊。

躬厚堂詩録十卷詩初録四卷詞録三卷雜文八卷 平湖張金鏞撰。同治甲子辛未至光緒戊寅刊。

好深湛思室詩存二十二卷 吴孫義鈞撰。同治十二年其男熹刊。

退補齋文存十二卷二編五卷 永康胡鳳丹撰。同治十二年至光緒七年刊。鳳丹輯有《金華叢書》。

退補齋詩存十六卷 永康胡鳳丹撰。同治十二年癸酉於鄂州寓廬刊。

坦室遺文一卷 利津李文桂撰。同治甲戌其子佐賢刊。

柈湖文録八卷詩録六卷釣者風一卷 巴陵吴敏樹撰。同治八年自刊。敏樹著有《春秋三傳求義》,見原稿本。

柈湖文集十二卷 巴陵吴敏樹撰。光緒癸巳思賢講舍刊。

雪門詩草十四卷 善化許瑶光撰。同治十三年刊。

古杼秋館遺稿三卷 金匱侯楨撰。同治十二年刊木活字本。文二卷,詩一卷。光緒丁酉吴氏禮讓堂刊。楨著有《禹貢古今注通釋》《古文孝經集注考訂》。

小芋香館遺集十二卷 湘陰李杭撰。同治七年刊。杭,星沅之子。

槈經廬詩集初編八卷 洪洞王軒撰。同治甲戌洪洞董氏刊。《洪厓集》一卷,《景霍集》二卷,《瀾音集》五卷。軒著有文集二卷,未見。

槈經廬詩集續編十三卷 洪洞王軒撰。光緒間寧鄉楊氏刊。

烟嶼樓文集四十卷詩集十八卷附遊杭合集 鄞徐時棟撰。同治六年至光緒元年虎胛山房葉氏松竹居葛氏刊。時棟著有《尚書逸湯誓考》《山中學詩記》《烟嶼樓讀書志》。

望三益齋燼餘吟二卷詞草一卷公餘吟二卷歸田詩草一卷謝恩摺子一卷雜體文四卷讀詩一得一卷試帖一卷 盱眙吴棠撰。同治三年至光緒七年刊。

實其文齋文鈔初集八卷詩鈔五卷亦園記一卷完貞伏虎一卷兵部公牘二卷 蘄州黄雲鵠撰。同治間刊。雲鵠著有《羣經引詩大旨》。

拙修集十卷續編四卷補編一卷 霍山吴廷棟撰。同治十年至光緒九年六安求我齋刊。

受恒受漸齋詩文集十二卷 吴江沈曰富撰。光緒丁亥刊。同治間刊本文集六卷。

心盦詩存十二卷又三卷 丙子、戊寅各一卷，陳蘭浦評。辛巳一卷。**詞存四卷詩外一卷老學後盦自訂詩六卷自訂詞二卷泥雪録一卷憶語一卷** 江寧何兆瀛撰。同治十二年至光緒十四年戊子刊。

味無味齋詩鈔七卷雜文一卷駢文二卷 吴江董兆熊撰。同治甲戌至光緒元年刊。

遜學齋文鈔十二卷詩鈔十卷文續鈔五卷詩續鈔五卷 瑞安孫衣言撰。同治三年至十二年刊。

真意齋詩存一卷詩外一卷 海寧許楣撰。同治間刊。

汀鷺文鈔三卷詩鈔二卷詩餘一卷 陽湖楊傳第撰。同治十一年〔張午橋廉州〕刊。考訂之文。

存素堂詩稿十四卷文稿四卷補遺一卷奏疏四卷壬癸志稿二十八卷頤壽老人年譜一卷 太倉錢寶琛撰。同治七年至光緒六年刊。

古微堂詩集十卷 邵陽魏源撰。同治庚午〔新化鄒漢池長沙寶慶郡館〕刊。源著有《詩古微》《書古微》《元史新編》《聖武記》《海國圖志》。

古微堂内集三卷外集七卷 邵陽魏源撰。光緒四年淮南書局刊。

貽馨堂集十卷 崇川劉長華撰。同治間刊。長華著有《歷代同姓名録》《漢晉迄明謚彙》《皇朝謚法彙考》。

石琴詩鈔十二卷 宜賓李映棻撰。同治甲子天香堂刊。

澹勤室詩録六卷 貴筑傅壽彤撰。同治二年刊。壽彤著有《古音類表》《孔庭學裔》。

蒿盦文集八卷 丹徒莊棫撰。同治戊辰刊。考訂之文。棫著有《周易通義》。餘未刊者，《周易繁露》見稿本，不全。

蒿盦遺集十二卷 丹徒莊棫撰。光緒丙戌錢塘許氏刊。詩詞。

峯青館詩鈔七卷續鈔四卷寄廬詞存二卷 江都錢國珍撰。同治光緒間刊。國珍著有《寄廬雜記》。

敦艮吉齋詩存二卷文存四卷 合肥徐子苓撰。**附劫餘小録一卷** 合肥徐元叔撰。光緒十二年刊。

梧生文鈔十卷詩鈔九卷詞鈔一卷 泗州傅桐撰。同治三年至光緒七年刊。

有獲齋文集十卷附録一卷 安陸李道平撰。民國十年辛酉安陸李氏精刊。考訂之文。道平著有《周易集解纂疏》。

半巖廬遺集二卷 仁和邵懿辰撰。光緒戊申〔其孫章〕刊。詩文各一卷。懿辰著有《尚書通義》《尚書傳授同異考》《禮經通論》《李氏孝經注輯本》《四庫簡明目録標注》。

集杭諺詩一卷 仁和邵懿辰撰。光緒二年葛元煦刊巾箱本。

半巖廬遺文二卷補一卷遺詩二卷補一卷附録一卷 仁和邵懿辰撰。民國壬戌精刊。

澤雅堂文集十卷 烏程施補華撰。光緒癸巳刊。

澤雅堂詩集六卷二集十八卷 烏程施補華撰。同治壬申至光緒庚寅兩研齋刊。

今白華堂詩録八卷 鄞童槐撰。同治八年其男華刊。

今白華堂文集三十二卷 鄞童槐撰。無刻書年月,約光緒間刊。

青草堂集十二卷二集十六卷三集十六卷補集七卷 豐潤趙國華撰。同治壬申至光緒乙未刊。《補集》卷七《自訂年譜》。

報暉堂詩集八卷續集二卷三集一卷 善化黄維申撰。同治十年至光緒三年刊。

學詁齋文集二卷 江都薛壽撰。光緒庚辰冶城山館刊。考訂之文。

傳經室文集十卷賦鈔一卷 元和朱駿聲撰。民國癸亥劉氏求恕齋刊。考訂之文。駿聲著有《説文通訓定聲》《朱氏羣書》《六書假借經徵》《經史答問》《歲星表》《春秋三家異文覈》《春秋亂賊考》。餘未刊者，《六十四卦經解》，見傳抄本。

青溪舊屋文集十一卷〔詩集一卷〕 儀徵劉文淇撰。光緒九年八月〔儀徵劉氏〕刊。考訂之文。文淇著有《左傳舊疏考正》《揚州水道記》。

嘯古堂文集八卷詩集八卷詞集五卷芬陀利室詞話三卷詩遺集一卷詞遺集一卷麗農山人事實雜録一卷 寶山蔣敦復撰。同治七年至光緒十一年刊〔永康應寶時上海道署刊本，寶山蔣氏藏板〕。

儀顧堂集十六卷 歸安陸心源撰。同治甲戌福州刊。題跋居多。心源著有《儀顧堂題跋》《續跋》《皕宋樓藏書志》《羣書校補》《宋史翼》《吴興金石記》《金石學録補》《千甓亭磚録》《續録》《古磚圖釋》《穰梨館過眼録》《續録》《唐文拾遺》《宋詩紀事補遺》《吴興詩存》《元祐黨人傳》，輯有《十萬卷樓叢書》。

儀顧堂集二十卷 歸安陸心源撰。光緒戊戌精刊。

抱璞亭文集十卷詩集十六卷初録五卷 當湖張湘任撰。光緒元年刊。

顯志堂稿十二卷夢柰詩稿一卷 吴縣馮桂芬撰。光緒二年校邠廬刊桂芬著有《説文段注考正》《校邠廬抗議》《弧矢算術細草圖解》《西算新法直解》。

秋圃齋文集五卷 陽夏李濬撰。光緒戊申刊。

退谷文存二卷 儀徵程守謙撰。光緒丙子刊。

謫麐堂遺集文二卷詩二卷 德清戴望撰。光緒元年會稽趙之謙刊。宣統三年歸安陸樹聲依趙氏本重刊。望著有《戴氏論語注》《管子校正》《顏氏學記》。

師蘊齋詩集六卷 上元黄宗彦撰。光緒三年〔上元黄氏〕刊。

琴隱園詩集三十六卷詞四卷 武進湯貽汾撰。光緒乙亥刊。

知止堂[七二]**詩集十六卷** 常熟翁心存撰。光緒三年刊。

迂存遺文二卷 望江倪模撰。**年譜二卷** 懷寧江爾維撰。光緒四年兩彊勉齋于荆州府署刊。考訂之文。

藻川堂詩集選六卷文内集一卷文外集一卷 武岡鄧繹撰。光緒四年刊。詩分《江河集》《感舊集》《南溟集》《雲山集》《桂海集》《兩湖集》等六種。繹著有《雲山讀書記》《藻川堂譚藝》。

小匏庵詩存七卷附末一卷 嘉興吴仰賢撰。**南湖百詠一卷** 嘉興吴萃思撰。光緒四年戊寅刊。仰賢著有《小匏庵詩話》。

槐廬詩學一卷 臨桂龍繼棟撰。光緒四年〔臨桂龍氏〕於京師刊。

宛湄書屋文鈔十一卷詩前集二卷詩後集二卷詩續録一卷 番禺李光廷撰。光緒四年〔番禺端溪書院〕刊。光廷著有《漢西域圖考》《廣元遺山年譜》。

息軒遺稿四卷 日本日南安井衡撰。明治戊寅精刊,即光緒四年刊。井衡著有《左傳輯釋》《論語集説》《管子纂詁》。

仲實類稿一卷詩存二卷 山陽魯蕡撰。光緒間〔清河魯氏〕刊。

靈峯存稿四卷附一卷詞一卷 富陽夏震武撰。光緒辛丑刊木活字本。震武著有《富陽夏氏叢刊》《資治通鑑後編校勘記》。

一鐙精舍甲部稿五卷 光澤何秋濤撰。光緒五年淮南書局刊。考訂之文。秋濤著有《朔方備乘》《北徼彙編》[七三]《王會篇箋釋》。

大小雅堂詩集四卷冰蠶詞一卷 吉林承齡撰。光緒壬辰刊。

齊莊中正堂詩鈔十七卷 吴江殷兆鏞撰。光緒己卯[七四]初夏刊。

潛莊文鈔六卷 武進卜起元撰。光緒五年〔卜氏甬江〕刊。

淳則齋駢文一卷 陽湖洪惪方撰。光緒五年授經堂刊。惪方又名齮孫,著有《補梁疆域志》。

堅白齋詩存三卷駢文存一卷雜稿四卷 攸縣龍汝霖撰。光緒七年刊。

柏堂集前編十四卷次編十三卷續編二十二卷後編二十二卷餘編八卷補存三卷外編十二卷 桐城方宗誠撰。光緒六年刊。宗誠著有《柏堂遺書》凡二十餘種。

廣經室文鈔無卷數 寶應劉恭冕撰。無刻書年月,約光緒間劉氏刊。光緒十五年廣雅書局刊。考訂之文。恭冕著有《何休注訓論語述》。

天岳山房〔館〕文鈔四十卷 平江李元度撰。光緒六年爽谿精舍刊。元度著有《國朝先正事略》《小學絃歌》。

古紅梅閣集八卷附録一卷紫藤花館詩餘一卷 江山劉履芬撰。光緒六年蘇州刊。

仰簫樓文集一卷附國朝經學名儒記一卷 新陽張星鑑撰。光緒六年至八年刊。

味真閣集二卷晚翠軒集二卷 儀徵張安保撰。光緒七年於淮浦刊。

續東軒遺集三卷 閩高均儒撰。光緒七年刊。上卷文作二卷〔詩一卷,策問一卷〕。

述古堂文集十二卷 南通州錢兆鵬撰。光緒七年刊。

陶堂志微録五卷遺文一卷恤誦一卷碑執一卷 湖口高心夔撰。光緒八年壬午經注經齋刊。

兩罍軒尺牘十二卷 歸安吴雲撰。光緒八年〔歸安吴氏〕刊。雲著有《二百蘭亭齋金石記》《古銅印存》《兩罍軒彝器圖釋》。

西圃集十卷續集四卷補遺一卷詞續一卷詞三續一卷題畫詩一卷續一卷文集四卷補遺一卷 吴縣潘遵祁撰。光緒二十三年刊。

退庵賸稿一卷隨筆一卷 錢塘沈映鈐撰。光緒八年刊。

善思齋文鈔九卷文續鈔四卷詩鈔六卷詞一卷 桐城徐宗亮撰。光緒間刊。

尚志居集八卷補遺一卷讀書記四卷 石埭楊德亨撰。光緒八年方宗誠刊。《讀書記》卷一《讀陽明集拙語》,卷二《讀朱止泉集偶記》,卷三《讀近思録問答》,卷四《讀拙修集問答》。

墨花吟館詩鈔十六卷 桐鄉嚴辰撰。光緒壬午刊。

守經堂詩集四卷附自著書目一卷 平湖沈筠撰。光緒九年刊。筠著有《千金壽傳奇》。餘書甚富,多未見及。

綠漪草堂文集三十卷外集二卷別集二卷詩集二十卷研華館詞三卷 湘潭羅汝懷撰。光緒九年刊。汝懷纂有《湖南通志》。

之遊唾餘録二卷 滎成孫福海撰。光緒十六年其子葆田刊。

荔雨軒文集六卷文續集二卷詩集三卷 金匱華翼綸撰。光緒九年癸未刊。

四百三十二峯草堂詩四卷 南海黄璟撰。光緒十三年刊。即《黎陽集》一卷,《歸粵草》三卷。

尊小學齋文集六卷詩集一卷詩餘一卷年譜一卷 無錫余治撰。《年譜》吴師澄編。光緒九年刊。

汪梅村文集十二卷文外集一卷悔翁筆記六卷悔翁詩鈔十五卷詩補遺一卷悔翁詩餘五卷 江寧汪士鐸撰。光緒七年至九年合肥張氏味古齋刊。士鐸著有《水經注圖》《南北史補志》。

江上小蓬萊吟舫詩存十八卷 懷寧葉坤厚撰。光緒九年於陝西藩署刊。

舫廬文存内集四卷外集一卷餘集一卷 鎮海張壽榮撰。光緒九年蛟川張氏秋樹根齋刊。壽榮輯有《花雨樓叢鈔》。

勿待軒文集存稿十卷 大荔馬先登撰。光緒丙子敦倫堂刊。考訂之文。

雅歌堂文集二十二卷詩鈔五卷賦一卷詩話二卷外集十二卷 建陽徐經撰。光緒丙子潭陽徐氏刊。

心白日齋集六卷 桃源尹耕雲撰。光緒十年刊。

補竹軒文集六卷詩集三卷 和州鮑源深撰。光緒十四年刊。

證真畫齋詩鈔一卷 香山陳子清撰。光緒庚子寶宋書樓刊。

玉塘集選二卷附録一卷 太平孫璧文撰。光緒丁亥刊巾箱本。璧文著有《新藝録》《考古録》。

寫經齋詩初稿四卷詩續稿一卷文稿一卷 閩縣葉大莊撰。光緒間玉屏山莊刊。大莊著有《大戴禮記審議》《禮記審議》《喪服經傳補疏》《退學録》。

曼陀羅花室文集三卷詩三卷詞一卷遯庵言事集二卷清溪惆悵集二卷 陽湖吴翊寅撰。光緒癸巳至乙未刊。翊寅著有《易漢學考》《漢置五經博士考》《易彖傳大義述》。

湘麋閣遺詩四卷蘭當詞二卷 會稽陶方琦撰。光緒十六年鄂局刊。方琦著有《淮南許注異同詁》《魯詩故》。餘未刊者甚多,《鄭易馬氏學》見傳抄本。

漢孳室文鈔四卷補遺一卷 會稽陶方琦撰。光緒十八年徐氏鑄學齋刊。考訂之文。

橘蔭軒全集四十七卷 山陰陳錦撰。光緒間刊。《補勤詩存》二十四卷《續編》五卷,《勤餘文讀》六卷,《學廬自鏡語》一卷,《東溟校伍録》二卷,《誦芬録》一卷,《大篪吟草》六卷,《時藝軼存》二卷。附山陰女史勞蓉君撰《緑雲山房吟草》二卷。錦著有《切音蒙引》。

樂餘靜廉齋文稿一卷詩稿初集一卷二集一卷三集二卷續集一卷梅影盦詞集四卷 吴郡顧復初撰。光緒間成都刊。

何文貞公遺集二卷首一卷附録一卷 師宗何桂珍撰。光緒十年刊。

左文襄公全集一百三十四卷 湘陰左宗棠撰。光緒庚寅湖南刊。首一卷,奏稿六十四卷,批札七卷,告示一卷,謝摺二卷,書牘二十六卷,咨札一卷,文集五卷,詩集一卷,《藝學説帖》一卷,代駱文忠公奏稿十卷,聯語一卷,代張大司馬奏稿四卷,年譜十卷。

盾墨餘瀋一卷 湘陰左宗棠撰。光緒八年長沙柳葆元刊。

補讀書齋遺稿十卷年譜一卷 嘉興沈維鐈撰。光緒元年廣州刊。光緒己亥補刊《外稿》一卷。

恥不逮齋集三卷附録一卷補遺一卷 青浦熊純叔撰。光緒十六年庚寅蘇州五畝園刊。

邃懷堂文集四卷詩前編六卷詩後編六卷詞鈔二卷駢文箋注十六卷補箋一卷哀忠集三卷 寶山袁翼撰,門人高安朱舲箋註。光緒十三年至十四年刊。

白華絳柎閣詩初集十卷 會稽李慈銘撰。光緒十六年中春刊。又名《越縵堂集》。慈銘著有《漢書札記》《後漢書札記》《三國志札記》《晉書札記》《宋梁魏隋四史札記》《越縵堂日記》《日記補》。

越縵堂駢體文四卷附散體文一卷 會稽李慈銘撰。光緒丁酉〔常熟曾之撰〕刊。

訒齋遺稿文鈔二卷詩鈔一卷手札四卷附家訓一卷 餘杭褚維垕撰。光緒辛丑仲春刊。

夷牢溪廬文鈔六卷詩鈔七卷 遵義黎汝謙撰。光緒辛丑於羊城刊。

煨芋巖居文集無卷數 福山王善寶撰。光緒十三年刊。

歸盦文稿八卷 鎮洋葉裕仁撰。光緒壬午〔其受業蔣銘勳校〕刊。

百柱堂詩集二十八卷文集十九卷駢體文三卷詞一卷附録一卷 監利王柏心撰。光緒十八年刊。

慎自愛軒録存雜文内篇三卷外篇三卷雜詩十二卷 黄梅梅雨田撰。光緒十四年刊。

晚學齋全集二十六卷 歙鄭由熙撰。光緒間靖安衙齋刊。詩集二卷,詩二集十二卷,詩續集一卷,《蓮漪詞》二卷,《霧中人》一卷,《木樨香》一卷,《雁鳴霜》一卷,文集二卷,外集四卷。

思益堂詩鈔六卷詞鈔一卷古文二卷日札十卷 長沙周壽昌撰。光緒十四年〔長沙王先謙等〕刊。壽昌著有《漢書注校補》《三國志證遺》《五代史纂誤補續》。

鍥不舍齋文集四卷附詩一卷 江都李祖望撰。民國甲子李氏半畝園刊。考訂之文。祖望輯有《小學類編》。

棠溪文鈔八卷 孝感沈用增撰。光緒戊寅鄂城刊。

復堂文四卷詩十一卷詞六卷 仁和譚獻撰。光緒間刊。咸豐己未刊詩四卷詞一卷。獻著有《復堂日記》《篋中詞》。

復堂文續五卷 仁和譚獻撰。光緒辛丑刻鵠齋刊。此書《刻鵠齋叢書》中所未載。

江南遊草一卷 新化彭焯南撰。光緒丁酉刊。焯南著有《音學質疑》《詩達詁》《春秋楚地疆域表》。

荻華堂存稿一卷 江寧蔡琳撰。底稿本。又名《蔡紫涵遺著》。

荻華堂詩存二卷附録一卷 江寧蔡琳撰。光緒壬辰丹陽束氏刊。

胡端敏遺書四卷 長沙胡元直撰。光緒甲午刊。即《癸甲試賦》《介堂經解》《介堂詩詞》《介堂文筆》各一卷。

菽園詩草 略鈔《三庚集》 **一卷** 海澄邱煒萲撰。底稿本。首有"煒萲長壽"四字硃印一方。煒萲著有《五百石洞天揮麈》。

嘯虹生詩鈔四卷詩續鈔三卷 閩海邱煒萲撰。民國壬戌刊。

曾惠敏公奏議六卷文集五卷詩集四卷日記二卷 湘鄉曾紀澤撰。光緒癸巳於江南製造總局鉛字排印本。

劍虹居文集二卷詩集二卷 山陽秦焕撰。光緒乙巳刊。

龍岡山人文鈔十卷詩鈔十八卷駢體文鈔四卷詩續鈔二卷 黄岡洪良品撰。光緒十七年刊。良品著有《古文尚書四種》《古文孝經薈解》。餘未刊者《古文尚書賸言》,見原稿本。

寒松閣詩八卷駢體文一卷續一卷詞四卷附説文佚字考四卷疑年賡録二卷 嘉興張鳴珂撰。光緒十年至三十年刊。鳴珂著有《藝談瑣録》,見稿本。

友竹草堂文集六卷詩集二卷隨筆二卷楹聯一卷趨庭録一卷 玉田蔣慶第撰。附《謙受益齋文集》一卷,玉田蔣慶篪撰。無刻書年月,約光緒間刊。

函雅堂集四十卷 黄巖王詠霓撰。光緒甲午刊。詠霓著有《書序答問》《書序考異》。

結一宧駢體文二卷詩三卷 武進屠奇撰。光緒庚寅廣州刊。寄著有《蒙兀兒史記》,輯有《國朝常州駢體文鈔》。

小澘樓詩集八卷文集四卷 高要袁梓貴撰。光緒間刊。

漱六山房全集十一卷 清河吴昆田撰。光緒甲申刊。

小學盦遺書四卷 海寧錢馥撰。光緒乙未刊。校勘經部六書音韻之作居多。

一拳石齋詩鈔二卷文鈔二卷 桐城方龍光撰。光緒間刊。

北嶽山房文集十四卷詩集四卷駢文二卷 石門閻鎮珩撰。光緒乙巳刊。鎮珩著有《六典通考》。

恤蔫廬文初稿十卷 長沙張濬萬撰。光緒間刊。

憩雲小艇駢體文一卷 德清傅鼎撰。光緒丁亥纂喜廬刊巾箱本。

纂喜廬詩稿初集一卷 附 **觀海贈言一卷** 德清傅雲龍撰。光緒丁亥鴻文書局石印巾箱本。雲龍著有《説文古語考補正》《游歷日本圖經》。

拙尊園叢稿六卷 遵義黎庶昌撰。光緒十九年上海〔醉六堂〕以日本皮紙石印本,光緒乙未金陵狀元閣重刊,光緒丁酉石印袖珍本〔封面題《黎星使叢稿》〕。庶昌輯有《續古文辭類纂》《古逸叢書》。

蟫廬詩鈔十卷 盱眙王蔭槐撰。光緒辛巳仲夏重刊。

幸餘求定稿十二卷 桐城姚濬昌撰。光緒十七年刊。濬昌字慕庭,永樸、永概之父。

五瑞齋遺文一卷叩瓴瑣語二卷 桐城姚濬昌撰。民國壬子其子永概鉛字排印本。

養知書屋文集二十八卷詩集十五卷奏議十二卷 湘陰郭嵩燾撰。光緒間刊。嵩燾著有《學庸質疑》《禮記質疑》,纂有《湘陰縣圖志》。

蕓香書屋詩草二卷 洪洞董文燦撰。光緒丁亥刊。

才兹文二卷 崇川王兆芳撰。光緒戊戌春刊。考訂之文。

晦木軒稿一卷 南海桂壇撰。光緒丁酉刊。

尉山堂稿十四卷 興國萬斛泉撰。光緒丙午疊山書院刊。斛泉著有《春秋四傳詁經》《通鑑綱目前編辨誤》《正編正誤補》。

虛白室文鈔四卷詩鈔十一卷 桐城方昌翰撰。光緒十三年刊。

誰與庵文鈔二卷先德傳一卷 歸安孫世均撰。光緒己丑孫守恒堂刊。

朱九江集十卷首一卷 南海朱次琦撰。光緒三十三年刊。卷首即《年譜》門人簡朝亮撰。

何子清先生遺文二卷附録一卷 江寧何忠萬撰。光緒壬午翁氏恕古閣刊。

綴學堂初稿四卷 象山陳漢章撰。光緒十九年刊。經説之作。

金峨山館文甲集無卷數文乙集無卷數 鄞郭傳璞撰。光緒間刊。

白香亭詩存二卷附和陶詩一卷 武岡鄧輔綸撰。光緒戊子精刊。

悲盦居士詩賸一卷文存一卷四書文一卷 會稽趙之謙撰。光緒庚寅〔會稽趙氏〕刊。之謙著有《補寰宇訪碑録》《勇廬閒話》《二金蜨堂印譜》《撝叔印存》,輯有《仰視千七百二十九鶴齋叢書》。

函樓文鈔九卷奏稿一卷制義一卷詩鈔十六卷詞鈔四卷 龍陽易佩紳撰。光緒甲午刊。佩紳著有《詩義擇從》《通鑑觸緒》《仁書》《老子解》。

問湘樓駢文初稿六卷 建德胡念修撰。光緒戊戌於杭州刊。念修輯有《刻鵠齋叢書》。

靈芝仙館詩鈔十二卷捲秋亭詞鈔二卷 建德胡念修撰。光緒辛丑刊。

空青水碧齋詩集十三卷補遺一卷文集八卷 全州蔣琦齡撰。光緒辛巳至乙酉刊。

漸西村人初集詩十三卷 桐廬袁昶撰。光緒甲午避舍蓋公堂刊。昶著有《袁爽秋請勦拳匪奏稿》。餘未刊者,《毗邪台山散人日記》,見稿本。輯有《漸西邨舍叢書》。

漸西邨人詩十三卷安般簃詩續鈔十卷 桐廬袁昶撰。光緒庚寅鉛字排印本。

馬中丞遺集十卷 安陽馬丕瑶撰。光緒二十四年刊。奏稿四卷,書牘二卷,文集一卷,雜著一卷,《珠溪存稿》一卷,《清丈地糧章程》一卷附《圖説》。

三徑草堂詩鈔四卷 上元蔣師軾撰。光緒庚寅[七五]刊。

敬恕齋遺稿二卷 天津張夢元撰。光緒戊戌本宅刊。奏議居多。

人境結廬詩稿十二卷 餘杭褚維壿撰。光緒二十年刊。

琴海集二卷 下相陳玉鄰撰。**附正字一卷** 南沙宗德懋撰。光緒二十一年七月刊。

佩弦齋文存三卷駢文存一卷詩存一卷試帖存一卷律賦存一卷雜存二卷 附 **傳行狀跋輓聯輓詩祭文** 義烏朱一新撰。光緒二十二年葆真堂刊。一新著有《無邪堂答問》《漢書管見》《京師坊巷志》。

義烏朱先生文鈔四卷 義烏朱一新撰,門人滿洲平遠輯。光緒二十三年刊。

論學遺札摭存一卷 義烏朱一新撰,南海康長素編。光緒間刊。

明道書院鈔存五卷續編四卷 附 **晚悔莽詩草一卷** 湘潭黄舒昺撰。光緒己亥精刊。

汲庵文存六卷 秀水楊象濟撰。光緒辛巳杭州刊。

永懷堂文鈔十卷詩鈔二卷 永新龍文彬撰。光緒辛卯家刊。文彬著有《明會要》《明紀事樂府》。

隨安廬文集六卷市隱書屋詩稿五卷卮言二卷 吴縣亢樹滋撰。光緒十六年刊。

蔚廬文集四卷詩集四卷 瀏陽劉人熙撰。光緒丙申於大梁刊。

高石齋文鈔三卷附縣志議一卷 射洪劉光謨撰。光緒間刊。考訂之文。

晉專宋瓦室類稿五卷 南海桂坫撰。光緒戊戌刊。坫,文燦之子。考訂之文。

桐華舸詩鈔八卷詩續鈔八卷遺詩一卷褒忠詩鈔一卷明季詠史詩鈔一卷 歙鮑瑞駿撰。光緒間刊。瑞駿,鮑康之弟。

南蘭文集六卷 鄞張恕撰。光緒己卯刊。

勉勉鋤室類稿五卷 博白祁永膺撰。光緒乙巳冬隴西刊。考訂之文。

達齋遺文一卷續一卷 婁王廷材撰。光緒癸卯刊。論輿地之文。

十二梅花書屋詩集六卷 湘陰郭慶藩撰。光緒己丑郭氏泊然盦刊。慶藩著有《説文經字述誼》《説文經字考辨證》《莊子集釋》。

讀秋水齋文集六卷 雅浦陸黻恩撰。光緒庚寅刊木活字本。

冠悔堂詩鈔八卷賦鈔四卷楹語三卷 侯官楊浚撰。光緒壬辰至甲午刊。浚著有《小演雅島居隨録》。

紹恭齋文鈔四卷詩鈔六卷 桐城楊澄鑒撰。光緒間刊。澄鑒著有《咫學讀經史並雜記略》。

槃邁紀事初稿四卷 蕭山湯紀尚撰。光緒乙酉蘇州刊。

槃邁文甲集三卷文乙集二卷别録一卷 蕭山湯紀尚撰。光緒壬辰[七六]刊。傳誌墓銘居多。

謹言慎好之居詩八卷 陽湖張曜孫撰。光緒甲辰刊。曜孫著有《産孕集》,輯有《陽湖張氏四女詩》。

琴游集二卷 黄巖鄔佩之撰。**附桐花閣詩存一卷** 黄巖女史蔣鳳撰。**天球遺稿一卷** 上海女史朱球撰。光緒間刊。

菊花百詠一卷 山陽丁顯撰。光緒丙戌刊。顯著有《五經異字同聲考》《丁氏聲鑑諧聲譜》《音韻指迷》《雙聲詩選》《韻學叢書題跋》《復淮故道圖説》。

莘齋文鈔四卷詩鈔七卷詩餘一卷 遵義宦懋庸撰。光緒甲午刊。懋庸著有《播變紀略》《論語稽》《孔子世家稽》。

城北草堂詩鈔四卷詩餘二卷詞餘一卷 華亭顧夔撰 **附小鄉嬛室詩餘殘稿一卷** 青浦女史王清霞撰。光緒戊子刊。

敬孚類稿十六卷 桐城蕭穆撰。光緒丙午刊。考訂之文、書跋居多。

涓叜詩録一卷 海寧許溎祥撰。光緒丙午九月刊。溎祥著有《説文徐氏未詳説》。

畹蘭齋文集四卷 善化李楨撰。光緒十八年壬辰仲秋刊。楨著有《説文逸字辨證》。

訥盦駢體文存二卷 丹徒李恩綬撰。光緒戊戌刊木活字本。

訥盦類稿四卷 丹徒李恩授撰。民國甲子横山草堂刊。

嘯雲軒文集六卷附録一卷詩集五卷 儀徵程畹撰。光緒間刊。

息養廬文集十一卷 平湖徐錦華撰。光緒間刊。史論居多。

蘇盦文録二卷駢文録五卷詩録八卷詞録一卷 婁楊葆光撰。光緒癸未於杭州刊。

晚晴軒儷體文存二卷詩存五卷 泰州陳文田撰。光緒辛巳刊。

鵬南文鈔十五卷補遺十二卷詩鈔十卷首一卷 績溪胡嗣運撰。光緒間刊。最後附刊《叔璋雜詠》二卷,胡榮珂撰。嗣運著有《枕葄齋書經問答》《詩經問答》《春秋問答》。

瞻閿集虚一卷 長沙胡元儀撰。光緒壬辰刊。元儀著有《北海三考》,見原稿本。

知非集無卷數 長沙胡元儀撰。光緒間王仁俊手抄本。考訂之文。

劬書室遺集十六卷附理學庸言二卷 番禺金錫齡撰。光緒二十一年刊。經説居多。據自述稱著有《周易雅訓》《毛詩釋例》《禮記陳氏集説刊正》《左傳補疏》《穀梁釋義》數種,藏於家。

道福堂詩集四卷 吴縣雷浚撰。光緒甲午季夏刊。浚著有《雷氏説文四種》。

讀書商齋集三十二卷 龍陽陳保真撰。光緒甲午刊。保真著有《讀詩商》。

涌翠山房文集四卷詩集四卷 山陽高延第撰。光緒丙戌刊。延第著有《老子證義》。

蘿華山館遺集四卷 湘陰郭崙燾撰。光緒間刊。

自鏡齋文鈔一卷茯閒雜録一卷詩鈔一卷補遺一卷試帖一卷詠花詞一卷 吴縣潘曾瑋撰。 光緒丁亥〔吴縣潘氏〕刊。

容膝軒文集七卷 鎮海王榮商撰。光緒乙未刊。榮商著有《漢書補註》。

容膝軒詩草六卷 鎮海王榮商撰。宣統辛亥自刊。

通義堂集五卷 儀徵劉毓崧撰。光緒十四年青溪舊屋刊。原目十六卷,卷六以下未刻。封面後鈐有"卷六以下嗣出"六字。考訂之文。毓崧著有《周易舊疏考正》《尚書舊疏考正》。毓崧,文淇之子。學者推稱"二劉"。

通義堂集七卷 儀徵劉毓崧撰。光緒十四年青溪舊屋刊。原目十六卷,卷八以下未刻。

通義堂集二卷 儀徵劉毓崧撰。光緒十六年思賢講舍刊,較他刻本有異同。

通義堂集十六卷 儀徵劉毓崧撰。民國戊午南林劉氏求恕齋刊。

敬齋存稿二十卷陶淵明述酒詩解一卷東明紀行一卷困學録四卷 陝州張諧之撰。光緒間爲已精舍刊。諧之著有《尚書古文辨惑》《讀書記疑》。

蘿藦亭文鈔一卷 塗水喬松年撰。光緒乙未刊。松年著有《緯攟》《論語淺解》《蘿藦亭札記》《喬勤恪公奏議》。

蘿藦亭遺詩四卷 徐溝喬松年撰。光緒辛巳於皖城刊。

知非齋古文録無卷數 陽湖沈湛鈞撰。無刻書年月,約光緒間刊木活字本。

誒實齋文稿二卷 金匱秦寶璣撰。光緒戊子刊。又一部有《霜傑齋詩》二卷,《補遺》一卷,《附録》一卷。

毋自欺室文集十卷 元和王炳燮撰。光緒乙酉津河廣仁堂刊。炳燮著有《國朝名臣言行録》。

天根文鈔四卷天根文法一卷文續鈔一卷詩鈔二卷 封邱何家琪撰。光緒丙午大梁刊。

成山廬稿十二卷 成山唐炯撰。光緒三十四年夏于貴陽刊。第十一卷《成山唐氏家譜》,第十二卷《丁文成公年譜》。

師伏堂駢文前集二卷後集四卷詩草六卷詠史一卷詞一卷 善化皮錫瑞撰。光緒乙未至甲辰刊。錫瑞著有《今文尚書考證》《尚書大傳疏證》《禮記淺説》《左傳淺説》《春秋講義》《發墨守疏證》《箴膏肓疏證》《釋廢疾疏證》《孝經鄭注疏》《漢碑引經考》《漢碑引緯考》《皮氏經學八種》。

經訓書院自課文三卷 善化皮錫瑞撰。光緒癸巳師伏堂刊。考訂之文。

養晦堂詩集二卷文集十卷 湘鄉劉蓉撰。光緒丁丑思賢講舍刊。蓉著有《劉中丞奏議》。

鼎吉堂文鈔初編八卷文鈔續編八卷詩鈔五卷 永新尹繼美撰。光緒戊寅至庚寅刊。繼美著有《詩地理考略》《詩管見》《詩名物考略》《蠡書》《閩游紀略》《續後漢書注補》。

鬱華閣遺集四卷 宗室盛昱撰。光緒二十八年精刊。昱輯有《八旗文經》。

意園文略二卷事略一卷 宗室盛昱撰。宣統庚戌遼陽楊鍾羲編刊。

竹石居文草四卷 鄞童華撰。光緒間刊。

湘綺樓文集八卷 湘潭王闓運撰。光緒庚子於蒸陽刊。闓運著有《湘綺樓全集》。

湘綺樓箋啓八卷 湘潭王闓運撰。光緒丁未於長沙刊。第七、八兩卷嗣出。

湘綺樓詩集十四卷詩別集三卷 湘潭王闓運撰。光緒丁未於東州講舍刊。

俞俞齋詩稿初集二卷文稿初集四卷 江都史念祖撰。光緒丙申於桂林刊。

學蔭軒集六卷 番禺王國瑞撰。民國丁巳鉛字排印本。經説居多。國瑞，陳澧之高弟。

雲左山房詩鈔八卷詩餘一卷 侯官林則徐撰。光緒丙戌福州本宅刊。則徐著有《林文忠公政書》。

湘谷初稿八卷吟稿四卷續稿六卷 丹徒謝庭蘭撰。光緒辛巳刊。庭蘭著有《讀尚書隅見》《古文尚書辨》《經説叢鈔》《韻考略》。

劉椒雲遺書一卷 漢陽劉傳瑩撰。光緒戊申鳳山學舍刊。傳瑩著有《漢魏石經考》。

劉芊雲遺集四卷 漢陽劉傳瑩撰。近鉛字排印本。

墨緣館文鈔二卷 漢川秦篤輝撰。光緒乙酉刊。案原目，篤輝著書凡三十二種，内六七種已刊。

曾忠襄公奏議三十二卷書札二十二卷文集二卷撫晉批牘四卷督粵批牘一卷年譜四卷榮哀録二卷 湘鄉曾國荃撰。光緒二十九年癸卯刊。

蠡園文鈔二卷詩存二卷詩話二卷賦草一卷外集一卷對聯大備一卷 建業范啓璋撰。**附天印山房遺稿一卷** 范先謨撰。光緒宣統間金陵本宅刊。一名《蠡園全集》。

瓶廬詩鈔四卷詩餘一卷文一卷 常熟翁同龢撰。無刻書年月，約光緒間鉛字排印本。同龢著有《翁文恭公日記》。

小三吾亭文甲集一卷詩四卷詞二卷詞附一卷 如皋冒廣生撰。光緒二十七年刊。廣生輯有《如皋冒氏叢書》。

惜餘軒古文鈔四卷詩鈔二卷簡言二卷 掖縣董錦章撰。光緒三十年刊。

魏稼孫集無卷數 仁和魏錫曾撰。光緒癸未於羊城刊。《績雨堂碑録》(分天干十字)、題跋、詩存、文存凡四種。

潛穎文四卷詩十卷 道州何維棣撰。光緒辛丑刊。

賭棋山莊文集七卷附録一卷文續集二卷文又續集二卷詩集十四卷酒邊詞八卷餘集五卷　長樂謝章鋌撰。光緒間於南昌刊。章鋌著有《課餘偶録》《續録》《賭棋山莊所著書》。

退思軒詩集六卷補遺一卷　長沙張百熙撰。宣統辛亥于武昌精刊。

遠明文集六卷　江寧朱士焕撰。光緒三十三年丁未鉛字排印本。

乖庵文録二卷　固始秦樹聲撰。光緒三十四年精刊。

璧沼集四卷　長沙胡元玉撰。光緒己丑刊。考訂之文。元玉著有《鏡珠高雜譔》,輯有《沅水校經堂課集》《東山書院課集》《研經書院課集》《授經簃課集》。

樵隱昔寱二十卷　山陰平步青撰。民國六年受業楊越刊。每卷首行下刊"香雪崦叢書丁集"七字。此書卷六至卷十一即《國朝文槪所見題辭》。考訂之文。步青著有《霞外攟屑》《羣書斠識》。

十髮盦類稿三十二卷附湘社集四卷　寧鄉程頌萬撰。光緒辛丑至民國甲子鹿川閣刊。《楚望閣詩集》十卷,《石巢詩集》十二卷,《定巢詞》十卷,凡三種。《湘社集》,漢壽易順鼎同編。

正學堂集内篇二十卷外篇二卷附篇一卷　吴縣王仁俊撰。底稿本。考訂之文。此卷數蓋據王氏自題封面,其書中不分卷數。仁俊著有《格致古微》《毛詩草木今名釋》《敦煌石室真蹟録》《倉頡篇輯補校斠證》《説文引漢律令考》《周秦諸子叙録》《淮南萬畢術輯證》《存古學堂叢刻經史詞章學》《存古學堂叢刻經學》《遼文萃》《西夏文綴》《正學編》《闢謬篇》《孔子集語補遺》,餘未刊者凡二十餘種,見稿本。

虚受堂詩存十八卷文集十六卷書札二卷年譜三卷　長沙王先謙撰。光緒二十六年〔至三十三年門人陳毅等〕刊。近重修增補本。一名《虚受堂全集》。先謙著有《詩三家義集疏》《尚書孔傳參證》《漢書補註》《後漢書集解》《合校水經注》《日本源流考》《五洲地理志略》《荀子集解》《莊子集解》，編輯《東華續録》，餘書多種，不及備載。

濂亭遺文五卷遺詩二卷 武昌張裕釗撰。光緒乙未遵義黎氏刊。宣統庚戌於鄂城精刊。

濂亭文集八卷詩集五卷遺文五卷 武昌張裕釗撰。光緒至宣統間刊。

廣雅堂詩集四卷 南皮張之洞撰。光緒間順德龍鳳鑣刊。之洞著有《書目答問》《輶軒語》《勸學篇》《張文襄公全集》。

廣雅堂駢體文二卷散體文二卷附録一卷雜著四卷 南皮張之洞撰。民國辛酉至壬戌南皮張氏刊。

質盦集二卷 南通州白作霖撰。光緒戊戌鉛字排印本。經説居多。

洨民叢稿一卷 吴孫傳鳳撰。光緒間味經廬刊。考訂之文。

洨民遺文一卷 吴孫傳鳳撰。光緒乙未江氏師鄦室刊。

華峯文集六卷 江夏吴光耀撰。光緒二十四年刊。光耀著有《古文尚書正辭》《五代史纂誤續補》《道學平議》《廣王質顧起黄》。

盾墨拾餘十四卷魂西集八卷 漢壽易順鼎撰。光緒間刊。奏疏居多。順鼎著有《琴志樓叢書》。

丁戊之間行卷九卷附湘絃詞一卷 漢壽易順鼎撰。光緒間於貴陽刊。

魂南續集二卷 龍陽易順鼎撰。民國癸卯至甲辰鉛字排印本。

來雲閣詩稿六卷 上元金和撰。光緒壬辰春月丹陽束氏刊。

秋蟪吟館詩鈔六卷來雲閣詞鈔一卷文鈔一卷 上元金和撰。民國甲寅鉛字排印本。

秋蟪吟館詩鈔七卷 上元金和撰。民國丙辰精刊。

王文敏公遺集八卷 福山王懿榮撰。近〔民國十二年〕南林劉氏求恕齋刊。

灌園未定稿二卷 山陰傅懷祖撰。光緒丁亥蘇州刊。

晦明軒稿無卷數附壬癸金石跋無卷數〔庚巳金石跋一卷丁戊金石跋一卷〕 宜都楊守敬撰。光緒辛丑鄰蘇園刊。〔《金石跋》,三十三年刊。〕考訂之文。守敬著有《禹貢本義》《論語事實録》《漢書地理志補校》《三國郡縣表補正》《隋書地理志考證》《水經注要删并補遺》《水經注圖》《歷代輿地沿革圖》《日本訪書志》《留真譜》《楷法溯原》《望堂金石文字》《寰宇貞石圖》《鄰蘇老人年譜》。

海藏樓詩八卷 閩縣鄭孝胥撰。光緒壬寅於武昌精刊。

范湖草堂遺稿六卷 秀水周閑撰。光緒十九年刊木活字本。文一卷,詩一卷,詞三卷,題畫詩附題畫曲一卷。

面城精舍雜文甲編一卷乙編一卷 上虞羅振玉撰。光緒辛卯刊。考訂之文。振玉著有《毛鄭詩斠義》《漢熹平石經殘字集録》《五史斠議》《雪堂校刊羣書叙録》《金石萃編校字記》《碑別字補》《讀碑小箋》《殷虚書契前編》《續編》《眼學偶得》《農事私議》,餘者多種,不及備載。

玉鑑堂詩集六卷 烏程汪曰楨撰。民國辛酉吴興劉氏嘉業堂刊。曰楨著有《四聲切韻表補正》《歷代長術輯要》,纂有《烏程縣志》《湖雅》。

鎮亭山房文集十二卷詩集十八卷 鄞陸廷黻撰。光緒辛卯刊。

天雲樓詩四卷 大興胡薇元撰。光緒乙酉刊。薇元著有《玉津閣甲集》十餘種。

玉津閣文略九卷 大興胡薇元撰。光緒十四年刊。

遲鴻軒詩棄四卷文棄二卷詩續一卷文續一卷 歸安楊峴撰。光緒丁亥至癸酉刊。

遲鴻軒詩棄四卷文棄二卷文補遺一卷詩續一卷文續一卷附年譜一卷續一卷 歸安楊峴撰。民國庚戌吴興劉氏嘉業堂刊。

平蠻草一卷 東湖饒敦秩撰。光緒庚子鉛字排印本。敦秩著有《蠶桑質説》《植棉纂要》《蠶桑簡要録》《桔茉瑣言》。

蘅華館詩録五卷 長洲王韜撰。明治庚辰於日本刊，即光緒六年刊。原目作八卷，第六七八等卷未刊。韜著有《春秋朔閏至日考三種》《甕牖餘談》《珊瑚舌雕談初筆》《遯窟讕言》。

弢園文録外編十二卷 長洲王韜撰。光緒癸未鉛字排印巾箱本。

弢園尺牘十二卷 長洲王韜撰。光緒十九年癸巳滬北淞隱廬鉛字排印本。

弢園尺牘續鈔六卷 長洲王韜撰。光緒己丑鉛字排印本。

黄鵠山人詩初鈔十八卷 閩縣林壽圖撰。光緒壬午刊。

味靜齋詩存八卷 山陽徐嘉撰。光緒丁亥三月刊。嘉著有《顧亭林詩箋註》。

味靜齋文存二卷文存續選二卷詩存十六卷 山陽徐嘉撰。民國壬申以古宋字排印本。

范伯子詩集十九卷 通州范當世撰。光緒戊申刊。

范伯子文集十二卷附一卷詩集十九卷 通州范當世撰。**蘊素軒詩稿五卷** 桐城姚倚雲撰。民國壬申至癸酉浙西徐氏刊。

賀先生文集四卷 武强賀濤撰。民國三年於京師刊。

賀先生書牘二卷 武强賀濤撰。民國九年於都門刊。

後樂堂文鈔九卷詩存一卷文鈔續編九卷 鹽城陳玉樹撰。光緒二十五年至二十七年辛丑鉛字排印本。玉樹著有《爾雅釋例》《毛詩異文箋》。

南游草一卷 長汀江瀚撰。光緒己亥慎所立齋刊。瀚著有《長汀江叔海著書五種》《吴門消夏記》。

藝風堂文集七卷外編一卷 江陰繆荃孫撰。光緒庚子刊。荃孫著有《藝風堂讀書記》《藏書記》《舊德集》《藝風堂金石目》，輯有《續碑傳集》《雲自在龕叢書》《藕香零拾》《烟畫東堂小品》。

藝風堂文漫存辛壬稿三卷癸甲稿四卷乙丁稿五卷 江陰繆荃孫撰。宣統間刊。

飲雪軒詩集四卷 會稽孫德祖撰。宣統間刊。

靈麓山人詩集三卷 善化陳運溶撰。宣統元年刊。運溶輯有《麓山精舍叢書》。

寄簃文存八卷 歸安沈家本撰。宣統元年鉛字排印本。家本著有《沈寄簃遺書》,輯有《枕碧樓叢書》。

歸盦文集八卷 鎮洋葉裕仁撰。光緒壬午刊。

石遺室文集十二卷文續集一卷文三集一卷文四集一卷詩集十卷補遺一卷詩續集二卷 侯官陳衍撰。光緒至宣統間刊。衍著有《元詩紀事》《全閩詩録》《八家四六文補注》《石遺室詩話》《石遺室叢書》。

叙異齋文草三卷 冀州趙衡撰。光緒戊申北新書局鉛字排印本。

叙異齋文集八卷 冀州趙衡撰。民國二十一年刊。

名山藏副本初集二卷附贈言集一卷 天台齊周華撰。民國庚申鉛字排印本。遊記之文居多。

有不爲齋集六卷 江寧端木埰撰。宣統間刊。埰著有《離騷啓蒙》。

人境廬詩草十一卷 嘉應黄遵憲撰。宣統間於日本鉛字排印本〔民國二十年其孫黄景立校刊〕。遵憲著有《日本雜事詩》《日本國志》。

劍華堂詩草内編一卷外編一卷燈昏鏡曉詞四卷 侯官宋謙撰。宣統二年鉛字排印本。

散原精舍詩二卷續集三卷 義寧陳三立撰。宣統二年〔至民國十一年壬戌〕上海商務印書館鉛字排印本。

補松廬詩録六卷 錢塘吴慶坻撰。宣統三年湖南學務公所鉛字排印本。

經古篋存草四卷 當湖葉廉鍔撰。宣統三年刊。

静庵文集一卷詩稿一卷 海寧王國維撰。光緒乙巳鉛字排印本。國維著有《王忠慤公遺書》。

觀堂集林二十卷 海寧王國維撰。民國癸亥烏程蔣氏密韻樓以古宋字排印本。

民國丁卯石印增訂本二十四卷,別集一卷,補遺一卷,後編一卷,外集四卷。考訂之文。

可園文存十六卷詩存二十八卷詞存四卷 江寧陳作霖撰。宣統己酉刊。作霖著有《金陵通傳》《金陵瑣志五種》。

壽藻堂文集二卷詩集八卷雜存二卷 江寧陳作霖撰。民國丙辰至戊午鉛字排印本。《雜存》分《瞽説》《可園外稿》二種。

瓠庵集十八卷續集八卷續集録遺二卷 邵陽曾廉撰。宣統間刊。廉著有《禹貢九州今地考》《元史考訂》《元書》《牂牁客談》。

景詹闇遺文無卷數 歸安姚諶撰。宣統三年陸氏刊。

陶廬文集四卷 新城王樹枏撰。民國丙辰刊。樹枏著有《陶廬叢刻》凡二十餘種。

陶廬詩集八卷詩續集十卷 新城王樹枏撰。光緒丁亥至民國丁巳刊。近刊本《詩續集》十二卷,《文集》二十卷。

悦軒文鈔二卷 附 **史席閒話一卷** 海陽鞠濂撰。宣統庚戌海隅山館刊。

結一廬遺文二卷 仁和朱學勤撰。宣統戊申精刊。學勤輯有《結一廬叢書》。

清風室文鈔十二卷詩鈔五卷 海寧錢保塘撰。宣統間清風室刊。保塘著有《春秋疑年録》《辨名小録》。

含嘉室詩集八卷 錢塘吴士鑑撰。民國壬子以古宋字排印本。士鑑著有《晉書斠注》《補晉書經籍志》《九鐘精舍金石跋尾甲乙編》。

尊瓠室詩二卷 廬江陳詩撰。民國壬子鉛字排印本。

默盦集十卷 黄巖王舟瑶撰。民國癸丑上海國光書局鉛字排印本。經説居多。舟瑶著有《京師大學堂經學講義》初、二編。

默盦詩存六卷 黄巖王舟瑶撰。民國丁巳自刊。

嵩盦類稿三十二卷續稿三卷 金壇馮煦撰。民國二年癸丑刊。煦刊有《唐五代詞選》《宋六十一家詞選》。

六齋無均文集二卷 浙東宋衡撰。民國二年刊。議論改革之文。

惜道味齋文集二卷詩一卷 普定姚大榮撰。宣統辛亥刊。考訂之文。大榮著有《馬閣老洗冤録》。

左盦集八卷 揚子劉師培撰。有目録,無序跋。無刻書年月,約宣統間刊。此初刊本版心卷字下及頁數間皆屬墨丁。近北平修綆堂重刊。師培著有《周書補正》。其未刊者,《春秋繁露》《斠補》《周書王會篇補釋》《穆天子傳補釋》《白虎通德論補釋》《白虎通義定本》,見傳抄本。

左盦詩一卷 儀徵劉師培撰。民國辛未華陽林氏清寂堂刊。

左盦長律一卷 儀徵劉師培撰。民國三年華新石印本。

南海詩集四卷 南海康有爲撰。宣統辛亥以門人梁啓超寫本於日本影印本。有爲著有《春秋筆削大義微言考》《春秋董氏學》《禮運注》《中庸注》《論語注》《孟子微》《新學僞經考》《孔子改制考》《戊戌奏稿》《廣藝舟雙楫》《諸天講》《萬目草堂所藏中國畫目記》。餘書多種,不及備載。

康南海文集八卷 南海康有爲撰。民國四年石印本。民國六年時還書局石印本。又名《文集彙編》。

柔橋文鈔十六卷 黄巖王棻撰。民國甲寅上海國光書局鉛字排印本。考訂之文。

非儒非俠齋詩一卷 會稽顧燮光撰。民國甲寅鉛字排印本。燮光著有《河朔金石目》《夢碧簃石言》。

校經室文集六卷補遺一卷 榮城孫葆田撰。民國丙辰南林劉氏求恕齋刊。考訂之文。葆田著有《孟子編略[七七]》《歲餘偶録》。

潤于詩集四卷文集二卷奏議六卷 豐潤張佩綸撰。宣統間至民國甲子精刊。佩綸著有《管子學》。

涉江先生文鈔一卷詩一卷 渤海唐晏撰。民國乙卯〔間〕鉛字排印本。又名《涉江遺稿》。唐晏原名震鈞。著有《天咫偶聞》《國朝書人輯略》《香籢集發微》《兩漢三國學案》。餘未刊者,《十篆齋金石文跋尾》,見原稿本。

學製齋駢文二卷 興化李詳撰。民國乙卯江寧蔣氏鉛字排印本。詳著有《媿生叢録》《選學拾瀋》。

沈觀齋詩二卷 天門周樹模撰。宣統二年龍江節署石印本。

沈觀齋詩鈔一卷 天門周樹謨撰。民國壬戌受業李祖年以古宋字排印本。

畏廬文集一卷續集一卷三集一卷詩存二卷論文一卷瑣記一卷 閩縣林紓撰。民國二年至十三年陸續鉛印本。《論文》又名《春覺齋論文》。紓著有《明史紀事本末詳節》。

常慊慊齋文集二卷 平湖朱之榛撰。民國庚申〔子景邁〕東湖草堂精刊。

籀高述林十四〔十〕卷 瑞安孫詒讓撰。民國丙辰刊。考訂之文。詒讓著有《周禮正義》《大戴禮記斠補》《古籀拾遺》《周書斠補》《札移》《墨子閒詁》,凡十餘種,不及備載。

籀高遺文二卷 瑞安孫詒讓撰。民國丙寅瑞安陳氏石印本。

慎宜軒文集八卷詩集八卷 桐城姚永概撰。民國丙辰鉛字排印本。

復禮堂文集十卷 吴縣曹元弼撰。民國丁巳刊。元弼著有《周易鄭氏注箋釋》《周易集解補釋》《周易學》《禮經校釋》《禮經學》《大學通義》《中庸通義》《孝經學》,輯有《經學文鈔》。

李剛己遺集五卷附録一卷 南宫李剛己撰。民國六年精刊。

蜕私軒集五卷續經記三卷 桐城姚永樸撰。民國丁巳鉛字排印本。永樸著有《尚書誼略》。

暢谷文存八卷 雩都宋昌悦撰。民國丁巳南昌退廬刊。

瀋軺詩存一卷 歷城張英麟撰。民國丁巳南扶山房石印本。

張文厚公文集四卷賦二卷 閩張亨嘉撰。民國戊午刊。亨嘉著有《九河故道考》。

烟霞草堂文集十卷附録一卷 咸陽劉光蕡撰。民國戊午春思過齋刊。光蕡著有《烟霞草堂遺書》。

一山文存十二卷 寧海章梫撰。民國戊午刊。考訂之文。梫輯有《康熙政要》。

花萼交輝閣集八卷 吴縣曹福元撰。民國戊午刊。

鎔經室集四卷 黄巖張濬撰。民國戊午鉛字排印本。考訂之文。

厚莊文鈔三卷詩鈔二卷 平陽劉紹寬撰。民國八年刊。

三雲書屋課藝六卷 夏口劉銘勳撰。民國己未石印本。

達可齋文初集八卷附證學十卷 漢陽傅守謙撰。民國己未刊。

劬盦文稿初編一卷二編一卷三編一卷四編一卷官書拾存四卷聯語一卷 湘潭羅正鈞撰。民國九年羅氏養正齋刊。正鈞著有《船山師友記》《左文襄公年譜》。

觚庵詩存四卷 山陰俞明震撰。民國庚申以古宋字排印本。民國癸酉鉛字排印本。

郭允叔文鈔二卷詩鈔一卷 晉城郭象升撰。民國九年孟春文蔚閣鉛字排印本。

奇觚廎文集三卷文外一卷 長洲葉昌熾撰。民國辛酉刊。考訂之文。昌熾著有《藏書紀事詩》《語石》《緣督廬日記抄》。

郎園北游文存一卷 湘潭葉德輝撰。民國辛酉鉛字排印本。德輝著有《郎園小學四種》《書林清話》《餘話》《觀古堂藏書目》《郎園讀書志》《觀古堂所著書》，輯有《葉石林遺書》《麗廔叢書》《觀古堂彙刻書》《雙梅景闇叢書》。

山居文録二卷 南陽葉德輝撰。民國壬戌刊。

觀古堂詩録六卷 長沙葉德輝撰。民國癸丑九月郎園刊。即《南遊》《朱亭》《歲寒》《書空》《漢上》《于京》諸集。

師鄭堂集六卷 昭文孫同康撰。光緒辛卯刊木活字本。

寄蒼廔集文鈔五卷 鄧川楊瓊撰。近鉛字排印本。

缺齋遺稿三卷 番禺傅維森撰。民國壬戌孟春於北京鉛字排印本。

遜齋文集十二卷 錢塘吴承志撰。民國壬戌南林劉氏求恕齋刊。考訂之文。

琴鶴山房遺稿八卷 秀水趙銘撰。民國壬戌刊。銘著有《左傳質疑》,見原稿本。

如法受持館文集四卷 天津張克家撰。民國壬戌鉛字排印本。

抗心齋遺集三卷 漵浦艾作模撰。**倦遊樓詩文集三卷** 漵浦諶百瑞撰。民國十年鉛字排印本。考訂之文。百瑞,作模之高弟。

蠡腰館詩集四卷詞一卷 通州范鐘撰,近徐鴻寶等校刊。鐘,當世之弟。

陶樓文鈔十四卷 貴筑黄彭年撰。民國癸亥〔門人章鈺等〕刊。彭年著有《弟子職補音》《陶樓雜著》《萬卷樓藏書總目》。

節庵遺集六卷 番禺梁鼎芬撰。民國癸亥沔陽盧氏精刊。鼎芬輯有《經學文鈔》。

蓼園詩鈔五卷 膠西柯劭忞撰。民國癸亥刊。又民國癸亥以古宋字排印本。劭忞著有《春秋穀梁傳注》《新元史》。

湘雨樓詩二卷 長沙張祖同撰。民國癸亥刊。祖同著有《湘雨樓詞》。

抱潤軒文集二十二卷 桐城馬其昶撰。民國癸亥刊。其昶著有《周易費氏學》《毛詩學》《三經誼詁》《桐城耆舊傳》《老子故》《莊子故》。

石蓮闇詩六卷 海豐吴重憙撰。民國五年〔海豐吴氏〕刊。重憙著有《石蓮闇詞》,輯有《海豐吴氏文存》《海豐吴氏詩存》《九金人集》《石蓮龕山左人詞》。

茹荼軒文集十一卷 婁張錫恭撰。宣統癸亥刊,華亭封氏簣進齋藏版。錫恭著有《喪服鄭氏學》。

程一夔文甲集八卷續編三卷文乙集四卷續編三卷詩甲集四卷詩乙集六卷詞一卷 江寧程先甲撰。民國十二年刊木活字本。詩集以下石印本。先甲著有《廣續方言》《選雅》。

篤志堂文稿二卷 高安褚景昕撰。民國壬戌季秋刊。

网舊聞齋調刁集二十卷附録一卷 桐城方守彝撰。民國甲子鉛字排印本。

横山鄉人類稿十三卷 丹徒陳慶年撰。民國甲子横山草堂刊。考訂之文。慶年著有《兵法史略學》。

北江文集十二卷詩集五卷 桐城吴闓生撰。民國十三年至二十三年刊。闓生著有《周易大義》《尚書大義》《詩義會通》《左傳微》,輯有《古文範》。

茹經堂文集六卷 太倉唐文治撰。民國十五年丙寅刊。文治著有《洪範大義》《詩經大義》《論語大義》《孝經大義》《大學大義》《中庸大義》《孟子大義》《十三經提綱》。

飲冰室文集八十卷 新會梁啓超撰。民國十五年以古宋字排印本。啓超著有《墨經校釋》。

槃監齋遺稿二卷遺詩一卷 貴筑匡履福撰。民國丙寅貴陽金氏十梅館刊。

曾剛甫詩集無卷數 揭陽曾習經撰。民國丁卯番禺葉恭綽以原稿影印本。又名《蟄庵詩存》。

桐鄉勞先生遺稿八卷附韌叟自訂年譜一卷 桐鄉勞乃宣撰。民國丁卯〔受業桐鄉盧學溥〕刊。乃宣著有《簡字譜五種》《等韻一得》《義和拳教門源流考》《古籌算考釋》。

讀書堂集十三卷附注三卷 順德簡朝亮撰,新會梁應揚註。近刊本。朝亮著有《尚書集注述疏》《論語集注補正述疏》《孝經集注述疏》《禮記子思子言鄭注補正》《毛詩説習傳》《朱子大學章句釋疑》。

鏡波文存四卷 天津徐兆光撰。民國十七年鉛字排印本。

文道希遺詩一卷 萍鄉文廷式撰。民國十八年刊。廷式著有《補晉書藝文志》《雲起軒詞鈔》。

金粟齋遺集八卷附詞一卷首一卷 合肥蒯光典撰。**帶耕堂遺詩五卷首一卷吴中判牘一卷崇祀録一卷** 合肥蒯德模撰。民國十八年江寧刊。光典著有《文字蒙求廣義》。

松隣遺集十卷 仁和吴昌綬撰。民國己巳刊。昌綬著有《龔定盦年譜》,輯有《松隣叢書》。

陳師曾遺詩二卷補遺一卷 義寧陳衡恪撰。民國十九年石印本。

弗堂類稿三十卷 貴筑姚華撰。民國十九年中華書局以古宋字排印本。詩十一卷,詞二卷,曲一卷,賦一卷,論著三卷,序記一卷,序跋五卷,碑誌一卷,書牘一卷,傳一卷,祭文一卷,贊一卷,銘一卷。

青學齋集三十六卷裕後録二卷 新陽汪之昌撰。**孟子劉熙注一卷**〔清宋翔鳳輯,汪之昌增補。〕**附李孝廉遺著一卷** 元和李福撰。民國庚午至辛未新陽汪氏〔青學齋〕刊。文三十二卷,詩四卷。考訂之文。

嚴範孫古近體詩存稿三卷 天津嚴修撰。民國癸酉鉛字排印本。

倚山閣詩二卷淡月平芳館詞一卷 長沙章華撰。民國辛未刊。

鈍廬文集八卷詩集五卷 崇明曹炳麟撰。民國辛未以古宋字排印本。

五桂軒文集八卷 忠州艾光清撰。民國二十四年鉛字排印本。

瘻庵詩集一卷外集一卷 順德羅淳曧撰。民國戊辰精刊。

跬園詩鈔六卷 淮安顧震福撰。民國丙子以古宋字排印本。震福著有《韓詩遺説續考》《隸經雜著甲乙編》《小學鈎沈續編》《崔豹古今注校正》。

雜詠之屬

萬季野明樂府一卷 四明萬斯同撰。同治己巳刊。

茨村咏史新樂府二卷附録一卷 山陰胡介祉撰。雍正二年甲辰諸暨郭氏學種花莊刊。紀崇禎至弘光十八年之事。

讀史偶吟二卷 江都孫玉甲撰,歙西受業吴如珩註。乾隆庚申春世濟堂精刊。

南唐雜咏一卷 錢塘胡湲撰。乾隆三十二年精刊。

十國宫詞一卷　南匯吴省欽撰。乾隆間刊。同治癸酉淮南書局刊。省欽著有《白華前稿》《後稿》。

五代宫詞一卷　南匯吴省欽撰,介休范重棨註。無刻書年月,約嘉慶間刊。

啓禎宫詞二卷　秦蘭徵、王譽昌等撰。嘉慶十六年辛未惜陰書屋刊。

金源紀事詩八卷　青浦湯運泰撰〔其男顯業、顯榦同註〕。嘉慶十八年〔緑籤山房〕刊,同治癸酉淮南書局重刊。運泰著有《南唐書注》。

南宋樂府一卷　會稽章季英撰,歸安趙葆燧註。道光辛丑刊。

明史雜詠箋註四卷　烏程嚴遂成撰,其姪兆元註。道光七年順德何氏精刊。

十六國宫詞一卷五代宫詞一卷十國宫詞一卷　吴縣蔣如洵撰。道光癸未刊。

十六國宫詞二卷　南通州周昇撰。道光十二年壬辰刊。

咏左詩箴四卷　蘄水蔡紹江撰。道光甲申味虀書館刊。

牧庵雜記六卷　平湖徐一麟撰。同治戊辰居易山房刊。

雲南風土紀事詩一卷　江夏彭崧毓撰并註。同治間刊。

明紀事樂府四卷　永新龍文彬撰。光緒乙酉永懷堂刊。

都門贅語一卷　壽光韓又黎撰。光緒六年刊巾箱本。

東周宫詞五卷　儀徵吴養原撰。光緒甲申重刊。

明宫雜詠二十卷　長沙饒智元撰。光緒十九年湘淥館刊。

十國雜事詩十七卷叙目二卷　長沙饒智元撰。光緒辛卯竹素齋刊。

冬青館古宫詞三卷　烏程張鑑撰。民國元年壬子春刊。鑑著有《冬青館集》。

南唐雜事詩一卷　濟寧孫榕撰。光緒丙申鉛字排印本。又名《荔生遺稿》。

金鑾瑣記一卷　珠巖山人高樹撰。民國乙丑石印本。

時文之屬

晚村慙書三十首　石門吕留良撰。順治間精刊。首有謝彬繪《晚邨小影》。

晚村吕子評語正編四十二卷首一卷親炙録一卷餘編八卷首一卷 楚邵車鼎豐編。康熙丙申晚聞軒刊。

竿木集無卷數二集無卷數 槩兒吕葆中無黨撰。康熙間精刊。又名《南陽講習堂課藝》,又名《吾研齋小品》。

方靈皋全稿無卷數 桐城方苞撰,同里戴田有、劉月三同論次。康熙丙戌杭希堂精刊。

陳太僕課孫草一卷 錢唐陳兆崙撰,王墉詮解。道光辛巳守約軒重刊。

惜抱軒時文一卷 桐城姚鼐撰。光緒丙子春月桐城劉氏刊。

惜抱軒外稿無卷數 桐城姚鼐撰。〔嘉慶間受業德州吕占建精刊〕光緒戊子刊。

閨秀之屬

胡繩集詩鈔三卷 明華亭女史范壺貞撰。乾隆間精刊。

雨泉龕詩選無卷數 昭陽女史季嫻撰。無刻書朝代,約順治癸巳精刊。嫻,季振宜之姊也。

嘯雪菴詩集四卷 茂苑女史吴綃撰。順治己亥刊。前集一卷,詩咏一卷,題咏二集一卷,新集一卷。

片石齋爐餘詩草五卷 蜀晉城女史馬士琪撰。康熙丁酉刊。

紅雪軒稿六卷 渤海女史景芳高氏撰。康熙五十八年精刊。景芳高氏者,張宗仁之室也。

凝翠樓集四卷 太倉女史王慧撰。康熙間精刊。

絳雪詩鈔二卷回文詩一卷附録一卷 永康女史吴宗愛撰。咸豐四年古均閣刊。

繡餘詩稿一卷 長白女史納蘭氏撰,其姪永壽録。無刻書年月,約康熙間謙牧堂精刊。納蘭氏者,揆叙之妹也。

綠淨軒詩鈔五卷 西泠女史徐德音撰。康熙丁亥精刊。德音,許迎年之室也。

綠淨軒續集一卷 錢唐女史徐德音撰。乾隆壬申精刊。

畫窗詩集十四卷二集六卷 龍眠女史張令儀撰。康熙間刊,乾隆間續補刊。

山舟紉蘭集二卷 雲間女史陳敬撰。乾隆十八年四宜軒精刊。

在璞堂吟稿一卷續稿一卷詩三刻一卷 錢塘女史方芳佩撰。乾隆辛未至嘉慶九年甲子刊。芳佩,方滁山之女,汪芍坡之室也。

澹香樓詩鈔〔草〕二卷詞草一卷 吴門女史葛秀英撰。乾隆壬子春新草堂精刊巾箱本。

春雨樓集十四卷首一卷末一卷 平湖女史沈彩撰。乾隆四十七年精刊。彩,平湖陸烜之賢姬也。其所著詩詞歌賦、文辭題跋俱備,兼能右軍書法,善畫蘭竹,可謂閨秀者冠。

南樓吟稿二卷 崑山女史徐暎玉撰。乾隆三十年有華書塾刊。

紅鶴山莊詩二卷二集一卷紅鶴詞一卷 山陰女史胡慎容撰,鉛山蔣士銓、江寧王金英同評。乾隆丁丑精刊。

職思居詩鈔二卷 雲間女史張佛繡撰。乾隆丁亥精刊。

聽月樓遺草二卷 休寧女史汪韞玉撰。乾隆四十七年刊。

冰雪堂詩一卷 歸真道人撰。乾隆甲午刊。歸真道人,姓陳氏,内府正黄旗人。

鷄水山房詩鈔初編一卷附詩餘一卷 雲間女史徐莊燾撰。乾隆五十年刊。

帶綠草堂遺詩一卷 蒙古女史端静閒人撰,其男法式善編。乾隆六十年精刊。

寫韻樓詩草一卷附詞一卷 珊珊女史吴瓊仙撰。約乾嘉間抄本。

寫韻樓詩集五卷首一卷末一卷 震澤女史吴瓊仙撰。嘉慶癸亥刊。

綠秋書屋詩鈔二卷 甘泉女史黄張因撰。嘉慶乙丑揚州阮氏文選樓刊。

唐宋舊經樓詩稿六卷 曲阜女史孔璐華撰。嘉慶間刊。璐華,阮元之室也。

紅香館詩草一卷詩餘一卷 毘陵女史惲珠撰。嘉慶丙子精刊,同治五年重刊。

琴韻樓詩二卷 當湖女史胡緣撰。嘉慶戊辰精刊。

澹仙詩鈔四卷詞鈔四卷賦鈔一卷文鈔一卷 如皋女史熊璉撰。嘉慶丁巳茹雪山房精刊。

留夢閣詩鈔一卷 合河女史康蕙蘭撰。嘉慶二年精刊。

抱月樓小律二卷 大興女史胡相端撰。嘉慶丙子刊。

散花天室稿三卷 吴淞女史胡相端撰。道光癸未刊。

屏山堂詩集五卷首一卷 龍眠女史方雲卿撰。嘉慶十三年刊。

清芬精舍小集三卷 錫山女史王嶽蓮撰。嘉慶戊寅刊。上卷諸家題詞,中卷《詠蘭》,下卷《説竹》。

秋蕖閣剩草一卷 海昌女史陳泰撰。嘉慶戊寅松筠堂刊。

貽硯齋詩稿四卷衍波詞二卷駢體文一卷 仁和女史孫蓀意撰。嘉慶丁卯額粉盦刊。

近月樓〔亭〕詩稿四卷 燕山女史紀玘文撰。嘉慶甲戌雲香書屋重刊。

韞玉樓詩二卷 虞山女史屈秉筠撰。嘉慶辛未集芙蓉室刊。

清娱閣吟稿六卷 丹徒女史鮑之蕙撰。嘉慶辛未寸草園刊。

小維摩詩稿一卷 吴縣江珠撰。嘉慶十六年刊。珠,江藩之妹。

棗香山房詩集一卷 金筑女史許秀貞撰。**附刻各女史詩一卷** 周際華編。無刻書年月,約嘉慶間刊〔道光丙午寶翰樓〕。

疎影軒遺草二卷 閩中女士何玉瑛撰。嘉慶十七年睫巢書屋刊。

適吾廬詩存二卷 海鹽女史陸瞻雲撰。嘉慶己卯刊。

静宜吟館詩集一卷 鐵嶺女史于修儒撰。嘉慶壬申刊。

淨香居詩草一卷 淮南女史金夢蘭撰。無刻書年月,約嘉慶間刊。

古雪詩鈔一卷續鈔一卷詩餘一卷 西川女史楊繼端撰。嘉慶己巳春刊。

小樓吟稿一卷 陽春女史謝方端撰。光緒二十六年庚子重刊。

不櫛吟二卷續刻一卷 會稽女史潘素心撰。嘉慶庚申刊。

不櫛吟續刻三卷 會稽女史潘素心撰。道光癸未刊。

環青閣詩稿四卷 婁縣女史王韞徽撰。道光元年刊。

繡餘續草一卷聽雪詞一卷 琴川女史歸懋儀撰。道光癸未本宅刊。

繡餘續草五卷 琴川女史歸懋儀撰。道光壬辰刊。

聽松樓遺稿四卷附録一卷 餘杭女史陳爾士撰。道光元年刊。卷一《授經偶筆》,卷二序、述、傳記、贊、題跋,卷三家書,卷四古今體詩、詩餘,附録論。爾士,錢儀吉之室也。閨中工古文詩辭而兼經學者鮮矣。

茶香閣遺草二卷 寧鄉女史黄婉璚撰。道光十年刊。

一桂軒詩鈔二卷 陽山女史王李氏撰。道光甲申海康丁宗洛刊。

有誠堂吟稿無卷數 儀徵女史方彦珍撰。道光甲申刊。

吟紅閣詩鈔五卷 武林女史夏伊蘭撰。道光己丑刊。

緑窗吟草一卷 漢軍女史楊瓊華撰。道光十八年刊。

名花百詠一卷夢雲吟草一卷 三十六峰女史李淑儀撰。道光癸巳疎影樓精刊。

疎影樓名姝百詠一卷夢雲吟草一卷 新安女史李淑儀撰。道光癸巳疎影樓精刊。

蘿月軒詩集八卷 石門女史史筠撰。道光十五年刊。

鴻雪樓詩選初集四〔十四〕卷 錢塘女史沈善寶撰。道光十六年丙申刊。

茹蘗閑房詩存一卷 甘泉女史陳勤撰。**附晝紗室吟稿一卷** 江都女史符瑩撰。道光十九年刊。符瑩,葆森之妹。

緑槐書屋詩稿三卷 陽湖女史張綸英撰。同治七年刊。綸英,宛鄰第四女。此書較《四女集》本多一卷。

三秀齋詩鈔二卷 丹徒女史鮑之芬撰。道光庚子刊。

風池僊館詩存一卷附詩餘一卷 吴趨女史郭慧媖撰。道光庚子精刊。

雅安書屋詩集四卷文集二卷贈言録一卷 古歙女史程汪嫈撰。道光甲辰刊。

小蓮花室遺稿二卷附輓詩一卷 海鹽女史朱璵撰。道光乙巳刊。璵,〔孔〕憲彝之室也。

繡菊齋題畫剩稿一卷遺畫題辭二卷 江寧女史司馬梅撰。道光乙巳刊。

澹宜書屋詩草二卷 仁和女史高鳳樓撰。道光二十七年刊。

楚畹閣集十二卷 常熟女史季蘭韻撰。道光丁未刊。

月蕖軒詩草一卷詩餘一卷 華亭女史袁鏡蓉撰。道光戊申刊。

月蕖軒傳述略一卷 華亭女史袁鏡蓉撰。道光間刊。

冬青書室吟稿二卷文稿一卷 雪研女史晏訴真撰。道光己酉刊。

涵碧樓詩稿初刻二卷 仁和女史黄雲湘撰。原稿本。有侯官楊鶴鳴、劉家謀、梁康辰諸序。

白雲洞天詩稿一卷 嘉興女史沈穀撰。道光庚戌於揚州刊。

信芳閣詩草四卷〔附詩餘一卷〕 蓉江女史陳蘊蓮撰。咸豐紀元辛亥刊。

古春軒詩鈔二卷詞鈔一卷文鈔一卷 錢唐女史梁德繩撰。咸豐二年刊。

翠螺閣詩稿四卷詞稿一卷 錢塘女史凌祉媛撰。咸豐四年延慶堂丁氏精刊。

古香室稿二卷 湘潭女史張聲琇撰,其男余肇增校。原稿本。首有衡陽曾傳薪序。緑色墨格,板心有"古香室"三字。

綺雲春閣詩鈔二卷 大興女史方芬撰。咸豐丙辰古歙程氏刊。

雕青館詩草一卷 吴興女史汪曰杼撰。咸豐辛酉其兄曰楨刊。

倩影樓遺稿詩一卷詞一卷 陽湖女史陸蒨撰。同治二年皖南洪氏刊。

繡餘吟稿一卷 侯官女史孫瑞貞撰。同治二年雙慶堂精刊。

凝香閣詩鈔一卷 歸盧江女史黄芝臺撰。同治甲子春刊。

灌香草堂詩初稿一卷 常熟吴女〔女史吴〕蘭畹撰。同治丙寅刊。

黹餘吟稿一卷 吴縣女史丁蘊琛撰。同治戊辰精刊。

清綺軒詩剩一卷 南沙女史陶安生撰。同治己巳刊。

寫韻樓詩鈔一卷 金陵女史王瑤芬撰。同治辛未重刊。

小螺盦病榻憶語一卷 會稽女史孫道乾撰。同治癸酉刊。

瀘月軒詩集二卷詩續集二卷文集一卷文續集一卷詩餘一卷 上海女史趙棻撰。同治癸酉重刊。

芸香館遺詩二卷 喀爾喀部落女史那遜蘭保蓮友撰。同治十三年其子盛昱精刊。

佩秋閣詩稿二卷詞稿一卷駢體文稿一卷 吴縣女史吴茝撰。光緒元年乙亥刊。

千里樓詩草一卷詩餘一卷 山陰女史周維德撰。光緒丙子刊。

紫琅玕院遺稿一卷 湘鄉女史曾紀燿撰。光緒七年刊。紀燿,曾紀澤之妹也。

緑雲山房詩草二卷首一卷終一卷 山陰女史勞蓉君撰。光緒戊寅春刊。

冷紅軒詩集二卷 長白女史百保蘭友撰。光緒壬午葆真齋刊。

素心閣詩草二卷 永嘉女史鄭蕙撰。光緒九年刊。

榕風樓詩存二卷 女史楊渼皋撰。光緒甲申刊。渼皋,梁恭辰之室也。

韻香閣詩草一卷 曲阜女史孔祥淑撰。光緒十二年刊。

虔共室遺集一卷 華陽女史曾彦撰。無刻書年月,約光緒間受經堂精刊。

桐鳳集五言詩一卷雜言詩一卷 華陽女史曾彦撰。光緒十五年于蘇州書局刊。

叢筆軒遺稿三卷附録一卷 儀徵女史孫采芙撰。光緒丁亥世澤樓刊木活字本。采芙,胡培系之室也。

絮香吟館小草一卷 長白女史歸烏佳氏龄文撰。光緒十三年丁亥刊。

含青閣詩草三卷詩餘一卷 臨海女史屈蕙纕撰。光緒間刊。

憶秋軒詩鈔一卷續鈔一卷 德化女史范淑撰。光緒十六年刊。

唫秋閣詩草一卷 常熟女史繆寶娟撰。光緒壬辰刊。

逸蒨閣遺詩一卷 長白女史多敏惠如撰。光緒十九年精刊。

讀選樓詩稿十卷 太倉女史王采蘋撰。光緒甲午刊。采蘋,張皋文、宛鄰兩先生之外孫女也。

樹蕙背遺詩一卷 遵義女史鄭淑昭撰。光緒甲午于京師刊。

繡墨軒詩稿一卷詞稿一卷 德清女史俞慶曾撰。光緒丁酉刊。

啓秀軒詩鈔二卷詞一卷 山陰女史劉之萊撰。**附浣青吟稿一卷** 大興女史朱韫珍撰。光緒戊戌大興朱氏刊。

靜香閣詩存一卷 順德女史黎春熙撰。光緒戊戌龍氏螺樹山房刊。

緗雲館詩鈔一卷 錢塘女史許之雯撰。光緒己亥吴下刊。

求福居詩鈔一卷 東臺女史汪清撰。光緒二十九年刊。

怡秋軒初稿一卷 丹徒女史李掌珠撰。光緒甲辰孟秋刊。

選緑齋詩鈔三卷詩餘一卷 長洲女史韓德玉撰。光緒戊申於唐縣刊。

餐霞樓詩軼稿一卷 陽湖女史左白玉撰。光緒戊申鉛字排印本。

梅花館詩集一卷詩餘一卷 錢塘女史汪韻梅撰。光緒戊申鉛字排印本。

唫秋小草一卷 泉塘女史錢緑雲撰。光緒戊申宜春館刊。

錦霞閣詩集五卷詞一卷 丹徒女史包蘭瑛撰。宣統庚戌於杭州刊。

繭窗遺詩三卷 華東女史張印撰。民國甲寅鉛字排印本。

儀孝堂詩集二卷 衡陽女史張何承徽撰。民國丁巳鉛字排印本。

方外之屬

憨山大師夢遊全集二十卷 明釋德清撰。順治十七年刊。首有靖南王耿序。

紫竹林集三十卷 明釋顓愚撰,室中侍者音乘、音在同集。順治乙酉刊。

山翁禪師百城集三十卷 釋道忞撰。康熙十四年刊。

潮行近草三卷 長壽釋大汕撰。康熙間刊。即五律七律雜言各一卷。首有圖十一。大汕又名石濂和尚。

離六堂二集三卷 長壽釋大汕撰。康熙間刊。五律、七律、七古各一卷,即第十二、十三、十四等卷。

離六堂詩集十二卷 嶺南釋大汕撰。康熙間懷古樓刊。首有圖二十三,各圖附諸名家題詩。又見一部,附《近稿》一卷,首有圖六,後印本。

雁黄布衲黄山遊草六卷 江城釋喫雪大涵撰。康熙丙戌刊。

來鶴菴詩草四卷附五峰詩草一卷 長洲釋德元撰。康熙癸酉刊。

真照堂詩集七卷 鄂州釋超衡撰。康熙間刊。

蘭湖詩選八卷 釋願光撰。康熙甲戌薝蔔樓刊。

蘭湖詩選六卷 釋願光撰。康熙間借甕堂刊。起卷十,至卷十五。

咸陟堂文集二十五卷 嶺南釋跡删〔成〕鷲撰。康熙間耕樂堂刊。

咸陟堂二集三卷 嶺南釋跡删〔成〕鷲撰。康熙間刊。卷一詩,卷二至三文。

梅岑集五卷 普陀釋性統撰。康熙三十七年刊。

石堂集十卷近稿一卷金臺隨筆一卷 泰山普照寺釋元玉祖珍撰。〔元玉字古翁,廣陵崇川人,居泰山普照寺。〕康熙間刊。

拾遺編初刻一卷 白水釋圓微撰。康熙庚子刊。

浮雲艸一卷附一卷 滇南釋行珠撰。康熙五十九年刊。

徧行堂集四十八卷附一卷續集十六卷附一卷 丹霞今釋澹歸撰,侍者古理、古止等編。乾隆五年丹霞重刊。《正集》卷一至卷二十九文部,卷三十至卷四十一詩部,卷四十二至卷四十四詞部,卷四十五至卷四十六語録,卷四十七至卷四十八頌古,附卷四十九《菩薩戒疏隨見録》。《續集》卷一至卷十二文部,卷十三至卷十六詩部,附詩餘。澹歸和尚原名金堡,號道隱,因避國難,削髮爲僧,更名今釋,號舵石翁。

雞肋集一卷 桃谿釋蘊上撰,侍者道氾、道沖録。康熙間嘉興府楞嚴寺經坊刊。

蘊上原名鋐上，其父諱華圍，謚文貞公。著有《匯書》《禪紀》《宋元詩選》《自嬉集》《達心齋草》《秉簡齋草》《梅湖集》《桃谿集》等。版毁，最後著爲一書，名《聖學寶鑑》。蓋自先王經籍以來至於昭代，其間或論聖賢，或發揚忠奸，凡五十萬言，書成以示賀對揚先生。歎曰可與卓吾子藏書相表裏云云。華圍與公安三袁、竟陵鍾、譚相契。

盤谷詩二卷駕幸青溝恭紀一卷存誠録一卷二刻一卷青溝偈語一卷臺山遊一卷辛壬蔓草一卷電光録一卷盤谷後集一卷 盤山釋智朴撰。康熙間刊。

千山詩集二十卷 博羅釋函可撰。無刻書年月，約道光間刊。

瞎堂詩集二十卷 番禺釋天然昰撰。無刻書年月，約道光間刊。

話墮集三卷二集三卷三集三卷 西湖南屏釋篆玉撰。乾隆十八年癸酉刊。

烎虚大師遺集三卷 西湖釋明中撰。乾隆間刊。

法喜集三卷 西湖釋禪一心舟撰。嘉慶間刊。

參茶老人集二卷附録一卷 釋真傳撰。嘉慶丁丑平江六湛堂刊。

牧石居詩集二卷 洞庭東山釋默可撰。嘉慶十六年且住庵刊。

蔗查集一卷 梁溪釋實乘撰。無刻書年月，約嘉慶間刊。

曇香精舍詩草四卷 山陽釋宏度撰。道光丁酉秋刊。

曇香精舍遺稿一卷 釋宏度撰。道光己亥三餘課室刊。

幻居詩一卷 高郵釋悟開撰。道光間刊。

妙香詩草十卷 釋漢兆撰。道光壬午萬竹山房刊。〔漢兆字伴霞，海寧儒家盧氏子。〕

鷹巢詩集二卷 江東釋定志撰。道光庚寅刊。

禪餘吟草四卷 天童釋顯清撰。道光庚戌黄葉齋刊。

南遊記三卷附南北略記一卷 釋恒照撰。道光間刊。即詩文集。

口頭吟二卷 釋嘯溪撰。吴門張吉安選。道光間精刊。

觀幻山房詩草二卷 武林釋際淵撰。道光癸未刊。

唯心集三卷末一卷 勞山釋昌仁撰。光緒丁亥刊。

八指頭陀詩集十卷續集八卷雜文一卷 湘潭釋敬安撰。民國己未北京法源寺刊。

販書偶記卷十九

冀縣孫殿起耀卿録

總 集 類

文 選 之 屬

文選李善注六十卷 梁昭明太子蕭統編，唐李善注。《考異》十卷。鄱陽胡克家撰。嘉慶十四年鄱陽胡氏重刊宋淳熙本。

選注規李一卷選學規何一卷 胥浦徐攀鳳撰。無刻書年月，約嘉慶間刊。

選學膠言二十卷補遺一卷 錢唐張雲璈撰。道光辛卯簡松草堂刊。

文選集釋二十四卷 涇朱珔撰。光緒元年小萬卷齋刊。

文選旁證四十六卷 長樂梁章鉅撰。道光十八年刊，光緒八年壬午吴下重刊。

讀選臆鐵一卷 鄞陳僅撰。道光丙午四明文則堂刊。

文選古字通疏證六卷 甘泉薛傳均撰。道光庚子刊。光緒丙戌還讀樓刊巾箱本。

文選古字通補訓四卷拾遺一卷 旌德吕錦文撰。光緒辛丑懷硯齋刊。

文選筆記八卷附密齋隨録一卷 華亭許巽行撰，其孫嘉德增補。光緒五年刊。

文選拾遺八卷 番禺朱銘撰。光緒十八年五月刊。自序云：少喜讀《文選》，尤愛李氏注該博，足資考證。嘗採集諸書有稗於李注而足證諸家之疎舛者録之，蓋十餘年云云。

文選箋證三十二卷 績溪胡紹煐撰。光緒丁亥世澤樓刊木活字本。

文選通叚字會四卷 松滋杜宗玉撰。光緒二十二年刊。

選學拾瀋二卷 興化李詳撰。光緒甲午刊。

選雅二十卷 江寧程先甲撰。光緒二十八年千一齋刊。

文選李注義疏八卷 霸縣高步瀛撰。民國十八年〔至二十六年〕陸續鉛字排印本〔北京直隸書局發行〕。(近印就前七卷。)

古賦首選一卷 順德梁夔譜輯。同治八年刊。

各朝文之屬

六朝文絜箋注十二卷 德化黎經誥撰。光緒十五年春刊。

唐駢體文鈔十七卷 海昌陳均輯。嘉慶二十五年〔海昌陳氏〕刊,同治癸酉刊。

唐文拾遺七十二卷 歸安陸心源輯。光緒十四年刊。

宋四六選二十四卷 南昌彭元瑞選〔歙曹振鏞編〕。乾隆丙申歙曹振鏞刊。

西夏文綴二卷藝文志一卷 吴縣王仁俊編。光緒甲辰刊。

西夏文綴外編無卷數 吴縣王仁俊編。底稿本。案書面自題分四卷。

遼文萃七卷藝文志補證一卷 吴縣王仁俊編。光緒甲辰刊。

遼文存六卷 江陰繆荃孫輯。光緒丙戌刊。

金文最一百二十卷 昭文張金吾輯。光緒八年仲秋粤雅堂刊,光緒乙未江蘇書局刊本六十卷。

皇明文苑九十六卷 明明州張時徹輯。嘉靖甲子刊。

皇明文範六十八卷 明吴郡皇甫汸輯。萬曆間刊。

助道微機六卷附或問記一卷 明嵊縣周汝登編。萬曆間刊。

皇明館課經世宏辭十五卷續集十五卷 明陸明之輯,王錫爵增補。萬曆間刊。

當代臺閣精華八卷 明豫章胡希瓚編。萬曆間周東溟刊。

古今議論參五十五卷 明林德謀輯。無刻書年月，約崇禎間刊。

四六類編十三卷 明嘉禾李日華輯著，錢江魯重民補訂。崇禎庚辰刊。

賴古堂文選二十卷 豫儀周亮工定，周在浚等鈔。康熙間刊。皆晚明人文。

古文合鈔十六卷 會稽魯超輯。康熙二十三年甲子燕喜堂刊。

古文端十卷 南海麥在田編。康熙庚子刊。

今文大篇二十卷 錢唐諸匡鼎輯。康熙戊子説詩堂刊。

南邦黎獻集十六卷 滿洲鄂爾泰撰輯。雍正三年精刊。

古文斵十六卷 華亭姚培謙評註。乾隆壬午刊。

今文粹編八卷二編二卷 太平趙熟典輯。乾隆間刊。

切問齋文鈔三十卷 吴江陸燿輯。乾隆乙未刊。

古文辭類纂七十四卷 桐城姚鼐編。道光間合河康氏刊。道光五年金陵吴啓昌刊本七十五卷，與康氏刻本互異。同治己巳江蘇書局重刊康氏本。

國朝文述無卷數 長洲王塗編。道光壬寅藝海堂刊。初編内分闡道、明倫、經世、紀事、論人、考典、游藝、雜體等八類，各有目録。

湖海文傳七十五卷 青浦王昶編。道光丁酉刊。

國朝文徵四十卷 長洲吴翌鳳編。咸豐間吴江沈氏世美堂刊。

皇朝經世文編一百二十卷姓名總目二卷 善化賀長齡輯。道光丁亥〔善化賀氏〕刊。

國朝古文彙鈔初集一百七十六卷二集一百卷 涇朱琦輯。道光二十六年吴江沈氏世美堂刊。

國朝文録八十二卷 婁縣姚椿輯。咸豐元年刊。

蓮漪文鈔八卷 烏程汪曰楨輯。同治二年刊。

古文詞略二十四卷 上元梅曾亮編。同治丁卯合肥李氏刊。

皇朝經世文續編一百二十卷 武進盛康輯。光緒二十三年〔武進盛氏〕思補樓刊巾箱本。

八旗文經五十六卷 宗室盛昱輯。**作者考三卷叙録一卷** 漢軍楊宗羲撰。光緒辛丑于武昌刊。

國朝文匯甲前集二十卷甲集六十卷乙集七十卷丙集三十卷丁集二十卷姓氏目録一卷 上海國學扶輪社編。宣統元年至二年石印本。

古文範上篇二卷下篇二卷 桐城吴闓生輯。民國丁卯刊。

證璧集初編四卷 臨桂況周頤輯。民國甲子刊。考訂之文。

七十家賦鈔六卷 武進張惠言輯。道光元年五月合河康氏刊,光緒間宏達堂重刊。

古賦識小録八卷 長洲王芑孫輯。嘉慶間刊。

國朝駢體正宗十二卷 南城曾燠撰。嘉慶丙寅賞雨茅屋刊。

駢體文鈔三十一卷 武進李兆洛編。道光間合河康氏刊。

後八家四六文鈔八卷 鎮海張壽榮編。光緒辛巳孟夏刊。張惠言、樂鈞、王曇、王衍梅、劉開、董祐誠、李兆洛、金應麟。

尺牘初徵十二卷 湖上李漁輯。順治間刊。

賴古堂評選尺牘新鈔十二卷 豫儀周在浚、周在梁同輯。康熙元年壬寅刊。

賴古堂尺牘新鈔二選藏弆集十六卷 豫儀周在浚等輯。康熙六年丁未情話軒刊。

賴古堂尺牘新鈔三選結隣集十六卷 豫儀周在浚等輯。康熙九年庚戌刊。

憑山閣新輯尺牘寫心集初集四卷二集六卷 武林陳枚輯。康熙間寶翰樓刊。

歸震川尺牘二卷錢牧齋尺牘二卷 常熟顧棫編。康熙己卯精刊。

纂喜廬存札一卷 傅范初等編。光緒間以諸家真蹟石印本。

各朝詩之屬

玉臺新咏箋注十卷 吴江吴兆宜原注，長洲程琰删補。乾隆甲午稻香樓精刊，光緒己卯宏達堂刊。

才調集補註十卷 古吴殷元勳箋注，長洲宋邦綏補註。乾隆五十八年精刊。

漢詩統箋三卷 江都陳本禮撰。嘉慶庚午裛露軒刊。又名《漢樂府三歌牋注》。

漢魏樂府風箋十五卷補遺一卷校勘表一卷 順德黄節撰。民國十二年鉛字排印本。

漢代樂府箋註四卷 榮城曲瀅生撰。近鉛字排印本。

漢鐃歌釋文箋正一卷 長沙王先謙撰。同治壬申虚受堂刊。

古謡諺一百卷 秀水杜文瀾撰。咸豐辛酉曼陀羅華閣刊。文瀾著有《平定粤匪紀略》《曼陀羅華閣瑣記》。

漢魏詩選二卷附録一卷 明河東吕陽選并註。無刻書年月，約萬曆間刊。

八代詩揆五卷補遺一卷 平湖陸奎勳輯。雍正間小瀛山閣精刊。

古詩箋三十二卷 雲間聞人倓撰。乾隆間〔五茸城聞人氏〕芷蘭室〔堂〕刊。五言十七卷，七言十五卷。

采菽堂古詩選三十八卷補遺四卷 虎林陳祚明編。乾隆十三年刊。

宛隣書屋古詩録十二卷 陽湖張琦輯。嘉慶二十年刊。

詩比興箋四卷簡學齋詩存一卷 蘄水陳沆撰。咸豐五年刊。

唐詩紀一百七十卷 明吴郡黄德水、鄣郡吴琯等編。萬曆丙戌刊。初唐六十卷，盛唐一百十卷。又名《初盛唐詩紀》。

唐詩快十六卷選詩諸詠附 鍾山黄周星撰。康熙丁卯書帶草堂刊。

唐詩定編十四卷 雲間金是瀛、宋慶長同輯。無刻書年月，約康熙間宋氏家刊。

唐詩摘鈔四卷 白山黄生選評。康熙壬寅是亦山房精刊。

唐詩七律箋註六卷 蓉江趙臣瑗選。無刻書年月,約康熙間山滿樓刊。

唐音審體二十卷 虞山錢良擇編。康熙甲申精刊。

唐詩五言排律箋注六卷 古陵川東山牟欽元輯,其男牟瀜註。康熙五十四年紫蘭書屋精刊,乾隆二十三年重刊。

唐詩成法八卷 蒲城屈復撰。乾隆間弱水草堂刊。

皇明律詩類鈔二十四卷 明溧陽狄斯彬輯。萬曆間刊。

皇明七山人詩集七卷 明景陵劉必達編。天啓間刊。徐渭、盧柟、陳繼儒、王穉登、梅鼎祚、王寅、汪時和各一卷。

明練音續集十卷末一卷 嘉定王輔銘輯。雍正間爾雅堂精刊。

明人詩鈔十四卷續集十四卷 海鹽朱琰編。乾隆庚辰樊桐山房精刊。

明詩别裁集十二卷 長洲沈德潛、周準同輯。乾隆己未精刊。

國門集初選六卷 西湖陳祚明、關中韓詩同選。順治間刊。

扶輪集十四卷 錫山黄傳祖選。崇禎間刊。

扶輪新集十四卷 錫山黄傳祖、陸朝瑛同選。無刻書年月,約順治間錫山錢湦刊。

扶輪廣集十四卷 錫山黄傳祖評選。康熙間儂麟草堂刊。

歷代詩家初集五十六卷二集八十六卷 渤海戴明説、范陽范士楫、上谷魏允升同選。順治丙申至丁酉汲古閣刊。又名《歷朝詩集》。起漢魏,止明季。

詩慰初集無卷數二集無卷數續集無卷數 豫章陳允衡評選。無刻書年月,約順治丁酉愛琴館刊。《初集》二十家,《二集》十家,《續集》四家。

天下名家詩觀初集十二卷二集十四卷别卷一卷三集十三卷别卷一卷 東

吴鄧漢儀評選。康熙壬子至庚午慎墨堂刊,乾隆十五年至十七年深柳讀書堂重刊本多删節。

近代詩鈔十三卷附一卷〔即方外〕江寧周京輯。**向山詩鈔一卷** 江寧周京撰。康熙十一年向山堂刊。

過日集二十卷附名媛無卷數 寧都曾燦輯。康熙間刊。《名媛》即雜言、五古、七古、五排律、五律、七律、五絶、七絶等類。

古學備體前集二十一卷後集十四卷外集五卷 西浙祝文彦訂,景州張□□晴峯論定。康熙二十二年刊。

皇清百名家詩八十九卷 閩魏憲輯。康熙間枕江堂刊。

蕁閣詩藏十七卷 漳浦趙炎輯。康熙間刊。五古二卷,七古二卷,五律八卷,七律五卷。並無目録,全否不可考。

五朝絶句詩選十卷 吴縣周儀輯。康熙庚子晚畊堂刊。即唐宋金元明等朝。

詩平初集十二卷 錢塘陸次雲輯。康熙間刊。又名《皇清詩選》。

蘭言集二十四卷 武林王晫輯。康熙間霞舉堂刊。

今詩粹十五卷 甬東魏畊、吴興錢价人同輯。康熙間刊。

國朝詩乘初集十卷 西澗劉然輯。康熙間玉穀堂刊。

篋衍集十二卷 宜興陳維崧輯,後學蔣國祥校訂。康熙壬申精刊。

遺民詩十二卷 江都卓爾堪輯。康熙間精刊。即明末人詩。

詩持一集四卷二集十卷三集十卷 閩中魏憲評選。康熙辛亥枕江堂刊。

詩持四集一卷 東冶魏憲評選。康熙十九年枕江堂刊。

華及堂視昔編六卷 沭陽汪森輯。康熙間精刊。卷一俞南史詩一百十首,卷二徐崧詩四十四首,卷三周篔詩二百六首,卷四沈進詩一百四十六首,卷五俞瑒詩一百六十一首,附其子苣詩三十二首,卷六顧文淵詩一百四十首。

國朝詩品二十一卷 天長陳以明等編。雍正甲寅刊。

國朝詩選十四卷 楚攸彭廷梅選。乾隆十四年刊。

感舊集十六卷 濟南王士禎輯,德州盧見曾補傳。乾隆壬申精刊。

國朝詩別裁集三十六卷 長洲沈德潛纂評。乾隆二十四年精刊,乾隆二十六年翰林院刪定重刊本三十二卷。

霄崢集八卷 海陵宮國苞選。乾隆戊子春雨草堂刊。

渠風集略七卷 邑後學馬長淑輯。乾隆癸亥輯慶堂刊。

禁林集八卷 仁和杭世駿輯。乾隆戊寅刊。

遊籠存雅十二卷 真州李少元輯。乾隆丁亥刊。

八家詩鈔十六卷 長洲彭啓豐編。乾隆庚寅有耀齋精刊。

嚶鳴集四卷首一卷末一卷 新安張節編。乾隆癸巳率真草堂精刊。

如蘭集二十卷 緜上董柴輯。乾隆庚辰精刊。

五七言今體詩鈔十八卷 桐城姚鼐編。嘉慶戊午刊。五言、七言各九卷。嘉慶戊辰程邦瑞精刊。

歷代大儒詩鈔六十卷 滇西趙州谷際岐鈔。嘉慶甲戌采蘭堂刊。

羣雅集四十卷二集十八卷 丹徒王豫輯。嘉慶辛未種竹軒刊。又一部《二集》十六卷。

朋舊遺詩合鈔二十二卷續鈔一卷 南城曾燠輯。嘉慶乙丑刊。

小山嗣音四卷 武進李兆洛輯。嘉慶丁丑湘雪軒刊。

蘭言集十二卷 涇縣趙紹祖手鈔。無刻書年月,約嘉慶間古墨齋精刊。

懷舊集十二卷續集六卷又續集二卷女士詩録一卷 長洲吴翌鳳輯。嘉慶十八年刊。

印須集八卷續集六卷又續五卷女士詩録一卷 長洲吴翌鳳輯。嘉慶十九年甲戌至丁丑刊。

國朝詩十卷外編一卷補六卷 吴郡吴翌鳳選。民國壬申新陽趙氏刊。

紀齡詩覽十一卷 湘鄉李逢晶輯。道光庚子上湘追昔樓刊巾箱本。

乾坤正氣集二十卷 長洲顧沅輯。道光癸卯秋日長洲顧氏藝海樓刊。

湖海詩傳四十六卷 青浦王昶編。嘉慶癸亥三茆漁莊刊。

幽華詩略四卷 烏程范鍇編。道光二十一年辛丑刊。

歷朝古體近體詩箋評自知集十二卷 吴興柴友誠選。道光八年寶研齋刊。

書畫舫詩課十一卷 於越高鳳臺輯。道光丁酉刊。

蘭言集二十卷二集二十卷 甘泉謝堃選。道光三年至十三年揚州藝古堂刊。

國朝正雅集一百卷 江都符葆森輯。咸豐丙辰京師刊巾箱本。

國朝詩寄心集無卷數 江都符葆森輯。底稿本。原作二册。

篤舊集十八卷 閬縣劉存仁輯。咸豐九年蘭州刊巾箱本。

三子詩選三卷 附 **藹庵詞一卷復堂詞一卷** 德化蔡壽祺編。咸豐七年於京師刊。武岡鄧輔綸、仁和譚獻、丹徒莊棫。

十八家詩鈔二十八卷 湘鄉曾國藩輯。同治甲戌傳忠書局刊。

榿湖十子詩鈔二十二卷 江夏張凱嵩輯。同治間刊。臨桂汪運、山陰楊繼榮、臨桂商書濬、平樂曾克敬、桂林朱琦、臨桂龍啓瑞、平南彭昱堯、臨川李宗瀛、南豐趙德湘、漢陽黄錫祖。

國朝詩鐸二十六卷首一卷 錢唐張應昌輯。同治八年永康應氏秀芝堂刊。

雪鴻偶鈔詩四卷詞一卷 吴縣倪世珍輯。光緒四年刊。

乾坤正氣集選鈔九十七卷 涇縣吴焕采輯。光緒十三年〔古蓮花池〕刊。

詩義標準一百十四卷 長沙王先謙輯。宣統辛亥刊。

道咸同光四朝詩史甲集八卷乙集八卷 昭文孫雄輯。宣統二年至三年自刊。

晚晴簃詩匯二百卷總目二卷目一卷姓氏韻編一卷 天津徐世昌輯。民國十八年退耕堂刊。

南雅五卷 附 **靈源詩存一卷** 苕溪董耒輯。康熙乙卯刊。方外之詩。

地方文之屬

廣東文選四十卷 番禺屈大均輯。康熙二十六年三閭書院刊。文二十三卷,賦二卷,詩十四卷,詞一卷。

龍眼古文一集二十四卷列傳一卷 附 **吴無齋文一卷** 里人李雅、何永紹同輯。道光乙未芸暉館刊。

豫章十代文獻略五十卷 金溪王謨輯。乾隆甲午刊。

滇南文略四十七卷 保山袁文揆、蒙化張登瀛同輯。嘉慶庚申至癸亥刊五華書院藏版。光緒二十六年重刊。

涇川文載一百卷附小傳一卷 蘭石鄭相如編。道光間青虹閣刊。

山左古文鈔八卷 梁鄒李景嶧、濰陽劉鴻翱同輯。道光戊子刊。

國朝嶺南文鈔十八卷 新興陳在謙輯。道光壬辰七十二峯堂刊。

國朝中州文徵五十四卷 鄢陵蘇源生輯。道光癸卯至乙巳刊。

錫山文集二十卷姓氏總目一卷 邑人王史直、王史鑑等輯。道光二十年華湛恩重編刊。

廣陵思古編二十九卷 儀徵汪廷儒輯。道光二十九年揚州儀徵汪氏刊。

海州文獻録十六卷 海州許喬林編。道光間刊。

海陵文徵二十卷 邑人夏荃輯。道光間刊。光緒癸未補刊。

縉雲文徵二十卷補編一卷 清苑湯成烈輯。道光三十年五雲書院刊。

揚州足徵録二十七卷 江都焦循輯。無刻書年月,約光緒間廣陵墨香書屋刊。傳誌居多。

松陵文録二十四卷 吴江凌淦輯。同治十三年刊。

湖南文徵一百九十卷 湘潭羅汝懷編。同治八年至十年刊。内分元明五十四卷，國朝一百三十五卷，補一卷，姓氏傳四卷。

湖陰文鈔二卷 震澤張特桂輯。同治間刊。

蛟川先正文鈔二十卷 鎮海陳繼聰等編輯。光緒七年刊。

當湖文繫初編二十八卷 邑人朱壬林輯。光緒己丑刊。

唐市徵獻録原編二卷 里人倪賜輯。**續編二卷** 里人張璐輯。光緒己亥亭林書院刊。

〔**國朝**〕**金陵文鈔十六卷末一卷** 江寧陳作霖輯。光緒丁酉孟春刊。

國朝常州駢體文鈔三十一卷 附 **結一宧駢體文一卷** 武進屠寄輯。光緒庚寅刊。

梁溪文鈔四十卷 金匱周有壬編。**續鈔六卷** 邑人侯學愈編。民國甲寅遊藝齋刊木活字本。

天津文鈔七卷 天津華光鼐輯。民國庚申金氏刊。

地方詩之屬

新都秀運集二卷 明歙王寅集。康熙戊辰可觀樓刊。

畿輔明詩十二卷 宛平王崇簡輯。順治庚子刊。

西陵十子詩選十六卷 錢塘毛先舒輯。順治間還讀齋刊。

龍眠風雅六十四卷 木厓潘江輯。康熙間石經齋刊。

梅里詩鈔二十卷 嘉興李光基輯。康熙間刊。

岡州遺稿六卷 長洲顧嗣協編。康熙庚寅精刊。道光癸卯松溪精舍重刊，多言良鈺增補一卷。

續岡州遺稿八卷 常熟言良鈺編。道光癸卯刊。

琅邪詩略第一編七卷 古諸馮隋平輯。無刻書年月，約康熙間刊。

白沙風雅八卷 蕪湖張達輯。雍正壬子雙桐軒精刊。

豫寧三盛詩三卷 武寧盛謨、盛鏡、盛樂撰。雍正十年刊。

南州詩略十六卷 溪上米滋年輯。乾隆間刊。

三瀧詩選十卷 順德陳華封編。乾隆庚辰思燕閣精刊。

楚詩紀二十二卷 長沙廖元度輯。乾隆十七年際恒堂刊。順治乙酉起,康熙癸酉止。

東皋詩存四十八卷詩餘二卷 興化汪之珩輯。乾隆丙戌文園精刊,停雲館藏板。

金華詩録六十卷外集六卷别集四卷書後一卷 海鹽朱琰編輯。乾隆癸巳金華府學刊。

青浦詩傳三十四卷 邑人王昶輯。乾隆甲寅刊。

越風初編十五卷二編十五卷 會稽商盤輯。乾隆壬辰王氏刊。

國朝松陵詩徵二十卷 吴江袁景輅輯。乾隆三十二年愛吟齋精刊。

國朝山左詩鈔六十卷 德州盧見曾輯。乾隆戊寅雅雨堂精刊。

蜀雅二十卷 羅江李調元選。乾隆四十六年億書樓刊。

國朝武定詩鈔十二卷補遺二卷 附 **武定明詩鈔四卷** 惠民李衍孫輯。乾隆五十九年刊。

續甬上耆舊詩一百二十卷〔考略一卷〕 邑人全祖望輯。〔《考略》慈谿馮貞羣編。〕民國戊午四明文獻館鉛字排印本。

海虞詩苑十八卷 同里王應奎輯。乾隆戊寅〔己卯季冬古處堂〕精刊。

京山詩鈔八卷 邑人丁大鵬輯。無印書年月,約光緒間鉛字排印本。

山左詩課四卷 儀徵阮元訂。乾隆癸丑七録書閣刊。

三台詩録三十二卷續録四卷附詞録二卷 太平戚學標輯。嘉慶元年刊。

國朝松江詩鈔六十四卷 華亭姜兆翀輯。嘉慶戊辰敬和堂刊。

國朝杭郡詩輯十六卷 錢塘吴顥輯。嘉慶庚申刊。

梁溪詩鈔五十八卷 梁溪顧光旭輯。嘉慶丙辰雙橋艸堂刊。梁溪即無錫金匱。

國朝山右詩存二十四卷附集八卷 澤州李錫麟輯。嘉慶間刊。

江西詩徵九十四卷附刻一卷補遺一卷 南城曾燠輯。嘉慶九年賞雨茅屋刊。

國朝江右八家詩選八卷 盱江曾燠輯。無刻書年月,約嘉慶間邗上題襟館刊。陳允衡、王猷定、曾畹、帥家相、蔣士銓、汪朝、楊垕、何在田。

淮海同聲集二十卷 萍鄉鳳誥輯。嘉慶丁丑刊。

禊湖詩拾八卷 里人徐達源編。嘉慶十年孚遠堂刊。

泖東近課五卷 長洲王芑孫輯。嘉慶十九年秋七月刊。

國朝山左詩續鈔三十二卷補鈔四卷 上林張鵬展輯。嘉慶癸酉四照樓刊。

京江耆舊集十三卷 丹徒張學仁、王豫同輯。嘉慶戊寅青苔館刊。

白山詩介十卷 長白鐵保輯。嘉慶六年辛酉刊。

淮海英靈集二十二卷 儀徵阮元輯。嘉慶三年小琅嬛仙館刊。内分甲乙丙丁戊等集各四卷,壬癸集各一卷。

淮海英靈續集十二卷 鄉人阮亨輯。道光丙戌春刊。即己集四卷,庚集五卷,辛集三卷。

兩浙輶軒録四十卷補遺十卷 儀徵阮元輯。嘉慶間刊,光緒間浙江書局重刊。

兩浙輶軒續録五十四卷補遺六卷 南海潘衍桐輯。光緒十七年浙江書局刊。

東武詩存十卷 邑人王賡言纂。嘉慶二十五年化香閣刊。〔卷二至卷十皆分上下。〕

國朝江左詩鈔十卷 涇縣朱良煒、繁昌陳泰同編。嘉慶元年刊。

國朝江左詩鈔二編十二卷閨秀一卷方外一卷附異苔同岑集三卷 涇縣朱良焯編。嘉慶丙寅北屏山堂刊。

滇南明詩略十卷首一卷 即《古詩略》 **國朝滇南詩略二十二卷流寓詩略二卷滇南詩略續刻十卷** 保山袁文典、袁文揆兄弟輯。嘉庚己未至壬戌肄雅堂精刊〔光緒二十六年重刊〕。

五山耆舊集二十卷今集初刊八卷 鄉人楊廷撰輯。道光四年一經堂刊。

關中兩朝詩鈔十二卷補四卷又補一卷賦鈔二卷文鈔二十二卷補六卷 朝邑李元春輯。道光間守樸堂刊。

端溪詩述六卷 高要黄登瀛編。道光甲辰六榕書屋刊。

潞安詩鈔前編四卷 上黨程之玿輯。**後編十二卷** 長治常煜輯。道光己亥寡過未能齋刊。

涇川詩鈔二十卷 錫山顧翰輯。道光己亥涇川書院刊。

高郵耆舊詩存初册一卷二册一卷别册一卷附册一卷詩餘一卷 高郵周叙、王敬之、夏崑林同輯。道光十四年至十六年刊。

曲阿詩綜三十二卷曲阿詞綜四卷 丹陽劉會恩輯。道光乙酉劉九思堂刊。

谿上詩輯十四卷續編二卷補編一卷 邑人尹元煒、馮本懷同輯。道光己酉抱珠樓刊。

嘉定詩鈔二集十二卷 莊爾保輯。道光癸卯疁西黄氏西谿艸廬刊。

般陽詩萃十五卷 邑人馮繼照輯。道光丁未柳波館刊。般陽今淄川。

曲阜詩鈔八卷 曲阜孔憲彝輯。道光二十三年刊。

國朝中州詩鈔三十二卷 寶豐楊淮輯。道光二十三年刊雅集山房藏板。

楚庭耆舊遺詩前集二十一卷續集三十二卷後集二十一卷 南海伍崇曜輯。道光二十三年至三十年南海伍氏刊。

江蘇詩徵一百八十三卷 丹徒王豫輯。道光辛巳焦山海西庵詩徵閣刊。

燕南二俊詩鈔二卷 長洲陶樑編。無刻書年月，約道光間刊。《念堂詩鈔》，慶雲崔旭。《樹居詩鈔》，天津梅成棟。

國朝嶺海詩鈔二十四卷 番禺凌揚藻輯。道光丙戌狎鷗亭刊。第二十四卷分上下。

朐海詩存十六卷 里人許喬林輯。道光間刊。

桐舊集四十二卷 桐城徐璈輯。咸豐元年刊。民國十六年丁卯九月以原刻影印本。

資江耆舊集六十卷附盛事一卷 新化鄧顯鶴輯。道光二十年刊。

沅湘耆舊集二百卷前編四十卷 新化鄧顯鶴輯。道光二十年至二十四年小九華山樓刊。

國朝畿輔詩傳六十卷 長洲陶樑輯。道光己亥紅豆樹館刊。

梅里詩輯二十八卷 里人許燦編 **續十二卷補遺一卷** 里人沈愛蓮編。道光三十年庚戌於嘉興縣齋刊。

即墨詩乘十二卷 邑人周翕鐄輯。道光辛丑刊。

渝水詩觀三十二卷 丹陽黄之晉輯。道光己酉本衙刊。

歷朝上虞詩集十六卷 始寧鄉人錢玫輯。道光乙未刊。

聞湖詩續鈔七卷 吴江李王猷輯。咸豐四年刊。

播雅二十四卷 遵義鄭珍輯，唐樹義訂。宣統三年貴陽文通書局鉛字排印本。

崇川各家詩鈔彙存六十一卷 里人王藻輯。咸豐七年有嘉樹軒精刊。

白田風雅前編五卷 寶應喬載繇輯。咸豐辛亥寶德堂刊。

武定詩續鈔二十四卷 利津李佐賢輯。同治丁卯利津李氏刊。

粤東詩海一百卷補遺六卷粤東文海六十六卷 順德温汝能輯。同治丙寅聚文堂重刊。

白田風雅二十四卷 寶應朱彬輯。光緒丙戌金陵刊。

黔詩紀略三十三卷 遵義唐樹義、黎兆勳同輯,獨山莫友芝傳證。同治十二年遵義唐氏夢研齋於金陵刊。

黔詩紀略後編三十卷補編三卷 獨山莫庭芝、遵義黎汝謙同輯,貴陽陳田傳證。宣統辛亥於京師刊。

國朝杭郡詩輯三十二卷 錢塘吴顥原本,其孫振棫重輯。同治甲戌錢塘丁氏刊。

國朝杭郡詩續輯四十六卷 錢塘吴振棫輯。光緒二年錢塘丁氏校刊。

國朝杭郡詩三輯一百卷 錢塘丁申、丁丙同輯。光緒十九年刊。

硤川詩鈔二十卷詞鈔一卷 會稽曹宗載輯。光緒十八年雙山講舍刊。

聞湖詩三鈔八卷 里人李道悠輯。**續編一卷** 里人沈景修輯。光緒癸巳刊。

金陵詩徵四十八卷 上元朱緒曾輯。**續六卷首一卷** 金陵朱紹亭、陳作霖等輯。光緒壬辰至甲午刊。

國朝嚴州詩録八卷 上元宗源瀚輯。光緒二年刊。

國朝全蜀詩鈔六十四卷 綿州孫桐生輯。光緒五年於長沙刊。

湖北詩徵傳略四十卷 孝感丁星海輯。光緒七年涇北艸堂刊。

東瀛詩選四十卷補遺四卷 德清俞樾編。光緒九年刊。此係日本人詩。

當湖詩文逸二十二卷 邑人張憲和輯。光緒間刊。

津門徵獻詩八卷 天津華鼎元輯。光緒丙戌刊。

山南詩選四卷 溆浦嚴如熤輯。光緒十三年刊。

竹里詩萃十六卷 聞川李道悠編。光緒二十一年荆溪吴氏刊。

竹里詩萃續編八卷 海寧祝廷錫輯。民國壬戌刊。

國朝滄州詩鈔十二卷 滄州王國均輯。光緒間刊。

青浦續詩傳八卷 邑人何其超輯。光緒乙巳刊木活字本。

續檇李詩繫四十卷 平湖胡昌基輯。宣統三年辛亥刊。

補訂閩詩録甲集六卷乙集四卷丙集二十三卷丁集一卷戊集七卷 侯官鄭杰原輯，陳衍補訂。宣統三年刊。

潯溪詩徵四十卷補遺一卷詞徵二卷 里人周慶雲輯。民國丁巳夢坡室刊。

容城耆舊集四卷 容城龔耕廬輯。民國壬戌自刊。

東莞詩録六十五卷 東莞張其淦輯。民國甲子東官張氏寓園刊。

續梁溪詩鈔二十四卷 梁溪侯學愈輯。民國庚申錫成公司鉛字排印本。

四明清詩略三十二卷續稿八卷首三卷姓氏韻編一卷 鄞董沛輯。近〔民國庚午〕上海中華書局以古宋字排印本。

徐州續詩徵二十二卷 銅山張伯英撰。民國甲戌小來禽館以古宋字排印本。

剡川詩鈔十二卷 邑人舒順方、董彦琦同編。**續編十二卷** 邑人江五民輯。民國乙卯至丙辰四明七千卷樓孫氏鉛字排印本。

家集之屬

劉簡齋祖孫遺集　簡齋文選四卷詩選十一卷傳附 明曲周劉榮嗣撰。**玉臺雜著一卷蓉閣近稿一卷魚丘雜著一卷楚游小紀一卷尋遠樓近草一卷悦柳軒近詩一卷** 曲周劉佑撰。康熙間刊。

寧都三曾詩　曾庭聞詩六卷 曾畹撰。**曾青藜詩八卷** 曾燦撰。**曾麗夫詩一卷** 曾炤撰，寧都曾侃編。順治己亥刊。

瑯琊二子近詩合選十一卷 新城王士禄、王士禛兄弟撰，婁東周南等編。無刻書年月，約康熙間刊。又名《表餘落箋合選初集》。

吴江沈氏詩集録十二卷 吴江沈祖禹輯，沈彤校。乾隆五年精刊。

董氏詩萃二十卷 董熜編。乾隆十年精刊。

長嘯齋詩集一卷 高郵孫穀撰。**又一卷** 高郵孫仝郊撰。**又一卷** 高郵孫仝庶撰。乾隆間精刊。穀,宗彝之曾孫。仝郊、仝庶,穀子。

南遊壎篪集二卷 任邱邊中寶、邊連寶等撰。乾隆壬辰精刊。

吴氏傳家集九卷 附 **樂府一卷詩餘二卷填詞一卷** 新安吴我熾編纂。乾隆四十年清穆草堂精刊。

資敬堂詩合鈔四卷 漢陽彭湘懷輯。乾隆庚寅刊。《汾陽田周抶輪集》二卷,《汾陽田震謐簃集》二卷。

西峯倡和小草一卷記一卷 涇縣朱森桂、朱若水同撰。乾隆丙戌精刊。

二客吟二卷 高密李憲暠、李憲喬兄弟撰,劉崧嵐編。乾隆間凝香閣精刊。

秋水池堂詩五卷詞一卷 吴江袁棠撰。**附秋夢齋詩二卷** 吴江顧虬撰。**媚學齋詩一卷** 袁陶甡撰。陶甡,棠之長子。**獨笑軒詩二卷餅桃花館詞一卷** 袁宬撰。嘉慶間精刊。宬,陶甡弟。

桐城方氏詩輯六十七卷 桐城方于穀輯。**附拳莊詩鈔八卷續鈔六卷** 桐城方于穀撰。嘉慶丁丑至庚辰刊。

趙氏淵源集十卷 涇川趙紹祖輯。嘉慶間古墨齋刊。

西圃瓣香集三卷 李岩校。嘉慶己巳紫泉官署精刊。長安王元常、王筠、王百齡各一卷。

清芬集八卷 嘉興馮登府輯。道光丁亥勺園刊。

柊華館駢體文四卷 陽湖董基誠、董祐誠兄弟撰。道光六年三月刊。祐誠著有《董方立遺書》。

桐城馬氏詩鈔七十卷 桐城馬樾功輯。道光十六年可久處齋刊。

祝氏華鄂集十五卷 江陰祝百五編。道光十年刊。《草堂詩集》五卷《後集》七卷,江陰祝百十撰。《瘦豐詩草》三卷,江陰祝百五撰。

闕里孔氏詩鈔十四卷 曲阜孔憲彝輯。道光二十二年刊。

清芬集十卷 寶應劉寶楠録。道光間刊。

蒲編堂詩存四卷 畢節路璜輯。咸豐丙辰本宅刊。

米氏一家詩全集四卷八幅詩一卷論詩一卷 辰溪米其鴻編。同治六年刊。

新安先集二十卷附録一卷 平湖朱之榛輯。同治十三年於蘇州刊。

周氏清芬詩二十四卷文十四卷 桐城周之琴輯。光緒癸巳殖學堂刊。

海豐吴氏詩存四卷 吴重熹編。光緒甲申於陳署刊。

學聚堂初稿六卷 陽湖姚祖泰、姚祖頤、姚祖晉等撰。光緒戊戌刊木活字本。卷二分上下。經説居多。

海豐吴氏文存四卷 海豐吴重熹編。宣統二年刊。

東武劉氏詩萃八卷 諸城劉延圻輯。民國癸亥仲冬劉氏愛聞簃石印本。

唱和題詠之屬

仙音譜無卷數 南昌李明睿輯,天中葛菴逸客點定。康熙間刊。熊雪堂六十八首,朱遂初四十七首,黎博菴五十首,陳士業十五首,沈仲連二首,羅約齋二首,李梅公四首,李叔則十二首,孫豹人十首,宋澄嵐一首,程鳴東四首,靳茶坡五首,熊漢若八首,周計百四首,王于一三首,歸玄莊四首,程婁東四首,趙國子八首,李太虚三十四首。

西山唱和詩一卷雙江唱和詩一卷 商邱宋犖輯,新城王士禛評。**附回中集一卷聯句詩一卷** 商邱宋犖撰,新城王士禛評。康熙庚申刊。

吴風二卷 商邱宋犖選評。康熙間精刊。

西泠倡和詩二卷 蕭山汪霦編。康熙乙亥精刊。

橘社倡和集一卷 海昌查嗣瑮編。康熙庚午精刊。

雙溪倡和詩六卷 德清徐倬編。康熙五十年精刊。

鴛鴦湖櫂歌四卷 海鹽朱芳衡編校。乾隆乙未精刊。即朱彝尊、譚吉璁、陸以誠、張燕昌等撰。

湘管聯吟一卷續集二卷附録一卷附稿一卷 烏程陳焯編。乾隆辛丑精刊。

邗上題襟集一卷續集一卷 南城曾燠輯。乾隆六十年至嘉慶二年兩淮官署刊。

分效江醴陵體詩一卷 南城曾燠編。無刻書年月,約嘉慶間題襟館刊。

荆圃倡和集詩十卷詞六卷 金匱楊芳燦撰輯。嘉慶四年刊。

花塢聯吟三卷 長沙唐仲冕編。嘉慶間果克山房精刊。

消夏三會詩三卷延秋集無卷數續消夏集無卷數 吴江郭麐編。嘉慶己巳刊。

淮上題襟集十二卷 古歙黄承增輯。嘉慶辛酉刊。

小詩龕同人唱和偶存集二卷二集二卷小詩龕四十壽言 附 **一卷** 仁和汪之選輯。嘉慶二十四年至道光元年刊。

北湖酬唱詩略二卷 歙程恩澤,新化鄧顯鶴同撰。道光八年戊子刊。

淮海唱和詩鈔三卷 南清河萬鏞編。道光六年刊。

盜詩圖詩録一卷閨秀一卷附原作一卷 長洲王鴻編。無刻書年月,約道光間刊。

是程堂倡和投贈集二十二卷 錢塘屠倬輯。道光五年乙酉刊。又見一部二十五卷。

同岑唱和一卷 高郵王敬之、周叙、夏崑林等撰。道光間刊。

清尊集十六卷 錢塘汪遠孫輯。道光十九年振綺堂精刊,光緒二年重刊。

梧笙唱和初集二卷 湘陰李星沅及其夫人郭潤玉撰。道光十七年刊。

聽雲閣雷琴篇十卷 景州張衡輯。康熙癸亥刊。

寄園詩一卷寄園十六詠一卷又新堂詩一卷 休寧趙吉士撰輯。康熙丁丑刊。

郝中丞公署磬階梅花詩一卷 白沙許維祚編。康熙間刊。

蕙圃集一卷 新安汪天與輯。康熙五十年夏四月精刊。諸家壽、汪孝婦、吴儒人之作。

卜硯集二卷 不著編輯姓名。乾隆甲辰經訓堂刊。宋謝文節公橋亭卜卦硯諸題詠。

百十二家墨録題詞五卷 甬江邱□□至山編。乾隆丁未精刊。

謝琴文鈔一卷詩鈔八卷聯吟一卷 古歙吴景潮編。嘉慶丁丑松風草堂刊。一名《謝琴詩文鈔》。

煙波歸釣圖贈詩一卷菉竹山房贈詩一卷 涇縣吴台輯。嘉慶二十四年刊。

小蓮花室圖卷題辭五卷 闕里孔憲彝編。道光乙巳刊。

尺五莊餞春詩薈一卷題辭一卷 闕里孔憲彝編。道光丁未刊。

課 集 之 屬

幾社壬申文選二十卷 華亭杜騏徵、徐鳳彩、林希顥、盛翼進、楊肅等編。康熙間小樊堂刊。又名《幾社壬申合稿》。

詁經精舍文集八卷 揚州阮元訂。嘉慶六年揚州阮氏琅嬛僊館刊。

詁經精舍文續集八卷 南海羅文俊訂。道光二十二年本衙刊。

詁經精舍第三集六卷 德清俞樾編。同治七年十一月刊。

詁經精舍第四集十六卷 德清俞樾編。光緒五年中夏刊。

詁經精舍第五集八卷 德清俞樾編。光緒九年正月刊。

詁經精舍第六集十二卷 德清俞樾編。光緒十一年刊。

詁經精舍第七集十二卷 德清俞樾編。光緒二十一年夏日刊。

詁經精舍第八集十二卷 德清俞樾編。光緒二十三年秋刊。

學海堂初集十六卷 揚州阮元編。**二集二十二卷** 嘉應吴蘭修編。**三集二十四卷** 番禺張維屏編。**四集二十八卷** 番禺金錫齡編。道光甲申至光緒十二年啓秀山房刊。

成均課士録第八集無卷數 宗室盛昱編。光緒十四年刊。

成均課士録第九集十六卷 長沙張百熙編。光緒二十三年本監刊。

惜陰書院西齋課藝八卷 全椒薛時雨編。**東齋課藝八卷** 瑞安孫鏘鳴編。光緒四年刊。此中劉壽曾、王亮采、章洪鈞、陳作霖、秦際唐、劉汝霖、汪宗沂、馮煦、劉嶽雲、朱桂模、唐仁壽、劉貴曾、翟增榮、劉富曾、姜渭、劉顯曾諸家之文居多。

菊坡精舍集二十卷 南海廖廷相重訂。光緒丁酉刊。

南菁講舍文集六卷 定海黄以周編。**二集六卷** 同上 **三集十六卷** 丹徒丁立鈞編。光緒間刊。

蓮池書院肄業日記十卷 不著編輯姓名。光緒七年刊。經説之作。此載新城王樹枏、無極崔權、交河范轀章、河間王祖訓、永年胡景桂、滿城康澤溥、新城王鍔、清苑陳楗、無極崔棟、安肅劉元度、安肅張琮、清苑張銓、清苑王廣澤、清苑李玉生、新城白鍾元、定州趙錫榕、安肅張鴻逵、安州陳文昱諸家之作居多。

經訓書院文集十卷 吴縣洪鈞編。光緒癸未江西書局刊。

尊經書院初集十二卷 湘潭王闓運編。光緒庚寅尊經書局刊。

尊經書院二集八卷 邛州伍肇齡編。光緒辛卯尊經書局刊。

辨志文會初集無卷數 上元宗源瀚。光緒庚辰夏五刊。分漢學、史學、輿地、算學、詞章凡六門類。

校經堂初集四卷 濰縣曹鴻勛編。**二集九卷** 太倉陸寶忠編。光緒乙酉至戊子刊。經説居多。

上海求志書院課集無卷數 德清俞樾等編。光緒間刊。分經學、史學、掌故、算學、輿地、詞章凡六門類。〔起丙子春季,止丁丑春季,每季一册,凡五册。〕

沅湘覽秀集六卷 太倉陸寶忠編。光緒十四年湖南學院刊。

兩浙校士録無卷數 南海潘衍桐編。光緒十七年石印本。分制藝、經解、律賦、雜文、雜詩凡五門類。

致用書院前集六卷 鄭□□虞臣原選，長樂謝章鋌等鑑定。光緒丙申年致用堂惟半室刊。

致用書院文集無卷數 不著編輯姓名。光緒間致用堂惟半室陸續刊。自光緒十三年丁亥起，至戊戌止，凡十二年，每年一册。

九峯精舍文集六卷首二卷 黄巖王棻編。光緒丁酉名山閣刊。辛卯年五卷，壬辰年一卷。

授經簃課集一卷 長沙胡元玉訂。光緒辛卯十一月刊。

東山書院課集一卷 長沙胡元玉訂。光緒壬辰年刊。

研經書院課集一卷 湘潭胡元玉訂。光緒乙未刊。

沅水校經堂課集無卷數 湘潭胡元玉訂。光緒丁酉冬刊。

經心書院集四卷 應山左紹佐編。光緒戊子冬仲湖北官書處刊。經解之文居多。

經心書院續集十二卷 仁和譚獻編。光緒乙未冬仲湖北官書處刊。

湖南校士録四卷 侯官張亨嘉編。光緒辛卯冬十月湖南學院刊。

閨秀之屬

名媛詩選翠樓初集一卷二集一卷新集一卷 淮南劉云份輯。康熙間野香堂精刊。

歷朝閨雅十二卷 長白揆叙奉敕纂。康熙間刊。

本朝名媛詩鈔六卷 平江胡孝思、朱珖同評輯。康熙五十五年凌雲閣刊。

擷芳集八十卷 古歙汪啓淑輯。乾隆間飛鴻堂刊。

蠹餘草一卷 中江女史李心敬撰。**綉餘小草一卷** 琴川女史歸懋儀撰。乾隆五十六年辛亥精刊。一名《二餘詩草》。

吴中女士詩鈔四卷 震澤任兆麟編。乾隆己酉至庚戌刊。又名《吴中十子合集》。版心刊"林屋吟榭"四字。

種竹軒閨秀聯珠集四卷 丹徒王□□編。嘉慶丁卯刊。即《愛蘭軒詩選》(丹徒王瓊),《竹淨軒詩選》(丹徒王迺德),《浣桐閣詩選》(丹徒王迺容),《環翠閣詩選》(丹徒季芳)。

織雲樓詩合刻梅笑集一卷 歸安女史周映清撰。**蘩香詩草一卷** 晉寧女史李含章撰。嘉慶丁丑慎餘書屋刊。

棣華館詩課十二卷 陽湖張晉禮輯。道光庚戌宛鄰書屋刊。作者凡六人,王采蘋、王采蘩、王采藻,皆若綺之女,曜孫之甥女也。采藍更名嗣徽,姓孫氏。張祥珍,曜孫女也。李孌光山人。

湖南女士詩鈔〔所見初集〕八卷 長沙女史毛國姬編。道光甲午刊。

湘潭郭氏閨秀集六卷 湘潭女史郭潤玉編。道光十七年刊。《獨吟樓詩》(郭步韞),《嘯雪山房詩》(郭友蘭),《貯月軒詩》(郭佩蘭),《敏求齋詩》(王繼藻),《繡珠軒詩》(郭漱玉),《簪花閣詩》(郭潤玉)。

國朝閨秀正始集二十卷附録一卷補遺一卷 長白女史惲珠輯。道光辛卯紅香館刊。

國朝閨秀正始續集十卷附録一卷 長白女史惲珠輯。**補遺一卷** 長白女史程孟梅輯。道光丙申紅香館刊。孟梅,珠之女。

國朝閨秀詩柳絮集五十卷補遺一卷續編又續一卷 宜黃黃秩模編。咸豐癸丑秋月蕉陰小梘刊。此書姓氏前後,皆依韻編次,統計一千九百三十八人。

范氏三女史同懷詩一卷 武鄉范士熊選。咸豐癸丑精刊。河内范德芳、范德俊、范德媖。

同根草四卷 臨海女史屈茝纕、屈蕙纕同撰。光緒二十九年刊。

分繡聯吟閣詩稿四卷 海昌女史朱淑均、朱淑儀,濟寧女史謝錦秋、海昌女史查芝生等撰。光緒丁酉刊。

閨秀正始再續集四卷 蕭山女史單士釐輯，民國紀元歸安錢氏以古宋字排印本。卷一卷四分上下卷。

販書偶記卷二十

冀縣孫殿起耀卿録

詩文評類

詩評之屬

二十四詩品淺解一卷 蓬萊楊廷芝撰。光緒元年刊。

重訂主客圖二卷説一卷補遺一卷 高密李懷民撰。嘉慶乙丑〔十八年癸酉退思軒〕刊。

詞府靈蛇二集四卷 明景陵鍾惺評。天啓乙丑精刊硃墨套印袖珍本，分精、神、氣、骨四字。

詩法火傳十六卷 檇李馬上巘輯。順治庚子至辛丑刊〔古香齋藏板〕。

載酒園詩話一卷又編三卷 九曲阿隱者賀裳撰。無刻書年月，約康熙間刊。《又編》即初盛唐一卷，中唐一卷，晚唐一卷。又名《賢己集》。

西江詩話十二卷 新建裘君弘輯。康熙四十三年妙貫堂刊。

錦樹堂詩鑑十二卷 吴趨錢岳編輯。康熙己巳刊。

詩倫二卷 新安汪薇輯。無刻書年月，約康熙間寒木堂精刊。

五代詩話十卷 新城王士禛撰，晉安鄭方坤補。乾隆甲戌杞菊軒刊。

帶經堂詩話三十卷首一卷 新城王士禛撰，海鹽張宗柟編輯。乾隆壬午南曲舊業刊。

王文簡公七古平仄論一卷 新城王士禛撰。乾隆戊申精刊。

靜志居詩話二十四卷 秀水朱彝尊撰。嘉慶己卯扶荔山房刊。

寒塘詩話一卷識小類一卷 武進蔣鴻翮撰。雍正戊申寒三艸堂精刊。又名《蔣紹孟著書二種》。

詩學指南八卷 句吴顧龍振編。乾隆己卯敦本堂刊。

龍山詩話四卷 蒲城雷國楫撰。乾隆間刊。

詩林叢説七十三卷 不著撰人姓名。約乾隆間抄本。

廣聲調譜二卷 安國李汝襄撰。乾隆丁酉易簡堂刊,連池書院藏板。

古今詩話探奇二卷 杭州蔣鳴珂輯。乾隆甲辰精刊。

古今詩塵無卷數 義烏方起英輯,練塘張希傑增訂。原稿本。首有張希傑撰傳,次有乾隆己巳自序。墨格,格右邊綫外刊"峼湖鑄雪齋"五字。此書起唐虞三代,止清朝雍正。

歷代詩話十六册附考索一卷 嘉善何文焕輯。乾隆三十五年庚寅精刊計二十八種。

蘭叢詩話一卷 桐城方世舉撰。無刻書年月,約乾隆間〔方觀承〕精刊。

覘齋詩談八卷論文六卷附覘齋詩選二卷補遺一卷 膠州張謙宜撰。乾隆戊寅刊。一名《家學堂遺書二種》。《四庫存目》載《覘齋詩選》二卷。

方南堂輟鍛録[七八]**一卷** 桐城方貞觀撰,錢塘金楷、儀徵李堃同校。道光甲午廣陵聚好齋精刊。

炙硯瑣談三卷 武進湯大奎撰。乾隆間亦有生齋刊。

隨園詩話十六卷補遺十卷 錢塘袁枚撰。乾隆庚戌至壬子小倉山房刊。

紀河間詩話三卷 大興邵承照輯。光緒辛丑安樂延年室刊。

三台詩話二卷 太平戚學標撰。乾隆丙午刊。

朱梅舫詩話二卷 古陽羨汪玉珩撰。乾隆辛丑刊巾箱本。

小石帆亭著録六卷 大興翁方綱撰。乾隆五十七年壬子刊。

石洲詩話八卷 大興翁方綱撰。嘉慶二十年刊。

詩引三卷 揭陽李仕學撰。乾隆間漱芳居精刊。

古詩刊誤十卷 上元黄之紀撰。乾隆間編録堂刊。校刊書計三十餘種,其第九卷《楚辭刊誤》一種。

雨村詩話十六卷補遺四卷 綿州李調元撰。乾隆乙卯至嘉慶六年刊巾箱本,萬卷樓藏板。道光丙午暎秀書屋刊巾箱本。

吴興詩話十六卷首一卷 烏程戴璐撰。嘉慶元年〔二年石鼓齋〕刊,民國丙辰吴興劉氏嘉業堂刊。

香石詩話四卷 香山黄培芳撰。嘉慶庚午嶺海樓刊。

詩法舉要一卷 香山黄培芳撰。咸豐四年嶺海樓刊。

粤嶽草堂詩話二卷 香山黄培芳撰,饒平陳步墀編。宣統二年鉛字排印本。此晚年作,與《香石詩話》不同。

拜經樓詩話四卷 海寧吴騫撰。嘉慶三年自刊。

定香亭筆談四卷 揚州阮元撰。嘉慶五年刊,光緒甲申瀨江宋氏刊,光緒甲申蛟川花雨樓刊。

廣陵詩事十卷 儀徵阮元撰。嘉慶六年浙江節署刊,光緒庚寅重刊。

騷壇八略二卷 洪洞王楷蘇撰。嘉慶丁巳精刊。

古詩十九首附箋一卷蘇李詩箋一卷漁洋山人秋柳詩箋一卷附第三首補箋 東萊李兆元撰。嘉慶己卯十二筆舫刊。一名《詩箋三種》。

蓉峯詩話十二卷 衡山聶銑敏撰。無刻書年月,約嘉慶間文德堂刊巾箱本。

南浦詩話八卷 長樂梁章鉅撰。嘉慶壬申留香室刊。

閩川閨秀詩話四卷 福州梁章鉅輯。道光己酉刊。

三管詩話三卷 福州梁章鉅撰。道光二十一年辛丑刊。

全浙詩話五十四卷 會稽陶元藻輯。嘉慶丙辰怡雲閣刊。

應試詩法淺説詳解六卷 古東郡葉葆評註。嘉慶辛酉刊。

蠡莊詩話十卷 桃源袁潔撰。嘉慶乙亥刊巾箱本。

滇南草堂詩話十四卷 高平檀萃撰〔草堂弟子編〕。嘉慶庚申〔藴經堂〕刊巾箱本。

快園詩話十六卷 江寧凌霄撰。嘉慶二十五年自刊。

小匡説詩八卷 順德梁邦俊撰。道光戊申刊巾箱本。

十二筆舫雜録十二卷 東萊李兆元撰。道光間刊巾箱本。卷一至三《梅影叢談》,卷四至六《春暉餘話》,卷七至九《中州觚餘》,卷十至十二《客窗賸語》。

靜修齋詩話八卷續無卷數 甘泉仇福昌撰。底稿本。

古詩評林六卷 太倉趙兆熊撰。道光間刊木活字本。

橡坪詩話十二卷 方恒泰撰。無刻書年月,約道光間刊巾箱本。

石樓詩話四卷 漢陽孫煦撰。道光丁酉刊巾箱本。

北江詩話四卷 陽湖洪亮吉撰,華亭張祥河訂。無刻書年月,約道光間刊。

小清華園詩談二卷 永北王壽昌撰。道光七年本園刊。

石樵詩話八卷 湘潭李樹滋撰。道光己酉采珍山館刊巾箱本。

考田詩話八卷 黄梅喻文鏊撰。道光四年甲申〔蘄水王容生〕製筆山房精刊。

竹林答問一卷 鄞陳僅撰。道光乙巳刊,光緒間金峨山館刊。光緒間管可壽齋刊巾箱本,改名《詩學問難》。

鐙窗瑣話十卷 秀水于源撰。道光丁未刊。

東泉詩話八卷 魚臺馬星翼撰。道光辛丑寶漢齋刊。

詩法易簡録十四卷録餘緒論一卷 東萊李鍈撰。**律詩拗體四卷古韻圖説一卷** 東萊李兆元撰。道光壬午十二筆舫刊。

匏廬詩話三卷 嘉興沈濤撰。道光庚子刊。

春草堂詩話十六卷 甘泉謝堃撰。無刻書年月,約道光間精刊。又見一部作八

卷。〔案原目作八卷，其後八卷則續刻者。〕

見星廬賦話十卷詩話二卷詞稿一卷 吴川林聯桂撰。道光癸未刊。

爨餘叢話六卷 吴江郭麐撰。道光間刊。

澹仙詩話四卷 如皋女史姜璉撰。道光乙巳見南山居重刊巾箱本。

養一齋詩話六卷附李杜詩話三卷 山陽潘德輿撰。道光丙申刊巾箱本。

國朝詩人徵略六十卷 番禺張維屏撰。道光十年刊。

國朝詩人徵略二編六十四卷 番禺張維屏撰。道光二十二年刊。卷十二、卷十六、卷二十四、卷二十六、卷三十二、卷四十二等卷未刊，至他各卷仍有刻未全者。

歷下偶談十卷續編十卷匡山叢話五卷 鵲華館主人王曉堂撰。道光辛卯刊巾箱本。一名《鵲華館紀聞》。

停雲閣詩話八卷 侯官李家瑞撰。咸豐乙卯刊。

射鷹樓詩話二十四卷 侯官林昌彝撰。咸豐間於廣州刊。

詩紉六卷 鎮平黄釗撰。咸豐癸丑雁紅館刊巾箱本。

詞海蒼蕞二卷 龍眠姚烔撰。約咸豐間抄本。有自序無年月。

挹翠樓詩話四卷 武進潘清撰撰。同治二年刊巾箱本。

聲調四譜圖説十二卷首一卷末一卷 洪洞董文涣編。同治三年春洪洞董氏刊。

斅園詩談八卷續編二卷 桐城許丙椿撰。同治丙寅刊。

詩緣四卷 華陽王增祺輯。同治庚午惜花居刊巾箱本。

養自然齋詩話十卷 仁和鍾駿聲撰。同治十三年刊巾箱本。

南苑一知集二卷 大荔馬魯撰。同治癸酉敦倫堂刊。

陶靖節紀事詩品四卷 贛縣鍾秀編。同治癸酉觀我生齋刊。

韻語十二卷 鴻濛室主人撰。同治癸酉隴東分署刊巾箱本。總名《星烈日記彙要》,即其中之一種也。起卷十一,止卷二十二。版心刊"鴻濛室叢書第三十六種"十字。鴻濛室主人者,又名鴻濛子,寶寧方玉潤之别號也。

達觀堂詩話八卷 善化張晉本撰。同治癸酉湘陰李桓刊。

拗法譜一卷附通轉韻考一卷 高密李憲喬撰。光緒戊戌刊。

昭昧詹言十卷續八卷續録無卷數 副墨子撰。光緒辛卯刊。副墨子者,桐城方東樹之别號也。

頻羅詩話無卷數 畢節楊楙林撰。原稿本。

古詩十九首説一卷 大興朱筠河口授,平陽徐昆撰。乾隆癸巳刊。

緝雅堂詩話二卷 南海潘衍桐撰。光緒間浙江書局刊。

古詩十九首釋一卷 如皋姜任脩撰。光緒癸巳刊。

蘇亭詩話六卷 錢塘張道撰。光緒癸巳秋於長沙學院刊。

小匏庵詩話十卷 嘉興吴仰賢撰。光緒八年刊。

通齋詩話二卷 江都蔣超伯撰。民國乙卯鉛字排印本。

藻川堂譚藝四卷 武岡鄧繹撰。光緒間刊。分《比興》《唐虞》《日月》《三代》凡四篇。

聲調譜説二卷纂例一卷蠡説一卷 歙吴紹澯撰。光緒十八年酉山堂精刊。

宋詩紀事補遺一百卷補正四卷 歸安陸心源輯。光緒癸巳刊。

元詩紀事二十四卷 侯官陳衍編。光緒間鉛字排印本。民國十年石遺室鉛字排印本四十五卷。

勿待軒詩話存稿二卷 大荔馬先登撰。光緒丙子敦倫堂刊。

樵隱詩話十三卷 岳麓樵隱林鈞撰。光緒丙子孟冬刊巾箱本。

名媛詩話十二卷 錢塘女史沈善寶撰。光緒丙子鴻雪樓刊巾箱本。

明詩紀事甲籤三十卷乙籤二十二卷丙籤十二卷丁籤十七卷戊籤二十二卷己籤二十卷庚籤三十卷辛籤三十四卷 貴陽陳田撰。光緒二十三年至宣統三年貴陽陳氏聽詩齋刊。

鄉詩摭譚正集十卷續集十卷 江西新城楊希閔撰。宣統二年刊。

雪樵〔橋〕詩話十二卷續集八卷三集十二卷餘集八卷 遼陽楊鍾羲撰。民國三年至十四年吴興劉氏求恕齋刊。

閩川閨秀詩話續編四卷 侯官丁芸編。民國甲寅五月于京師刊。

詩譜詳説八卷 石屏許印芳撰。民國三年甲寅雲南圖書館刊。

海虞詩話十六卷 附 **釣渚詩選一卷** 單學傅輯。民國乙卯銅華館鉛字排印本。

愚園詩話四卷 江寧胡光國撰。民國庚申刊巾箱本。

清代閨閣詩人徵略十卷補遺一卷 崇明女史施淑儀輯。民國庚申鉛字排印本。

唐律通韻舉例二卷 豫章程道存撰。民國八年鉛字排印本。

詩律六卷 順德黄節撰。民國乙丑鉛字排印本。

詩學一卷 順德黄節撰。民國十一年鉛字排印本。

石遺室詩話三十二卷 侯官陳衍撰。民國十八年鉛字排印本。

文評之屬

吕晚邨論文偶鈔無卷數 禦兒吕留良撰。康熙五十三年刊。

策略謏聞無卷數 江都汪中撰。嘉慶丙寅德成堂精刊。

帖經舉隅三卷 北平翁方綱撰。無刻書年月,約乾隆間以自寫本精刊。

四六叢話三十三卷選詩叢話一卷 烏程孫梅撰。嘉慶三年吴興舊言堂刊,光緒七年辛巳重刊。

古文辨體四卷 遂城張炌輯,孝昌屠之申註。道光二年保陽藩署刊。

睿吾樓文話十四卷附金石例二卷 慈谿葉元塏輯。道光癸巳孟夏鶴皋葉氏刊巾箱本。

春暉園賦苑巵言二卷 通州孫奎撰。道光丙子孫長紀校刊。又名《春暉堂賦話》。

全唐文紀事一百二十二卷首一卷 禾中陳鴻墀撰。同治十二年巴陵方功惠於廣州刊。

古文方一卷附論文約旨 封邱何家琪撰。光緒乙卯刊。

緡山書院文話四卷 清苑孫萬春撰。光緒乙酉孫氏家塾刊。

文鑰二卷 元和鄒福保輯。光緒己酉江蘇存古學堂鉛字排印本。

文章釋一卷 江南通州王兆芳撰。光緒二十九年精刊。

文字發凡四卷 桂林龍志澤撰。光緒三十一年鉛字排印本。

文學研究法四卷 桐城姚永樸撰。民國三年五月京師京華印書局鉛字排印本。

菑畬櫟論文二卷 丹徒趙曾望撰。民國八年石印本。

辛白論文一卷 瑞安陳懷孟撰。民國十四年潁川書舍刊。

六朝麗指一卷 元和孫德謙撰。民國癸亥四益宧刊。

詞曲類

詞集之屬

東江別集五卷 仁和沈謙撰。順治間刊。

情田詞三卷 大興邵瓚撰。道光二十二年六世孫甲名于粵東刊。

梅里詞三卷 海寧朱一是撰,天都孫默、西泠陳宗聖同評。無刻書年月,約康熙間清遠堂刊。

棠村詞一卷 真定梁清標撰。康熙丙辰刊。

蘧廬詞無卷數 吳興韓純玉撰。康熙間刊。純玉著有《蘧廬詩》,見《四庫存目》。

菊莊詞一卷二集一卷 吳江徐釚撰。康熙間刊。

珂雪詞二卷補遺一卷 北海曹貞吉撰。康熙丙辰刊。

栩園詞弃稿四卷 毘陵陳聶恒撰。康熙間精刊。

柳煙詞四卷 仁和鄭景會撰〔同學丁澡、徐汾同選〕。康熙間紅萼軒刊。

紅萼軒詞[七九] **二卷** 曲阜孔傳鐸撰〔梁溪顧彩評〕。康熙間刊。

清濤詞二卷 曲阜孔傳鋕撰。康熙丙戌刊。

秋閒詞一卷 檇李王庭撰。康熙二十二年刊。

披雲閣嘯虹詞一卷 休寧汪淏(原名灝)撰。康熙間〔程雲波〕刊。

初蓉詞三卷 溧陽彭桂撰。康熙丁巳刊。

湘瑟詞四卷附望廬集句一卷 申浦錢芳標撰。康熙丙申刊。

翠羽詞一卷 桐鄉曹士勳撰。康熙己亥精刊。

萬青閣詩餘三卷 漸岸趙吉士撰。康熙丁丑刊。

錦瑟詞一卷 揚州汪懋麟撰。康熙間刊。

清琴詞一卷 錫山顧衡文撰。無刻書年月,約康熙間刊。衡文,顧端文曾孫,梁汾之從弟也。

雅坪詞譜三卷 當湖陸菜撰。無刻書年月,約康熙間刊。

迴文詞一卷 赤城章雋撰。康熙間刊。

彈指詞二卷 錫山顧貞觀,同里杜詔、華亭姚培謙同訂。雍正甲辰刊。

彈指詞三卷補遺一卷 錫山顧貞觀撰。**附匏園詞一卷** 錫山顧景文撰。**清琴詞一卷** 錫山顧衡文撰。**栖香詞一卷** 錫山顧貞立撰。**井華詞一卷** 梁溪顧皋撰。**繡餘詞一卷** 梁溪女史朱蕙貞撰。光緒癸巳□綬珊刊。

峽流詞三卷 仁和王晫撰。康熙間霞舉堂刊。

柳村詞一卷 真定梁允植撰。康熙甲寅刊。

凝香集四卷 宦隱子祥裔耦漁氏撰。康熙間刊。

曝書亭集詞注七卷 嘉興李富孫撰。嘉慶十九年校經廎刊,道光己丑重校本。

曝書亭詞拾遺三卷志異一卷 秀水朱彝尊撰,虞山翁之潤輯録。光緒丙申三月常熟翁氏刊。

香海詞一卷 遼陽靳治荆撰。無刻書年月,約康熙間精刊。

幻花庵詞鈔八卷 華亭張梁撰。雍正戊申刊。

白蕉詞四卷 平湖陸培〔翼〕撰。雍正戊申精刊。

玲瓏簾詞一卷 錢唐吴焯撰。雍正間精刊。

響山詞四卷 西秦張四科撰。乾隆二十年刊。

小長蘆漁唱四卷 桐鄉朱方藹撰。乾隆間刊。

春雨樓詞二卷 京江張冕撰。乾隆七年精刊。

瘦紅詞二卷 仁和何承燕撰。乾隆乙未刊。

紅蘭閣詞三卷 平湖張雲錦撰。乾隆間精刊。

百緣語業一卷 新安朱昂撰。乾隆戊戌刊。

楮葉詞二卷 江都閔華撰。乾隆丁卯刊。

瑑春詞二卷 杭州江炳炎撰。乾隆丁巳精刊。

艮岑樂府二卷 崑山徐柱臣撰。乾隆癸亥精刊。

嫏雅堂詞集四卷 上海趙文喆撰。乾隆丁丑刊。

紅雪詞甲集二卷乙集二卷詞餘一卷 五山馮雲鵬撰。乾隆己酉至嘉慶丁卯掃紅亭精刊。

風雨閉門詞一卷 秀州顧列星撰。無刻書年月,約乾隆間精刊。

此木軒直寄詞二卷 金山焦袁熹撰。乾隆壬申精刊。後附華亭繆謨、李枝桂題詞。

金粟影菴詞初稿一卷 錢塘顧澍撰。乾隆五十年精刊巾箱本。

和茶烟閣體物詞一卷 會稽茹敦和撰。無刻書年月,約乾隆間刊。

對山詩餘四卷 海鹽馬青上撰。原稿本。編年之作,起庚寅,止己酉。青上,字逭峯,乾隆時人。

碧簫詞五卷 吴縣張塤撰。乾隆間四雨莊刊。

聽秋詞一卷 古歙汪登元撰。無刻書年月，約乾隆間深竹屋精刊。

滄江虹月詞三卷 錢塘汪初撰。嘉慶九年甲子汪氏振綺堂刊。

秋蓼亭詞一卷 荆溪何文敏撰。嘉慶丙子刊。

小湖田樂府十卷續集三卷 昭文吴蔚光撰。嘉慶六年刊。

海天霞唱二卷 番禺張維屏撰。嘉慶間黄喬松刊。又名《聽松廬詞鈔》。

玉香亭詞一卷 番禺張維屏撰。嘉慶間刊。

捧月樓綺語八卷 錢塘袁通撰。嘉慶乙亥精刊。

花嶼詞一卷 宜興儲祕書撰。無刻書年月，約嘉慶間精刊。

耶溪漁隱詞二卷 錢塘屠倬撰。嘉慶丁丑精刊。

露蟬吟詞鈔一卷續鈔一卷 善化唐仲冕撰。嘉慶辛未崇川酌民言堂精刊。

聽雨樓詞二卷 錢塘女史孫雲鶴撰。嘉慶十九年桐花閣刊。

桐華閣詞一卷 嘉應吴蘭修撰。嘉慶二十三年刊。

意香閣詞二卷 梅里李澧撰。嘉慶間刊。

斷水詞三卷 臨川樂鈞撰。無刻書年月，約道光間刊。

翠薇花館詞十卷 吴縣戈載撰。嘉慶二十三年刊。

翠薇花館詞三十卷 吴縣戈載撰。道光癸巳刊。

餐花吟館詞鈔五卷 上元嚴駿生撰。道光二年精刊。

小蘇潭詞五卷 蕉南舊史撰。道光四年刊。

鏡虹吟室詞集二卷 闕里孔昭虔撰。道光丁酉刊。

蜨花樓詞鈔一卷 汲郡張湄撰。道光十七年丁酉刊。道光癸卯姑蘇吴青霞齋精刊。

花簾詞一卷 仁和女史吴藻撰。道光庚寅刊。

養默山房詩餘三卷 松滋謝元淮撰。道光甲寅精刊硃墨套印本。《填詞淺説》《海天秋角詞》《碎金詞》等。

香南雪北詞一卷 仁和女史吴藻撰。道光甲辰精刊。

緑雪館詞八卷 附 **百和詞一卷** 華亭張鴻卓撰。道光間刊。

小書舟樂府三卷 昭文程定謨撰。道光壬午刊。

紅豆詞四卷 嘉興李日華撰。道光丙申刊。

雙紅豆閣詞三卷 秣陵孫若霖撰。道光十七年精刊。

拜石山房詞鈔四卷 錫山顧翰撰。道光甲午刊。

心日齋詞集六卷 祥符周之琦撰。道光間刊。《金梁夢月詞》二卷,《懷夢詞》一卷,《鴻霞詞》二卷,《退菴詞》一卷。

享帚詞四卷 江都秦恩復撰。道光乙巳冬十一月重精刊。

翠浮閣詞一卷 滋伯撰。道光丙申精刊。

紫鸞笙譜二卷 桃花漁隱撰。道光辛卯〔漢上青鸞閣〕刊。

二十四橋吹簫譜二卷外一卷 江都孫宗禮撰。道光乙未刊。

拙宜園詩餘二卷 海鹽黄憲清撰。道光乙未刊。

小庚詞存四卷 閩中葉申薌撰。道光甲午天籟軒刊。

冬巢居士詞四卷續一卷 儀徵汪潮生撰。道光六年丙戌刊。

鐵盦詞甲稿一卷乙稿一卷 甘泉黄錫慶撰。道光乙巳至己酉精刊。

秋蓮子詞前稿一卷後稿二卷 儀徵王僧保撰。道光己酉刊。

亦有秋齋詞鈔二卷 烏程鈕福疇撰。道光癸卯刊。

清夢盦二白詞五卷 長洲沈傳桂撰。道光壬辰刊。即《鶯天笛夜新聲》《今雪雅餘》《蘭騷剩譜》《小臨印琴弄》《霏玉集》各一卷。

晝溪漁唱二卷 歸安陳丙綬撰。道光十三年六月武林刊。

桐華吟館詞四卷 滕縣徐縉文撰。道光庚子刊。

花影吹笙譜二卷 錢塘張泰初撰。光緒二年重刊。又名《横經堂詩餘》。

二波軒詞選三卷 長洲王嘉福撰。道光間刊。嘉福,芑孫之子。

種芸詞無卷數 嘉興馮登府撰。無刻書年月,約道光間刊。

種芸仙館詞五卷 嘉興馮登府撰。道光癸巳刊。《月湖秋瑟》一卷,《花墩琴雅》二卷,《一勺園琴話》一卷,《蓬山邀笛譜》一卷。

玉壺山房詞選二卷 華亭改琦撰。道光戊子沈氏來鶴樓精刊。

軒霞詞一卷 盱眙王效成撰。道光間刊。又名《雪腴詞鈔》。

貯雲詞三卷 曲阜孔昭薰撰。道光戊戌刊。

槿郵樵唱四卷 高郵夏崑林撰。道光間刊。

有真意齋詞集四卷附梅花詩一卷 吴江錢裕撰。道光十四年刊。

甲子生夢餘詞一卷 錢塘汪适孫撰。道光十七年丁卯振綺堂精刊。

清夢軒詩餘二卷 象山釋了璞撰。道光十九年刊。象山即丹徒縣。

聽雨小樓詞稿二卷 金匱楊英燦撰,無錫丁紹儀選。祥符周星詒訂傳抄本。

玉洤詞一卷 吴縣潘曾瑋撰。咸豐四年春精刊。

評花仙館詞泡影集一卷 錢塘女史金繩武撰。**曇花集一卷** 錢塘女史汪淑娟撰。咸豐三年精刊。

養一齋詞三卷 山陽潘德輿撰。咸豐三年刊。

楞華室詞鈔二卷 番禺沈世良撰。咸豐四年秋七月刊。

劍光樓詞一卷 番禺儀克中撰。咸豐七年半耕草堂刊。

題紅閣詞鈔一卷語兒村篴一卷 秀水于源撰。咸豐癸丑至乙卯刊。

桐月修簫譜一卷 長洲王嘉禄撰。無刻書年月,約咸豐間刊。又名《嗣雅堂詞集》。

知止堂詞録三卷 元和朱綬撰。光緒甲午湖南思賢書局刊。

茂陵秋雨詞四卷 馬平王錫振撰。咸豐己未刊。

東谿漁唱一卷 寶山朱燾撰。咸豐丁巳刊。又名《蕭材琴德廬詞稿》。

海南歸櫂詞二卷 安邱劉燿椿撰。咸豐乙卯秋刊。

菊壽盦詞稿四卷 輝縣姚輝第撰。咸豐間刊木活字本。

受辛詞一卷 甘泉王焚撰。咸豐庚申精刊。

采香詞四卷 秀水杜文瀾撰。咸豐乙丑曼陀羅華閣刊。

月波樓琴言三卷 番禺陳其錕撰。咸豐間刊。

清淮詞二卷 常州湯成烈撰。同治元年壬戌刊。

蓱緑詞三卷 江都丁至和撰。咸豐間刊。

憶江南館詞一卷 番禺陳澧撰。民國甲寅汪氏微尚齋刊。

裁雲閣詞鈔六卷附曲一卷 長洲秦雲撰。同治戊辰仲秋刊。

香銷酒醒詞一卷曲一卷 仁和趙慶熹撰。同治戊辰西泠王氏精刊。

願爲明鏡室詞稿二卷 旌德江順詒撰。同治己巳刊,同治癸酉重校刊。

心盦詞存四卷 江寧何兆瀛撰。同治十二年武林刊。

寄龕詞四卷 會稽孫德祖撰。同治九年庚午刊。

東鷗草堂詞二卷 祥符周星譽撰。同治癸亥刊。

藤香館詞一卷 全椒薛時雨撰。同治五年刊。又名《江舟欸乃》。

笙月詞五卷花影詞一卷 山陰王詒壽撰。同治壬申杭州刊。

瘦鶴軒詞一卷 丹徒趙彦俞撰。同治癸酉刊。

百萼紅詞二卷 全椒吴鼒撰。光緒五年直隸張氏刊。又名《百調紅詞》。

留漚唫館詞存一卷 無錫沈鎣撰。光緒八年九月江氏師鄦室刊。

水雲樓詞二卷續一卷 江陰蔣春霖撰。光緒間思賢書局刊,光緒戊申歸安章震福鉛字排印本。咸豐辛酉曼陀羅華閣刊本,不足。

憶雲詞四卷删存一卷 錢塘項廷紀撰。光緒己亥夏思賢書局刊。

欸乃餘曲二卷 湘鄉黄家驥撰。光緒丙申長沙刊。

眠琴小築詞無卷數 山左張僖撰。底稿本。仁和譚獻、長樂謝章鋌全部閲過,并有譚、謝二人手筆序跋。

夢影詞六卷 盱眙王錫元撰。光緒間刊。

吾意盦長短句甲稿一卷乙稿一卷 蓋平姚正鏞撰。光緒八年刊。

芬陀利室詞一卷 吴縣潘祖蔭撰。光緒間刊。

真松閣詞六卷 金匱楊夔生撰。光緒元年心禪室重刊。

繡蜨盦詞鈔五卷附録一卷 吴縣汪藻撰。光緒戊寅季冬刊。

碧雲秋露詞二卷 天都黄衡撰。光緒丙子重刊木活字本。

華陰寫夢詞一卷 桂林倪鴻撰。光緒癸未於濟南刊。

麗矚亭詞二卷 半酣居士撰。光緒乙酉精刊袖珍本。

雲起軒詞鈔一卷 萍鄉文廷式撰。光緒丁未南陵徐氏刊。

雙辛夷樓詞二卷 閩縣李宗禕撰。光緒戊戌春于滕王閣刊。

心安隱室詞集四卷 儀徵詹肇堂撰。光緒間刊。

弢園詞一卷 江都史念祖撰。光緒癸巳六月刊。

古香凹詩餘二卷 定遠方濬頤撰。光緒甲申維陽刊。

蕙雪詞四卷 錢塘張絢撰。**夢龕詞一卷** 嘉定張修府撰。光緒乙酉貴陽刊。

水雲欸乃一卷泥爪詞一卷竹窗秋籟一卷悔餘詞一卷 丹徒周天麟撰。**月樓琴語一卷** 高安蕭恒貞撰。光緒十七年石印本。

倚月樓詞稿四卷水雲别調一卷 丹徒周天麟撰。**月樓琴語一卷** 高安蕭恒貞撰。光緒辛巳刊。

紫荃山館詩餘偶存一卷 貴筑石贊清撰。光緒癸未刊。

鑄鐵詞一卷 陽湖董受祺撰。光緒己亥刊。

和天倪齋詞五卷 江都郭鍾岳撰。光緒丙戌至丁亥刊。《擊缶詞》二卷,《懊儂詞》一卷,《屑玉詞》一卷,《委宛詞》一卷。

留雲借月盦詞五卷 陽湖劉炳照撰。光緒癸巳仲春刊。

庚子秋詞二卷春蟄吟一卷和珠玉詞一卷 臨桂王鵬運撰。光緒辛丑刊。

半塘丙丁戊稿三卷 臨桂王鵬運撰。光緒間刊。即《味梨》《鶩翁》《蜩知》等集。

半塘塡詞定稿二卷賸稿一卷 臨桂王鵬運撰。光緒丙午小放下庵朱祖謀刊。

還初堂詞鈔一卷 襄平姚斌桐撰。光緒己亥刊。

日湖漁唱一卷 〔宋〕句章陳允平撰。無刻書年月，約光緒間刊。

秋夢盦詞鈔二卷續一卷再續一卷 番禺葉衍蘭撰。光緒十六年庚寅春羊城刊。

麐援詞一卷 儀徵劉恩黻撰。光緒間吴氏雙照樓刊。

步姜詞二卷 長沙胡元儀撰。光緒間刊。

鴛鴦宜福館遺詞一卷 錢塘陳元鼎撰。光緒甲午雙照樓刊。

比竹餘音四卷 北海鄭文焯撰。光緒壬寅吴興沈氏刊。

冷紅詞四卷附絶妙好詞校録一卷 北海鄭文焯撰。光緒甲午耦園刊。

瘦碧詞二卷 高密鄭文焯撰。民國丁巳吴中刊。

樵風樂府九卷 高密鄭文焯撰。宣統癸丑仁和吴氏雙照樓刊。

彊邨詞四卷前集一卷别集一卷 歸安朱祖謀撰。光緒乙巳刊。

彊邨語業二卷 歸安朱孝臧撰。民國甲子託鵑樓刊。

彊邨樂府一卷 歸安朱孝臧撰。民國戊午四益宧以古宋字排印本。又名《鶩音集》。

玉玲瓏館詞存三卷曲存一卷附詩詞贅草二卷 仁和魏熙元撰。光緒二十二年刊。

時晴齋詞鈔一卷 儀徵張集馨撰。**醉經齋詞鈔一卷** 儀徵張兆蘭撰。光緒乙未鉛字排印本。

鶼紅詞草一卷 大興惲毓巽撰。宣統庚戌刊。

綰紅軒詞鈔二卷花間箏語一卷聯珠詞一卷 溧水部長濬撰。民國壬戌九月刊。

蘇菴詩餘五卷 秀水唐壎撰。民國五年於保陽石印本。

石蓮闇詞一卷 海豐吴重熹撰。民國乙卯刊。

湘雨樓詞五卷 長沙張祖同撰。民國甲寅精刊。

定巢詞十卷 寧鄉程頌萬撰。民國癸亥鹿川閣刊。

淥水餘音一卷 香山徐禮輔撰。民國己巳香山徐氏刊。

玉藤仙館詞存一卷續集一卷 婺源余焜撰。民國丁巳刊。

悔龕詞一卷 江陰夏孫桐撰。民國丙寅刊。

琴思樓詞一卷 漢壽易順豫撰。民國甲寅於長沙石印本。

曼陀羅寱詞一卷 嘉興沈曾植撰。民國十三年鉛字排印本。

玨庵詞初集二卷 山陰壽鑈撰。民國庚午自刊。即《枯桐怨語》《消息詞》。

柳谿長短句一卷 雙流向迪宗撰。民國己巳自刊。

雲淙琴趣二卷 杭州邵章撰。民國庚午倬盦邵氏刊。

野棠軒詞集四卷 吉林奭良撰。近奭氏於北平文楧齋刊。

詞選之屬

宋七家詞選七卷 吴縣戈載輯,秀水杜文瀾校注。光緒十一年曼陀羅華閣刊。周邦彦、史達祖、姜夔、吴文英、周密、王沂孫、張炎。最便初學。

宋四家詞選無卷數 荆谿周濟輯,仁和譚獻評。光緒戊申歸安金紹城鉛字排印本。

宋詞鈔十二卷附録一卷 山陽王官壽輯。民國壬戌鉛字排印本。

情種八卷 明雲間宋存標撰。**附秋士選詩三百五卷** 明雲間宋懋觀撰。無刻書年月,約崇禎間刊。

青樓韻語四卷附圖 明武林朱元亮輯,張夢徵摹像。萬曆丙辰刊。

古今詞統十六卷雜説一卷徐卓晤歌一卷 明杭州卓人月、徐士俊同輯。崇禎癸酉刊。

〔蘭皋〕明詞彙選八卷詩餘近選二卷 西吴顧璟芳等輯〔西吴胡胤瑗、李葵生同選〕。康熙間刊。

倚聲初集二十卷前編四卷 武進鄒祇謨、新城王士禛同選。順治庚子大冶堂刊。《前編》係詞話。

西陵詞選八卷西陵宦遊詞選一卷 西陵陸進、俞士彪同輯。康熙間刊。

千秋雅調一卷附詩賦 錢塘王晫輯。康熙間霞舉堂刊。又名《千秋歲倡和詞》。

杜陵綺語一卷 嘉善蔣光祖撰。**小丹丘詞一卷** 嘉善柯煜撰。**擷影詞一卷** 同上。**玉玲瓏山閣集一卷** 湖州沈樹本撰。無刻書年月,約康熙間刊。

衆香詞六卷 玉峯徐樹敏、金閶錢岳同選。康熙庚午實翰樓刊,錦樹堂藏板。又名《國朝名媛詞選》。

瑶華集二十二卷附名家詞話一卷沈氏詞韻略一卷 宜興蔣景祁編。康熙二十五年天藜閣刊。

柳洲詞選六卷 里人戈元穎、錢煐等選。康熙間刊。

古今詞選十二卷 吴江沈時棟選。康熙丙申至山堂精刊,版心刊有“瘦吟樓”三字。

詞潔六卷前集一卷 岑山程洪輯。康熙間刊。

今詞初集二卷 錫山顧貞觀、長白成德容若同選。康熙丁巳刊,光緒丁酉張鎣重刊。

記紅集四卷 豐南吴綺、岑山程洪同編。康熙丙寅刊。卷一小令,卷二中調,卷三長調,卷四詞韻簡。

紅蕚軒詞牌一卷 闕里孔傳鐸輯。無刻書年月,約康熙間精刊巾箱本。

昭代詞選三十八卷 吴縣蔣重光輯。乾隆丁亥經鋤堂精刊。

國朝詞雅二十四卷 華亭姚階編〔常熟吴蔚光辨譌〕。嘉慶三年刊。

琴畫樓詞鈔二十五卷 青浦王昶輯。乾隆戊戌〔三泖漁莊〕刊。

詞選二卷 武進張惠言録。**附録一卷** 歙鄭善長輯。**續詞選二卷** 陽湖董毅録。道光十年宛鄰書屋刊。嘉慶二年歙金應珪刊本,不足。

萍聚詞一卷 武進張成孫編。嘉慶二十四年刊。

詞苑萃編二十四卷 南匯馮金伯輯。嘉慶間刊。

天籟軒詞選六卷詞譜六卷 閩縣葉中薌輯。道光甲午刊。

閩詞鈔四卷 閩縣葉申薌輯。道光壬辰刊。

心日齋十六家詞録二卷 祥符周之琦輯。道光間刊。

詞綜補遺二十卷 長洲陶樑輯。道光甲午紅豆樹館刊。由唐五代十國起,至元止。

淮海秋笳集無卷數 甘泉李肇曾輯。咸豐庚申冬遲雲山館刊。

絶妙近詞六卷 蘇州孫麟趾輯。咸豐五年刊。

國朝詞綜續編二十四卷 海鹽黄燮清輯。同治癸酉於鄂垣旅次刊。

篋中詞六卷續四卷 仁和譚獻録。光緒八年刊。

歷代詞腴二卷 仁和黄承勳輯。**附眠鷗集遺詞一卷** 仁和黄承勳撰。光緒乙酉刊。

金陵詞鈔八卷附一卷 江寧陳作霖輯。光緒二十八年三月刊。

微雲榭詞選五卷校勘補注附 恩施樊增祥輯。光緒戊申誦清閣鉛字排印本。

二家詞鈔五卷 恩施樊增祥撰。光緒間刊。《霞川花隱詞》二卷,李慈銘撰。《五十麝齋詞賡》三卷,樊增祥撰。

白山詞介五卷 遼陽楊鍾羲輯。宣統庚戌刊。

湖州詞徵二十四卷 歸安朱祖謀輯。宣統辛亥刊。

閩詞徵六卷 閩縣林葆恒輯。民國庚午切盦刊。

梁園唱和詞一卷 楚濮程大戴、江東佟世臨、汝南傅世堯同撰,汝南李根茂評。康熙間刊。

秋水軒倡和詞無卷數 魏塘曹爾堪編。康熙十年遥連堂刊。共二十二人，計七十五葉。

蓉影詞一卷 陽湖董基誠編。嘉慶二十二年刊。諸朋倡和之作。

詞話之屬

古今詞評二卷 吴江沈雄撰，休寧江尚質增輯。康熙間刊。

香研居詞麈五卷 古歙方成倍〔培〕撰。乾隆四十二年〔汪懷略〕刊，又見一部約道光間刊。

詞林紀事二十二卷附録三卷 海鹽張宗橚撰。乾隆四十四年刊，嘉慶三年武原陳敬銘重校本，道光乙未重修本。

詞辨二卷附介存齋論詞雜著一卷 荆溪周濟撰。道光二十七年刊，光緒間重刊有仁和譚獻評。

本事詞二卷 三山葉申薌輯。道光壬辰天籟軒刊。

蓮子居詞話四卷 海寧吴衡照撰。道光壬辰秋錢塘汪氏振綺堂刊，同治丁卯補刊，同治庚午冬退補齋重刊。

詞律拾遺八卷 德清徐本立撰。同治間刊。

聽秋聲館詞話二十卷 無錫丁紹儀撰。同治八年刊。

詞旨暢二卷 長沙胡元儀撰。光緒間刊。

芬陀利室詞話三卷 寶山蔣敦復撰。光緒十一年弢園王氏刊。

賭棋山莊詞話十二卷續五卷 長樂謝章鋌撰。光緒甲申於南昌刊。

白雨齋詞話八卷詩鈔一卷詞存一卷 丹徒陳廷焯撰。光緒甲午刊。

詞學集成八卷 旌德江順詒撰。光緒辛巳刊。

詞學二卷 新會梁啓勳撰。民國壬申鉛字排印本。

詞譜詞韻之屬

詩餘圖譜二卷 明東魯萬惟檀撰。崇禎間刊。

自怡軒詞譜六卷 雲間許寶善撰。乾隆辛卯刊硃墨套印本。

白香詞譜箋四卷 靖安舒夢蘭撰,南海謝朝徵箋。光緒十一年刊。

天籟軒詞譜四卷補遺一卷詞韻一卷 閩中葉申薌撰。道光甲午刊。卷數接連,計六卷。

有真意齋詞譜三卷詞韻一卷 吴江錢裕撰。道光辛丑吴門敦本堂刊。

學宋齋詞韻一卷 全椒吴烺,歙江昉、吴鏜,江都程名世等輯。乾隆乙酉精刊巾箱本。

榕園詞韻一卷發凡一卷 海鹽吴寧撰。乾隆甲辰冬青山館精刊。

中州音韻輯要二十一卷 崑山王鵕撰。乾隆辛丑咸德堂刊。

詞鏡三卷附詞論 西泠賴捐庵撰,查隨庵輯。乾隆癸卯精刊硃墨套印巾箱本。

詞韻二卷附柴氏古韻通略一卷 錢塘仲恒道久編,王又華補切,其男嗣瑠訂註。舊抄本。

中州全韻二十二卷首一卷 昭文周昂輯。乾隆五十六年此宜閣刊。

詞林正韻三卷發凡一卷 吴縣戈載撰。道光元年翠薇花館刊,同治四年番禺姚氏重刊,光緒壬辰王氏四印齋刊。

詞韻中聲無卷數 長沙洪汝沖輯。民國乙丑石印本。

詞韻諧聲表四卷 贛縣陳任中編訂。民國甲戌雲在山房刊。

南北曲之屬

喬夢符小令一卷 元喬吉撰。明隆慶間刊。

李卓吾批評幽閨記二卷 元施惠填詞。無刻書年月,約天啓間刊。

西廂記五卷附圖 元王實甫、關漢卿同撰。無刻書年月，約萬曆間刊。硃墨套印本。

李卓吾批點西廂記真本二卷 附圖 **附録三卷** 元王實甫、關漢卿同撰。無刻書年月，約天啓間刊。

新刊合併西廂記四卷 明東海屠隆編校。無刻書年月，約天啓間刊。陸天池《西廂記》二卷，李日華《西廂記》二卷。

貫華堂第六才子書西廂記八卷醉心篇一卷附圖 聖歎外書。宜興陳維崧訂。康熙間本衙精刊。

櫻桃夢二卷 明陳與郊填詞。萬曆間刊。

鸚鵡洲二卷附圖 明陳與郊填詞。無刻書年月，約萬曆間刊。

琵琶記三卷 明高明填詞。無刻書年月，約萬曆間刊。硃墨套印本。

繡襦記四卷 明薛近兖填詞。無刻書年月，約萬曆間刊。硃墨套印本。

蕉帕記二卷附圖 明單本填詞。無刻書年月，約天啓間文林閣刊。

孝義祝髮記二卷 明張鳳翼填詞。無刻書年月，約天啓間繼志齋刊。

吕真人黄粱夢境記二卷 明蘇漢英填詞。無刻書年月，約天啓間繼志齋刊。

玉簪記二卷 明高濂填詞。無刻書年月，約天啓間繼志齋刊。

紅梅記二卷 明周朝俊填詞。無刻書年月，約天啓間廣慶堂刊。

新編南九宫詞八卷 明無名氏撰。無刻書年月，約崇禎間三徑草堂刊。

醉鄉記傳奇二卷 明白雪樓主人填詞。崇禎間刊。

桃花扇傳奇二卷 闕里孔尚任撰。康熙間介安堂刊。光緒乙未蘭雪堂刊，作四卷，首一卷。

香雪亭新編耆英會記二卷 晝川逸叟填詞。無刻書年月，約康熙間刊。晝川逸叟者，竇應喬萊之别號也。道光間補刊。

吴吴山三婦合評牡丹亭還魂記二卷附録一卷或問一卷 黄山陳同、古蕩錢宜等評。無刻書朝代,約康熙甲戌刊兩截本。

珊瑚玦傳奇二卷附圖 可笑人填詞。無刻書年月,約康熙間刊。首有愚谷老人序。案序稱可笑人姓周氏[八〇]。

鴛鴦塚一卷附課蒙餘録一卷 武康沈玉亮填詞。康熙己巳刊。

洛神廟傳奇二卷 青要山樵填詞。康熙間精刊。

太白劍二卷 桐城姚康撰。光緒間刊木活字本。

廣寒香傳奇二卷附圖 蒼山子填詞,寒水生評。無刻書年月,約康熙間刊。

讀〔續〕離騷一卷 抱犢山農填詞。無刻書年月,約雍正間精刊。抱犢山農者,梁溪嵇永仁之别號也。

揚州夢二卷 抱犢山農填詞。無刻書年月,約雍正間精刊。

雙報應二卷 抱犢山農填詞。乾隆間精刊。

雨花臺傳奇二卷 平水徐昆填詞〔蒲坂崖桂林評〕。乾隆二十八年貯書樓刊。〔徐昆别字柳崖居士。〕

碧天霞傳奇二卷 平水徐昆填詞。乾隆丙戌刊。

雙翠圓傳奇二卷 華亭夏秉衡填詞。乾隆間刊袖珍本。首有繡像八葉。

旗亭記二卷 蘭皋生填詞。乾隆乙卯精刊。蘭皋生者,全椒金兆燕之别號也。乾隆間雅雨堂精刊本,闕序。

雙仙記傳奇二卷 鄂渚研露樓主人編著,淮陰郁州山人分填。乾隆丁亥香雪山房刊。研露樓主人者,江夏崔應階之别號也。

情中幻一卷 江夏崔應階填詞。乾隆間刊。

昭代簫韶二十卷 茂苑范聞賢等撰。嘉慶十八年内府刊。此書原作十册,每册各分上下。

乞食圖二卷鸚鵡媒二卷 林棲居士填詞,同學諸子評點。乾隆丙午至戊申小林棲刊。林棲居士者,武進錢維喬之别號也。一名《竹初樂府》。

竹溪山人介山記二卷 山右宋廷魁填詞。乾隆間刊。

鏡光緣傳奇二卷 楓江徐榆村填詞。乾隆四十三年精刊。

石榴記傳奇四卷總目一卷 如皋黄振填詞。乾隆壬辰柴灣村舍刊。有圖。

西江祝嘏四卷 鉛山蔣士銓填詞。乾隆間刊。即《康衢樂》《忉利天》《長生籙》《昇平瑞》。

黄鶴樓填詞二卷 梅花詞客撰。乾隆六十年刊。梅花詞客者,古歙周皚之别號也。

漁邨記二卷 青田湘巖填詞。乾隆戊子妙有山房刊。湘巖姓韓氏,名錫胙。光緒丙子重刊。

晉春秋〔傳奇〕二卷 看雲山人填詞。嘉慶五年庚申〔太虚齋〕刊。看雲山人者,德清蔡廷弼之别號也。

三星圓初集二卷二集二卷三集二卷四集二卷 上虞王懋昭撰。嘉慶庚午刊。首有繡像戲脚臉譜、提綱戲目。

奇酸記傳奇四卷 畫舫中人填詞。嘉慶九年刊。畫舫中人者,儀徵李斗之别號也。

歲星記傳奇二卷 畫舫中人填詞。嘉慶九年刊。

東海記傳奇一卷 太倉王曦填詞。道光十一年宛鄰書屋刊。

影梅菴傳奇二卷附憶語一卷 溧陽彭劍南填詞。道光丙戌茗雪山房刊。

後四聲猿一卷 老落填詞。道光己酉味塵軒刊木活字本。老落者,曲阜桂馥之别號也。

六觀樓北曲六種六卷 山左許鴻磐填詞。道光丙午刊巾箱本。《西遼記》《雁帛書》《女雲臺》《孝女存孤》《儒吏完城》《三釵夢》等六種。

千金壽二卷 平湖沈筠填詞。道光甲子守經堂刊。

檮冰圖譜一卷 南昌羅小隱填詞。道光間刊。又名《檮河冰譜》。

紅樓夢傳奇八卷 元和陳鍾麟填詞。道光乙未年刊。

黄河遠傳奇二卷 甘泉謝堃填詞。道光庚寅春草堂刊。

花間九奏無卷數 花韻庵主人填詞。無刻書年月,約道光間刊。〔一名《花間樂府》。〕

補天石傳奇八卷 鍊情子填詞。道光十年庚寅靜遠草堂刊。鍊情子者,浙西周□□文泉之别號也。咸豐乙卯靜遠艸堂重刊巾箱本。

洞庭緣傳奇一卷 陽湖陸繼輅填詞。光緒六年鴛湖刊。

支機石傳奇一卷 新建蔡榮蓮填詞,丹徒尹恭保正拍。光緒辛卯刊。

滄桑豔二卷 丹徒丁傳靖填詞。光緒戊申豹隱廬刊。

七曇果傳奇一卷 丹徒丁傳靖撰。民國甲子鉛字排印本。

霓裳豔傳奇二卷 曲隱道人填詞。民國壬戌刊。曲隱道人者,仙城許之衡之别號也。

曲選之屬

雍熙樂府二十卷 明郭勛輯。嘉靖間刊。

吴歈萃雅四卷 明茂苑梯月主人選輯,古吴隱之道民校點。萬曆間刊。分元亨利貞凡四集,每集首附圖各四葉。

月露音四卷 明凌虚子輯。萬曆間刊。

詞林逸響四卷 明許宇輯。天啓間刊。

彩筆情詞十二卷 明張栩輯。天啓間刊。

盛明雜劇三十卷附圖 明沈泰編。崇禎間刊。

白雪齋選訂樂府吴騷合編四卷 明騷隱居士輯。無刻書年月,約崇禎間刊。

曲譜之屬

舊編南九宫譜十卷 明蔣孝撰。萬曆間刊。

九宫譜定十二卷 東山釣叟編。無刻書年月,約順治間刊。東山釣叟者,海寧查繼佐之别號也。

一笠菴北詞廣正譜無卷數 吴門李玄玉輯。無刻書年月,約康熙間青蓮書屋刊。

曲話之屬

曲品二卷 明東海鬱藍生撰。舊抄本。

曲律易知二卷 仙城許之衡撰。民國壬戌十二月飲流齋刊。

顧曲録四卷 山陰謝嘉玉輯。嘉慶十五年庚午刊。

顧誤録無卷數 太原王德暉、北平徐沅澂同撰。咸豐元年刊巾箱本。

詞餘講義一卷 長洲吴梅撰。民國十二年北京大學鉛字排印本。

[一]己巳　當作"己丑"。(宛雨生《〈販書偶記〉〈續編〉勘誤》,載《江蘇圖書館學報》一九八四年第四期)

[二]李源春　當作"李源"。按李源,字春潭。(姚金笛《〈販書偶記〉〈續編〉訂誤》,載《上海高校圖書館情報工作研究》二〇一一年第四期)

[三]宣統　當作"民國"。(馮漢才《孫殿起〈販書偶記研究〉》,河北大學二〇一一年碩士論文)

[四]同治庚午　當作"光緒十一年"。(蘭天陽《〈販書偶記〉訂誤偶拾》,《圖書館學刊》一九九七年第三期)

[五][六]見善　當作"艮善"。(杜澤遜《微湖山堂叢稿》,上海古籍出版社二〇一四年,第三二五頁)

[七]無刻書年月,約宣統間讀書堂刊　當作"民國六年讀書堂刊"。(馮漢才《孫殿起〈販書偶記研究〉》)

[八]孔昭辰、[一八]孔昭杰　按孔昭杰,初名昭辰。(姚金笛《〈販書偶記〉〈續編〉訂誤》)

[九]唐　當作"宋"。(李步嘉《〈增訂四庫簡明目録標註〉〈販書偶記〉補正》,載《古籍整理研究學刊》一九九一年第一期)

[一〇]汪陛　當作"汪陞"。(姚金笛《〈販書偶記〉〈續編〉訂誤》)

[一一]二十一年　當作"十一年"。(馮漢才《孫殿起〈販書偶記研究〉》)

[一二]聽雨樓　當作"聽雨齋"。(宛雨生《〈販書偶記〉〈續編〉勘誤》)

[一三]十三年　當作"二十年"。(馮漢才《孫殿起〈販書偶記研究〉》)

[一四]道光庚戌　當作"咸豐二年"。(杜澤遜《文獻學概要)》

[一五]癸丑　當作"癸卯"。(宛雨生《〈販書偶記〉〈續編〉勘誤》)

[一六]陽城張敦仁撰　當作"明嚴衍撰,清陽城張敦仁匯鈔"。(李步嘉《〈增訂四

庫簡明目録標註〉〈販書偶記〉補正》)

[一七] 吴寶謨　當作"吴寶彝"。(齊魯師範學院程遠芬教授於原書批註,未發表,以下簡稱"程遠芬批註")

[一九] 按當補"《考正》,劉承幹撰"。(馮漢才《孫殿起〈販書偶記研究〉》)

[二〇] 乙巳　當作"己巳"。(宛雨生《〈販書偶記〉〈續編〉勘誤》)

[二一] 丁日健　當作"丁曰健"。(宛雨生《〈販書偶記〉〈續編〉勘誤》)

[二二] 宣統庚申　當作"民國己未"。(蘭天陽《〈販書偶記〉訂誤偶拾》)

[二三] 碑版廣例　當作"碑版文廣例"。(蘭天陽《〈販書偶記〉訂誤偶拾》)

[二四] 淳安仲　昴庭　當作"淳安仲昴庭",按昴庭即仲學輅之號。(宛雨生《〈販書偶記〉〈續編〉勘誤》)

[二五] 乙卯　當作"己卯"。(宛雨生《〈販書偶記〉〈續編〉勘誤》)

[二六] 史以申　當作"史以甲"。(宛雨生《〈販書偶記〉〈續編〉勘誤》)

[二七] 蔣衡　當作"蔣和"。(宛雨生《〈販書偶記〉〈續編〉勘誤》)

[二八] 丁卯　當作"丁酉"。(宛雨生《〈販書偶記〉〈續編〉勘誤》)

[二九] 敦化齋　當作"敦化堂"。(宛雨生《〈販書偶記〉〈續編〉勘誤》)

[三〇] 劉家本　當作"劉家立"。(宛雨生《〈販書偶記〉〈續編〉勘誤》)

[三一] 二十二年　當作"二十一年"。(李步嘉《〈增訂四庫簡明目録標註〉〈販書偶記〉補正》)

[三二] 乙未　當作"己未"。(宛雨生《〈販書偶記〉〈續編〉勘誤》)

[三三] 四十八年　當作"五十年"。(馮漢才《孫殿起〈販書偶記研究〉》)

[三四] 羅□□　當作"羅惇曧"。(徐及《〈販書偶記〉補正三例》,載《讀書》一九八七年第四期)

[三五] 按《品花寶鑒》撰者爲常州陳森;《玉燕堂傳奇》撰者爲江寧陳堅;《玉燕堂傳奇》實有四種。(徐及《〈販書偶記〉補正三例》)

[三六] 不著撰人姓名　當作“馮登府撰”。(宛雨生《〈販書偶記〉〈續編〉勘誤》)

[三七] 顔文原　當作“顔文選”。(李步嘉《〈增訂四庫簡明目録標註〉〈販書偶記〉補正》)

[三八] 聞京　當作“董聞京”。(宛雨生《〈販書偶記〉〈續編〉勘誤》)

[三九] 夏嘉謨　當作“夏嘉穀”。(宛雨生《〈販書偶記〉〈續編〉勘誤》)

[四〇] 當補“《校補》,李詳、段朝瑞撰”。(宛雨生《〈販書偶記〉〈續編〉勘誤》)

[四一] 尊聞閣集　當作“尊聞堂集”。(宛雨生《〈販書偶記〉〈續編〉勘誤》)

[四二] 西小　當作“西山”。(宛雨生《〈販書偶記〉〈續編〉勘誤》)

[四三] 洪釴　當作“洪鉽”。(宛雨生《〈販書偶記〉〈續編〉勘誤》)

[四四] 陳殿湗　當作“陳殿桂”。(宛雨生《〈販書偶記〉〈續編〉勘誤》)

[四五][七九] 紅萼軒詞　當作“紅萼詞”。(姚金笛《〈販書偶記〉〈續編〉訂誤》)

[四六] 草堂詩　當作“草堂集”。(宛雨生《〈販書偶記〉〈續編〉勘誤》)

[四七] 康熙六十一年刊　按當作活字本。(宛雨生《〈販書偶記〉〈續編〉勘誤》)

[四八] 稽曾筠　當作“嵇曾筠”。(宛雨生《〈販書偶記〉〈續編〉勘誤》)

[四九] 端岳　當作“岳端”。(宛雨生《〈販書偶記〉〈續編〉勘誤》)

[五〇] 集虚齋古文　當作“集虚齋學古文”。(宛雨生《〈販書偶記〉〈續編〉勘誤》)

[五一] 佩古齋　當作“佩古堂”。(宛雨生《〈販書偶記〉〈續編〉勘誤》)

[五二] 浙江省通志圖説　當作“浙江通省圖説”。(宛雨生《〈販書偶記〉〈續編〉勘誤》)

[五三] 蘭雪齋　當作“蘭雪堂”。(宛雨生《〈販書偶記〉〈續編〉勘誤》)

[五四] 嘉慶癸丑　按此處有誤,嘉慶無癸丑年。(宛雨生《〈販書偶記〉〈續編〉勘誤》)

[五五] 嘉慶十三年戊辰刊　按此處有誤,文集卷七第十頁有嘉慶二十一年字樣。(宛雨生《〈販書偶記〉〈續編〉勘誤》)

［五六］鏤冰堂詩鈔　當作“鏤冰詩鈔”。（宛雨生《〈販書偶記〉〈續編〉勘誤》）

［五七］借秋山房　當作“借秋山居”。（蘭天陽《〈販書偶記〉訂誤偶拾》）

［五八］裘日修　當作“裘曰修”。（宛雨生《〈販書偶記〉〈續編〉勘誤》）

［五九］詩集　當作“詩鈔”。（宛雨生《〈販書偶記〉〈續編〉勘誤》）

［六〇］乙卯　當作“己卯”。（宛雨生《〈販書偶記〉〈續編〉勘誤》）

［六一］癸酉　按此處有誤，道光無癸酉年。（宛雨生《〈販書偶記〉〈續編〉勘誤》）

［六二］蔣厲常　當作“蔣勵常”。（程遠芬批註）

［六三］道光　當作“嘉慶”。（姚金笛《〈販書偶記〉〈續編〉訂誤》）

［六四］怡卿　當作“詒卿”。（杜澤遜《微湖山堂叢稿》，第三二五頁）

［六五］道光癸丑至甲寅　按此處有誤，道光無癸丑、甲寅年。（宛雨生《〈販書偶記〉〈續編〉勘誤》）

［六六］黄江古文存　當作“萸江古文存”，陶必銓撰。（宛雨生《〈販書偶記〉〈續編〉勘誤》）

［六七］仁和曹籀　當作“錢塘吴煦”。（蘭天陽《〈販書偶記〉訂誤偶拾》）

［六八］亦佳堂　當作“亦佳室”。（宛雨生《〈販書偶記〉〈續編〉勘誤》）

［六九］甲辰集　當作“由庚集”。（宛雨生《〈販書偶記〉〈續編〉勘誤》）

［七〇］彭來泰　當作“彭泰來”。（宛雨生《〈販書偶記〉〈續編〉勘誤》）

［七一］丙寅　按此處有誤，道光無丙寅年。（宛雨生《〈販書偶記〉〈續編〉勘誤》）

［七二］知止堂　當作“知止齋”。（宛雨生《〈販書偶記〉〈續編〉勘誤》）

［七三］《朔方備乘》《北徼彙編》　按二書實爲一書。（馮漢才《孫殿起〈販書偶記研究〉》）

［七四］己卯　當作“壬午”。（馮漢才《孫殿起〈販書偶記研究〉》）

［七五］庚寅　當作“戊寅”。（馮漢才《孫殿起〈販書偶記研究〉》）

［七六］壬辰　當作“丁酉”。（蘭天陽《〈販書偶記〉訂誤偶拾》）

［七七］孟子編略　當作"孟志編略"。(宛雨生《〈販書偶記〉〈續編〉勘誤》)

［七八］方南堂輟鍛録　當作"方南堂先生輟鍛録"。(宛雨生《〈販書偶記〉〈續編〉勘誤》)

［八〇］周氏　按即周稚廉,字冰持。(徐及《〈販書偶記〉補正三例》)

販書偶記

（附續編）

中

孫殿起 撰

中國歷代書目題跋叢書

販書偶記續編

略　　例

一、本書係繼《販書偶記》而輯録，故稱《續編》。

二、非單行本不録；間有在叢書中者，則係初刊單行本或抽印之本，不是汎及叢書。

三、凡見于《四庫全書總目》及《販書偶記》著録者概未列入，有之，皆屬卷數或刊本互異者。

四、本編所輯各書，著者籍貫和刊刻年代，凡能查考，俱註於該書名下。

五、一書有見於前，而復見於後者，必係卷數不同，或有其他互異之處，并非重複。

六、書中外籍人著述，皆附部屬之末，以資區別。

七、各類書籍編排次第，如史部之“紀傳”、“編年”、“雜史”等，皆按内容記事時代順序；“傳記”按所記人物先後順序，“地方雜記”按地區順序；其他類目，多按著者時代先後順序。

販書偶記續編總目

經部

史部

子部

集部

販書偶記續編卷一

經　部

易　類

大易疏解九卷附一卷 宋眉山蘇軾撰，明會稽錢受益、定武林顧賓閲。無刻書年月，約天啓間刊。

易義圖説四卷 宋古婺吕東萊撰。民國壬戌金華石印本。

周易纂言集註四卷 元臨川吴澄撰。嘉靖元年孟秋宗文書堂刊。

易經補義十二卷首一卷 明吴江徐師曾撰。嘉靖丙辰三衢翁見山刊。

犧經臆説三卷 明長洲張獻翼撰。舊鈔本。首有巡撫應天右簽都御史吉郡宋儀望序。

删訂來氏易經象數圖説二卷 明來知德撰，清慈元張恩霨删訂。光緒十一年刊。

易學辨疑四卷 明錢塘施之藩撰。隆慶壬申刊。

易通二卷易義一卷 明吴興唐元竑撰。無刻書年月，約崇禎間刊。

易經疏義四卷 明星源程汝繼撰。崇禎乙亥刊。

周易像象述無卷數附像象金鍼 明梁溪吴桂森撰。底稿本。首有崇禎歲在丙子夏五同郡張緯敍。

周易劄記無卷數 明東郡逯中立撰。無刻書年月，約崇禎間刊。

周易意十二卷首一卷末一卷 明金谿陳晝撰。順治庚子韓齋刊。

周易正蒙四卷 明金谿許廷諫撰。康熙二十八年刊。

增訂周易去疑十一卷首一卷末一卷 明宛旌舒宏諤撰。光緒八年壬午江右養雲書屋刊。

易經臆闡三卷 明盱瀘石文器撰。嘉慶九年重刊。

易史八卷卦圖一卷 清蜀井研胡世安撰。舊鈔本。

易大象説録二卷首一卷 清吴人舒堯撰。無刻書年月,約順治戊子刊。

易經窮抄定本七卷 清古郇王國瑚撰。**易經便蒙抄翼六卷圖説一卷** 清古郇王巖楨撰。順治辛卯刊。

易經聽月六卷圖説一卷 清婁東吴偉業撰。無刻書年月,約順治間天繪閣刊。

周易玩辭困學記無卷數 清海寧張次仲撰。康熙己酉刊。

易學三述一卷 清河東王含光撰。康熙十二年刊。

易學三述一卷附易圖直解一卷 清河東王含光撰。康熙十九年刊,民國二十五年以古宋字排印本。

讀易日鈔八卷 清大興張烈撰。康熙二十六年刊。

周易圖説述四卷 清華山王宏撰。康熙二十六年刊。

周易淺義四卷圖説一卷 清范陽耿極撰。康熙戊辰觀象軒刊。

大易辯志二十四卷 清天都張習孔撰。康熙庚午刊。

易圖合説一卷 清河東邵嗣堯撰。康熙三十年辛未重刊。

周易翼義集粹三卷 清歙南吴曰慎撰。康熙辛未紫陽書院刊。

增訂周易本義補四卷圖説一卷 清洮村劉祈穀撰。康熙戊寅刊。

易圖集説補二卷 清絳邑侯楠編,聞喜楊世泰釋。康熙丙戌刊。

周易會歸無卷數 清昭萍鄧嗣禹輯註,鄧霽彙纂。康熙壬辰刊。

易學蓍貞四卷 清溆水趙世對輯。無刻書年月,約康熙甲午刊。

增訂周易本義補無卷數 清蘇了心撰。無刻書年月,約康熙間霍集堂刊。原編次作四卷。

周易闡要四卷 清涇川吴尚默撰。無刻書年月，約康熙間刊。

易聞十二卷首一卷 清海虞歸起先撰。乾隆六十年刊。

周易晰奥十卷 清涇上翟可先撰。嘉慶癸亥翟永江等校刊。

周易大象傳解一卷 清溧陽芮城撰。光緒甲申毗陵惲氏刊。

周易傳義合闡十二卷 清太倉陳瑚撰。民國甲子刊。

周易發蒙四卷圖説序目一卷 清天門蕭友曹撰。雍正二年刊。

易參三卷 清南靖王麟祥輯。雍正戊申刊。

易曉三卷卦圖附 清嘉善夏葛輯註。原稿本。首有乾隆癸亥同里陳作梅手書序。

周易衷孔十二卷首一卷 清婁東王恪撰。乾隆十一年蘇嘯軒刊。

西山占易草七卷 清郜掄撰。乾隆庚午古義安潛齋刊。

演周易四卷 清潮陽陳英猷撰。乾隆十八年疊石山房刊。

澹寧三接始末一卷循環太極圖一卷附崇祀鄉賢録一卷 清光山胡煦撰。乾隆二十五年刊。

讀易辨疑四卷 清長壽李開先撰。乾隆辛巳静遠堂刊。又名《周易六十四卦辨疑》。

周易本義考十二卷附周易五贊 清寶應劉世讜輯。乾隆三十三年獲古堂刊。

周易告蒙圖註四卷圖説三卷 清湘潭趙世迥撰。乾隆三十八年四德堂精刊。

易庸會通三卷 清古虞范曰俊撰，姚江何天衢註。乾隆三十九年刊。

易圖質疑無卷數 清古虞范曰俊撰。無刻書朝代，約乾隆丁酉刊。

讀易拾義便抄一卷 清膠西匡文昱撰。無刻書朝代，約乾隆乙未精刊。

羲里睡餘易編十卷 清信陽張綬佩撰。乾隆乙未仲冬魯甸官舍刊。

周易通釋六卷 清虞山瞿鈺撰。乾隆丁酉留餘堂刊。

周易蓍詩二卷 清山陰鍾煜撰。乾隆戊戌刊。

牧亭易解十二卷圖説一卷 清新建劉謙撰。傳鈔本。首有乾隆戊戌分宜林有席序。

周易便解六卷 清南城汪誥輯。乾隆己酉克復堂刊。

周易從善十卷 清順德伍尹遇撰。乾隆庚戌刊。

周易考四卷首一卷末一卷 清夏邑陳孚編。乾隆六十年九月刊。

易經韻讀二卷 不著撰人姓名。底稿本。無序跋,約乾隆間鈔本。

古趣亭易説一卷 清會稽范家相撰。底稿本。墨格,板心下有"古趣亭藏書"五字。

周易邵注無卷數 清餘姚邵晉涵集。原稿本。墨格,版心下刊"面水層軒"四字。

易經象意詳解六卷 清董明德撰。底稿本。首有自序。

易附記七卷 清大興翁方綱撰。傳抄本。卷一卷二原闕。

易附記十六卷 清大興翁方綱撰。傳鈔本。

易學玩圖錐指三十六卷 清臨川湯道煦撰。嘉慶二年茗香齋刊。

讀易經偶録五卷 清臨川金榮鎬撰。嘉慶二年精刊。

周易便蒙襯解四卷 清四明李盤撰。嘉慶五年刊。

學易討原一卷 清歸安姚文田撰。嘉慶辛酉於粤東刊。

芸莊易註無卷數 清零陵劉方瑨撰。嘉慶七年聰訓堂刊。

易悟六卷 清零陵劉方瑨撰。嘉慶二十五年聰訓堂刊。

周易粹鈔八卷首一卷 清青陽孫昭德編次。嘉慶丙寅刊。

固村觀玩集稿二卷 清侯起元撰。嘉慶丁卯刊。

周易義傳合訂十五卷 清溧水張道緒撰。嘉慶辛未人境軒刊。

周易經義審七卷首一卷 清武寧盧浙撰。嘉慶十七年三芝山房刊。

周易略解八卷羣經互解一卷附算略 清南海馮經撰。嘉慶十八年癸酉六月刊。

易見二卷 清安邑宋鑒撰。嘉慶二十年夏刊。

周易簡金三卷 清寶山侯廷銓編。嘉慶二十年精刊。

周易大義圖説二卷 清蕭山鄭鳳儀撰。嘉慶丁丑仲冬蕭山鄭氏通德堂刊。

六十四卦通解二卷 清洛陽張輶撰。嘉慶二十四年精刊。

周易鄭氏爻辰一卷 清錢唐謝家禾撰。無刻書朝代,約嘉慶二十五年庚辰夏五存齋刊。

學易慎餘録四卷 清歸安葉佩蓀撰。無刻書年月,約嘉慶間刊。又名《易守》。

周易繹傳無卷數 清宜興汪景望撰。無刻書年月,約嘉慶間刊。

學易管窺四卷 清朔州蔚藎撰。光緒十五年己丑刊。

困翁易學八卷 清安化王文潞撰。道光四年刊。

周易實義六卷 清秀水唐柷撰。道光八年冬樂壽堂刊。

周易翼十卷釋義一卷 清烏程凌堃撰,釋義女史安璿珠撰。道光戊子重校本。

周易匯義四卷 清潙寧黄价撰。道光十年刊。

周易本義參疑四卷 清宜興吴德旋撰。道光十二年二酉堂刊。

周易敬義六卷首一卷 清曹家柏撰。原稿本。首有道光十四年甲午自序。

易象元機三卷易象占驗一卷 清東粤順德鄧接成撰。道光二十一年刊。

周易述傳十卷易圖一卷 清濰陽丁裕彦撰。道光二十二年刊。

周易象理指掌六卷 清閩汀王登撰。道光癸卯碧峰書室刊。

周易辭象合參十一卷圖説一卷 清黄岡汪兆柯撰。道光癸卯春存誠堂刊。

讀易存稿四卷 清東陽張汝緒撰,陶瀛洲述。道光乙巳春靜觀堂刊。

易鑑三十八卷 清衡安仁歐陽厚均撰。道光丁未安仁歐陽氏刊。

讀易易知三十二卷首一卷 清海虞單恩蘭撰。底稿本。有道光二十六年自序。

周易管窺四卷 清上元胡鎬撰。道光二十六年上元王氏刊。

周易説約一卷 清武寧盧□□容莽撰。無刻書年月,約道光間刊。

周易直解二卷 清棲霞牟應震撰。無刻書年月,約道光間刊。

易卦比義二卷 不著撰人姓名。底稿本。無序跋,約道光間抄本。

讀易述訓四卷 清香山蔡顯原撰。同治丁卯蔡敦睦堂刊。

大易貫解無卷數 清天水王尚槩撰。民國二十一年鉛字排印本。

周易象義串解六卷 清星沙羅昌鸞撰。咸豐二年燕貽堂刊。

易理三種初稿一卷 清貴筑孫濂撰。同治二年半耕山莊刊。

易經如話合校記十二卷首一卷末一卷 清婺源汪立中、余麗元同撰。光緒二年仲夏月曲水書局刊。

易義泝源二十卷首二卷末二卷 清吴士俊撰,陳挹爽等參訂,李菘生、李春澤等注釋。原稿本。《繫辭》二卷,《雜卦》一卷,(卷首)《易説彙解》,(卷末)《讀易雜録》。首有光緒八年吴士俊傅巖自序。

韓園學易圖説一卷 清吴縣潘霨撰。光緒戊子仲冬於黔南節署精刊。

周易義例卦變考一卷 日本伊藤長胤撰。原稿本。首有寶永元年即康熙四十三年自序。

筆記周易本義十六卷圖説一卷 日本平安仲欽撰。無刻書年月,約文化間刊,即嘉慶間刊。

書　類

古文尚書馬鄭注十卷逸文二卷篇目表一卷 宋王應麟撰集，清陽湖孫星衍補集。乾隆六十年問字堂刊。光緒庚辰綿竹墨池書舍校刊。

書經便註十卷 明蔡鼗撰。嘉靖辛酉刊。

尚書印六卷 明長水沈瀚撰。無刻書年月，約天啓間刊。

書經集傳句讀六卷 明汪應魁撰。崇禎四年刊。

尚書集解十卷 明句餘孫繼有撰。崇禎丁丑精刊。

書經説約六卷 明高沙金相玉撰。底稿本。無序跋，約崇禎間鈔本。

書經審鵠便覽六卷 明温陵莊奇顯輯著，武水夏允彝校纂。乾隆間刊。

尚書彙纂必讀十卷 清晉陵陸士楷撰。康熙辛亥刊，光緒辛卯春貴谿何乾元堂刊木活字本。

尚書彙纂十二卷類句一卷末一卷 清晉陵陸士楷輯。康熙辛亥刊，光緒十二年陸氏善慶堂重刊。

尚書埤傳十五卷首一卷末一卷攷異一卷攷異補一卷 清松陵朱鶴齡撰。康熙癸丑刊。

尚書纂註約解二卷 清歙洪輔聖、洪佐聖、洪翼聖同撰，洪文衡增訂。雍正五年洪正治編刊。

書經要義六卷 清關中王建常撰。雍正八年庚戌刊。

尚書示兒評一卷 清任邱李春源撰。底稿本。

尚書宗要無卷數 清歸安夏封泰撰。乾隆二十七年刊，嘉慶十八年始穀堂重刊。

尚書章句存疑二卷 清欒亭倪上述撰。底稿本。首有乾隆丙戌六月既望自序。

尚書質疑二卷 清仁和趙佑撰。乾隆二十九年本衙刊。

尚書辨疑一卷 清襄城劉青芝撰。乾隆間刊。

尚書今古文注三十卷 清陽湖孫星衍撰。光緒己卯丁寶楨於四川精刊。

尚書章句内篇五卷外篇二卷 清荆溪任啓運撰。光緒間刊。

書説拾餘二卷首附原書一卷 清會稽范家相撰。原稿本。墨格,版心下刊"古趣亭藏板"五字。

書附記十四卷 清大興翁方綱撰。傳鈔本。

尚書可解輯粹二卷 清安鄉潘相撰。嘉慶己未仲夏誠恕堂刊。

書經疑義六卷 清信豐黄玫撰。嘉慶戊寅字香堂刊。

尚書今古文集解三十卷附書序述聞一卷 清武進劉逢禄撰。光緒辛卯仲春延暉承慶堂重刊。

尚書約旨一卷 清六安黄惟恭撰。道光元年亦囂囂廬刊。

尚書詁要四卷 清成都龍萬育輯。道光五年敷文閣龍氏刊。

書義原古一卷 清平江張瓚昭撰。道光庚寅夏蘭朋堂刊。即《經笥質疑》第三卷。

古文尚書補註十三卷末一卷 日本冢田虎撰。寛政十三年辛酉孟春環堵室刊,即嘉慶六年刊。

古文尚書勤王師三卷 日本山本信有撰。文政甲申奚疑塾精刊,即道光四年刊。

大誓答問一卷 清仁和龔自珍撰。道光壬辰杭州愛日軒陸貞一仿宋寫精刊。

書序略考一卷 不著撰人姓名。原稿本。

廣禹貢楚絶書二卷 明江漢陳士元撰。舊鈔本。首有隆慶庚午自序。

禹貢廣覽二卷附蓋載圖憲一卷步天歌圖一卷 明錢塘許胥臣編。崇禎癸酉刊。

禹貢集註一卷圖一卷 明魯山劉崇慶撰。**附山水清音一卷** 魯山劉椿撰。咸豐十年庚申秋霞里文閣刊。

禹貢圖註二卷 清語水鍾定、海昌沈煜、繡州包天錫、姚江邵元度、檇李徐嘉炎同校訂。康熙己酉睉瑶亭刊。圖註各一卷。

九河臆説一卷 清吴橋王實堅撰。嘉慶己未吴橋勸學所精刊。

禹貢節註便讀一卷 清古吴朱麟書輯。嘉慶十六年刊木活字本。

禹貢揭要一卷 清上海姜信撰。嘉慶十八年癸酉知止山房刊。

禹貢水道析疑二卷 清涇縣張履元輯。道光五年味古齋刊。

禹貢正字一卷 清安邱王筠撰。道光己酉刊。

禹貢水道圖論一卷附録一卷 清南海關遠光撰。道光八年粤東雙門底九經閣刊。

洪範圖説四卷 清黄岡嚴承夏撰。乾隆丁酉春柏蔭堂精刊。

尚書大傳四卷補遺一卷 清會稽樊廷緒校訂。嘉慶五年山陰沈氏鳴埜山房刊。

詩　類

葩經心印五卷 明帝鄉戚伸(原名貴卿)撰。無刻書年月,約萬曆間刊。

詩經注疏大全纂十二卷譜説一卷 明陶其情撰。無刻書年月,約天啓間刊。

詩經水月備攷四卷 明晉陵薛寀輯,同里史增註。康熙四十四年存存堂刊。

詩經串解五卷 清吴航陳曉撰。康熙己酉刊,嘉慶庚辰重刊。

詩箋别疑一卷 清慈谿姜宸英撰。傳抄本。首有乙亥三月朔日自序。

毛詩正本二十卷讀詩一卷 清錢唐陳梓撰。乾隆甲子深柳讀書堂刊。

詩解正宗五卷 清長白朓圖撰。乾隆九年刊。

詩經摘要四卷 清修水何振宗撰。乾隆十八年精刊。

詩經審鵠要解六卷 清漳浦林錫齡輯。乾隆間刊。

讀詩經偶録四卷 清金榮鎬撰。無刻書年月,約乾隆間精刊。

詩述十二卷 清河間紀汝綸輯。底稿本。

詩經古韻四卷 清曲阜孔繼堂撰。原稿本。

毛詩竂啓十卷 清上海薛韜光撰。嘉慶庚申本家刊。

小序翼二十七卷首一卷 清武威張澍撰。原稿本。

詩經讀鈔三十一卷首一卷 清臨川李宗淇輯。道光五年忠信堂刊。

毛詩韻考四卷 清海豐張映漢輯。道光乙酉仲冬述敬堂刊。

詩氏族考六卷 清嘉興李超孫撰。道光十五年海昌蔣光煦刊。

詩義序説合鈔四卷首一卷 清樂安游閎輯。道光癸卯春本家刊。

詩義求經二十卷 清東鄉艾暢撰。道光丁未可添齋刊。

葩經一得無卷數 清望江張夢瀛撰。道光三十年何俊校刊原編次作五卷。

續詩經音律八卷 清山左遲德成撰。無刻書年月,約道光間尚志堂刊。

讀詩考字二卷補編一卷 清南清河程大鏞撰。光緒十三年程人鵠補刊。

詩小説一卷 清海甯蔣光焴撰。無刻書年月,約咸豐間刊。附《鴻範通論》一卷,《庚實齋讀書年月譜》一卷。

詩説二卷 清陳廣専撰。光緒九年精刊。有邛州伍肇齡序。

詩古音三卷 清益都楊峒撰。傳抄本。紅格,版心下刊有"四寶齋"三字。

讀朱子詩傳膏肓二卷 日本信陽太宰純撰。延享三年丙寅文英閣刊,即乾隆十一年刊。

詩經毛傳補義十二卷附録一卷 日本西播岡白駒撰。延享乙丑刊即乾隆十年刊。

筆記詩集傳十六卷 日本平安仲欽撰。明和元年甲申刊,即乾隆二十九年刊。

毛詩補傳三十卷首一卷 日本紀伊仁井田好古撰。天保五年甲午精刊,即道光十四年刊。

詩繹國風一卷 明海上喬時敏撰。無刻書年月,約天啓間精刊。

草木疏校正二卷 清仁和趙佑撰。乾隆辛亥精刊。

古韓詩説證九卷 清高郵宋綿初撰。乾隆己酉述古堂刊。

韓詩遺説二卷訂譌一卷 清武進臧庸撰，會稽陶方琦校。光緒乙未仲夏元和江氏刊。

盧抱經增校詩攷四卷 清范陽盧文弨撰。民國乙亥冬十二月盋山精舍石印本。坿臧鏞、馮登府等校補。

販書偶記續編卷二

周 禮 類

周禮句解集註六卷考工記集註一卷 明古吴陳仁錫撰。無刻書年月，約天啓間問龍館刊。

周禮集解節要六卷 清錫山鄧愷撰。雍正甲寅精刊。

周禮節釋十二卷 清麻城鮑梁撰。乾隆四十一年精刊。

周官註釋十二卷 清麻城鮑梁撰。嘉慶十六年精刊。

周禮提綱輯註一卷 清南海林組撰。乾隆戊戌精刊。

周禮讀本六卷 清昆明周樽輯。乾隆癸丑留餘堂刊。

周官經疏備要六卷 清暨陽顧大治撰。嘉慶乙丑敦厚堂刊。

周禮直音六卷首一卷末一卷 清高郵孫偘輯。嘉慶癸酉天心閣刊。

周禮凝粹六卷 清任城宋嘉德撰。道光庚子奎照堂刊。

成周徹法演四卷 清東垣何詒霈撰。原稿本。後有嘉慶十年涂月既望自跋，并道光二年歲在壬午荷月重訂於碧霞齋。

考工記圖注二卷 清休寧戴震撰。無刻書年月，約嘉慶間聚奎樓刊巾箱本。

考工記論文一卷 清滋陽牛運震撰。無刻書年月，約嘉慶間空山堂刊。

儀 禮 類

儀禮節録一卷 清海陵宫爲坊選。乾隆五十五年刊。

儀禮一覽十七卷 清黄州魏雲琯編。嘉慶丁卯刊。

儀禮經注疑直五卷 清歙程瑶田校,吴承仕録。民國二十二年石印本。

儀禮聚考二卷 清海陵楊筠撰。道光元年精刊。

儀禮注疏温十七卷補録一卷 清績溪章平撰。道光二年刊。

儀禮恒解十六卷 清雙江劉沅撰。民國丙寅夏致福樓重刊。

古宫室圖一卷附古冠服圖一卷 清中州吕宣曾撰。乾隆丁巳精刊。

宫室攷無卷數 清義興任啓運撰。嘉慶壬寅清芬堂刊。

喪禮答問紀實一卷 清江都汪喜孫撰。道光癸巳刊。

喪禮酌宜一卷 清番禺梁信芳撰。道光丙午刊。

禮　記　類

禮記思五卷 明東海趙僎撰。天啓七年丁卯白門書林王荆岑刊。

禮記集説四十九卷 清歸安鄭元慶撰。民國十三年甲子吴興劉氏嘉業堂刊。

讀禮説三卷 清新安吕揚祖撰。乾隆五年望栢堂精刊。

禮記釐編十卷附録一卷 清安鄉潘相撰。乾隆乙未汲古閣刊。

禮記説八卷 清婁縣楊秉杷撰。道光元年刊。

漱芳禮記集説六卷 清平鄉李之和纂輯。底稿本。首有道光十六年歲次丙申自序。

儒行約説一卷儒行漢鄭氏注一卷 清湘陰左欽敏撰。民國丙辰夏五尚志齋刊。

檀弓序本三卷 清瀨江彭光斗撰。乾隆辛丑刊。

蔡氏月令章句二卷 清武進臧庸撰。光緒甲申仲春上海文藝齋刊巾箱本。

深衣釋例三卷 清興化任大椿撰。乾隆四十八年刊。

戴經新旨合纂四卷 清鍾山徐文初纂輯,苕溪范翔參訂。嘉慶己未春刊。

大戴禮記附記一卷 清大興翁方綱撰。傳抄本。

大戴禮注補十三卷目録一卷附録一卷 清嘉定汪照撰。**大戴禮注補校增十三卷目録一卷附録一卷** 清嘉定王浩撰。**大戴禮夏小正注補一卷** 清嘉定汪照原本。道光二十四年甲辰黄鋐補刊。

曾子章句一卷 清邵陽魏源撰。底稿本。首有嘉慶丁丑自序。

夏小正集解四卷 清東陽盧柏輯。嘉慶十三年戊辰秋韡和堂盧氏刊。

夏小正訂四卷 清古吴黄本驥撰。原稿本。

夏小正經傳埒解四卷附録一卷 日本邊之塱撰。文化戊辰時習堂精刊,即嘉慶十三年刊。

三禮總義類

禮經貫四卷 明古吴堵景濂撰。崇禎己卯刊。

禮俗權衡二卷 清益都趙執信撰。康熙己丑精刊。

朱子家禮五卷 清湘陰郭嵩燾校訂。光緒十七年思賢講舍刊。

四禮合參十五卷 清新安李應乾撰。雍正四年心遠樓刊。

三禮類綜四卷 清仁和黄暹編輯。乾隆丁未懷澄書屋精刊。

六禮或問十二卷末一卷 清婺源汪紱撰。光緒乙未中秋刊。

三禮便蒙二十三卷 清江都焦循撰。民國壬戌蟫隱廬影印。

禮儀便覽四卷 清嶺南周琅撰。光緒十五年照琴書屋刊木活字本。

樂類

樂經三卷 不著撰人姓名,□□文應熊註。光緒間李氏聖譯樓鈔本。有康熙五十七年文氏序。藍格。版心下刊"李氏聖譯樓筆述"等七字。

泰律篇十二卷外篇三卷 明西河葛中選撰。光緒甲辰刊。

壇廟樂章無卷數 清張樂盛等撰。乾隆十九年内府刊,道光元年删改本。

律吕原音四卷 清蘭亭主人鑑訂。乾隆三十八年刊。蘭亭主人爲康親王之別號。

聖廟樂釋律四卷 清嘉定錢塘撰。原稿本。墨格。版心下刊"四益齋"三字。首有乾隆五十年四月朔日江寧府儒學教授錢塘自序。案錢塘傳載著有《泮宫雅樂釋律》四卷,即是書。

絃索備攷六卷 清春園主人撰。原稿本。首有嘉慶甲戌長夏榮齋爲光自序。

古今樂律工尺圖一卷 清上元陳懋齡撰。道光八年精刊。

律吕指掌一卷 清膠東孫廷芝撰。道光癸巳刊。

音律指迷二卷 清崇仁周知撰,同邑謝蘭生編。道光丁酉四月種香山館刊。

律書律數條義疏一卷 清山陽邱逢年撰。傳鈔本。

樂學軌範九卷 明朝鮮成俔、黄穎芳等撰。萬曆三十八年庚戌刊,日本昭和三年以原刊影印本。

春秋左傳類

古文春秋左傳十二卷 宋浚儀王應麟撰集。舊鈔本。又名《春秋左氏傳賈服注》。

春秋左翼四十三卷列國世系考、國號考異、年表世次圖、名號歸一圖、名號考異字例附 明烏程王震編輯。萬曆癸卯刊。

春秋左傳標識三十卷 明吴戴文光撰。天啓乙丑必有齋刊。

左傳文苑八卷 明景陵鍾惺詳註,東海孫鑛批選。無刻書年月,約崇禎間刊。硃墨套印本。

左傳評十卷 清人興王源撰。無刻書年月,約康熙間居業堂精刊。又名《文章練要》。

春秋左傳彙輯四十卷 清歙西吴炳文撰。乾隆癸卯夏南麓軒刊。

左氏春秋集説十卷凡例二卷 清松陵朱鶴齡輯,吳江趙亨衢參輯。無刻書年月,約乾隆間刊。

春秋左傳詁二十卷 清陽湖洪亮吉撰。嘉慶十二年刊。

左傳同名録一卷 清丹徒楊文鼎輯。道光己丑冬刊。

讀左一得四卷 清上杭邱命三撰。咸豐元年精刊。

讀左約箋二卷 清錢塘馮李驊撰。湘潭夏大觀註。**春秋左傳分類賦四卷** 清湘潭夏大觀撰,夏大鼎註。咸豐元年海清樓刊。

左傳杜解補正八卷 清山陽丁晏撰。民國甲寅烏程張氏適園刊。

春秋左傳杜注綜覽三十卷 清嶺南彭□□雲墟撰。光緒二十六年刊。

讀左比事十二卷 清黄岡劉溱撰。光緒壬寅春仲刊。

左國異同考三卷 清宗彝撰。原稿本。首有民國元年自序。

春秋公羊傳類

春秋公羊經傳解詁十二卷 漢何休撰。道光四年孟冬揚州汪氏問禮堂重刊宋紹熙余氏萬卷堂本。

重刊宋紹熙公羊傳注附音本校記一卷 清仁和龔橙邵陽魏彦同輯。同治二年金陵書局刊。此書附《春秋公羊經傳解詁》後。

公羊經傳異文集解二卷 清海寧吴壽暘撰。底稿本。首有嘉慶六年自序。

春秋公羊傳歷譜無卷數 清涇縣包慎言撰。原稿本。並無序跋。

春秋穀梁傳類

穀梁大義述無卷數 清鎮江柳興恩撰。道光二十六年刊。

穀梁禮證一卷 清番禺侯康撰。無刻書年月,約道光間刊。

春秋穀梁學外編二卷 清井研廖平撰。光緒乙酉中冬刊。

春秋總義類

春秋存俟十二卷 明閩中余光余颺同撰。弘光乙酉文來閣刊。

春秋寶筏十二卷 明琴川翁長庸撰。順治辛卯刊。又名《春秋胡傳》。

春秋大成三十一卷首圖考一卷 明晉馮如京撰。順治甲午介軒刊。

春秋本義十卷 清禦兒顧朱撰。康熙庚寅刊。

春秋臆説四卷 清江寧吴啓昆撰。康熙五十九年懷新閣精刊。

四傳管窺無卷數 清温陵張星徽撰。乾隆四年己未藏書堂精刊。

春秋四傳刈實十二卷甲集首一卷 清奉新涂錫禧撰。乾隆十二年本衙刊。

春秋經傳集解攷正無卷數 清元和陳樹華撰。原稿本。首有乾隆三十五年庚寅春三月吴郡陳樹華識於響山書屋自序。

春秋通論四卷 清仁和關涵輯。乾隆己酉濯秀書堂刊。

春秋闡旨二卷 清語溪蔡遴元撰。乾隆辛亥刊。

春秋正解體要二十一卷 清閩中黄宗傑輯。乾隆壬子擷雲書屋刊。

春秋君臣世系圖考一卷 清蕭山周曰年、會稽章深同編輯。乾隆五十八年精刊。

春秋隨筆一卷 清無錫顧奎光撰。無刻書年月,約嘉慶間成都敷文閣刊。

春秋君國考五卷 清京山李元撰。光緒十五年己丑十月鈔本。

春秋小學六卷 清武進莊有可撰。民國二十四年六月影印底稿本。

春秋識小八卷 清武進莊有可撰。民國二十四年六月石印本。

春秋宗經録十四卷 清武陵楊丕復撰。嘉慶四年楊彝珍校刊。

春秋坿記五卷 清大興翁方綱撰。傳抄本。首有嘉慶辛酉六月朔自題。

春秋精義四卷首一卷 清武林黄淦撰。嘉慶甲子刊。

春秋三傳異文釋十二卷 清嘉興李富孫撰。嘉慶十二年丁卯冬别下齋刊。

增訂春秋世本圖譜一卷 清江陰徐鎮撰。嘉慶十三年戊辰葉廷甲校刊,水心齋葉氏藏板。

春秋三傳會纂旁訓十二卷 清孝感屠用豐撰。嘉慶戊辰臥雲堂刊。

春秋束一二卷附列國表書法 清儀徵團維墉撰。嘉慶壬申刊。

春秋氏族略一卷列國考略一卷春秋疑義一卷 清寶山侯廷銓撰。嘉慶壬申瑞寶堂精刊。

春秋氏族圖一卷 清溧水張道緒輯。嘉慶癸酉人境軒刊袖珍本。是書陳厚耀原撰,張道緒重訂。

春秋周魯纂論八卷 清益陽張孝齡撰。嘉慶十八年癸酉南郡刊。

春秋夏正二卷 清山陰胡天游撰。道光十年石笥山房刊木活字本。

春秋或辯平二卷 清江南許之獬辯。楚北史銘桂平。道光七年諸雲書屋刊。

春秋傳註訂譌三卷 清吴川吴懋清撰。底稿本。首有道光庚寅年十月自序。

三統曆春秋朔閏表無卷數 清吴縣義鉤撰。傳抄本。首有道光十三年安化陶澍、長樂梁章鉅等序。

春秋世系攷十二卷 清平湖柯汝霖撰。底稿本。首有道光十六年自序。

春秋目論二卷 清新化鄧顯鶴撰。道光十九年刊。

春秋釋四卷 清定海黄式三撰。道光甲辰刊。

春秋世族輯略二卷附春秋列國輯略一卷 清丹徒王文源撰。稿本。首有道光二十五年槐廣跋,楊文鼎序。

三傳異文録一卷 清吴縣彭孚甲編。道光戊申刊。

春秋貫解無卷數 清天水王尚槩撰。民國二十一年鉛字排印本。

春秋傳質疑六卷 清天台齊周南撰。民國辛未暮春蜕盦鉛字排印本。

春秋繹義十四卷首二卷 清婺源王曜南輯。咸豐元年務本堂刊。

春秋説集解十二卷書法八卷 清夏邑李道融撰。咸豐甲寅秋彊恕堂刊。

春秋左氏傳傳述人考春秋公羊傳傳述人考春秋穀梁傳傳述人考孝經注

解人考論語傳述人考孟子注解傳述人考爾雅注解傳述人考 不著撰人姓名。底稿本。

春秋胡傳申正二卷 清山陽丁晏撰。原稿本。是書以刊本《春秋寳筏》爲底本。首有丙辰春三月丁晏自序。

春秋大事記一卷 石埭徐履謙撰。民國辛未鉛字排印本。

春秋繁露注十七卷 清江都凌曙撰。**附凌注校正十七卷** 清趙州張駒賢撰。光緒間定州王氏刊。

販書偶記續編卷三

論語類

論語贅言二卷 清安邑宋在詩撰。乾隆十七年壬申精刊。

論語讀朱求是編二十卷 清中江林愈蕃撰。乾隆三十五年庚寅斑竹園書屋刊。

皇氏論語義疏參訂十卷 清休寧吴騫撰。傳抄本。首有乾隆四十六年自序。

論語疑問十卷 清南豐李灝撰。無刻書年月，約乾隆間刊。即《四書疑問》之一。

論語聞一卷 清武寧盛大謨撰。道光十三年癸巳刊，同治五年磊思巢重刊。

論語拾詁二十卷 清緱山劉渠輯。道光二十年半畝園刊。

論語義疏十卷 清禹州馬時芳撰。光緒間石印本。

論語翼註駢枝二卷 清樂亭史夢蘭撰。底稿本。

論語謬解二卷二集二卷補遺一卷 清善化沈清旭撰。光緒元年乙亥孟冬月刊。

論語訓二卷 清湘潭王闓運撰。光緒辛丑成都吕翼文刊。

論語古訓十卷 日本信陽太宰純撰。元文二年丁巳書肆嵩山房精刊，即乾隆二年刊。

論語考三卷 日本宇鼎撰。寬延二年己巳五月平安書肆刊，即乾隆十四年刊。

論語徵集覽二十卷 日本源賴寬輯。寶曆十年觀濤閣刊，即乾隆廿五年刊。

非物非徵八卷 日本大阪五井純禎、中井積善同撰。天明甲辰懷德堂精刊，即乾隆四十九年刊。

論語語由二十卷 日本筑前龜井魯道載撰。文化丙寅刊，明治十三年補刊，即嘉慶十一年刊。

論語集註辨正二卷 日本越前田中頤撰。無刻書年月，約天保間刊，即道光間刊。

四書鄉黨考無卷數 清元和吴鼎科輯。乾隆甲午邃經書屋刊。

鄉黨條義六卷 清南安黄勻庭撰。嘉慶二十五年精刊。

鄉黨習解辨二卷 不著撰人姓名。無刻書年月，約嘉慶間刊。即《四書習解辨·論語摘要》卷五、六兩卷。

鄉黨便蒙二卷 清暨陽劉傳一撰，劉潮補考。道光五年乙酉冬錫類堂刊。

鄉黨俟正一卷 清元和陳榘撰。道光六年季春本齋刊。

鄉黨爵禄考辨二卷 清閩南安洪世佺輯。道光十年庚寅世德堂刊。

鄉黨義證二卷 清古隨高崇志撰。道光十一年悔過山房刊。

鄉黨訂疑四卷 清南海霍禮運輯。道光二十一年辛丑刊。

鄉黨約説一卷 清蓬萊楊廷芝撰。道光二十三年癸卯清遠堂刊。

學 庸 類

大學通八卷 清樂城田種玉撰。嘉慶十七年壬申夏刊。

大學古義説二卷 清長洲宋翔鳳撰。嘉慶二十三年刊。

大學習解辨四卷首一卷 清天門蕭蔚源撰。嘉慶二十四年己卯師儉堂刊。又名《四書習解辨》。

大學古本集説三卷 清榆次王訢撰。民國八年石印本。

大學古本注一卷 清東鄉艾暢撰。道光二十二年壬寅可添齋刊。

大學章句纂釋一卷 日本精里古賀樸撰。寬政十二年庚申九月精刊,即嘉慶五年刊。

大學章句諸説辨誤一卷 日本精里古賀樸撰。文化年晚春精刊,即嘉慶十七年精刊。

大學章句新疏二卷 日本英賀室撰。天保十二年正月刊,即道光二十一年刊。

中庸餘論一卷 清清溪李光地撰。道光十三年皖江藩署刊。

中庸講義一卷 清古歙胡□□含川撰。嘉慶八年癸亥巴鍾立刊。

中庸繹蘊三卷 清桐城胡笴撰。道光二十二年刊。

中庸發揮一卷 日本洛陽伊藤維楨撰。日本正德四年甲午古義堂刊,即康熙五十三年刊。

中庸章句新疏二卷 日本英賀室撰,鳴門荒井補訂。文政七年甲申秋七月刊,即道光四年刊。

中庸新疏結尾一卷 日本英賀室撰,浪華安藤秉補訂。文政間文榮堂刊,即道光間刊。

大學説一卷中庸説三卷 明嘉定嚴衍撰。乾隆二十四年己卯刊。

大學講義一卷中庸順講一卷 明溧陽芮城撰。光緒七年平陵書院重刊。

大中互啓蒙五卷 清跪一子撰。乾隆二十五年庚辰刊。

學庸意説十一卷 清東汝王志和撰。乾隆六十年王氏家刊巾箱本。

大學口義一卷中庸口義一卷 清豐利陳儀撰。無刻書年月,約乾隆間恒春堂精刊。

大中口義二卷 清豐利陳儀撰。道光十一年辛卯恒春堂精刊。

大學中庸説一卷 清蓬萊郭紹曾撰。道光元年刊。

學庸脉解串珠六卷 清上元臧志仁撰。道光五年刊。

大學章圖一卷中庸章圖一卷 清太平杜炳雲[一]撰。道光七年丁亥春刊。

大學中庸講義四卷 清景山史廷輝撰。道光二十六年丙午書業德刊。

大學中庸論文二卷 清桐城吴□□華川撰。道光二十八年戊申仲夏六榕書屋刊。又名《端溪經述》。

大學集説一卷中庸集説一卷學庸餘論一卷 清般陽王培荀輯。咸豐二年淄川安愚堂刊。

大學解一卷中庸解一卷 附 **著述書目記一卷** 日本物茂卿撰。寶曆三年玉海堂刊，即乾隆十八年刊。

孟　子　類

讀孟筆記七卷 清溧水盧允通彙評。道光七年丁亥夏古祝盧氏刊。

讀孟皮説二卷 清韓城吕功輯。乾隆十年乙丑刊。

孟子文解七卷 清富平路傳孔撰。乾隆二十五年庚辰刊。

孟子析疑七卷 清壽州吕緝熙撰。底稿本。

孟子注疏解經六卷 清山陰樊廷簡撰。嘉慶十三年戊辰海涵堂刊。起《梁惠王》，止《滕文公》，以下未刊。

閑道集四卷 清會稽孟經國輯。道光十二年壬辰孟夏私淑書屋刊木活字本。

繹孟百二篇二卷 清桐城吴文翰撰。道光十四年甲午南陔堂刊。

四　書　類

四書輯釋大成三十六卷 元新安倪士毅撰。至正壬午夏五月新書堂刊，日本文化九年重刊，即嘉慶十七年刊。

四書正音一卷 明絳州趙師尹輯。崇禎癸未刊。

真珠船二十卷 明湘楚黄焜輯。無刻書年月，約崇禎間刊。

四書摘訓二十卷 明諸城丘橓編。康熙庚戌瀛集堂刊。

孟子説一卷論語説二卷 明河汾辛全撰。康熙癸丑刊。

删補四書約説六卷 明孫肇興撰,孫鋋重訂。康熙乙未刊。

四子書塵言六卷 明西泠戴宫華撰,仁和趙宗抃録。乾隆六十年趙佑刊。

四書正旨通解六卷 清浙西祝文彦撰。康熙九年慶符堂刊。

朱子文集纂三十二卷 清清溪陳鍅編。康熙己巳行恕堂刊。

四書講四十卷 清檇李金松撰。康熙三十一年刊。

四書要達二十七卷 清吴郡徐燦、袁終彩同輯。康熙三十七年戊寅刊。

四書集註補十四卷首一卷 清錢塘王復禮撰。康熙甲申刊。嘉慶丙寅重刊。

四書補註四卷附考正古本大學一卷 清東皋劉道明撰。康熙乙酉刊。

四書繹註六卷 清武榮洪垣星撰。康熙丁亥刊。

四書繹註覽要七卷 清武榮洪垣星撰,南海張承露訂。康熙丁亥刊。

四書講義遺編六卷 清平湖陸隴其撰,趙鳳翔編。康熙間三魚堂刊。

四書廣註三十六卷 清膠州張謙宜撰。無刻書年月,約雍正間刊。

四書心解五卷附偶思録一卷 清古豳王吉相撰。道光甲辰仲夏邠州儒學官署重刊。

四書參註詮理無卷數 清深澤王植輯録。無刻書年月,約道光間刊。

四書講義三十六卷 清濟寧丘拙叟口授,曹一鳴、潘兆遴同録。雍正三年刊。丘拙叟爲滋陽丘時中之别號。

四書朱註原解三十七卷 清丹徒華玉文輯。無刻書朝代,約雍正丙午敦化堂刊。

殖學齋四書大全二十卷 清上元王文炟手録。雍正癸丑古吴三樂齋刊。

四書燕説六卷 清條山王桂撰。乾隆三年刊。

四書晰疑四卷 清婁東陳鋐撰。乾隆六年尚志堂刊。

讀學庸二論皮談二卷讀孟皮談二卷 清韓城吕功撰。乾隆十一年丙寅刊。

四書補音四卷 清吴江袁楝撰。乾隆二十一年刊。

四書自得録十卷 清南海何如瀁輯。乾隆二十六年辛巳刊。

去傲齋四書存十六卷 清寧陵吕崇謐撰。乾隆四十一年永思樓刊。

説四書四卷 清商邱郭善鄰撰。乾隆丁酉刊。

讀論孟劄記四卷 清安溪李光地撰。乾隆壬寅陳汝楫校刊。

四書集益六卷 清金壇于光華編。乾隆丁未冬凝翠閣刊。

四書集益六卷 清金壇王澍撰,金壇于光華編。嘉慶四年刊。

讀書紀略無卷數 清固始祝雲書撰。乾隆甲寅瑞蔭堂精刊。原編次作六卷。

四書解悟録六卷 清北平鄭德玢撰。乾隆甲寅刊。

四書要典考一卷 清□□□竹磎氏撰。嘉慶丙寅三友堂刊。

四書讀十九卷 清程鄉李嵩崙撰,李中培編。嘉慶己巳春刊。

四書答問十二卷 清沔陽秦士顯撰,蕭士然編。嘉慶癸酉壽昌講堂刊。

四書集説四十一卷補義七卷續考四卷 清廣濟陶起庠輯。嘉慶十八年謙益堂刊。

四書經傳圖説衷一四卷 清含山張廉輯。嘉慶十九年刊。

四書衷要補辨三十七卷 清螺陽王其華輯。嘉慶十九年竹居刊。

翼朱古四書蒙求無卷數 清固陵曾力行撰。嘉慶丙子冬澄懷堂刊。

四書彙辨十八卷續二卷續補一卷 清寶山侯廷銓編。嘉慶丁丑夏瑞實堂精刊。

四書勸學録四十二卷 清古岡謝廷龍輯。道光四年富文堂刊。

經學質疑録二十卷 清漢川秦篤輝撰。道光丙戌墨緣館刊。又名《四書質疑録》。

四書拾義六卷 清績溪胡紹勳撰。道光甲午夏吟經樓刊。案此書通行本闕第六卷。

四書切近録三十八卷 清蓬萊楊大受輯。道光丙申年以約齋刊。

四書三餘録三十六卷 清順德譚藹元輯訂。底稿本。首有道光二十年歲次庚子冬月自序。

四書備考十七卷 清夏津潘克溥撰。道光二十一年務本堂刊。

四書筆記八卷 清歷城賈璇撰。道光二十四年馬國翰刊。

四書彙解四十卷 清淄川司天開纂輯。道光二十四年柳波館刊。

四書鄉音辨譌一卷 清高密單爲鏓撰。道光甲辰刊。

四書鞭影二十卷 清廣川劉鳳翺撰。道光甲辰夏刊。

晴窗隨筆四書講義七卷 清安邱韓忭輯。道光甲辰重刊。

論語别注四卷大學古本注一卷中庸古本拾注一卷孟子補注二卷 清東鄉艾暢撰。道光二十四年可添齋刊。

郝氏四書説十卷 清祝阿郝寧愚撰。道光己酉柘園刊。又名《甌香館四書説》。

四書繹三十卷 清彭城陳景惇輯,子陳式聞、孫陳寶善等編。道光庚戌金陵寶仁堂刊。

四書擇言十五卷 清諸城丁大椿撰。無刻書年月,約道光間刊。

四書擇言十三卷 清諸城丁大椿撰。無刻書年月,約道光間刊。

孝　經　類

孝經鄭注解輯一卷 鹽官陳鱣集,武進臧鏞堂述,烏程嚴可均輯,歸安陳文瑞增訂。道光丁未春雲笈山房刊。

孝經鄭註一卷 漢鄭玄注,清烏程嚴可均輯。光緒三十三年金陵江楚編譯局石印本。

孝經注疏九卷音義一卷 宋邢昺校定，唐陸德明音義。嘉慶二十一年長洲汪氏藝芸書舍仿元泰定本校刊。

朱子孝經二卷附孝經古今文考一卷 清歸安吳元隆注，鬱林陳甲海補注。道光丙午季冬全性堂刊。

孝經邇言一卷 明陳留虞淳熙撰。萬曆丁亥刊。

孝經集義一卷章次一卷刊誤一卷 明新安余時英撰。天啓甲子刊。

孝經衍義二十二卷 清順天張能鱗撰。底稿本。首有康熙十年自序。

孝經集註一卷 清古燕張能鱗撰。光緒元年冬月重刊。

孝經疏略一卷 清上蔡張沐撰。康熙十一年敦臨堂刊。

孝經箋註一卷忠經箋註一卷 清臨川王相撰。無刻書年月，約康熙間刊。

孝經正解一卷 清東海徐大紳撰。道光戊申刊。

孝經集註一卷 清延陵陸遇霖輯。無刻書年月，約同治間陸瀫恩刊。

孝經詳説六卷 清牟陽冉覲祖撰。光緒辛巳大梁書局刊。

孝經管窺一卷 清朱陽竇容邃撰。雍正十三年刊，光緒十年于大梁重刊。

孝經刊誤辯説一卷章句一卷 清樂亭倪上述撰。乾隆壬午刊。

孝經坿記一卷 清大興翁方綱撰。傳抄本。

石臺孝經一卷 清歸安陳文瑞訂。道光壬辰秋雲笈山房刊。

孝經易讀一卷 不著撰人姓名。道光十五年司徒志遠堂刊。

孝經直解一卷 清雙流劉沅撰。道光戊申豫誠堂刊。

古文孝經孔傳參疏三卷 日本山中祐之輯。天明八年戊申初秋書肆嵩山房精刊，即乾隆五十三年刊。

古文孝經孔氏傳一卷 漢孔安國撰，日本足利山本龍校。寬政庚申五月刊。

古文孝經私記二卷 日本江户朝川鼎撰。文化八年辛未學古塾精刊，即嘉慶十六年刊。

爾 雅 類

爾雅新義二十卷敍録一卷 宋陸佃撰,仁和宋大樽校。嘉慶戊辰三間草堂刊。

爾雅坿記一卷 清大興翁方綱撰。傳抄本。

爾雅會編一卷附音註難字辨考 清錢塘顧澍撰。嘉慶十四年刊巾箱本。

爾雅會編旁音二卷 清錢塘顧澍撰。嘉慶庚午貯經堂刊。

爾雅宗經滙説無卷數附夏小正滙説 清章邑□□□滙庵撰。道光癸巳仲春丁香書屋刊。

爾雅易讀一卷 不著撰人姓名。道光十五年司徒志遠堂刊。

爾雅節訓一卷 清婺源王廷燮撰。道光甲辰刊,光緒癸未夏月重刊。

爾雅集解十九卷 清湘潭王闓運撰。光緒二十九年癸卯東洲刊。

廣釋親一卷 清會稽邵緯輯。乾隆己酉刊。

釋拜一卷 清金壇段玉裁撰。嘉慶丁卯陽城張敦仁精刊。

緯 書 類

緯書十卷附攷證一卷 清楊履圜、楊喬嶽同編輯。無刻書年月,約康熙間刊。

諸經總義類

六經始末原流無卷數 明新安吴繼仕撰。崇禎戊辰刊。

朱子經説十四卷 明嘉善陳龍正輯。崇禎甲申學畊堂刊。又名《朱子語類大全集》。

五經典要註釋五卷 清東官袁壯行撰。康熙庚午刊。

二李經説一卷孝經正義一卷 清安溪李光墺、李光型同撰。康熙庚寅精刊。

禮耕堂五經撮要無卷數 清淮南李爇火撰輯,詹淇補釋。乾隆九年甲子刊。

説孟一卷説左一卷 清安邑宋在詩撰。乾隆辛巳精刊。

澍哸存愚二卷 清安溪李清植撰。乾隆乙酉刊。

六藝論一卷 清鹽官陳鱣撰。乾隆四十九年裕德堂刊。

一輻集十八卷 清古歙項淳撰。乾隆五十五年庚戌殖蔭軒刊。又名《項任田經説》。

各經傳記小學十四卷附録一卷 清武進莊有可撰。民國二十四年八月上海商務印書館影印本。

經疑二十四卷 清常寧王紳撰。嘉慶元年精刊。

經冶堂解義二卷 清濰縣郭壇撰。嘉慶甲戌刊。

經義類考二十卷 清龍巖州郭榚撰。嘉慶二十年刊巾箱本。

孝經四書翼朱古義經史參悟一貫淵源録總序一卷 清固陵曾力行撰。道光辛巳刊。

讀經求義無卷數 清番禺張維屏撰。無刻書年月,約道光間刊。

戴靜齋經解無卷數 清儀徵戴清撰。原稿本。首有道光四年歲在甲申自序。

四經拾遺四卷 清長沙唐鑑撰。道光九年刊。

七經掌訣一卷 清閩縣孟超然撰。道光甲午重刊。

初學典略三卷附律吕圖解一卷 清蒲西李芝撰。無刻書年月,約道光間刊。

介庵經説補二卷 不著撰人姓名。無刻書年月,約道光間刊。

深柳讀書堂劄記六卷 清嘉興馮登府撰。原稿本。

羣經宫室圖二卷 清江都焦循撰。光緒乙酉七月梁谿朱氏小曝書亭重刊。

五經補綱無卷數 清錢塘伊樂堯編。咸豐四年晉江黄氏刊。

詩旨周官彙序二卷 清永康應琴堂鹿芩撰。光緒二年夏退補齋刊。

新學僞經考十四卷 清南海康祖詒撰。光緒辛卯暮春武林望雲樓石印本,廣州複刊石印本。

御纂七經綱領無卷數 清常熟潘任録。宣統元年孟夏鉛字排印本。

十三經類語十四卷序選一卷 清莬都何兆聖輯。康熙五十五年重刊。

十三經注疏序録二卷 清亳州何天衢輯。無刻書年月,約嘉慶間刊。

十三經舊學加商二卷 清嘉善吴修祜(原名繡虎)撰。光緒己丑刊木活字本。

國朝漢學師承記八卷經師經義目録一卷 清甘泉江藩撰。嘉慶戊寅刊。

國朝漢學師承記八卷經師經義目録一卷國朝宋學淵源記二卷附一卷 清甘泉江藩撰。光緒二年仲秋刊木活字本。

重編五經文字三卷九經字樣一卷 清高郵孫偘撰。嘉慶癸亥精刊。

五經難字五卷 清歷陽劉宗向撰。康熙四十九年刊。

音義合璧十四卷 清會稽陶在璇撰。原稿本。

羣經字考十卷 清海鹽吴東發撰。嘉慶十二年刊。

經典文字辨正二卷 清嘉定錢大昕撰,錢侗校。傳抄本。

經字異同四十八卷 清番禺張維屏撰。道光十九年松心室刊。

四書不二字音釋無卷數 清楊昕撰。道光壬寅刊,同治辛卯毗陵同人重刊。

經韻音義便覽四卷 清高陽韓智泉輯。底稿本。有道光二十四年自序。

經傳字音攷正四卷 清順德馮肩輯。道光二十六年有是樓刊。

十三經集字摹本無卷數 清江右彭玉雯撰。道光己酉刊。

石 經 類

石經殘字考一卷 清大興翁方綱撰。無刻書年月，約乾隆間精刊。

魏三體石經遺字考一卷 清陽湖孫星衍撰。嘉慶十一年丙寅八月於江寧精刊。

販書偶記續編卷四

小學類

説文之屬

説文敍義考釋一卷 清嘉定錢大昭撰。舊鈔本。

説文統釋序一卷 清嘉定錢大昭撰。乾隆間亳州何天衢校刊。

席氏讀説文記十四卷 清常熟席世昌撰。江都李氏半畝園鈔本。

説文解字翼十五卷 清烏程嚴可均撰,陽湖孫星衍校定。原稿本。

説文解字攷異十五卷 清歸安姚文田輯,道光癸巳許槤録鈔本。其第一卷題有“大興嚴可均同纂”等字,其餘各卷無之。

説文類解四卷 清當湖陸烱撰。道光丙申聞諸室刊。

説文義緯無卷數 清嘉興錢寶惠撰。原稿本。首有道光二十二年壬寅孟冬之月自撰序例。

説文類纂無卷數附補遺 清海虞宗德懋撰。道光癸卯春二如齋精刊。

説文部類一卷 清歸安孫葆璜撰。道光二十六年己學齋刊。

説文重字備查無卷數 不著編輯姓名。原稿本。約光緒時人。

説文疑十二卷附漢書古字一卷 不著撰人姓名。舊鈔本。

説文字母集解六卷 日本井上□菴編輯。寬保元年辛酉正月東都書屋刊,即乾隆六年刊。

説文音義四卷 清上虞王煦撰。嘉慶癸亥孟春芮鞫山莊刊。

説文諧聲譜無卷數 清陽湖張惠言撰。傳鈔本。

六書泝原十三卷 元楊桓撰。無刻書年月，約明正德間刊。

六書本義十二卷圖一卷綱領一卷 明餘姚趙古則撰。正德庚辰同邑胡東皋翻刻本。

六書辨正一卷 清當湖陸烱撰。道光丙申聞諸室刊。

六書源流一卷 清江都葉霈西亭撰。道光乙巳刊。

六書存十七卷 清忻州周天益撰。民國十三年鉛字排印本。《字義補》十二卷，《唐韻餘論》四卷，《唐韻綜》一卷。

篆隸字書各體之屬

石鼓文考一卷 明太原李中馥撰。民國四年乙卯秋刊。

石鼓文鈔二卷 清如皋許容撰。康熙己巳刊。

石鼓讀七種無卷數 清海鹽吴東發撰。乾隆甲寅刊。

汲古閣石鼓彙註無卷數 清鞠衣野人庸德撰。約乾隆間抄本。

石鼓文鈔四卷 清星沙楊世春輯。嘉慶戊辰冬月惠迪堂精刊。

石鼓文音訓攷正一卷 清雲間馮承煇撰。光緒癸巳夏日於蒼溪精刊。

汗簡箋正補正一卷 清常熟沈鵬撰。原稿本。

字林考逸八卷諸家考證附後 清興化任大椿撰。乾隆四十七年刊。

篆書字法一卷隸書字法一卷 明鍾山陳紀較書，莆陽鄭漢音釋。崇禎九年丙子刊。

篆學測解二十九卷 明韓洽撰。嘉慶戊寅秋至庚辰夏精刊。

篆體須知二卷附篆文纂要提綱五卷 清西陵陳策纂輯。康熙壬子文萃堂刊。一名《篆體字彙要覽》。

韻府古篆彙選五卷 清西陵陳策纂輯。康熙壬子刊，日本明治三十六年博文館重刊。

古篆古義一卷附古篆筆勢論 清錫山蔣和撰。嘉慶丁巳冬寓齋刊。

象形字譜二卷 清錫山蔣和撰。嘉慶元年本齋刊。

千字文説文解字附録别解一卷 清虎門林荃撰。無刻書年月,約同治間刊。正文篆書。

字學集要四卷 明會稽陶承學撰。萬曆甲戌宛陵周恪刊。

字説一卷 明楊萬有撰。傳鈔本。

字學三正四卷 明曹南郭一經輯。萬曆辛丑刊。

古今字體吟一卷雜體吟一卷字書吟二卷 清德進撰。底稿本。首有乾隆三十五年自序。

字貫提要四十卷 清新昌王錫侯撰。乾隆三十九年刊,約道光間日本重刊。

古字攷略二十四卷 清越州葉騰驤撰。底稿本。首有嘉慶己巳立夏後二日自序。

字學蒙求一卷 清安邱王筠撰。道光戊戌益都陳山嵋刊。

字學易知四卷 清黄陂姚立卓輯。原稿本。首有道光二十五年周世華序。另有傳抄本。

讀書證疑六卷 清嘉定陳詩庭撰。無刻書年月,約道光間刊。

字法舉一歌一卷 清金州徐□□沃田撰。無刻書年月,約光緒間文寶堂刊。漢滿二體。

音韻之屬

廣韻校刊記一卷玉篇校刊記一卷 清新化鄧顯鶴撰。咸豐元年精刊。

廣均姓氏訂補無卷數 清山陽段朝瑞撰。底稿本。

洪武正韻牋十卷 明長洲楊時偉撰。崇禎四年刊。

經史文編三十卷 明淛西吳琉編。無刻書年月，約嘉靖間刊黑口本。

萬籟中聲一卷切韻樞紐一卷四聲韻母一卷韻學釋疑一卷 明歙西吳元滿撰。萬曆壬午刊。

韻譜本義十卷附說文未收之字一卷 明丹徒茅溱輯。萬曆甲辰刊。

正韻翼九卷 明新安吳士琳輯。無刻書年月，約天啓間刊。

奇字審音二卷 明安邑李愘撰。崇禎庚辰刊。

韻略滙通二卷 明東萊蘭芳編次，同郡畢拱辰更定。崇禎壬午刊。

音韻正訛四卷 明宣城孫耀輯，吳思本訂。崇禎甲申刊。

切法辨疑一卷附切法指南一卷 明張吳曼撰。無刻書年月，約順治間青照堂刊。

元韻譜五十四卷首一卷 明中邱喬中和撰，明内丘崔數仞補句。康熙辛未梅墅石渠閣刊。

古韻疏二卷唐韻疏二卷 明嘉興陳藎謨撰。無刻書年月，約康熙間慎思堂刊。

韻學指南辯惑無卷數 清東海釋恒輝撰。康熙十六年精刊。

切韻指南一卷 清釋恒遠撰。康熙二十三年刊硃墨套印本。

古今韻表新編一卷後編一卷 清古堇仇廷模編。乾隆三年拾餘廬刊。

戚林八音合訂八卷 清晉安□□□編。乾隆十四年季春刊，書蘭亭藏版。此書兩截樓版，上截《戚參軍八音字義便覽》四卷（三山蔡士泮輯），下截《林碧山珠玉同聲字義》四卷（閩中陳他輯）。

風雅遺音二卷 清甬上史榮輯。乾隆己巳一灣齋精刊。

字類標韻六卷附古詩通韻叶韻一卷 清錫山華綱輯。乾隆二十一年丙子種德堂刊。

音學辨微一卷 清婺源江永撰。乾隆己卯川棣里書室刊。

四聲切韻表一卷凡例一卷校刊記一卷 清婺源江永撰。《校刊記》，休寧趙世忠撰。無刻書朝代,約民國七年戊午冬休寧趙氏刊。

四聲切韻類表一卷 清婺源江慎修原本,湘潭孫文昱重編。民國壬申湘潭孫氏家塾刊。

韻學考原二卷 清會稽范家相撰。原稿本。首有乾隆己卯臘日會稽范家相書於方泉書屋自序。

三韻易知十卷 清□□朱燮原撰,楊廷兹重纂。乾隆三十七年刊。

聲韻考四卷 清休寧戴震撰。乾隆四十一年丙申西湖樓刊。

韻法準説一卷 清任邱王應鯨撰。乾隆四十一年金陵勝玉堂重刊。

字音正謬無卷數 清祁陽伍澤梁輯。道光戊子刊,咸豐甲寅五華書院重刊。

駢字古音五卷 清武進莊樗撰。鈔本。硃墨格。首有莊樗進呈序。無朝代,約乾隆間鈔本。

韻歧五卷 清廣陵江昱輯。光緒七年重刊。

音韻一得二卷 清皖桐胡勉撰。約嘉慶戊午仲夏胡强恕堂精刊。

音韻集註無卷數 清浮山高明直撰。嘉慶四年竹園刊袖珍本。

岐音備覽五卷 清吴郡吴翌鳳撰。原稿本。首有嘉慶九年甲子秋九月自序於南臺書院之遜志堂。

形聲指誤一隅編二卷 清高郵宋綿初撰。嘉慶己巳書種堂刊。

韻學悟門一卷 清謙山張柄撰。**音切的要一卷** 清周先景撰。無刻書年月,約嘉慶間精刊。

古均譜二卷 清高郵王念孫撰。民國癸酉十月渭南嚴氏于成都刊。

毓堂韻同五卷補遺一卷 清涇縣趙校輯。道光元年遵一堂刊。

荆言韻彙二卷 清荆谿周仁輯,周鳴鸞等註。道光二年斯美堂刊。

圓音正考一卷 清存之堂輯。道光庚寅京都三槐堂刊袖珍本。

切音便覽一卷 清東川李許夔撰。道光十一年辛卯夏月留香齋刊。

古韻表集説二卷 清當塗夏炘撰。道光癸巳刊,近北京大學鉛字排印本。

正音撮要四卷 清南海高靜亭撰。道光甲午春刊巾箱本。

辨韻簡明二卷 清當湖陸烔撰。道光丙申聞諸室刊。

等韻易簡一卷 清津門張恩成撰。底稿本。首有道光十七年自序,最後有光緒庚子年津門陳塏手跋。

韻字鑑四卷 清東萊翟文泉撰。道光壬寅五經歲徧齋刊袖珍本。

橫切五聲圖無卷數 清長白崇鳳威撰。原稿本。首有道光二十三年歲在癸卯自序。

入聲便記一卷 不著撰人姓名。道光丁未夏陝西刊。首有路德王家督、尚武蔚、劉志芳諸序。

六經音韻二卷 清梁溪鄒岳輯。同治七年方氏重刊。

音學偶存二卷 清玉屏山山人撰。録抄本。有同治九年自序。玉屏山山人又作退庵山人,即郭師古之别號。

韻法易知一卷答問一卷 清彭邑楊得春撰。光緒十年天彭迂拙齋精刊。

四聲韻譜十六卷附切韻求蒙一卷 清寒白退士撰。光緒十六年梁氏家塾刊。寒白退士爲梁生字僧寶之别號。

音通上一卷 清婁縣陳宗彝撰。宣統三年石印本。

經字韻補無卷數 清夏邑李錫彤撰。原稿本。

四聲捷訣一卷 不著撰人姓名。原稿本。書面上端題有“李漢臣四聲捷訣”等七字。

韻鏡易解大全四卷附韻鏡字子一卷 日本武州沙門盛典撰。享保戊戌刊,即康熙五十七年刊。

詩韻攷裁五卷 明雲間徐爾鉉輯。崇禎辛巳刊。

詩韻尤雅五卷 清桐城潘江原輯,潘義炳重訂。無刻書年月,約嘉慶間精刊。

官韻考異一卷 清南滙吴省欽撰。乾隆丙申秋刊。

詩韻歌訣初步五卷 清漢臯倪璐撰。乾隆庚辰仲冬克復堂刊。

詩學啓蒙四卷 清寧都丁有美撰。乾隆庚戌詠春堂刊。

通叶集覽二卷 清盱江王鳴玉編輯。嘉慶辛酉槐蔭書屋精刊。

讀詩韻新訣二卷補遺一卷 清青霞徐鍾郎撰。嘉慶丁卯秋奎映堂刊。又名《詩韻訣》。

聲律發蒙五卷 清東莞劉牧謙編。道光十七年刊。

音韻易知四卷首一卷 清莒邑莊瑶撰。道光癸卯孟秋留有餘齋刊巾箱本。

韻字同異攷辨五卷 清古申郭鑑庚輯。道光甲辰冬月刊。

韻法傳真五美圖十二卷 清古宛馬攀龍輯。道光乙巳賞緑軒刊。

佩文韵遡原五卷 清福州劉家鎮輯。道光間冬月皺均尻精刊。

篆隸詩韻無卷數 清亞章氏撰。原稿本。後有時彊圉大荒落戍月作于臨淄縣之徐家圈亞章氏自跋。亞章氏名黻恩,别號息盦,姓陸氏,毘陵人。

韻偶五卷 清山陰金烺撰。底稿本。首有□□庚午自序。

訓詁之屬

倉頡篇一卷 清陽湖孫星衍撰。無刻書年月,約乾隆間刊。

通俗文佚文一卷補音附 清江甯顧懷三撰。傳鈔本。

釋名定本八卷 清璜川吴志忠撰。道光己丑璜川吴氏刊。

演雅四十二卷 清嘉定王初桐撰。底稿本。是書原名《五雅蛾術》一百六十卷,後改名《演雅》,併爲四十二卷。

梵雅一卷 清楊柳官撰。舊抄本。楊柳官爲嘉興馮登府之别號。

新爾雅二卷 清元和汪榮寶、仁和葉瀾同編纂。約光緒間鉛字排印本。

合河方言二卷 清合河康基田撰。嘉慶戊午霞蔭堂刊。案是書係附刊於《合河紀聞》之後者，殊不多見。

虚字説一卷 清三原袁仁林撰。乾隆十一年修刊，宣統間豐城熊羅宿刊。

虚字淺説一卷 清番禺吕堅撰。光緒九年十月初吉重精刊。

悉曇字記一卷 唐沙門智廣撰。民國六年丁巳夏上海石印本。

天竺字原七卷 宋沙門惟淨等撰。民國六年丁巳夏上海石印本。第七卷原佚。

常語藪二卷 日本尾張岡田挺之輯。寬政六年刊，即乾隆五十九年刊。

販書偶記續編卷五

史　部

紀　傳　類

史記旁註便讀八卷 明温陵鄭維嶽撰。萬曆庚子仲秋起秀堂徐氏刊。

史記三註評林六卷 明趙志皋輯，李廷機註，葉向高評。無刻書年月，約天啓間刊。又名《史記三註旁訓》。

楚漢帝月表一卷 清貴池吴非撰。康熙二十九年刊，光緒元年貴池劉世珩精刊。

史記闡要三卷 清山陽邱逢年撰。舊抄本。首有庚子十月興化李詳題識，并録丁晏《柘塘脞録》一篇。次乾隆三十九年邱逢年自序。至書中有李詳手筆批評，以簽紙貼於書眉。

史記紀疑二卷 清襄城劉青芝撰。乾隆間刊。

史記斠無卷數 清安邱王筠撰。傳鈔本。首有道光辛卯孟冬績溪胡培翬序，最後有王筠自跋。

史記校二卷 清安邱王筠撰。民國二十四年故宫博物院圖書館鉛字排印本。

漢書正誤四卷 清虞山王峻撰，錢大昕校定。乾隆六十年乙卯懷息草堂刊，頤慶堂藏板。

漢書疏證二十七卷 不著撰人姓名。舊抄本。日本昭和十四年影印本。最後有吉川幸次郎題識云：是書引前人之説，至齊召南、趙一清而止，殆乾隆間人所作。

兩漢訂誤四卷 清東吴陳景雲撰。傳鈔本。

雜庸軒讀書雜録六卷 清桐城方世舉撰。舊鈔本。

漢書蠡説一卷 清江上寓叟撰。底稿本。又名《漢書劄記》。江上寓叟爲吴江吴士堅之别號。首有嘉慶五年龍集庚申秋七月自序。

漢志水道考證四卷 清臨海洪頤煊撰。嘉慶十年承德孫氏刊。

史漢異同是非四卷 清襄城劉青芝撰。乾隆間刊。

三史拾遺五卷 清嘉定錢大昕撰。嘉慶十二年稻香吟館刊。

重訂三國志辨微六卷 清南昌尚鎔撰。道光十三年刊。

讀史諍言四卷 清江陰章詒燕撰。道光丁未滄粟齋刊。

五代史補考二十四卷 清崑山徐炯撰。民國丙辰吴興張氏適園刊。

五代史記纂誤補四卷 清歸安吴蘭庭撰。乾隆四十八年刊。

殘本南北史列眉無卷數 清昆穀陶玉禾撰。原稿本。《南北朝郡縣建置沿革表》二册,《地形志輿地》東晉、魏、東魏、西魏、宋、南齊、隋(梁、陳闕佚)、北齊、周各一册,《職官志》一册。

二十二史劄記三十六卷 清陽湖趙翼撰。乾隆六十年湛貽堂刊。

諸史考異十八卷 清臨海洪頤煊撰。光緒十五年廣雅書局刊。

表譜之屬

歷朝傳統録八卷 明吴郡劉綦撰。崇禎壬午年刊。

增訂改元考同一卷 清宛陵吴肅公原撰,新安張潮補輯,松巖田國榮增訂。乾隆甲辰松巖書屋刊。

朝代紀元表一卷 清萬廷蘭撰。乾隆癸丑刊。

紀年經緯八卷 清會稽章學誠撰。道光癸未上元車持謙重校刊。

歷代紀年便覽一卷歷代割據諸國一卷 清桂林陳鍾珂輯。無刻書年月,約嘉慶間刊。

甲子紀元集成九卷 清吴興吴晉德編。道光十四年妙韞閣刊。

世統紀年訂四卷附録一卷 清吴江陳鍾英撰。道光間歸禮堂刊。

歷代世系紀年編一卷 清歸安姚文田輯。咸豐六年丙辰秋漢陽葉氏於兩廣督署刊。

編　年　類

通鑑嚴六卷 清古石邑張奇逢、海昌查繼佐同撰,西陵祝霆月訂。傳抄本。首有《歷代建都總紀》。

通鑑本末紀要八十一卷首三卷 清錦川蔡毓榮編輯,華亭林子卿註。無刻書年月,約康熙間刊。

通鑑紀事要略八十三卷首二卷 清三韓蔡毓榮撰。底稿本。卷首上《歷代帝王統系紀要》,卷首下《歷代國都考》。

資治通鑑外紀十卷目録五卷 宋劉恕編集,鄱陽胡克家注補。同治辛未江蘇書局刊。

資治通鑑後編一百八十四卷 清崑山徐乾學撰。光緒間富陽夏氏刊。

通鑑箋註七十二卷 明錢塘鍾人傑撰。崇禎二年己巳刊。

通鑑綱目分註拾遺四卷 清溧陽芮長恤撰。康熙辛酉留餘堂刊。

資治通鑑綱目編年録一百卷 清隴西祁瑾編。乾隆二十一年刊。

資治通鑑綱目凡例釋疑二卷 清長泰劉希孟撰。乾隆三十年刊。

通鑑綱目註證四卷 清任邱王應鯨撰。乾隆四十一年金陵勝玉堂重刊。

資治通鑑綱目前編竊議二十五卷 清鶴山易其霈撰。底稿本。首有乙亥秋蘇廷魁題詞。

通鑑綱目引誼正編三十六卷續編十卷三編六卷 清太倉王恂撰。光緒壬辰刊。

續資治通鑑綱目廣義十七卷 明雲間張時泰撰。弘治庚戌刊。

左記十二卷 明山陰章大吉撰，俞維燕註。崇禎壬申刊。

紹運圖一卷 宋諸葛深撰。熙寧九年刊，光緒二十二年貴陽陳氏靈峰草堂刊。

宋紀受終考三卷 明新安程敏政輯。舊鈔本。首有成化十有三年歲次丁酉春二月丁祭日自序，後有弘治四年歲次辛亥春三月朔旦婺源戴銑跋。

皇宋十朝綱要二十五卷 宋眉山李𡌴編。近東方學會鉛字排印本。

明鑑舉要五十卷 清鄞縣萬言撰。傳鈔本。紅格。每半頁十四行，行三十字，小字雙行。最後跋云：四明萬季野先生伯兄祖繩先生之子管村先生言，康熙初聘入史館，纂修《明史》。因忤貴臣，出令五河，罷官論罪。其子西郭，狂走數千里，裒金論贖，乃得歸鄉里。窮年鍵户，編纂《明鑑舉要》一書。其卒也，未及校讎也。應徵士潛齋先生爲補校閲，歷時二年而全書始畢。其後季野重爲忝訂。及九沙先生經歸自貴陽學使任，復於是書缺者補之，繁者芟之，乃成有明一代之信史。惜乎力無能刊也。書中潛齋用硃筆，季野用墨筆，其黄筆乃九沙也。九沙之子承天以是書歸余，欲資有力者梓行於世，因述其顛末如此。乾隆戊寅冬董浦記。

明紀會通十五卷 清海陵陳志襄輯。無刻書年月，約雍正間藤花榭刊。

嘉靖以來注略十四卷 明許重熙編。崇禎六年刊。起嘉靖，止天啓，凡五朝事。

尊攘編三卷 失名。傳鈔本。後有崇禎紀元後八十七年甲午春正月丙寅跋。

清太祖努爾哈赤實録十卷 清康熙纂。民國二十年二月故宫博物院鉛字排印本。

紀事本末類

通鑑長編紀事本末一百五十卷 宋楊仲良撰。光緒十九年秋七月廣雅書局刊。卷五至八,卷一百十四至一百十九等卷原闕。

太和縣禦寇始末二卷 明歸安吴世濟撰,無爲朱之彦輯。乾隆二十七年刊,道光十六年重刊。

明末紀事補遺十卷 清南沙三餘氏撰。同治間刊。

續編綏寇紀略五卷 清葉夢珠輯。宣統辛巳上海申報館鉛字排印巾箱本。

平臺紀事本末一卷 不著撰人姓名。傳鈔本。紀乾隆五十一年林爽文事。

武昌殄逆紀略一卷 清桐城張芑撰。嘉慶十八年刊。附查昇撰《鄂渚紀事》。

皇朝武功紀盛四卷 清陽湖趙翼撰。乾隆五十七年刊,約咸豐間壽考堂刊。

滇南紀略一卷 清李輯玉撰。嘉慶十一年精刊。

欽定平定教匪紀略四十二卷首一卷 清姚祖同等纂。嘉慶二十□年刊。

欽定剿平三省邪匪方略續編三十六卷 不著編輯人姓名。無刻書年月,約嘉慶間刊。

金鄉紀事四卷皆一卷 清陽湖吴堦録。嘉慶間刊。紀白蓮教事。

平定教匪紀事一卷 清長白勒保撰。嘉慶間精刊。紀白蓮教事。

靖逆記六卷 清蘭簃外史撰。嘉慶間刊。蘭簃外史爲鎮洋盛大士之别號。

古史類

三皇五帝徵實録六卷 清東武王榮緒撰。乾隆乙卯精刊。

前編紀略四卷 清楚陽李光國編輯。道光二年刊。

校補國語解二十一卷 吴韋昭解,宋宋庠補音,明穆文熙編。無刻書年月,約萬曆間劉懷恕等校刊。

國語補韋四卷 清錢塘黄模撰。民國二十四年汴京古鑑齋重刊。

國語韋解補正二十一卷 侯官吴曾祺撰。宣統元年鉛字排印本，宣統三年重排鉛字印本。

國語孤白四卷 明湯賓尹輯評。萬曆丙申禩冬凡自新齋余氏刊。

戰國策旁訓便讀四卷 明温陵鄭維嶽撰。萬曆庚子孟秋同仁齋楊氏刊。

國策注釋新編四卷 清寧都丁序賢撰。乾隆甲戌刊。

戰國策正解十卷 日本横田惟孝撰。文政九年後彫園精刊，即道光六年刊。

山海經箋疏十八卷圖讚一卷訂譌一卷 清棲霞郝懿行撰。光緒十二年還讀樓校刊。

周穆紀傳一卷 清台州黄濬撰。道光丁亥刊。是書以梁沈約附註《竹書紀年》、晉郭璞註《穆天子傳》二書合訂者。

左國腴四卷 明廣陵王納諫撰。萬曆辛亥刊。《左腴》二卷，《國腴》二卷。

别 史 類

謝氏後漢書補逸六卷 清錢塘姚之駰原輯，仁和孫志祖增訂，孫峻補訂。民國戊辰冬壽松堂孫氏刊。

季漢書九十卷附辨異一卷 清諸暨章陶撰。道光九年己丑秋青山環漪軒刊。

晉紀序論六卷 清蕭山郭倫撰。乾隆五十年有斐堂刊。

五代春秋志疑一卷 清金匱華湛恩撰。道光元年刊巾箱本。

宋史記凡例一卷 明祥符王惟儉撰。民國壬戌溪山書屋刊。

明紀輯略十六卷 清朱青巖編。康熙三十五年刊。

通鑑明紀全載輯略十六卷 清朱青巖撰。舊抄本。起卷四十，至卷五十五止。首有康熙三十五年桐城張英序。

皇明通紀直解十六卷 清古吴張嘉和輯。無刻書年月，約順治間刊。

雜 史 類

裔夷謀夏録二卷 宋劉忠恕撰。舊鈔本。首有草莽臣胡潛序。

金人南遷録一卷 元張師顔録。舊鈔本。首有張師顔自序。

校正元親征録一卷 清光澤何秋濤撰。光緒二十三年三月蓮池書局刊。

正氣堂集十六卷功德紀一卷近稿一卷鎮閩議稿一卷洗海近事二卷餘集四卷續集七卷 明晉江俞大猷撰。隆慶二年刊,道光二十一年至二十三年味古書室刊。《餘集》卷二分二卷。

學海君道部二百四十卷 明饒伸輯。萬曆戊申刊。

三朝平攘録六卷 明會稽諸葛元聲輯。萬曆丙午商濬校刊。

東事書一卷 明郭涓撰。天啓元年辛丑刊。

啓禎野乘一集十六卷 清梁溪鄒漪撰。康熙甲申刊,民國二十五年十二月故宫博物院鉛字排印本。

埜語秘彙八卷 不著撰人姓名。舊抄本。無序跋。首行下題有"啓禎記聞録卷之一"等字。是書所記,自天啓辛酉至順治癸巳,凡三十三年之事。

山書十八卷 清北平孫承澤輯。傳鈔本。

蜀事紀略一卷 明朱燮元撰。**明朝紀事一卷** 豐潤谷應泰撰。**乘城日録一卷** 蜀郡周宇。**朱少師傳二卷** 方象瑛、陳子龍等撰。無刻書年月,約道光間刊。

汴圍濕襟録三卷 汴鷩凡氏白愚撰。約乾降間崑山胡受祺抄本。此書紀李自成、張獻忠事。

蜀碧四卷附記一卷 清丹稜彭遵泗撰。嘉慶乙亥天禄閣精刊。

乘餘集二卷 清桐城許新堂撰。民國壬戌仲夏鉛字排印本。紀明末之事。

馘闖小史六卷 清潤州葫蘆道人撰,龍城待清居士評。傳鈔本。

流賊張獻忠陷廬州紀一卷 清合肥余瑞紫撰。傳抄本。

甲申朝事小紀八卷二編八卷三編四卷 清抱陽生輯。民國五年商務印書館鉛字排印本。

全桐紀略一卷 清桐城王雯耀撰。傳鈔本。有康熙八年己酉王雯耀序。自崇禎七年甲戌起，至順治丙戌止。

桂林田海記一卷 清雷亮功撰。乾隆間知不足齋抄本。

天南逸史一卷 清不著撰人姓名。傳鈔本。

南疆逸史四十卷 清吴興温睿臨撰。約雍正乾隆間抄本。

虔台倭纂二卷 明長樂謝杰撰。萬曆乙未刊。

葉爾羌守城紀略一卷 清璧昌撰。道光戊申刊。

明季三朝野史四卷 清崑山顧炎武輯。宣統壬子石印本。《聖安紀略》《思文紀略》《永曆紀略》。

弘光實録鈔四卷 清餘姚黄宗羲撰。底稿本。首有戊戌冬十月自序，次《大臣月表》。

明末造録二卷 清舊京孤臣金鐘編輯。傳鈔本。紀弘光、永曆兩朝事。

山中聞見録十一卷 清管葛山人撰。民國甲子刊。管葛山人爲海鹽彭孫貽之別號。

崑山王源魯先生遺稿前編《殘明》**一卷正編**《小腆紀敍》**三卷補編一卷附録國朝叛將一卷** 清崑山王□□源魯撰。底稿本。

貝勒尚致吴三桂書一卷 約順治間抄本。

三王歸誠來歷一卷 尚可喜、孔有德、耿仲明。不著撰人姓名。底稿本。

大獄記一卷 不著編輯姓名。舊抄本。即南潯莊氏私史獄。

從戎紀略一卷 清上海鄔景超撰。康熙戊辰刊。

全城紀略立後記 清安丘張貞撰。康熙間精刊。

蕩平逆傜雅一卷 清□□□泉之撰。道光癸巳年政餘書屋精刊。

京口僨城録一卷 清隱園居士撰。道光二十三年刊。

劫火紀焚一卷 清高昌寒食生撰。光緒乙酉上海萃珍齋重刊木活字本。寒食生爲何□□桂笙之别號。紀太平軍之事。

楚雄漢回互鬥記一卷 不著撰人姓名。咸豐間抄本。

金雞談薈十四卷 清祁陽歐陽利見、鄞郭傳璞同編輯。光緒己丑四明節署鉛字排印本。

載記類

五胡指掌編一卷 清高陽李國楷輯。無刻書年月,約崇禎間刊。

南唐書三十卷 宋馬令撰。**攷異一卷** □□趙泰撰。嘉慶癸酉嘯園沈氏校刊木活字本。

南漢春秋十三卷 清番禺劉應麟撰。道光七年含章書屋刊。

史鈔類

帝王世紀纂要四卷 清山右東敬高沖霄輯。嘉慶壬申刊。

兩漢碎金無卷數 清東萊侯登岸撰。道光庚戌刊。

南北史類鈔一百零五卷 清銀城李興祖編輯。康熙乙亥刊。

鶴山史抄八卷 清茂苑王佶編輯。康熙戊辰緑雲軒刊。

史中要言二卷 清休寧汪浚撰。康熙間諸門人刊。

正史新奇二十六卷 清陽山李清輯。底稿本。又名《廿一史新奇》。

二十二史感應録二卷 清蘇州彭希涑輯。乾隆四十六年刊,光緒二十三年丁酉重刊。

鑑要四卷首一卷補遺一卷 清關中李玉瓚輯。嘉慶壬戌刊。

廿二史纂略六卷 清吴門郭衷恒輯。嘉慶丁卯敦詩堂刊。

史要纂註七卷 清荆溪任啓運輯,吴兆慶註。嘉慶丁丑孟冬鄂不齋刊。

廿二史紀略八卷 清錢塘陶有容輯。道光十一年精刊。

販書偶記續編卷六

傳　記　類

專　録　之　屬

孔子紀年備要二卷 清湘潭周嗚翥撰。乾隆四十二年文德堂刊。

孔子年譜一卷七十二子列傳一卷 清渠江寇宗撰。**附孔子暨七十二子贊一卷** 青浦王昶輯。光緒壬午樂道齋刊巾箱本。

孔子世家考二卷附史記十二諸侯年表孔子年譜一卷 清武進鄭環撰。嘉慶壬戌刊。

孔門實紀十二卷 清瀏陽邱慶善、黎定攀同編輯。道光壬寅刊。

孔孟志略三卷 清太湖張承燮撰。光緒二十七年辛丑十二月於膠州刊。

孟子年譜一卷 清上元管同撰。嘉慶二十一年自刊。

孟子游歷考一卷 清吴江潘眉撰。傳抄本。後有同里沈楙德跋。

孟子年略一卷 清龍陽易順豫撰。無印書年月，約宣統間鉛字排印本。

鄭康成年譜一卷 漢高密鄭玄。清嘉興沈可培輯。舊鈔本。

漢大司農康成鄭公年譜一卷遺事附 清東萊侯登岸撰。道光戊戌精刊。

義勇武安王集無卷數附録二卷 清虞山錢謙益編輯。《附録》太倉顧湄纂輯。康熙八年刊。

宋司馬文正公年譜一卷 宋陝州司馬光。清桂林陳弘謀輯。乾隆六年精刊。

王荆公年譜三卷遺事一卷 清錫山顧棟高撰。民國丁巳仲冬南林劉氏求恕齋刊。

李忠定公年譜一卷 宋李綱。清河曲黄宅中輯。道光乙未刊。

大慧普覺禪師年譜一卷 宋寧國釋宗杲。釋祖詠編。明萬曆乙酉刊。

朱子年譜四卷 明李古沖纂輯。無刻書年月,約康熙間考亭書院刊。

朱子年譜綱目十二卷首一卷末一卷 清漢寧李元禄編輯。嘉慶七年敬修齋刊。

元遺山年譜一卷 清嘉定諸成璧輯,諸維銓校録。底稿本。首有道光己丑正月三日自序。

方正學年譜一卷 明寧海方孝孺。盧演、翁明英同纂輯。崇禎辛巳刊。

周文襄公年譜一卷附録一卷 明吉水周忱。毘陵胡潫撰。光緒己丑刊木活字本。

陳白沙先生年譜二卷傳狀圖一卷白沙叢考一卷白沙門人考一卷 清新會阮榕齡編。咸豐元年秋八月新會阮氏夢菊堂刊。

明王文成公年譜節鈔二卷 明餘姚王守仁。明餘姚錢德洪原本,江右新城楊希閔鈔。光緒戊寅刊。

顧端文公年譜二卷譜前一卷譜後一卷還經録一卷 明無錫顧憲成。顧與沐記略,顧樞初編,顧貞觀訂補。《還經録》,明高攀龍輯,馮從吾訂。康熙乙亥顧貞觀校刊。

王文肅公年譜一卷 明太倉王錫爵。王衡撰。乾隆三十八年刊。

王文肅公年譜一卷 明太倉王錫爵。王衡撰。光緒二十五年刊。

劉蕺山年譜二卷 明山陰劉宗周。子劉汋撰。乾隆甲午證人堂刊。又名《劉念臺年譜》。

蕺山年譜二卷 明山陰劉宗周。子劉汋撰。光緒二十三年海天旭日硯齋重刊。

安我素年譜一卷 明無錫安希范。安紹傑撰。乾隆五十九年精刊,民國元年影印乾隆本。

堵文忠公年譜一卷 明宜興堵允錫。清邑人張夏編次。道光二十三年刊木活字本。

堵文忠公年譜一卷 明宜興堵允錫。清邑人張夏編。同治甲戌重刊木活字本。

黄石齋年譜一卷 明黄道周。龍溪洪思撰,龍溪曾省、林廣邁、林廣穫同校。道光甲辰夏刊。又名《黄子年譜》。

華野郭公年譜一卷 明即墨郭琇。不著編輯姓名,吴江柳樹芳重訂。道光辛丑勝溪草堂刊。

葉天寥自撰年譜一卷續纂一卷别記一卷别記附録一卷 明吴江葉紹袁撰。光緒丁未國學保存會鉛字排印本。

高忠憲公年譜二卷 明無錫高攀龍。子高世甯編。民國元年刊木活字本。又名《高子年譜》。

歸玄恭年譜一卷 明崑山歸莊。清同里趙經達輯。民國甲子趙氏又滿樓刊。

吕明德年譜四卷 明河南新安吕維祺。施化遠孟琄等編。康熙二年刊。

倪文正公年譜四卷 明上虞倪元璐。倪會鼎恭述,倪長駕等訂。舊抄本。

洪文襄公年譜一卷 清南安洪承疇。柏山法式善輯。民國二十五年鉛字排印本。

高峯三山來禪師年譜一卷 清南海性統編。康熙丙子刊。高峰來禪師,俗姓曾氏,諱守定,藝江人。

自敍年譜一卷 清晉絳馮繼祖自撰。康熙甲戌刊。

陸侍御年譜一卷 清平湖陸隴其。同里吴光酉編。康熙五十七年精刊。

陸子年譜二卷 清平湖陸隴其。儀封張師載輯編。乾隆十年精刊。

陸侍御年譜一卷 清平湖陸隴其。子陸宸徵、李鉉同輯,平湖吴光酉編次。同治戊辰刊。

陸清獻年譜二卷附録一卷 清吴光酉原本，南海郭麟增補。底稿本。最後有道光二十八年戊申六月陳治同與寅氏跋。

大覺普濟能仁國師年譜二卷 清釋大潛。孫超琦輯録。傳抄本。

陶庵年譜紀事一卷 清德州李□□自撰。無刻書年月，約康熙間刊。

湯文正公年譜二卷 清睢陽湯斌。子湯溥等撰。康熙間刊。

湯文正公年譜二卷 清睢州湯斌。桐城方苞考訂，武進楊椿重輯。乾隆八年樹德堂刊。

雪亭先生年譜一卷 清上谷魏一鰲。陳鋐撰。底稿本。

王念菴年譜二卷 清諸城王沛憻。王棠輯。雍正十年精刊。

如山于公年譜二卷 清蓋州于成龍。商丘宋犖、鐵嶺李樹德同撰。道光十八年元孫卿保重刊。

張楊園年譜五卷 清姚夏輯。道光甲午補讀書齋刊。

范忠貞年譜一卷 清平湖柯汝霖編。咸豐三年春刊。

黄劬雲年譜二卷 清溧陽黄金華自撰。光緒二十六年刊木活字本。

顔習齋年譜二卷 清博野顔元。清蠡縣李塨撰。民國二十四年七月鉛字排印本。

寄亭公自述一卷 清姚江岑□□。岑振祖恭録。**附平生心跡一卷** 雲泉居士自述，岑振祖録。**聯桂堂記一卷** 清古虞倪淳世撰。底稿本。首有翁濂序，次乾隆乙卯丁圻序。

朱止泉年譜一卷 清寶應朱澤澐。朱軫編輯。乾隆戊辰刊。

陳文恭公年譜十二卷 清臨桂陳宏謀。子陳鍾珂輯。乾隆丙戌刊。

厚齋年譜一卷 清常熟嚴有禧自撰。乾隆間刊。

袁清慤公年譜一卷 清長山袁彦忠。袁鎬、袁繼勤等撰。乾隆間精刊。

臞庵居士年譜二卷 清小興州魏元樞。子魏禮煜等編。乾隆間刊。

泰舒胡先生年譜一卷 清歙胡寶瑔。華亭王永祺編。乾隆間刊。

胡泰舒年譜一卷 清歙縣胡寶瑔。華亭王永祺編。光緒癸卯七世孫祖謙重刊。

響泉年譜一卷 清金匱顧光旭自撰。光緒丁酉刊木活字本。

厲樊榭年譜一卷 清錢塘厲鶚。仁和朱文藻撰。民國乙卯吴興劉氏嘉業堂刊。

茂園自撰年譜二卷附霞蔭堂詩集二卷 清興縣康基田撰。嘉慶癸酉刊。

洪北江年譜一卷 清陽湖洪亮吉。旌德吕培等編。嘉慶間刊。

述庵年譜二卷 清青浦王昶。吴縣嚴榮編。嘉慶間刊。

張度西年譜一卷 清湘潭張九鉞。張家榗撰。道光二十九年刊。

杜薌自訂年譜一卷 清元和姜晟自撰。嘉慶間刊。

鶴皋年譜一卷 清壽陽祁韻士。子祁寯藻等撰。嘉慶間刊。

德壯果公年譜三十二卷 清蒙古德楞泰伍彌特。花沙納撰。咸豐丙辰致遠堂刊。

蓉裳自訂年譜一卷 清無錫楊芳燦自撰。光緒丁亥秋仲刊木活字本。

孫淵如年譜二卷 清陽湖孫星衍。清同里張紹南撰。光緒戊戌春仲曾孫士廉刊。

戴健亭年譜一卷 清昆明戴雄自撰。道光九年刊。

三松自訂年譜一卷 清吴縣潘奕雋自撰。道光十年刊。

楊果勇侯自編年譜四卷 清貴州銅仁楊芳自編。道光庚子冬南海傅寶和堂刊。

海梁氏自敍年譜一卷 清崇慶州楊國楨自撰。道光二十四年刊。

孫文靖公年譜一卷 清無錫孫爾準。子孫慧惇編。道光間刊。

盧敏肅公年譜一卷 清涿州盧坤。子盧端黼編。道光間刊。

馮柳東年譜一卷 清嘉興馮登府。史詮編。傳鈔本。

楊介坪自敍年譜一卷 清六安楊懌曾自撰。道光間刊。

退庵居士自敍年譜一卷 清長樂梁章鉅撰。道光間刊。

懋亭自定年譜四卷 清正白旗長齡自撰。道光間刊。

覺生自訂年譜一卷 清歙鮑桂星自撰。道光間刊。

云翁自訂年譜一卷 清仁和王楚堂撰。道光間刊。

延秋山館自訂年譜一卷 清長洲蔣曾爚撰。道光間刊。

梅溪先生年譜一卷 清金匱錢泳。蕪湖胡源、長洲褚逢春同撰。道光間刊。

陳敬亭年譜一卷 清裕州陳心一。陳樂三輯。道光二十五年刊。

陳敬亭年譜一卷 清裕州陳心一。王檢心撰。咸豐乙卯慎脩堂刊。

倪蒼溪年譜一卷鄉賢録一卷 清當湖倪承弼。倪寶璜撰輯。同治七年六月刊。

行年紀略一卷 清太倉王寶仁自撰。光緒九年舊香居重刊。

杏莊自敍年譜一卷 清陽湖左輔自撰。**崇祀賢良録一卷** 孫元成等編。宣統二年刊木活字本。

張石州年譜一卷 清平定州張穆。張繼文編輯,蔡侗訂。民國辛酉石印本。

竹膢年譜一卷 清葉赫齋清阿。子齋常恩撰。咸豐間刊。又名《齋威烈公年譜》。

錢警石年譜一卷 清嘉興錢泰吉。子錢應溥撰。同治三年刊。

觀齋行年自記一卷 清壽陽祁寯藻撰,子祁世長録。同治間刊。

詒穀老人手訂年譜一卷 清長洲彭蘊章自撰。同治間刊。又名《彭文敬公年譜》。

翁文端公年譜一卷 清常熟翁心存。子翁同書等撰。同治間刊。

繩其武齋自纂年譜一卷 清廬陵黄贊湯撰。光緒辛卯刊。

普照國師年譜二卷 日本釋隆琦。無得寧等編,性派增修。日本寶永六年刊,即康熙四十八年刊。

蔡福州外紀十卷 宋蔡襄撰,僊游徐㶿編,鹽城陳甫伸訂補。同治癸亥石經山房重刊。

宋宗忠簡公遺事二卷 宋宗澤。不著編輯姓名。無刻書年月,約光緒間三原劉質慧刊。

宋鄭忠穆公事實一卷 宋建州鄭穀撰。舊鈔本。

朱子行狀一卷 宋黄幹撰,芮城薛于瑛評注。光緒戊子孟冬宛平楊氏刊。

林子本行實録二卷 明林兆恩。陳衷瑜編輯。民國二十年辛未重刊鉛字排印本。

懷忠集二卷附蔣公本傳 明灌陽蔣佳徵。新安汪鑄編。康熙甲申精刊。

汪忠烈文行録二卷 明遂安汪喬年。餘干洪錫光、方夢麟同輯,蕭山丁樾編。咸豐元年仲春刊。

朱少師公事實一卷 明山陰朱燮元。朱世衛編輯。無刻書年月,約康熙間刊。

周端孝血疏題跋一卷 明周茂蘭。南昌萬福康輯。光緒戊戌三月南昌萬氏刊。

袁督師列傳一卷督師文一卷白冤疏磯聲漩聲記剖肝録督師詩一卷 明東莞袁崇焕。陳大文、梁朝錫等編。嘉慶元年刊。

平南王元功垂範二卷 清丹霞釋今釋撰。**續編一卷** 平原張允格編。乾隆三十年刊。

姚布政傳一卷 清烏程姚延著。歸安嚴允肇、常熟蔣伊、高郵吴世杰等撰傳。**附金壇公是録一卷** 闕名。無刻書年月,約同治間刊。

張孝廉行略一卷 清安丘張嗣倫。張繼倫、張緒倫、張貞撰。康熙間刊。

李老人傳一卷 清淮陰金銓撰。乾隆間抄本。老人者,北平李姓,僑居涇陽,冬夏不著襪履,羣呼爲赤脚仙。

慕莘行述一卷 清郃陽張大有。子張鴻運等撰。雍正間刊。

楊廷璋列傳一卷 乾隆五十七年奉勅撰。原稿本。

鶴窗行述一卷 清代州馮履咸。子馮宗峼等撰。乾隆間刊。

金粟逸人逸事一卷 清樊桐山人朱琰撰。乾隆戊子精刊。金粟逸人爲海鹽張燕昌之别號。

趙甌北墓誌銘一卷 清陽湖趙翼。陽湖孫星衍撰。嘉慶間刊。

李芝臺行述一卷 清金陸李英。子李光昱等撰。嘉慶間精刊。

龔海峯行述一卷 清閩縣龔景瀚。子龔式穀等撰。嘉慶間精刊。

趙芸浦給諫行述一卷 清丹徒趙佩湘。子趙志彤等撰。嘉慶間刊。民國丙子影印原刊本。

稼門府君行述一卷 清桐城汪志伊。子汪正修等撰。嘉慶間刊。

蔣春農舍人行狀一卷 清丹徒蔣宗海。子蔣稑撰。嘉慶間刊,民國丙子影印原刊本。

陳恭甫行狀一卷附傳 清閩縣陳壽祺。光澤高澍然、儀徵阮元、嘉興錢儀吉、仁和陳善、富陽周凱等撰。道光間刊。

耦庚行狀一卷 清善化賀長齡。子賀詒令撰。道光間刊。

祁幼章行略一卷 清壽陽祁宿藻。祁寯藻撰。咸豐六年刊。

顧南雅行述一卷 清吴縣顧蒓。顧條曾撰。**傳一卷** 清朱士彦撰。道光間刊。

棣華府君行述一卷 清元和吴廷琛。子吴思樹等撰。道光間刊。

周又溪行述一卷 清虞山周礦。子周壬福撰。道光間刊。

汾川府君行狀一卷 清錢塘陳時。子陳文述撰。道光間刊。

蔚亭行狀一卷 清瀋陽蔣文慶。子蔣常綬等撰。咸豐間刊。山陽魯一同撰。

劉簾舫行述一卷 清南豐劉瑢、劉良驥等撰。**傳** 清南豐吴嘉賓撰。**名宦録一卷** 清南豐劉良驥等編。咸豐間刊。

凫鄉府君行述一卷 清長洲陶樑。子陶璋、彦壽同撰。咸豐間刊。

雪樵行述一卷 清武威牛鑑。子牛□撰。咸豐間刊。

簡堂行述一卷 清定興鹿丕宗。子鹿傳霖等撰。同治間刊。

朱莊恪公事實一卷 清上元朱桂楨。子朱鎮撰輯。光緒二年刊。

杭堇浦軼事一卷 清錢塘汪曾唯輯。光緒十四年刊。

周甲録六卷 清扶溝柳堂撰。光緒乙巳筆諫堂刊。

哀烈録一卷 清南海康有爲撰,東莞張伯楨編校。民國間刊。

新譯李鴻章無卷數 日本吉田宇之助撰,愈愚齋主譯。光緒二十八年文明書局鉛字排印本。

雜録之屬

巡憲楊公保台實績録一卷 清射洪楊應魁。章安紳士公輯。康熙十四年精刊。

粤閩巡視紀略八卷 清秀水杜臻撰。康熙間刊。《四庫》著録六卷。

南澗易簀記一卷 清益都李文藻口授,蔣器記。民國二十三年瑞安陳氏裒殷堂以古宋字排印本。

遺照摹存一卷 清海鹽陳□□宋齋。陳敬基編。道光丙申昱謹摹精刊。

黄忠節公甲申日記一卷 明嘉定黄淳燿撰。民國乙丑吴興劉氏留餘草堂刊。

宦蜀紀程四卷 清廣寧郎廷槐撰。康熙辛卯精刊。

守濬日記一卷 清臨桂朱鳳森撰。嘉慶十九年本衙刊。

鴻泥日録八卷續録四卷鴻泥續吟一卷 清常山王定柱撰。道光七年刊。

蜀輶日記皇華草合編四卷 清安化陶澍撰,涇縣趙紹祖編。道光十三年癸巳古墨齋刊。

青墅筆記二種 清河間李燧撰。道光癸巳至甲午刊。《晉遊日記》三卷,《西征録》一卷,附《使粤日記》二卷。

使粤日記一卷 清河間李鈞撰。道光甲午開封府署刊。

雪嶠日記十三卷 清濟南王培荀撰。道光間刊。

使蜀日記一卷 清莆田郭尚先撰。同治戊辰精刊。

影山草堂日記一卷 清獨山莫友芝撰。原稿本。同治己巳正月起,至同治十年辛未八月止。

總録之屬

梅里志四卷首一卷附録一卷 清里人吴存禮編，杜詔訂。道光四年刊。

梁祠輯略一卷 漢扶風梁鴻。清長樂梁章鉅撰。道光八年刊。

陳忠潔公殉難録四卷 明零陵陳純德。湯錫桓編。乾隆辛巳精刊。

明郝太僕褒忠録六卷 明江都郝景春。如皋姜朗一暨其子忠基編。乾隆乙酉刊，道光戊戌重刊。

幽光集二卷 清仁和王湛。子王晫輯。康熙間霞舉堂刊。

至誼堂實紀二卷 清安溪李日爆。李光地等編輯。康熙戊戌刊。

衍慶録十卷 清長白巴圖魯額宜都。愛必達撰。乾隆丙寅精刊。

陳忠愍公表忠録四卷 清同安陳化成。同安□□□編。咸豐二年十月刊。

阮公浙江專祠録一卷 清儀徵阮元。光緒間刊。

列女傳校注八卷 清錢塘女史梁端撰。光緒十七年陝甘味經書院重刊。

歷代忠義録十四卷 明金谿王蕡撰。嘉靖八年刊。

忠節録六卷首一卷 明陳諒之撰。萬曆壬寅刊。

遼左六忠述二卷遼事附録一卷 明五茸何如召編。天啓甲子刊。

本朝忠義録十六卷 明蘭陵徐與參輯。崇禎己巳刊。

忠烈考二卷 清王業隆撰。底稿本。首有順治己丑端陽雨夕自序。

遜國神會録二卷 新安黄士良撰，盱郡楊思本評。舊抄本。後有乙卯重陽蔣瑶芝跋。

二續表忠記八卷 清漸岸趙吉士撰，四明盧宜彙輯。無刻書年月，約康熙間刊。

越殉義傳六卷 清會稽俞忠孫輯。乾隆己未刊。

傳芳録一卷 清邗上杜申撰。乾隆十四年精刊。

明末忠烈紀實無卷數 清不著撰人姓名。舊鈔本。

人嶽萃編四卷 清涇里徐紹基纂輯。嘉慶壬申仲夏耕學草堂刊木活字本。紀繆昌期、李應昇、周起元、周順昌等死事。

東林三君子傳一卷 清海昌周廣業輯。傳抄本。顧憲成、顧允成、高攀龍。

三忠合編六卷 清貴筑陳文政輯,黎平胡長新補輯。咸豐甲寅至同治癸亥黎陽書院刊。《忠烈編》四卷(明黎平何騰蛟),《表忠録》一卷(明黎平朱萬年),《蓮花山紀略》一卷(明黎平董三謨)。

江陰忠義恩旌録六卷 清江陰高觀瀾編。道光十三年刊,同治十三年重刊。

名臣碑傳琬琰之集一百七卷 宋眉州杜大珪編。約乾隆間影宋鈔本。

君臣相遇傳十卷别録一卷遺事一卷 宋韓琦。明武進鄭鄤評點。崇禎戊辰刊。

漢名臣言行録十二卷 清高郵夏之芳輯。乾隆壬申積翠軒刊。

漢事會最人物志三卷 清元和惠棟輯。光緒乙未刊。

歷代帝王曆祚考八卷附音釋一卷歷代紹運國系之圖一卷歷代紹統年表一卷歷代年號考同一卷 明新安吴繼安編輯。無刻書年月,約萬曆間季園刊。

古今明堂記六卷 清閩黄景昉撰。無刻書年月,約康熙間刊。

歷代名臣言行録二十四卷。清宜興朱桓輯。嘉慶丁巳蔚齋刊。

皇明鴻烈集十卷 明虞陽施來鳳輯,魯史旁訓。萬曆新歲孟冬書林詹霖宇刊。

士隱霞標四卷 明吉州龍遇奇輯。萬曆戊午刊。

先臣事蹟一卷 明慈谿楊子器。楊守勤輯。無刻書年月,約萬曆間刊。

編年考十卷 清雲間沈球輯。康熙壬子懷德堂刊。

晴江閣文鈔無卷數校勘記附 清丹徒何絜撰。民國十九年石印本。

讀史筆記十二卷 清固始吴烜撰。咸豐丁巳春刊。此書皆傳記。

黄梨洲思舊録一卷 清餘姚黄宗羲撰,後學鄭性訂。無刻書年月,約雍正間刊。

思舊録一卷 清餘姚黄宗羲撰。光緒間五桂樓刊。

欽定宗室王公功績表傳十二卷首一卷 清乾隆四十六年國史館纂。無刻書年月，約道光間刊袖珍本。

雙節堂贈言集録二十八卷首一卷末一卷附録一卷續集二十二卷首一卷末一卷附録一卷附訂一卷三集十四卷附録一卷 清蕭山汪輝祖編。乾隆四十五年至嘉慶十七年本衙刊。

句無幽芳集一卷 清柴桑章陶撰。乾隆壬寅精刊。

重訂溯源編三卷 清無錫華方苞輯，華杰增訂。乾隆丙午刊。

多識集類編六卷 清浯村朱桓編輯。嘉慶辛酉蔚齋刊。

清綺詩堂題照集無卷數 清吴興潘鎔輯。嘉慶壬申刊。

餘冬璅録一卷 清吴縣徐堅撰。嘉慶二十二年精刊。

七姬詠林三卷 清平江貝墉輯。嘉慶己卯十月平江貝氏千墨庵刊。

留耕堂集二卷附復庵小稿十卷 清崑山葛泰臨輯。宣統元年鉛字排印本。

師友淵源録一卷後案二十八卷 清江寧嚴長明編總目，子嚴觀輯事略。底稿本。總目之前有道光五年長至日嚴觀題識。墨格。版心下刊"金陵嚴氏鈔校"等六字。最後有"道光八年三月初八日嚴觀校訖功成"等十五字。

風燭學鈔四卷 清禹州馬時芳輯。道光辛丑刊。

詠梅軒思忠録二卷雜記一卷 清武進謝蘭生編。道光己酉冬月刊。

熙朝宰輔録一卷 清吴縣潘世恩編，宛平沈桂芬補。光緒三年刊。

毘陵人品記十卷 明毛憲編，葉金撰輯，吴亮增修。萬曆四十六年刊。

晉陵先賢傳無卷數 明歐陽東鳳輯。同治戊辰重刊木活字本。

婺書八卷 明婺吴之器撰。光緒庚子刊。

崑山人物傳十卷附行略一卷崑山雜志一卷 清古吴朱應鯤編輯。順治乙未刊。又名《竹深草堂集》。

湖廣崇祀名宦録一卷 清鐵嶺李蔭祖。江寧徐惺編。康熙二十三年刊。

東雍耆舊傳三卷後集二卷 清邑人謝丕振撰。康熙四十一年壬午刊。

東雍士女志二卷 清郡人黄希聲撰。康熙四十四年刊。

襄武人物志二卷 清吴之珽撰。舊鈔本。首有康熙乙未奉天黄廷鉽題識。

渠丘三張公合傳一卷 清安丘張嗣倫、張繼倫、張緒倫。安丘張貞編。康熙間刊。又名《張氏家乘》。

續安丘鄉賢小傳一卷 清安丘張貞撰輯。康熙間刊。

金華耆舊補二十八卷 清婺東樓上層輯。道光十一年刊。

武林人物新志六卷 清錢塘施朝幹輯。道光乙未刊。

安丘張氏列傳一卷 清安丘張柏恒輯。道光二十三年癸卯刊。

汾陽曹氏志傳合刻一卷 清汾陽曹錫齡編輯。道光間刊。

武威耆舊傳四卷 清武威潘挹奎撰。無刻書年月,約道光間刊。

名宦傳二卷 清山左黄恩彤輯。道光二十五年刊,同治甲子重刊。又名《廣東燕濟會館名宦傳》。

中州朱玉録二卷 清襄城耿興宗撰。咸豐壬子賜綺堂刊。

南陽人物志十卷 清新野馬□□海峰輯。**明代南陽人物忠八卷** 清新昌劉沛然輯。同治庚午刊。

歷代儒學存真録十卷 清浚儀田佽輯。咸豐七年丁巳晚悔書屋刊。

中州道學編二卷 清嵩陽耿介輯。康熙三十年辛未嵩陽書院刊。

明儒講學考一卷 清上元程嗣章撰。乾隆元年東山草堂精刊,道光四年精刊。

儒林瑣記三卷 清臯蘭朱克敬撰。**附記一卷** 餐霞館輯。光緒間刊。

皇明詞林人物考十二卷 明楚麻城王兆雲撰。萬曆甲辰刊。

嶺表明詩傳六卷國朝嶺表詩傳十卷 清順德梁九圖、吴炳南同輯。道光癸卯紫藤館刊。

國朝文録小傳二卷 清婁張爾耆編次。民國間刊本。

涇川文載小傳一卷 清邑人鄭相如編。道光十七年刊。

增訂東越文苑六卷 清侯官郭柏蔚撰。道光己亥刊。

崑山名家詩人小傳四卷 清新陽潘道根撰,吴東彭治編。底稿本。

道齊正軌二十卷 清無錫鄒鳴鶴撰。道光二十三年刊,光緒七年重刊。

宋東莞遺民録二卷補遺一卷 清九龍真逸南海陳伯陶輯。民國丙辰仲秋真逸寄廬刊。

鄭和家譜考釋一卷 明雲南鄭和。魯甸李士厚撰。民國二十六年雲南鉛字排印本。

曾氏言行約編十六卷新編一卷 清曾毓璋輯。道光乙未刊。又名《曾氏家乘》。

猶存集四卷 清高郵孫應科輯。道光十五年乙未小康書屋刊。

高科考一卷 不著編輯姓名。明鈔原稿本。墨格。版心上有"甬東書屋"四字。宋建隆元年起,明正德六年止。

寶祐四年丙辰登科録一卷廷對策附録一卷附紹興十八年同年小録一卷 不著編輯姓名。傳抄本。首有乾隆丁亥朱文藻題記。

康熙十二年進士登科録附文 康熙十二年刊。

恩科順天鄉試録無卷數 清高安朱軾編。雍正元年刊。

乾隆戊午科順天鄉試録無卷數 清不著撰編輯姓名。底稿本。

乾隆丁卯科鄉試齒録無卷數 乾隆十二年刊。

嘉慶辛酉科山西拔優貢同門齒録無卷數 清不著編輯姓名。嘉慶間刊。

重訂壬戌齒録二卷 清上元洪燿重訂。嘉慶甲戌刊。

戊辰恩科順天鄉試齒録無卷數 清不著編輯姓名。嘉慶十三年刊。原裝四册。

嘉慶庚午科順天鄉試同年齒録無卷數 清不著編輯姓名。嘉慶庚午刊。原裝四册。

彙刻癸酉科鄉榜選拔同年齒録無卷數 清不著編輯姓名。嘉慶間刊。凡十八省。

道光壬午恩科會試録一卷 清英和編。道光二年刊。

道光壬午鄉試各省同年全録無卷數 清胡元博輯。道光十三年癸巳刊。

道光乙酉科各省鄉試同年齒録無卷數 清不著編輯姓名。道光間京都琉璃廠奎光齋刊。

道光戊子科直省同年録無卷數 清順天徐有壬編。道光丙申嘉平月刊。原分六册。

道光戊子科直省同年録無卷數 清不著編輯姓名。道光間刊。

道光庚子鄉試同年齒録無卷救 清勝保等編。道光二十四年刊。

道光甲辰恩科浙江同年齒録一卷 清不著編輯姓名。道光間刊。

道光甲辰恩科直省同年録無卷數 清張午橋、邵亨豫、高陽孟傳金等編。光緒三年刊。

丙午科十八省鄉試同年録無卷數附殿試策 清不著編輯姓名。道光二十六年刊巾箱本。

陝西全省同官録無卷數 清不著編輯姓名。道光二十六年至二十七年丁未刊。

道光己酉科明經通譜無卷數 清南皮張之萬等編。道光庚戌刊。

道光己酉科廣東鄉試同年齒録無卷數 清不著編輯姓名。道光間刊。

咸豐己未會試同年齒録無卷數 北京文采齋、龍文齋承辦。咸豐九年刊。

海虞科第世家考無卷數附世家世系 清虞山馮武輯。底稿本。首有康熙乙酉四月自序。

陝西歷科進士録無卷數 清涇陽王承烈、衛祖頊同編。康熙癸巳刊。此書陸續補刊本,起順治丙戌,止道光庚子。

國朝館選爵里謚法考六卷 清吴鼎雯輯。道光二十八年刊。

國朝虞陽科名録四卷首一卷 清古虞王元鍾編輯。道光庚戌季冬清暉書屋刊。卷三卷四均分上下卷。起咸豐元年,增修至光緒三十年止。

唐昭陵陪葬名氏考一卷 清侯官馮縉撰。嘉慶二十四年刊。

復社姓氏傳略十卷 清震澤吴山嘉撰。道光十一年春南陔堂刊。道光己亥補刊續輯一卷。

甲申後亡臣表一卷 清淮南彭孫貽撰。傳抄本。

淮山肄雅録二卷 清山陽曹鑣、阮鍾瑗同輯。嘉慶二年丁巳刊,民國乙卯補刊。

黄浦肄雅録一卷 清淮安項智高編。道光乙巳愧説堂刊。

縉紳無卷數 順治丙戌秋刊。

滿漢爵秩全本無卷數 清乾隆十年乙丑秋京都榮錦堂刊。又名《爵秩新本》。

滿漢縉紳全書無卷數 清乾隆戊辰春同陞閣刊。首有葉一棟序。

爵秩全覽無卷數 清乾隆三十九年甲午夏刊。

大清搢紳全書四卷附輿地圖 乾隆四十四年己亥冬季刊。

大清搢紳全書四卷中樞備覽一卷 清京都竇名堂編。乾隆丁未冬季刊。

大清搢紳全書四卷 乾隆五十三年戊申冬季京都瑠璃廠榮慶堂刊巾箱本。

大清搢紳全書無卷數 嘉慶己未秋季貴名堂刊。

姓　名　類

兩漢書姓名韻無卷數 清太原傅山編輯。民國二十五年山西書局以古宋字排印本。

姓史綴吟一卷姓史人物考十五卷 清南城章履仁輯。乾隆乙亥精刊。

歷代諱名考一卷 清鮑邱劉錫信撰。乾隆甲辰刊。

歷代名賢列女氏姓譜一百五十七卷 清湘鄉蕭智漢纂輯。乾隆壬子至嘉慶二十年乙亥聽濤山房刊。

全唐詩姓氏考無卷數 清不著編輯姓名。底稿本。約乾隆間鈔本。

姓氏新編五卷 清山左將陵韓天驥撰。嘉慶庚午刊。

齊名紀數十二卷 清濆川王承烈輯。嘉慶癸酉環山樓精刊。

增註千姓連珠四卷 清皖桐潘紉佩撰。道光壬辰拙園刊。

古同姓名摭略十五卷 清六安王溽輯。道光二十一年刊。

詔令奏議類

嘉慶諭旨抄和珅家産摺一卷 底稿本。

註唐陸宣公奏議十五卷 宋郎曄撰。元至正甲午刊。

唐陸宣公奏議讀本四卷 清番禺汪銘謙編輯,會稽馬傳庚評點。宣統元年己酉會稽馬氏石印本。

蠹遇録十六卷 明撫州吴世忠撰。嘉靖二十七年刊,同治二年冬月紅杏山房重刊。又名《西沱奏議》。

南宫奏議三十卷 明嚴嵩撰。嘉靖乙巳鈐山堂刊。

掖垣題稿二卷 明吴郡顧九思撰。同治六年刊。

桂文襄公奏議八卷補遺一卷 明饒州安邑桂萼撰。康熙三十三年重刊,乾隆二十七年補刊。最後《補遺》一卷,乃係《進哈密事宜疏》,即記吐魯番回俗等事。

撫津疏草四卷 明淄川畢自嚴撰。天啓間刊。無目録,全否待攷。

李及泉奏議二卷首一卷末一卷 明餘干李頤撰。乾隆十一年刊,咸豐丙辰刊。

疏草録略一卷 明青州翟鳳翀撰。無刻書年月,約乾隆間刊。

吴太常奏疏一卷 明新都吴應明撰。天啓間刊。

蔣氏敬日草一卷 明晉江蔣德璟撰。無刻書年月,約康熙間刊。崇禎甲申二月起,至八月止。

吴侍御奏疏一卷 明壽陽吴玉撰。道光十六年刊。

留垣疏草一卷 明太倉徐憲卿撰。光緒八年十世孫敦穆重刊。

禮垣疏草一卷 清渤海杜溎撰。順治十五年刊。

撫浙疏草五卷撫浙移牘一卷撫浙檄草二卷 清高唐朱昌祚撰。康熙五年刊。

總督奏議四卷 清漢軍正黄旗李蔭祖撰。康熙庚申刊。

奏疏一卷 清漢陽江蘩撰。康熙癸酉刊。

撫黔奏疏八卷黄門奏疏二卷西臺奏議一卷 清海寧楊雍建撰。道光二十五年楊氏重刊。

李侍御奏疏無卷數 清山陽李時謙撰。道光六年裔孫宗昉重刊。

孟忠毅公奏疏二卷 清永平孟喬芳撰。道光二十一年刊。

方恪敏公奏議七卷 清桐城方觀承撰。咸豐元年刊。

奏議稿略一卷 清高郵夏之芳撰。乾隆丁丑向日堂刊。

兩河奏疏無卷數 清仁和嚴烺撰。道光十二年刊。起道光元年七月十八日，止十一年十一月初二日。

那文毅公奏議八十卷 清那彦成撰。道光十四年甲午刊。

王藝齋奏疏稿一卷 清常熟王家相撰。道光戊戌刊。

西藏奏疏十卷西藏碑文一卷首一卷 清不著編輯姓名。道光間刊。

吟香書室奏疏八卷附壽言彙鈔一卷 清徐炘撰。道光間刊。

平番奏議四卷附輿圖 清不著編輯姓名。道光間刊。

丙申年東河奏稿一卷 清渾源栗毓美撰。底稿本。

詒蔭堂奏議一卷 清東莞黎攀鏐撰。光緒壬辰刊。

勝保奏稿一卷 清勝保撰。底稿本。

南海四上書記附殿試策朝考卷無卷數 清南海康祖詒撰，三水徐勤、順德麥孟華、臨桂龍澤厚等編。光緒二十一年上海時務報館石印本。

歷代名臣奏議選三十卷 清金谿趙承恩編輯。同治甲戌至光緒五年刊。

神廟留中奏疏彙要四十卷 明雲間董其昌撰。舊鈔本。民國二十六年燕京大學圖書館鉛字排印本。

皇清名臣奏議六十八卷 清仁和琴川居士編。無刻書年月,約道光間都城國史館刊。案原封面後刊"琴川居士排字本"等字,或此係覆刻活字本,待攷。

時令類

皇夸軼響一卷 清番禺梁松年撰。傳抄本。首有道光壬午自序。

農候雜占四卷 清福州梁章鉅撰。同治十二年九月浙江書局刊。

販書偶記續編卷七

地　理　類

總 志 之 屬

輿地廣記三十八卷 宋歐陽忞撰。**校勘記二卷** 清會稽孫星華撰。光緒二十一年廣州刊。

讀史方輿紀要一百三十卷輿圖四卷 清崑山顧祖禹撰。舊抄本。又一本，無刻書年月，約嘉慶間敷文閣刊。

方輿紀要形勢論略二卷 清崑山顧祖禹撰，清秀水杜文瀾録。同治丁卯夏日刊。

柳庭輿地隅説四卷圖説一卷 清古邗孫蘭撰。康熙癸酉刊。又名《外書區言》。

方輿類纂二十八卷首圖一卷九邊圖一卷 清順德温汝能撰。嘉慶戊辰孟秋刊。

大清一統志五百六十卷 清嘉慶間穆彰阿等補纂。民國二十三年影印内府鈔本。

李申耆天文地輿圖無卷數 清江陰六嚴繪。咸豐壬子精刊硃藍墨三色套印本。

七省沿海圖説一卷 清東臺周□□北堂原撰，鎮洋邵廷烈校訂。道光癸卯刊。

光緒輿地韻編一卷 清海寧錢保塘編。光緒十九年清風室刊。

輿地學課程無卷數 清不著撰人姓名。光緒二十九年三月經心書院刊。

江寧府七縣地形攷略一卷附圖一卷 清不著撰人姓名。無刻書年月，約光緒間江楚書局刊。

地球圖説一卷 西洋蔣友仁撰,清何國宗、錢大昕奉旨潤色。**補一卷** 清儀徵阮元撰。嘉慶己未刊。

都會郡縣之屬

河間府新志二十卷 清山陰胡天游、上海黄文蓮等編輯。乾隆庚辰刊。

安州志無卷數 清三韓王朝佐續修,郡人房循矱、李宏植等輯。底稿本。

冀州志二十卷 清介休范清曠輯。乾隆十二年丁卯刊。

開州志八卷圖一卷 清津門沈樂善、合浦李符清同纂。嘉慶丙寅刊。

深州直隸州志十卷首一卷末一卷 清樂亭李廣滋纂。道光七年刊。

昌平志外志稿無卷數 清昌平麻兆慶纂。底稿本。首有光緒九年夏四月上澣八日昌平貫市村人麻兆慶寫於惜陰之館自序。

威縣志十五卷附圖 清李之棟纂。康熙癸丑刊。

安平縣志十卷 清宜興陳宗石纂。康熙二十六年至三十年患立堂刊。

束鹿縣志十卷 清李符清等纂。嘉慶四年刊。

嘉慶涉縣志八卷 清太平戚學標纂。嘉慶四年刊。

潞安府志二十卷 清邑人李中白、周再勳同纂。順治庚子刊。

平定郡志攷正一卷 清平定張佩芳撰。乾隆間刊。

沃史二十六卷 明張奇勳纂輯,邑人吕兆麟編。康熙五年刊。

靈邱縣志四卷 清渤海宋起鳳纂。康熙二十三年刊。

綏遠志十卷 清高賡恩纂。光緒三十四年刊。又名《綏遠旗志》。

吉林外紀十卷 清薩英額纂。光緒二十一年乙未五月漸西村舍刊。

漢陰廳志十卷首一卷 清安康董詔纂。嘉慶二十三年刊。

沔縣志四卷 清青山錢兆沆纂。抄本。後有康熙四十九年自跋。

渭南志十四卷 清江寧汪以誠、鎮洋畢沅等纂。乾隆己亥刊。

扶風縣志十八卷 清臨海宋世犖等纂。嘉慶二十三年戊寅至己卯春刊。

咸豐初朝邑縣志三卷朝邑志例一卷後録一卷 清邑人李元春纂。咸豐辛亥華原書院刊。

輞川志六卷 清新建胡元煐編。道光十七年刊。

徽郡志記略一卷 清徐起霖撰。無刻書年月，約道光間徐宗幹校刊。

兩當縣志四卷拾遺一卷 清曲沃秦武域、錢塘屠文焯同編輯。乾隆丁亥刊。

敦煌縣志七卷 清武威曾誠纂。道光十一年辛卯本衙刊。

新疆回部志四卷 清長白蘇爾德纂。傳抄本。首有乾隆二十七年自敍。

回疆通志十二卷 清和寧撰。民國十四年鉛字排印本。

異域瑣談四卷 清椿園七十一撰。約乾隆間鈔本。

西域總志四卷 清椿園七十一、巴西周宅仁編輯。嘉慶八年精刊。

西域聞見録八卷首一卷 清長白七十一撰。乾隆間刊巾箱本。

西域三記無卷數 清宜興路同申撰。道光丙戌刊，光緒三年路立本堂重刊。

濱州志八卷 清古吴楊容盛纂。康熙間刊。

張秋志十二卷 清秀水黄承玄創輯，長樂林芃重修，雄縣馬之驦補編。康熙庚戌刊。

揚州府志四十卷 清平山崔華、浮山張萬壽等纂，泰州鄧漢儀、三原孫枝蔚等校。康熙乙丑刊。

吴郡圖經續記二卷 宋朱長文撰。乾隆壬子春二月裔孫琳抄本。

咸淳毘陵志三十卷 宋四明史能之纂。嘉慶二十五年季秋郡人趙懷玉于南海刊。第二十卷原闕。

崑山郡志六卷 元浦城楊譓纂。舊鈔本。首有嘉慶丁丑宋廛一翁題識，次至正四年會稽楊維楨序，後有嘉慶丁巳十月竹汀叟錢大昕跋，次嘉慶壬戌九月蕘翁丕烈以硃筆跋。

高郵州志十二卷首一卷 清邑人夏之蓉纂,夏味堂增修。嘉慶十八年重修,道光二十五年重刊。

續增高郵州志六卷 清邑人宋茂初等纂。道光二十三年刊。原作六册。

常熟縣志八卷 清邑人曾倬等輯。康熙五十一年刊。

琴川三志補記續八卷 清邑人黄廷鑑纂。道光十四年孟冬漱藝齋刊。

儀真志二十二卷 清山陰胡崇倫等纂。康熙五十七年采碧山堂精刊。

淞南志五卷 清東吴陳元模輯。雍正間刊木活字本。

淞南志十六卷 清東吴陳元模編。**續志一卷** 清淞南陳雲煌輯。乾隆己巳刊木活字本。

昭文縣志十卷首一卷 清漢陽勞必達、陳祖范等纂。雍正九年精刊。

無錫縣志四十二卷 清邑人華希閔等纂。乾隆十八年刊。

無錫金匱縣志四十卷圖一卷首一卷 清邑人秦瀛纂。嘉慶十八年癸酉城西草堂刊。

南匯縣新志十五卷首一卷 清邑人吴省欽、吴省蘭等纂。乾隆五十八年刊。

宜興縣舊志十卷首一卷末一卷 清江寧甯楷纂。嘉慶二年尊經閣刊。

松陵聞見録十卷 清邑人王鯤撰。道光己丑話雨樓刊。

信今録十卷 清山陽曹鑣撰。道光辛卯甘白齋刊木活字本。補乾隆《山陽縣志》之作。

山陽志遺四卷 清邑人吴玉搢撰。底稿本。首有自序。民國十一年壬戌淮安志局刊。

小海場新志十卷 清閩中林正青編輯。乾隆四年刊。

支溪小志四卷文二卷 清里人顧鎮輯。底稿本。

珠里小志十八卷圖一卷 清里人周郁濱纂。嘉慶乙亥夏十柳田家刊。

平望志十八卷首一卷 清里人翁廣平纂。道光二十年刊,光緒十二年丙戌初冬重刊。

續修楓涇小志十卷 清里人程兼善纂。宣統三年鉛字排印本。

光福志十二卷補編一卷 清里人徐傅纂。民國十八年鉛字排印本。

歷陽典録三十四卷補六卷 清歷陽陳廷桂纂。同治六年和州官舍刊。

巢縣志二十卷首一卷 清溆浦舒夢齡纂。道光八年刊。

四明志二十一卷 宋袁藻編類。舊鈔本。

嘉泰會稽志二十卷 宋施宿纂。**續志七卷** 宋張淏纂。**越問一卷** 孫因撰。嘉慶戊辰采鞠軒刊。

永嘉郡記一卷 宋鄭緝之撰，瑞安孫詒讓校集。無刻書年月，約民國□年經微室刊。

嘉府典故纂要八卷 清海鹽王惟梅輯。光緒乙亥麟石書屋重精刊。

光緒台州府志一百卷 清黄巖王舟瑶纂。民國丙寅台州旅杭同鄉會鉛字排印本。

永嘉縣志十七卷 明邑人王叔果纂，子光藴重修。萬曆壬寅刊。

松陽縣志十卷 清荆溪胡世定纂。順治十一年甲午刊。

秀水縣志十卷 清四明范正輅編輯。康熙二十四年乙丑刊。

雲和縣志五卷 清潯林汪遠菴等纂。康熙壬申刊。

瑞安縣志十卷 清海康陳昌齊、黄徵乂等纂。嘉慶十四年刊。

於潛縣志十六卷首一卷末一卷 清常熟蔣光弼、武康李江、甬上張燮等纂。嘉慶十七年刊。近覆印木活字本，闕圖。

硤川續志二十卷 清里人王德浩纂，子王簡可補輯。嘉慶十七年刊。

濮川所聞記六卷 清里人金淮、濮承鈞、濮鑛、岳洙傳等纂。嘉慶十九年刊。又名《濮川紀略》。

湖墅小志四卷 清仁和高鵬年撰。光緒丙申仲夏石印本。

福州府志七十六卷首輿圖一卷 清會稽魯曾煜纂。乾隆甲戌刊。

汀州府志四十五卷首一卷 清臨川李紱、新建熊爲霖同纂。乾隆十七年刊。同治六年重刊。

同安縣志三十卷首一卷 清毘陵吴堂纂。嘉慶三年刊,光緒十二年重刊。

羅源縣志三十卷 清閩縣林春溥纂。道光辛卯刊。

光澤縣志三十卷 清邑人高澍然纂。道光庚子刊,同治庚午補刊。

豫乘識小録二卷 清永清朱雲錦撰。嘉慶二十二年刊。

陳州府志三十卷圖經一卷 清楚鄂崔應階纂。乾隆十二年刊。

河内縣志四卷 明邑人王所用纂。萬曆二十五年丁酉刊。

河内縣志三十六卷 清錢塘袁通、大興方履籛等編輯。道光五年刊。

魯山縣志二十六卷 清偃師武億、餘杭董作棟同纂。嘉慶元年刊。卷十七、十八金石志。

密縣志十六卷 清武進謝增、長白景綸同纂。嘉慶二十二年丁丑刊。

湖北通志凡例一卷附辨例一卷 清會稽章學誠撰。光緒八年夏武昌官書處刊木活字本。

下荆南道志二十八卷 清三南魯之裕纂。乾隆五年精刊。

江陵志餘十卷補遺一卷 清古郢孔自來撰。光緒間上海鴻文書局石印袖珍本。

武岡州志五十四卷 清武岡鄧繹纂。無刻書年月,約同治間刊。

南安府志二十二卷 清鄱陽史珥纂。乾隆戊于精刊。

番郡�録四卷附饒州府沿革表 清萬年王朝渠撰。同治九年季冬月志局刊木活字本。

廣東輿圖十二卷 清常熟蔣伊等纂。康熙二十四年刊。

廣州府志六十卷首一卷 清仁和沈廷芳纂。乾隆二十四年刊。

廣州府志一百六十三卷 清番禺史澄等纂。光緒五年冬月粤秀書院刊。

潮州府志四十二卷鈔存舊志一卷 清長沙周碩勳輯。乾隆二十七年刊。

高州府志十六卷 清吴江潘眉纂。道光七年丁亥刊。

嘉應州志十二卷 清北平王之正、寶山印光任等纂。乾隆十五年庚午本衙精刊。

直隸南雄州志三十四卷首一卷 清光山戴錫綸續纂。道光甲申刊。

連州志十卷 清州人單興詩纂。同治九年刊。

德慶州志十五卷末一卷 清義烏朱一新纂。光緒己亥刊。

綏傜廳志一卷 清桐城姚柬之纂。道光丁酉刊。

番禺縣志二十卷 清望江檀萃等纂。乾隆三十九年刊。

海康縣志八卷 清邑人陳昌齊纂。嘉慶間刊。

長樂縣志十卷 清邑人温訓纂。道光乙巳刊，近鉛字排印本。

南海九江鄉志五卷 清里人黎春曦纂。無刻書年月，約咸豐間刊。

新會鄉土志十五卷 清譚鑣編輯。無印書年月，約宣統間粤東編譯公司鉛字排印本。

章谷屯志略一卷 清苕溪吴德煦輯。同治甲戌振綺堂刊。

三鎮圖説三卷 明楊時寧張悌等纂。萬曆癸卯刊。

開州志四卷 清楊炎等纂。雍正六年刊。

琅鹽井志四卷 清本井張約敬編。康熙五十一年刊。

河渠水利之屬

溝洫圖説一卷 清崇明施彦士撰。**開懇水田一卷** 清平湖倪承弼撰。舊鈔本。後有道光十八年自跋。

河防一覽纂要六卷 清天長陳于豫撰。康熙三十九年刊。

河防志二十四卷 清不著撰輯姓名。康熙間抄本。

河防要覽四卷 清珊城硯北主人輯。光緒十四年硯北山房刊木活字巾箱本。

豫東宣防録八卷 清白鍾山撰。乾隆五年精刊。

河工紀要十六卷 清不著撰人姓名。約乾隆間鈔本。

黄淮安瀾編二卷 清南昌龔元玠撰。嘉慶戊寅刊。

河壖雜誌一卷 清梁溪王藻撰。嘉慶三年恕堂刊。

安東改河議一卷 清嘉禾范玉琨撰。道光二十五年刊。

河工簡要四卷 清漢陽邱步洲輯。光緒十三年丁亥秋九月刊。

河工策要四卷 清不著編輯人姓名。光緒戊子孟秋上海蜚英館石印袖珍本。

通惠河志二卷 明餘姚邵德久編。嘉靖戊午刊。

邦畿水利集説四卷 清沈聯芳撰。傳抄本。首有嘉慶八年閏二月自序。

廣利渠水利鏡一卷 清雲間戴寶蓉撰。道光壬寅刊。

臨漳縣漳水圖經一卷 清不著撰人姓名。道光七年刊。版心有“且看山人文集”等六字。《且看山人文集》爲姚東之所撰。

三吴水利條議一卷 清吴縣錢中諧撰。**附救荒一卷** 清勾吴錢泳輯。道光三年刊。

芙蓉湖修堤録八卷 清錢塘張之杲等纂。道光丙午刊,光緒十五年重刊木活字本。

江北治河要策一卷 清金匱章鈞撰。光緒三十三年石印本。

湘湖攷略一卷 清蕭山於士達撰。道光丁未學忍堂刊木活字本。

海鹽縣新辦塘工成案三卷附圖 清不著編輯人姓名。道光間刊。

南湖考一卷 明梁溪陳幼學原撰,清梁恭辰增輯。光緒五年刊。

平灘紀略六卷蜀江指掌一卷 清漢陽李本忠撰。道光庚子青蓮堂刊。

鶴陽新河紀略一卷 清黔陽朱洪章撰。光緒壬辰秋八月梓文閣刊。

銅陵江壩事宜一卷 清柳州嚴樾撰。底稿本。

濬河紀事一卷 安宜朱克輯。無刻書年月,約康熙間刊。

河渠紀聞三十卷 清合河康基田撰。嘉慶甲子霞蔭堂刊。

治河圖一卷 清楚鄂崔應階撰。乾隆三十二年精刊。即黄河、運河。

漢江紀程一卷附江水自武昌東達海門入海圖説一卷大江自金陵以東至海門廳入海攷一卷江西全省水道匯入鄱陽湖圖説一卷 清婺源王鳳生撰。道光辛卯刊。

淮揚水利圖説一卷附西園文鈔一卷 清東臺馮道立撰。道光十九年西園精刊。

揚子江形勢論略一卷 清懷寧陳乾生撰。光緒丁酉刊木活字本。

揚子江籌防芻議一卷 清不著撰人姓名。無刻書年月,約光緒間刊。

海運新考三卷 明梁夢龍撰。萬曆七年刊。

山川之屬

天下名山記鈔十六卷附圖 清新安吴秋士選。康熙乙亥寶翰樓刊。

茅山志十四卷 清鬱崗真隱笪蟾光編。康熙八年刊,光緒元年重刊。

金山志略四卷 清釋行海纂輯。康熙二十年刊。

青原山志略十三卷 清青原山釋大然編稿,宣城施閏章補輯。康熙己酉刊。

禹峽山志四卷 清瀋陽孫繩祖纂。康熙六十年刊,同治元年壬戌重刊,光緒十年重刊。

浮山志十卷 清桐城潘江撰。同治癸酉刊木活字本。

黄山志續集八卷 清新安汪士鋐等纂。無刻書年月,約雍正間半豹堂刊。皆屬藝文。

南通州五山全志二十卷 清閩中劉名芳纂。乾隆十六年刊。

五山志林八卷 清順德羅天尺撰。乾隆辛巳精刊。

秀山志十八卷 清豐泉陳竑原纂,僧方略重輯。乾隆壬辰精刊,民國乙卯冬貴池劉氏唐石簃重精刊。

泰山小史一卷 清泰山蕭協中撰。乾隆五十四年刊。

虎阜志十卷首一卷圖一卷 清長洲陸肇域、震澤任兆麟同纂。乾隆壬子春西溪別墅刊。

東林山志二十四卷 清歸安吴玉樹重輯。嘉慶十八年回仙觀刊。

東林山志二十四卷 清歸安吴玉樹重輯。嘉慶二十三年戊寅刊,民國壬戌上海著易堂鉛字排印本。

封禁山紀事一卷 清新鄭劉墉撰。乾隆間精刊。

古虞石室記五卷 清勾吴錢泳輯。道光乙未刊。

北固山志十二卷首一卷 清象山釋了璞輯。道光丙申刊。

白雲洞志五卷 清南海黄亨撰輯。道光戊戌孟冬刊,同治甲子重刊。

白雲越秀二山合志四十九卷 清番禺崔弼、陳際清同編輯。道光二十八年戊申刊。

金剛山志二卷 清烏川鄭海吉撰。道光間刊。

孟姜山志十二卷 清故里郭青編。同治六年本山刊。

天竺山志十二卷 清海寧管庭芬原輯,仁和曹籀删訂。光緒紀元上天竺法喜寺白雲堂刊。

西湖志纂十五卷首一卷 清長洲沈德潛等恭輯。乾隆乙亥精刊。

西湖賦一卷 清仁和柴紹炳撰。乾隆癸巳洽禮堂精刊。

西湖志二十四卷 三山何振岱等纂。民國丙辰六月福建水利局鉛字排印本。

揚州北湖續志六卷 清甘泉阮先輯。道光二十七年刊。

京口山水志十二卷 清丹徒楊棨撰。道光丁未沈溪書屋刊。

古蹟之屬

太和殿紀事十卷 清江藻編輯。康熙三十六年刊。

嶺南名勝志十六卷 明嶺南郭棐原輯,香山陳蘭芝增輯。乾隆五十五年刊。

嶺南勝概六卷附圖一卷 清順德賴國慶輯。道光十四年竹隱山房刊。

越中名勝賦一卷 清山陰李壽朋撰。乾隆壬午刊。

金陵覽古四卷 清閩余賓碩撰。顛客、和齋和詩附。康熙間刊,道光庚戌金谿徐汝珩重刊。

金陵歷代名勝志六卷紀年事表一卷附圖十五幅 清錢塘陳文述撰。民國二十二年十月鉛字排印本。即《秣陵集》。

洛陽伽藍記五卷 後魏楊衒之撰。**集證一卷** 清錢塘吳若準撰,海寧張宗祥補。**附集證本正文鉤沉本正文** 海寧張宗祥編校。民國十九年九月石印本。

曹谿通志八卷 清三韓馬元、古閩釋真樸同重修。康熙十一年刊,道光十六年曲江劉學禮重刊。

廣濟寺新志三卷 清釋湛祐遺稿,然叢編輯。康熙四十三年刊。首有建置圖。

少林寺志四卷圖説一卷 清楚黃葉封等原輯,福建施奕簪等續輯。乾隆十三年刊。

三峯寺志二卷首一卷 清邑人趙允懷、趙奎昌同纂輯。道光戊戌夏日常熟趙氏刊。

建隆寺志略十卷 清釋昌玄纂。道光己亥吾無隱居刊。

韓忠武王祠墓志六卷首一卷 宋延安韓世忠。清長洲顧沅輯。道光十三年癸巳刊。

岳廟志略十卷 清元和馮培編輯。嘉慶八年刊,光緒五年浙江書局重刊。

歷代山陵考二卷 明黎陽王在晉編。底稿本。首有自序。

兩浙防護録無卷數 清儀徵阮元輯。嘉慶間刊,光緒十五年浙江書局重刊。

崑山先賢塚墓攷四卷附録一卷 清邑人潘道根輯。傳鈔本。

嵩陽書院志二卷 清嵩陽耿介輯。舊鈔本。首有康熙間竇克勤、郭文華、焦欽寵等序。

彝山書院志無卷數 清宛平史致昌編。道光癸卯冬刊。

雜記之屬

草珠一串一卷 清不著撰人姓名。無刻書年月,約嘉慶間刊。凡百有八首。又名《京都竹枝詞》。

燕京詠古一卷 清天門别文樸撰。道光壬午刊。又名《問花水榭詩稟》。

都門新竹枝詞一卷二集一卷 清芝蘭室主人撰。同治丁卯刊。

津門百詠附太原雜詠一卷 清慶雲崔旭撰。道光間刊。又名《念堂竹枝詞》。

黑河劄記一卷 清吴苑楊孟超撰。民國九年鉛字排印本。

敦煌雜鈔二卷敦煌隨筆二卷 清葉河常鈞輯。乾隆七年清潤齋刊。

金陵瑣事四卷續二卷二續二卷 明上元周暉撰。萬曆庚戌刊,光緒間江寧傅春官重刊。

金陵覽古四卷 清金陵余賓碩撰,白門張惣編。道光庚戌刊。

金陵雜述三十二絶句一卷 清道州何紹基撰。無刻書年月,約道光間以何氏真蹟精刊。

題金陵四十八景詩一卷附金陵百詠一卷 清湯蠡仙撰。同治甲戌精刊。

姑蘇雜詠二卷 明吴郡周南老撰。無刻書年月,約萬曆間希孟等校刊。

采風類記十卷 清古吴張大純編。康熙四十九年庚寅精刊。即蘇州府一郡。

五茸志逸隨筆八卷 清雲間吴履震輯。底稿本。首有王紀昌、張家璧、沈新之、盛國芳諸序,次題辭、自敍、凡例。

五茸志餘一卷 清華亭唐之屏輯。舊抄本。

毘陵食品拾遺一卷 清陽湖管榦珍撰。乾隆間精刊。

常州賦一卷 清郡人褚邦慶編註。光緒四年重刊。

夏塵茗嚎録一卷 清廣陵沈默撰。乾隆己未精刊。即《揚州古蹟六詠攷辨》附載。

廣陵覽古七卷 清江都顧鑾撰。嘉慶十三年刊。

曲阿叢載二卷 清龍遊徐本元撰。道光二十七年刊。

芙蓉湖櫂歌一卷 清金匱楊掄撰。光緒十年萱蔭堂刊。

錫山景物略十卷 清錫山王永積輯。光緒二十四年重精刊。

武林雜志二十卷 宋錢塘吴慶伯輯。舊鈔本。

西湖百詠一卷 清錢塘柴杰撰。乾隆戊申冬治禮堂刊巾箱本。

西湖秋柳詞一卷 清歸安楊鳳苞撰,弟楊知新注。光緒甲申秋楊氏春及軒重刊。

湖墅雜詩前集一卷後集一卷 清仁和魏標撰。道光間刊巾箱本。

古越書四卷 明會稽郭鈺選訂。無刻書年月,約崇禎間刊。

廣會稽風俗賦一卷 清會稽陶元藻撰,餘姚翁元圻註。乾隆丁未冬怡雲閣精刊。

越中百詠一卷 清會稽周晉鑅撰。道光己酉刊。

越詠二卷 清山陰周調梅撰。咸豐四年刊。

吴興合璧四卷 清歸安陳文煜編。乾隆間刊,光緒己卯仲春玉照山房重刊。

吴興舊聞二卷 清涇川胡承謀輯。嘉慶九年歸安章銓校刊。

埭川識往一卷 明長洲時傳撰。舊鈔本。後尾有萬曆間延陵黄弘業題記。

前溪逸志無卷數 清邑人唐靖撰,徐熊飛校。舊抄本。

鴛湖竹枝詞一卷 清存廬馬壽穀撰。無刻書年月,約康熙間刊。

魏塘紀勝一卷續魏塘紀勝一卷 清嘉善曹庭棟撰。乾隆七年至二十五年刊。即《産鶴亭詩三稿》《詩七稿》抽印本。

嘉禾百詠一卷 清桐川濮啓元撰。乾隆十五年精刊。

東畬雜記附幽湖百詠一卷 清秀水沈廷瑞撰。光緒十三年六月刊。濮川掌故之作。

雙溪物産疏十五卷 清荆溪陳經撰。嘉慶間刊。

㰈庵私誌無卷數 清永嘉周天錫撰。底稿本。無序目,原編次作五卷。所紀載皆温州掌故,而於明朝之事尤多。

乍浦集詠十六卷 清里人沈筠編録。道光丙午秋刊。

閩中摭聞十二卷 清晉江陳雲程輯。乾隆丁未刊巾箱本。

福州物産表無卷數 清毛伯豐撰。原稿本。

蠡測彙鈔一卷 清浮梁鄧傳安撰。道光庚寅仲秋有本堂刊。紀臺灣掌故之作。

問俗録四卷 清楚南陳盛韶撰。道光十三年刊。

鄢署雜鈔十二卷首一卷末一卷 清汪爲熹撰。康熙五十二年綸霞堂刊。

漢口竹枝詞六卷 清姚江葉調元撰。道光庚戌刊巾箱本。

豐城雜詞一卷律蘭亭一卷 清商邱高岑撰。雍正七年精刊。

廬山新樂府二卷 清北平張師右、張師古兄弟撰。咸豐甲寅刊。

南漢小樂府一卷附南海雜詠六十首 清嘉應李光昭撰。原稿本。道光二年七月二十有二夜自序於吴川縣署。

南海百詠續編四卷 清瀋陽樊封撰。道光己酉刊。

海珠誌十一卷 宋番禺李昴英、李韡原輯,李琯朗增編。乾隆間刊。

端州小紀四卷 清陽春鄧元光輯。道光十年庚寅刊。

梅州雜事詩一卷竹枝詞一卷 清嘉應張芝田撰。無刻書朝代,約道光丙申夏精刊。

潮乘備采録二卷 清耦蘇氏編。咸豐十一年刊。

粤中見聞三十五卷附紀一卷 清廣州三水范端昂纂輯。嘉慶六年同安刊木活字本。又名《説粤新書》。

嶺南隨筆六卷 清仁和闕涵輯。嘉慶五年惜分陰齋刊巾箱本。卷一至二《南天管見》,卷三至四《炎陬物辨》,卷五《南言略》上下卷,卷六《長春譜》上下卷。

粤小記四卷附粤諧一卷 清香山黄芝撰,黄培芳訂。道光壬辰刊。

嶺南隨筆三卷 清桐城馬光啓撰。道光二十年刊。

粤屑六卷 清陽春劉世馨輯。光緒丁丑上海申報館鉛字排印本。

黎峩雜咏一卷 清臨桂廖大聞撰。道光辛丑刊。

錦里新編十六卷 清漢州張邦伸撰。嘉慶庚申夏敦彝堂刊。

滇海虞衡志十三卷 清望江檀萃輯。嘉慶甲子中秋趙州師範刊。

雲南諸蠻竹枝詞五十首 清建水張履程撰。無刻書年月,約嘉慶間精刊。

黔滇紀略一卷附拜五經樓試帖一卷 清東吴陸嵩齡撰。道光十三年拜五經樓刊。

掌中觀物集十三卷 明漳南王穉輯。藍格明鈔本。首有隆慶己巳孟夏朔日自序。分北直、南直、山西、山東、河南、陝西、浙江、江西、湖廣、四川、福建、廣東、廣西、雲貴等省。即名勝詩。

遊記之屬

金陵遊記附京口題名記一卷 清新城王士禎撰。康熙間刊。版心下刊"阮亭古文"四字。

遊西山記一卷西山紀遊一卷 清吴興温睿臨撰。舊抄本。

西樵遊覽記十四卷 清順德劉子秀撰。乾隆庚戌南畬草堂精刊,道光癸酉補刊。

據鞍録一卷 清遼海楊應琚撰。乾隆間精刊。

嵩山紀遊一卷 清香山何文明撰。嘉慶丙子冬精刊。

匡廬紀遊一卷 清武進吴闌思撰。約道光間抄本。附《黄山紀遊》。

武夷遊記一卷武夷遊草一卷 清長樂梁章鉅撰。傳抄本。首有祖之望、伊秉綬、劉瑞紫、林雨化、祝昌泰、林軒開、林慶章、陳壽祺諸題辭,後有同治十二年歲次癸酉清和下澣鈔於錦城友書堂。

度隴記四卷 清甘泉董醇撰。咸豐元年刊。

蜀道驛程攷略一卷 清大興胡薇元撰。光緒十年刊。

朔漠紀程一卷紀程詩一卷 清蒙古博迪蘇撰。光緒三十三年鉛字排印本。

東使紀程一卷附東使吟草一卷 清古開平花沙納撰。道光庚戌刊。

奉使紀勝一卷 清泗州陳階平撰。道光間刊。

東遊紀程一卷 清新淦朱綬撰。光緒二十五年己亥夏鴻寶堂刊。

星槎勝覽前集一卷後集一卷 明費信撰。民國十七年七月廣州鉛字排印本。

策鰲雜摭八卷首各道地圖一卷 清上海葉慶頤輯。光緒十五年仲夏滬上刊。遊東瀛所作。

販書偶記續編卷八

職官類

官制之屬

歷代内侍考十四卷 明嚴陵毛一公撰。傳抄本。首有萬曆乙卯自序。

四夷館表文 官修。約乾隆間鈔本。

師傅保加銜表一卷文武官階表一卷 清馮集梧撰。無刻書年月，約乾隆間刊。

古官制考四卷 清太倉王寶仁撰。道光戊子舊香居刊。

奏定各部院官制無卷數 清宗室載澤等編纂。無印書年月，約光緒三十□年鉛字排印本。

官箴之屬

全史吏鑑四卷 明徐元太輯。萬曆庚子刊。

守令懿範四卷 明冀北喬廷棟編。無刻書年月，約萬曆間刊。

吏治學古編二卷 清黔南王士俊輯訂。雍正甲寅中正堂刊。

居官必覽二卷 清金□□庸齋撰。乾隆二十二年精刊，道光癸巳重刊。

幕學舉要一卷 清吴郡萬維翰撰。乾隆庚寅芸暉堂精刊。

居官寡過録四卷 清盤嶠野人輯。乾隆乙未本衙刊。盤嶠野人爲胡衍虞之别號。

圖民録四卷 清豐城袁守定撰。道光己亥刊,同治癸酉重刊。

從政餘談一卷 清真定王定柱撰。道光六年精刊。

治鏡録集解二卷 清萊陽隋人鵬撰。道光十三年仕學齋重精刊。

吏事識小録四卷 清金谿楊士達輯。道光辛丑刊,同治己巳年動巽齋重刊。

琴堂必讀二卷 清白元峰撰。道光辛丑芸香館刊。

從政雜録一卷 清同安蘇廷玉撰。咸豐癸丑亦佳書室刊。

居官鏡一卷 清剛毅撰。光緒十八年閏六月刊。

佐雜譜二卷 清南城李庚乾輯。底稿本。

政　書　類

通 制 之 屬

文獻通考鈔二十四卷 清廣陵史以遇鈔。**續文獻通考鈔三十卷** 清廣陵史以甲鈔。康熙二年維揚史衙刊。

文獻通考正續合編三十二卷 清武寧盧宣旬編。嘉慶十年略識字齋刊,光緒丙戌仲冬板歸豐城袁氏。

皇朝通考劄記一卷 清黃壽衮撰。光緒三十一年鉛字排印本。

典 禮 之 屬

洪武禮制一卷 明禮部官撰。無刻書年月,約洪武間刊。

欽定續纂大清通禮五十四卷 清漢軍穆克登額、長樂梁章鉅等撰。道光四年內府刊。

思陵典禮紀四卷 清宛平孫承澤撰。無刻書年月,約嘉慶間刊。

豫章祀紀四卷附碑文一卷 清商丘宋犖撰。康熙庚午刊。

丁祭考議二卷 清侯樹屏撰。無刻書年月，約康熙間刊。

文廟祀典六卷 清嘉興周城輯。乾隆四年六有堂精刊。

壇廟祀典三卷 清桐城方觀承撰。乾隆二十三年精刊。

文廟丁祭譜四卷 清遷陵李家驤等撰。道光二十六年醴陵縣尊經閣刊。

文廟祀位考略六卷 清臨桂劉棨、楊鳳朝同録。同治庚午刊。

歷代典禮考一卷 清武進鄭環撰。嘉慶癸亥孟春本衙刊。

科名盛事録七卷 明晉陵張弘道、張凝道同輯。無刻書年月，約萬曆間刊。

明宫史八卷 明内監劉若愚撰。宣統庚戌國學扶輪社鉛字排印本。

國朝館選爵里謚法考六卷 清吴鼎雯原輯，勞崇光、許乃安等續修。道光二十八年刊。

館選爵里謚法考六卷附國朝館職補選爵里謚法考 清吴鼎雯原輯，長白穆彰阿等補輯。抄本。原名《詞垣考鏡》。順治三年起，道光二十五年止。

邦 計 之 屬

刑錢指南三卷 清練塘萬維翰編訂。乾隆三十八年刊。

刑錢必覽十卷錢穀備要十卷 清武林王又槐輯。乾隆五十八年刊巾箱本。

蘇松田賦考三卷 清昭文邵廣憲編。無序跋，約道光元年刊。

户部井田科奏咨輯要二卷 清户部井田科官撰。光緒間鉛字排印本。

漕船志八卷 明遂寧席書編，歸安朱家相增修。嘉靖甲辰刊。

漕運則例纂二十卷 清清江楊錫紱編。乾隆庚寅刊。

運漕摘要三卷附運漕便覽一卷 清古彭張光華輯。嘉慶四年己未孝友堂刊。

江蘇海運全案十二卷 清善化賀長齡、陳鑾等纂。道光六年刊。

海運芻言無卷數 清崇明施彦士撰。道光六年求己堂刊。

欽定户部漕運全書九十二卷 清仁和董醇等纂。道光二十四年刊。

欽定户部漕運全書九十六卷 清甘泉董恂、何桂芳等纂。光緒二年刊。

楚漕江程十六卷 清甘泉董恂撰。咸豐四年刊。

江北運程四十卷首一卷 清甘泉董恂輯。同治六年刊。

熬波圖二卷 元天台陳椿撰。舊抄本。紅格紙。首有時元統甲戌三月上巳自敍。書中繪圖極精。

兩淮鹽法始末一卷 明陵縣康丕揚撰。萬曆三十六年刊。

兩淮鹽制備考一卷 不著編輯姓名。明崇禎間古歙方泰來刊。

兩淮鹽法志十六卷圖一卷 清程夢星等纂。無刻書年月,約雍正間刊。

河東鹽法調劑紀恩録十四卷 清珠湖沈業富輯。乾隆四十九年本衙刊。

鹽法隅説一卷 清任城孫玉庭撰。無刻書年月,約乾隆間刊。

兩廣鹽産六櫃成本册無卷數 清不著編輯姓名。嘉慶二十二年刊。

鹽法紀聞一卷 清東武王增傑撰。道光十八年紹德堂刊。

粤海關志三十卷 清不著撰人姓名。道光間刊。

鹺論偶存一卷 清候官林慶炳撰。光緒己卯仲冬刊。

續增河東鹽法備覽三卷 清姚楷纂。宣統二年刊。

論鹽二則一卷 清湘西黄昌年撰。宣統二年石印本。

救荒活民書十二卷 宋董煟撰,元張光大新增,明江陰朱熊補遺,澶淵王崇慶釋斷。道光丙申苕溪江氏刊。

荒政考略八卷附救荒政略二卷 清古燕張能鱗撰輯。康熙庚申刊。

荒政瑣言一卷 清吴郡萬維翰撰。乾隆十七年芸暉堂精刊。

荒政備覽二卷 清婺源王鳳生撰。道光三年刊。

江邑救荒筆記一卷 清周存義撰。道光十四年刊。

荒政摘要一卷 清李羲文輯。道光甲午陜西刊。

真州救荒録八卷 清内鄉王檢心撰。道光二十九年慎脩堂刊。

救荒舉要三卷 清天長戴百壽撰。光緒甲午仲冬至乙未秋於博陵官廨刊。

救荒六十策一卷 清嚴江寄湘漁父輯。光緒戊戌重刊。

永義倉積穀記一卷 清錫山林志仁撰。光緒二十六年刊。

是何言哉一卷 清何恩煌撰。光緒間刊木活字本。

軍 政 之 屬

皇明馬政紀十二卷 明林可中編。萬曆二十五年刊。

各省外海戰船則例三十卷 清代官修。乾隆間刊。

欽定福建省外海戰船則例十卷附戰船做法一卷 清阿爾泰等撰。乾隆間刊。

法 令 之 屬

漢律類纂一卷 清富平張鵬一撰。光緒三十三年鉛字排印本。

大清律集解附例三十卷圖論服制附 清剛林等纂。順治四年刊。

大清律三十卷圖附一卷督捕條例一卷新例一卷 清代官修。康熙四年邁德堂刊。

大清律例集註續編三十二卷諸圖服制一卷 清仁和胡鈐編，胡蓮塘增輯。乾隆丙午春刊。

大清律例彙編三十三卷首一卷 清武林王又槐增輯。乾隆五十八年刊。

律表三十六卷 清曾恒德編。**纂修條例表無卷數** 清定陽曹沂編。**附督捕則例表二卷洗冤録表四卷附檢骨圖格** 清不著編輯姓名。乾隆五十六年曹氏承裕堂刊巾箱本。

大清律例全纂集成彙註三十三卷督捕則例續纂二卷 清山陰李觀瀾輯。嘉慶九年刊。

大清律例通纂四十卷附督捕則例附纂二卷洗冤録檢屍圖格一卷 清上虞胡肇楷、鄞縣周孟隣同撰。嘉慶二十年夏刊。又名《大清律例重訂統纂集成》。

大清律例增修統纂集成四十卷附督捕則例二卷 清山陰姚雨薌纂,會稽胡仰山增修。同治十二年刊。

大清律纂修條例按語册稿五十卷 清楊曰鯤校。嘉慶二十五年浙江省刊。乾隆六十年一卷,嘉慶五年二十卷,嘉慶九年七卷,嘉慶十四年十卷,嘉慶十九年十二卷。

大清律例四十七卷附洗冤録四卷驗骨格一卷 清董誥等纂。嘉慶間武英殿刊。

折獄要編十卷 明慈谿張九德輯評。天啓丙寅刊。

棘聽草十二卷賦役詳稿一卷 清濟南李之芳撰。康熙壬子刊。

定例成案合鐫三十卷附逃人一卷續增一卷 清吴江孫綸編輯。康熙四十七年夏季吴江樂荆堂刊。

定律全編五十卷續刊七卷 清江右李珍編。康熙五十四年京都瑠璃廠榮錦堂刊。

例案全集四十五卷 清山陰張光月編輯。乾隆二年思敬堂刊。

成案續編無卷數 清不著編輯姓名。乾隆二十二年刊。

定例彙編無卷數 清顔希深重訂。乾隆三十五年江西布政司衙門陸續刊。乾隆十八年至三十四年分爲二十三卷,凡二十八册。乾隆三十五年至光緒二十五年凡二百三十七册,共計二百六十五册。

成規拾遺無卷數 清吴郡萬維翰輯。乾隆三十八年精刊。

行簡録一卷 清吴郡萬維翰輯。乾隆甲午芸暉堂刊。

駁案新編三十二卷 清全士潮等編。**督捕則例二卷** 清索額圖等纂。**三流道**

里表無卷數 清唐紹祖等撰。乾隆辛丑刊巾箱本。

六部例限圖六卷 清嘉興徐鉞、錢塘王又槐同編。**中樞例限圖一卷秋審章程一卷** 清錢塘王又槐、王又梧同編。**刺字彙纂一卷** 清嘉興徐鉞編輯。乾隆五十六年辛亥刊。

成案所見集三十七卷二集十八卷三集二十一卷 清仁和馬世璘編。**四集十八卷** 清錢塘謝奎、王又槐同編。乾隆五十八年至嘉慶十年再思堂、三餘堂刊巾箱本。

謀邑備考十二卷 清秀水吴光華編輯。乾隆間梧蔭堂精刊。又名《刑名成案》。

成案備考無卷數 清南沙沈廷瑛輯。嘉慶十三年刊。嘉慶十年起,至十二年止。

粤東成案初編三十八卷補遺一卷 清蕭山朱櫄編。道光戊子刊。

例案備較四卷 清不著編輯姓名。道光九年仲春刊。

續增刑部律例館説帖揭要十七卷 清閩汀胡調元輯。道光癸巳刊。

刑案匯覽六十卷首一卷末一卷拾遺備考一卷 清會稽祝慶祺編。道光甲午九月常樾慎思堂刊。

續增刑案匯覽十六卷 清祝□□[二]松庵輯。道光庚子冬刊。

説帖類編三十六卷名例六卷 清律例館編。道光乙未夏刊巾箱本。

秋審比較條款一卷秋讞志四卷 清會稽謝誠鈞撰。光緒六年悔不讀書齋刊。

律法須知二卷 清旌德吕□□芝田撰。光緒丁亥仲秋廣州重刊。

刺字集四卷 清歸安沈家本撰。光緒二十年甲午刊。

祥刑要覽四卷 清燕山于琨輯。康熙丁丑易簡堂刊。卷一分上中下。

泉漳治法論一卷 清候官謝金鑾撰。道光三年刊,同治七年重刊。

名法指掌新纂四卷 清吴縣黄魯溪編輯。道光庚寅春仲刊。

學案初模二十卷續編二十卷 清紅帶子伊里布編輯。道光十八年至十九年刊。

明刑管見録一卷 清長白穆翰撰。道光丁未刊,同治癸酉冬重刊。

審看擬式四卷首一卷 清札庫木他塔拉氏剛毅撰。光緒丁亥冬孟于晉陽課吏館刊。

洗寃録集説八卷 清仁和陳芳生撰。康熙丁卯聚錦堂刊。

洗寃録彙編二卷 清錢塘盧睿隆輯。雍正六年仲冬倫敘堂刊。

洗寃録集證五卷附檢骨格 清武林王又槐、山陰李虚舟同增輯。嘉慶八年仲秋刊。

補註洗寃録集證六卷 清會稽阮其新撰，武林王又梧元和張錫蕃等校訂。道光二十四年甲辰至丁未刊三色批套印本。卷五附刊《檢骨圖格》《寶鑑編》《急救方》《石香秘録》，卷六瞿中溶《洗寃録辨》《檢驗合參》，姚德豫《洗寃録解》。

補註洗寃録集證六卷 清會稽阮其新撰，元和張錫蕃重訂。光緒丁丑孟秋浙江書局刊三色墨套印本。

洗寃録辨正一卷 清嘉定瞿中溶撰。道光丙午蕉陰小梘刊。

洗寃録全纂六卷 清山陰李觀瀾輯。無刻書年月，約道光間本衙刊。

檢驗集證無卷數附合參一卷 清古雁門郎錦騏撰輯。道光九年刊，道光二十七年還珠山房重刊。

檢驗攷證二卷 清沌陽王祖蔭撰。無刻書年月，約光緒間刊。

六部則例新編無卷數 清不著編輯姓名。雍正八年京刊。原編次作七卷，刑部分上下。

街道條例無卷數 清河間戈濤纂。底稿本。首有乾隆三十二年四月自序。

欽定續纂六部處分則例四十七卷皆一卷 清代官修。嘉慶七年刊巾箱本。

欽定河工實價則例二卷奏減料價則例一卷碎石方價一卷 清不著編輯姓名。嘉慶戊寅河庫道衙門刊。徐州、淮揚各一卷。

湖南省例一百三十三卷 清王太岳、王琳等纂修。無刻書年月，約嘉慶間精刊。

欽定光禄寺則例九十卷 清伊精額、劉光海等纂。道光十九年刊。

欽定理藩院則例六十三卷通例二卷 清賽尚阿等奉敕撰。道光二十三年刊。

粵東省例新纂八卷 清汶南黄恩彤等纂。道光丙午冬藩署刊。

欽定户部旗務則例十二卷 清不著撰人姓名。舊鈔本。

欽定理藩部則例六十四卷通例二卷 清宗室松森、恩承等撰。光緒三十年鉛字排印本。

欽定回疆則例八卷 清松筠原修,肇麟等續修。無印書年月,約光緒間鉛字排印本。

京師大學堂章程一卷 清臨桂王鵬運、壽州孫家鼐等撰。光緒間刊。

考工之屬

魯班經匠家鏡二卷 明御匠司午榮彙編,章嚴同集,周言校正。無刻書年月,約崇禎間刊。

園冶三卷 明松陵計成撰。崇禎甲戌安慶阮氏刊,民國二十二年五月鉛字排印本。

内庭工程做法八卷九卿議定物料價值四卷工部物料價值則例四卷 清邁柱等奉敕纂。乾隆元年内府刊。

蓮廳建城案録一卷 清張泉等編。咸豐元年刊木活字本。

雜録之屬

知漳罪略九卷 明北海張爾忠撰。崇禎九年刊。《吏略》一卷,《户略》一卷,《禮略》一卷,《兵略》二卷,《刑略》二卷,《工略》一卷,《罪略》又刻一卷。

未信編六卷 清錢塘潘杓燦撰。康熙二十三年陸地舟刊。分錢穀、刑名、幾務等三類。

四此堂稿十卷 清寧都魏際瑞撰。康熙間刊。

巡臺録二卷 清浮山張嗣昌撰。雍正十三年精刊。

同安紀略二卷 清長沙朱奇政撰。雍正十四年丙申刊。

江左興革事宜略四卷 清東吴盛符升輯。無刻書年月,約雍正間刊。

閩政領要三卷 清德福纂。乾隆間刊。

棣懷堂隨筆十一卷末一卷雙圃同館賦鈔一卷 清長沙李象鵾撰。道光辛巳刊。卷一《春明雜著》,卷二《上谷存牘》,卷三《中州存牘》,卷四《里居雜著》,卷五卷六《虔南存牘》,卷七卷八《黔臬存牘》,卷九至卷十一《黔藩存牘》,卷末《遺稿》。

學治體行録二卷浙省倉庫清查節要一卷兩浙運庫清查挈要一卷 清婺源王鳳生輯。道光甲申刊。一名《越中從政録》。

宋州從政録無卷數 清婺源王鳳生撰。道光五年刊。

定穎記事二卷 清平度李德林撰。道光戊子刊。

蕊鳳簡言四卷 清高城劉澤霖撰。道光癸巳刊。

海陵從政録一卷附廣陵一卷 清黔筑周際華撰。道光十九年家蔭堂刊。

兩歧案牘四卷 清不著編輯姓名。道光庚子詠花吟館刊。

默齋公牘二卷 清平羅俞德淵撰,盩厔路德評選。道光庚子冬刊,同治庚午平羅留餘堂重刊。

從征紀事一卷 清歸安吴進堂撰。道光二十一年孫祖庚刊。紀金川之事實。

惲中丞官書摘鈔一卷鼎州治蹟紀略一卷常德防務鹽釐案檔一卷 清陽湖惲世臨撰。同治四年刊。

心師竹齋章牘存稿三卷附崇祀録行述 清新建程楙采撰。《行述》子鼎芬、迪英等編。光緒丁丑十月刊。

芝城公牘雜存一卷 清陽湖惲祖祁撰。光緒四年刊。

童温處公遺書六卷 清甯鄉童兆蓉撰。宣統間甯鄉童氏刊。

中州從政録一卷 清長汀江瀚撰。民國元年壬子鉛字排印本。

書 目 類

隋書經籍志攷證四十卷 清山陰姚振宗撰。原稿本。

崇文總目五卷 宋王堯臣等編，清嘉定錢東垣輯釋。嘉慶四年刊。

四庫闕書一卷 清大興徐松編輯。底稿本。首有道光壬辰四月自序。

禁書總目一卷 清内府官編。乾隆四十三年浙江書局刊。

違碍書籍目録一卷 清乾隆四十三年江寧布政使刊。

各省咨查禁燬書籍目録無卷數 清乾隆四十三年刊。

全燬書目抽燬書目一卷 清英廉、紀昀等奉敕編。乾隆四十七年五月刊。

中州集略六卷 清魯山張宗泰纂輯。民國十八年鉛字排印本。

錫山歷朝著述書目考十二卷雜録一卷 清錫山高鑅泉編。光緒壬寅刊木活字本。

蘭陵江氏著述考一卷 清吴縣江賡輯。道光己酉刊。

藏書志無卷數 清雍邱侯長松撰。原稿本。首有乾隆三十六年自序。分經史子集四册。案書面題字又名《西園藏書志》。

怡府書目無卷數 清不著編輯姓名。底稿本。

平津館鑒藏書籍記三卷補遺一卷續編一卷 清陽湖孫星衍撰。道光庚子三月獨抱廬刊。

瑯環妙境藏書目録四卷 清長白麟慶集編。原稿本。

複壁藏書書目無卷數 清不著編輯姓名。傳抄本。藍墨格。右邊綫外刊有"壽問堂寫本"五字。

廉石居藏書記内編二卷 清陽湖孫星衍撰，江寧陳宗彝編。道光庚子二月獨抱廬刊。

滂喜齋藏書記三卷 清吴縣潘祖蔭撰。民國戊辰刊。

影山草堂書目無卷數 清獨山莫繩孫編。原稿本。凡二册。

五十萬卷樓藏書目録初編二十二卷 東莞莫伯驥撰。民國二十五年九月鉛字排印本。

重編紅雨樓題跋二卷 明閩縣徐𤊹撰,江陰繆荃孫輯。民國十四年乙丑刊。

繡谷亭薰習録三卷 清仁和吴焯撰。無刻書年月,約宣統間仁和吴氏雙照樓刊。易一卷,集二卷。此非全書,據序稱原稿本凡八册,餘者散佚。

漁洋書籍跋尾二卷 清新城王士禎撰。無刻書年月,約雍正間刊。

竹汀先生日記鈔二卷 清嘉定錢大昕撰,弟子錢唐何元錫編,諸城劉喜海評。無刻書年月,約同治間滂憙齋刊,硃墨套印本。

目治偶抄四卷 清海寧周廣業撰。傳抄本。首有乙未重九前二日自序。

四部寓眼録二卷 清海寧周廣業撰。民國癸酉蟫隱廬鉛字排印本。

藏書題識二卷 清錢塘汪璐輯。**附葉文莊公書跋一卷** 錢塘汪□□輯。舊鈔本。首有嘉慶甲子自序,後有光緒十二年振綺堂後人汪曾唯跋。案原目共五卷,下三卷已佚去。

百宋一廛賦注一卷 清元和顧廣圻撰,吴縣黄丕烈注。光緒三年丁丑七月潘祖蔭重刊。

曝書雜記二卷 清嘉興錢泰吉撰。道光己亥别下齋刊。

鄭堂讀書記七十一卷補逸三十卷 清烏程周中孚撰。民國二十九年八月鉛字排印本。

小眠齋讀書日札無卷數 清錢塘汪沆撰。舊鈔本。

彙刻書目十册 清桐川顧脩輯。嘉慶己未刊,嘉慶庚辰璜川吴氏重刊,附《補編》《續編》。同治庚午仲夏崇雅堂刊木活字本,附《續編》二册。光緒壬午冬李氏木犀軒重刊。

彙刻書目十卷 清桐川顧脩輯。**補編一卷續編一卷** 不著編輯姓名。無刻書年月,約咸豐間刊。一名《彙刻書目合編》。

彙刻書目外集六卷補遺一卷 日本松澤老泉編輯。文政四年辛巳冬刊,即道光元年刊。據自序稱,是書以補桐川顧氏《彙刻書目》初集之遺漏,并正其訛謬云云。

昭代叢書五編題跋無卷數 清吴江楊復吉撰。嘉慶戊寅秋運南堂刊。原編次作五卷。

姓氏書總目無卷數 清武威張澍撰。原稿本。

汲古閣校刻書目一卷 隱湖毛氏原本 **板本存亡考一卷校刻書目補遺一卷** 清滎陽悔道人輯,同里顧湘校。道光壬寅仲夏海虞顧氏刊。

傳書堂善本書目十二卷 烏程蔣汝藻編。底稿本。

金石類

金石録補四卷 清崑山葉奕苞撰。底稿本。無序目,原裝一册,並無卷數,分《集異》一卷,《碑題碑立處碑額圖》一卷,《傳疑》一卷,《雜記》一卷。

金石録補二十七卷續跋七卷 清崑山葉奕苞撰。光緒丁亥孟秋行素草堂刊。

金石録賡跋無卷數 清崑山葉奕苞撰。民國丁丑以底稿影印本。原編次作四卷。

經鋤堂金石小箋二卷 清崑山葉奕苞撰。近上海中國書店鉛字排印本。

金石三跋十卷 清偃師武億撰。乾隆庚戌刊。

來齋金石刻攷略三卷 清候官林侗撰。嘉慶丙子陶舫刊。

來齋金石攷略三卷 清候官林侗纂輯。道光二十一年辛丑九月刊。

東洲草堂金石跋五卷 清道州何紹基撰。民國乙丑刊。

金石叢鈔無卷數 清不著編輯姓名。底稿本。起夏殷,止遼金。

寫經樓金石目一卷 清句吴錢泳輯。無刻書年月,約道光間刊。有石無金。

金石影目録二卷 清獨山莫友芝編。原稿本。

商周文字拾遺二卷 清海鹽吴東發撰。民國甲子石印本。

焦山鼎銘考一卷 清大興翁方綱撰。乾隆三十八年精刊。

南公鼎文釋考一卷 河南潢川吴寶煒撰。民國十八年石印本。

周明公彝文釋考一卷 河南潢川吴寶煒撰。民國十九年石印本。

毛公鼎文正注一卷 河南潢川吴寶煒撰。民國十九年石印本。

蒼潤軒碑跋紀一卷 明秣陵盛時泰撰,魏錫曾校。民國丙辰夏風雨樓石印本。

元牘記二卷 明秣陵盛時泰撰。民國己巳國立中央大學國學圖書館鉛字排印本。

碑帖紀證一卷 明四明范大澈撰。民國癸亥孟冬蟫隱廬以古宋字排印本。

漢魏碑刻紀存一卷 清閩縣謝道承編。嘉慶丙子晉安馮縉校刊。

虚舟題跋十卷補原三卷 清金壇王澍撰。乾隆三十五年庚寅至三十九年精刊。

石墨攷異二卷 清吴下嚴蔚撰。傳鈔本。首有乾隆五十三年自序。

漢魏六朝志墓金石例二卷 清鎮洋吴鎬撰。嘉慶壬申蟾波閣精刊。

古誌石華三十卷 清寧鄉黄本驥編。道光己丑刊丙子年補刊。

快雨堂題跋八卷 清丹徒王文治撰,休寧汪承誼訂。道光辛卯䂓蓀閣刊。

小蓬萊閣金石文字五册 清錢塘黄易輯。道光廿二年陵苕館重摹本。**陵苕館續刻三册** 仁和高學治編。道光廿三年六月刊。續刻即《夏承碑附補》《婁壽碑》《劉熊碑》《華山殘碑》《吴紀功碑》等。

大瓢偶筆八卷碑目一卷 清山陰楊賓撰。《碑目》鐵嶺楊霈輯。道光二十七年丁未篘石山房刊。

漢碑題跋無卷數 清曲阜桂馥撰。傳抄本。

漢武梁祠畫像攷六卷圖一卷前石室畫像考一篇 清嘉定瞿中溶撰。民國丙寅吴興劉氏希古樓刊。

黄小松嵩麓訪碑記一卷 清商城楊鐸編校。咸豐元年函青閣刊。

古均閣寶刻録無卷數 清海寧許槤撰。咸豐八年精刊。即許氏手摹宋拓漢《夏承碑》,附釋文。光緒二十年甲午二月秀水王寶瑩重精刊。

芳堅館題跋三卷 清莆田郭尚先撰。同治甲戌秋晉江龔氏誦芬堂刊木活字本。

輿地碑記目四卷序録一卷 宋東陽王象之撰,清元和顧千里校輯,上元車持謙補校。道光庚寅仲冬上元車氏刊。

話雨樓碑帖目録四卷 清吴江王楠藏,其男鯤編。道光十五年乙未刊。

雍州金石記十卷餘一卷 清錢塘朱楓撰。乾隆己卯精刊。

京畿金石考二卷 清陽湖孫星衍撰。乾隆五十七年問字堂刻木活字本。

偃師金石遺文補録十六卷 清秀水王復撰。嘉慶二年六月刊。

偃師金石遺文補録十六卷 清秀水王復撰。傳鈔本。

江寧金石待訪録四卷 清承德孫彤撰。嘉慶十三年自刊。

武林金石記十卷 清錢塘丁敬撰。民國丙辰七月西泠印社以古宋字排印本。第六卷原缺。

隋唐石刻拾遺二卷附録一卷 清長沙黄本驥編。道光二年刊。

安徽金石略十卷 清涇縣趙紹祖輯。道光十四年古墨齋刊。

代州金石志一卷 清不著撰人姓名。約道光間鈔本。

山右金石録一卷跋尾一卷 清高郵夏寶晉撰,歸安石宗建校訂。**校語一卷** 歸安凌霞撰。光緒壬午歸安石氏古歡閣刊。

越中金石録一卷 清山陰沈復粲輯。底稿本。首有戊申八月既望受業姪孫玉書序。

東甌金石志十二卷 清嘉善戴咸弼纂輯,瑞安孫詒讓校補。光緒己亥九秋石印本。

越中古刻九種一卷 清會稽王繼香輯。光緒二十二年上海理文軒石印本。

史 評 類

史學提要箋釋五卷 宋盱江黄繼善撰,武林楊錫祐釋。康熙五十五年刊。

史學提要十三卷附歷代帝統歌一卷 宋盱江黄繼善撰,清山陰楊錫祐箋,善化張芸廚增輯元明二卷,長沙朱紹禧編次。光緒五年己卯傳忠書局重刊。

史鉞二十卷 明廬陵晏璧撰。嘉靖二十六年刊。

國朝史餘四卷 明吴郡陸采輯。萬曆庚寅刊。目不到尾,待攷。

太古堂論史無卷數 明膠西高宏圖撰。道光四年高錫麟手鈔本。

論史異同全集二十卷 清黄海王仕雲撰。康熙九年五辰堂刊。

歷朝正議四卷論一卷 清天門吴雲撰。無刻書年月,約康熙間刊。

雨田古論二卷 清宗室五禮圖撰。乾隆壬戌履和堂刊。

閲史閒評四卷 清浙西屠元淳撰。乾隆丙寅精刊。

讀史評略二卷 清建寧李榮憲撰。乾隆二十四年刊。

讀史小論二卷 清吴成佐撰。乾隆甲午精刊。

讀史舉正八卷 清仁和張熷撰。乾隆五十一年丙午刊。

讀史管見三卷 清順德女史李晚芳撰。乾隆五十二年菉猗園刊,近影印本。

文史通義六卷 清會稽章學誠撰。無刻書年月,約乾隆間刊。

讀史比事五卷 清龍泉林撝撰。光緒戊寅仲春蔡盛儔重刊。

三芝山房讀史隨筆二卷 清武寧盧浙撰。嘉慶丙子仲秋刊。

史疑四卷 清彭石浪撰。抄本。首有嘉慶二十五年蔣祥墀序,次有胡光縉、平步雲、李見瑞諸跋。

惜抱軒漢書評點一卷 清桐城姚鼐撰。光緒間經德堂刊。

讀史偶得二卷 清上海楊鍾寶撰。道光九年精刊。

讀史識存十卷 清六安王溽撰。道光乙未刊。

史案二十卷 清涇縣吴裕垂撰。道光間男簣校刊。

歷朝史案二十卷 清涇縣吴裕垂撰,江左洪亮吉編。無刻書年月,約咸豐間刊。

古事語小録無卷數 清不著撰人姓名。底稿本。

販書偶記續編卷九

子　部

儒　家　類

議論經濟之屬

顏子六卷 清諸城張象棐輯。道光三年愛古堂刊。

孟子外書集證五卷 清崇明施彥士撰。嘉慶戊寅刊。

荀子二十卷 唐楊倞注，嘉善謝墉輯校。**校勘補遺一卷** 清不著校勘姓名。光緒二十三年新化三味書室校刊。

荀子考異一卷 宋吴郡錢佃撰。抄本。

荀子斷四卷 日本信濃冢田虎撰。寬政七年乙卯春二月平安書林水玉堂精刊，即乾隆六十年。

荀子增注二十卷 日本信州久保愛撰。**補遺一卷** 日本近江豬飼彥博撰。文政庚辰至丁亥水玉堂刊，即嘉慶二十五年至道光七年刊。此據宋本、高麗活字本、元本等校。

董子二卷 漢董仲舒撰，清仁和譚獻校定。宣統庚戌刻鵠齋刊。

新語二卷 漢陸賈撰，清長洲宋翔鳳校本。咸豐間刊，近鹽城孫人和影印本。

賈太傅新書訂註十卷 明郴陽何孟春撰。正德十五年庚辰刊。

楊子法言增註十卷 日本桃源藏撰。寬政八年丙辰刊，即嘉慶元年刊。

治平全書三十三卷 明豫章朱健、朱徽同撰，西陵蔣先庚訂。康熙三年刊。

治平大略四卷 清北徵張秉直撰。光緒元年至二年傳經堂刊。

酌時急務一卷 清周玉衡撰。咸豐八年戊午夏刊。

湯氏危言四卷 清山陰湯震撰。光緒戊戌上海書局石印袖珍本改名《昌言》,亦名《時事昌言》。

理學之屬

近思録集注十四卷攷訂朱子世家一卷 清婺源江永撰。**近思録校勘記一卷** 清元和王炳録。同治八年永康應寶時刊。

近思録集朱十四卷 清北平黄叔璥撰。原稿本。首有乾隆甲戌自序。

明德録一卷 宋壽安張繹。清容城孫奇逢撰。無刻書年月,約康熙間刊。

薛子庸語十二卷 明薛方山撰,慈谿向程釋。隆慶己巳刊。

龍溪王先生會語六卷 明宣城貢安國輯。萬曆四年涇縣查鐸等校刊。

思菴野録三卷 明清南薛敬之撰。萬曆庚戌刊。

皇明性理翼無卷數 明西浙過庭訓撰,楚門人游士任訂。萬曆癸丑刊。

張子韶先生心傳録四卷 明浮梁陳大綬銓次,于恕編,華容孫穀訂。萬曆庚戌刊。

俟後編六卷後一卷末一卷 明長洲王敬臣撰。同治己巳初夏刊木活字本。光緒元年重刊本,後一卷未刊。

樂天集十卷 明河汾辛全撰。萬曆壬子刊。

養心録一卷 明河汾辛全撰。崇禎四年刊。

神京偶記一卷 明河汾辛全撰。崇禎間刊。

學辨撤蔀録一卷 明吴門張恒撰。無刻書年月,約天啓間刊。

自渡語一卷 明絳州曹于汴撰。天啓乙丑刊。

仕學全書上編二十卷下編十五卷 明黎水魯論撰。乾隆丙寅鈞閒居刊。

瑞世良英五卷 明方城金忠撰輯。崇禎十一年戊寅關中車應魁刊。

儒宗理要六卷 明燕山張能鱗纂輯。無刻書年月,約崇禎間刊[三]。

厚俗全書七卷 清陽丘牛天宿輯。順治乙未刊。

聞鐘續集二卷 清語水勞大興撰。康熙十年辛亥刊。

爲學次第書六卷 清上蔡張沐撰。康熙十一年敦臨堂刊。

畜德録六卷 清新安戴大受撰。康熙戊午敬義堂刊。

中州道學編二卷 清嵩陽耿介輯。康熙三十年嵩陽書院刊。

大呼集八卷 清古宜梁顯祖撰。康熙甲戌刊。

五子近思録十四卷 清新安汪佑合編。康熙甲戌金閶勤有樓刊。

二曲悔過自新説一卷 清關中李顒撰。嘉慶元年抄本。

姚江釋惑録一卷 清長洲彭南畇撰,汪縉訂。無刻書年月,約嘉慶間刊。

合意編五卷 清寶應朱澤澐撰。道光元年辛巳刊。

陸清獻公日記十卷 清平湖陸隴其撰。道光辛丑吴江柳樹芳校刊,勝溪草堂藏板。

復齋録六卷 清朝邑王建常撰。光緒元年述荆堂刊。

榕村語録續編二十卷 清安溪李光地撰。民國間刊。

谷廉先生遺書八卷 清嘉定黄淵耀撰。雍正丁未刊。

初學切要一卷 清高斌輯。雍正庚戌敬信齋精刊。

廣字義二卷 清宛平黄叔璥輯。乾隆四年己未刊。

西齋語録四卷 清介休郭元鎬撰。乾隆二十四年刊。

士林彝訓八卷 清仁和關槐撰。乾隆五十四年刊。

爲學綱目三卷首一卷 清南通州錢保撰。乾隆辛亥寶斯堂精刊。

讀書半解一卷 清黔中王士俊撰。無刻書年月,約乾隆間刊。

秘書三種五卷 清蓉城劉一峯撰。嘉慶丙寅年重刊。《思誠録》一卷,《鑒古録》二卷,《論古録》二卷。又名《静齋劉先生三録》。

温溪尋源集三卷退閒録一卷 清富平楊國杰撰。嘉慶元年刊。

一齋識學四卷小學或問一卷家規一卷 清同官郝玶撰。**附郝正陽語録一卷** 清同官郝大寧撰。**家傳二篇** 清同官郝玶撰。嘉慶元年時習堂刊。

岩齋學記十卷 清江寧朱性坦編輯。嘉慶三年刊。

志學編二卷 清宜黄余寅止編。嘉慶癸酉刊,光緒元年重刊。

成教約編一卷儒學源流考二卷附録一卷 清五山孫中行輯。底稿本。首有嘉慶歲次丙子自序。

嶺雲軒瑣記四卷續選四卷 清龍溪李威撰。民國乙亥鉛字排印本。

友梅隨筆一卷 清曲阜孔毓焞撰,竇應成蓉鏡註解。底稿本。首有《徐太孺人事略》。

癡説八卷 清河間紀□□蔭田撰。道光辛巳仲冬懷清堂刊。

存心宗旨淺説一卷 清安康王玉樹撰。道光辛卯刊。

瘦石山房筆記一卷 清仁和陸向榮撰。道光丙申秋仲刊。

文莫書屋詹詹言二卷 清鄞陳僅撰。道光乙巳仲冬月四明繼雅堂刊。

忍字輯略五卷 清婺源朱錫珍輯。道光二十七年刊,民國十年鉛字排印本。

咫聞録二卷 清順德温汝適撰。無刻書年月,約道光間刊。

日省吾齋日録無卷數 清福山王德瑛撰。道光間刊。起道光元年辛巳,止十六年丙申。

課餘彙鈔八卷 清南海何文綺撰。咸豐元年辛亥孟秋刊。

庸言四卷 清婺源余元遴撰。咸豐辛亥露蕭草堂刊。

理學圖説彙編三卷 清山陰何思永輯。咸豐二年刊。

安晦草堂醒語二卷 清晦堂老人撰。無刻書年月,約咸豐間刊。

下學指南一卷 清烏程周思誠撰。同治癸亥秋八月湖州書隱樓刊。

十要字集解一卷 清烏程費熙撰。光緒丙子秋湖州趙氏敬義堂重刊。

養病庸言一卷 清太倉沈嘉澍撰。光緒三年丁丑冬月刊。

仁書二卷 清龍陽易佩紳撰。光緒十年刊。

自得廬無卷數 清古羅李輈撰。無刻書年月,約光緒間刊。又名《靜立子雜著》。

稷垣答問五卷 清上元朱士焕撰。宣統庚戌刊。

小學圖註九卷 明天台陳選註,明焦竑原輯,上元張徽典增訂。康熙丁丑養正堂刊。圖三卷,註六卷。《四庫》著録六卷,圖闕。

小學實義六卷 清覺羅滿保輯。康熙五十三年刊。

小學註解六卷 清博野尹嘉銓等編。乾隆十年乙丑保陽蓮花書院刊。是書兩截樓板,以明陳選集註爲底本,並將諸家之説附註於上,名曰《小學註解》。

喬氏家訓二卷附録一卷 明柘溪喬邁輯,孫男潅增輯。乾隆戊午刊。

正蒙補訓四卷 清牟陽冉覲祖撰。康熙壬午刊。

學規類編二十七卷養正類編十三卷 清儀封張伯行撰。康熙四十六年正誼堂刊。

範家集略六卷 清錫山秦坊輯。道光辛丑重刊。

童蒙觀鑑六卷附一卷 清寧都丁有美輯,子湘校釋。乾隆辛卯刊。

先正讀書訣一卷 清歷城周永年輯。光緒四年戊寅重刻。

弟子箴言十六卷 清益陽胡達源撰。道光乙未聞妙香軒刊。

弟子箴言十六卷 清益陽胡達源撰。光緒二十一年重刊,民國戊午季秋成都志古堂重刊。

古今學變三卷 日本洛陽伊藤長胤撰。寬延三年庚午刊,即乾隆十五年刊。

入學新論一卷附録一卷 日本日出帆足萬里撰。天保十五年甲辰羣玉堂刊,即道光二十四年刊。

通議三卷 日本賴襄子成撰。弘化四年丁未刊,即道光二十七年刊。賴襄子成亦名賴久太郎。明治十一年重刊,即光緒四年重刊。

兵家類

孫子集註十三卷 明錫山談愷撰。嘉靖乙卯刊。

孫子書校解引類三卷 明晉江趙本學編輯。萬曆四十一年刊。

孫子書校解引類三卷 明晉江趙本學撰。約乾隆間抄本。

孫武子十三篇註釋六卷 明晉江趙建郁解,山陰吴企健增訂。同治辛未冬養直堂刊木活字本。

孫子衍義十三卷附正義 明會稽施逢原撰。崇禎戊寅刊。

孫子集註二卷 清濠梁鄧廷羅撰。康熙己未刊。

孫子注箋二卷 清左樞撰。無刻書年月,約光緒間精刊。

孫子發微三卷吴子發微一卷 日本南總篠崎司直撰。萬延紀元庚申精刊。一名《孫吴發微》。

諸葛武侯行兵遁甲金函玉鏡無卷數 漢諸葛孔明撰。傳抄本。後有乾隆戊寅蜀梁山劉仕偉跋。

武經直解十二卷 明太原劉寅撰,江陵張居正增訂。崇禎丁丑錢塘翁鴻業校刊。

武經七書彙解七卷首一卷末一卷 清青溪朱墉輯。康熙二十七年戊辰懷山堂刊。

武經大全會解七卷附射法 清姚江魯經撰。康熙四十八年寶旭齋刊。

金湯借箸十二籌十二卷 明淮南李盤(原名長科)撰。傳鈔本。

秘授金鎖八門鎮圖要訣一卷 明江陵何觀撰。萬曆癸酉刊。又名《金鎖圖説》,附《空羣齋集》一卷。

守揚練兵輯要一卷 明方城郭光復撰。萬曆丁酉刊。

兵機纂八卷 明方城郭光復撰。崇禎癸酉男九圍刊。

經世奇謀八卷 明徽婺俞琳輯。萬曆丙辰刊。

城守驗方一卷 明長洲劉錫玄撰。無刻書年月,約萬曆間刊。

皇明將略録無卷數 明江東顧□□少軒編輯。原分四册。**附武備全書一卷** 明古信王我瞻輯。首有《防海新論》一卷,明周弘祖撰。**武略神機火藥二卷** 明新安胡宗憲纂訂。**武試韜略全書一卷戰略一卷** 明豫章汪萬頃纂。《戰略》又名《武略全書》。無刻書年月,約天啓間刊,硃墨套印本。

左氏兵略三十卷 明海虞陳禹謨輯。無刻書年月,約天啓間刊。

左氏兵謀兵法二卷 清寧都魏禧撰。**附兵法入門集要三卷** 清知非子撰。咸豐十年庚申望雲草廬刊。

師尚五卷 明王模撰。無刻書年月,約天啓間刊。

武德全書十五卷 明於越李槃編,李贊世等集註。無刻書年月,約天啓間刊。

兵録十四卷 明吴郡何汝賓輯。舊鈔本。首有崇禎壬申魏浣初序,次萬曆丙午自序。

守圉全書八卷附一卷 明晉絳韓霖輯。崇禎十年丁丑刊。分《酌古》《設險》《制器》《豫計》《協力》《中令》《應變》《糾繆》《贈策》,凡九篇。

古今紆籌十卷 明浙水朱錦文輯。崇禎己卯刊。

兵鏡備考十三卷附或問二卷孫子集註一卷 明濠梁鄧廷羅撰。無刻書年月,約順治間刊。

兵法類案十三卷 明南豐謝文洊撰。無刻書年月,約同治間刊。

懷山園增訂綱鑑百將策題彙纂廣集八卷 清青溪朱堪輯。康熙二十一年刊。

西法神機二卷 清嘉定孫元化撰。光緒二十八年邑後學楊恒福刊。

兵論一卷 清北平王崑繩撰。無印書年月,約宣統間鉛字排印本。

治平勝算全書十二卷 清雙峰年羹堯輯。舊抄本。首有雍正二年春三月上澣自序。

治平勝算全書十四卷 清雙峰年羹堯輯。傳鈔本。

年大將軍兵法無卷數 清雙峰年羹堯撰。光緒十四年滬上射樽樓刊。

守望新書四卷 清句吴錢泳輯。道光壬寅春三月於揚州樸存堂刊。

奇門行軍要略四卷 清高明劉文瀾撰。道光乙巳九月刊。

平海心籌二卷 清香山林福祥撰。道光癸卯刊。

禦侮備覽二卷附江海備覽一卷平傜十策一卷 清東吴陸嵩齡輯。道光癸巳刊。

祝融佐治真詮十卷 清傅野山房纂輯。無刻書年月,約道光間刊。

擬呈關中戰守策二十八條一卷 清宣城李文瀚撰。無刻書年月,約道光間刊。

簡練集一卷 清婺源程榮春撰。咸豐甲寅秋刊。

皖江武備攷略七卷圖一卷 清西臺袁青綬撰。同治十三年刊。

鄉兵管見三卷 清北平李東撰。光緒二十一年重刊。又名《守望相助》。

法家類

韓非子神駒三卷 明莊天合選。無刻書年月,約崇禎間刊。又名《韓子註評》。

商君書新校正五卷附附考 清西吴嚴萬里撰。光緒丁酉圖書集成局鉛字排印本。

管子補正二卷 日本近江豬飼彦博撰。文化八年辛未精刊,即嘉慶十六年刊。

增讀韓非子二十卷附録一卷 日本東都物雙松讀,蒲坂圓增。享和二年壬戌十一月脩文齋刊,即嘉慶七年刊。

韓非子補逸一卷 日本岡本保孝輯。民國壬子鉛字排印本。

農　家　類

閲古編六卷 明松江施大經撰。無刻書年月,約萬曆間刊。又名《農書》。後有九山道人跋。

御製耕織圖二卷 清康熙撰。光緒五年申報館石印本。《耕圖》二十三,《織圖》二十三。

澤農要録六卷 清益津吴邦慶撰。道光四年刊。

木棉譜一卷 清上海褚華輯。道光十八年刊。

區田編一卷 清秀水張起鵬撰。同治九年刊,光緒三年重刊。

增訂蠶桑成法二卷 清楚南譚之紀撰。舊抄本。首有乾隆十九年自序。

蠶事統紀二十卷附録一卷 清海鹽崔應榴撰,海昌錢馥補輯。底稿本。附録《秦淮海蠶書》《王楨蠶繅篇》《黄省曾蠶經》《王忠清東南蠶事論》等。

玉屏蠶書二卷 清遼陽王存成輯。道光己亥精刊。

蠶桑述要附器具圖説無卷數 清吴興俞墉撰。無刻書年月,約道光間刊。

蠶桑説一卷 清不著撰人姓名。無刻書年月,約光緒間刊。

養蠶秘訣一卷 清錫山張文藝訂。無刻書年月,約光緒間刊。

醫　家　類

内　經　之　屬

黄帝内經太素三十卷 隋楊上善撰注,清沔陽劉震鋆校訂,孝感楊明濟補注。民國乙亥四月鉛字排印本。

黄帝内經素問節文註釋十卷 明會稽馬蒔撰。萬曆十四年刊。

黄海九卷補遺一卷 明馬蒔撰。無刻書年月,約崇禎間刊。

黄帝内經素問靈樞經合類九卷 明江州王九達編註。無刻書年月，約天啓間刊。

醫經原旨六卷 清河東薛雪撰。乾隆十九年甲戌刊。

内經知要二卷 清雲間李念莪原輯，河東薛生白校正。乾隆甲申埽葉莊刊。

素問靈樞類纂約註三卷 清休寧汪昂撰。康熙三十三年刊，乾隆己亥春書業堂刊。

素靈微藴四卷 清昌邑黄元御撰。道光十年閏月宛鄰書屋刊。

内經釋要一卷 清歙縣江之蘭撰。光緒壬寅敏修齋鉛字排印本。

醫原圖説二卷 清上海金理撰。乾隆二十四年己卯刊。

醫經讀無卷數 清嘉善沈又彭撰。底稿本。首有乾隆甲申自序。

醫經餘論一卷 清新安羅浩養撰。嘉慶三年壬申刊。

内經翼註十二卷圖翼 運氣經絡**一卷** 清遂昌周長有撰。道光六年仲夏種德堂刊木活字本。

易範醫疏四卷 清山陰茅松齡撰。道光丙戌刊。

素問釋義十卷 清陽湖張琦撰。道光十年宛鄰書屋刊。

靈素商兑一卷附砭新醫一卷附箴病人一卷 清四明余巖撰。無印書年月，約宣統間鉛字排印本。

重訂内經拾遺方論四卷 宋駱龍吉撰，明淮陰劉浴德訂。康熙庚寅林儒校刊。

徂徠先生素問評一卷批點一卷 日本物觀茂卿撰，門人南總宇惠子迪編。明和三年東都喬山堂刊，即乾隆三十一年刊。

難經之屬

古本難經闡註四卷 清雲間丁錦撰。乾隆三年刊。

古本難經闡註二卷 清雲間丁錦撰。嘉慶五年刊,同治三年仲秋刊。

越人難經真本説約四卷末一卷 清上海沈德祖撰。乾隆四年刊。末卷又名《指南集》。

難經直解二卷 清武林莫熺撰。乾隆壬戌刊。

扁鵲脈書難經輯注六卷首一卷 清安義熊慶笏撰。嘉慶丁丑冬高桐熊氏抱經堂刊。

難經晰解二卷 清紹興袁崇毅撰。傳鈔本。

脈 經 之 屬

家傳太素脈秘訣二卷 張太素撰,明汀州劉伯詳註。無刻書年月,約天啓間刊。

太素脉註二卷 明汀州劉伯詳撰。無刻書年月,約崇禎間周文煒刊。

脈理存真三卷 元許昌滑壽撰。光緒二年余顯廷刊。

醫燈續焰二十一卷正文一卷 明錢塘潘楫註,同邑王佑賢評。無刻書朝代,約順治壬辰陸地舟刊。

脈訣彙辨十卷 清趙郡李延是撰。康熙丙午刊。

脈訣彙辨十卷 清趙郡李延是撰。康熙壬寅刊。

醫徑句測二卷 清新安程應旄撰。康熙九年庚戌式好堂刊。又名《松厓豎徑衇圖句測》,左右編各一卷。

脈訣彙編説統一卷經絡彙編一卷 清益都翟良撰。康熙六年刊。

删註脈訣規正二卷 清瀛津沈鏡撰,徐良臣參補。康熙三十二年刊。

脈貫九卷 清桐溪王賢撰。康熙辛卯盛德堂刊。

醫燦原始經脉十卷 清聲裔查氏訂。舊抄本。

脈訣正宗一卷 清白山郎毓純輯。乾隆四十一年刊。又名《達德堂脈訣金鍼》。

脉理明辨二卷 清不著撰人姓名。底稿本。

脉理會參二卷 清不著撰人姓名。底稿本。

脈如二卷附望聞問三診一卷傷寒論一卷 清南海郭治撰。道光丁亥刊巾箱本。

三指禪三卷 清楚邵夢覺道人撰,周光實、周光梓同録。道光壬辰宏道堂刊。

三指禪三卷 清夢覺道人撰。無刻書年月,約光緒間湖南書局重刊。

脈學註釋匯參證治二卷 清海陽汪文綺撰。道光十二年刊。又名《衛生彈求集二刻》。

研思堂家傳醫宗心法全書二卷 清潮陽馬應麟撰。傳抄本。《診脉入門》《診脉精義》等二種。

經脈圖考四卷 清湘潭陳惠疇撰。光緒甲午刊。

經穴纂要五卷 日本小阪營昇元祐纂輯。文化庚午東都萬笈堂精刊,即嘉慶十五年刊。

四診抉微八卷管窺附餘一卷 清烏程林之翰撰。雍正元年刊。

醫法徵驗録二卷 清太和李文庭撰,貴筑王名聲補。道光二十九年刊。

醫學輯要四卷 清山陰吴燡編。同治七年秋日山陳氏重刊。

舌鏡二卷 清寧化王景韓撰。康熙己亥精刊。

診病奇侅二卷 日本丹波元簡撰。**附五雲子腹診法一卷** 日本森養春院法印傳,雲統筆記。光緒戊子九月四明王仁乾於日本鉛字排印本。

傷寒之屬(附瘟疫)

傷寒金鏡録一卷 元敖氏撰,杜清碧增定。**傷寒秘要二卷** 明金陵董玹撰定,新安胡正心補參。**傷寒五法二卷** 明新安胡正心編輯。崇正六年刊袖珍本。

傷寒撮要三卷 明長洲繆存濟撰。隆慶丁卯刊。

東垣傷寒正脈十二卷 明王執中撰。萬曆庚辰雲間姚氏世徵堂刊。

傷寒活人指掌圖論十卷 明吴恕撰。無刻書年月,約萬曆間刊。

譔集傷寒世驗精法八卷首一卷末一卷附辨舌金鏡録一卷 明芮城張吾仁撰。雍正三年亦政堂刊,嘉慶二十二年刊,光緒十六年刊。

傷寒全生集四卷 明餘杭陶華撰,清長洲葉天士評本。嘉慶二十四年夏眉壽堂刊。

傷寒五法四卷附傷寒論 清楚黄陳養晦撰。康熙六年丁未刊。又名《窺垣秘術》。

傷寒論綱目九卷附例一卷北宋成無己註王叔和序本經白文一卷 清錢塘張志聰撰。康熙癸丑竹隱刊。

傷寒論集註六卷本義一卷 清錢塘張志聰註釋,高世栻纂輯。無刻書年月,約康熙間刊。

傷寒論集註六卷附本義 清錢塘張志聰撰,高世栻纂輯集。無刻書年月,約乾隆間平遠樓刊。

傷寒論集註六卷本義一卷 清錢塘張志聰註釋,高世栻纂集。無刻書年月,約道光間刊。

傷寒辯證四卷 清三原陳堯道撰。康熙戊午刊,嘉慶丙寅重刊。又名《傷寒活人書》。

傷寒論辨證廣註十四卷首一卷中寒論辨證廣註三卷首一卷 清長洲汪琥撰。康熙庚申平陽季子東璧刊。

傷寒論三註十六卷 清吴門周揚俊撰。康熙癸亥刊,光緒丁亥味經堂重刊。

傷寒泝源集十卷 清虞山錢潢撰。康熙戊子虚白室精刊。

傷寒論直解六卷附餘一卷 清錢塘張錫駒撰。康熙壬辰刊。

傷寒兼證析義一卷 清長洲張倬撰。**傷寒舌鑑一卷** 清長洲張登誕纂。無刻書年月，約康熙間刊。

傷寒彙參四卷 清吴江張世煒輯，子守堅訂補。底稿本。又名《若山居醫學讀本第三帙傷寒彙參》。首有康熙歲在屠維大荒落修辜月自序。

傷寒論編註八卷 清檇李沈明宗撰。無刻書年月，約康熙間世德堂刊。又名《醫徵温熱病論》。

醫宗承啓六卷附翼 清休寧吴人駒撰。道光壬午蘭松堂刊。

傷寒總註四卷 清星源詹德祖撰。乾隆三十六年裕德堂刊。

傷寒論註無卷數 清山陰何百鈞撰。底稿本。

傷寒論本義十八卷首一卷末一卷 清栢鄉魏荔彤撰。雍正甲辰刊。

孝慈備覽四卷 清新安汪純粹撰。雍正甲寅杭城並育堂刊。

傷寒論集註十卷外篇四卷 清東吴徐赤撰，大訥吴士鎮增訂。乾隆壬申瓜涇徐氏刊。

傷寒來蘇集八卷 清慈溪柯琴撰。乾隆乙亥崑山綏福堂刊。《傷寒論註》六卷，《傷寒論翼》二卷。

傷寒卒病論讀無卷數醫經讀無卷數 清嘉善沈又彭撰。乾隆甲申博古堂刊。

傷寒卒病論讀無卷數 清嘉善沈又彭撰。乾隆乙酉春寧儉堂刊。又名《傷寒論讀》。原編次作十卷。

傷寒論集註十卷附一卷 清進賢舒詔撰。乾隆三十五年重刊。

傷寒第一書四卷附餘二卷 清會稽車宗輅、山陰胡憲豐同撰。乾隆四十五年刊。

傷寒第一書四卷附餘二卷 清會稽車宗輅、山陰胡憲豐同撰。光緒十一年浙紹奎照樓刊。

傷寒方集註無卷數 清吴趨繆遵義輯。底稿本。首有乾隆五十九年門人管鼎跋。原編次似作二卷。

傷寒撮要四卷 清蒲城王夢祖撰。無刻書年月,約乾隆間精刊。

傷寒辨似無卷數 清古越高學山撰。約乾隆間鈔本。又名《傷寒論尚論篇辨似》。

醫效秘傳三卷 清古吴葉桂撰。道光辛卯仲夏刊。

傷寒指掌四卷 清歸安吴貞、吴鈞兄弟撰。嘉慶元年刊。

傷寒指掌四卷 清歸安吴貞撰,烏程邵芝生批註。底稿本。

傷寒譜八卷 清嘉定沈鳳輝撰。嘉慶癸亥大中堂刊。

傷寒論晰疑四卷 清嘉善錢諒臣撰。無刻書年月,約嘉慶間白鹿山房刊木活字本。

傷寒神秘精粹録無卷數 清宛平吴謙如撰。約嘉慶間鈔底稿本。

傷寒論本旨九卷 清會稽章楠撰。道光十六年丙申仲夏偁山書屋刊。又名《醫門棒喝三集》,亦名《活人新書》。

傷寒雜病論十六卷 清武進胡嗣超撰。道光丁未冬日海隱書屋刊。

傷寒尋源三卷 清錢唐吕震名撰。咸豐甲寅吴縣潘遵祁刊。

傷寒要法一卷證治辨疑一卷 清京口余鑄口授。忠震家傳底稿本。

傷寒論襯五卷 清松陵姚大椿輯著。底稿本。又名《若山居醫學讀本第二帙之上傷寒論襯》。

温疫論補註二卷 清古歙鄭重光撰。康熙庚寅刊。

補拙齋傷暑全書二卷附喻嘉言瘟疫論 清穎郡張鶴騰編輯。康熙十四年刊。

温病方論四卷 清吴門周揚俊輯。康熙間刊,光緒己丑季夏埽葉山房重刊。又名《温熱暑疫全書》。

温熱暑疫全書四卷 清吴門周揚俊輯。乾隆十九年庸德堂刊。

瘟疫發源一卷 清古青馬印麟撰。雍正三年刊。

瘟疫傳症彙編二十卷 清新建熊立品輯。乾隆四十二年精刊。首有《辨孔瑣言》。又名《治疫全書》。

補註瘟疫論四卷 清鴛湖尚友山人撰。乾隆甲辰晚翠堂刊。尚友山人爲洪天錫之别號。

寒温條辨六卷 清夏邑楊璿撰。乾隆四十九年刊，光緒元年夏月黔陽藩署重刊。

傷寒瘟疫條辨六卷 清夏邑楊璿撰。乾隆五十年乙巳本衙刊。又名《寒温條辨》。

寒温條辨七卷附温病壞證全編一卷 清夏邑楊璿原撰，文祖飛鷺降訂補。光緒癸巳於江右醉芸軒刊。

疫疹一得二卷 清桐溪余霖撰輯。光緒己卯刊。

疫癘溯源一卷 清上海王敬義撰。約乾隆間虛白齋精刊。

廣瘟疫論四卷末一卷 清上元戴天章撰。光緒十三年長沙重刊。

瘟疫明辨四卷附諸方一卷 清歙鄭奠一撰。光緒壬寅仲秋常郡長年醫局刊木活字本。

鄭氏遺書四卷附方一卷 清歙鄭奠一撰。嘉慶壬申京江文光閣刊。即增删吴氏《瘟疫論》之作。

温證羊毛論一卷諸方一卷 清上元隨霖撰。乾隆六十年冬孳善堂刊。

羊毛瘟疫論一卷附方一卷 清上元隨霖撰。嘉慶元年孳善堂刊。

慈航集四卷 清古歙王於聖撰。嘉慶己未刊。

感證集腋二卷 清武林茅鍾盈選輯。道光元年刊，道光十六年拜石山房補刊。

瘟疫彙編十六卷 清旌陽汪期蓮編。道光八年五月汪培芝堂刊。

温病條辨六卷首一卷 清淮陰吴瑭撰。道光十五年鶴皋葉氏重刊。

温病條辨六卷首一卷 清淮陰吴瑭撰，寶應朱彬評。同治庚午六安求我齋重刊。

温疫條辨摘要一卷 清河南新安吕田集録。光緒己丑浙江書局刊。

四時病機十四卷附温毒病論一卷 清吴門邵登瀛輯，邵炳揚述。光緒六年刊。

瘟痧要編四卷 清趙郡韓凌霄撰。光緒七年菊月刊。

金匱之屬

金匱玉函經八卷 漢張機撰，晉王叔和編次。康熙丙申上海陳世傑校宋本刊。

金匱要略直解三卷 清新安程林撰。康熙癸丑本衙刊。

金匱要略二十四卷 清檇李沈明宗撰。康熙三十一年刊。

金匱要略注無卷數 清高學山撰。底稿本。案原編次似作二十五卷。約康熙間鈔本。

金匱玉函經二註二十二卷 清吴門周揚俊撰。道光癸巳養恬齋刊。

金匱要略方論本義二十二卷 清栢鄉魏荔彤撰。無刻書年月，約雍正間刊。又名《傷寒論本義》。

金匱心典三卷 清吴下尤怡撰。雍正十年壬子刊。

金匱心典集註三卷 清吴門尤怡撰。同治己巳雙白燕堂陸氏重刊。

金匱平脈辨脈彙編無卷數 清商水王介庵撰。舊鈔本。

金匱要略正義二卷 清朱光被撰。日本人抄本。

鍼灸之屬

鍼灸聚英發揮八卷 明四明高武撰輯。嘉靖丙午刊，約康熙間日本重刊。

鍼灸要旨三卷 明四明高武撰。無刻書年月，約光緒間上海樂善堂重刊。

鍼灸素難要旨三卷 明四明高武撰。無刻書年月，約同治間上海四馬路樂善堂重刊。卷二分上下。

鍼灸大成十卷 明都門楊繼洲彙集，晉陽靳賢補輯。萬曆辛丑山西平陽刊，順治丁酉重刊，乾隆二年重刊，嘉慶丁巳德隣軒重刊。第五卷第四頁原佚。

瓊瑶神書四卷 明江右楊繼洲編著。道光丙申修文堂刊。又名《鍼灸神書大成》。

徐氏鍼灸大全六卷 明江右古塘徐鳳編。無刻書年月，約萬曆間刊。

勉學堂鍼灸集成四卷 清不著撰人姓名。無刻書年月，約雍正間刊。卷三四又名《經穴詳集》。

勉學堂鍼灸集成四卷 清不著撰人姓名。無刻書年月，約道光間刊。

勉學堂鍼灸集成四卷 清不著編輯姓名。光緒己卯孟春刊。

鍼灸逢源五卷 清吴縣李學川輯。嘉慶丁丑刊。

太乙神鍼説一卷 清范培蘭撰。光緒癸巳夏刊。

本 草 之 屬(附方藥)

神農本草經註論二卷 漢中孫□□子雲撰。民國辛未濟生醫室鉛字排印本。

唐卷子本新修本草十卷補輯一卷 唐李勣等奉勑修。光緒十五年德清傅氏籑喜廬于日本刊。

本草集要八卷 明慈谿王綸輯。嘉靖己丑刊。

本草集要八卷 明慈谿王綸輯。弘治十三年刊，正德辛未祁門汪機重刊。

本草通玄二卷 明雲間李中梓撰。無刻書朝代，約康熙戊午刊。

本草匯十八卷圖一卷補遺一卷内景圖一卷 清吴門郭佩蘭纂輯。康熙丙午梅花嶼刊。

東皋握靈本草十卷序例一卷 清嘉定王翃編輯。康熙癸亥刊。

增訂本草備要四卷 附 **藥性總義經絡歌訣** 清休寧汪昂撰。康熙甲戌成裕堂刊。

本經逢原四卷 清長洲張璐撰。無刻書年月,約嘉慶間明德堂刊巾箱本。

本草逢原四卷 清長洲張璐撰。民國甲子渭南嚴氏於成都刊。

本草崇原三卷 清錢塘張志聰註釋,同邑高世栻纂集。乾隆丁亥王琦校刊。

本草原始十二卷 清雍邱李中立撰輯。無刻書年月,約道光間金谿周亮登重刊。

本草求真九卷圖一卷主治二卷脈理求真三卷 清宜黄宫繡撰。乾隆三十八年文奎堂刊。

本草詩箋十卷 清吴郡朱鑰撰。乾隆丁丑精刊。

本草詩箋十卷 清吴郡朱鑰撰。道光己丑夏明教堂精刊。

本草輯要六卷 清候官林玉友輯。道光辛卯寸耕堂刊。

本草述鉤元三十二卷 清武進楊時泰輯。道光壬寅春毘陵涵雅堂刊。

本草分經一卷總類一卷 清維摩和尚編輯。道光庚子精刊。維摩和尚爲山陰姚瀾之别號。

本草分經一卷内景經絡圖一卷總類便覽一卷同名附考一卷 清維摩和尚撰。光緒己丑秋月江西省刊。

本草啓蒙名疏七卷 日本小野蘭山鑒定,孫職孝編輯。文化六年己巳衆芳軒精刊,即嘉慶十四年刊。第六卷分上下。

敦煌石室古本草一卷 唐孟詵撰,范鳳源訂正。民國二十年鉛字排印本。

石渠閣訂正食物本草十卷 元李杲輯,明蔣時機訂。無刻書年月,約康熙間刊袖珍本。

食鑑本草二卷 明京口寧源編。萬曆壬辰精刊。

食物本草約言四卷 明古吴薛己撰。無刻書年月,約萬曆間刊。

食物本草備考二卷 清古番何其言輯。雍正間刊。

荒政本草十四卷 明上海徐光啓纂輯。日本享保元年孟冬柳枝軒刊,即康熙五十五年刊。

重證本草單方六卷 明古歙鄭澤撰。萬曆庚戌刊。

本草單方十九卷 明海虞繆希雍選,雲間康浤等彙。崇禎六年刊。

本草類方十卷 清廣寧年希堯輯。雍正乙卯刊。分天干十集。

喻選古方試驗四卷 清西昌喻嘉言選,錢塘王兆杏録。道光戊戌漢上梅春華家刊。

增訂本草附方二卷 清不著撰人姓名。無刻書年月,約乾隆間和采堂精刊。

本草萬方類纂無卷數 清山陰宋穆緝。嘉慶丁丑秋精刊。分禮樂射御書數等集。

萬方類纂八卷 清山陰宋穆撰。嘉慶二十二年刊,光緒己亥夏桂林毓蘭書屋重刊。

藥品化義十三卷附本草論一卷 清鴛湖賈所學撰,趙郡李延是補訂。無刻書朝代,約康熙庚申刊。

藥義明辨十八卷 清海寧蘇廷琬撰。乾隆五十三年刊。

藥性擘要一卷 清曹遵先撰。嘉慶辛酉樹德堂刊。

藥性集要便讀二卷 清武進岳昶輯。道光癸卯嵩陽書屋刊木活字本。

藥治通義十二卷 日本丹波元堅撰。天保己亥存誠藥室刊,即道光十九年刊。

炮炙大法一卷附用藥凡例 明海虞繆希雍定。無刻書年月,約崇禎間延陵莊繼光刊。

方書之屬

肘後百一方八卷 晉葛洪撰,梁陶弘景補闕,日本浪華沼晉文進校正。寶曆七年積小館刊,即乾隆二十二年刊。

海上仙方一卷 唐孫真人(思邈)撰。光緒四年古滇段永源刊。

青囊秘録四卷 後漢華佗撰,唐孫思邈述。民國十二年濟南道院鉛字排印本。

是齋百一方二十卷 宋山陰王璆撰。寬政己未仲夏濯纓堂刊,即嘉慶四年刊。

宋聞胡兩先生痘瘡八十一論方無卷數 清蓉湖吕鼎輯。底稿本。首有康熙己酉榴月朔日自序。

醫方大成論一卷 廬陵孫□□編。無刻書年月,浙湖許恒遠堂刊。有元至治初元文江王元福序。

瑞竹堂經驗方十五卷 元薩謙齋編輯。日本寬政乙卯繕生室刊,即乾隆六十年刊。

攝生衆妙方十二卷 明四明張時徹編輯,三韓王梅訂。嘉靖二十九年刊。又名《攝生總論》。康熙乙巳經術堂重刊。

宦邸便方無卷數 明潤州錢□□后崖輯。萬曆八年刊。

推愛堂集一卷續集一卷重集一卷 明古絳薛自脩撰。萬曆癸丑至康熙丙寅刊。又名《推愛集》。《續集》又名《薛子方書》,亦名《醫方直指》。《重集》即《續入驗方》。

魯府禁方四卷 明金谿龔廷賢編。日本慶安元□仲冬重刊萬曆甲午金陵書林周曰校督刊本,即順治五年刊。

奚囊便方十卷 明古臨陳朝堦撰。天啓乙丑刊。

醫便五卷提綱一卷 明王三才輯,張受孔姚學顔同訂。無刻書年月,約天啓間刊。

懸袖便方四卷 明張延登輯。崇禎二年刊。

醫便初集二卷 明□□□與齡撰。無刻書年月,約崇禎間刊。

救急便方二卷 清古鄞陳五典輯。康熙六年丁未刊。

經方衍義五卷 清晉陵史樹駿撰。康熙辛亥刊。

古今名醫方論四卷 清新安羅美撰,慈水柯韻伯參閲。康熙乙卯古懷堂刊。

育寧堂頤世方書無卷數 清育寧堂主人編。康熙己巳刊。凡分十門類。嘉慶十二年補刊。

奇方類編二卷 清江夏吴世昌輯。康熙五十八年刊。

急救須知無卷數 清古歙朱本中撰。康熙間刊。分内外女幼等科。

集驗良方六卷 清壽春梁文科輯。雍正二年刊。

新增集驗良方六卷 清壽春梁文科輯。嘉慶二十五年夏滇西程羅氏刊。

絳囊撮要五卷 清雲川道人撰。乾隆九年刊，咸豐三年漢陽葉氏重刊于兩廣督署。

經驗單方彙編無卷數 清吴興錢峻編輯，婺源俞焕、金谿周朗等增輯。乾隆十七年九如堂刊。

增删經驗良方附達生篇無卷數 清西吴談起行增删。乾隆十八年癸酉刊。

惠直堂經驗方四卷 清會稽陶承熹集。乾隆二十四年風自堂刊。

景岳新方湯頭二卷 清古歙吴宏定撰。乾隆丁亥湖邊浣月齋刊。

繼志編方書合刻六卷 清汾陽韓衍楷編。乾隆三十九年甲午知足堂刊。

文堂集驗方四卷 清仁和何京輯。乾隆乙未刊。

慈惠小編三卷 清吴興錢守和、吴焕同輯。乾隆丙申刊。

經驗廣集四卷又一卷 清山右李文炳彙纂。乾隆四十三年刊。

至驗要方無卷數 清樂志堂主人孫岳亭編。乾隆壬寅江寧精刊。即《保産機要》一卷（吴嘐柯炌輯），《治婦人生産方》一卷（孫岳亭輯）。又名《續增至驗良方》。

奇效丹方八卷 清麟川姚學瑛輯。乾隆四十七年壬寅刊。

集古良方十二卷 清古歙江進輯。乾隆五十五年刊，道光四年陳聲遠重刊。

不藥良方續集十卷 清王站柱輯。乾隆五十一年刊，嘉慶甲子重刊，光緒七年孫貴成重刊。

回生集二卷續二卷 清古北陳杰撰。乾隆己酉仲夏刊。

惠民局選訂製濟方無卷數 清吴郡朱錀編。無刻書年月,約乾隆間精刊。案原編次作四卷。

古今良方三十二卷 清墨磨主人編。無刻書年月,約乾隆間十二桐樓精刊袖珍本。

串雅内編四卷 清錢塘趙學敏撰。光緒辛卯刊木活字本。

串雅外編四卷 清泉塘趙學敏撰。舊鈔本。烏絲格,板心下有"郘公鍾室鈔本"六字。

串雅内編四卷外編四卷 清錢塘趙學敏撰,錢塘吴庚生補註。民國四年上海廣益書局鉛字排印本。

普濟應驗良方八卷末一卷 清容山德軒輯。嘉慶七年壬戌三鱣堂精刊。

信驗方録四卷 清德州盧蔭長輯。嘉慶甲子刊。

信驗方一卷續一卷 清德州盧蔭長輯。道光二十年庚子刊。

信驗方録四卷續録四卷 清德州盧蔭長輯。咸豐四年甲寅漢陽葉志詵於兩廣督署刊。

便用良方二卷 清萬全羅本立輯。嘉慶乙亥文德堂刊。

仙拈集四卷 清棉上李文炳撰。嘉慶二十三年仲夏隴溪書屋刊。

仙拈集四卷 清棉上李文炳撰。無刻書年月,約嘉慶間同德堂刊。

幾希録一卷附集古方一卷 清瑞五堂主人輯。道光元年仲夏刊。瑞五堂主人,姓金氏,紹城人。

經驗良方三卷 清蕭山陸成本編。道光四年甲申刊。

集驗簡易良方四卷 清長白德豐輯,古閩莫樹蕃校訂。道光七年刊巾箱本。

濟世養生集醫方一卷便易經驗集分類一卷濟世急救良方一卷 清武林毛世洪輯。道光十二年古潤汪元煦刊。

驗方集易無卷數 清小墨林輯。道光乙未江西刊。

醫方擇要二卷續集二卷 元和汪廷楷、李秉銜、甘泉周棣同輯。道光丙申春月粵東重刊。

急效良方一卷 清西蜀東鄉羅思舉輯。道光丙申秋季本衙刊。

百一三方解三卷 清長白文通撰。道光十八年刊。

葆元録無卷數 清蕭然居士輯。道光甲辰精刊，同治壬申蕭山怡怡山堂重刊。

春脚集四卷 清洵陽孟文瑞輯。道光丙午刊。

臨症經驗方一卷 清胥江張仲華撰。道光丙午刊，光緒八年壬午重刊。又名《愛廬方案》。

同壽録四卷尾一卷 清古歙項天瑞纂輯。道光戊申刊。

良方集腋二卷 清吴中謝元慶編。道光戊申重刊。

五種經驗方一卷 清漢陽葉廷芳輯。道光三十年夏五月粵東撫署刊。《痢疾諸方》《瘧疾諸方》《金創花蕊石散方》《疔瘡諸方》《喉科諸方》。

經驗百方二卷良方續録一卷 清失名。無刻書年月，約道光間刊。又名《經驗各方》。

賽金丹二卷 清不著編輯姓名。無刻書年月，約道光間刊。

四科簡效方四卷 清海甯王士雄選。光緒乙酉仲夏越州徐氏刊。分甲乙丙丁四集。

衛生鴻寶六卷 清古瀛西溪外史輯，華亭高味卿增補。咸豐七年丁巳仲夏精刊。西溪外史爲祝補齋之别號。

成方輯要四卷 清當湖邵澍輯。咸豐丁巳宜稼堂重刊。

活人方七卷 清古閩長溪林開燧輯。同治八年己巳嘉平刊。

外治壽世方初編四卷 清海甯鄒存淦編輯。光緒三年刊。

不知醫必要四卷 清廣鬱梁廉夫撰。光緒五年刊，民國四年八月鉛字排印本。

不知醫必要四卷 清廣鬱梁廉夫撰。**附良方彙録一卷** 陽湖張光第輯。光緒二十六年武陵章氏重刊。

青囊全集秘旨二卷 清黄廷爵撰。光緒丙戌於白下刊木活字本。

驗方選易三卷 清鄒文翰編。光緒丁亥孟夏思誠齋刊。

方解别録一卷 清新安余楙撰。光緒十三年刊巾箱本。

玉梅花館遺方一卷 清杭臣五輯。光緒己丑秋仲刊。

訂補明醫方論三卷 清笠水張守堅撰。底稿本。又名《若山居醫學讀本帙之末題訂補明醫方論》。

內景之屬

壽世内鏡圖説八卷 盧國秦越人詮釋。**附録二卷** 清浙杭錢雷撰。**鍾奇氏續録二卷** 清衡漳張俊英撰。康熙丁丑刊。

人鏡經八卷 清衡漳張俊英撰,成都張吾瑾重輯。**附録二卷又附二卷** 清浙杭錢雷輯。康熙元年刊。

醫易一理一卷 清江夏邵同珍撰。光緒二十三年丁酉十月經世書屋刊。

泰西人身説概二卷 明耶西鄧玉函譯述,東萊畢拱辰潤定。**附人身圖説五臟軀殼圖形一卷** 明遠西羅雅谷譯述。舊抄本。首有道光十二年姚衡題跋。

醫總之屬

醫經小學六卷附醫經問一卷 明吴陵劉純撰。正統三年刊。

丹溪朱氏脈因證治二卷 元朱丹溪撰,清語溪湯望久輯。乾隆四十年乙未刊。

醫經小學四卷 不著編輯姓名。無刻書年月。大字活字本,約明朝正德間活字本。

續醫説十卷 明俞□□子容撰。嘉靖丁酉刊。版心每卷刊上下卷,實五卷。

體仁彙編六卷 明廬陵彭用光撰輯。嘉靖二十八年己酉刊，萬曆甲辰補刊。

古今醫鑑十六卷 明金谿龔信撰，子廷賢續編，金壇王肯堂訂補。萬曆己丑刊，又康熙二十三年文盛堂刊本作八卷。

雲林神彀四卷 明金谿龔廷賢撰。萬曆辛卯刊。

經世全書八卷 明金谿龔廷賢撰。萬曆丙辰金陵萬卷樓周玉印刊。日本寬永十三年丙子仲春重刊，即崇禎九年重刊。

醫衡六卷 明雲林龔廷賢原輯，新安洪正立編録。順治乙未刊。日本天和三年癸亥中夏伊藤五郎重刊，即康熙二十二年。

醫學入門萬病衡要六卷 明雲林龔廷賢原輯，新安洪正立編録。延寶五年丁巳回春館刊，即康熙十六年刊。又名《萬病醫衡》。

壽世保元十卷 明金谿龔廷賢編。無刻書年月，約雍正間文光堂刊。

百代醫宗十卷 明金谿徐紳撰。萬曆丁未刊。

脉證治例辯疑十二卷 明會稽陶本學輯。原稿本。首有萬曆四十三年自序。

明醫指掌十卷附診家樞要一卷 明許昌滑壽編輯。**雷公炮製藥性解六卷** 明雲間李中梓編輯。**珍珠囊指掌補遺藥性賦四卷** 元李杲編輯。天啓壬戌刊。

松厓醫徑二卷 明新安程玠撰。天啓乙丑刊。

醫藥鏡八卷 明金沙王肯堂等撰。崇禎辛巳鴛水陳誕敷刊。

先醒齋筆記二卷 明東吴繆希雍撰，吴興丁元薦輯。崇禎壬午刊。又名《廣筆記》。

丹臺玉案六卷 明休邑孫文胤撰。順治庚子刊。

醫學彙函十三卷首一卷 明聶□□久吾撰。無刻書年月，約順治間帶月樓刊。

醫林繩墨大全九卷 明錢塘方穀撰，江寧周京輯。康熙十六年刊，嘉慶二十一年松江陳熙重刊。

周子藏書無卷數 明江東周慎齋撰。約雍正間鈔本。

慎齋心傳四卷 明宛陵周之幹撰,涇縣查萬合紀,武進蔣斌、江都葛自申同輯。傳抄本。後有乾隆三十四年十一月江麗南假鈔跋。

慎齋遺書十卷 明江東周之幹撰。道光己酉目耕堂刊。

醫宗撮精四卷 明古吴薛己撰,檇李黄承昊評輯。乾隆三十三年樂倫堂白衙刊。

濟陽綱目一百零八卷 明臨潼武之望編輯。咸豐六年宏道書院刊。

醫學傳心一卷附鍼灸步穴歌一卷 明雲間李中梓撰。底稿本。

醫宗必讀十卷 明雲間李中梓撰。光緒九年羣玉山房校刊。

活人録彙編十四卷 清古閩林開燧原輯,三原張在浚重輯。無刻書年月,約順治間聽濤書屋刊。

林氏活人録彙編十四卷 清三原張在浚撰。**傚曙齋醫案舉隅一卷** 仁和柴潮生撰。乾隆癸酉刊。

醫宗説約六卷 清古吴蔣示吉撰。康熙二年刊。

醫學啓蒙彙編六卷 清益都翟良撰,翟文楠、李聚和同参補。康熙五年刊。

證治百問四卷 清不著撰人姓名,海鹽石楷校訂。康熙癸丑頤志堂刊。

蒼生司命八卷首一卷藥性一卷 清古婺虞摶輯。康熙丁巳還讀齋刊。

傷寒辨證痘疹合編十卷末一卷 清三原陳堯道編輯。咸豐二年聚奎堂刊。《傷寒辨證》四卷,《痘科辨證》三卷,《疹科辨證》一卷,《痘疹》二卷,《種子仙方》一卷。

諸症辨疑五卷 清括蒼吴球撰。康熙戊辰刊。

蒼生司命八卷 清古婺虞摶輯。乾隆元年懷德堂刊。

溯源集 清虞山錢潢撰。康熙戊子虚白室精刊。

病機彙論十八卷 清沈朗仲原本,吴郡馬俶校定。康熙癸巳精刊。

病機彙論十八卷印機草一卷 清沈□□朗仲撰，吴都馬俶校。無刻書年月，約康熙間觀成堂精刊。

頤生秘旨八卷 清東海周垣綜撰。無刻書朝代，約康熙丁酉刊。

己任編八卷 清西吴楊乘六輯評。無刻書年月，約康熙間有鴻齋刊。《四明高鼓峰四明醫案》《東莊醫案》《董廢翁西塘感症》等三種彙成此編。

己任編八卷 清西吴楊乘六編。無刻書年月，約康熙間喞三堂刊。又名《高鼓峰心法》。分《四明心法》三卷，《四明醫案》一卷（高鼓峰），《東莊醫案》一卷（吕用晦），《西塘感症》三卷（董廢翁）。

辨證録十四卷 清山陰陳士鐸撰。道光丁未文英堂刊。

辨證冰鑑十二卷 清山陰陳士鐸撰。光緒二十二年京都擷華書局刊。

辨證奇聞十卷 清錢松撰。道光三年癸未醉吟草堂刊。

醫鏡十六卷首一卷 清吴門顧靖遠撰。民國十年仲冬鉛字排印本。

醫學心鏡録十一卷首一卷 清金谿唐見撰。雍正二年聚秀堂刊。

楊氏提綱四卷 清西蜀梁山楊旦昇輯。雍正六年刊。

證治合參十八卷 清古勾葉盛撰。底稿本。首有雍正己酉仲秋之吉自序。

醫經允中二十四卷 清毘陵李熙和撰。雍正七年克復堂刊。

醫經允中二十四卷 清毘陵李熙和撰。道光辛卯松筠閣刊。

三科輯要三卷 清南海何夢瑶輯。乾隆丁丑樂只堂刊。

三科輯要三卷附方三卷 清南海何夢瑶輯。光緒二十一年廣州拾芥園刊。

醫碥七卷 清南海何夢瑶輯。乾隆十六年同文堂刊巾箱本。

醫學指南十卷 清廣陵韋進德編輯。乾隆七年寄閒堂精刊。

症因脈治四卷 清雲間秦昌遇撰。乾隆癸酉博古堂攸寧堂刊。

醫理輯要十三卷首一卷 清宜章吴德漢輯。乾隆壬午敬義齋刊。

醫家心法一卷 清四明高鼓峰撰。乾隆丙戌刊。

醫級十卷首一卷末一卷 清錢塘董西園撰。乾隆丁酉刊,嘉慶庚辰道古堂重刊。

病機疑問三卷 清澱湖濱莊□□雨斯撰。舊抄本。首有乾隆戊戌何王謨序。

山公醫旨二卷 清鴛湖施永圖輯釋。約乾隆間抄本。第二卷佚。

蔣氏醫學三卷 清邵陵蔣堯中、孫男藻熊等撰。無刻書年月,約乾隆間刊。

醫方一盤珠全集十卷 清金川洪金鼎撰。底稿本。

意隱叢鈔二卷 清北平謝賓樹輯。傳抄本。

醫學經略無卷數 清吴興趙金撰。約乾隆間鈔本。

醫林纂要探源十卷 清婺源汪紱輯。道光己酉單遺經堂刊,光緒丁酉江蘇書局刊。

方氏脉症正宗四卷 清新安方肇權撰。嘉慶己未武林大成齋精刊。

遵生集要十一卷 清歷城楊潤編輯。嘉慶己未刊。《醒醫六書瘟疫論》二卷,《補遺》一卷,附按一卷(明姑蘇吴有性),《舌鏡》一卷,《舌胎諸方增補方論》四卷(即杜清碧《集驗舌法》等),《産寶家傳》二卷(即倪東溟)。

盤珠集十六卷 清姚江嚴潔、施雯、洪煒同撰。嘉慶甲子小眉山館刊木活字本。

醫書匯參輯成二十四卷 清泉江蔡宗玉輯。嘉慶丁卯刊。

古今醫徹四卷 清雲間懷遠撰。嘉慶戊辰刊,道光庚寅讀味齋重刊。

醫學指要六卷 清楚攸蔡貽績輯。嘉慶十七年刊巾箱本。

馮氏錦囊秘録四十八卷 清海鹽馮兆張撰輯。嘉慶癸酉會成堂刊。《内經纂要》二卷,《雜症大小合參》十四卷,《脈訣纂要》一卷,《女科精要》三卷,《外科精要》一卷,《脩養静功》一卷,《痘疹全集》十五卷,《雜症痘疹藥性合參》十二卷首一卷。

醫宗備要三卷 清南城曾鼎撰。嘉慶十九年甲戌忠恕堂刊。

醫法青篇八卷 清燕山陳璞、陳玠兄弟撰。底稿本。首有嘉慶丁丑陳璞陳玠自序。

何氏濟生論八卷 清京江何鎮撰。嘉慶二十一年靜觀堂刊。

醫略四卷 清海鹽錢一桂輯。嘉慶戊寅首夏慎餘堂精刊。

筆花醫鏡二卷 清歸安江涵暾撰。道光四年刊,同治戊辰秋季維經堂重刊袖珍本。

醫學三信編三卷 清楓山毛世洪撰。道光戊子書帶草堂刊。

醫門棒喝四卷二集九卷 清會稽章楠撰。同治六年仲春聚文堂刊。

醫述十六卷 清新安程文囿撰。道光十年至十三年刊。

醫綱提要八卷 清開陽李宗源撰。道光十一年仲夏敬畏堂刊。又名《福壽根荄》。

不居上集三十卷首一卷下集二十卷首一卷 清歙嶺南吴澄輯。道光十五年芸香閣刊。

醫學圭指三卷 清檇李嚴焯輯。道光二十二年壬寅季冬精刊。

素仙簡要四卷 清長白奎瑛撰。道光甲辰明道堂刊。即藥性脈訣。

學軒醫略一卷 清陳紹詩撰。道光丙午男渾然刊。

類證治裁八卷首一卷 清丹陽林珮琴撰。道光丁未刊,同治丁卯崇仁謝希昉重刊,光緒丁酉重刊。

類證治裁八卷首一卷 清丹陽林珮琴撰。咸豐元年刊,光緒十年重刊。

醫略稿六十七卷 清鎮江蔣寶素撰。道光三十年快志堂刊。

醫學指歸二卷十二經絡圖象一卷附奇經八脉 清高郵趙術堂編輯。咸豐元年刊。

金匱啓鑰十四卷 卷十分三卷,卷十四分二卷。**婦科五卷幼科四卷痘科六卷眼科六卷** 清滮江黄朝坊輯。咸豐庚申紹雅堂刊。

評琴書屋醫略三卷 清番禺潘名熊撰。同治戊辰立冬刊。

御纂續醫宗金鑑十四卷 清太醫院參定。無刻書年月,約同治間善成堂刊。

醫門補要三卷附載一卷 丹徒趙濂撰。**附青囊立效秘方二卷** 不著撰人姓名。光緒九年刊。

醫藥家根三卷 清新城王銓撰。光緒二年文莫室刊。

醫學舉要六卷 清南匯徐鏞撰。傳抄本。無序目。

衛生真詮一卷 清海昌查有鈺輯。原稿本。墨格,版心下有“南野草堂鈔本”六字。

醫案之屬

醫案三吳治驗五卷 明新安孫一奎輯。萬曆二十四年丙申精刊。

奇效醫述二卷 明清江聶尚恒撰。萬曆丙辰刊。日本萬治四年重刊,即順治十八年重刊。

醫按六卷附論八篇驗方一卷 明新安程崙撰。天啓五年刊。

彙集薛氏醫案三卷附方一卷 明檇李黄承昊評輯。無刻書年月,約天啓間刊。

評註薛氏醫案三卷 明檇李黄承昊撰。崇禎己卯精刊。

醫學窮源集六卷 明金壇王肯堂撰,廬江殷宅心輯釋。嘉慶十三年吟香書屋刊。

陸氏三世醫案五卷 明吴興陸嶽撰,盧明銓評。道光戊戌刊。

醫驗録初集二卷十戒一卷二集二卷首一卷 清歙吴楚撰。康熙甲子畹香草堂刊。

醫驗録初集二卷二集二卷首一卷 清歙西吴楚撰。乾隆癸酉畹香草堂刊。

寓意草註釋四卷 清盱南謝甘澍撰。光緒五年已卯弟甘棠刊。

杏軒醫案初集一卷續録一卷輯録一卷 清新安程文囿撰。嘉慶十年至道光九年刊,光緒十七年季秋于漢上重刊。

吴氏醫案五卷 清淮陰吴鞠通撰。民國丙辰杭州金謹齋鉛字排印本。

吴門治驗録四卷 清如皋顧金壽撰。道光乙酉秋澄懷堂刊。

臨證醫案筆記六卷 清如皋吴篪撰。道光丙申樹滋堂刊。

王九峰醫案無卷數 清王九峰撰。舊鈔本。有道光壬寅福州梁敬叔序。

問齋醫案五卷 清京口蔣寶素撰。道光庚戌年鎮江快志堂刊。

馬徵君醫案二卷 清馬□□培之撰。傳鈔本。

心太平軒醫案一卷 清長洲徐錦撰。宣統三年曾孫熙刊。

醫門奇驗四卷 清皖涇胡金相撰。光緒二十二年刊。又名《胡氏醫案》。

續名醫類案三十六卷 清錢塘魏之琇編集。光緒乙酉冬十月信述堂刊。

醫話之屬

折肱漫録七卷 明檇李黄承昊撰。乾隆五十九年心導樓刊。

醫貫六卷 明醫無閭子撰,禦兒吕留良評。無刻書年月,約順治間刊。

醫學階梯二卷 清紫琅張叡撰。康熙甲申刊。

醫衡四卷 清茸城沈時譽撰。無刻書年月,約康熙間刊。

吴醫彙講十卷 清長洲唐大烈輯。乾隆癸丑刊,嘉慶元年補刊。

金臺醫話一卷 清清湘俞廷舉撰。嘉慶二年刊。

怡堂散記二卷續編一卷 清古歙許豫和撰。嘉慶二年至六年刊。

友漁齋醫話六種八卷 清嘉善黄凱鈞輯。嘉慶壬申春刊。《一覽延齡》一卷,《橘旁雜論》二卷,《上池涓滴》一卷,《肘後偶鈔》二卷,《證治指要》一卷,《藥籠小品》一卷。

客塵醫話三卷 清秀水計楠撰。嘉慶八年刊。

醫學讀書記三卷續記一卷靜香樓醫案一卷 清古吴尤怡撰。嘉慶甲戌松風閣刊,光緒戊子春月行素草堂重刊。

葉氏醫衡二卷 清吴門葉桂撰。舊鈔本。

醫論一卷經驗要方一卷 清洞庭姜鐀撰。道光五年蘇州刊。

醫門棒喝四卷 清會稽章楠撰,山陰孫廷鉦訂。道光九年己丑刊。

醫學臨證舉隅一卷 清平陵李緒瀛撰。光緒己亥刊。

研經言四卷 清歸安莫文泉撰。同治十年月河莫氏刊。

醫法心傳一卷 清新安程芝田撰。光緒丁亥孟陬養鶴山房刊。

杏苑叢譚二卷 清秀水朱�衡撰。底稿本。

雜 病 之 屬

十藥神書一卷 元姑蘇葛可久編,古吴潘霨增注。光緒五年六月敏德堂潘刊。

痰火點雪四卷 清金谿龔居中輯。嘉慶甲子刊。

痢疾論四卷 清黎水孔毓禮撰輯。乾隆三十七年刊巾箱本。

痢證匯參十卷 清海虞吴道源纂輯。無刻書年月,約嘉慶間三讓堂刊。

痧脹玉衡三卷後卷一卷 清檇李郭志邃撰。康熙十四年刊。

痧脹玉衡書三卷後卷一卷 清檇李郭志邃撰。康熙十七年姑蘇吴氏刊。

痧證彙要四卷 清太倉孫玘輯。**附痧證指微一卷** 清天台山僧普淨撰,昆陵奚佳棟述,太倉孫玘訂。道光二年夏太倉刊。

痧證彙要四卷附痧證指微一卷 清太倉孫玘撰。《指微》天台山釋普淨撰。光緒五年冬精刊。

晰微補化全書二卷 清吴郭鏸太原氏纂。咸豐庚申刊。

痧症指微一卷 清不著撰人姓名。光緒十二年梁溪許錦軒重刊。

隨息居重訂霍亂論四卷附録一卷 清海昌王士雄撰。光緒戊子春含經室刊。

霍亂新論一卷 清丹徒姚訓恭撰。宣統戊申仲夏鉛字排印本。

中風論一卷 清江右熊笏輯。道光辛巳醉經閣刊。

證治辨疑中風門一卷 清京口余鑄撰。底稿本。

瘋門全書二卷 清廬陵蕭□□曉亭撰。道光二十五年刊。

脚氣類方并附録無卷數 日本江都源養德輯。寶曆十三年癸未冬澹齋巾箱本，即乾隆二十八年刊。

幼科之屬(附痘科痲痧)

錢氏小兒直訣校註四卷 宋錢乙撰，明薛鎧附注。嘉靖辛亥刊。

幼幼新書四十卷拾遺方一卷 明古吴陳履端輯。萬曆十四年丙戌刊。

小兒衛生總微方論二十卷校記一卷 不著撰人姓名。《校記》蕭延平撰。民國十三年蘭陵堂重刊。案柯逢時跋稱，宋嘉定丙子刊，乃宋南渡後隱君子所爲。

全幼心鑑四卷 明嵩陽寇平集。成化四年全幼堂刊。

秘傳活幼全書九卷 明錢大用撰。弘治乙卯秋孟中和堂刊。

活幼便覽二卷 明新安劉錫撰。底稿本。無序跋，約康熙間鈔本。

全嬰要覽二卷 明新安閔道揚編輯。隆慶壬申孟冬刊。

萬氏醫貫六卷 明萬咸撰。同治辛未仲春鷺門徵瑞堂葉氏刊。

慈幼新書十二卷首一卷 明會稽張介賓撰，清程雲鵬輯。無刻書年月，約康熙間刊。

慈幼新書十二卷首一卷 明會稽張介賓撰，江夏程雲鵬輯。嘉慶十一年玉詔堂重刊。

幼幼心裁二卷 明古宋喬埰撰。乾隆三十八年刊。

孟氏幼科直言六卷 清江寧孟河撰。雍正四年刊。

幼科指掌五卷 清海上葉其蓁輯，子葉大本述。雍正十年刊。

幼幼集成六卷 清羅浮陳復正輯訂。乾隆十六年刊。

幼科醫學指南四卷 清沙城周震撰。乾隆己酉溧陽保赤堂刊。

幼科指南四卷 清沙城周震撰。嘉慶甲戌溧陽保赤堂刊。

保赤新編二卷附補遺 清新會任贊撰。光緒十九年龍氏刊。

幼科指歸二卷 清南城曾鼎輯訂。無刻書年月,約嘉慶間忠恕堂刊。

保嬰易知録二卷補編一卷 清陽湖吴寧瀾撰。嘉慶十七年刊。

兒科醒十二卷 清芝嶼樵客撰。無刻書年月,約道光間刊。

醫學精要八卷 清嘉應黄巖撰。同治六年重刊巾箱本。

保赤心筌八卷 清姚江胡鳳昌輯。舊鈔本。

小兒推拿廣意三卷 清西蜀熊應雄撰,楚清江陳世凱重訂。無刻書年月,約康熙間金閶同文堂刊,約乾隆間埽葉山房刊。

小兒推拿廣義三卷 清東川熊應雄輯,楚清江陳世凱重訂。無刻書年月,約乾隆間刊。

推拿廣意三卷 清東川熊應雄輯,楚清江陳世凱重訂。無刻書年月,約咸豐間刊。

述古齋幼科新書三種六卷 清寶應張振鋆輯。光緒庚寅刊,光緒十九年四川資州重刊。

秘傳痘疹玉髓四卷附一卷 元黄石峰編。附一卷,明羅田萬全撰。日本舊鈔本。首有萬曆庚子周維洪序。

家居醫録一卷 明吴郡薛己撰。嘉靖庚戌刊。又名《校注陳氏痘疹方論》。

痘疹傳心録十九卷 明西吴朱惠明撰。萬曆乙未刊,又約同治間廣州刊。

痘科鍵三卷附痳疹一卷 明宛陵朱巽撰。日本享保庚戌刊,即雍正八年刊。

增補痘科鍵二卷 明宛陵朱巽撰,崇川徐縉重補。道光辛卯冬徐森蔭堂刊。

活幼心法九卷 明清江聶尚恒撰。乾隆五十九年重刊。

活幼心法九卷 明清江聶久吾撰。道光六年湖南桂東敦厚堂刊。

活幼心法大全二卷 明清江聶尚恒撰。道光壬寅慶古齋刊。

活幼心法大全八卷末一卷 明清江聶尚恒撰。同治己巳重刊。

痘疹秘解二卷 清不著撰人姓名。道光壬午刊。首有康熙丁酉仲冬月昆陵嚴志行序。

痘疹定論四卷 清豫章朱純嘏編輯。道光六年徽婺亦政堂刊。

痧痘集解六卷 清句曲俞茂鯤撰。雍正五年刊,嘉慶丙子重刊。

痧痘集解六卷 清句曲俞茂鯤集解,孟河於人龍評。乾隆五十二年懷德堂刊。

痘疹正宗二卷 清發干宋麟祥撰。乾隆八年重刊。

痘疹正宗二卷附脉疹心法一卷 清發干宋麟祥撰。**奇方經驗一卷** 清邵陵蔣藻熊撰。嘉慶十六年刊。一名《痘麻金正全書》。

仁端録痘疹玄珠五卷 檇李徐謙輯。乾隆八年刊。

痘疹心法金鏡録二十三卷 清羅田萬全撰。乾隆戊辰刊。

痘疹專門二卷 清南陵董維嶽撰。乾隆三十四年刊。

痘疹專門秘授二卷 清南陵董維嶽撰。道光乙巳書業德刊。

痘糠輯要四卷 清定陽宋邦和撰。乾隆辛卯敬勝堂刊。

痘疹集成四卷痲疹集成二卷 清宛平朱楚芬輯。道光丁酉破愚齋刊。

疹科全書二卷 錢塘羅永馨編。道光戊申夏仲汲綆齋刊。《痘疹心法歌訣》一卷(閩中李□□蔭堂撰),《痘科真傳》一卷(明無名氏撰)。

痘疹金鏡録註釋三卷 清古歙許豫和撰。無刻書年月,約道光間刊。

痘科紅爐點雪二卷 明華亭葉向春撰。**附痧疹點雪紅爐一卷證治方案一卷** 江白仙撰。嘉慶戊辰刊。

痘科彙編釋意三卷 清益都翟良撰。無刻書年月,約順治間刊。

痘科類編釋意三卷 清益都翟良撰。**附疹科纂要一卷** 清邯山馬之騏撰。無刻書年月,約康熙間刊。又名《保赤第一書》。

痘科類編釋意四卷 清益都翟良輯。乾隆十五年緑野堂刊。

痘科正傳六卷 清武林沈巨源輯。無刻書朝代,約康熙丙子刊。

痘學真傳八卷 清梁溪葉大椿撰。雍正壬子刊。

痘學真傳八卷 清梁谿葉大椿撰。乾隆壬寅衛生堂刊。又名《痘疹指南醫案附痧論痧賦》。

痘科温故集二卷 清益都唐威原撰，同邑房陸參訂。乾隆壬申紹衣堂刊。

痘症精言四卷 清洛陽袁句撰。乾隆癸酉美錦堂刊。

痘症精言六卷 清洛陽袁句撰。嘉慶戊午刊。

痘科扼要一卷 清陳奇生撰。乾隆二十年錢塘金文淳精刊。又名《陳氏痘書》。

軒轅逸典十四卷 清會稽施誠輯。乾隆己亥刊。又名《痘科金鍼》。

黄帝逸典評註十四卷 清震澤沈闇、張步階同撰。道光四年甲申春刊。

保赤金鑑四卷 清長白榮柱輯。乾隆甲辰春刊。

救偏瑣言十卷備用良方一卷 清吴興費啓泰撰。嘉慶丁卯刊。

疹科全書一卷 明四明大白主人撰。萬曆戊申夏仲汲綆齋精刊。

疹科纂要一卷 清邯鄲馬之騏撰，北海翟良定。**附痘科諸藥本草一卷** 清北海翟良撰。順治戊子刊。

痲科活人全書四卷 清安成謝玉瓊撰輯。咸豐八年石陽周茂五重刊，光緒十九年豐城李雨亭刊。

鄭氏瘄略一卷 清鄞縣鄭啓壽撰。道光庚寅刊，同治庚午重刊。

疹略一卷 清長安任中彪撰。道光癸卯秋涇川胡翰澤刊。

闕待新編二卷 清昌陽孫能遷撰。宣統元年鉛字排印本。

疹症寶筏一卷 清福州鄭奮揚撰。底稿本。首有民國六年自序。

種痘法一卷 清茂苑毓蘭居士撰。道光癸卯四月常熟重刊。

痘法述原三卷 清武進曹禾撰。道光甲辰孟冬惜陰書屋刊木活字本。

牛痘新書一卷 清靜海武榮綸、通州董玉山同編。光緒十三年直隸省垣重刊。

小兒臍驚風合編一卷 清湘西鮑雲韶輯。同治癸酉夏五重刊。

驚風辨證必讀書無卷數 清漢川劉德馨編。光緒十八年壬辰夏五刊。

婦科之屬

萬氏婦人科四卷 明羅田萬全撰。康熙甲午重刊,嘉慶戊寅豫章温溶重刊巾箱本。

萬氏婦科彙要四卷 明楚黄萬全撰。道光元年仲秋書業堂刊。又名《女科彙要》。

名醫女科治驗方論二卷 明吴郡薛己撰。萬曆戊午豫章劉一燦刊。

婦科秘方一卷 明蕭山竹林寺僧□□撰。**胎産護生篇一卷** 清淮南李長科輯。道光己丑重刊。

竹林女科證治四卷 不著撰人姓名。道光七年旌德汪致中刊,光緒乙未錫山邊氏刊。

婦科秘方一卷 蕭山竹林寺僧撰。光緒十四年直隷藩署重刊。

竹林女科四卷 不著撰人姓名。光緒辛卯皖江節署重刊。

女科仙方四卷 清陽曲傅山撰。道光丙午刊。又名《仙方便覽》。

女科仙方二卷 清陽曲傅山撰。道光戊申刊。

女科經綸八卷 清檇李蕭壎撰。乾隆辛丑湖郡有鴻齋刊。

女科指掌五卷 清上海葉其蓁撰。雍正甲辰刊,光緒己丑孟秋刊。

婦人科經驗良方三卷附婦人脈訣一卷 清濟水王玉卿撰,王尚濱、王尚湄同編,任城賈弘祚、沈兆龍同較,張所藴合參。底稿本。又名《婦科良方》。無序跋。約雍正間鈔本。

女科切要八卷 清梅里吴道源撰。乾隆癸巳刊。

秘傳内府經驗女科一卷 清伊精阿撰。嘉慶庚申刊。又名《坤中之要》。

婦科指歸四卷 清南城曾鼎輯訂。無刻書年月,約嘉慶間忠恕堂刊。

女科要略一卷 清韡園居士增輯。光緒三年湖北藩署刊袖珍本。韡園居士爲吴縣潘霨之别號。

婦科一百十七症發明一卷 清歸安包巖撰。光緒二十九年刊。

經效産寶二卷續一卷 宋昝殷撰。光緒十四年戊子秋月以宋本重刊。

催生神效靈一卷 □□□天師授。咸豐辛酉高要梁以任刊,光緒戊子仲冬重刊。

保生備録四卷 明無名氏輯。成化癸卯季夏刊。

達生録二卷 明梁溪堵胤昌輯。萬曆甲辰精刊。

便産須知二卷 明無名氏。無刻書年月,約萬曆間刊。

胎産方書二卷附備方 明古越鄭五全撰。天啓丙寅刊。

綉閣寶生書一卷 明武林錢養庶輯。**附保赤須知一卷** 明武林翁汝進輯。乾隆乙巳仲春綿山馬巽刊。

胎産秘書三卷 明山陰錢氏及蕭山竹林寺僧撰。道光八年刊。

胎産秘書無卷數 不著撰人姓名。道光壬辰紫陽張應舉刊,同治辛未張忠義堂重刊。

胎産秘書三卷附經驗各方一卷 明越中錢氏原本,善化翁元鈞增補。光緒丁酉重刊巾箱本。

胎産秘書三卷續一卷 明山陰錢氏撰,羅瑞霖續輯。民國七年鉛字排印本。

胎産秘書四卷 清古虞何榮輯。乾隆乙卯刊,道光九年重刊。

産科四十三症一卷 清不著撰人姓名。嘉慶十六年靈石楊溪刊。

胎産心法三卷 清上谷閻純璽撰。雍正庚戌刊,道光二十四年廣東刊,同治辛未夏四月武林刊。

婦科胎産經驗良方四卷 清新安汪嘉謨撰。乾隆十七年安懷堂刊。

大生要旨五卷 清上海唐千頃撰。乾隆二十七年本衙精刊。

增補達生編三卷 清亟齋居士原本，清桂林俞廷舉補正。乾隆癸丑刊。

達生編二卷 清亟齋居士撰。**廣達生編一卷** 清周毓齡輯。咸豐四年春月刊。

胎產集要三卷附幼科摘要一卷 清鶴湖黄惕齋輯。無刻書年月，約乾隆間精刊。

產科心法二卷 清新安汪喆撰。乾隆間刊，同治庚午重刊。

產科心法二卷附方 清休寧汪喆撰。嘉慶甲子仲秋刊。

保產要旨無卷數 清荆溪許廷哲輯。嘉慶丙寅精刊，光緒戊戌長白繼恒重刊。

產寶一卷 清浦江倪枝維原本，海昌許槤訂正。附《福幼編》一卷，武進莊一夔撰。同治己巳刊。

產寶一卷 清浦江倪枝維原本，海昌許槤訂正。光緒三年湖北藩署刊袖珍本。

順天易生編一卷 清姑蘇趙璧撰。光緒丙子七月精刊。

保產金丹四卷 清劉文華纂輯。光緒丙戌仁壽堂重刊。

大生集成六卷 清播州王承謨撰。民國二年癸丑刊木活字本。

廣嗣全書十二卷 明秀水張文治編輯。舊鈔本。首有萬曆辛卯項德楨、郭仰泰二序。

醫學正印種子全書五卷 明蘭陵岳甫嘉撰。崇禎丙子繡谷三樂齋刊。

妙一齋醫學正印種子編無卷數 明蘭陵岳甫嘉撰。乾隆五十八年山陰陳淦庭重精刊。

攝生總要九卷 明新安洪九有撰。無刻書年月，約乾隆間文錦堂刊袖珍本。

攝生秘剖總要四卷種子秘剖二卷種子方剖一卷房術奇書二卷 明新安洪基撰。光緒八年重刊袖珍本。

廣嗣五種備要無卷數 清崇川王實穎撰輯。道光元年精刊。

求嗣指源初集一卷二集一卷 清茗城錢峻輯。道光五年刊。

熊羆夢四卷 高涼吴雲間輯。道光己亥都春堂刊。

外科之屬

瘡瘍經驗全書六卷 宋燕山竇漢卿輯。康熙丁酉刊。

瘍科選粹八卷 明秀水陳文治輯。崇禎元年潯溪達遵堂刊。

外科正宗四卷 明王□□秉鉞編輯。崇禎四年刊。

外科活人定本四卷 明雲林龔居中撰。順治辛丑刊。

外科大成四卷 清燕越祁坤撰。康熙四年函三堂刊。

洞天奥旨十六卷 清山陰陳士鐸撰。乾隆五十五年古越大雅堂刊。

枕藏外科形圖諸症二卷 清秣陵胡大中撰。乾隆乙巳面極堂刊。

外科症治全生前集三卷後集三卷 清古吴王維德撰。乾隆五年庚申精刊。

瘍醫大全四十卷 清蕪湖顧世澄撰。乾隆癸巳藝古堂刊。

外科選要二卷 清崐山唐黌輯。乾隆丙申貽經堂刊。

瘍科心得集三卷方彙三卷膏丹丸散方一卷 清錫山高秉鈞撰。**附景岳新方歌一卷** 錫山吴辰燦、高秉鈞、姚志仁同撰。嘉慶己巳仲春盡心堂刊。

外科選要六卷 清昭文徐惪銈撰。道光癸卯精刊。

外科切要無卷數 清萬邑王文選輯。道光二十七年刊。

外科真詮二卷 清盱江鄒岳撰。同治壬申仲冬月刊。

外科圖説六卷 清華亭高文晉輯。咸豐六年仲秋刊。

外科證治全書五卷 清和州許克昌、畢法仝輯。**附王氏全生集、醫案、瘍醫雅言、丹藥方** 光緒八年大梁重刊。

解圍玄藪無卷數 明周□□撰,沈之問輯録。傳鈔本。首有雍正庚戌孟冬周盼序。

解圍元藪四卷 明沈之問輯,清錫山黄鐘參訂。嘉慶丙子仲春刊。

傷科補要四卷 清上海錢秀昌編輯。嘉慶戊寅春引溪志遠堂刊。

挑疔圖説一卷附救急良方 清應遵誨撰。同治十三年甲戌精刊巾箱本。又名《挑疔歌訣》。

增訂治疔彙要三卷附過氏醫案一卷 清金匱過鑄撰。光緒戊戌小春於武林刊。

增訂治疔彙要三卷 清金匱過鑄撰。光緒二十七年四月鉛字排印本。

眼科之屬

眼科龍木集十卷附論一卷 明葆光道人撰。萬曆乙亥刊。

一草亭目科全書一卷 明清江鄧苑撰。康熙丁酉廣寧年希堯重刊巾箱本,光緒丙子重刊本四卷。

審視瑶函六卷 明秣陵傅仁宇纂輯,廣陵林長生補,張秀徵訂正。無刻書年月,約乾隆間姑蘇二友堂刊。又名《眼科大全》。

眼科簡便驗方無卷數 明廣陵林長生撰,錫山寶山補輯。光緒癸巳秋九月林敬堂刊。

銀海指南四卷 清桐鄉顧錫撰。嘉慶十五年庚午孟冬三友草堂刊。

銀海指南四卷 清桐鄉顧錫撰。同治甲子孟冬大文昶刊。

眼科纂要八卷 清嘉應黄巖撰。無刻書朝代,約嘉慶己卯刊巾箱本。

眼科秘書二卷 清西蜀眉山月潭禪師撰。光緒十二年山左滕陽王廷楝於滇省重刊。

目科捷徑三卷附絳雪丹全書一卷 清廣川劉松岩撰,劉景芬增修。光緒庚辰刊。又名《眼科全書》。

目科捷徑三卷附絳雪丹一卷 清廣川劉□□松岩撰。舊鈔本。

喉科之屬

咽喉脈證通論一卷 不著撰人姓名。光緒十年刊巾箱本。序稱此書相傳出宋時杭千佛寺僧遺囊中,或不出元明間人所爲。

喉症全科紫珍集二卷 清雲陽朱氏翔輯。嘉慶甲子尊仁堂刊。

喉症全科紫珍集二卷 燕山竇氏原本,清雲陽朱氏翔宇嗣輯。道光三年京江陳墨樵刊,光緒丁亥重刊。

經驗喉科紫珍集二卷 清鄱陽黄梅谿秘藏,清雲陽朱純衷得授,朱翔宇增補。咸豐十年句曲楊啓葆刊。

喉科紫珍全集二卷 燕山竇氏原本,清雲陽朱氏翔輯。咸豐辛酉刊。

喉症全科紫珍集二卷 竇善堂編輯。舊鈔本。首有京江陳墨樵序,據陳氏序稱,是書燕山竇氏所撰。

錫山尤氏喉科秘本一卷 清錫山尤氏[四]撰。**喉科附方一卷** 常熟吴炳輯。嘉慶十三年戊辰夏六月昭文張海鵬刊。

咽喉秘集二卷 清吴氏、張氏原本,清海山仙館編。同治癸酉季度錢塘俞增光重校刊。

疫痧草一卷 清虞山陳耕道撰。道光戊戌同善堂重刊。

喉科杓指四卷 清邗東包永泰撰。道光三年文英堂精刊。後附《集驗良方》。

重樓玉鑰二卷 清鄭□□梅澗撰。道光戊戌刊,光緒辛巳鉛字排印巾箱本。

喉科秘鑰二卷 清古歙西園鄭氏原輯,許佐廷增訂。同治癸酉年重刊巾箱本。

喉科心法一卷 清潘誠撰。道光二十七年丁未刊,光緒四年戊寅重刊。

急救喉證全集一卷 清震澤費山壽輯。**附刺疔捷法一卷** 清吴縣張鏡撰。光緒十一年乙酉孟夏三省書屋精刊。

喉科心法二卷 清桐鄉沈善謙撰。民國十五年仲夏石印本。

醫史之屬

太醫院志一卷 明檇李朱儒撰。萬曆丙辰刊,近見舊抄本。

醫宗先民遺範八卷 清繆昺撰。底稿本。首有徐文奎序,次王大中弁言,次乾隆癸巳自序。

扁鵲倉公傳彙攷二卷 日本丹波元簡撰,元胤補。嘉永己酉存誠藥室精刊,即道光二十九年刊。

獸醫之屬

元亨療馬集六卷水黄牛經大全二卷駝經一卷 明六安喻本元、亨仝撰。乾隆間刊,同治九年京都文成堂刊。

元亨全圖療牛馬駝集六卷附水黄牛經合併大全二卷駝經一卷 明六安喻本元、喻本亨同撰。又名《元亨療馬集》。光緒十七年京都文興堂刊。

新編集成馬醫方一卷牛醫方一卷 明趙浚等撰集。崇禎六年正月刊。首有建文元年己卯序。民國己卯仲夏奉天萃文齋影印本。

醫學辭彙之屬

醫學讀書志二卷附志一卷 清武進曹禾撰。咸豐元年雙梧書屋刊。

天文算學類

革象新書二卷 元鄱陽趙友欽緣督撰。影鈔明正德十五年刊本。

天心復要無卷數 明新安鮑泰希撰。明鈔本。首有弘治甲寅冬十月自序。

步天歌圖解一卷 明河北載陽李仲子輯。原稿本。首有萬曆丁未黄泗序,次崇禎元祀戊辰春二月上浣吉日廣晉李仲子序。

天文精義賦無卷數附史記天官書 不著撰人姓名。明朝藍格鈔本。

恒星説一卷 清吴縣江聲撰。無刻書年月,約乾隆間近市居刊篆字本。後附《艮庭小慧》(時藝)一卷。又名《艮庭雜著》。

高厚蒙求初集一卷二集一卷三集四卷四集三卷 清松江徐朝俊撰。嘉慶乙亥雲間徐氏刊,同治丙寅雲間徐氏刊。《三集》卷三原闕。

圜天圖説三卷續編二卷 清番禺李明徹撰。嘉慶己卯至道光元年松梅軒刊。

淩犯視差新法三卷 清大興司廷楝撰。道光十三年癸巳時憲科公刊。

天學闡微十卷 清鹽城王家弼撰。底稿本。紅格紙,版心下有"慈蔭堂"三字。卷一至二《解經》,卷三至五《句股釋例》,卷六《天象圖説》,卷七《地平圖説》,卷八至十《推步》。案最後步水星,假如道光癸巳距根六十日求水星經緯一篇,是道光間所著無疑。

恪遵憲度一卷 清北平陳希齡撰。道光庚戌四月刊。

恒星赤道經緯度圖四十八帙 清江陰六嚴撰。咸豐元年精刊三色墨印本。附《恒星赤道總圖》《大清一統志分野圖》《十二重天高卑之圖》《合朔對望圖》《赤道南北圖》《金木水火土五星圖》《日月蝕圖》《諸葛武侯白猿經風雨占圖》《日火下降暘氣上升圖》等十五帙,都六十三帙。

天文易貫解補十卷 清湘陰陳洪道撰。咸豐辛酉刊。

天文示斯十四卷 清九十老人洞微子輯。光緒戊寅桂溪官廨刊。

寶祐四年會天曆一卷 宋鄧宗文等奉敕撰。影宋抄本。後有朱彝尊録本跋。

天元曆理全書十二卷 明嘉興徐發撰。無刻書年月,約崇禎間刊。《原理》六卷,《考古》四卷,《定法》二卷。

曆象本要一卷 清安溪李光地撰。無刻書年月,約乾隆間精刊。

周髀算經圖注一卷 清全椒吴烺輯。乾隆戊子刊。版心刊有"杉亭集"三字。

九章算術細草圖説十卷 清鍾祥李潢撰。嘉慶庚辰刊。

輯古算經細草三卷 清陽城張敦仁撰，元和李鋭算校。嘉慶癸亥閏月蓺學軒精刊。

緝古算經攷注圖艸二卷 清鍾祥李潢撰。**附輯古算經圖草二卷** 揭廷鏘撰。道光壬辰三史堂刊。

句股引蒙一卷附八線小表一卷句股述二卷 清海昌陳訏撰。康熙六十一年刊，嘉慶二年守仁堂重刊。

句股形内容三事和較一卷 清繪亭伯啓撰。原稿本。首有"道光元年辛巳秋八月翰林院編修前侍講日講起居注官國史總纂姚元之借抄藏本"等字，次乾隆四十八年歲次癸卯仲秋自序。

數學尋原十卷 清潯陽譚文在撰。光緒丁酉季春上海石印本。

毖緯瑣言一卷 錢塘厲之鍔撰。嘉慶庚申刊。

推步惟是四卷 清垣曲安清翹撰。嘉慶辛未六月樹人堂刊。

算牖四卷 清海州許桂林撰。道光庚寅刊。

求一算術三卷 清陽城張敦仁撰。道光辛卯秋月陽城張氏刊。

割圜密率捷法四卷 清奉天明安圖撰，宛平陳際新續撰。道光己亥孟秋石梁岑氏刊。

藝游録二卷開方釋例四卷 清山陽駱騰鳳撰。道光癸卯刊。

下學葊算術三卷 清錢塘項名達撰。道光癸卯刊，同治七年正月羊城書院刊。《勾股六術》、《平三角和較術》(分二卷)、《弧三角和較術》(分二卷)等三種。

平三角和較術一卷 清錢塘項名達撰。道光癸卯刊。

算法大成上編十卷首一卷 清烏程陳杰撰。道光癸卯巳日乃孚之齋刊。

六九軒算學五種七卷附輯古算經補注一卷 清南豐劉衡撰。咸豐丁卯陝西長安縣署精刊。《尺算日晷新義》二卷，《句股尺測量新法》一卷，《籌表開諸乘方捷法》二卷，《借根方法淺説補》一卷，《四率淺説》一卷。

算學啓蒙通釋三卷 清甘泉徐鳳誥撰。光緒十二年刊。

割圜通解一卷代數術詳解一卷 清江陰吴誠撰。光緒二十四年江蘇書局刊。

兩湖書院算學課程二卷附一卷 清不著撰人姓名。光緒戊戌八月刊。

販書偶記續編卷十

藝　術　類

書　畫　之　屬

字學津梁無卷數 清錢塘傅起儒輯。康熙丁卯刊。

張氏説楷一卷 清聞喜張亦堪撰。無刻書年月，約康熙間中樂園刊。

書法要訣四卷 清隴西馮盡善撰。乾隆元年大樹堂刊。

書苑拾遺四卷 清宿松張牧仁撰。乾隆二十七年壬午精刊。

飛白録二卷 清吴趨陸紹曾、海鹽張燕昌同輯。嘉慶九年甓荔軒刊。

書法摘要四卷 清平湖何淵撰。嘉慶十二年丙寅春筆花樓刊。

清照齋四體書法無卷數 清楊寅集。嘉慶十九年楊氏家刊。

倪氏雜記筆法一卷 清星沙黄文燮録。無刻書年月，約嘉慶間聽香室精刊。

金膏水碧録三卷 清山陰沈復粲輯。底稿本。藍色格紙。版心下刊"味經書屋寫本"六字。

藝舟雙楫六卷 清安吴包世臣撰。咸豐十一年重刊。

書法彙鈔八卷 清如皋范承宣輯。道光戊申精刊。

書學拾遺一卷 清旌德姚配中撰。傳抄本。

草聖彙辨無卷數 明古鄞白芬彙編，張能鱗選考，東吴朱宗文摹辯。順治壬辰嘉禾問業堂刊。

草書習慎無卷數附草訣百韻一卷 清袁浦汪轂詒撰。乾隆己巳精刊。

草書備考四卷 清松陵秦彬撰。底稿本。

草字入門一卷 清善化許桐撰。光緒三十四年七月石印本。

淳化閣帖釋文十卷 清龍潭朱家標校定。康熙癸亥絅錦堂刊。

淳化秘閣法帖攷正十卷附正二卷 清琅邪王澍撰，吴興沈宗騫臨，霅川陳焯較畫 **釋文二卷** 清吴興沈宗騫較正。乾隆三十三年戊子冰壺閣精刊。

法帖經眼録四卷 清山陰沈復粲輯。會稽徐氏鑄學齋抄本。

讀畫録四卷 清櫟下周亮工撰。康熙十二年烟雲過眼堂刊。

百石圖題辭一卷 清河東賈鉉撰輯。康熙戊寅百石堂刊。

鶴澗老人題畫詩一卷 清萊陽姜仲子撰。無刻書朝代，約康熙戊子精刊。

雲煙供養録一卷 清當塗吴騫輯。民國乙卯七月西泠印社以古宋字排印本。

繪事發微無卷數 清長白唐岱撰。乾隆四年刊。

指頭畫説一卷附附説 清鐵嶺高其佩口授，高秉述。乾隆三十六年樂吾廬刊，光緒丙戌春來鶴堂刊。

今畫偶録四卷附菊莊論畫 清青浦王謬輯。無刻書朝代，約乾隆癸卯精刊巾箱本。

皇清畫匯八卷附圖朝畫徵後録四卷 清錢塘袁樹輯。傳抄本。首有乾降己酉自序。

繪餘漫録四卷 清太倉毛上炱撰。乾隆庚戌刊巾箱本。

金冬心題畫記四卷 清錢塘金農撰。**附王笈甫畫鍾進士像題記一卷** 清古鹽官王鴻朗撰。同治壬申中冬至光緒丁丑潘氏桐西書屋刊。

繪事瑣言八卷 清吴江迮朗撰。嘉慶四年刊。

國朝畫後續集一卷 清蘭州王光晟輯。嘉慶十五年刊。

松壺畫贅二卷 清仁和錢杜撰。嘉慶壬申刊。

松壺先生集四卷 清仁和錢杜撰。光緒庚辰夏六月八囍齋精刊。

硯園煙墨著録正編一卷附編一卷 清吴徐堅撰，許兆熊集。嘉慶甲戌石契齋精刊。

青霞館論畫絶句一卷 清海鹽吴修撰。光緒二年六月葛氏嘯園刊。

墨林今話十八卷 清昭文蔣寶齡撰。**續編一卷** 昭文蔣茝生撰。咸豐二年秋九月刊。

澹復虚齋畫緣録一卷 清桐鄉金鳳清撰。咸豐戊午刊。

論畫集刻十二卷 清華亭張祥河訂。光緒丁未春月自怡堂鉛字排印本。

顧氏畫譜四卷 明武林顧炳輯。萬曆癸卯顧三聘三錫同校刊。起晉止明，計百零六家。亦名《歷代名公畫譜》。

水滸畫像一卷 明暨陽陳洪綬畫。光緒十年仲冬上海同文書局石印本。

雪齋竹譜二卷附寫竹語訣 明休寧程大憲撰。萬曆戊申文璧堂精刊。

寫竹簡明法二卷 清錫山蔣和輯。無刻書年月，約乾隆間刊。

寫竹簡明法二卷 錫山蔣和輯。咸豐六年丙辰漢陽葉志詵於兩廣督署重刊。

此君山房竹册二卷 清金臺秦岐山撰。原稿本。首有道光二十年歲次庚子三月十有四日自序。秦岐英評。

瓶花書屋竹譜一卷 清潞河楊士安撰。光緒丙子刊。

省耕詩圖一卷 清曹秀先恭撰，杜椿恭寫。乾隆丙戌精刊。精圖。

悟薌亭畫稿三卷 清潭州劉愔撰。道光庚子刊。卷三即《六法管見》。

竹波軒梅册無卷數 清甬上鄭淳撰。道光丁酉刊。

後梅花喜神譜一卷 清四明鄭淳撰。道光戊戌刊。

梅史一卷 清休寧汪懋孝撰，汪楝校刻。約康熙間抄本。

冶梅梅譜無卷數 清上元王寅撰。光緒甲午上洋肇記局石印巾箱本。原裝四册。

冶梅石譜二卷 清金陵王寅撰。光緒庚辰冬十月金陵王氏於日本浪花刊。

元明花鳥畫典二卷 日本碧泉堂主人輯。約文政癸未刊，即道光三年刊。

味水軒日記八卷 明秀水李日華撰。民國癸亥吴興劉氏嘉業堂刊。

書畫眼四卷 不著編輯姓名。無刻書年月,約康熙間天蓋樓精刊。即《董文敏書眼》一卷《畫眼》一卷,《李君實書眼》一卷《畫眼》一卷。

江邨書畫目一卷 清錢塘高士奇編。民國甲子以江村手繕墨蹟鉛字排印本。

大觀録二十卷 清吴郡吴升彙輯。民國庚申九月武進李氏聖譯樓以古宋字排印本。

寓意録四卷 清吴中繆曰藻撰。道光庚子冬月上海徐氏刊。

瑣言無卷數 清安邱張在辛撰。乾隆戊辰刊。《篆印心法》《隸法瑣言》《解畫瑣言》《畫石瑣言》《寫照瑣言》《撰杖瑣言》《輯硯瑣言》《燼餘志略》《燼餘瑣言》《侑觴瑣言》等十種。

吴越所見書畫録六卷 清吴陸時化撰。乾隆丁丑懷烟閣精刊。

書畫緣三十六卷 清吴興沈辰編輯。嘉慶二年刊巾箱本。

湘管齋寓賞續編六卷 清烏程陳焯輯。嘉慶辛酉本衙刊。

常惺惺齋書畫題跋二卷 清南海謝蘭生撰。無刻書年月,約道光間鬱洲謝氏家塾刊。

南屏行篋録一卷 清海昌釋六舟撰。傳抄本。

藤花亭書畫跋四卷 清順德梁廷枏撰。民國甲戌順德龍氏中和園鉛字排印本。

寶迂閣書畫録四卷 貴陽陳夔麟撰。民國乙卯石印本。

琴譜之屬

廣陵散譜一卷 不著撰人姓名。民國丁卯正月桐鄉馮水以明嘉靖本重刊。據馮氏序稱,隋唐時人所撰。

陽春堂琴譜四卷續集一卷 明古潭張大命選輯。萬曆辛亥精刊。

琴苑心傳全編二十卷 清曲阜孔興誘輯。康熙庚戌刊。

存古堂琴譜八卷 清天都吴文焕選輯。雍正四年丙午刊。

琴音記二卷續編一卷 清歙縣程瑶田撰。乾隆庚寅精刊。

酣古齋琴譜四卷 清裴奉儉撰。原稿本。首有乾隆五十年歲次乙巳季冬穀旦約如氏自敍。

協律元聲無卷數 清小桃源詹克正撰。原稿本。無序跋,約乾隆間鈔本。

立雪齋琴譜二卷 清婺源汪紱輯。光緒丙申仲冬重刊。

龍唫館琴譜二卷 清歷城毛式郇撰。底稿本。目録後有"大清嘉慶己未冬月歷城毛式郇拜稿"等字。

悟雪山房琴譜六卷附指法 清岡州黄景星彙輯。光緒十三年嶺南南海忠義鄉李氏刊。

玉梅絃歌集六卷 清僊源胡之燦撰。原稿本。首有光緒丁未自序。卷一《楚隱先生傳》,卷二《琴旨賦》,卷三《醉漁佳趣》《醉漁唱晚》凡十二段,卷四《風流自賞》《普陀禪師琴譜》《多心經琴譜》凡五段,卷五《關雎樂趣》,卷六《緱山琴話》。又另一册卷三卷四《琴學粹言》。

篆刻之屬

玫古正文印藪六卷 明江都張學禮、京口劉汝立同選。萬曆己丑印本。

集古印正五卷附説一卷 明秣陵甘暘集。萬曆丙申印本。又名《甘旭印正》,亦名《集古印譜》。首有木記。計六册,每部紋銀三錢,古玉夔龍爲記。

求定齋印章二卷 明新安吴迥篆。無印書朝代,約萬曆壬子印本。

蜨庵印譜一卷 明金沙馮克聖篆,黟山倪士默集。無印書朝代,約萬曆戊午印本,又名《篆影》。

印品無卷數 明朱簡摹。天啓辛酉刊。又名《印圖》。凡五集,無目録,全否不可考。

印紀二卷 明臨清凌雲篆,洪洞王璽註。無刻書朝代,約天啓丙寅新安程元刊。

銀黄小史二卷 明古句姜思經篆。崇禎癸酉印本。

胡氏篆艸一卷 明上元胡正言篆。無印書年月,約順治間蔕古堂印本。

谷園印譜四卷 清如皋許容篆,燕越胡介祉藏。康熙丙寅印本。

印藪一卷 清釋明授藏。康熙庚子印本。即袁友山、吴器也、淋碙南魯朱一峰諸人所篆。

存恕堂漢印譜一卷 清不著編輯姓名。無印書年月,約康熙間印本。

秦漢印譜無卷數 清甘泉程從龍輯。乾隆三年師意齋印本。

懷古堂印譜無卷數 清長山聶際茂摹,安邱張在辛選。乾隆己未鈐印本。

松巖印譜一卷 清長山聶際茂篆。乾隆癸酉印本。即司空表聖《詩品》二十四則。

西廂篆艸一卷南華篆刻一卷 清饒師清篆。乾隆七年印本。

自若堂圖書一卷 清楚東湖王世篆。乾隆十一年丙寅印本。

醉愛居印賞二卷附西廂百詠印一卷 清雲間王祖春摹,徐逵照考訂。乾隆十四年己巳印本。

秋室印粹四卷 清古歙汪啓淑珍賞。乾隆丙子印本。

悔堂印外八卷 清新安汪啓淑鑒藏。無印書朝代,約乾隆戊申印本。自序稱:年踰花甲,復檢笥中,於《集古印存》已成之後所得古銅古玉古牙古晶古瓷各印。不忍棄置篋衍,爰編成四卷,名曰《印外》,并爲記其始末云。案戊申即乾隆五十三年。

安拙窩印寄八卷 清古歙汪啓淑鑒藏。乾隆五十四年己酉鈐印本。有嘉禾魏攀龍序。

錦囊印林四卷 清古歙汪啓淑事。乾隆間香雪亭印袖珍本。

秋室印剩無卷數 清歙汪啓淑事。乾隆間印本。

看篆樓鑒藏古銅印無卷數 清番禺潘有爲藏。乾隆甲申印巾箱本。原裝八册,計三百七十七頁，孫星衍序一頁。

看篆樓鑑藏古銅印譜無卷數 清番禺潘有爲集。嘉慶戊辰印巾箱本。首有百齡序，計二百二十三頁。

聽颿樓古銅印彙無卷數 清番禺潘有爲輯，從子正煒編。道光十二年印本。首有楊振麟序。原裝三册。據楊氏序稱三卷，計一百八十五頁。前兩册每頁印四方，後一册每頁印六方。

拾古印遺二卷 清江陰夏一駒鑑定。乾隆癸巳夏氏半閣印本。分官印、私印各一卷，各印下附釋印文及某鈕。首有《古印考略》。

印史一卷印正一卷 卷首**字學源流考一卷** 清晉安林霔篆輯。**閩中賴氏印譜一卷附印正附録一卷** 清閩中賴熙朝篆。乾隆丙申印本。

印商二卷附印説十則 清東侯官林霔篆。嘉慶八年仲冬印本。

嘉顯堂圖書會要一卷附理途八法續纂印論 清香山何劍湖撰。乾隆丁酉刊。

坤皋鐵筆二卷餘集一卷印文考略一卷 清雲間鞠履厚篆。乾隆己亥留耕堂印本。

印徵二卷 清錢塘朱楓輯。乾隆四十六年印本。

兩漢印萃無卷數 清濟州鄭支宗摹。乾隆甲辰柿葉齋印本。

止原印略二卷 清金陵張復純篆。乾隆五十五年印本。

廣堪齋印譜二卷 清鎮洋畢瀧輯，畢熙曾音釋。嘉慶丙辰印本。

宋元印譜附明印一卷 清山陰董洵摹。嘉慶壬戌石壽軒印本。

六息齋印草一卷 清杭郡汪一檠篆。嘉慶丙寅印巾箱本。

印學辨體一卷附集古印説一卷 清杭郡汪一檠篆。嘉慶戊辰印巾箱本。

清承堂印賞初集四卷二集四卷 清松陵張孝孚鑑藏。嘉慶十九年印本。

秋蘋印草二卷 清錫山華文彬篆。嘉慶二十一年丙子借雲館印本。

汲古堂印譜十卷 清臨汾王潤翰輯。嘉慶二十二年丁丑印本。

草木名印楮葉集無卷數 清沽上趙埜摹。嘉慶二十二年印本。原裝二册。

印正無卷數 清涇上吴俊三篆。嘉慶庚辰芸香廬印本。即十友圖十葉,十友贊四十一葉,諸家序十九葉,共七十葉。又名《古香色齋印正》。

種榆仙館印譜無卷數 清錢塘陳鴻壽摹。嘉慶間印本。首有郭麐、高日濬、徐楙、高楨、趙之琛諸序,次諸名家題辭。

羅兩峯印存一卷 清揚州羅聘篆。宣統間上海影印本。

郭頻伽印存一卷 清吴江郭麐藏。民國甲寅影印本。

强勉齋印譜二卷 清秀水曹世模摹。道光乙酉印本。

大雅山房印集四册 清平陽蘇璠摹。道光六年印巾箱本。

古蝸篆居印述四卷 清歙程邃篆,休陽程芝華摹。道光七年印本。

梅雪堂印譜無卷數 清花縣駱瑶光篆。道光九年鈐印本。

泰崖篆印集無卷數 清三水周大常篆。道光庚寅印本。又名《周大棠先生印譜》,亦名《仿古印譜》。計九十八葉,原裝二册。案大常後改名周禮,字典亭。

小石山房印譜四卷集名刻一卷集金玉晶石銅牙瓷竹木類印一卷歸去來辭一卷 清海虞顧湘鑒藏。道光壬辰至同治八年印本。

學山堂印存四卷 清海虞顧湘編。道光三十年印本。

小碧琅玕館印存一卷 清林鴻篆。道光乙未印本。有鄭士杰、黄錫慶、張安保諸序。

松舫居士印譜無卷數 清古黟胡宗姚篆。道光丙申印本。原分三册。

述古堂印譜八卷臨學山堂印四卷臨賴古堂印四卷臨飛鴻堂印八卷 清虞山嚴熙豫藏,古歙程椿校選。道光己亥印本。

青琅玕館印存一卷 清江夏胡之森鐫。道光辛丑印巾箱本。

拙吾齋印賞一卷 清黄山鄭基太篆。道光二十三年犂邱馬汝楓印本。

印原二卷 清昭文顧誥篆。道光二十七年爽來精舍刊印本。

適園印印無卷數 清武進吴咨集。道光庚戌印。凡四册。

寶琴齋古銅印彙無卷數 清不著編輯姓名。無序跋,約道光間鈐印巾箱本。

漢銅印得無卷數 清仁和湯燧集印。無印書年月,約道光間鈐印本。版心下有“青雲書屋”四字。

黄小松印存一卷 清錢塘黄易篆。宣統間上海神州國光社影印本。

張叔未印存一卷 清嘉興張廷濟藏。民國甲寅影印本。又名《清儀閣印存》。

集古印譜三卷 清常熟瞿鏞編。咸豐丙辰印本。一《秦漢魏六朝官私印》,二《唐宋金元官私印》,三《宋元雜印附存》。

端州何崐玉印稿無卷數 清端州何崐玉篆。無印書年月,約咸豐間印本。

蔬筍館印存一卷 清清泉符翕篆。光緒丙子仲秋印本。

味古堂印存一卷 清順德馮兆年輯。光緒十四年春印本。

求志居集印無卷數 上虞羅振鏞集。光緒丁酉印本。原目録作八卷。又名《上虞羅氏法漢魏金石集》。

師讓庵漢銅印存無卷數 錢塘丁松生藏。光緒二十七年錢塘丁氏印巾箱本。

遯盦秦漢印選無卷數 山陰吴隱藏。宣統元年印本。凡二百零一頁。

匪石居秦漢官私印存無卷數 匪石居士秦遇賡輯。民國四年乙卯仲春印巾箱本。

西泠八家印選三十卷 清錢塘丁仁編集。光緒丁未泉唐丁氏八千卷樓印本。卷一至六丁敬,卷七蔣仁(原名泰),卷八至九黄易,卷十至十一奚岡,卷十二至十四陳豫鍾,卷十五至十七陳鴻壽,卷十八至二十四趙之琛,卷二十五至三十錢松(原名松如)。

西泠四家印譜四卷 清不著編輯姓名。光緒間印本。《龍泓山人印譜》(丁敬),《吉羅居士印譜》(蔣仁),《蒙泉外史印譜》(奚岡),《秋景庵印譜》(黄易)。

歷代古印大觀一集四册二集四册 杭縣汪厚昌編。民國六年印本。

印史一卷 明長洲文彭撰。傳抄本。後附《冰鑑》七篇(不著撰人姓名)。有説無印。

印人傳三卷 清櫟下周亮工撰。康熙十二年癸丑周在浚等編刊。

飛鴻堂印人傳八卷 清古歙汪啓淑撰。乾隆五十四年刊。

多野齋印説一卷 清山陰董恂撰。思讀誤書室抄校本。有乾隆壬寅徐觀海、錢塘丁傳序跋。

雜技之屬

弇洲山人評林玉局藏機二卷 明虎林邵楝撰。無刻書年月,約萬曆間刊。圍棋。

柯評新印無卷數 明徐應椽撰。崇禎癸酉心遠齋刊。分初二三集。

弈正二卷 明口皞如輯。無刻書年月,約崇禎間刊。

周東侯二子四子譜一卷 清六安周勳撰。光緒庚子鄧元鏸刊。順治間人。

弈悟無卷數 清皋城周勳輯。無刻書年月,約康熙間武林書畫舫刊。

弈墨一百三十五局無卷數 清西陵王燮、關中李子燮同選。書抄本。首有康熙元年王燮序。

弈學會海無卷數 清閶山董耀巢輯。康熙戊寅刊。

弈理金針六卷首一卷 清西湖沈賦彙選。康熙五十五年刊。此首卷即《棋經》。

三張弈譜三卷 清當湖張永年等撰。舊抄本。首有乾隆四十二年濟南朱攸序。

弈理析疑二卷 清長白松齡輯。乾隆五十五年慶餘堂刊。採輯通州臧念宣、錫山吴修圃、朱廣溪諸人之作成書。

弈括一卷 清邗江黄虬撰。康熙庚寅刊,嘉慶庚申刊,光緒戊子蝸簃刊。

遊藝居弈譜一卷 清婁東武琢堂選。抄本。首有道光元年王銑序。

繪聲園弈譜無卷數 清堯都郭謙輯。原稿本。首有道光丙戌自序。

貫如弈譜無卷數 清僧貫如撰。道光己丑秋刊。

僧貫如弈譜一卷 清僧貫如撰。光緒辛巳仲冬海昌鍾學俊抄本。

如松齋弈録一卷 清董文毅、李湛源同撰。原稿本。首有道光乙未春仲下澣海昌朱蔚序。

橘中秘四卷 明東海朱晉楨輯。崇禎壬申刊。象棋譜。

百局棋譜八卷 清三樂居士輯。嘉慶六年刊巾箱本。又名《韜略元機》。光緒丙戌江左刊巾箱本。

竹香齋象戲譜初集一卷二集一卷三集二卷 清張喬棟撰。嘉慶丁丑刊。

爛柯神機無卷數 清于國柱撰。道光甲辰紅葉山房刊袖珍本。

以當一瓻三卷 清錢塘裘良白撰。道光五年乙酉聽餘樓精刊巾箱本。又名《新增集對七巧圖》。

七巧八分圖十六卷補遺一卷 清仁和女史錢芸吉撰輯。同治甲戌至光緒元年精刊巾箱本。

益智圖二卷續圖一卷字圖一卷附一卷燕几圖二卷 清崇明童葉庚、童昇、童大年等撰。《字圖》(瑶華仙史梅君撰)。光緒戊寅孟夏至庚寅仲秋睫巢刊,民國八年十一月重訂石印本。

龍子猶十三篇一卷 清陶情主人撰。無刻書朝代,約康熙丙辰刊巾箱本。牌譜。

掉譜合參一卷 清山左王國祉撰。康熙癸酉刊。牌譜。

弔譜集成六卷首一卷緒餘一卷 清退庵居士輯。乾隆癸丑刊,道光辛巳重刊巾箱本。牌譜。

弔譜補遺八卷 清且漁主人撰。無刻書年月,約乾隆間且漁軒刊。

心意拳譜一卷 清不著撰人姓名。道光九年九月九日大梁張丙燠抄本。後有張丙燠跋。

射書四卷首一卷 明西神顧煜撰。**附射學指南一卷** 明楊惟明編輯。崇禎丁丑刊。

射的説一卷附觀馬圖説一卷 清葉河那蘭氏常鈞撰。乾隆三十五年刊滿漢文合璧。

射法指南一卷 清江右洎水石琇瑩撰。乾隆乙未韶美堂刊。

弓箭圖説一卷 清無棣劉大木撰。傳抄本。

蹶張心法一卷單刀法選一卷長鎗法選一卷 清新都程宗猷撰。道光壬寅聚文堂刊。

九門錘三才刀法譜四卷 清建州成德允善撰,張萬青重録。舊抄本。首有乾隆二十六年成德自序,次嘉慶二年張萬青序。以墨筆畫格,口中上有"九門錘譜",下有"墨香齋"等字。其中繪圖極精。

彈弓心法一卷 清河内朱興林撰。原稿本。首有乾隆四年乙亥自序。

彈譜一卷 清汜水牛嵩生[五]撰。傳抄本。有道光辛丑固始吴其濬序。又名《彈弓譜》。

彈譜一卷彈弓新編一卷 清固始吴其濬撰。底稿本。首有道光辛丑序。

彈弓譜一卷張氏彈弓祕傳神妙一卷 清失名。傳鈔本。

手臂録二卷 清古吴吴殳撰。道光戊申瓶花書屋刊。

十二梅花連理樓繡譜二卷 清歸潁川雲間女史丁佩撰。道光戊子精刊。

譜　録　類

器　物　之　屬

晉義熙銅鼓攷一卷 清甘泉羅士琳撰。道光癸卯刊。

奕載堂古玉圖録一卷 清嘉定瞿中溶撰。民國間瑞安陳準校刊。

吉金待問録四卷録餘一卷補遺一卷 清錢塘朱楓輯。乾隆己丑刊,光緒庚寅鮑氏後知不足齋刊。

古金録四卷 清錫山萬光煒輯。乾隆甲辰藝香齋精刊。

古泉彙考八卷 清大興翁樹培撰。底稿本。卷一上古至商周，卷二秦漢魏吴，卷三晉隋，卷四唐五季，卷五北宋南宋附齊，卷六遼金迄于勝國，卷七外國，附不知年代，卷八厭勝錢。此書每卷之首均有自撰序例。至第五卷尚有"乾隆丙午五月二十二日記"等字。

續古今泉志一卷補遺一卷附録一卷附歷朝建元一卷 清海上韓溥輯。底稿本。首有乾隆戊申長夏雲間張克昌序，次小引，後有乾隆戊申自序。

泉幣圖説六卷 清涇縣吴文炳、吴鸞同纂輯。嘉慶五年庚申秋仲香雪山莊刊，近以原刊影印本。

錢録十二卷 清雲間張端木撰。滬城梅益徵鈔本。首有嘉慶乙丑仲冬復齋梅益徵序。案梅氏序稱：又得郡人姜雋杏園氏校訂箋補，即書於額上及更低一格者是也。元本未有摠目，予並補之，以便稽攷云云。

嘉蔭簃古泉隨筆八卷 清諸城劉喜海撰。底稿本。硃墨格。每頁十六行。板心刊有"燕庭叢稿"四字，板左邊綫外刊有"嘉蔭簃"三字。首書皮上端自題云：道光初元，從葉東卿處假得大興翁宜泉《古泉彙考》稿本八册，手自編398。成書後，有所沓見，輙書于簡端。積有年所，未曾收拾。丙午春日，吴我鷗觀督借彙攷付鈔，因將余所綴之説都爲一册，名曰《隨筆》。余亦録此本以備增益改削也。燕庭志於西川臬廨來鳳堂。

便覽寶泉志一卷 清新安小謫仙手訂。道光癸巳花隱香巢刊。

晴韻館收藏古錢述記十卷 清桐鄉金錫鬯撰。民國十九年以原稿影印本。

潘氏泉譜無卷數 清嶺南潘□□撰。原稿本。墨格，版心刊"潘氏泉譜虹橋僊館"八字。

古泉拓存一卷 清元和江標輯。無印書年月，約宣統間鄧實於上海影印本。

泉貨彙考十六卷 清東武王錫棨撰。民國十三年上海中華書局影印本。原裝十二册。

寶鼎精舍甎録附古甎文考略無卷數 清茗上王𤫩撰。傳鈔本。

秦漢瓦當圖一卷 清鎮洋畢沅輯。光緒甲申寶拙盦刊。

竹里秦漢瓦當文存無卷數 清嘉興王福田編。咸豐二年壬子嘉興竹田里王氏七橋草堂刊。

謝氏硯考四卷首一卷補遺附 清浚儀謝慎修撰。乾隆五十七年東山園精刊。卷一二《硯品》,卷三《硯説》,卷四《硯圖》,卷首《硯表》上下。

硯史四卷 清膠州高鳳翰輯。咸豐元年秀水王相勒石拓本。

百硯齋硯銘一卷 清廣玉撰。嘉慶二年精刊。

端硯圖説一卷 清蒼梧馮志超撰。道光丙申仲夏星耀堂精刊。

端溪硯坑考一卷石隱硯談一卷墨餘贅稿一卷 清秀水計楠撰。民國甲子秀水金氏梅花草堂以古宋字排印本。

墨妙法式三卷附圖 宋趙郡李孝美編,明華亭宋存標注。無刻書年月,約天啓間君子堂刊。

潘膺祉墨評一卷 明古歙潘膺祉編。萬曆間如韋館刊。

悟雪齋墨史無卷數 清歙州程義撰。康熙間刊。首諸名家題詞贈詩居多。有目無圖。

百十二家墨録題詞五卷 清邱□□東河編。乾隆三十二年精刊。

殘本摩墨亭墨考無卷數 清曲阜孔崇榘[六]編。底稿本。僅有下册,第一葉次行題墨品中。金元明國朝,附外國。

墨譜三卷 清海上薛鼎銘撰。傳鈔本。

陶説六卷 清海鹽朱琰撰。乾隆四十七年壬寅金匱思慎堂刊。

重訂擬瑟譜一卷 清錦江段仔文、臨清張懋賞同編。康熙三十三年刊。

簫譜一卷 清震澤任兆麟撰。乾隆己酉精刊。

琵琶譜三卷 清直隸王君錫、浙江陳牧夫同傳譜，錫山陳梅樽等訂正。嘉慶己卯小緑天精舍刊巾箱本。

燒爐新語一卷 清黄山吴融撰。傳鈔本。最後題曰：此編論燒爐最精當，其法簡盡，可以傳後，爰録一過寶藏之。乾隆三十五年歲次庚寅重陽日慎莽主人書。

自鳴鐘表圖説一卷 清松江徐朝俊撰。傳抄本。首有嘉慶己巳自序，後有道光十五年楊體榮照録等字。

鳧氏爲鐘圖説補義一卷 清貴陽陳矩撰。光緒間靈峰草堂刊。

成家寶書一卷 清不著撰人姓名。舊鈔本。即當譜。

新纂典室秘珍四卷 清不著撰人姓名。舊鈔本。此書與《成家寶書》異同參半。

鐵模圖説一卷 清光澤龔振麟撰。道光二十三年癸卯刊。

髹飾録二卷 明平沙黄成撰，西塘楊明註。**附箋證一卷** 日本壽碌堂主人撰。民國十五年刊本。

度量衡考二卷 日本江都物茂卿撰。享保間刊，即雍正間刊。

飲 饌 之 屬

茶經三卷 唐陸羽撰。**續茶經三卷附録一卷** 清嘉定陸廷燦輯。雍正十二年刊。

茗笈二卷附品藻一卷 明甬東屠本畯輯，東吴毛晉訂。約康熙間蕉客抄本。

飲膳正要三卷 元忽思慧撰。民國二十四年十月鉛字排印本。

飲食須知無卷數 清龍門朱泰來撰。康熙丙辰貽善堂刊。

醒園録一卷 清羅江李化楠撰。乾隆間李調元精刊。

醯略四卷 清仁和趙信撰。嘉慶十六年刊。

粥譜説一卷 清慈山居士撰。嘉慶間刊。分上中下三品。案慈山居士自跋稱，尚有《粥譜》四卷。未見。

聽鐘山房集食味雜詠二卷 清嘉善謝墉撰,謝銘恭編校。原稿本。

六必酒經三卷 清寧海楊萬樹撰。道光壬午四知家塾刊。

草木蟲魚鳥獸之屬

植品二卷 明盩厔趙崡撰。萬曆丁巳刊。崡著有《石墨鐫華》,《四庫》已著録。

花鏡六卷 清西湖陳淏子輯。康熙戊辰文治堂刊。

曹州牡丹譜一卷 清懷寧余鵬年撰。乾隆癸丑刊。

第一香筆記四卷 清吴郡朱克柔撰。無刻書年月,約嘉慶間刊。記花草。

瓨荷譜一卷 清上海楊鍾寶撰。道光元年寶廉堂刊。

羣芳列傳二卷 清上元馬大魁撰。道光癸未餐秀閣刊。附《羣芳圖五十種》,極精。

愛菊瑣録二卷附賞菊記 清紫泉蕭清泰饌。道光癸未刊巾箱本。

藝菊新編一卷 清紫泉蕭清泰撰。道光間聚珍堂刊木活字巾箱本。

海天秋色譜無卷數 清吴興閔□□貢甫撰。道光二十三年癸卯刊。

淡巴菰百詠一卷 清海鹽朱一飛撰。乾隆壬寅小西山房精刊。又名《淡巴菰詞》。

煙草譜無卷數 清青浦陳琮撰。舊鈔本。首有嘉慶旃蒙大淵獻涂月自序。此書口中上有"昭代叢書壬編"六字,下有"運南堂"三字。

菸經二卷 清貢隅趙古農撰。道光九年春廠廣山房刊巾箱本。

閩中荔支通譜四卷 明明州屠本畯考訂。萬曆丁酉刊。宋蔡君謨《荔支譜》一卷,明徐興公《荔支譜》三卷。

促織經八卷 宋賈似道編輯,明周履靖續增。約乾隆間鈔本。

蟋蟀秘要一卷 清長白麟光撰。咸豐十一年刊。

新增鷹鶻方一卷 明星山李燗編。寬永癸未初秋南輪書堂刊,即崇禎十六年刊。《鷹賦》《相鷹歌》《鷹鶻摠論》《調養雜説》《養鷹鑑戒》《聞見常談》。

鴝鵒譜全集四卷 浣花逸士撰。道光乙酉冬和遜堂刊。首有三韓保徽遠亭氏呵凍序,稱是書爲富益齋所撰。

畫眉解一卷 不著撰人姓名。傳抄本。

百獸圖説一卷百鳥圖説一卷 泰西韋門道氏撰。光緒八年益智書會刊。

販書偶記續編卷十一

雜　家　類

雜 學 之 屬(附諸宗教)

墨子經説考定合解四卷 不著撰人姓名。底稿本。無序跋。首有目録,次凡例。據凡例稱:諸子皆有注,多者或十餘家,惟墨子闕如。蒙承其乏,且慚且幸,語其精奥,雖不敢附王弼之老、郭象之莊云云。

尸子一卷 清元和惠棟録。雍正間刊。第一葉第一行下有"樸學齋叢書"等五字。

淮南鴻烈解二十八卷 漢劉安撰,許慎記上,明江夏劉績補註。嘉靖庚寅延平黄焯刊。

淮南子正誤十二卷 清海康陳昌齊撰。舊鈔本。

桓子新論一卷 清烏程嚴可均校輯。傳鈔本。

慎子解二卷附評語傳補 明吴興慎懋賞撰。萬曆己卯刊。民國二十三年共讀樓影印本。

顔氏家訓注七卷附一卷 清江陰趙曦明撰,清餘姚盧文弨校補。乾隆五十四年抱經堂刊。

庭書平説四卷 清海東黄標撰。乾隆十三年古吴三多齋刊。

翼教叢編六卷 清平江蘇輿輯。光緒二十四年刊。

三教正宗三十六卷 明龍江林兆恩撰。萬曆乙未至丁酉盧文輝編刊。

林子三教會編要略九卷 明莆田林兆恩撰。無刻書年月,約萬曆間林鳴陽編刊。

是甚集四卷 清新安王良撰。無刻書年月，約康熙間刊。論儒釋道三教事。

聖記百言一卷 明極西羅雅谷譯。崇禎壬申刊，同治間慈母堂重刊。

萬物真原一卷 明泰西艾儒略撰。**闢釋氏諸妄一卷** 上海徐光啓撰。崇禎元年刊，乾隆五十六年重訂本。

彌撒祭義二卷 明泰西艾儒略撰。道光間重刊。

輕世全書四卷 明極西陽瑪諾譯，甬上朱宗元訂。道光間重刊。

聖教理證一卷 不著撰人姓名。道光間刊。

歸潛記無卷數 歸安錢恂、錢稻孫同撰。宣統元年刊。分天干十編，乙編一卷附一卷，丙編一卷，丁編三卷，戊編一卷，辛編之三一卷，癸編之二一卷附一卷，合計十卷。其他各編原闕。

清真教考羣書彙輯一卷補遺一卷 明清真老人輯。底稿本。首有崇禎六年歲次癸酉朔旦清真老人自序。

正教真詮二卷首一卷 明真回老人撰。順治丁酉刊，同治癸酉重刊。

正教真詮二卷 明真回老人撰，金陵劉介廉註。嘉慶辛酉重刊，民國十一年鉛字排印本。真回老人爲王岱輿之别號。

五功釋義一卷 清金陵劉智撰。光緒戊戌廣東濠畔古寺刊。

真功發微二卷 清上元劉智撰。光緒十九年鎮江清真寺重刊。

教款捷要無卷數 清濟水馬伯良撰。康熙戊午刊，乾隆四十五年重刊，嘉慶二十二年刊。

清真指南十卷 清滇南馬注撰。康熙二十七年刊，道光八年重刊，同治九年粵東省城濠畔街清真寺刊。

清真教淵源考録一卷 清不著撰人姓名。傳鈔本。後有乾隆十九年湖廣漢鎮掌教聖後賽文錦跋，首有道光二十四年桂月毗陵寶善堂沈氏序。

清真教考無卷數 清燕山沈懋中撰。道光戊戌刊。

四典要會四卷 清榆城馬復初撰。咸豐九年刊,同治二年癸亥湖南星沙清真寺重刊,光緒甲辰刊。即《信源六箴》《禮功精義》《幽明釋義》《正異攷述》,凡四種。

清真釋疑補輯無卷數 清石城金天柱撰,東魯唐傳猷等補輯。光緒辛巳春刊。

四教要括一卷 清津邑楊敬修撰。宣統元年鉛字排印本。

雜 考 之 屬

困學紀聞五箋集證二十卷 清閻潛邱、何義門、全謝山、方樸山、程易田、錢大昕諸家箋本,萬希槐輯集證校本附。嘉慶十六年春季四明居繼序。嶺南黃濬仝校刊。首有嘉慶十二年廣東督學使者錢唐陳嵩慶、蘄州陳詩、黃岡萬年茂諸序。萬年茂字少懷,一字南泉。此萬序板心刊作陳序誤。每卷首尾題曰"校訂困學紀聞集證",至其封面題曰"困學紀聞集證合註",蓋以萬氏集證爲底本。惟其凡例删除未收,是大缺陷事。此本精善可貴也。嘉慶間重刊四明居繼序本無陳詩萬年茂二序,并嶺南黃濬之名者,首有篆書封面,題曰"困學紀聞桼箋"。嘉慶十八年埽葉山房重刊,劣。

困學紀聞鈔二卷 清濟南劉孔中評選,浚儀周亮工參訂。順治辛卯刊。經史兩集。

石魚偶記一卷 宋慈谿楊簡慈湖撰。傳抄本。

日損齋筆記一卷 元黃溍撰,同里陳熙晉攷證。無刻書年月,約咸豐間刊。

紫雲隱書無卷數 明新都程仲虞撰。崇禎庚午刊。

遯翁隨筆二卷 明祁駿佳撰。道光庚子冬中印吟館刊。每卷首葉第一行刊隨筆,第二并注辨古證今之類等字。

天禄識餘十卷 清錢塘高士奇撰。康熙間刊。《四庫》著録二卷。

懷亭瑣記四卷 清桐城馬庶撰。道光十八年刊。

西巖弄珠集三十二卷 清永平申居鄖撰。底稿本。首有乾隆十五年易水郝天相、襄陽劉選、成安朱世瑞三序。

讀書所見録二卷續録一卷 清桐城張曾敏撰。乾隆四十五年精刊。

鍾山札記四卷 清杭東里人盧文弨撰。乾隆庚戌孟冬抱經堂刊。

龍城札記三卷 清杭東里人盧文弨撰。嘉慶元年丙辰抱經堂刊。

壽山叢録一卷 清婺源洪騰蛟撰。乾隆辛亥敦善堂刊。

羣書廣註一卷 清任邱王應鯨撰。乾隆間刊。

芝庵讀書記無卷數 清婁東陸雲錦撰。無刻書年月,約乾隆間刊。

釀蜜集二卷 清無錫浦起龍撰。底稿本。

實齋劄記鈔三卷 清會稽章學誠撰。蕭山王氏十萬卷樓傳録本,光緒壬辰仲春平安越堂刊。

恒言録十卷 清嘉定錢大昕撰。嘉慶十年儀徵阮長生刊。

潛研堂答問十二卷 清嘉定錢大昕撰。光緒辛巳重刊巾箱本。

對策六卷 清海寧陳鱣撰。嘉慶十年夏士鄉堂刊。

過夏雜録六卷續録一卷 清海寧周廣業撰。傳抄本。首有嘉慶辛未長至日叔氏春序。

經史辨論四卷辨訛釋義録十卷 清須江張均撰。嘉慶乙亥至丁丑本衙刊。

讀書偶識無卷數 清鹽官張豸冠撰。無刻書年月,約嘉慶間刊。案原書面題字,全部三册,此僅第二册。兹將該册目録抄記於下:《讀國語偶識》《讀大戴禮偶識》《讀爾雅注疏偶識》《讀孝經注疏偶識》。

欖香小品三種三卷 清吴江陳鍾英撰。道光丙戌歸禮堂刊。《答疑孟》《駁正朔考》《辯宜齋野乘》。

客槎叢語四卷 清鄱陽程直仞撰。道光乙未刊。

雪泥書屋雜志四卷 清棲霞牟庭相撰,牟房述。道光戊申安吉官署刊。

巾箱拾羽二十卷 清順德吴梯撰。道光己酉刊。

一亭攷古雜記一卷 清蘇州毛慶臻撰。無刻書年月,約道光間刊。民國丁卯十月南陵徐乃昌影印袖珍本。

芸籭偶存二卷 清銅梁王汝璧撰。無刻書年月,約道光間刊。

東湖叢記六卷 清海昌蔣光煦撰。咸豐六年别下齋刊。

近聞寓筆四卷近聞雜録一卷 日本篁墩吉漢宦撰。文政九年精刊,即道光六年刊。

雜説之屬

風俗通義校正二卷補逸一卷 清東武李□□撰。底稿本。最後有道光七年丁亥季春二十又四日錫庚跋。

避暑録話二卷 宋葉夢得撰。道光二十五年楙花盦校刊本。

水南翰記一卷 明江陰張衮撰。嘉靖間刊。

鶡林子五卷 明桐城趙釴撰。民國二十五年丙子仲秋粹園刊。

厚生訓纂前集一卷後集一卷 明周□□在山輯,巴郡趙可懷增訂。影抄萬曆二十六年刊本。

廣生篇二卷 明甬上董暐輯。崇禎辛巳刊。

讀書一得八卷 明歙縣黄訓撰。康熙己丑刊。

白涯書抄二卷 明儀真張崇縉集。約康熙間鈔本。

棗林雜俎六卷 明鹽官談遷撰。宣統辛亥張氏適園鉛字排印本。

聞見巵言十卷青鏤雜筆一卷附載一卷 清西浙祝文彦撰。**附瑶琚永鑑一卷** 明浙右祝守道撰。無刻書年月,約康熙間刊。一名《慶符堂集》。

醒書一卷 清東莞劉澤芳撰。順治戊戌然藜閣刊。

容安齋穌譚十卷 清陽城白胤昌撰。康熙元年弟胤謙刊。

鴻皐瑣説四卷 清仙源吴楚奇撰。康熙甲申精刊。

餘年閒話四卷 清休寧葉良儀撰。康熙丙戌三當軒刊。

蠹書二卷續篇一卷附録一卷 清隴西吴之珽撰。康熙六十一年精刊。

膝寓信筆一卷 清桐城方以智撰。傳鈔本。無序跋,首頁第二行題"宓山隨手"四字。

陶菴雜記四卷 清西昌蕭士瑀撰。康熙間刊。

芸窗偶記一卷山居小草一卷斗園小草一卷自鳴草一卷附太微功過格袁了凡立命篇積善之方 清古閩羅銓撰。無刻書年月,約康熙間刊。

自知録二卷 清太倉陸毅撰。光緒二十二年重刊。

南圃筆談無卷數 清費邑高貞明撰。光緒二十九年癸卯刊。

確庵日記八卷 清太倉陳瑚撰。民國丙寅春二月太倉圖書館刊。

桑梓見聞八卷 清江陰趙曦明撰。民國癸酉陶社刊木活字本。

修潔齋閑筆八卷 清錫山劉堅撰。乾隆辛酉精刊。原目作四卷,卷五以下嗣後續增者。

闡微録一卷 清吕法曾撰。乾隆辛酉刊。

病餘掌記二卷 清寧都溫序撰。乾隆八年精刊。

片刻餘閒集二卷 清新鄭劉埥撰。乾隆甲戌秋七月右北平署精刊。

適來子四卷 清華亭張潤貞撰。乾隆乙亥刊,嘉慶甲戌書三味樓重刊。

瀛仙筆記二卷 清海陽黄士塤撰。乾隆乙酉繡雪堂精刊。

韜菴雜説二卷續説一卷 清海寧黄炳撰。乾隆三十四年刊木活字本。

潛索録四卷 清瀋陽范□□畏齋撰。乾隆五十四年精刊。

聞見瓣香録十卷 清曲沃秦武域撰。乾隆癸丑笑竹書屋刊。

松塵賸言二卷 清檇李鄒天嘉輯。無刻書年月,約乾隆間精刊。

江村隨筆十卷 清襄城劉青芝撰。乾隆間刊。

病餘長語十二卷 清任邱邊連寶撰。原稿本。

養痾囈語一卷 清丹徒法嘉蓀撰。無刻書年月,約光緒間重刊。

願香室筆記内編一卷外編一卷雜編一卷 清太倉女史王佩華撰。乾隆癸丑刊,民國辛酉秋太倉重刊。

菊叢新話二卷 清陽羨史承謙撰。嘉慶丙辰刊。

介亭筆記十卷 清皖江江濬源撰。嘉慶二年刊。

小滄浪筆談四卷 清儀徵阮元撰。嘉慶三年刊。

芝庵雜記四卷 清婁東陸雲錦撰。嘉慶八年秋刊。

素壺便録二卷 清古歙江登雲撰。嘉慶甲子江紹蓮刊。

紫霞閒言二卷 清天台施□□穆亭撰。嘉慶十年慎餘堂精刊。

梅村筆記二卷 清古吴釋明理撰。嘉慶辛未精刊。明理俗姓欽氏,名允恭,字學山。

江干叢語十二卷 清江陰薛傳源撰。嘉慶十九年刊。

塔影軒筆談五卷 清三十三山寓人少谷子撰。底稿本。是書原作五册。少谷子爲吴江吴士堅之别號。

明齋小識十二卷 清青浦諸聯撰輯。道光十四年刊,同治四年秋重校刊。

莧園雜説二卷 清仁和沈起潛撰。道光丙戌秋於斯堂刊。

續刻莧園雜説二卷 清仁和沈起潛撰。道光戊子秋於斯堂刊。

桐窗囈説一卷 清朝邑李元春撰。道光庚寅刊。

譜荔軒筆記二卷 清鶴山吴應逵撰。道光庚寅仲冬刊,民國二十五年春鉛字排印本。

賢己編六卷 清嘉善黄安濤撰。道光十九年真有益齋刊。

夢竹軒筆記二卷 清江陵劉士璋撰。道光十九年夏刊。

正家本論無卷數 清江陰夏修恕撰。底稿本。後有道光己亥仲秋浚儀韓朗如跋。

佩渠隨筆十六卷 清鄭州張調元撰。底稿本。首有道光二十一年中秋月自序。

費隱與知録無卷數 清古歙鄭復光撰。道光壬寅刊木活字本。

瀚海披沙八卷 清武林武文斌輯。道光二十三年癸卯刊。

閒處光陰二卷 清搏沙拙老撰。底稿本。首有道光二十九年自序。書中載有"先祖文勤公"等字樣。文勤公姓彭氏,名元瑞,南昌人。

欲寡過齋雜筆八卷 清清泉張道超撰。無刻書年月,約道光間刊。

石田野語二卷 清祥符常茂徠撰。民國甲戌精刊。

臆見隨筆二卷 清祥符常茂績撰。民國甲戌精刊。

學轂一卷文轂一卷 清山陽丁晏撰。底稿本。

籊廊璅記九卷 清固始王守毅撰。咸豐甲寅晉文齋刊。

萍海墨雨四卷 清謝城李匡濟撰。光緒丙子刊。

碧聲吟館談塵四卷 清仁和許善長撰。民國□年西泠印社以古宋字排印本。

駢技贅憶一卷 清江都符葆森撰。底稿本。

古春草堂筆記一卷 清江陰曹倜撰。民國戊辰春鉛印。

雜品之屬

華夷草木鳥獸珍玩考十一卷 明慎懋官撰。萬曆間刊。

臞仙神隱四卷 明錢塘胡文焕撰。無刻書年月,約天啓間精刊。

蕉窗九録一卷 明檇李項元汴撰。民國甲寅五月西泠印社以古宋字排印本。

初學藝引十二卷首一卷 清揭陽李仕學輯,乾隆十四年漱芳居精刊。《文引》五卷,《詩引》三卷,《書引》四卷。

古今秘苑三十二卷 清墨磨主人編。無刻書年月,約乾隆間十二銅樓精刊袖珍本。

衛濟餘編十八卷 清王□□纕堂偶編。嘉慶二十一年刊巾箱本。又名《通天曉》。道光丁未重刊巾箱本。

雜 纂 之 屬

謇齋瑣綴八卷 明八十一翁謇齋撰。舊鈔本。首有正德丁卯自撰引,次嘉靖七年歲次戊子謇達序。

愚丘鑒古議八卷 明盱江羅鈇初稿,盱江汪旦校正,餘姚鄒大績互訂。嘉靖辛亥刊。

玄覽無卷數 明豫章朱謀㙔撰。傳鈔本。有萬曆甲午臨海王士昌序。凡分十篇。

古今書鈔三十二卷 明甬東屠本畯編。萬曆壬子刊。

閑暇清論十三卷 明淮陰唐萬齡撰。無刻書年月,約萬曆間刊。

初潭集三十卷 明温陵李贄撰。無刻書年月,約萬曆間刊。

靳史三十卷 明海陽查應光輯。天啓乙丑刊。

霧市選言四卷 明閩中王宇輯。無刻書年月,約天啓間金陵葉均宇刊。

筆談一卷 明淄川王崇義著。無刻書年月,約崇禎間刊。

沈仲連雜著四種十卷 清燕越沈裕撰。無刻書年月,約順治間刊。《詈譚》五卷,第五卷分上下,《雁字詩》一卷,《絃解》一卷,《訪求字學書目》一卷,《讀陰符》一卷。

芸牕軼箋三卷 清仁和徐貞齡撰。康熙乙酉刊。

台雁筆記一卷登西臺慟哭記一卷讀龜山先生字説辯一卷 清剡中黄宗羲撰。無刻書年月,約康熙間精刊。

消暑筆記五卷 清石橋章復輯。約康熙間鈔。底稿本。

教藝編無卷數 附 **戚南塘訓兵六條練兵簡明條約** 清清苑王植撰。道光二十四年精刊。

昭代舊聞四卷 清浙西屠元淳撰。乾隆丙寅精刊。

月滿樓甄藻録四卷 清元和顧宗泰撰。乾隆癸未秋九月刊。

心簡齋集録六卷 清金壇于光華編。乾隆己丑精刊。

咫聞集四册 清猗氏郭爲崃撰。乾隆三十六年刊。

禺山雜著無卷數 清衡陽李暘撰。乾隆五十六年精刊。分《各家題辭》《集杜律句》《春吟回文》《璇璣碎錦》，凡四類。

自怡偶筆二卷附道德經偶解一卷 清濰川李大儒撰。無刻書年月，約乾隆間精刊。

吾廬遺書十卷 清南城陶成撰。底稿本。即《四書講習録》六卷，《日程》四卷。首有乾隆乙亥海寧陳世倌、雷鋐二序。

南榮録三卷 清滄江埜老輯。約乾隆間鈔底稿本。自述時年七十有五。無序跋目録等，全否不可考。

睡餘閒話二卷 清不著撰人姓名。約乾隆間鈔本。無總目，全否不可考。

循陔纂聞四卷 清海寧周廣業撰。傳鈔本。

寄閒齋雜志八卷附三槎浦櫂歌一卷 清嘉定朱淞撰。嘉慶二年學餘堂刊巾箱本。

野語九卷 清伏虎道場行者撰。**西吴蠶略二卷程岱葊西吴菊略一卷** 道場山人星甫編輯。嘉慶十三年刊巾箱本。

培菴漫録十二卷 清望江張立本輯。嘉慶己卯刊。

鱣序璅聞續四卷 清元和宋清壽撰。無刻書年月，約嘉慶間精刊。

退食瑣言二卷 清桃源于學質撰。道光壬午刊。

經史管窺一卷續編一卷 清山陰錢維垣撰。道光十年精刊。

慎一雜記四卷 清慎一主人輯。道光十五年刊。

縹緗新記十六卷 清湘西曾興仁輯。道光壬寅羅卷山莊刊。

談古偶録四卷 清古虞陳星瑞撰，仁和姚成濟註。道光丙午春日重刊。

經史喻言八卷 清寶坻李光庭撰。道光戊申刊。

瑶舟璅記三卷 清嶺南郭□□瑶舟撰。底稿本。首有道光丁酉枕琴山人題"瑶舟璅記"隸書四大字,次道光丁酉十二月長至節奉洲山人序。

樵語二卷 清平陰翟化鵬撰。民國元年鉛字排印本。

墨香簃叢編無卷數 瑞安楊嘉輯。民國十□年石印本。《籀高詩詞》(瑞安孫詒讓),《二黄先生詩葺》(瑞安黄紹□鮮庵、黄紹□縵庵),《輔行記校注》(瑞安楊嘉),《蔘綏閣僞本書目初編》(同上),《曝書隨筆》(同上),《甈鄦樓遺稿》(同上)。

三字經心解一卷 清漆濱孫聯捷撰。乾隆辛未刊。

唐氏蒙求三卷 清長沙唐仲冕撰。嘉慶甲子本衙刊。

家塾蒙求五卷 清臨泉康基淵輯。咸豐丁巳霞蔭堂刊。

蒙求補宋十六卷 清楚黄劉鳳墀輯,男壽峒壽恒註。光緒癸巳春𪕔清齋刊。

類 書 類

初學記三十卷 唐徐堅等撰。**附校勘記三十卷** 清安康黄加焜撰。光緒戊子秋藴石齋刊巾箱本。

漢唐事箋十二卷後集八卷 元朱禮撰。道光二年山陰李鐵橋刊。

彙書詳註三十六卷 明晉江鄒道元輯。萬曆乙未刊。

臆見彙考五卷 明豐城游日陞撰。萬曆四十年刊。

枳記二十八卷 明語溪吕元啓輯。無刻書朝代,約萬曆丁巳刊。

詞林海錯十六卷 明江陰夏樹芳輯。萬曆戊午刊。

亘史八十一卷 明天都潘之恒景升輯。天啓丙寅刊鸞嘯軒藏板。《内篇》二十三卷,《外紀》四十五卷,《外篇》二卷,《雜記》五卷,《雜篇》六卷。《四庫存目》著録殘闕不完。

八編類纂二百八十五卷六經圖六卷地類圖二卷 明長洲陳仁錫撰。天啓丙寅刊。

博物典彙十九卷 明漳浦黄道周撰。崇禎乙亥大雅堂刊。

振綺類纂四卷 清震澤翁天游、廣陵宗觀仝撰。康熙三年甲辰刊。

三才彙編六卷 清嘉善龔在升撰,同學顧珵美增補。康熙丁未虞山汲古閣刊。

讀書堂明稗類鈔十六卷 清不著撰人姓名。舊鈔本。

羣書古學捷十卷 清古莆陳應廖(原名應明)輯,虬溪張熊、潭西江朝宗同註。乾隆元年刊。

宋稗類鈔八卷 清金沙潘永因輯。乾隆三年重刊。

試策箋註四卷 清望江檀萃撰,固始曾力行註。乾隆丁酉致和堂刊。原名《采真彙稿》。

左國類典詳註六卷 清滇南吴模輯。乾隆五十二年刊。

酉山林三卷 清張溪王顯曾撰。嘉慶壬戌仲春枕書樓刊。

初學數紀典故便録二十七卷 清朝邑李元春輯。嘉慶十四年至道光七年刊。《爲學切要》一卷,《上集》三卷,《中集》一卷,《下集》三卷,《補上集》三卷,《補中集》四卷,《補下集》三卷(卷一分二卷),《後集》七卷,《外録》二卷。

碎金集四卷 清清泉張道超輯。嘉慶庚午晴雪山房刊。

清異編珠二卷 清長白福申輯,皖江楊文楷注。道光丙戌刊。

經典萃華六卷 清桐城方苹野撰。道光辛卯夏清樂堂刊。

駢字摘豔五卷 清湘陰任科職輯。咸豐丁巳仲夏三雨堂刊。

蓺苑零珠六卷經史總論一卷 清長沙李象梓撰。光緒五年刊。

類聯集古四卷 清宣城劉慶觀輯。乾隆三十七年刊。

增訂海門聯譜四卷 清彭澤丁應鼎撰,東鄉王濬增訂。乾隆丙申刊。

弱水集對聯一卷 清關中屈復撰。無刻書年月,約乾隆間刊。

吴下諺聯四卷 清北莊素史撰。嘉慶庚辰老鋏山莊刊巾箱本。

干支類聯二卷 清長白福申輯。道光丙戌刊。

囊臏四卷 清貢隅趙古農撰。道光十一年辛卯刊。分《粹語録》《臨池艸》《游藝編》三種。

知足齋集稧序楹帖一卷 清開禧集。道光十四年精刊藍墨印本。

販書偶記續編卷十二

小 説 家 類

雜 事 之 屬

剪燈新話四卷 明山陽瞿祐撰。**餘話四卷** 明廬陵李昌祺撰。成化丁亥刊。

剪燈新話二卷 明錢塘瞿祐撰。無刻書年月,約嘉慶間刊巾箱本。

剪燈叢話七卷 不著編輯姓名。乾隆辛亥夏刊巾箱本。《剪燈新話》三卷(明錢塘瞿祐),《剪燈餘話》二卷(明廬陵李禎),《覓燈因話》二卷(遥青閣纂録)。

見聞雜記十卷續一卷 明吴興李樂撰。無刻書年月,約乾隆間刊。

皇明世説新語八卷 明雲間李紹文撰。萬曆庚戌刊。

灌園史五卷 明秀水陳詩教撰。無刻書年月,約萬曆間刊。《古獻》前後二卷,補一卷,《今刑》前後二卷。

雅笑三卷 明温陵李贄彙輯。無刻書年月,約萬曆間刊。

水東日記四十卷 明崑山葉盛撰。康熙庚申葉方蔚校刊。《四庫》著録三十八卷。

燕居筆記四卷 閩潭龍鍾道人編輯。乾隆丙午刊袖珍本。

草堂清話四卷 明金陵陳震撰。舊鈔本。

岐海瑣談集十六卷 明永嘉姜準撰。近永嘉鉛字排印本。

增訂一夕話新集六卷 咄咄夫原本,嗤嗤子增訂。無刻書年月,約嘉慶間刊。

燈餘筆録四卷 清盱眙趙培元編。光緒二十九年癸卯鉛字排印巾箱本。

秋坪新語十二卷 清天漢浮槎散人編。乾隆丁巳春本衙刊巾箱本。

卉庵摭言二卷 清西安徐鍵撰。乾隆己未鶴和堂刊。

因證録十二卷 清江西新城陳守詒撰輯。乾隆丙申石竹山房刊。

靄樓逸志六卷 清東莞歐蘇撰。乾隆五十九年刊巾箱本。

靄樓逸志六卷 清東莞歐蘇撰。咸豐戊午紫貴堂刊。

凉棚夜話四卷續編二卷 清浙東方元鵾撰。嘉慶己未刊巾箱本。

諧史四卷 清五茸程森泳撰。嘉慶庚申酉酉山房刊巾箱本。

亦復如是四卷 清青城子撰。嘉慶十六年刊,光緒間擷華書局鉛字排印本。

欣賞録八卷 清閩汀馬履豐輯。嘉慶二十一年刊巾箱本。

邇言十卷補一卷 清順德馮秉芸輯。道光二十八年叒槑花館刊。

花當閣叢談四卷 清海上徐復祚編。無刻書年月,約道光間刊。一名《郇老委談》。

井蛙雜録二卷 清雩陽宋韻山撰。無刻書年月,約道光間精刊巾箱本。

垂綏録十卷 清錢塘張雲璈撰。光緒二十七年辛丑九月安雅書局鉛字排印巾箱本。

笑史四卷 清畢節陳庚撰。無印書年月,約光緒間上海申報館鉛字排印巾箱本。

蝶階外史四卷 清外史氏撰。咸豐甲寅香火因緣室刊巾箱本。外史氏爲長洲陶樑之别號。

見聞偶記一卷見聞外記一卷 清湯陰蘇元善撰。宣統元年石印本。

瑣事閒録二卷 清張昀撰。咸豐元年秋月刊。序稱有續録二卷,未見。

瑣事閒録續編二卷 清廣川林西載撰。無刻書朝代,約咸豐庚申刊。

金蹶逸史二卷 清天悔生撰。原稿本。首有自序。每卷首各有目録一頁。目録第二行題"鑑悔齋手校奇書第六種"等字。所載皆屬姑蘇之事。

我暇編無卷數 清不著撰人姓名。底稿本。案書皮上原來題有"我暇編第十卷未了山人著"等十一字。

水窗春囈二卷 清不著撰人姓名。光緒丁丑夏日上海機器印書局鉛字排印本。

異 聞 之 屬

五色線三卷 無名氏。舊鈔本。首有弘治二年七月既望淮南冀綺序。較《津逮秘書》刊本多卷中一卷。

豔異編四十五卷 不著撰人姓名。約明嘉靖間刊。首有息庵居士序。又明湯若士評選。約天啓間玉茗堂刊本,題王世貞所撰,多續十九卷。

艷異編四十五卷 明息庵居士撰。無刻書年月,約隆慶間刊。

玉茗堂批評續豔異編十九卷 明湯若士評。無刻書年月,約天啓間刊。

仙媛紀事九卷 明錢塘楊爾曾輯。萬曆壬寅草玄居精刊。内有圖像。

虞初志七卷 明李泌輯,袁宏道、屠隆同評點。無刻書年月,約天啓間吴興凌性德刊硃墨套印本。泌又稱獻吉。

説聽四卷 明吴郡陸延枝撰。天啓丁卯王禹聲刊。

見聞録四卷 清嘉善徐岳撰。無刻書年月,約康熙間刊。

夜譚隨録十二卷 清霽園主人闞齋氏撰。乾隆己酉本衙刊。

秋燈叢話十八卷 清福山王椷撰。乾隆庚子積翠山房刊,嘉慶壬申刊巾箱本道光戊子補刊。

桂山録異八卷 清吴下顧湌撰。乾隆五十八年癸丑碧梧堂刊。

批點聊齋志異十六卷 清淄川蒲松齡撰,南海何守奇批點。道光三年經國堂刊。

聊齋志異選六卷 清淄川蒲松齡撰,古鄮小芝山樵選。乾隆甲寅刊。

聊齋筆記二卷 清淄川蒲松齡撰。民國十七年石印本。

排悶録十二卷 清孫洙輯。乾隆庚寅莆田書屋精刊巾箱本。

異聞録十二卷 清蘅塘退士孫洙輯。道光戊戌精刊巾箱本。

守一齋客窗偶筆四卷二筆一卷 清江陰金捧閶撰。嘉慶二年刊巾箱本,同治癸西春月重刊巾箱本。

虞初續志十卷 清鄭澍若編。嘉慶七年養花草堂刊袖珍本。

續湫雨四卷 清垣赤道人撰。嘉慶癸亥本衙刊巾箱本。又名《兩般秋雨續隨筆》。垣赤道人爲嘉定□□□謏堂之别號。

咫聞録十二卷 清慵訥居士撰。嘉慶丁丑刊巾箱本。慵訥居士爲順德温汝适之别號。道光癸卯重刊巾箱本。

咫聞録十二卷 清慵訥居士撰。道光壬辰冬知不足齋刊。

徵異録八卷 清祇園居士輯。道光二年刊巾箱本。

聊齋續編八卷 清維揚柳春浦撰。道光十年秋聲館刊巾箱本。

妄妄録十二卷 清吴縣朱海撰。道光十年秋日刊巾箱本。

消閒述異三卷 清長沙常謙尊輯。道光庚子帶經堂刊。

三蕉餘話二卷 清長沙陶丙壽撰。道光辛丑運甓堂重刊巾箱本。

冶官記異六卷 清温江王侃撰。道光丙午曲溪艸堂刊巾箱本。

翼駉稗編八卷 清北平湯用中撰。道光戊申刊巾箱本。

鐵槎山房見聞録十二卷 清文登于克襄撰。道光己酉春刊。

客窗閒話二卷 清海昌吴璈符撰。咸豐丙辰平江三德堂刊。

淞隱漫録十二卷 清長洲王韜撰。光緒十年點石齋石印本。光緒二十九年點石齋石印巾箱本,易名《後聊齋》。

瑣語之屬

奇女子傳四卷 明吴震元論次。泰昌間刊。

爽心笑談集十四卷 明華亭陳繼儒編輯,明屠隆閲。無刻書年月,約萬曆間躍劍山房刊。又名《吴寧野小窗笑紀》。

女中七才子蘭咳集五卷 明長洲周之標輯。**附古牌譜二卷** 明天都女子胡貞波纂輯。無刻書年月，約天啓間刊。

續板橋雜記三卷雪鴻小記一卷 清珠泉居士撰。乾隆壬子精刊巾箱本。珠泉居士姓吴氏，名珠泉，莒南人。

絳雲小録一卷 清吴門陳大文編。乾隆乙卯刊。

消寒新詠一卷 清三益山房編。乾隆乙卯刊巾箱本。首有寶塘問津漁者自敍弁言。

扇底新詩一卷 清吴郡詹鱗飛撰。**姚磬兒傳一卷** 清長洲沈清瑞撰。咸豐甲寅乳初軒精刊巾箱本。

豔粧新語二卷 清湖上笠翁編輯。光緒乙酉緑隱書樵校刊袖珍本。

日下看花記四卷 清小鐵篴道人撰。嘉慶癸亥刊。

衆香國一卷 清衆香主人撰。嘉慶丙寅刊。

吴門畫舫録二卷 清西溪山人編。嘉慶丙寅紅樹山房刊。

吴門畫舫續録三卷投贈三卷 清箇中生編。嘉慶癸酉來青閣刊。

秦淮畫舫録二卷畫舫餘譚一卷三十六春小譜四卷 清捧花生撰。嘉慶二十二年至道光六年刊。

花間笑語五卷 清釀花使者撰。嘉慶戊寅刊。

花間笑語五卷 清釀花使者撰。道光元年粵東余氏刊巾箱本。

燕臺集艷一卷 清播花居士迦羅奴撰。道光癸未刊。又名《二十四花品》。

天寶新詠一卷 清燕臺張鏞撰。道光辛卯刊巾箱本。

粧樓摘豔十卷 清會稽錢三錫輯。道光癸巳春香雨軒刊巾箱本。

蓮幕本草并贊一卷 清寄萍□□主人撰。道光丁酉刊。寄萍主人爲蜀中顧□□含象之别號。

秦淮聞見録二卷 清雪樵居士輯。道光戊戌冬一枝山房刊巾箱本。

紅樓二百詠二卷 清嘉應黄昌麟撰，豐順丁日昌、鎮平黄釗同評。道光二十一年八月刊巾箱本。

紅樓夢詩一卷 附 **松蔭軒稿一卷** 清海上姜祺撰。附一卷,周澍撰。道光間刊巾箱本。

消寒綺語一卷 清北平王言撰。底稿本。首有道光己酉嘉平下瀚自敍小引。

評花輭語二卷 附 **十二花譜暨評品** 清西谿雲客撰。約道光間春雨山房精刊巾箱本。

四悔草堂别集一卷 即愛娘傳題辭。**外集一卷** 詞**外集别存一卷** 清朱瓣香撰。底稿本。

曇波一卷 清四不頭陀撰。咸豐三年癸丑刊。

青衣小名録二卷 清樂亭史夢蘭撰。底稿本。

擷華小録一卷 清沅浦癡漁撰。光緒二年精刊。

秦淮八豔圖詠一卷 清羊城葉衍蘭、錢塘張景祁同編。光緒十八年壬辰中冬羊城越華講院精刊。

鐙影録一卷 清江寧孫正礽撰。民國甲戌水南草堂刊。

春燈新集一卷 清上元魏湘洲選輯。道光辛丑文英堂刊。

下酒物二卷 清張山來輯。無刻書朝代,約康熙丁巳心齋刊。又名《心齋偶輯》。

益智録一卷 清延陵紅芙女史撰。光緒庚子精刊巾箱本。

小説演義之屬

東周列國志輯要八卷 清豐城楊庸輯。無刻書年月,約乾隆間四知堂刊。計一百九十節。

南北史演義 清玉山杜綱撰,雲間許寶善批評。乾隆五十八年原刊本,嘉慶二年自怡軒重刊。

劍嘯閣批評出像隋史遺文十二卷 明吉衣主人撰。崇禎癸酉刊。凡六十回。

首有圖像三十葉，刻工至精。案《大連圖書館所見中國小説書目提要》題吉衣主人爲袁于令之别號。

忠孝勇烈木蘭傳四卷 不著撰人姓名。光緒四年刊，宣統二年京都養真仙苑刊。

殘唐五代史演義傳八卷圖像一卷 明羅本編輯，李贄批評。無刻書年月，約崇禎間刊。凡六十回。首有周之標序。

新刻全像按鑑演義南北宋傳題評殘本四卷 闕名。約明嘉靖間刊。存卷四至卷七。

萬花樓演義十四卷 西湖散人編。無刻書朝代，約嘉慶戊辰刊巾箱本。西湖散人爲鶴邑李雨堂之别號。

于少保萃忠全傳十卷 明孫高亮懷石撰。無刻書年月，約康熙間精刊。凡四十傳。是書一名《旌功萃忠録》。

皇明大儒王陽明先生出身靖亂録三卷 明墨憨齋編。無刻書年月，約日本明治間嵩山堂精刊，即光緒間刊。是書爲馮夢龍撰。

遊龍幻志八卷 清順邑何夢梅編輯。宣統己酉秋刊巾箱本。又名《正德遊江南傳》。共四十五回。

皇明通俗演義七曜平妖全傳六卷 明吴興會極清隱道士編次。天啓甲子精刊。分七十二回，附圖。

檮杌閒評五十卷首圖像一卷 不著撰人姓名。無刻書年月，約嘉慶間刊巾箱本。

鐵冠圖全傳八卷 清松排山人編。光緒十年刊巾箱本。

醒世恒言四十卷 明隴西可一居士撰。天啓丁卯衍慶堂刊。可一居士著有《喻世明言》《警世通言》，已刊行。是書爲馮夢龍著。

石點頭六卷 明天然癡叟撰，墨憨主人評。道光四年甲申竹春堂刊。凡十四回。

醉醒石十五回附圖 明不著撰人姓名。無刻書年月,約崇禎間刊。

覺世名言十二樓六卷 明覺世稗官編次,睡鄉祭酒批評。嘉慶五年會成堂刊。

豆棚閒話八卷 明聖水艾衲居士編,鴛湖紫髯狂客評。無刻書年月,約天啓間精刊。附精圖四頁。

豆棚閒話十二卷 明聖水艾衲居士撰。乾隆癸卯金閶書業堂刊。

列女演義六卷附圖像一卷 明東海猶龍子撰,西湖鬚眉客評。無刻書年月,約順治間古吴三多齋刊。板心下有"長有閣"三字。又名《古今列女傳演義》。

西湖拾遺四十四卷附一卷 清錢塘陳樹基撰。光緒間上海申報館鉛字排印本。

紅樓夢十六卷 清不著撰人姓名。嘉慶丙寅小泉程偉元校刊,寶興堂藏板。計一百二十回,首有圖象八頁。是書爲清曹霑撰,高鶚增補。

續紅樓夢三十卷 清不著撰人姓名。嘉慶己未抱甕軒刊。是書爲清秦子忱撰。

補紅樓夢四十八回 清嫏嬛山樵撰。嘉慶庚辰夏刊巾箱本。

大觀園圖説一卷 清雲間黄琮撰。**風月寶鑑一卷** 清海上姜祺撰。道光丙戌遠軒刊。一名《古梅溪偶刻第一種》。

紅樓夢本義約編二卷紅樓夢類聯集要一卷補遺一卷對語一卷 清話石主人撰。光緒四年刊巾箱本。

平山冷燕六卷 清不著撰人姓名。冰玉主人批點。無刻書年月,約康熙間静寄山房刊。凡二十回。是書爲荻岸散人編。

蜃樓志八卷 清庾嶺勞人説,禺山老子編。嘉慶十二年丁卯原刊。計二十四回。

嶺南逸史二十八回 清花溪逸士編。無刻書年月,約嘉慶間刊巾箱本。是書爲廣東黄耐庵撰。

林蘭香六十四回 清隨緣下士編輯。光緒丁丑申報館鉛字排印本。

梅蘭佳話四卷 清阿閣主人撰。道光辛丑至成堂刊巾箱本。阿閣主人爲曹梧岡之别號。計四十段。

蓮子瓶全傳三十二回 清白叟山人撰。道光壬寅季春緑雲軒刊袖珍本。

花月痕十六卷 清眠鶴主人編。光緒十四年戊子原刊。光緒間著易堂鉛字排印本。眠鶴主人即候官魏秀仁之别號。

西遊真詮一百回附圖像 清山陰悟一子陳士斌撰。康熙丙子刊。

西遊原旨二十四卷首一卷 清榆中劉一明撰。嘉慶二十四年護國庵刊。凡一百回。

後西遊記四十回 清不著撰人姓名。光緒間上海申報館鉛字排印巾箱本。是書爲天花才子評點。

鏡花緣二十卷像贊一卷 清北平李松石撰,四會謝葉梅畫像,順德麥大鵬書贊。道光十二年春刊巾箱本,嘉慶丁丑秋月刊巾箱本無像贊。

草木春秋三十二回 清泗溪雲間子集撰。無刻書年月,約康熙間最樂堂刊。

海遊記六卷 清觀書人撰。無刻書年月,約嘉慶間刊巾箱本。計三十回。

第五才子書水滸傳七十五卷 元東都施耐菴撰,長洲金喟(亦名人瑞)評。崇禎十四年貫華堂刊。

忠義水滸全書一百二十回附圖像六十葉 元施耐庵集撰,羅貫中纂修,李卓吾評閱。無刻書年月,約康熙間刊。又名《水滸四傳全書》。

水滸後傳四十卷 金陵蔡昇撰。乾隆三十五年刊,光緒三年仲春申報館鉛字排印巾箱本。

莞爾堂斬鬼傳四卷 清陽直樵雲山人編。乾隆癸丑刊。

第九才子書平鬼傳四卷 清陽直樵雲山人編。無刻書年月,約道光間經綸堂刊。凡十回。

常言道四卷 清落魂道人編。嘉慶甲子刊巾箱本。凡十六回。

彈詞之屬

錦香亭四卷 清古吴素庵主人編。無刻書年月,約道光間經元堂刊。凡十六回。

何必西廂三十七卷 清心鐵道人編,和松居士譜訂。嘉慶庚申五桂堂刊。即三十七回。又名《梅花夢》。

繪真記四十卷 清邀月樓主人編。嘉慶壬申精刊巾箱本。

芙蓉洞全傳十卷 清陳遇乾原稿,陳士奇評。道光元年本衙刊巾箱本。

玉釧緣全傳三十二卷附像 清西湖居士撰。道光二十二年刊巾箱本。

夢影緣四十八回 清苕溪爨下生撰。光緒二十一年立夏竹簡齋繪圖石印袖珍本。

狐狸緣六卷 清醉月山人撰。無刻書年月,約咸豐間刊巾箱本。凡二十二回。

來生福彈詞三十六回 清橘中逸叟撰。同治九年聚錦堂重刊巾箱本。

十粒金丹六十六回 清不著撰人姓名。光緒戊子上海申報館鉛字排印本。是書一名《宋史奇書》。

廿一史彈詞註十卷明史彈詞註二卷 清漢陽張仲璜撰。康熙四十九年精刊,雍正五年重刊。

念一史彈詞註二卷 清吴如珩撰。乾隆辛酉玲瓏山館精刊。

明史彈詞輯註四卷 清長洲龍柏輯。嘉慶元年裕文堂刊巾箱本。

明史彈詞輯注一卷 清長洲龍柏編輯。道光丁亥春金閶步月樓精刊。

釋家類

隋衆經目録五卷 隋翻經沙門及學士等撰。康熙三年浙江嘉興府楞嚴寺般若堂刊。

華嚴合論簡要四卷 唐李通玄合論,明温陵李贄簡要。無刻書年月,約天啓間刊。

賢首五教儀開蒙增註五卷引論一卷附華嚴品會大義一卷 釋通理撰。乾隆五十八年拈花寺刊。

大乘起信論解一卷 明蕭士瑋撰。光緒十二年常熟刻經處精刊。

淨土四經四卷 清邵陽魏承貫編。傳鈔本。《無量壽經》《觀無量壽佛經》《阿彌陀經》《普賢行願品》。首有咸豐八年湘潭周詒樸序,稱魏承貫爲魏默深持戒法名。

楞嚴經臆説四卷 明會稽沙門釋圓澄撰。萬曆四十四年刊。

楞嚴經如説十卷 明竟陵鍾惺參輯,永新賀中男標定。天啓甲子弘覺山房刊。

金剛經溯源三卷 清真定王定柱撰。嘉慶丙寅刊。光緒甲午孟夏月重刊。

金剛經溯源二卷標目緒衷心經淺説無得説罪福説原佛訟過記附後 清真定王定柱注解。無刻書年月,約同治間刊。

禪宗頌古聯珠通集四十卷 宋沙門法應輯,元沙門普會續集。萬曆丙申刊。

心經了義一卷 清山陰何煟撰。乾隆十五年庚午精刊。

法華擊節一卷 明釋德清撰。乾隆己未陽湖劉益重刊。

佛説大白傘蓋總持陀羅呢經一卷 元天竺俊辯大師,及譯主僧真智等譯。**般若波羅蜜多心經一卷** 唐三藏法師元奘譯。**諸門普傳真言集一卷** 西康諾那呼圖克圖傳授,吴潤江編述。民國二十二年以古宋字排印本。

辯僞録五卷 元沙門祥邁撰。順治十八年嘉興府楞嚴寺般若堂刊。

佛法金湯編十六卷 明會稽沙門心泰編。萬曆二十八年重精刊。原刊本作十卷,此載法外人護法者。

指月録三十二卷 明瞿汝稷集。萬曆壬寅刊,約崇禎間真寂學人成淇重刊,乾隆八年刊,又同治間刊。

聖箭堂述古一卷 明鼓山釋道霈撰。無刻書年月,約天啓間刊。

天童和尚闢妄救略説十卷 明釋圓悟撰,真啓編。崇禎間刊,民國八年九月鉛字排印本。

閲藏隨録一卷 明芥道人大鉞輯。崇禎壬申刊。首有琢如居士序，稱是書王芥庵撰。案芥庵名大鉞無疑。

皇明名僧輯略一卷 明雲棲比丘袾宏輯。無刻書年月，約崇禎間刊。

直道録一卷竹窗隨筆一卷 明雲棲釋袾宏撰。無刻書年月，約嘉慶間刊。

續燈存稿十卷 明東吴釋通問編定，華亭施沛彙集。無刻書年月，約順治間刊。

佛祖正宗道影四卷 明緇素好道者繪，明釋元賢撰傳偈，吴中釋守一增編。光緒六年庚辰蘇州刊。

靈峯蕅益大師宗論十卷 清古吴釋智旭撰，古歙成時編。順治己亥刊，嘉慶辛酉重刊。

如來香十四卷 清西吴唐時輯。康熙辛亥識小齋刊。

正名録十四卷 清衡陽釋智楷撰。康熙三十三年刊。

正信録二卷 清歙羅聘撰。乾隆五十九年刊，民國庚午影印袖珍本。

如幻集四卷 清佛慧居士心圓撰。嘉慶乙丑刊。

翠微三要三卷 清沙門心興撰。道光二年刊。《山居選要》《五經會要》《八識規矩摘要》等三種。

法源紀略二卷 清釋通晟輯。咸豐戊午刊。諸佛祖世系宗派。

明湖語録六卷 清冶山居士撰。民國壬子中春刊。首有丙辰夏陳作霖題識，稱冶山居士爲楚珏觀察之别號。

普陀别菴禪師同門録三卷 清釋書狀弘秀編。康熙辛未刊。内屬傳記。

大慧普覺禪師語録三十卷 宋寧國釋宗杲撰。明萬曆乙酉刊。

雲庵真净禪師語録六卷 宋釋克文撰。明萬曆壬辰刊。克文俗姓鄭氏，陝府閿鄉人。

密庵禪師語録二卷 宋釋□□撰，住明州天童景德寺圓悟編。無刻書年月，約崇禎間刊。

物初和尚語録無卷數 宋釋□□撰，德溥等編。寶永丙戌孟春寶陀岩刊膠泥活字本，即康熙四十五年刊。

虚堂習聽録三卷 元林泉老衲説，比丘慧泉編。大德元年閏十二月刊。

恕中和尚語録六卷 元臨海釋無愠撰，宗黼等編。萬曆戊戌刊。無愠，陳氏子。

元叟端禪師語録八卷 元釋行端撰，法林等編。萬曆丁未仲冬徑山寂照菴刊。行端，臨海何氏子。

石屋珙禪師語録二卷 元常熟釋清珙撰。天啓七年刊。

松隱唯庵然和尚語録三卷 元釋德然撰。比丘慧省編。明崇禎二年刊。

天台無見覩和尚語録二卷 元釋先覩撰，智度等編。順治丁酉刊。先覩字無見，俗姓葉氏，仙居縣人。

千巖和尚語録無卷數 明釋元長撰。萬曆戊午刊。後附禪師塔銘，金華宋濂撰。元長字無明，俗姓董氏，蕭山縣許賢鄉人。

古庭祖師語録輯略四卷 明釋□□撰。崇禎癸酉刊。

古尊宿語録四十八卷 明釋惠然、守堅、福深等集録。萬曆丁巳徑山化城寺刊。

無趣老人語録一卷 明釋如空撰。萬曆間寶夢堂刊。如空號無趣，俗姓施氏，嘉禾秀水人。

天寧法舟濟禪師剩語一卷 明釋道濟撰。天啓乙丑刊。

愚菴及禪師語録十卷 明釋智及撰。崇禎二年己巳刊。智及字以中，蘇之吴縣顧氏子。

雲門語録八卷 明會稽釋圓澄撰，吴興丁元公、山陰祁駿佳同編。崇禎癸酉刊。又名《會稽雲門湛然澄禪師語録》。圓澄，夏氏子。

費隱禪師語録十卷 明釋□□。隆琦、行璣等編。崇禎癸未刊。

大溈密印禪寺養拙明禪師語録一卷 明釋正明撰。崇禎癸未刊。正明俗姓常氏，山西蒲州人。

大潙五峯學禪師語録一卷 明釋如學撰。崇禎癸未刊。如學,別字無爲,俗姓任氏,長安臨潼人。

南石和尚語録四卷 明釋文琇撰,宗謐妙門等編。崇禎庚辰八月理安禪院刊。

三巴掌禪師語録一卷 明釋三巴掌撰。崇禎甲申刊。三巴掌,俗姓李氏,趙州柏鄉縣人。

翼庵禪師國清語録二卷通玄語録一卷 明釋□□撰,力端等録。無刻書年月,約崇禎間刊。

天界覺浪禪師語録十二卷 明釋道盛撰,大成、大奇等編。順治戊戌刊。道盛,閩浦張氏子。

大休禪師語録十二卷 明釋□珠撰,廣熙等録,行信編。順治戊戌刊。

密雲禪師語録十二卷附塔銘行狀年譜 明釋圓悟撰。《塔銘》,虞山錢謙益撰。《行狀》,道忞撰。《年譜》,道忞編。順治十七年刊。圓悟號密雲,宜興蔣氏子。

佛古禪師語録三卷 明釋行聞撰。康熙壬寅刊。行聞俗姓張氏,潼川人。

一初禪師語録二卷 明釋廣嗣撰,真開、真智等編。康熙二年刊。廣嗣,當湖曹氏子。

象田即念禪師語録四卷 明釋□□撰,書記淨痴録,本致輯。康熙十八年己未刊。

天岸昇禪師語録二十卷 明釋本昇撰,元玉等記録。順治間刊。

木居禪師語録四卷 明釋□□撰。無刻書年月,約順治間刊。

普濟玉林國師語録十二卷年譜二卷 明江陰釋通琇。超琦彙編。同治十三年刊。

靈隱具德禪師語録一卷 清書記福本、永道仝録。無刻書年月,約順治間雲間許名胤刊。

丈雪醉禪師語録十卷 清内江釋□□撰,徹綱等編。順治丁酉楞嚴寺刊。

林野奇禪師語録八卷附一卷 清釋通奇撰，行謚等編。順治十五年戊戌剃度徒梅竹庵瑞初祥幫刊。通奇號林野，俗姓蔡氏，四川合州人。

百癡禪師語録二十八卷 清釋□元撰，超宣等編。順治己亥刊。元爲漳浦蔡氏子。

南詢禪師語録二卷 清澄海釋□□。傳柱等編。順治己亥刊。禪師福建澄海楊氏子。

千山剩人和尚語録□卷 清博羅釋函可撰，今廬編。順治間刊。

浮石禪師語録十卷 清釋通賢撰，行濟、行浚等編。康熙元年壬寅刊。

石霜爾瞻尊禪師語録二卷 清釋達尊撰。康熙丙午刊。達尊俗姓唐氏，寧波之鄞縣人。

蔣山芥庵禪師語録一卷 清釋書慶、書珮等編。康熙七年戊申刊。

天然禪師語録十二卷 附 **梅花詩一卷雪詩一卷** 清番禺釋函昰撰，今辯重編。康熙庚戌嘉興楞嚴寺般若堂刊。函昰，番禺人，俗姓曾氏。

自閒覺禪師語録八卷 清釋□覺。洪暹編。康熙壬子嘉興楞嚴寺般若堂刊。□覺，蜀之重慶合州人，俗姓余氏。

雲幻宸禪師語録一卷 清蜀忠州釋印宸撰。**附錦屏破石卓禪師雜著一卷** 清蜀釋悟卓撰。康熙癸丑刊。

妙叶啓禪師語録十卷 附 **秋林語二卷** 清鳳山釋淨啓撰。康熙十五年丙辰刊。

玉輪滿禪師語録二卷 清釋□滿撰，明嵩編。康熙丁巳刊。

觀濤奇禪師語録六卷 清釋大奇撰。康熙戊午刊。大奇，俗姓彭氏，豫之撫州雲林渭川里人。

二隱謐禪師語録十卷 清釋□謐撰。康熙戊午刊。□謐字屺山，俗姓金氏，西蜀古渝昌州人。

梅翁杲和尚語録十卷 清釋□杲撰，明度敬輯。康熙戊午刊。

竹庵衍禪師語録二卷 清釋真衍撰。康熙十八年己未刊。真衍,别號藕庵,姑蘇高陽氏子。

象崖珽禪師語録四卷 清福清釋性珽撰。康熙庚申刊。

天則能禪師語録一卷 清釋機能撰。康熙二十二年刊。機能,號淨善,俗姓康氏,湖北黄岡人。

奇然智禪師語録二卷 清成都釋超智撰。康熙甲子刊。

緑蘿恒秀林禪師語録二卷 清釋發林撰。康熙甲子刊。

佛子寂光豁禪師語録六卷 清釋□豁撰。康熙二十四年刊。

碩揆禪師語録無卷數 清釋□□撰。康熙二十九年刊。住靈隱寺二卷,住雲林寺二卷,法語一卷,説一卷,題跋一卷,像讚一卷,疏一卷,機緣一卷,尺牘九卷(原目録作十二卷,卷十以下未見),啓一卷。

長明炅禪師語録一卷 清釋性炅撰。康熙辛未刊。性炅,俗姓石氏,蜀東涪陵人。

調實居士證源録一卷 清釋熯撰。康熙壬申刊。熯字欽華,法名真和,繡水陸氏子。

大笑崇禪師語録三卷 清釋□崇撰。康熙壬申刊。□崇,俗姓魯氏,川北道順慶府岳池縣人。

暉洲旲禪師語録六卷 清釋□旲撰。康熙三十八年己卯刊。□旲,俗姓劉氏,灤州樂亭人。

拙庵朴大師電光録一卷 清盤山釋智朴。德珍記録。康熙己卯刊。

圓通廣禪師語録二卷 清釋□廣撰。康熙丙申刊。□廣,俗姓高氏,直隸雄縣人。

丹霞澹歸釋禪師語録三卷 清釋今釋撰,番禺今辯重編。康熙間刊。首有崑山徐乾學撰塔銘,次今辯撰行狀。今釋,字澹歸,浙江仁和金氏子,俗名堡,字道隱。

南岳繼起和尚大宗堂録彙十卷 清釋弘儲撰。無刻書年月，約康熙間刊。

山翁忞禪師語録六卷 清釋□忞撰，性月記録。無刻書年月，約康熙間刊。無目録，全否待考。

海幢阿字無禪師語録□卷 清番禺釋今無撰，今辯編。康熙間刊。

蕃光禪師語録無卷數 清釋□□撰，智達編。康熙間刊。

晦岳旭禪師語録六卷 清釋□旭撰，道輔等記録。康熙間刊。

長目電禪師語録二卷 清釋光電撰，悟本編。康熙間刊。光電，俗姓鄧氏，楚之寶慶府新化縣人。

明覺禪師語録十四卷 清釋□□撰，寂空等編。無刻書年月，約康熙間刊。案自撰行繇云，俗姓連氏，閩中延平順昌縣人。

耳庵嵩禪師語録一卷 清釋□嵩撰，書記性愷編。無刻書年月，約康熙間刊。

普慧玉禪師語録六卷 清釋□玉撰，信聲等録。雍正三年刊。

青巖日禪師語録四卷 清釋元日撰，成璽等編。乾隆十二年刊。元日字青巖，鹽城人，俗姓丁。

恬退翁後録四卷 清嗣法門人實濟等編。乾隆十七年刊。恬退翁爲釋明鼎之別號，俗姓馮，黄梅縣人。

弁山龍華浴日能禪師語録十卷 清釋德能撰。乾隆間刊。德能，字浴日，俗姓魏氏，楚之衡州人。

龍泉清遠如禪師語録一卷 清釋真如。顯仁編。道光二十六年刊。真如，楚北利川縣李氏子。

道 家 類

陰符經解一卷 明釋如愚撰。萬曆庚子海門周令聞刊。

陰符經增註一卷 明磁州張鏡心撰。無刻書年月,約雍正間奉思堂刊。

黄庭内景經註二卷外景經註一卷 明鄞邑李一元撰。萬曆己亥娜嬛書屋刊。又名《黄庭經全解》。

黄庭外景玉經註三卷陰符經註一卷 明嵩隱子石和陽述,青來李明徹評。乾隆五十八年刊。

黄庭經闡註四卷 清海上宏一子楊任芳撰,青陽子陳齡訂。乾隆丙子古鹽純一觀刊。《玉經》一卷,《金經》二卷,《形神圖説》一卷。

黄庭經存真集一卷 清山陰劉大均輯解。嘉慶癸亥集聖樓刊。

太上道德經解二卷 孚佑帝君闡義,八洞仙祖合注。無刻書年月,約嘉慶間刊。

道德真經指歸七卷敍目一卷 漢蜀郡嚴遵撰,谷神子注。民國壬戌大關唐氏怡蘭堂據明抄本刊。

道德經集註二卷 明烏程潘基慶撰。無刻書年月,約萬曆間刊。

道德經評註二卷 明吴郡歸有光批,長洲文震孟訂。天啓甲子竺塢刊。

老子道德經輯解二卷 明皇甫濂撰,陸梓較正。明藍格鈔本。

道德寶章翼二卷 程以寧闡疏,清古越金道果旁贅。康熙乙巳金天祐刊。

道德歸元二卷附録一卷 清松陵李樸撰。底稿本。首有康熙己卯自序後有自跋。

老子説略二卷附録一卷 清濟陽張爾岐撰。道光己亥春日華亭姜熙刊,姜氏宗祠藏板。

道德經註二卷 清漢陽徐永祐撰。雍正十二年秋滋樹堂刊。

老子道德真經集註二卷 清東魯羅俊撰。無刻書年月,約雍正間刊。乾隆五年奉道何妙志虞妙榮敬印。

道德經本義二卷首一卷末一卷 清會稽董德寧撰。底稿本。首有乾隆五十八年新安程昌期序,次乾隆五十六年自序,後有乾隆五十九年董采正跋。

道德經本義二卷 清會稽董德寧撰。乾隆六十年古越集陽樓刊。

道德經正義二卷 清蜀綿李鼎元撰。嘉慶十七年師竹齋刊。

道德經纂述三卷 清新安汪光緒撰。嘉慶間刊。

老子襲常編二卷 清南通州王紹祖撰。道光三年蘇州書業堂刊。

道德經會義四卷道德要義一卷 清棲雲山劉一明撰。道光乙未刊。

老子本義二卷 清不著撰人姓名。無刻書年月,約道光間刊。無序跋。首有《老子列傳》一篇。

老子特解二卷 日本信陽太宰純撰,金峰宫田明續撰。天明三年癸卯春三月觀水室刊,即乾隆四十八年刊。

老子全解五卷 日本大田敦叔復撰。天保壬寅文淵堂刊,即道光二十二年刊。

南華經集註七卷首一卷 明烏程潘基慶撰。無刻書年月,約萬曆間刊。

莊子内篇注七卷 明釋德清撰。無刻書年月,約天啓間刊。

莊子南華真經評三卷 明景陵譚元春撰,太倉張溥參正。崇禎乙亥刊。

南華發覆六卷 明梁谿釋性涌撰。無刻書年月,約順治間刊。

説莊三卷 明湘潭李騰芳撰。無刻書年月,約順治間開萬閣刊。

説莊三卷 明湘潭李騰芳撰。無刻書年月,約乾隆間青蓮齋精刊。

南華經本義十六卷附録八卷 明會稽陳治安撰。乾隆辛未敬義堂刊。

莊子旁注五卷 清天都吴承漸輯注。康熙己卯思訓堂刊。

莊子解無卷數 清南嶽王夫之解,子敔增註。無刻書年月,約雍正間同里王天泰刊,湘西艸堂藏板。

南華經鈔四卷 清會稽徐廷槐撰。乾隆六年藜照樓刊。

南華本義七卷 清栖霞林仲懿撰。乾隆辛未中春刊。

莊子故三卷 清南海何夢瑶撰。乾隆十九年樂只堂刊。

莊子未定稿 清南海何如灕撰。道光六年仲冬東閣刊。

莊子本義卷首一卷 清金匱楊以迴撰。無刻書年月,約同治間刊。

莊子南華經雪心編八卷 清武陵劉鳳苞撰。光緒二十三年仲秋月晚香堂刊。

文始經釋辭九卷附音釋一卷 明王一清撰。舊鈔本。有萬曆丁酉自序。

參同契陳註三卷 宋陳顯微撰。民國戊午於廣陵刊。

古註參同契分釋三卷 蒼箕中人撰。隆慶庚午豫章龍沙亭重校刊。

參同契集註二卷悟真篇集註三卷首一卷末一卷 清甬江知幾子撰。知幾子爲仇兆鰲之别號。**附金丹真傳二卷** 明長治孫汝忠撰。同治癸酉秋月廣州重刊。

周易參同契脈望三卷 清會稽陶素耜撰。康熙庚辰刊。

古本參同契無卷數 清堯衢老人撰輯。康熙戊戌精刊。分《參同契圖象略》一卷,三篇一卷,《箋註》三篇一卷,《補遺》一卷,《攷異附音釋》一卷,《箋註攷異附音釋》一卷,《補遺攷異附音釋》一卷。

參同陰符淺顯解三卷附圖解 清大梁谷睿撰。乾隆二十年淡永堂刊。

修真六書九卷悟真篇正義三卷周易參同契正義三卷 清會稽董德寧撰。乾隆五十三年集陽樓刊。

悟真篇三註二卷參同契三註三卷金丹真傳一卷試金石一卷入藥鏡註一卷沁園春註一卷邵子詩註一卷 清金谿傅金銓批註。道光二十一年善成堂刊。

登真隱訣三卷 梁華陽陶弘景撰。無刻書年月,約明嘉靖間俞安期校刊。

太上感應篇彙註大全增疏十卷 清燕山孫居湜撰。康熙二十九年庚午刊。

太上感應篇箋註二卷 清東吴惠棟撰。道光壬午閏三月振綺堂汪氏刊。

太上感應篇註案二卷 清滇南何輔龍撰。道光戊戌男桂珍等刊。

陰隲文註一卷 清大興朱珪撰。道光庚子刊。

吕祖指玄篇秘註無卷數 滄海老人本誠子撰。光緒丁亥重刊。

吕祖全書正宗十八卷 純陽子纂輯。嘉慶間刊,咸豐壬子陳謀同子通真補刊。

河洛天人一貫講一卷 純陽祖師撰。道光甲午冬華陽王文運刊。

玄脉的傳一卷 元陶宗儀撰。傳抄本。

歷世真仙體道通鑑續編五卷後集六卷 明道士趙道一編修。正統十年刊。

上清靈寶大成金書四十卷 明林靈真譔集,周思得重修集。無刻書年月,約嘉靖間刊。

含玄子十六卷附録一卷 明太倉趙樞生撰。無刻書年月,約隆慶間梁溪顧治校刊木活字本。内篇八卷,外篇二卷,以下論道餘篇六卷,論經史文三類。又名《含玄齋集》。

皇經註解三卷寶號一卷 明濟南周玄貞纂輯。萬曆十六年刊,康熙三十年重刊。

搜玄集二卷 明汝南栖玄子輯。萬曆乙巳刊。栖玄子爲蓼城余思明之别號。

鹿游子四卷 明東平宋祖舜撰。萬曆四十七年刊。

天仙正理直論增註二卷 明南昌伍守陽、堂弟伍守虚同撰。崇禎己卯刊。

天仙正理直論增註一卷淺説一卷 明南昌伍守陽撰,伍守虚同註。**仙佛合宗一卷** 明南昌伍守陽撰。光緒間善成堂刊。

天仙正理讀法點睛一卷 附 **玄微心印二卷** 清金谿傅金銓撰,附南昌喻太真撰。嘉慶二十五年刊。

道言内外六卷 明西陵彭好古輯。無刻書年月,約崇禎間新安黄之寀刊。

真道自證四卷 清沙守信撰。康熙辛丑刊。

修養須知二卷 清古歙朱本中撰。無刻書年月,約康熙間刊。本中道名泰來凝陽子。

松下閒談一卷 清白鬢老人王士端撰。乾隆五十年青松白鶴山房刊。

柳子藏書九卷 清鄖陽柳棨撰。無刻書年月,約乾隆間刊。

金仙證論一卷慧命經無卷數 清江右柳華陽撰。光緒間善成堂刊。

悟道篇二卷圖一卷補一卷 清漢江程思樂撰。嘉慶丁巳對山堂刊。

象言破疑二卷 清棲雲山悟元子劉一明撰。嘉慶十六年精刊。

修真辨難三卷 清栖雲山劉一明撰。嘉慶十六年長春觀刊。

一貫真機易簡録十二卷 清金谿傅金銓輯。嘉慶十八年星霽堂刊。

玄微心印二卷 清金谿傅金銓撰。底稿本。紅格,版心刊"養知書屋"四字。首有道光七年自序。

西遊直指三卷 清金粟撰。底稿本。凡一百回。首有道光五年歲次乙酉自序,次讀法三十則。

梅花問答編一卷 清吴中薛陽桂撰,謝來儀音贊。道光庚子刊。

倚石吟一卷 清元和吴浩撰。道光二十一年精刊。

法言會纂五十卷 清訥如居士撰。道光甲辰虚受齋刊。

玉樞經籥二十四卷 清復莊姚氏撰。道光二十五年九月暨陽洞梵閣刊木活字本。案復莊姚氏爲鎮海姚燮之别號。

仙佛真傳章句直解無卷數 清煉一子、明鏡子同編。道光三十年刊,同治年乙丑重刊。

北極右領勝三陣秘法一卷 宋趙好道撰。明鈔本。首有紹興丁未端陽日趙好道序。

太極靈寶祭煉科儀二卷 婁近垣增訂。乾隆三十二年和碩和親王刊。據序稱,科儀見宋之大成金書,查《八千卷樓書目》載有《上清靈寶濟度大成金書》四十卷,題明周養真撰,未審孰是,待考。

玄天三陣護國科一卷 不著撰人姓名。明鈔本。此書與《北極右領勝三陣秘法》是一書。

北極紫庭秘訣二卷 張繼宗撰,覺羅雯昭參訂。底稿本。又名《清微紫庭朝斗科儀》。

道法會元二百六十八卷 不著編輯姓名。舊鈔本。卷一《清微道法樞紐》及瓊山道人白玉蟾撰《道法九要》。

洞真太上八素真經服食日月皇華訣一卷 不著撰人姓名。舊鈔本。

販書偶記續編卷十三

集　部

楚　辭　類

删註楚辭無卷數 明淮南張京元撰。萬曆戊午刊。

楚辭箋註四卷 清吉陽李陳玉撰。康熙壬子魏學渠刊。

楚辭約註無卷數 清金壇曹同春撰。康熙己巳文粹堂精刊。

楚辭訂註四卷 清閩漳許清奇撰。無刻書年月,約嘉慶間刊。

廣離騷無卷數 明東海孫鑛輯。無刻書年月,約崇禎間精刊。

别　集　類 漢魏六朝至明

漢壽亭侯遺集二卷首一卷外集三卷 清海濱陳敬璋輯。無刻書年月,約同治間四勿居刊。

陶靖節集六卷 清黄山方熊誦説。無刻書年月,約康熙間有靜齋刊。

陶詩彙註四卷首年譜一卷末詩話一卷 清歙吴瞻泰輯,石屏許印芳重校。民國甲寅雲南刊。

陶詩本義四卷 清長洲馬璞撰。乾隆庚寅與善堂刊。

陶靖節集輯註九卷首王質陶栗里年譜序傳一卷 清廬江章煒撰。嘉慶丁丑刊。

鮑參軍詩註四卷 清歸安錢振倫撰。傳鈔本。

駱子集註四卷 明鴻江陳魁士撰。萬曆庚辰刊。

駱丞集註四卷 明宛上顏文選撰。萬曆乙卯刊。

類選註釋駱丞全集四卷 明雲間陳繼儒撰。無刻書年月,約天啓間刊。

王右丞詩集註説六卷 明勾吴顧可久撰。嘉靖己未洞陽書院刊。

虞本杜律訂註二卷 明新安汪慰撰。無刻書年月,約萬曆間精刊。

杜律趙註增補 五言**三卷虞註增補** 七言**三卷** 清休寧查宏道、桐鄉金集同撰。同治癸酉仲春繡谷趙氏精刊。又名杜詩選律。

杜律五言補注四卷 明新都汪瑗撰。萬曆癸丑刊。

杜詩評律二卷 明天都洪仲編,黄生閲。順治間刊。

書巢杜律箋註四卷 清温陵許巖光批釋,姑孰陳醇儒集註。康熙壬寅金陵兩衡堂刊。

樂句四卷 清吴門俞瑒撰。康熙丙午刊。

杜詩律七卷 清無錫俞瑒評,丹徒張學仁參定。道光丙申仲冬懷風草閣精刊。

杜詩解意七言律四卷 清上海朱瀚、嘉定李燧同撰。康熙乙卯蒼雪樓刊。

杜工部七言律詩註五卷 清海寧陳之壎撰。康熙癸亥精刊。

杜工部七言律詩疏解二卷 清吴江顧施禎輯。康熙二十五年心耕堂刊。

樹人堂讀杜詩二十四卷文一卷 清休寧汪灝輯,銀城胡履亨讀。道光壬辰銀城麥浪園刊。

杜工部詩選初學讀本八卷 清苕上孫人龍撰。乾隆丁卯刊。卷六以下補編。

杜律通解四卷 清慈水李文煒撰。無刻書年月,約雍正間刊。

杜詩增注二十卷末一卷 清孝昌夏力恕撰。乾隆十四年精刊。

杜工部五言排律詩句解二卷 清宜黄劉肇虞撰。乾隆二十四年己卯刊。

杜詩集説二十卷末一卷 清嘉興江浩然撰。乾隆戊戌惇裕堂刊。

杜詩約選五律串解二卷 清周作淵撰。乾隆庚戌文鳥堂刊。又名《栢蔭軒約選杜詩五律串解》。

朱雪鴻批杜詩二卷 清雲間朱顥英編録。底稿本。約乾隆間抄本。

杜詩箋十二卷 清寶應湯啓祚撰。底稿本。無序跋。

藏雲山房杜律詳解八卷年譜一卷 清石閭居士評點。道光戊子刊。五律六卷,七律二卷。

歲寒堂讀杜二十卷 清嘉興范輦雲輯。道光二十四年蘇州范氏後樂堂刊。

杜律淺説二卷 清城陽莊詠撰。道光甲辰慎守堂刊。

讀杜姑妄三十六卷 清順德吴梯撰。咸豐四年刊。

杜詩鈔五卷 清即墨鄭杲撰。近天津鉛字排印本。採取諸家舊説,間出己意而成。

孟浩然詩集三卷補遺一卷拾遺一頁外編一卷拾遺一卷圖像題識附首 唐孟浩然撰,宋廬陵劉辰翁評點,明勾吴顧道洪校輯。萬曆丙子藻翰齋刊。

陸宣公全集二十六卷 唐陸贄撰,銅山董士恩增輯。民國三十年秋季儀宣閣刊。彙集諸家註釋。

韓昌黎集輯注四十卷 明檇李蔣之翹撰。無刻書年月,約順治間刊。

韓詩編年集註八卷 清德清沈端蒙撰。乾隆壬子重刊。又名《韓文公詩集註》。

柳河東集輯注四十五卷附録一卷外集五卷遺文一卷 明檇李蔣之翹撰。無刻書年月,約崇禎間三徑藏書刊。

柳河東集輯注四十五卷外集五卷遺文一卷附録一卷 明檇李蔣之翹撰。乾隆五十三年雙梧居刊。

柳集點勘四卷 東吴陳景雲撰。傳抄本。

李長吉詩集五卷 明會稽徐謂、董懋策同批註。萬曆癸丑刊。

李昌谷詩集五卷 明莆田余光解輯。無刻書年月,約崇禎間刊。

昌谷詩註四卷 清龍眠姚文爕撰。順治庚子刊。康熙間重刊,增加蔣楚珍評語。

李長吉詩刪註二卷 清莘野劉嗣奇編輯。無刻書年月,約康熙間耆英堂刊。

昌谷集註四卷 清翠岩李汝棟撰。無刻書年月,約康熙間刊。

昌谷集四卷 唐李賀撰,清李□□雪園論註。無刻書年月,約道光間精刊。案雪園序,雪園名汝棟,字堯松。

李長吉集四卷外集一卷 清嘉定黄淳耀評點。雍正九年漁書樓精刊。

李長吉歌詩彙解四卷首一卷外集一卷 清錢塘王琦撰。乾隆間寶笏樓刊。

李義山詩刪註二卷集外詩刪註一卷 清語溪鍾定編輯。無刻書年月,約康熙間刊。

李義山詩集箋十六卷 清華亭姚培謙撰。乾隆庚申松桂讀書堂精刊。

李義山詩集三卷 清武林沈厚塽輯評。無刻書年月,約同治間刊。

八叉集四卷 唐太原温庭筠撰,清會稽曾益釋。無刻書年月,約明天啓間刊。

笠澤叢書九卷 唐陸龜蒙撰。**附考一卷** 清海昌許槤撰訂。嘉慶己卯古韻閣精刊。

蘇文忠公海外集無卷數 清江都樊庶編註。無刻書年月,約乾隆間得樹軒精刊。原編次作十卷。

紀批蘇詩擇粹十八卷 清番禺趙古農擇。嘉慶丁卯冬十月芸香堂精刊。

角山樓蘇詩評註彙鈔二十卷附録三卷 清丹徒趙克宜輯訂。咸豐壬子刊。

豫章先生遺文十二卷 宋黄庭堅撰。乾隆庚子婺源汪大本精刊。

杜清獻公集十九卷補遺一卷 宋黄巖杜範撰。**校注一卷** 清黄巖王棻、王蜺同撰。**年譜一卷** 清黄巖王棻撰。光緒三年刊。

白玉蟾集六卷續文集二卷 宋閩清葛長庚撰。無刻書年月,約明萬曆間刊。長庚至雷州,繼白氏後,改姓白名玉蟾。

羅磵谷遺集四卷首一卷末一卷 宋廬陵羅椅撰。民國丁巳刊。

方韶卿遺稿十三卷補刻一卷 宋浦江方鳳撰,馮如京評,同邑張燧輯評。康熙後壬寅刊。又名《存雅堂遺稿》。

邵子詩鈔三卷 宋邵雍撰,興國蕭朗峰附註。嘉慶丙子仁厚堂刊。

稼軒集鈔存四卷雜録詩一卷稼軒詞四卷補遺一卷 宋辛棄疾撰,《年譜》清萬載後學辛啓泰編。嘉慶辛未春草閣刊。

釣磯漫吟無卷數 宋同安丘葵撰。傳抄本。五言古一卷,七言古一卷,五言律一卷,七言律一卷,五言絶句、七言絶句一卷,雜作一卷,合計六卷。明盧若騰校,許之嵩輯。首有□□庚子盧若騰序,次慧泉瘦竹道人序,次林霍詩辯,次□□癸卯年許之嵩附記,最後有萬曆四十年壬子張日益《訪丘釣磯故居記》。次晉安蔣用崇《八閩理學源流》,次《同安縣志》等傳。葵著有《周禮補亡》,《四庫》已著録。葵品行著於宋末元初,著《四書日講》《易解疑》《書直解》《詩口義》《春秋通義》《禮記解》《經世書》《聲音既濟圖》《周禮補亡》等書,然其書今已無傳,僅存者惟《周禮補亡》及其詩集耳。元朝令御史馬伯庸及達魯花赤造廬徵聘,堅卻不應。丘葵、謝翱、鄭思肖,號稱閩中三君子。

剡源文鈔四卷 餘姚黄宗羲選定,長洲何焯評點。**坿佚文一卷** 元奉化戴表元撰,奉化孫鏘輯。光緒已丑春大鄮山館刊。

剡源佚文二卷佚詩六卷 元奉化戴表元撰,孫鏘輯。光緒乙未刊。

後圃存稿四卷 元休寧黄樞撰。洪武癸亥刊,嘉靖庚戌古林山房重刊。附《嚮明齋詩文》一卷,明黄維天撰。維天,樞之孫。

存復齋文集十卷附録一卷 元睢水朱德潤撰。無刻書年月,約明成化間刊墨口本。

雁門集編注十四卷附詞一卷唱和録一卷別録一卷 元薩都拉撰,清諸孫龍光編注。嘉慶十二年刊。

雁門集編註十四卷附卷一卷倡和録一卷别録一卷 元薩都拉撰,清諸孫龍光編註。民國甲子福州廣遠堂刊。

雲陽集四卷 元茶陵李祁撰,李泰輯。康熙三十八年嶺南釋大汕訂刊,懷古樓藏板。

黄楊集三卷補遺一卷附録一卷 元無錫華幼武撰。無刻書年月,約嘉慶間承先堂刊。

韓山人詩集無卷數續集無卷數 元吴郡韓奕撰。約康熙間鈔本。(正集)四言古、五言古、七言古、五言律、五言排律、七言排律、五言絶句、七言絶句,附雜文,(續集)五言古、七言古、七言律、五言絶句、七言絶句、詞。

昌雩文集二卷 元雩都袁君賢撰。光緒二年仲夏刊木活字本。君賢元末易名劉君賢。

明太祖集無卷數 舒城黄中平子雪瀑輯。無刻書年月,約順治間泳古堂刊。書、文、詔、諭、誥、敕凡六類。

泊庵文集十六卷附録一卷 明梁潛撰。無刻書年月,約康熙間刊。

芳洲文集十卷附録一卷詩集四卷 明泰和陳循撰。萬曆癸巳至甲午刊。

何都諫公遺稿二卷 明南陵何烇撰。道光己亥何彤文刊。

愢菴遺集無卷數 明廬陵黄震象撰。同治丙寅黄贊湯刊木活字本。

謙齋文録八卷 明宜興徐溥撰。道光十一年刊。

凝齋集九卷别集二卷 明南陽王鴻儒撰。嘉靖丙申刊。又名《王文莊公集》。

張文定公養心亭集八卷靡悔軒集十二卷 明鄞張邦奇撰。無刻書年月,約嘉靖間刊。

椒丘文集三十四卷外集一卷 明廣昌何喬新撰。嘉靖壬午婺源余罄刊。

鄭詩十三卷附録一卷 明閩鄭善夫撰。嘉靖乙酉刊。

紫巖文集四十八卷 明襄垣劉龍撰。嘉靖十一年壬辰刊。

天目山齋歲編二十八卷 明吴興吴維嶽撰。嘉靖甲子刊。

林屋集二十卷 明吴縣蔡羽撰。嘉靖間刊。羽著有《太藪外史》,《四庫附存目》已著録。

儼山文集一百卷外集四十卷續集十卷 明陸深撰。嘉靖乙巳至辛亥刊。又名《陸文裕公文集》。

直廬稿十卷 明分宜嚴嵩撰。舊鈔本。首有嘉靖壬子自序,次聶豹、張時徹二序,并有南萬柳堂藏印。

鈐山堂集四十卷 明分宜嚴嵩介溪撰。嘉靖戊午刊,乾隆戊寅萬松樓刊,嘉慶丙寅本家重刊。

黎文僖公文集十七卷 明嶺南黎淳撰。嘉靖丙辰刊。淳字樸庵,乃黎民表之父,李東陽之弟子。

蒹葭堂稿八卷 明上海陸楫撰。嘉靖丙寅刊。是書附《陸文裕公文集》之後。

海壑吟稿十二卷 明膠東趙完璧撰。萬曆十年壬午刊。

佐右集詩六卷文九卷 明河東何東序撰。萬曆癸卯刊。

王文肅公文草十四卷 明太倉王錫爵撰。萬曆乙卯刊,乾隆三十八年重刊。

祝氏集略三十卷 明長洲祝允明撰。無刻書年月,約萬曆間刊。

唐伯虎彙集四卷附外集一卷唐六如畫譜三卷 明吴趨唐寅撰輯。無刻書年月,約天啓間刊。

于節闇全集八卷 明于謙撰,李卓吾評。無刻書年月,約天啓間刊。奏疏四卷,文集一卷,詩集三卷。

江村詩稿四卷 明吴江沈岧撰。乾隆十年沈淞精刊。

沈青霞公集十六卷 明會稽沈鍊撰。嘉慶二年刊。卷一二文,卷三雜著,卷四賦,卷五六七詩,卷八論,卷九兵説,卷十、十一尺牘,卷十二王元敬編輯年譜,卷十三十四事紀,卷十五碑文祭文,卷十六輓詩輓聯附録。

譚襄敏公遺集三卷首一卷末一卷 明宜黄譚綸撰。嘉慶己卯刊木活字本。卷首傳年譜。綸著有《奏議》十卷,《四庫》已著録。

薛中離全書二十卷 明揭陽薛侃撰,同里曾彭年輯。民國四年乙卯鉛字排印本。第二十卷《東泓給諫疏草》,宗鎧撰。

耿天臺先生全書十六卷 明黄安耿定向撰。民國十四年乙丑春仲鉛字排印本。

郎潛集六卷廬隱集六卷 明東海高出撰。萬曆丁巳刊。

世經堂續集十四卷 明華亭徐階撰。無刻書年月,約萬曆間刊。正集二十六卷,已見《四庫存目》。

評釋謀野集四卷 明太原王穉登撰,東海屠隆評釋。無刻書年月,約崇禎間精刊。尺牘。

沈繼山全集六卷 明嘉興沈思孝撰。舊鈔本。《入粤集》《被徵集》《行戍集》附《集唐》(以上三稿有吴國倫序,丁應泰跋),《吾美堂集》《溪山堂艸》(首有湯顯祖序),《陸沉謾稿》(首有馮時可序,後有鄒元標墓誌銘)。

朴齋先生集十二卷 明閩中葉邦榮撰。萬曆丁丑刊。

石孔山人集略三十卷 明鄢陵劉逴撰。萬曆八年刊。詩文各十五卷。

居業次編五卷 明餘姚孫鑛撰。萬曆壬子刊。

景渠詩稿無卷數文稿無卷數 明廣德李德陽撰。萬曆己丑刊。

多雲館稿八卷 明黄州蕭譽撰。萬曆庚寅刊。原目録闕尾,恐非全書,待攷。

天一閣集三十二卷 明四明范欽撰。萬曆辛卯刊。

楊道行集十七卷 明全椒楊于庭撰。萬曆乙未刊。

四溟山人全集二十四卷 明東郡謝榛撰。萬曆丙申趙府冰玉堂刊。

孟叔龍集八卷附録一卷 明部陽孟化鯉撰,長安馮從吾編。萬曆丁酉刊。

徐文長三集二十九卷附四聲猿一卷 明會稽徐渭撰。萬曆庚子商濬刊。

石林蕢草四卷 明當湖沈懋孝撰。萬曆庚子精刊。又名《長水先生文鈔》。

陳恭介公文集十二卷 明餘姚陳有年撰。萬曆壬寅刊。

洞庭漁人續集十六卷 明華容孫宜撰。萬曆壬寅刊。

鷇音集一卷 明廣陵于承祖撰。萬曆壬寅芙蓉社刊。

歐子建集十四卷勾漏草一卷羅浮稿一卷溪上草一卷雜詠一卷 明嶺南歐必元撰。萬曆甲辰刊。

蒼霞草十二卷 明福清葉向高撰。萬曆丙午刊。

宗伯集八十一卷 明北海馮琦撰。萬曆丁未刊。

石羊生詩稿六卷 清胡元瑞撰,鴛水徐肇元選。無刻書年月,約雍正間研露堂刊。

留夷館集四卷 明建昌鄧渼撰。萬曆戊申刊。《四庫附存目》載渼《大旭山房集》一卷,提要云《千頃堂書目》載有《南中集》四卷,《紅帛集》四卷。

澹園續集二十七卷 明秣陵焦竑撰。萬曆辛亥刊。

長卿集二十八卷 明豫章李鼎撰。萬曆壬子門人張民表刊。詩二卷,文十四卷,解一卷,策二卷,《偶談》二卷,《贅言》一卷,《淨明忠孝全傳正訛》二卷,《經詁》四卷。

合併黃離草三十卷 明江夏郭正域撰。萬曆壬子武昌府經歷徐邦治督刊。

區西屏集十卷 明新會區越撰。萬曆四十四年刊。

遺安堂詩集一卷 明歸安龐汝寵撰,龐太元輯。底稿本。首有萬曆戊午西塞張睿卿撰傳。

眭東蓀文集十五卷 明丹陽眭石撰。萬曆戊午刊,光緒戊戌重刊木活字本。

歇庵集十六卷 明會稽陶望齡撰。無刻書年月,約萬曆間刊。

陶文簡公集十三卷附功臣傳草一卷 明陶望齡撰。無刻書年月,約天啓間刊。又名《水天閣集》。

珂雪齋前集八卷 明公安袁中道撰。萬曆間刊。

漱玉齋類詩三卷解弢集一卷初吟草一卷 明東粤鄧雲霄撰。無刻書年月,約萬曆間刊。

越鳥吟一卷 明嶺南鄧雲霄撰。無刻書年月,約天啓間刊。

陟鼇館詩十卷 明會稽余儼撰。無刻書年月,約萬曆間刊。

西園存稿四十三卷附録二卷 明羅浮張萱撰。萬曆間刊。卷一古樂府,卷二至卷十三各體詩,卷十四集古長短句、詩餘,卷十五至卷四十三雜文,附録二卷補史傳。

西園存稿四十三卷 明羅浮張萱撰。康熙四年刊。又名《西園先生文集》。

黄忠端公文集六卷 明餘姚黄尊素撰。康熙丁巳刊。

避園擬存詩集一卷 明山陰王思任撰。無刻書年月,約天啓間刊。

謔菴文飯小品五卷 明山陰王思任撰。無刻書朝代,約順治己亥刊。

止園集二十四卷續集一卷 明延陵吴亮撰。天啓初元辛酉刊。

博望稿十七卷 明當塗曹履吉撰。崇禎戊辰刊。

譚友夏公集二十三卷 明竟陵譚元春撰,古吴張澤評。**附旨齋詩草一卷** 明吴郡張澤撰。無刻書年月,約崇禎癸酉刊。

譚友夏詩集十一卷 明竟陵譚元春撰。無刻書年月,約順治間刊。

羣玉樓集八十四卷 明張燮撰。崇禎戊寅刊。

自廣齋集十六卷附周吏部紀事一卷 明吴郡張世偉撰。崇禎戊寅刊。又名《張異度文集》。

簡齋詩鈔十卷劍吷即二刻五卷秋水謡五卷 明曲安劉榮嗣撰,涞水盧世漼評。崇禎十一年刊。

潛學稿十九卷 明江右新城鄧元錫撰。崇禎己卯刊,乾隆癸亥重刊。

七録齋近集十六卷 明婁東張溥撰。無刻書朝代,約崇禎壬午同里張采刊。卷十一至卷十五《宋紀事論》,卷十六《元史紀事論》。

七録齋詩稿三卷 明婁東張溥撰。無刻書年月,約順治間男永錫刊。

四素山房集二十卷 明濟南劉鴻訓撰。崇禎十六年刊。鴻訓著有《玉海纂》。

落落齋遺集十卷 明江陰李應昇撰。崇禎甲申刊,道光乙未補刊。

黄石齋詩草二卷 明漳浦黄道周撰。無刻書年月,約崇禎間刊。

石齋逸詩無卷數 明漳浦黄道周撰。順治十二年乙未刊。原編次作四卷,附《騫騷》一卷。

吴莊介公集五卷年譜一卷 明新昌吴甘來撰。《年譜》同邑漆嘉祉撰。順治壬辰刊,咸豐七年丁巳重刊。

著娱齋詩集十四卷 明上黨周再勳撰。順治甲午刊。

高陽集十八卷 明高陽孫承宗撰。順治甲午刊。詩文各九卷。

高陽集二十卷 明高陽孫承宗撰。順治乙未刊,嘉慶十二年補刊。又名《孫文正公集》。凡詩九卷,詞一卷,文十卷。

崇雅堂集十五卷附録一卷 明益都鍾羽正撰。順治戊戌門人丁耀亢刊,光緒五年昌樂閻湘蕙重刊。

尊拙堂文集十卷 明故鄣丁元薦撰。順治庚子刊。

凌忠清公詩集四卷 明吴興凌義渠撰。無刻書年月,約順治間刊。《四庫》著録作《凌忠介公集》文二卷、詩四卷,書中有無互異,未得參考。

周忠介公燼餘集三卷 附 **年譜一卷** 明古吴周順昌撰。康熙辛巳刊。《年譜》殷獻臣撰。

周忠介公燼餘集三卷年譜一卷遺事一卷 明吴縣周順昌撰。《年譜》古吴殷獻臣撰。光緒二十九年重刊。

繆太史西谿傳稿無卷數 附 **談文節録** 明江陰繆昌期撰。康熙丙戌精刊。又名《從野堂存稿》。

繆文貞公文集二卷 明江陰繆昌期撰。康熙間精刊。

繆文貞公文集二卷附表忠録一卷 明江陰繆昌期撰。雍正六年耕學草堂精刊。

繆西垣文集十一卷附録一卷 明吴縣繆國維撰,繆彤編。康熙間敬樂齋刊。

詩筒遺艸一卷 明寶應劉永澄撰。康熙間劉中柱重刊。

湯義仍集無卷數 明湯義仍撰,慈谿胡亦堂選輯。無刻書年月,約康熙間刊。

賜餘堂集十卷年譜一卷 明嘉善錢士升撰。《年譜》吴郡許重熙輯。乾隆四年刊。

天全堂集四卷附録一卷 明膠山安希范撰。乾隆辛丑刊。

劉子全書四十卷卷首抄述一卷 明山陰劉宗周撰,董瑒編次。道光甲申孟冬至乙未季夏蕭山王宗炎等校刊。《劉念臺奏疏》在内。

祁忠惠公遺集十卷 明山陰祁彪佳撰,里後學杜煦、杜春生同編輯。**附錦囊集一卷** 女史商眉生撰。**紫芝軒遺稿一卷** 山陰祁班孫撰。**未焚集一卷** 山陰女史祁德瓊撰。道光十五年刊。

路文貞公集一卷 明曲周路振飛撰,清洞庭吴堉編。道光辛丑春洞庭吴氏刊。

蔡忠烈公遺集六卷 明晉江蔡道憲撰。道光二十八年刊,光緒癸卯補刊。

即山文鈔二卷詩鈔一卷 明婁東沈承撰。同治九年同里顧師軾刊木活字本。

原圃集一卷塞庵詩一續一卷二續一卷三續一卷遺文一卷 明中牟張民表撰。光緒七年重刊。

詠懷堂詩四卷外集二卷丙子詩一卷戊寅詩一卷辛巳詩二卷 石巢阮大鋮撰。民國戊辰國學圖書館鉛字排印本。

董禮部集六卷尺牘二卷 明烏程董嗣成撰。民國戊辰吴興劉氏嘉業堂刊。

青來閣初集十卷 西安方應祥撰。萬曆丁巳刊。

程孟陽詩三卷 明嘉定程嘉燧撰。天啓元年辛酉精刊。《松寥詩》《吴裝》《雪浪詩》等三種。

秣陵詩二卷 明吴郡文震孟撰。天啓壬戌刊。《秣陵竹枝》《清溪新詠》。

葯園文集殘本二十一卷 明長洲文震孟撰。宣統庚午長洲王季烈用普羅土藍紙曬印舊鈔本，欠卷十八至卷二十、卷二十三卷二十四，即民國十九年刊之底本。

入山十八觀箋一卷 明錢塘吴一駿撰。無刻書年月，約天啓丁卯刊。

大業堂詩草十一卷 明關中朱誼瀞撰。無刻書年月，約天啓間刊。

白門草二卷 明吴郡丁肇亨撰。崇禎庚午刊。

瑞杏館詩集六卷 明檇中梁希淵撰。崇禎三年刊。

榕庵集無卷數 明三山韓錫撰。崇禎辛未刊。又名《韓子》。

克薪堂詩集九卷文集九卷 明温陵鄭之玄撰。崇禎甲戌刊。

鄧予坦集八卷 明陽羡鄧秉貞撰。**附蔣子言一卷** 明義興蔣偉撰。崇禎乙亥刊。

漉籬集二十五卷遺集一卷 明仁和卓發之撰。崇禎丙子傳經堂刊。又名《卓左車集》。此書與《卓珂月集》合刊。

蕊淵集十二卷蟾臺集四卷 明仁和卓人月撰。崇禎丁丑傳經堂刊。又名《卓珂月全集》。

博依集十卷方子流寓草九卷 明皖桐方以智撰。無刻書朝代，約崇禎戊寅年刊。

浮山文集後編二卷浮山别集二卷一貫問答一卷 明藥地愚者智隨筆。無刻書年月，約康熙間此藏軒刊。藥地愚者智爲桐城方以智之别名。

蓬蒿園詩集八卷附刊一卷南州同社輓詩一卷 明海鹽吴晉晝撰。崇禎壬午刊。分《清塵草》二卷，《鷗鳧社》一卷，《江海之間》二卷，《雜存稿》一卷，《龍蛇編》一卷。

猊嶠書屋文集十二卷詩集六卷 明古番江南錦撰。崇禎癸未刊。

金太史集九卷 明金聲撰。崇禎甲申刊。又名《金正希文集輯略》。

螢芝集六卷附禪粟粖二卷癸甲螢芝集二卷 明金壇張明弼撰。天啓乙丑至崇禎癸未刊。

敬事草五卷 明江左孔貞運撰。崇禎間刊。卷五制草,乃諸名家所撰。

見一詩稿一卷 明淄川王崇義著。無刻書年月,約崇禎間刊。

凝翠集五卷 明南寧州王元翰撰。崇禎間刊,嘉慶五年五世孫王文焕重刊。

石民四十集 文部**四十九卷** 明防風茅元儀撰。無刻書年月,約崇禎間刊。

棄草八卷 明閩中周之夔撰。無序目。無刻書年月,約崇禎間木犀館刊。有文無詩。

龍溪紀年詩集八卷 明崑山金奇玉撰。無刻書朝代,約順治八年辛卯刊。起丙辰,止庚寅。

松石館詩集無卷數 明北海宿鳳翀撰。無刻書朝代,約順治壬辰刊。

松壺集二十卷 明萊蕪程雲天撰。順治癸巳精刊。

紅藥壇集十六卷 明孟津王鑨撰,兄王鐸選。順治癸巳刊。五言律五卷,七言律五卷,五言絶句一卷,七言絶句一卷,《牡丹亭尋夢原本》一卷,《擬尋夢》一卷,《雙蝶夢》二卷。無總目,全否不可攷。

南行載筆無卷數 明蕭山來集之撰,兄式如子評。順治丁酉倘湖小築刊。五七言古詩、五七言律詩、五七言絶句詩,附洪武、建文、永樂、正統、弘光諸朝宫詞并註。

大愚集二十七卷外集傳奇十六卷 明孟津王鑨撰,王鐸選,傅而師註。康熙丙午刊。(外集細目列下)《司馬衫》《雙蝶夢》《大孝子》《華山緣》《秋虎丘》《擬牡丹亭尋夢》等六種闕。

石村詩集三卷 明湘潭郭金臺撰。無刻書朝代,約順治丁酉刊。

文直行書三十卷首一卷 明南昌熊□□壇石撰。順治十七年熊人霖編刊。詩十三卷,文十七卷。

聖雨齋文集四卷詩集五卷詩餘二卷 明西吴周拱辰撰,天中張琯、當湖金式玉同評。無刻書年月,約順治間刊。

得閒人集二卷 明容城孫望雅撰。順治間刊。

貞石堂文集十二卷 明吴興温璜撰。無刻書年月，約順治間刊。又名《温寶忠遺稿》。

可經堂全集不分卷 明嘉禾徐石麒撰。無刻書年月，約順治間刊。分疏、詩、詞、序、記、辨、銘、頌、贊、跋、傳狀、碑誌、祭文、書啓等類。

兼山集四卷 明清江楊廷麟撰。順治間貞齋刊。

楊忠節公遺集八卷 明清江楊廷麟撰。光緒五年刊。

閒園集一卷 明絳郡黄希聲撰。無刻書年月，約順治間刊。

王太史遺集十卷 明保德王邵撰，孫恒輯。康熙己酉刊。

天潮閣集初編十二卷 明閩中劉坊撰。康熙丙辰刊。又名《劉鼇石詩文集》。

天潮閣集六卷首 年譜**一卷** 明上杭劉坊撰。民國五年鉛字排印本。

王二彌先生存稿十卷附傳 明太原王邵撰。康熙己未刊。

次川存稿八卷 明始興譚大初撰。無刻書年月，約康熙間刊。

葛震父詩集無卷數 明震澤葛一龍撰。無刻書年月，約康熙間刊。《尺木齋詩選》一，《新詩》一，《索解草》一，《獨往篇》一，《脩竹編》一，《新緑齋》一，《旅聲》一，《筑語》一，《弄閒草》一，《艷雪篇》一，《矯褐吟》一，《鷓鴣集》一，《佛客齋集》一，《滇茶百韻》一，《客雪吟》一，《豳堂集》(即《蒸雲集》)一。

墨花館遺稿一卷 明姑蘇周埏撰。乾隆丙午周光鏞精刊。

熊襄愍公集十卷首一卷末一卷 明江夏熊廷弼撰。嘉慶十八年刊。同治三年重刊。内有《按遼疏稿》。

熊襄愍公尺牘四卷 明熊廷弼撰。道光二十九年童濂刊。是書較他刊本多二百三十餘篇。光緒三十四年戊申湖北武昌璞園重刊。

鄺海雪集箋七卷 明南海鄺廷瑶撰。無刻書年月，約嘉慶間綺樓刊。

朵雲山房遺稿十二卷末一卷 明番禺韓上桂撰。嘉慶丙子刊。又名《韓節愍公遺集稿》。

素園遺書十八卷 明濮陽葉廷秀撰。道光四年濮州尊經閣刊。

賀文忠公遺集五卷末一卷 明江夏賀逢聖撰。道光八年王贈芳刊。

五嶺文集二卷附録一卷 明南海鄺元樂撰。道光十二年重刊。

雪鴻堂詩蒐逸三卷附録一卷 明貴陽謝三秀撰。咸豐元年辛亥仲秋山陰王介臣於遵義校刊。

張忠敏公遺集十卷附録六卷 明東陽張國維撰。咸豐庚申張振珂刊。

瑯嬛文集六卷 明山陰張岱撰。光緒三年刊。

賜誠堂文集十六卷 明武進管紹寧撰。光緒丁丑重刊。

蔣石林遺詩三卷 明秀水蔣之翹撰。光緒丙申仲夏刊。卷四《天啓宫詞》未刊。

徐文定公集四卷 明上海徐光啓撰。光緒二十二年丙申上海慈母堂鉛字排印本。

增訂徐文定公集六卷首二卷 明上海徐光啓撰。民國二十二年徐家匯天主堂鉛字排印本。

華豫庵集無卷數 明無錫華啓直撰,華鴻模編。宣統三年秋存裕堂刊木活字本。

張卿子遺集八卷 明西農張遂辰撰。無刻書年月,約宣統間刊。《白下編》二卷,《湖上編》二卷,《蓬宅編》二卷,《衰晚編》二卷。

崇相集無卷數 明閩縣董應舉撰。民國十七年八月林焕章重編石印本。

販書偶記續編卷十四

別　集　類 清順治至康熙

海右陳人集二卷 清安德程先貞撰。順治三年丙戌刊。

息齋集四卷 清松陵金之俊撰，溧陽陳名夏評。順治十六年己亥刊。

息齋外集一卷 清松陵金之俊撰，溧陽陳名夏等評。順治五年戊子刊。

御墨樓詩二卷二集二卷 清安丘劉正宗撰。順治己丑刊。

逋齋詩四卷鴻雪齋草一卷 清安丘劉正宗撰。順治己丑刊。

逋齋詩二卷二集四卷 清安丘劉正宗撰。無刻書年月，約順治間刊。

新苑篇二卷 清金城郝壁撰。順治己丑刊。

退思堂草九卷 清靖江朱鳳台撰。順治庚寅刊。陳目載作集，朱鳳台作陳玉石。

清止閣詩二卷白鷺草一卷詩餘一卷右掖疏草左掖疏草合一卷 清益都趙進美撰。無刻書朝代，約順治戊戌刊。

介軒存稿一卷 清白鍾程邑撰。順治戊戌精刊。

確庵文稿四十卷 清太倉陳瑚撰。無刻書朝代，約順治己亥刊。卷七上《苕溪集》缺，卷十一詩餘未刻；卷十二序共五十二首，未刻六首；卷十三序共四十五首，未刻五首；卷十四序五十一首，未刻十四首；卷十五記共二十三首，未刻四首；卷十六傳共二十一首，未刻六首；卷十七生傳未刻；卷十八行狀未刻；卷二十贊共四十二首，未刻三十九首；卷二十一題跋共七十一首，未刻六十二首；卷二十二書共五首，未刻一首，小劄未刻；卷二十三説共十一首，未刻四首，雜文共二十首，未刻九首；卷二十五《講學全規》《蓮社約法》《蔚村講規》未刻；卷二十六《淮雲問答》未刻,講義共八首,未刻一首;卷二十七條教未刻;卷二十八條議共十三條,未刻十條;卷二十九《開江書》未刻;卷三十《築堤書》未刻;卷三十一《治綱》未刻;卷三十二附記《典禮會通》《天文書》未刻;卷三十三日記,原名《經義録》,未刻;卷三十四日記,原名《治事録》,未刻;卷三十五至卷四十日記未刻。案此書卷十二以下,卷數俱未刻出。

澮櫬堂近詩一卷落花詩一卷集唐一卷 清東國傅扆撰,同里王士禄、王士禎評訂。順治己亥刊。

陶庵漫興一卷 清安德李浹撰。順治庚子刊。

濼函十卷 清濟南葉承宗撰。順治庚子友聲堂刊。

薙麓吟六卷 清龍眠姚文燮撰。順治辛丑無異堂刊。又名《羹湖詩選》。

鳧葵草堂詩稿一卷 清華亭張起麟撰。無刻書年月,約順治間刊。

王損中詩甲稿二卷 清河南王惟儉撰,周亮工訂。無刻書年月,約順治間刊。

插天巢詩集五卷附宗衡二卷 清江陵宋學洙撰。無刻書年月,約順治間刊。

枕煙亭集八卷 清嵩陽傅而師撰,孟津王鑨選。康熙丙午本衙刊。

南枝堂稿無卷數 清南海薛始亨撰。舊鈔本。

槐軒詩集四卷 清茌山王曰高撰。康熙八年精刊。

巢民詩集六卷文集七卷 清雉皋冒襄撰。無刻書朝代,約康熙十年辛亥刊。

蒼巖山房遺稿十六卷 清雲間葉映榴撰。康熙二十四年刊。又名《葉忠節公遺稿》。卷一至十一文,卷十二至十四詩,卷十六詩餘。

葉忠節公遺稿十二卷 清上海葉映榴撰。乾隆十年精刊。

願學堂集二十卷使交紀事一卷使交吟一卷安南世系略一卷南交好音一卷 清臨潼周燦撰。康熙二十四年本衙刊。

寒光集三卷 清小寒山陳函煇撰。無刻書朝代,約康熙庚辰刊。

陳素庵詩鈔十二卷 清海寧陳之遴撰。康熙丙午旋吉堂刊。

爲可堂初集五十四卷 清梅里朱一是撰。康熙六年刊。有文無詩。

龍性堂詩集二卷 清古閩三山葉矯然撰。康熙壬戌金閶刊。

蔡寅倩集選十二卷 清錢塘蔡秩宗撰。康熙甲子刊。

春藹堂續集二卷 清海寧陳奕禧撰。康熙戊子夏都門精刊。

緑陰亭集二卷 清海昌陳奕禧撰。道光二十八年六月味古書室刊巾箱本。皆係題跋。

聊園詩略十三卷 清闕里孔貞瑄撰,孔尚任訂。康熙戊子刊。

聊園文集無卷數詩集十卷 清闕里孔貞瑄撰。康熙己丑刊。

經緯堂文集十六卷 清秀水杜臻撰。無刻書年月,約康熙間精刊。

陸桴亭文集五卷 清太倉陸世儀撰。康熙五十三年正誼堂刊。

天問閣文集無卷數 清古夔李長祥撰。**附海棠居初集一卷** 清毘陵女史姚淑撰。無刻書年月,約康熙間刊。卷五以下之卷數尚未刻出。案其板心有刻卷十八者,已有爛板,裝訂倒置,有序無目,不得斷定若干卷。

天問閣文集四卷 清達州李長祥撰。**附海棠居初集一卷** 清女史姚淑撰。民國十一年壬戌南林劉氏求恕齋刊。

豐川全集外編四卷 清鄠縣王心敬撰。無刻書年月,約康熙間三楚制府顙刊,二曲書院藏板。又名《存省稿》。即尺牘。

留餘堂文集一卷詩集一卷附自敍年譜 清無棣王清撰。無刻書年月,約康熙間刊。

亦園全集六卷 清龍眠姚孫棐撰。康熙間刊。

山游詩一卷恒軒詩一卷 清崑山歸莊撰。無刻書年月,約康熙間刊。《恒軒詩》即《落花詩》。

歸元恭文集無卷數 清常熟歸莊撰。傳抄本。墨格,版左邊線外刊有“海虞顧氏藏書”六字。

投筆集二卷 清虞山錢謙益撰。舊鈔本。首有乾隆甲戌三月傳是後人題識。

牧齋晚年家乘文一卷 清常熟錢謙益撰。**附牧齋年譜一卷** 清彭城退士撰。宣統三年扶輪社鉛字排印本。

織齋先生集鈔無卷數 清青州樂安李焕章撰。底稿本。書面題字名作“老樹村集”。首有福山王延慶編次緣起,次陳荀會序,最後有康熙間孫漪渚、乾隆間益都高士强二跋。

秋閒詩艸四卷 清長水王庭撰。無刻書年月,約康熙間刊。

榴龕居士全集十八卷 清吴興董漢策撰。康熙間刊。《渭雲堂詩集》《烟艇吟》《天目放歌》《自在吟》《蓮閣詩草》《蓮漪集》《怡顏集》《四載詩存》《薌水遊詩》《遊龍虎山記》《安素軒詩》《寓安詩》《醉漚吟》《和美人十二詠》《董詞》《董詞二集》《露香譜》《藍珍詞》。

鷺嘯堂詩集二卷 清廣陵李沂撰。傳抄本。沂字艾山,號壺庵,李清之弟。

思補堂文集二卷 清武陵劉昌臣撰。道光十一年吟石山房刊。

亭林先生餘集一卷 清東吴顧炎武撰。乾隆三十八年長洲彭紹升刊。

栖雲閣文集十五卷附録一卷詩集十六卷詩集拾遺一卷 淄川高珩撰。**附留畊堂遺詩四卷** 清淄川高瑋撰。乾隆己卯刊。

栖雲閣文集十五卷詩集十六卷詩拾遺三卷 淄川高珩撰。**附留畊堂遺詩四卷** 清淄川高瑋撰。乾隆四十二年畏天齋刊。

文喜堂詩集十六卷 清東海趙作舟撰。道光甲申趙銘彝重刊。

二十七松堂集十六卷 清曲江廖燕撰。日本文久二年壬戌柏悦堂精刊,即同治元年刊。

蒿子遺稿一卷衛衷賸稿一卷 清溧陽芮長恤撰。無刻書年月,約光緒間編刊木活字本。

雪顛存稿二卷 清古吴王武撰。民國丁巳以古宋字排印本。

閻古古全集六卷 清沛閻爾梅撰。卷一《年譜》上下卷,泗陽張相文編訂。民國十一年鉛字排印本。

過江集一卷 清新城王士禎撰。順治辛丑刊。

阮亭甲辰詩選一卷 清新城王士禎撰。康熙乙巳刊。

入吴集一卷 清新城王士禎撰。康熙間刊。

阮亭壬寅詩選一卷 清新城王士禎撰。康熙間刊。案自序稱:歲壬寅,盛子珍示爲予刻阮亭紀年詩成,自丙申迄辛丑,凡六年之作具焉,爲卷十七,爲詩千二百餘篇云云。

阮亭論詩絶句一卷 清新城王士禎撰,南昌陳允衡評,猶子啓涚注。康熙間刊。又名《阮亭癸卯詩選》。

漁洋山人精華録箋注十二卷補一卷年譜一卷 清中吴金榮撰,徐淮輯。康熙壬辰鳳翽堂精刊。

芙蓉集十四卷 清廣陵宗元鼎撰。康熙壬寅精刊。

芙蓉集二十六卷首一卷 清廣陵宗元鼎撰。康熙乙巳刊。

芙蓉集十二卷 清廣陵宗元鼎撰,宗之瑾删定。康熙壬寅精刊。

適餘堂詩前集二卷後集二卷 清潁川陳上善撰。康熙壬寅刊。

希硜齋集六卷 清爛谿周之方撰。無刻書朝代,約康熙壬寅式燕堂精刊。

蘭扃前集八卷附文一卷 清番禺梁以壯撰。無刻書朝代,約康熙壬寅精刊。

寵壽堂詩集二十四卷 清虎林張競光撰。康熙二年刊。

紀行雜詩一卷草署雜詩一卷 清梁溪顧岱撰。康熙癸卯刊。

香眉堂詩集四卷 清順德胡天寵撰。康熙癸卯刊。

章柳州集四卷 清臨川章世純撰,燕山劉玉瓚選。康熙甲辰刊。即《臨川文選》之一。

留耕堂集無卷數 清淮南陳滜撰。康熙三年刊。

閑存堂詩集無卷數 清雲間張永銓撰。康熙乙巳刊。賦一卷,《蘆浦待刪詩》五卷,《薊門遊草》一卷,《豫章遊草》一卷,《西村近稿》一卷,凡五種。

京口游詩一卷 清新城王士祐撰。康熙間刊。是書附刊於《金陵遊記》之末。

了菴文集九卷詩集三卷 清潭州王岱撰。康熙乙巳刊。詩集即《客簦集》一卷,《客簦二集》一卷,《山書》一卷。又名《溪上草堂詩集》。《四庫存目》僅載文集九卷,闕詩集三卷。

忠孝堂文集無卷數 清潮郡吴六奇撰。底稿本。首有康熙五年洪圖光序,後附《少師公傳》(男啓豐撰)、墓誌銘文(楊旬瑛撰),及祭儀等文。

頤中堂集十卷二集八卷 清南和楊繼芳撰。康熙五年(丙午)刊。

卓有枚文選無卷數 清仁和卓人皋撰。康熙六年刊。

遡園文集四卷詩集一卷秋興偶論一卷遡園語商一卷 清商邱賈開宗撰。康熙丁未刊,道光八年重刊。又名《賈靜子集》。

時間作草一卷 清河東馬淑援撰。康熙丁未刊。

遥擲稿無卷數 清海虞馮武撰。康熙戊申寶稼堂精刊。分《香草吟》《樂飢集》《�溪集》《問天集》《向隅集》《療忘集》《萍子集》《溯洄集》《枕流集》《腹存集》《驢背吟》《壽餘集》《冰鷺吟》《老淚草》《海市集》《北麓吟》《嶺上吟》《耄言上下》《梅游雜詠》等十九種,凡二十卷。

菜根堂集二十八卷續一卷 清閩中毛鳴岐撰,蕭山毛奇齡訂。康熙戊申刊。

休木集二卷歸舟紀行一卷 清古新樂城許作梅撰。康熙戊申其姪三禮刊。

澹軒詩選十一卷 清桐鄉濮淙撰。康熙戊申刊。

念園存稿六卷 清太原白胤謙撰。康熙戊申刊。

得閒草一卷 清震澤許振光撰。康熙己酉寶穡堂刊。自庚子至乙巳年所作。

北塘漫録無卷數 清閩漳高維檜撰。康熙壬子刊。

南圃行業無卷數 清閩漳高維檜撰。康熙壬子刊。

潠書八卷坿刻一卷 清錢唐毛先舒撰。康熙癸丑刊。

枕江堂集詩十卷文無卷數 清閩中魏憲撰。康熙癸丑有恒書屋刊。

丁野鶴遺稿十二卷 清諸城丁耀亢撰。康熙癸丑丁慎行刊。《陸舫詩草》五卷(起戊子,止癸巳)(又名《新詩》),《江干草》一卷(己亥、庚子),《歸山詩稿》一卷(壬寅、丙午)(即第二卷),《聽山亭草》一卷(丁未、戊申、己酉凡三年)(即第三卷),《椒丘詩》二卷(起甲午,止戊戌),《逍遥遊》二卷。原目僅載《逍遥遊》一種。

雲隱堂文集三十卷詩集十卷附録三卷 清相州張鏡心撰。康熙癸丑奉思堂刊。《文集》,卷一至十奏議,卷十一至十四雜文,卷十五至二十二書牘,卷二十三議、考、讀史,卷二十四至二十七公移,卷二十八至二十九延令治牘,卷三十制藝。鏡心著有《易經增注》,已見《四庫存目》。

中露集十卷 清吴趨朱瞻月撰。康熙癸丑刊。

浩園集六卷 清龍溪謝亦驥撰。康熙甲寅至壬戌精刊。又名《浩園詩草》。《出門吟》二卷,《蒼園集》一卷,《三山途謡》一卷,《浩園詩草前集》一卷(分今體、古體),《浩園詩草河上謡》一卷。

涵秋堂詩六卷文稿無卷數 清閩中林芃撰。康熙乙卯刊。

松皋文集十卷 清遂安毛際可撰。康熙丙辰刊。

孫閣部公詩集無卷數 清吴興孫在豐撰,子見行等重編。原稿本。首有康熙丙辰韓裴序次徐倬序。又名《孫司空詩集》。

孫司空詩鈔四卷 清歸安孫在豐撰。乾隆丁卯仲春一經代授山房精刊。又名《尊道堂詩集》。

喟亭文集三卷 清長興臧眉錫撰。康熙丁巳刊。

臬驀集一卷 清晉江富中琰撰。康熙丁巳刊。

藤塢詩集無卷數 清真定梁允植撰。康熙戊午精刊。原編次作九卷。

飲醇堂文集二十卷 清雲間周金然撰。康熙己未刊。首有黄與堅序,稱尚有詩集。

十二研齋詩集一卷 清長洲文掞撰。無刻書朝代，約康熙己未精刻。

冶庵文集六卷别集二卷 清奉新閔鉞撰。康熙庚申刊。内有補正《奉新縣志》之文數十篇。原目閔鉞作閔戩。

集慶堂詩艸一卷 清荆溪蔣龍光撰。康熙十九年刊。

宜園近草七卷 清廣平甯爾講撰。康熙庚申刊。

今是園文存二卷 清睢陽李遥撰。康熙二十年刊。

慎餘堂詩集五卷 清瑯琊王元弼撰。康熙二十年辛酉刊。

燕山草堂集四卷 清保定陳僖撰，陳祈年編。康熙二十年刊。版心下有“餘菴藏書”四字。内有明崇禎十七年《保定府紀事》，其餘者書牘傳記居多。僖與汪琬計東、王弘撰、吴偉業友善。案《鶴徵録》載其文爲當時推重，又引《居易録》其叙述甲申《保定府紀事》，甚得太史公筆；又引《松窗筆乘》云：公豪邁不羣，自言生平不肯作無關係文字，素不耳食，非目覩不敢信。

不礙雲山樓稿二十四卷 清雲間周綸撰。康熙辛酉午山草堂刊。綸茂，源之子。

望舒樓詩集十卷附歌賦 清山陰錢霍撰。康熙壬戌刊。

南山堂自訂詩十卷續訂詩五卷三訂詩四卷 清苕上吴景旭撰。康熙二十一年壬戌至二十九年刊。卷九樂府，卷十填詞。

念兹堂詩草十卷 清東莞祁皋撰。無刻書朝代，約康熙癸亥刊。

他山詩鈔無卷數 清海寧查慎行撰。康熙癸亥刊。又名《慎旃初集》。

履齋詩鈔無卷數 清前溪卓允基撰。康熙癸亥刊。原編次作五卷。

趙清獻公敬恕堂集六卷 清三韓趙廷臣撰。康熙二十二年本衙刊。卷一至四奏議，卷五政略，卷六雜文。

在園詩集無卷數 清遼海劉廷璣撰。康熙甲子刊。

葛莊詩鈔十二卷 清遼海劉廷璣撰。康熙己卯精刊。起丁巳,止戊寅冬。

載雲舫集十卷 清東魯閔奕仕撰。康熙甲子精刊。第十卷詩餘。

環翠軒詩三卷續一卷 清新安方淳撰。康熙甲子刊。

陳檢討集十二卷詩鈔十卷詞鈔八卷 清宜興陳維崧撰,同里蔣景祁、顧貞觀等選。康熙二十三年甲子天藜閣刊。是書又名《陳檢討其年全集》。又見一部,《詞鈔》作十二卷。

湖海樓詩集八卷 清宜興陳維崧撰。康熙丁卯患立堂刊。

問心齋集二卷 清信都陳省躬撰。康熙甲子刊。詩文各一卷。

虛直軒文集十卷 清桐城姚文然撰。康熙乙丑刊,道光己丑重刊。

學易庵詩集八卷 清陽武趙賓撰。康熙乙丑刊。

蕭山人集無卷數 清雲間蕭中素撰。康熙丙寅刊。《釋可集》《□□近草》《釋可餘集》《南山集》各一卷。

健松齋集十六卷 清遂安方象瑛撰。康熙丁卯世美堂刊。

雙杏草堂詩集一卷 清雲間沈宗敬撰。康熙丁卯刊。

石莊初集六卷 清新建陳弘緒撰。康熙丁卯刊。又名《陳士業先生集》。

嚴菴稿一卷 清淮南李瀚撰。**嬴隱初集八卷二集八卷三集八卷** 清淮南李國宋撰。康熙丁卯刊。書中未刻卷數。

南雷文定前集十一卷後集四卷三集三卷附録一卷南雷詩曆四卷 清餘姚黄宗羲撰。康熙戊辰續鈔堂刊。《三集》第三卷《金石要例》《論文管見》。《附録》爲當時諸名人之尺牘。

南雷文定十一卷附録一卷後集四卷三集三卷四集四卷 清餘姚黄宗羲撰。康熙戊辰刊。是集晚年手自删削本。《四庫存目》著録十一卷。

南雷餘集一卷 清餘姚黄宗羲撰,桐城蕭穆鈔。宣統辛亥鉛字排印本。

潛菴遺稿五卷志學會約一卷 清睢州湯斌撰,同里田蘭芳評。康熙戊辰刊忠恕堂藏板。

艾庵存稿四卷 清武進黄永撰。康熙戊辰刊。無序目,疑非全書,待攷。

逸莪集二卷檃園詩餘一卷 清西泠錢肇脩撰。康熙戊辰刊。又名《錢石臣詩鈔》。

世耕堂詩集二卷 清濟南孫一致撰。康熙己巳刊。又名《孫犨庵詩稿》。

學古堂古文無卷數附離墨詞 清荆溪徐瑶撰。康熙庚午刊。又名《愛古堂》,亦名《桂子樓》。案此書分駢體、古文、詞集等三類,全否不可考。

廉讓堂詩集三卷 清東海曹三才撰。康熙二十九年精刊。無目録,全否不可考。

南游雜詩一卷 清北平張坦撰。康熙辛未精刊。

履閣詩集二卷 清撫寧張坦撰。康熙間精刊。

顧景行詩集二卷楚游詩一卷匏園詞一卷 清錫山顧景文撰。無刻書朝代,約康熙壬申美閒堂刊。

西齋集十卷 清太倉吴暻撰。康熙癸酉精刊。

課慎堂文集十四卷 即散體文。**文集五卷詩集三卷詩餘一卷** 清銀城李興祖撰。康熙癸酉刊。版心下刊有“初編”二字。

孝思堂全集十卷 清汾西侯七乘撰。康熙癸酉刊,光緒二十八年補刊。

秀埜草堂詩集五卷 清長洲顧嗣立撰。康熙乙亥精刊。

高户部詩一卷 清嘉興高以永撰。**附欒春軒詩一卷** 清嘉興高孝本撰。康熙乙亥刊。

晤青集六卷 清固陵吴訥撰。康熙三十四年刊。

孔英尚文集五卷 清江西新城孔毓瓊撰。康熙丁丑刊。又名《曉窗文集》。

出塞詩一卷 清虞山徐蘭撰,新城王漁洋評。康熙戊寅精刊。

塞上集一卷 清金州喻成龍撰,濟南王士禎評。康熙戊寅精刊。

寶拙堂遺稿一卷 清鹽官鄭時敏撰。康熙戊寅年刊。

巢松集六卷 清太倉王抃撰。康熙戊寅刊。

丹井山房詩集三卷 清錢塘顧之珽撰。康熙己卯精刊。

虎溪漁叟集十八卷 清臨川劉命清撰。康熙己卯精刊。

可則軒近存詩稿二卷 清東萊李珍撰。康熙己卯精刊。

貯月軒詩六卷 清任丘章漢撰。無刻書朝代,約康熙辛巳刊。

詅癡夢草十二卷性理管窺一卷 清龍水余心孺撰。康熙四十年辛巳燕臺刊。

吟蘭書屋集六卷 清嘉善郁世綬撰。康熙辛巳精刊。詩、詞、雜文。

四照亭詩鈔一卷 清長洲何煜撰。康熙壬午精刊。

畫舫齋詩五集十卷 清雲間王頊齡撰。康熙癸未精刊。《初集》二卷,《二集》二卷,《三集》二卷,《四集》二卷,《五集》二卷。此編年詩起甲戌秋,止癸未八月。

漱芳集二卷 清虞山蔣漣撰。康熙癸未精刊。漣爲蔣廷錫之姪。

北游集一卷 清歙洪璟撰。無刻書朝代,約康熙癸未精刊。

怡雲堂詩文選十二卷 清固陵宋生撰。康熙甲申刊。《怡雲集詩》九卷,《蓼溪文集》二卷,續一卷。

浮青水榭詩四卷 清宜興儲雄文撰。康熙甲申精刊。

竹園類輯十卷 清瑞安朱鴻瞻撰。康熙四十三年緑竹軒刊。又名《朱默齋文集》是書有同治十二年補刊本。

大觀堂文集二十二卷 清暨陽余縉撰。康熙四十三年甲申刊。

大觀堂文集十九卷首一卷 清暨陽余縉撰。康熙四十四年乙酉刊。

履心集四卷 清白嶽吴宗信撰。康熙四十四年刊。又名《拙齋自訂詩》。

槿園集十二卷 清山陰趙維藩撰。康熙乙酉刊。

黄竹農家慰饑草一卷 清餘姚黄百家撰。康熙乙酉刊。又名《學箕四稿》。

雲林閣詩無卷數 清六安黄珂撰,龍眠姚士藟評選。康熙乙酉刊。又名《竹牕天籟》。

江湖夜雨集四卷 清千山郎廷槐撰，新城王漁洋批點。康熙四十五年蘿筵齋精刊。

瑩心堂詩無卷數 清白嶽畢守祥撰。康熙丙戌刊。原編次作六卷。

柴溪草一卷續草一卷蕉雨軒草一卷續集一卷羃䍥居詩選一卷 即紀遊柴溪草四集一卷續集一卷鴨脚園詩草一卷柿葉軒草一卷 清琅邪丘宗聖撰。康熙丁亥刊。

芝雲堂詩稿四卷 清華亭徐賓撰。康熙丁亥精刊。

漫草一卷 清濟南紀之健撰。無刻書朝代，約康熙丁亥精刊。

眉洲詩一卷 清新安汪樹琪撰。康熙戊子精刊。

愛日堂文集八卷外集一卷 清高郵孫宗彝撰。康熙癸未又壬子刊。

王元士文集無卷數附江夏志略一卷性理吟一卷闕疑慎言録一卷 清江夏王一寧撰。康熙四十七年刊。又名《大一山房集》。

梅東草堂詩九卷 清虎林顧永年撰。康熙四十七年澡雪軒刊。

秋水集六卷 清婁東許旭撰，瀋陽范時崇選。康熙四十九年庚寅刊。

藥圃詩十三卷 清興化李柟撰。康熙四十九年晴好雨奇之閣刊。《燕臺稿》三卷，《甘雨集》一卷，《恩假集》四卷，《漁陽紀遊》一卷，《上元祈年詩》一卷，《扈蹕吟》一卷，《幼學集》一卷，《補遺》一卷。

南樵初集十一卷書一卷誄文雜著一卷 清嶺南梁無枝撰。康熙辛卯刊。

南樵初集十四卷二集十一卷 清嶺南梁無枝撰。康熙辛卯至戊戌芸秀堂刊。

但吟草八卷恭紀詩一卷 清安德蕭惟豫撰，新城王士禎評。康熙辛卯刊。

適粵草一卷 清崑山吕熊撰。無刻書朝代，約康熙辛卯刊。

應潛齋文集無卷數 清仁和應撝謙撰。康熙五十年刊。原目録作十六卷。

候鳴集六卷知非草一卷讀易草三卷外集一卷 清鄘南殷元福撰。康熙辛卯至丙午精刊。

竹梧書屋詩集二卷 清浰西龔培序撰。康熙壬辰膠州官署刊。古體、近體各一卷。

陶云詩鈔十五卷 清古吴張大緒撰。康熙壬辰精刊。

歸雅山房近詩無卷數 清黄郇葉彦撰,陽羡曹在豐評。康熙五十一年精刊。原編次作三卷。

泮泂集一卷 清商丘宋至撰。康熙癸巳精刊。

甌魯詩草偶存二卷 清苕南費俊撰。康熙癸巳精刊。

隅蜣草十二卷 清絳水譚田明撰。康熙五十三年止園刊。

近思堂詩無卷數顧曲亭詞一卷 清大梁周在建撰。康熙乙未精刊。原編次作八卷,附詞一卷。

從天集一卷 清華亭高不騫撰。康熙乙未精刊。

六峯閣詩稿四卷 清秀水朱稻孫撰。康熙乙未精刊。

説安堂集八卷 清景陵盧震撰。康熙乙未精刊。

復園詩鈔八卷 清毘陵龔士薦撰,趙侗斆編。**晉之詩鈔三卷** 清毘陵龔策撰,趙侗斆編。康熙丁酉精刊。

後知堂文集四十六卷 清閩將樂蕭正模撰。康熙丁酉精刊。又名《蕭深谷文集》。

使秦草一卷 清苕南蔡升元撰。康熙五十七年刊。

如齋吟稿一卷 清太原王輔銘撰。康熙戊戌精刊。

居業齋詩鈔二十二卷文稿十六卷 清廣濟金德嘉撰。康熙五十八年己亥精刊。《四庫存目》著録《文集》二十卷《别集》十卷。

秦中游草一卷 清華亭杜天鑑撰。底稿本。首有康熙五十八年沈宗敬、汪士鋐二序。

玉紅草堂後集散録二卷 清天津龍震撰。康熙己亥刊。即第十七十八兩卷。

郄嘯文集二卷二集一卷集唐詩無卷數 清漢陽張叔珽撰。康熙五十九年精刊。

吕晚村先生古文二卷 清石門吕留良撰，桐城孫學顔編次。康熙庚子刊。

東莊詩存無卷數 清石門吕留良撰。宣統辛亥三月依舊寫本鉛字排印本。《萬感集》《倀倀集》《夢覺集》《真臘凝寒集》《零星集》《東將集》《欬氣集》等七種。

話山自選詩四卷 清常熟王譽昌撰。無刻書朝代，約康熙庚子精刊。

偶存集八卷 清射陽成永健撰。康熙六十年般巖書屋刊。又名《毅庵偶存詩稿》。

宛委山人詩集十卷 清山陰劉正誼撰。無刻書年月，約康熙間精刊。

緑楊紅杏軒詩續集六卷 清析津蔣仁錫撰。無刻書年月，約康熙間精刊。

鶴雪堂詩集無卷數 清咸陽劉元勳撰。無刻書年月，約康熙間刊。原編次作六卷。

屬玉堂詩草一卷 清吴趨陸瞻洪撰。無刻書年月，約康熙間刊。

天南一峯集無卷數 清紹興田易撰。無刻書年月，約康熙間精刊。

越州詩存無卷數 清嘉興戴彦鎔撰。無刻書年月，約康熙間精刊。此紀年詩起丁丑，止丁亥，凡十一年。作十一卷。

梧月堂詩草一卷 清廣川李茂撰，豫章熊遠寄評。無刻書年月，約康熙間刊。

東軒詩略一卷 清禺山陳勵撰。康熙間刊，道光庚戌重刊。勵，恭尹子。

西林詩鈔無卷數 清武進陳鍊撰，山陰孫讜選。康熙間精刊。

淮安詩城八卷 清西軒邱象隨撰。無刻書年月，約康熙間刊。

露香閣詩二刻一卷 清香山楊錫震撰。無刻書年月，約康熙間刊。

露香閣摘稿無卷數 清香山楊錫震撰。無刻書年月，約雍正間刊。

潛滄集四卷 清榆關佘一元撰。康熙間刊。

園中草二卷 清嘉定唐時升撰。無刻書年月，約康熙間精刊。

古雪山民詩後八卷 清貴池吴銘道撰。無刻書年月，約康熙間刊。

留素堂詩删後集六卷 清嘉興蔣薰撰。無刻書年月,約康熙間刊。亦名《大石吟》。起庚申年,止丙寅年。

兼隱齋詩鈔八卷 清寶應劉中柱撰。康熙間刊。此編年詩,起癸卯,止乙亥。

取此居文集二卷 清萊陽周正撰,日照李應薦評。康熙間刊。

調皖紀行草一卷 清泰山趙國麟撰。無刻書年月,約康熙間刊。

半霞樓近稿文四卷首一卷詩四卷 清楚湘易宗涒撰。康熙間刊。

天池落木庵存詩無卷數 清吴中徐波撰。無刻書年月,約康熙間刊。

今吾集一卷 清虞山錢曾撰。底稿本。

筆雲集一卷 清虞山錢曾撰。底稿本。

兼齋詩集六卷文集十九卷附三卷初一卷全一卷 清鍾陵齊之千撰。康熙間刊。按原目齊之千作齊傑,鍾陵作進賢。

東舍集二卷 清宜興蔣景祁撰。無刻書年月,約康熙間刊。

簪雲樓集無卷數 清德清陳尚古撰。康熙間刊。

浣亭詩略一卷 清莆田林堯華撰。無刻書年月,約康熙間李用楫校刊。

古雪堂詩敲集無卷數 清關中王令撰。無刻書年月,約康熙間刊。

愚山詩鈔二卷 清宣城施閏章撰,吴郡鄧漢儀評選。康熙間刊。又名《慎墨堂名家詩品》。

藝圃詩一卷 清江都吴綺撰。**附和藝圃詩十二詠** 清濟南王士禎撰。無刻書年月,約康熙間刊。

亦禪録二卷 清心齋居士張潮撰。無刻書年月,約康熙間刊。

映日堂詩四卷 清古延王令樹撰。無刻書年月,約康熙間精刊。

歸田集無卷數 清寶應喬萊撰。康熙間刊。諸名人傳居多。

稻壄集詩鈔一卷 清海寧陳沆撰。無刻書年月,約康熙間精刊。

參野詩選五卷 清澤州陳廷敬撰。無刻書年月,約康熙間刊。此編年詩,起戊戌,止壬寅。

四照堂文集五卷 清南昌王猷定撰。無刻書年月,約康熙間龍眠王埅校刊。

莘田文集十八卷補遺一卷 清虞山蔣伊撰。康熙間刊。

滄湄詩鈔六卷文稿六卷 清長洲尤珍撰。康熙間精刊。此文稿。原目作十六卷,卷七以下未見。

變雅堂文集五卷詩集四卷 清黄岡杜濬撰。無刻書年月,約康熙間刊。詩分《倦游》《别興》《游攝山》《游三山》,凡四種。

問山文集八卷詩集十卷紫雲詞一卷 清晉江丁煒撰,濟南王士禎、秀水朱彝尊等選。康熙間希鄴堂刊,咸豐甲寅雁江景義堂重刊。

在陸草堂文無卷數 清宜興儲欣撰。無刻書年月,約康熙間刊。是書吴曹直編。兹將原目照録于下:傳十一,論五,序十八,記九,書四,雜著二十,凡六十七首。

棗花莊録稿一卷 清寶應喬崇烈撰。無刻書年月,約康熙間刊。

芥舟集一卷 清寶應喬崇烈撰。無刻書年月,約康熙間刊。

安雅堂表輯一卷續輯一卷 清萊陽宋琬撰。底稿本。

蕪城校理集二卷春帆别集二卷 清海寧楊中訥撰。舊鈔本。首有自序,後有江都郭元釪跋。口中有"晚研齋"三字。

百尺梧桐閣集無卷數 清江都汪懋麟撰。原稿本。即史論並雜文。墨格,版心有"百尺梧桐閣集"六字。内有江陰曹禾手筆評點。

觀復草廬剩稿六卷 清松陵潘檉章撰。傳抄本。後有錢祖頤跋。

含經堂集□卷 清崑山徐元文撰。無刻書年月,約康熙間精刊。

含經堂集三十卷别集二卷附録一卷 清崑山徐元文撰,同里潘道根抄本。第六卷賦原闕。

流鉛集十六卷 清明湖吴農祥撰。底稿本。

徐孝先先生詩無卷數 清杭州徐介(初名孝直)撰。舊鈔本。首有魏禧序,次施相題《貞白齋詩集》引,次許全撰傳,次後傳。又名《貞白齋詩集》。

潛籟軒詩草二卷 清昌平楊自牧撰。**守清堂文集一卷** 清昌平楊桐撰。舊鈔本。有諸名家評。

繩武讀書堂詩鈔無卷數 清虞山嚴熊撰。底稿本。硃墨格,版心上有"繩武讀書堂"五字。

澹寧堂集八卷 清嶺南龔章撰,葉本峻編次,子廷模手録。舊鈔本。

塔影園文集無卷數 清吴郡顧苓撰。底稿本。

十山樓稿文部二十卷 清南通范國禄撰。康熙間抄底稿本。案是書當有詩部,尚未見。

胡天岫詩無卷數 清宜興胡山(初名日新)撰。舊鈔本。《胡天岫詩》一卷,《壬子詩草》一卷,《癸丑》一卷,《東武唫》(庚申)一卷,《與衆集》(詞)一卷,凡五卷。首有屠焯、李符、錢樟、朱邁諸序。

嚴太僕集十二卷 清常熟嚴虞惇撰。乾隆元年精刊。

雪晴軒文稿無卷數詩集無卷數 清歙州宋和撰。舊鈔本。最後有讀易樓袁氏藏書印一方。

淩雪軒詩六卷 清長洲徐夔撰。乾隆九年甲子精刊,乾隆丙辰補刊《外集》一卷。

餘園詩鈔六卷 清泰州繆沅撰。乾隆十年乙丑精刊。

餘園詩精選四卷 清淮南繆沅撰。乾隆癸巳仲春藴真堂精刊。

梅谿文集六卷 清皖江方都秦撰。乾隆庚午重刊。

愛吾廬遺詩四卷 清古陳萬如洛撰。乾隆庚午精刊。

澹吟樓詩鈔十六卷 清華亭張梁撰。乾隆丁丑精刊。

橘巢小稿四卷 清長洲王世琛撰。乾隆戊寅静致齋精刊。

愛琴館集無卷數 清南州陳允衡撰。乾隆甲申刊。

蓄齋二集十卷 清吴門黄中堅撰。乾隆乙酉棣華堂刊。内有擬更《季漢書昭烈皇帝本紀》。

素庵詩草無卷數 清蕭山宋錫蘭撰。乾隆乙酉校刊木活字本。

晴蓮閣詩一卷半氊廬詩一卷 清河中吴霞撰。乾隆戊子刊。霞字天綺，吴雯胞弟。

海日堂詩集五卷 清南海程可則撰，大興翁方綱評。乾隆三十六年石洲草堂刊。內有原刊本未載者數首。

潼水閣文集八卷補遺一卷 清潼關楊端本撰。乾隆丙子刊。

東皋寄草文集一卷 清古閩陳雄略撰。乾隆庚子刊。

竹濤遺稿四卷 清上海蔡湘撰，同里陸錫熊選。乾隆壬子春刊。

金元忠遺集四卷 清休寧金居敬撰。乾隆乙卯刊。

解春文鈔十二卷補遺二卷詩鈔三卷 清錢塘馮景撰。乾隆年抱經堂刊。

射山詩選無卷數 清海寧陸嘉淑撰。乾隆間海鹽張伯魁刊。

辛齋遺稿二十卷 清海昌陸嘉淑撰。道光十三年癸巳冬月邑蔣光煦刊。

葵園詩集四卷 清武興陳悳榮撰。無刻書年月，約乾隆間精刊。

南江詩集四卷文集二卷 清吴興董熜撰。無刻書年月，約乾隆間刊。

矩庵詩質十二卷附録一卷 清嵩陽高一麟撰。無刻書年月，約乾隆間刊。

聊齋四六文集八卷 清淄川蒲松齡撰。約乾隆間抄本。卷一賦十首，卷二序跋十七首，卷三序疏十七首，卷四誌題四首，卷五婚啓五十六首，卷六雜啓二十四首，卷七祭文二首，卷八雜文十三首，較國學扶輪社鉛字排印本相同者僅八首，惟第六、七、八等卷散佚。

聊齋先生遺集一卷 清淄川蒲松齡撰。光緒甲午袖海山房石印本。

聊齋文集二卷 清淄川蒲松齡撰。宣統元年國學扶輪社鉛字排印本。

曝書亭集箋注二十三卷 清嘉善孫銀槎撰。嘉慶五年三有堂刊。

錦山遺稿四卷 清訾山白不淄撰。嘉慶辛未榴蔭書屋刊。《萍遊草》《偶園集》《詩卷詩補刻》《偶園集續刻》。

存遺集無卷數 清登封梁家蕙撰。嘉慶十六年曾孫鵬翔刊。

吴梅村詩集箋注十八卷 清長洲吴翌鳳撰。嘉慶甲戌滄浪吟榭主人嚴榮刊。

林屋詩集九卷 清洞庭鄧旭撰。道光三年鄧廷楨精刊。

瓻廬存稿五卷 清雍丘馬之驦撰。道光戊子夏師竹堂精刊。

内心齋詩稿十一卷 清安平陳法撰。道光九年己丑陳氏刊。

廣居樓詩集六卷 清秀水沈廷文撰。道光十年刊。

續刻受祺堂文集四卷 清富平李因篤撰。道光十年庚寅關中書院刊。

居業堂文集二十卷 清大興王源撰,武進管繩萊編。道光辛卯讀雪山房刊。

四餘堂遺稿三卷 清高安朱軾撰。道光癸巳夏小滄溟館刊。詩二卷,文一卷。

橋水文集四卷 清阿陽李宏志撰。道光十七年丁酉冬月刊。

何端簡公集十二卷 清新城何世璂撰。**年譜一卷** 清黟縣俞正燮編。道光甲辰中秋澹志堂刊。

名山藏二十八卷 清丹陽姜筠撰。道光二十七年刊木活字本。

樊榭山房游仙三百首詩註三卷 清錢塘蔣坦撰。道光二十八年錢塘蔣氏刊。

南畇續稿一卷 清長洲彭定求撰。光緒二年刊。即《甲午集》。

筠心堂存稿八卷 清吴縣張孝時撰。光緒五年六月刊。

香涇仙吏遺集一卷 清常熟殷再巡撰。光緒己亥秋七月重精刊。

南山集十四卷補遺二卷年譜一卷 清桐城戴名世撰。光緒壬寅重刊木活字本。

望溪文集補遺一卷 清桐城方苞撰,榮成孫葆田輯。光緒癸卯刊。

南村詩稿二十四卷 清金壇潘高撰。無刻書年月,約光緒間鶴江草堂刊木活字本。

汗青閣文集二卷 清皖桐方中履撰。無刻書年月,約光緒間刊。

采山堂遺文二卷 清嘉興周篔撰。民國丙辰刊。

定山堂文集六卷 清合肥龔鼎孳撰，龔心釗重輯。民國甲子龔氏瞻麓齋刊。

賜書堂文集一卷 清嘉應李象元撰。民國二十年四月鉛字排印本。

荔香堂詩集三卷首一卷 清古�城簡于言撰。民國壬申廣東刊。

學源堂文集十九卷詩集十卷 清清苑郭棻撰。民國二十八年鉛字排印本。

培林堂文集一卷附明史稿一卷 清崑山徐秉義撰。近鉛字排印本。

販書偶記續編卷十五

別　集　類 清雍正至乾隆

嵋麓居士稿五卷 清郇陽衛讃撰。雍正元年刊。《嵋麓居士稿》《唱和草》《知非草》《鹺署草》《粤遊草》。

半村居詩鈔二卷 清金華王鵬撰。雍正甲辰刊。

唐吟一卷 清聞喜張松齡撰。雍正二年甲辰精刊。

清芬閣詩八卷 清潁川劉凡撰。雍正二年刊。《山泉稿》《岫雲稿》《耕餘稿》《于役稿》《漫興稿》《吴越稿》《補遺稿》《乙巳丙午稿》,凡八種。

皋軒文編十卷 清清溪李光坡撰。雍正三年乙巳清白堂精刊。

清䉤亭詩艸一卷 清新安吕復恒撰。雍正己酉精刊。

王石和文八卷 清盂縣王珻撰。雍正己酉培風齋刊。

李笠翁一家言全集十六卷 清湖上李漁撰。雍正八年世德堂刊。文四卷,詩三卷,詞一卷(即餘集),史論二卷(即别集),《閒情偶集》六卷。

拙圃詩草初集一卷 清楚鄂崔應階撰。雍正壬子精刊。

拙圃詩草十卷附梅花集句一卷 清楚鄂崔應階撰。乾隆七年精刊。

雪聲軒詩集十二卷 清高密高綱撰。雍正癸丑精刊。

偶存草堂集十三卷 清東魯林之蒨撰。雍正十一年居易齋刊。

香雪堂詩無卷數 清仁和吴學濂撰。雍正十一年南陔草堂精刊。

卧雪軒詩存一卷文存一卷 清嵩陽部錦撰。雍正甲寅精刊。

薜帷文鈔十四卷 清武進吴龍見撰。雍正十二年頤慶堂刊。

南阜山人詩集類稿四十一卷斆文存稿十五卷附夷白草一卷 亦名《篔簹集》清濟寧[七]高鳳翰撰。附高鳳舉撰。底稿本(詩)《擊林集》四卷,《湖海集》七卷,《岫雲集》一卷,《鴻雪集》二十一卷,《歸雲集》八卷。首有雍正甲寅自序,次德州同學小姪宋弼題句,後有乾隆乙丑雪婆生日前二日歸雪老人六十三歲記,後跋。墨格,左右雙闌,板心刊有"春艸續夢之堂"六字,至其下方有"高氏家塾藏本"六字。

大野詩删六卷 清練江畢榮佐撰。雍正乙卯精刊。

半閣詩選一卷 清吴象默撰。雍正乙卯精刊。

使黔草一卷 清河南新安吕耀曾撰。雍正十三年刊。

蓮龕集十六卷 清臨川李來泰撰。雍正十三年本家刊。

貯月軒詩六卷 清任丘章漢撰。無刻書年月,約雍正間刊。

野鶴山人詩鈔一卷 清豐潤魯克恭撰,楚攸彭廷梅評。無刻書年月,約雍正間精刊。

洞庭文集無卷數 清嘉興張明先撰。無刻書年月,約雍正間精刊。原編次十二卷。

恒齋詩集十六卷 清吴江周龍藻撰。無刻書年月,約雍正間精刊。

萍留草二卷續草二卷 清長洲顧溥撰。無刻書年月,約雍正間精刊。

廉平堂文集二卷 清武强劉謙撰。無刻書年月,約雍正間刊。

涉江草四卷 清松陵吴樹臣撰。無刻書年月,約雍正間刊。

蓑笠軒僅存稿十卷 清西浦樓儼撰。無刻書年月,約雍正間刊。《餘清詩稿》一卷,《朝天初集附詞》一卷,《碧鑑集》一卷,《載月吟附詞》一卷,《北飃集》一卷附詞一卷,《零雨集》一卷附詞一卷,《叩拙集附詞》一卷,《洗硯齋集》一卷(論詞之作)。并無總目,全否不可考。

默稼軒詩集四卷 清桐城張方爽撰。無刻書年月,約雍正間帶存堂刊。

渚陸鴻飛集一卷 清錢塘吴焯撰。雍正間刊,民國甲子重刊。

愛日堂詩集二十八卷 清海寧陳元龍撰。雍正間刊。

學耨堂詩稿七卷 清鶴潭王崇炳撰。雍正間刊。

學耨堂文集七卷詩稿六卷詩餘二卷哀思草一卷賡性理吟一卷 清鶴潭王崇炳撰。乾隆庚辰刊。

草衣山人集四卷 清江上朱卉撰。底稿本。首有康熙壬寅成永健、乾隆間天台齊□□、寶應王箴輿、雷方曉、常熟馬陽等序。

吾亦廬文集一卷 清海鹽崔應榴撰。傳抄本。僅書序二類,非全書。

是政堂文抄六卷 清高郵孫濩孫撰。乾隆二年刊。

寶氣亭詩一卷 清商邱高岑撰。乾隆七年精刊。

礪齋詩鈔五卷 清華亭王祖庚撰。乾隆乙丑刊。

出塞集一卷 清德州盧見曾撰。乾隆十一年精刊。

雅雨堂文遺集四卷詩遺集二卷出塞集一卷 清德州盧見曾撰。道光庚子夏清雅堂刊。

匊芳園詩鈔八卷 清南海何夢瑶撰。乾隆壬申樂只堂刊。

冰壑集六卷詩餘一卷 清歷城朱令昭撰。乾隆癸未刊。

白鶴堂晚年自訂詩稿二卷 清丹稜彭端淑撰。乾隆辛卯自刊。

説雲詩鈔五卷作詩年譜一卷 清豐城袁守定撰。乾隆四十三年刊,光緒丁亥重刊。

説雲詩鈔六卷 清豐城袁守定撰。嘉慶間本宅刊。

崇本山堂文集十二卷 清建寧徐時作撰。乾隆四十九年嘯月亭精刊。

自怡軒詩十二卷附一卷 清雲間許寶善撰。乾隆己酉刊。

生香書屋集十二卷 清昌平陳浩撰。乾隆間精刊。《恩光集》一卷,詩集七卷,文集四卷。

貞一齋集十卷 清吴江李重華撰。無刻書年月,約乾隆間精刊。

海門詩鈔二卷文鈔一卷 清合浦李符清撰。嘉慶戊午鏡古堂刊。

海門詩選三卷文選三卷 清合浦李符清撰,陽城張晉選。嘉慶丙寅刊。

休休吟五卷 清長洲莊歆撰。嘉慶十一年刊。

四知堂文集三十六卷 清清江楊錫紱撰。嘉慶十一年刊。奏議居多。

古文雜著二卷 清諸暨章陶撰,同邑張廉評。道光九年己丑刊木活字本。

交河集六卷 清交河王蘭生撰。道光丙申刊。

賜書堂詩集一卷 清江陰翁照撰。光緒庚子邑後學王家枚抄本。

不是集無卷數 清金匱浦起龍撰。民國二十五年鉛字排印本。

織雲樓詩八卷 清元和莊大中撰。乾隆丁巳精刊。

織雲樓詩八卷附鈔一卷 清元和莊大中撰。**附古綆齋試帖二卷律賦二卷** 清陽湖莊承籛撰。**澹香齋試帖一卷** 清陽湖莊通敏撰。乾隆十年精刊。

樂餘園百一偶存集三十二卷附雙星圖二卷 清宜黄鄒山撰。乾隆三年刊。

滇游雜詠一卷叢篁居集一卷 清東黄姜其垓撰。乾隆戊午既翕堂刊。

歸愚文續十二卷附説詩晬語二卷 清長洲沈德潛撰,錢塘厲鶚評。乾隆戊午精刊。

餘集無卷數 清三韓楊廷璋撰。底稿本。首有乾隆三年自序,并鈐有"鐵嶺楊廷璋""玉亭""御賜澤宣浙水""清白吏""十芝堂"諸印。詩、詞,附散作文三篇。

秋聲館吟稿一卷 清仁和符之恒撰。乾隆四年精刊,民國甲子重刊。

入雲編四卷 清海虞趙世鉞撰。乾隆己未刊,光緒丁酉重刊。

種松園全集十二卷 清南豐湯大坊撰。乾隆庚申刊。

瀋水三春集十二卷 清長白納蘭常安履坦撰。乾隆庚申精刊。

冰庵詩鈔八卷 清太倉王吉武撰。乾隆五年庚申季冬穀詒堂刊。

晴峯詩集一卷 清壺水閻沛年撰。乾隆五年精刊。

寧我草堂詩鈔十二卷詩餘二卷 清同安許琰撰。乾隆六年精刊。

澥陸詩鈔四卷 清興化顧于觀撰。乾隆六年刊。

沐青樓集七卷 清歙縣汪天與撰。乾隆六年精刊。

翡翠蘭苕集五卷排悶集四卷 清嘉定金惟駿撰。乾隆八年精刊。

在園詩集南游草二卷 清承水孫諤撰。乾隆癸亥望雲樓精刊。

蔚園集無卷數 清淮海漁人劉宗霈撰。乾隆八年刊。

半野居士集十二卷焚餘集一卷西征記一卷 清錦江毛振翧撰。乾隆九年刊。

雷溪草堂詩一卷 清長白長海撰。乾隆九年刊。

蕉園恬齋集七卷 清潭州熊國均撰。乾隆十年樹松園精刊。

質庵文集五卷 清渠邱李瀠撰。乾隆丙寅好音書屋刊。

稽古齋全集八卷 清和碩和親王撰。乾隆丙寅刊。

石亭稿十四卷後集十四卷 清黄梅黄利通撰。乾隆丁卯石亭刊。

漁山吟四卷 清安丘張扶輿撰。乾隆丁卯刊。

梅莊詩集四卷 清長洲陳學泗撰。乾隆十三年精刊。

續知非吟無卷數 清少梁吕功撰。乾隆戊辰年刊。

宦游草一卷陵陽別言一卷 附 **秋浦驪歌一卷** 清順德蘇正學撰。乾隆戊辰蒼葭堂精刊。

虚白齋詩集八卷 清畫溪欽璉撰。乾隆戊辰男履乾精刊。

石壁山房初稿六卷 清含山王善橚撰。乾隆十四年刊。

樗莊文稿十卷尺牘一卷詩稿二卷 清花溪沈維材撰。乾隆己巳精刊。

北役游草一卷西征路紀一卷 清須江李旭撰。乾隆十四年精刊。

滋蘭堂文集四卷詩集十卷 清仁和沈元滄撰。乾隆十四年男廷芳等精刊。

鶴侶齋文存稿無卷數 清德州孫勷撰。底稿本。首有青門吴鏡、桐城方正玭、馮廷櫆諸序,次乾隆十四年孫于盙跋。

向惕齋集十卷 清古越向惕齋撰，子宏運輯。乾隆庚午刊。

思齋存草四卷 清堯都鄭愛貴撰。乾隆十五年刊。

駪征集三卷 清高沙夏之蓉撰。乾隆庚午精刊。

好山詩集四卷 清山陰吳修齡撰。乾隆辛未滋德堂刊。

南園初集詩鈔一卷 清海寧陳文棟撰。乾隆辛未精刊。

十笏齋詩集四卷 清苕溪沈世楓撰。乾隆辛未精刊。

雪廬詩選十卷 清古陳雷方曉撰。乾隆辛未精刊。

半庵詩稿二卷 清倪城勞嵋撰。乾隆十七年怡怡堂刊。

半庵詩稿五卷 清倪城勞嵋撰輯。乾隆十七年怡怡堂刊。

師華山房文集四卷附存一卷末一卷 清上元戴祖啓撰。乾隆癸酉刊。

師華山房文集五卷末一卷 清上元戴祖啓撰。嘉慶十年冬刊。

待廬集三卷 清平湖劉錫勇撰。**附雲屋殘編一卷** 清山陰徐士芳撰。乾隆癸酉十二蕉亭刊。

隱拙齋文鈔六卷詞科試卷一卷 清仁和沈廷芳撰。乾隆甲戌刊。

隱拙齋集五十卷續集五卷 清仁和沈廷芳撰。乾隆丁丑至己亥則經堂刊。

竹溪詩集三卷文集二卷 清介山宋廷魁撰。乾隆十九年刊。又名《竹溪詩文鈔》。

笠洲文集十卷 清宜興瞿源洙撰。乾隆十九年本堂刊。

學步集一卷 清葉河和邦額甫撰。乾隆乙亥精刊。

著老書堂集八卷詞一卷 清臨潼張世進撰。乾隆乙亥精刊。

輟耕書屋詩鈔八卷 清銅陵胡承祝撰。乾隆乙亥精刊。

容安齋詩集四卷 清南沙汪應銓撰。乾隆乙亥受業盧見曾精刊。

南原詩稿二卷 清商邱陳履平撰。乾隆丙子强恕堂精刊。

樵雲草十三卷 清豐山蔣謙撰。**附繡餘草三卷** 清廣豐女史李葆素撰。乾隆丙子精刊。謙,蔣士銓之叔父。

山泉吟稿四卷文稿一卷 清繁陽趙尚友撰。乾隆丙子刊。

最樂堂文集六卷 清上海喬光烈撰。乾隆二十一年刊。

尋樂堂詩稿無卷數 清聞喜李曦撰。乾隆丁丑刊。

敦庵集八卷 清隴西安而恭撰。乾隆二十三年戊寅刊。第八卷詞。

正義先生言行略八卷 清汾陽吕文櫄撰。乾隆戊寅延義堂刊。

晚菘堂吟稿十卷 清交河常青岳撰。乾隆戊寅精刊。

沙河逸老小稿六卷嶰谷詞一卷 清祁門馬曰琯撰。乾隆戊寅精刊。

谿音十卷 清建寧朱仕玠撰。乾隆己卯松谷精刊。

聽潮集二卷 清山陽阮芝生撰。乾隆己卯精刊。

來鶯齋詩集二卷 清漢安張月桂撰。乾隆二十四年精刊。

來鶯齋文集二卷詩集二卷 清漢安張月桂撰。乾隆三十六年精刊。

也魷吟四十卷 清豐城熊履廷撰。乾隆二十四年己卯精刊。

青柯館集三卷 清平湖陳朗撰。乾隆庚辰精刊。

胡湄邨詩稿十二卷 清南豐胡道南撰。乾隆辛巳冬風滿樓精刊。又名《風滿樓詩稿》。

香雪詩鈔二卷 清古歙曹學詩撰。乾隆辛巳夏月本衙精刊。又名《宦游集》。

西村詩草一卷 清吴中蔡奕璘撰。乾隆辛巳寧儉堂精刊。

寄趙集二卷二編一卷三編一卷文集二卷 清甬上李昌昱撰。乾隆壬午刊。

酌雅齋詩集無卷數 清福增格撰。乾隆二十七年壬午精刊。原編次作六卷。

光復堂詩稿一卷 清武威劉統撰。乾隆二十七年精刊。

吾友于齋詩鈔二十卷 清嘉定張錫爵撰。乾隆癸未精刊。

小停雲詩集四卷 清吴縣王廷魁撰,嘉定王鳴盛選。乾隆二十九年三槐堂刊。

樵隱詩集五卷 清單父張賡謨撰。乾隆丙戌刊。

葵露詩鈔四卷 清大興邵自祐撰。乾隆三十二年刊。

雙溪詩集八卷詞一卷 清錫山顧奎光撰。乾隆丁亥精刊。

顧雙溪集九卷 清錫山顧奎光撰。光緒乙未刊木活字本。

樸廬詩稿一卷 附 **毛孺人詩題畫詩鈔一卷林屋詩餘一卷論畫正則一卷** 清太倉王愫撰。乾隆丁亥愛日堂精刊。毛孺人爲婁東鶴汀之少女,名秀蕙。

靜退齋詩集八卷甜雪詞二卷 清歸安戴文燈撰。乾隆戊子刊。

蒼雪齋詩十二卷 清宜興史承豫撰。乾隆戊子刊。

蒼雪齋儷體文二卷古文二卷 清宜興史承豫撰。無刻書年月,約嘉慶間刊。

帷園尺牘四卷 清綿上董柴撰。底稿本。首有乾隆己丑仲秋既望棠溪後學唐應焻序,次丙戌孟春自序。

詩鈔十一卷 清讓鄉鄒一桂撰。乾隆三十五年精刊。《度索軒詩》《懷西集》《金臺録》《粤遊草》《筑籟》《琯吹集》《凝華集》《孚缶集》《賡載集》《鳴和集》《修初集》,凡十一種。

官巖詩集四卷 清蔚州李予望撰。乾隆庚寅精刊。

笑竹集十卷 清曲沃秦武域撰。乾隆辛卯四樂草堂刊。

靃林山人詩集五卷 清嘉興吴文溥撰。乾隆三十六年研山堂精刊。案,原目作六卷,第六卷未刻。

劍虹齋集十二卷 清綿上梁濬撰。乾隆辛卯一畝園精刊。年譜、詩稿、文鈔、尺牘、詩餘、詩話,凡六門類。

環溪草堂文集四卷 清江西清江聶燾撰。乾隆壬辰光裕書林精刊。

邗江游草一卷 清淮陰楊禾撰。乾隆壬辰精刊。案,原目録三卷,先刻上卷一卷,其中下二卷未刊。中卷論黄鐘律吕、論性良知之作,下卷説諸史,《書史記天官律書後》。

戢思堂詩鈔二卷 清奉天李宏撰。乾隆三十七年精刊。

寶樹堂雜集 清青浦邵玘撰輯。乾隆壬辰春精刊巾箱本。《郇居襍詠》附和詩,《辛丑詞稿》(亦名《椵詞》)。

笠亭詩集十二卷 清海鹽朱炎撰。乾隆癸巳樊桐山房精刊。

誦芬書屋詩稿二卷 清茂苑陳格撰。乾隆三十八年精刊。

碧江集無卷數 清閩漳楊在浦撰。乾隆癸巳仲秋二如堂刊。樂府一卷,詩十八卷,詩餘四卷,文十五卷。

甘村詩集三卷 清海寧俞棠撰。乾隆三十八年精刊。《荆南集》《燕臺集》《海右集》。

夕陽書屋詩初編四卷附咏史樂府十二章 清海陽程盛修撰。乾隆三十八年精刊。

南陔松菊集一卷 清海陽程盛修撰。乾隆三十九年甲午精刊。

曉樓詩鈔一卷 清高郵賈成祖撰。乾隆癸巳精刊。

宜齋詩鈔四卷 清華亭盛灝元撰。乾隆癸巳刊。《百堂初稿》《夷門集》《掃花篇》《瓦屋閒吟》等四種。

臨江鄉人詩四卷 清西泠吴穎芳撰。乾隆甲午壽松堂刊。

林青山文集十三卷附年譜一卷 清楚南宜章林愈蕃撰。《年譜》林興祖撰。乾隆癸巳班竹園書屋刊。

春星草堂詩稿八卷 清海鹽吴熙撰。乾隆甲午精刊。

雲麓詩存五卷 清海寧史正義撰。乾隆甲午精刊。

顧東崑詩集二十四卷 附 **曲尺軒翻集唐詩無卷數** 清襄陽顧夔璋撰。乾隆甲午至乙未曲尺軒刊。

釋耒集四卷 清樂成施元孚撰。乾隆三十九年刊,光緒戊寅重刊。

蓮峯文選二卷詩選二卷 清絳州閻廷玠撰。乾隆乙未刊。

于役新吟一卷 清古歙汪啓淑撰。乾隆丁酉刊。

啖瑶集一卷 清雲中鮑鈖撰。乾隆乙未精刊。

館課存稿四卷 清河間紀昀撰。乾隆戊戌聖經堂刊。

八月梅花草堂集十六卷 清江寧侯學詩撰。乾隆戊戌刊。

聯璧詩鈔二卷 清靖安舒亮袠撰。**附西園雜詠一卷** 清靖安舒采願撰。乾隆四十四年刊。

真率齋初稿十卷詞二卷 清梁溪楊芳燦撰。乾隆四十四年己亥刊。

東目館詩集二十卷 清臨安胡壽芝撰。乾隆壬寅刊。

兩塍集二卷 清錢塘周嘉猷撰。乾隆四十七年刊。詩文各一卷。

夢堂詩稿十五卷 清遼東英廉撰。乾隆癸卯刊。

迂松閣詩鈔十二卷 清梁溪李雝來撰。乾隆甲辰樂旨堂刊木活字本。

吴氏轂音三卷 清海鹽吴寧撰。乾隆四十九年刊。

輯齋文集八卷首一卷 經史講義**附録二卷詩稿八卷首一卷** 清漳浦蔡新撰。乾隆五十年乙巳刊。

一詠軒詩艸二卷 清山陽吴進撰。乾隆五十年乙巳碧潤堂精刊。

伏亭詩前集一卷後集一卷 清歸安嚴兆瀾撰。底稿本。首有乾隆五十年自序。

吉雲草堂集九卷玉雨詞二卷 清平湖徐志鼎撰。**附寅谷遺稿一卷** 清海鹽蔣泰來撰。乾隆丙午刊。

乙丙集二卷 清甘泉江藩撰。原稿本。首有乾隆丙午自序。

儀鄭堂遺稿一卷 清曲阜孔廣森撰。乾隆丁未刊。

自怡軒初稿四卷 清江寧陶涣悦撰。乾隆五十二年丁未刊。

南園詩選二卷 清金陵何士顒撰。乾隆五十二年刊。

適齋詩稿二卷 清南城陶金諧撰。乾隆丁未容膝山房刊。

荷塘詩集十五卷 清涇陽張五典撰。乾隆戊申刊。

春山先生文集四卷 清商邱郭善鄰撰。乾隆辛亥友鶴山房刊。

玉汝堂詩二卷年譜一卷 清河内成文撰。乾隆辛亥精刊。

忍冬書屋初稿二卷 清嘉興田枌撰。乾隆壬子精刊。

與我周旋集詩十二卷代北文一卷西河文一卷四六一卷雜體一卷寧武府志一卷附臞庵居士年譜二卷 清豐潤魏元樞撰。《年譜》子禮焯等撰。乾隆癸丑夏五清祜堂刊。

新定寓藁四卷 清嘉興吴錫麟撰。乾隆癸丑念典齋刊。

春柳草堂集四卷 清上海陳澤泰撰。乾隆癸丑年刊。

對雪亭文集十卷 附 **論語講議偶録一卷詩鈔二卷** 清武功張洲撰。乾隆癸丑香遠堂刊。

惜分軒詩鈔四卷 清元和顧葵撰。乾隆癸丑本衙精刊。

南坪詩鈔八卷 清如皋張學舉撰。乾隆癸丑珠光樓重精刊。

窺園詩鈔五卷詞鈔一卷四六一卷 清平昌王夢篆撰。乾隆癸丑精刊。

志仁堂詩二卷 清太平趙熟典撰。乾隆六十年刊。

敦拙堂詩集十三卷 清柴桑陳奉兹撰。乾隆乙卯本衙刊。

香亭文稿十二卷 清固始吴玉綸撰。乾隆乙卯滋德堂精刊。

香亭詩稿六卷 清蓼園[八]吴玉綸撰。乾隆乙卯滋德堂精刊。

思亭偶存詩四卷 清海鹽吴修撰。乾隆六十年精刊。《思亭近稿》《對禽巢初稿》《癸甲漫存》《癸甲續存》。

思亭近稿一卷湖山吟嘯集一卷 清海鹽吴修撰。嘉慶元年至己巳冬刊。

居易居小草三卷 清海鹽吴修撰。嘉慶甲子刊。

南陔草六卷 清候官林澍蕃撰。無刻書年月,約乾隆間刊。

南雲書屋文鈔一卷 清永定廖鴻章撰。無刻書年月,約乾隆間刊。

未學齋集十卷 清仁和仇養正撰。乾隆間刊。

曉山草堂詩集十二卷 清長寧邱上峰撰。無刻書年月,約乾隆間精刊。

避塵居詩集五卷 清山陰王灝撰。無刻書年月，約乾隆間精刊。

耜洲詩鈔九卷 清平湖張誥撰。無刻書年月，約乾隆間精刊。

栢臺集一卷 清涑水朱裴撰。無刻書年月，約乾隆間刊。

晚晴軒稿八卷詞一卷 清秀水王復撰。無刻書年月，約乾隆間刊。

石桐先生詩鈔無卷數 清高密李懷民撰。乾隆間刊。凡十一種。

石嶺詩集一卷文集一卷 清善化唐煥撰。無刻書年月，約乾隆間刊。又名《唐石嶺集》。

生水集一卷 清崑山王蒼璧撰。**水生續集一卷** 清崑山王之醇撰。無刻書年月，約乾隆間松筠堂夢花軒精刊。

南圫詩鈔三卷 清儀徵張秉彝撰。無刻書年月，約乾隆間精刊。《攝山吟》《鳩江草》《春湖集》，凡三種。

伍卉園文集十七卷 清臨川陳之蘭撰。乾隆間刊。

楚庭偶存稿四卷 清順德何邵撰。無刻書年月，約乾隆間刊。

秋士先生遺集六卷 清長洲彭績撰。無刻書年月，約乾隆間彭紹升刊。

碧腴齋詩鈔殘本六卷 清桂林胡德琳撰。底稿本。起第六卷，至卷十。

碧腴齋詩存八卷 清桂林胡德琳撰。無刻書年月，約乾隆間小倉山房刊。

同度記四卷 清闕里孔繼涵撰。原稿本。墨格，版心上有“文集”二字，下有“微波榭刻”四字。

尊德堂詩鈔八卷 清山陰胡國楷撰，胡天游選。底稿本。首有小弟胡天游序。

椿園遺詩一卷文存一卷 清長白七十一撰，長白德慶輯。底稿本。

五斗室詩鈔一卷 清江都焦循撰。底稿本。首葉鈐有“十二古□書屋”六字印一方。

四香居士集無卷數 清甫里許圻撰。底稿本。後有姪洽撰小傳。

瘦瓢山人蛟湖詩鈔四卷 清寧化黃慎撰。傳抄本。首有雷鋐、王步青、馬榮祖諸序,許齊卓撰小傳,最後有葉大瑄跋。

小息舫詩鈔八卷 清宛平查彬撰。舊鈔本。

澤鴻吟一卷 清不著撰人姓名。約乾隆間抄本。墨格。版心上刊"天籟自鳴閣"五字。

欗坨詩鈔一卷 清海寧施謙撰。底稿本。是書有目録,無序跋。

重編錢教授集二卷文二篇 清嘉定錢塘撰,同邑諸維銓抄。**附紀遊草一卷** 清嘉定錢鏞撰。底稿本。墨格,版心下刊"勤有堂藏本"等五字,其版心上偶有刊"嘐文麟角編"等五字者。

卓山詩集十六卷 清奉新帥家相撰。嘉慶二年賜書堂刊。亦名《三十粢書樓詩集》。

嘉樹山房文集六卷 清任邱李中簡撰。嘉慶辛酉刊。

二峨草堂遺稿二卷 清大同任承恩撰。嘉慶九年刊。分《學稿》《愚稿》凡二種。此書附《任勇烈公遺集》後。

二峨草堂學藁一卷愚藁一卷遺詩一卷公牘家書附 清大同任承恩撰。道光甲申刊。又名《任勇烈公遺集》。

任勇烈公遺集二卷 清大同任舉撰**附二峨草堂學稿一卷** 清大同任承恩撰。道光間近文齋刊。

白萏集四卷 清江寧戴翼子撰。嘉慶五年義竹山房精刊。

肖巖詩鈔十二卷文鈔四卷附補遺 清涇上趙良霨撰。嘉慶五年刊。

九曲山房詩鈔十六卷 清會稽宗聖垣撰。嘉慶五年刊。

逃虚閣詩集六卷 清順德張錦芳撰。嘉慶六年刊。

詩存四卷觀劇絶句一卷 附 **鄉賢崇祀録一卷** 清仁和金德瑛撰。嘉慶六年刊。

秋水亭詩艸四卷續集三卷詩補編一卷 清濟南王祖昌撰。嘉慶七年精刊。

更生齋文甲集四卷乙集二卷詩集八卷 附 **詩餘二卷年譜一卷** 清陽湖洪

亮吉撰。《年譜》,旌德吕培等編。嘉慶七年孟夏於洋川書院刊。

空石齋文集二卷 清鄞縣汪國撰。嘉慶十二年四明少白山房精刊。

石瀨山房詩鈔九卷 清平湖胡昌基撰。嘉慶十二年刊。

燕川集十四卷 清河内范泰恒撰。嘉慶己巳顧起廬重刊。

北溪詩集二十卷文集二卷附預囑 清吴江王元文撰。嘉慶壬申刊。

尊道堂詩鈔二卷 清海鹽吴東發撰。嘉慶十八年徐瑔刊。

尊道堂詩鈔二卷附詩畫巢遺稿一卷 清海鹽吴東發撰。附《詩畫巢遺稿》,吴本履撰。民國戊午刊古宋字排印本。

羅洋文集無卷數詩草無卷數 清善化郭焌撰。嘉慶癸酉思貽草堂刊。

嬰山小園詩集十六卷 清平湖張誠撰。嘉慶丙子冬刊。

思不辱齋文集四卷詩集四卷外集三卷賡颺集四卷 清分寧萬承風撰。嘉慶丙子古瓦山房刊。

存吾春軒集十卷附録一卷 清山陰周大樞撰。無刻書朝代,約嘉慶[九]壬午孟冬刊,光緒十八年壬辰會稽陶闇補刊。

澥雲詩鈔八卷 清海陽汪梅鼎撰。嘉慶戊寅邀月軒刊。

寶嚴堂詩集四卷 清金匱孫永清撰。無刻書年月,約嘉慶間刊。

葆冲書屋詩集四卷外集一卷詩餘一卷 清秀水汪如洋撰。無刻書年月,約嘉慶間刊。

二樹今體詩一卷二樹詩略五卷二樹寫梅歌續編一卷 清會稽童鈺撰。無刻書年月,約嘉慶間鎮雅堂刊。

思勉齋詩鈔八卷 清京江張尚絅撰。道光元年刊。

南歸小草一卷 清仁和魏成憲撰。道光癸未刊。

清愛堂集二十三卷自記年譜一卷 清仁和魏成憲撰。道光八年刊。

雁山文集四卷 清鶴山吴應逵撰。道光十年庚寅刊,民國二十五年鉛字排印本。

雁山文集四卷 清鶴山吴應逵撰。道光庚寅仲冬刊。是書封面左端刊有附《譜荔軒筆記》一種,未見。

研經堂文集三卷詩集十三卷鄉賢録一卷 清丹陽吉夢熊撰。道光壬辰孟冬刊。

翊翊齋遺書四卷 清桐城馬翩飛撰。道光十八年刊。筆記二卷,文鈔一卷,詩鈔一卷。

清漣文鈔十二卷 清金壇于振撰。道光十九年刊。

烟霞萬古樓文集六卷 清秀水王曇撰。道光二十年刊袖珍本。

橄欖軒尺牘三卷 清長白百齡撰,善化孫鴻逵輯訂。道光二十五年湘春閣刊巾箱本。

井邏文集七卷詩集六卷 清桐城吴直撰。道光庚戌刊。

攜雪齋詩鈔六卷詩續一卷首三卷文鈔三卷 清順德温汝适撰。道光間刊。

蘿谷文集四卷 清北瀓張秉直撰。無刻書年月,約道光間刊。

妙香閣詩文稿四卷 清長洲孫雲桂撰。咸豐壬子秋仲于西泠精刊木活字本。

蒙泉文集四卷枡芝詩集二卷 清善化張九思撰。咸豐戊午秋於長沙刊。

清白堂存稿十六卷 清寶應王希伊撰。同治三年刊。

龍泓館詩集三卷 清錢塘丁敬撰。同治八年廣州刊。

鶴影山人文稿一卷 清常熟范春林撰。同治十年鉛字排印本。考訂之文。

青螻遺稿二卷 清古吴盛錦撰。**附璞完詩草一卷** 清香溪盛鈺撰。同治十年重刊。

清風草堂詩鈔八卷 清山陰余崢撰。無刻書年月,約同治間精刊。

葎石齋文集二十六卷十國詞箋略一卷 清秀水錢載撰。光緒四年戊寅冬十月蘇州府重刊。

離垢集五卷 清錢塘華嵒撰。光緒十五年同里羅嘉杰於日本横濱鉛字排印本。

嵒字秋岳，號新羅山人，原籍閩南汀州人。

離垢集補鈔一卷 清餘杭華嵒撰。民國丁巳古宋字排印本。

虛一齋集五卷 清陽湖莊培因撰。光緒九年季秋刊。

香樹齋文集二十八卷文續鈔五卷詩集十八卷詩續鈔三十六卷 清嘉興錢陳羣撰。光緒十一年補刊。

樓山詩集六卷 清安居王恕撰。光緒癸巳重刊。

寶日軒詩集四卷 清錢塘王德溥撰。光緒間重刊巾箱本。

雙樹軒詩初稿十二卷 清荆水儲麟趾撰。**附抱碧齋詩四卷詞一卷** 清宜興儲國鈞撰。無刻書年月，約光緒間刊木活字本。

小桐廬詩草十卷 清震澤袁景輅撰。宣統元年重刊。

實齋文集八卷外集二卷 清會稽章學誠撰。無印書年月，約宣統間鉛字排印本。即《禹域叢書》之二。

慈壽堂文鈔八卷 清歸安沈樹德撰。民國丙辰吴興劉氏嘉業堂刊。

望古集六卷 清無爲汪有典撰。民國十六年刊木活字本。

文木山房集四卷 清全椒吴敬梓撰。**春華小草一卷靚粧詞鈔一卷** 清全椒吴烺撰。**附吴敬梓年譜一卷** 民國二十年六月以古宋字排印本。

販書偶記續編卷十六

别　集　類　清嘉慶

杏瓊齋詩集六卷 清灤陽李廷儀撰。嘉慶元年刊。

九畹堂詩集無卷數文集無卷數 清順德潘蘭皋撰。嘉慶元年精刊。

黄葉樓初集四卷末一卷 清昭宗祁喬煌撰。嘉慶丁巳春玉鏡山房刊。

澂潭山房古文存稿四卷詩集十七卷附刻一卷 清歙縣程襄龍撰。《附刻》一卷,清歙程御龍撰。嘉慶二年刊。又名《程古雪詩文遺稿》。

紅蕉山館集十卷 清嘉興費融撰。嘉慶二年刊。

凝緒堂詩稿八卷 清孔憲培撰。嘉慶二年精刊。

天海樓集八卷 清南通州李懿曾撰。嘉慶二年刊。《古文鈔》四卷,《四六文鈔》四卷。

紫琅山館詩鈔四卷 清通州李懿曾撰。嘉慶八年凝山草堂精刊。

學福齋詩稿六卷 清仁和陳鴻寶撰。嘉慶三年刊。

畫石軒詩集四卷卧遊隨録四卷 清松陵朱逢泰撰。嘉慶戊午斯雅堂刊。

潯陽詩稿一卷詞一卷紅牙小譜二齣 清瀋陽全德撰。嘉慶三年精刊。《紅牙小譜》即《輞川樂事》《新調思春》。自序後刊有瀋陽戴氏印記。案此全德姓戴氏。

石鼓硯齋詩鈔三十二卷試帖二卷直廬集八卷文鈔二十卷行狀一卷 清新安曹文埴撰,《行狀》子振鏞撰。嘉慶四年刊。

純齋集十四卷 清廣寧趙嘉程撰。嘉慶四年己未刊。

和陶詩一卷 清靖安舒夢蘭撰。嘉慶四年己未南州曾煜刊。

南征集一卷秋心集一卷續一卷婺舲餘稿一卷雙豐公輓詩一卷 清靖安舒夢蘭撰。嘉慶間刊。《雙豐公輓詩》亦名《緱山集》。

贅言存稿一卷 清洗心道人撰。嘉慶五年刊。

蘇門山人詩存四卷 清歸安孫宗承(初名桐)撰。原稿本。首有嘉慶五年吴省欽序,次自序,次朱仕琇序,次茅應奎、杭世駿諸題辭。此書經吴省欽删定并校正。

韓川文集十卷外集二卷詩集七卷 清韓陽陳從潮撰。嘉慶庚申梧陰書屋刊。

翠岩偶集三卷 清長山李雍照撰。嘉慶六年刊。

書帶草堂詩鈔二卷 清候官鄭廷沺撰。嘉慶六年精刊。

霽春堂集十四卷 清吴縣吴樹萱撰。嘉慶辛酉刊。

覽輝閣詩鈔六卷 清陽湖楊元錫撰。嘉慶辛酉刊。

蘇園仲詩集六卷 清常熟蘇去疾撰。嘉慶六年冬十月雙檜軒刊。

海嶽集十卷 清蒲圻張開東撰,奉天孫馮翼参訂。嘉慶辛酉年青園刊。

念初堂詩集四卷 清武威張翽撰。嘉慶六年刊。

瓻餘詩鈔十六卷續鈔七卷 清婺源胡翔雲撰。嘉慶壬戌至戊寅刊。

廣陵小草一卷 清東鄉吴嵩梁撰。嘉慶壬戌刊。即《秋懷詩》二十首。壬戌九月病中作。

再生小草三卷附廬山紀遊詩一卷 清東鄉吴嵩梁撰。道光四年甲申刊。

東南詩鈔一卷 清鄱陽黄志本撰。嘉慶七年徐正倫刊。

淮西小草一卷 清長白鐵保撰。嘉慶壬戌精刊。

玉門詩鈔一卷 清長白鐵保撰。嘉慶癸酉精刊。

帶草軒文鈔無卷數 清蕪湖韋協夢撰。嘉慶壬戌刊。考訂之文。

石幢居士吟稿二卷 清錢塘梁肯堂撰。嘉慶七年刊。

裘文達公文集六卷補遺一卷奏議一卷詩集十二卷恭和御製詩六卷 清新建裘曰修撰。嘉慶七年冬月至八年春月刊。

歉夫文稿四卷時體詩七卷册子四卷粤東雜詩五卷 清臨川李夢松撰。嘉慶七年辛酉精刊。

東嘯軒草一卷燕臺吟稿一卷西湖櫂歌一卷懶眠集一卷 清錢唐陳希濂撰。無刻書朝代，約嘉慶七年壬戌刊。

埽垢山房詩鈔十二卷 清甘泉黄文暘撰。嘉慶八年闕里孔氏刊。

三松堂集二十卷續集六卷 清吴縣潘奕雋撰。嘉慶癸亥刊。卷十九至卷二十詞。

秋潭詩集十卷外集十六卷 清長陽彭淑撰。嘉慶癸亥太乙葉舫刊。

最秀園稿一卷 清萬載辛炳喬撰。嘉慶癸亥刊。

壽雪山房詩稿十卷附越中忠節詩一卷 清山陰陳廣寧撰。嘉慶八年刊。

松翠小菟裘文集四卷 清婺源王佩蘭撰。嘉慶九年刊。

高山堂詩文鈔四卷 清吴縣周琳撰。嘉慶甲子刊。

春蘿書屋詩存一卷 清奉新宋玉仁撰。嘉慶九年甲子男鳴琦刊。

檬軒詩集六卷 清青浦邵成楨撰。嘉慶甲子仲夏花韻館刊。

退思齋詩集十卷 清嘉善陳祁撰。嘉慶甲子至丙寅刊。《商於吟稿》二卷，《從戎草》三卷，《新豐吟稿》一卷，《蘭行草》一卷，《清風涇竹枝詞》一卷，《續唱》一卷，《南園雜詠》一卷。

吉石齋集二卷 清秀水汪彝銘撰。嘉慶甲子刊。

杏本堂詩古文學製二卷 清甬上陳之綱撰。嘉慶甲子刊。又名《焚餘草》。

漁邨詩稿六卷 清錢塘張鳳翥撰。嘉慶甲子刊。

逗雨齋詩草十二卷旎香詞一卷 清海寧許肇封撰。嘉慶甲子刊。

小海自定詩一卷黟山紀游一卷 清桐鄉汪淮撰。嘉慶九年刊。

朝天集二卷孤鳴集一卷洞庭舟中雪夜前懷人詩一卷小停雲館後懷人詩一卷除夕紀懷詩一卷 清滇西師範撰。嘉慶甲子二餘堂刊。

二餘堂文稿一卷詩稿一卷 清趙州師範撰。嘉慶乙丑刊。

清容堂詩集十卷 清雲間吴樹本撰。嘉慶九年刊。

蓮西閣詩草四卷粲花齋詞影一卷 清黟山汪燾撰。嘉慶十年乙丑刊。

宦遊吟一卷 清通潞劉塏撰。嘉慶乙丑精刊。

菜香書屋詩草十卷 清南城吴煊撰。嘉慶十年刊。

筠心書屋詩鈔十二卷 清長洲褚廷璋撰。嘉慶丙寅鑑湖亭刊。

盤溪詩草四卷 清長洲錢鋒撰。嘉慶丙寅息園刊。

筠軒文鈔四卷 清臨海洪頤煊撰。嘉慶十一年刊。

停雲軒古詩鈔二卷 清山陰何經愉撰。嘉慶十一年刊。

棠華書屋詩集三卷詩餘三卷 清如皋管㮚撰。嘉慶丁卯本塾精刊。

白鶴山房詩選四卷掛笠吟一卷駢體文二卷 清武康徐熊飛撰。嘉慶十二年刊。

留村文集四卷 清虞山黄瑞撰。嘉慶丁卯刊。光緒乙酉重刊。

揅經室文集十八卷 清儀徵阮元撰。嘉慶十二年烏程張鑑校刊。

野雲居詩稿二卷文稿一卷 清慈谿鄭竺撰,甬上蔣學鏞選。**附雪橋遺稿一卷** 清慈谿鄭甲撰。嘉慶十二年刊。

西崖文鈔八卷詩鈔四卷 清浦陽朱興悌撰。嘉慶戊辰刊。

愚溪詩稿一卷 清無爲張肇熯撰。嘉慶十三年刊。

蔚思堂駢語二卷 清永康應曙霞撰。嘉慶十三年精刊。

藝芸館詩鈔十三卷 清太湖王世錦撰。**環翠樓詩鈔一卷** 清太湖王熊伯撰。嘉慶十三年戊辰王芑孫校刊。

松心居士文集十二卷首一卷律賦二卷試帖三卷 清衡山聶鎬敏撰。嘉慶十三年至道光二年本宅刊。鎬敏著有《學經》(凡七集)。

松心居士詩集十二卷首五卷二集二卷外集二卷 清衡山聶鎬敏撰。道光間本宅刊。

寄嶽雲齋初稿十卷補遺一卷回文賦一卷 清衡山聶銑敏撰。嘉慶己巳春積秀堂刊巾箱本。

小羅浮草堂詩鈔四卷 清欽州馮敏昌撰。嘉慶十四年己巳刊。

小羅浮草堂文集九卷首年譜一卷 清欽州馮敏昌撰。《年譜》子士鑣撰。道光二十六年丙午刊。

通介堂稿八卷附題畫詩二卷 清嘉興徐世綱撰。嘉慶十四年刊。

駢拇賸墨一卷 清白鶴山道人撰。嘉慶十五年三月課虚齋刊。原分上下册。案《别號索引》,白鶴山道人名俊,姓陸氏。

木雁齋詩四卷和張景陽雜詩十首秋懷絶句詩一卷嶺雲詞賸稿一卷續稿一卷雜著一卷 清歙胡長庚撰。嘉慶十五年刊。

丹林詩鈔一卷 清諸城劉墉撰。嘉慶十五年庚午石韞玉校刊。

風佩軒遺草一卷附録一卷行狀一卷 清香山方天根撰。《行狀》方繩武撰。嘉慶庚午刊。

孺慕軒詩集四卷 清東越何蔚然撰。嘉慶庚午仲秋瑞室刊。

岑華居士蘭鯨録八卷外集二卷鳳巢山樵求是録六卷二録四卷續録一卷外集二卷 清東吴吴慈鶴撰。嘉慶庚午至道光丁亥刊。

東山樓詩集八卷 清海寧曹宗載撰。嘉慶庚午刊。

東山樓詩集八卷續稿八卷 清海昌曹宗載撰。道光元年刊。

大雲山房文稿初集四卷 清陽湖惲敬撰。嘉慶十六年於北京琉璃廠刊。

平舒山莊六景詩一卷 清壽陽祁韻士撰。嘉慶辛未刊。

袖爽軒文稿無卷數詩稿無卷數 清壽陽祁韻士撰。底稿本。文三册,詩一册。每册書面有含光書"袖爽軒文稿"篆書五字。

石華山人詩集六卷 清鎮洋王瑜撰。嘉慶辛未刊。

耘莊題畫詩稿三卷詩餘一卷鄰水莊詩話二卷詞説一卷耘莊詩稿二卷詞稿一卷 清金山丁繁滋撰。嘉慶辛未春至丙子秋春暉閣刊。

香草堂集十卷試帖一卷詞一卷 清歷陽陳廷桂撰。嘉慶辛未刊。

唫秋樓詩鈔初集四卷 清山陰鄔鶴徵撰。嘉慶辛未刊。

吟秋樓詩集四卷二集四卷三集四卷 清山陰鄔鶴徵撰。**附味堂詩鈔一卷** 清山陰鄔宗梅撰。道光癸卯至甲辰刊。

薌圃詩草十八卷 清北平陶譽相撰。嘉慶辛未五柳堂刊。

菉厓詩鈔二卷外集三卷 清石門顧修撰。嘉慶辛未刊。正集一名《讀畫齋學語艸》,外集一名《讀畫齋雜詠》。

款鄭齋詩草四卷 清太平尉維柄撰。嘉慶壬申刊。卷一自著詩,卷二三倡和詩,附《桂峰詩草》(翼城高騰),卷四雜記,附《秘園牡丹吟》《菊花吟》。

春草堂詩三卷 清華亭王翰撰。嘉慶壬申刊。

松風老屋詩稿十一卷詩餘一卷續稿四卷詩餘續稿一卷 清嘉善錢清履撰。嘉慶壬申至乙亥刊。

紉芳齋稿二卷 清南豐譚尚忠撰。嘉慶十七年十一月四川通志局刊。

數點梅花草堂詩稿四卷 清嘉定李大復撰。嘉慶十七年刊。

傳硯齋詩質四卷詩餘一卷 清華亭王朝恩撰。嘉慶壬申刊。

味經齋存稿四卷 清奉新宋鳴璜撰。嘉慶十七年壬申秋世恩堂刊。

鐵山園詩稿二卷 清闕里孔慶鎔撰。嘉慶十七年刊。

額粉盦集六卷 清蕭山高第撰。嘉慶十七年壬申蕭山高氏刊。

賜書樓詩艸初集一卷續集一卷附録一卷 清順德胡亦常撰。嘉慶癸酉五山胡崇本堂刊。

煨芋巖居詩集二十卷 清福山王善寶撰。嘉慶十八年刊。

煨芋巖居詩續集五卷 清福山王善寶撰。道光十四年刊。

煨芋巖居詩續集五卷 清福山王善寶撰。光緒十一年刊。

香雨詩草三卷詩餘一卷 會稽凌榮撰。**附刪餘吟一卷散花詩餘一卷** 清崑山女史沈珠撰。嘉慶癸酉吹香吟館刊。

吉堂文稿十二卷 清婁縣欽善撰。嘉慶十九年甲戌至庚辰刊。

勺園詩鈔四卷 清香山李遐齡撰。嘉慶甲戌秋刊，光緒戊申李贊辰補刻本。

桐溪草堂詩五卷 清桐鄉孫貫中撰。嘉慶十九年刊。

小繭園詩鈔三卷 清耶溪莫濤撰。嘉慶十九年刊。

慎餘堂詩稿四卷 清澄海陳名儀撰。嘉慶甲戌刊。

品蘭詩鈔一卷 清吳郡周明德輯著。嘉慶甲戌漱石山房刊。

秋坪詩存十四卷 清閩中陳登龍撰。嘉慶甲戌刊。

樂山集無卷數 清浪穹王崧(舊名藩)撰。嘉慶甲戌精刊。

樂山集二卷制義二卷説緯二卷 清浪穹王崧撰。嘉慶戊寅積秀堂精刊。一名《樂山堂集》。

秋門草堂詩鈔四卷 清嘉興李寅熙撰。嘉慶甲戌刊。

賜葛堂文集六卷 清洋縣岳震川撰。嘉慶二十年刊。

燕滇雪跡集六卷 清博羅何南鈺撰。嘉慶乙亥本衙刊。

蘭臺遺稿一卷續編一卷 清古吳彭希悚撰。嘉慶乙亥刊。

挹緑軒詩稿四卷續稿一卷吟餘詩草一卷補遺一卷 清鐵嶺長闇邁仁撰。嘉慶乙亥刊。

玉磬山房文集四卷 清庨丘劉大觀撰。嘉慶乙亥刊。

芝塘詩稿十五卷文稿十五卷詩續稿三卷文續稿一卷 清江陰薛傳源撰。無刻書朝代，約嘉慶二十年乙亥刊。

清芬堂集十六卷 清溧水潘際雲撰。嘉慶乙亥冬載石山房刊。

冰壺山館詩鈔二卷 清金華王夢庚撰。嘉慶乙亥刊。又名《道烏紀程草》。

不自收拾集二卷附詩餘一卷 清大興王繼燿撰。嘉慶乙亥刊。

遣愁小草一卷 清臨川李秉禮撰。嘉慶二十年精刊。

寶閒齋詩集四卷賦鈔一卷 清常熟張仁美撰。嘉慶二十年乙亥刊。

程水南遺集六卷 清安東程嗣立撰。嘉慶丙子刊。

海樵文鈔二卷詩鈔一卷 清合肥周大槐撰。嘉慶丙子惜陰堂刊。

小松文稿一卷 清臨洮吴承禧撰。嘉慶丙子季冬松花庵刊。

石舟文賸二卷 清山陰潘汝炯撰。嘉慶丙子本家刊。

春餘賦草一卷 清歙洪梧撰。嘉慶丁丑精刊。

稻花齋詩鈔八卷 清桐城方于穀撰。嘉慶丁丑刊。

爨餘詩鈔四卷 清興化徐步雲撰。嘉慶丁丑刊。

南園詩文鈔十一卷 清臨川李紘撰。嘉慶戊寅刊。

白湖詩稿八卷文稿八卷 清慈谿葉燕撰。嘉慶戊寅又次居刊。

守雅堂文集一卷南旋詩艸一卷 清階州邢澍撰。嘉慶二十三年戊寅刊。一名《守雅堂稿》。

靈淵詩鈔二卷 清順德温汝驥撰。嘉慶二十三年刊。

寶硯齋詩集八卷 清德清戚芸生撰。嘉慶戊寅刊。

蔬園詩集十四卷 清懷遠許所望撰。嘉慶二十三年刊。

雪眉詩鈔三卷詞鈔一卷 清黟縣胡成浚撰。嘉慶二十三年刊。

壽花堂詩集八卷 清錢塘黄模撰。嘉慶己卯刊。

堅白石齋詩集十六卷 清靜樂李鑾宣撰。嘉慶己卯廉讓堂刊。

秋塍書屋詩鈔九卷 清海寧王斯年撰。嘉慶己卯補刊。

雙橋居詩草四卷賦草一卷 清海鹽錢一桂撰。嘉慶己卯季冬刊。

八松庵詩草四卷 清丹徒李御撰。稿本。首有嘉慶庚辰張學仁、吴錫麒二序。

三惜齋散體文二卷中州集 清武寧盧浙撰。嘉慶二十五年鴻嶺畬訓堂刊。

自題所畫一卷 清金谿傅金銓撰。嘉慶二十五年定遠蕭康刊。

薖唐詩集十四卷 清瑯琊王瑋慶撰。嘉慶庚辰秋蕉葉山房刊。

徐石渠文鈔四卷附左傳樂府一卷 清太倉徐校撰。嘉慶庚辰刊。

艸亭續刻詩鈔一卷文集附雜説一卷 太谷孟崇經撰。嘉慶二十五年刊。

夢梨雲館詩外編二卷 清□□□雪樵[一〇]撰。無刻書年月,約嘉慶間刊。又名《留夢草》。

夢梨雲館詩外編三卷 清雪樵撰。咸豐間福州刊。即《留夢草》。

述學一卷 清江都汪中撰。無刻書年月,約嘉慶間汪氏刊。封面間刊有"汪氏藏板"四字,并有篆書"容甫"二字木記。

松溪詩集一卷 清陽城李毅撰。嘉慶間刊。

桃花扇後序一卷 清北平吴穆撰。約嘉慶間抄本。

桃花扇後序註釋一卷 清玉溪鏡坡居士撰。無刻書年月,約道光間精刊。

弢亭遺文四卷 清順德梁泉撰。嘉慶間藤花亭刊。

夕葵書屋疊韻詩一卷 清全椒吴鼒撰。嘉慶間刊。

魯山集無卷數 清興化鄭鑾撰。無刻書年月,約嘉慶間精刊。此編年詩,起癸巳,止戊戌。

梁園集無卷數 清興化鄭鑾撰。道光甲午精刊。此編年詩,起戊子,止壬辰。鑾即板橋之子[一一]。

桐軒詩鈔一卷 清金陵金惪榮撰。無刻書年月,約嘉慶間刊。又名《宛上同人甲集》。

銀花藤館詩集十卷 清海鹽黄仙根撰。無刻書年月,約嘉慶間精刊。

巢雲詩艾二卷 清山陰俞臨撰。無刻書年月,約嘉慶間刊。

薇郎集二卷 清曲沃秦知域撰。無刻書年月,約嘉慶間小西山第一樓刊。

古人今我齋詩八卷 清順德吴維彰撰。嘉慶間藤花亭刊。

香杜草二卷 清海鹽任昌運撰。無刻書年月,約嘉慶間靜讀齋精刊。

霞蔭堂文鈔無卷數 清興縣康基淵撰。無刻書年月,約嘉慶間刊。

霞蔭堂詩集二卷附茂園自撰年譜二卷 清興縣康基田撰。**霞蔭堂文鈔一卷** 清興縣康基淵撰。民國壬戌以古宋字排印本。一名《霞蔭堂詩文集》。

不易居詩鈔四卷 清桐城楊瑛昶撰。無刻書年月,約嘉慶間精刊。無序目,全否待考。瑛字米人,著有《燕京竹枝詞》。

編録堂詩鈔三卷文鈔三卷 清白下黄之紀撰。無刻書年月,約嘉慶間刊。

松谿詩稿無卷數 清陽城李毅撰。舊鈔本。首有嘉慶間荔浦延君壽序。

未之思軒詩草拾遺一卷 清大興朱錫庚撰。底稿本。錫庚,字少河,朱筠子。

縉雲山人詩集八卷 清濟寧李瑩撰。底稿本。

品竹齋稿一卷 清曲阜桂馥撰。底稿本。書面題簽作《夢泉存草》,上鈐"未谷居士"印一方。有詩無文。

敬義堂稿無卷數 清寶應朱輅賓撰。底稿本。凡三册。

鐵山園詩稿四卷 清闕里孔慶鎔撰。道光元年刊。

四餘偶録文集二卷 清嘉應楊仲興撰。道光元年刊,宣統二年重刊。

校經廎文稿十八卷 清嘉興李富孫撰。道光元年刊。

騰嘯軒詩鈔三十八卷 清秀水陳熙撰。道光壬午刊。

試畯堂詩鈔十二卷賦鈔四卷 清江陰王蘇撰。道光二年壬午重刊。

試畯堂文鈔一卷 清江陰王蘇撰。道光丙午八月于太平院刊。

集思堂外集六卷 清新城陳□□凝齋撰,陳用光參訂。道光四年刊。《崇志堂易經解劄記》二卷,《讀四子書筆記》一卷,尺牘一卷,《癸亥紀事》一卷,師友各札一卷等五種。

小東山草堂駢體文鈔十卷 清永嘉張泰青撰。道光五年刊。

風希堂詩集六卷文集四卷 清浦陽戴殿泗撰。道光戊子九靈山房刊。

嶽麓詩鈔三十五卷詞鈔一卷賦鈔三卷文鈔十八卷 清安仁歐陽厚均編。道光十年刊。

榕園詩鈔一卷 清侯官李彦章撰。道光庚寅刊。

榕園文鈔六卷詩鈔十六卷潤經堂自治官書六卷 清侯官李彦章撰。道光二十年刊。

陶門弟子集十六卷續集四卷餘集三卷陶門詩話一卷附煙譜二卷紅樓夢説夢一卷 清合肥蔡家琬撰。道光乙未至癸卯聞喜堂刊。卷八十國宫詞并註。家琬素慕陶淵明之爲人,故名《陶門弟子集》。

梅華溪續草無卷數 清勾吴錢泳撰。道光乙未刊。此紀遊詩也,遊天台、淮南、天目。

自知室吟草九卷首一卷 清婺源董桂敷撰。道光十六年刊。

壺園全集二十六卷 清歙徐寶善撰。道光戊戌刊。賦二卷,詩鈔選十卷,五代新樂府一卷,詩外集六卷,試帖二卷,雜著三卷,制藝二卷。

筠心堂文集十卷文外集□卷 清瓊州張岳崧撰。道光二十四年甲辰仲夏刊。

筠心堂詩集四卷外集三卷 清瓊州張岳崧撰。道光二十四年甲辰仲夏刊。外集《訓士録》《運河北行記》《公牘偶存》等。

夢香居詩鈔初集四卷二集四卷三集三卷四集四卷 清新興陳在謙撰。道光甲辰至同治癸酉之冬刊。

寒香館文鈔八卷詩鈔四卷 清善化賀熙齡撰。道光二十七年刊。

養餘齋詩集十四卷 清吴江柳樹芳撰。道光丁未勝谿草堂重刊。分初集四卷,二集四卷,三集六卷。

染學齋詩集十卷 清婺源余元遴撰。咸豐壬子露蕭草堂刊。

淵雅堂外集詩續鈔箋略二卷 清龍巖魏茂林撰。咸豐乙卯刊。據其孫紹仁跋稱,此爲二家詩鈔箋略之一,其他一家尚不知爲誰氏。

樂志堂文鈔八卷 清黄梅喻元鴻撰,上高李祖陶評。光緒六年夏五月刊。

簡莊文鈔六卷續編二卷河莊詩鈔一卷 清海昌陳鱣撰。光緒戊子五月海昌羊氏於粵東刊。

念宛齋詩集十卷 清陽湖左輔撰,諸名家評。無印書年月,約光緒間鉛字排印本。

船山詩註二十卷 清蜀東几水李岑撰。同治間刊。

販書偶記續編卷十七

别　集　類 清道光

嶺南集七卷 清景東程含章撰。道光元年刊。

嶺南集五卷續集一卷 清景東程含章撰。道光元年刊。

嶺南集七卷山左集一卷中州集一卷續集一卷 清景東程含章撰。道光間刊。

藤阿吟稿四卷 清會稽陳鴻熙撰。道光元年精刊。

竹西小稿二卷雪堂詞鈔一卷嶺南紀事詩一卷嶺南荔支名一卷 清如臯袁勛撰。道光辛巳刊。

邁廬遺文一卷 清高密單鍢撰。道光元年刊。

使喀爾喀紀程草一卷 清長白昇寅撰。道光元年思補過齋刊。

惕園初稿十六卷外稿一卷 清長樂陳庚焕撰。道光元年刊木活字本。

簡緣詩草一卷 清長洲彭希洛撰。**附瓊樓吟稿一卷** 清長洲女史陶善慶撰。道光元年刊。

雞牕百二稿八卷杏春詞賸一卷雞牕續稿十二卷寱餘録一卷雞牕三續稿十卷雞牕四續稿一卷 清海昌宋楗撰。**附潛齋詩鈔一卷** 清古鹽官倪子度撰。道光元年至二十六年陸續刊。

雞牕續稿七卷三續稿十卷 清海昌宋楗撰。道光七年丁亥至二十三年癸卯刊。

抱經堂古文四卷續編一卷 清漢州張懷泗撰。道光二年刊。

向日堂詩集十六卷 清海寧陳寅撰。道光壬午仲秋子崇禮刊。

文甲集二卷文乙集二卷蘭石詞一卷 清陽湖董祐誠撰。道光三年冬刊。

錦江寓懷録二卷 清春陵楊登訓撰。道光三年袖雲山房刊。

古歡堂詩集四卷 清仁和胡濤撰。道光三年刊。

登雲山房文稿四卷梧溪石屋詩鈔六卷 清長樂温訓撰。道光三年刊。

梧溪石屋詩鈔四卷 清長樂温訓撰。道光壬辰刊。

蒙齋文鈔十卷 清崐山張觀瀾撰。道光癸未子成幹鈔底稿本。每卷首鈐有"養正堂蒙齋鑒定"諸印。

瘦松柏齋初集八卷别集二卷外集一卷試帖體一卷律賦一卷 清鉛山陳文瑞撰。道光三年春刊。《别集》《外集》即《西漢雜詠》《竹枝詞》。

琴籟閣詩九卷 清嘉應王利亨撰。道光癸未精刊。《韓山詩鈔》六卷,《詠物詩鈔》三卷。

穤廬全集十四卷 清南昌萬承昌撰。道光癸未於桂林刊。

梅溪詩鈔二卷 清桂林胡長慶撰。道光三年刊。

樹蘐居文稿二卷 清鎮洋王璡撰。道光癸未刊。

子仙文鈔二卷詩鈔四卷 清吴縣李福撰。道光癸未年春正月吴門百花盦精刊。

定盦文集三卷餘集一卷 清仁和龔自軫撰。道光癸未自刊。《餘集》即少作,一名《定盦初集》。

定盦文集三卷續集四卷文拾遺一卷文集補編四卷續録一卷古今體詩二卷雜詩一卷詞選一卷詞録一卷手抄詞一卷 清仁和龔自珍撰。**附年譜一卷** 同縣吴昌綬編。宣統元年己酉國學扶輪社鉛字排印本,民國十二年五月鉛字排印本。

詠花軒遺稿三卷 清平湖方樹本撰。道光四年精刊。

吾溪詩鈔一集詩存一卷二集詩附一卷三集詩賸一卷四集詩删一卷吾溪雜著二卷 清高陽王棻撰。道光四年精刊。

鳳蕉山館詩草四卷 清太倉黄虎文撰。道光四年甲申刊。

敝帚齋詩集七卷附録一卷 清光澤何長詔撰。道光四年仲秋半窩居刊。

雪浦詩存十六卷 清仁和龔澡身撰。道光四年甲申刊。

鐵簫庵文集四卷 清吴江朱春生撰。**附獨笑軒文稿一卷** 清吴江袁箴撰。道光四年觀復齋刊。

乳初軒詩選四卷外集一卷 清吴江趙基撰，長洲王芑孫、吴縣石韞玉同選。**附鶴汀遺草一卷** 清吴江趙齊嶧撰。**莘田遺草一卷** 清震澤趙雲球撰。道光四年刊。

苕父詩鈔四卷詞鈔一卷 清德清蔡夔撰。道光甲申本宅刊。

日鋤齋詩集八卷缶音一卷洵嶠一卷 清宛平張琛撰。道光四年刊。

治經堂詩集十二卷 清海鹽朱錦琮撰。道光四年刊。

怡亭文集二十卷詩集六卷 清建寧張紳撰。道光四年至十五年留香書屋刊。

豔雪軒詩存四卷 清仁和龔守正撰。原稿本。首有道光五年四月二十五日自序。

篷窗翦燭集一卷 清仁和李堂撰。道光乙酉刊。

味辛堂詩存四卷 清南海倪濟遠撰。道光五年季夏刊。

鄴芸文鈔一卷 清新昌李騰華撰。道光五年刊。

鄴芸文集五卷 清新昌李騰華撰。道光五年湘川書院刊。

效颦草六卷 清無爲高峻撰。道光乙酉刊。

松澗詩稿一卷 清膠西宋繩先撰。道光乙酉種松書屋刊。

岱雲編三卷 清順德吴梯撰。道光丙戌刊。

枕善堂詩鈔二卷雜著二卷 清雲間陳大溶撰。道光丙戌刊。

鐵如意庵詩稿六卷 清笠澤袁鴻撰。**附瑶華仙館賸稿一卷** 清吴江女史王蕙芳撰。道光丙戌刊，宣統己酉重刊。

雲麓詩稿十卷 清龍溪鄭開禧撰。道光六年丙戌刊。

文靖先生詩鈔十三卷 清南通州孫世儀撰。道光丙戌寶晉堂刊。

謙益堂詩鈔二卷 清遼陽賈虞龍撰。道光丙戌豔雪山房刊。

澗東集三卷 清長洲彭藴章撰。道光丙戌刊。

畫餘偶存一卷 清古滇段永源撰。咸豐六年刊巾箱本。

題畫蘭百首一卷 清滇南段永源撰。道光間刊。

磵東詩鈔十卷 清新化歐陽紹洛撰。道光六年丙戌刊。

蘭山堂詩集十五卷 清古晉黄璟撰。道光丙戌刊。

蘭陔堂詩鈔四卷 清漢陽熊壎撰。道光丙戌春日刊。

麗則堂詩集四卷 清甘泉吴慶恩撰。道光六年丙戌刊。

出谿小草二卷 清臨川邱照撰。道光丁亥刊巾箱本。

澍棠軒詩鈔二卷 清長白福申撰。道光七年本衙刊。

鞠隱居遺鈔二卷 清金山吴敦宗撰。道光丁亥夏成美堂精刊。

白鶴山房詩鈔二十四卷外集二卷詞鈔二卷 清歸安葉紹本撰。道光丁亥桂林使廨刊。

一齋詩集六卷 清桐城倪之鐳撰。道光丁亥刊。

紅葉山房集十二卷 清烏程鄭祖球撰。**附畹香居詩草一卷** 清苕溪女史鄭梧英撰。道光戊子寶研齋刊。

三十六洞天草堂詩存二卷附補遺 清高要何彬撰。道光八年刊。

小莊詩鈔七卷附駢體文三篇 清雲夢萬法周撰。道光八年刊。

枕善齋集十六卷 清浦江周爲漢撰。道光戊子刊。

西林詩萃八卷後萃二卷 清蒲圻戴玉華撰。道光戊子冬晴川書屋精刊。

鷗汀漁隱詩集六卷 清宜黄陳偕燦撰。道光己丑刊。

且飲樓詩選四卷續集一卷 清太倉顧晞元撰。道光己丑刊,光緒六年重刊。

挹青閣詩集六卷 清丹徒茅潤之撰。道光己丑木蘭花館刊。

臨谿文集四卷 清香山黄大榦撰。道光己丑二月刊。

婁光堂稿四卷匡廬遊草一卷南來詩録四卷 清建寧張際亮撰。道光己丑至癸巳刊。《婁光堂稿》起卷十一，止卷十四，此與《松寥山人詩初集》相連。

亨甫詩選八卷 清建寧張際亮撰，邵武徐榦選。光緒八年刊。

練香詩集二卷 清上海楊鍾寶撰。道光十年精刊。

小栗山房詩鈔十卷 清錢塘殳慶源撰。道光十年刊。

湖録紀事詩一卷感逝吟一卷 附 **蜀產吟一卷** 清烏程范鍇撰。道光庚寅刊。一名《苕谿漁隱詩稿》。

香瓦樓市籥集六卷 清華亭姜皋撰。道光庚寅長夏刊。

無逸集六卷 清洪洞靳之隆撰。道光庚寅忠恕堂刊。

壺冰館詩鈔四卷 清真州汪慶齡撰。道光十年刊。

畫江詩鈔一卷帖體詩一卷 清海陽徐大綸撰。道光十年刊。又名《梅修書屋詩鈔》。

虛受齋詩鈔二十卷 清寶坻李光庭撰。道光辛卯刊。

萬善花室文稿六卷 清大興方履籛撰。道光十一年刊。

石經閣文集四卷 清嘉興馮登府撰。道光辛卯刊。

石經閣文集八卷 清嘉興馮登府撰。舊抄本。有宜興吴德璇、錫山汪士侃二序。

芙蓉池館詩草二卷 清臨桂羅辰撰。道光辛卯秋七月刊。上卷《桂林山水圖》，下卷古今體詩，賦、記、序、啓等類。

高東井詩選四卷薋香詞一卷 清武康高文照撰，徐熊飛録。道光十一年刊。

怡雲草三卷 清武陵劉秉彝撰。道光十一年吟石山房刊。

文起堂詩集十五卷 清韓羹卿(原名之錦)撰。道光十一年刊木活字本。

紅蕉館詩集十二卷 清吴縣潘曾瑩撰。道光辛卯刊。

小鷗波館駢體文鈔一卷 清吴縣潘曾瑩撰。民國丁丑正月歲可堂刊。

乙齋詩鈔六卷續鈔六卷 清高安蕭煒撰。道光辛卯至壬寅本齋刊。

安事齋詩録四卷 清儀徵貴徵撰。道光辛卯刊。

兼山堂文集一卷詩集三卷湘夢詞一卷經解四卷 清會稽沈棅撰。道光十一年辛卯刊,光緒十二年丙戌孟冬重刊。

食古研齋詩初集七卷附集蘇詩二卷 清羅田陳瑞琳撰。道光壬辰於杭州試院刊。

西磧山房詩録二卷文録二卷 清吴縣蔡復午撰。道光十二年精刊。又名《蔡孝廉詩文録》。

夢陔堂詩集三十五卷 清江都黄承吉撰。道光十二年至十三年刊。

聊以自娱集一卷續一卷 清長山馬桐芳撰。道光十二年飲和堂刊。

問花亭詩初集八卷 清桐城張敏求撰。道光壬辰刊。

旅逸小稿二卷 清嘉興錢儀吉撰。道光十三年刊。

萬松山房詩鈔五卷 清番禺潘正亨撰。道光癸巳松陰堂刊。

蒔古齋吟稿二卷 清上海楊城書撰。道光癸巳刊。

癡翁雜草十卷 清安成彭景休撰。道光十三年桂月精刊。卷一至三詩,卷四詞,卷五至七文,卷八至十一夜話。

野航詩鈔二卷 清龍谿嚴仙藜撰。**雪巖詩鈔二卷** 清龍谿林夢斗撰,同里鄭開禧輯。道光十三年刊。

百尺樓吟草一卷 清番禺陳廷選撰。道光癸巳春刊。

友竹山房詩草七卷首一卷補遺一卷詩續鈔七卷首一卷末一卷 清閩南蘇履吉撰。道光癸巳仲秋至甲午孟春刊巾箱本。

敬義堂經進文稿一卷詩稿一卷詩存一卷 清覺羅桂芳撰。道光癸巳秋六君子室精刊。

求己堂詩集一卷塞垣草一卷 清崇明施彦士撰。道光癸巳春本衙刊。

卓廬初草無卷數 清錢塘陳墉撰。道光甲午刊。

愈愚續集四卷 清烏程孫燮撰。道光甲午秋怡顔堂刊。

眠琴館詩鈔四卷 清順德胡斯錞撰。道光甲午刊。

鑑泉詩鈔二卷西行日記一卷 清會稽朱澐撰,歷下周樂評。道光甲午永思堂刊。

白圭堂詩鈔六卷詩續鈔六卷 清婺源江之紀撰。道光十四年刊,光緒十九年重刊。

平江集十四卷 清婺東樓上層撰。道光十四年刊。

秋樵詩鈔六卷文鈔二卷行述一卷 清平湖張慶成撰。《行述》子祖周等編。道光甲午山莊精刊。

安素軒詩鈔二卷詞鈔一卷 清荆溪儲憲良撰。道光甲午初春刊。

綠筠堂菊花詩集四卷 清閩浦朱秉銘撰。道光十五年刊。

鶴亭詩稿四卷 清蒙古白衣保撰。道光十五年槐蔭書屋刊。

詒穀堂遺稿無卷數 清章邱馬汝舟撰。道光乙未刊。

梅花閣集十六卷 清鄱陽程直仞撰。道光乙未刊。卷十三以下外集,即《客槎叢語》,考訂之文。

無祇悔齋詩集八卷 清陽湖李復來撰。道光乙未刊。

景士堂文集五卷 清孝感陳運鎮撰。道光丙申仲冬刊。

宦蜀詩鈔十卷 清旌德吕兆麒撰。道光丙申慎修堂刊。

雨窗文存一卷續一卷遺文一卷吟存一卷續一卷 清高郵周敍撰。道光丙申至咸豐壬子愛蓮堂刊。

遂初堂詩集二卷 清歙縣何青撰。道光丙申刊。

春暉閣詩鈔選六卷 清固始蔣湘南撰。道光十六年刊。

鶴淚編八卷 清潞河樊鎮撰。道光十六年丙申刊。《來鶴山房吟稿》一卷,《思存集》一卷,《雙桐吟館初稿》一卷續刻一卷後刻一卷,《來鶴山房詩餘》一卷,雜著一卷,尺牘一卷。

芬若樓四六文鈔二卷 清鎮洋張鐸撰。道光十六年刊。

南行吟草一卷 清東武王應垣撰。道光十六年丙申冬雨蘿山房刊。

益神智室詩二卷 清金山程秉格撰。道光十六年刊,光緒九年癸未金山程氏補讀書齋刊。

芳谷詩鈔六卷 清烏程孫枚撰。道光十六年丙申刊。

鵝湖遊草二卷 清崇仁謝蘭生撰。道光丙申七月鏡水樓刊。

繡屏風館詩集十卷文集四卷別集一卷 清琴川方熊撰。道光十六年丙申至二十三年刊。

狎鷗軒集四卷附甑塵紀略一卷 清昭文姚齊宋撰。道光丁酉刊。

姚江賸稿一卷 清餘姚戚紹模撰。底稿本。首有道光丁酉自序。

愛日堂類稿十六卷 清昌黎王煦撰。道光丁酉夏渚匡王氏刊。卷一至五詩,卷六至十六文。

味澹齋詩草十卷 清萍鄉文鴻撰。道光丁酉刊。

菊照山房近稿五卷 清檇李岳鴻振撰。道光丁酉九月留蓋堂岳精刊。

立崖先生文集四卷 清雩都宋華國撰。道光十七年刊。

二波軒詩選四卷 清長洲王嘉福撰。道光十七年刊。

鏡虹吟室詩鈔四卷經進稿一卷詞集二卷 清闕里孔昭虔撰。道光丁酉刊。

易園集六卷詞集一卷 清海上李林松撰。道光丁酉正月濟寧州署刊。

享帚集鈔一卷外集鈔一卷永安耆獻狀一卷青老答客問一卷 清臨海屈軼撰。道光丁酉春至癸巳春刊。

汲綆書屋詩鈔一卷附淮黄策略一卷 清海陵潘慶齡撰。道光戊戌刊。

松月山莊詩鈔七卷 清山陰陸文傑撰。道光戊戌刊。

俟盦賸稿二卷補編一卷續編二卷 清昭文毛琛撰。道光十八年刊。

棲僻園詩鈔二卷 清魏塘朱蓮燭撰。**附静濤齋詩草一卷** 清魏塘朱時謙撰。道光十八年刊。

裘杅居遺集五卷 清嘉定胡澂撰。道光十八年仲秋刊。

松蔭精舍文集三卷詩集一卷 清魯山李洲撰。道光戊戌刊。

讀雪軒詩稿二卷 清海陽孫承勳撰。道光十九年己亥刊。

喝月樓詩録二十卷 清長洲王鴻撰。道光己亥精刊。原目作二十一卷，第二十一卷《盜詩圖詩録》原闕。

鏡池樓吟稿六卷 清海上陳文藻撰。道光己亥夏刊。

周止庵遺稿文一卷附折肱録并序詩一卷詞一卷 清荆溪周濟撰。道光庚子刊。

味雋齋文稿無卷數 清荆溪周濟撰。道光間刊。卷數葉數間均屬墨丁。

敦素堂集八卷附書種園題詠四卷聽雨樓唱和一卷 清涇縣潘耀文撰。道光二十年古谿别野刊。

松石詩鈔二卷 清歷下喬嶽撰。道光庚子嘉平月刊。

半解集詩選一卷 清如皋黄錡撰。道光庚子初冬刊。

賜綺堂詩集二卷續集二卷 清徐溝蘇於沛撰。無刻書朝代，約道光庚子刊。

子顧遺稿六卷 清南豐吴嘉言撰。道光庚子刊。

小山泉閣詩存八卷 清如皋汪爲霖撰。道光庚子文園刊。

雙牖堂文集一卷黄山紀遊隨筆一卷外集賦一卷詩集二卷 清江浦韓廷秀撰。**附護槐堂詩存一卷** 清江寧孫捷撰。道光庚子至甲辰刊。

舊香居文稿十卷筆鏡二卷重編千字文一卷 清太倉王寶仁撰。道光辛丑至壬寅於六安學舍刊。

洞樵詩稿八卷 清宿松石光宿撰。道光辛丑守經堂刊。

瘖齋文存一卷詩存二卷詩餘一卷 清海昌查元偁撰。道光二十一年自刊。一名《瘖齋集》。

素軒詩集六卷詞賸一卷 清嶠西黎建三撰。**自娱詩集二卷** 清嶠西黎君弼撰。道光壬寅求慊齋家塾刊。

就正齋古文二卷 清新化楊源漢撰。道光二十二年刊。

鴻爪續集三卷 清象州鄭存紵撰。道光二十二年刊。

自怡堂小草續集二卷 清南海招健升撰。道光二十二年八月刊。

西溪草廬詩録六卷 清嘉定黄鋐撰。道光二十二年刊。

希齋詩存四卷文鈔二卷 清無爲高學濂撰。道光壬寅冬思誠齋刊。

曙彩樓詩鈔一卷詞鈔二卷詩補鈔一卷詞補鈔二卷 清南匯顧成順撰。道光壬寅夏刊。

浣花閣詩草一卷詞續鈔一卷 清山陽熊裕棠撰。道光壬寅刊。

强恕堂文稿無卷數 清中州李道融撰。道光壬寅春精刊。

碧城詩髓八卷補五卷碧城題跋二卷 清錢塘陳文述撰。道光壬寅至癸卯頤道堂刊。

碧城文雋二卷 清錢塘陳文述撰。道光甲辰頤道堂刊。

味義根齋詩稿無卷數二集無卷數 清泰順董正揚撰,顧南雅、陶雲汀評定。道光二十三年刊。

湔紅閣詩集二卷詞一卷 清古梅州黄平甫撰。道光癸卯精刊巾箱本。

逸園吟草四卷 清邗江汪椿年撰。道光癸卯秋日刊。

惕夫詩鈔三十二卷 清黄岡謝焚撰。道光癸卯至己酉刊。

潑墨軒詩集三卷詩餘三卷 清濟寧戴鑑撰。道光二十三年慎餘堂刊。又名《石坪遺集》。

蕉窗詩鈔六卷 清婺源齊學裘撰。道光二十三年癸卯刊。

括春軒駢體文集十卷附刻一卷 清桐城房聚五撰。《附刻》房際昌撰。道光癸卯擁書樓刊。

可竹軒詩録一卷 清天津王大淮撰。道光癸卯受業孔憲庚刊。

游吳集三卷 清順德胡夢齡撰。道光甲辰孟秋刊。

水西詠雪齋詩稿六卷 清涇趙炳文撰。道光二十四年甲辰刊。

退庵詩續存八卷 清福州梁章鉅撰。道光二十四年甲辰北東園刊。

桂留山房詩集十二卷詞集一卷 清寶山沈學淵撰。道光甲辰年刊。

歗雲文鈔十四卷詩鈔八卷 清金門林樹梅撰。道光甲辰刊。

雪廬詩鈔二卷 清獻縣崔士元撰。道光甲辰刊。

華藏室詩鈔一卷 清仁和許延敬撰。道光二十五年精刊。

春草堂集三十七卷 清甘泉謝堃撰。道光二十五年夏刊巾箱本。又名《春草堂叢書》。卷一駢體文，卷二至六古近體詩，卷七詞録，卷八至十二詩話，卷十三至二十傳奇（即《黄河遠》《十二金錢》《繡帕記》《血梅記》各二卷），卷二十一至二十四《錢式圖》，卷二十五《花木小志》，卷二十六至二十八《書畫所見録》，卷二十九三十《金玉瑣碎》，卷三十一至三十四《雨窗記所記》，卷三十五三十六《雨窗隨筆》，卷三十七《恩怨録》。

萬里游草二卷 清慈溪張廣埏撰。道光乙巳刊。

温經堂詩鈔四卷 清陽湖徐燮鈞撰。底稿本。首有道光乙巳季芝昌、陳之驥、楊大墉諸序。

樵湖詩鈔一卷 清南海陳瑩達撰。道光乙巳刊。

未齋尺牘四卷 清會稽龔萼撰。道光乙巳秋來鶴軒刊袖珍本。

潛吉堂詩録二卷詞録一卷雜著一卷 清吳江楊秉桂撰。道光乙巳刊。

了原文初艸一卷文末艸一卷 清河間鎦洂撰。道光乙巳師谷堂刊。

小羅浮館詩八卷詞四卷雜曲一卷别録四卷 清合肥趙對澂撰。道光乙巳刊。後附《延秋閣詩稿》一卷(合肥女史趙景淑撰)。

墨緣館詩鈔三卷 清漢川秦篤輝撰。道光丙午仲冬刊。

嗣雅堂詩存五卷 清長洲王嘉禄撰。道光丙午彭蘊章刊。

安吴四種三十六卷 清安吴包世臣撰。道光丙午白門倦游閣刊木活字本。《中衢一勺》三卷附録四卷,《藝舟雙楫》六卷附録三卷,《管情三義》八卷,《齊民四術》十二卷,附楊傳第《校正誤字》一卷。

小倦遊閣集殘本 清涇縣包世臣撰。陽湖張氏宛鄰書屋抄本。藍格,版心下右邊刊"宛鄰書屋"四字。首有"小倦遊閣集殘本"七大字,左邊"張氏宛鄰書屋原鈔""丁巳""濠堂主人得于廣州""李尹桑署眉"等字。每册之首鈐有"濠堂藏本"四字硃印一方。存卷第十六(正集十六)文十二,卷第十七(正集)文,卷第十八(正集)文十四,雜説一,卷第十九(正集)文雜説二,卷第二十(正集)文雜説三,卷第□□(疑係卷第二十一)賦詩,卷第二十二(别集三)詩詞,卷第二十三(别集四)文,卷第二十六(别集七)文四。

小倦遊閣文稿二卷 清涇縣包世臣撰。民國丁巳六月華陽王氏菊飲軒據包氏原稿鉛字排印本。

愧齋遺詩一卷 清順德梁詩拔撰。道光丙午冬月刊。

憶存齋詩稿六卷文稿一卷 清天津姜城撰。道光丙午刊。後附《孔氏三世出妻辨書後》(文晟撰),《伯魚之母非出母説》(黄定宜撰)。

豸華堂文鈔八卷 清錢唐金應麟撰。道光丙午刊。

三十六湖漁唱三卷乙稿一卷 清高郵王敬之撰。道光丙午刊。

紅雪樓詩鈔無卷數 清鉛山蔣知白撰。道光二十六年精刊。

燕黔詩鈔一卷 清金筑狄覲光撰。道光二十六年精刊。

知蔬味齋詩鈔四卷 清昆明黄琮撰。道光二十六年刊。又名《蜀游草》。

眠雲出岫集一卷 清江都孫宗禮撰。道光二十六年刊。

三十漢瓦軒遺詩二卷 清大興翁樹培撰。道光二十六年春三月淮陽張氏刊。又名《宜泉山房詩鈔》。

寓蜀草四卷 清濟南王培荀撰。道光丁未慎思堂刊。

雪嶠外集一卷 清淄川王培荀撰。道光二十七年丁未旭陽官廨刊。

藻香館詩鈔六卷詞鈔一卷 清江陵鄧承宗撰。道光丁未刊。

王香峯文集一卷 清内鄉王道升撰。道光丁未慎修堂刊。

瓶隱山房詩鈔十二卷詞鈔八卷 清錢塘黄曾撰。道光二十七年刊,民國十年補刊。

澄懷書屋詩鈔四卷 清長白穆彰阿撰。道光二十七年丁未刊。

夢溪詩鈔一卷越吟草二卷 清丹陽魏晉錫撰。道光二十七年丁未刊。

柯亭子詩初集八卷詩二集十卷詩三集三卷文集八卷駢體文集六卷 清祥符周沐潤撰。道光戊申至己酉刊。

養生四印齋文三集六卷詩五集二十二卷 清汳梁周沐潤撰。咸豐丁巳孟冬月於虞山官廨刊。

復素堂文續集五卷 清大梁周沐潤撰。無刻書年月,約咸豐間刊。原名《柯亭子》,己酉改名。

雪泥書屋雜志四卷附雜文五篇 清棲霞牟庭相撰,子房述。傳抄本。首有道光戊申王東槐序,後有咸豐乙卯正月房跋,次黄縣丁鳳池跋。(遺文)《周公年表》《史趙亥字算考》《論陳平陰謀》《平準書武功説》《校正崔氏易林序》。

耨雲軒詩鈔四卷詞二卷 清嘉興馮汾撰。道光戊申刊。

萚亭詩鈔十二卷 清會稽商嘉言撰。道光戊申刊。

味無味齋詩集二十四卷 清涇川吴念恒撰。道光二十八年戊申刊。

蓮溪詩鈔六卷 清番禺宋秀升撰。道光二十八年介壽堂刊。

香月廊詩存二卷 清甘泉文汝梅撰。道光二十八年揚州刊。

緑猗軒駢體文一卷 清溆浦舒燾撰。道光二十八年中吴節署刊。

養默山房詩録續存三卷 清松滋謝元淮撰。道光戊申仲秋知足之齋精刊。

養默山房詩稿三十二卷 清松滋謝元淮撰。光緒元年刊。

刻燭吟館詩鈔四卷 清海陽吕玉璜撰。道光己酉刊。

碧杉草堂詩集十九卷 清桐城何承熙撰。道光己酉刊。

鐵園集無卷數 清浙東陸璣撰。道光二十九年刊。原編次《前蜀遊詩》三卷,《後蜀遊詩》三卷。

潛虚文鈔四卷詩鈔三卷附崇祀録一卷 清常熟翁咸豐[一二]撰。道光二十九年刊。

紅薇吟榭詩鈔八卷 清丹陽魏堃撰。道光己酉春刊,同治乙丑重刊。

月壺題畫詩一卷 清上海瞿應紹撰。道光三十年精刊。

蕉雨山房詩集八卷 清侯官李家瑞撰。道光三十年刊。

養拙居詩稿二十四卷文稿八卷 清寶山張朝桂撰。道光庚戌仲春刊。

斗南吟草四卷 清大興邵位名撰。道光庚戌刊。

祝英臺近山房詩鈔二卷詞鈔一卷 清宜興萬貢璆撰。道光庚戌精刊。

思補過齋遺稿六卷 清萬載辛師雲撰。道光庚戌刊。

聽雲樓詩鈔十卷補遺一卷 清陽春譚敬昭撰。道光間刊。

抱影軒詩鈔十卷 清鐵嶺高廷樞撰。道光間南海楊正文精刊。

磨敵齋文存一卷 清番禺張杓撰。無刻書年月,約道光間刊。内有《文選序注》。

古白書房吟稿四卷 清海上朱鍾撰。道光間刊。

嘉樹堂稿十卷 清鹽官陳守謙撰。無刻書年月，約道光間刊。

都是春齋文集八卷 清朝邑張佑撰。無刻書年月，約道光間吾學園刊。

怡柯草堂詩鈔六卷 清上元姚錫華撰。無刻書年月，約道光間刊。

懷古堂詩前六卷 清甘泉經濟撰。無刻書年月，約道光間刊。無序目，全否不可考。

勉益齋偶存稿八卷續存稿十四卷 清魯山裕謙撰。道光間刊。

慕虞軒駢體尺牘無卷數 清元和宋體淳撰。無刻書年月，約道光間刊。

自怡悦草堂詩鈔四卷 清侯官劉士棻撰。無刻書年月，約道光間刊。

篠岑古文鈔一卷 清廬江黄金臺撰。道光間刊。

德輿集無卷數 清歸安凌堃撰。道光間傳經堂刊。

得閒山館詩集八卷曉園吟一卷文集二卷行述一卷 清吴興鄭佶撰。道光間刊。

衍慶堂詩稿十一卷 清連平顔檢撰。道光間閩浙督署刊。

齊雲山人紀遊十圖詩一卷 清陽湖洪符孫撰。無刻書年月，約道光間刊。

感逝草一卷 清婺源王鳳生撰。道光間刊。

愛日精廬文鈔無卷數 清昭文張金吾撰。舊鈔本。無序目，亦無書名。凡文二十篇。係殘稿。

孫季子詩集無卷數 清歸安孫憲儀撰。底稿本。有華亭王慶麟撰傳。

啜茗集八卷 清山陰張□□春農撰。底稿本。首有道光間南州姜曾序。

葆光書屋詩集賸稿六卷垕圃年譜一卷 清襄平德生撰，《年譜》子景星撰。原稿本。

培風堂賸稿二卷 清嶺山詹恒懋撰。底稿本。

傅忠毅公全集八卷 清進賢傅宏烈撰。咸豐元年刊。

闡道堂遺稿十二卷 清文昌雲茂奇撰。咸豐元年夏刊。

聽香讀畫山房遺稿四卷 清宗室德誠撰。咸豐癸丑二月刊。

欣遇齋詩集十六卷 清天津沈峻撰。咸豐四年甲寅仲春重刊。

淞溪遺稿二卷 清寶山鍾奭撰。**附城北草堂詩餘一卷詞餘一卷** 清華亭顧夔撰。咸豐丁巳刊。

黄葉山樵詩草四卷 清甘泉江璧撰。咸豐間刊。

江南春雜體文四卷黄葉山樵詩草四卷子笙賦鈔一卷 清甘泉江璧撰。同治乙丑刊。

享帚齋詩鈔四卷詞鈔二卷 清丹徒周恩綬撰。同治甲戌刊。

玉蘭山房詩鈔四卷 清長洲朱臨撰。光緒丁丑重刊。

鐵盂居士詩稿三卷 清儀徵汪全泰撰。底稿本。首有光緒五年己卯仁和馮崧生、王懿榮二序,次王守訓題詞。

題蘭稿一卷 清瀋陽繆公恩撰。光緒十二年精刊。

茹古齋文鈔二卷詩鈔一卷 清錢塘張復撰。光緒壬辰重刊。

種蕉館詩集六卷 清丹徒郭堃撰。光緒二十一年刊。

象洞山房文稿無卷數詩稿無卷數 清上虞徐迪惠撰。宣統元年春留餘堂刊。

齊物論齋文集五卷 清武進董士錫撰。民國癸丑新昌胡氏問影樓刊。

垂香樓文草八卷詩稿一卷 清禹州馬時芳撰。民國甲子夏月鈞陽慶怡堂刊。

可園遺稿一卷 清東莞張敬修撰。民國庚午鉛字排印本。

思適齋集補遺二卷 清元和顧廣圻撰。民國丙子吴縣王大隆刊。

販書偶記續編卷十八

别　集　類　清季

抱甕齋詩草三卷 清番禺蔡蕙清撰。咸豐元年四月刊。

昔味齋存稿十四卷 清新城楊炳撰。咸豐元年辛亥刊。

心逸軒詩存一卷 清長白鶴算撰。咸豐元年精刊。

梅隱詩鈔二卷詠史詩鈔二卷 清上虞車林撰。咸豐辛亥刊。

稼翁詩鈔六卷 清京口張灝撰。咸豐元年刊。又名《覆瓿偶存》。

思詒堂[一三]詩集十二卷詩續存八卷詩第三集四卷後永州集八卷書簡八卷 清漢陽黄文琛撰。咸豐元年至同治十二年刊。

蓬山詩存二卷附嶺海醻唱集一卷 清天津鄭熊佳撰，附一卷與金玉岡合稿。咸豐元年正月天津鄭氏刊。

小谷口詩存八卷體物草一卷 清吴興鄭祖琛撰。咸豐元年閏八月刊。

學語齋古文二卷詩鈔一卷 清望江張夢瀛撰。咸豐元年何俊夢約軒刊。

雲寥山人文鈔八卷詩鈔四卷 清甌寧蔣蘅撰。咸豐元年辛亥仲冬刊。

寸心知室存稿六卷隨筆一卷 清蕭山湯金釗撰。咸豐元年辛亥刊。

陳禮部詩稿十六卷月波樓琴言三卷 清番禺陳其錕撰。咸豐二年壬子暮春刊。《含香集》四卷，《循陔集》八卷，《載酒集》四卷。

寄鷗館詩録一卷 清江都符葆森撰。咸豐二年刊。

雲卧山房集二卷詩餘一卷年譜一卷 清海昌周嘉猷撰。咸豐二年其子樂清刊。嘉猷著有《南北史表》《南北史捃華》。

藤蓋軒詩集二卷 清葉河吉年撰。咸豐壬子桂月本宅刊。

寶研齋詩鈔四卷 清金筑花杰撰。咸豐壬子刊。

豹班集四卷 清寧鄉楊國泰撰。咸豐壬子刊。

菽歡堂詩集十六卷詩餘四卷 清海昌王丹墀撰。咸豐三年刊。

詒安堂詩初稿八卷二集八卷詩餘一卷沿波舫詞一卷廬州漁唱一卷梅嶂樵吟一卷試帖詩鈔一卷 清上海王慶勳撰。咸豐三年十二月刊。

塵海勞人草十八卷附詞一卷 清吴門夏尚志撰。咸豐甲寅刊。

菜根軒詩鈔十四卷續集一卷 清沁州王省山撰。咸豐甲寅十二月于吴門刊。

雲舲詩録四卷 清雲間張祥榮撰。咸豐甲寅仲秋刊。

醉墨畫禪詩草一卷 清長白書紳撰。咸豐甲寅刊。

聽花吟館詩稿五十二卷 清晉熙李德揚撰。咸豐甲寅秋中刊。編年詩,起嘉慶十年乙丑,止咸豐四年甲寅。又名《敍樂園全集》。

茹古堂文集三卷 清瑞安曹應樞撰。咸豐甲寅甌城録古齋刊。

留耕書屋詩草十二卷 清吴興沈惇彝撰。咸豐乙卯刊。

味無味齋詩鈔二卷 清石屏朱雘撰。咸豐五年刊,民國十九年庚午三月錦城重刊。

似山堂集一卷 清平湖朱爲霖撰。咸豐六年十月刊。

硯朐吟稿十二卷 清高郵談文焕撰。咸豐六年孟夏刊。

琴硯草堂古文前集一卷後集一卷詩集十卷 清海寧沈毓蓀撰。咸豐六年刊。

茗韻軒遺詩一卷 清江陰王甥植撰。咸豐丙辰刊,同治四年紫琅寓館重刊。

志隱齋詩鈔八卷 清會稽王文瑋撰。咸豐丙辰孟春刊。

小梅花館詩集六卷 清海鹽吴廷燮撰。咸豐七年刊。

篤簩山人詩十卷 清南海岑澂撰。咸豐七年梁氏十二石齋刊。

繩武齋遺稿一卷 清閩縣陳成侯撰。無刻書朝代,約咸豐丁巳刊。考訂之文。

繁露文集二卷 清浭陽董琪樹撰。咸豐己未五月遺安堂精刊。又名《繁露初編》。

澄清堂詩存四卷 清平湖范祝崧撰。咸豐十年刊。

蒲桔山房詩二卷鼎湖羅浮游草一卷 清香山黄國培撰。咸豐庚申初夏刊。

四梅花屋詩鈔十三卷 清羅田潘焕龍撰。咸豐十一年刊巾箱本。

餐花室詩稿十卷詩餘一卷 清桐鄉嚴錫康撰。咸豐十一年刊。

種樹山房詩集九卷 清漢陽周人龍撰。咸豐辛酉仲秋刊。

秦晉遊草二卷附録一卷 清遵義蹇謌撰。咸豐辛酉五月務本草堂刊。又名《雙劍山房詩存》。

冬榮館詩六卷 清番禺許玉彬撰。咸豐辛酉刊。

海鶴巢詩草四卷 清順德歐陽溟撰。咸豐辛酉刊。

果齋詩鈔二卷 清桐城方朔撰。無刻書年月,約咸豐間刊。

駐飆閣文鈔一卷 清江寧馬沅撰。無刻書年月,約咸豐間刊。

心字香館文鈔甲集二卷 清新會黄宗畬撰。無刻書年月,約咸豐間刊。

近村文草詩草無卷數 清古歙吴錫紀撰。無刻書年月,約咸豐間刊。

節安堂遺詩六卷 清元和汪廷楷撰。**景鄦齋詩録二卷** 清長洲汪獻玗撰。同治元年定州官廨刊。

有不爲齋詩鈔四卷 清德清楊道生撰。同治四年正月重刊。

螢窗遺稿搜存二卷 清高郵張平江撰。同治六年三月孫恩捷輯刊。《螢窗雜説》《率筆吟詩集》等。

小隱山樵文存二卷 清富陽王義祖撰。光緒二十六年庚子九月重刊。

守拙齋詩鈔二卷 清遵義李蹇臣撰。同治三年刊。

安所遇軒西游草四卷附同人尺牘 清南海何省蘭撰。同治三年甲子順德梁兆鳳輯刊。

芬響閣初稿十卷附存稿一卷 清靈石王褧之撰。《存稿》栅淵女史陳瑶撰。同治七年刊。

西山游草一卷 清洪洞王軒撰。同治八年春洪洞王氏刊。

小泉詩草四卷 清增城單子廉撰。同治九年庚午刊。

閒齋詩集前編三卷後編四卷 清桐城光聰諴撰。同治九年八月刊。

誦芬閣集四卷首一卷 清樂平石景芬撰。同治辛未刊。

娜嬛小築詩存三卷文存一卷 清婁縣龔汝霖撰。同治壬申孟秋至甲戌仲秋精刊。

嘯葉軒文鈔二卷 清古岡何朝昌撰。同治癸酉春藻堂重刊巾箱本。

貽思齋古文稿一卷 清江右饒拱辰撰。光緒十八年重刊木活字本。

竹崮文詩集五卷竹崮家訓一卷崇正録二卷 清廣濟阮文茂撰。光緒二十四年刊木活字本。

巢南詩鈔無卷數 清葉二酉撰。底稿本。首有丁卯仲冬平湖徐一麟序，次丙寅三月七日陽湖周儀暐題詩，次戊辰九月下澣武進蔣承曾題詩。

味古齋詩存六卷小滄嶼山房詩存六卷 清溧陽史一經撰。底稿本。首有樂亭張山題詩二首。

留耕草堂初稿四卷 清漢陽鄒堯廷撰。底稿本。首有武進費庚吉、鵠湖錢福昌二序，次錢儀吉、宗稷辰等題詞。

二丸居集選九卷 清順德李景義撰。光緒元年乙亥黎光澤堂重刊。

三十二蘭亭室詩存八卷續刻二卷再續刻二卷 清大城劉溎年撰。光緒元年秋至辛卯年刊。

守柔齋行河草二卷 清高要蘇廷魁撰。光緒元年刊。

晚菘齋遺著一卷 清烏程周慶賢撰。民國乙卯夢坡室刊。

聊自娱齋詩草三卷 清代州馮嘉謨撰。光緒八年二月洪洞董氏刊。

晚香堂遺集一卷 清濠州王葆生撰。光緒丙戌孟秋月男之藩刊。

航海吟草一卷 清和碩醇親王撰。光緒丁亥仲春上海同文書局石印本。

碧城詩鈔十二卷碧城雜著三卷 清古鹽俞功懋撰。光緒十三年丁亥秋仲於仙城刊。

寄青齋詩稿一卷 清上虞徐虔復撰。光緒丁亥季冬留餘堂刊。

尺岡草堂遺詩八卷 清番禺陳璞撰。光緒十五年刊。

百一山房集十卷 清海寧應時良撰。光緒壬辰海寧鍾氏刊。

適安廬詩鈔二卷詞鈔一卷 清山陰王汝鼎撰。光緒二十三年刊。

碧梧紅杏山房詩鈔二卷楹帖一卷 清桐鄉陸費夔撰。光緒二十六年刊。

寄影廬詩草一卷 清練川王惟和撰。光緒辛丑秣陵刊木活字本。

百無可齋近體詩一卷 清江寧傅春官撰。光緒癸卯季冬石印本。

樊山詩存無卷數 清武昌吕學正撰。原稿本。即《天弢集》《秦淮集》《慕飴堂集》凡三種,各一卷。並無序跋。學正字養吾,光緒時人。

殘本太庵詩集無卷數 清不著撰人姓名。底稿本。編年詩,甲寅至丁巳,丙午至丁未,壬子至癸丑等年。

影山草堂尺牘一卷 清獨山莫友芝撰。原稿本。

望雲軒文稿二卷 清高淳吴壽寬(原名寬)撰。民國五年刊木活字本。

茨邨詠史新樂府六十首無卷數 清山陰胡介祉撰。底稿本。首有自序,最後有李驎書懿安皇后事。

岑樓詠物詩二卷 清漣水程鑾撰。康熙丁亥精刊。

百花詩一卷花王韻事一卷百菓詩一卷 清吴門金符撰。康熙四十九年精刊。

崑崙山房詩集殘稿一卷 清淄川張篤慶撰。近刊本。即《明季咏史百一詩》。

春暉樓十三子表忠詩一卷新定貞烈偶吟一卷昭陽仰止吟一卷題柱草堂限字詩一卷西湖十景詩并詞一卷百花偶吟一卷 清休寧汪芳藻撰。雍正間刊。

水仙百詠一卷 清絳州李毓秀撰。無刻書年月，約乾隆間刊。

游仙百詠一卷續一卷 清錢唐厲鶚撰。光緒丙申仲冬精刊。

話雲軒詠史詩二卷 清新安曹振鏞撰。嘉慶五年刊。

詠史百律一卷 清常熟朱宫桂撰。嘉慶六年帶星草堂刊。

續尤西堂擬明史樂府一卷倣元遺山論詩絶句一卷 清陽城張晉撰，同里楊履道注。嘉慶癸酉刊。

澹香齋詠史詩一卷 清大興王廷紹撰。嘉慶庚辰刊。

讀史雜詠一卷 清大興牛坤撰。無刻書年月，約嘉慶間刊。

青墅讀史雜感十三卷 清三山鄭大謨撰。無刻書年月，約嘉慶間刊。

留雲閣讀史詩一卷 清泰州彭壽山撰。道光丙戌季秋刊。又名《留雲閣存稿》。

妙香館詠物全韻一卷 清蘇完銘岳撰。道光癸巳刊。

一盞燈二卷 清嶺南古學古撰。道光十四年甲午活潑山房刊。

南陵無雙譜一卷 清大興王言撰。道光丁酉食硯山房刊。

思無邪齋詠史詩一卷 清蘄水蔡紹洛撰。道光丙午本齋刊。

擬詠史小樂府一卷 清樂亭史履晉撰。底稿本。

五代詠史詩鈔七卷 清東莞張其淦撰。民國戊午冬月寓園刊。

擬古排節宫詞一卷歷代宫詞一卷 明慈谿楊子器撰。明正德間常熟李慶雲刊，約萬曆間重刊。

元宫詞一卷 明蘭雪軒主人撰，東吴毛雲晉訂。崇禎間汲古閣刊。

崇禎宫詞一卷 清常熟王譽昌撰。康熙三十年辛未精刊。

五代宫詞一百首 清南匯吴省蘭撰，仁和諸嘉樂註。無刻書年月，約乾隆間刊。

冬青館古宫詞三卷 清烏程張鑑撰。無刻書年月，約咸豐間刊。

何屺瞻稿無卷數 清長洲何焯撰，無錫徐鍾華等評。康熙甲申精刊。即四書文。

蘭雪集二卷補遺一卷 元松陽女史張玉孃撰。道光二十六年精刊，光緒八年季冬補刊。

蘭雪集二卷 元松陽女史張玉孃撰。光緒間有正書局鉛字排印本。

嘯雪庵詩集一卷詩詠一卷二集一卷新集一卷 清茂苑女史吴綃撰。舊鈔本。首有順治己亥陳焯、順治乙未胡文學二序,次黄中瑄小引,次自序,次葉襄序,次諸家跋語。

硯爐閣詩集五卷 清東海女史冷玉娟撰。無刻書朝代,約康熙戊午刊。

蓮香集四卷續編一卷 清東吴女史張喬撰,南越彭日貞編輯。無刻書朝代,約康熙乙酉精刊。

出凡遺稿一卷 清仁和女史高韞珍撰。舊鈔本。女史爲高士奇之妹,晚年入道,故詩稿名"出凡"云。

慈雲閣詩存一卷 清海昌女史朱逵撰。乾隆三十年精刊。

浣青詩草八卷 清毗陵女史錢益鈿撰。乾隆丙申芸香閣精刊。

踈影樓稿一卷 清三山女史何許素心撰。底稿本。首有乾隆戊戌鑑湖女史胡慎儀序。

瓊樓吟稿一卷後録一卷 清長洲女史陶善撰。乾隆庚子精刊。

玉映樓吟稿一卷 清申左女史黄曹柔和撰。乾隆丁未精刊。黄曹柔和爲黄文蓮之室。

味雪樓詩草一卷别稿一卷 清奉新女史宋鳴瓊撰。乾隆五十六年宋鳴璜精刊。

傳書樓詩稿一卷 清烏程女史汪金順撰。**附題詞十卷** 子汪尚仁編。乾隆癸丑四勿齋精刊。

聽秋軒詩集四卷閨中同人集一卷贈言三卷 清句曲女史駱綺蘭撰。乾隆六十年金陵龔氏刊。

繡餘吟稿一卷附集閨中詩 清錢塘女史袁棠撰。底稿本。

緑窗吟草一卷 清正白旗漢軍女史楊瓊華撰。乾隆間子姚德豫刊。

沅香閣存草一卷 清蘭陵女史項蕙卿撰。嘉慶二年刊。

晚香居詩鈔四卷詞二卷 清華亭女史張玉珍撰。嘉慶八年刊。

珠樓遺稿一卷 清平湖女史徐貞撰。嘉慶癸亥刊。

聽月樓詩草一卷 清吴下女史朱文娟撰。嘉慶癸亥精刊。

緑秋書屋遺稿一卷 清甘泉女史張因撰。嘉慶十三年戊辰刊。女史張因爲甘泉黄文暘之室。

古雪詩鈔一卷續鈔一卷詩餘一卷 清西川女史楊繼端撰。嘉慶己巳春刊。

碧香閣遺稿一卷附哀輓詩一卷 清東萊女史單茝樓撰。嘉慶辛未精刊單茝樓爲琅邪王瑋慶之室。

女蘿亭詩稿四卷續一卷 清歙女史唐慶雲撰。約嘉慶甲戌刊。唐慶雲爲儀徵阮元之簉室。

生香書屋詩二卷 清長洲女史李佩金撰。嘉慶己卯秋於吴門精刊。

秋水軒詩選一卷詞一卷 清毗陵女史莊盤珠撰。光緒丙子盛氏思補樓刊木活字本。

傳經閣遺稿一卷 清丹徒女史周素貞撰。民國癸亥季冬重刊。

小娜嬛唫稿一卷 清錢塘女史王倩撰。道光癸未刊。

聽春樓詩稿六卷 清海昌女史許韻蘭撰。道光丁亥精刊。

鴻雪樓詩選初集十五卷 清錢塘女史沈善寶撰。道光戊子刊。

印月樓詩剩一卷詞剩一卷 清湘潭女史王璊撰。道光庚寅冬月刊。

倩梅簃遺稿一卷 清杭州女史戴小玉撰。

希蘊廬遺稿一卷 清琴川女史劉椿撰。道光壬辰刊巾箱本。

澣俗軒詩鈔二卷 清山陰女史趙鏡仙撰。道光十七年刊。

鳳池僊館詩存一卷附詩餘 清吴趨女史郭慧媖撰。道光庚子精刊。

澹蘜軒詩初稿四卷詞一卷 清陽湖女史張綰英撰。道光庚子十二月宛鄰書屋刊。

澹蘜軒詩續稿三卷詞續稿一卷 清陽湖女史張紹英撰。底稿本。

夢華閣詩稿一卷 清長白女史湘岑撰。道光辛丑精刊,光緒間鉛字排印本。

雅安書屋文集二卷詩集四卷秋鐙課子圖題詠集四卷贈言録一卷 清古歙女史程汪嫈撰。道光甲辰秋九月刊。附《訓子姪記》一卷,古歙程鼎調撰。道光甲申刊。

秋音閣詩存一卷 清涇上女史朱潄芳撰。道光甲辰刊。

先得月樓遺詩一卷 清吴江女史朱蘭撰。道光甲辰三月子沈筠刊。

怡然閣詩鈔二卷 清歸江夏西昌女史裘佩秋撰。道光戊申春蔭松書屋刊。

鄰雲友月之居詩初稿四卷 清陽湖女史張紈英撰。道光己酉於武昌官署刊。

寫韻軒詩稿一卷 清梅溪女史王芸仙撰。**附鏡花粧閣合稿一卷** 清白下女史陳靜賢撰。紅格底稿本。首有吕朝瑞序。

紫筠軒詩略二卷 清古朐女史湯清玉撰。咸豐丙辰重刊。

韻篁樓吟稿一卷詞稿一卷 清嘉興女史張王文瑞撰。底稿本。首有朱泰脩、徐士燕、蒯賀蓀等序。

信芳閣詩草四卷詩餘一卷 清蓉江女史陳藴蓮撰。咸豐元年刊。

碧雲閣詩鈔三卷 清山陰女史吴茎佩撰。咸豐甲寅秋刊巾箱本。

韻梅閣詩草一卷 清武陵女史胡筠貞撰。咸豐五年乙卯刊。

紅薔吟館詩稿一卷 清錢塘女史鎖瑞芝撰。咸豐六年刊。

倩景樓遺稿詩一卷詞一卷 清陽湖女史陸蒨撰。咸豐丙辰刊木活字本。

壽筠簃詩草一卷 毗陵女史陳麗芳撰。民國乙丑閏四月刊。

參寥子詩集十二卷附東坡稱賞道潛之詩一卷秦少游集摘一卷 宋於潛釋道潛撰。無刻書年月,約萬曆間古歙汪汝謙等校刊。

雪峯空和尚外集無卷數 宋釋□□撰。無刻書年月,約在明時東洋刊。並無序跋。全書計八十八葉。

堯山藏草三卷 明黄曲釋僧悦撰。萬曆辛丑潘之恒選刊。即《長干集》一卷,《伊闕集》二卷。

雲棲大師遺稿二卷 明釋袾宏撰。萬曆丁巳刊,乾隆戊子重刊。此書係尺牘。

紫栢老人集十五卷首一卷 明吴江釋真可撰。天啓丁卯刊。真可,俗姓沈氏,吴江人。

紫栢尊者别集四卷附録一卷 明釋真可。虞山弟子錢謙益纂。康熙二十三年蒲月寂照庵刊。

植聖草一卷植聖記附 明建州釋道盛撰。崇禎甲戌刊。

牧雲和尚嬾齋後集六卷 明牧雲和尚撰,果德編。無刻書年月,約崇禎間刊。

紫雲集無卷數 明南山釋淨寳撰。無刻書朝代,約順治癸巳年刊。

鼎湖外集五卷 明南海釋弘贊。開溈録。康熙間刊。

六道集五卷 明南海釋弘贊輯。康熙二十一年壬戌刊。

弘覺忞禪師北遊集六卷 清釋道忞撰,真樸編。順治十七年刊。

布水臺集二十卷 清黄巖釋道忞撰。無刻書年月,約順治間刊。

嘯堂初集二卷 清天童釋□□山曉撰,雲夢記室寂樹等編。順治十八年辛丑刊。又名《山曉和尚詩集》。

行餘續草一卷 清龍門釋如乾撰。康熙丙辰刊。

咸陟堂詩集十七卷 清番禺釋跡删咸鷲撰。康熙己丑刊。

咸陟堂文集二十五卷文二集八卷賦集一卷詩集十七卷詩二集六卷 清嶺南釋跡删咸鷲撰。道光乙巳重刊。跡,俗姓方,番禺人。

集文字禪一卷 清鄂州釋藴上撰。康熙丁卯刊。

高雲堂詩集十六卷恭和御製詩一卷文集十六卷 清華山釋曉青撰。康熙三十五年精刊。

高雲堂文集十六卷 清華山釋曉青撰。無刻書年月,約康熙間刊。

深雪六種集六卷 清檇李釋超永撰。康熙甲戌刊。《聖感二十八紀詩》《淡雪堂倡和詩》《上方山詩》《鴛水同吟》《深雪堂志感詩》《深雪堂梅花詩》。

鶴山禪師外録一卷 清雲間釋□慧撰,德敷、德栴同輯。康熙戊戌刊。有詩無文。

鶴山禪師執帚集二卷 清雲間釋□慧撰,記室德敷録。無刻書年月,約康熙間刊。

泊齋集三卷 清鹽官釋元尹撰。康熙庚子海寧陳邦懷刊。

録蘿庵詩二卷 清京口釋海岳撰。無刻書年月,約康熙間刊。

墨餘吟一卷 清零陵釋超量撰。康熙間刊。

光宣臺集二十五卷 清番禺釋今無撰。無刻書年月,約康熙間刊。今無,番禺萬氏子,澹歸和尚今釋同門兄。

漱玉亭詩集一卷附贈行詩 清匡廬釋超淵撰。康熙間十笏堂刊。又名《歸雲草》。

松阿詩集略選四卷 清釋蒼林岫撰,霅川韓鴻遇、廣陽張興淳同選。無刻書年月,約康熙間刊。

巢栒集三卷 清虎林釋智蘊撰。無刻書年月,約康熙間刊。有詩無文。

晚雲樓近稿一卷 清釋本晝撰。無刻書年月,約康熙間刊。

宙亭別録二卷 清釋紀蔭撰,侍者正勤等編。康熙間刊。又名《霞新堂稿詩賦》。

梅花詠一卷 清連城釋佛第撰。道光戊子刊。

腰雪堂詩集六卷 清慶雲釋德溥撰。無刻書年月,約雍正間精刊。

蕊香詩草四卷 清當湖釋聖潛撰。**附擊竹詩草一卷** 清當湖釋德音撰。乾隆丁巳東溪精刊。

象外軒集一卷 清釋溥畹撰。乾隆辛未舒瞻刊。

天台結茆集無卷數 清釋明愚撰。乾隆辛未王城寺刊。

菊園詩鈔三卷 清清江釋心旭撰。乾隆甲申精刊。

補拙詩存一卷 清海昌釋一純撰。乾隆庚子精刊。

和中峯禪師梅花百詠一卷 清緱城釋漢兆撰。舊鈔本。有道光五年自序。又名《妙香詩草》。

海印大師按指全集六卷 清寧海釋慧光撰。道光六年刊。慧光,浙江寧海陳氏之仲子。

迂庵文存一卷語存一卷㡇存一卷 清通許僧明慧撰。道光己丑刊。

南北記一卷北遊記三卷附録一卷傳心録二卷復遊記三卷附録一卷 清高郵釋悟然撰。道光庚寅秋刊。一名《恒公略記》。

茶夢山房吟草四卷 清海昌釋達宣撰。道光戊戌刊。

如山居未悟編一卷 清震澤釋文峰撰。道光庚子刊。

隨緣集四卷 清釋慈海撰。道光丙午刊。

禪隱詩一卷 清釋素中撰。道光庚戌王鴻刊。素中,俗姓周,原名同祖,錢塘人。

蔗查集無卷數 清梁谿釋實乘撰。無刻書年月,約道光間揚州阮元刊。原編次作六卷。

芥舟詩稿一卷 清崇川釋芥舟撰。咸豐五年刊。又名《散花社詩稿》。

販書偶記續編卷十九

總　集　類

文 選 之 屬

文選纂註評苑前集十四卷後集二十六卷 明陸弘祚輯訂。萬曆丙申克勤齋余碧泉刊。

文選集音四卷 清高郵孫佁輯。底稿本。

各 朝 文 之 屬

唐文粹補遺二十六卷 清吴江郭麐輯。光緒庚寅秋九月杭州許氏榆園刊。

宋文選三十卷 清梁溪顧宸選。順治辛丑辟疆園刊。

皇明文範六十八卷 明張時徹編。隆慶間刊。《四庫存目》載六十六卷。

皇明經濟文輯二十三卷 明餘杭陳其愫編，同社姚明彦訂。天啓丁卯刊。

翠娱閣評選明文歸初集三十四卷 明錢塘陸雲龍、陳嘉兆同輯。崇禎甲戌峥霄館刊。

翠娱閣評明文歸初集二十六卷 明錢塘陸雲龍、陳嘉兆同恭輯。無刻書年月，約崇禎間刊。

四六宙函三十卷 明固陵李自榮輯，華陽曹可明選，豫章王世茂釋。天啓丙寅華陽石渠閣刊。

文津二卷 清武林王晫評選。康熙甲辰刊。

皇清文遠無卷數 清甬江徐文駒、雁河張楫同選。無刻書年月,約康熙間刊。

天章彙録無卷數 清臨桂陳弘謀編。無刻書年月,約雍正間培遠堂刊。

七家文鈔七卷 清無錫薛玉堂、陽湖陸繼輅同輯。道光元年刊。桐城方苞、劉大櫆、建寧朱仕琇、長洲彭績、桐城姚鼐、武進張惠言、陽湖惲敬。

八家四六文鈔八卷 清全椒吴鼒輯。嘉慶三年較經堂刊。袁枚、邵齊燾、劉星煒、孔廣森、吴錫麒、孫星衍、洪亮吉、曾燠。

古文世編一百卷 明西吴潘士達編。萬曆庚戌刊。士達著有《論語外編》。

藜閣傳燈十二卷 明水南劉萬春評輯。崇禎十年丁丑刊。古文、策論、程墨、詩墨、表範等類。

古文冰雪攜無卷數 明吴下衛泳箋。崇禎癸未刊。案原編次分序一卷,記一卷,賦跋記一卷,書啓贊銘一卷,傳紀頌偈一卷,説議雜著一卷,合計六卷。

古文短篇無卷數 清豫章張自烈撰輯。無刻書年月,約康熙間全閶張詒謀刊。

古文未曾有集八卷 清武林王甫白評選。康熙庚申刊。

古文廣註八卷 清嘉善胡玉史詳攷,子爾梅增釋。康熙五十年辛卯刊。

四六金鍼[一四]**十二卷** 清長洲汪士鋐編。雍正間刊。

古文析觀解六卷 清晉安林西仲、山陰吴楚材同評選,古越章懋勳参註。乾隆七年三餘堂刊。

續古文苑二十卷 清陽湖孫星衍輯。嘉慶壬申嘉平月冶城山館刊。

古今小品八卷 清閩漳陳天定評選。道光九年芸香堂刊巾箱本。

經義治事齋文鈔無卷數 清不著編輯姓名。無刻書年月,約道光間刊。

賦鈔箋略十五卷 清雲間雷琳、張杏濱同撰。乾隆丙戌秋精刊。

古今賦略無卷數附續編 清珠湖沈業富輯。乾隆癸卯精刊。

賦彙録要箋略二十八卷補遺一卷外集一卷題注一卷 清秀水吴光昭撰。無刻書年月，約乾隆間汲古齋刊。

古小賦鈔二卷 清長洲郟掄才、吴縣蔣承志同鈔。嘉慶十七年刊。

四家賦鈔四卷 清黔南景其濬輯。咸豐癸丑至同治庚午誦芬堂刊。吴錫麒、顧元熙、鮑桂星、陳沆。

賦鈔札記六卷 清吴縣朱錦綬、吴縣錢人龍、新陽陳定祥、吴縣董瑞椿、吴縣高人俊、奉賢阮惟和等撰。無刻書年月，約光緒間刊。

車書樓選註四六明珠八卷 明浙姚朱錦選。繡谷王世茂、姑蘇虞邦譽同註。無刻書年月，約天啓間金陵王鳳翔刊。

尺牘雙魚十九卷 明雲間陳繼儒輯并箋釋。無刻書年月，約天啓間金閶書林葉啓元刊。《一選名公尺牘》四卷，《補選捷用尺牘》四卷，《補選捷用尺牘次編》十一卷。

晢次齋同人尺牘一卷附名家贈什一卷 清鄢陵梁熙撰。無刻書年月，約康熙間刊。

尺牘新語廣編二十四卷補一卷尺牘新語二編二十四卷 清西陵汪淇、徐士俊同箋評。康熙六年至七年刊。

尺牘新語廣編十四卷 清西陵汪淇選評。康熙戊申刊。版心下有"蜩寄自怡"四字。無目録，全否不可考。

歸錢尺牘五卷 清常熟顧棫輯。康熙己卯虞山如月樓精刊。《歸震川尺牘》二卷（明歸有光），《錢牧齋尺牘》三卷（常熟錢謙益）。

明人尺牘選四卷 清常熟王元勳、休寧程化騄同編。康熙乙酉碧雲樓精刊。

顔氏家藏尺牘四卷附姓氏考一卷 清曲阜顔光敏輯。民國三十年商務印書館鉛字排印本。

隨園同人尺牘四卷 清錢塘袁□□季眉輯。嘉慶元年刊巾箱本。

明賢尺牘四卷 清常熟王元勳、休寧程化騄同輯。光緒庚子孟夏許氏榆園刊。

金膏水碧録三卷 清山陰沈復粲集。約光緒間味經書屋鈔本。

各朝詩之屬

容與堂漢詩釋二卷 清毗陵錢二白撰。康熙癸亥本衙刊。

唐雅八卷 明天水胡纘宗輯。嘉靖己酉文斗山堂刊。

唐詩四種四卷 明錢塘楊肇祉集選。無刻書年月,約天啓間刊。《名媛集》《香奩集》《觀妓集》《名花集》,附精圖六,凡三頁。又名《美人書》。

李杜詩緯十一卷 清慈谿應時删定,歸安丁谷雲辯疑。康熙戊午刊。李集四卷,杜集七卷。

唐近體詩永十四卷首一卷 清廣陵吴綺選。康熙二十八年林蕙堂刊。

寒瘦集一卷 清長白岳端選評。康熙己卯精刊。即唐孟郊、賈島二家之詩。

温李二家詩集 清秀水陳堡選。康熙四十一年駿惠堂精刊。《温飛卿詩集》無卷數(唐太原温庭筠),《李義山詩集》無卷數(唐河内李商隱)。

唐詩五言排律箋註七卷 清東山牟欽元輯,子瀜箋註。康熙五十四年精刊。

增訂唐詩摘鈔四卷 清白山黄生選,閑園朱之荆增訂。**增訂古唐詩摘鈔十卷附句法一卷** 閑園朱之荆撰。乾隆十五年南屏草堂刊。

唐律酌雅七卷 清雲間周京、王鼎等輯。乾隆丁丑夏恭壽堂精刊巾箱本。

唐詩試帖詳解十卷首一卷 清新昌王錫侯撰。乾隆戊寅九經堂刊。又名《唐詩分類詳解》。

唐詩箋要八卷 清高淳吴瑞榮編輯,廬東陳霖普參訂。乾隆二十三年刊。

宋詩類選二十四卷 清吴郡王史鑑撰録。康熙五十一年樂古齋刊。

千首宋人絶句十卷 清江寧嚴長明録。乾隆庚寅刊。

南宋四家律選五卷 知聖道齋課本。底稿本。墨格。約乾隆間抄本。陸放翁、范石湖、楊誠齋、劉後村。

元詩百一鈔八卷補遺一卷 清雲間張景星、姚培謙、王永祺同點閱。乾隆甲申然藜閣精刊袖珍本。

明七子詩集註解七卷 明雲間陳繼儒句解，嶺南李士安補註。無刻書年月，約天啓間刊。

詩治二十六卷 明雲間黄廷鵠評註，錢龍錫同評。崇禎丙子刊。

明詩歸選八卷 清江上程如嬰、□□□朱衣同選評。順治庚寅刊。

明詩百三十名家集鈔二十四卷 清雄山王企埥輯。康熙六十一年敬事堂刊。企埥尚有《四家詩鈔》。

明百家詩鈔十二卷 清三南魯之裕輯。乾隆七年刊。

兩朝遺詩十卷 清長洲陳濟生選。傳鈔本。又名《啓禎遺詩》。

蕭湯二老遺詩合編二卷 清當塗黄鉞輯。無刻書年月，約嘉慶間刊。蕪湖蕭雲從、太平湯燕生。

清詩溯洄集十卷詩論一卷 清栢鄉魏裔介選評。康熙元年壬寅本府刊。

驪珠集六卷 清吴江顧有孝輯。康熙九年刊。

八家詩選八卷 清語溪吴之振定。康熙壬子洲錢吴氏鑑古堂刊。宋琬、曹爾堪、施閏章、沈荃、王士禄、程可則、王士禎、陳廷敬。

詩最十卷 清雲間倪匡世選。康熙戊辰刊。

皇清詩選三十卷御製詩一卷首一卷 清雲間孫鋐輯評，黄朱芾編較。康熙丁卯鳳嘯軒刊。版心下刊"盛集初編"。

娑羅草堂詩合集五卷 清天都吴菘、新安吴瞻泰同撰，吴門顧嗣立選。康熙戊寅精刊。《白華集》二卷，《四明集》二卷，《黄山唱和集》一卷。

清詩初集十二卷 清武進蔣鑨、錢塘翁介眉同選。**二集分編無卷數** 清武進馬道畊選。康熙癸未常州馬氏刊。版心下有"鏡閣定本"四字。

國朝詩乘十二卷發凡一卷 清西澗劉然選。康熙庚寅玉穀堂刊。

國朝詩雋二卷補遺一卷附二十四詩品一卷 清古滕王特選彙編。康熙五十四年刊。

國朝詩正八卷 清新安朱觀評選。康熙乙未鐵硯齋刊。

鸚湖花社詩無卷數 清茸城姚廷瓚編。康熙辛丑精刊。後附《花龕詩》一卷,平湖陸奎勳撰。

國朝詩正聲集七卷 清桐城項章輯。乾隆三十四年懷斯堂刊。

所知集三編十二卷 清江寧陳毅輯。乾隆辛亥眠雲閣精刊。

國朝詩因二卷大清詩因二卷 清古鹽官查羲選録,查岐昌輯評。底稿本。

今詩所見集選十五卷 清古歙黄承增輯。嘉慶辛酉刊。

菉漪園懷舊集無卷數 清蘭亭主人編。嘉慶十五年汲修主人重刊。陳浮梅、廖雲鶴、朱倫瀚、吴久成、吴孝登、黄德溥、賈虞龍諸人之詩詞。蘭亭主人爲禮親王之父恭親王之别號。

洪崖合草二卷 清秣陵馬大魁編。嘉慶二十年於平山刊。

詩雋腹腴五十卷 清合肥周大槐輯,壽州孫克依點次。嘉慶戊寅湘雪軒刊。

怡園初刊無卷數 清雲間吴祖德編。嘉慶己卯秋刊。又名《茸城老友會詩》。即《怡園同人吟鈔》二卷,《閨秀》一卷,《自怡詩鈔》一卷(吴祖德撰)。

蘭社詩略六卷 清長洲吴枚庵評定。嘉慶己卯四十二樹書屋精刊。

舊言集無卷數 清武進李兆洛輯。道光元年刊。《蠡塘詩》(李英),《棣原詩》(李萼),《北山詩》(李慶來),《晚香草》(周景益),《静山詩》(楊廷鑑),《敬齋詩》(楊簡),《五峰詩》(劉岱松),《旭岑詩》(劉焕章),《千丈松舍詩》(張景超),《江帆詩》(吴賓旭),《莘農詩》(畢訓咸),《晚學軒詩》(吴一諤),《味蓼居詩》(毛燧傳),《清娱書屋詩》(錢履坦),《黄山詩》(錢季重),《蜷桂山房詩》(劉可培),《鹿柴賸稿》(劉可大),《序林詩》(劉敦士),《雙山詩》(錢夢雲初名邁),《傑士詩》(錢致純),《申甫詩》(錢相初),《總羣詩》(莊廉甲),《觀喻詩》(莊濤原名傳甲),《蘅叔詩》

(汪岑蓀),《子述詩》(趙學彭),《僕射山房詩》(錢伯坰),《寄愁草》(莊述),《紉佩詩》(女史夏蓀),《養直居詩》(莊曾儀),《樸齋詩》(吴鴻璧),《雲莊詩》(吕嶽),《春草山房詩》(謝榕)。

舊言集無卷數 清陽湖李兆洛輯。道光九年刊。分初編、次編、廣編。

建溪集前編四卷後編二卷附山堂十勝詩 清戴聰編。道光癸巳仲冬九靈山房刊。

耆友詩存無卷數 清金山丁昌申録。道光二十三年秋養蘭居刊。張廷濟、黄仁、姚清華、黄安濤、丁繁培、姚汭、姚前機、謝宇澄、柯萬源等九家。

二家遺詩合編二卷 清東光于春霑編。底稿本。南皮白汝霖、東光于密。

文選詩集旁註七卷 明虎林虞九章撰。萬曆庚子刊。又名《選詩旁註》。

文選詩鈔四卷 清仁和吴學濂、沈麒禎同編校。康熙己亥刊。

漢魏詩選八卷 清延令季貞選。康熙丙辰餘閒堂刊。

漢魏詩鈔五卷 清毗陵鈕孝思選評。乾隆二十五年精刊。

石倉十二代詩選四集一百三十卷 明閩中曹學佺選。無刻書年月,約天啓間刊。

風雅元音二卷 明汝南傅振商輯。崇禎元年刊。又名《八代風雅元音》。

選詩四卷 明栢鄉魏栢祥選。順治己亥刊。

歷代詩發四十二卷 清如皋范大士評選,興化王仲儒同輯。康熙戊寅虚白山房刊。

采菽堂古詩選三十八卷補遺四卷 清虎林陳祚明評選。康熙丙戌刊。

名家絶句鈔六卷 清吴江顧有孝、吴兆騫、江都蔣以敏同纂。無刻書年月,約康熙間刊。

歷朝詠物詩選八卷 清魏塘俞琰輯。雍正甲辰精刊。

八代詩淘四十卷 清雲間張守選。雍正六年刊。

羣芳詩鈔八卷 明濟南王象晉原輯,山陰俞鵬程增選。乾隆二十六年辛巳刊。

古詩約選二卷 清雲間曹錫寶選。乾隆三十八年癸巳本衙精刊。

重訂歷朝詩選簡金集八卷 清會稽章薇編輯,弟深重編。乾隆甲寅夏披芸閣刊。

歷朝詩約選九十二卷 清桐城劉大櫆選。光緒乙未秋至丁酉秋文徵閣刊。第五十七卷分上下。

讀詩類編十八卷 清海豐張映漢選評。嘉慶十九年敬述堂刊。

八代詩揆五卷補遺一卷 清平湖陸奎勳選。康熙壬辰精刊,嘉慶戊午孟秋宜茶別晝之軒重訂本。

六家詩選無卷數 清高密李憲喬評選。原稿本。陶靖節、韋蘇州、王摩詰、孟襄陽、儲光羲、柳子厚。

地方文之屬

燕臺文選八卷 清雲間田茂遇選,西京韓詩評。順治丙申刊。

晉國垂棘一卷 清河東范弘嗣輯。**續垂棘編六卷續垂棘編二集十卷** 清晉婁山范鄗鼎選。康熙壬子至丙辰五經堂精刊。

婁水文徵八十卷姓氏考略一卷 清里人王寶仁輯。道光壬辰閒有餘齋刊。

金華文徵二十卷 明阮元聲、忠州高倬同編。無刻書年月,約天啓間刊。

中州文徵續編二十八卷 不著編輯姓名。近經川圖書館刊。

吉州人文紀略二十六卷 清廬陵賴良鳴輯。康熙八年己酉刊。

豫章十代文獻略五十卷首一卷 清金谿王謨撰。乾隆甲午秋汝麋刊。

南昌文考二十卷 清萬□□芝堂、蔣□□藕船同編。乾隆六十年刊。

廣東文獻初集十八卷二集九卷三集十七卷四集二十六卷 清順德羅學鵬編輯。嘉慶丁丑春暉堂刊。

滇南文略四十七卷 清保山袁文揆、蒙化張登瀛同纂，涇縣翟槐評。嘉慶辛酉肄雅堂刊。

外國人撰漢文之屬

榑桑名賢文集前編五卷 日本林義端編輯。元禄戊寅文會堂刊，即康熙三十七年刊。

地方詩之屬

國朝滄州詩鈔十二卷 清里人王國均輯。道光二十六年刊。

晉風選十卷 清太原趙瑾選評。順治庚子刊。

三晉詩選十四卷晉詩二集十六卷 清洪洞范鄗鼎評選。康熙戊午至壬戌五經堂刊。

樊南詩鈔一集無卷數 清同里荔浦輯。**附豔雪堂詩集四卷** 清陽城張晉撰。**容齋詩鈔一卷** 清陽城范墉撰。**六研草堂詩鈔一卷** 清陽城荔浦(一名君壽)撰。嘉慶十二年萊陽宋紘刊。

潞安詩鈔後集十卷 清長治常煜、竇東連國珠同編輯。道光十九年寡過未能齋刊。

山左明詩選八卷 清南通州徐宗幹輯。道光丁亥秋泰山官署刊。

牟平遺香集十六卷 清牟平宫卜萬輯。道光十八年戊戌刊，道光庚子重訂本。

于野集六卷 清青浦王原選。康熙六十年遂安堂精刊。

淮安詩城八卷 清郡人邱象隨選訂。無刻書年月，約康熙間刊。

芑野詩鈔四卷 明武進唐惲宸撰。**梅坪詩鈔三卷** 清武進董大倫撰。無刻書年月，約康熙間刊。

江左十子詩鈔二十卷 清東吴王鳴盛采録。乾隆甲申秋幽蘭巷寓居刊。元和顧宗泰、吴縣劉潢、儀徵施朝幹、寶山范雲鵬、青浦徐薌坡、興化任大椿、南匯葉抱崧、嘉定諸廷槐、嘉定王鳴韶、嘉定王元勳等十家。

敦素園七子詩鈔七卷 清楚陽吴授羆編。乾隆三十四年精刊。喬方立、湯應隆、劉兆彭、湯襄隆、劉玉麟、喬大鴻、喬大鈞。又名《寶應七子詩鈔》。

甫里逸詩二卷逸文一卷 清松陵周秉鑑等輯。乾隆五十八年癸丑易安書屋刊木活字本。上卷三十四人，下卷四十四人。

假年録無卷數 清松陵周秉鑑輯。乾隆乙卯易安書屋刊木活字本。即《甫里倡酬集》，松陵陸廷楷、周秉鑑、秀水翟璜、寶山黄臣燮、新陽魏標、吴縣金成、松陵胡震、李鑑、太倉王夢翔、元和陳心鏡、陳二疑諸家計一卷，六冶戈咸熙、吴縣馬大椿、新陽曹榕、午峰高衡、吴縣馬文雄諸家計一卷，周秉鑑詩一卷。《甫里逸文》，戴穎昉、李璞、許廷鑅諸家計一卷。《甫里見聞集》，蘇郡李果、徐廷槐、廬陵彭政、崇明張詒、韓世琦、高衡、周秉鑑諸家記序啓跋計一卷。《甫里詩文選》，僧戒顯、僧德元詩計一卷。《老梅山房詩》一卷（釋清璧）。《後圃詩艸》一卷，又名《詠蘭堂稿》（甫里韓世琦）。《南濱吟艸》一卷（甫里陳元鈞）。《易安詩艸》一卷（甫里周秉鑑）。

國朝三槎風雅十六卷 清里人朱掄英選。嘉慶十六年辛未刊。三槎即嘉定鄉南翔里。

金陵名勝詩鈔四卷秦淮詩鈔二卷 清金陵李鰲輯。道光壬辰寶仁堂刊。

支溪詩録四卷 清里人趙允懷輯。道光庚子春刊。

滄江餘韻八卷閨雅一卷 清婁東周煜輯。道光二十一年辛丑澹志齋刊。

嘉定詩鈔初集五十二卷二集十八卷 清莊爾保輯。道光癸卯疁城黄氏西谿草廬刊。

東蘿遺稿三卷 清吴縣陸損之撰。**王小梧遺文一卷** 清吴縣王渭撰。**心遠樓詩鈔一卷** 清吴縣徐倬撰。**佳谷遺稿一卷** 清吴門陳賢撰。道光乙巳秋至咸豐元年刊。

崑山詩存選八卷 清崐山張潛之、新陽潘道根同輯。彭治抄録本。首有道光間太倉季錫疇、王寶仁二序,次潘道根跋,次潘道根撰張潛之小傳,次葉裕仁撰潘道根家傳。

婁東詩派二十八卷 清鎮洋汪學金録。約咸豐壬子刊。

天台集三卷別編一卷續集二卷續集別編六卷 宋郡人李□□子長編。《別編》郡人林表民編。淳祐庚戌宣城李兼刊,光緒間重刊。

魏塘詩陳八卷 清遯溪錢佳、香湖丁廷烺同編。無刻書年月,約康熙間刊。

國朝浙人詩存八卷 清錢塘柴杰輯并註。無刻書年月,約乾隆間洽禮堂精刊。

桐溪詩述二十四卷 清仁和宋咸熙録。嘉慶庚辰刊。

慰託集十六卷 清嘉善黄安濤輯。道光五年刊。

國朝湖州詩續録十六卷附感舊雜詩一卷 清歸安鄭佶編。**補編二卷** 清烏程鄭祖琛編。道光辛卯小谷口刊。

古桐鄉詩選十二卷 清桐城文聚奎、戴鈞衡同輯。道光二十年刊。

龍湫嗣音集十二卷 清里人盛坰輯。道光乙巳季冬乍浦拜石山房盛氏刊。

蛟川耆舊詩六卷續集二卷 清邑人張本均輯,子錫申續輯。咸豐三年刊。

蛟川耆舊詩補十二卷 清邑人王榮商編。民國戊午刊。

國朝天台詩存十四卷補遺一卷 清邑人金文田編輯。光緒戊申夏五刊木活字本。

綏安二布衣詩鈔二卷 清同里何梅輯。底稿本。《丁布衣詩鈔》,閩綏安丁之賢。《朱布衣詩鈔》,閩綏安朱國漢。首有康熙庚寅長至後蕭山毛奇齡序,次同里連青,次梁夢劍諸序,次同里何梅撰小傳。

國朝全閩詩録初集二十一卷 清侯官鄭杰輯。嘉慶辛酉精刊。

楚詩紀二十二卷附楚風補四十八卷卷末一卷 清長沙廖元度彙輯。乾隆己巳際恒堂刊。

楚江萍合詩集十二卷 清嘉善錢清履輯。嘉慶癸酉松風老屋刊。

楚南詩紀四卷外編一卷 清寧鄉彭開勳輯。道光七年丁亥述古堂刊。

西江風雅十二卷 清仁和金德瑛選,烏程沈瀾編。乾隆癸酉精刊。

嶺南羣雅初集三卷補二卷二集三卷 清番禺劉彬華輯。嘉慶癸酉八月刊。

粤東七子詩六卷 清鎮洋盛大士輯。道光壬午刊。陽春譚敬昭、吴川林聯桂、順德吴梯、順德黄玉衡、番禺張維屏、香山黄培芳、鎮平黄釗。

粤東三子詩鈔十四卷 清番禺黄玉階編。道光二十二年廣州刊。陽春譚敬昭、香山黄培芳、番禺張維屏。

潮州耆舊集三十七卷 清順德馮奉初輯。道光己酉春三月愛吾鼎齋李氏刊。

潮雅拾存無卷數 清西巖楊天培輯。原稿本。起宋朝,止清朝。原編次作四卷。後有楊鍾跋。

嶠西詩鈔二十一卷 清上林張鵬展輯。道光二年刊。

黔風十二卷 清甕安傅玉書輯。無刻書年月,約乾隆間精刊袖珍本。

明滇南詩選二卷國朝滇南詩選六卷 清黔中趙本敭、臨安張履程同輯。道光元年刊。

滇詩嗣音集二十卷補遺一卷 清昆明黄琮輯。咸豐間刊,光緒三十四年重刊。

外國人撰漢詩之屬

槫桑名賢詩集五卷補遺一卷 日本林義端編輯。寶永甲申孟秋月文會堂林九成刊,即康熙四十三年刊。

家 集 之 屬

潘氏翊世宏言四卷 明桃源潘廷端選。萬曆戊戌刊。

效效顰艸略一卷 明扶風張繼孟撰 **東園續艸略一卷** 明扶風張培撰。康熙三十五年刊。

虚籟集十四卷 明楚衡臨武劉堯誨撰。**附蓋庵遺文一卷** 明臨陽劉文相撰。**一溪遺文一卷遺詩一卷** 明臨陽劉明東撰。**藜軒遺文一卷** 明臨陽劉際炎撰。**震陽遺文一卷** 明臨陽劉亨甲撰。**世澤録平蠻碑一卷** 臨陽劉心忠編。**居山雜詠一卷** 臨陽劉克諧撰。雍正戊申刊。

孟津詩十九卷續一卷 清孟津王鐸、王鑨撰,大梁周亮工選。康熙五年王允明刊,本衙藏板。

煙月堂家集八卷 清容城胡彧輯。康熙十三年甲寅刊。

梅氏詩略前集十二卷 清宣城梅清、梅曰文等輯。無刻書朝代,約康熙辛未刊。

雪鴻堂全集二十四卷 清通江李蕃、李鍾壁、李鍾峨等撰。康熙己亥精刊。卷九讀杜詩。

七十二峯足徵集八十八卷 清武峰吴定璋輯。乾隆癸酉依緑園精刊。

黄氏詩鈔三卷 清即墨黄簪世輯。乾隆三十一年刊。

吴越錢氏傳芳集一卷 清金匱錢泳輯。嘉慶十五年精刊。

趙氏淵源集十卷 清涇縣趙紹祖鈔。光緒丁亥仲秋小古墨齋重刊。

天心閣詩鈔二卷 清高郵孫應嘉、孫應科撰。道光乙酉刊。

欖谿何氏詩徵九卷 清香山何天衢輯。道光辛卯大小山房刊。

吹篪詩略二卷 清南海吴榮光輯。道光十年庚寅夏聽雨樓刊。

紫陽家塾詩鈔二十四卷 清涇縣族人朱琦輯。道光十二年壬辰刊,光緒十八年秋樹山房重刊。

桐城馬氏詩鈔七十卷末一卷 清桐城馬樹華輯。道光十六年丙申仲秋月可久處齋刊。

話陶窗遺稿二卷 清善化曾衍先撰。**樂山堂詩鈔四卷文鈔八卷** 清善化曾興仁撰。道光丁酉羅卷山房刊。

話陶窗遺稿二卷 清善化曾衍先撰。**樂山堂詩鈔六卷文鈔八卷** 清善化曾興仁撰。道光二十年刊。《樂山堂詩》分在《山草》二卷、《出山草》四卷。

錫山秦氏詩鈔前集八卷今集十卷首一卷 清錫山秦彬輯。道光己亥刊。

玉連環草二卷 清松陵金文淵、金沙女史于曉霞夫婦撰。道光二十年精刊。《笑吟軒稿》《小瓊華仙館稿》各一卷。

胥溪朱氏文會堂詩鈔八卷 清尚胥里朱美鏐纂。咸豐元年刊。

趙氏三集三卷 清常熟趙宗建編。咸豐五年刊。《總宜山房詩稿》(常熟趙元紹),《一樹棠棣館詩鈔》(常熟趙元愷),《澄懷堂遺稿》(常熟趙奎昌)。

唱和題詠之屬

西崑訓唱集注二卷 清虞山周楨、雲間王圖煒同注。無刻書年月,約康熙精刊。

影園瑤華集三卷 明廣陵鄭元勳輯。乾隆二十八年重精刊。

隱湖唱和詩三卷 清太倉陳瑚選,虞山毛褒、毛表、毛扆等訂。康熙二年刊。

紅橋倡和第一集一卷 清維揚李□□研齋,四明孫金礪編。康熙丙午刊。又名《紅橋雅集詩》。

西城别墅倡和集無卷數 清濟南王士禎編。康熙二十九年刊。

蜀岡禪智寺唱和詩一卷 清濟南王士禎編。康熙間刊。

素心集三卷 清青溪孫鋐編。康熙三十二年刊。

慈幼堂詩文一卷 清南濠陳璣編。康熙丙子精刊。

瑞蓮詩集一卷附詞集瑞蓮賦 清廣寧黄家遴編。康熙三十七年凝香亭刊。

浮家汎宅圖詩一卷 清安丘張貞編。康熙庚寅春岑閣刊。

紅苗歸化詩一卷 清婁江王掞編。康熙五十二年拳石堂精刊。

牆東志五卷 清武林王晫輯。康熙間霞舉堂刊。

白嶽凝煙一卷 清新安汪瀠撰。無刻書年月，約康熙間刊。即《黄山白嶽圖》，附諸名家。

半春唱和詩一卷 清錢塘符曾輯。乾隆元年精刊。

清暉堂題辭一卷 清海虞王翬編。乾隆己未精刊。

續鴛鴦湖櫂歌一卷 清秀水朱麟應撰。舊鈔本。首有納蘭常安序，次乾隆九年彭啓豐序。此書一名《耝業齋詩稿》。

輯刻琵琶亭詩無卷數 清瀋陽唐英輯。乾隆丙寅古柏堂精刊。唐白樂天《琵琶行》并諸題記凡八頁，諸題詩一百十九頁。

蘇文忠公壽讌詩一卷 清鎮洋畢沅編。乾隆壬寅冬西安節署刊。

靈巖山館詩鈔一卷 清鎮洋畢沅撰輯。乾隆間經訓堂刊。又名《官閣圍爐集》。

鳴秋合籟一卷 清武進錢維喬編。乾隆乙巳精刊。

韓江雅集十二卷 清鄞縣全祖望編。乾隆癸丑精刊。

麒麟研圖題詠一卷 清儀徵江德地編。嘉慶二年筆花盦刊。

墨亭新賦一卷 清長沙唐仲冕編。嘉慶辛酉冬日果克山房精刊。

詩巢唱和一卷 清陳廷慶撰輯。嘉慶十一年精刊。

熙朝詠物雅詞十二卷 清南匯馮金伯編。嘉慶戊辰墨香居刊。

揚芬集十卷 清會稽陶欽等編。嘉慶己巳經鋤山堂刊。

晚香圃菊花百詠一卷 清嶺南邱士超編。嘉慶十六年刊。

泡影圖題辭一卷 清蕭山高第編。嘉慶壬申蕭山高氏刊。額粉盦第三十八種。

燕市聯吟集四卷討春合唱一卷 清錢塘袁通編。嘉慶壬申刊。

鳴和集一卷 清仁和馬履泰編。嘉慶丁丑刊。

衛藏和聲集一卷 清□□太庵編。底稿本。甲寅年希齋、太庵唱和詩。希齋、太庵，皆名和某，乾嘉時人。

頤園題詠四卷 清仁和胡敬輯。道光二年刊。

鴻山行樂圖詠無卷數 清嶺南盧文舉編。道光十年庚寅精刊。凡八圖。

吳中唱和集八卷 清福州梁章鉅編。道光十年刊。

北行酬唱集四卷 清長樂梁章鉅編。道光十六年刊。

八老會詩集一卷 清山陰顧灤輯。道光十三年二銘堂精刊。

潼關詠史一卷 清濟南周樂、長白慶禄、濟南李肇慶同撰。道光乙未紉香齋刊。又名《消夏同詠》。

鴛水聯吟集二十卷 清嘉興岳鴻慶輯。道光戊戌精刊。凡二十集。

罷讀樓彙刻贈言十卷 清陳登之輯。道光戊戌春來可閣刊。

乍浦集詠十六卷 清邑人沈筠編。道光丙午刊。

碧蘿郇人唱和詩一卷 清白下蔣賀撰。道光丙午刊。

春游唱和詩一卷 清番禺張維屏編。道光丙午刊。

游龍杖題詠一卷 清蕭山湯金釗編。道光戊申刊。

仙凡唱和集一卷 清紅豆主人編。原稿本。首有南湖氏、芸樵氏二序。紅豆主人爲文安張雲驤之別號。

十八疊山房倡和詩一卷 清洪洞王軒編。同治元年冬洪洞王氏刊。

課 集 之 屬

補十二科大題觀略無卷數 清禦兒吕留良評,陳鏦編。康熙癸丑刊。又名《天蓋樓偶評》。即癸丑科上《論》下《論》《大學》《中庸》上《孟》下《孟》等類。

同館試律彙鈔二十四卷 清蕪湖韋謙恒、南匯吳省欽同輯,蒙古法式善編。乾隆丙午刊。

詁經精舍文集十四卷 清儀徵阮元訂。嘉慶六年揚州阮氏琅嬛僊館刊。

茸城近課詩詞鈔八卷 清茸城黃仁編。道光壬寅至乙巳一峰草堂刊。分《吟秋》

《消寒》《嬉春》《逭暑》等集，各二卷。

春明詩課彙選四卷補遺一卷 清泰州陳研薌原選，北平胡俊章增輯。光緒七年鉛字排印巾箱本。

婦女之屬

古今女史十一卷詞一卷 明武林趙世杰選輯。無刻書年月，約崇禎間刊。

翠樓集一卷二集一卷新集一卷 清淮南劉云份選訂。康熙癸丑野香堂精刊。

香奩詩泐二卷 即《才女》《列女》各一卷。**奩製續泐五卷奩詩泐補四卷奩泐續補三卷** 清三水女史范端昂輯。康熙辛卯至雍正壬子鳳鳴軒刊。

閨秀錦字七卷 清雲間王鍾球選。底稿本。首有乾隆十二年單乾元、鍾文明二序。

浣花濯錦九卷 清江陵朱雲煥輯。嘉慶二十三年犍爲張氏小書樓金粟山房刊。

謝庭詩草一卷 清香山女史麥又桂撰。**附芸香閣詩草一卷** 清香山女史麥英桂撰。道光六年精刊。

碧城仙館女弟子詩無卷數 清不著編輯姓名。道光丙戌西湖翠綠園刊。

三女史詩稿三卷 清羅田潘煥龍編。道光癸巳刊巾箱本。《韻芳閣吟稿》（羅田潘煥桊），《浣芳閣吟稿》（羅田潘煥吉），《碧筠樓吟稿》（歸安楊清材）。

宫閨文選二十六卷 清長沙周壽昌輯。道光二十六年小蓬萊山館刊。

晚香聯詠一卷 清華亭女史吴袁鏡蓉撰輯。無刻書年月，約道光間刊。

方外之屬

珠林風雅二卷 清吴門徐增評選。康熙辛亥刊。

海雲禪藻集四卷 清徐作霖、黄蠡同編。康熙間刊,道光十年番禺陶克昌重刊。

國朝釋家衆香集四卷 清新昌張青選輯。無刻書年月,約康熙間刊。

販書偶記續編卷二十

詩文評類

詩評之屬

二十四詩品淺解一卷 清蓬萊楊廷芝撰。道光壬寅刊。

玉溪生詩説二卷 清河間紀昀撰。光緒丁亥春朱氏行素草堂刊。

箋註唐賢三體詩法二卷 明高安釋圓至撰。嘉靖辛卯閩沙黄文光刊。

唐賢三體詩句法六卷 清錢塘高士奇輯,長洲何焯評。光緒十二年春桂陽夏時刊硃墨套印本。

唐詩五言排律詩論三卷 清武進蔣鵬翮撰。康熙五十四年刊。

唐音審體二十卷 清虞山錢良擇編。道光壬寅仲春海虞顧氏刊。

滄浪詩話補註一卷 清諸城王瑋慶撰。嘉慶己卯蕉葉山房精刊。

清江詩法一卷 元清江范椁撰。康熙戊戌秀水朱振振精刊。

名賢詩法三卷 不著編輯姓名。無刻書年月,約明初金壇史潛校刊黑口本。是書所採皆唐元名人詩法詩評。

南溪筆録羣賢詩話前集一卷後集一卷續集一卷 明不著撰人姓名。正德五年庚午程啓充刊。

欣賞詩法一卷 明吴興茅一相撰。萬曆庚辰刊。

詩體明辯十卷 明吴江徐師曾原纂,湖上葉生評定。順治戊戌刊。

名賢詩評二十卷 明俞允文輯。無刻書年月,約萬曆間刊。

詩外別傳一卷 附 **編輯大意一卷** 明吳人袁黄撰。無刻書年月,約萬曆間韓敬求刊。

詩法大成十卷 明武林謝天瑞輯。無刻書年月,約萬曆間復古齋刊。

騷壇秘語三卷 明嘉禾周履靖編。舊鈔本。

詩源辯體三十六卷後集二卷 附 **許伯清詩稿一卷輯補一卷** 明江陰許學夷撰。崇禎間刊,民國十一年上海裴廬以古宋字排印本。

雅倫十六卷 清成都費經虞撰,子密補。康熙庚寅江都于王棖刊。

載酒園詩話五卷 清曲阿賀裳撰。嘉慶己卯烟環閣刊。

載酒園詩話評二卷 清歙縣黄生撰。民國十九年石印本。

詩筏一卷 清歸安吳大受撰。無刻書年月,約康熙間南山堂精刊。

詩論正宗二卷 清千山郎廷槐問,新城漁洋老人、般陽張篤慶、梁鄒張實居等答,西泠王廷銓訂。乾隆庚辰式穀堂刊。

詩法初津三卷 清震澤葉弘勳輯。無刻書年月,約康熙間德榮堂刊。附《儀汐軒詩草》一卷。

慎墨堂詩品二卷 清新城王士禎撰,吳郡鄧漢儀論次。康熙間刊。

漁洋詩法一卷 清漁洋老人答長山劉大勤。**附趙秋谷聲調譜近體一卷** 清昆池李因培重訂。無刻書年月,約康熙間刊。

龍性堂詩話初集二卷 清晉安葉矯然撰。乾隆四十年慕陶軒刊。

盟花軒詩話漱芳集八卷 清雲間廖古檀輯。乾隆甲午聽吟軒刊。

詩説二種二卷 清德州宋弼輯訂。乾隆丁丑濼源書院刊。《聲調彙説》《通韻譜説》。

詩法指南六卷二編六卷 清蕭山蔡鈞選註。乾隆戊寅至庚辰刊。

賞音編六卷首一卷 清睢陽孟永棻撰。乾隆己卯刊。

詩法辨體説二卷 清桐封吕德本輯。乾隆二十四年存正堂刊。

詩法叢覽四卷 清新江陸祚訂輯。乾隆二十九年甲申竹西書屋刊。

詩説匯五卷 清豐山張象魏輯。乾隆三十年乙酉學古堂精刊。

瀛山筆記二卷 清海陽黄士塤撰。乾隆乙酉繡雪堂精刊。

二山説詩四卷 清崇明何忠相撰。乾隆三十一年精刊。

詩法易簡録十四卷録餘緒論一卷 清東萊李鍈撰。乾隆丁亥刊。

清綺集八卷 清雲間廖景文撰。乾隆辛卯刊，光緒乙亥春鏗經書屋重刊。又名《罨畫樓詩話》。

閩遊詩話三卷 清雲間徐祚永輯。乾隆丁酉刊。

聲調譜一卷八病説一卷 清洮陽吴鎮輯。乾隆五十三年刊。

全浙詩話五十四卷 清會稽陶元藻輯。乾隆五十八年刊。

鳧亭詩話二卷 清會稽陶元藻撰。無刻書年月，約乾隆間刊。

風雅遺聞四卷 清太平戚學標撰。乾隆癸丑刊。

風雅逸音四卷 清太平戚學標撰。乾隆癸丑刊。

劍堂詩法名言四卷 清鄒國沙臨集編。無刻書年月，約乾隆間繹山房刊。

詩學纂聞一卷 清錢塘汪師韓撰。乾隆間刊。

劒谿説詩二卷附録一卷 清寶應喬億撰。乾隆間精刊。

雪夜詩談三卷明人詩話補一卷國朝詩話補一卷 附 **白鶴堂詩戊戌草一卷** 清丹稜彭端淑撰。無刻書年月，約乾隆間刊。又名《白鶴堂詩話》。端淑，西蜀名宿，與胡天游、沈廷芳友善。

隨園閨秀詩話一卷 清錢塘袁枚撰。約乾隆間抄本。

詩法淺説六卷 清聊城葉葆撰。嘉慶辛酉刊。

澉浦詩話二卷 清海鹽吴文暉撰。**續澉浦詩話四卷** 清海鹽吴東發撰。嘉慶八年癸亥精刊。

詩弊一卷 清桐城汪鎮光撰，吴郡顧日新評。嘉慶丙寅刊。

耄餘詩話十卷 清海寧周春撰。底稿本。首有嘉慶十四年自序,時年八十有一。

四聲調法指掌一卷 清歙洪範撰。嘉慶乙亥鴻影堂精刊。

瓶水齋詩話一卷 清大興舒位撰。嘉慶二十一年刊。

靈芬館詩話十二卷續六卷 清吴江郭麐撰。嘉慶丙子至戊寅刊。

修竹廬談詩問答一卷春雪亭詩話一卷雪舫齋讀書書後二卷 清吴興徐熊飛撰。約嘉慶丙子刊。

芷江詩話八卷補遺一卷 清古六許嗣雲編。嘉慶己卯刊。

定泉詩話五卷 清餘姚陳梓撰。無刻書年月,約嘉慶間刊。無序目,全否不可考。

讀漁洋詩隨筆二卷 清長樂梁章鉅撰。無刻書年月,約嘉慶間刊。

雁蕩詩話二卷 清福州梁章鉅撰。咸豐壬子文華堂刊。

香石詩説一卷 清香山黄培芳撰。民國乙卯求在我軒刊硃墨套印本。

讀杜韓筆記二卷 清嘉應李黼平撰。民國二十三年以古宋字排印本。

出戍詩話四卷 清玉堂居士撰。道光二年刊巾箱本。玉堂居士爲袁潔之别號。潔著有《蠡莊詩話》。

律詩四辨四卷 清清溪李宗文撰。道光壬午二酉堂精刊。

憨齋詩話四卷 清長山馬桐芳撰。道光壬辰歙和堂刊。

尊西詩話二卷 清館陶張曰斑撰。道光十五年刊。

紅葉山房詩話六卷 清虞山姚錫範輯。道光丙申羊城富文齋刊。

老生常談一卷 清荔浦手編。無刻書年月,約道光間刊。

念堂詩話四卷 清慶雲崔旭撰。無刻書年月,約道光間刊巾箱本。

緣庵詩話二卷 清仁和李堂撰。無刻書年月,約道光間刊。無序目,全否不可考。

藥蘭詩話二卷 清宜良嚴廷中撰。無刻書年月,約道光間刊。分甲乙集。

買春詩話一卷 清歷城馬國翰撰。無刻書年月,約道光間刊。

五七言古詩聲調一卷 清曲阜桂馥撰。底稿本。首自題云:昆明王生二厚,從余問古詩聲調。時未攜趙飴山舊譜,口説難明,遂標唐宋諸家詩示之,略引端緒,所貴隅反。自念年及七十,猶不厭此瑣瑣,未忍棄去,付胥鈔兩本,一贈二厚,一自存,使兒孫輩如吾老不廢學也。甲子端午,桂馥記於永平縣齋。

臥園詩話五卷 清羅田溜煥龍撰。無刻書年月,約道光間刊巾箱本。第五卷曰補編。

我儂説詩二十二卷説詩三卷 清不著撰人姓名。約道光間抄底稿本。首有自序三篇。

懷雲閣詩話三卷 清浮休居士璞存撰。底稿本。

種李園詩話無卷數 清曲阜顔崇槼編。原稿本。無序目。原訂四册。

葯坡詩話十卷 清六安王潯輯。光緒十八年重刊木活字本。

壽松堂詩話四卷 清松陵陳來泰撰。咸豐四年刊。

閬苢草堂詩話四卷 清大興王柘撰。底稿本。首有咸豐丁巳華長卿序。

浴泉詩話二卷 清東光于春霑撰。底稿本。

吟林綴語無卷數 清濠梁戴文選撰。光緒丁丑且齋精刊巾箱本。

詩話二卷 清武進錢夢鯤撰。無刻書年月,約宣統間刊木活字本。

雲樵詩話二卷 清江陰繆焕章撰。民國戊午正月藝風堂刊。又名《雲樵外史詩話》。

文評之屬

音釋文心雕龍十卷 明豫章梅慶生撰。萬曆己酉刊。

文心雕龍十卷附註解十卷 明成都楊慎評點,閩中曹學佺参評,武林梁杰訂正。無刻書年月,約崇禎間刊。

文心雕龍輯註十卷 清長洲張松孫撰。道光壬寅讀味齋重刊。

朱文公游藝至論二卷 明鄱陽余祐編輯。無刻書年月,約雍正間師善堂精刊。

論文偶記一卷 清桐城劉大櫆撰。**附惜抱軒語一卷** 清桐城姚鼐撰。光緒壬辰金匱廉泉刊。

駢體新編一卷七律新編一卷 清休寧汪灝撰。無刻書年月,約雍正間碧柳居刊。

賦話十卷 清巴西李調元撰。光緒七年夏瀹雅齋重刊。《新話》六卷,《舊話》四卷。

論文集鈔二卷 清和陽高塘輯。乾隆五十一年雙梧書屋精刊。

酉山泉二卷 清苧城王嘉璧撰。嘉慶壬戌枕書樓刊。與酉山林合刊者。

宋四六話十二卷 清南昌彭元瑞撰,歙縣曹振鏞編。嘉慶癸亥刊。

文話二卷 清濟南朱曾武撰。嘉慶甲戌孟秋緑玉堂精刊。

文翼三卷 清陽湖吴鋌撰。道光十六年刊。

詞場述祖十卷 清香山黄熊文輯。底稿本。首有道光二十年武進姚錫範序。

制藝綱目一卷 清泰山趙國麟撰。無刻書年月,約道光間刊。

初月樓古文緒論一卷 清桂林吕璜撰。光緒十一年刊。

文法合刻七卷 清城陽于學訓編。嘉慶庚辰晚香書屋刊。《史記例意》一卷(明歸有光),《史席閒話》一卷(海陽鞠蓮隱講,門下董元賡述),《文法摘鈔》一卷(濰縣韓夢周),《十八華法》一卷(古斟李德潤),《讀古撮要》一卷(高密王萬里),《晴竹軒文法》二卷(同上)。

詞 曲 類

詞 集 之 屬

遺山先生新樂府五卷補遺一卷 金元好問撰。**訂誤一卷** 清華亭張家鼒撰。光緒丁丑二月南塘張氏重刊。

桂洲詞六卷 明夏言撰。依明嘉靖辛丑刊鈔本。又名《近體樂府》。

翁晉樂府二卷 明孝豐吴稼竳撰。嘉慶五年庚申紅杏村莊刊。

茗齋詩餘一卷 清淮南彭孫貽撰。舊鈔本。

秋屏詞續編一卷 清黄海吴貫勉撰。康熙甲辰精刊。又名《江花晚唱》。

緑意詞一卷 清黄海吴貫勉撰。康熙癸巳健碧庭精刊。

南耕詞六卷疊韵詞一卷 清宜興曹亮武撰。康熙壬戌刊。與《四庫》著録稍有異同。

巢青閣詞集五卷 清西泠陸進撰。康熙己未刊。《付雪詞》二卷,《悼亡詞》一卷,《紅么集》(即詞餘)一卷,《雪詞三集》一卷。

紫雲詞一卷 清晉江丁煒撰,秀水朱彝尊選。康熙甲子希鄴堂刊。

岸舫詞三卷 清山陰宋俊撰,無錫顧貞觀,番禺屈大均同選。康熙乙丑刊。

蒼梧詞十二卷 清武進董元愷撰,濟南王士禎等評。康熙丁卯本衙刊。又名《董舜民詞集》。

匏邨詞二卷 清嶺南毛端士撰。康熙己卯刊。又名《匏紅詞集》。《珠江紀游》《淮雲集》等二種。

綰秀園詞選一卷 清淮南杜首昌撰。無刻書年月,約康熙間精刊。

釀川集五卷 清山陰許尚質撰。無刻書年月,約康熙間刊。

蘂珠詞一卷 清錢塘徐吴昇撰。無刻書年月,約康熙間刊。

月團詞選二卷補遺一卷 清吴興沈爾燝撰。無刻書年月,約康熙間刊。又名《被園詞集》,又名《月團詞二集》。

浣雪詞鈔二卷 清遂安毛際可撰,未城[一五]李天馥、新城王士禎同評。無刻書年月,約康熙間本衙刊。

飲水詞集三卷 清長白性德(原名成德)撰,錫山顧貞觀定。康熙間刊。

南浦詞三卷 清雲間周金然撰。舊鈔本。首有喬世埴、李蒸、黄澂之、沈白、王顥、董俞、高層雲、路鶴徵等題詞。

坐花閣詩餘一卷 清豐南吴之遴撰。宣統庚戌刊。

緑陰山館詞二卷 清白溪楊學林撰。無刻書年月,約雍正間刊。

節霞詞存三卷 清會稽俞忠孫撰。傳鈔本。首有山陰王本序,次乾隆元年丙辰成都柳公衣序。

白蕉詞續集四卷 清平湖陸培撰。乾隆己未精刊。

小波詞鈔一卷 清海寧陳沆撰。乾隆戊辰精刊。

緑陰槐夏閣詞四卷 清新安朱昂撰。乾隆乙亥刊。

松陰詩餘二卷 清濰川朱佑撰。乾隆己卯刊。

松巖詞一卷 清長白福增格撰。乾隆丁酉精刊。又名《酌雅齋詩餘》。

靈石樵歌二卷 清山陰高宗元撰。舊鈔本。首有乾隆四十九年自序。

偉堂詞鈔四卷 清涇上趙帥撰。乾隆五十年乙巳刊。

玉雨詞二卷 清平湖徐志鼎撰。**附寅谷遺稿一卷** 清海鹽蔣泰來撰。乾隆五十三年戊申刊。

杯湖欸乃三卷羹天閣琴趣一卷 附 **濟南竹枝詞一卷** 清嘉定王初桐撰。乾隆癸丑刊。

石帆詞二卷 清蘭陵劉可培撰。無刻書年月,約乾隆間刊。

玉紅詞一卷 清海陵田昌運撰。無刻書年月,約乾隆間精刊。

南枝詞三卷 清荇涇繆泳撰。原稿本。首有自序。

聊齋詞一卷 清淄川蒲松齡撰。宣統辛亥海豐吴氏鈔本。

春花秋月詞一卷 清平陽徐昆撰。底稿本。首有嘉慶戊午張錦序,次自序。

紅杏詞二卷 清仁和李方湛撰。嘉慶甲子小石梁山館刊。

快情小築詞二卷 清鮑邱劉錫嘏撰。嘉慶丁卯刊。

銀藤花館詞四卷 清休寧戴延介撰。嘉慶戊辰緑華樓精刊。

苕谿漁隱詞二卷 清烏程范鍇撰。嘉慶十八年刊。

青衣詞稿一卷 清北平鄭成基撰。無刻書朝代,約嘉慶甲戌刊。

扁舟載酒詞一卷 清甘泉江藩撰。嘉慶乙亥刊。

叩拙詞一卷 清會稽陶維垣撰。嘉慶乙亥經鋤山堂刊。

艸香館詞稿一卷 清會稽朱文泰撰。原稿本。首有朱□之亦門題詞,後有嘉慶己卯閏四月上浣楊懷題詞,均屬親筆。

秋影山房詞一卷 清金鄉李翩撰。嘉慶二十五年刊。

南田詞三卷 清嘉興王啓曾撰。無刻書年月,約嘉慶間刊。

莞爾詞四卷 清當湖陸綸撰。無刻書年月,約嘉慶間刊。

微波詞四卷花韻菴詩餘一卷花間樂府一卷 清東吴石韞玉撰。無刻書年月。約嘉慶間精刊。

雙紅豆館詞鈔四卷 清諸暨周惺然撰。光緒癸未晉陽重刊。

桐花閣詞一卷補遺一卷 清嘉應吴蘭修撰。宣統三年汪兆鏞刊。

藕湖詞一卷 清陽湖蔣學沂撰。民國丙子刊木活字本。

翠薇雅詞一卷 清吴縣戈載撰。道光壬午刊。

緑雪館詞三卷 清華亭張鴻卓撰。道光乙酉書三味樓刊。

六影詞六卷 清欒城鄧祥麟撰。道光乙酉精刊。《燈影》《柳影》《夢影》《笠影》《駒影》《波影》諸詞。

栖香閣詞二卷 清梁溪女史顧文婉撰。道光六年忠孝堂精刊。文婉,顧梁汾之姊。

七榆草堂詞一卷 清青浦何其章撰。道光八年刊。

洞簫詞一卷 清長洲宋翔鳳撰。道光九年刊。

課花軒詞草二卷 清涇上吴栻撰。道光九年刊。

聽奕軒小稿三卷 清歙方成培撰。道光九年夏月斜月杏花屋精刊。

笛椽詞三卷 清高郵夏寶晉撰。道光癸巳刊。

綬藤吟舫詞一卷 清曲阜孔昭薰撰。道光乙未刊。

真松閣詞六卷 清金匱楊夔生撰。道光甲午刊。

淮海扁舟集二卷 清全椒金望欣撰。道光乙未刊。

月底修簫譜二卷 清儀徵朱鋐撰。道光丁酉孟夏刊。

詩舲詞録二卷 清華亭張祥河撰。道光戊戌松風艸堂刊。

東籬詞稿一卷 清連平顔琬撰,子愷謹録。底稿本。首有道光甲午李昭序,次道光戊戌歐聲振跋,次諸名家題詞。

玉鏡臺詞一卷 清太原温雲心撰。道光己亥刊。

綰緑詞二卷 清揚州王壽撰。道光己亥刊。

閒雲潭景詞二卷 清平湖楊懋麐撰。道光二十年庚子刊。

碧雲秋露詞二卷 清天都黄衡撰。道光辛丑刊。

小梅花館詞集三卷 清海鹽吴廷燮撰。道光辛丑刊,光緒戊寅仲冬重刊。

紅豆樹館詞八卷 清長洲陶樑撰。道光癸卯刊。

紅藕花榭詩餘一卷 清章邱孟傳璿撰。道光甲辰刊。

葑烟亭詞二卷 清遵義黎兆勳撰。道光二十六年刊。

海棠巢詞稿一卷 清錢塘李若虚撰。道光二十七年刊。

賞眉齋自喜集四卷 清會稽王潤撰。道光二十八年刊。

紅雪詞鈔四卷 清寧鄉黄湘南撰。**附録二卷** 清寧鄉黄本騏女黄婉璚同撰。道光丁未刊。

耨雲軒詞二卷 清嘉興馬汾撰。道光戊申刊。

梅邊笛譜二卷 清仁和李堂撰。道光間刊。

瑸齋詩餘一卷 清海昌查元偁撰。無刻書年月,約道光間刊。

潑墨軒詞無卷數 清石坪戴鑑撰。道光間慎餘堂刊。原編號數作三卷。

鸚鵡簾櫳詞鈔二卷 清吴縣潘曾瑩撰。無刻書年月,約道光間刊。

聞妙香室詞一卷 清山陽李宗昉撰。無刻書年月,約道光間刊。

三影閣箏語三卷 清錢塘張雲璈撰。無刻書年月,約道光間刊。

織烟樓詞草偶存一卷 清泉唐汪秉健撰。底稿本。秉健字小逸,汪小米弟。

鶗梅詞四卷附一卷 清鄱陽陳宇撰。原稿本。首有陸繼輅署簽,陳□□少香、吴蘭修、宋翔鳳、程紹芳、齊彦槐、金望欣、汪鈞等題字,并鈐有諸家之印,次周濟序,次管繩來、鄧廷楨、高望曾、戴彦升、董國華、錢國珍諸題詞,後有周儀暐跋。

秋蓮子詞前稿一卷後稿二卷 清儀徵王僧保撰。光緒上章敦牂江都李肇偁鈔本。附補。

雙柏詞一卷 清秀水金鴻佺撰。宣統元年鉛字排印本。

雙硯齋詞鈔二卷 清江甯鄧廷楨撰。民國庚申曾孫邦述精刊。

花橋詞鈔三卷 清元和孫宗樸撰。咸豐元年辛亥刊。

瑞雲詞一卷 清陽羨徐其志撰。**附鏡心齋詞鈔一卷** 清管城李鑾揚撰。咸豐甲寅刊。

銅鼓齋詞二卷 清江甯秦耀曾撰。咸豐甲寅刊。

碧桃館詞一卷 清仁和女史趙我佩撰。咸豐戊午秋九月精刊。

春水詞一卷 清元和顧文彬撰。咸豐庚申秋仲武昌郡齋刊巾箱本。

文竹閣詞集二卷 清彭澤許標撰。咸豐庚申祝餘山館刊。

鴻雪詞二卷 清祥符周之琦撰。咸豐辛酉精刊。

蝶園詞一卷 清吴縣潘曾綬撰。無刻書年月,約咸豐間刊。

和漱玉詞一卷 清茂苑女史許德蘋撰。同治甲子夏滬上重刊。

雪鴻吟館詞一卷 清珠浦韓聞南撰。同治甲戌於杭州刊。

紅藤館詞一卷 清柘田喬守敬撰。舊鈔本。

蠡龕遺詞二卷 清會稽岑應麐撰。光緒二年丙子刊。

緑月樓詞一卷 清甘泉女史江瑛撰。光緒八年刊。

雯窗瘦影詞一卷 清海昌女史許誦珠撰。光緒十一年刊巾箱本。誦珠,許楗之女,歸安朱鏡仁之室。

尊酒消寒詞一卷附録一卷續録一卷 清陽湖方楷編,南豐劉庠續編。光緒乙酉粤東刊。

聽雨小樓詞稿二卷 清金匱楊英燦撰。光緒辛卯西溪草堂刊木活字本。

醉芙詩餘一卷 清太谷王汝純撰。光緒十九年癸巳孟秋於京師刊。

桃花春水詞一卷 清常熟翁之潤撰。光緒己亥刊巾箱本。

懷荃室詩餘三卷 清維揚王鑒撰。光緒乙巳刊。

雪蕉軒詩餘一卷 清蘭陵杭楚沅撰。無刻書年月,約光緒間刊。

一粟盦詞集一卷 清德清蔡寶善撰。宣統紀元春西安圖書館鉛字排印本。

墮蘭館詞存一卷 清不著撰人姓名。宣統己酉鉛字排印本。首有吴唐林序,稱宗五載之以近著《墮蘭詞》見示。據此似姓宗氏字載之所撰。

晴花暖玉詞二卷 清江寧鄧嘉縝撰。民國己未刊。

詞選之屬

花間集十卷 唐趙崇祚集,明温博點句。**補二卷** 明西吴温博編次,茅一禎訂釋。萬曆間刊。序目後刊有"萬曆商横執徐之歲朱夏日歸安茅氏離於凌霞山房"等二十一字。

絶妙好詞箋七卷 清宛平查爲仁、錢塘厲鶚同箋。**續鈔一卷** 清仁和余集選,錢塘姚煌注。**又續鈔一卷** 清錢塘徐楙選,錢塘姚煌注。道光戊子夏重刊。《四庫》著録無《續鈔》。

宋詞選無卷數 豐山陸鐘手録。無序跋,約乾隆間抄本。

分類評釋續草堂詩餘二卷 明長洲錢允治類訂,陳仁錫箋釋。無刻書年月,約萬曆間刊。

蘭臯明詞彙選八卷蘭臯詩餘近選二卷 清西吴胡胤瑗、李葵生、顧璟芳等撰輯。舊鈔本。

絶妙近詞二卷 清西神顧貞觀、長白成德同選。民國十五年大東書局石印本。

清嘯集二卷 清檇李項以淳選集。康熙戊辰刊，嘉慶乙丑華亭盛灝元補刊。

詞鵠初編十五卷 清嘉定孫致彌輯。**附樂府指迷一卷** 宋西秦張炎撰。康熙四十四年乙酉刊。

古今别腸詞選四卷 清諸暨趙式撰輯，古吴陳維崧評點。康熙己丑聆蛩書屋刊。

古今詞匯初編十二卷二編四卷 清禹航嚴沆等參定。康熙間刊。

廣陵倡和詞無卷數 清四明孫金礪、徽州孫默等編。康熙間刊。

荆溪詞初集七卷 清同里陳維崧、曹亮武、潘眉同選，吴雯評。康熙間刊。無總目，全否待考。

棣華樂府六卷 清檇李盛楓、盛禾盛本枏等撰。乾隆丁巳脩紀堂刊。《梨雨選聲》《稼村填詞》《滴露堂小品》，凡三種，各二卷。

詞學辨體式二卷 清桐封吕德本輯。乾隆二十五年存正堂刊。是書與《詩法辨體説》合刊。

晴雪雅詞四卷 清海寧許昂霄選，張宗橚校録。乾隆四十六年刊。

有正味齋琴言一卷 清錢塘吴錫麒編。無刻書年月，約乾隆間精刊。

詞選二卷 清武進張惠言選。舊鈔本。首有鄭世恭印"虞臣"二字印、"虞臣氏藏"四字印各一方，"福州冠悔堂楊氏圖書"九字印一方。案是書原繕寫極工整，而書眉有他人批評，視其字體，似不出楊雪滄之手筆。

自怡軒詞選八卷 清雲間許寶善選，俞龝輯。嘉慶元年六月刊。

平陵主客詞二卷 清山陰張熙編。無刻書朝代，約咸豐丙辰刊。《安素軒萍寄草》(荆溪儲淳士撰)，《三影樓劫餘草》(山陰張熙撰)。

燕市聯吟集四卷 清袁通陳文述同編。嘉慶甲子刊。

消寒詞一卷 清昭文孫原湘編。嘉慶二十四年己卯刊。

粵東詞鈔無卷數 清番禺許玉彬、沈世良同輯。道光二十九年春三月刊。

壎篪雅唱二卷 清旌德吕錦文選。咸豐丙辰刊。《影梅詞鈔》一卷,合肥趙貽珩。《倚笛詞鈔》一卷,合肥趙錫璜。

詞話之屬

古今詞話八卷 清吴江沈雄編纂,休寧江尚質增輯。康熙戊辰刊。分《詞話》《詞品》《詞辨》《詞評》,凡四種,各二卷。版心下有"澄暉堂"三字。

詞譜詞韻之屬

笠翁詞韻四卷 清湖上李漁輯,子將開等訂。無刻書年月,約康熙間刊。

南北曲之屬

增編會真記一卷 明顧玄緯輯。隆慶間衆芳書齋刊。附精圖。

西廂記五卷末一卷 清西河毛甡論定并參釋。康熙丙辰刊。附《會真記》一卷(唐元稹撰)。

懷永堂繪像第六才子書西廂記八卷 聖嘆外書。康熙庚子豐溪吕世鏞刊袖珍本。

唐明皇秋夜梧桐雨一卷 元真定白樸填詞。明萬曆間顧曲齋刊。内有插圖。板心下有"顧曲齋藏板"五字。

半夜雷轟薦福碑一卷 元馬致遠填詞。明萬曆間書林徐氏刊。《古名家雜劇》之一。

琵琶記二卷 元高明撰。萬曆間玩虎軒刊。附精圖。板心下有"玩虎軒"三字。

周羽教子尋親記二卷 明王錂重訂。無刻書年月,約萬曆間金陵唐氏富春堂刊。

內有插圖。

義俠記二卷 明松陵詞隱填詞。萬曆壬子繼志齋刊。

玉茗堂批評異夢記二卷附圖像 不著撰人姓名。萬曆戊午刊。

藍橋玉杵記二卷 明雲水道人填詞。萬曆間浣月軒刊。附精圖。

全像音釋全德記二卷 明吳縣王穉登填詞。無刻書年月,約萬曆間金陵唐氏廣慶堂刊。

紅拂記二卷 明長洲張鳳翼填詞。無刻書年月,約萬曆間虎林容與堂刊。附精圖。

彩舟記二卷 明休寧汪廷訥填詞。無刻書年月,約天啓間環翠堂刊。板心上有"環翠堂樂府"五字。

投桃記二卷 明休寧汪廷訥填詞。無刻書年月,約天啓間環翠堂刊。板心上有"環翠堂樂府"五字。

李卓吾批評香囊記二卷附圖 明温陵李贄評。無刻書年月,約天啓間刊。

荷花蕩二卷 明上黨擷芳主人編。無刻書年月,約天啓間刊。附圖。又名《斐堂戲墨蓮盟》。

鬱輪袍傳奇二卷附圖 明西湖居士編次。無刻書年月,約天啓間刊。

一笠庵新編占花魁傳奇二卷附圖 明蘇門嘯侶填詞。無刻書年月,約崇禎間刊。

山水隣新鐫花筵賺二卷附圖 明吳儂荀鴨填詞。無刻書年月,約崇禎間刊。

鴛鴦棒二卷附圖 明吳儂荀鴨填詞。無刻書年月,約順治間刊。

詠懷堂新編十錯認春燈謎記二卷附圖 明百子山樵填詞。無刻書年月,約崇禎間刊。

望湖亭記二卷附圖 明吳郡鞠通生填詞。無刻書年月,約崇禎間刊。

情郵記傳奇二卷附精圖 明吳炳填詞。崇禎間刊。

紅羅鏡一卷附齊人乞食八仙慶壽 清陽曲傅山填詞,傅履巽輯。民國甲戌鉛字排印本。

表忠記傳奇二卷 清瑯琊丁耀亢填詞。同治壬申重刊。又名《楊忠愍蚺蛇膽表忠記》。

卷石夢一卷 清吴下習池客填詞。底稿本。首有雍正癸丑素園叔廷鑅撰《鈞天遺響序》。廷鑅姓許氏,嘉定人。

兩代奇傳奇二卷 清壺山主人填詞。約雍正間抄原稿本。壺山主人爲孫爲之别號。

錫六環二卷 清奉化孫埏填詞。無刻書年月,約光緒間刊。

濳莊删訂增補紫玉記二卷 清清溪玉塵山人填詞。乾隆元年刊。

醉高歌傳奇無卷數 清秀水張□□簡庵填詞。無刻書朝代,約乾隆三年戊午仲春靈雀軒精刊。又名《文體一致》。首有潘耒序,次有康熙己亥弟翊清序。稱尚著有《千秋恨》《再生緣》《仙筵投李》。

烟花債傳奇一卷 清研露樓主人填詞。乾隆癸亥刊。研露樓主人爲楚鄂崔應階之别號。

吟風閣四卷 清笠湖填詞,吴鞏曹應穀、陸光宗同校。嘉慶庚辰屋外山房主人重刊。首有乾隆甲午自序。

魚水緣傳奇二卷 清寶山澹廬居士填詞。乾隆辛巳博文堂刊。澹廬居士爲周書之别號。

五鹿塊傳奇二卷 清許廷録填詞,孫許士良排纂,許登壽續編。底稿本。首有自序,次乾隆乙巳孟秋許士良、同治八年許登壽等跋。

義貞記二卷 清郁州山人填詞。乾隆癸丑糊月山房刊。

新西廂二卷 清陽城張錦填詞。乾隆六十年甲寅夏貯書山房刊。

虎口餘生傳奇四卷 清遺民外史填詞。無刻書年月,約乾隆間耕讀堂刊袖珍本。

又名《鐵冠圖》。

玉尺樓傳奇二卷 清不著撰人姓名。無刻書年月,約乾隆間精刊。無序跋目録。後有許守白題識云,爲德州盧見曾著。

雙星圖二卷 清無聲謳者填詞。乾隆間樂餘園刊。無聲謳爲宜黄鄒山之别號。

梅花簪三卷 清古吴漱石填詞。無序跋,約乾隆間抄本。

續精忠二卷 清不著撰人姓名。約乾隆間抄本。凡二十五齣。

寒香亭傳奇四卷 清鄞江李凱填詞,同里范梧評點。嘉慶二年懷古堂刊袖珍本。

青溪笑二卷 清蓉鷗漫叟填詞。嘉慶庚申刊。

意中情二十二卷 清西泠姚袁昭撰。嘉慶九年刊。

不垂楊傳奇一卷 清錢塘汪應培填詞。嘉慶丁丑刊,光緒壬辰益清堂楊氏重刊。

也春秋傳奇二卷 清紫樓逸老、雲岳山人、花村居士、步柳漁甫仝填詞。無刻書年月,約嘉慶間精刊。

賢賢堂玉節記傳奇二卷 清蕭山張衢填詞。咸豐辛亥冬季刊。

賢賢堂芙蓉樓傳奇二卷 清蕭山張衢填詞。咸豐辛亥季秋刊。

飲酒讀騷圖一卷 清仁和女史吴藻撰。道光乙酉精刊。

錯中錯二卷 清瀛海勉癡子偶編。道光己丑仲春懷清堂刊。勉癡子爲周道昌之别號。

脊令原傳奇二卷 清海鹽黄燮清填詞。道光甲午刊。

鴛鴦鏡一卷淩波影一卷 清海鹽黄憲清填詞。道光乙未刊。

茂陵絃二卷 清海鹽黄燮清(原名憲清)填詞。道光丙申刊。

桃谿雪二卷 清海鹽黄燮清填詞。道光丁未刊。

淩波影一卷 清海鹽黄憲清填詞。無刻書年月,約道光間精刊。

鳳凰琴二卷 清椿軒居士填詞。道光己亥刊。

蘭桂仙傳奇二卷 清吴門沈起鳳正譜,龍眠左潢填詞。無刻書年月,約道光間刊。

伏虎韜傳奇二卷 清吴門紅心詞客填詞。無刻書年月,約道光間古香林刊。紅心詞客爲石韞玉之别號。

曲選之屬

詞林摘豔十卷 明張禄編。民國二十二年以明嘉精刊本影印。

曲譜之屬

增定南九宫曲譜二十一卷附録一卷 明吴江沈璟輯。無刻書年月,約天啓間刊。又名《增定查補南九宫十三調曲譜》。

南曲九宫正始無卷數 明雲間徐□□子室、茂苑鈕□□少雅訂。順治十八年辛丑鈔本。原編次作二十五卷。民國二十五年北平戲曲文獻流通會影印本。

新定宗北歸音崑腔譜五卷附考正音韻大全一卷 清西園主人撰,茂苑王正祥纂曲,平江盧鳴鑾、梁谿施銓同參訂。康熙丙寅停雲室刊。

絃索調時劇新譜二卷 清毗陵鄒金生、茂苑徐興華同閲,古吴朱廷鏐、松江朱廷璋同參訂。無刻書年月,約康熙間刊。

南九宫譜大全無卷數 清吴江沈自晉重定,燕越胡介祉增補。原稿本。每册之首鈐有"珊瑚閣珍藏"印一方。兹將每册種類鈔録於下:《商調引子》《商調過曲》一卷,裝一册。《商調犯調》(無目録)、《商調尾聲》一卷,裝一册。《越調引子》《越調過曲》一卷,裝一册。《越調犯調》《越調尾聲》一卷,《羽調引子》《羽調犯調》一卷,以上二卷裝一册。《雙調引子》《雙調過曲》《雙調犯調》一卷,裝一册。《雜調引子》《雜調過曲》《雜調尾聲》一卷,裝一册。凡七卷,原裝六册。并無總目序跋,是否全書,無從查考。

太古傳宗六卷 清古吴湯斯質撰,茂苑徐興華、古吴朱廷鏐等訂補。乾隆十四年和碩莊親王刊。即《琵琶調西廂記曲譜》《琵琶調宫詞曲譜》《絃索調時劇新譜》,

凡三種。

吟香堂曲譜四卷 古吴馮起鳳定。乾隆己酉刊。《長生殿》《牡丹亭》各二卷。

曲話之屬

曲品二卷 明東海鬱藍生撰。**傳奇品二卷** 山陰高奕撰。民國十一年國立北京大學鉛字排印本。

附　　録*

經　　部

楊氏易傳二十卷 宋慈谿楊簡撰。明萬曆乙未廬陵劉日升、豫章陳亨同校刊。

周易本義通釋二卷十傳十卷 元新安胡炳文撰。延祐丙辰刊，明嘉靖元年重刊。

周易集傳八卷補遺一卷考證一卷 元廬陵龍仁夫撰，清永新尹繼美録。同治戊辰鼎吉堂刊。

易經圖釋十二卷圖一卷 明禾川劉文安撰，劉而鉉編輯。乾隆二十八年刊。

易經存疑十二卷 明同安林希元撰。康熙戊午重刊。

周易古本全書彙編十七卷 明清源李本固述輯。萬曆壬子湯泰時刊。又名《古易彙編》。

周易古本一卷附辨記疑 明錫山華兆登撰。萬曆庚申刊。

周易説統十二卷 明仁和張振淵撰。萬曆間石鏡山房刊。

九正易因無卷數 明温陵李贄撰。無刻書年月，約萬曆間刊。原編次作二卷。

易經增註十卷考一卷 明磁州張鏡心撰。康熙丁未刊。

易經説意無卷數 明古臨陳際泰撰。崇禎庚午刊。上下經各一卷，《繫辭》一卷。

兒易内儀以六卷外儀十五卷 明上虞倪元璐撰。崇禎辛巳刊。

周易旁註二卷前圖二卷繫辭雜卦一卷 明新安朱升撰。無刻書年月，約崇禎

---

* 附録爲孫殿起先生手録殘稿，多係明末清初罕傳本，而又較《四庫存目》著録較詳。現分經史子集四部，并附篇末。

間刊。

古周易訂詁十六卷 明漳州何楷撰。崇禎間刊。

雪園易義四卷首一卷 明嘉善李奇玉撰。無刻書年月,約康熙間刊。

周易廣義四卷圖一卷 明吴縣鄭敷教撰。康熙二十三年甲子刊。

周易廣義四卷圖一卷 明吴縣鄭敷教撰。乾隆五十四年松月樓刊。又名《易憲廣義》。

易發八卷 明吴興董説撰。無刻書年月,約康熙間刊。

周易古文鈔無卷數 明山陰劉宗周撰。乾隆十二年朱坤鈔本。又名《易經古文鈔義》。原編次作四卷。

大易纂註六卷 明汾陽朱之俊撰。順治間嫏嬛刊。

易原無卷數易或十卷 清胥山趙振芳、天都徐在漢同撰。順治己亥刊。《易原》分《古易釋圖》《圖説》等。

增輯易象圖説二卷 清蓬萊吴脈鬯撰。順治己亥刊,道光庚子柏柳堂補刊本。

周易辯二十四卷首四卷 清吴郡浦龍淵撰。康熙戊午刊。

讀易蒐十二卷 清越東鄭賡唐撰。康熙辛酉刊。

身易實義五卷 清嘉興沈廷勱撰。康熙二十四年刊。

易説要旨二卷 清吴江李寅撰。康熙甲申精刊。

易圖明辨十卷 清德清胡渭撰。康熙丙戌耆學齋刊,嘉慶元年補刊。

周易滴露集四卷 清平原張完臣撰。康熙間刊。

易宗集註十二卷首一卷 清高郵孫宗彝撰。康熙間刊。

易經補義四卷 清新安方芬撰。康熙間刊。

讀易質疑二十卷 清新安汪璲撰。康熙間刊。

易經辨疑七卷 清江都張問達撰。康熙間刊。

讀易隅通二卷 清蕭山來集之撰。雍正元年古絳張文炳刊。

易經理解無卷數 清嵩陽部煜纂輯。雍正十三年乙卯志謙堂刊。

周易傳註七卷筮考一卷 清蠡吾李塨撰。道光癸卯養正堂重刊。

讀易管窺五卷 清歸安吴隆元撰。無刻書年月,約雍正間歸安吴易齋刊。

周易剩義二卷 清連城童能靈撰。乾隆己未冠豸山刊。

成均課講周易十二卷 清蒲坂崔紀撰。乾隆九年刊,乾隆間刊木活字本。

周易詳説十八卷 清三原劉紹攽撰。乾隆十三年本衙刊。

易經貫一二十二卷 清雲間金誠撰。乾隆十七年和序堂刊。

周易玩辭集解十卷 清海寧查慎行撰。乾隆癸酉刊。

周易孔義集説二十卷 清太倉沈起元撰。乾隆甲戌學易堂刊,光緒壬午江蘇書局重刊。

大易擇言三十六卷 清上元程廷祚撰。乾隆甲戌道寧堂刊。

易貫十四卷首二卷 清婁江張敍撰。乾隆二十一年丙子刊。

易貫十四卷首二卷 清婁江張敍撰。乾隆二十七年蓮花書院刊。

大易闡微録十二卷 清棗强劉琯撰。乾隆二十三年刊。

易見九卷首一卷啓蒙二卷 清丹陽貢渭濱撰。乾隆己卯脉望書樓刊。

周易述二十三卷 清元和惠棟撰。乾隆庚辰雅雨堂精刊。卷八卷二十一原闕。

大易合參講義十卷 清新建朱用行撰。乾隆壬午澹寧居刊。

周易啓蒙課本四卷 清長洲宋邦綏撰。乾隆壬辰傳經堂刊。

易經講義八卷 清汜水萇仕周撰。乾隆五十四年刊。

孔門易緒十六卷首一卷松南年譜一卷 清古郟張德純撰。《年譜》張鳳孫編,乾隆五十六年張松孫刊。

周易洗心十卷 清宜興任啓運撰。乾隆間刊。

易準四卷例説一卷 清嘉善曹庭棟撰。乾隆間刊。

易箋八卷首一卷圖一卷 清黔中安平陳法撰。乾隆間敬和堂精刊。

周易本義拾遺六卷 清星沙李文炤撰。乾隆間刊。

周易原始六卷 清錢塘范咸撰。無刻書年月，約乾隆間精刊。

撥易堂解二十卷首二卷末二卷 清西昌劉斯組撰。無刻書年月，約乾隆間裘磐重刊。

易解拾遺七卷附周易讀本四卷 清衡山周世金撰。嘉慶二十四年刊，光緒十年長碧和義堂重刊。

尚書輯録纂註六卷 元鄱陽董鼎撰。元至正甲午刊。首有至大戊申十二月己未鄱陽董鼎謹序，次綱領。第六頁後有"至正甲午孟夏翠巖精舍新刊"凡十二字木記。半頁十一行，行大字二十字，小字雙行，行二十四字。版心仍刻"書集傳"。

書帷別紀四卷 明金壇王樵撰。萬曆甲申刊。卷二分上下。

尚書葦籥五十八卷 明東海潘士遴撰。崇禎間刊。

尚書集解二十卷 清北平孫承澤撰。康熙十一年城南書舍刊。

尚書註解纂要六卷 清江都吴蓮撰。乾隆甲戌愛日堂刊。

尚書私學四卷 清揚州江昱撰。乾隆二十一年刊。

尚書約旨六卷尚書通典略二卷 清武進楊方達撰。乾隆間精刊。

尚書質疑三卷 清錫山顧棟高撰。道光丙戌眉壽堂刊。

禹貢圖説一卷圖一卷 明海鹽鄭曉撰。嘉靖甲子刊。道光元年海昌馬錦重刊，古芸齋藏板。

禹貢圖註一卷 明古臨艾南英撰。無刻書年月，約天啓間刊。

九州山水考三卷 清北平孫承澤撰。無刻書年月，約康熙間刊。總名《格致録》。

禹貢方域考一卷 清南豐湯奕瑞撰。雍正甲寅精刊。

禹貢方域考一卷 清南豐湯奕瑞撰。傳抄本。

禹貢正義三卷首一卷 清錫山曹爾成撰。乾隆二十七年壬午曹峻校刊。

洪範正論五卷 清德清胡渭撰。乾隆己未精刊。

讀風臆評一卷 明澧郡戴君恩撰。萬曆戊午刊硃墨套印本。

讀詩私記五卷 明李先芳撰。隆慶間刊。案書口中分上下卷。

傳詩嫡冢十六卷 明吴興凌濛初撰。**附申公詩説一卷** 漢魯人申培撰。崇禎間刊。

詩通四卷 明海虞陸化熙撰。順治戊戌刊。是書以明豫章徐奮鵬《詩經解註》爲底本。

詩經集成三十一卷圖考一卷 清毗陵趙燦英撰。康熙二十九年刊。

詩傳名物集覽十二卷 清黄岡陳大章撰。康熙甲午精刊。

陸堂詩學十二卷 清平湖陸奎勳撰。康熙間小瀛仙閣刊。

毛詩日箋六卷 清勾吴秦松齡撰。康熙間精刊。

詩經同異録八卷 清太倉周象明輯,吴暻訂。約康熙間抄本。此書係《七經同異録》之一。

虞東學詩十二卷詩説一卷 清常熟顧鎮撰。乾隆戊子夏誦芬堂刊。

詩瀋二十卷 清會稽范家相撰。乾隆甲午古趣亭刊。

三家詩拾遺十卷 清會稽范家相撰。嘉慶庚午古趣亭刊。

詩深二十六卷首二卷 清巴陵許伯政撰。無刻書年月,約乾隆間刊。

詩疑辨證六卷 清雲間黄中松撰。舊抄本。

周禮説十四卷 明豐城徐即登撰。無刻書年月,約崇禎間刊。

周官禄田考三卷 清吴江沈彤撰。乾隆間精刊,乾隆十六年辛未果堂覆校精刊。

禮説十四卷 清東吴惠士奇撰。無刻書年月,約乾隆間紅豆齋刊。首有《校閲姓氏》一卷,皆廣東人。版心刊有“紅豆齋”三字。

儀禮經集註十七卷樂經集註二卷 明堂邑張鳳翔撰。嘉慶元年張應魁重刊。

儀禮鄭注句讀十七卷監本正誤一卷石本誤字一卷 清濟陽張爾岐撰。乾隆八年和衷堂刊。

儀禮章句十七卷 清仁和吴廷華撰。乾隆丁丑冬東壁書莊刊。

儀禮章句十七卷 清錢塘吴廷華撰。嘉慶間刊。

禮記集註三十卷 明吴江徐師曾撰。萬曆乙亥刊。

禮記訓義擇言八卷 清婺源江永撰。雍正辛亥刊,乾隆二十五年庚辰重刊。

禮記類纂十卷 清義興任啓運撰。乾隆癸巳清芬堂刊。又名《禮記章句》。

檀弓輯註二卷考工輯註二卷 明浙氾陳與郊輯。萬曆甲辰春刊。

檀弓論文二卷 清高郵孫濩孫撰。康熙六十一年天心閣精刊。

夏小正集注二卷 清北平黄叔琳撰。嘉慶間程氏刊。

三禮纂註四十九卷 明宣州貢汝成撰。萬曆間刊。

禮樂合編三十卷 清錫山黄廣撰。無刻書年月,約康熙間玉磬齋刊。

禮樂通考三十卷 清武進胡掄撰。乾隆間刊。

禮書綱目八十五卷首三卷 清婺源江永撰。嘉慶庚午鏤恩堂刊。

昏禮通考二十四卷首一卷 清嘉善曹庭棟撰。乾隆間刊。

雅樂考二十卷 明韋焕編,其子繼和補註。**後集一卷** 海虞趙琦美編。約康熙間抄本。首有翰林印一方。

樂律古義二卷 清連城童能靈撰。乾隆己未冠豸山刊。

琴旨二卷 清南通州王坦撰。乾隆丙寅素堂刊。

律吕圖説二卷 清渭埜王建常編,潛邨王宏撰訂。乾隆甲午朝坂集義堂刊。

欽定詩經樂譜全書三十卷凡例一卷表一卷樂律正俗一卷 清鄒奕孝等奉敕撰。乾隆間内府以銅活字硃墨套印本。

春秋左傳註解辨誤二卷補遺一卷古器圖一卷 明吴郡傅遜撰。萬曆癸未刊。日本寬政癸丑重刊,即乾隆五十八年刊。

春秋左傳屬事二十卷古字奇字音釋一卷左傳註解辯誤二卷補遺一卷古器圖一卷 明吴郡傅遜撰。萬曆甲申至乙酉日殖齋刊。

春秋左傳典略十二卷 明浙淛陳許廷撰。崇禎己巳刊。

左傳統箋三十五卷 清會稽姜希轍撰。康熙間刊。

春秋地名攷略十四卷 清錢塘高士奇撰。康熙間刊。

春秋世族譜無卷數 清泰州陳厚耀撰。雍正三年精刊。

春秋義十五卷首一卷 清合河孫嘉淦撰。雍正三年精刊。

春秋義補註十二卷 清合河孫嘉淦撰,武進楊方達增注。乾隆甲戌精刊。

春秋大事表五十卷輿圖一卷附録一卷 清錫山顧棟高撰。乾隆十二年萬卷樓精刊。

春秋經傳類求十二卷 清常熟孫從添、長洲過臨汾同撰。乾隆己卯舊名堂精刊。

春秋集傳十卷 清湘川李文炤撰。乾隆間刊。

春秋宗朱辨義十二卷 清固城張自超撰。乾隆間世耕堂刊,光緒七年重刊。

春秋不傳十二卷 清寶應湯啓祚撰。嘉慶己卯循陔堂刊。

大學新編五卷 明安福劉元卿撰。咸豐二年重刊。

大學翼真七卷 清德清胡渭撰。嘉慶庚辰震無咎齋刊。

大學翼真七卷 清德清胡渭撰,胡彦昇校定。無刻書年月,約嘉慶間小西山房刊。

中庸解一卷 清吴江任大任撰。康熙壬申刊。

四書名物考二十四卷 明海虞陳禹謨輯,虎林錢受益、牛斗星同補。無刻書年月,約崇禎間刊。

四書經學考十卷補遺一卷大學備考一卷 明桂林謝濟世原本,明徐邦佐采輯,金壇王罕皆增輯。嘉慶甲子三槐堂刊。

四書述十九卷 清浙汜陳詵撰。無刻書年月,約康熙間清遠堂刊。版心有“信學齋”三字。

四書尊聞録二十卷 清長洲戴鋐撰。雍正戊申懷新堂刊。

四書句讀釋義十九卷 清古楊范凝鼎録。乾隆癸酉箕陽述善堂刊。

四書順義解十九卷 清任邱劉琴撰。乾隆三十一年刊。

四書參註無卷數 清深澤王植輯録。無刻書年月,約乾隆間崇雅堂刊。

此木軒四書説九卷 清金山焦袁熹撰。乾隆間刊。

成均課講大學一卷中庸一卷論語温知録一卷讀孟子劄記一卷 清蒲坂崔紀撰。乾隆間刊。

孝經註義一卷 清栢鄉魏裔介撰。康熙壬子刊。

孝經類解十八卷 清新安吴之騄撰。康熙癸酉寶翰樓刊。

孝經正文一卷内外傳四卷 清楚黄李之素撰。康熙庚子刊。

孝經内傳一卷外傳五卷正文一卷 清楚黄李之素撰。康熙間寶田山莊刊。一名《孝經内外傳》。

孝經通釋十卷總論一卷 清嘉善曹庭棟撰。乾隆間刊。

古文孝經一卷 漢孔安國傳,日本太宰純音注。享保十七年刊,即雍正十年刊。

新編十一經問對五卷 元何異孫撰。元至正戊戌刊。每頁二十八行,行二十五字,書名占雙行。四圍雙欄,版心上下黑口,雙魚尾。每册首尾鈐有"毛晉"二字印一方,"毛扆之印"一方,"斧季"二字印一方,"汲古主人"四字印一方,"臣筠"二字印一方,"三晉提刑"四字印一方,"李"一字印一方,"仲約"二字印一方,"李文田"三字印一方,"元本"二字印一方。最後有順德李文田跋云:此書於光緒甲午十一月流轉廠肆,以十八金收得之。以校顧氏《彙刻目》,方知汲古毛氏原有兩元刊。初收者無序,故通志堂本缺序文。後收得此本,有序,即陳仲魚所云鮑以文據以補缺者也。十二月十日。

經稗十二卷 清建安鄭方坤撰。舊抄本。首有《四庫提要》一篇。卷一、二《易》,卷三《四書》,卷五、六《詩》,卷七、八《春秋》,卷九、十《三禮》,卷十

一、十二《四書》。

九經圖無卷數 清長泰楊魁植輯,子文源增訂。乾隆壬辰春信芳書房精刊。

儀禮小疏七卷左右異尚考一卷儀禮鄭注監本刊誤一卷附尚書小疏一卷春秋左傳小疏一卷 清吴江沈彤撰。乾隆間刊。又名《三經小疏》。

松源經説四卷 清仁和孫之騄撰。乾隆間精刊。

説文長箋一百卷首十三卷 明吴郡趙宧光撰。崇禎間刊。卷首目録抄録於下:題解一卷,凡例一卷,《六書長箋漢儀》六卷,《六書合箋》一卷,《説文解字本敍》一篇,《説文解字後序》一篇,《鄦沖二説文表》一篇,《新修字義》十五段,《徐鉉進説文解字狀》一篇,《説文敍例通誤釋文》一段,《徐鍇説文解字部敍繫傳》二卷,《子母原》一卷,《説文表》一卷。

説文廣義十二卷 清長洲程德洽輯。康熙間成裕堂刊。

説文繫傳考異四卷附録二卷 清錢塘汪憲撰。道光丁酉瞿氏清吟閣刊,光緒間八杉齋重刊。

六書準無卷數 清華亭馮鼎調撰。順治間刊。内分象形、指事、會意三類,至假借、轉注皆居其内。

六書辨通五卷補一卷續補一卷 清金山楊錫觀撰。乾隆間刊。

同文備考八卷聲韻會通一卷韻要粗釋一卷 明東吴王應電撰。嘉靖間刊。

諸書字攷略二卷 明閩中林茂槐撰。萬曆三十二年刊。

字學指南十卷 明上海朱光家撰。萬曆間刊。

字考啓蒙十六卷 明關中周宇撰。萬曆間刊。

字孿四卷 明三衢葉秉敬撰。**附篆體辨訣一卷** 明武林潘之淙訂。天啓丁卯刊。

問奇集二卷 明豫章張位撰。舊抄本。

字辨七卷 清南州熊文登撰。順治庚子刊。又名《松風堂字辨》。

讀書正音四卷 清石門吴震方原輯，同里孫湄重訂。乾隆己卯精刊。

篆字彙十二卷 清遼陽佟世男編。桐城胡正宗、方正琇同参。康熙三十九年多山堂刊。

古音叢目五卷古音餘五卷附録一卷 明楊慎撰。嘉靖間李元陽刊。

五先堂字學元元十卷 明彬袁子讓撰。天啓癸亥刊。

讀易韻考七卷 明長洲張獻翼撰。萬曆己卯刊。

韻會小補十一卷 明永嘉方日升撰。萬曆甲辰刊。

音聲紀元六卷 明徽郡吴繼仕撰。萬曆辛亥刊。

古今韻分注撮要五卷 明吉州甘雨纂輯，應城陳士元編注，晉安徐𤊹增補。萬曆間刊。

諧聲品字箋無卷數 清錢塘虞德升撰，其子嗣集補註。康熙十六年刊。以地支字分次。

古今通韻十二卷論例一卷 清蕭山毛奇齡撰。康熙甲子本衙刊。

等切元聲十卷 清南昌熊士伯編輯，其弟士倬訂。康熙四十九年尚友堂刊。

音韻清濁鑑三卷凡例門法一卷辨清濁一卷 清析津王祚禎撰。康熙間善樂堂刊。

韻雅五卷雜論一卷識餘一卷 清古吴施何牧撰。無刻書年月，約雍正間刊。

古今韻表新編四卷後編一卷 清古董仇廷模撰。乾隆二年丁巳刊。

四聲切韻表一卷 清婺源江永撰。乾隆戊申同郡汪龍精刊。

古韻標準四卷首一卷 清婺源江永撰，休寧戴震参定，長寧趙希璜覆校。乾隆乙卯安陽縣衙刊。

韻歧五卷 清廣陵江昱撰。乾隆間精刊。

欽定音韻述微無卷數 清乾隆三十八年撰。内抄底稿本。分平上去入等類。

彙雅前集二十卷 明古循張萱編。萬曆乙巳秋八月於金臺之清真館刊。

別雅五卷 清山陽吴玉搢撰。乾隆九年新安程氏督經堂精刊。

史　部

五代史志疑四卷 清青浦楊陸榮撰。康熙間刊。

通鑑綱目糾謬六卷釋地六卷 清秀水張庚撰。乾隆間强恕堂刊。

九朝編年綱目備要三十卷 宋陳均撰。元刊本。首有莆田陳均序,次紹定二年建安真德秀序,次凡例。每半頁八行,行十六字,小字雙行,行二十四字。板心雙魚尾,上下黑口,四圍單欄。左邊綫外有某朝某年等字。

兩朝憲章録二十卷 明武進吴瑞登撰。萬曆甲午刊。

皇明嘉隆兩朝聞見紀十二卷 明江東沈越録,伯子朝陽編。萬曆己亥刊。又名《兩朝聞見録》。封面題《皇明嘉隆聞見大紀》。

皇明通紀述遺十二卷 明秀水卜世昌校訂。萬曆三十三年乙巳刊。起至正十一年,止隆慶六年。

三朝北盟會編二百五十卷 宋徐夢莘撰。光緒三十四年清苑許涵度在四川刊。每卷後俱附校勘記。

明朝紀事本末八十卷 清豐潤谷應泰撰。順治戊戌刊。

戰國策去毒二卷 清當湖陸隴其撰。康熙甲戌三魚堂刊。

考定竹書紀年十三卷 清河渚孫之騄撰。無刻書年月,約乾隆間精刊。

季漢五志十二卷 清錢塘王復禮撰。康熙四十一年刊。

春秋紀傳五十一卷 清東陽李鳳雛輯。康熙間刊。

晉紀六十八卷 清蕭山郭倫撰。乾隆丙子刊。

稽古篇五十五卷 明揭陽郭之奇撰。無刻書年月,約康熙間刊。

皇明帝后紀略一卷藩封附 明鄭汝璧編。萬曆乙卯曹銑校刊。

續藏書二十七卷 明温陵李贄撰。無刻書年月,約崇禎間刊。禁書。

御定歷代紀事年表一百卷 清王之樞等撰。康熙五十一年内府刊。自唐帝堯甲辰起，至元順帝至正二十八年止，凡計三千七百二十五年。

革朝志十卷 明浙滸許相卿撰。萬曆間刊。卷一《君紀》，卷二《閹官傳》，卷三《死難列傳》，卷四《死事列傳》，卷五《死志列傳》，卷六《死遁列傳》，卷七《死終列傳》，卷八《傳疑》，卷九《名臣列傳》，卷十《外傳》。記建文朝事。

建文朝野彙編二十卷 明秀水屠叔方撰。萬曆間刊。禁書。

遜國正氣紀九卷首一卷 明浦上曹參芳輯次。崇禎甲申虬松齋刊。

遜國逸書四卷從亡隨筆一卷致身録一卷鐵老生冤報録一卷 明玉海子劉琳撰，魏塘錢士升訂。崇禎間刊。

世廟識餘録二十六卷 明徐學謨輯。無刻書年月，約萬曆間刊。是書嘉定錢氏舊藏，有錢大昕手筆批點。每册之首鈐有“辛楣”二字印一方，“臣大昕”三字印一方，“臣熑之印”一方。

鄭端簡公今言四卷 明海鹽鄭曉撰。萬曆甲寅其孫心材重刊。

二申野録八卷 清仁和孫之騄撰。無刻書年月，約雍正間刊。

交山平寇本末三卷 清吴興夏駰撰。康熙壬子刊。

平叛記二卷 清東萊毛霦撰。康熙五十五年精刊。

十國春秋一百十六卷 清仁和吴任臣撰。乾隆癸丑此宜閣刊。

南朝史精語十卷 宋鄱陽洪邁撰。乾隆五十二年南城吴照刊。

元史節要十四卷 明臨江張九韶編輯。洪武甲子刊，約萬曆間重刊。

聖師年譜五卷 清滏陽楊方晃撰。雍正乙卯至乾隆丁巳存存齋刊。分天地人。首尾各一卷。

至聖編年世紀二十四卷 清嘉定李灼古、歙黄晟同輯。乾隆辛未亦政堂刊。

諸葛忠武書十卷 漢瑯琊諸葛亮。明茂苑楊時偉編。萬曆己未刊。

楊文靖公年譜二卷 宋楊時。錫山張夏補編。康熙壬申刊。

朱子年譜四卷攷異四卷附録二卷 清寶應王懋竑撰。乾隆間白田草堂刊,浙江書局重刊。

象山先生年譜二卷 清袁燮、傅子雲同撰初稿,臨川李紱增訂。雍正間精刊。

鄭端簡公年譜八卷附墓誌行略祭文 明海鹽鄭曉其子履淳等編。隆慶戊辰刊。此《祭文》即第九卷,分上下。

商文毅公年譜四卷 明淳安商輅。商振倫撰。萬曆戊午元始堂精刊。

商文毅公年譜四卷 明淳安商輅。商振倫編。無刻書年月,約乾隆間保傅堂刊木活字本。

理學張抱初年譜一卷 明澠池張信民。壽安馮奮庸編輯。雍正丙午刊。

北行日譜一卷附諸家書札一卷 明姑蘇朱祖文撰。崇禎己巳刊。記周蓼洲事。

海岱日記一卷 清滏陽張榕端撰,秀水徐嘉炎評。康熙三十五年丙子刊。

滇行日記二卷 清東武李澄中撰。康熙間刊。

歷代守令傳二十四卷 明豫章魏顯國撰。萬曆丙午刊。

廉吏傳無卷數 明武林黄汝亨輯。萬曆乙卯刊。原編次作十二卷。起列國,止唐朝。

逸民史二十二卷 明華亭陳繼儒輯。萬曆間刊。

皇明輔世編六卷 明毗陵唐鶴徵編纂。崇禎壬午刊。

皇明崑山人物傳十卷名宦傳一卷 明吴郡張大復撰。雍正二年同里汪中鵬補刊。又名《梅花草堂集》。

皇明表忠紀十卷首一卷附録一卷 明南史錢士升撰。崇禎己卯十竹齋刊。

續表忠記八卷 清漸岸趙吉士撰,四明盧宜輯。康熙戊寅寄園刊。

東林列傳二十四卷末二卷 清江陰陳鼎撰。康熙辛卯刊。禁書。

欽定勝朝殉節諸臣録十二卷 清河間紀昀等恭編校。嘉慶二年丁巳刊。

聖學宗傳十八卷 明東越周汝登編,陶望齡訂。萬曆丙午刊。

理學備考三十四卷 清洪洞范鎬鼎編。康熙間五經堂刊。卷一至六《理學名臣録》，絳州辛全輯。卷七至十《理學宗傳》，容城孫奇逢輯。卷十一至十六《續補》，卷十七至十八《學統》，孝昌熊賜履輯。卷十九至二十九《雒閩源流録》，無錫張夏輯。卷三十至三十四《明儒學案》，姚江黄宗羲輯。

孔庭神在録八卷 清錫山胡時忠編。康熙丙寅襄古堂刊。

聖學知統録二卷翼録二卷致知格物解二卷 清栢鄉魏裔介撰。康熙戊申刊。

希賢録五卷 江都朱顯祖撰。康熙間天瑞堂刊。

明儒學案六十二卷 清姚江黄宗羲撰。康熙癸酉故城賈氏紫筠齋刊，乾隆間慈谿鄭氏二老閣刊，道光間會稽莫晉覆刊鄭本。

儒林録十九卷 清雲間張恒輯。無刻書朝代，約康熙戊子廣志堂刊。

雒閩源流録十九卷 清無錫張夏撰。康熙二十一年壬戌彝敍堂刊。

楊全甫諫疏四卷 明楊天民撰。天啓元年至三年刊。

朱襄毅公督黔疏草十二卷 明朱燮元撰。無刻書年月，約康熙間刊。

撫黔奏疏八卷 清楊雍建撰。康熙間刊。起康熙十八年三月，止康熙二十三年十一月。

楊黄門奏疏 附 **西臺奏議無卷數** 清海寧楊雍建撰。康熙間刊。

于山奏牘八卷 清晉西河于成龍撰。康熙二十二年刊。第八卷詩詞。

疏稿一卷李贄一卷淮鹺本論二卷 清東海胡文學撰。康熙間刊。禁書。

右編補十卷 明錢塘姚文蔚編。萬曆辛亥刊。

月令通考十六卷 明潁人盧翰撰。萬曆己丑刊。

養餘月令三十卷 明戴羲輯。崇禎庚辰刊，雍正八年重訂本。

大清一統志三百五十六卷 清乾隆二十九年官纂。道光二十九年陽湖薛子瑜校刊木活字本。

雍大記三十六卷 明汝南何景明等編輯。嘉靖壬午刊。

欽定熱河志一百二十卷 清和珅等編。乾隆間内府刊。

歷代宅京記二十卷 清崑山顧炎武撰。嘉慶戊辰來賢堂刊。

吴郡志五十卷 宋吴郡范成大撰。無刻書年月,約崇禎間汲古閣刊。

安丘縣志二十八卷 明邑人馬文煒撰。萬曆己丑刊。

杞紀二十二卷略例一卷 清安邱張貞撰。康熙間刊。

河套志六卷 清商邱陳履中撰。乾隆間精刊。

河防芻議六卷 清古燕崔維雅撰。康熙十三年刊。

山東全河備考四卷 清古吴葉方恒撰。康熙十九年平冶山堂刊。每卷分上下卷。

具區志十六卷 清吴縣翁澍撰。康熙間刊。

水道提綱二十八卷 清天台齊召南撰。乾隆丙申傳經書屋刊。

欽定河源紀略三十五卷首一卷 清吴省蘭、闕槐、王念孫等敕撰。乾隆四十七年内府刊。

海塘録二十六卷首二卷 清仁和翟均廉恭纂。傳抄本。墨格,版心下刊"古泉艸堂"四字。

温處海防圖略二卷圖一卷 明宛陵蔡逢時撰。萬曆間刊。

天台山方外志三十卷 明釋無盡撰。萬曆癸卯幽溪講堂刊。

四明山志九卷 清姚江黄宗羲撰。康熙間抑抑堂刊。

黄山志定本七卷首一卷 清新安閔麟嗣纂。康熙間刊。

羅浮野乘六卷 清嶺南韓晃輯。康熙間刊。

常熟破山興福寺志四卷 清嘉定程嘉燧輯。崇禎壬午刊,民國己未鉛字排印本。

鄧尉聖恩寺志十八卷 明吴江周永年編輯。崇禎十七年甲申刊。

東林書院志二十二卷 清梁溪高廷珍等輯。雍正十一年刊,光緒辛巳重刊。

帝京景物略八卷 明麻城劉侗、宛平于奕正同撰。崇禎八年乙亥刊。查是書目録，卷二《觀象臺》、卷五《大佛寺》等原闕。

桂故八卷桂勝十六卷 明張鳴鳳撰。萬曆己丑刊。

潯陽蹠醢六卷 清里人文行遠輯。康熙壬子刊。

蜀都碎事四卷藝文補遺文一卷詩一卷 清宦隱子祥裔耕漁撰。康熙間刊。

東城雜記二卷 清錢塘厲鶚撰。嘉慶庚辰夏五錢塘汪氏振綺堂刊。

宋東京考二十卷 清嘉興周城撰。乾隆壬午六有堂重刊。

關中勝蹟圖志三十卷 清鎮洋畢沅撰。乾隆間刊。

南漳子二卷 清河渚孫之騄撰。無刻書年月，約乾隆間精刊。

徐霞客遊記二十卷補編一卷 明江陰徐宏祖撰。乾隆間刊，嘉慶十三年戊辰水心齋重刊。

天下名山記鈔十六卷圖一卷 清新安吴秋士選，天都汪立名校。康熙間汪氏遥青齋刊。據凡例稱，是書前儒薈萃成編者，如曹能始傷於太繁，都玄敬傷於過簡，何振卿傷於叢襍，喬白巖傷於拘方。余之此鈔，以文人之筆舌，傳山川之精彩，惟期合乎大雅，不敢踰軋前賢。

日本國考略一卷 明定海薛俊撰。舊抄本。墨格。版心下刊“知聖道齋鈔校書籍”八字。

咸賓録八卷 明豫章羅曰褧撰。萬曆辛卯刊。

琉球圖説一卷安南圖説一卷 明崑山鄭若曾撰。無刻書年月，約崇禎間刊。

中山傳信録六卷 清長洲徐葆光撰。康熙間刊。

皇清職貢圖九卷 清董誥等奉敕撰。乾隆間内府精刊。

海外紀事六卷 清嶺南釋大汕撰。無刻書年月，約康熙間寶鏡堂刊。

異域録一卷圖附 清葉合圖麗琛撰。雍正間刊。

土官底簿二卷 清不著編輯姓名。乾隆間知聖道齋鈔本。起明洪武，止弘治。

官制備考二卷 明嘉禾李日華撰。無刻書年月，約崇禎間刊。

爲政第一編八卷 清西湖孫鋐輯。無刻書年月,約康熙間刊。

元典章六十卷新集二卷 不著撰人姓名。光緒戊申精刊。

皇明經世實用編二十八卷 明盱眙馮應京撰。萬曆三十一年癸卯刊。

國朝典彙二百卷 明蘭谿徐學聚撰。天啓間刊。禁書。

廟學典禮六卷 不著撰人姓名。傳抄本。所載多元朝之制,或元人撰。

謚法通考十八卷 明雲間王圻編輯。萬曆二十四年丙申刊。

學典三十卷 清北平孫承澤撰。傳抄本。自虞夏起,至明崇禎十七年止。

頖宫禮樂全書十六卷 清雲間張安茂撰。順治十三年樂英堂刊。

四譯舘考十卷 清漢陽江蘩撰。康熙三十四年刊。

聖門禮樂統二十四卷綱領一卷圖考一卷 清江浦張行言撰。康熙四十一年壬午萬松書院刊。

太常紀要十五卷 清漢陽江蘩撰。康熙間刊。

學宫備考十卷首一卷末一卷 清平江彭其位撰。乾隆六年自得軒刊。

歷代帝系年號考二十卷 清章貢劉宗魏輯。乾隆癸未春山堂精刊。

八旬萬壽盛典一百二十卷首一卷 清阿桂等奉敕撰。乾隆間内府刊。

通漕類編八卷 明黎陽王在晉撰。萬曆間刊。

錢通三十二卷 明西蜀胡我琨撰。無刻書年月,約天啓間刊。

讀書敏求記四卷 清虞山錢曾撰。雍正四年吴興趙氏松雪齋精刊,乾隆乙丑上海曹氏耆英堂精刊。道光乙酉揚州阮氏琅嬛仙舘刊本,佳。

經義考三百卷 清秀水朱彝尊撰。乾隆間曝書亭精刊。

金石史二卷 清關中郭宗昌撰。康熙癸卯華山王弘撰刊。

金石續録四卷 清襄城劉青藜撰。無刻書年月,約康熙間傳經堂刊。

金石圖無卷數 清郃陽褚峻摹,滋陽牛運震説。乾隆十年精刊拓印本,原作四册。光緒間貴池劉氏聚學軒重刊,分甲乙編各二卷。

分隸偶存二卷 清甬東萬經輯。乾隆壬辰刊,道光壬辰春重刊。

史通訓故二十卷 明河南王惟儉撰。無刻書年月,約萬曆間祥符朱民俊校刊。

史通訓故補二十卷 清北平黄叔琳撰。乾隆丁卯養素堂精刊。

史通通釋二十卷 清南枍秋浦起龍撰。乾隆十七年梁溪浦氏求放心齋精刊。

史評十卷 明崇德范光宙撰。順治戊戌刊。

留餘堂史取十二卷 明龍城賀詳撰。無刻書年月,約順治間刊。又名《古今史取》。

史折三卷續編一卷 清曲阿賀裳撰。無刻書年月,約康熙間刊。又名《猶將集》。

子　部

論語逸編三十一卷 明海鹽鍾韶撰。無刻書年月,約萬曆間刊。

孔叢子正義五卷 清丹陽姜兆錫撰。雍正丁卯[一六]寅清樓精刊。

曾子全書三卷 明曾承業撰。萬曆乙卯刊。

正蒙釋四卷 宋張載撰,明高攀龍集註,徐必達發明。無刻書年月,約萬曆間刊。

朱子注釋濂關三書無卷數 清深澤王植輯。雍正間精刊。《太極圖説》,周惇頤撰。《正蒙》凡十七篇,張横渠撰。《通書》凡四十章附五篇,周惇頤撰。

近思録集解十四卷附感興詩解一卷訓子詩解一卷 清長沙李文炤撰。乾隆間四爲堂刊。

近思録集注十四卷 清歸安茅星來撰。道光三年刊。

朱子聖學考略十卷提要一卷正訛一卷 清寶應朱澤澐撰。乾隆壬申環溪草堂刊。

朱子晚年全論八卷 清臨川李紱撰。雍正間無怒軒刊。

小學分節二卷 清西岑高熊徵撰。康熙甲申刊。

下學編十四卷淑艾録十四卷 清海昌祝洤撰。乾隆丁丑井辨居刊。

三子定論五卷 清虎林王復禮撰。康熙間刊。

庸言十二卷 明海隅黄佐撰。嘉靖壬子刊。

學蔀通辨前編三卷後編三卷續編三卷終編三卷 明東莞陳建撰,休寧汪璲評訂。康熙辛卯刊。

龍沙學録六卷 明黎陽王在晉撰。萬曆戊午刊。

作師編一卷 明江夏賀時泰撰。萬曆丁酉刊。

衡門芹一卷 明河汾辛全撰。崇禎間刊。

性理大全會通七十卷續編四十二卷 明錢塘鍾人傑輯。無刻書年月,約康熙間光裕堂刊。

榕壇問業十八卷 清漳浦黄道周撰。乾隆十五年文林堂郭文餤重刊。

藤陰劄記一卷 清北平孫承澤撰。雍正癸丑精刊。又名《硯山齋集》。

臆言四卷 清江都朱顯祖撰。康熙辛未天瑞堂刊。

信陽子卓録八卷 清張鵬翮撰。康熙丙申及門諸子精刊。

學案一卷 清良常王甡輯。無刻書年月,約康熙間刊。

性理大中二十八卷 清錢塘應撝謙撰。康熙間刊。

嵩厓學凡六卷 清登封景日昣撰。無刻書年月,約康熙間岳生堂刊。

續小學六卷首一卷 清禾郡葉鈖輯註。無刻書年月,約康熙間刊。

思辨録輯要三十五卷 清太倉陸世儀撰,儀封張伯行重訂。康熙四十八年正誼堂刊。

餘山遺書十卷附録一卷 清餘姚勞史撰,桑調元編。乾隆甲申刊。

讀書偶記三卷 清閩汀雷鋐撰,秀水朱坤編。乾隆三十年星湖刊。

讀書日記六卷 清安邱劉源渌撰。雍正五年刊。

逸語十卷 清嘉善曹庭棟輯并註。無刻書年月,約雍正間刊。

孫子參同五卷 明吴興松筠館主人編輯。萬曆庚申刊硃墨套印本。

左氏兵法測要二十卷 清華亭宋徵璧撰。無刻書朝代，約崇禎丁丑劍閒齋刊。

嶺西水陸兵紀二卷 明秀水盛萬年撰。無刻書年月，約乾隆間寶綸堂刊。

疑獄集二卷 五代和凝與子中允和㠓同撰。**續集二卷** 明張景撰。**附録一卷** 明遲鳳翔撰。嘉慶丙子種榆仙館精刊。

讀律佩觿七卷洗寃録補二卷讀律八法一卷 清高沙王明德輯。康熙十三年冷然閣刊。

素問運氣論奥三卷 宋劉温舒撰。日本元禄七年甲戌村上平樂寺壽刊，即康熙三十三年刊。

黄帝内經素問註證發微九卷補遺一卷 明會稽馬蒔撰。無刻書年月，約天啓間刊。

傷寒論條辨八卷本草鈔一卷或問一卷痙書一卷或問一卷 明新安方有執撰。無刻書年月，約崇禎間浩然樓刊。有萬曆間自序。

傷寒論條辨續註十二卷 清歙邑鄭重光撰。康熙四十一年乙酉廣陵秩斯堂精刊。

傷寒緒論二卷 清長洲張璐撰。無刻書年月，約康熙間刊。

瘟疫論二卷 明延陵吴有性撰。無刻書朝代，約順治己丑儀真劉敞校刊。

金匱要略論註二十四卷 清檇李徐彬撰。康熙戊戌刊，光緒己卯重刊。

本草乘雅十一卷 明錢塘盧之頤撰。崇禎[一七]丁亥月樞閣刊。

本經逢原四卷 清長洲張璐撰。康熙乙亥刊。

肘後備急方八卷 晋丹陽葛洪撰，梁陶弘景增補。明萬曆二年甲戌劍江李栻刊。每頁二十行，行二十字。四圍單欄，版心刊白魚尾，下有"備急方卷之□"等字。卷八末頁第十一行刊有"孟冬朔日岳州府知府劉自化奉檄校刊"等十六字。

産育寶慶方二卷 宋郭稽中撰。約乾隆間鈔本。首有羅江李調元跋。

瘡瘍經驗全書十三卷 宋燕山竇漢卿撰。無刻書年月，約崇禎間浩然樓刊。

世醫得效方二十卷 元南豐危亦林編輯。無刻書年月,約洪武間陳志刊。

石室秘録六卷 岐天師伯撰輯,雷真君補輯,山陰陳士鐸敬習。康熙二十八年己巳刊,雍正八年萱永堂刊。

經驗濟世良方十一卷 閩陳仕賢輯,醫官孫宇校。嘉靖庚申嘉禾沈宏刊。

魯府秘方四卷 明魯府良醫劉應泰編輯。明藍墨格鈔本。首有萬曆甲午歲仲春之吉魯王三畏堂書於存心殿序。

簡明醫彀八卷要言十六則 明武林孫志宏編輯。崇禎二年刊。

普門醫品四十八卷補遺四卷 明王化貞輯,《補遺》廣寧郎廷模輯。康熙甲戌娱暉堂刊。

銀海精微二卷 唐孫真人思邈原輯,清周亮節校正。無刻書年月,約康熙間光啓堂刊。板心下有"醉畊堂藏板"五字。

釋骨一卷 清吴江沈彤撰。無刻書年月,約乾隆間精刊。

褚氏遺書一卷 齊褚澄撰。明正德元年刊,明梅顛道人刊。

醫學正傳八卷 明花溪虞摶編集。萬曆戊寅刊。

删補頤生微論四卷 明雲間李中梓撰。崇禎壬午刊。

象緯彙編二卷 明蕲陽韓萬鐘編。影鈔嘉靖壬辰本。

中星譜一卷 清仁和胡亶撰。康熙八年刊。

句股義一卷 明吴淞徐光啓撰。無刻書年月,約天啓間刊。

數度衍二十三卷首三卷 清桐城方中通撰。康熙丁卯刊。

測量法義一卷 明泰西利瑪竇譯,吴淞徐光啓筆受。**附測量異同一卷** 吴淞徐光啓撰。無刻書年月,約萬曆間刊。

楊子太玄别訓四卷首一卷 清西昌劉斯組撰。乾隆十年乙丑刊。

洪範圖説四卷 清溆浦舒俊鯤撰。乾隆三十七年樂道堂刊。

元包經傳五卷 後周衛元嵩述,唐武功蘇源明傳,唐趙郡李江注。**元包數總義**

一卷 宋蜀臨邛張行成述。無刻書年月，約明嘉靖間刊。首有政和元年楊楫序，次紹興三十一年張洸跋，《總義》首有紹興庚辰張行成自序。

大六壬無卷數 不著編輯姓名。無刻書年月，約順治間懷慶府推官郭載騋刊。分《六壬雜項》四本，《六壬兵占》一本，《六壬課經集》四本，《六壬畢法賦》二本，《六壬分野》二本，凡十三本。

三命通會十二卷 明楚江萬民英撰。萬曆六年刊。

御定星曆考原六卷 清官撰。無刻書年月，約康熙間内府刊。

書法正傳十卷 清虞山馮武輯。無刻書年月，約雍正間世豸堂精刊。

草韻彙編二十六卷 清上海陶南望輯。乾隆二十年南村草堂刊。

繪事微言四卷 明海陵唐志契撰。天啓丁卯刊。

續書畫題跋記十二卷 明繡水郁逢慶編。舊鈔本。

無聲詩史七卷 清曲阿姜紹書輯。康熙五十九年觀妙齋精刊。

琴譜正傳六卷圖式一卷 明楊嘉森編。嘉靖辛酉南雍一樂堂刊。

松絃館琴譜二卷 明琴川嚴澂撰。萬曆甲寅刊。

松風閣琴譜二卷指法一卷抒懷操一卷 清燕山程雄選訂。無刻書年月，約康熙間三槐堂刊。

琴學無卷數 清嘉善曹庭棟撰。乾隆間刊。《内篇》計二十二篇，内有十六篇附圖，《外篇》計四篇。

宣和集古印史八卷 明西陵來行學摹。萬曆徐安刊。寶印齋藏板。

印存初集四卷 海陽胡正言篆。無印書年月，約順治間十竹齋印本。

適情録二十卷 明永嘉林應龍撰。嘉靖三年刊。

射義新書二卷 明海昌程道生編輯。無刻書年月，約崇禎間刊。

李孝美墨譜三卷 宋趙郡李孝美編。明萬曆間如韋館刊。

冠譜一卷 明武陵顧孟容撰。舊抄本。首有永樂甲辰吴郡尤芳序。

香乘二十八卷 明淮海周嘉胄纂。崇禎十四年刊。

劒筴二十七卷 明甄胄錢希言撰輯。無刻書年月,約崇禎間翠幄草堂刊。

百菊集譜六卷補遺一卷 宋山陰史鑄撰。無刻書年月,約萬曆間新安汪士賢刊。《補遺》名《菊史補遺》。

北墅抱瓮録一卷北墅詩紀一卷 清錢塘高士奇撰。康熙間刊。

晴川蟹録三卷後蟹録四卷續蟹録一卷 清仁和孫之騄撰。無刻書年月,約雍正間刊。

祕傳天禄閣寓言外史八卷 後漢黄憲撰,宋韓泊贊。明隆慶庚午春崑山沈氏刊。

横浦心傳録二卷横浦日新一卷 宋于恕編。無刻書年月,約明萬曆間吴惟明刊。

鄭端簡公古言二卷 明海鹽鄭曉撰。萬曆甲寅其孫心材重刊。

推篷寤語九卷餘録一卷 明雲間李豫亨撰。無刻書年月,約萬曆間刊。

筆疇二卷 明錫山王達撰。無刻書年月,約萬曆間刊。

鴻苞集四十八卷 明鄞縣屠隆撰。無刻書朝代,約崇禎庚戌刊。

一貫編四卷 明羅汝芳撰。康熙三十一年刊。

天方典禮擇要解二十卷後編一卷 清金陵劉智撰。康熙四十九年刊。

潛書四卷 清夔州唐甄撰,華亭王聞遠編。康熙間本衙刊,光緒九年中江李氏重刊。

西華經一卷 清桐城方正瑗撰。乾隆癸卯金石居刊。又名《方齋補莊》。

能改齋漫録十八卷 宋臨川吴曾撰。乾隆間臨嘯書屋刊木活字本。

常談考誤四卷 明臨沮周夢暘撰。萬曆壬寅精刊。又名《青谿山人文集》。

古今釋疑十八卷 清合山[一八]方中履撰。康熙間刊。

知新録三十二卷 清豐山王棠撰。康熙間燕在閣刊。

湛園札記四卷 清慈谿姜宸英撰。無刻書年月，約嘉慶間鶴麓山房刊。光緒間見山樓重刊。

言鯖二卷 清長洲吕種玉撰。舊鈔本。

識小編二卷 清吴興董豐垣撰。乾隆癸未刊。

訂譌雜録十卷 清青浦胡鳴玉撰。乾隆二十三年戢箴書屋刊。

義門讀書記五十八卷 清長洲何焯撰。乾隆三十四年刊。

荷亭文集十卷 明東陽盧格撰。弘治庚申刊，約康熙間本邑金岱興重刊。

荷亭文集八卷書二卷 明東陽盧格撰。嘉慶六年刊。又名《荷亭辨論》。

野談六卷 明關西胡侍撰。嘉靖丙午刊。

留青日札三十九卷 明錢塘田藝蘅撰。萬曆元年刊。案原目作四十卷，惟第四十卷原闕。

四友齋叢説三十八卷 明華亭何良俊撰。萬曆己卯刊。

歐餘漫録十三卷附録一卷 明烏程閔元衢撰。萬曆間刊。

梅花草堂筆談十四卷 明吴郡張大復撰。無刻書朝代，約順治乙未其孫安淳精刊。又名《梅花草堂集》。禁書。

認字測三卷 明關中周宇撰。萬曆辛亥男傳誦刊。上中下篇。

雪庵清史五卷 明古閩樂純撰。無刻書年月，約天啓間精刊。分清景、清供、清課、清醒、清福等五門類。

梅花渡彙輯異林十卷 明支允堅撰。崇禎甲戌金閶書林刊。第一二卷《軼史隨筆》，第三四五卷《時事漫紀》，第六七八卷《軼語考鏡》，第九十卷《藝苑閒評》。

讀書偶然録十二卷 清孝感程正揆撰。舊鈔本。首有康熙六十一年鐵嶺李樹德序。

冬夜箋記一卷 清宛平王崇簡撰。康熙間抄本。藍格。首有康熙壬午夏日石門年姪吴震方序，次門人計東序。

蓉槎蠡説十二卷 清歙程哲撰。康熙辛卯精刊。

妙貫堂餘談甲編六卷 清新建裘若弘撰。無刻書年月,約康熙間本衙刊。

諤崖脞説五卷 清新城章苧田撰。雍正間刊。

庸齋家則一卷野志一卷 清雲間徐三重撰。乾隆八年刊。

書隱叢説十九卷 清吴江袁棟撰。乾隆甲子鋤經樓刊。

瀟湘聽雨録八卷 清廣陵江昱撰。乾隆間春草軒刊。皆湘中名勝掌故。

廣社無卷數 明華亭張雲龍撰。崇禎癸未刊。

韻石齋筆談二卷 清延陵姜紹書撰。乾隆十二年精刊。

老老恒言五卷 清嘉善曹庭棟撰。乾隆三十八年刊。

談資四卷 明臨海秦鳴雷撰。萬曆改元刊。

省括編二十三卷 明錢塘姚文蔚編輯。萬曆丁未刊。

稗史彙編一百七十五卷 明上海王圻撰。萬曆間刊。

擣堅録二十四卷 明武林朱廷旦輯。崇禎丁丑硯北堂刊。

福壽全書六卷 明雲間陳繼儒輯。無刻書年月,約崇禎間春星草堂刊。

古今談概三十六卷 明古吴馮夢龍纂。無刻書年月,約崇禎間刊。

舌華録九卷 明新都曹臣撰。無刻書年月,約天啓間刊。

壽世秘典十八卷 清如皋丁其譽撰,沈一鳳考訂。康熙癸丑頤吉堂刊。卷十三、卷十五、卷十六等卷嗣刻。

希賢録十卷 清栢鄉魏裔介撰。康熙辛酉刊。

庸行編八卷 清廣陵史典原輯,析津牟允中參補。康熙壬申刊。

讀書樂趣初集八卷 清紫水伍涵芬輯。康熙戊寅華日堂刊。

擇執録十二卷 清古代王家啓編。乾隆十年乙丑刊。

權衡一書四十一卷 清深澤王植撰。乾隆間崇雅堂刊。

聲律發蒙五卷 元安平祝素菴、四明潘瑛同撰,大庾劉節增補。萬曆癸巳刊。

五侯鯖十二卷 明豫章彭儼撰。萬曆癸卯刊。

經濟類編一百卷 明臨朐馮琦編輯。萬曆甲辰刊。

經濟言十二卷附經制考略八卷 明南海陳子壯撰。天啓乙丑刊。禁書。

文竿彙氏二十四卷 明盱江傅作興撰。崇禎九年丙子刊。

庶物異名疏三十卷 明檇李陳懋仁撰。崇禎丁丑刊。

圖書編一百二十七卷 明南昌章潢編。無刻書年月,約崇禎間金陵孫良富刊。禁書。

四六霞肆十六卷 明西湖何偉然撰。無刻書年月,約崇禎間十竹齋刊。

二酉彙删二十四卷 清安丘王訓撰。康熙三年擇雅堂刊。

考古略八卷 清楚潙王文清撰。無刻書朝代,約康熙甲戌五徵堂刊。

行年録無卷數 清廣昌魏方泰輯。乾隆十七年刊。

野記二卷 明勾吴祝允明撰。同治甲戌元和祝氏刊。

琅嬛史唾十六卷 明東海徐象梅撰。萬曆己未刊。

孤樹裒談十卷 明芝城古沖主人撰。無刻書年月,約萬曆間刊。案宋犖跋云,作十八卷,建寧李默撰。禁書。

國朝名世類苑四十六卷 明吴興凌迪知撰。萬曆間刊。

先進遺風二卷 明楚黄耿定向撰。天啓乙丑刊。近見録鈔天啓刊本,最後有翁同龢録《居易録》具載何心隱本末跋。

西山日記二卷 明茗西丁元薦撰。無刻書年月,約崇禎間先醒齋刊。

玉劍尊聞十卷 清常山梁維樞撰。順治丁酉賜麟堂刊。

今世説八卷 清仁和王晫撰。康熙癸亥霞舉堂刊。

邇訓二十卷 明皖桐方學漸纂輯。無刻書年月,約康熙間刊,崇實會館藏板。後有萬曆丁未方伯子大鎮跋。

觚賸八卷續四卷 清吴江鈕琇撰。康熙壬午臨野堂刊。

簪雲樓襍説一卷 清德清陳尚古撰。舊抄本。

老子説略二卷 清濟陽張爾岐撰。康熙間曲阜孔繼銧刊。

道德經懸解二卷 清昌邑黄元御解,畢維新述。傳抄本。首有乾隆二十一年自序。

道德經注二卷附陰符經注一卷 清吴江徐大椿撰。乾隆二十五年刊。

莊子解三卷 清貴池吴世尚撰。康熙乙未光裕堂精刊。

南華通七卷 清臨泉孫嘉淦撰。無刻書年月,約乾隆間刊。

古文周易參同契註八卷 清三原袁仁林撰。舊抄本。首有雍正十年壬子大吕月吉自序。

真詮二卷 明邗上玄同子撰。嘉靖三十五年刊,康熙庚寅彭定求重刊。玄同子名喬,字子木,姓桑氏。首有書引及《遇真記》,稱是書葆真子所撰,玄同子重爲删節訂正者云云。

黄白鏡一卷 明京口李文燭撰。傳鈔本。最後有萬曆己亥正月人日自跋。

集　部

楚辭集註八卷後語六卷辨正二卷 宋朱熹撰。**附反離騷一卷** 不著撰人姓名。明嘉靖乙未汝南袁氏校刊。

楚辭九歌解一卷讀騷例論一卷離騷解一卷 清雲間顧成天撰。康熙庚寅刊。

屈騷心印五卷首一卷 清太末夏大霖撰。雍正十二年一本堂刊。

屈騷心印五卷 清太末夏大霖撰。乾隆九年一本堂刊。

楚辭新註八卷卷末一卷 清蒲城屈復撰。乾隆戊午刊。

楚辭新集註八卷事蹟考一卷末一卷 清蒲城屈復撰。乾隆戊午精刊無刻書年月,約嘉慶間同邑王垣刊巾箱本。

屈子章句七卷 清蕲水劉夢鵬撰。嘉慶五年藜青堂刊。

陶詩彙注四卷首一卷末一卷 清歙吴瞻泰撰。**論陶一卷** 清吴菘撰。康熙間精刊。

杜律本義四卷 明高郵張綖撰。嘉靖庚子刊。

杜律意箋二卷 明魯國顔廷榘撰。無刻書年月,約康熙間孫堯揆重刊。

杜詩説十二卷 清天都黄生撰。康熙丙子一木堂刊。

杜詩會粹箋注二十四卷世系本傳年譜墓誌一卷 清蕭山張遠撰。康熙乙丑有文堂刊。

杜詩箋註全集會粹二十四卷 清蕭山張遠撰。康熙間刊。

杜律詳解八卷 清河間紀容舒撰。傳抄本。

讀杜心解六卷首二卷 清無錫浦起龍撰。雍正甲辰寧我齋精刊。

玉川子詩集注五卷 唐盧仝撰,清仁和孫之騄注。無刻書年月,約雍正間刊。

李義山文集箋註十卷 清崐山徐樹穀、徐炯同撰。康熙戊子花谿草堂精刊。

河東先生集十五卷 宋柳開撰,張景編。乾隆六十年蘭谿柳兆勳刊。後附《行狀》,清河張景撰。

尹河南集二十七卷附録一卷 宋河南尹洙撰。約康熙間抄本。首有"東山藏書"四字印一方,"翰林院印"一方。

斜川集十卷 宋眉山蘇過撰。無刻書年月,約嘉慶間精刊木活字木。此宋劉過《龍洲集》,假冒蘇過之書也。

横浦文集二十卷家傳一卷孟子發題一卷心傳三卷日新一卷 宋張九成撰。明萬曆間新安吴惟明刊。

黄勉齋全集四十卷 宋黄幹撰。康熙四十三年刊,五十年黄鉞補刊。又名《黄文肅公文集》。

知非堂藁六卷 元臨川何中撰,孫何踐編,趙郡管時中校。約雍正間抄本。首有自序。

環谷集八卷年譜一卷附録一卷 元祁門汪克寬撰，同族汪懋麟輯。康熙間汪宗豫刊。

歲寒集二卷附録一卷 明德興孫瑀撰。嘉靖七年戊子刊。

眉菴集十二卷補遺一卷 明姑蘇楊基撰。無刻書年月，約天啓間新都汪汝淳重刊。

林登州集二十三卷附録一卷 明閩漳林唐臣撰。康熙丙戌刊。

半軒集十二卷補遺二卷 明吴郡王行撰。景泰元年刊。案行字止仲，著有《墓銘舉例》。

石溪周先生文集八卷 明吉水周敍撰。景泰元年子蒙編刊。

石溪周先生文集八卷 明吉水周敍撰。萬曆乙未刊。

容春堂前集二十卷後集十四卷續集十八卷别集九卷 明無錫邵寶撰。無刻書年月，約康熙間華氏劍光閣重刊。

林次崖文集十八卷 明同安林希元撰。乾隆壬申詒燕堂刊。

石淙詩稿十九卷 明楊一清撰，李夢陽評點。嘉靖戊子刊。卷十七《督府稿》分二卷，卷十八十九《玉堂後稿》。

陳后岡詩集一卷文集一卷 明四明陳束撰，林可成校疏。嘉靖丙午刊。

副墨五卷 明汪道昆撰。嘉靖間刊。

余德甫集十四卷 明南昌余曰德撰。無刻書年月，約萬曆間刊。有詩無文。

貽安堂集十卷 明興化李春芳撰。萬曆間刊，乾隆庚午重刊。又名《李文定公集》。

沙溪集二十二卷 明甘陵孫緒撰。康熙戊子毓芝堂重刊。

婁子静文集六卷 明河内婁樞撰。無刻書年月，約隆慶間刊。

東廓鄒先生文集十二卷 明安福鄒守益撰。隆慶間刊。

玉恩堂集十卷 明雲間林景暘撰。萬曆間刊。

王氏存笥稿前集二十卷 明華州王維楨撰。萬曆己卯刊。又名《王槐野存笥稿》。

金輿山房稿十四卷 明濟南殷士儋撰，于慎行編。萬曆己丑刊。

鄭端簡公文集十二卷 明海鹽鄭曉撰，其子履淳輯。萬曆庚子刊。卷一經説，卷二詩，卷三至卷八雜文，卷九至卷十二奏疏，第十二卷分上中下。

驪山集十四卷 明新豐趙統撰。萬曆三十一年癸卯刊。

隅園集十八卷 明浙氾陳與郊撰。萬曆丁巳至天啓辛酉賜緋堂刊。卷一至卷十七襍文，卷十八詞曲。

蠙衣生粤蜀二草十八卷 明泰和郭子章撰。萬曆間刊。《粤草》八卷，《蜀草》十卷，即雜文雜著。又名《新刻郭青螺自學編》。

白華樓藏稿十一卷吟稿十卷續稿十五卷 明歸安茅坤撰，邑人姚翼編。萬曆間刊。

大泌山房集一百三十四卷 明京山李維楨撰。萬曆間刊。抽燬。

王文端公集十四卷 明山陰王家屏撰。萬曆間刊。奏疏四卷，尺牘八卷，詩集二卷。抽燬。

李溫陵集二十卷 明晉江李贄撰。無刻書年月，約萬曆間海虞顧大韶校刊。

農丈人文集二十卷詩集八卷 明鄞余寅撰。萬曆間刊。

快雪堂集六十四卷 明秀水馮夢禎撰。萬曆間刊。禁書。

文太青全集五十三卷 明三水文翔鳳撰。萬曆間刊。禁書。

可菴書牘十卷 明張楝撰。天啓甲子刊。抽燬。

鬱儀樓集五十四卷 明梁谿鄒迪光撰。無刻書年月，約天啓間刊。

袁中郎全集四十卷 明公安袁宏道撰，景陵鍾惺增定。崇禎二年於武林刊。案封面左邊題云：《中郎集》《吴郡六集》《嘉禾十集》，各爲繡梓，不相統一。至金陵梨雲館裒集類編，便於採誦。然先生遺稿八卷，未見梓行。今悉補入，以供世賞。

來禽館集二十九卷 明臨邑邢侗撰。崇禎丁丑刊。

謝耳伯初集十六卷詩集 原刊作全集**八卷** 明綏安謝兆中撰。崇禎庚辰玉樹軒刊。

青藜館集四卷 明即墨周如砥撰。崇禎壬午刊。

蕢言六卷 明新安余懋孳撰。無刻書年月,約崇禎間刊。禁書。

博望山人稿二十卷 明當塗曹履吉撰。崇禎間刊。禁書。

新刻譚友夏合集二十三卷 明竟陵譚元春撰。無刻書年月,約崇禎間刊。卷一至五《新詩》,卷六至十四《鵠灣文草》,卷十五至二十三《已刻詩選》。禁書。

譚子詩歸十卷 明竟陵譚元春撰。無刻書年月,約天啓間金昌翁得所刊。

吕明德先生文集二十六卷附制藝一卷新安定變全城記 明河南新安吕維祺撰。附《新安定變全城記》,永寧張鼎延撰。康熙七年本衙刊。又名《慎獨堂文集》。

棲居雜著一卷野航詩稿一卷文稿一卷附録一卷 明朱存理撰,族孫觀濳編輯。無刻書年月,約乾隆間刊。

石西集八卷 明祁門汪子祜撰。康熙間刊。抽燬。

崇禮堂詩一卷 明祁門汪伯薦撰。康熙間刊。

澹友軒文集十六卷 清河陽薛所藴撰。順治己亥宣城劉雲刊。

桴菴集四卷 清河陽薛所藴撰。順治間刊。禁書。

東江集鈔九卷附録一卷 清仁和沈謙撰。順治間刊。卷一至卷五詩,卷六至卷八文,卷九雜説,附録傳、墓誌、行狀。

詒清堂集十二卷補遺二卷 清古歙張習孔撰。順治間刊。習孔,潮之父。康熙間刊作十三卷《補遺》四卷。

秀巘集三十一卷 清仙井胡世安撰。順治間刊。

聿修堂集無卷數 清即墨藍潤撰。康熙癸酉其子啓延抄本。《玉署吟》《東郊吟》《制草》《雜文》《家言》等類。潤字海重,自號農叟,順治丙戌進士。

緯蕭草堂詩六卷 清商邱宋至撰。康熙壬寅精刊。

古處堂集四卷 清瀛海高爾儼撰。康熙甲辰男恒懋刊。又名《高文端公集》。

萊山詩集八卷 清吴興章金牧撰。康熙丙午刊。

且亭詩無卷數 清鉅鹿楊思聖撰。康熙戊申刊。

愚菴小集十五卷附録一卷 清松陵朱鶴齡撰。康熙辛亥金閶童晉之刊。

心遠堂詩集十卷 清高陽李霨撰。康熙十年刊。

心遠堂詩集十二卷 清高陽李霨撰。康熙丁巳刊。

鈍翁類稿六十二卷續稿五十六卷 清長洲汪琬撰。康熙十四年至二十四年乙丑刊。

西山集九卷 清古燕張能鱗撰。康熙十六年丁巳刊。

蕉林詩集無卷數 清真定梁清標撰。康熙戊午刊。案原編次作十八卷。

白石山房稿十三卷 清吉水李振裕撰。康熙二十五年刊。

白石山房集二十六卷 清吉水李振裕撰。康熙間香雪堂精刊。

見山樓詩集無卷數 清關西楊素藴撰。康熙二十七年戊辰刊。

安序堂文鈔二十卷 清遂安毛際可撰。康熙二十八年己巳本衙刊。

漣綺堂遺稿文一卷詩一卷理言一卷 清仁和沈峻曾撰。康熙庚午刊。

改亭文集十六卷詩集六卷 清吴江計東撰,長洲汪琬選輯。康熙癸酉宋犖巡撫蘇州刊其文集,其詩集則刊於戊子,王廷揚所助成者也。文集目録原作十八卷,第十七十八兩卷係雜著,未刊。至後印本,將該兩卷之目剷除。乾隆間其從孫瑸仝姪嘉禾重刊。

南沙文集八卷附録一卷 清臨海洪若皋撰。康熙甲戌友益齋刊。

春藻堂一螺稿四卷 清華亭彭開祐撰。康熙丙子藻堂刊。

春藻堂一螺稿六卷 清華亭彭開祜撰。康熙丙子刊。據《四庫存目》著録《彭椒巖詩稿》二十二卷,凡四種。尚有《瞻雲稿》六卷、《游琴稿》六卷、《橐丸稿》四卷。《四庫》著録祜作祐。

柳村詩集十二卷 清平原董訥撰。康熙五十年精刊。

三魚堂文集十二卷外集六卷附録一卷 清平湖陸隴其撰。康熙三十三年嘉會堂刊。

强恕堂詩八卷 清般陽高之騱撰。康熙乙亥刊。

讀書堂綵衣全集四十六卷 清河陽趙士麟撰。康熙三十六年刊。

抱經齋詩集十四卷文集六卷附焚餘草一卷 清秀水徐嘉炎撰,附徐肇森撰。康熙己卯刊。

野香亭集十三卷 清合肥李孚青撰。康熙己卯精刊。此編年詩,起丙寅,止戊寅,凡十三年。

黄山詩留十六卷 清膠東法若真撰。康熙己卯又敬堂刊。

柳塘詩集十二卷 清柳塘吴祖修撰。康熙三十八年己卯精刊。柳塘即吴江所屬。

與梅堂遺集十二卷耳書一卷鮓話一卷 清遼陽佟世思撰。康熙辛巳刊。

吴山鷇音四卷 清晉安林雲銘撰。康熙乙丑刊。

笑門詩集二十五卷 清泗濱戚玾撰。鍾山黄周星選。康熙丙戌刊。

懷葛堂文集無卷數 清南豐梁份撰。康熙丁亥本宅刊。

王文靖公集二十四卷年譜一卷行狀碑傳一卷 清宛平王熙撰,長山李斯義、華亭張豫章同校訂。康熙四十六年精刊。

世德堂文集二卷詩集二卷 清古琅邪王鉞撰。康熙五十三年精刊。

赤嵌集四卷 清桐城孫元衡撰,濟南王士禎評。康熙四十九年精刊。

豐川全集二十八卷 清鄠縣王心敬。康熙五十五年刊。

慎修堂詩集八卷 清將樂廖騰煃撰。康熙丙申精刊。

玉几山房吟卷二卷 清鄞縣陳撰撰。康熙丙申精刊。《繡鋏集》《秋吟》。

秋水集十六卷 清雁門馮如京撰。康熙丁酉刊。卷一至八詩，卷九至十二文，卷十三宫詞，卷十四《粤槎日記》，卷十五十六《北征紀略》。

健松齋集十五卷續集十卷 清遂安方象瑛撰。康熙間刊。

東苑詩鈔一卷 清錢唐毛先舒撰。無刻書年月，約康熙間刊。

文嘻堂詩集三卷 清吴郡朱芾煌撰。康熙間紫陽書院精刊。

證山堂集八卷 清鄞周斯盛撰。康熙間刊。

尋壑外言五卷 清嘉興李繩遠撰。康熙間精刊。案此書乾隆間金德輿校刊。《李氏家集》已經載入，仍作五卷，内多删削。其所删者詩一百三十餘首，雜文三十篇，尺牘九十三通。

紺寒亭文集四卷詩集十卷 清嘉定趙俞撰。康熙間刊。

湖海集十三卷 清闕里孔尚任撰。康熙間介安堂刊。卷一至七詩，卷八至十文，卷十一至十三札。此書分年之作。尚任著有《桃花扇》行於世。

通志堂集二十卷 清納蘭性德容若(原名成德)撰。康熙間精刊。卷一賦，卷二至五詩，卷六至九詞，卷十至十一經解序，卷十二經解序書後，卷十三序記書，卷十四雜文，卷十五至十八《渌水亭雜識》，卷十九附録上，墓誌銘、神道碑文、哀詞、誄、祭文，卷二十附録下，挽詩、挽詞。

四庫存目有

欣然堂集十卷 清江陰陶孚尹撰。康熙間精刊。

萬青閣自訂全集八卷 清漸岸趙吉士撰。康熙間刊。漸岸即休寧。(一弓)御試策、奏疏、論、序、祭文、記、傳、跋、像贊、啓、乞言、行述，(二弓)文牒、策、論、序、記、募疏、説、辨、跋、書、啓，(三弓)五古、七古、五律、七律、五排律、七排律、五絶、七絶，(四弓)《勘河詩紀》《哭臨紀事》《寄園集字》《集歸去來辭》《歸隱詩》《夏日吟》《丹陽舟次唱和》《問天旅嘯》《萬青閣秋集》,(五号)《燕山秋吟》《林臥遥集》《採術雜咏》《詩餘》,(六号)[制藝]二論、學、庸、二孟、文訓,(七号)《平寇詳文》《平寇書牘》《平寇本末》《平寇贈詩》《公舉名宦案》,(八号)[晉陽詳案]除惡、勸善、興利、革弊、營造、赦宥、丁賦、户婚、命案、盜案。

受祺堂詩集三十五卷 清荆東李因篤撰。康熙間刊。第四卷原闕。

鶴嶺山人詩集十六卷 清黄岡王澤弘撰。康熙間精刊。

石屋詩鈔八卷補一卷剩集二卷 清溧陽魏麐徵撰。康熙間精刊。

青溪遺稿二十八卷 清孝感程正揆撰。康熙間精刊。

内省齋文集三十二卷 清南豐湯來賀撰。康熙間刊。

一溉堂詩集一卷蓼花詞一卷 清率山余光耿撰。康熙間刊。

李文敏公遺集定本二卷附録一卷 清高陽李國楷撰。康熙間刊。國楷,霨之父。

鶴靜堂集十七卷 清雲間周茂源撰。康熙間天馬山房刊。又一部作十九卷,刊本相同。

杏村詩集無卷數 清德州謝重輝撰,新城王士禎評。康熙間刊。

若菴集六卷 清江南程庭撰。康熙間精刊。卷一文,卷二古今詩,卷三詩餘,卷四《停車隨筆》,卷五《春帆紀程》,卷六《石城新草》。

世恩堂集三十二卷經進集三卷 清華亭王頊齡撰。康熙間精刊。

十笏草堂詩選九卷辛丑詩二卷 清新城王士禄撰。無刻書年月,約康熙間刊。此編年詩也。《辛丑詩》即第十、十一兩卷。禁書。

十笏草堂辛甲集七卷 清新城王士禄撰。無刻書年月,約康熙間刊。起辛丑,迄甲辰。

蕭亭詩選六卷 清鄒平張實居撰,新城王士禎批點。康熙間精刊。

雄雉齋選集六卷 清江都顧圖河撰。無刻書年月,約康熙間刊。

古愚心言初集八卷 清莆田彭鵬撰。康熙間刊。

石雲居詩集七卷 清芝山陳名夏撰。無刻書年月,約康熙間刊。

浣亭歸來吟一卷山蘊花亞長短句一卷 清莆田林堯華撰。無刻書年月,約康熙間刊。

涑水編五卷 清聞喜翟鳳翥撰。康熙間刊。

杲堂文鈔六卷詩鈔七卷 清甬上李鄴嗣撰,姚江黄宗羲選。康熙間刊。

芝在堂文集八卷 清廣濟劉醇驥撰。無刻書年月,約康熙間芝在堂刊。

性影集八卷 清太倉王時憲撰。康熙間精刊。

天外談四卷 清太湖石龐撰。康熙間精刊。卷一賦、騷,卷二文稿、序,卷三性理、四六,卷四詩、詞。又名《晦郁初集》。禁書。

萬山樓詩集二十四卷 清長洲許虬撰。康熙間精刊。第二十四卷詞。

浮雲集十二卷 清海寧陳之遴撰。舊鈔本。首有康熙丙午自序。

松桂堂全集三十七卷延露詞三卷南湓集三卷 清武原彭孫遹撰。乾隆八年刊。全集卷一分二卷,係賦恭詩。

崇德堂稿十卷 清深澤王植撰。乾隆九年刊。

樸學齋詩稿十卷 清閩中林佶撰。乾隆九年甲子於維揚精刊。

秋塍文鈔十二卷 清會稽魯曾煜撰。乾隆甲子鳴野山房刊。

秋塍三州詩鈔四卷 清會稽魯曾煜撰。乾隆丙寅刊。

安雅堂拾遺文集二卷拾遺詩集八卷 清萊陽宋琬撰。乾隆十一年丙寅刊。

懷清堂集二十卷 清仁和湯右曾撰。乾隆七年黄鍾刊,乾隆十五年庚午精刊。

改堂文鈔二卷 清江都唐紹祖撰。乾隆癸酉刊。

二水樓文集二十卷首一卷 清臨川李茹旻撰。乾隆丁丑精刊。

陳檢討四六二十卷 清宜興陳維崧撰,皖江程師恭註。乾隆庚寅亦園刊。

學古堂詩集六卷 清平湖沈季友撰。乾隆甲申刊。

學古堂詩集六卷 清平湖沈季友撰。嘉慶壬戌重刊。

蓮洋詩鈔十卷附録一卷 清河中吴雯撰,漁洋山人評點,東魯孫謂編輯。乾隆甲申望雲樓精刊。

思誠堂集二卷 清沁州吴璵撰。乾隆己丑同郡趙熟典校刊。

小蘭陔詩集八卷 清晉安謝道承撰。乾隆三十八年癸巳刊。

陸堂文集二十卷 清平湖陸奎勳撰。乾隆間精刊。

陸堂詩集十六卷 清平湖陸奎勳撰。雍正間精刊。

圭美堂集二十六卷 清宿遷徐用錫撰。乾隆間刊本已見《四庫附存目》。卷一至卷十詩,卷十一至卷十六文,卷十七雜著,中有《字學音韵辨》一篇最鉅,卷十八《古詩臆説》《讀詩偶説》,卷十九卷二十《字學劄記》(論書法,皆自道其心得),卷二十一卷二十二題跋(辨碑帖及手蹟者居多),卷二十三書後,卷二十四祝文,卷二十五引、約、呈詞,卷二十六賦。

積學堂文鈔六卷詩鈔四卷 清宛陵梅文鼎撰。乾隆間刊。

靜便齋集十卷 清仁和王曾祥撰。乾隆間刊。卷一至五詩,卷六至十文。

據梧詩集十五卷附小遊僊集一卷 清武進管棆撰。乾隆間精刊。最後有其孫基承跋。案跋稱其餘有《寓欒未刻稿》十一卷,《汗漫集》二卷,《青蛉稿》四卷,《堪隱集》四卷,《不准擬集》《貴耳集》各一卷,《縱橫集》二卷,《維摩集》三卷,尚無力付梓云云。

白田草堂存稿二十四卷行狀鄉賢録附 清寶應王懋竑撰。乾隆間精刊。

水田居文集五卷 清永新賀貽孫撰。嘉慶間觀復齋刊。

雲在詩鈔九卷 清海昌查祥撰。無刻書年月,約嘉慶間刊。

偶存草堂詩集六卷 清孝感林之倩撰。雍正元年精刊。

在陸草堂文集六卷 清宜興儲欣撰。雍正元年淑慎堂精刊。

托素齋文集六卷詩集四卷附行述一卷 清長汀黎士弘撰。雍正二年本衙精刊。

靜惕堂集四十四卷 清檇李曹溶撰。雍正乙巳精刊。

恕谷後集十三卷 清蠡吾李塨撰。雍正四年刊。初刻前十卷，續刻十一至十三卷。

燕川漁唱詩集二卷 清靈壽傅維橒撰。雍正丙午刊。

秋笳集八卷 清吴江吴兆騫撰。雍正丙午刊。前集五卷，後集三卷。

金管集一卷帝京賦一卷三重賦一卷 清雲間顧成天撰。雍正己酉刊。又名《東浦草堂詩》。

花語山房詩文小鈔一卷三重賦一卷 清東浦顧成天撰。雍正辛亥刊。

冬心先生集四卷 清錢唐金農撰。雍正癸丑精刊。農著有《冬心畫竹》《畫梅》《畫馬》《畫佛》《自寫真題記》五種。

瓦缶集十二卷 清嘉興李宗渭撰。乾隆辛未刊。

馮舍人遺詩六卷 清德州馮廷櫆撰。雍正間刊。

墨麟詩十二卷 清海鹽馬維翰撰。無刻書年月，約雍正間精刊。

己山先生文集十卷别集四卷 清金壇王步青撰。乾隆壬申敦復堂精刊。

朱止泉文集八卷 清寶應朱澤澐撰。乾隆四年顧天齋刊，光緒辛丑重刊。

絳跗閣詩稿十一卷 清秀水諸錦撰。乾隆庚申精刊。

賜書堂詩鈔八卷 清會稽周長發撰。乾隆癸亥刊。

桐乳齋詩集十二卷 清錢唐梁文濂撰。乾隆丁卯子詩正等校刊。

四焉齋文集八卷詩集六卷 清海上曹一士撰。**附梯仙閣餘課一卷** 清海上女史陸凰池撰。**拂珠樓偶鈔二卷** 清海上女史葉曹錫珪撰。乾隆戊辰至庚午精刊。

柳漁詩鈔十二卷 清錢塘張湄撰。乾隆戊辰聖雨齋刊。

果堂集十二卷 清吴江沈彤撰。乾隆己巳本堂精刊。

無悔齋詩集十五卷附録一卷 清錢塘周京撰。乾隆壬申刊。

在亭叢稿十二卷 清長洲李果撰。乾隆十八年精刊。

柘坡居士集十二卷 清秀水萬光泰撰。乾隆丙子刊。光泰著有《説文凝錦録》。

眺秋樓詩八卷 清商邱高岑撰。乾隆丁丑十研居精刊。

桐蔭書屋詩二卷湖上草堂詩一卷 清歷城朱崇勳撰,附朱崇道撰。乾隆庚辰刊。

西澗草堂文集四卷詩集四卷困勉齋私記四卷尚書讀記一卷春秋一得一卷 清昌樂閻循觀撰。乾隆癸巳樹滋堂精刊。

緑筠軒詩四卷 清淄川張元撰。乾隆丁酉精刊。

質園詩集三十二卷 清會稽商盤撰。乾隆間斟雉山房刊。

緑杉野屋集四卷 清德清徐以泰撰。乾隆間精刊。

菱溪詩草一卷詩餘一卷 清陽湖蔣麟昌撰。乾隆間刊。

白雲詩集七卷附咏梅詩一卷 清錢塘盧存心撰。無刻書年月,約乾隆間校刊。版心有"數間草堂"四字。

南莊類稿八卷奉使集一卷靜子日記一卷 清廣昌黄永年撰。乾隆間刊。

石頭庵集五卷飲河集二卷空華集二卷止啼齋集一卷 明江夏釋如愚撰。萬曆丁酉至辛丑刊。又名《韞璞上人詩文集》。

雪浪集二卷 明浪菴比丘洪恩撰。萬曆戊戌刊。

憨休和尚敲空遺響十二卷 清釋如乾撰,關中張恂穉編。康熙甲子刊。

文選瀹註三十卷 明吴興閔齊華赤如撰。康熙間刊。

文選越裁十一卷姓氏一卷 清天台洪若皋評定。康熙甲寅刊。

金石古文十四卷 明成都楊慎撰。嘉靖三十三年刊。

聖宋文選全集三十二卷 無名氏。無刻書年月,約道光咸豐間仿宋刊。此本染紙冒宋刊者甚多。案此書後有嘉慶八年蕘翁黄丕烈跋,疑即嘉慶間刊。又據他人言，此爲昭文張金吾家刊，是否以待後攷。

古賦辨體十卷 元祝堯撰。明嘉靖丁酉刊。

明文奇賞四十卷 明長洲陳仁錫評選。天啓癸亥刊。

皇明文徵七十四卷 明晉江何喬遠撰。崇禎間刊。

明文授讀六十二卷 清餘姚黄宗羲輯。康熙戊寅味芹堂刊。

今文遡洄集十卷 清栢鄉魏裔介輯。順治辛丑刊。

尺牘嚶鳴集十二卷 清臨川王相選。康熙間刊。

分類尺牘新語二十四卷 清西湖徐士俊、汪淇同評選。無刻書年月，約康熙間刊。禁書。

漢詩説十卷 清錢塘沈用濟、成都費錫璜同輯。乾隆間精刊。

六朝聲偶集七卷 明吴人徐獻忠選。無刻書年月，約嘉靖間刊。板左邊綫外刊有“華亭徐氏文房”六字。

樂府廣序三十卷詩集廣序十卷 清浙西朱嘉徵撰。康熙間清遠堂刊。

選詩定論十八卷 清睢陽吴淇撰。康熙間雨蕉齋刊。

積書巖宋詩選二十五卷 清錫山顧貞觀選。康熙己卯春草堂刊。

明詩歸十卷首一卷末一卷 明鍾惺、譚元春同選。無刻書年月，約崇禎間邑人王汝南積秀堂刊。

國朝練音初集十卷末一卷練音集補四卷首一卷補坿一卷補外一卷 清嘉定王輔銘輯。雍正乾隆間飛霞閣精刊。

衡門集十五卷 明海鹽鄭履淳撰。萬曆乙酉其子鄭心材刊。卷一至卷十一詩，卷十二十三文選，卷十四十五列傳。卷一卷五卷十一等卷皆分二卷。

臨川文獻無卷數 清慈谿胡亦堂輯。康熙辛酉夢川亭刊。初集起宋朝，止清初，凡十五家。

粤西文載七十五卷 清桐鄉汪森編輯。康熙間刊。

雍音四卷 明天水胡纘宗編輯。嘉靖戊申清渭草堂刊。

晉安風雅十二卷 明郡人徐熥選輯。萬曆戊戌刊。

倪城風雅二卷 清邑人勞巘輯。乾隆九年刊。

廣東詩粹十二卷 清順德梁善長輯。乾隆丁卯達朝堂精刊,鑑塘藏板。

東皋詩存四十八卷詩餘四卷 清興化王之珩輯。乾隆丙戌精刊。

山左明詩鈔三十五卷 清德州宋弼選。乾隆辛卯益都李文藻刊。

檇李詩繫四十二卷 清平湖沈季友編。康熙丁丑精刊。

姚江逸詩十五卷 清餘姚黄宗羲編。乾隆四十一年南雷懷謝堂刊。

粤西詩載二十五卷 清桐鄉汪森編輯。康熙四十三年刊。

粤西叢載三十卷 清桐鄉汪森編輯。康熙四十四年梅雪堂刊。

洛如詩鈔六卷 清秀水朱彝尊選,陸奎勳編次。康熙戊子尊道堂精刊。

同時尚論録十六卷 明古吴蔡士順輯。無刻書年月,約崇禎間刊。

豫章詩話六卷 明泰和郭子章撰。無刻書年月,約萬曆間刊。

雅倫二十四卷 明成都費經虞輯,其子密補。順治間刊。

原詩四卷 清吴江葉燮撰。康熙間刊。

全閩詩話十二卷 清晉安鄭方坤輯。乾隆間刊。

宋詩紀事一百卷 清錢塘厲鶚輯。乾隆間刊。

歷代詩話八十卷 清歸安吴景旭撰。民國甲寅吴興劉氏嘉業堂刊。以十干分十集。自三百篇楚辭起,至明詩止。

鐵立文起前編十二卷後編十卷首一卷 清梅溪王之績撰。康熙癸未刊。前編論文,後編論詩。卷首《文體統論》。梅溪即宛陵。

秋水庵花影集五卷 明華亭施紹莘撰。無刻書年月,約順治間刊。

南耕詞六卷附疊韻詞一卷歲寒詞一卷 清宜興曹亮武撰。康熙二十九年庚午刊。

絶妙好詞箋七卷 清宛平查爲仁、錢唐厲鶚同撰。乾隆庚午宛平查氏澹宜書屋刊。

林下詞選十四卷 清吴江周銘編輯。康熙辛亥寧静堂刊。起宋止清。

東白堂詞選初集十五卷 清三韓佟世南選。康熙戊午刊。

選聲集三卷附詞韵簡一卷 清豐南吴綺選。康熙間刊。小令、中調、長調各一卷。

詞苑叢談十二卷 清松陵徐釚撰。康熙廿七年温陵丁煒蛾術齋刊。

詞韻二卷 清錢塘仲恒撰，子嗣瑠訂註。康熙己未鴻寶堂刊。

[一] 杜炳雲　當作“杜炳”。按杜炳,字雲巖。(程遠芬批註)

[二] 祝□□　當作“祝慶祺”。(程遠芬批註)

[三] 約崇禎間刊　按係順治十五年刻本,全二十九卷,此非足本。(程遠芬批註)

[四] 尤氏　當作“尤乘”。(程遠芬批註)

[五] 牛嵩生　當作“牛嵩山”。(程遠芬批註)

[六] 孔崇㮚　當作“顔崇㮚”。(姚金笛《〈販書偶記〉〈續編〉訂誤》)

[七] 濟寧　當作“膠州”。(羅彧《論〈販書偶記續編〉的編纂特色與學術價值》,載《歷史文獻研究》二〇一四年第一期)

[八] 蓼園　當作“固始”。按蓼園爲吴玉綸之號。(宛雨生《〈販書偶記〉〈續編〉勘誤》)

[九] 嘉慶　當作“道光”。(宛雨生《〈販書偶記〉〈續編〉勘誤》)

[一〇] 清□□□雪樵　當作“清宜黄符兆綸雪樵”。(羅彧《論〈販書偶記續編〉的編纂特色與學術價值》)

[一一] 之子　當作“從孫”。(羅彧《論〈販書偶記續編〉的編纂特色與學術價值》)

[一二] 翁咸豐　當作“翁咸封”。(宛雨生《〈販書偶記〉〈續編〉勘誤》)

[一三] 思詒堂　當作“思貽堂”。(宛雨生《〈販書偶記〉〈續編〉勘誤》)

[一四] 金鋮　當作“金桴”。(姚金笛《〈販書偶記〉〈續編〉訂誤》)

[一五] 未城　當作“永城”。(宛雨生《〈販書偶記〉〈續編〉勘誤》)

[一六] 雍正丁卯　按此處有誤,雍正無丁卯年。(宛雨生《〈販書偶記〉〈續編〉勘誤》)

[一七] 崇禎　當作“順治”。(宛雨生《〈販書偶記〉〈續編〉勘誤》)

[一八] 合山　當作“桐城”。按合山爲方中履之號。(宛雨生《〈販書偶記〉〈續編〉勘誤》)

販書偶記

（附續編）

下

孫殿起 撰

中國歷代書目題跋叢書

《販書偶記(附續編)》
書名、著者名四角號碼綜合索引

索引説明

（一）本索引包括《販書偶記》《販書偶記續編》所收書名及著者名。

（二）每條第一字按四角號碼順序排列，並註明四角號碼及附角。

【例】 0010_4 主

（三）每條第二字取第一、二角的號碼，列於本條之前；第二字相同或第二字第一、二角號碼相同的條目，僅在第一條註明第一、二角號碼，以下不註。

【例】 甲. 主一齋隨筆　　10～一齋隨筆

（第一字"主"四角號碼已見本條上面的單字，用～號代替。）

乙. 痘疹玉髓摘要　　00～疹玉髓摘要

痘疹定論　　～疹定論

丙. 廖元度　　10～元度

廖平　　～平

（四）每條第三字以下，仍按四角號碼順序排列，但不註出號碼。

（五）名詞右方的數字，代表書内頁數。同一名詞，在一頁中數次出現的，在頁碼後面加括弧寫明出現的次數。

【例】 0022_2 廖　10～平　38(2)，39(2)

（"廖平"在 38 頁和 39 頁上各出現兩次。）

（六）爲便利未習慣於使用四角號碼檢字法的讀者尋檢起見，附有起首字的筆劃檢字與四角號碼對照表。

四角號碼檢字法

第一條　筆畫分爲十種，用 0 到 9 十個號碼來代表：

號碼	筆名	筆　形	舉　　例	説　　明	注　　意
0	頭	亠	言 主 广 疒	獨立的點和獨立的横相結合	123 都是單筆，0456789 都是二筆或二筆以上合成的復筆。凡能成爲復筆的，必須取復筆，不取單筆；如亠應作 0 不作 3，扌應作 4 不作 2，厂應作 7 不作 2，乂應作 8 不作 3，2，小應作 9 不作 33。
1	横	一㇀乚㇏	天 土 地 江 元 风	包括横、挑(趯)和右鉤	
2	垂	丨丿亅	山 月 千 則	包括直、撇和左鉤	
3	點	丶㇏	宀 ネ 冖 厶 之 衣	包括點和捺	
4	叉	十乂	草 杏 皮 刈 大 對	兩筆相交	
5	插	扌	扌 戈 申 史	一筆通過兩筆以上	
6	方	口	國 鳴 目 四 甲 由	四邊齊整的方形	
7	角	㇇ 𠂆 亅 ㇄ ㇓ ㇖	羽 門 灰 陰 雪 衣 學 罕	横和垂的鋒頭相接處	
8	八	八 丷 人 𠂉	分 頁 羊 余 災 尒 足 午	八字形和它的變形	
9	小	小 ⺌ ⺍ 个 忄	尖 糸 粦 呆 惟	小字形和它的變形	

第二條　每字只取四角的筆形，順序如下：

(1)左上角　(2)右上角　(3)左下角　(4)右下角

(例)　(1)左上角……端……(2)右上角
　　　(3)左下角……　……(4)右下角

按照每字四角的筆形和順序,每字有四個號碼:

(例)　顔=0128　截=4325　烙=9786

第三條　字的上部或下部,只有一筆或一復筆時,無論在何地位,都作左角,它的右角作0。

(例)　宣　直　首　冬　軍　宗　母

每筆用過後,如再充他角,都作0。

(例)　干　之　持　卦　大　十　車　時

第四條　由整個口門門行筆形所成的字,它們的第3、4兩角改取内部的筆形。

(例)　囷=6043　閉=7724　闔=7721　衡=2143

但上下左右有附加筆形時,不在此例。

　　菌=4460　潤=3712　荷=4422

附　則

Ⅰ字體寫法都照通行的手寫體　如下表:

正	宀 住 匕 反 礻 户 安 心 卜 斤 刃 业 亦 草 韋 执 禺 衣
誤	冖 佳 匕 反 礻 戸 安 心 卜 斤 及 业 亦 草 韋 执 禺 衣

Ⅱ取筆形時應注意的幾點:

(1) 宀户等字,凡點下的横,右方和它筆相連的,都作3,不作0。

(2) 戶皿門等字,方形的筆頭延長在外的,都作7,不作6。

(3) 角筆起落的兩頭，不作7，如ㄱ

(4) 筆形"八"和它筆交叉時不作8，如美

(5) 小小中有二筆，氺小旁有二筆，都不作"小"形。

Ⅲ取角時應注意的幾點：

(1) 獨立或平行的筆，不問高低，一律取最左或最右的筆形作角。

(例) 非　肯　疾　浦　帝

(2) 最左或最右的筆形，有它筆蓋在上面或托在下面時，取蓋在上面的一筆作上角，托在下面的一筆作下角。

(例) 宗　幸　宁　共

(3) 有兩複筆可取時，在上角應取較高的複筆，在下角應取較低的複筆。

(例) 功　盛　頗　鴨　奄

(4) 撇爲下面它筆所托時，取它筆作下角。

(例) 春　奎　碎　衣　辟　石

(5) 左上的撇作左角，它的右角取作右筆。

(例) 勾　鈎　佯　鳴

Ⅳ四角同碼字較多時，以右下角(第四角)上方最貼近而露鋒芒的一筆作附角，如該筆已經用過，附角作0。

(例) 芒=44710　元1　拼1　是1　疝2　欣2　畜3　傀3　难4　逢4　毽4　禧5　繕5　蛮6　軍6　覧6　功7　郭7　瘦7　痘8　愁8　金9　速9　仁0　見0

附角仍有同碼字時，再照各該字所含横筆(即一乚乀)的數目，順序排列。

例如"市""帝"二字的四角和附角都相同，但"市"字含有二横，"帝"字含有三横，所以"市"字在前，"帝"字在後。

高

0040_1 辛

0040_4妾

0040_6章

0040_7享

0040_8交

0041_4離

0212_7 端

0220_0 刻

0260_0 訓

0261_8 證

0313_4 竢

0344_0 斌

0361_7 謚

0363_2 詠

0364_0 試

0365_0 誠

識

0366_0 詒

0391_4 就

0464_7 護

0466_0 詁

諸

0469_4 謀

0512_7 靖

0562_7 請

0569_0 誄

0662_7 謌

0668_6 韻

0669_4 課

0691_0 親

0710_4 望

0748_6 贛

0761_7 記

0762_0 詞

調

訒

效

0861_6說

0861_7 謚

謐

0862_2 診

0862_7 論

0863_7 詒

謙

0864_0 許

工

1010_1 三

正

1010_3玉

1010_4王

至

1010_6 亘

1010_7 五

亞

盂

1010_8 豆

靈

1011_1 霏

1011_3 琉

疏

1020_0 丁

1021_0兀

1021_1元

1021_4霍

夏

1041_0 无

1043_0 天

1044_1 弄

1044_7 再

1050_6 更

1060_0百

面

石

1073$_2$ 云

1077$_2$ 函

1080$_6$ 貢

賈

1111_1 非

1111_4 玨

1111_6 疆

1111_7 瓨

甄

1112_0 珂

1112_7 瑀

翡

瑪

巧

1113_2 璩

琢

1118_6 項

1120_7 琴

1260_0 副

1263_7 砭

1310_0 恥

1313_2 琅

1661_0硯

1661_4醒

1664_0碑

1671_3魂

1710_4亟

1710_7孟

1712_0 刁

聊

羽

1712_7 邶

鄧

瑯

邳

弱

耶

1714_0 取

珊

1714_7 瓊

1720_7 弓

了

1721_4 翟

1742_7 邗

邢

勇

1750_1 羣

1750_7 尹

委

2040_7孚

季

受

雙

舌

2060_9 番

香

2061_4 雒

2071_4 毛

2074_6 爵

2090_1 乘

2090_4 采

集

2090_7 秉

2091_4 維

2092_7 紡

2093_2 穮

紘

2094_8 稡

2108_6 順

2110_0 上

2180_6 貞

2190_3 紫

2190_4 柴

2191_0 紅

2191_1 經

山

幽

2277_2 出

2290_0 利

2290_1 崇

2290_4 巢

梨

樂

2324_7 俊

2325_0 俄

臧

2333_3 然

粂

2341_1 舵

2498$_6$ 續

倩

2524_0 健

2524_3 傳

2529_3 傣

2529_4 傑

2540_7 肆

2560_1 昔

2576_0 岫

2590_0 朱

2591_7 純

2592_7 繡

2598_6 積

績

2599_0 秫

2599_6 練

2600_0 白

自

2610_4 皇

2620_0伯

2620_7粤

2621_0但

2621_3鬼

2622_7偶

觸

2623_2泉

2624_1得

2664_3 皞

2671_0 峴

2690_0 和

緗

2691_0 絸

2691_4 程

2692$_2$ 穆

2692$_7$ 綿

2693$_0$ 總

2694$_0$ 稗

2694$_1$ 緝

釋

2713$_2$ 黎

2713$_6$ 蠡

2720$_0$ 夕

2720$_7$ 多

27210 徂

佩

2721_2 危

2721_7 鳧

倪

2722_0 勿

豹

向

仰

御

2722_2 修

2722_7 月

躬

角

嚮

脩

2723_2 象

像

衆

2723_3 佟

2723_4 侯

2760_1響

2760_3魯

2760_4督

各

2762_0翻

句

2762_7 郘

郘

郎

2771_2 包

2771_7 屺

2772_0 勾

幻

峋

2772_7 島

鄉

2793_2 緣

2793_3 終

2793_4 緱

楔

2794_0 叔

2794_7 綴

2795_4 絳

2796_2 紹

2810_0 以

2820_0 似

2821_1 作

2822_7 傷

2825_1泮

2825_3儀

2826_6僧

2831_1 鮓

2835_1 鮮

2836_6 鱠

2846_8 谿

2854_0 牧

2855_3 犧

2861_1 鯱

3010_0 宣

3010_1 空

3010_4 塞

3010_6 宣

3010_7 宜

3011_1 漉

3011_3 流

3011_4 淮

3040_7 字

3042_7 寓

3051_6 窺

3060_1 謇

3060_4 客

3060_5 宙

3060_6 富

宫

3060_8 容

3060_9 審

3062_1 寄

3071_7 宧

3073_2 寰

良

3077_2 密

3077_7 官

3080_1 定

蹇

3080_6 寶

3094_7 寂

3111_0 江

3111_1 滙

涇

瀧

溢

沅

3111_4 溉

汪

3111_7 瀘

3112_0 河

汀

3112_1 涉

3112_7 馮

沔

3113_6濾

3114_0汗

3114_6潭

3116_0酒

3116_1潛

浯

3116_8濬

3117_2涵

3119_6源

3126_6福

3128_6 禎

顧

3310_0 沁

3311_1 涜

3311_7 滬

3312_7 浦

3313_2 浪

3314_7 浚

3315_3 淺

3316_0 冶

治

3330_9 述

3390_4 梁

3400_0 斗

3410_0 對

澍

3411_1 洗

湛

池

3411_2 沈

3411_4 灌

3411_7 灩

3412_7 渤

滿

浠

瀟

3413_1 法

3414$_7$ 波

凌

滇

3419_0 沐

3424_1 禱

3424_7 被

3426_0 褚

3430_2 邁

3430_3 遠

3430_4 達

3430_5 違

3430_6 造

3430_9 遼

3526_0 袖

3530_0 連

3530_7 遣

3530_8 遺

3610_0 泊

泗

湘

3611_0 況

3611_7 温

3612_7 湯

3723_2 家

3723_4 褉

3730_1 逸

過

遡

通

迎

3730_3逯

退

3730_4遲

3816$_1$洽

3816$_7$滄

3850_7 肇

3864_0 敧

3912_0 沙

3912_7 消

4001_1 左

太

4010_7 壺

直

4010_8 壹

4011_7 壇

4012_7 坊

4016_1 培

4016_7 塘

4020_0 才

4020_7 麥

4021_1 堯

4021_4 在

帷

4021_6 克

4022_7 布

巾

南

4024_7存

皮

4030_0寸

4033_1赤

4040_7 支

4044_0 卉

4046_5 嘉

4050_6 韋

4051_4 難

4060_0 古

4064_1 壽

4071_0 七

4071_6 奩

4073_1 去

4073_2 喪

4213_1 壎

4220_0 蒯

4221_6 獵

4223_0 狐

4240_0 荆

4241_3 姚

4252_1 靳

4257_7 韜

4260_2 晢

4282_1 斯

4291_0 札

4291_3 桃

4292_7 橋

4293_4 樸

4390_0 朴

4394_2 榑

4396_8 榕

4398_5 樧

4399_1 棕

4400_7 艸

4402_7 協

4410_0 封

4410_1 芷

4410_4 董

基

茎

埜

4410_6 薑

4410_7 蓋

藎

藍

4411_1 堪

4411_3 蔬

4411_8 菈

4412_7 蕩

蕅

蒲

勤

4413_2 藜

菉

4413_6 蟄

4414_0 葑

4414_1 蓱

4414_2 薄

4414_7 鼓

坡

4414_9 萍

4415_3 蕺

幕

蒨

勸

芮

蕭

4422_8 芥

4423_1 蔗

4423_2 蒙

4441_4 薙

4441_7 執

4442_7 荔

萬

4443_0 樊

蕢

4480_9 焚

4490_0 樹

4490_1 蔡

4498_6 横

4499_0 林

4694_4 櫻

4698_0 枳

4702_7 郲

4712_7 𨙨

埽

鄞

4719_4 垛

4721_0 帆

4721_2 匏

4762_7 都

鵲

4772_0 切

4780_1 起

4780_2 趨

4780_4 趣

4780_6 超

4791_0 楓

4791_7 杞

楹

4792_0 柳

桐

梛

4792_7 橘

移

4793_2 橡

4794_0 椒

4895_7 梅

4896_6 檜

4898_6 檢

4928_0狄

4942_0妙

4980_2趙

5013$_6$ 蟲

蠢

蠹

5014$_8$ 蛟

5022$_7$ 青

5043_0 奏

5044_7 冉

5050_3 奉

5060_0 由

5060_1 書

5060_3春

5090_2 棗

5090_3 素

5090_4 秦

疊

6011_1 罪

6011_3 晁

6012_7 蜀

6014_7 最

6015_3 國

6021₀見

四

6021_1 罷

6022_7 圖

羃

易

6023_2 晨

6033_0 恩

思

因

6044_0 昇

6050_0 甲

6050_4 畢

6101_0 毗

6101_1 矖

6500$_0$畊

6502$_7$晴

嘯

6503$_0$映

6508$_1$睫

6508$_6$瞶

6509$_0$味

6519_6 踈

6600_0 咽

6602_7 喝

喟

暘

6603_2 曝

6604_4 嚶

6606_0 唱

6606_4 曙

6621_4 瞿

6801_9 唫

6802_1 喻

6802_7 吟

6805_3 曦

6805_7 晦

6832_7 黔

6886_6 贈

6894_0 歎

6908_9 啖

7010_3 璧

7021_4 雕

雅

7210$_0$劉

同

7760_1 醫

8011_4 鐘

8011_6 鏡

8012_7 翦

翁

8018_2 羡

8020_7 今

8021_1 龕

乍

8022_0 介

8034$_6$ 尊

8040$_0$ 午

8040$_4$ 姜

8043$_0$ 龑

矢

8044$_6$ 弇

8050$_0$ 年

會

8060_7 倉

鍼

8315$_3$錢

8316_8 鎔

8365_0 鹹

8377_7 館

8410_0 針

8414_1 鑄

8416_1 錯

8418_1 鎮

9003_2 懷

9003_6 憶

9010_4 堂

9020_0 少

9021_1 光

9021_4 雀

9021_6 党

9022_7 常

尚

9960_6 營

9990_4 榮

筆劃順序檢字

本檢字爲便利習慣於使用筆劃順序檢字者查檢本書索引之用。凡索引中的第一字,依筆劃順序排列,同筆劃的,再依點起、橫起、直起、撇起排列,每字後注明四角號碼,可憑此以檢索引字頭。

九　畫

十 畫

烏 2732_7
師 2172_7
徐 2829_4
殷 2724_7
般 2744_7
航 2041_7
舫 2042_7
針 8410_0
豹 2722_0
奚 2043_0
倉 8060_7
翁 8012_7
脈 7223_2
狷 4622_7
留 7760_2

〔丶〕

討 0460_0
訓 0260_0
記 0761_7
訒 0762_0
凌 3414_7
衰 0073_2
高 0022_7
郭 0742_7
席 0022_7
症 0011_1
病 0012_7
疹 0012_2
脊 1122_7
效 0844_0
淨 3215_7
唐 0026_7
瓷 3771_7
涼 3019_6
旅 0823_2
欬 0788_2
畜 0060_3
瓶 8141_7
拳 9050_2
益 8010_7
兼 8033_7
兼 8023_7
朔 8742_0
剡 9280_0
浙 3212_1
浦 3312_7
涑 3519_6
浯 3116_1
酒 3116_0
涇 3111_1
涉 3112_1
娑 3940_4
消 3912_7
浩 3416_1
海 3815_7
涂 3819_4
浠 3412_7
浴 3816_8
浮 3214_7
流 3011_3
浣 3311_1
浪 3313_2
涌 3712_7
浚 3314_7
悟 9106_1
悔 9805_7
悅 9801_6
宸 3023_2
家 3023_2
容 3060_8
冢 3723_2
扇 3022_7
袖 3526_0
被 3424_7
祥 3825_1

〔乛〕

書 5060_1
屑 7722_7
弱 1712_7
弳 1824_0
陸 7421_4
陵 7424_7
陳 7529_6
牂 2825_1
孫 1249_3
陰 7823_1
陶 7722_0
陪 7026_1
娱 4643_4
恕 4633_0
畚 2360_8
通 3730_2
能 2121_1
桑 7790_4
純 2591_7
納 2492_7
紡 2092_7

十一畫

〔一〕

耜 5797_7
理 1611_4
琉 1011_3
琅 1313_2
規 5601_0
捧 5505_3
掛 5300_0
堵 4416_4
排 5101_1
掉 5104_6
捫 5702_0
推 5001_4
採 5209_4
授 5204_7
教 4844_0
掖 5004_7
培 4016_1
執 4441_7
捲 5901_2
埭 4513_2
埽 4712_7
掃 5702_7
基 4410_4
聊 1712_0
萇 4473_2
著 4460_4
菱 4424_7
萊 4490_8
勒 4452_7
黃 4480_6
菣 4474_7
菽 4494_7
菜 4490_4
菊 4492_7
菸 4423_3
萍 4414_9
乾 4841_7
菉 4413_2
菑 4460_3
埜 4410_4
梵 4421_7
梧 4196_1
梅 4895_7
麥 4020_7
桴 4294_7
梓 4094_1
梯 4892_7
救 4814_0
曹 5560_6
副 1260_0
區 7171_6
堅 7710_4
戚 5320_0
戚 5320_0
帶 4422_7
硏 1864_1
匏 4721_2
瓻 4101_7
爽 4003_4
盛 5320_0
雪 1017_7

〔丨〕

虛 2121_7
雀 9021_4
堂 9010_4
常 9022_7
眭 6401_4
晤 6106_1
晨 6023_2
眺 6201_3
眼 6703_2
野 6712_2
閉 7724_7
問 7760_7
婁 5040_4

十二畫

葩 4461$_7$
葬 4455$_1$
敬 4864$_0$
落 4416$_4$
蓱 4414$_1$
朝 4742$_0$
喪 4073$_2$
辜 4040$_1$
葦 4450$_6$
葵 4443$_0$
葯 4492$_7$
楮 4496$_0$
植 4491$_7$
森 4099$_4$
焚 4480$_9$
棲 4594$_4$
椒 4794$_0$
棉 4692$_7$
晳 4260$_2$
棕 4399$_1$
棣 4593$_2$
惠 5033$_3$
粟 1090$_4$
棗 5090$_2$
棘 5599$_2$
酣 1467$_0$
厦 7124$_7$
硒 1166$_0$
硤 1463$_8$
硯 1661$_0$
确 1762$_7$
雁 7121$_4$
殖 1421$_7$
殘 1325$_3$
雄 4001$_4$
雲 1073$_1$
雯 1040$_0$
雅 7021$_4$
殍 1414$_7$

〔丨〕

悲 1133$_1$
呰 2166$_1$
紫 2190$_3$
黹 3222$_7$
棠 9090$_4$
掌 9050$_2$
晴 6502$_7$
最 6014$_7$
敭 6894$_0$
晰 6202$_1$
貯 6382$_1$
貽 6386$_0$
睆 6301$_1$
鼎 2222$_1$
戢 6315$_0$
閏 7710$_4$
開 7744$_1$
閑 7790$_4$
晶 6066$_0$
閒 7722$_7$
閔 7740$_0$
遇 3630$_2$
景 6090$_6$
貴 5080$_6$
蛤 5816$_1$
蛟 5014$_8$
喝 6602$_7$
喟 6602$_7$
單 6650$_6$
喉 6703$_4$
喻 6802$_1$
喀 6306$_4$
買 6080$_6$
嵋 2776$_7$
圌 6022$_7$
黑 6033$_1$
圍 6050$_6$

〔丿〕

無 8033$_1$
掣 2250$_2$
餅 8874$_1$
智 8660$_0$
嵇 2397$_2$
程 2691$_4$
稀 2492$_7$
喬 2022$_7$
等 8834$_1$
筑 8811$_7$
策 8890$_2$
筏 8825$_3$
筆 8850$_7$
傃 2529$_3$
備 2422$_7$
傅 2324$_2$
俴 2305$_3$
順 2108$_6$
傑 2529$_4$
集 2090$_4$
焦 2033$_1$
皖 2361$_2$
皖 2361$_1$
鄔 2732$_7$
衆 2723$_2$
粤 2620$_7$
奥 2743$_0$
街 2110$_4$
御 2722$_0$
復 2824$_7$
循 2226$_4$
徧 2322$_7$
舒 8762$_2$
畬 8060$_9$
鈍 8511$_7$
鈔 8912$_0$
鈐 8812$_7$
欽 8718$_2$
鈕 8711$_5$
番 2060$_9$
爲 2022$_7$
飯 8174$_7$
飲 8778$_2$
勝 7922$_7$
猶 4826$_1$
觚 2223$_0$
然 2333$_3$
鄉 2742$_7$

〔丶〕

詁 0466$_0$
評 0164$_9$
診 0862$_2$
詅 0863$_7$
註 0061$_4$
詠 0363$_2$
詞 0762$_0$
詔 0766$_2$
詒 0366$_0$
馮 3112$_7$
就 0391$_4$
敦 0844$_0$
斌 0344$_0$
痘 0011$_8$
痙 0011$_1$
痢 0012$_0$
痧 0012$_9$
童 0010$_4$
瓿 0161$_7$
竢 0313$_4$
遊 3830$_4$
棄 0090$_4$
善 8060$_5$
普 8060$_1$
粧 9091$_4$
尊 8034$_6$
尊 8036$_6$
道 3830$_6$
遂 3830$_3$
曾 8060$_6$
焠 9084$_8$
勞 9942$_7$
湛 3411$_1$
湖 3712$_0$
湘 3610$_0$
渤 3412$_7$
測 3210$_0$
湯 3612$_7$
温 3611$_7$
渭 3612$_7$
滑 3712$_7$
淵 3210$_0$
渝 3812$_1$
盗 3710$_7$
渡 3014$_7$
游 3814$_7$
湔 3812$_1$
滋 3813$_2$

十三畫

十八畫

十九畫

廿　畫

廿一畫

廿二畫